VDE-Schriftenreihe **1**

Diesen Titel zusätzlich als **E-Book** erwerben und **60 %** sparen!

Als Käufer dieses Buchs haben Sie Anspruch auf ein besonderes Angebot. Sie können zusätzlich zum gedruckten Werk das E-Book zu 40 % des Normalpreises erwerben.

Zusatznutzen:
– Vollständige Durchsuchbarkeit des Inhalts zur schnellen Recherche.
– Mit Lesezeichen und Links direkt zur gewünschten Information.
– Im PDF-Format überall einsetzbar.

Laden Sie jetzt Ihr persönliches E-Book herunter:
– **www.vde-verlag.de/ebook** aufrufen.
– **Persönlichen, nur einmal verwendbaren E-Book-Code** eingeben:

405462ZA4PYAVHYX

– E-Book zum Warenkorb hinzufügen und zum Vorzugspreis bestellen.

Hinweis: Der E-Book-Code wurde für Sie individuell erzeugt und darf nicht an Dritte weitergegeben werden. Mit Zurückziehung des Buchs wird auch der damit verbundene E-Book-Code ungültig.

VDE-Schriftenreihe Normen verständlich · **1**

Wo steht was im VDE-Vorschriftenwerk? 2021

Stichwortverzeichnis zu allen DIN-VDE-Normen und VDE-Anwendungsregeln unter Berücksichtigung von DIN-EN- und DIN-IEC-Normen mit VDE-Klassifikation und Büchern der VDE-Schriftenreihe „Normen verständlich"

Dipl.-Ing. Michael Kreienberg

VDE VERLAG GMBH

ICS 01.040.29; 01.120.30; 29.020

Das Werk ist urheberrechtlich geschützt. Jede Verwertung außerhalb der engen Grenzen des Urheberrechtsgesetzes ist ohne Zustimmung des Verlags unzulässig und strafbar. Die Wiedergabe von Gebrauchsnamen, Handelsnamen, Warenbeschreibungen etc. berechtigt auch ohne besondere Kennzeichnung nicht zu der Annahme, dass solche Namen im Sinne der Markenschutz-Gesetzgebung als frei zu betrachten wären und von jedermann benutzt werden dürfen. Aus der Veröffentlichung kann nicht geschlossen werden, dass die beschriebenen Lösungen frei von gewerblichen Schutzrechten (z. B. Patente, Gebrauchsmuster) sind. Eine Haftung des Verlags für die Richtigkeit und Brauchbarkeit der veröffentlichten Programme, Schaltungen und sonstigen Anordnungen oder Anleitungen sowie für die Richtigkeit des technischen Inhalts des Werks ist ausgeschlossen. Die gesetzlichen und behördlichen Vorschriften sowie die technischen Regeln (z. B. das VDE-Vorschriftenwerk) in ihren jeweils geltenden Fassungen sind unbedingt zu beachten.

Bibliografische Information der Deutschen Nationalbibliothek
Die Deutsche Nationalbibliothek verzeichnet diese Publikation in der Deutschen Nationalbibliografie; detaillierte bibliografische Daten sind im Internet über http://dnb.dnb.de abrufbar.

ISBN 978-3-8007-5462-5 (Buch)
ISBN 978-3-8007-5463-2 (E-Book)
ISSN 0506-6719

© 2021   VDE VERLAG GMBH · Berlin · Offenbach
Bismarckstr. 33, 10625 Berlin

Alle Rechte vorbehalten.

Druck: Buch- und Offsetdruckerei H. Heenemann GmbH & Co. KG, Berlin
Printed in Germany

2021-02

Vorwort

Der Band 1 der VDE-Schriftenreihe bietet in Form von redaktionell gepflegten Stichwörtern einen ersten Überblick über das stetig wachsende VDE-Vorschriftenwerk mit seinen Gruppen 0 bis 8 und den VDE-Anwendungsregeln. Das Buch erleichtert das Auffinden der für die wichtigsten elektrotechnischen Geräte, Maschinen, Anlagen und zugehörigen Begriffe in Betracht kommenden DIN-VDE-Normen und VDE-Anwendungsregeln. Aufgrund des Charakters als Stichwortverzeichnis kann das vorliegende Buch nur als erste Orientierungshilfe dienen und erhebt keinen Anspruch auf Vollständigkeit.

Dieses Stichwortverzeichnis bezieht sich auf die in den Gruppen 0 bis 8 enthaltenen Normen mit VDE-Klassifikation (DIN-VDE-Normen, VDE-Bestimmungen, DIN-EN und DIN-IEC) sowie VDE-Anwendungsregeln. Entwürfe sind mit einem voranstehenden „E" gekennzeichnet. Die zusätzlichen Verweise auf thematisch passende Bücher der VDE-Schriftenreihe „Normen verständlich" wurden aktualisiert und erneut ausgeweitet.

Für Anwender mit den Schwerpunkten

- DIN VDE 0100 („Errichten von Niederspannungsanlagen") und
- Gruppe 0 + 1 („Allgemeine Grundsätze und Energieanlagen")

sowie insbesondere auch für Meisterschüler des Elektrotechniker-Handwerks stellen die Bücher

- *„Schröder, B.:* Wo steht was in DIN VDE 0100?" (VDE-Schriftenreihe Band 100),
- *„Cichowski, R. R.:* Der rote Faden durch die Gruppe 700 der DIN VDE 0100" (VDE-Schriftenreihe Band 168) und
- *„Rudnik, S.; Pelta, R.:* Der Lotse durch die DIN VDE 0100" (VDE-Schriftenreihe Band 144)

eine optimale Ergänzung dar.

Der vorliegende Band erweist sich gerade bei Fragestellungen außerhalb des Tagesgeschäfts bzw. der abonnierten VDE-Auswahlen als nützliches Recherchewerkzeug. Als interessanten Nebenaspekt zeigt die VDE-Schriftenreihe Band 1 eindrucksvoll die gesamte Bandbreite und Innovationskraft des Normungsgeschehens der DKE Deutsche Kommission Elektrotechnik Elektronik und Informationstechnik in DIN und VDE sowie für die VDE-Anwendungsregeln des Forums Netztechnik/Netzbetrieb im VDE (FNN). Der Leser ist herzlich eingeladen, dieses Stichwortverzeichnis zusätzlich als Ideengeber für innovative Themen-/Geschäftsfelder beizuziehen und sich aktiv an der Normungsarbeit zu beteiligen.

Für Hinweise, die helfen, dieses Stichwortverzeichnis zu vervollständigen oder noch handhabbarer zu gestalten, sind Autor und Verlag dankbar.

Offenbach am Main, im Februar 2021

Michael Kreienberg
kreienberg@vde-verlag.de

110-kV-Hochspannungsfreileitungsnetze
Integration von Kabeln .... VDE-Anwendungsregel VDE-AR-N 4202

110-kV-Netze
Planungsgrundsätze .... VDE-Anwendungsregel VDE-AR-N 4121

50-W-Prüfflamme
horizontal und vertikal .... DIN EN 60695-11-10 (VDE 0471-11-10)
Prüfeinrichtungen und Prüfverfahren .... DIN EN 60695-11-4 (VDE 0471-11-4)

500-W-Prüfflamme .... DIN EN 60695-11-20 (VDE 0471-11-20)
Prüfeinrichtungen und Prüfverfahren
– zur Bestätigung .... DIN EN 60695-11-3 (VDE 0471-11-3)

A

AAL
Ambient Assisted Living .... VDE-Anwendungsregel VDE-AR-E 2757-6-1
　　　　　　　　　　　　　　　　　　　　　　VDE-Anwendungsregel VDE-AR-E 2757-8
　　　　　　　　　　　　　　　　　　　　　　VDE-Anwendungsregel VDE-AR-E 2757-6-2
　　　　　　　　　　　　　　　　　　　　　　VDE-Anwendungsregel VDE-AR-E 2757-7
　　　　　　　　　　　　　　　　　　　　　　DIN CEN/TS 17470 (VDE V 0834-3)
Assistenzlösungen
– alltagsunterstützend .... VDE-Anwendungsregel VDE-AR-E 2757-7
Assistenzsysteme
– in Wohnungen und Wohngebäuden .... VDE-Anwendungsregel VDE-AR-E 2757-8

AAL-Aspekte
Assistenzsysteme
– in vernetzten Wohnumfeldern .... E DIN IEC 63168 (VDE 0750-34-1)

AAL-Dienstleistungen
alltagsunterstützende Assistenzlösungen
– Klassifikationsschema .... VDE-Anwendungsregel VDE-AR-E 2757-7
Qualitätskriterien .... VDE-Anwendungsregel VDE-AR-E 2757-4

AAL-Integrationsprofil .... VDE-Anwendungsregel VDE-AR-E 2757-6-1
　　　　　　　　　　　　　　　　　　　　　　VDE-Anwendungsregel VDE-AR-E 2757-6-2

AAL-Komponenten .... VDE-Anwendungsregel VDE-AR-E 2757-3

AAL-Produkte
Leitlinie für die Entwicklung .... VDE-Anwendungsregel VDE-AR-E 2757-100

AAL-Umgebung .... VDE-Anwendungsregel VDE-AR-E 2757-4

Abbauhämmer .... DIN EN 60745-2-6 (VDE 0740-2-6)
　　　　　　　　　　　　　　　　　　　　　　E DIN EN IEC 62841-2-6 (VDE 0740-2-6)
　　　　　　　　　　　　　　　　　　　　　　E DIN EN IEC 62841-2-6/AA (VDE 0740-2-6/AA)

Abbrühmassen .... DIN VDE 0291-1a (VDE 0291-1a)

Abdeckbänder
zum Schutz und zur Warnkennzeichnung ...... DIN EN 50520 (VDE 0605-500)

Abdeckplatten
zum Schutz und zur Warnkennzeichnung ...... DIN EN 50520 (VDE 0605-500)

Abdecktücher
elektrisch isolierende .... DIN EN 61112 (VDE 0682-511)

Abdichtung erdverlegter Leitungen
Bauwerksdurchdringungen .... VDE-Anwendungsregel VDE-AR-N 4223

Abflussreiniger
handgeführt, motorbetrieben .... DIN EN 62841-2-21 (VDE 0740-2-21)
tragbar, motorbetrieben .... DIN EN 62841-3-14 (VDE 0740-3-14)

Abflussreiniger, transportable
tragbar, motorbetrieben .... DIN EN 62841-3-14 (VDE 0740-3-14)

Abgaswerte
von Heizungsanlagen
– tragbare Messgeräte .... DIN EN 50379-1 (VDE 0400-50-1)
DIN EN 50379-2 (VDE 0400-50-2)
DIN EN 50379-3 (VDE 0400-50-3)

Abgleichkomponenten, terrestrische
für Photovoltaiksysteme .... DIN EN 62093 (VDE 0126-20)

Abgrenzungen
von elektrischen Betriebsstätten .... DIN VDE 0100-731 (VDE 0100-731)
VDE-Schriftenreihe Band 168

Abisoliergeräte .... DIN EN 60335-2-45 (VDE 0700-45)
E DIN EN 60335-2-45/AA (VDE 0700-45/AA)

Ableitströme
Messung .... DIN EN 61557-13 (VDE 0413-13)

Ableitung elektrostatischer Ladungen .... DIN EN 61340-2-1 (VDE 0300-2-1)

Ableitungen kerntechnischer Anlagen, gasförmige
Tritium- und Kohlenstoff-14-Aktivität
– Probenentnahme von Tritium und Kohlenstoff-14 .... E DIN ISO 20041-1 (VDE 0493-1-41-1)

Abmessungen von Niederspannungsschaltgeräten
genormte Tragschienen
– Befestigung von elektrischen Geräten in Schaltanlagen .... DIN EN 60715 (VDE 0660-520)

Abnehmbare Kühler
Leistungstransformatoren und Drosselspulen Kühlungseinrichtungen
.... DIN EN IEC 60076-22-2 (VDE 0532-76-22-2)

Abnehmbare Radiatoren
Leistungstransformatoren und Drosselspulen .... DIN EN IEC 60076-22-2 (VDE 0532-76-22-2)

Abnutzung
von Elektroisolierstoffen .... E DIN EN 60587 (VDE 0303-10)

Abrichthobel
transportabel, motorbetrieben .... DIN EN 61029-2-3 (VDE 0740-503)

Abrichthobel, transportable
Staubmessverfahren .... DIN EN 50632-3-3 (VDE 0740-632-3-3)

Abriebprüfung
von Kabeln und Leitungen .... DIN EN 50396 (VDE 0473-396)

DIN EN 50396/A1 (VDE 0473-396/A1)

Absauger für Kochdünste
Verfahren zur Messung der Gebrauchseigenschaft .... E DIN EN 61591 (VDE 0705-1591)
E DIN EN IEC 61591/AA (VDE 0705-1591/AA)

Abschaltung, automatische .... DIN VDE 0100-410 (VDE 0100-410)
VDE-Schriftenreihe Band 140

Abschaltzeiten .... DIN VDE 0100-410 (VDE 0100-410)

Abschirmbeutel
gegen elektrostatische Entladungen .... DIN EN 61340-4-8 (VDE 0300-4-8)

Abschwächung von elektrischer Störung
Kommunikationsverkabelung
– Installation .... DIN CLC/TR 50174-99-2 (VDE 0800-174-99-2)

Absetzbarkeit
der Beschichtung von Lichtwellenleitern .... DIN EN IEC 60793-1-32 (VDE 0888-232)

Absolutradiometer .... DIN EN 60904-4 (VDE 0126-4-4)
E DIN EN 60904-4 (VDE 0126-4-4)

Absorberräume
Schirmdämpfungsmessung .... DIN EN 50147-1 (VDE 0876-147-1)

Absorptionsrate, spezifische (SAR)
Geräte in enger Nachbarschaft zum menschlichen Körper
– Frequenzbereich von 30 MHz bis 6 GHz .... DIN EN 62209-2 (VDE 0848-209-2)
– Frequenzbereich von 600 MHz bis 6 GHz .... E DIN EN IEC 62209-3 (VDE 0848-209-3)
Geräte in enger Nachbarschaft zum Ohr
– Frequenzbereich von 300 MHz bis 6 GHz .... DIN EN 62209-1 (VDE 0848-209-1)
Handys
– Frequenzbereich von 30 MHz bis 6 GHz .... DIN EN 62209-2 (VDE 0848-209-2)
– Frequenzbereich von 300 MHz bis 6 GHz .... DIN EN 62209-1 (VDE 0848-209-1)
– Frequenzbereich von 600 MHz bis 6 GHz .... E DIN EN IEC 62209-3 (VDE 0848-209-3)
von handgehaltenen Geräten .... DIN EN 62209-1 (VDE 0848-209-1)
DIN EN 62209-2 (VDE 0848-209-2)
E DIN EN IEC 62209-3 (VDE 0848-209-3)

Abspannisolatoren
für Wechselstromfreileitungen über 1 000 V .... DIN EN 61109 (VDE 0441-100)

Abspannklemmen
für selbsttragende isolierte Freileitungsseile .... DIN EN 50483-2 (VDE 0278-483-2)
für Systeme mit Nullleiter-Tragseil .... DIN EN 50483-3 (VDE 0278-483-3)

Abspritzeinrichtungen für Starkstromanlagen
mit Nennspannungen über 1 kV .... DIN EN 50186-2 (VDE 0143-2)
– besondere nationale Anforderungen .... DIN EN 50186-2 (VDE 0143-2)
– nationale Anhänge zu EN 50186-1:1998 .... DIN EN 50186-2 (VDE 0143-2)

Abstände von Freileitungen .... DIN VDE 0211 (VDE 0211)

Abstandhalter
Armaturen für Freileitungen .... DIN VDE 0212-470 (VDE 0212-470)

Abstandsspannungsprüfer
Arbeiten unter Spannung .... DIN VDE V 0682-417 (VDE V 0682-417)

Abstimm-(Filterkreis-)spulen .... DIN EN 60076-6 (VDE 0532-76-6)

Abwesenheitsdeklaration .... DIN EN IEC 62474 (VDE 0042-4)
E DIN EN IEC 62474/A1 (VDE 0042-4/A1)

AC-Hochspannungskabelsysteme
Leitlinie zur Auswahl .... DIN IEC 60183 (VDE 0276-183)

AC/DC-Netzteile .... DIN EN 50563 (VDE 0806-563)
Bestimmung der Nulllast .... DIN EN 50563 (VDE 0806-563)
externe .... DIN EN 50563 (VDE 0806-563)

AC/DC-Netzteile, externe .... DIN EN 50563 (VDE 0806-563)

AC/DC-Übertragung, hybride
Freileitungen über 45 kV .... DIN VDE V 0210-9 (VDE V 0210-9)

AC-Brennstoffzellensysteme
portable .... DIN EN IEC 62282-5-100 (VDE 0130-5-100)

Achszähler .... DIN CLC/TS 50238-3 (VDE V 0831-238-3)
Bahnanwendungen
– Grundparameter von Gleisfreimeldesystemen .... DIN EN 50617-2 (VDE 0831-617-2)
– Prüfung von Fahrzeugen .... DIN EN 50592 (VDE 0115-592)

AC-Leistungsschalter
für Bahnfahrzeuge .... DIN EN IEC 60077-4 (VDE 0115-460-4)

AC-Lüftungsventilatoren und Regler
in Klimaanlagen für den Hausgebrauch
– Messung der Gebrauchseigenschaften .... DIN EN IEC 60665 (VDE 0705-665)

Aderkennzeichnung von Starkstromkabeln und -leitungen ..... DIN VDE 0293-1 (VDE 0293-1)

Aderleitungen
halogenfreie raucharme
– thermoplastische Isolierung .... DIN EN 50525-3-31 (VDE 0285-525-3-31)
– vernetzte Isolierung .... DIN EN 50525-3-41 (VDE 0285-525-3-41)
thermoplastische PVC-Isolierung .... DIN EN 50525-2-31 (VDE 0285-525-2-31)
Verlegung .... DIN VDE 0100-520 (VDE 0100-520)
E DIN VDE 0100-520-1 (VDE 0100-520-1)
vernetzte EVA-Isolierung .... DIN EN 50525-2-42 (VDE 0285-525-2-42)

Adern von Kabeln und Leitungen .... DIN EN 50334 (VDE 0293-334)

Adernfarben
von Kabeln und Leitungen .... DIN VDE 0293-308 (VDE 0293-308)

ADSS-LWL-Kabel .... DIN EN IEC 60794-4-20 (VDE 0888-111-5)

AES
Alarmempfangsstelle .... DIN EN 50518 (VDE 0830-5-6)

AFDDs
Fehlerlichtbogenschutzeinrichtungen
– Errichten von Niederspannungsanlagen .... E DIN VDE 0100-420/A2 (VDE 0100-420/A2)

Afterloading-Geräte
für die Brachytherapie .... DIN EN 60601-2-17 (VDE 0750-2-17)

AGL-Serienkreistransformatoren
für Flugplatzbefeuerung .... DIN EN 61823 (VDE 0161-104)

AGM
Starterbatterien mit Glasfaservlies
– Prüfungen und Anforderungen .... VDE-Anwendungsregel VDE-AR-E 2520

AIC
aktive Netzstromrichter
– leistungselektronische Systeme und Einrichtungen .... DIN IEC/TS 62578 (VDE V 0558-578)

AIC, aktive Netzstromrichter
Störsendungswerte unter 150 kHz
– Auslegungsempfehlungen .... DIN IEC/TS 62578 (VDE V 0558-578)

AIMD
Verfahren zur Beurteilung der Exposition von Arbeitnehmern
– mit aktiven implantierbaren medizinischen Geräten .... DIN EN 50527-1 (VDE 0848-527-1)
DIN EN 50527-2-1 (VDE 0848-527-2-1)
DIN EN 50527-2-2 (VDE 0848-527-2-2)

Akkumulatoren, siehe auch Batterien

Akkumulatoren .... DIN EN 61951-2 (VDE 0510-31)
DIN EN 61960-3 (VDE 0510-3)
DIN EN 62619 (VDE 0510-39)
E DIN EN IEC 62619 (VDE 0510-39)
Elektrolyt- .... E DIN EN 61960-4 (VDE 0510-44)
für tragbare Geräte .... DIN EN 62133-1 (VDE 0510-81)
DIN EN 62133-2 (VDE 0510-82)
E DIN EN 62133-2/A1 (VDE 0510-82/A1)
DIN EN IEC 62485-4 (VDE 0510-485-4)
in Kraftfahrzeugen .... DIN EN IEC 62485-4 (VDE 0510-485-4)
DIN EN IEC 63057 (VDE 0510-57)
Ladegeräte .... DIN VDE 0510-7 (VDE 0510-7)
mit alkalischen oder nicht säurehaltigen Elektrolyten .... DIN EN 62620 (VDE 0510-35)
DIN EN 61951-1 (VDE 0510-53)
DIN EN IEC 63057 (VDE 0510-57)
E DIN EN 61960-4 (VDE 0510-44)
E DIN EN 63056 (VDE 0510-56)

Sicherheitsanforderungen .... DIN EN 62133-1 (VDE 0510-81)
DIN EN 62133-2 (VDE 0510-82)
E DIN EN 62133-2/A1 (VDE 0510-82/A1)
tragbare, wiederaufladbare gasdichte .... DIN EN 61951-1 (VDE 0510-53)
E DIN EN 63056 (VDE 0510-56)

Akkumulatoren und Batterien
mit alkalischen oder nicht säurehaltigen Elektrolyten
– Lithium-Sekundärzellen und -batterien .... E DIN EN 63056 (VDE 0510-56)
– Lithiumsysteme .... DIN EN 62133-2 (VDE 0510-82)
DIN EN 62620 (VDE 0510-35)
DIN EN IEC 63057 (VDE 0510-57)

– Lithiumsysteme für industrielle Anwendungen .... E DIN EN 62133-2/A1 (VDE 0510-82/A1)
.... DIN EN 62619 (VDE 0510-39)
E DIN EN IEC 62619 (VDE 0510-39)
– Lithiumsysteme in elektrischen Energiespeichersystemen .... E DIN EN 63056 (VDE 0510-56)
– Nickel-Cadmium-Einzelzellen .... DIN EN 61951-1 (VDE 0510-53)
– Nickel-Metallhybrid-Einzelzellen .... DIN EN 62675 (VDE 0510-36)

Akkus, siehe Akkumulatoren

Akteurliste
Anwendungsfallmethodik .... DIN EN 62559-2 (VDE 0175-102)

Aktive Glasbruchmelder .... Beiblatt 1 DIN EN 50131-2-7-3 (VDE 0830-2-2-73)
DIN EN 50131-2-7-3 (VDE 0830-2-2-73)

Aktive implantierbare medizinische Geräte
allgemeine Festlegungen .... DIN EN 45502-1 (VDE 0750-10)

Aktive Infrarot-Lichtschranken .... DIN CLC/TS 50131-2-9 (VDE V 0830-2-2-9)

Aktive Lichtwellenleiterbauelemente und -geräte
Betriebsverhaltensnormen .... DIN EN IEC 62149-10 (VDE 0886-149-10)
E DIN EN 62149-11 (VDE 0886-149-11)
DIN EN 62149-2 (VDE 0886-149-2)
DIN EN 62149-3 (VDE 0886-149-3)
E DIN EN 62149-3 (VDE 0886-149-3)
DIN EN 62149-8 (VDE 0886-149-8)
DIN EN 62149-9 (VDE 0886-149-9)

Aktive Lichtwellenleiterbaugeräte
Betriebsverhaltensnormen
– Mehrkanal-Sender-Empfänger-Chip-Scale-Bauelemente mit Mehrmodenfaser-Schnittstelle
.... E DIN EN 62149-11 (VDE 0886-149-11)
– RoF-Sende-Empfangsgeräte (Funk über Lichtwellenleiter)
.... DIN EN IEC 62149-10 (VDE 0886-149-10)

Aktiver Netzstromrichter (AIC)
Betriebsbedingungen und Eigenschaften
– Auslegungsempfehlungen für Störaussendungswerte unter 150 kHz
.... DIN IEC/TS 62578 (VDE V 0558-578)
leistungselektronischer Systeme und Einrichtungen
– Betriebsbedingungen und Eigenschaften .... DIN IEC/TS 62578 (VDE V 0558-578)

Aktivteile
drehender elektrischer Maschinen
– Erkennung und Diagnose von Schäden .... DIN CLC/TS 60034-24 (VDE V 0530-240)

Aktor-Sensor-Interface (AS-i) .... DIN EN 62026-2 (VDE 0660-2026-2)

Akustik
Hörgeräte
– elektromagnetische Verträglichkeit .... DIN EN 60118-13 (VDE 0750-11)
E DIN IEC 60118-13 (VDE 0750-11)
– Störfestigkeit gegen digitale Mobilfunkgeräte .... E DIN IEC 60118-13 (VDE 0750-11)

Akustische Glasbruchmelder .... Beiblatt 1 DIN EN 50131-2-7-1 (VDE 0830-2-2-71)
DIN EN 50131-2-7-1 (VDE 0830-2-2-71)

Akustische Signalgeber
für den Haushalt
– und ähnliche Zwecke .... DIN EN 62080 (VDE 0632-600)

Akzeptanztest .... DIN EN 61003-2 (VDE 0409-2)

Alarmanlagen
Alarmübertragungsanlagen und -einrichtungen
– VDE-Anwendungsregeln .... DIN CLC/TS 50136-7 (VDE V 0830-5-7)
Alarmverifikation .... DIN VDE V 0833-3-1 (VDE V 0833-3-1)
allgemeine Festlegungen .... DIN VDE 0833-1 (VDE 0833-1)
Begriffe .... Beiblatt 1 DIN EN 50131-1 (VDE 0830-2-1)
CCTV-Überwachungsanlagen
– VDE-Anwendungsregeln .... DIN EN 62676-4 (VDE 0830-71-4)
Einbruch- und Überfallmeldeanlagen
– aktive Glasbruchmelder .... Beiblatt 1 DIN EN 50131-2-7-3 (VDE 0830-2-2-73)
 DIN EN 50131-2-7-3 (VDE 0830-2-2-73)
– aktive Infrarot-Lichtschranken .... DIN CLC/TS 50131-2-9 (VDE V 0830-2-2-9)
– akustische Glasbruchmelder .... Beiblatt 1 DIN EN 50131-2-7-1 (VDE 0830-2-2-71)
 DIN EN 50131-2-7-1 (VDE 0830-2-2-71)
– Alarmvorprüfung – Verfahren und Grundsätze .... DIN CLC/TS 50131-9 (VDE V 0830-2-9)
– VDE-Anwendungsregeln .... DIN CLC/TS 50131-7 (VDE V 0830-2-7)
– Einbruchmelder – ALDDR .... DIN CLC/TS 50131-2-11 (VDE V 0830-2-2-11)
– Energieversorgungen .... DIN EN 50131-6 (VDE 0830-2-6)
– Glasbruchmelder (Aktiv) .... DIN EN 50131-2-7-3 (VDE 0830-2-2-73)
– Glasbruchmelder (Akustisch) .... DIN EN 50131-2-7-1 (VDE 0830-2-2-71)
– Glasbruchmelder (Passiv) .... DIN EN 50131-2-7-2 (VDE 0830-2-2-72)
– leitungsgebundene Verbindungen für EMA/ÜMA Einrichtungen
 .... E DIN CLC/TS 50131-5-1 (VDE V 0830-2-5-1)
– Melderzentrale .... DIN EN 50131-3 (VDE 0830-2-3)
– Nebelgeräte für Sicherungsanwendungen .... DIN EN 50131-8 (VDE 0830-2-8)
– Nebelgeräte und Nebelsysteme .... DIN EN 50131-8 (VDE 0830-2-8)
– Passiv-Infrarotdualmelder .... E DIN EN 50131-2-4 (VDE 0830-2-2-4)
– Passiv-Infrarotmelder .... DIN EN 50131-2-2 (VDE 0830-2-2-2)
 Beiblatt 1 DIN EN 50131-2-4 (VDE 0830-2-2-4)
 Beiblatt 1 DIN EN 50131-2-5 (VDE 0830-2-2-5)
– passive Glasbruchmelder .... Beiblatt 1 DIN EN 50131-2-7-2 (VDE 0830-2-2-72)
 DIN EN 50131-2-7-2 (VDE 0830-2-2-72)
– Planung, Errichtung, Betrieb .... DIN VDE 0833-3 (VDE 0833-3)
– Prüfbeschreibungen EMA/ÜMA-Komponenten .... DIN CLC/TS 50131-5-4 (VDE V 0830-2-5-4)
– pyrotechnisches Verrauchungsgerät .... E DIN EN 50131-13 (VDE 0830-2-13)
– Scharf- und Unscharfschaltung von Einbruchmeldeanlagen (EMA)
 .... DIN CLC/TS 50131-12 (VDE V 0830-2-12)
– Signalgeber .... DIN EN 50131-4 (VDE 0830-2-4)
– Systemanforderungen .... DIN EN 50131-1 (VDE 0830-2-1)
 E DIN EN 50131-1/A3 (VDE 0830-2-1/A3)
– Überfallmelder .... Beiblatt 1 DIN CLC/TS 50131-11 (VDE V 0830-2-11)
 DIN CLC/TS 50131-11 (VDE V 0830-2-11)
– Übertragungseinrichtungen .... DIN EN 50131-10 (VDE 0830-2-10)
– Übertragungsgeräte (Funk-) .... DIN EN 50131-5-3 (VDE 0830-2-5-3)
– Übertragungsgeräte, die Funkfrequenz-Techniken verwenden
 .... DIN EN 50131-5-3 (VDE 0830-2-5-3)
Einbruchmeldeanlagen
– aktive Glasbruchmelder .... Beiblatt 1 DIN EN 50131-2-7-3 (VDE 0830-2-2-73)

– aktive Infrarot-Lichtschranken .... DIN EN 50131-2-7-3 (VDE 0830-2-2-73)
DIN CLC/TS 50131-2-9 (VDE V 0830-2-2-9)
– akustische Glasbruchmelder .... Beiblatt 1 DIN EN 50131-2-7-1 (VDE 0830-2-2-71)
DIN EN 50131-2-7-1 (VDE 0830-2-2-71)
– ALDDR .... DIN CLC/TS 50131-2-11 (VDE V 0830-2-2-11)
– Erschütterungsmelder .... DIN EN 50131-2-8 (VDE 0830-2-2-8)
– kombinierte PIR- und Mikrowellenmelder .... Beiblatt 1 DIN EN 50131-2-4 (VDE 0830-2-2-4)
DIN EN 50131-2-4 (VDE 0830-2-2-4)
E DIN EN 50131-2-4 (VDE 0830-2-2-4)
– kombinierte PIR- und Ultraschallmelder .... Beiblatt 1 DIN EN 50131-2-5 (VDE 0830-2-2-5)
DIN EN 50131-2-5 (VDE 0830-2-2-5)
– Mikrowellenmelder .... Beiblatt 1 DIN EN 50131-2-3 (VDE 0830-2-2-3)
DIN EN 50131-2-3 (VDE 0830-2-2-3)
Beiblatt 1 DIN EN 50131-2-4 (VDE 0830-2-2-4)
E DIN EN 50131-2-4 (VDE 0830-2-2-4)
– Öffnungsmelder (Magnetkontakte) .... DIN EN 50131-2-10 (VDE 0830-2-2-10)
Beiblatt 1 DIN EN 50131-2-6 (VDE 0830-2-2-6)
DIN EN 50131-2-6 (VDE 0830-2-2-6)
– Passiv-Infrarotdualmelder .... E DIN EN 50131-2-4 (VDE 0830-2-2-4)
– Passiv-Infrarotmelder .... DIN EN 50131-2-2 (VDE 0830-2-2-2)
Beiblatt 1 DIN EN 50131-2-4 (VDE 0830-2-2-4)
Beiblatt 1 DIN EN 50131-2-5 (VDE 0830-2-2-5)
– passive Glasbruchmelder .... Beiblatt 1 DIN EN 50131-2-7-2 (VDE 0830-2-2-72)
DIN EN 50131-2-7-2 (VDE 0830-2-2-72)
– pyrotechnisches Verrauchungsgerät .... E DIN EN 50131-13 (VDE 0830-2-13)
– Scharf- und Unscharfschaltung .... DIN CLC/TS 50131-12 (VDE V 0830-2-12)
– Überfallmelder .... Beiblatt 1 DIN CLC/TS 50131-11 (VDE V 0830-2-11)
DIN CLC/TS 50131-11 (VDE V 0830-2-11)
elektronische Zutrittskontrollanlagen .... DIN EN 60839-11-2 (VDE 0830-8-11-2)
DIN EN 60839-11-31 (VDE 0830-81-11-31)
DIN EN 60839-11-32 (VDE 0830-81-11-32)
– IP Interoperabilität auf Basis von Webservices ..... DIN EN 60839-11-31 (VDE 0830-81-11-31)
DIN EN 60839-11-32 (VDE 0830-81-11-32)
– Open Supervised Device Protocol (OSDP) .... E DIN EN IEC 60839-11-5 (VDE 0830-8-11-5)
– Spezifikation der Zugangskontrolle .... DIN EN 60839-11-32 (VDE 0830-81-11-32)
externe Perimeter-Sicherheitsanlagen
– Systemanforderungen .... DIN CLC/TS 50661-1 (VDE V 0830-100-1)
Gaswarngeräte
– Detektion von Kohlenmonoxid in Wohnhäusern .... DIN EN 50291-1 (VDE 0400-34-1)
Gebäude-Gegensprechanlagen .... DIN EN 62820-1-1 (VDE 0830-91-1-1)
DIN EN 62820-1-2 (VDE 0830-91-1-2)
DIN EN IEC 62820-2 (VDE 0830-91-2)
DIN EN IEC 62820-3-1 (VDE 0830-91-3-1)
DIN EN IEC 62820-3-2 (VDE 0830-91-3-2)
Gebäude-Sprechanlagen .... DIN EN 62820-1-1 (VDE 0830-91-1-1)
DIN EN IEC 62820-2 (VDE 0830-91-2)
DIN EN IEC 62820-3-1 (VDE 0830-91-3-1)
DIN EN IEC 62820-3-2 (VDE 0830-91-3-2)
kombinierte und integrierte Anlagen .... DIN CLC/TS 50398 (VDE V 0830-6-398)
DIN EN 50398-1 (VDE 0830-6-1)
mit fest zugeordneten Alarmübertragungswegen .... DIN EN 50136-2 (VDE 0830-5-2)
– AÜW .... DIN EN 50136-2 (VDE 0830-5-2)

Open Supervised Device Protocol (OSDP) .... E DIN EN IEC 60839-11-5 (VDE 0830-8-11-5)
ortsfeste Batterieanlagen .... DIN EN IEC 62485-2 (VDE 0510-485-2)
Personen-Hilferufanlagen .... DIN EN 50134-3 (VDE 0830-4-3)
                    DIN CLC/TS 50134-9 (VDE V 0830-4-9)
– VDE-Anwendungsregeln .... DIN EN 50134-7 (VDE 0830-4-7)
– Auslösegeräte .... DIN EN 50134-2 (VDE 0830-4-2)
– IP-Übertragungsprotokoll .... DIN CLC/TS 50134-9 (VDE V 0830-4-9)
– Systemanforderungen .... DIN EN 50134-1 (VDE 0830-4-1)
– Verbindungen und Kommunikation .... DIN EN 50134-5 (VDE 0830-4-5)
                    E DIN EN 50134-5 (VDE 0830-4-5)
Störfestigkeit von Anlageteilen .... DIN EN 50130-4 (VDE 0830-1-4)
Übereinstimmung mit EG-Richtlinien .... Beiblatt 1 DIN EN 50130 (VDE 0830-1)
Überfallmeldeanlagen .... DIN EN 50130-4 (VDE 0830-1-4)
                    DIN CLC/TS 50661-1 (VDE V 0830-100-1)
– pyrotechnisches Verrauchungsgerät .... E DIN EN 50131-13 (VDE 0830-2-13)
Übertragung per standardisierten Protokoll
– unter Nutzung des Internetprotokolls .... DIN CLC/TS 50136-9 (VDE V 0830-5-9)
Übertragungsanlagen
– allgemeine Anforderungen .... DIN EN 50136-1 (VDE 0830-5-1)
– VDE-Anwendungsregeln .... DIN CLC/TS 50136-7 (VDE V 0830-5-7)
– Einrichtungen .... DIN EN 50136-1 (VDE 0830-5-1)
Übertragungseinrichtungen
– Anforderungen .... DIN EN 50136-2 (VDE 0830-5-2)
– VDE-Anwendungsregeln .... DIN CLC/TS 50136-7 (VDE V 0830-5-7)
– Anzeige- und Bedieneinrichtung .... DIN CLC/TS 50136-4 (VDE V 0830-5-4)
Umweltprüfungen .... DIN EN 50130-5 (VDE 0830-1-5)
Zutrittskontrollanlagen .... DIN EN 60839-11-1 (VDE 0830-8-11-1)
                    DIN EN 60839-11-2 (VDE 0830-8-11-2)
– Anlagen und Geräte .... DIN EN 60839-11-1 (VDE 0830-8-11-1)
– Open Supervised Device Protocol (OSDP) .... E DIN EN IEC 60839-11-5 (VDE 0830-8-11-5)

Alarmempfangsstelle (AES) .... DIN EN 50518 (VDE 0830-5-6)
 Abläufe und Anforderungen an den Betrieb .... DIN EN 50518 (VDE 0830-5-6)
 örtliche und bauliche Anforderungen .... DIN EN 50518 (VDE 0830-5-6)
 technische Anforderungen .... DIN EN 50518 (VDE 0830-5-6)

Alarmfunktionen und ihre Darstellung
 in Kernkraftwerken .... DIN EN 62241 (VDE 0491-5-2)

Alarmmanagement in der Prozessindustrie .... DIN EN 62682 (VDE 0810-682)
                    E DIN EN IEC 62682 (VDE 0810-682)

Alarmsysteme in der sozialen Versorgung
 Servicemodell .... DIN CEN/TS 17470 (VDE V 0834-3)

Alarmübertragung
 unter Nutzung des Internetprotokolls
 – standardisierte Protokolle .... DIN CLC/TS 50136-9 (VDE V 0830-5-9)

Alarmübertragungsanlagen
 allgemeine Anforderungen .... DIN EN 50136-1 (VDE 0830-5-1)

Alarmübertragungseinrichtungen
 Anforderungen an Übertragungszentralen
 – (ÜZ) .... DIN EN 50136-3 (VDE 0830-5-3)

Alarmvorprüfung
Verfahren und Grundsätze
– für Einbruch- und Überfallmeldeanlagen .... DIN CLC/TS 50131-9 (VDE V 0830-2-9)

ALDDR .... DIN CLC/TS 50131-2-11 (VDE V 0830-2-2-11)

Alkohol-Interlocks
Betriebsverhalten .... DIN EN 50436-1 (VDE 0406-1)
DIN EN 50436-2 (VDE 0406-2)
DIN EN 50436-7 (VDE 0406-7)
– Datensicherheit .... DIN EN 50436-6 (VDE 0406-6)
– Prüfverfahren und Anforderungen .... DIN EN 50436-3 (VDE 0406-3)
DIN EN 50436-6 (VDE 0406-6)
DIN EN 50436-7 (VDE 0406-7)
digitale Schnittstelle mit dem Fahrzeug .... DIN EN 50436-4 (VDE 0406-4)
Geräte für allgemein-präventiven Einsatz .... DIN EN 50436-2 (VDE 0406-2)
Geräte für Programme mit Trunkenheitsfahrern .... DIN EN 50436-1 (VDE 0406-1)
Leitfaden für Behörden, Entscheider, Käufer und Nutzer .... DIN EN 50436-3 (VDE 0406-3)
Prüfverfahren und Anforderungen
– an das Betriebsverhalten .... DIN EN 50436-4 (VDE 0406-4)
– Einbaudokument .... DIN EN 50436-7 (VDE 0406-7)
Verbindung mit dem Fahrzeug .... DIN EN 50436-4 (VDE 0406-4)

Alleinarbeiten
drahtlose Personen-Notsignal-Anlagen .... DIN VDE V 0825-1 (VDE V 0825-1)
DIN VDE V 0825-11 (VDE V 0825-11)

Allesgreiferzange .... DIN EN 60832-1 (VDE 0682-211)

Allesschneider, elektrisch betriebene
für den Hausgebrauch
– Verfahren zur Messung der Gebrauchseigenschaften
.... DIN VDE V 0705-619-100 (VDE V 0705-619-100)

Allgemeinbeleuchtung .... DIN EN 60968 (VDE 0715-6)
eingebautes Vorschaltgerät .... DIN EN 60968 (VDE 0715-6)
LED-Lampen .... DIN EN 62776 (VDE 0715-16)
DIN EN 62838 (VDE 0715-17)
LED-Module .... DIN EN IEC 62031 (VDE 0715-5)
– Sicherheitsanforderungen .... DIN EN IEC 62031 (VDE 0715-5)
LEDsi-Lampen .... DIN EN 62838 (VDE 0715-17)
Störfestigkeit .... Beiblatt 1 DIN EN 61547 (VDE 0875-15-2)
DIN EN 61547 (VDE 0875-15-2)
E DIN EN 61547 (VDE 0875-15-2)
allgemeine Festlegungen
– Sicherheit, Aufschriften, Herstellerinformationen .... DIN EN 45502-1 (VDE 0750-10)
Herzschrittmacher .... E DIN EN ISO 14708-2 (VDE 0750-20-2)
implantierbare Infusionspumpen .... E DIN EN ISO 14708-4 (VDE 0750-20-4)
implantierbare Neurostimulatoren .... E DIN EN ISO 14708-2 (VDE 0750-20-2)
E DIN EN ISO 14708-3 (VDE 0750-20-3)
E DIN EN ISO 14708-6 (VDE 0750-20-6)
Produkte zur Behandlung von Tachyarrhythmie
– einschließlich implantierbarer Defibrillatoren .... E DIN EN ISO 14708-6 (VDE 0750-20-6)

Allgemeines Informationsmodell (CIM)
Basismodell
– Schnittstelle für Anwendungsprogramme (EMS-API) DIN EN 61970-301 (VDE 0101-970-301)

Allgemeines Informationsmodell
Schnittstellen .... DIN EN 61970-301 (VDE 0101-970-301)
DIN EN 62656-3 (VDE 0040-8-3)
E DIN EN IEC 62656-8 (VDE 0040-8-8)

Alpha-, Beta- und Photonenstrahlung
Referenzstrahler
– Kalibrierung von Oberflächenkontaminationsmonitoren .... DIN ISO 8769 (VDE 0412-8769)

Alphastrahlung
Überwachungseinrichtungen .... DIN EN 60861 (VDE 0493-4-2)

Alterung elektrischer Isoliersysteme .... DIN EN 60505 (VDE 0302-1)

Alterung von Isolierstoffen .... DIN EN 60544-5 (VDE 0306-5)

Alterungsmanagement elektrischer Kabelsysteme
Kernkraftwerke
– Leittechnik mit sicherheitstechnischer Bedeutung .... DIN EN IEC 62465 (VDE 0491-22-10)

Alterungsmanagement Sensoren und Transmitter
Kernkraftwerke
– Leittechnik mit sicherheitstechnischer Bedeutung .... DIN EN 62765-1 (VDE 0491-22-1)
E DIN IEC 62765-2 (VDE 0491-22-2)

Alterungsprüfung
selbstheilender Leistungs-Parallelkondensatoren .... DIN EN 60831-2 (VDE 0560-47)

Alterungsprüfungen, elektrische
für Bauteile von Freileitungen .... DIN EN 50483-5 (VDE 0278-483-5)

Alterungsverfahren, thermische
Alterung im Wärmeschrank
– bei Kabeln, isolierten Leitungen und Glasfaserkabeln
.... DIN EN 60811-401 (VDE 0473-811-401)
bei Kabeln und isolierten Leitungen .... DIN EN 60811-401 (VDE 0473-811-401)
bei Kabeln, isolierten Leitungen und Glasfaserkabeln .. DIN EN 60811-401 (VDE 0473-811-401)

Alterungswärmeschränke .... DIN EN 60216-4-2 (VDE 0304-24-2)
DIN EN 60216-4-3 (VDE 0304-24-3)

Altgeräte aus dem Haushalt
Sammlung, Logistik und Behandlung .... DIN CLC/TS 50574-2 (VDE V 0042-11-2)
DIN EN 50625-2-3 (VDE 0042-13-23)

Altgeräte
Elektro- und Elektronik-
– Allgemeines .... DIN EN 50625-1 (VDE 0042-13-1)
– Behandlung von Lampen .... DIN EN 50625-2-1 (VDE 0042-13-21)

Aluminiumdrähte für Freileitungen .... E DIN IEC 62641 (VDE 0212-304)

Aluminiumdrähte, papierisoliert .... E DIN EN IEC 60317-27-4 (VDE 0474-317-27-4)

Aluminium-Elektrolytkondensatoren
für Motoranlassbetrieb .... DIN EN 137100 (VDE 0560-810)
                                                                                     DIN EN 137101 (VDE 0560-811)
im Betrieb mit Motoren .... DIN EN 137000 (VDE 0560-800)
mit nicht festen Elektrolyten
– für Bahnfahrzeuge .... DIN EN 61881-2 (VDE 0115-430-2)

Aluminiumleiter für Freileitungen
Ausführung ACSS .... DIN EN 50540 (VDE 0212-355)

Ambient Assisted Living (AAL)
Entwicklungsleitlinie
– AAL-Produkte .... VDE-Anwendungsregel VDE-AR-E 2757-100
                                                                                     VDE-Anwendungsregel VDE-AR-E 2757-10
Konzeptionalisierung von Integrationsprofilen .... VDE-Anwendungsregel VDE-AR-E 2757-6-2
mobile Endgeräte .... VDE-Anwendungsregel VDE-AR-E 2757-10
– Anforderungen an Hersteller .... VDE-Anwendungsregel VDE-AR-E 2757-10
– Anforderungen an Integratoren .... VDE-Anwendungsregel VDE-AR-E 2757-10
– Hinweise für Anwender .... VDE-Anwendungsregel VDE-AR-E 2757-10
mobile Endgeräte mit Bildschirm .... VDE-Anwendungsregel VDE-AR-E 2757-10
mobile Endgeräte ohne Bildschirm .... VDE-Anwendungsregel VDE-AR-E 2757-10
mobile und schnurlose Ruftaster .... VDE-Anwendungsregel VDE-AR-E 2757-10
Qualifizierung .... VDE-Anwendungsregel VDE-AR-E 2757-5
Repräsentation von Integrationsprofilen
– Systemplanungssicht .... VDE-Anwendungsregel VDE-AR-E 2757-6-1

Ambulanzen
elektrische Anlagen .... DIN VDE 0100-710 (VDE 0100-710)
                                                                                     Beiblatt 1 DIN VDE 0100-710 (VDE 0100-710)
                                                                                     E DIN VDE 0100-710 (VDE 0100-710)
                                                                                     VDE-Schriftenreihe Band 168

Ammoniak-Korrosionsprüfung von photovoltaischen (PV-)Modulen
.... DIN EN 62716 (VDE 0126-39)

Ampel, siehe Verkehrsampel

Ampel (Straßenverkehrssignalanlage) .... DIN VDE V 0832-601 (VDE V 0832-601)
                                                                                     DIN VDE V 0832-602 (VDE V 0832-602)
                                                                                     DIN EN 50293 (VDE 0832-200)

Analoge Übertragung
mehradrige Daten- und Kontrollkabel .... DIN EN 50288-10-2 (VDE 0819-10-2)
– Horizontal- und Steigbereich .... DIN EN 50288-10-1 (VDE 0819-10-1)

Analoge Videoschnittstellen
Videoüberwachungsanlagen für Sicherungsanwendungen ... DIN EN 62676-3 (VDE 0830-71-3)
                                                                                     DIN EN 62676-4 (VDE 0830-71-4)

Analoger Zugfunk .... DIN VDE 0119-207-1 (VDE 0119-207-1)

Analyse der Stromversorgung
Kernkraftwerke .... E DIN IEC 62855 (VDE 0491-8-1)

Analyse der Zuverlässigkeit
Ereignisbaumanalyse .... DIN EN 62502 (VDE 0050-3)

Analyse gelöster und freier Gase .... DIN EN 60567 (VDE 0370-9)
DIN EN 60599 (VDE 0370-7)

Analyse menschlicher Zuverlässigkeit
probabilistische Risikobewertung von nuklearen Energieerzeugungsanlagen
– und anderen kerntechnischen Anlagen .... E DIN IEC 63260 (VDE 0491-60)

Analyse von Blei in PVC .... DIN EN 50414 (VDE 0473-414)

Analysegeräte .... DIN EN 61010-2-081 (VDE 0411-2-081)
E DIN EN 61010-2-081 (VDE 0411-2-081)

Analysemethoden für Zuverlässigkeit
Petrinetz-Modellierung .... DIN EN 62551 (VDE 0050-4)

Analysengeräteräume .... DIN EN 50381 (VDE 0170-17)
Änderung elektrischer Geräte .... VDE-Schriftenreihe Band 62
Sicherheit .... DIN EN 61285 (VDE 0400-100)

Anästhesie-Abgabesystem .... DIN EN ISO 80601-2-13 (VDE 0750-2-13)
E DIN EN ISO 80601-2-13 (VDE 0750-2-13)
DIN EN ISO 80601-2-13/A1 (VDE 0750-2-13/A1)
DIN EN ISO 80601-2-13/A2 (VDE 0750-2-13/A2)

Anästhesie-Arbeitsplätze .... DIN EN ISO 80601-2-13 (VDE 0750-2-13)
E DIN EN ISO 80601-2-13 (VDE 0750-2-13)
DIN EN ISO 80601-2-13/A1 (VDE 0750-2-13/A1)
DIN EN ISO 80601-2-13/A2 (VDE 0750-2-13/A2)

Anästhesie-Atemsystem .... DIN EN ISO 80601-2-13 (VDE 0750-2-13)
E DIN EN ISO 80601-2-13 (VDE 0750-2-13)
DIN EN ISO 80601-2-13/A1 (VDE 0750-2-13/A1)
DIN EN ISO 80601-2-13/A2 (VDE 0750-2-13/A2)

Anbauten für Leistungstransformatoren und Drosselspulen
abnehmbare Radiatoren .... DIN EN IEC 60076-22-2 (VDE 0532-76-22-2)
Änderung elektrischer Geräte .... DIN VDE 0701-0702 (VDE 0701-0702)
DIN EN 50678 (VDE 0701)

Andockführungssystem (A-VDGS)
erweitertes optisches .... DIN EN 50512 (VDE 0161-110)

Andreaskreuze .... VDE-Anwendungsregel VDE-AR-N 4210-11

Aneisung .... DIN EN 50341-1 (VDE 0210-1)

Anforderungen an das Betriebsverhalten
Geräte zur Fernüberwachung von Alkoholkonsum
– Geräte in Beurteilungsprogrammen .... DIN EN 50980-1 (VDE 0406-21)

Anforderungen an die Geräte
Erfassungs- und Messsysteme zur Datenverarbeitung .... DIN EN 62974-1 (VDE 0415-974-1)

Anforderungen an die im Bereich Elektrotechnik tätigen Personen
.... E DIN VDE 1000-10 (VDE 1000-10)

Anforderungen an mechanische Schalter
Geräteschalter .... DIN EN 61058-1-1 (VDE 0630-1-1)

Anforderungen an programmierbare Bauteile für Lampen .... DIN EN 62733 (VDE 0712-4)

Anforderungen an Schaltnetzteile (SMPS)
und Transformatoren von Schaltnetzteilen .... E DIN EN IEC 61558-2-16 (VDE 0570-2-16)
Anforderungen an Starkstromkabel
mit extrudierter Isolierung .... DIN IEC 62067 (VDE 0276-2067)
Anforderungen für feste Isolierung für Betriebsmittel
Bemessungsspannung über 1000 V Wechselspannung/1500 V Gleichspannung
– bis zu 2000 V Wechselspannung/3000 V Gleichspannung
.... DIN IEC/TS 62993 (VDE V 0110-101)
Anforderungen für Klima- und Umweltprüfgeräte
– und Temperatur-Konditionierungsgeräte .... DIN EN 61010-2-012 (VDE 0411-2-012)
                    E DIN EN 61010-2-012 (VDE 0411-2-012)
Anforderungen für Kühlgeräte .... DIN EN 61010-2-011 (VDE 0411-2-011)
                    E DIN EN IEC 61010-2-011 (VDE 0411-2-011)
besondere Anforderungen für Geräte
– Gebrauch in Bildungseinrichtungen durch Kinder ... E DIN EN 61010-2-130 (VDE 0411-2-130)
besondere Anforderungen für Steuer- und Regelgeräte
.... DIN EN IEC 61010-2-201 (VDE 0411-2-201)
                    E DIN EN IEC 61010-2-201 (VDE 0411-2-201)
besondere Anforderungen für Ventile und Steller .... DIN EN IEC 61010-2-202 (VDE 0411-2-202)
                    E DIN EN IEC 61010-2-202 (VDE 0411-2-202)
elektrische Geräte
– in Lehranstalten durch Kinder .... DIN IEC/TS 62850 (VDE V 0411-1-1)
– in Schulen durch Kinder .... DIN IEC/TS 62850 (VDE V 0411-1-1)
EMV-Anforderungen
– allgemeine Anforderungen .... DIN EN 61326-1 (VDE 0843-20-1)
                    E DIN EN 61326-1 (VDE 0843-20-1)
– empfindliche Prüf- und Messgeräte ohne EMV-Schutz . DIN EN 61326-2-1 (VDE 0843-20-2-1)
                    E DIN EN IEC 61326-2-1 (VDE 0843-20-2-1)
– Feldgeräte mit Feldbusschnittstellen .... DIN EN 61326-2-5 (VDE 0843-20-2-5)
                    E DIN EN IEC 61326-2-5 (VDE 0843-20-2-5)
– Isolationsfehlerortungsgeräte .... DIN EN 61326-2-4 (VDE 0843-20-2-4)
                    E DIN EN IEC 61326-2-4 (VDE 0843-20-2-4)
– Isolationsüberwachungsgeräte .... DIN EN 61326-2-4 (VDE 0843-20-2-4)
                    E DIN EN IEC 61326-2-4 (VDE 0843-20-2-4)
– medizinische In-vitro-Diagnosegeräte (IVD) .... DIN EN 61326-2-6 (VDE 0843-20-2-6)
                    E DIN EN 61326-2-6 (VDE 0843-2-6)
– Messgrößenumformer .... DIN EN 61326-2-3 (VDE 0843-20-2-3)
                    E DIN EN IEC 61326-2-3 (VDE 0843-20-2-3)
– ortsveränderliche Prüf-, Mess- und Überwachungsgeräte
.... DIN EN 61326-2-2 (VDE 0843-20-2-2)
                    E DIN EN IEC 61326-2-2 (VDE 0843-20-2-2)
– Prüfanordnung, Betriebsbedingungen, Leistungsmerkmale
.... E DIN EN IEC 61326-2-4 (VDE 0843-20-2-4)
für das Erhitzen von Stoffen .... DIN EN 61010-2-010 (VDE 0411-2-010)
                    E DIN EN 61010-2-010 (VDE 0411-2-010)
handgehaltene Multimeter .... E DIN EN 61010-2-033 (VDE 0411-2-033)
handgehaltenes Messzubehör .... DIN EN 61010-031 (VDE 0411-031)
                    E DIN EN 61010-031/AA (VDE 0411-031/AA)
                    E DIN EN 61010-2-033 (VDE 0411-2-033)
handgehaltenes und handbedientes Messzubehör E DIN EN 61010-031/A1 (VDE 0411-031/A1)
                    E DIN EN 61010-2-032 (VDE 0411-2-032)
In-vitro-Diagnostik (IVD) .... DIN EN 61010-2-101 (VDE 0411-2-101)

Isolationswiderstandsmessung
– Spannungsfestigkeitsprüfung .... E DIN EN 61010-2-034 (VDE 0411-2-034)
Laborzentrifugen .... DIN EN 61010-2-020 (VDE 0411-2-020)
E DIN EN 61010-2-101 (VDE 0411-2-101)
E DIN EN IEC 61010-2-020 (VDE 0411-2-020)
Prüf- und Messstromkreise .... DIN EN 61010-2-030 (VDE 0411-2-030)
E DIN EN 61010-2-030 (VDE 0411-2-030)
Röntgengeräteschränke .... DIN EN 61010-2-091 (VDE 0411-2-091)
E DIN EN 61010-2-091 (VDE 0411-2-091)
Störfestigkeitsanforderungen .... DIN EN 61326-3-1 (VDE 0843-20-3-1)
DIN EN IEC 61326-3-2 (VDE 0843-20-3-2)
Stromsonden .... E DIN EN 61010-2-032 (VDE 0411-2-032)

Anforderungen und Prüfungen für Schaltnetzteile
und Transformatoren für Schaltnetzteile .... DIN EN 61558-2-16 (VDE 0570-2-16)
E DIN EN IEC 61558-2-16 (VDE 0570-2-16)

Anforderungen
Kabel zur Hochspannungs-Gleichstrom-Übertragung (HGÜ)
– mit extrudierter Isolierung und Nennspannung bis 320 kV .... DIN IEC 62895 (VDE 0276-2895)

Anforderungsliste
Anwendungsfallmethodik .... DIN EN 62559-2 (VDE 0175-102)

Angabe von immissionsrelevanter Schallleistungspegel- und
Tonhaltigkeitswerten
– Windenergieanlagen .... DIN CLC/TS 61400-14 (VDE V 0127-14)

Anlagen auf Baustellen .... DIN VDE 0100-704 (VDE 0100-704)

Anlagen für elektromagnetische Bearbeitungsprozesse .. DIN EN IEC 60519-1 (VDE 0721-1)
allgemeine Anforderungen .... DIN EN IEC 60519-1 (VDE 0721-1)
Elektroschlacke-Umschmelzöfen .... DIN EN IEC 60519-8 (VDE 0721-8)
Infrarot-Elektrowärmeanlagen .... DIN EN IEC 60519-12 (VDE 0721-12)

Anlagen in elektrischen Versorgungsnetzen
Instandhaltung .... DIN VDE 0109 (VDE 0109)

Anlagen mit erneuerbarer Energie
Hybridanlagen
– Elektrifizierung ländlicher Gebiete .... DIN IEC/TS 62257-1 (VDE V 0126-52)

Anlagen zur Hochspannungsgleichstromübertragung (HGÜ)
Systemprüfungen .... DIN EN 61975 (VDE 0553-975)

Anlagen
auf Baustellen .... VDE-Schriftenreihe Band 142
.... VDE-Schriftenreihe Band 168
Betreiberverantwortung und Sicherheit bei Altanlagen .... VDE-Schriftenreihe Band 173
Erzeugung, Übertragung, Verteilung
– elektrischer Energie .... DIN EN 50647 (VDE 0848-647)

Anlagenbetreiber Elektrotechnik .... VDE-Schriftenreihe Band 135
VDE-Schriftenreihe Band 157

Anlagendokumentation
Klassifikation und Kennzeichnung .... DIN EN 61355-1 (VDE 0040-3)

Anlassdrosselspulen .... DIN 57532-21 (VDE 0532-21)

Anlasstransformatoren .... DIN 57532-21 (VDE 0532-21)

Anlasstransformatorstarter .... DIN EN IEC 60947-4-1 (VDE 0660-102)

Anlaufverhalten von Drehstrommotoren mit Käfigläufer ..... DIN EN 60034-12 (VDE 0530-12)

Anlegeplatz .... DIN VDE 0100-709 (VDE 0100-709)
VDE-Schriftenreihe Band 168

Anlegestelle .... DIN VDE 0100-709 (VDE 0100-709)
VDE-Schriftenreihe Band 168

Anlernfunktion .... VDE-Anwendungsregel VDE-AR-E 2660-208

Annahmeprüfung von elektromechanischen Wirkenergiezählern
Klassen 0,5, 1 und 2 .... DIN EN 62058-21 (VDE 0418-8-21)

Annahmeprüfung von elektronischen Wirkenergiezählern
Klassen 0,2 S, 0,5 S, 1 und 2 .... DIN EN 62058-31 (VDE 0418-8-31)

Annahmeprüfung von Wechselstrom-Elektrizitätszählern
allgemeine Verfahren .... DIN EN 62058-11 (VDE 0418-8-11)

Anordnung von Erdungsschaltern
Bemessungsspannung größer oder gleich 245 kV ... E DIN VDE 0670-2-453 (VDE 0670-2-453)

Anregungscharakteristik
Messrelais und Schutzeinrichtungen .... DIN EN 60255-121 (VDE 0435-3121)

Anschluss und Betrieb von Kundenanlagen
an das Hochspannungsnetz
– TAR Hochspannung .... VDE-Anwendungsregel VDE-AR-N 4120
an das Höchstspannungsnetz
– TAR Höchstspannung .... VDE-Anwendungsregel VDE-AR-N 4130
an das Mittelspannungsnetz
– TAR Mittelspannung .... VDE-Anwendungsregel VDE-AR-N 4110
an das Niederspannungsnetz
– TAR Niederspannung .... VDE-Anwendungsregel VDE-AR-N 4100
Berichtigung 1 zu VDE-Anwendungsregel VDE-AR-N 4100

Anschluss von Stromerzeugungsanlagen
Mittelspannungsverteilnetz .... DIN EN 50549-2 (VDE 0124-549-2)

Anschlussbeschriftung .... DIN EN 62491 (VDE 0040-4)

Anschlussbezeichnungen
drehender elektrischer Maschinen .... DIN EN 60034-8 (VDE 0530-8)

Anschlussdosen
für Photovoltaikmodule .... DIN EN 50548 (VDE 0126-5)
DIN EN 62790 (VDE 0126-500)
E DIN EN 62790/A1 (VDE 0126-500/A1)

Anschlüsse elektrischer Betriebsmittel
Kennzeichnung .... DIN EN 60445 (VDE 0197)
E DIN EN IEC 60445 (VDE 0197)

Anschlüsse in Systemen
Identifikation .... DIN EN 61666 (VDE 0040-5)
E DIN EN 61666/A1 (VDE 0040-5/A1)

Anschlüsse von Bleibatterien .... DIN EN 61056-2 (VDE 0510-26)

Anschlussfahne
von Fundamenterdern .... DIN VDE 0618-1 (VDE 0618-1)

Anschlussmaße von Erdungsschaltern
Bemessungsspannung größer oder gleich 245 kV ... E DIN VDE 0670-2-453 (VDE 0670-2-453)

Anschlussregeln, technische
HGÜ-Systeme .... VDE-Anwendungsregel VDE-AR-N 4131

Anschlussschränke im Freien .... VDE-Anwendungsregel VDE-AR-N 4100
Berichtigung 1 zu VDE-Anwendungsregel VDE-AR-N 4100

Ansprechcharakteristik
Messrelais und Schutzeinrichtungen .... DIN EN 60255-121 (VDE 0435-3121)

Antennen für Messung der gestrahlten Störaussendung
.... DIN EN IEC 55016-1-4 (VDE 0876-16-1-4)
E DIN EN IEC 55016-1-403 (VDE 0876-16-1-403)

Antennenkalibrierung
Messplätze .... DIN EN 55016-1-5 (VDE 0876-16-1-5)

Antennenleitung .... DIN EN 60728-1-2 (VDE 0855-7-2)

Antennensteckdose .... DIN EN 60728-1-2 (VDE 0855-7-2)

Antrieb von Leichtkraftfahrzeugen
Prüfverfahren für Bleibatterien .... E DIN EN IEC 63193 (VDE 0510-193)

Antriebe für Garagentore .... DIN EN 60335-2-95 (VDE 0700-95)
E DIN IEC 60335-2-95 (VDE 0700-95)
mit Senkrechtbewegung .... DIN EN 60335-2-95 (VDE 0700-95)
E DIN IEC 60335-2-95 (VDE 0700-95)

Antriebe für Läden, Markisen, Jalousien
und ähnliche Einrichtungen .... E DIN EN 60335-2-97 (VDE 0700-97)

Antriebe für Markisen und Rollläden .... DIN EN 60335-2-97 (VDE 0700-97)
E DIN IEC 60335-2-97/A1 (VDE 0700-97/A1)

Antriebe für Rollläden, Markisen, Jalousien
und ähnliche Einrichtungen .... DIN EN 60335-2-97 (VDE 0700-97)
E DIN IEC 60335-2-97/A1 (VDE 0700-97/A1)

Antriebe für Tore, Türen und Fenster .... DIN EN 60335-2-103 (VDE 0700-103)
E DIN IEC 60335-2-103 (VDE 0700-103-3)
E DIN IEC 60335-2-103/A1 (VDE 0700-103/A1)
E DIN IEC 60335-2-103/A2 (VDE 0700-103/A2)

Antriebe
elektrische, drehzahlveränderbar
– Bemessung von Niederspannungs-Gleichstrom-Antriebssystemen
.... DIN EN 61800-1 (VDE 0160-101)
E DIN EN 61800-1 (VDE 0160-101)

- Bemessung von Niederspannungs-Wechselstrom-Antriebssystemen
.... DIN EN 61800-2 (VDE 0160-102)
 E DIN EN 61800-2 (VDE 0160-102)
- EMV-Anforderungen .... DIN EN IEC 61800-3 (VDE 0160-103)
 E DIN EN IEC 61800-3 (VDE 0160-103)
- Sicherheitsanforderungen .... DIN EN 61800-5-1 (VDE 0160-105-1)
 E DIN EN IEC 61800-5-1 (VDE 0160-105-1)
 DIN EN 61800-5-2 (VDE 0160-105-2)
 E DIN EN IEC 61800-5-3 (VDE 0160-105-3)
elektrische, drehzahlveränderbare
- Bemessung von Niederspannungs-Wechselstrom-Antriebssystemen
.... E DIN EN 61800-2 (VDE 0160-102)

Antriebsbatterien für Elektrofahrzeuge .... DIN EN 62485-3 (VDE 0510-47)
Kapazitäts- und Lebensdauerprüfungen .... DIN EN 61982 (VDE 0510-32)
Sicherheitsanforderungen .... DIN EN 62485-3 (VDE 0510-47)

Antriebselemente .... DIN EN 60204-1 (VDE 0113-1)
 E DIN EN 60204-1/A1 (VDE 0113-1/A1)

Antriebssysteme .... DIN EN 60204-1 (VDE 0113-1)
 E DIN EN 60204-1/A1 (VDE 0113-1/A1)
 DIN EN 61800-9-1 (VDE 0160-109-1)
 E DIN EN IEC 61800-9-1 (VDE 0160-109-1)
 DIN EN 61800-9-2 (VDE 0160-109-2)
 E DIN EN IEC 61800-9-2 (VDE 0160-109-2)
elektrische, drehzahlveränderbare
- EMV-Anforderungen .... E DIN EN IEC 61800-3 (VDE 0160-103)
Niederspannungs-Gleichstrom
- Bemessung .... DIN EN 61800-1 (VDE 0160-101)
 E DIN EN 61800-1 (VDE 0160-101)
Niederspannungs-Wechselstrom
- Bemessung .... DIN EN 61800-2 (VDE 0160-102)
 E DIN EN 61800-2 (VDE 0160-102)
Ökodesign
- Ökobilanz .... DIN EN 50598-3 (VDE 0160-203)
Produktkategorieregeln
- Umweltdeklaration .... DIN EN 50598-3 (VDE 0160-203)

Antriebssysteme (PDS)
EMV-Anforderungen .... DIN EN IEC 61800-3 (VDE 0160-103)
 E DIN EN IEC 61800-3 (VDE 0160-103)
- spezielle Prüfverfahren .... DIN EN IEC 61800-3 (VDE 0160-103)
 E DIN EN IEC 61800-3 (VDE 0160-103)

Anwendung von Maßnahmen für Erdung und Potentialausgleich
in Gebäuden mit Einrichtungen der Informationstechnik .... DIN EN 50310 (VDE 0800-2-310)

Anwendungsfallentwicklung für IEC-Normungsprozesse
und Anwendungsbeispiele außerhalb der Normung .. E DIN IEC/TS 62559-4 (VDE V 0175-104)

Anwendungsfallmethodik
Anwendungsfallentwicklung .... E DIN IEC/TS 62559-4 (VDE V 0175-104)

Anwendungsfall-Respository .... DIN IEC/TR 62559-1 (VDE 0175-101)

Anwendungsfallvorlage
Anwendungsfallmethodik .... DIN EN 62559-2 (VDE 0175-102)

Anwendungsleitfaden
für EN 50129 .... DIN EN 50129 (VDE 0831-129)
für Systementwurf, Installation und Wartung .... DIN EN 62395-2 (VDE 0721-54)
Risikomanagement
– für Projekte .... DIN EN 62198 (VDE 0050-6)

Anwendungsneutrale Kommunikationskabelanlagen
Bürobereiche .... DIN VDE 0800-173-100 (VDE 0800-173-100)
                                                                                                  DIN EN 50173-2 (VDE 0800-173-2)
industriell genutzte Bereiche .... DIN EN 50173-3 (VDE 0800-173-3)
Lichtwellenleiter-Übertragungsstreckenklassen .... DIN VDE 0800-173-100 (VDE 0800-173-100)
Rechenzentren .... DIN EN 50173-5 (VDE 0800-173-5)
Rechenzentrumsbereiche .... DIN EN 50173-5 (VDE 0800-173-5)
Wohnungen .... DIN EN 50173-4 (VDE 0800-173-4)

Anwendungsneutrale Standortverkabelung
LWL-Innenkabel .... DIN EN IEC 60794-2-31 (VDE 0888-12)
– Innenverlegung .... DIN EN IEC 60794-2-31 (VDE 0888-12)

Anwendungsrichtlinie
Isolationskoordination .... E DIN EN 60071-2 (VDE 0111-2)

Anwesenheitserkennung von Personen .... DIN EN IEC 62046 (VDE 0113-211)

Anzeige- und Bedieneinrichtungen von Alarmübertragungsanlagen
.... DIN CLC/TS 50136-4 (VDE V 0830-5-4)

Anzeigegeräte von Maschinen .... DIN EN 60204-1 (VDE 0113-1)
                                                                                                        E DIN EN 60204-1/A1 (VDE 0113-1/A1)
                                                                                                             DIN EN 61310-1 (VDE 0113-101)

Anzeigeleuchten für Haushaltsinstallationen .... DIN EN 62094-1 (VDE 0632-700)

AOPDDR .... DIN EN IEC 61496-3 (VDE 0113-203)

APD-Verfahren
Grenzwerte zur Beurteilung
– von fluktuierenden Störaussendungen oberhalb 1 GHz .... DIN EN 55011 (VDE 0875-11)
                                                                                                                        E DIN EN 55011/A2 (VDE 0875-11/A2)

Aquariengeräte .... DIN EN 60335-2-55 (VDE 0700-55)

Aquarienheizgeräte .... DIN EN 60335-2-55 (VDE 0700-55)

Aquarienleuchten .... DIN EN 60335-2-55 (VDE 0700-55)
                                                                                                            DIN EN 60598-2-11 (VDE 0711-2-11)
                                                                              E DIN EN 60598-2-11/A1 (VDE 0711-2-11/A1)

Aquarienpumpen .... DIN EN 60335-2-55 (VDE 0700-55)

Aquarienzubehör .... DIN EN 60335-2-55 (VDE 0700-55)

Aramidfaserpapier
Glimmeranteil bis 50 % .... DIN EN 60819-3-4 (VDE 0309-3-4)

Aramid-Papiere, ungefüllt
für elektrotechnische Zwecke .... DIN EN 60819-1 (VDE 0309-1)

DIN EN 60819-3-3 (VDE 0309-3-3)

Aramid-Tafelpressspan
allgemeine Anforderungen .... DIN EN 61629-1 (VDE 0317-1)
Prüfverfahren .... DIN EN 61629-2 (VDE 0317-2)

Arbeiten an elektrischen Anlagen .... DIN EN 50110-1 (VDE 0105-1)
allgemeine Festlegungen .... DIN VDE 0105-100 (VDE 0105-100)
DIN VDE 0105-100/A1 (VDE 0105-100/A1)

Arbeiten an Mittelspannungsanlagen
elektrisch isolierende Helme .... E DIN VDE 0682-321 (VDE 0682-321)

Arbeiten an Niederspannungsanlagen und Mittelspannungsanlagen
elektrisch isolierende Helme .... E DIN VDE 0682-321 (VDE 0682-321)

Arbeiten an Niederspannungsanlagen
elektrisch isolierende Helme .... E DIN VDE 0682-321 (VDE 0682-321)

Arbeiten in engen Räumen .... E DIN VDE 0100-706/A1 (VDE 0100-706/A1)

Arbeiten unter Spannung
Augen-, Gesichts- und Kopfschutz
– gegen Gefahren eines Störlichtbogens .... E DIN EN 62819 (VDE 0682-341)
Ausrüstungen
– Mindestanforderungen .... DIN EN 61477 (VDE 0682-130)
auswechselbare Arbeitsköpfe .... DIN EN 60832-2 (VDE 0682-212)
elektrisch isolierende Ärmel .... E DIN EN 60984 (VDE 0682-312)
elektrisch isolierende Handschuhe .... DIN EN 60903 (VDE 0682-311)
E DIN EN 60903 (VDE 0682-311)
Erden und Kurzschließen
– ortsveränderliche Geräte .... DIN EN 61230 (VDE 0683-100)
Geräte
– Mindestanforderungen .... DIN EN 61477 (VDE 0682-130)
Geräte zum Betätigen und Prüfen
– mit Nennspannungen über 1 kV .... DIN VDE V 0681-1 (VDE V 0681-1)
DIN VDE V 0681-3 (VDE V 0681-3)
Grundlagen .... VDE-Schriftenreihe Band 48
Handwerkzeug
– bis AC 1 000 V und DC 1 500 V .... DIN EN IEC 60900 (VDE 0682-201)
Hubarbeitsbühnen .... DIN EN 61057 (VDE 0682-741)
isolierende Abdecktücher .... DIN EN 61112 (VDE 0682-511)
isolierende Hubarbeitsbühnen
– Montage auf einem Fahrgestell .... DIN EN 61057 (VDE 0682-741)
isolierende persönliche Schutzausrüstungen .... DIN VDE 0680-1 (VDE 0680-1)
E DIN VDE 0680-6 (VDE 0680-6)
isolierende schaumgefüllte Rohre und massive Stäbe .... DIN EN 60855-1 (VDE 0682-214-1)
isolierende Schlauchleitungen
– für hydraulische Geräte und Ausrüstungen .... DIN EN 62237 (VDE 0682-744)
isolierende Schutzvorrichtungen .... DIN VDE 0680-1 (VDE 0680-1)
E DIN VDE 0680-6 (VDE 0680-6)
isolierende Seile .... DIN EN 62192 (VDE 0682-652)
isolierende Stangen .... DIN EN 60832-1 (VDE 0682-211)
Leitern aus isolierendem Material .... DIN EN 50341-1 (VDE 0210-1)
DIN EN 61478/A1 (VDE 0682-711/A1)

leitfähige Kleidung	DIN EN 60895 (VDE 0682-304)
	E DIN EN 60895 (VDE 0682-304)
Mastsättel	DIN EN 61236 (VDE 0682-651)
Mindest-Arbeitsabstände	
– Spannungsbereich 1,0 kV bis 72,5 kV	E DIN EN 61472-2 (VDE 0682-100-2)
– Spannungsbereich 72,5 kV bis 800 kV	DIN EN 61472 (VDE 0682-100)
– Wechselspannungsnetze im Spannungsbereich 1,0 kV bis 72,5 kV	
	E DIN EN 61472-2 (VDE 0682-100-2)
Phasenprüfer, einpoliger	
– bis 250 V Wechselspannung	E DIN VDE 0680-6 (VDE 0680-6)
Phasenvergleicher	
– für Wechselspannungen über 1 kV	DIN EN 61481-1 (VDE 0682-431-1)
Phasenvergleicher, resistive	
– für Wechselspannungen über 1 kV bis 36 kV	DIN EN 61481-2 (VDE 0682-431-2)
Schaltstangen	DIN VDE V 0681-2 (VDE V 0681-2)
Schuhe für elektrischen Schutz	
– isolierende Schuhe und Überschuhe	DIN EN 50321-1 (VDE 0682-331-1)
	E DIN EN IEC 63247-1 (VDE 0682-331-1)
Schutzabdeckungen	DIN EN 61229/A1 (VDE 0682-551/A1)
Schutzbekleidung	
– isolierende Ärmel	DIN EN 60984/A1 (VDE 0682-312/A1)
Schutzkleidung	
– Box-Test	DIN EN 61482-1-2 (VDE 0682-306-1-2)
– gegen Gefahren eines Störlichtbogens	E DIN EN 62819 (VDE 0682-341)
– Verfahren 2	DIN EN 61482-1-2 (VDE 0682-306-1-2)
Schutzkleidung gegen Gefahren eines Störlichtbogens	
– Testmethoden und Anforderungen	E DIN EN 62819 (VDE 0682-341)
Schutzkleidung gegen thermische Gefahren eines Lichtbogens	
	DIN EN IEC 61482-1-1 (VDE 0682-306-1-1)
	DIN EN 61482-1-2 (VDE 0682-306-1-2)
	DIN EN 61482-2 (VDE 0682-306-2)
	E DIN EN 62819 (VDE 0682-341)
– Anforderungen	DIN EN 61482-2 (VDE 0682-306-2)
Seile aus isolierendem Material	DIN EN 62192 (VDE 0682-652)
Sicherungszangen	DIN VDE V 0681-3 (VDE V 0681-3)
Spannungsprüfer	DIN VDE V 0681-1 (VDE V 0681-1)
	DIN VDE V 0681-2 (VDE V 0681-2)
	DIN VDE V 0681-3 (VDE V 0681-3)
	DIN EN 61243-2/A2 (VDE 0682-412/A1)
– Abstandsspannungsprüfer	DIN VDE V 0682-417 (VDE V 0682-417)
– kapazitive Ausführung	DIN VDE V 0682-421 (VDE V 0682-421)
	DIN EN 61243-1 (VDE 0682-411)
	E DIN EN IEC 61243-1 (VDE 0682-411)
– kapazitive Ausführung, Wechselspannung über 1 kV	E DIN EN IEC 61243-1 (VDE 0682-411)
– zweipolig, für Niederspannungsnetze	DIN EN 61243-3 (VDE 0682-401)
Stangenschellen	DIN EN 61236 (VDE 0682-651)
starre Schutzabdeckungen	DIN EN 61229/A2 (VDE 0682-551/A2)
teleskopische Stangen und Messstangen	DIN EN 62193 (VDE 0682-603)
Vorrichtungen zum Reinigen	DIN VDE 0682-621 (VDE 0682-621)
Werkzeuge	
– Mindestanforderungen	DIN EN 61477 (VDE 0682-130)
Werkzeuge, Geräte, Ausrüstungen	
– Konformitätsbewertung	DIN EN 61318 (VDE 0682-120)

Zubehör .... E DIN EN 61318 (VDE 0682-120)
.... DIN EN 61236 (VDE 0682-651)

Arbeiten
an elektrischen Anlagen .... VDE-Schriftenreihe Band 135
– allgemeine Festlegungen .... VDE-Schriftenreihe Band 13
an Mittelspannungsanlagen
– elektrisch isolierende Helme .... E DIN VDE 0682-321 (VDE 0682-321)
an Niederspannungsanlagen
– elektrisch isolierende Helme .... E DIN VDE 0682-321 (VDE 0682-321)
.... DIN EN 50365 (VDE 0682-321)
an Niederspannungsanlagen und Mittelspannungsanlagen
– elektrisch isolierende Helme .... E DIN VDE 0682-321 (VDE 0682-321)

Arbeitnehmer mit Kardioverter-Defibrillatoren
Exposition gegenüber elektromagnetischen Feldern ..... DIN EN 50527-2-2 (VDE 0848-527-2-2)

Arbeitnehmer
Inbetriebnahme und Aufstellung von Geräten
– Exposition gegenüber elektromagnetischen Feldern (0 Hz bis 300 GHz)
.... DIN EN 50664 (VDE 0848-664)

Arbeitsabstände in Wechselspannungsnetzen 1 kV bis 72,5 kV
.... E DIN EN 61472-2 (VDE 0682-100-2)

Arbeitsabstände in Wechselspannungsnetzen 72,5 kV bis 800 kV
.... DIN EN 61472 (VDE 0682-100)

Arbeitsbereich .... DIN VDE 0100-729 (VDE 0100-729)
.... VDE-Schriftenreihe Band 168

Arbeitsbühnen .... DIN VDE 0682-742 (VDE 0682-742)

Arbeitsbühnen (Hub-)
zum Arbeiten unter Spannung .... DIN EN 61057 (VDE 0682-741)

Arbeitsköpfe, auswechselbare
zum Arbeiten unter Spannung .... DIN EN 60832-2 (VDE 0682-212)

Arbeitsmittel
Organisation der Prüfung .... VDE-Schriftenreihe Band 120

Arbeitsmittelbestand .... VDE-Schriftenreihe Band 120

Arbeitsplatten, beheizte
für den gewerblichen Gebrauch .... DIN EN 60335-2-49 (VDE 0700-49)

Arbeitsplatzatmosphäre
Gasmessgeräte
– Auswahl von Gasmessgeräten für toxische Gase und Dämpfe
.... E DIN EN IEC 62990-2 (VDE 0400-990-2)
– Betriebsverhalten von Geräten für die Messung toxischer Gase
.... DIN IEC 62990-1 (VDE 0400-990-1)
– Einsatz von Gasmessgeräten für toxische Gase und Dämpfe
.... E DIN EN IEC 62990-2 (VDE 0400-990-2)
– für toxische Gase und Dämpfe .... E DIN EN IEC 62990-2 (VDE 0400-990-2)
– Installation von Gasmessgeräten für toxische Gase und Dämpfe
.... E DIN EN IEC 62990-2 (VDE 0400-990-2)

– Wartung von Gasmessgeräten für toxische Gase und Dämpfe .... E DIN EN IEC 62990-2 (VDE 0400-990-2)

Arbeitsplatzgondeln .... DIN EN 50085-2-4 (VDE 0604-2-4)
E DIN EN 61084-2-4 (VDE 0604-2-4)

Arbeitsplatzüberwachung in kerntechnischen Einrichtungen
Aktivitätskonzentration luftgetragener radioaktiver Substanzen
.... DIN EN ISO 16639 (VDE 0493-1-6639)

Arbeitsplatzüberwachung
Dosimetriesysteme .... DIN EN 62387 (VDE 0492-3)
E DIN EN 62387 (VDE 0492-3)

Arbeitsschutz
Geräte zur Detektion und Konzentrationsmessung
– toxischer Gase und Dämpfe .... DIN EN 45544-4 (VDE 0400-22-4)
Geräte zur Detektion und Messung
– toxischer Gase und Dämpfe .... DIN EN 45544-1 (VDE 0400-22-1)
DIN EN 45544-2 (VDE 0400-22-2)
DIN EN 45544-3 (VDE 0400-22-3)
Geräte zur Expositionsmessung
– Betriebsverhalten .... DIN EN 45544-2 (VDE 0400-22-2)
Geräte zur Gaswarnanwendung
– Betriebsverhalten .... DIN EN 45544-3 (VDE 0400-22-3)
in elektrischen Anlagen .... VDE-Schriftenreihe Band 48

Arbeitsschutzbekleidung
isolierende Ärmel .... DIN EN 60984/A1 (VDE 0682-312/A1)

Arbeitsschutzbekleidung, leitfähige .... DIN EN 60895 (VDE 0682-304)
E DIN EN 60895 (VDE 0682-304)

Arbeitssicherheit .... DIN EN 60984 (VDE 0682-312)
DIN EN 60984/A11 (VDE 0682-312/A11)

Arbeitsstätten
elektrische Anlagen .... DIN VDE V 0100-0718 (VDE V 0100-0718)
DIN VDE 0100-718 (VDE 0100-718)
Beiblatt 1 DIN VDE 0100-718 (VDE 0100-718)
VDE-Schriftenreihe Band 61
VDE-Schriftenreihe Band 168

Architektur und funktionale Anforderungen virtueller Kraftwerke
.... E DIN EN IEC 63189-1 (VDE 0175-189-1)

Armaturen
Leistungstransformatoren und Drosselspulen ... E DIN EN IEC 60076-22-7 (VDE 0532-76-22-7)
Ärmel, elektrisch isolierende .... E DIN EN 60984 (VDE 0682-312)

Armaturen für Fahrleitungsanlagen .... DIN VDE 0216 (VDE 0216)

Armaturen für Freileitungen und Schaltanlagen
Anforderungen und Prüfungen .... DIN EN 61284 (VDE 0212-1)
Feuerverzinken .... DIN VDE 0212-54 (VDE 0212-54)
Isolierverhalten .... DIN VDE 0212-55 (VDE 0212-55)

Armaturen für Freileitungen
Abstandhalter ... DIN VDE 0212-470 (VDE 0212-470)
Anschlussmaße für Laschen und Gabeln ... DIN VDE 0212-474 (VDE 0212-474)
Anschlussmaße für Schutzarmaturenbefestigungen ... DIN VDE 0212-468 (VDE 0212-468)
Doppelklöppel ... DIN VDE 0212-459 (VDE 0212-459)
Doppelösen ... DIN VDE 0212-469 (VDE 0212-469)
Gabellaschen ... DIN VDE 0212-478 (VDE 0212-478)
Gelenke ... DIN VDE 0212-466 (VDE 0212-466)
Klöppelösen ... DIN VDE 0212-465 (VDE 0212-465)
Laschen und Gabeln
– Anschlussmaße ... DIN VDE 0212-474 (VDE 0212-474)
Schutzarmaturenbefestigung, Anschlussmaße ... DIN VDE 0212-468 (VDE 0212-468)
Spannschlösser ... DIN VDE 0212-434 (VDE 0212-434)
Verbindungsbolzen ... DIN VDE 0212-473 (VDE 0212-473)

Armaturen für kunststoffumhüllte Freileitungsseile ... DIN EN 50397-1 (VDE 0276-397-1)
E DIN EN 50397-1 (VDE 0276-397-1)
DIN EN 50397-2 (VDE 0276-397-2)

Arm-zu-Arm-Methode
Prüfung von Schutzbekleidung ... DIN EN 61340-4-9 (VDE 0300-4-9)

Artefakte der Anwendungsfallvorlage
XML-serialisiertes Format ... DIN EN IEC 62559-3 (VDE 0175-103)

Artikelüberwachung, elektronische
elektromagnetische Felder
– Exposition von Personen ... DIN EN 50364 (VDE 0848-364)
DIN EN 62369-1 (VDE 0848-369-1)

Ärztehäuser
Blitzschutz ... Beiblatt 2 DIN EN 62305-3 (VDE 0185-305-3)
E DIN EN 62305-3 (VDE 0185-305-3)

Arztpraxen
elektrische Anlagen ... DIN VDE 0100-710 (VDE 0100-710)
Beiblatt 1 DIN VDE 0100-710 (VDE 0100-710)
E DIN VDE 0100-710 (VDE 0100-710)
VDE-Schriftenreihe Band 17
VDE-Schriftenreihe Band 168

Assistenzsysteme in Wohnungen und Wohnräumen
AAL
– technische Realisierung ... VDE-Anwendungsregel VDE-AR-E 2757-8

Ast-Verfahren ... VDE-Schriftenreihe Band 110

Asynchrones Transienteneinspeisungsverfahren
integrierte Schaltungen
– Messung der Störfestigkeit ... DIN EN 62215-3 (VDE 0847-23-3)

Asynchron-Linearmotoren
Kurzstatortyp
– für Schienen- und Straßenfahrzeuge ... DIN EN 62520 (VDE 0115-404)

Atemalkoholkonzentration
Begriffe ... DIN VDE 0405-1 (VDE 0405-1)

Atemalkoholmessgeräte
beweissichere
– Anforderungen .... DIN VDE 0405-1 (VDE 0405-1)
– Prüfung mit Prüfgas .... DIN VDE 0405-4 (VDE 0405-4)
Messverfahren .... DIN VDE 0405-1 (VDE 0405-1)

Atemalkohol-Testgeräte
zur Mehrfachverwendung .... DIN EN 15964 (VDE 0406-10)

ATM-PON Sende- und Empfangsmodule
mit Laserdiodentreiberschaltung und Datenrückgewinnungs-ICs
– Lichtwellenleiterbauelemente und -geräte .... E DIN EN IEC 62149-5 (VDE 0886-149-5)

Atomabsorptionsspektrometrie .... DIN EN 62321-5 (VDE 0042-1-5)

Atomfluoreszenzspektrometrie .... DIN EN 62321-5 (VDE 0042-1-5)

ATPV
Lichtbogen-Kennwert von Bekleidungsstoffen .... DIN EN IEC 61482-1-1 (VDE 0682-306-1-1)
AÜA
– mit fest zugeordneten Übertragungswegen .... DIN EN 50136-2 (VDE 0830-5-2)
Begriffe .... Beiblatt 1 DIN EN 50131-1 (VDE 0830-2-1)
Einrichtungen .... DIN EN 50136-1 (VDE 0830-5-1)

Audio-, Video- und ähnliche Geräte
elektromagnetische Verträglichkeit .... VDE-Schriftenreihe Band 16
Fernsehgeräte
– Messverfahren für die Leistungsaufnahme .... DIN EN 62087-1 (VDE 0868-101)
                                                                                             DIN EN 62087-3 (VDE 0868-103)
Leistungsaufnahme .... DIN EN 62087 (VDE 0868-100)
                                                                                             DIN EN 62087-4 (VDE 0868-104)
                                                                                             DIN EN 62087-5 (VDE 0868-105)
                                                                                             DIN EN 62087-6 (VDE 0868-106)

Audio-, Video- und verwandte Geräte
Leistungsaufnahme .... DIN EN IEC 62087-7 (VDE 0868-107)

Audio/Video-, Informations- und Kommunikationstechnik
Einrichtungen für
– erläuternde Informationen in Zusammenhang mit IEC 62368-1
.... DIN IEC/TR 62368-2 (VDE 0868-2)

Audio-/Videoeinrichtungen
Gleichstrom-Leistungsübertragung
– über Kommunikations-Kabel und Anschlüssen .... DIN EN IEC 62368-3 (VDE 0868-3)

Audioeinrichtungen
Gleichstrom-Leistungsübertragung
– über Kommunikationskabel und Anschlüssen .... DIN EN IEC 62368-3 (VDE 0868-3)
– über Kommunikationskabel der Informationstechnik .... DIN EN IEC 62368-3 (VDE 0868-3)
Sicherheitsanforderungen .... DIN EN 62368-1 (VDE 0868-1)
                                                                                           E DIN EN 62368-1 (VDE 0868-1)
                                                                                         DIN EN 62368-1/A11 (VDE 0868-1/A11)
                                                                             E DIN EN IEC 62368-1/AA (VDE 0868-1/AA)
                                                                                    E DIN EN 62368-1/AB (VDE 0868-1/AB)
                                                                                    E DIN EN 62368-1/AD (VDE 0868-1/AD)
                                                                                             DIN IEC/TR 62368-2 (VDE 0868-2)

Störfestigkeit .... DIN EN 55103-2 (VDE 0875-103-2)

Audiogeräte
Leistungsaufnahme .... DIN EN 62087 (VDE 0868-100)
DIN EN 62087-6 (VDE 0868-106)
DIN EN IEC 62087-7 (VDE 0868-107)
Stückprüfung in der Fertigung .... DIN EN 62911 (VDE 0868-911)
umweltbewusstes Design .... DIN EN 62075 (VDE 0806-2075)
zufällige Entzündung durch Kerzenflamme .... DIN CLC/TS 62441 (VDE V 0868-441)

Audioüberwachung der Fahrgäste .... DIN IEC/TS 62580-2 (VDE V 0115-580-2)

Audioverstärker
Störfestigkeit .... Beiblatt 1 DIN EN 55020 (VDE 0872-20)

Audiovisuelle Einrichtungen
Störfestigkeit .... DIN EN 55103-2 (VDE 0875-103-2)

Aufarbeitung von medizinisch elektrischen Baugruppen
verlängerter Lebenszyklus .... E DIN EN IEC 63120 (VDE 0750-1-9-1)

Aufarbeitung von medizinisch elektrischen Geräten
verlängerter Lebenszyklus .... E DIN EN IEC 63120 (VDE 0750-1-9-1)

Aufarbeitung von medizinisch elektrischen Systemen
verlängerter Lebenszyklus .... E DIN EN IEC 63120 (VDE 0750-1-9-1)

Aufbau elektronischer Geräteschalter .... DIN EN 61058-1-2 (VDE 0630-1-2)

Aufbau mechanischer Geräteschalter .... DIN EN 61058-1-1 (VDE 0630-1-1)

Aufbaudaten und Einsatzbedingungen EN 50525
Kabel und Leitungen bis 450/750 V .... DIN EN 50565-2 (VDE 0298-565-2)

Aufbauhämmer .... DIN EN 60745-2-6 (VDE 0740-2-6)
E DIN EN IEC 62841-2-6 (VDE 0740-2-6)
E DIN EN IEC 62841-2-6/AA (VDE 0740-2-6/AA)

Aufboden-Installationskanal .... DIN EN 50085-2-2 (VDE 0604-2-2)

Aufflur-Installationskanal .... E DIN EN 61084-2-2 (VDE 0604-2-2)

Aufforderungs-Sifa .... DIN VDE 0119-207-5 (VDE 0119-207-5)

Aufhängemittel für Installationsgeräte .... DIN EN 60670-21 (VDE 0606-21)

Auflösen der Metallisierung
Prüfung Td
– Lötbarkeit, Widerstandsfähigkeit, Lötwärmebeständigkeit
.... DIN EN 60068-2-58 (VDE 0468-2-58)

Aufprallprüfungen für Steckverbinder .... DIN EN 60512-7-1 (VDE 0687-512-7-1)
DIN EN 60512-7-2 (VDE 0687-512-7-2)

Aufzüge
flexible Steuerleitungen .... DIN EN 50214 (VDE 0283-2)

Augenchirurgie
Geräte zur Linsenentfernung und Glaskörperentfernung .. DIN EN 80601-2-58 (VDE 0750-2-58)

Augenlinse
Strahlenschutz
– Überwachung der Dosis .... DIN EN ISO 15382 (VDE 0492-382)

Ausfallmanagement .... DIN EN 60300-3-11 (VDE 0050-5)

Ausfrieren von Rissen .... DIN EN 60068-2-38 (VDE 0468-2-38)

Ausführungsvorgaben für das Legen von Schutzrohren und Kabeln im Erdreich
für die allgemeine Versorgung mit elektrischer Energie, Nachrichtentechnik, Straßenbeleuchtung
.... VDE-Anwendungsregel VDE-AR-N 4222

Ausgabegeräte für Waren .... DIN EN 60335-2-75 (VDE 0700-75)
Beiblatt 1 DIN EN 60335-2-75 (VDE 0700-75)
E DIN EN 60335-2-75 (VDE 0700-75)
E DIN EN 60335-2-75/A1 (VDE 0700-75/A2)
E DIN IEC 60335-2-75/A2 (VDE 0700-75/A4)
E DIN EN 60335-2-75/AA (VDE 0700-75/A3)
E DIN EN 60335-2-75/AC (VDE 0700-75/A1)

Ausgleichsleiter .... DIN VDE 0618-1 (VDE 0618-1)

Aushärtungsgrad der Ethylen-Vinyl-Acetat-Verkapselung
bei photovoltaischen Modulen .... DIN EN 62788-1-6 (VDE 0126-37-1-6)
E DIN EN 62788-1-6/A1 (VDE 0126-37-1-6/A1)

Ausleger-Drehkrane
elektrische Ausrüstung .... DIN EN 60204-32 (VDE 0113-32)

Auslegung und Qualifizierung von Isolationseinrichtungen
Kernkraftwerke .... DIN EN 62808 (VDE 0491-9-3)

Auslegungsanforderungen für Windenergieanlagen .... DIN EN IEC 61400-1 (VDE 0127-1)
E DIN EN 61400-6 (VDE 0127-6)

Auslegungsanforderungen
Türme und Fundamente
– Windenergieanlagen .... E DIN EN 61400-6 (VDE 0127-6)

Auslösegeräte für thermischen Schutz .... DIN EN 60947-8 (VDE 0660-302)

Ausrüstungen zum Arbeiten unter Spannung
Konformitätsbewertung .... DIN EN 61318 (VDE 0682-120)
E DIN EN 61318 (VDE 0682-120)
Mindestanforderungen .... DIN EN 61477 (VDE 0682-130)

Ausschaltung .... VDE-Anwendungsregel VDE-AR-E 2100-550

Ausschaltvermögen von Niederspannungssicherungen .... DIN EN 60269-1 (VDE 0636-1)
Außengehäuse
– Konstruktionsanforderungen .... DIN EN 61969-1 (VDE 0687-969-1)
E DIN EN 61969-1 (VDE 0687-969-1)
– Konstruktionsleitfaden .... E DIN EN 61969-1 (VDE 0687-969-1)
– Koordinationsmaße .... E DIN EN 61969-1 (VDE 0687-969-1)
DIN EN 61969-2 (VDE 0687-969-2)
– Umgebungsanforderungen, Prüfungen und Sicherheit .. E DIN EN 61969-1 (VDE 0687-969-1)
DIN EN 61969-3 (VDE 0687-969-3)
E DIN EN 61969-3 (VDE 0687-969-3)

Außengehäuse
mechanische Bauweisen für elektronische Einrichtungen ... DIN EN 61969-1 (VDE 0687-969-1)
E DIN EN 61969-1 (VDE 0687-969-1)
DIN EN 61969-2 (VDE 0687-969-2)
DIN EN 61969-3 (VDE 0687-969-3)
E DIN EN 61969-3 (VDE 0687-969-3)

Außenkabel (LWL-)
in Abwasserkanälen .... DIN EN 60794-3-40 (VDE 0888-340)
in Gasleitungen und Schächten .... DIN EN 60794-3-50 (VDE 0888-350)
in Trinkwasserleitungen .... DIN EN 60794-3-60 (VDE 0888-360)

Außenkabel für Fernmelde- und Informationsverarbeitungsanlagen
Isolierhülle aus Papier .... DIN VDE 0816-3 (VDE 0816-3)
Isolierung aus Polyethylen .... E DIN VDE 0816-1/A1 (VDE 0816-1/A1)
E DIN VDE 0816-1/A2 (VDE 0816-1/A2)

Außenkabel
von 5 MHz bis 1000 MHz
– Rahmenspezifikation .... DIN EN 50117-10-1 (VDE 0887-10-10)
von 5 MHz bis 3000 MHz
– Rahmenspezifikation .... DIN EN 50117-10-2 (VDE 0887-10-2)

Außenmaße von Leitungen mit runden Kupferleitern .... DIN EN 60719 (VDE 0299-2)
äußere Abstände in Luft
von Leistungstransformatoren .... DIN EN 60076-3 (VDE 0532-76-3)

Ausstellungen
elektrische Anlagen .... DIN VDE 0100-711 (VDE 0100-711)

Ausstellungsstätten
elektrische Anlagen .... DIN VDE 0100-711 (VDE 0100-711)
VDE-Schriftenreihe Band 168

Austausch verkehrsbezogener Daten
Straßenverkehrssignalanlagen
– Daten und Protokoll .... DIN VDE V 0832-601 (VDE V 0832-601)
– Schemadefinitionen .... DIN VDE V 0832-602 (VDE V 0832-602)

Auswahl der Probenstrategie
Radioaktivität im Erdboden .... DIN EN ISO 18589-2 (VDE 0493-4-5892)

Auswahl und Bemessung von Hochspannungsisolatoren
für verschmutzte Umgebungen .... DIN IEC/TS 60815-1 (VDE V 0674-256-1)
E DIN IEC/TS 60815-1 (VDE V 0674-256-1)
unter Verschmutzungsbedingungen .... E DIN IEC/TS 60815-1 (VDE V 0674-256-1)

Auswahl von AC Hochspannungskabelsystemen
Leitlinie .... DIN IEC 60183 (VDE 0276-183)

Auswahl, Installation, Einsatz, Instandhaltung
Gasspür- und Messgeräte .... DIN EN 45544-4 (VDE 0400-22-4)

Ausziehbarkeitsprüfung von Kabeln und Leitungen .... DIN EN 50396 (VDE 0473-396)
DIN EN 50396/A1 (VDE 0473-396/A1)

Authentifizierung zur Nutzung
von Versorgungseinrichtungen der Elektromobilität

.... E VDE-Anwendungsregel VDE-AR-E 2532-100

Autobatterien
Maße .... DIN EN 50342-4 (VDE 0510-23)

Automaten .... DIN EN 50597 (VDE 0705-597)

Automatisch wiedereinschaltende Einrichtungen (ARD)
für Leitungsschutzschalter und Fehlerstromschutzschalter .... DIN EN 63024 (VDE 0640-21)

Automatische Abschaltung .... DIN VDE 0100-410 (VDE 0100-410)
VDE-Schriftenreihe Band 140

Automatische elektrische Regel- und Steuergeräte
Automatische elektrische Brenner-Steuerungs- und Überwachungssysteme
.... DIN EN 60730-2-5 (VDE 0631-2-5)

Automatische Letztmaßnahmen
zur Vermeidung von Systemzusammenbrüchen .... VDE-Anwendungsregel VDE-AR-N 4142

Automatische Regel- und Steuergeräte
allgemeine Anforderungen .... DIN EN 60730-1 (VDE 0631-1)
E DIN EN 60730-1/A1 (VDE 0631-1/A1)
elektrische betriebene Türverriegelungen .... DIN EN IEC 60730-2-12 (VDE 0631-2-12)
E DIN IEC 60730-2-14/A1 (VDE 0631-2-14/A1)
DIN EN IEC 60730-2-9 (VDE 0631-2-9)
temperaturabhängige Regel- und Steuergeräte .... DIN EN IEC 60730-2-9 (VDE 0631-2-9)

Automatische Regelgeräte
allgemeine Anforderungen .... DIN EN 60730-1 (VDE 0631-1)
E DIN EN 60730-1/A1 (VDE 0631-1/A1)

Automatische Steuergeräte
allgemeine Anforderungen .... DIN EN 60730-1 (VDE 0631-1)
E DIN EN 60730-1/A1 (VDE 0631-1/A1)

Automatische Trennung .... DIN EN IEC 60934 (VDE 0642)

Automatische Wiedereinschalteinrichtungen
für Leitungsschutzschalter, RCBOs, RCCBs
– für Hausinstallationen .... DIN EN 63024 (VDE 0640-21)
Automatisierung der elektrischen Energieversorgung
– Abbildung von Kommunikationsdiensten (SCSM)
.... DIN EN IEC 61850-8-2 (VDE 0160-850-8-2)

Automatisierung in der elektrischen Energieversorgung
Kommunikationsnetze und -systeme .... DIN EN 61850-3 (VDE 0160-850-3)
DIN EN IEC 61850-8-2 (VDE 0160-850-8-2)
Kommunikationsnetze und Systeme .... E DIN IEC/TS 61850-2 (VDE V 0160-850-2)

Automatisierungsanlagen
ausgewählte Kenngrößen .... VDE-Schriftenreihe Band 101

Automatisierungssysteme
verfahrenstechnische Industrie
– Abnahme der installierten Anlage (SAT) .... DIN EN 62381 (VDE 0810-81)
– Integrationstest (SIT) .... DIN EN 62381 (VDE 0810-81)
– Werksabnahme (FAT) .... DIN EN 62381 (VDE 0810-81)

Automatisierungssysteme, industrielle
IT-Sicherheit .... E DIN EN IEC 62443-2-1 (VDE 0802-2-1)
DIN EN IEC 62443-2-4 (VDE 0802-2-4)
DIN EN IEC 62443-4-1 (VDE 0802-4-1)
DIN EN IEC 62443-4-2 (VDE 0802-4-2)

Automobil-Sensoren
Anforderungen an Energieschnittstellen .... DIN EN IEC 62969-1 (VDE 0884-69-1)
Bewertungsverfahren für Datenschnittstellen .... DIN EN IEC 62969-4 (VDE 0884-69-4)
stoßgeführtes piezoelektrisches Energie-Harvesting ...... DIN EN IEC 62969-3 (VDE 0884-69-3)
Verfahren zur Effizienzbewertung
– drahtloser Leistungsübertragung .... DIN EN IEC 62969-2 (VDE 0884-69-2)

Autonome kognitive Systemen
Entwicklung und Vertrauenswürdigkeit
– Management   E VDE-Anwendungsregel VDE-AR-E 2842-61-2
– nach Freigabe der Solution   E VDE-Anwendungsregel VDE-AR-E 2842-61-6
– Terminologie und Grundkonzepte   E VDE-Anwendungsregel VDE-AR-E 2842-61-1

Azidität .... DIN EN 60422 (VDE 0370-2)

B

Backöfen für den gewerblichen Gebrauch .... DIN EN 60335-2-36 (VDE 0700-36)
E DIN EN 60335-2-36 (VDE 0700-36)
E DIN EN 60335-2-36/A11 (VDE 0700-36/A11)

Backöfen für den Hausgebrauch .... DIN EN 60350-1 (VDE 0705-350-1)
E DIN EN 60350-1/A1 (VDE 0705-350-1/A1)

Backsheets
Polymerwerkstoffe in Photovoltaikmodulen .... DIN IEC/TS 62788-2 (VDE V 0126-37-2)

Bäder mit Wanne/Dusche
Errichten elektrischer Anlagen .... VDE-Schriftenreihe Band 67a
.... VDE-Schriftenreihe Band 141

Baderäume .... DIN VDE 0100-701 (VDE 0100-701)
E DIN VDE 0100-701 (VDE 0100-701)
Errichten elektrischer Anlagen .... VDE-Schriftenreihe Band 67a
VDE-Schriftenreihe Band 141
VDE-Schriftenreihe Band 168

Badeteiche
elektrische Anlage .... DIN VDE 0100-702 (VDE 0100-702)
E DIN VDE 0100-702/AA (VDE 0100-702/AA)
VDE-Schriftenreihe Band 168
VDE-Schriftenreihe Band 67b

Badewanne
Errichten elektrischer Anlagen .... VDE-Schriftenreihe Band 67a
VDE-Schriftenreihe Band 141
VDE-Schriftenreihe Band 168
Räume mit .... DIN VDE 0100-701 (VDE 0100-701)
E DIN VDE 0100-701 (VDE 0100-701)

Badezimmer
elektrische Anlagen .... DIN VDE 0100-701 (VDE 0100-701)
　　　　　　　　　　　　　　　　　　　　　E DIN VDE 0100-701 (VDE 0100-701)
Errichten elektrischer Anlagen .... VDE-Schriftenreihe Band 67a
　　　　　　　　　　　　　　　　　　　　　VDE-Schriftenreihe Band 141
　　　　　　　　　　　　　　　　　　　　　VDE-Schriftenreihe Band 168

Bahnanlagen
Botenkabel für Oberleitungssysteme aus Kupfer und Kupferlegierungen für Oberleitungssysteme
– Botenkabel für Oberleitungssysteme aus Kupfer und Kupferlegierungen für
　Oberleitungssysteme .... E DIN EN IEC 63190 (VDE 0115-190)
elektrische Zugförderung
– Botenkabel für Oberleitungssysteme aus Kupfer und Kupferlegierungen für
　Oberleitungssysteme .... E DIN EN IEC 63190 (VDE 0115-190)
ortsfeste Anlagen
– Botenkabel für Oberleitungssysteme aus Kupfer und Kupferlegierungen für
　Oberleitungssysteme .... E DIN EN IEC 63190 (VDE 0115-190)
– elektrische Zugförderung – Botenkabel für Oberleitungssysteme
　... E DIN EN IEC 63190 (VDE 0115-190)

Bahnanlagen, ortsfeste
elektrische Zugförderung
– Botenkabel für Oberleitungssysteme aus Kupfer und Kupferlegierungen für
　Oberleitungssysteme .... E DIN EN IEC 63190 (VDE 0115-190)

Bahnanwendungen
Achszähler
– elektromagnetische Verträglichkeit .... DIN EN 50592 (VDE 0115-592)
allgemeine Bau- und Schutzbestimmungen .... DIN VDE 0115-1 (VDE 0115-1)
Anwendungen für Schienenfahrzeuge
– Software auf Schienenfahrzeugen .... DIN EN 50657 (VDE 0831-657)
Anwendungsleitfaden für EN 50129 .... DIN EN 50129 (VDE 0831-129)
automatischer Personennahverkehr (AUGT) .... DIN EN 62267 (VDE 0831-267)
– Gefährdungsanalyse .... Beiblatt 1 DIN EN 62267 (VDE 0831-267)
Bahnenergieversorgung und Bahnfahrzeuge
– Koordination .... DIN EN 50388 (VDE 0115-606)
　　　　　　　　　　　　　　　　　　　　　E DIN EN 50388-1 (VDE 0115-606-1)
　　　　　　　　　　　　　　　　　　　　　E DIN EN 50388-2 (VDE 0115-606-2)
– Stabilität und Oberschwingungen .... E DIN EN 50388-2 (VDE 0115-606-2)
Bahnfahrzeuge
– Betriebsmittel .... DIN EN 50125-1 (VDE 0115-108-1)
　　　　　　　　　　　　　　　　　　　　　DIN EN 50125-2 (VDE 0115-108-2)
– Brandsicherheitsschutz .... DIN EN 50355 (VDE 0260-355)
– dreiphasige Fremdeinspeisung .... DIN EN 50546 (VDE 0115-546)
– Drosselspulen .... DIN CLC/TS 50537-4 (VDE V 0115-537-4)
　　　　　　　　　　　　　　　　　　　　　DIN EN 60310 (VDE 0115-420)
– ein- und mehradrige Kabel und Leitungen .... DIN EN 50306-3 (VDE 0260-306-3)
– einadrige Kabel und Leitungen .... DIN EN 50306-2 (VDE 0260-306-2)
– elektrische Betriebsmittel .... DIN EN 50124-1 (VDE 0115-107-1)
　　　　　　　　　　　　　　　　　　　　　DIN EN 60077-1 (VDE 0115-460-1)
– elektrische Steckverbinder .... DIN EN 50467 (VDE 0115-490)
– elektronische Einrichtungen .... DIN EN 62718 (VDE 0115-718)
– elektrotechnische Bauteile .... DIN EN 60077-2 (VDE 0115-460-2)

– Fahrfähigkeit im Brandfall .... DIN EN IEC 60077-3 (VDE 0115-460-3)
DIN EN 50553 (VDE 0115-553)
DIN EN 50553/A2 (VDE 0115-553/A2)
– Kabel und Leitungen .... DIN EN 50305 (VDE 0260-305)
DIN EN 50306-1 (VDE 0260-306-1)
DIN EN 50306-2 (VDE 0260-306-2)
DIN EN 50306-3 (VDE 0260-306-3)
DIN EN 50306-4 (VDE 0260-306-4)
DIN EN 50343 (VDE 0115-130)
DIN EN 50343/A1 (VDE 0115-130/A1)
DIN EN 50355 (VDE 0260-355)
– Kompatibilität mit Achszählern .... DIN CLC/TS 50238-3 (VDE V 0831-238-3)
– Kompatibilität mit Gleisfreimeldesystemen .... DIN EN 50238-1 (VDE 0831-238-1)
– Kompatibilität mit Gleisstromkreisen .... DIN CLC/TS 50238-2 (VDE V 0831-238-2)
– Leistungsbegrenzung .... DIN EN 50546 (VDE 0115-546)
– Leistungsschalter .... DIN EN IEC 60077-4 (VDE 0115-460-4)
– Leistungswiderstände .... DIN EN 60322 (VDE 0115-440)
– mehradrige und mehrpaarige Leitungen .... DIN EN 50306-4 (VDE 0260-306-4)
– Prüfungen .... DIN EN 50215 (VDE 0115-101)
E DIN EN IEC 61133 (VDE 0115-101)
– Steckverbinder .... DIN EN 50546 (VDE 0115-546)
– Stromabnehmer .... DIN CLC/TS 50206-3 (VDE V 0115-500-3)
– Stromrichter .... DIN EN 61287-1 (VDE 0115-410)
– Transformatoren .... DIN CLC/TS 50537-4 (VDE V 0115-537-4)
DIN EN 60310 (VDE 0115-420)
– Wechselstrommotoren .... DIN EN 61377 (VDE 0115-403)
Bahnnetze
– Speisespannungen .... DIN EN 50163 (VDE 0115-102)
DIN EN 50163/A2 (VDE 0115-102/A2)
Batterien für Bordnetzversorgungssysteme
– allgemeine Anforderungen .... E DIN IEC 62973-1 (VDE 0115-973-1)
– Bleibatterien .... E DIN IEC 62973-3 (VDE 0115-973-3)
– Nickel-Cadmium-Batterien (NiCd-Batterien) .... E DIN IEC 62973-2 (VDE 0115-973-2)
– Nickel-Metallhybrid-Sekundärbatterien, gasdichte .. E DIN EN IEC 62973-4 (VDE 0115-973-4)
Betriebsleit- und Zugsicherungssysteme
– funktionale Anforderungsspezifikation .... DIN EN 62290-2 (VDE 0831-290-2)
– für städtischen Personennahverkehr .... DIN EN 62290-1 (VDE 0831-290-1)
DIN EN 62290-2 (VDE 0831-290-2)
DIN EN IEC 62290-3 (VDE 0831-290-3)
– für städtischen schienengebundenen Personennahverkehr
.... DIN EN IEC 62290-3 (VDE 0831-290-3)
– systembezogene Anforderungsspezifikation .... DIN EN IEC 62290-3 (VDE 0831-290-3)
– Systemgrundsätze und grundlegende Konzepte .... DIN EN 62290-1 (VDE 0831-290-1)
Betriebsmittel auf Bahnfahrzeugen
– Kondensatoren für Leistungselektronik .... DIN EN 61881-1 (VDE 0115-430-1)
DIN EN 61881-2 (VDE 0115-430-2)
DIN EN 61881-3 (VDE 0115-430-3)
– Lithium-Ionen-Traktionsbatterien .... DIN EN IEC 62928 (VDE 0115-928)
– Schwingen und Schocken .... DIN EN 61373 (VDE 0115-106)
bordinterne Multimediasysteme
– allgemeine Architektur .... DIN EN 62580-1 (VDE 0115-580)
DIN EN 62580-1/A11 (VDE 0115-580/A11)
– Videoüberwachung/CCTV .... DIN IEC/TS 62580-2 (VDE V 0115-580-2)

Bordnetzversorgungssysteme
– Batterien .... DIN EN 50547 (VDE 0115-547)
Brandschutz in Schienenfahrzeugen .... DIN EN 50355 (VDE 0260-355)
Dachstromabnehmer und Oberleitung
– Zusammenwirken .... DIN EN 50367 (VDE 0115-605)
Datenverarbeitungssysteme .... Beiblatt 1 DIN EN 50128 (VDE 0831-128)
DIN EN 50128/A1 (VDE 0831-128/A1)
DIN EN 50128/A2 (VDE 0831-128/A2)
DIN EN 50129 (VDE 0831-129)
DIN EN 50159 (VDE 0831-159)
DIN EN 50159/A1 (VDE 0831-159/A1)
Display-Steuereinheit (TDC) für Führerräume
– allgemeine Architektur .... DIN CLC/TR 50542-1 (VDE 0115-542-1)
– andere Zugsysteme, funktionale Schnittstelle (FIS) .. DIN CLC/TR 50542-3 (VDE 0115-542-3)
– funktionale Schnittstelle (FIS) Anzeigesysteme .... DIN CLC/TR 50542-2 (VDE 0115-542-2)
Drehstrom-Bordnetzspannung .... DIN EN 50533 (VDE 0115-533)
DIN EN 50533/A1 (VDE 0115-533/A1)
dreiphasiges Fremdeinspeisungssystem
– für Schienenfahrzeuge und dazugehörigen Steckverbinder .... DIN EN 50546 (VDE 0115-546)
ein- und mehradrige Kabel und Leitungen
– geschirmt mit reduzierten Mantelwanddicken .... DIN EN 50306-3 (VDE 0260-306-3)
ein- und mehradrige Kabel und Leitungen für Schienenfahrzeuge
– mit verbessertem Verhalten im Brandfall .... DIN EN 50306-3 (VDE 0260-306-3)
– Reduzierte Isolierwanddicken .... DIN EN 50306-3 (VDE 0260-306-3)
einadrige Kabel und Leitungen für Schienenfahrzeuge
– mit verbessertem Verhalten im Brandfall .... DIN EN 50306-2 (VDE 0260-306-2)
– reduzierte Isolierwanddicken .... DIN EN 50306-2 (VDE 0260-306-2)
Einrichtungen der Bahnenergieversorgung
– Störaussendung und Störfestigkeit .... DIN EN 50121-5 (VDE 0115-121-5)
DIN EN 50121-5/A1 (VDE 0115-121-5/A1)
elektrische Betriebsmittel auf Schienenfahrzeugen
– Betriebsbedingungen und Regeln .... DIN EN 60077-1 (VDE 0115-460-1)
– elektrotechnische Bauteile .... DIN EN 60077-2 (VDE 0115-460-2)
elektrische Bordnetze
– generische Systemarchitekturen .... DIN CLC/TS 50534 (VDE V 0115-534)
– zur Hilfsbetriebeversorgung .... DIN CLC/TS 50534 (VDE V 0115-534)
elektrische Sicherheit .... DIN EN 50122-1 (VDE 0115-3)
DIN EN 50122-3 (VDE 0115-5)
elektrische Sicherheit und Erdung .... DIN EN 50122-2 (VDE 0115-4)
elektrischer Zugbetrieb
– Rillenfahrdrähte .... DIN EN 50149 (VDE 0115-602)
elektromagnetische Verträglichkeit
– Allgemeines .... DIN EN 50121-1 (VDE 0115-121-1)
– Bahnfahrzeuge – Achszähler .... DIN EN 50592 (VDE 0115-592)
– Geräte .... DIN EN 50121-3-2 (VDE 0115-121-3-2)
DIN EN 50121-3-2/A1 (VDE 0115-121-3-2/A1)
– ortsfeste Anlagen und Bahnenergieversorgung .... DIN EN 50121-5 (VDE 0115-121-5)
DIN EN 50121-5/A1 (VDE 0115-121-5/A1)
– Signal- und Telekommunikationseinrichtungen .... DIN EN 50121-4 (VDE 0115-121-4)
DIN EN 50121-4/A1 (VDE 0115-121-4/A1)
– Störaussendungen des Bahnsystems in die Außenwelt ... DIN EN 50121-2 (VDE 0115-121-2)
– Zug und gesamtes Fahrzeug .... DIN EN 50121-3-1 (VDE 0115-121-3-1)

elektromagnetische Verträglichkeit
DIN EN 50121-3-1/A1 (VDE 0115-121-3-1/A1)
– Bahnfahrzeuge – Geräte .... DIN EN 50121-3-2 (VDE 0115-121-3-2)
DIN EN 50121-3-2/A1 (VDE 0115-121-3-2/A1)
– Bahnfahrzeuge – Zug und gesamtes Fahrzeug .... DIN EN 50121-3-1 (VDE 0115-121-3-1)
DIN EN 50121-3-1/A1 (VDE 0115-121-3-1/A1)
– Störaussendungen des gesamten Bahnsystems in die Außenwelt
.... DIN EN 50121-2 (VDE 0115-121-2)
– Störaussendungen und Störfestigkeit .... DIN EN 50121-5 (VDE 0115-121-5)
DIN EN 50121-5/A1 (VDE 0115-121-5/A1)
– Störaussendungen und Störfestigkeit von Signal- und Telekommunikationseinrichtungen
.... DIN EN 50121-4 (VDE 0115-121-4)
DIN EN 50121-4/A1 (VDE 0115-121-4/A1)
elektronische Betriebsmittel .... E DIN EN 50155 (VDE 0115-200)
elektronische Einrichtungen
– auf Schienenfahrzeugen .... DIN EN 50155 (VDE 0115-200)
elektrotechnische Bauteile
– Hochspannungssicherungen .... DIN EN IEC 60077-5 (VDE 0115-460-5)
Energiemessung auf Bahnfahrzeugen
– Allgemeines .... DIN EN 50463-1 (VDE 0115-480-1)
– Datenbehandlung .... DIN EN 50463-3 (VDE 0115-480-3)
– Datenverarbeitung .... DIN EN 50463-3 (VDE 0115-480-3)
– Energiemessung .... DIN EN 50463-2 (VDE 0115-480-2)
– Kommunikation .... DIN EN 50463-4 (VDE 0115-480-4)
– Konformitätsbewertung .... DIN EN 50463-5 (VDE 0115-480-5)
– Messfunktion .... DIN EN 50463-2 (VDE 0115-480-2)
Europäisches Leitsystem für den Schienenverkehr
– ERTMS/ETCS-Informationen .... DIN CLC/TS 50459-2 (VDE V 0831-459-2)
– ERTMS/ETCS/GSM-R-Informationen .... DIN CLC/TS 50459-1 (VDE V 0831-459-1)
DIN CLC/TS 50459-2 (VDE V 0831-459-2)
– ERTMS/ETCS/GSM-R-Systeme .... DIN CLC/TS 50459-2 (VDE V 0831-459-2)
DIN CLC/TS 50459-4 (VDE V 0831-459-4)
– ERTMS/GSM-R-Informationen .... DIN CLC/TS 50459-3 (VDE V 0831-459-3)
– Mensch-Maschine-Schnittstelle .... DIN CLC/TS 50459-5 (VDE V 0831-459-5)
DIN CLC/TS 50459-6 (VDE V 0831-459-6)
– Nicht-ETCS-Informationen .... DIN CLC/TS 50459-3 (VDE V 0831-459-3)
fahrgastorientierte Dienste .... DIN EN 62580-1 (VDE 0115-580)
DIN EN 62580-1/A11 (VDE 0115-580/A11)
Fahrzeuge
– Batterien für Bordnetzversorgungssysteme .... E DIN IEC 62973-1 (VDE 0115-973-1)
E DIN IEC 62973-2 (VDE 0115-973-2)
E DIN IEC 62973-3 (VDE 0115-973-3)
E DIN EN IEC 62973-4 (VDE 0115-973-4)
– dreiphasige Fremdeinspeisung .... DIN EN 50546 (VDE 0115-546)
– dreiphasige Fremdeinspeisung für Schienenfahrzeuge .... DIN EN 50546 (VDE 0115-546)
– elektrische Ausrüstung in O-Bussen .... DIN EN 50502 (VDE 0115-502)
– elektrische Steckverbinder .... DIN EN 50467 (VDE 0115-490)
– elektronische Betriebsmittel .... E DIN EN 50155 (VDE 0115-200)
– Installation von elektrischen Leitungen .... DIN EN 50343 (VDE 0115-130)
DIN EN 50343/A1 (VDE 0115-130/A1)
– Schleifschuhträger .... E DIN EN 50702 (VDE 0115-702)
– Schutzmaßnahmen in Bezug auf elektrische Gefahren .... DIN EN 50153 (VDE 0115-2)
DIN EN 50153/A2 (VDE 0115-2/A2)

– Seitenstromabnehmer (Schleifschuhträger) .... E DIN EN 50702 (VDE 0115-702)
– Spezifikation und Überprüfung des Energieverbrauchs .... DIN EN 50591 (VDE 0115-591)
– Steckverbinder .... DIN EN 50546 (VDE 0115-546)
Funkfernsteuerung von Triebfahrzeugen .... Beiblatt 1 DIN EN 50239 (VDE 0831-239)
– für Rangierbetrieb .... DIN EN 50239 (VDE 0831-239)
Gleichstrom-Bahnanlagen
– Mess-, Steuer- und Schutzeinrichtungen .... DIN EN 50123-7-1 (VDE 0115-300-7-1)
DIN EN 50123-7-2 (VDE 0115-300-7-2)
DIN EN 50123-7-3 (VDE 0115-300-7-3)
Gleichstrom-Schalteinrichtungen .... DIN EN 50123-1 (VDE 0115-300-1)
DIN EN 50123-6 (VDE 0115-300-6)
– Erdungsschalter für Innenräume .... DIN EN 50123-3/A1 (VDE 0115-300-3/A1)
– Gleichstrom-Leistungsschalter .... DIN EN 50123-2 (VDE 0115-300-2)
– Gleichstrom-Schaltanlagen .... DIN EN 50123-6 (VDE 0115-300-6)
– Trennschalter .... DIN EN 50123-3 (VDE 0115-300-3)
DIN EN 50123-3/A1 (VDE 0115-300-3/A1)
Gleichstrom-Signalrelais .... DIN EN 50578 (VDE 0831-578)
Gleichstrombahnen
– ortsfeste Energiespeichersysteme .... DIN EN 62924 (VDE 0115-924)
Grundparameter von Gleisfreimeldesystemen
– Achszähler .... DIN EN 50617-2 (VDE 0831-617-2)
– Gleisstromkreise .... DIN EN 50617-1 (VDE 0831-617-1)
Haupttransformatoren
– Buchholz-Relais .... DIN CLC/TS 50537-4 (VDE V 0115-537-4)
– Hochspannungsdurchführung .... DIN CLC/TS 50537-1 (VDE V 0115-537-1)
– Pumpe für Isolierflüssigkeiten .... DIN CLC/TS 50537-2 (VDE V 0115-537-2)
– Wasserpumpe für Traktionsumrichter .... DIN CLC/TS 50537-3 (VDE V 0115-537-3)
Hochtemperaturkabel und -leitungen
– für Schienenfahrzeuge .... DIN EN 50382-1 (VDE 0260-382-1)
DIN EN 50382-1/A1 (VDE 0260-382-1/A1)
DIN EN 50382-2 (VDE 0260-382-2)
DIN EN 50382-2/A1 (VDE 0260-382-2/A1)
Isolationskoordination
– Luft- und Kriechstrecken .... DIN EN 50124-1 (VDE 0115-107-1)
– Schutzmaßnahmen bei Überspannungen .... DIN EN 50124-2 (VDE 0115-107-2)
Kabel und Leitungen für Schienenfahrzeuge
– Brand .... DIN EN 50305 (VDE 0260-305)
– Brandfall .... DIN EN 50305 (VDE 0260-305)
– mit verbessertem Verhalten im Brandfall .... DIN EN 50306-1 (VDE 0260-306-1)
DIN EN 50306-2 (VDE 0260-306-2)
DIN EN 50306-3 (VDE 0260-306-3)
DIN EN 50306-4 (VDE 0260-306-4)
– reduzierte Isolierwanddicken .... DIN EN 50306-1 (VDE 0260-306-1)
DIN EN 50306-2 (VDE 0260-306-2)
DIN EN 50306-3 (VDE 0260-306-3)
DIN EN 50306-4 (VDE 0260-306-4)
Kompatibilität zwischen Fahrzeugen und Gleisfreimeldesystemen
.... DIN EN 50238-1 (VDE 0831-238-1)
– Kompatibilität mit Achszähler .... DIN CLC/TS 50238-3 (VDE V 0831-238-3)
Lasttrennschalter, Trennschalter und -Erdungsschalter .... DIN EN 50123-4 (VDE 0115-300-4)
DIN EN 50123-4/A1 (VDE 0115-300-4/A1)
Luft- und Kriechstrecken
– für elektrische und elektronische Betriebsmittel .... DIN EN 50124-1 (VDE 0115-107-1)

mehradrige und mehrpaarige Leitungen
- mit verbessertem Verhalten im Brandfall .... DIN EN 50306-4 (VDE 0260-306-4)
mehradrige und mehrpaarige Leitungen für Schienenfahrzeuge
- Reduzierte Isolierwanddicken .... DIN EN 50306-4 (VDE 0260-306-4)
Nachweisführung
- für die Sicherheit der Bahnstromversorgung .... DIN EN 50562 (VDE 0115-562)
ortsfeste Anlagen
- Bahntransformatoren .... DIN EN 50329 (VDE 0115-329)
- elektrische Sicherheit .... DIN EN 50122-3 (VDE 0115-5)
- elektrische Zugförderung .... DIN EN 50119 (VDE 0115-601)
                     Beiblatt 1 DIN EN 50119 (VDE 0115-601)
- elektrischer Zugbetrieb .... DIN EN 50119 (VDE 0115-601)
                     Beiblatt 1 DIN EN 50119 (VDE 0115-601)
                     DIN EN 50149 (VDE 0115-602)
                     DIN EN 50345 (VDE 0115-604)
- Fahroberleitungen .... DIN EN 50318 (VDE 0115-504)
                     DIN EN 50345 (VDE 0115-604)
- Oberleitungen für den elektrischen Zugbetrieb .... DIN EN 50119 (VDE 0115-601)
                     Beiblatt 1 DIN EN 50119 (VDE 0115-601)
- Oberleitungen für die elektrische Zugförderung .... DIN EN 50119 (VDE 0115-601)
                     Beiblatt 1 DIN EN 50119 (VDE 0115-601)
- ortsfeste Energiespeichersysteme für Gleichstrombahnen ...... DIN EN 62924 (VDE 0115-924)
- rückspeisefähige Unterwerke für Gleichstrombauten .... DIN CLC/TR 50646 (VDE 0115-646)
- Schutzmaßnahmen .... DIN EN 50122-2 (VDE 0115-4)
- Schutzmaßnahmen gegen elektrischen Schlag .... DIN EN 50122-1 (VDE 0115-3)
- Schutzprinzipien für AC- und DC-Bahnenergieversorgungssysteme
 .... DIN EN 50633 (VDE 0115-633)
- Schutzprinzipien für Gleichstrom-Bahnenergieversorgungssysteme
 .... DIN EN 50633 (VDE 0115-633)
- Schutzprinzipien für Wechselstrom-Bahnenergieversorgungssysteme
 .... DIN EN 50633 (VDE 0115-633)
- Sicherheit in der Bahnstromversorgung .... DIN EN 50562 (VDE 0115-562)
- Spannungsbegrenzungseinrichtungen .... DIN EN 50526-3 (VDE 0115-526-3)
- Störaussendung und Störfestigkeit .... DIN EN 50121-5 (VDE 0115-121-5)
                  DIN EN 50121-5/A1 (VDE 0115-121-5/A1)
- Stromrichtergruppen .... DIN EN 50327 (VDE 0115-327)
- Überspannungsableiter .... DIN EN 50526-1 (VDE 0115-526-1)
                  DIN EN 50526-2 (VDE 0115-526-2)
                  DIN EN 50526-3 (VDE 0115-526-3)
- Verbundisolatoren für Oberleitungssysteme .... DIN EN 62621 (VDE 0115-621)
                  E DIN EN 62621/A1 (VDE 0115-621/A1)
ortsfeste Anlagen
- Arbeiten an Oberleitungsanlage und zugehöriger Rückleitung
 .... E DIN EN 50488 (VDE 0115-488)
- Arbeiten an/in der Nähe einer Oberleitung .... E DIN EN 50488 (VDE 0115-488)
- Auslegung von Bahnenergieversorgungssystemen .... DIN EN 50641 (VDE 0115-641)
- elektronische Leistungskompensatoren .... E DIN IEC 62590-3-1 (VDE 0115-590-31)
- leistungselektronische Stromrichter .... DIN EN 50328 (VDE 0115-328)
                 E DIN IEC 62590-1 (VDE 0115-590-1)
                 E DIN IEC 62590-3-1 (VDE 0115-590-31)
- Prozesse, Schutzmaßnahmen und Nachweisführung ...... DIN EN 50562 (VDE 0115-562)
- Validierung von Simulationsprogrammen .... DIN EN 50641 (VDE 0115-641)
ortsfeste Anlagen und Fahrzeuge

– technische Kompatibilität zwischen Dachstromabnehmer und Oberleitung .... DIN EN 50367 (VDE 0115-605)
ortsfeste Anlagen, Oberleitungen für den elektrischen Zugbetrieb
– nationaler Anhang .... Beiblatt 1 DIN EN 50119 (VDE 0115-601)
personalorientierte Dienste .... DIN EN 62580-1 (VDE 0115-580)
DIN EN 62580-1/A11 (VDE 0115-580/A11)
Prozess
– für die Sicherheit der Bahnstromversorgung .... DIN EN 50562 (VDE 0115-562)
Prüfung elektromagnetischer Verträglichkeit
– Achszähler .... DIN EN 50592 (VDE 0115-592)
RAMS .... DIN EN 50126-1 (VDE 0115-103-1)
DIN EN 50126-2 (VDE 0115-103-2)
– generischer RAMS Prozess .... DIN EN 50126-1 (VDE 0115-103-1)
– systembezogene Sicherheitsmethodik .... DIN EN 50126-2 (VDE 0115-103-2)
Schienenfahrzeuge
– Betriebsmittel .... DIN EN 61377 (VDE 0115-403)
– Brand .... DIN EN 50305 (VDE 0260-305)
– Brandschutz .... DIN EN 50355 (VDE 0260-355)
– elektronische Einrichtungen .... DIN EN 50155 (VDE 0115-200)
– Kabel und Leitungen .... DIN EN 50305 (VDE 0260-305)
– Serienhybridsystem .... DIN EN 62864-1 (VDE 0115-864-1)
– Software, außer Eisenbahnsignaltechnik .... DIN EN 50657 (VDE 0831-657)
– Stromversorgung .... DIN EN 62864-1 (VDE 0115-864-1)
– Traktionssysteme mit Asynchronmotoren .... DIN EN 61377 (VDE 0115-403)
– Traktionssysteme mit Gleichstrommotoren .... DIN EN 61377 (VDE 0115-403)
– Traktionssysteme mit Synchronmotoren .... DIN EN 61377 (VDE 0115-403)
– verbessertes Verhalten im Brandfall .... DIN EN 50305 (VDE 0260-305)
– Wechselstrommotoren .... DIN EN 61377 (VDE 0115-403)
Schutzmaßnahmen
– für die Sicherheit der Bahnstromversorgung .... DIN EN 50562 (VDE 0115-562)
Schutzmaßnahmen gegen elektrische Gefahren .... DIN EN 50153 (VDE 0115-2)
DIN EN 50153/A2 (VDE 0115-2/A2)
Sicherheitsbezogene elektronische Systeme für Signaltechnik .. DIN EN 50129 (VDE 0831-129)
Signal- und Zugsteuerungssysteme
– städtische Schienenbahnsysteme ohne UGTMS ...... DIN EN 50668 (VDE 0831-668)
Signaltechnik .... Beiblatt 1 DIN EN 50128 (VDE 0831-128)
DIN EN 50128/A1 (VDE 0831-128/A1)
DIN EN 50128/A2 (VDE 0831-128/A2)
DIN EN 50129 (VDE 0831-129)
DIN EN 50159 (VDE 0831-159)
DIN EN 50159/A1 (VDE 0831-159/A1)
Software für Eisenbahnsteuerungs- und Überwachungssysteme
.... DIN EN 50128/A1 (VDE 0831-128/A1)
DIN EN 50128/A2 (VDE 0831-128/A2)
Software für Steuerungs- und Überwachungssysteme Beiblatt 1 DIN EN 50128 (VDE 0831-128)
DIN EN 50128 (VDE 0831-128)
DIN EN 50128/A1 (VDE 0831-128/A1)
DIN EN 50128/A2 (VDE 0831-128/A2)
Spannungsbegrenzungseinrichtungen .... DIN EN 50526-3 (VDE 0115-526-3)
Spannungsprüfer
– Abstandsspannungsprüfer .... DIN VDE V 0682-417 (VDE V 0682-417)
Speisespannungen von Bahnnetzen .... DIN EN 50163/A1 (VDE 0115-102/A1)
städtische Schienenbahnsysteme

– eingleisige Abschnitte .... DIN EN 50668 (VDE 0831-668)
Starkstrom- und Steuerleitungen
– mit verbessertem Brandverhalten .... DIN EN 50264-1 (VDE 0260-264-1)
                                                                                         DIN EN 50264-2-1 (VDE 0260-264-2-1)
                                                                                         DIN EN 50264-2-2 (VDE 0260-264-2-2)
                                                                                         DIN EN 50264-3-1 (VDE 0260-264-3-1)
                                                                                         DIN EN 50264-3-2 (VDE 0260-264-3-2)
Steuereinrichtungen .... DIN EN 50123-1 (VDE 0115-300-1)
Stromabnahmesysteme .... DIN EN 50317 (VDE 0115-503)
                                                                                         DIN EN 50405 (VDE 0115-501)
                                                                                        DIN EN 50405/A1 (VDE 0115-501/A1)
– Dachstromabnehmer .... DIN EN 50318 (VDE 0115-504)
– dynamisches Zusammenwirken zwischen Dachstromabnehmer und Oberleitung
.... DIN EN 50318 (VDE 0115-504)
– Oberleitungen .... DIN EN 50318 (VDE 0115-504)
– Simulationssystem Dachstromabnehmer und Oberleitung ...... DIN EN 50318 (VDE 0115-504)
Stromabnehmer
– für Vollbahnfahrzeuge .... DIN EN 50318 (VDE 0115-504)
Stromabnehmer und Oberleitung
– Zusammenwirken .... DIN EN 50367 (VDE 0115-605)
Stromrichtergruppen
– Bemessungswerte und Prüfungen .... DIN EN 50327 (VDE 0115-327)
Telekommunikationstechnik .... Beiblatt 1 DIN EN 50128 (VDE 0831-128)
                                                                                         DIN EN 50128/A1 (VDE 0831-128/A1)
                                                                                        DIN EN 50128/A2 (VDE 0831-128/A2)
                                                                                        DIN EN 50129 (VDE 0831-129)
                                                                                        DIN EN 50159 (VDE 0831-159)
                                                                                        DIN EN 50159/A1 (VDE 0831-159/A1)
Transformatoren und Drosselspulen
– auf Schienenfahrzeugen .... DIN EN 60310 (VDE 0115-420)
Überspannungsableiter .... DIN EN 50526-1 (VDE 0115-526-1)
                                                                                         DIN EN 50526-2 (VDE 0115-526-2)
                                                                                         DIN EN 50526-3 (VDE 0115-526-3)
Übertragungssysteme
– sicherheitsrelevante Kommunikation .... DIN EN 50159 (VDE 0831-159)
                                                                                         DIN EN 50159/A1 (VDE 0831-159/A1)
Videoüberwachung .... DIN EN 62580-1 (VDE 0115-580)
                                                                                 DIN EN 62580-1/A11 (VDE 0115-580/A11)
wartungspersonalorientierte Dienste .... DIN EN 62580-1 (VDE 0115-580)
                                                                                 DIN EN 62580-1/A11 (VDE 0115-580/A11)
Wechselstrom-Schalteinrichtungen
– Leistungsschalter .... DIN EN 50152-1 (VDE 0115-320-1)
                                                             DIN EN 50152-1/A1 (VDE 0115-320-1/A1)
– Leistungsschalter Nennspannung größer als 1 kV .. DIN EN 50152-1 (VDE 0115-320-1/A1)
– Mess-, Steuer- und Schutzeinrichtungen .... DIN EN 50152-3-1 (VDE 0115-320-3-1)
– Spannungswandler .... DIN EN 50152-3-3 (VDE 0115-320-3-3)
– Trenn-, Erdungs- und Lastschalter .... DIN EN 50152-2 (VDE 0115-320-2)
zugbetreiberorientierte Dienste .... DIN EN 62580-1 (VDE 0115-580)
                                                                                 DIN EN 62580-1/A11 (VDE 0115-580/A11)
Zusammenwirken zwischen Stromabnehmer und Oberleitung
– für einen freien Zugang .... DIN EN 50367 (VDE 0115-605)
Zuverlässigkeit, Verfügbarkeit, Instandhaltbarkeit, Sicherheit
– RAMS .... DIN EN 50126-1 (VDE 0115-103-1)

Bahn-Autotransformatoren .... DIN EN 50126-2 (VDE 0115-103-2)
DIN EN 50329 (VDE 0115-329)

Bahnen
  elektrische Sicherheit und Erdung .... DIN EN 50122-2 (VDE 0115-4)
  elektronische Betriebsmittel .... DIN EN 62625-1 (VDE 0115-625-1)
  DIN EN 62625-1/A11 (VDE 0115-625-1/A11)
  DIN EN 62625-2 (VDE 0115-625-2)
  – Konformitätsprüfungen .... DIN EN 62625-2 (VDE 0115-625-2)
  Maßnahmen gegen Funkstörungen .... DIN 57873-2 (VDE 0873-2)

Bahnen, elektrische
  Betriebsmittel auf Bahnfahrzeugen .... DIN EN 50125-1 (VDE 0115-108-1)
  DIN EN 50125-2 (VDE 0115-108-2)
  Schutzmaßnahmen gegen elektrische Gefahren .... DIN EN 50153 (VDE 0115-2)
  DIN EN 50153/A2 (VDE 0115-2/A2)
  Umweltbedingungen für Betriebsmittel .... DIN EN 50125-1 (VDE 0115-108-1)

Bahnenergieversorgung
  Interoperabilität .... DIN EN 50388 (VDE 0115-606)
  E DIN EN 50388-1 (VDE 0115-606-1)
  E DIN EN 50388-2 (VDE 0115-606-2)
  Störaussendung und Störfestigkeit .... DIN EN 50121-5 (VDE 0115-121-5)
  DIN EN 50121-5/A1 (VDE 0115-121-5/A1)

Bahnfahrzeuge
  Betriebsmittel
  – Kondensatoren für Leistungselektronik .... DIN EN 61881-1 (VDE 0115-430-1)
  DIN EN 61881-2 (VDE 0115-430-2)
  DIN EN 61881-3 (VDE 0115-430-3)
  – Prüfungen für Schwingen und Schocken .... DIN EN 61373 (VDE 0115-106)
  Buchholz-Relais für Transformatoren und Drosselspulen
  .... DIN CLC/TS 50537-4 (VDE V 0115-537-4)
  drehende elektrische Maschinen
  – außer umrichtergespeiste Wechselstrommotoren .... DIN EN 60349-1 (VDE 0115-400-1)
  – umrichtergespeiste Wechselstrommotoren .... DIN EN 60349-2 (VDE 0115-400-2)
  Drehstrom-Bordnetz .... DIN EN 50533 (VDE 0115-533)
  DIN EN 50533/A1 (VDE 0115-533/A1)
  dreiphasige Fremdeinspeisung .... DIN EN 50546 (VDE 0115-546)
  Drosselspulen .... DIN CLC/TS 50537-4 (VDE V 0115-537-4)
  DIN EN 60310 (VDE 0115-420)
  elektrische Betriebsmittel
  – allgemeine Betriebsbedingungen .... DIN EN 60077-1 (VDE 0115-460-1)
  – allgemeine Regeln .... DIN EN 60077-1 (VDE 0115-460-1)
  elektrische Steckverbinder
  – Bestimmungen und Prüfverfahren .... DIN EN 50467 (VDE 0115-490)
  elektronische Einrichtungen .... DIN EN 50155 (VDE 0115-200)
  elektrotechnische Bauteile .... DIN EN 60077-2 (VDE 0115-460-2)
  DIN EN IEC 60077-3 (VDE 0115-460-3)
  DIN EN IEC 60077-4 (VDE 0115-460-4)
  DIN EN IEC 60077-5 (VDE 0115-460-5)
  – AC-Leistungsschalter .... DIN EN IEC 60077-4 (VDE 0115-460-4)
  – DC Leistungsschalter .... DIN EN IEC 60077-3 (VDE 0115-460-3)
  – Hochspannungssicherungen .... DIN EN IEC 60077-5 (VDE 0115-460-5)

elektrotechnische Bauteile
- allgemeine Regeln .... DIN EN 60077-2 (VDE 0115-460-2)
Energiemessung
- Allgemeines .... DIN EN 50463-1 (VDE 0115-480-1)
- Datenbehandlung .... DIN EN 50463-3 (VDE 0115-480-3)
- Datenverarbeitung .... DIN EN 50463-3 (VDE 0115-480-3)
- Kommunikation .... DIN EN 50463-4 (VDE 0115-480-4)
- Konformitätsbewertung .... DIN EN 50463-5 (VDE 0115-480-5)
- Messfunktion .... DIN EN 50463-2 (VDE 0115-480-2)
Fahrfähigkeit im Brandfall .... DIN EN 50553 (VDE 0115-553)
    DIN EN 50553/A2 (VDE 0115-553/A2)
Fertigstellung
- Prüfung .... DIN EN 50215 (VDE 0115-101)
    E DIN EN IEC 61133 (VDE 0115-101)
Geräte .... DIN EN 50121-3-2 (VDE 0115-121-3-2)
    DIN EN 50121-3-2/A1 (VDE 0115-121-3-2/A1)
- Störaussendung und Störfestigkeit .... DIN EN 50121-3-2 (VDE 0115-121-3-2)
    DIN EN 50121-3-2/A1 (VDE 0115-121-3-2/A1)
Indienststellung
- Prüfung .... DIN EN 50215 (VDE 0115-101)
    E DIN EN IEC 61133 (VDE 0115-101)
Installation von Leitungen .... DIN EN 50343 (VDE 0115-130)
    DIN EN 50343/A1 (VDE 0115-130/A1)
Isolationskoordination .... DIN EN 50124-1 (VDE 0115-107-1)
Kompatibilität mit Achszählern .... DIN CLC/TS 50238-3 (VDE V 0831-238-3)
Kompatibilität mit Gleisfreimeldesystemen .... DIN EN 50238-1 (VDE 0831-238-1)
    DIN CLC/TS 50238-2 (VDE V 0831-238-2)
Kompatibilität mit Gleisstromkreisen .... DIN CLC/TS 50238-2 (VDE V 0831-238-2)
Koordination mit Bahnenergieversorgung .... DIN EN 50388 (VDE 0115-606)
    E DIN EN 50388-1 (VDE 0115-606-1)
    E DIN EN 50388-2 (VDE 0115-606-2)
Kühlungseinrichtungen für Umrichter .... DIN CLC/TS 50537-3 (VDE V 0115-537-3)
Leistungsbegrenzung .... DIN EN 50546 (VDE 0115-546)
Prüfung von Stromabnehmern .... DIN EN 50206-2 (VDE 0115-500-2)
Prüfungen
- nach Fertigstellung und Indienststellung .... DIN EN 50215 (VDE 0115-101)
    E DIN EN IEC 61133 (VDE 0115-101)
Prüfungen nach Fertigstellung und Indienststellung .... E DIN EN IEC 61133 (VDE 0115-101)
Schleifschuhträger .... E DIN EN 50702 (VDE 0115-702)
Seitenstromabnehmer (Schleifschuhträger) .... E DIN EN 50702 (VDE 0115-702)
Steckverbinder .... DIN EN 50546 (VDE 0115-546)
Stromabnehmer
- Schnittstelle zum Fahrzeug .... DIN CLC/TS 50206-3 (VDE V 0115-500-3)
Stromabnehmer für Stadtbahnen und Straßenbahnen .... DIN EN 50206-2 (VDE 0115-500-2)
Stromabnehmer für Vollbahnfahrzeuge .... DIN EN 50206-1 (VDE 0115-500-1)
Stromrichter
- Eigenschaften und Prüfverfahren .... DIN EN 61287-1 (VDE 0115-410)
Transformatoren .... DIN CLC/TS 50537-4 (VDE V 0115-537-4)
    DIN EN 60310 (VDE 0115-420)
Versorgungsspannung .... DIN EN 50546 (VDE 0115-546)
Wechselstrommotoren
- kombinierte Prüfung .... DIN EN 61377 (VDE 0115-403)

Zug und gesamtes Fahrzeug .... DIN EN 50121-3-1 (VDE 0115-121-3-1)
DIN EN 50121-3-1/A1 (VDE 0115-121-3-1/A1)

Bahnleitungen .... DIN EN 50305 (VDE 0260-305)
DIN EN 50306-1 (VDE 0260-306-1)
DIN EN 50306-2 (VDE 0260-306-2)
DIN EN 50306-3 (VDE 0260-306-3)
DIN EN 50306-4 (VDE 0260-306-4)

Bahnnetze
Gleichstrom-Schalteinrichtungen
– Erdungsschalter für Innenräume .... DIN EN 50123-3/A1 (VDE 0115-300-3/A1)
– Lasttrennschalter, Trennschalter und -Erdungsschalter .... DIN EN 50123-4 (VDE 0115-300-4)
DIN EN 50123-4/A1 (VDE 0115-300-4/A1)
– Trennschalter .... DIN EN 50123-3 (VDE 0115-300-3)
DIN EN 50123-3/A1 (VDE 0115-300-3/A1)
Speisespannungen .... DIN EN 50163 (VDE 0115-102)
DIN EN 50163/A1 (VDE 0115-102/A1)
DIN EN 50163/A2 (VDE 0115-102/A2)

Bahnsignalanlagen
Isolationskoordination .... DIN EN 50124-1 (VDE 0115-107-1)
potenzielle Sicherheitsmängel .... DIN VDE V 0831-100 (VDE V 0831-100)
Risikoanalyse technischer Funktionen .... DIN V VDE V 0831-101 (VDE V 0831-101)
risikoreduzierende Maßnahmen .... DIN VDE V 0831-100 (VDE V 0831-100)
Schutzprofil für technische Funktionen .... DIN VDE V 0831-102 (VDE V 0831-102)
sicheres Übertragungsprotokoll RaSTA
– gemäß EN 50159 (VDE 0831-159) .... DIN VDE V 0831-200 (VDE V 0831-200)
Sicherheitsanforderungen für technische Funktionen .. DIN VDE V 0831-103 (VDE V 0831-103)
Sicherheitsmängel .... DIN VDE V 0831-100 (VDE V 0831-100)

Bahnsignalanlagen, elektrische .... DIN VDE 0831 (VDE 0831)
Sicherheitsanforderungen an technische Funktionen
– Eisenbahnsignaltechnik .... DIN VDE V 0831-103 (VDE V 0831-103)

Bahn-Stromrichtertransformatoren .... DIN EN 50329 (VDE 0115-329)

Bahnstromversorgungsleitungen .... DIN VDE 0228-3 (VDE 0228-3)
E DIN VDE 0845-6-3 (VDE 0845-6-3)

Bahntransformatoren .... DIN EN 50329 (VDE 0115-329)

Bahnumgebung
magnetische Felder
– Exposition von Personen .... DIN EN 50500 (VDE 0115-500)
DIN EN 50500/A1 (VDE 0115-500/A1)

Bajonett-Lampenfassungen .... DIN EN 61184 (VDE 0616-2)

Ballwurfsichere Leuchten .... DIN 57710-13 (VDE 0710-13)

Band, eisenbasiert amorph
magnetische Eigenschaften
– Messverfahren mit Tafelmessgerät .... DIN EN IEC 60404-16 (VDE 0354-16)

Bandbreite von Lichtwellenleitern
Messmethoden und Prüfverfahren .... DIN EN 60793-1-41 (VDE 0888-241)

Bandbreitenerweiterung für Rundfunksignale in FTTH-Systemen
.... DIN EN 60728-13-1 (VDE 0855-13-1)

Bänder, selbstklebende
aus Zellulosepapier .... DIN EN 60454-3-4 (VDE 0340-3-4)

Bandkabel (LWL-)
zur Innenverlegung .... DIN EN IEC 60794-2-30 (VDE 0888-118)
DIN EN IEC 60794-2-31 (VDE 0888-12)
– für anwendungsneutrale Standortverkabelung .... DIN EN IEC 60794-2-31 (VDE 0888-12)

Bandsägen
handgeführt, motorbetrieben .... DIN EN 60745-2-20 (VDE 0740-2-20)
tragbar, motorbetrieben .... DIN EN 61029-2-5 (VDE 0740-505)
transportabel, motorbetrieben .... DIN EN 61029-2-5 (VDE 0740-505)

Bandschleifer
handgeführt, motorbetrieben .... DIN EN 62841-2-4 (VDE 0740-2-4)

Barbecue-Grillgeräte zur Verwendung im Freien .... DIN EN 60335-2-78 (VDE 0700-78)
E DIN EN 60335-2-78/A2 (VDE 0700-78/A2)

Basisgrenzwerte
elektromagnetische Felder
– Exposition von Personen .... DIN EN IEC 62311 (VDE 0848-311)
DIN EN IEC 62822-1 (VDE 0545-22)
– von Geräten kleiner Leistung .... DIN EN 62479 (VDE 0848-479)

Basisschutz
gegen direktes Berühren .... VDE-Schriftenreihe Band 140

Basisschutz gegen direktes Berühren .... DIN VDE 0100-410 (VDE 0100-410)

Basissicherheit von ME-Geräten und ME-Systemen .... DIN EN 60601-1-2 (VDE 0750-1-2)
E DIN EN 60601-1-2/A1 (VDE 0750-1-2/A1)

Basisstationen
elektromagnetische Felder
– Exposition von Personen .... E DIN EN 50401/A1 (VDE 0848-401/A1)
hochfrequente elektromagnetische Felder
– 110 MHz bis 100 GHz .... E DIN EN 50401/A1 (VDE 0848-401/A1)
– Exposition von Personen .... E DIN EN 50401/A1 (VDE 0848-401/A1)
hochfrequente elektromagnetische Felder (100 MHz bis 100 GHz)
– Exposition von Personen .... E DIN EN 50401/A1 (VDE 0848-401/A1)

Basisstationen, Inverkehrbringung
elektromagnetische Felder
– Exposition von Personen .... DIN EN 50385 (VDE 0848-385)

Batterie- und Ladeteile für Elektrofahrzeuge .... DIN EN 61851-22 (VDE 0122-2-2)

Batterie-, siehe auch Akkumulator

Batterieanlagen
Sicherheitsanforderungen
– allgemeine Sicherheitsinformationen .... DIN EN IEC 62485-1 (VDE 0510-485-1)
Sicherheitsinformationen .... DIN EN IEC 62485-1 (VDE 0510-485-1)
E DIN EN 62485-5 (VDE 0510-485-5)

E DIN EN 62485-6 (VDE 0510-485-6)

Batterieanlagen, ortsfeste .... DIN EN IEC 62485-2 (VDE 0510-485-2)

Batterieexplosion .... DIN EN 62133-1 (VDE 0510-81)
DIN EN 62133-2 (VDE 0510-82)
E DIN EN 62133-2/A1 (VDE 0510-82/A1)
DIN EN IEC 62281 (VDE 0509-6)
E DIN EN IEC 62281/A1 (VDE 0509-6/A1)

Batteriegriffe von Blei-Starterbatterien .... DIN EN 50342-5 (VDE 0510-24)

Batteriekästen von Blei-Starterbatterien .... DIN EN 50342-2 (VDE 0510-21)
DIN EN 50342-5 (VDE 0510-24)

Batterieladegeräte für den Hausgebrauch .... Beiblatt 1 DIN EN 60335-2-29 (VDE 0700-29)
DIN EN 60335-2-29 (VDE 0700-29)
E DIN EN 60335-2-29 (VDE 0700-29)
E DIN IEC 60335-2-29/A1 (VDE 0700-29/A1)

Batterieladeregler
(Photovoltaik-) .... DIN EN 62509 (VDE 0126-15)

Batterien für Bordnetzversorgungssysteme .... DIN EN 50547 (VDE 0115-547)
Bahnanwendungen
– Fahrzeuge .... E DIN IEC 62973-1 (VDE 0115-973-1)
E DIN IEC 62973-2 (VDE 0115-973-2)
E DIN IEC 62973-3 (VDE 0115-973-3)
E DIN EN IEC 62973-4 (VDE 0115-973-4)

Batterien für Eisenbahnfahrzeuge .... DIN VDE 0119-206-4 (VDE 0119-206-4)

Batterien für Flugzeuge .... DIN EN 60952-1 (VDE 0510-30)
DIN EN 60952-2 (VDE 0510-37)
DIN EN 60952-3 (VDE 0510-38)

Batterien für Mikrozyklen-Anwendungen
Blei-Akkumulatoren-Starterbatterien .... DIN EN 50342-6 (VDE 0510-13)

Batterien für tragbare Geräte .... DIN EN 62133-2 (VDE 0510-82)
E DIN EN 62133-2/A1 (VDE 0510-82/A1)
DIN EN IEC 62485-4 (VDE 0510-485-4)

Batterien mit alkalischen oder nicht säurehaltigen Elektrolyten
.... DIN EN 61951-1 (VDE 0510-53)
E DIN EN 61960-4 (VDE 0510-44)
E DIN EN 63056 (VDE 0510-56)

Batterien mit wässrigem Elektrolyt .... DIN EN 60086-5 (VDE 0509-5)
E DIN EN IEC 60086-5 (VDE 0509-5)
Sicherheit .... E DIN EN IEC 60086-5 (VDE 0509-5)

Batterien und Batterieanlagen
Sicherheitsinformationen .... E DIN EN 62485-5 (VDE 0510-485-5)
E DIN EN 62485-6 (VDE 0510-485-6)

Batterien
Antriebs- für Elektrofahrzeuge .... DIN VDE 0510-7 (VDE 0510-7)
DIN EN 62485-3 (VDE 0510-47)

Elektrolyt-	DIN EN 61960-3 (VDE 0510-3)
	E DIN EN 61960-4 (VDE 0510-44)
Lithium-	DIN EN IEC 60086-4 (VDE 0509-4)
mit wässrigem Elektrolyt	
– Sicherheit	DIN EN 60086-5 (VDE 0509-5)
	E DIN EN IEC 60086-5 (VDE 0509-5)
Primär- und Sekundär-Lithium-	DIN EN IEC 62281 (VDE 0509-6)
	E DIN EN IEC 62281/A1 (VDE 0509-6/A1)
Primärbatterien	E DIN EN 60086-1 (VDE 0509-86-1)
	E DIN EN 60086-2 (VDE 0509-86-2)
	DIN EN IEC 60086-6 (VDE 0509-86-6)
Sicherheitsanforderungen	DIN EN IEC 62281 (VDE 0509-6)
	E DIN EN IEC 62281/A1 (VDE 0509-6/A1)
	DIN EN IEC 62485-4 (VDE 0510-485-4)
	E DIN EN 62932-1 (VDE 0510-932-1)
	E DIN EN 62932-2-1 (VDE 0510-932-2-1)
	E DIN EN 62932-2-2 (VDE 0510-932-2-2)
Sicherheitsinformationen	E DIN EN 62485-5 (VDE 0510-485-5)
	E DIN EN 62485-6 (VDE 0510-485-6)
tragbare, wiederaufladbare, gasdichte	DIN EN 61951-1 (VDE 0510-53)
	E DIN EN 63056 (VDE 0510-56)

Batterien, stationäre
Sekundär-Batterien und Batterieanlagen
– Sicherheitsanforderungen .... DIN EN IEC 62485-2 (VDE 0510-485-2)

Batterien, wiederaufladbare .... DIN EN 61427-1 (VDE 0510-40)
DIN EN IEC 62485-4 (VDE 0510-485-4)
photovoltaische netzunabhängige Anwendung ...... DIN EN 61427-1 (VDE 0510-40)

Batterieschutz
Sicherungseinsätze .... E DIN EN 60269-7 (VDE 0636-7)

Batterieschutz-Sicherungseinsätze .... E DIN EN 60269-7 (VDE 0636-7)

Batteriewechselsysteme für Elektrofahrzeuge
Allgemeines und Leitfaden .... E DIN EN IEC 62840-1 (VDE 0122-40-1)

Batteriewechselsysteme
Elektrofahrzeuge
– Sicherheitsanforderungen .... E DIN IEC/TS 61851-3-3 (VDE V 0122-3-3)
DIN IEC/TS 62840-1 (VDE V 0122-40-1)
E DIN EN IEC 62840-1 (VDE 0122-40-1)
DIN EN IEC 62840-2 (VDE 0122-40-2)

Batteriewölbung
von Blei-Starterbatterien .... DIN EN 50342-2 (VDE 0510-21)

Bauarteignung
photovoltaischer Inselsysteme .... DIN EN 62124 (VDE 0126-20-1)

Bauartspezifikation
gasdichte Steckverbinder mit 2P/3P Leistung
– 2P geschirmtes Signal und Kunststoffgehäuse für 150 A
.... E DIN EN 61076-8-102 (VDE 0687-76-8-102)
– 2P geschirmtes Signal und Kunststoffgehäuse für 20 A

.... E DIN EN 61076-8-100 (VDE 0687-76-8-100)
– 2P geschirmtes Signal und Kunststoffgehäuse für 40 A
.... E DIN EN 61076-8-101 (VDE 0687-76-8-101)
geschirmte freie und feste Steckverbinder
– E/A und Datenübertragung bis zu 500 MHz ... DIN EN IEC 61076-3-124 (VDE 0687-76-3-124)
– IO- und Gigabit-Anwendungen .... DIN EN 61076-3-122 (VDE 0687-76-3-122)
               E DIN EN 61076-3-122 (VDE 0687-76-3-122)
halbstarre Kabel
– mit Polytetrafluorethylen-(PTFE-)Isolation .... DIN EN 61196-10-1 (VDE 0887-10-1)
indirekter High-Speed-Steckverbinder
– mit integrierter Schirmungsfunktion .... DIN EN 61076-4-116 (VDE 0687-76-4-116)
koaxiale HF-Steckverbinder
– BMP-Serie, blind steckbar .... DIN EN 61169-48 (VDE 0887-969-48)
– Serie MMCX .... DIN EN 61169-52 (VDE 0887-969-52)
– TNCA-Serie .... DIN EN 61169-26 (VDE 0887-969-26)
konfektionierte Kabel .... DIN EN 60966-2-4 (VDE 0887-966-2-4)
               DIN EN 60966-2-5 (VDE 0887-966-2-5)
               DIN EN 60966-2-6 (VDE 0887-966-2-6)
Rundsteckverbinder mit Schraubverriegelung M2 .... DIN EN 61076-2-113 (VDE 0687-2-113)
Rundsteckverbinder mit Schraubverriegelung M8 ..... E DIN EN 61076-2-114 (VDE 0687-2-114)
symmetrische Kommunikationsverkabelung
– Klasse D .... DIN EN 50601 (VDE 0819-601)
Vordruck
– Festkondensatoren .... DIN EN 60384-14-2 (VDE 0565-1-3)
– koaxiale Kommunikationskabel .... DIN EN 61196-10-1 (VDE 0887-10-1)

Bauartzulassung
Photovoltaikmodule
– Wiederholungsprüfungen .... E DIN IEC/TS 62915 (VDE V 0126-75)
terrestrische kristalline Silizium-Photovoltaik-(PV-)Module
.... E DIN EN IEC 61215-1-3 (VDE 0126-31-1-3)
terrestrische Photovoltaik-(PV-)Module
– Prüfanforderungen .... DIN EN 61215-1 (VDE 0126-31-1)
               E DIN EN IEC 61215-1 (VDE 0126-31-1)
               DIN EN 61215-2 (VDE 0126-31-2)
               E DIN EN IEC 61215-2 (VDE 0126-31-2)
– Prüfverfahren .... DIN EN 61215-2 (VDE 0126-31-2)
               E DIN EN IEC 61215-2 (VDE 0126-31-2)
– Steigerung des Vertrauens .... DIN IEC/TS 62941 (VDE V 0126-310)

Baueinheiten
ortsveränderliche oder transportable .... DIN VDE 0100-717 (VDE 0100-717)
               VDE-Schriftenreihe Band 168

Bauelemente der Mikrosystemtechnik
elektronische Bauteile
– Langzeitlagerung .... E DIN EN IEC 62435-7 (VDE 0884-135-7)

Bauelemente für Überspannungsschutzgeräte für Niederspannung
Leistungsanforderungen für Suppressordioden .... E DIN EN IEC 61643-341 (VDE 0845-5-41)
Leistungsanforderungen und Prüfverfahren für Metalloxidvaristoren (MOV)
.... DIN EN IEC 61643-331 (VDE 0845-5-3)
Prüfschaltungen für Suppressordioden .... E DIN EN IEC 61643-341 (VDE 0845-5-41)

Bauelemente für Überspannungsschutzgeräte
Metalloxidvaristoren (MOV)
– Leistungsanforderungen und Prüfverfahren .... DIN EN IEC 61643-331 (VDE 0845-5-3)
E DIN IEC 61643-331 (VDE 0845-5-31)
Überspannungsisoliertransformatoren
– in Telekommunikations- und signalverarbeitenden Netzen
.... DIN EN 61643-351 (VDE 0845-5-51)
DIN EN IEC 61643-352 (VDE 0845-5-52)
Überspannungstrenntransformatoren
– in Telekommunikations- und signalverarbeitenden Netzen
.... DIN EN 61643-351 (VDE 0845-5-51)
Überspannungstrenntransformatoren (SIT)
– in Telekommunikations- und signalverarbeitenden Netzen
.... DIN EN IEC 61643-352 (VDE 0845-5-52)

Bauelemente
Überspannungsisoliertransformatoren
– in Telekommunikations- und signalverarbeitenden Netzen
.... DIN EN 61643-351 (VDE 0845-5-51)
DIN EN IEC 61643-352 (VDE 0845-5-52)
Überspannungstrenntransformatoren (SIT)
– in Telekommunikations- und signalverarbeitenden Netzen
.... DIN EN IEC 61643-352 (VDE 0845-5-52)

Bauelemente, elektronische
der Mikrosystemtechnik
– Langzeitlagerung .... E DIN EN IEC 62435-7 (VDE 0884-135-7)
in Gehäusen
– Langzeitlagerung .... DIN EN 62435-1 (VDE 0884-135-1)
DIN EN 62435-2 (VDE 0884-135-2)
DIN EN IEC 62435-6 (VDE 0884-135-6)
Schutz gegen elektrostatische Phänomene .... DIN EN 61340-5-1 (VDE 0300-5-1)
DIN IEC/TR 61340-5-2 (VDE 0300-5-2)
DIN EN 61340-5-3 (VDE 0300-5-3)
DIN IEC/TR 61340-5-5 (VDE 0300-5-5)

Bauelemente, optoelektronische
Optokoppler .... DIN EN 60747-5-5 (VDE 0884-5)
E DIN EN 60747-5-5 (VDE 0884-5)
Überspannungsschutzgeräte
– Gasentladungsableiter .... DIN EN 61643-311 (VDE 0845-5-11)
DIN EN 61643-312 (VDE 0845-5-12)

Bauelemente, sicherheitsbezogene .... DIN EN 61643-321 (VDE 0845-5-2)
DIN EN 61643-341 (VDE 0845-5-4)
E DIN EN IEC 61643-341 (VDE 0845-5-41)

Bauelementeprüfung
Human Body Model (HBM) .... DIN EN 61340-3-1 (VDE 0300-3-1)

Bauernhof, siehe auch landwirtschaftliche Betriebsstätte

Bauernhöfe
elektrische Anlagen .... DIN VDE 0100-705 (VDE 0100-705)
VDE-Schriftenreihe Band 168

Baugruppen, elektronische
Prüfung Xw1: Whisker-Prüferverfahren
– Bauelemente und Teile .... DIN EN IEC 60068-2-82 (VDE 0468-2-82)

Baugruppenträger für elektronische Einrichtungen
.... DIN EN 60297-3-107 (VDE 0687-297-3-107)
                                        DIN EN 60297-3-108 (VDE 0687-297-3-108)
kleiner Formfaktor .... DIN EN 60297-3-107 (VDE 0687-297-3-107)
Typ R .... DIN EN 60297-3-108 (VDE 0687-297-3-108)

Baugruppenträger
Schirmdämpfungsprüfungen .... DIN EN 61587-3 (VDE 0687-587-3)
seismische Prüfungen .... DIN EN 61587-5 (VDE 0687-587-5)
Umgebungsanforderungen, Prüfaufbau und Sicherheitsaspekte
.... DIN EN 61587-1 (VDE 0687-587-1)
und steckbare Baugruppen Typ R
– Maße der 482,6-mm-(19-in-)Bauweise .... DIN EN 60297-3-108 (VDE 0687-297-3-108)

Baukästen
Spielzeug-, elektrische .... DIN EN 62115 (VDE 0700-210)
                                         E DIN EN 62115 (VDE 0700-210)
                                         E DIN EN 62115/AA (VDE 0700-210/AA)

Bauliche Anlagen
Blitzschutz
– allgemeine Grundsätze .... DIN EN 62305-1 (VDE 0185-305-1)
                                         E DIN EN 62305-1 (VDE 0185-305-1)
– elektrische/elektronische Systeme .... DIN EN 62305-4 (VDE 0185-305-4)
                              Beiblatt 1 DIN EN 62305-4 (VDE 0185-305-4)
                                         E DIN EN 62305-4 (VDE 0185-305-4)
– gegen physikalische Schäden .... DIN EN 62305-3 (VDE 0185-305-3)
                                         E DIN EN 62305-3 (VDE 0185-305-3)
– Risikomanagement .... Beiblatt 3 DIN EN 62305-2 (VDE 0185-305-2)
                              Beiblatt 2 DIN EN 62305-2 (VDE 0185-305-2)
                                         E DIN EN 62305-2 (VDE 0185-305-2)
– Wartung von Blitzschutzsystemen .... Beiblatt 3 DIN EN 62305-3 (VDE 0185-305-3)
                                         E DIN EN 62305-3 (VDE 0185-305-3)

Bauliche Brandschutzmaßnahmen .... VDE-Schriftenreihe Band 173

Bauordnungsrecht
– Regelungen für die Elektrotechnik .... VDE-Schriftenreihe Band 131
....VDE-Schriftenreihe Band 132
– Zusammenwirken der am Bau Beteiligten .... VDE-Schriftenreihe Band 132

Bauproduktenrecht (BauPVO) .... VDE-Schriftenreihe Band 131

Baustellen
elektrische Anlagen .... VDE-Schriftenreihe Band 142
                                         VDE-Schriftenreihe Band 168
Errichtung von Niederspannungsanlagen .... DIN VDE 0100-704 (VDE 0100-704)
                                         VDE-Schriftenreihe Band 168
Leitungstrossen .... DIN VDE 0250-813 (VDE 0250-813)

Baustellensignalanlagen .... DIN EN 50556 (VDE 0832-100)

Baustellentransformatoren .... DIN EN 61558-2-23 (VDE 0570-2-23)

Baustromverteiler .... DIN VDE 0100-704 (VDE 0100-704)
DIN EN 61439-4 (VDE 0660-600-4)
VDE-Schriftenreihe Band 142
VDE-Schriftenreihe Band 168

Bauteile für ein isoliertes Blitzschutzsystem (LPS)
für Blitzschutzsysteme .... DIN IEC/TS 62561-8 (VDE V 0185-561-8)

Bauteile
Betrieb bei hohen Temperaturen .... E DIN IEC/TS 63126 (VDE V 0126-126)
– Leitfaden zur Eignungsprüfung .... E DIN IEC/TS 63126 (VDE V 0126-126)

Bauteile, elektronische
Langzeitlagerung .... E DIN EN 62435-3 (VDE 0884-135-3)
E DIN EN IEC 62435-7 (VDE 0884-135-7)
E DIN EN IEC 62435-8 (VDE 0884-135-8)
Langzeitlagerung elektronischer Bauelemente .... E DIN EN IEC 62435-8 (VDE 0884-135-8)
– Daten .... E DIN EN 62435-3 (VDE 0884-135-3)

Bauteile, passive elektronische
Langzeitlagerung .... E DIN EN IEC 62435-8 (VDE 0884-135-8)
Langzeitlagerung elektronischer Bauelemente .... E DIN EN IEC 62435-8 (VDE 0884-135-8)

Bauteileanforderungen und -prüfung
Freileitungen
– Vogelschutz .... DIN VDE V 0212-490 (VDE V 0212-490)

Bauteileprüfung
unter Einwirkung von Sonnenstrahlung .... DIN EN IEC 60068-2-5 (VDE 0468-2-5)

Bauten, fliegende
elektrische Anlagen .... DIN VDE 0100-740 (VDE 0100-740)
VDE-Schriftenreihe Band 168

Bauunternehmen im Leitungstiefbau
Mindestanforderungen .... VDE-Anwendungsregel VDE-AR-N 4220
– Ausstattung .... VDE-Anwendungsregel VDE-AR-N 4220
– Personal .... VDE-Anwendungsregel VDE-AR-N 4220

Bauvorlagenverordnung
– Regelungen für die Elektrotechnik .... VDE-Schriftenreihe Band 132

Bauweisen für elektronische Einrichtungen
Maße der 482,6-mm-(19-in-)Bauweise
– Baugruppenträger Baugruppe Typ R .... DIN EN 60297-3-108 (VDE 0687-297-3-108)
– Gestelle und Schränke im Wohnbereich für intelligente Häuser
.... DIN EN IEC 60297-3-110 (VDE 0687-297-3-110)

Bauwerksdurchdringungen
Abdichtung für erdverlegte Leitungen .... VDE-Anwendungsregel VDE-AR-N 4223

Bauwesen
Brandverhalten
– Steuer- und Kommunikationskabel .... DIN EN 50575 (VDE 0482-575)
Photovoltaik .... DIN EN 50583-1 (VDE 0126-210-1)
DIN EN 50583-2 (VDE 0126-210-2)

BayBO, siehe Bayerische Bauordnung

Bayerische Bauordnung (BayBO) .... VDE-Schriftenreihe Band 131

BDS
BeiDou-Satellitennavigationssystem
– Navigations- und Funkkommunikationsgeräte und -systeme für die Seeschifffahrt
.... DIN EN IEC 61108-5 (VDE 0878-108-5)

Beatmungsgeräte für die Intensivpflege .... DIN EN ISO 80601-2-12 (VDE 0750-2-12)
Sicherheit und Leistungsmerkmale .... DIN EN ISO 80601-2-12 (VDE 0750-2-12)

Bedien- und Anzeigeeinrichtungen von Alarmübertragungsanlagen
.... DIN CLC/TS 50136-4 (VDE V 0830-5-4)

Bedienelemente für den Hausgebrauch
Barrierefreiheit .... DIN EN IEC 63008 (VDE 0705-3008)

Bedienen
von elektrischen Anlagen .... VDE-Schriftenreihe Band 135
– allgemeine Festlegungen .... VDE-Schriftenreihe Band 13

Bedienen von elektrischen Anlagen .... DIN EN 50110-1 (VDE 0105-1)
allgemeine Festlegungen .... DIN VDE 0105-100 (VDE 0105-100)
DIN VDE 0105-100/A1 (VDE 0105-100/A1)

Bedienteile von Maschinen .... DIN EN 60204-1 (VDE 0113-1)
E DIN EN 60204-1/A1 (VDE 0113-1/A1)
DIN EN 61310-1 (VDE 0113-101)
Anordnung und Betrieb .... DIN EN 60204-1 (VDE 0113-1)
E DIN EN 60204-1/A1 (VDE 0113-1/A1)
DIN EN 61310-3 (VDE 0113-103)

Bedienteile, manuell betätigte .... DIN EN 60447 (VDE 0196)

Bedienungsgänge
in elektrischen Betriebsstätten .... VDE-Schriftenreihe Band 168

Bedienungsgänge in elektrischen Betriebsstätten .... DIN VDE 0100-729 (VDE 0100-729)

Beeinflussung von Fernmeldeanlagen durch Starkstromanlagen
Gleichstrom-Bahnanlagen .... DIN VDE 0228-4 (VDE 0228-4)
Wechselstrom-Bahnanlagen .... E DIN VDE 0845-6-3 (VDE 0845-6-3)

Beeinflussung von Telekommunikationsanlagen durch Starkstromanlagen
Wechselstrom-Bahnanlagen .... E DIN VDE 0845-6-3 (VDE 0845-6-3)

Beeinflussung, gegenseitige
von Wechsel- und Gleichstrombahnsystemen .... DIN EN 50122-3 (VDE 0115-5)

Befestigung, mechanische
für elektrische Geräte in Schaltanlagen
– Abmessungen von Niederspannungsschaltgeräten .... DIN EN 60715 (VDE 0660-520)

Befestigungs- und Kontaktiereinrichtung (BKE)
für elektronische Haushaltszähler (eHZ) .... DIN VDE 0603-3-2 (VDE 0603-3-2)

Befestigungsmaße von Erdungsschaltern
Bemessungsspannung größer oder gleich 245 kV ... E DIN VDE 0670-2-453 (VDE 0670-2-453)

Befeuerung von Flugplätzen
Andockführungssystem (A-VDGS) .... DIN EN 50512 (VDE 0161-110)
Konstantstrom-Serienkreise .... DIN EN 61821 (VDE 0161-103)
Konstantstromregler .... DIN EN 61822 (VDE 0161-100)
Lampensysteme in Serienstromkreisen .... DIN EN 62870 (VDE 0161-105)

Begleitheizungen, elektrische
für industrielle und gewerbliche Zwecke .... DIN EN 62395-1 (VDE 0721-52)
   DIN EN 62395-2 (VDE 0721-54)

Begriffe
Radioaktivität im Erdboden .... DIN ISO 18589-1 (VDE 0493-4-5891)
Vulkanfiber .... E DIN EN IEC 60667-1 (VDE 0312-100)

Bekleidungsstoffe
schwer entflammbare
– Bestimmung der Lichtbogenkennwerte (ATPV oder EBT)
   .... DIN EN IEC 61482-1-1 (VDE 0682-306-1-1)

Belastungsprüfung an Freileitungstragwerken .... DIN EN 60652 (VDE 0210-15)
   E DIN EN IEC 60652 (VDE 0210-15)

Belastungsprüfung von Kabeln und Leitungen .... DIN EN 50396 (VDE 0473-396)
   DIN EN 50396/A1 (VDE 0473-396/A1)

Belastungsprüfung
zyklische (dynamische) mechanische
– Photovoltaik-(PV-)Module .... DIN IEC/TS 62782 (VDE V 0126-46)

Beleuchtung von Flugplätzen
Andockführungssystem (A-VDGS) .... DIN EN 50512 (VDE 0161-110)
Konstantstromregler .... DIN EN 61822 (VDE 0161-100)
Lampensysteme in Serienstromkreisen .... DIN EN 62870 (VDE 0161-105)

Beleuchtung von Rettungswegen .... DIN EN 50172 (VDE 0108-100)

Beleuchtung
digital adressierbare Schnittstelle .... DIN EN 62386-102 (VDE 0712-0-102)
   DIN EN 62386-301 (VDE 0712-0-301)
   DIN EN 62386-302 (VDE 0712-0-302)
   DIN EN 62386-303 (VDE 0712-0-303)
   DIN EN 62386-304 (VDE 0712-0-304)
– Absolut-Eingabegeräte .... DIN EN 62386-302 (VDE 0712-0-302)
– allgemeine Anforderungen .... DIN EN 62386-102 (VDE 0712-0-102)
   DIN EN 62386-103 (VDE 0712-0-103)
   DIN EN IEC 62386-104 (VDE 0712-0-104)
– Betriebsgeräte .... DIN EN 62386-102 (VDE 0712-0-102)
   DIN EN 62386-201 (VDE 0712-0-201)
   DIN EN 62386-202 (VDE 0712-0-202)
   E DIN EN 62386-202 (VDE 0712-0-202)
   DIN EN 62386-203 (VDE 0712-0-203)
   DIN EN 62386-204 (VDE 0712-0-204)
   DIN EN 62386-210 (VDE 0712-0-210)
– Dimmkurvenauswahl (Gerätetyp 176) .... DIN EN IEC 62386-218 (VDE 0712-0-218)
– Dimmkurvenauswahl (Gerätetyp 17) .... DIN EN IEC 62386-218 (VDE 0712-0-218)
– Drucktaster .... DIN EN 62386-301 (VDE 0712-0-301)

– Eingabegeräte .... DIN EN 62386-301 (VDE 0712-0-301)
                                                                      DIN EN 62386-302 (VDE 0712-0-302)
                                                                      DIN EN 62386-303 (VDE 0712-0-303)
                                                                      DIN EN 62386-304 (VDE 0712-0-304)
– Entladungslampen .... DIN EN 62386-203 (VDE 0712-0-203)
– Farbsteuerung .... DIN EN 62386-209 (VDE 0712-0-209)
– Firmware-Übertragung .... E DIN EN IEC 62386-105 (VDE 0712-0-105)
– integrierte Lichtquelle (Gerätetyp 23) .... DIN EN IEC 62386-224 (VDE 0712-0-224)
– Last-Referenzierung (Gerätetyp 15) .... DIN EN IEC 62386-216 (VDE 0712-0-216)
– LED-Module (Gerätetyp 6) .... DIN EN IEC 62386-207 (VDE 0712-0-207)
– Leuchtstofflampen (Gerätetyp 0) .... DIN EN 62386-201 (VDE 0712-0-201)
– Lichtsensor .... DIN EN 62386-304 (VDE 0712-0-304)
– manuelle Konfiguration (Gerätetyp 33) .... DIN EN IEC 62386-333 (VDE 0712-0-333)
– nicht austauschbare Lichtquelle (Gerätetyp 23) ..... DIN EN IEC 62386-224 (VDE 0712-0-224)
– Niedervolt-Halogenlampen .... DIN EN 62386-204 (VDE 0712-0-204)
– Notbeleuchtung mit Einzelbatterie .... DIN EN 62386-202 (VDE 0712-0-202)
                                                                    E DIN EN 62386-202 (VDE 0712-0-202)
– Präsenzmelder .... DIN EN 62386-303 (VDE 0712-0-303)
– Rückmeldung von Statusinformationen .... DIN EN IEC 62386-332 (VDE 0712-0-332)
– Schaltfunktion (Gerätetyp 7) .... DIN EN 62386-208 (VDE 0712-0-208)
– Steuergeräte .... DIN EN 62386-103 (VDE 0712-0-103)
                                                                      DIN EN 62386-301 (VDE 0712-0-301)
                                                                      DIN EN 62386-302 (VDE 0712-0-302)
                                                                      DIN EN 62386-303 (VDE 0712-0-303)
                                                                      DIN EN 62386-304 (VDE 0712-0-304)
– Systemkomponenten .... DIN EN IEC 62386-104 (VDE 0712-0-104)
– thermischer Betriebsgeräteschutz (Gerätetyp 16) .. DIN EN IEC 62386-217 (VDE 0712-0-217)
– thermischer Lampenschutz (Gerätetyp 21) .... DIN EN IEC 62386-222 (VDE 0712-0-222)
– Umwandlung digitales Signal in Gleichspannung .... DIN EN 62386-206 (VDE 0712-0-206)
– Versorgungsspannungsregler für Glühlampen .... DIN EN 62386-205 (VDE 0712-0-205)
– zentral versorgter Notbetrieb (Gerätetyp 19) .... DIN EN IEC 62386-220 (VDE 0712-0-220)
Digital adressierbare Schnittstelle
– besondere Anforderungen .... E DIN EN IEC 62386-150 (VDE 0712-0-150)
                                                                 E DIN EN IEC 62386-251 (VDE 0712-0-251)
                                                                 E DIN EN IEC 62386-252 (VDE 0712-0-252)
                                                                 E DIN EN IEC 62386-253 (VDE 0712-0-253)
– Diagnose und Wartung (Gerätetyp 52) .... E DIN EN IEC 62386-253 (VDE 0712-0-253)
– Energieberichterstattung (Gerätetyp 51) .... E DIN EN IEC 62386-252 (VDE 0712-0-252)
– ergänzende Spannungsversorgung .... E DIN EN IEC 62386-150 (VDE 0712-0-150)
– Erweiterung der Speicherbank 1 (Gerätetyp 50) . E DIN EN IEC 62386-251 (VDE 0712-0-251)
– integrierte BUS-Spannungsversorgung .... E DIN EN IEC 62386-250 (VDE 0712-0-250)
– integrierte BUS-Spannungsversorgung (Gerätetyp Type 409)
  .... E DIN EN IEC 62386-250 (VDE 0712-0-250)
Eingabegeräte
– manuelle Konfiguration (Gerätetyp 33) .... DIN EN IEC 62386-333 (VDE 0712-0-333)
Gerätetyp 409 .... E DIN EN IEC 62386-250 (VDE 0712-0-250)
Gerätetyp 50 .... E DIN EN IEC 62386-251 (VDE 0712-0-251)
Gerätetyp 52 .... E DIN EN IEC 62386-253 (VDE 0712-0-253)
integrierte BUS-Spannungsversorgung
– Gerätetyp Type 409 .... E DIN EN IEC 62386-250 (VDE 0712-0-250)
LED-Module .... DIN EN IEC 62031 (VDE 0715-5)
                                                                    DIN EN IEC 62442-3 (VDE 0712-27)
– Sicherheitsanforderungen .... DIN EN IEC 62031 (VDE 0715-5)

Beleuchtungsanlagen
  Errichtung .... DIN VDE 0100-559 (VDE 0100-559)
  (Halogen-) mit Kleinspannung .... VDE-Schriftenreihe Band 75
  im Freien .... VDE-Schriftenreihe Band 168
  Kleinspannungs- .... DIN VDE 0100-715 (VDE 0100-715)
   VDE-Schriftenreihe Band 168
  Beleuchtungsanlagen für Rettungswege .... DIN VDE V 0108-100-1 (VDE V 0108-100-1)
  Beleuchtungsanlagen im Freien .... DIN VDE 0100-714 (VDE 0100-714)

  Beleuchtungseinrichtung mit Funkkommunikation
  Sicherheitsanforderungen .... E DIN EN 50705 (VDE 0711-502)

  Beleuchtungseinrichtungen
  elektromagnetische Felder
  – Exposition von Personen .... DIN EN 62493 (VDE 0848-493)
  elektromagnetische Verträglichkeit .... VDE-Schriftenreihe Band 16
  EMV-Störfestigkeitsanforderungen .... Beiblatt 1 DIN EN 61547 (VDE 0875-15-2)
   DIN EN 61547 (VDE 0875-15-2)
   E DIN EN 61547 (VDE 0875-15-2)
  – objektives Flickermeter .... Beiblatt 1 DIN EN 61547 (VDE 0875-15-2)
   E DIN EN 61547 (VDE 0875-15-2)
  – Störfestigkeitsprüfverfahren gegen Spannungsschwankungen
   .... Beiblatt 1 DIN EN 61547 (VDE 0875-15-2)
   E DIN EN 61547 (VDE 0875-15-2)
  Funkentstörung .... DIN EN 60968 (VDE 0715-6)
  Funkstöreigenschaften
  – Grenzwerte und Messverfahren .... Beiblatt 1 DIN EN 55015 (VDE 0875-15-1)
   Beiblatt 2 DIN EN 55015 (VDE 0875-15-1)

Beleuchtungskomponenten
  Messung der elektrischen Leistungsaufnahme im Bereitschafts-Betrieb
  – (Nicht-Aktiv-Betrieb) .... E DIN EN IEC 63103 (VDE 0711-501)

Beleuchtungssysteme
  Grundlagen .... VDE-Schriftenreihe Band 75
  Kleinspannung .... DIN EN 60598-2-23 (VDE 0711-2-23)
   E DIN EN IEC 60598-2-23 (VDE 0711-2-23)
  Niederspannung .... E DIN EN 60598-1 (VDE 0711-1)
  Sicherheit .... E DIN EN IEC 63117 (VDE 0711-500)

Beleuchtungstechnik
  Grundlagen .... VDE-Schriftenreihe Band 75

Bemessung von Niederspannungs-Wechselstrom-Antriebssystemen
  mit einstellbarer Frequenz .... DIN EN 61800-2 (VDE 0160-102)
   E DIN EN 61800-2 (VDE 0160-102)

Bemessung
  drehender elektrischer Maschinen .... DIN EN 60034-1 (VDE 0530-1)
   E DIN EN 60034-1 (VDE 0530-1)

Bemessungs-Ausgangs-Leerlaufspannung bis 1 000 V .... DIN EN 50107-3 (VDE 0128-3)

Bemessungsfehlerströme .... DIN VDE V 0664-230 (VDE V 0664-230)
   DIN EN 61009-1 (VDE 0664-20)

Bemessungsisolationspegel ..... DIN EN 60071-1 (VDE 0111-1)

Bemessungskurzschlussstrom ..... DIN EN IEC 60934 (VDE 0642)

Bemessungs-Kurzzeit-Wechselspannungen ..... DIN EN 60071-1 (VDE 0111-1)

Bemessungsschaltvermögen ..... DIN EN IEC 60934 (VDE 0642)

Bemessungsspannung ..... DIN VDE V 0664-230 (VDE V 0664-230)
 DIN EN 61009-1 (VDE 0664-20)

Bemessungsstoßspannungen ..... DIN EN 60071-1 (VDE 0111-1)

Bemessungsströme
 IEC-Normwerte ..... DIN EN 60059 (VDE 0175-2)

Bemessungsversorgungsspannung ..... DIN EN 61199 (VDE 0715-9)

Bemessungswerte von Niederspannungssicherungen ..... DIN EN 60269-1 (VDE 0636-1)

Bemessungswerte von Stromrichtergruppen ..... DIN EN 50327 (VDE 0115-327)
Berechnung der Wirkung
 – Begriffe und Berechnungsverfahren ..... DIN EN 60865-1 (VDE 0103)
 – Beispiele ..... DIN IEC/TR 60865-2 (VDE 0103-2)
 in Drehstromnetzen ..... DIN EN 60909-0 (VDE 0102)
  Beiblatt 1 DIN EN 60909-0 (VDE 0102)
  Beiblatt 4 DIN EN 60909-0 (VDE 0102)
  DIN EN 60909-3 (VDE 0102-3)
 in Gleichstrom-Eigenbedarfsanlagen von Kraftwerken und Schaltanlagen
 – Berechnung der Wirkungen ..... DIN EN 61660-2 (VDE 0103-10)

Berechnung
 von Kurzschlussströmen ..... VDE-Schriftenreihe Band 118
 von Spannungsfällen ..... VDE-Schriftenreihe Band 118

Berechnung der Wirkungen von Kurzschlussströmen
 Beispiele ..... DIN IEC/TR 60865-2 (VDE 0103-2)

Berechnung größenspezifischer Dosisschätzungen (SSDE)
 Computertomografie ..... E DIN EN 62985 (VDE 0750-5-1)
 für die Computertomografie ..... E DIN EN 62985 (VDE 0750-5-1)

Berechnung größenspezifischer Dosisschätzungen
 Computertomografie ..... E DIN EN 62985 (VDE 0750-5-1)
 für die Computertomografie ..... E DIN EN 62985 (VDE 0750-5-1)

Berechnung von Kurzschlussströmen ..... DIN IEC/TR 60865-2 (VDE 0103-2)
 bei generatornahem Kurzschluss ..... Beiblatt 1 DIN EN 60909-0 (VDE 0102)
 in Drehstromnetzen ..... DIN EN 60909-0 (VDE 0102)
  Beiblatt 1 DIN EN 60909-0 (VDE 0102)
  Beiblatt 3 DIN EN 60909-0 (VDE 0102)
 in einem Mittelspannungsnetz ..... Beiblatt 1 DIN EN 60909-0 (VDE 0102)
 in einem Niederspannungsnetz ..... Beiblatt 1 DIN EN 60909-0 (VDE 0102)

Berechnungshilfe
 Schadensrisiko für bauliche Anlagen ..... DIN EN 62305-2 (VDE 0185-305-2)

Berechnungsverfahren
 Mindest-Arbeitsabstände

– Spannungsbereich 72,5 kV bis 800 kV .... DIN EN 61472 (VDE 0682-100)

Bereiche
explosionsgefährdete .... DIN EN 60079-10-1 (VDE 0165-101)
gasexplosionsgefährdete .... DIN EN 60079-10-1 (VDE 0165-101)
mit brennbarem Staub
– Zündschutzart „pD" .... DIN EN 60079-2 (VDE 0170-3)
                                                                          E DIN EN IEC 60079-2 (VDE 0170-3)
mit explosiven Stoffen
– Betrieb elektrischer Anlagen .... DIN VDE 0105-7 (VDE 0105-7)
staubexplosionsgefährdete .... DIN EN 60079-10-2 (VDE 0165-102)

Bereitstellung sicherer Ferndienste
für Brandsicherheitsanlagen .... E DIN EN 50710 (VDE 0830-101-1)
für Sicherheitsanlagen .... E DIN EN 50710 (VDE 0830-101-1)

Bergbahnen
elektrische Sicherheit und Erdung ..... DIN EN 50122-2 (VDE 0115-4)
                                                                                DIN EN 50122-3 (VDE 0115-5)
Schutz gegen elektrischen Schlag .... DIN EN 50122-1 (VDE 0115-3)

Bergbau über Tage
Leitungstrossen .... DIN VDE 0250-813 (VDE 0250-813)

Bergbau unter Tage
Betrieb von elektrischen Anlagen ...... DIN VDE 0105-111 (VDE 0105-111)

Bergwerke
elektrische Anlagen .... DIN VDE 0105-111 (VDE 0105-111)
                                                                                DIN EN 50628 (VDE 0118-10)

Berühren
Schutz gegen indirektes .... Beiblatt 5 DIN VDE 0100 (VDE 0100)

Berührungsgefährliche Teile .... DIN EN 50274 (VDE 0660-514)
berührungslos wirkende Schutzeinrichtungen
– allgemeine Anforderungen und Prüfungen .... DIN EN 61496-1 (VDE 0113-201)
                                                      Berichtigung 1 DIN EN 61496-1 (VDE 0113-201)
                                                      E DIN EN 61496-1/A1 (VDE 0113-201/A1)
– bildverarbeitende .... DIN IEC/TS 61496-4-2 (VDE V 0113-204-2)
                                                      DIN IEC/TS 61496-4-3 (VDE V 0113-204-3)
– bildverarbeitende Schutzeinrichtung (VBPD) .... DIN IEC/TS 61496-4-3 (VDE V 0113-204-3)

Berührungslos wirkende Schutzeinrichtungen
bildverarbeitende .... DIN IEC/TS 61496-4-2 (VDE V 0113-204-2)
                                                      DIN IEC/TS 61496-4-3 (VDE V 0113-204-3)
optoelektronisches Prinzip .... DIN EN 61496-2 (VDE 0113-202)
                                                     E DIN EN 61496-2/A1 (VDE 0113-202/A1)

Berührungsschutz
Prüfsonden .... DIN EN 61032 (VDE 0470-2)

Berührungsspannung
Gefahr durch .... VDE-Schriftenreihe Band 80
Schutzmaßnahmen .... VDE-Schriftenreihe Band 9

Berührungsstrom
Strommessverfahren .... DIN EN 60990 (VDE 0106-102)

Beschallungsanlagen
für Notfallsituationen .... DIN EN 50849 (VDE 0828-1)

Beschichtung
elektrostatische .... DIN EN 50348 (VDE 0147-200)

Beschichtungen
für bestückte Leiterplatten
– allgemeine Anforderungen .... DIN EN 61086-1 (VDE 0361-1)
– Klasse I, II und III .... DIN EN 61086-3-1 (VDE 0361-3-1)
– Prüfverfahren .... DIN EN 61086-2 (VDE 0361-2)
zum Schutz gegen Verschmutzung .... DIN EN 60664-3 (VDE 0110-3)

Beschichtungsanlagen
für brennbare Beschichtungspulver .... DIN EN 50177 (VDE 0147-102)
                                                                                                     DIN EN 50177/A1 (VDE 0147-102/A1)
für brennbare flüssige Beschichtungsstoffe .... DIN EN 50176 (VDE 0147-101)

Beschichtungsgeometrie
Lichtwellenleiter .... DIN EN 60793-1-21 (VDE 0888-221)

Beschichtungspulver
entzündbare .... DIN EN 50177 (VDE 0147-102)
                                                                                                     DIN EN 50177/A1 (VDE 0147-102/A1)

Beschichtungsstoffe
brennbare flüssige .... DIN EN 50176 (VDE 0147-101)

Beschränkung gefährlicher Stoffe
Beurteilung von Elektro- und Elektronikgeräten .... DIN EN IEC 63000 (VDE 0042-12)

Besichtigen
elektrischer Anlagen .... DIN VDE 0100-600 (VDE 0100-600)
                                                                                                     VDE-Schriftenreihe Band 63
                                                                                                     VDE-Schriftenreihe Band 163
besondere Anforderungen
– Sicherheitsbestimmungen .... DIN EN IEC 61010-2-201 (VDE 0411-2-201)
                                                                                      E DIN EN IEC 61010-2-201 (VDE 0411-2-201)
Drei-Stellungs-Zustimmschalter .... DIN EN 60947-5-8 (VDE 0660-215)
                                                                                      E DIN EN 60947-5-8/A1 (VDE 0660-215/A1)
Durchflussmengenschalter .... DIN EN 60947-5-9 (VDE 0660-216)
elektrische
– Anforderungen für Kühlgeräte .... DIN EN 61010-2-011 (VDE 0411-2-011)
                                                                                      E DIN EN IEC 61010-2-011 (VDE 0411-2-011)
– Klima-, Umweltprüf- und Temperatur-Konditionierungsgeräte
.... DIN EN 61010-2-012 (VDE 0411-2-012)
                                                                                    E DIN EN 61010-2-012 (VDE 0411-2-012)
– Laborzentrifugen .... DIN EN 61010-2-020 (VDE 0411-2-020)
                                                                                    E DIN EN IEC 61010-2-020 (VDE 0411-2-020)
– Sicherheitsbestimmungen .... DIN EN IEC 61010-2-201 (VDE 0411-2-201)
                                                                                    E DIN EN IEC 61010-2-201 (VDE 0411-2-201)
elektromechanische .... DIN EN 60947-5-1 (VDE 0660-200)
EMV-Anforderungen

– allgemeine Anforderungen	DIN EN 61326-1 (VDE 0843-20-1)
	E DIN EN 61326-1 (VDE 0843-20-1)
Errichtung	DIN VDE 0100-530 (VDE 0100-530)
feuchtigkeitsempfindliche	DIN EN IEC 60730-2-13 (VDE 0631-2-13)
für den Hausgebrauch	
– allgemeine Anforderungen	DIN EN 60730-1 (VDE 0631-1)
	E DIN EN 60730-1/A1 (VDE 0631-1/A1)
– besondere Anforderungen	DIN EN 60730-2-1 (VDE 0631-2-1)
	DIN EN IEC 60730-2-13 (VDE 0631-2-13)
	E DIN IEC 60730-2-14/A1 (VDE 0631-2-14/A1)
	DIN EN IEC 60730-2-7 (VDE 0631-2-7)
– Druckregelgeräte	DIN EN 60730-2-1 (VDE 0631-2-1)
	DIN EN 60730-2-6 (VDE 0631-2-6)
– elektrisch betriebene Wasserventile	DIN EN IEC 60730-2-8 (VDE 0631-2-8)
– elektrische Ölventile	DIN EN 60730-2-19 (VDE 0631-2-19)
– elektrische Stellantriebe	DIN EN IEC 60730-2-14 (VDE 0631-2-14)
	E DIN IEC 60730-2-14/A1 (VDE 0631-2-14/A1)
– elektrische Türverriegelungen	DIN EN IEC 60730-2-12 (VDE 0631-2-12)
– Energieregler	DIN EN 60730-2-11 (VDE 0631-2-11)
	E DIN EN IEC 60730-2-11 (VDE 0631-2-11)
– feuchtigkeitsempfindliche	DIN EN IEC 60730-2-13 (VDE 0631-2-13)
– Motorschutzeinrichtungen	DIN EN IEC 60730-2-22 (VDE 0631-2-22)
– Motorstartrelais	DIN EN 60730-2-10 (VDE 0631-2-10)
– Schaltuhren	DIN EN IEC 60730-2-7 (VDE 0631-2-7)
– temperaturabhängige	DIN EN IEC 60730-2-9 (VDE 0631-2-9)
– Zeitsteuergeräte	DIN EN IEC 60730-2-7 (VDE 0631-2-7)
Näherungsschalter	DIN EN 60947-5-2 (VDE 0660-208)
	E DIN EN 60947-5-2 (VDE 0660-208)
	DIN EN 60947-5-3 (VDE 0660-214)
von Flugplatzbefeuerungsanlagen	DIN EN 50490 (VDE 0161-106)
zum Trennen und Schalten	DIN VDE 0100-530 (VDE 0100-530)

Bestandsschutz
Betreiberverantwortung und Sicherheit von Altanlagen .... VDE-Schriftenreihe Band 172

Bestimmung der Energieeffizienzklasse
für elektrisches Zubehör .... E DIN EN IEC 63172 (VDE 0601-3172)

Bestimmung der Geräuschpegel
von Leistungstransformatoren .... DIN EN 60076-10 (VDE 0532-76-10)

Bestimmung der Nulllast
AC/DC-Netzteile .... DIN EN 50563 (VDE 0806-563)

Bestimmung der Radioaktivität
Gammastrahlung emittierender Radionuklide
– Referenz-Messnormale für die Kalibrierung von Gammaspektrometern
.... E DIN ISO 23547 (VDE 0412-3547)
– Schnellverfahren mit NaI(Tl)-Gammaspektrometrie .... DIN EN ISO 19581 (VDE 0493-581)
– Schnellverfahren mit Szintillationsdetektor und Gammaspektrometrie
.... DIN EN ISO 19581 (VDE 0493-581)
Messung und Bewertung Oberflächenkontamination
– allgemeine Grundlagen .... DIN ISO 7503-1 (VDE 0493-2-5031)
– Gerätekalibrierung .... DIN ISO 7503-3 (VDE 0493-2-5033)
– Prüfverfahren mit Wischproben .... DIN ISO 7503-2 (VDE 0493-2-5032)

– Wischtest .... DIN ISO 7503-2 (VDE 0493-2-5032)
Spezifikation von Bezugsnormalen
– Kalibrierung von Oberflächenkontaminationsmonitoren .... DIN ISO 8769 (VDE 0412-8769)

Bestimmung für einzelne Werkstoffe
Vulkanfiber .... E DIN EN IEC 60667-3-1 (VDE 0312-301)
– flache Platten .... E DIN EN IEC 60667-3-1 (VDE 0312-301)

Bestimmung für Isolierfolien
für elektrotechnische Zwecke
– Prüfverfahren .... DIN EN 60674-2 (VDE 0345-2)

Bestimmung resistiver Eigenschaften
fester Isolierstoffe
– Gleichspannungsmethode .... DIN EN IEC 62631-3-11 (VDE 0307-3-11)
– Gleichspannungsverfahren .... DIN EN 62631-3-1 (VDE 0307-3-1)
E DIN EN IEC 62631-3-1 (VDE 0307-3-1)
DIN EN 62631-3-2 (VDE 0307-3-2)
DIN EN 62631-3-3 (VDE 0307-3-3)
DIN EN IEC 62631-3-4 (VDE 0307-3-4)

Gleichspannungsmethode
– Imprägnierung und Beschichtung von Werkstoffen .. DIN EN IEC 62631-3-11 (VDE 0307-3-11)
Gleichspannungsverfahren
– Verfahren für Tränk- und Beschichtungsstoffe .... DIN EN IEC 62631-3-11 (VDE 0307-3-11)

Bestimmung von Substanzen
in Polymeren
– GC-MS .... DIN EN 62321-6 (VDE 0042-1-6)
in Produkten der Elektrotechnik
– Demontage, Zerlegung, Probenvorbereitung .... DIN EN 62321-2 (VDE 0042-1-2)
– Einleitung und Übersicht .... DIN EN 62321-1 (VDE 0042-1-1)
– Elektronik durch Verbrennungsaufschluss .... E DIN EN 62321-3-2 (VDE 0042-1-3-2)
– Ermittlung des Gesamtbromgehalts .... DIN EN 62321-3-2 (VDE 0042-1-3-2)
– Hexabromcyclododecan in Polymeren .... E DIN EN 62321-9 (VDE 0042-1-9)
– Ionen-Chromatografie (C-IC) .... E DIN EN 62321-3-2 (VDE 0042-1-3-2)
– Phthalate in Polymeren .... DIN EN 62321-8 (VDE 0042-1-8)
– Polymere .... DIN EN 62321-6 (VDE 0042-1-6)
– Röntgenfluoreszenz-Spektrometrie .... DIN EN 62321-3-1 (VDE 0042-1-3-1)
– Screening der Halogene in Polymeren .... E DIN EN 62321-3-2 (VDE 0042-1-3-2)
– Screening der polybromierten Biphenyle, Diphenylether und Phthalate in Polymeren
 .... E DIN EN 62321-3-3 (VDE 0042-1-3-3)
– Thermodesorption-Gaschromatografie-Massenspektrometrie (TD-GC-MS)
 .... E DIN EN 62321-3-3 (VDE 0042-1-3-3)

Bestimmung von Unsicherheiten
in der Messung der Verluste
– von Leistungstransformatoren und Drosselspulen .... DIN EN 60076-19 (VDE 0532-76-19)
E DIN EN 60076-19 (VDE 0532-76-19)

Bestimmungsverfahren
Mindest-Arbeitsabstände
– Spannungsbereich 1,0 kV bis 72,5 kV .... E DIN EN 61472-2 (VDE 0682-100-2)

Bestrahlungsverfahren
Elektroisolierstoffe .... DIN EN 60544-2 (VDE 0306-2)

Beta-Referenzstrahlung
Kalibrierung von Orts- und Personendosimetern und Messung ihres Ansprechvermögens
– als Funktion von Energie und Einfallswinkel .... E DIN ISO 6980-3 (VDE 0412-6980-3)
Kalibrierungsgrundlagen für Basisgrößen
– die das Strahlungsfeld charakterisieren .... E DIN ISO 6980-2 (VDE 0412-6980-2)
Verfahren zur Erzeugung
– Kernenergie .... E DIN ISO 6980-1 (VDE 0412-6980-1)

Betastrahlung
Äquivalentdosisleistung .... DIN EN 60846-1 (VDE 0492-2-1)
　　　　　　　　　　　　　　　　　　　　　　　　　　　　DIN EN 60846-2 (VDE 0492-2-3)
Dosimetriesysteme
– zur Personen-, Arbeitsplatz- und Umgebungsüberwachung .... DIN EN 62387 (VDE 0492-3)
　　　　　　　　　　　　　　　　　　　　　　　　　　　　　　　E DIN EN 62387 (VDE 0492-3)
– zur Umwelt- und Personenüberwachung .... DIN EN 62387 (VDE 0492-3)
　　　　　　　　　　　　　　　　　　　　　　　　　　　　E DIN EN 62387 (VDE 0492-3)
Nachweis der Radioaktivität
– Verfahren mit Flüssigszintillationszählung .... DIN EN ISO 19361 (VDE 0493-361)
Überwachungseinrichtungen .... DIN EN 60861 (VDE 0493-4-2)

Betastrom-Detektoren .... DIN IEC 60568 (VDE 0491-6)

Betätigungshebel
von Steckverbindern
– mechanische Widerstandsfähigkeit .... DIN EN IEC 60512-8-3 (VDE 0687-512-8-3)

Betätigungsstangen .... DIN 57680-3 (VDE 0680-3)

Betonschleifer
Staubmessverfahren .... DIN EN 50632-2-3 (VDE 0740-632-2-3)

Betreiben
elektrischer Prüfanlagen .... DIN EN 50191 (VDE 0104)

Betreiberverantwortung .... VDE-Schriftenreihe Band 172

Betrieb und Planung von Netzbetreibern
Schnittstelle Übertragungs- und Verteilnetze .... VDE-Anwendungsregel VDE-AR-N 4141-1

Betrieb von elektrischen Anlagen .... VDE-Schriftenreihe Band 135
allgemeine Festlegungen .... VDE-Schriftenreihe Band 13
Bergbau unter Tage .... DIN VDE 0105-111 (VDE 0105-111)
Managementdokumentation .... VDE-Schriftenreihe Band 149
　　　　　　　　　　　　　　　　　　　　　　　　　　　VDE-Schriftenreihe Band 135
nationale Anhänge .... E DIN EN 50110-2 (VDE 0105-2)
Sicherheitsmanagement .... VDE-Schriftenreihe Band 157
Überwachen von Betriebspersonal .... VDE-Schriftenreihe Band 149
　　　　　　　　　　　　　　　　　　　　　　　　　　　VDE-Schriftenreihe Band 135
Zusatzfestlegungen
– für Bahnen .... DIN VDE 0105-103 (VDE 0105-103)

Betrieb von Netzbetreibern
Schnittstelle Übertragungs- und Verteilnetze .... VDE-Anwendungsregel VDE-AR-N 4141-1

Betrieb
elektrischer Betriebsmittel
von elektrischen Anlagen .... VDE-Schriftenreihe Band 13

– allgemeine Festlegungen .... DIN VDE 0105-100 (VDE 0105-100)
DIN VDE 0105-100/A1 (VDE 0105-100/A1)
– Bereiche mit explosiven Stoffen .... DIN VDE 0105-7 (VDE 0105-7)
– in gartenbaulichen Betriebsstätten .... DIN VDE 0105-115 (VDE 0105-115)
– in landwirtschaftlichen Betriebsstätten .... DIN VDE 0105-115 (VDE 0105-115)
– nationale Anhänge .... E DIN EN 50110-2 (VDE 0105-2)
– nationale normative Anhänge .... DIN EN 50110-2 (VDE 0105-2)
von Hochfrequenz-Chirurgiegeräten .... Beiblatt 1 DIN EN 60601-2-2 (VDE 0750-2-2)
DIN EN IEC 60601-2-2 (VDE 0750-2-2)
von Regel- und Steuergeräten .... DIN EN 60730-2-1 (VDE 0631-2-1)
DIN EN IEC 60730-2-13 (VDE 0631-2-13)
DIN EN IEC 60730-2-7 (VDE 0631-2-7)
von Starkstromanlagen .... DIN VDE 0105-103 (VDE 0105-103)
von Windenergieanlagen
– Schutzmaßnahmen .... DIN EN IEC 61400-1 (VDE 0127-1)

Betriebsbedingungen
für Feldgeräte mit Feldbus-Schnittstellen
– IEC 61784-1 .... E DIN EN IEC 61326-2-5 (VDE 0843-20-2-5)
für Messgrößenumformer .... DIN EN 61326-2-3 (VDE 0843-20-2-3)
E DIN EN IEC 61326-2-3 (VDE 0843-20-2-3)

Betriebsgeräte für Beleuchtung
Digital adressierte Schnittstelle
– Leistungsanpassung (Gerätetyp 20) .... DIN EN IEC 62386-221 (VDE 0712-0-221)

Betriebsgeräte für Leuchtstofflampen
Messverfahren zur Bestimmung der Gesamteingangsleistung
– von Betriebsgeräteschaltungen und des Wirkungsgrads .... DIN EN 62442-1 (VDE 0712-28)
E DIN EN 62442-1/A1 (VDE 0712-28/A1)

Betriebsgeräte für Notbeleuchtung mit Einzelbatterie
.... E DIN EN 61347-2-7/A2 (VDE 0712-37/A2)

Betriebsgeräte
wechsel- und/oder gleichstromversorgte elektronische
– für Leuchtstofflampen .... DIN EN 61347-2-3 (VDE 0712-33)
E DIN EN IEC 61347-2-3 (VDE 0712-33)

Betriebsgeräte, elektronische
für Halogenlampen .... DIN EN IEC 62442-3 (VDE 0712-27)
für Hochdruckentladungslampen .... DIN EN IEC 62442-2 (VDE 0712-29)
für Induktions-Leuchtstofflampen .... DIN EN IEC 61347-2-14 (VDE 0712-2-44)
für LED-Module .... DIN EN 61347-2-13 (VDE 0712-43)
E DIN EN IEC 61347-2-13 (VDE 0712-43)
DIN EN 62384 (VDE 0712-26)
E DIN EN 62384 (VDE 0712-26)
DIN EN IEC 62442-3 (VDE 0712-27)
für Leuchtstofflampen .... DIN EN 61347-2-3 (VDE 0712-33)
E DIN EN IEC 61347-2-3 (VDE 0712-33)
DIN EN 62442-1 (VDE 0712-28)
E DIN EN 62442-1/A1 (VDE 0712-28/A1)
– Wirkungsgrad .... DIN EN 62442-1 (VDE 0712-28)
E DIN EN 62442-1/A1 (VDE 0712-28/A1)
für röhrenförmige Leuchtstofflampen .... DIN EN 60929 (VDE 0712-23)

gleich- oder wechselstromversorgte
- für Induktions-Leuchtstofflampen .... DIN EN IEC 61347-2-14 (VDE 0712-2-44)
- für LED-Module .... DIN EN 61347-2-13 (VDE 0712-43)
E DIN EN IEC 61347-2-13 (VDE 0712-43)
wechsel- und/oder gleichstromversorgte
- für röhrenförmige Leuchtstofflampen .... DIN EN 60929 (VDE 0712-23)

Betriebslebensdauer
elektrischer Isoliersysteme .... DIN EN 60505 (VDE 0302-1)

Betriebsleit- und Zugsicherungssysteme
für den städtischen Personennahverkehr .... DIN EN 62290-1 (VDE 0831-290-1)
DIN EN 62290-2 (VDE 0831-290-2)
DIN EN IEC 62290-3 (VDE 0831-290-3)
für den städtischen schienengebundenen Personennahverkehr
.... DIN EN IEC 62290-3 (VDE 0831-290-3)

Betriebsleitsystem für städtische Schienenbahnen
UGTMS .... DIN EN 50668 (VDE 0831-668)

Betriebsmittel für den Anschluss von Leuchten
für Haushalt und ähnliche Zwecke .... DIN EN 61995-1 (VDE 0620-400-1)
E DIN EN 61995-1/AA (VDE 0620-400-1/AA)

Betriebsmittel
auf Bahnfahrzeugen
- Kondensatoren für Leistungselektronik .... DIN EN 61881-1 (VDE 0115-430-1)
DIN EN 61881-2 (VDE 0115-430-2)
DIN EN 61881-3 (VDE 0115-430-3)
- Lithium-Ionen-Traktionsbatterien .... DIN EN IEC 62928 (VDE 0115-928)
- Prüfungen .... DIN EN 61373 (VDE 0115-106)
der Leistungselektronik (BLE) .... DIN EN 50178 (VDE 0160)
elektrische
- Auswahl und Errichtung .... DIN VDE 0100-520 (VDE 0100-520)
E DIN VDE 0100-520-1 (VDE 0100-520-1)
- Berechnung von Kurzschlussströmen .... Beiblatt 4 DIN EN 60909-0.(VDE 0102)
- Koordinierung elektrischer Einrichtungen .... DIN VDE 0100-530 (VDE 0100-530)
- Silikonflüssigkeiten, Wartung .... DIN IEC 60944 (VDE 0374-2)
für den Anschluss von Leuchten
- allgemeine Anforderungen .... DIN EN 61995-1 (VDE 0620-400-1)
E DIN EN 61995-1/AA (VDE 0620-400-1/AA)
DIN EN 61995-2 (VDE 0620-400-2)
- Normblätter .... DIN EN 61995-2 (VDE 0620-400-2)
für den Anschluss von Leuchten für Haushalt und ähnliche Zwecke
.... DIN EN 61995-2 (VDE 0620-400-2)
für explosionsgefährdete Bereiche .... DIN EN IEC 60079-0 (VDE 0170-1)
- Reparatur, Überholung, Regenerierung .... DIN EN 60079-19 (VDE 0165-20-1)
E DIN EN 60079-19 (VDE 0165-20-1)
in elektrischen Versorgungsnetzen
- Instandhaltung .... DIN VDE 0109 (VDE 0109)
unter Spannung stehende .... DIN VDE V 0681-1 (VDE V 0681-1)
DIN VDE V 0681-2 (VDE V 0681-2)
DIN VDE V 0681-3 (VDE V 0681-3)

Betriebsmittel, supraleitende
Prüfverfahren für Stromzuführungen .... DIN EN 61788-14 (VDE 0390-14)

Betriebsmittelauswahl .... DIN VDE 0100-530 (VDE 0100-530)

Betriebssicherheitsverordnung (BetrSichV) .... VDE-Schriftenreihe Band 43
                                                                                                                                                                                            VDE-Schriftenreihe Band 121
                                                                                                                                                                                            VDE-Schriftenreihe Band 166

Betriebsstätten besonderer Art
Baustellen .... DIN VDE 0100-704 (VDE 0100-704)
                                                                                                                                                                                              VDE-Schriftenreihe Band 142
                                                                                                                                                                                              VDE-Schriftenreihe Band 168
Beleuchtungsanlagen im Freien .... DIN VDE 0100-714 (VDE 0100-714)
                                                                                                                                                                                              VDE-Schriftenreihe Band 168
Orte mit Badewanne oder Dusche .... E DIN VDE 0100-701 (VDE 0100-701)
Räume mit Badewanne oder Dusche .... DIN VDE 0100-701 (VDE 0100-701)
                                                                                                                                                                                            E DIN VDE 0100-701 (VDE 0100-701)
                                                                                                                                                                                              VDE-Schriftenreihe Band 67a
                                                                                                                                                                                              VDE-Schriftenreihe Band 141
                                                                                                                                                                                              VDE-Schriftenreihe Band 168
Schaltgerätekombinationen .... DIN IEC/TS 61439-7 (VDE V 0660-600-7)
                                                                                                                                                                         E DIN EN 61439-7 (VDE 0660-600-7)
Schwimmbecken und Springbrunnen .... DIN VDE 0100-702 (VDE 0100-702)
                                                                                           E DIN VDE 0100-702/AA (VDE 0100-702/AA)
                                                                                                                                                                                              VDE-Schriftenreihe Band 168
                                                                                                                                                                                              VDE-Schriftenreihe Band 67b

Betriebsstätten
abgeschlossene elektrische .... DIN VDE 0100-731 (VDE 0100-731)
                                                                                                                                                                                              VDE-Schriftenreihe Band 168
transportable (Schutz von Fernmeldeanlagen) .... DIN EN 50310 (VDE 0800-2-310)

Betriebstemperatur
photovoltaischer Module .... DIN EN 61853-2 (VDE 0126-34-2)
Betriebsverhalten von Geräten
– für gesetzlich geregelte Messungen und Beurteilungen ..... DIN EN 50379-2 (VDE 0400-50-2)
– im nicht geregelten Bereich .... DIN EN 50379-3 (VDE 0400-50-3)
zur Notfall-Strahlenschutzdosimetrie
– für Beta- und Photonendosis und -leistung .... DIN EN 60846-2 (VDE 0492-2-3)

Betriebsverhalten
Alkohol-Interlocks
– Datensicherheit .... DIN EN 50436-6 (VDE 0406-6)
drehender elektrischer Maschinen .... DIN EN 60034-1 (VDE 0530-1)
                                                                                                                                                                                             E DIN EN 60034-1 (VDE 0530-1)
elektrische Geräte
– Detektion und Messung von Sauerstoff .... DIN EN 50104 (VDE 0400-20)
Gasmessgeräte
– Messung toxischer Gase .... DIN IEC 62990-1 (VDE 0400-990-1)
Hochspannungs-Gleichstrom-Übertragungs-(HGÜ)Systemen
– mit netzgeführten Stromrichtern .... DIN IEC/TR 60919-1 (VDE 0558-10)
Lichtwellenleiter-Verstärker
– Spezifikation .... DIN EN 61291-2 (VDE 0888-291-2)
Photovoltaiksystemen

– Bewertung der Kapazität .... E DIN IEC/TS 61724-2 (VDE V 0126-25-2)
– Überwachung .... DIN EN 61724-1 (VDE 0126-25-1)
Systeme der industriellen Prozessleittechnik
– Verfahren zur Bewertung .... DIN EN 61003-1 (VDE 0409)

Betriebswellenlänge .... DIN EN IEC 60869-1 (VDE 0885-869-1)

Betten, medizinische .... DIN EN 60601-2-52 (VDE 0750-2-52)

Beurteilung der Brandgefahr
1-kW-Flamme
– Aufbau zur Bestätigungsprüfung .... DIN EN 60695-11-2 (VDE 0471-11-2)
– Prüfeinrichtung .... DIN EN 60695-11-2 (VDE 0471-11-2)
Entflammbarkeit von Enderzeugnissen .... E DIN IEC/TS 60695-2-15 (VDE V 0471-2-15)
Entflammbarkeit von Werkstoffen .... DIN EN 60695-2-12 (VDE 0471-2-12)
                                                                                                          E DIN EN 60695-2-12 (VDE 0471-2-12)
Entzündbarkeit von Werkstoffen .... DIN EN 60695-2-13 (VDE 0471-2-13)
                                                                                                          E DIN EN 60695-2-13 (VDE 0471-2-13)

Korrosionsschädigung
– durch Rauch und/oder Brandgase .... E DIN EN IEC 60695-5-1 (VDE 0471-5-1)
Nadelflamme
– Versuchsaufbau, Bestätigungsprüfung, Leitfaden .... DIN EN 60695-11-5 (VDE 0471-11-5)
Prüfverfahren mit 1-kW-Prüfflamme .... DIN EN 60695-11-2 (VDE 0471-11-2)
Prüfverfahren mit 50-W-Prüfflamme .... DIN EN 60695-11-10 (VDE 0471-11-10)
                                                                                                          DIN EN 60695-11-4 (VDE 0471-11-4)
Prüfverfahren mit 500-W-Prüfflamme .... DIN EN 60695-11-20 (VDE 0471-11-20)
                                                                                                          DIN EN 60695-11-3 (VDE 0471-11-3)
Prüfverfahren mit dem Glühdraht .... DIN EN 60695-2-10 (VDE 0471-2-10)
                                                                                                E DIN EN IEC 60695-2-10 (VDE 0471-2-10)
                                                                                                         DIN EN 60695-2-11 (VDE 0471-2-11)
                                                                                                E DIN EN IEC 60695-2-11 (VDE 0471-2-11)
– (GWEPT) .... DIN EN 60695-2-11 (VDE 0471-2-11)
                                                                                                 E DIN EN IEC 60695-2-11 (VDE 0471-2-11)
Prüfverfahren mit Prüfflammen
– Entzündung ohne direkten Kontakt .... DIN IEC/TS 60695-11-11 (VDE V 0471-11-11)
                                                                                E DIN EN IEC 60695-11-11 (VDE 0471-11-11)
Sichtminderung durch Rauch .... DIN EN 60695-6-1 (VDE 0471-6-1)
                                                                                            E DIN EN IEC 60695-6-1 (VDE 0471-6-1)
                                                                                             DIN EN IEC 60695-6-2 (VDE 0471-6-2)
Toxizität von Rauch und Brandgasen
– allgemeiner Leitfaden .... DIN EN 60695-7-1 (VDE 0471-7-1)
– Anwendung von Prüfergebnissen .... DIN EN 60695-7-3 (VDE 0471-7-3)
– Auswertung von Prüfverfahren .... DIN EN 60695-7-2 (VDE 0471-7-2)
                                                                                         E DIN EN IEC 60695-7-2 (VDE 0471-7-2)
unübliche Wärme
– Kugeldruckprüfung .... DIN EN 60695-10-2 (VDE 0471-10-2)
von elektrotechnischen Erzeugnissen .... DIN EN 60695-1-11 (VDE 0471-1-11)
– Entzündbarkeit .... DIN EN 60695-1-20 (VDE 0471-1-20)
                                                                                           DIN EN 60695-1-21 (VDE 0471-1-21)
– Isolierflüssigkeit .... DIN EN 60695-1-40 (VDE 0471-1-40)
– Vorauswahlverfahren .... DIN EN 60695-1-30 (VDE 0471-1-30)
Beurteilung der spezifischen Absorptionsrate schnurloser Kommunikationsgeräte
– Exposition von Personen gegenüber hochfrequenten Feldern
.... DIN EN 62209-1 (VDE 0848-209-1)

DIN EN 62209-2 (VDE 0848-209-2)
E DIN EN IEC 62209-3 (VDE 0848-209-3)
der magnetischen Eigenschaften von eisenbasiertem, amorphem Band
– unter Verwendung eines Tafelmessgeräts .... DIN EN IEC 60404-16 (VDE 0354-16)
des Frequenzübertragungsverhaltens
– Leistungstransformatoren .... DIN EN 60076-18 (VDE 0532-76-18)
des Oberflächenisolationswiderstands
– von Elektroblech und -band .... DIN EN 60404-11 (VDE 0354-11)
E DIN EN 60404-11 (VDE 0354-11)
Funkstöreigenschaften von Empfängern in
– Fahrzeugen, Booten und Geräten mit Verbrennungsmotor .... DIN EN 55025 (VDE 0879-2)
– Elektro- und Hybrid-Straßenfahrzeugen .... E DIN EN IEC 55036 (VDE 0879-3)
für das Leuchtdichteverhältnis
– Signale und Medien .... DIN EN 62087-2 (VDE 0868-102)
für den max. Betriebsausgangspegel
– im Rückweg .... DIN EN IEC 60728-3 (VDE 0855-3)
für die Leistungsaufnahme
– Audiogeräte .... DIN EN 62087-1 (VDE 0868-101)
DIN EN 62087-6 (VDE 0868-106)
– Audiosignal .... DIN EN 62087-2 (VDE 0868-102)
– Fernsehgeräte .... DIN EN 62087-1 (VDE 0868-101)
DIN EN 62087-3 (VDE 0868-103)
– Rechnerbildschirmgeräte .... DIN EN IEC 62087-7 (VDE 0868-107)
– Set-Top-Boxen .... DIN EN 62087-5 (VDE 0868-105)
– Signale und Medien .... DIN EN 62087-2 (VDE 0868-102)
– Videoaufzeichnungsgeräte .... DIN EN 62087-4 (VDE 0868-104)
– Videogeräte .... DIN EN 62087-1 (VDE 0868-101)
– Videosignal .... DIN EN 62087-2 (VDE 0868-102)
magnetische Felder in Bahnumgebung
– Exposition von Personen .... DIN EN 50500/A1 (VDE 0115-500/A1)
Schutzleiterstrom .... DIN EN 60990 (VDE 0106-102)
weichmagnetischer, metallischer, pulverförmiger Werkstoffe
– bei Frequenzen im Bereich 20 Hz bis 100 kHz .... DIN EN IEC 60404-6 (VDE 0354-6)
– mittels Ringproben .... DIN EN IEC 60404-6 (VDE 0354-6)
zur Bestimmung des Wirkungsgrads
– des Betriebsgeräts .... DIN EN IEC 62442-2 (VDE 0712-29)
DIN EN IEC 62442-3 (VDE 0712-27)

Beurteilung von elektrischen und elektronischen Geräten
Exposition von Personen
– gegenüber elektromagnetischen Feldern (0 Hz bis 300 GHz) . DIN EN 50665 (VDE 0848-665)
– gegenüber elektromagnetischen Feldern (10 MHz bis 300 GHz)
.... DIN EN 50663 (VDE 0848-663)
bewährte Vorgehensweisen in der Anwendungsfallentwicklung
– IEC-Normungsprozesse und außerhalb der Normung
.... E DIN IEC/TS 62559-4 (VDE V 0175-104)
Definition der Akteurliste .... DIN EN 62559-2 (VDE 0175-102)
Definition der Anforderungsliste .... DIN EN 62559-2 (VDE 0175-102)
Definition der Anwendungsfallvorlage .... DIN EN 62559-2 (VDE 0175-102)
Definition von Artefakten
– in XML-serialisierten Format .... DIN EN IEC 62559-3 (VDE 0175-103)
Konzept und Prozesse in der Normung .... DIN IEC/TR 62559-1 (VDE 0175-101)
Respository (Datenbank) .... DIN IEC/TR 62559-1 (VDE 0175-101)

Bewegungsfreiheit
begrenzte, in leitfähigen Bereichen .... DIN VDE 0100-706 (VDE 0100-706)
E DIN VDE 0100-706/A1 (VDE 0100-706/A1)
VDE-Schriftenreihe Band 168

Bewehrung
Drähte und Bänder
– Prüfung der Verzinkungsgüte .... DIN VDE 0472-801 (VDE 0472-801)

Bewertung der elektromagnetischen Verträglichkeit
von Sende-Empfangsgeräten
– integrierter Schaltungen .... DIN EN IEC 62228-1 (VDE 0847-28-1)
E DIN EN IEC 62228-5 (VDE 0847-28-5)
E DIN EN IEC 62228-7 (VDE 0847-28-7)

Bewertung elektrischer und elektronischer Einrichtungen
Begrenzung der Exposition von Personen
– in elektromagnetischen Feldern (0 Hz bis 300 GHz) .... DIN EN 50364 (VDE 0848-364)
DIN EN 50664 (VDE 0848-664)
DIN EN IEC 62311 (VDE 0848-311)

Bewertung elektrischer und elektronischer Geräte
Begrenzung der Exposition von Personen
– in elektromagnetischen Feldern (0 Hz bis 300 GHz) .... DIN EN 50665 (VDE 0848-665)

Bewertung und routinemäßige Prüfung
Abteilungen für medizinische Bildgebung
– Abnahmeprüfungen .... E DIN EN 61223-3-5 (VDE 0750-3-5)
– Bildgebung von Röntgeneinrichtungen für Computertomografie
.... E DIN EN 61223-3-5 (VDE 0750-3-5)
– Konstanzprüfungen .... E DIN EN 61223-3-5 (VDE 0750-3-5)

Bewertung
der elektromagnetischen Verträglichkeit
– von CAN-Sende-Empfangsgeräten .... DIN EN IEC 62228-3 (VDE 0847-28-3)
– von CXPI-Sende-Empfangsgeräten .... E DIN EN IEC 62228-7 (VDE 0847-28-7)
– von Ethernet-Sende-Empfangsgeräten .... E DIN EN IEC 62228-5 (VDE 0847-28-5)
– von LIN-Sende-Empfangsgeräten .... DIN EN IEC 62228-1 (VDE 0847-28-1)
DIN EN 62228-2 (VDE 0847-28-2)
der Kapazität
– von Photovoltaiksystemen .... E DIN IEC/TS 61724-2 (VDE V 0126-25-2)
der Leistungsfähigkeit
– von Haushaltsrobotern .... DIN EN 62849 (VDE 0705-2849)
der Oberflächenkontamination
– Bestimmung der Radioaktivität .... DIN ISO 7503-1 (VDE 0493-2-5031)
DIN ISO 7503-2 (VDE 0493-2-5032)
DIN ISO 7503-3 (VDE 0493-2-5033)
DIN ISO 8769 (VDE 0412-8769)
von elektrischen Isoliersystemen .... DIN EN 60505 (VDE 0302-1)

Bewertungsverfahren bei Automobilsensoren
Halbleiterschnittstelle
– Halbleiterbauelemente .... DIN EN IEC 62969-4 (VDE 0884-69-4)

Bezeichnungssystem (IM-Code) .... DIN EN 60034-7 (VDE 0530-7)

BGB-Werkvertrag .... VDE-Schriftenreihe Band 133

Bilder, ausgewählte
für den Elektropraktiker .... VDE-Schriftenreihe Band 59

BGV A3, siehe DGUV-Vorschrift 3

Bidirektionale netzgekoppelte Leistungsumrichter .... DIN EN IEC 62909-1 (VDE 0558-909-1)
Schnittstelle des GCPC
– und dezentrale Energiequellen .... DIN EN IEC 62909-2 (VDE 0558-909-2)

Biegemaschinen .... DIN VDE 0472-603 (VDE 0472-603)

Biegeprüfung
von Kabeln und Leitungen .... DIN EN 50396 (VDE 0473-396)
DIN EN 50396/A1 (VDE 0473-396/A1)

Biegeprüfungen
für Isolierhüllen und Mäntel .... DIN EN 60811-504 (VDE 0473-811-504)

Bildröhren
mechanische Sicherheit .... DIN EN 61965 (VDE 0864-1)

Bildschirmbedienungen
von Kernkraftwerkwarten .... DIN EN 61227 (VDE 0491-5-3)

Bildverarbeitende Schutzeinrichtungen .... DIN IEC/TS 61496-4-2 (VDE V 0113-204-2)

Billardtische .... Beiblatt 1 DIN EN 60335-2-82 (VDE 0700-82)
DIN EN 60335-2-82 (VDE 0700-82)
E DIN IEC 60335-2-82 (VDE 0700-82)
E DIN IEC 60335-2-82/A1 (VDE 0700-82/A2)

Biogasanlagen
Blitzschutz .... Beiblatt 2 DIN EN 62305-3 (VDE 0185-305-3)
E DIN EN 62305-3 (VDE 0185-305-3)

Biologische Elektroinstallation .... DIN VDE 0100-444 (VDE 0100-444)
E DIN IEC 60364-4-44/A2 (VDE 0100-444/A2)

Biphenyl, polybromiertes
in Produkten der Elektrotechnik .... DIN EN 62321 (VDE 0042-1)
DIN EN 62321-6 (VDE 0042-1-6)

Biphenyle, polybromierte
in Produkten der Elektrotechnik .... E DIN EN 62321-3-3 (VDE 0042-1-3-3)

BLE (Betriebsmittel der Leistungselektronik) .... DIN EN 50178 (VDE 0160)

Blechscheren
handgeführt, motorbetrieben .... DIN EN 62841-2-8 (VDE 0740-2-8)

Blei
in Elektronik .... DIN EN 62321-5 (VDE 0042-1-5)
in Metallen .... DIN EN 62321-5 (VDE 0042-1-5)
in Polymeren .... DIN EN 62321-5 (VDE 0042-1-5)
in Produkten der Elektrotechnik .... DIN EN 62321 (VDE 0042-1)
DIN EN 62321-3-1 (VDE 0042-1-3-1)

Blei-Akkumulatoren-Starterbatterien
allgemeine Anforderungen und Prüfungen .... DIN EN 50342-1 (VDE 0510-101)
.... DIN EN 50342-7 (VDE 0510-342-7)
Batterien für Mikrozyklen-Anwendungen .... DIN EN 50342-6 (VDE 0510-13)
Maße von Batterien und Kennzeichnung von Anschlüssen ...... DIN EN 50342-2 (VDE 0510-21)
Prüfverfahren und Maße von Motorradbatterien .... DIN EN 50342-7 (VDE 0510-342-7)

Bleibatterien (verschlossen)
allgemeine Anforderungen, Eigenschaften
– Prüfverfahren .... DIN EN 61056-1 (VDE 0510-25)
in tragbaren Geräten
– Sicherheitsanforderungen .... DIN EN IEC 62485-4 (VDE 0510-485-4)
Maße, Anschlüsse und Kennzeichnung .... DIN EN 61056-2 (VDE 0510-26)

Bleibatterien für Bordnetzversorgungssysteme
Bahnanwendungen
– Fahrzeuge .... E DIN IEC 62973-3 (VDE 0115-973-3)

Bleibatterien für den Antrieb von Leichtkraftfahrzeugen
Anforderungen und Prüfverfahren .... E DIN EN IEC 63193 (VDE 0510-193)

Bleigehalt
von PVC-Isolierungen
– Analyse .... DIN EN 50414 (VDE 0473-414)

Blei-Säure-Batterien (geschlossen)
Anforderungen an Elektrolyte .... DIN EN 62877-1 (VDE 0510-50)
Anforderungen an Wasser .... DIN EN 62877-2 (VDE 0510-51)

Blei-Säure-Batterien 12 V
für Personenkraftwagen und leichte Nutzfahrzeuge .... DIN EN 50342-2 (VDE 0510-21)

Blei-Säure-Batterien 36 V
für Personenkraftwagen und leichte Nutzfahrzeuge .... DIN EN 50342-3 (VDE 0510-22)

Blei-Säure-Batterien
für Nutzfahrzeuge .... DIN EN 50342-4 (VDE 0510-23)

Blei-Starterbatterien .... DIN EN 50342-4 (VDE 0510-23)
allgemeine Anforderungen und Prüfungen .... DIN EN 50342-1 (VDE 0510-101)
Anschlusssystem für Batterien 36 V .... DIN EN 50342-3 (VDE 0510-22)
Eigenschaften von Gehäusen und Griffen .... DIN EN 50342-5 (VDE 0510-24)
Maße und Kennzeichnung von Anschlüssen .... DIN EN 50342-2 (VDE 0510-21)
– VRLA .... DIN EN 50342-2 (VDE 0510-21)

Bleisulfidverfärbung
zur Analyse des Bleigehalts von PVC .... DIN EN 50414 (VDE 0473-414)

Blindleistungskompensatoren (SVC), statische
Umrichter
– Brandschutzmaßnahmen .... E DIN IEC/TR 62757 (VDE 0553-757)

Blindleistungskompensatoren
Thyristorventile .... DIN EN 61954 (VDE 0553-100)

Blindverbrauchszähler .... DIN VDE 0418-2 (VDE 0418-2)
elektronische
– Genauigkeitsklassen 0,5 S, 1 S und 1 .... DIN EN 62053-24 (VDE 0418-3-24)

– Genauigkeitsklassen 2 und 3 .... DIN EN 62053-23 (VDE 0418-3-23)
                                                                                                     E DIN EN 62053-23 (VDE 0418-3-23)
statische
– Genauigkeitsklassen 2 und 3 .... E DIN EN 62053-23 (VDE 0418-3-23)

Blinkgeräte (Signalgeräte) .... DIN VDE 0713-3 (VDE 0713-3)

Blitzableiter .... DIN EN 62305-2 (VDE 0185-305-2)
                                                                                                                                      DIN EN 62305-3 (VDE 0185-305-3)
                                                                                                                                   E DIN EN 62305-3 (VDE 0185-305-3)
                                                                                                                                      DIN EN 62305-4 (VDE 0185-305-4)
                                                                               Beiblatt 1 DIN EN 62305-4 (VDE 0185-305-4)
                                                                                                                                   E DIN EN 62305-4 (VDE 0185-305-4)

Blitzdichte
Blitzortungssysteme .... DIN EN IEC 62858 (VDE 0185-858)

Blitzeinwirkungen
Zerstörfestigkeit von Einrichtungen mit TK-Anschluss .... DIN EN 50468 (VDE 0845-7)

Blitzfeuer .... DIN V ENV 50234 (VDE V 0161-234)
Blitzhäufigkeit
– Risikobewertung .... DIN EN IEC 62858 (VDE 0185-858)

Blitzimpuls-Durchschlagspannung
von Isolierflüssigkeiten .... E DIN IEC 60897 (VDE 0370)

Blitzortung .... Beiblatt 1 DIN EN 62305-2 (VDE 0185-305-2)
                                                                                                                                                    DIN EN IEC 62858 (VDE 0185-858)

Blitzortungssysteme
Blitzdichte .... DIN EN IEC 62858 (VDE 0185-858)

Blitzschlag
Wirkung auf Menschen und Nutztiere .... DIN V VDE V 0140-479-4 (VDE V 0140-479-4)

Blitzschutz .... DIN EN IEC 62793 (VDE 0185-236)
                                                                                                                                                E DIN EN IEC 62793 (VDE 0185-236)
allgemeine Grundsätze .... DIN EN 62305-1 (VDE 0185-305-1)
                                                                                                                        E DIN EN 62305-1 (VDE 0185-305-1)
beschichtete Metalldächer
– Prüfung der Eignung .... DIN V VDE V 0185-600 (VDE V 0185-600)
elektrische und elektronische Systeme
– in baulichen Anlagen .... DIN EN 62305-4 (VDE 0185-305-4)
                                                                                          Beiblatt 1 DIN EN 62305-4 (VDE 0185-305-4)
                                                                                         E DIN EN 62305-4 (VDE 0185-305-4)
für PV-Stromversorgungssysteme .... Beiblatt 5 DIN EN 62305-3 (VDE 0185-305-3)
                                                                                         E DIN EN 62305-3 (VDE 0185-305-3)
Gewitterwarnsysteme .... DIN EN IEC 62793 (VDE 0185-236)
                                                                                        E DIN EN IEC 62793 (VDE 0185-236)
in IT-Anlagen .... Beiblatt 1 DIN VDE 0845 (VDE 0845)
                                                                                               VDE-Schriftenreihe Band 119
Risikomanagement .... DIN EN 62305-2 (VDE 0185-305-2)
                                                                                                VDE-Schriftenreihe Band 44
                                                                                                VDE-Schriftenreihe Band 185
– Berechnungshilfe für Schadensrisiko .... Beiblatt 3 DIN EN 62305-2 (VDE 0185-305-2)
                                                                                      Beiblatt 2 DIN EN 62305-2 (VDE 0185-305-2)

– Blitzgefährdung in Deutschland	E DIN EN 62305-2 (VDE 0185-305-2) Beiblatt 1 DIN EN 62305-2 (VDE 0185-305-2)
– elektrische/elektronische Systeme	VDE-Schriftenreihe Band 160
Schadenrisiko	VDE-Schriftenreihe Band 185
– Software, Tabellenkalkulation	Beiblatt 3 DIN EN 62305-2 (VDE 0185-305-2) Beiblatt 2 DIN EN 62305-2 (VDE 0185-305-2) E DIN EN 62305-2 (VDE 0185-305-2)
Schutz von Personen	
– allgemeine Grundsätze	DIN EN 62305-1 (VDE 0185-305-1) E DIN EN 62305-1 (VDE 0185-305-1)
– Blitzschutzsystemwartung	Beiblatt 3 DIN EN 62305-3 (VDE 0185-305-3) E DIN EN 62305-3 (VDE 0185-305-3)
– gegen Verletzungen	DIN EN 62305-3 (VDE 0185-305-3) E DIN EN 62305-3 (VDE 0185-305-3)
Telekommunikationsleitungen	
– Leitungen mit metallischen Leitern	DIN EN 61663-2 (VDE 0845-4-2)
– Lichtwellenleiteranlagen	DIN EN 61663-1 (VDE 0845-4-1)
Verwendung von Metalldächern	Beiblatt 4 DIN EN 62305-3 (VDE 0185-305-3) E DIN EN 62305-3 (VDE 0185-305-3)
von Ärztehäusern	Beiblatt 2 DIN EN 62305-3 (VDE 0185-305-3) E DIN EN 62305-3 (VDE 0185-305-3)
von baulichen Anlagen	Beiblatt 5 DIN EN 62305-3 (VDE 0185-305-3) E DIN EN 62305-3 (VDE 0185-305-3)
– allgemeine Grundsätze	DIN EN 62305-1 (VDE 0185-305-1) E DIN EN 62305-1 (VDE 0185-305-1)
– Anwendung der VDE 0185-305-3	Beiblatt 1 DIN EN 62305-3 (VDE 0185-305-3) E DIN EN 62305-3 (VDE 0185-305-3)
– besondere bauliche Anlagen	Beiblatt 2 DIN EN 62305-3 (VDE 0185-305-3) E DIN EN 62305-3 (VDE 0185-305-3)
– gegen physikalische Schäden	DIN EN 62305-3 (VDE 0185-305-3) E DIN EN 62305-3 (VDE 0185-305-3)
– Risikomanagement	Beiblatt 3 DIN EN 62305-2 (VDE 0185-305-2) DIN EN 62305-2 (VDE 0185-305-2) Beiblatt 1 DIN EN 62305-2 (VDE 0185-305-2) Beiblatt 2 DIN EN 62305-2 (VDE 0185-305-2) E DIN EN 62305-2 (VDE 0185-305-2)
von Biogasanlagen	Beiblatt 2 DIN EN 62305-3 (VDE 0185-305-3) E DIN EN 62305-3 (VDE 0185-305-3)
von Brücken	Beiblatt 2 DIN EN 62305-3 (VDE 0185-305-3) E DIN EN 62305-3 (VDE 0185-305-3)
von Fernmeldetürmen	Beiblatt 2 DIN EN 62305-3 (VDE 0185-305-3) E DIN EN 62305-3 (VDE 0185-305-3)
von Kirchtürmen	Beiblatt 2 DIN EN 62305-3 (VDE 0185-305-3) E DIN EN 62305-3 (VDE 0185-305-3)
von Kliniken	Beiblatt 2 DIN EN 62305-3 (VDE 0185-305-3) E DIN EN 62305-3 (VDE 0185-305-3)
von Krankenhäusern	Beiblatt 2 DIN EN 62305-3 (VDE 0185-305-3) E DIN EN 62305-3 (VDE 0185-305-3)
von Munitionslagern	Beiblatt 2 DIN EN 62305-3 (VDE 0185-305-3) E DIN EN 62305-3 (VDE 0185-305-3)
von Schornsteinen	Beiblatt 2 DIN EN 62305-3 (VDE 0185-305-3)

	E DIN EN 62305-3 (VDE 0185-305-3)
von Schwimmbädern	Beiblatt 2 DIN EN 62305-3 (VDE 0185-305-3)
	E DIN EN 62305-3 (VDE 0185-305-3)
von Seilbahnen	Beiblatt 2 DIN EN 62305-3 (VDE 0185-305-3)
	E DIN EN 62305-3 (VDE 0185-305-3)
von Silos	Beiblatt 2 DIN EN 62305-3 (VDE 0185-305-3)
	E DIN EN 62305-3 (VDE 0185-305-3)
von Sportstätten	Beiblatt 2 DIN EN 62305-3 (VDE 0185-305-3)
	E DIN EN 62305-3 (VDE 0185-305-3)
von Stadien	Beiblatt 2 DIN EN 62305-3 (VDE 0185-305-3)
	E DIN EN 62305-3 (VDE 0185-305-3)
von Tragluftbauten	Beiblatt 2 DIN EN 62305-3 (VDE 0185-305-3)
	E DIN EN 62305-3 (VDE 0185-305-3)
von Windenergieanlagen	DIN EN IEC 61400-24 (VDE 0127-24)

Blitzschutzbauteile
Bauteile für ein isoliertes Blitzschutzsystem (LPS)	DIN IEC/TS 62561-8 (VDE V 0185-561-8)
Blitzzähler	DIN EN IEC 62561-6 (VDE 0185-561-6)
Erderdurchführungen	DIN EN 62561-5 (VDE 0185-561-5)
Leitungen und Erder	DIN EN IEC 62561-2 (VDE 0185-561-2)
Leitungshalter	DIN EN 62561-4 (VDE 0185-561-4)
Revisionskästen	DIN EN 62561-5 (VDE 0185-561-5)
Trennfunkenstrecken	DIN EN 62561-3 (VDE 0185-561-3)
Verbindungsbauteile	DIN EN 62561-1 (VDE 0185-561-1)

Blitzschutzerder
Anschluss	DIN VDE 0618-1 (VDE 0618-1)

Blitzschutzsystembauteile (LPSC)
Anforderungen an Leiter und Erder	DIN EN IEC 62561-2 (VDE 0185-561-2)
Bauteile für ein isoliertes Blitzschutzsystem (LPS)	DIN IEC/TS 62561-8 (VDE V 0185-561-8)
Blitzzähler (LSC)	DIN EN IEC 62561-6 (VDE 0185-561-6)
Erdungsmittel	DIN EN IEC 62561-7 (VDE 0185-561-7)
Leiter und Erder	DIN EN IEC 62561-2 (VDE 0185-561-2)
Leitungshalter	DIN EN 62561-4 (VDE 0185-561-4)
Mittel zur Verbesserung der Erdung	DIN EN IEC 62561-7 (VDE 0185-561-7)
Revisionskästen und Erderdurchführungen	DIN EN 62561-5 (VDE 0185-561-5)
Trennfunkenstrecken	DIN EN 62561-3 (VDE 0185-561-3)
Verbindungsbauteile	DIN EN 62561-1 (VDE 0185-561-1)

Blitzschutzsysteme .... VDE-Schriftenreihe Band 44
– allgemeine Grundsätze	VDE-Schriftenreihe Band 44
– elektrische/elektronische Systeme	VDE-Schriftenreihe Band 160
	VDE-Schriftenreihe Band 185
für elektrische und elektronische Systeme	
– Planung, Installation, Betrieb	DIN EN 62305-4 (VDE 0185-305-4)
	Beiblatt 1 DIN EN 62305-4 (VDE 0185-305-4)
	E DIN EN 62305-4 (VDE 0185-305-4)
Mittel zur Verbesserung der Erdung	DIN EN IEC 62561-7 (VDE 0185-561-7)
Planung, Errichtung, Wartung	DIN EN 62305-3 (VDE 0185-305-3)
	E DIN EN 62305-3 (VDE 0185-305-3)
Schutz von baulichen Anlagen	DIN EN 62305-3 (VDE 0185-305-3)
	Beiblatt 3 DIN EN 62305-3 (VDE 0185-305-3)
	E DIN EN 62305-3 (VDE 0185-305-3)

Blitzschutzzone .... DIN EN 62305-4 (VDE 0185-305-4)
Beiblatt 1 DIN EN 62305-4 (VDE 0185-305-4)
E DIN EN 62305-4 (VDE 0185-305-4)

Blitzstoßspannung
Messen des Scheitelwertes
– durch Luftfunkenstrecken .... DIN EN 60052 (VDE 0432-9)

Blitzstoßspannungsprüfungen .... DIN EN 60076-4 (VDE 0532-76-4)

Blitzstromparameter .... DIN EN 62305-3 (VDE 0185-305-3)
E DIN EN 62305-3 (VDE 0185-305-3)

Blitzstromverteilung .... Beiblatt 1 DIN EN 62305-4 (VDE 0185-305-4)

Blitzumgebung
für Windenergieanlagen .... DIN EN IEC 61400-24 (VDE 0127-24)

Blitzzähler
für Blitzschutzsysteme .... DIN EN IEC 62561-6 (VDE 0185-561-6)

Blockspan
für elektrotechnische Anwendungen
– allgemeine Anforderungen .... DIN EN 60763-1 (VDE 0314-1)
– Begriffe, Einteilung .... DIN EN 60763-1 (VDE 0314-1)
– heißgepresst .... DIN EN 60763-3-1 (VDE 0314-3-1)
heißgepresst
– Typen LB 3.1A.1 und 3.1A.2 .... DIN EN 60763-3-1 (VDE 0314-3-1)
Prüfverfahren .... DIN EN 60763-2 (VDE 0314-2)
E DIN EN 60763-2/A1 (VDE 0314-2/A1)

Blutdruckmessgeräte
automatisierte nicht invasive .... DIN EN IEC 80601-2-30 (VDE 0750-2-30)

Blutdrucküberwachungsgeräte
invasive .... DIN EN 60601-2-34 (VDE 0750-2-34)

Boden und Schuhwerk
elektrostatische Schutzwirkung .... DIN EN IEC 61340-4-5 (VDE 0300-4-5)

Boden
Art .... DIN EN 50341-1 (VDE 0210-1)
Untersuchung .... DIN EN 50341-1 (VDE 0210-1)

Bodenbehandlungsgeräte
für den gewerblichen Gebrauch .... DIN EN IEC 62885-9 (VDE 0705-2885-9)

Bodenbehandlungsmaschinen
für den gewerblichen Gebrauch .... DIN EN 60335-2-67 (VDE 0700-67)
E DIN EN 60335-2-67/A1 (VDE 0700-67/A1)
DIN EN 60335-2-72 (VDE 0700-72)
E DIN EN 60335-2-72/A1 (VDE 0700-72/A1)
– Anhang BB .... E DIN EN 60335-2-72/A1 (VDE 0700-72/A1)
– Anhang DD .... E DIN EN 60335-2-72/A1 (VDE 0700-72/A1)
– Aufschriften und Anweisungen .... E DIN EN 60335-2-72/A1 (VDE 0700-72/A1)
– besondere Anforderungen .... DIN EN 60335-2-72 (VDE 0700-72)
E DIN EN 60335-2-72/A1 (VDE 0700-72/A1)
– mechanische Festigkeit, Aufbau .... E DIN EN 60335-2-72/A1 (VDE 0700-72/A1)

– mit oder ohne Antrieb .... DIN EN IEC 62885-9 (VDE 0705-2885-9)
– mit und ohne Fahrantrieb .... DIN EN 60335-2-72 (VDE 0700-72)
E DIN EN 60335-2-72/A1 (VDE 0700-72/A1)
– normative Verweisungen, Begriffe .... E DIN EN 60335-2-72/A1 (VDE 0700-72/A1)
für den Hausgebrauch .... DIN EN 60335-2-10 (VDE 0700-10)
Prüfverfahren
– Bestimmung der Gebrauchseigenschaften .... DIN EN IEC 62885-9 (VDE 0705-2885-9)

Bodenbehandlungsmaschinen, gewerbliche automatische
für den Hausgebrauch .... E DIN IEC 60335-2-117 (VDE 0700-117)

Bodenbeläge und Schuhwerk
elektrostatische Sicherheit .... DIN EN IEC 61340-4-5 (VDE 0300-4-5)

Bodenbeläge
elektrischer Widerstand .... DIN EN 61340-4-1 (VDE 0300-4-1)

Bodeneinbauleuchten .... DIN EN 60598-2-13 (VDE 0711-2-13)
DIN EN 60598-2-2 (VDE 0711-2-2)

Bodenreinigungsmaschinen
für den gewerblichen Gebrauch .... DIN EN 60335-2-67 (VDE 0700-67)
DIN EN IEC 62885-9 (VDE 0705-2885-9)

Bohrhämmer .... DIN EN 60745-2-6 (VDE 0740-2-6)
E DIN EN IEC 62841-2-6 (VDE 0740-2-6)
E DIN EN IEC 62841-2-6/AA (VDE 0740-2-6/AA)

Bohrmaschinen
handgeführt, motorbetrieben .... DIN EN 62841-2-1 (VDE 0740-2-1)
E DIN EN 62841-2-1/A1 (VDE 0740-2-1/A1)
DIN EN 62841-3-13 (VDE 0740-3-13)
Staubmessverfahren .... DIN EN 50632-2-1 (VDE 0740-632-2-1)

Boiler
für den Hausgebrauch .... DIN EN 50440 (VDE 0705-379)
DIN EN 60335-2-21 (VDE 0700-21)
Beiblatt 1 DIN EN 60335-2-21 (VDE 0700-21)
E DIN EN 60335-2-21 (VDE 0700-21)
E DIN IEC 60335-2-21/A1 (VDE 0700-21/A1)

Bootanschluss .... DIN VDE 0100-709 (VDE 0100-709)

Boote
mit Verbrennungsmotoren
– Funkstöreigenschaften .... DIN EN 55012 (VDE 0879-1)
DIN EN 55025 (VDE 0879-2)

Bootsanlegeplatz .... DIN VDE 0100-709 (VDE 0100-709)
VDE-Schriftenreihe Band 168

Bootsanleger .... DIN VDE 0100-709 (VDE 0100-709)
VDE-Schriftenreihe Band 168

Bootsanlegestelle .... DIN VDE 0100-709 (VDE 0100-709)
VDE-Schriftenreihe Band 168

Bootsliegeplätze
 elektrische Anlagen für .... DIN VDE 0100-709 (VDE 0100-709)
 VDE-Schriftenreihe Band 168

Bordgeräte für EBuLa .... DIN VDE 0119-207-13 (VDE 0119-207-13)

Bordnetze, elektrische
 von Bahnfahrzeugen
 – Batterien .... DIN EN 50547 (VDE 0115-547)
 – Systemarchitekturen .... DIN CLC/TS 50534 (VDE V 0115-534)

Bordnetzversorgungssysteme
 Batterien
 – Bahnanwendungen .... E DIN IEC 62973-1 (VDE 0115-973-1)
 E DIN IEC 62973-2 (VDE 0115-973-2)
 E DIN IEC 62973-3 (VDE 0115-973-3)
 E DIN EN IEC 62973-4 (VDE 0115-973-4)
 Bleibatterien
 – Bahnanwendungen .... E DIN IEC 62973-3 (VDE 0115-973-3)
 Nickel-Cadmium-Batterien (NiCd-Batterien)
 – Bahnanwendungen .... E DIN IEC 62973-2 (VDE 0115-973-2)
 Nickel-Metallhybrid-Sekundärbatterien, gasdichte
 – Bahnanwendungen .... E DIN EN IEC 62973-4 (VDE 0115-973-4)

Bordsystem zur Fahrdatenaufzeichnung
 für Bahnen .... DIN EN 62625-1 (VDE 0115-625-1)
 DIN EN 62625-1/A11 (VDE 0115-625-1/A11)
 DIN EN 62625-2 (VDE 0115-625-2)
 – Konformitätsprüfungen .... DIN EN 62625-2 (VDE 0115-625-2)

BOS-Teile für photovoltaische Systeme
 Bauarteignung natürliche Umgebung .... DIN EN 62093 (VDE 0126-20)

Botenkabel für Oberleitungssysteme aus Kupfer und Kupferlegierungen für Oberleitungssysteme
 ortsfeste Bahnanlagen .... E DIN EN IEC 63190 (VDE 0115-190)

Bottich-Spülmaschinen .... DIN EN 60335-2-58 (VDE 0700-58)
 E DIN EN 60335-2-58 (VDE 0700-58)

Bowlingbahneinrichtungen .... Beiblatt 1 DIN EN 60335-2-82 (VDE 0700-82)
 DIN EN 60335-2-82 (VDE 0700-82)
 E DIN IEC 60335-2-82 (VDE 0700-82)
 E DIN IEC 60335-2-82/A1 (VDE 0700-82/A2)

Brachytherapie
 Afterloading-Geräte .... DIN EN 60601-2-17 (VDE 0750-2-17)
 Brand mit Erschütterungen bei einer Temperatur mind. 830 °C
 – Nennspannung bis 0,6/1,0 kV, Außendurchmesser < 20 mm
 .... DIN EN IEC 60331-1 (VDE 0482-331-1)
 Brennen unter definierten Bedingungen
 – Messung der Rauchdichte .... DIN EN 61034-1 (VDE 0482-1034-1)
 DIN EN 61034-2 (VDE 0482-1034-2)
 Durchlaufspannungsprüfung .... DIN EN 62230 (VDE 0481-2230)
 elektrische Prüfverfahren .... DIN EN 50395 (VDE 0481-395)
 erweiterte Anwendung von Prüfergebnissen .... DIN CLC/TS 50576 (VDE V 0482-576)

Funktionserhalt im Brandfall
- Nennspannung bis 0,6/1,0 kV .... DIN EN IEC 60331-1 (VDE 0482-331-1)
E DIN IEC 60331-21 (VDE 0482-331-21)
für Fernmeldeanlagen und Informationsverarbeitungsanlagen
- allgemeine Bestimmungen .... DIN VDE 0891-1 (VDE 0891-1)
- Schaltkabel .... DIN VDE 0891-3 (VDE 0891-3)
für Schienenfahrzeuge
- Hochtemperaturkabel und -leitungen .... DIN EN 50382-1 (VDE 0260-382-1)
DIN EN 50382-1/A1 (VDE 0260-382-1/A1)
DIN EN 50382-2 (VDE 0260-382-2)
DIN EN 50382-2/A1 (VDE 0260-382-2/A1)
- Isolierwanddicken .... DIN EN 50355 (VDE 0260-355)
für Verwendung in Notstromkreisen
- Isolationserhalt im Brandfall mit Erschütterung .... DIN EN IEC 60331-1 (VDE 0482-331-1)
Horizontalbereich
- Steigbereich .... DIN EN 50288-12-1 (VDE 0819-12-1)
Isolationserhalt im Brandfall mit Erschütterung
- Nennspannung bis 0,6/1,0 kV, Außendurchmesser < 20 mm
.... DIN EN IEC 60331-1 (VDE 0482-331-1)
Isolier- und Mantelmischungen
- fluorhaltige Polymere .... DIN VDE 0207-6 (VDE 0207-6)
- Verzeichnis der Normen .... Beiblatt 1 DIN VDE 0207 (VDE 0207)
Isolierstoffe
- allgemeine Einführung .... DIN EN 50363-0 (VDE 0207-363-0)
- halogenfreie thermoplastische Isoliermischungen .... DIN EN 50363-7 (VDE 0207-363-7)
- halogenfreie vernetzte Isoliermischungen .... DIN EN 50363-5 (VDE 0207-363-5)
DIN EN 50363-5/A1 (VDE 0207-363-5/A1)
- Isoliermischungen - vernetztes Polyvinylchlorid .... DIN EN 50363-9-1 (VDE 0207-363-9-1)
- PVC-Isoliermischungen .... DIN EN 50363-3 (VDE 0207-363-3)
DIN EN 50363-3/A1 (VDE 0207-363-3/A1)
- PVC-Umhüllungsmischungen .... DIN EN 50363-4-2 (VDE 0207-363-4-2)
- vernetzte elastomere Isoliermischungen .... DIN EN 50363-1 (VDE 0207-363-1)
Kennzeichnung der Adern .... DIN VDE 0293-308 (VDE 0293-308)
Ladeleitung für Elektrofahrzeuge .... DIN EN 50620 (VDE 0285-620)
Leitungen für Photovoltaiksysteme .... DIN EN 50618 (VDE 0283-618)
Mantelwerkstoffe
- halogenfreie thermoplastische Mantelmischungen .... DIN EN 50363-8 (VDE 0207-363-8)
DIN EN 50363-8/A1 (VDE 0207-363-8/A1)
- halogenfreie vernetzte Mantelmischungen .... DIN EN 50363-6 (VDE 0207-363-6)
DIN EN 50363-6/A1 (VDE 0207-363-6/A1)
- Mantelmischungen - thermoplastisches Polyurethan
.... DIN EN 50363-10-2 (VDE 0207-363-10-2)
- Mantelmischungen - vernetztes Polyvinylchlorid .... DIN EN 50363-10-1 (VDE 0207-363-10-1)
- PVC-Mantelmischungen .... DIN EN 50363-4-1 (VDE 0207-363-4-1)
- vernetzte elastomere Mantelmischungen .... DIN EN 50363-2-1 (VDE 0207-363-2-1)
DIN EN 50363-2-1/A1 (VDE 0207-363-2-1/A1)
max. zulässige Längen .... Beiblatt 5 DIN VDE 0100 (VDE 0100)
Messung der Wärmefreisetzung
- während der Prüfung der Flammenausbreitung .... DIN EN 50399 (VDE 0482-399)
Nennspannung bis 450/750 V
- Aufbaudaten und Einsatzbedingungen EN 50525 .... DIN EN 50565-2 (VDE 0298-565-2)
- Leitfaden für die Verwendung .... DIN EN 50565-1 (VDE 0298-565-1)
nicht elektrische Prüfverfahren .... DIN EN 50396 (VDE 0473-396)

DIN EN 50396/A1 (VDE 0473-396/A1)
Prüfung der Flammenausbreitung
- Prüfart A .... DIN EN IEC 60332-3-22 (VDE 0482-332-3-22)
- Prüfart A F/R .... DIN EN IEC 60332-3-21 (VDE 0482-332-3-21)
- Prüfart B .... DIN EN IEC 60332-3-23 (VDE 0482-332-3-23)
- Prüfart C .... DIN EN IEC 60332-3-24 (VDE 0482-332-3-24)
- Prüfart D .... DIN EN IEC 60332-3-25 (VDE 0482-332-3-25)
- Prüfgerät .... DIN EN 60332-2-1 (VDE 0482-332-2-1)
- Prüfung mit 1-kW-Flamme .... DIN EN 60332-1-2 (VDE 0482-332-1-2)
- Prüfung mit leuchtender Flamme .... DIN EN 60332-2-2 (VDE 0482-332-2-2)
- Prüfvorrichtung .... DIN EN IEC 60332-3-10 (VDE 0482-332-3-10)
Prüfungen
- Halogenfreiheit .... DIN VDE 0472-815 (VDE 0472-815)
- Kerbkraft .... DIN 57472-619 (VDE 0472-619)
- Kristallit-Schmelzpunkt .... DIN 57472-621 (VDE 0472-621)
- Porenfreiheit von metallenen Überzügen .... DIN 57472-812 (VDE 0472-812)
- Verzeichnis der Normen .... Beiblatt 1 DIN VDE 0472 (VDE 0472)
Prüfverfahren für nicht metallene Werkstoffe
- Allgemeines .... DIN EN 60811-100 (VDE 0473-811-100)
- Alterung in der Druckkammer .... DIN EN 60811-412 (VDE 0473-811-412)
- Bestimmung der Dichte .... DIN EN 60811-606 (VDE 0473-811-606)
- Biegeprüfung für Isolierhüllen und Mäntel .... DIN EN 60811-504 (VDE 0473-811-504)
- Dehnungsprüfung für Isolierhüllen und Mäntel .... DIN EN 60811-505 (VDE 0473-811-505)
- Dielektrizitätskonstanten von Füllmassen .... DIN EN 60811-301 (VDE 0473-811-301)
- Gleichstromwiderstand von Füllmassen .... DIN EN 60811-302 (VDE 0473-811-302)
- Kälterissbeständigkeit von Füllmassen .... DIN EN 60811-411 (VDE 0473-811-411)
- Langzeitprüfung für Polyethylen- und Polypropylenmischungen
.... DIN EN 60811-408 (VDE 0473-811-408)
- Masseaufnahme von Polyethylen- und Polypropylenmischungen
.... DIN EN 60811-407 (VDE 0473-811-407)
- Masseverlust von Isolierhüllen und Mänteln .... DIN EN 60811-409 (VDE 0473-811-409)
- mechanische Prüfungen .... DIN EN 60811-501 (VDE 0473-811-501)
                                                                                                                          DIN EN 60811-502 (VDE 0473-811-502)
                                                                                                                          DIN EN 60811-503 (VDE 0473-811-503)
                                                                                                                          DIN EN 60811-504 (VDE 0473-811-504)
                                                                                                                          DIN EN 60811-505 (VDE 0473-811-505)
                                                                                                                          DIN EN 60811-506 (VDE 0473-811-506)
                                                                                                                          DIN EN 60811-507 (VDE 0473-811-507)
                                                                                                                          DIN EN 60811-508 (VDE 0473-811-508)
                                                                                                                          DIN EN 60811-509 (VDE 0473-811-509)
                                                                                                                          DIN EN 60811-510 (VDE 0473-811-510)
                                                                                                                          DIN EN 60811-511 (VDE 0473-811-511)
                                                                                                                          DIN EN 60811-512 (VDE 0473-811-512)
                                                                                                                          DIN EN 60811-513 (VDE 0473-811-513)
- Messung der Außenmaße .... DIN EN 60811-203 (VDE 0473-811-203)
- Ölbeständigkeitsprüfungen .... DIN EN 60811-404 (VDE 0473-811-404)
- physikalische Prüfungen .... DIN EN 60811-601 (VDE 0473-811-601)
                                                                                                                          DIN EN 60811-602 (VDE 0473-811-602)
                                                                                                                          DIN EN 60811-603 (VDE 0473-811-603)
                                                                                                                          DIN EN 60811-604 (VDE 0473-811-604)
                                                                                                                          DIN EN 60811-605 (VDE 0473-811-605)
                                                                                                                          DIN EN 60811-606 (VDE 0473-811-606)
                                                                                                                          DIN EN 60811-607 (VDE 0473-811-607)

- Prüfung der Ozonbeständigkeit .... DIN EN 60811-403 (VDE 0473-811-403)
- Prüfung der Spannungsrissbeständigkeit .... DIN EN 60811-406 (VDE 0473-811-406)
- Prüfung der thermischen Stabilität .... DIN EN 60811-405 (VDE 0473-811-405)
- Rissbeständigkeit von Isolierhüllen und Mänteln .... DIN EN 60811-509 (VDE 0473-811-509)
- Sauerstoffalterung unter Kupfereinfluss .... DIN EN 60811-410 (VDE 0473-811-410)
- Schlagprüfung für Isolierhüllen und Mäntel .... DIN EN 60811-506 (VDE 0473-811-506)
- Schrumpfungsprüfung für Isolierhüllen .... DIN EN 60811-502 (VDE 0473-811-502)
- Schrumpfungsprüfung für Mäntel .... DIN EN 60811-503 (VDE 0473-811-503)
- thermische Alterungsverfahren .... DIN EN 60811-401 (VDE 0473-811-401)
- Wanddicke von Isolierhüllen .... DIN EN 60811-201 (VDE 0473-811-201)
- Wanddicke von Mänteln .... DIN EN 60811-202 (VDE 0473-811-202)
- Wärmedehnungsprüfung für vernetzte Werkstoffe ..... DIN EN 60811-507 (VDE 0473-811-507)
- Wärmedruckprüfung für Isolierhüllen und Mäntel .... DIN EN 60811-508 (VDE 0473-811-508)
- Wasseraufnahmeprüfungen .... DIN EN 60811-402 (VDE 0473-811-402)

PVC-isolierte und -ummantelte
- Weichmacher-Ausschwitzungen .... DIN EN 50497 (VDE 0473-497)
Reißlänge .... DIN 57472-626 (VDE 0472-626)

Starkstromleitungen bis 450/750 V
- Aderleitungen mit EVA-Isolierung .... DIN EN 50525-2-42 (VDE 0285-525-2-42)
- Aderleitungen mit PVC-Isolierung .... DIN EN 50525-2-31 (VDE 0285-525-2-31)
- allgemeine Anforderungen .... DIN EN 50525-1 (VDE 0285-525-1)
- einadrige Leitungen mit vernetzter Silikonisolierung
  .... DIN EN 50525-2-41 (VDE 0285-525-2-41)
- flexible Leitungen mit Elastomerisolierung .... DIN EN 50525-2-21 (VDE 0285-525-2-21)
- flexible Leitungen mit PVC-Isolierung .... DIN EN 50525-2-11 (VDE 0285-525-2-11)
- halogenfreie Leitungen mit thermoplastischer Isolierung
  .... DIN EN 50525-3-11 (VDE 0285-525-3-11)
- halogenfreie Leitungen mit vernetzter Isolierung ..... DIN EN 50525-3-21 (VDE 0285-525-3-21)
- hochflexible Leitungen mit Elastomerisolierung ...... DIN EN 50525-2-22 (VDE 0285-525-2-22)
- Lahnlitzen-Leitungen mit PVC-Isolierung .... DIN EN 50525-2-71 (VDE 0285-525-2-71)
- Leitungen für Lichterketten mit Elastomerisolierung
  .... DIN EN 50525-2-82 (VDE 0285-525-2-82)
- Lichtbogenschweißleitungen mit Elastomer-Hülle ... DIN EN 50525-2-81 (VDE 0285-525-2-81)
- mehradrige Leitungen mit Silikonisolierung .... DIN EN 50525-2-83 (VDE 0285-525-2-83)
- raucharme Aderleitungen mit thermoplastischer Isolierung
  .... DIN EN 50525-3-31 (VDE 0285-525-3-31)
- raucharme Aderleitungen mit vernetzter Isolierung . DIN EN 50525-3-41 (VDE 0285-525-3-41)
- raucharme Verdrahtungsleitungen mit thermoplastischer Isolierung
  .... DIN EN 50525-3-31 (VDE 0285-525-3-31)
- raucharme Verdrahtungsleitungen mit vernetzter Isolierung
  .... DIN EN 50525-3-41 (VDE 0285-525-3-41)
- Steuerleitungen mit PVC-Isolierung .... DIN EN 50525-2-51 (VDE 0285-525-2-51)
- Verdrahtungsleitungen mit EVA-Isolierung .... DIN EN 50525-2-42 (VDE 0285-525-2-42)
- Verdrahtungsleitungen mit PVC-Isolierung .... DIN EN 50525-2-31 (VDE 0285-525-2-31)
- Wendelleitungen mit PVC-Isolierung .... DIN EN 50525-2-12 (VDE 0285-525-2-12)
- Zwillingsleitungen mit PVC-Isolierung .... DIN EN 50525-2-72 (VDE 0285-525-2-72)

Umhüllungswerkstoffe
- vernetzte elastomere Umhüllungsmischungen .... DIN EN 50363-2-2 (VDE 0207-363-2-2)
ungeschützte .... DIN EN 50577 (VDE 0482-577)

Verhalten im Brandfall
- Prüfverfahren .... DIN EN 50399 (VDE 0482-399)
  DIN EN IEC 60331-1 (VDE 0482-331-1)
  E DIN IEC 60331-21 (VDE 0482-331-21)

Zugentlastungselemente
- Zug- und Dehnungsverhalten .... DIN 57472-625 (VDE 0472-625)

Brandbekämpfung
im Bereich elektrischer Anlagen .... DIN VDE 0132 (VDE 0132)
im DC-Bereich von PV-Anlagen .... VDE-Anwendungsregel VDE-AR-E 2100-712

Brandfall
an Bord von Bahnfahrzeugen
- Fahrfähigkeit .... DIN EN 50553 (VDE 0115-553)
                                                                                                                                                                                          DIN EN 50553/A2 (VDE 0115-553/A2)
von Kabeln
- Isolationserhalt .... DIN VDE V 0606-22-200 (VDE V 0606-22-200)
                                                                                                                                                                                               DIN EN 50200 (VDE 0482-200)

Brandfortleitung .... DIN EN IEC 60332-3-10 (VDE 0482-332-3-10)
                                                                     DIN EN IEC 60332-3-21 (VDE 0482-332-3-21)
                                                                     DIN EN IEC 60332-3-22 (VDE 0482-332-3-22)
                                                                     DIN EN IEC 60332-3-23 (VDE 0482-332-3-23)
                                                                     DIN EN IEC 60332-3-24 (VDE 0482-332-3-24)
                                                                     DIN EN IEC 60332-3-25 (VDE 0482-332-3-25)

Brandgase
Gefahrbeurteilung .... DIN EN 60695-7-2 (VDE 0471-7-2)
                                                                     E DIN EN IEC 60695-7-2 (VDE 0471-7-2)
Toxizität .... DIN EN 60695-7-1 (VDE 0471-7-1)
                                                                           DIN EN 60695-7-2 (VDE 0471-7-2)
                                                                     E DIN EN IEC 60695-7-2 (VDE 0471-7-2)
                                                                           DIN EN 60695-7-3 (VDE 0471-7-3)

Brandgefahr
Anwendung der Prüfergebnisse
- Toxizität von Rauch und Brandgasen .... DIN EN 60695-7-3 (VDE 0471-7-3)
Beurteilung der Prüfergebnisse
- Toxizität von Rauch und Brandgasen .... DIN EN 60695-7-3 (VDE 0471-7-3)
elektrische Haushaltsgeräte
- Schönheitspflegegeräte .... E DIN EN 60335-2-113 (VDE 0700-113)
- selbstbalancierende Personentransportsysteme .... E DIN EN 60335-2-114 (VDE 0700-114)
oberflächige Flammenausbreitung .... DIN EN 60695-9-1 (VDE 0471-9-1)
Prüfungen auf Verformung
- Abbau von Formspannung .... DIN EN 60695-10-3 (VDE 0471-10-3)
Prüfungen zur Beurteilung .... DIN EN 60695-11-5 (VDE 0471-11-5)
- 1-kW-Prüfflamme .... DIN EN 60695-11-2 (VDE 0471-11-2)
- 50-W-Prüfflamme .... DIN EN 60695-11-4 (VDE 0471-11-4)
- 500-W-Prüfflamme .... DIN EN 60695-11-3 (VDE 0471-11-3)
- Entflammbarkeit .... DIN EN 60695-2-12 (VDE 0471-2-12)
                                                                           E DIN EN 60695-2-12 (VDE 0471-2-12)
                                                                    E DIN IEC/TS 60695-2-15 (VDE V 0471-2-15)
- Entzündbarkeit .... DIN EN 60695-2-13 (VDE 0471-2-13)
                                                                          E DIN EN 60695-2-13 (VDE 0471-2-13)
- Glühdrahtprüfung .... DIN EN 60695-2-10 (VDE 0471-2-10)
                                                                   E DIN EN IEC 60695-2-10 (VDE 0471-2-10)
                                                                           DIN EN 60695-2-11 (VDE 0471-2-11)
                                                                   E DIN EN IEC 60695-2-11 (VDE 0471-2-11)
- Isolierflüssigkeit .... DIN EN 60695-1-40 (VDE 0471-1-40)

– Kugeldruckprüfung .... DIN EN 60695-10-2 (VDE 0471-10-2)
– oberflächige Flammenausbreitung .... DIN EN 60695-9-1 (VDE 0471-9-1)
　　　　　　　　　　　　　　　　　　　　　　　　　　　　　　DIN EN 60695-9-2 (VDE 0471-9-2)
　　　　　　　　　　　　　　　　　　　　　　　　　　　　　　E DIN EN IEC 60695-9-2 (VDE 0471-9-2)
– Prüfflammen .... DIN EN 60695-11-10 (VDE 0471-11-10)
　　　　　　　　　　　　　　　　　　　　　　　　　　　　　　DIN IEC/TS 60695-11-11 (VDE V 0471-11-11)
　　　　　　　　　　　　　　　　　　　　　　　　　　　　　　E DIN EN IEC 60695-11-11 (VDE 0471-11-11)
　　　　　　　　　　　　　　　　　　　　　　　　　　　　　　DIN EN 60695-11-20 (VDE 0471-11-20)
– Sichtminderung durch Rauch .... DIN EN 60695-6-1 (VDE 0471-6-1)
　　　　　　　　　　　　　　　　　　　　　　　　　　　　　　E DIN EN IEC 60695-6-1 (VDE 0471-6-1)
– Terminologie .... DIN EN 60695-4 (VDE 0471-4)
　　　　　　　　　　　　　　　　　　　　　　　　　　　　　　E DIN EN IEC 60695-4 (VDE 0471-4)
– Toxizität von Rauch und Brandgasen .... DIN EN 60695-7-1 (VDE 0471-7-1)
　　　　　　　　　　　　　　　　　　　　　　　　　　　　　　DIN EN 60695-7-2 (VDE 0471-7-2)
　　　　　　　　　　　　　　　　　　　　　　　　　　　　　　E DIN EN IEC 60695-7-2 (VDE 0471-7-2)
– Verformung durch Abbau von Formspannung .... DIN EN 60695-10-3 (VDE 0471-10-3)
– Wärmefreisetzung .... DIN EN 60695-8-1 (VDE 0471-8-1)
　　　　　　　　　　　　　　　　　　　　　　　　　　　　　　DIN EN 60695-8-2 (VDE 0471-8-2)
Prüfverfahren
– 50-W-Prüfflamme .... DIN EN 60695-11-10 (VDE 0471-11-10)
– 500-W-Prüfflamme .... DIN EN 60695-11-20 (VDE 0471-11-20)
– Sichtminderung durch Rauch .... DIN EN IEC 60695-6-2 (VDE 0471-6-2)
unübliche Wärme .... DIN EN 60695-10-3 (VDE 0471-10-3)
von elektrotechnischen Erzeugnissen
– Prüfungen zur Beurteilung .... DIN EN 60695-1-10 (VDE 0471-1-10)
　　　　　　　　　　　　　　　　　　　　　　　　　　　　　　DIN EN 60695-1-11 (VDE 0471-1-11)
　　　　　　　　　　　　　　　　　　　　　　　　　　　　　　DIN EN 60695-1-20 (VDE 0471-1-20)
　　　　　　　　　　　　　　　　　　　　　　　　　　　　　　DIN EN 60695-1-21 (VDE 0471-1-21)
　　　　　　　　　　　　　　　　　　　　　　　　　　　　　　DIN EN 60695-1-30 (VDE 0471-1-30)
　　　　　　　　　　　　　　　　　　　　　　　　　　　　　　DIN EN 60695-1-40 (VDE 0471-1-40)
– Prüfverfahren zur Entzündbarkeit .... DIN EN 60695-1-20 (VDE 0471-1-20)
　　　　　　　　　　　　　　　　　　　　　　　　　　　　　　DIN EN 60695-1-21 (VDE 0471-1-21)
Wärmefreisetzungsrate .... DIN EN 60695-8-2 (VDE 0471-8-2)

Brandmeldeanlagen
Aktivlautsprecher .... DIN VDE V 0833-4-1 (VDE V 0833-4-1)
Alarmverifikation .... DIN VDE V 0833-3-1 (VDE V 0833-3-1)
allgemeine Festlegungen .... DIN VDE 0833-1 (VDE 0833-1)
Begriffe .... Beiblatt 1 DIN EN 50131-1 (VDE 0830-2-1)
für Kochmulden
– Prüfungen .... DIN EN 50615 (VDE 0700-615)
Planen, Errichten, Betreiben .... DIN VDE 0833-2 (VDE 0833-2)
　　　　　　　　　　　　　　　　　　　　　　　　　　　　　　E DIN VDE 0833-2/A1 (VDE 0833-2/A1)
Projektieren, Installieren, Instandsetzen .... DIN VDE 0833-2 (VDE 0833-2)
　　　　　　　　　　　　　　　　　　　　　　　　　　　　　　E DIN VDE 0833-2/A1 (VDE 0833-2/A1)
Projektierung, Montage, Inbetriebsetzung
– Betrieb und Instandhaltung von Sprachalarmsysteme . DIN CEN/TS 54-32 (VDE V 0833-4-32)
Sprachalarmierung .... DIN VDE 0833-4 (VDE 0833-4)
Sprachalarmsysteme
– Betrieb und Instandhaltung .... DIN CEN/TS 54-32 (VDE V 0833-4-32)
– Inbetriebsetzung .... DIN CEN/TS 54-32 (VDE V 0833-4-32)
– Montage .... DIN CEN/TS 54-32 (VDE V 0833-4-32)
– Projektierung .... DIN CEN/TS 54-32 (VDE V 0833-4-32)

Störfestigkeit .... DIN EN 50130-4 (VDE 0830-1-4)

Brandmeldeeinrichtungen
für Eisenbahnfahrzeuge .... DIN VDE 0119-207-9 (VDE 0119-207-9)

Brandprüfungen
Begriffe .... DIN EN 60695-4 (VDE 0471-4)
E DIN EN IEC 60695-4 (VDE 0471-4)
elektrotechnischer Produkte
– Begriffe .... DIN EN 60695-4 (VDE 0471-4)
E DIN EN IEC 60695-4 (VDE 0471-4)

Brandprüfverfahren
für elektrotechnische Erzeugnisse .... DIN EN 60695-1-10 (VDE 0471-1-10)
DIN EN 60695-1-11 (VDE 0471-1-11)

Brandrisiko
von elektrotechnischen Erzeugnissen .... DIN EN 60695-1-10 (VDE 0471-1-10)
DIN EN 60695-1-11 (VDE 0471-1-11)

Brandschutz
Berücksichtigung vorhandener Oberschwingungen .... VDE-Schriftenreihe Band 173
durch geeignete Planung elektrischer Anlagen .... VDE-Schriftenreihe Band 173
Errichten von Niederspannungsanlagen .... DIN VDE 0100-520 (VDE 0100-520)
E DIN VDE 0100-520-1 (VDE 0100-520-1)

Brandschutzmaßnahmen, bauliche .... VDE-Schriftenreihe Band 173

Brandschutzmaßnahmen für Umrichter
für flexible Drehstromübertragungssysteme (FACTS) und ihre Ventilhallen
.... E DIN IEC/TR 62757 (VDE 0553-757)
für Hochspannungsgleichstrom-(HGÜ-)Systeme und ihre Ventilhallen
.... E DIN IEC/TR 62757 (VDE 0553-757)
für statische Blindleistungskompensatoren (SVC) und ihre Ventilhallen
.... E DIN IEC/TR 62757 (VDE 0553-757)

Brandschutzschalter .... DIN VDE 0100-420 (VDE 0100-420)

Brandschutztechnische Bewertung
von elektrische Anlagen .... VDE-Schriftenreihe Band 173

Brandschutztechnische Planung
Bewertungskriterien .... VDE-Schriftenreihe Band 173
von elektrische Anlagen .... VDE-Schriftenreihe Band 173

Brandschutztechnische Prüfung
Bewertungskriterien .... VDE-Schriftenreihe Band 173
von elektrische Anlagen .... VDE-Schriftenreihe Band 173

Brandsicherheitsanlagen
Bereitstellung sicherer Ferndienste .... E DIN EN 50710 (VDE 0830-101-1)

Brandverhalten .... DIN EN 50288-10-1 (VDE 0819-10-1)
DIN EN 50288-11-1 (VDE 0819-11-1)
DIN EN 50288-9-1 (VDE 0819-9-1)

Brandwarnanlagen (BWA)
Projektierung, Errichtung, Betrieb, Instandhaltung .... DIN VDE V 0826-2 (VDE V 0826-2)

Brandweiterleitung .... DIN EN IEC 60332-3-10 (VDE 0482-332-3-10)
DIN EN IEC 60332-3-21 (VDE 0482-332-3-21)
DIN EN IEC 60332-3-22 (VDE 0482-332-3-22)
DIN EN IEC 60332-3-23 (VDE 0482-332-3-23)
DIN EN IEC 60332-3-24 (VDE 0482-332-3-24)
DIN EN IEC 60332-3-25 (VDE 0482-332-3-25)

Bratöfen
für den gewerblichen Gebrauch .... DIN EN 60335-2-36 (VDE 0700-36)
E DIN EN 60335-2-36 (VDE 0700-36)
E DIN EN 60335-2-36/A11 (VDE 0700-36/A11)

Bratpfannen (Mehrzweck-)
für den gewerblichen Gebrauch .... DIN EN 60335-2-39 (VDE 0700-39)
E DIN IEC 60335-2-39/A1 (VDE 0700-39/A2)
E DIN EN 60335-2-39/AA (VDE 0700-39/A1)

Bratpfannen
für den Hausgebrauch .... Beiblatt 1 DIN EN 60335-2-13 (VDE 0700-13)
DIN EN 60335-2-13 (VDE 0700-13)

Bratplatten
für den gewerblichen Gebrauch .... DIN EN 60335-2-38 (VDE 0700-38)
E DIN EN 60335-2-38/A11 (VDE 0700-38/A11)
E DIN EN 60335-2-38/A2 (VDE 0700-38/A1)

Brauchwasseranlagen
Umwälzpumpen .... DIN EN 60335-2-51 (VDE 0700-51)
E DIN IEC 60335-2-51 (VDE 0700-51)

Breitband
Glasfasertechnik .... E VDE 0800-200

Breitbandgeräte
für koaxiale Kabelnetze .... DIN EN IEC 60728-3 (VDE 0855-3)
DIN EN 60728-4 (VDE 0855-4)
– Störstrahlungscharakteristik .... DIN EN 50083-2 (VDE 0855-200)
E DIN EN 50083-2/A2 (VDE 0855-200/A2)

Breitbandkabel .... DIN EN 60728-1-2 (VDE 0855-7-2)
DIN EN IEC 60728-3 (VDE 0855-3)

Breitbandkabelanlagen
Planung, Aufbau, Betrieb .... VDE-Schriftenreihe Band 112

Breitbandrauschen
Prüfung Fh .... DIN EN 60068-2-64 (VDE 0468-2-64)

Breitband-TEM-Zellenverfahren .... DIN EN 62132-2 (VDE 0847-22-2)

Brennbare Gase und Dämpfe
Detektion und Messung
– ortsfeste Gaswarnsysteme .... DIN EN 50402 (VDE 0400-70)

Brennbare Gase
Geräte zur Detektion
– Betrieb in Freizeitfahrzeugen .... DIN EN 50194-2 (VDE 0400-30-3)
– kontinuierlicher Betrieb in Freizeitfahrzeugen .... DIN EN 50194-2 (VDE 0400-30-3)

Geräte zur Detektion und Messung .... DIN EN 60079-29-4 (VDE 0400-40)
– Auswahl, Installation, Einsatz, Wartung .... DIN EN 60079-29-2 (VDE 0400-2)
– Betriebsverhalten .... DIN EN 60079-29-1 (VDE 0400-1)
                E DIN EN 60079-29-1/A1 (VDE 0400-1/A1)
– Warngeräte .... DIN EN 50271 (VDE 0400-21)
Geräte zur Messung
– Betriebsverhalten .... DIN EN 60079-29-1 (VDE 0400-1)
                E DIN EN 60079-29-1/A1 (VDE 0400-1/A1)
in Wohnhäusern
– Geräte zur Detektion .... DIN EN 50194-1 (VDE 0400-30-1)
                DIN EN 50244 (VDE 0400-30-2)
Prüfverfahren und Betriebsverhalten
– Geräte zur Detektion zum Betrieb in Freizeitfahrzeugen .... DIN EN 50194-2 (VDE 0400-30-3)
– Geräte zur Detektion zum kontinuierlichen Betrieb in Freizeitfahrzeugen
.... DIN EN 50194-2 (VDE 0400-30-3)

Brenner
zum Lichtbogenschweißen .... DIN EN IEC 60974-7 (VDE 0544-7)

Brennerkühlung .... DIN EN IEC 60974-2 (VDE 0544-2)

Brenner-Steuerungssysteme
für den Hausgebrauch .... DIN EN 60730-2-5 (VDE 0631-2-5)

Brennertemperatur .... DIN EN IEC 60974-2 (VDE 0544-2)

Brennerüberwachungssysteme
für den Hausgebrauch .... DIN EN 60730-2-5 (VDE 0631-2-5)

Brennstoffkartuschen
für Mikrobrennstoffzellen
– Austauschbarkeit .... DIN EN 62282-6-300 (VDE 0130-6-300)

Brennstoffzellen (Festoxid-)
Einzelzellen-/Stackleistungsverhalten .... DIN IEC/TS 62282-7-2 (VDE V 0130-7-2)
                E DIN EN IEC 62282-7-2 (VDE 0130-7-2)

Brennstoffzellen-Energiesysteme
für industrielle elektrisch betriebene Flurförderzeuge
– Leistungskennwerteprüfverfahren .... DIN EN 62282-4-102 (VDE 0130-4-102)
– Sicherheit .... DIN EN 62282-4-101 (VDE 0130-4-101)
portable
– Sicherheit .... DIN EN IEC 62282-5-100 (VDE 0130-5-100)
stationäre
– Installation .... DIN EN 62282-3-300 (VDE 0130-3-300)
– Leistungskennwerteprüfverfahren .... DIN EN 62282-3-200 (VDE 0130-3-200)

Brennstoffzellen-Energiesysteme, stationäre
kleines stationäres Brennstoffzellen-Energiesystem
– mit gekoppelter Wärme- und Kraftleistung .... E DIN EN 62282-3-400 (VDE 0130-3-400)
Sicherheit .... DIN EN IEC 62282-3-100 (VDE 0130-3-100)
                DIN EN 62282-3-201 (VDE 0130-3-201)
              E DIN EN 62282-3-201/A1 (VDE 0130-3-201/A1)

Brennstoffzellen-Gasheizgeräte .... DIN EN 50465 (VDE 0130-310)

Brennstoffzellenmodule .... DIN EN 62282-2 (VDE 0130-2)

Brennstoffzellenmodule .... E DIN EN 62282-2-100 (VDE 0130-2-100)

Brennstoffzellensysteme
portable .... DIN EN IEC 62282-5-100 (VDE 0130-5-100)

Brennstoffzellen-Technologien
Antriebe mit Brennstoffzellen-Energiesystemen für elektrisch betriebene Flurförderfahrzeuge
– Leistungskennwerteprüfverfahren .... DIN EN 62282-4-102 (VDE 0130-4-102)
für industrielle elektrisch betriebene Flurförderzeuge
– Leistungskennwerteprüfverfahren .... DIN EN 62282-4-102 (VDE 0130-4-102)

Brennstoffzellentechnologien
Begriffe .... DIN IEC/TS 62282-1 (VDE V 0130-1)
Blockschaltbilder .... DIN IEC/TS 62282-1 (VDE V 0130-1)
Brennstoffzellenmodule .... DIN EN 62282-2 (VDE 0130-2)
                                                                E DIN EN 62282-2-100 (VDE 0130-2-100)
Brennstoffzellenmodule .... E DIN EN 62282-2-100 (VDE 0130-2-100)
– Sicherheit .... E DIN EN 62282-2-100 (VDE 0130-2-100)
Diagramme .... DIN IEC/TS 62282-1 (VDE V 0130-1)
Energiespeichersysteme
– Brennstoffzellenmodule im reversiblen Betrieb ... DIN EN IEC 62282-8-102 (VDE 0130-8-102)
                                                                DIN EN IEC 62282-8-201 (VDE 0130-8-201)
– Brennstoffzellenmodule im Umkehrbetrieb .... E DIN EN 62282-8-101 (VDE 0130-8-101)
                                                                DIN EN IEC 62282-8-102 (VDE 0130-8-102)
                                                                DIN EN IEC 62282-8-201 (VDE 0130-8-201)
– Testprozeduren für Einzelzellen .... E DIN EN 62282-8-101 (VDE 0130-8-101)
– Testprozeduren für Festoxid-Brennstoffzellen .... E DIN EN 62282-8-101 (VDE 0130-8-101)
– Testprozeduren für Stack .... E DIN EN 62282-8-101 (VDE 0130-8-101)
für industrielle elektrisch betriebene Flurförderzeuge
– Sicherheit .... DIN EN 62282-4-101 (VDE 0130-4-101)
Leistungsprüfungen für Polymer-Elektrolyt-Brennstoffzellen
.... DIN IEC/TS 62282-7-1 (VDE V 0130-7-1)
Mikro-Brennstoffzellen-Energiesysteme .... DIN EN 62282-6-100 (VDE 0130-6-100)
                                                                DIN EN 62282-6-100/A1 (VDE 0130-6-100/A1)
                                                                E DIN EN 62282-6-101 (VDE 0130-6-101)
– Austauschbarkeit der Kartusche .... DIN EN 62282-6-300 (VDE 0130-6-300)
– Austauschbarkeit von Leistung und Daten .... DIN EN IEC 62282-6-400 (VDE 0130-6-400)
– Leistungskennwerteprüfverfahren .... DIN EN 62282-6-200 (VDE 0130-6-200)
portable Brennstoffzellen-Energiesysteme
– Sicherheit .... DIN EN IEC 62282-5-100 (VDE 0130-5-100)
Prüfverfahren .... DIN IEC/TS 62282-7-2 (VDE V 0130-7-2)
                                                                E DIN EN IEC 62282-7-2 (VDE 0130-7-2)
Prüfverfahren für Polymer-Elektrolyt-Brennstoffzellen DIN IEC/TS 62282-7-1 (VDE V 0130-7-1)
stationäre Brennstoffzellen-Energiesysteme
– Sicherheit .... DIN EN IEC 62282-3-100 (VDE 0130-3-100)
                                                                DIN EN 62282-3-200 (VDE 0130-3-200)
                                                                DIN EN 62282-3-201 (VDE 0130-3-201)
                                                      E DIN EN 62282-3-201/A1 (VDE 0130-3-201/A1)
                                                                DIN EN 62282-3-300 (VDE 0130-3-300)
                                                              E DIN EN 62282-3-400 (VDE 0130-3-400)

Brennverhalten fester Isolierstoffe .... DIN EN 60754-1 (VDE 0482-754-1)
                                                                DIN EN 60754-2 (VDE 0482-754-2)

Brom
in Produkten der Elektrotechnik .... DIN EN 62321-3-1 (VDE 0042-1-3-1)
E DIN EN 62321-3-2 (VDE 0042-1-3-2)

Brotröster
für den Hausgebrauch .... DIN EN 60335-2-9 (VDE 0700-9)
Beiblatt 1 DIN EN 60335-2-9 (VDE 0700-9)
E DIN EN 60335-2-9 (VDE 0700-9)
E DIN IEC 60335-2-9 (VDE 0700-9)
E DIN EN 60335-2-9/A1 (VDE 0700-9/A1)
E DIN EN 60335-2-9/A100 (VDE 0700-9/A100)
E DIN EN 60335-2-9/A101 (VDE 0700-9/A101)
E DIN EN 60335-2-9/A2 (VDE 0700-9/A2)
E DIN EN 60335-2-9/AD (VDE 0700-9/AD)

Brücken
Blitzschutz .... Beiblatt 2 DIN EN 62305-3 (VDE 0185-305-3)
E DIN EN 62305-3 (VDE 0185-305-3)

Brückenkrane
elektrische Ausrüstung .... DIN EN 60204-32 (VDE 0113-32)

Buchfahrplan, elektronischer .... DIN VDE 0119-207-13 (VDE 0119-207-13)

Buchholz-Relais .... DIN EN 50216-2/A1 (VDE 0532-216-2/A1)
für Bahntransformatoren .... DIN CLC/TS 50537-4 (VDE V 0115-537-4)

Buchsen
Fahrzeugsteckvorrichtungen
– für das Laden von Elektrofahrzeugen .... E DIN IEC/TS 62196-4 (VDE V 0623-5-4)
für das Laden von Elektrofahrzeugen
– Austauschbarkeit von Fahrzeugsteckvorrichtungen .... E DIN EN IEC 62196-3 (VDE 0623-5-3)

Buchsensteckvorrichtungen
für industrielle Anwendungen .... DIN EN 60309-2 (VDE 0623-2)
E DIN EN 60309-2 (VDE 0623-2)
– allgemeine Anforderungen .... DIN EN 60309-1 (VDE 0623-1)
E DIN EN 60309-1 (VDE 0623-1)
– Austauschbarkeit .... DIN EN 60309-2 (VDE 0623-2)
E DIN EN 60309-2 (VDE 0623-2)
– Kompatibilität .... E DIN EN 60309-2 (VDE 0623-2)
für konduktive Ladesysteme .... DIN EN 62196-2 (VDE 0623-5-2)
E DIN EN IEC 62196-2 (VDE 0623-5-2)

Bügeleisen
für den Hausgebrauch .... DIN EN IEC 60311 (VDE 0705-311)
Beiblatt 1 DIN EN 60335-2-3 (VDE 0700-3)
DIN EN 60335-2-3 (VDE 0700-3)
E DIN IEC 60335-2-3/A1 (VDE 0700-3/A1)
Verfahren zur Messung der Gebrauchseigenschaften .... DIN EN IEC 60311 (VDE 0705-311)

Bügelmaschinen
für den Hausgebrauch .... DIN EN 60335-2-44 (VDE 0700-44)

Bügelpressen
für den Hausgebrauch .... DIN EN 60335-2-44 (VDE 0700-44)

Bühnenbeleuchtung
Halogen-Glühlampen .... DIN EN 60432-3 (VDE 0715-11)

Bühnenleuchten .... E DIN EN 60598-1 (VDE 0711-1)
DIN EN IEC 60598-2-17 (VDE 0711-217)

Bürogeräte
elektrische und elektronische
– Messung niedriger Leistungsaufnahmen .... DIN EN 50564 (VDE 0705-2301)

Bürohäuser
Starkstromanlagen in .... VDE-Schriftenreihe Band 61

Bürokommunikation
elektromagnetische Verträglichkeit (EMV) .... VDE-Schriftenreihe Band 66

Bürsten, kraftbetriebene
für Staub- und Wassersauger .... DIN EN 60335-2-69 (VDE 0700-69)
E DIN EN 60335-2-69/A1 (VDE 0700-69/A6)
E DIN EN 60335-2-69/A2 (VDE 0700-69/A8)
E DIN EN 60335-2-69/A3 (VDE 0700-69/A1)

Bürstmaschinen .... DIN EN 60335-2-58 (VDE 0700-58)
E DIN EN 60335-2-58 (VDE 0700-58)

Büschelabweiser .... VDE-Anwendungsregel VDE-AR-N 4210-11

BWS (berührungslos wirkende Schutzeinrichtung) .... DIN EN 61496-1 (VDE 0113-201)
Berichtigung 1 DIN EN 61496-1 (VDE 0113-201)
E DIN EN 61496-1/A1 (VDE 0113-201/A1)

C

Cadmium
in Elektronik .... DIN EN 62321-5 (VDE 0042-1-5)
in Metallen .... DIN EN 62321-5 (VDE 0042-1-5)
in Polymeren .... DIN EN 62321-5 (VDE 0042-1-5)
in Produkten der Elektrotechnik .... DIN EN 62321 (VDE 0042-1)
DIN EN 62321-3-1 (VDE 0042-1-3-1)

CAE-Systeme .... DIN EN 62424 (VDE 0810-24)

Camper .... DIN VDE 0100-708 (VDE 0100-708)
E DIN VDE 0100-708 (VDE 0100-708)

VDE-Schriftenreihe Band 150
VDE-Schriftenreihe Band 168

Camping .... DIN VDE 0100-708 (VDE 0100-708)
E DIN VDE 0100-708 (VDE 0100-708)
VDE-Schriftenreihe Band 150
VDE-Schriftenreihe Band 168

Campingplätze
elektrische Anlagen .... DIN VDE 0100-708 (VDE 0100-708)
E DIN VDE 0100-708 (VDE 0100-708)
DIN IEC/TS 61439-7 (VDE V 0660-600-7)
E DIN EN 61439-7 (VDE 0660-600-7)
VDE-Schriftenreihe Band 150
VDE-Schriftenreihe Band 168

Campingverteiler .... DIN VDE 0100-708 (VDE 0100-708)
E DIN VDE 0100-708 (VDE 0100-708)
VDE-Schriftenreihe Band 150
VDE-Schriftenreihe Band 168

CAN-Sende-Empfangsgeräte
integrierte Schaltungen
– Bewertung der EMV .... DIN EN IEC 62228-3 (VDE 0847-28-3)

Caravanparks .... DIN VDE 0100-708 (VDE 0100-708)
E DIN VDE 0100-708 (VDE 0100-708)
VDE-Schriftenreihe Band 150
VDE-Schriftenreihe Band 168

Caravanplätze .... E DIN VDE 0100-708 (VDE 0100-708)
VDE-Schriftenreihe Band 150
VDE-Schriftenreihe Band 168

Caravans
elektrische Anlage .... DIN VDE 0100-721 (VDE 0100-721)
VDE-Schriftenreihe Band 150
VDE-Schriftenreihe Band 168
Stromversorgung auf Campingplätzen .... DIN VDE 0100-708 (VDE 0100-708)
VDE-Schriftenreihe Band 150
VDE-Schriftenreihe Band 168

CATV-/SMATV-Kopfstellen .... DIN EN 50083-9 (VDE 0855-9)

Cause&Effect-Tabelle .... DIN EN IEC 62881 (VDE 0810-881)

CCF
Ausfälle gemeinsamer Ursache (Kernkraftwerke) .... DIN EN 62340 (VDE 0491-10)

CCR .... DIN EN 61822 (VDE 0161-100)

CCTV-Überwachungsanlagen
für Sicherungsanwendungen
– VDE-Anwendungsregeln .... DIN EN 62676-4 (VDE 0830-71-4)
– Begriffe .... Beiblatt 1 DIN EN 50131-1 (VDE 0830-2-1)

CDIs
Steuerung-Geräte-Netzwerke
– Niederspannungsschaltgeräte .... DIN EN IEC 62026-1 (VDE 0660-2026-1)

CDM
Charged Device Model .... DIN EN 60749-28 (VDE 0884-749-28)

CEADS .... DIN EN 62271-212 (VDE 0671-212)

CE-Kennzeichnung .... VDE-Schriftenreihe Band 116

von Medizinprodukten .... VDE-Schriftenreihe Band 76

CEE-Steckvorrichtungen
für industrielle Anwendungen
– allgemeine Anforderungen .... DIN EN 60309-1 (VDE 0623-1)
E DIN EN 60309-1 (VDE 0623-1)

CER
Wirkungsgrad der Kühlung
– Rechenzentren .... DIN EN 50600-4-7 (VDE 0801-600-4-7)

Charakterisierung des Strahlungsfelds
Kalibrierung der Basisgröße
– Kernenergie .... E DIN ISO 6980-2 (VDE 0412-6980-2)

Charpy .... DIN EN IEC 60893-3-6 (VDE 0318-3-6)
DIN EN 60893-3-7 (VDE 0318-3-7)

Chirurgiegeräte
durch Roboter unterstützte
– medizinische elektrische Geräte .... E DIN EN 80601-2-77 (VDE 0750-2-77)

Chirurgische Implantate
aktive implantierbare medizinische Geräte
– Cochlea-Implantat Systeme .... E DIN EN ISO 14708-7 (VDE 0750-20-7)
– Herzschrittmacher .... E DIN EN ISO 14708-2 (VDE 0750-20-2)
– Implantierbare Defibrillatoren .... E DIN EN ISO 14708-6 (VDE 0750-20-6)
– Produkte zur Behandlung von Tachyarrhythmie .... E DIN EN ISO 14708-6 (VDE 0750-20-6)
Herzschrittmacher .... E DIN EN ISO 14708-2 (VDE 0750-20-2)
Infusionspumpen .... E DIN EN ISO 14708-4 (VDE 0750-20-4)
Neurostimulatoren .... E DIN EN ISO 14708-3 (VDE 0750-20-3)

Chlor
in Produkten der Elektrotechnik .... E DIN EN 62321-3-2 (VDE 0042-1-3-2)

Christbaumbeleuchtung .... DIN EN 60598-2-20 (VDE 0711-2-20)
E DIN EN IEC 60598-2-20 (VDE 0711-2-20)

Chrom
Cr(VI)
– in Produkten der Elektrotechnik .... DIN EN 62321-7-2 (VDE 0042-1-7-2)
in Produkten der Elektrotechnik .... DIN EN 62321-3-1 (VDE 0042-1-3-1)

Chrom, sechswertiges
Bestimmung in Polymeren und Elektronik
– durch das kolorimetrische Verfahren .... DIN EN 62321-7-2 (VDE 0042-1-7-2)
in farblosen und farbigen Korrosionsschutzüberzügen ...... DIN EN 62321-7-1 (VDE 0042-1-7-1)
in Produkten der Elektrotechnik .... DIN EN 62321 (VDE 0042-1)
DIN EN 62321-7-1 (VDE 0042-1-7-1)
DIN EN 62321-7-2 (VDE 0042-1-7-2)

Chromatische Dispersion
von Lichtwellenleitern .... DIN EN 60793-1-42 (VDE 0888-242)
DIN EN 62321-3-2 (VDE 0042-1-3-2)

CIM .... DIN EN 61970-301 (VDE 0101-970-301)
DIN EN 62656-3 (VDE 0040-8-3)

CIM-Schnittstelle .... DIN EN 62656-3 (VDE 0040-8-3)

CIS-Zellen .... DIN CLC/TS 61836 (VDE V 0126-7)

Client/Server-Kommunikation
Energiemanagementsysteme .... E DIN EN IEC 62351-6 (VDE 0112-351-6)

Cochlea-Implantat-Systeme .... E DIN EN ISO 14708-7 (VDE 0750-20-7)

Cochlea-Implantate .... E DIN EN ISO 14708-7 (VDE 0750-20-7)
DIN EN 45502-2-3 (VDE 0750-10-3)

Codierungsgrundsätze
für Bedienteile .... DIN EN 60073 (VDE 0199)

Computertomografie
Röntgeneinrichtungen .... DIN EN 60601-2-44 (VDE 0750-2-44)
E DIN EN 61223-3-5 (VDE 0750-3-5)

CO-Prüfgas .... DIN EN 50291-1 (VDE 0400-34-1)

CPV-Module
Bauarteignung und Bauartzulassung .... DIN EN 62108 (VDE 0126-33)

CRT-Geräte .... VDE-Anwendungsregel VDE-AR-E 2750-10

Cu/Nb-Ti-Verbundsupraleiter
Messung der Zugfestigkeit .... DIN EN 61788-6 (VDE 0390-6)

Cu/Nb-Ti-Verbundsupraleiterdrähte
Messung der Gesamtwechselstromverluste
– Pickupspulenverfahren .... DIN EN 61788-8 (VDE 0390-8)

CXPI-Sende-Empfangsgeräte
integrierte Schaltungen
– Bewertung der EMV .... E DIN EN IEC 62228-7 (VDE 0847-28-7)

Cyber Security, siehe Cypersicherheit

Cybersicherheit
Schlüsselmanagement
– für Stromversorgungsanlagen .... DIN EN 62351-9 (VDE 0112-351-9)

D

„d"; druckfeste Kapselung .... DIN EN 60079-1 (VDE 0170-5)

Dachabläufe
beheizbare .... DIN EN 60335-2-83 (VDE 0700-83)

Dachfensterantriebe
elektrische .... DIN EN 60335-2-103 (VDE 0700-103)
E DIN IEC 60335-2-103 (VDE 0700-103-3)
E DIN IEC 60335-2-103/A1 (VDE 0700-103/A1)
E DIN IEC 60335-2-103/A2 (VDE 0700-103/A2)

Dachständer-Einführungsleitungen .... DIN VDE 0250-213 (VDE 0250-213)

Dachstromabnehmer
Bahnanwendungen .... DIN EN 50318 (VDE 0115-504)
für Stadtbahnen und Straßenbahnen .... DIN EN 50206-2 (VDE 0115-500-2)

Dämpfe
brennbare oder toxische
– Geräte zur Detektion und Messung .... DIN EN 50402 (VDE 0400-70)

Dämpfe, toxische
Geräte für die direkte Detektion
– und direkte Konzentrationsmessung .... DIN EN 45544-1 (VDE 0400-22-1)
DIN EN 45544-2 (VDE 0400-22-2)
DIN EN 45544-3 (VDE 0400-22-3)
DIN EN 45544-4 (VDE 0400-22-4)

Dampfgarer
für den Hausgebrauch .... DIN EN 60350-1 (VDE 0705-350-1)
E DIN EN 60350-1/A1 (VDE 0705-350-1/A1)

Dampfgeräte für Stoffe .... DIN EN 60335-2-85 (VDE 0700-85)

Dampfgeräte
für den gewerblichen Gebrauch .... DIN EN 60335-2-42 (VDE 0700-42)
E DIN EN 60335-2-42/A2 (VDE 0700-42/A1)
für Stoffe .... DIN EN 60335-2-85 (VDE 0700-85)
– Sicherheit .... DIN EN 60335-2-85 (VDE 0700-85)

Dampfkesselanlagen
elektrische Ausrüstung .... DIN EN 50156-1 (VDE 0116-1)

Dampfkochtöpfe
für den Hausgebrauch .... Beiblatt 1 DIN EN 60335-2-15 (VDE 0700-15)
DIN EN 60335-2-15 (VDE 0700-15)
E DIN IEC 60335-2-15/A1 (VDE 0700-15/A1)
E DIN IEC 60335-2-15/A2 (VDE 0700-15/A2)

Dampfmaschinen
elektrisch beheizte für Spielzwecke .... DIN 57700-209 (VDE 0700-209)

Dampfreiniger
für den Hausgebrauch .... DIN EN 60335-2-54 (VDE 0700-54)
E DIN EN 60335-2-54/A12 (VDE 0700-54/A12)
E DIN IEC 60335-2-54/A2 (VDE 0700-54/A2)
DIN EN 60335-2-79 (VDE 0700-79)
E DIN EN 60335-2-79/A1 (VDE 0700-79/A1)
Prüfverfahren
– Messung der Gebrauchseigenschaften .... DIN EN IEC 62885-5 (VDE 0705-2885-5)

Dämpfung
von Lichtwellenleitern
– Messmethoden und Prüfverfahren .... DIN EN IEC 60793-1-40 (VDE 0888-240)

Dämpfungsdrosselspulen .... DIN EN 60076-6 (VDE 0532-76-6)

Dämpfungsglied
optisches .... DIN EN IEC 60869-1 (VDE 0885-869-1)

Dämpfungsmessverfahren
Lichtwellenleiter .... DIN EN IEC 60793-1-40 (VDE 0888-240)

Darstellung von Objektzuständen
mittels grafischer Symbole .... DIN EN 62744 (VDE 0040-9)

Dart-Wurfspiele .... Beiblatt 1 DIN EN 60335-2-82 (VDE 0700-82)
DIN EN 60335-2-82 (VDE 0700-82)
E DIN IEC 60335-2-82 (VDE 0700-82)
E DIN IEC 60335-2-82/A1 (VDE 0700-82/A2)

Daten- und Kommunikationssicherheit in Energiemanagementsysteme
Protokollierung von IT-Sicherheitsvorfällen .... E DIN EN IEC 62351-14 (VDE 0112-351-14)

Daten- und Kommunikationssicherheit
Planung und Betrieb von Energieversorgungsunternehmen
– Datenobjektmodelle für Netzwerk- und Systemmanagement (NSM)
.... DIN EN 62351-7 (VDE 0112-351-7)

Daten- und Konformitätssicherheit
Planung und Betrieb von Energieversorgungsunternehmen
.... DIN IEC/TS 62351-100-1 (VDE V 0112-351-100-1)

Daten- und Kontrollkabel
bis 1 000 MHz, geschirmt
– für den Horizontal- und Steigbereich .... DIN EN 50288-9-1 (VDE 0819-9-1)
– Geräteanschlusskabel .... DIN EN 50288-9-2 (VDE 0819-9-2)
– Kabel für Rechenzentren .... DIN EN 50288-9-2 (VDE 0819-9-2)
– Schaltkabel .... DIN EN 50288-9-2 (VDE 0819-9-2)
bis 100 MHz, geschirmt
– für den Horizontal- und Steigbereich .... DIN EN 50288-2-1 (VDE 0819-2-1)
– Geräteanschluss- und Schaltkabel .... DIN EN 50288-2-2 (VDE 0819-2-2)
bis 100 MHz, ungeschirmt
– für den Horizontal- und Steigbereich .... DIN EN 50288-3-1 (VDE 0819-3-1)
– Geräteanschluss- und Schaltkabel .... DIN EN 50288-3-2 (VDE 0819-3-2)
bis 250 MHz, geschirmt
– für den Horizontal- und Steigbereich .... DIN EN 50288-5-1 (VDE 0819-5-1)
– Geräteanschluss- und Schaltkabel .... DIN EN 50288-5-2 (VDE 0819-5-2)
bis 250 MHz, ungeschirmt
– für den Horizontal- und Steigbereich .... DIN EN 50288-6-1 (VDE 0819-6-1)
– Geräteanschluss- und Schaltkabel .... DIN EN 50288-6-2 (VDE 0819-6-2)
bis 500 MHz, geschirmt
– für den Horizontal- und Steigbereich .... DIN EN 50288-10-1 (VDE 0819-10-1)
– Geräteanschlusskabel .... DIN EN 50288-10-2 (VDE 0819-10-2)
– Kabel für Rechenzentren .... DIN EN 50288-10-2 (VDE 0819-10-2)
– Schaltkabel .... DIN EN 50288-10-2 (VDE 0819-10-2)
bis 500 MHz, ungeschirmt
– für den Horizontal- und Steigbereich .... DIN EN 50288-11-1 (VDE 0819-11-1)
– Geräteanschlusskabel .... DIN EN 50288-11-2 (VDE 0819-11-2)
– Kabel für Rechenzentren .... DIN EN 50288-11-2 (VDE 0819-11-2)
– Schaltkabel .... DIN EN 50288-11-2 (VDE 0819-11-2)
bis 600 MHz, geschirmt
– für den Horizontal- und Steigbereich .... DIN EN 50288-4-1 (VDE 0819-4-1)
– Geräteanschluss- und Schaltkabel .... DIN EN 50288-4-2 (VDE 0819-4-2)
Fachgrundspezifikation .... DIN EN 50288-1 (VDE 0819-1)

für analoge und digitale Übertragung
– Fachgrundspezifikation .... DIN EN 50288-1 (VDE 0819-1)
Instrumenten- und Kontrollkabel
– Rahmenspezifikation .... DIN EN 50288-7 (VDE 0819-7)

Daten und Leistungen
für Mikro-Brennstoffzellen
– Austauschbarkeit .... DIN EN IEC 62282-6-400 (VDE 0130-6-400)

Datenaustausch
EDV-Werkzeuge .... DIN EN 62424 (VDE 0810-24)

Datenblatt- und Typenschildangaben
von Photovoltaikmodulen .... DIN EN 50380 (VDE 0126-380)

Datenblattangaben
für kristalline Silizium-Solarzellen .... DIN EN 50461 (VDE 0126-17-1)
von Photovoltaikmodulen .... DIN EN 50380 (VDE 0126-380)
von Photovoltaik-Wechselrichtern .... DIN EN 50524 (VDE 0126-13)
E DIN EN 50524 (VDE 0126-13)

Datenerfassung
im Krankenhaus .... VDE-Anwendungsregel VDE-AR-E 2750-100

Datenformat
List-Mode-Datenerfassung
– Datenerfassung .... DIN IEC 63047 (VDE 0493-6-4)
E DIN EN IEC 63047 (VDE 0493-6-4)

Datenkabel
geschirmt .... DIN EN 50288-10-1 (VDE 0819-10-1)
DIN EN 50288-10-2 (VDE 0819-10-2)
DIN EN 50288-11-1 (VDE 0819-11-1)
DIN EN 50288-9-1 (VDE 0819-9-1)
DIN EN 50288-9-2 (VDE 0819-9-2)
– 1 MHz bis 2 000 MHz .... DIN EN 50288-12-1 (VDE 0819-12-1)
metallisch
– mehradrig .... DIN EN 50288-10-1 (VDE 0819-10-1)
DIN EN 50288-10-2 (VDE 0819-10-2)
DIN EN 50288-11-1 (VDE 0819-11-1)
DIN EN 50288-12-1 (VDE 0819-12-1)
DIN EN 50288-9-1 (VDE 0819-9-1)
DIN EN 50288-9-2 (VDE 0819-9-2)
ungeschirmt .... DIN EN 50288-11-1 (VDE 0819-11-1)

Datenkommunikation
der elektrischen Energiemessung
– DLMS/COSEM .... DIN EN 62056-1-0 (VDE 0418-6-1-0)
DIN EN 62056-3-1 (VDE 0418-6-3-1)
E DIN EN IEC 62056-3-1 (VDE 0418-6-3-1)
DIN EN 62056-8-6 (VDE 0418-6-8-6)
E DIN EN 62056-8-8 (VDE 0418-6-8-8)
in Sicherheitsleittechnik von Kernkraftwerken .... DIN EN IEC 61500 (VDE 0491-3-4)

Datenmodelle, Schnittstellen und Informationsaustausch
Planung und Betrieb von Energieversorgungsunternehmen

– Daten- und Konformitätssicherheit .... DIN IEC/TS 62351-100-1 (VDE V 0112-351-100-1)
– Konformitätsprüffälle für IEC/TS 62351-5, IEC/TS 60870-5-7
.... DIN IEC/TS 62351-100-1 (VDE V 0112-351-100-1)

Datenmodellierung
neutrale Meldung
– allgemeine Anforderungen .... DIN EN 50631-1 (VDE 0705-631-1)

Datenobjektmodelle für Netzwerk- und Systemmanagement (NSM)
Daten- und Kommunikationssicherheit
– Energieversorgungsunternehmen .... DIN EN 62351-7 (VDE 0112-351-7)

Datenpakete
logische Strukturen .... DIN EN 62656-1 (VDE 0040-8-1)

Datenrückgewinnungs-ICs .... DIN EN 62149-5 (VDE 0886-149-5)
　　　　　　　　　　　　　　　　　　　　　　　　　　　E DIN EN IEC 62149-5 (VDE 0886-149-5)

Datenschutz
elektrische Systemtechnik
– in Heim und Gebäude .... VDE-Anwendungsregel VDE-AR-E 2849-1

Datenspeicherungssysteme .... DIN EN 60950-23 (VDE 0805-23)

Datenübertragung
analog .... DIN EN 50288-10-1 (VDE 0819-10-1)
　　　　　　　　　　　　　　　　　　　　　　　　　　DIN EN 50288-10-2 (VDE 0819-10-2)
　　　　　　　　　　　　　　　　　　　　　　　　　　DIN EN 50288-11-1 (VDE 0819-11-1)
　　　　　　　　　　　　　　　　　　　　　　　　　　DIN EN 50288-11-2 (VDE 0819-11-2)
　　　　　　　　　　　　　　　　　　　　　　　　　　DIN EN 50288-9-1 (VDE 0819-9-1)
　　　　　　　　　　　　　　　　　　　　　　　　　　DIN EN 50288-9-2 (VDE 0819-9-2)
digital .... DIN EN 50288-10-1 (VDE 0819-10-1)
　　　　　　　　　　　　　　　　　　　　　　　　　　DIN EN 50288-10-2 (VDE 0819-10-2)
　　　　　　　　　　　　　　　　　　　　　　　　　　DIN EN 50288-11-1 (VDE 0819-11-1)
　　　　　　　　　　　　　　　　　　　　　　　　　　DIN EN 50288-11-2 (VDE 0819-11-2)
　　　　　　　　　　　　　　　　　　　　　　　　　　DIN EN 50288-9-1 (VDE 0819-9-1)
　　　　　　　　　　　　　　　　　　　　　　　　　　DIN EN 50288-9-2 (VDE 0819-9-2)

Datenübertragungen
rechteckige 10-polige Steckverbinder
– Frequenz bis zu 500 MHz .... DIN EN IEC 61076-3-124 (VDE 0687-76-3-124)
rechteckige hybride Steckverbinder
– mit Push-Pull-Verriegelung .... DIN EN IEC 61076-3-123 (VDE 0687-76-3-123)
rechteckige Leistungssteckverbinder
– 250 V Gleichspannung und 30 A Bemessungsstrom
.... DIN EN 61076-3-120 (VDE 0687-76-3-120)
rechteckige Steckverbinder
– bis 100 MHz .... DIN EN IEC 61076-3-119 (VDE 0687-76-3-119)

Datenübertragungsgeräte (Netz-)
im Industriebereich
– Störfestigkeit .... DIN EN 50065-2-2 (VDE 0808-2-2)
im Wohn- und Gewerbebereich
– Störfestigkeit .... DIN EN 50065-2-1 (VDE 0808-2-1)
von Stromversorgungsunternehmen
– Störfestigkeit .... DIN EN 50065-2-3 (VDE 0808-2-3)

Datenübertragungsgeräte
Anforderungen
– Erfassungs- und Messsysteme .... DIN EN 62974-1 (VDE 0415-974-1)

Dauerhaftigkeit
von Kontakthalterung und Dichtungen von Steckverbindern
.... DIN EN 60512-9-4 (VDE 0687-512-9-4)

Dauerhaftigkeitsprüfung
Parallelkondensatoren
– Wechselspannungs-Starkstromanlagen .... DIN IEC/TS 60871-2 (VDE V 0560-420)

Dauermagnet- (hartmagnetische) Werkstoffe
Messverfahren
– magnetische Werkstoffe .... DIN EN 60404-5 (VDE 0354-5)

Dauermagnete
hartmagnetische Werkstoffe .... DIN EN 60404-8-1 (VDE 0354-8-1)
DIN EN IEC 60404-8-11 (VDE 0354-8-11)
weichmagnetische metallische pulverförmige Werkstoffe .... DIN EN IEC 60404-6 (VDE 0354-6)
weichmagnetische metallische Werkstoffe .... DIN EN 60404-8-6 (VDE 0354-8-6)

Dauerprüfungen für Steckverbinder .... DIN EN 60512-9-1 (VDE 0687-512-9-1)
DIN EN 60512-9-2 (VDE 0687-512-9-2)
DIN EN IEC 60512-9-5 (VDE 0687-512-9-5)
DIN EN 60909-0 (VDE 0102)

DC-Leistungsschalter
für Bahnfahrzeuge .... DIN EN IEC 60077-3 (VDE 0115-460-3)

DC- und AC-Traktionssysteme
Standardspannungen
– vorgeschlagene horizontale Norm .... E DIN EN 60038/A103 (VDE 0175-1/A103)

DC-Bereich
von PV-Anlagen
– Herstellung eines kontrollierten Kurzschlusses .... DIN VDE V 0642-100 (VDE V 0642-100)

DC-Stecker .... DIN EN 50521 (VDE 0126-3)

DC-Übertragung
Freileitungen über 45 kV .... DIN VDE V 0210-9 (VDE V 0210-9)

Deckel
für den Hausgebrauch
– Barrierefreiheit .... DIN EN IEC 63008 (VDE 0705-3008)

Decken
zur Erwärmung von Patienten .... DIN EN 80601-2-35 (VDE 0750-2-35)
E DIN EN IEC 80601-2-35 (VDE 0750-2-35)

Deckenheizung .... DIN VDE 0100-753 (VDE 0100-753)
VDE-Schriftenreihe Band 168

Deckenleuchten .... DIN VDE 0711-201 (VDE 0711-201)
E DIN EN 60598-1 (VDE 0711-1)
E DIN EN 60598-2-1 (VDE 0711-201)

Deckenventilatoren .... DIN VDE 0700-220 (VDE 0700-220)

E DIN EN 60335-2-80 (VDE 0700-80)

Deckplatten, beheizte
für den gewerblichen Gebrauch .... DIN EN 60335-2-49 (VDE 0700-49)

Defibrillatoren
aktiv implantierbar .... VDE-Anwendungsregel VDE-AR-E 2750-10
                  E DIN EN ISO 14708-6 (VDE 0750-20-6)
Leistungsmerkmale .... DIN EN 60601-2-4 (VDE 0750-2-4)
                E DIN EN 60601-2-4/A1 (VDE 0750-2-4/A1)

Dehnungsprüfungen
für Isolierhüllen und Mäntel .... DIN EN 60811-505 (VDE 0473-811-505)

Dekorationsverkleidung .... DIN VDE 0100-713 (VDE 0100-713)
                    VDE-Schriftenreihe Band 168

Dekorationszwecke
Geräte für .... DIN EN 50410 (VDE 0700-410)

Dentalgeräte .... DIN EN 80601-2-60 (VDE 0750-2-60)
                E DIN EN 80601-2-60 (VDE 0750-2-60)

Desinfektionsgeräte
für medizinisches Material .... DIN EN 61010-2-040 (VDE 0411-2-040)
               E DIN EN IEC 61010-2-040 (VDE 0411-2-040)

Detektion brennbarer Gase und Sauerstoff
Geräte .... DIN EN 60079-29-2 (VDE 0400-2)

Detektion brennbarer Gase
Anforderungen und Prüfungen für Warngeräte
– die Software und/oder Digitaltechnik nutzen .... DIN EN 50271 (VDE 0400-21)
Geräte .... DIN EN 50194-1 (VDE 0400-30-1)
                 DIN EN 50244 (VDE 0400-30-2)
                 DIN EN 60079-29-1 (VDE 0400-1)
                E DIN EN 60079-29-1/A1 (VDE 0400-1/A1)
                 DIN EN 60079-29-4 (VDE 0400-40)
Geräte zum Betrieb in Freizeitfahrzeugen .... DIN EN 50194-2 (VDE 0400-30-3)
Geräte zum kontinuierlichen Betrieb in Freizeitfahrzeugen .... DIN EN 50194-2 (VDE 0400-30-3)
Warngeräte .... DIN EN 50271 (VDE 0400-21)

Detektion von Kohlenmonoxid
Geräte .... DIN EN 50291-1 (VDE 0400-34-1)
                DIN EN 50291-2 (VDE 0400-34-2)
                DIN EN 50292 (VDE 0400-35)

Detektionsgeräte für brennbare oder toxische Gase .... DIN EN 50270 (VDE 0843-30)
                E DIN EN 50270 (VDE 0843-30)

Detektionsgeräte für Sauerstoff .... DIN EN 50270 (VDE 0843-30)
                E DIN EN 50270 (VDE 0843-30)

Detektionsgeräte
für brennbare Gase .... DIN EN 50194-1 (VDE 0400-30-1)

Detektoren
generische Spezifikation

– Supraleitung .... DIN EN 61788-22-1 (VDE 0390-22-1)
generische Spezifikation
– Supraleitfähigkeit .... DIN EN 61788-22-1 (VDE 0390-22-1)

DeviceNet .... DIN EN 62026-3 (VDE 0660-2026-3)

DGUV-Regel 100-001 .... VDE-Schriftenreihe Band 177

DGUV-Vorschrift 1 .... VDE-Schriftenreihe Band 177

DGUV-Vorschrift 3 .... VDE-Schriftenreihe Band 121
VDE-Schriftenreihe Band 79
VDE-Schriftenreihe Band 43

Diagnose und Wartung (Gerätetyp 52)
digital adressierbare Schnittstelle für Beleuchtung
.... E DIN EN IEC 62386-253 (VDE 0712-0-253)

Diagnose von Polymerisolatoren
Sprödbruch des Kernwerkstoffes .... DIN CLC/TR 62662 (VDE 0674-278)

Diagnosegeräte, medizinische
für In-vitro-Diagnose .... DIN EN 61010-2-101 (VDE 0411-2-101)
E DIN EN 61010-2-101 (VDE 0411-2-101)
Magnetresonanzgeräte .... DIN EN 60601-2-33 (VDE 0750-2-33)

Diagnosewerkzeuge
für speicherprogrammierbare Steuerungen .... DIN EN 61131-2 (VDE 0411-500)
E DIN EN 61131-2 (VDE 0411-500)

Diamantbohrmaschinen
transportabel, motorbetrieben
– mit Flüssigkeitssystem .... DIN EN 62841-3-6 (VDE 0740-3-6)

Diamantkernbohrmaschinen .... DIN EN 62841-2-1 (VDE 0740-2-1)
E DIN EN 62841-2-1/A1 (VDE 0740-2-1/A1)
Staubmessverfahren .... DIN EN 50632-2-1 (VDE 0740-632-2-1)

Dia-Projektoren .... DIN EN 60335-2-56 (VDE 0700-56)

Dibenzyldisulfid (DBDS)
in Isolierflüssigkeiten .... DIN EN 62697-1 (VDE 0370-4)
– Prüfung zur quantitative Bestimmung .... DIN EN 62697-1 (VDE 0370-4)

Dichtheit
Kabelmäntel .... DIN VDE 0472-604 (VDE 0472-604)

Dickenhobel
Staubmessverfahren .... DIN EN 50632-3-3 (VDE 0740-632-3-3)
transportabel, motorbetrieben .... DIN EN 61029-2-3 (VDE 0740-503)

Dielektrika, flüssige
Probenahmeverfahren .... DIN EN 60475 (VDE 0370-3)
E DIN EN IEC 60475 (VDE 0370-3)

Dielektrische Eigenschaften fester Isolierstoffe .... DIN VDE 0303-13 (VDE 0303-13)
DIN EN 62631-3-1 (VDE 0307-3-1)
E DIN EN IEC 62631-3-1 (VDE 0307-3-1)
DIN EN 62631-3-2 (VDE 0307-3-2)

DIN EN IEC 62631-3-4 (VDE 0307-3-4)

Dielektrische und resistive Eigenschaften fester Isolierstoffe
Bestimmung resistiver Eigenschaften (Gleichspannungsverfahren)
– Durchgangswiderstand (auch spezifisch) bei erhöhten Temperaturen
.... DIN EN IEC 62631-3-4 (VDE 0307-3-4)

Dielektrizitätskonstanten
von Füllmassen .... DIN EN 60811-301 (VDE 0473-811-301)

Dienstemodelle
Überwachung und Steuerung
– von Windenergieanlagen .... DIN EN 61400-25-3 (VDE 0127-25-3)

Dienstleistungen, kombinierte
Anbieter .... VDE-Anwendungsregel VDE-AR-E 2757-2

Dienstleistungs- und Unterhaltungsautomaten .. E DIN IEC 60335-2-82/A1 (VDE 0700-82/A2)

Dienstleistungsautomaten .... E DIN IEC 60335-2-82 (VDE 0700-82)
                                                                         E DIN IEC 60335-2-82/A1 (VDE 0700-82/A2)
für den Hausgebrauch .... E DIN IEC 60335-2-82/A1 (VDE 0700-82/A2)

Differenzstromschutzschalter .... DIN VDE V 0664-230 (VDE V 0664-230)
                                                                        DIN EN 61009-1 (VDE 0664-20)
ohne Überstromschutz
– für Hausinstallationen .... DIN VDE 0664-101 (VDE 0664-101)

Differenzstromüberwachung .... E DIN EN IEC 62020-1 (VDE 0663-1)
                                                                          VDE-Schriftenreihe Band 113

Differenzstromüberwachungsgeräte (RCMs) .... DIN VDE 0100-530 (VDE 0100-530)
für Hausinstallationen .... DIN EN 62020 (VDE 0663)
                                                                        E DIN EN IEC 62020-1 (VDE 0663-1)
Typ A und Typ B
– in TT-, TN- und IT-Systemen .... DIN EN 61557-11 (VDE 0413-11)
                                                                       E DIN EN 61557-11 (VDE 0413-11)

Digital adressierbare Schnittstelle für Beleuchtung
Anforderungen für Betriebsgeräte
– Firmwareübertragung .... E DIN EN IEC 62386-105 (VDE 0712-0-105)
besondere Anforderungen .... E DIN EN IEC 62386-150 (VDE 0712-0-150)
                                                                       E DIN EN IEC 62386-251 (VDE 0712-0-251)
                                                                       E DIN EN IEC 62386-252 (VDE 0712-0-252)
                                                                       E DIN EN IEC 62386-253 (VDE 0712-0-253)
Diagnose und Wartung (Gerätetyp 52) .... E DIN EN IEC 62386-253 (VDE 0712-0-253)
Energieberichterstattung (Gerätetyp 51) .... E DIN EN IEC 62386-252 (VDE 0712-0-252)
ergänzende Spannungsversorgung .... E DIN EN IEC 62386-150 (VDE 0712-0-150)
Erweiterung der Speicherbank 1 (Gerätetyp 50) .... E DIN EN IEC 62386-251 (VDE 0712-0-251)
Funk-Systemkomponenten .... DIN EN IEC 62386-104 (VDE 0712-0-104)
integrierte BUS-Spannungsversorgung
– Gerätetyp Type 409 .... E DIN EN IEC 62386-250 (VDE 0712-0-250)
kabelgebundene Systemkomponenten .... DIN EN IEC 62386-104 (VDE 0712-0-104)

Digital adressierbare Schnittstelle für die Beleuchtung
Anforderungen für Eingabegeräte
– Rückmeldung von Statusinformationen .... DIN EN IEC 62386-332 (VDE 0712-0-332)

Digital adressierbare Schnittstelle
für Beleuchtung
– allgemeine Anforderungen .... DIN EN 62386-101 (VDE 0712-0-101)
DIN EN 62386-102 (VDE 0712-0-102)
DIN EN 62386-103 (VDE 0712-0-103)
DIN EN IEC 62386-104 (VDE 0712-0-104)
– Betriebsgeräte .... DIN EN 62386-102 (VDE 0712-0-102)
DIN EN 62386-205 (VDE 0712-0-205)
DIN EN 62386-206 (VDE 0712-0-206)
DIN EN IEC 62386-207 (VDE 0712-0-207)
DIN EN 62386-208 (VDE 0712-0-208)
DIN EN IEC 62386-216 (VDE 0712-0-216)
DIN EN IEC 62386-217 (VDE 0712-0-217)
DIN EN 62386-218 (VDE 0712-0-218)
DIN EN IEC 62386-221 (VDE 0712-0-221)
DIN EN IEC 62386-222 (VDE 0712-0-222)
DIN EN IEC 62386-224 (VDE 0712-0-224)
– Eingabegeräte .... DIN EN IEC 62386-332 (VDE 0712-0-332)
DIN EN IEC 62386-333 (VDE 0712-0-333)
– Firmwareübertragung .... E DIN EN IEC 62386-105 (VDE 0712-0-105)
– integrierte BUS-Spannungsversorgung .... E DIN EN IEC 62386-250 (VDE 0712-0-250)
– integrierte BUS-Spannungsversorgung (Gerätetyp Type 409)
.... E DIN EN IEC 62386-250 (VDE 0712-0-250)
– Leistungsanpassung (Gerätetyp 20) .... DIN EN IEC 62386-221 (VDE 0712-0-221)
– manuelle Konfiguration (Gerätetyp 33) .... DIN EN IEC 62386-333 (VDE 0712-0-333)
– Steuergeräte .... DIN EN 62386-103 (VDE 0712-0-103)
– Systemkomponenten .... DIN EN 62386-101 (VDE 0712-0-101)
für die Beleuchtung .... DIN EN 62386-301 (VDE 0712-0-301)
DIN EN 62386-302 (VDE 0712-0-302)
DIN EN 62386-303 (VDE 0712-0-303)
DIN EN 62386-304 (VDE 0712-0-304)
– Anforderungen für Eingabegeräte .... DIN EN IEC 62386-332 (VDE 0712-0-332)
für Entladungslampen .... DIN EN 62386-203 (VDE 0712-0-203)
für Leuchtstofflampen (Gerätetyp 0) .... DIN EN 62386-201 (VDE 0712-0-201)
für Niedervolt-Halogenlampen .... DIN EN 62386-204 (VDE 0712-0-204)
für Notbeleuchtung mit Einzelbatterie .... DIN EN 62386-202 (VDE 0712-0-202)
E DIN EN 62386-202 (VDE 0712-0-202)
Gerätetyp 409 .... E DIN EN IEC 62386-250 (VDE 0712-0-250)
Gerätetyp 50 .... E DIN EN IEC 62386-251 (VDE 0712-0-251)
Gerätetyp 52 .... E DIN EN IEC 62386-253 (VDE 0712-0-253)
Notbeleuchtung mit Einzelbatterie
– Gerätetyp 1 .... E DIN EN 62386-202 (VDE 0712-0-202)
Notbeleuchtung mit Einzelbatterie (Gerätetyp 1) .... E DIN EN 62386-202 (VDE 0712-0-202)

Digitale Kommunikation
Steuerung des Gleichstromladevorgangs
– zwischen Gleichstromladestation und Elektrofahrzeug
.... E DIN EN 61851-23-1 (VDE 0122-2-31)
DIN EN 61851-24 (VDE 0122-2-4)
E DIN EN 61851-24 (VDE 0122-2-4)

Digitale Produktkennzeichnung .... DIN VDE V 0170-100 (VDE V 0170-100)

Digitale Schnittstelle
für Messwandler .... DIN EN IEC 61869-9 (VDE 0414-9-9)

Digitale Schnittstellen
Ethernet-Verbund .... DIN EN IEC 61162-460/A1 (VDE 0878-162-460/A1)
nach IEC 61850 .... DIN EN 62271-3 (VDE 0671-3)

Digitale Telekommunikationsnetzwerke
vielpaarige Kabel .... DIN EN 50407-3 (VDE 0819-407-3)

Digitale Übertragung
mehradrige Daten- und Kontrollkabel .... DIN EN 50288-10-2 (VDE 0819-10-2)
– Horizontal- und Steigbereich .... DIN EN 50288-10-1 (VDE 0819-10-1)

Digitale Verteiler
Miniaturkabel .... DIN EN 50117-3-1 (VDE 0887-3-1)

Digitale Videoschnittstellen
Videoüberwachungsanlagen
– für Sicherungsanwendungen .... DIN EN 62676-3 (VDE 0830-71-3)
DIN EN 62676-4 (VDE 0830-71-4)

Digitales Typenschild
digitale Produktkennzeichnung .... DIN VDE V 0170-100 (VDE V 0170-100)

Dimmen von Leuchten
elektronische Schalter .... DIN EN 60669-2-1 (VDE 0632-2-1)
E DIN IEC 60669-2-1 (VDE 0632-2-1)
E DIN EN 60669-2-1/A2 (VDE 0632-2-1/A2)
E DIN EN 60669-2-1/AA (VDE 0632-2-1/AA)

Dimmer .... DIN EN 61058-2-1 (VDE 0630-2-1)
E DIN EN 61058-2-1 (VDE 0630-2-1)

Dimmkurvenauswahl
digital adressierbare Schnittstelle .... DIN EN IEC 62386-218 (VDE 0712-0-218)

Diphenylether, polybromierte
in Produkten der Elektrotechnik .... DIN EN 62321 (VDE 0042-1)
DIN EN 62321-6 (VDE 0042-1-6)

Diphenylether, polybromierter
in Produkten der Elektrotechnik .... E DIN EN 62321-3-3 (VDE 0042-1-3-3)

Direkt anzeigende analoge Messgeräte
Definitionen und allgemeine Anforderungen .... DIN EN 60051-1 (VDE 0411-51-1)

Direkt wirkend anzeigende analoge elektrische Messgeräte
Leistungsfaktormessgeräte .... DIN EN IEC 60051-5 (VDE 0411-51-5)
Phasenverschiebungswinkelmessgeräte .... DIN EN IEC 60051-5 (VDE 0411-51-5)
spezielle Anforderungen für Zubehör .... DIN EN IEC 60051-8 (VDE 0411-51-8)
Synchronoskope .... DIN EN IEC 60051-5 (VDE 0411-51-5)

Direkt wirkend anzeigende elektrische Messgeräte
Vielfachmessgeräte .... DIN EN IEC 60051-7 (VDE 0411-51-7)
Zubehör .... DIN EN IEC 60051-5 (VDE 0411-51-5)
DIN EN IEC 60051-7 (VDE 0411-51-7)
DIN EN IEC 60051-8 (VDE 0411-51-8)

Direktes Berühren
Schutz gegen .... DIN VDE 0100-410 (VDE 0100-410)

Direkt-Heizgeräte
für den Hausgebrauch
– Prüfverfahren zur Bestimmung der Gebrauchseigenschaft ..... DIN EN 60675 (VDE 0705-675)

Display-Steuereinheit (TDC) für Führerräume
Bahnanwendungen
– allgemeine Architektur .... DIN CLC/TR 50542-1 (VDE 0115-542-1)
– andere Zugsysteme, funktionale Schnittstelle (FIS) .. DIN CLC/TR 50542-3 (VDE 0115-542-3)
– funktionale Schnittstelle (FIS) Anzeigesysteme .... DIN CLC/TR 50542-2 (VDE 0115-542-2)

Distanzschutz
in Energienetzen .... DIN EN 60255-121 (VDE 0435-3121)

Distanzschutzfunktion .... DIN EN 60255-121 (VDE 0435-3121)

DLMS/COSEM
Datenkommunikation
– der elektrische Energiemessung .... DIN EN 62056-1-0 (VDE 0418-6-1-0)
                                                                                         E DIN EN 62056-8-8 (VDE 0418-6-8-8)
Datenkommunikation der elektrische Energiemessung
– Netzwerke der Reihe ISO/IEC 14908 .... E DIN EN 62056-8-8 (VDE 0418-6-8-8)

DLMS/COSEM-Anwendungsschicht .... DIN EN 62056-3-1 (VDE 0418-6-3-1)
                                                                                         E DIN EN IEC 62056-3-1 (VDE 0418-6-3-1)

Dokumentation
offener radioaktiver Stoffe .... DIN EN ISO 3925 (VDE 0412-3925)

Dokumentation, technische
Strukturierung .... DIN EN 62023 (VDE 0040-6)

Dokumente der Elektrotechnik
Regeln .... DIN EN 61082-1 (VDE 0040-1)

Dokumente
für Anlagen, Systeme und Ausrüstungen
– Klassifikation und Kennzeichnung .... DIN EN 61355-1 (VDE 0040-3)

Doppelerdkurzschluss .... DIN EN 60909-0 (VDE 0102)

Doppelerdkurzschlussströme .... DIN EN 60909-3 (VDE 0102-3)

Doppelklöppel
Armaturen für Freileitungen .... DIN VDE 0212-459 (VDE 0212-459)

Doppelösen
Armaturen für Freileitungen .... DIN VDE 0212-469 (VDE 0212-469)

Doppelschichtkondensatoren
für Bahnfahrzeuge .... DIN EN 61881-3 (VDE 0115-430-3)
für Hybridelektrofahrzeuge .... DIN EN IEC 62576 (VDE 0122-576)
– Prüfverfahren für elektrische Kennwerte .... DIN EN IEC 62576 (VDE 0122-576)

Doppelschichtkondensatoren, elektrische
für die Verwendung in Hybridelektrofahrzeugen
– Prüfverfahren für die elektrischen Kennwerte .... DIN EN IEC 62576 (VDE 0122-576)

Doppeltraktionssteuerung, zeitmultiplexe
in Bahnfahrzeugen .... DIN VDE 0119-207-4 (VDE 0119-207-4)
Dosen für Installationsgeräte
– Verbindungsdosen .... DIN EN 60670-22 (VDE 0606-22)
                  E DIN EN 60670-22/A1 (VDE 0606-22/A1)
Dosen und Gehäuse für Installationsgeräte .... DIN EN 60670-1 (VDE 0606-1)
                   E DIN EN 60670-1 (VDE 0606-1)
             E DIN EN IEC 60670-1/A11 (VDE 0606-1/A11)
                   DIN EN 60670-21 (VDE 0606-21)
                   DIN EN 60670-24 (VDE 0606-24)
– Gehäuse zur Aufnahme von Schutzgeräten .... DIN EN 60670-24 (VDE 0606-24)
elektromechanische Schütze .... DIN EN 61095 (VDE 0637-3)
Fehlerstrom-/Differenzstromschutzschalter
– mit Überstromschutz (RCBOs) .... E DIN VDE 0664-200 (VDE 0664-200)
                 DIN V VDE V 0664-220 (VDE V 0664-220)
                   DIN VDE V 0664-230 (VDE V 0664-230)
                    DIN EN 61009-1 (VDE 0664-20)
                   DIN EN 61009-2-1 (VDE 0664-21)
– mit und ohne Überstromschutz, Typ B .... DIN V VDE V 0664-420 (VDE V 0664-420)
                     DIN EN 62423 (VDE 0664-40)
                 E DIN EN 62423/AA (VDE 0664-40/AA)
– mit und ohne Überstromschutz, Typ F und Typ B .... DIN EN 62423 (VDE 0664-40)
                 E DIN EN 62423/AA (VDE 0664-40/AA)
– ohne Überstromschutz (RCCBs) .... DIN V VDE V 0664-120 (VDE V 0664-120)
                     DIN EN 61008-1 (VDE 0664-10)
                Beiblatt 1 DIN EN 61008-1 (VDE 0664-10)
                   DIN EN 61008-2-1 (VDE 0664-11)
Fehlerstromschutzeinrichtungen (RCDs)
– elektromagnetische Verträglichkeit .... DIN EN 61543 (VDE 0664-30)
Fernschalter .... DIN EN 60669-2-2 (VDE 0632-2-2)
Hilfsschalter .... DIN EN 62019 (VDE 0640)
Leitungsschutzschalter .... DIN V VDE V 0641-100 (VDE V 0641-100)
                Beiblatt 1 DIN EN 60898-1 (VDE 0641-11)
                    DIN EN 60898-1 (VDE 0641-11)
                 E DIN EN 60898-1/A1 (VDE 0641-11/A1)
                    DIN EN 60898-2 (VDE 0641-12)
                  E DIN EN 60898-2 (VDE 0641-12)
                 E DIN IEC 60898-3 (VDE 0641-13)
Schalter
– allgemeine Anforderungen .... DIN EN 60669-1 (VDE 0632-1)
Stecker und Kupplungsdosen .... DIN VDE 0620-2-1 (VDE 0620-2-1)
Stecker und Steckdosen
– ortsfeste .... Beiblatt 1 DIN VDE 0620 (VDE 0620)
                 Beiblatt 2 DIN VDE 0620 (VDE 0620)
                     DIN VDE 0620-1 (VDE 0620-1)
Zeitschalter .... DIN EN 60669-2-3 (VDE 0632-2-3)

Dosen und Gehäuse
Hausinstallation
– allgemeine Anforderungen .... DIN EN 60670-1 (VDE 0606-1)
             E DIN EN IEC 60670-1/A11 (VDE 0606-1/A11)
– Verbindungsklemmen zum Vergießen (GVV)
.... E DIN VDE V 0606-22-100 (VDE V 0606-22-100)

– Verbindungsmuffen zur Aufnahme von Verbindungsklemmen .... E DIN VDE V 0606-22-300 (VDE V 0606-22-300)
Verbindungsmaterial bis 690 V
– Verbindungsmuffen zur Aufnahme von Verbindungsklemmen .... E DIN VDE V 0606-22-300 (VDE V 0606-22-300)

Dosen
für Installationsgeräte .... DIN EN 60670-1 (VDE 0606-1)
E DIN EN 60670-1 (VDE 0606-1)
E DIN EN IEC 60670-1/A11 (VDE 0606-1/A11)
mit Aufhängemitteln
– für Installationsgeräte .... DIN EN 60670-21 (VDE 0606-21)

Dosimeter (Personen-)
Röntgen-, Gamma-, Neutronen- und Betastrahlung .... DIN EN 61526 (VDE 0492-1)
E DIN IEC 61526 (VDE 0492-1)

Dosimeter für gepulste Felder ionisierender Strahlung
Strahlenschutzmessgeräte .... DIN IEC/TS 63050 (VDE V 0492-4-2)

Dosimeter
zählende elektronische
– Strahlenschutzmessgeräte .... DIN IEC/TS 62743 (VDE V 0492-4-1)

Dosimetrie .... DIN EN 60544-1 (VDE 0306-1)
Expositionen durch kosmische Strahlung in Zivilluftfahrzeugen
.... DIN EN ISO 20785-2 (VDE 0492-5-2)
E DIN ISO 20785-4 (VDE 0492-5-4)
– Charakterisierung des Ansprechvermögens von Messgeräten
.... DIN EN ISO 20785-2 (VDE 0492-5-2)
– konzeptionelle Grundlage für Messungen .... DIN EN ISO 20785-1 (VDE 0492-5-1)
kosmische Strahlung .... DIN EN ISO 20785-1 (VDE 0492-5-1)
DIN EN ISO 20785-2 (VDE 0492-5-2)
E DIN ISO 20785-4 (VDE 0492-5-4)
– Charakterisierung des Ansprechvermögens von Messgeräten
.... DIN EN ISO 20785-2 (VDE 0492-5-2)
– konzeptionelle Grundlage für Messungen .... DIN EN ISO 20785-1 (VDE 0492-5-1)
Zivilluftfahrzeuge .... DIN EN ISO 20785-1 (VDE 0492-5-1)
DIN EN ISO 20785-2 (VDE 0492-5-2)
E DIN ISO 20785-4 (VDE 0492-5-4)
– Charakterisierung des Ansprechvermögens von Messgeräten
.... DIN EN ISO 20785-2 (VDE 0492-5-2)
– konzeptionelle Grundlage für Messungen .... DIN EN ISO 20785-1 (VDE 0492-5-1)

Dosimetrie zu Expositionen durch kosmische Strahlung in Zivilluftfahrzeugen
Charakterisierung des Ansprechvermögens von Messgeräten
.... DIN EN ISO 20785-2 (VDE 0492-5-2)
konzeptionelle Grundlage für Messungen .... DIN EN ISO 20785-1 (VDE 0492-5-1)

Dosimetriedienste
wiederkehrende Überprüfung
– Kriterien und Mindestanforderungen .... DIN ISO 14146 (VDE 0492-146)
E DIN EN ISO 14146 (VDE 0492-146)

Dosimetriesysteme
für Neutronenstrahlung
– Personendosimetrie an Arbeitsplätzen .... E DIN ISO 21909-2 (VDE 0492-3-909-2)

zur Personen-, Arbeitsplatz- und Umgebungsüberwachung .... DIN EN 62387 (VDE 0492-3)
E DIN EN 62387 (VDE 0492-3)

Dosimetriesysteme, passive
für Neutronenstrahlung
– Personendosimetrie .... E DIN ISO 21909-1 (VDE 0492-3-909-1)
E DIN ISO 21909-2 (VDE 0492-3-909-2)

Dosisflächenproduktmessgeräte
medizinische elektrische Geräte .... E DIN EN IEC 60580 (VDE 0751-2)

Dosisleistungsmessgeräte
für Röntgen- und Gammastrahlung .... DIN EN 60846-1 (VDE 0492-2-1)

Dosismessstellen
wiederkehrende Überprüfung
– Kriterien und Mindestanforderungen .... E DIN EN ISO 14146 (VDE 0492-146)

Drähte aus Aluminium und Aluminiumlegierungen
für Freileitungen .... E DIN IEC 62641 (VDE 0212-304)

Drähte
aus Aluminium
– für Freileitungen .... E DIN IEC 62641 (VDE 0212-304)
aus Aluminiumlegierungen
– für Freileitungen .... E DIN IEC 62641 (VDE 0212-304)
konzentrisch verseilte
– für Freileitungen .... E DIN IEC 62641 (VDE 0212-304)
E DIN EN IEC 63248 (VDE 0212-307)
ummantelte metallische
– für Freileitungen .... E DIN EN IEC 63248 (VDE 0212-307)
ummantelte oder plattierte metallische
– für Freileitungen .... E DIN EN IEC 63248 (VDE 0212-307)
wärmebeständige unverseilte
– für Freileitungen .... DIN EN 62004 (VDE 0212-303)

Drahtlose Geräte
in der Sicherheitsleittechnik von Kernkraftwerken .... E DIN IEC 62988 (VDE 0491-3-6)

Drahtvorschubgeräte
zum Lichtbogenschweißen .... DIN EN IEC 60974-5 (VDE 0544-5)

Drahtwicklungen
thermische Bewertung .... DIN EN 61857-21 (VDE 0302-21)

Drehende elektrische Maschinen .... VDE-Schriftenreihe Band 10
Aktivteile
– Erkennung und Diagnose von Schäden .... DIN CLC/TS 60034-24 (VDE V 0530-240)
Anlaufverhalten .... DIN EN 60034-12 (VDE 0530-12)
Anschlussbezeichnung und Drehsinn .... DIN EN 60034-8 (VDE 0530-8)
äquivalente Belastung und Überlagerung
– Ermittlung der Übertemperatur .... DIN EN 60034-29 (VDE 0530-29)
Auslaufprüfung .... DIN EN 60034-2-2 (VDE 0530-2-2)
Auswahl von Energiesparmotoren
– einschließlich Drehzahlstellantrieben .... E DIN IEC/TS 60034-31 (VDE V 0530-31)
Bemessung und Betriebsverhalten .... DIN EN 60034-1 (VDE 0530-1)
E DIN EN 60034-1 (VDE 0530-1)

Bestimmung der Einzelverluste	DIN EN 60034-2-1 (VDE 0530-2-1)
	DIN EN 60034-2-2 (VDE 0530-2-2)
Bewertung von Isoliersystemen	
– Prüfverfahren für Runddrahtwicklungen	DIN EN 60034-18-21 (VDE 0530-18-21)
– thermische Bewertung	DIN EN 60034-18-31 (VDE 0530-18-31)
– thermische und elektrische Beanspruchung ...	DIN CLC/TS 60034-18-33 (VDE V 0530-18-33)
– thermomechanische Bewertung	DIN EN 60034-18-34 (VDE 0530-18-34)
Bezeichnungssystem (IM-Code)	DIN EN 60034-7 (VDE 0530-7)
Drehstrom-Induktionsmotoren	DIN EN 60034-26 (VDE 0530-26)
Drehstrom-Käfigläufermotoren	
– Anlaufverhalten	DIN EN 60034-12 (VDE 0530-12)
– Wirkungsgradklassifizierung	DIN EN 60034-30-1 (VDE 0530-30-1)
Drehstrommotoren für Umrichterbetrieb	DIN VDE 0530-25 (VDE 0530-25)
Einteilungssystem (IP-Code)	DIN EN 60034-5 (VDE 0530-5)
	E DIN EN IEC 60034-5 (VDE 0530-5)
elektrische Isoliersysteme	DIN EN 60034-18-41 (VDE 0530-18-41)
	E DIN EN 60034-18-41/A1 (VDE 0530-18-41/A1)
Energiesparmotoren	DIN CLC/TS 60034-31 (VDE V 0530-31)
	E DIN IEC/TS 60034-31 (VDE V 0530-31)
Erregersysteme für Synchronmaschinen	DIN EN 60034-16-1 (VDE 0530-16)
	E DIN IEC/TS 60034-16-2 (VDE V 0530-16-2)
	E DIN IEC/TS 60034-16-3 (VDE V 0530-16-3)
– Dynamisches Betriebsverhalten	E DIN IEC/TS 60034-16-3 (VDE V 0530-16-3)
– Modelle für Untersuchungen des Energieversorgungsnetzes	
....	E DIN IEC/TS 60034-16-2 (VDE V 0530-16-2)
für Bahn- und Straßenfahrzeuge	
– umrichtergespeiste Synchronmaschinen	DIN EN 60349-4 (VDE 0115-400-4)
– umrichtergespeiste Wechselstrommotoren	DIN IEC/TS 60349-3 (VDE V 0115-400-3)
für Schienen- und Straßenfahrzeuge	
– außer umrichtergespeiste Wechselstrommotoren	DIN EN 60349-1 (VDE 0115-400-1)
– umrichtergespeiste Wechselstrommotoren	DIN EN 60349-2 (VDE 0115-400-2)
Geräuschgrenzwerte	DIN EN 60034-9 (VDE 0530-9)
Isoliersysteme	
– funktionelle Bewertung	DIN EN 60034-18-1 (VDE 0530-18-1)
Käfigläufer-Induktionsmotoren	
– Entwurf und Betriebsverhalten	DIN VDE 0530-25 (VDE 0530-25)
Käfigläufer-Induktionsmotoren, umrichtergespeist	
– Anwendungsleitfaden	DIN VDE 0530-25 (VDE 0530-25)
Kenngrößen von Synchronmaschinen	DIN EN IEC 60034-4-1 (VDE 0530-4-1)
Kurzschlussläufer-Induktionsmotoren	DIN EN 60034-28 (VDE 0530-28)
Leitfaden für die Überholung	DIN EN IEC 60034-23 (VDE 0530-23)
mechanische Schwingungen	DIN EN IEC 60034-14 (VDE 0530-14)
– Maschinen mit Achshöhe von 56 mm und höher	DIN EN IEC 60034-14 (VDE 0530-14)
– Messung, Bewertung, Grenzwerte der Schwingstärke .	DIN EN IEC 60034-14 (VDE 0530-14)
Messung des dielektrischen Verlustfaktors	
– in der Ständerwicklungsisolierung	DIN EN 60034-27-3 (VDE 0530-27-3)
Messung des Isolationswiderstands	
– in der Wicklungsisolierung	DIN EN IEC 60034-27-4 (VDE 0530-27-4)
Messung des Polarisationsindexes	
– in der Wicklungsisolierung	DIN EN IEC 60034-27-4 (VDE 0530-27-4)
Messung von Wickelkopfschwingungen	
– an Formspulen im Ständer	DIN IEC/TS 60034-32 (VDE V 0530-32)
Motorgeneratoren	E DIN EN IEC 60034-33 (VDE 0530-333)

Offline-Teilentladungsmessungen	DIN EN IEC 60034-27-1 (VDE 0530-27-1)
Offline-Teilentladungsprüfungen	E DIN IEC/TS 60034-27-5 (VDE V 0530-27-5)
Online-Teilentladungsmessungen	
– an der Statorwicklungsisolierung	E DIN VDE 0530-27-2 (VDE 0530-27-2)
Prüfungen	
– kalorimetrisches Verfahren	DIN EN 60034-2-2 (VDE 0530-2-2)
– Verluste und Wirkungsgrad	DIN EN 60034-2-1 (VDE 0530-2-1)
	DIN EN 60034-2-2 (VDE 0530-2-2)
Prüfverfahren für Gleichstrommaschinen	
– betrieben an gleichrichtergespeisten Leistungsversorgungen	DIN EN 60034-19 (VDE 0530-19)
– betrieben an Gleichstromquellen	DIN EN 60034-19 (VDE 0530-19)
Prüfverfahren für Wicklungen	
– Bewertung der elektrischen Lebensdauer	DIN EN 60034-18-32 (VDE 0530-18-32)
Qualifizierung und Qualitätsprüfungen	E DIN EN 60034-18-41/A1 (VDE 0530-18-41/A1)
Qualifizierungs- und Abnahmeprüfungen	DIN EN 60034-18-41 (VDE 0530-18-41)
	DIN EN 60034-18-42 (VDE 0530-18-42)
	E DIN EN 60034-18-42/A1 (VDE 0530-18-42/A1)
Reparatur, Überholung und Sanierung	DIN EN IEC 60034-23 (VDE 0530-23)
Schallleistungspegel	DIN EN 60034-9 (VDE 0530-9)
Schutzarten	DIN EN 60034-5 (VDE 0530-5)
	E DIN EN IEC 60034-5 (VDE 0530-5)
Schutzarten aufgrund der Gesamtkonstruktion (IP-Code)	E DIN EN IEC 60034-5 (VDE 0530-5)
spannungsrichtergespeist	
– Qualifizierung und Qualitätsprüfungen	E DIN EN 60034-18-41/A1 (VDE 0530-18-41/A1)
spannungsumrichtergespeist	
– Qualifizierungs- und Abnahmeprüfungen	DIN EN 60034-18-41 (VDE 0530-18-41)
	DIN EN 60034-18-42 (VDE 0530-18-42)
	E DIN EN 60034-18-42/A1 (VDE 0530-18-42/A1)
– Qualifizierungsprüfungen	E DIN EN 60034-18-42/A1 (VDE 0530-18-42/A1)
Steh-Stoßspannungspegel von Formspulen	DIN EN 60034-15 (VDE 0530-15)
synchrone Hydrogeneratoren	E DIN EN IEC 60034-33 (VDE 0530-333)
synchrone Hydrogeneratoren einschließlich Motorgeneratoren	
	E DIN EN IEC 60034-33 (VDE 0530-333)
synchrone Phasenschieber	
– angetrieben durch Dampfturbinen oder Gasturbinen	E DIN EN 60034-3 (VDE 0530-3)
Synchrongeneratoren	
– angetrieben durch Dampfturbinen oder Gasturbinen	DIN EN 60034-3 (VDE 0530-3)
	E DIN EN 60034-3 (VDE 0530-3)
thermischer Schutz	DIN EN 60034-11 (VDE 0530-11)
thermisches Verhalten	DIN EN 60034-1 (VDE 0530-1)
	E DIN EN 60034-1 (VDE 0530-1)
Übertemperaturprüfung	DIN EN 60034-29 (VDE 0530-29)
umrichtergespeiste Wechselstrommaschinen	
– Verluste und Wirkungsgrad	E DIN IEC 60034-2-3 (VDE 0530-2-3)
Verfahren zur Ermittlung der Kenngrößen von Synchronmaschinen	
– durch Messungen	DIN EN IEC 60034-4-1 (VDE 0530-4-1)
Wechselstromgeneratoren	DIN EN 60034-22 (VDE 0530-22)
Wechselstrommaschinen in Antriebssystemen	
– Anwendungsleitfaden	DIN VDE 0530-25 (VDE 0530-25)
Wechselstrommotoren	
– mit veränderbarer Drehzahl für Walzwerke	E DIN EN 60034-34 (VDE 0530-34)
– Wirkungsgradklassifizierung	DIN VDE 0530-30-2 (VDE 0530-30-2)

Wickelkopfschwingungen an Formspulen im Ständer
– Messungen .... DIN IEC/TS 60034-32 (VDE V 0530-32)
drehender elektrischer Maschinen
– funktionelle Bewertung .... DIN EN 60034-18-1 (VDE 0530-18-1)
DIN EN 60034-18-21 (VDE 0530-18-21)
– Qualifizierungs- und Abnahmeprüfungen .... DIN EN 60034-18-41 (VDE 0530-18-41)
E DIN EN 60034-18-41/A1 (VDE 0530-18-41/A1)
DIN EN 60034-18-42 (VDE 0530-18-42)
E DIN EN 60034-18-42/A1 (VDE 0530-18-42/A1)
funktionelle Bewertung
– für drehende elektrische Maschinen .... DIN EN 60034-18-34 (VDE 0530-18-34)
– Prüfverfahren für Wicklungen .... DIN EN 60034-18-34 (VDE 0530-18-34)
thermische Bewertung
– allgemeine Anforderungen – Niederspannung .... DIN EN 61857-1 (VDE 0302-11)
– drahtgewickelte EIS .... DIN EN 61857-22 (VDE 0302-22)
– EIS mit Flachdrahtwicklungen .... DIN EN 61858-2 (VDE 0302-30-2)
– EIS mit Runddrahtwicklungen .... DIN EN 61858-1 (VDE 0302-30-1)
– Kurzzeitverfahren .... DIN EN 61857-31 (VDE 0302-31)
– Multifaktorbewertung bei erhöhter Temperatur .... E DIN EN 61857-33 (VDE 0302-33)
– Multifaktorbewertung während der diagnostischen Prüfung
.... E DIN EN 61857-32 (VDE 0302-32)

Drehfeld
Geräte zum Prüfen, Messen, Überwachen .... DIN EN 61557-7 (VDE 0413-7)
E DIN EN 61557-7 (VDE 0413-7)
in Niederspannungsnetzen
– Messung .... DIN EN 61557-7 (VDE 0413-7)
E DIN EN 61557-7 (VDE 0413-7)

Drehflügeltüren
elektrische Antriebe .... DIN EN 60335-2-103 (VDE 0700-103)
E DIN IEC 60335-2-103 (VDE 0700-103-3)
E DIN IEC 60335-2-103/A1 (VDE 0700-103/A1)
E DIN IEC 60335-2-103/A2 (VDE 0700-103/A2)

Drehklemmen
allgemeine Anforderungen .... DIN EN 60998-1 (VDE 0613-1)
für Hausinstallationen .... DIN EN 60998-2-4 (VDE 0613-2-4)

Drehsinn
drehende elektrische Maschinen .... DIN EN 60034-8 (VDE 0530-8)

Drehstromanlagen
Beeinflussung von Telekommunikationsanlagen .... DIN VDE 0845-6-2 (VDE 0845-6-2)

Drehstrom-Bordnetz
von Bahnfahrzeugen .... DIN EN 50533 (VDE 0115-533)
DIN EN 50533/A1 (VDE 0115-533/A1)

Drehstrom-Induktionsmotoren
Spannungsunsymmetrien .... DIN EN 60034-26 (VDE 0530-26)

Drehstrommotoren
für Umrichterbetrieb .... DIN VDE 0530-25 (VDE 0530-25)

Drehstromnetze
Kurzschlussströme .... DIN EN 60909-0 (VDE 0102)

Drehstromtransformatoren .... Beiblatt 1 DIN EN 60076-1 (VDE 0532-76-1)
Beiblatt 4 DIN EN 60909-0 (VDE 0102)
DIN EN 60909-3 (VDE 0102-3)
DIN EN 60076-1 (VDE 0532-76-1)

Drehstrom-Trockentransformatoren
für Betriebsmittel bis 36 kV .... DIN EN 50541-2 (VDE 0532-242)

Drehstrom-Trocken-Verteilungstransformatoren
Bemessungsleistung eines Transformators
– bei nicht sinusförmigen Lastströmen .... DIN EN 50541-2 (VDE 0532-242)
Bestimmung der Bemessungsleistung .... DIN EN 50541-2 (VDE 0532-242)
für Betriebsmittel bis 36 kV .... DIN EN 50541-2 (VDE 0532-242)

Drehstromübertragungssysteme (FACTS), flexible
Umrichter
– Brandschutzmaßnahmen .... E DIN IEC/TR 62757 (VDE 0553-757)

Drehstrom-Verteilungstransformatoren, ölgefüllte
Bestimmung der Bemessungsleistung .... DIN EN 50464-3 (VDE 0532-223)
druckbeanspruchte Wellwandkessel .... DIN EN 50464-4 (VDE 0532-224)
DIN EN 50464-4/A1 (VDE 0532-224/A1)

Drehzahlstellantriebe
Energiesparmotoren .... DIN CLC/TS 60034-31 (VDE V 0530-31)
E DIN IEC/TS 60034-31 (VDE V 0530-31)

Drehzahlsteuerung von Motoren
elektronische Schalter .... DIN EN 60669-2-1 (VDE 0632-2-1)
E DIN IEC 60669-2-1 (VDE 0632-2-1)
E DIN EN 60669-2-1/A2 (VDE 0632-2-1/A2)
E DIN EN 60669-2-1/AA (VDE 0632-2-1/AA)

Drehzahlveränderbare elektrische Antriebe
allgemeine Anforderungen
– Bemessung von Niederspannungs-Gleichstrom-Antriebssystemen
.... E DIN EN 61800-1 (VDE 0160-101)
EMV-Anforderungen
– einschließlich spezieller Prüfverfahren .... DIN EN IEC 61800-3 (VDE 0160-103)
E DIN EN IEC 61800-3 (VDE 0160-103)
Motorstarter, Leistungselektronik
– Energieeffizienz .... DIN EN 61800-9-1 (VDE 0160-109-1)
E DIN EN IEC 61800-9-1 (VDE 0160-109-1)
DIN EN 61800-9-2 (VDE 0160-109-2)
E DIN EN IEC 61800-9-2 (VDE 0160-109-2)
– Ökodesign .... DIN EN 61800-9-2 (VDE 0160-109-2)
E DIN EN IEC 61800-9-2 (VDE 0160-109-2)

Drehzahlveränderbare elektrische Antriebssysteme
Bemessung von Niederspannungs-Wechselstrom-Antriebssystemen
.... E DIN EN 61800-2 (VDE 0160-102)

Drei-Kabel-Test .... DIN EN IEC 61280-4-1 (VDE 0888-410)

Drei-Stellungs-Zustimmschalter .... DIN EN 60947-5-8 (VDE 0660-215)
E DIN EN 60947-5-8/A1 (VDE 0660-215/A1)

Drosselklappen
für Rohrleitungskreise mit Isolierflüssigkeit .... DIN EN 50216-8 (VDE 0532-216-8)

Drosselspulen .... DIN EN 60076-6 (VDE 0532-76-6)
allgemeine Anforderungen und Prüfungen .... DIN EN IEC 61558-1 (VDE 0570-1)
Blitz- und Schaltstoßspannungsprüfungen .... DIN EN 50216-1 (VDE 0532-216-1)
Entstör- .... DIN EN 60938-2-1 (VDE 0565-2-2)
Grundzubehör .... DIN EN 50216-4 (VDE 0532-216-4)
– Ablass- und Fülleinrichtung .... DIN EN 50216-4 (VDE 0532-216-4)
– Erdungsklemme .... DIN EN 50216-4 (VDE 0532-216-4)
– kleine Zubehörteile .... DIN EN 50216-4 (VDE 0532-216-4)
– Radbaugruppe .... DIN EN 50216-4 (VDE 0532-216-4)
– Thermometertasche .... DIN EN 50216-4 (VDE 0532-216-4)
Kühleinrichtungen
– Ventilatoren .... E DIN EN IEC 60076-22-6 (VDE 0532-76-22-6)
Leistungstransformatoren .... E DIN EN IEC 60076-22-5 (VDE 0532-76-22-5)
                                                        E DIN EN IEC 60076-22-6 (VDE 0532-76-22-6)
                                                        E DIN EN IEC 60076-22-7 (VDE 0532-76-22-7)
mit Ausdehnungsgefäß .... DIN EN 50216-2 (VDE 0532-216-2)
                                                        DIN EN 50216-2/A1 (VDE 0532-216-2/A1)
Schutzfunkenstrecken an Durchführungen .... DIN VDE 0532-14 (VDE 0532-14)
Spannungsprüfung .... DIN EN 60076-4 (VDE 0532-76-4)
Verlustmessung .... DIN EN 60076-19 (VDE 0532-76-19)
                                                        E DIN EN 60076-19 (VDE 0532-76-19)
Zubehör .... DIN EN 50216-2 (VDE 0532-216-2)
                                                        DIN EN 50216-2/A1 (VDE 0532-216-2/A1)
                                                        DIN EN 50216-6 (VDE 0532-216-6)
                                                        DIN EN 50216-7 (VDE 0532-216-7)
– Buchholz-Relais .... DIN EN 50216-2 (VDE 0532-216-2)
                                                        DIN EN 50216-2/A1 (VDE 0532-216-2/A1)
– Drosselklappen für Rohrleitungskreise .... DIN EN 50216-8 (VDE 0532-216-8)
– Druckanzeigeeinrichtungen .... DIN EN 50216-5 (VDE 0532-216-5)
– Druckentlastungsventile .... DIN EN 50216-5 (VDE 0532-216-5)
– Durchflussmesser .... DIN EN 50216-5 (VDE 0532-216-5)
– Flüssigkeitsstandanzeiger .... DIN EN 50216-5 (VDE 0532-216-5)
– Luftentfeuchter .... DIN EN 50216-5 (VDE 0532-216-5)
– Öl-Luft-Kühler .... DIN EN 50216-10 (VDE 0532-216-10)
– Öl-Wasser-Kühler .... DIN EN 50216-9 (VDE 0532-216-9)
– Schutzrelais .... DIN EN 50216-3 (VDE 0532-216-3)
– Ventilatoren .... DIN EN 50216-12 (VDE 0532-216-12)
zur Unterdrückung elektromagnetischer Störungen .... DIN EN 60938-2-1 (VDE 0565-2-2)

Drosselspulen Anbauten
Isolierflüssigkeit-Luft-Wärmetauscher .... DIN EN IEC 60076-22-3 (VDE 0532-76-22-3)
Isolierflüssigkeit-Wasser-Wärmetauscher .... DIN EN IEC 60076-22-4 (VDE 0532-76-22-4)
Schutzeinrichtungen .... DIN EN IEC 60076-22-1 (VDE 0532-76-22-1)

Drosselspulen Kühlungseinrichtungen
Abnehmbare Kühler .... DIN EN IEC 60076-22-2 (VDE 0532-76-22-2)

Drosselspulen zur Unterdrückung elektromagnetischer Störungen
Fachgrundspezifikation .... DIN EN 60938-1 (VDE 0565-2)
                                                        E DIN EN IEC 60938-1 (VDE 0565-2)
Netzdrosselspulen .... E DIN EN IEC 60938-2 (VDE 0565-2-1)

Drosselspulen-Durchführungen .... DIN EN 60137 (VDE 0674-500)

Druckanzeigeeinrichtungen
für Transformatoren und Drosselspulen .... DIN EN 50216-5 (VDE 0532-216-5)

Druckentlastungsventile
für Transformatoren und Drosselspulen .... DIN EN 50216-5 (VDE 0532-216-5)

Druckerhöhungspumpen .... DIN EN 60335-2-41 (VDE 0700-41)
E DIN EN 60335-2-41 (VDE 0700-41)
E DIN EN IEC 60335-2-41-100 (VDE 0700-41-100)
E DIN EN IEC 60335-2-41/A11 (VDE 0700-41/A11)

Druckfeste Kapselung „d" .... DIN EN 60079-1 (VDE 0170-5)

Druckkochtöpfe
für den Hausgebrauch .... Beiblatt 1 DIN EN 60335-2-15 (VDE 0700-15)
DIN EN 60335-2-15 (VDE 0700-15)
E DIN IEC 60335-2-15/A1 (VDE 0700-15/A1)
E DIN IEC 60335-2-15/A2 (VDE 0700-15/A2)

Druckmessumformer
Eigenschaften und Prüfverfahren
– Kernkraftwerke .... DIN EN 62808 (VDE 0491-9-3)
E DIN IEC 62887 (VDE 0491-9-4)
Kernkraftwerke .... DIN EN 62808 (VDE 0491-9-3)
E DIN IEC 62887 (VDE 0491-9-4)

Druckregelgeräte
automatische elektrische .... DIN EN 60730-2-6 (VDE 0631-2-6)

Drucktaster .... DIN EN 60947-5-1 (VDE 0660-200)

Druckwasserreaktor .... DIN IEC 62117 (VDE 0491-4)

D-Sicherungen .... E DIN VDE 0635/A1 (VDE 0635/A1)

Dunkelzählrate supraleitender Streifen-Photonendetektoren
Supraleitfähigkeit .... E DIN EN IEC 61788-22-3 (VDE 0390-22-3)

Dünnschicht-Photovoltaikmodule
terrestrische
– Bauarteignung und Bauartzulassung .... DIN EN 61215-2 (VDE 0126-31-2)
E DIN EN IEC 61215-2 (VDE 0126-31-2)

Dunstabzugshauben
für den gewerblichen Gebrauch .... DIN EN 60335-2-99 (VDE 0700-99)
E DIN EN 60335-2-99/AA (VDE 0700-99/A1)
für den Hausgebrauch .... DIN EN 60335-2-31 (VDE 0700-31)
Beiblatt 1 DIN EN 60335-2-31 (VDE 0700-31)
E DIN EN 60335-2-31/A1 (VDE 0700-31/A1)
E DIN IEC 60335-2-31/A2 (VDE 0700-31/A2)
DIN EN 61591 (VDE 0705-1591)
E DIN EN 61591 (VDE 0705-1591)
E DIN EN IEC 61591/AA (VDE 0705-1591/AA)

Duplex- und Simplexkabel
LWL-Innenkabel

– für den Einsatz als konfektioniertes Kabel ...... DIN EN 60794-2-50 (VDE 0888-120)
E DIN EN 60794-2-50 (VDE 0888-120)

Duplexkabel
Fasern der Kategorie A4
– LWL-Innenkabel .... DIN EN 60794-2-42 (VDE 0888-122)
LWL-Innenkabel .... DIN EN 60794-2-10 (VDE 0888-116)

Durchdringklemmstellen
allgemeine Anforderungen .... DIN EN 60998-1 (VDE 0613-1)

Durcherwärmungsanlagen, induktive
Prüfverfahren
– Elektroerwärmungsanlagen .... DIN EN IEC 63078 (VDE 0721-55)

Durchflusserwärmer
für den Hausgebrauch .... DIN EN 50193-1 (VDE 0705-193-1)
DIN EN 50193-2-1 (VDE 0705-193-2-1)
DIN EN 60335-2-35 (VDE 0700-35)
E DIN IEC 60335-2-35/A2 (VDE 0700-35/A2)
E DIN EN IEC 63159-1 (VDE 0705-3159-1)
E DIN EN IEC 63159-2-1 (VDE 0705-3159-2-1)
– Effizienz einer Zapfstelle .... DIN EN 50193-2-2 (VDE 0705-193-2-2)
E DIN EN IEC 63159-2-2 (VDE 0705-3159-2-2)
Sicherheit elektrischer Geräte für den Hausgebrauch .... DIN EN 60335-2-35 (VDE 0700-35)

Durchflussmengenschalter .... DIN EN 60947-5-9 (VDE 0660-216)

Durchflussmesser
für Transformatoren und Drosselspulen .... DIN EN 50216-5 (VDE 0532-216-5)

Durchführungen für Sicherheitsbehälter
Kernkraftwerke .... E DIN IEC 60772 (VDE 0491-9-1)

Durchführungen
für Gleichspannungsanwendungen .... DIN EN IEC/IEEE 65700-19-03 (VDE 0674-501)

Durchführungen, isolierte
für Wechselspannungen über 1 000 V .... DIN EN 60137 (VDE 0674-500)

Durchgangsbereich .... DIN VDE 0100-729 (VDE 0100-729)
VDE-Schriftenreihe Band 168

Durchgangsverdrahtung .... DIN VDE 0100-559 (VDE 0100-559)

Durchgangswiderstand von Isolierstoffen .... DIN EN 62631-3-1 (VDE 0307-3-1)
E DIN EN IEC 62631-3-1 (VDE 0307-3-1)

Durchgangswiderstand
spezifischer .... DIN EN IEC 62631-3-11 (VDE 0307-3-11)
– resistive Eigenschaften fester Isolierstoffe .... DIN EN IEC 62631-3-11 (VDE 0307-3-11)
DIN EN 62631-3-3 (VDE 0307-3-3)
von Rückseitenfolien
– Werkstoffe in Photovoltaikmodulen .... DIN EN 62788-1-2 (VDE 0126-37-1-2)
von Verkapselungsstoffen
– Werkstoffe in Photovoltaikmodulen .... DIN EN 62788-1-2 (VDE 0126-37-1-2)

Durchlassstromkennlinie
von Niederspannungssicherungen .... DIN EN 60269-1 (VDE 0636-1)

Durchlaufspannungsprüfung
an Kabeln und Leitungen .... DIN EN 50395 (VDE 0481-395)
DIN EN 62230 (VDE 0481-2230)

Durchleuchtungsarbeitsplätze .... DIN EN 60601-2-54 (VDE 0750-2-54)

Durchlüfter
für Aquarien und Gartenteiche .... DIN EN 60335-2-55 (VDE 0700-55)

Durchschlagfestigkeit
von isolierenden Werkstoffen
– Stoßspannungsprüfungen .... DIN EN 60243-3 (VDE 0303-23)
von Isolierharzen und -lacken
– thermisches Langzeitverhaltens .... DIN EN IEC 60370 (VDE 0304-370)
von isolierenden Werkstoffen
– Prüfungen bei technischen Frequenzen .... DIN EN 60243-1 (VDE 0303-21)
DIN EN 60243-2 (VDE 0303-22)
von Luftstrecken .... DIN EN 60664-1 (VDE 0110-1)
E DIN EN 60664-1 (VDE 0110-1)
von Werkstoffen
– Prüfungen bei technischen Frequenzen .... DIN EN 60243-2 (VDE 0303-22)

Durchschlagmethoden, elektrische
von Isolierharzen und -lacken
– Prüfverfahren des thermischen Langzeitverhaltens .... DIN EN IEC 60370 (VDE 0304-370)

Durchschlagspannung (Blitzimpuls-)
von Isolierflüssigkeiten .... E DIN IEC 60897 (VDE 0370)

Durchschlagspannung bei Netzfrequenz
von Isolierflüssigkeiten .... E DIN EN 60156 (VDE 0370-5)

Dusche
Räume mit .... DIN VDE 0100-701 (VDE 0100-701)
E DIN VDE 0100-701 (VDE 0100-701)
VDE-Schriftenreihe Band 67a
VDE-Schriftenreihe Band 141
VDE-Schriftenreihe Band 168

Duscheinrichtungen, multifunktionelle
für den Hausgebrauch .... DIN EN 60335-2-105 (VDE 0700-105)
E DIN IEC 60335-2-105 (VDE 0700-105)
E DIN IEC 60335-2-105/A1 (VDE 0700-105/A1)
E DIN EN 60335-2-105/A2 (VDE 0700-105/A2)

DVB-C-Signale
Messverfahren für die Nichtlinearität .... DIN EN IEC 60728-3 (VDE 0855-3)

E

„e"; erhöhte Sicherheit .... DIN EN 60079-7 (VDE 0170-6)
Beiblatt 1 DIN EN 60079-7 (VDE 0170-6)
DIN EN IEC 60079-7/A1 (VDE 0170-6/A1)

EAF (winkelabhängiger begrenzter Lichtstrom)
.... E DIN EN IEC 61300-3-53 (VDE 0885-300-3-53)

EBT
Lichtbogenkennwert von Bekleidungsstoffen .... DIN EN IEC 61482-1-1 (VDE 0682-306-1-1)

EBuLa-Bordgeräte .... DIN VDE 0119-207-13 (VDE 0119-207-13)

ECD
Prinzipien umweltbewusstes Gestalten .... E DIN EN 62959 (VDE 0042-5)

Echtzeit-Impulsechosysteme
Ultraschall
– Prüfverfahren zur Bestimmung von Leistungsspezifikationen
.... E DIN IEC/TS 61390 (VDE V 0754-4)

Edelgase
radioaktive
– Einrichtungen zur Überwachung .... DIN IEC 62302 (VDE 0493-1-30)

Edison-Gewinde .... DIN EN IEC 60238 (VDE 0616-1)

EDL-Funktionalitäten .... VDE-Anwendungsregel VDE-AR-N 4100
Berichtigung 1 zu VDE-Anwendungsregel VDE-AR-N 4100

EDLC-Module
für elektrische Straßenfahrzeuge .... E DIN EN IEC 62576-2 (VDE 0122-576-2)
– Prüfverfahren für elektrische Kennwerte .... E DIN EN IEC 62576-2 (VDE 0122-576-2)
für Hybridelektrofahrzeuge .... E DIN EN IEC 62576-2 (VDE 0122-576-2)
– Prüfverfahren für elektrische Kennwerte .... E DIN EN IEC 62576-2 (VDE 0122-576-2)

EDV-Werkzeuge
zur Fließbilderstellung .... DIN EN 62424 (VDE 0810-24)

EES-Systeme
Terminologie .... DIN EN IEC 62933-1 (VDE 0520-933-1)
E DIN EN IEC 62933-1 (VDE 0520-933-1)
Umweltgesichtspunkte
– Reduktion der Treibhausemission .... E DIN IEC/TR 62933-4-200 (VDE 0520-933-4-200)

EES-Systeme, netzintegrierte
Sicherheitsanforderungen
– Elektrochemische Systeme .... E DIN EN IEC 62933-5-2 (VDE 0520-933-5-2)
Sicherheitserwägungen .... DIN IEC/TS 62933-5-1 (VDE V 0520-933-5-1)

EFB
verbesserte geschlossene Starterbatterien
– Prüfungen und Anforderungen .... VDE-Anwendungsregel VDE-AR-E 2520

Effekt-Projektoren .... DIN EN 60335-2-56 (VDE 0700-56)

eHZ
elektronischer Haushaltszähler .... DIN VDE 0603-3-2 (VDE 0603-3-2)

Eierkocher
für den Hausgebrauch .... Beiblatt 1 DIN EN 60335-2-15 (VDE 0700-15)
DIN EN 60335-2-15 (VDE 0700-15)
E DIN IEC 60335-2-15/A1 (VDE 0700-15/A1)
E DIN IEC 60335-2-15/A2 (VDE 0700-15/A2)

Eigendämpfungseigenschaften
von verseilten Leitern

– Methoden zur Messung .... DIN EN 62567 (VDE 0212-356)

Eigenschaften von Software und deren Dokumentation
Mathematische und logische Verfahren .... E DIN IEC/TS 61508-3-2 (VDE V 0803-12)

Eigenschaften, magnetische
eisenbasiertes, amorphes Band
– unter Verwendung eines Tafelmessgeräts .... DIN EN IEC 60404-16 (VDE 0354-16)

Eigenschaften, mechanische
von elektrisch-optischen Leiterplatten
– Prüfverfahren .... E DIN EN IEC 63251 (VDE 0885-201)

Eigensichere Systeme
für explosionsgefährdete Bereiche .... E DIN VDE 0170-39 (VDE 0170-39)
DIN EN 60079-25 (VDE 0170-10-1)

Eigensicherheit „i" .... DIN EN 60079-11 (VDE 0170-7)
DIN EN 60079-25 (VDE 0170-10-1)

Einadrige Leitungen
vernetzte Silikonisolierung .... DIN EN 50525-2-41 (VDE 0285-525-2-41)

Einbaudokument
Alkohol-Interlocks .... DIN EN 50436-7 (VDE 0406-7)

Einbau-Lampenfassungen
allgemeine Anforderungen und Prüfungen .... DIN EN 60838-1 (VDE 0616-5)
DIN EN 60838-1/A1 (VDE 0616-5/A1)
E DIN EN 60838-1/A2 (VDE 0616-5/A2)

Einbauleuchten .... DIN EN 60598-2-2 (VDE 0711-2-2)
VDE-Schriftenreihe Band 12
für Entladungslampen .... E DIN EN 60598-1 (VDE 0711-1)

Einbettwerkstoffe .... DIN EN 60455-1 (VDE 0355-1)

Einbrennsignierstifte .... DIN EN 60335-2-45 (VDE 0700-45)
E DIN EN 60335-2-45/AA (VDE 0700-45/AA)

Einbruchmeldeanlagen
aktive Glasbruchmelder .... Beiblatt 1 DIN EN 50131-2-7-3 (VDE 0830-2-2-73)
DIN EN 50131-2-7-3 (VDE 0830-2-2-73)
aktive Infrarot-Lichtschranken .... DIN CLC/TS 50131-2-9 (VDE V 0830-2-2-9)
Aktivlautsprecher .... DIN VDE V 0833-4-1 (VDE V 0833-4-1)
akustische Glasbruchmelder .... Beiblatt 1 DIN EN 50131-2-7-1 (VDE 0830-2-2-71)
DIN EN 50131-2-7-1 (VDE 0830-2-2-71)
Alarmverifikation .... DIN VDE V 0833-3-1 (VDE V 0833-3-1)
Alarmvorprüfung .... DIN CLC/TS 50131-9 (VDE V 0830-2-9)
ALDDR .... DIN CLC/TS 50131-2-11 (VDE V 0830-2-2-11)
allgemeine Festlegungen .... DIN VDE 0833-1 (VDE 0833-1)
VDE-Anwendungsregeln .... DIN CLC/TS 50131-7 (VDE V 0830-2-7)
Begriffe .... Beiblatt 1 DIN EN 50131-1 (VDE 0830-2-1)
Energieversorgungen .... DIN EN 50131-6 (VDE 0830-2-6)
Erschütterungsmelder .... DIN EN 50131-2-8 (VDE 0830-2-2-8)
kombinierte PIR- und Mikrowellenmelder .... Beiblatt 1 DIN EN 50131-2-4 (VDE 0830-2-2-4)
DIN EN 50131-2-4 (VDE 0830-2-2-4)

kombinierte PIR- und Ultraschallmelder .... E DIN EN 50131-2-4 (VDE 0830-2-2-4)
Beiblatt 1 DIN EN 50131-2-5 (VDE 0830-2-2-5)
DIN EN 50131-2-5 (VDE 0830-2-2-5)
leitungsgebundene Verbindungen
– EMA/ÜMA Einrichtungen in überwachten Objekten
.... E DIN CLC/TS 50131-5-1 (VDE V 0830-2-5-1)
Melderzentrale .... DIN EN 50131-3 (VDE 0830-2-3)
Mikrowellenmelder .... Beiblatt 1 DIN EN 50131-2-3 (VDE 0830-2-2-3)
DIN EN 50131-2-3 (VDE 0830-2-2-3)
Beiblatt 1 DIN EN 50131-2-4 (VDE 0830-2-2-4)
E DIN EN 50131-2-4 (VDE 0830-2-2-4)
Öffnungsmelder (Magnetkontakte) .... DIN EN 50131-2-10 (VDE 0830-2-2-10)
Beiblatt 1 DIN EN 50131-2-6 (VDE 0830-2-2-6)
DIN EN 50131-2-6 (VDE 0830-2-2-6)
Passiv-Infrarotdualmelder .... E DIN EN 50131-2-4 (VDE 0830-2-2-4)
Passiv-Infrarotmelder .... DIN EN 50131-2-2 (VDE 0830-2-2-2)
Beiblatt 1 DIN EN 50131-2-4 (VDE 0830-2-2-4)
Beiblatt 1 DIN EN 50131-2-5 (VDE 0830-2-2-5)
passive Glasbruchmelder .... Beiblatt 1 DIN EN 50131-2-7-2 (VDE 0830-2-2-72)
DIN EN 50131-2-7-2 (VDE 0830-2-2-72)
Planung, Errichtung, Betrieb .... DIN VDE 0833-3 (VDE 0833-3)
Prüfbeschreibungen Systemkompatibilität
– EMA/ÜMA-Komponenten .... DIN CLC/TS 50131-5-4 (VDE V 0830-2-5-4)
Scharf- und Unscharfschaltung .... DIN CLC/TS 50131-12 (VDE V 0830-2-12)
Signalgeber .... DIN EN 50131-4 (VDE 0830-2-4)
Störfestigkeit .... DIN EN 50130-4 (VDE 0830-1-4)
Systemanforderungen .... DIN EN 50131-1 (VDE 0830-2-1)
E DIN EN 50131-1/A3 (VDE 0830-2-1/A3)
DIN CLC/TS 50661-1 (VDE V 0830-100-1)
Überfallmelder .... Beiblatt 1 DIN CLC/TS 50131-11 (VDE V 0830-2-11)
DIN CLC/TS 50131-11 (VDE V 0830-2-11)
Übertragungseinrichtungen .... DIN EN 50131-10 (VDE 0830-2-10)
Übertragungsgeräte (Funk-) .... DIN EN 50131-5-3 (VDE 0830-2-5-3)

Einbruchmelder
aktive Glasbruchmelder .... Beiblatt 1 DIN EN 50131-2-7-3 (VDE 0830-2-2-73)
DIN EN 50131-2-7-3 (VDE 0830-2-2-73)
aktive Infrarot-Lichtschranken .... DIN CLC/TS 50131-2-9 (VDE V 0830-2-2-9)
akustische Glasbruchmelder .... Beiblatt 1 DIN EN 50131-2-7-1 (VDE 0830-2-2-71)
DIN EN 50131-2-7-1 (VDE 0830-2-2-71)
ALDDR .... DIN CLC/TS 50131-2-11 (VDE V 0830-2-2-11)
Passiv-Infrarotmelder .... DIN EN 50131-2-2 (VDE 0830-2-2-2)
passive Glasbruchmelder .... Beiblatt 1 DIN EN 50131-2-7-2 (VDE 0830-2-2-72)
DIN EN 50131-2-7-2 (VDE 0830-2-2-72)
Scharf- und Unscharfschaltung .... DIN CLC/TS 50131-12 (VDE V 0830-2-12)
Überfallmelder .... Beiblatt 1 DIN CLC/TS 50131-11 (VDE V 0830-2-11)
DIN CLC/TS 50131-11 (VDE V 0830-2-11)
DIN EN 50131-2-10 (VDE 0830-2-2-10)
Verschluss- und Öffnungsüberwachungskontakte
– (magnetisch) .... DIN EN 50131-2-10 (VDE 0830-2-2-10)

Eindringmodul
Kernkraftwerke
– Zustandsüberwachung elektrischer Geräte .... E DIN IEC/IEEE 62582-2 (VDE 0491-21-2)

Eindringprüfung
Kernkraftwerke
– Zustandsüberwachung elektrischer Geräte .... DIN IEC/IEEE 62582-2 (VDE 0491-21-2)
E DIN IEC/IEEE 62582-2 (VDE 0491-21-2)

Einfachschweißstationen
Konstruktion, Herstellung, Errichtung .... DIN EN 62135-1 (VDE 0545-1)

Einfallswinkel
photovoltaischer Module .... DIN EN 61853-2 (VDE 0126-34-2)

Einflussgrößen in Gruppen
und deren Schärfegrad
– Klassifizierung von Umgebungsbedingungen ..... DIN EN IEC 60721-3-1 (VDE 0468-721-3-1)
DIN EN IEC 60721-3-2 (VDE 0468-721-3-2)

Einflussgrößen in Klassen
und deren Grenzwerte
– Klassifizierung von Umgebungsbedingungen ..... DIN EN IEC 60721-3-1 (VDE 0468-721-3-1)
DIN EN IEC 60721-3-2 (VDE 0468-721-3-2)
DIN EN IEC 60721-3-3 (VDE 0468-721-3-3)
– ortsfester Einsatz, wettergeschützt .... DIN EN IEC 60721-3-3 (VDE 0468-721-3-3)

Einflussgrößen und deren Grenzwerte
Lagerung
– Klassifizierung von Umgebungsbedingungen ..... DIN EN IEC 60721-3-1 (VDE 0468-721-3-1)
ortsfester Einsatz, wettergeschützt
– Klassifizierung von Umgebungsbedingungen ..... DIN EN IEC 60721-3-3 (VDE 0468-721-3-3)
Transport und Handhabung
– Klassifizierung von Umgebungsbedingungen ..... DIN EN IEC 60721-3-2 (VDE 0468-721-3-2)

Einflussgrößen und deren Schärfegrad
Lagerung
– Klassifizierung von Umgebungsbedingungen ..... DIN EN IEC 60721-3-1 (VDE 0468-721-3-1)
Transport und Handhabung
– Klassifizierung von Umgebungsbedingungen ..... DIN EN IEC 60721-3-2 (VDE 0468-721-3-2)

Einflussgrößen von Umgebungsbedingungen
in Gruppen und deren Schärfegrade
– Einführung .... E DIN EN 60721-3-0 (VDE 0468-721-3-0)
– Transport und Handhabung .... DIN EN IEC 60721-3-2 (VDE 0468-721-3-2)
in Klassen und deren Grenzwerte
– Lagerung .... DIN EN IEC 60721-3-1 (VDE 0468-721-3-1)
– ortsfester Einsatz, wettergeschützt .... DIN EN IEC 60721-3-3 (VDE 0468-721-3-3)

Einfügungsdämpfung .... DIN EN IEC 60512-28-100 (VDE 0687-512-28-100)
DIN EN IEC 61169-1-2 (VDE 0887-969-1-2)
Hochfrequenz-Steckverbinder
– Prüfverfahren .... DIN EN IEC 61169-1-2 (VDE 0887-969-1-2)
integrierter Filter von Steckverbindern .... DIN EN 60512-23-2 (VDE 0687-512-23-2)
DIN EN IEC 60512-23-3 (VDE 0687-512-23-3)

Eingangsfilter .... DIN EN 50065-4-3 (VDE 0808-4-3)

Eingebaute Sicherungen
bei Parallelkondensatoren .... DIN EN 60871-4 (VDE 0560-440)

Eingießen
zum Schutz gegen Verschmutzung .... DIN EN 60664-3 (VDE 0110-3)

Einheitsparameter
für elektrische Energiespeichersysteme .... DIN EN IEC 62933-2-1 (VDE 0520-933-2-1)

Ein-Kabel-Test .... DIN EN IEC 61280-4-1 (VDE 0888-410)

Einmoden-Dämpfungsmessung
Lichtwellenleiter-Kommunikationsuntersysteme .... DIN EN 61280-4-2 (VDE 0885-804-2)

Einmodenfasern
Kategorie B .... DIN EN IEC 60793-2-50 (VDE 0888-325)
Kategorie C .... DIN EN 60793-2-60 (VDE 0888-326)

Einmoden-Lichtwellenleiter
allgemeine Festlegungen .... DIN EN 60793-2 (VDE 0888-300)
                     E DIN EN IEC 60793-2 (VDE 0888-300)

Einmoden-Lichtwellenleiterkabel
Messung der Dämpfung .... DIN EN 61280-4-2 (VDE 0885-804-2)
Messung der Senderausgangsleistung .... DIN EN 61280-1-1 (VDE 0885-801-1)
Einphasen-
– für Bahnanlagen .... DIN EN 50152-3-3 (VDE 0115-320-3-3)
elektronische .... DIN EN 60044-7 (VDE 0414-44-7)
für Bahnanlagen .... DIN EN 50152-3-3 (VDE 0115-320-3-3)
Gleichstrom-Bahnanlagen .... DIN EN 50123-7-3 (VDE 0115-300-7-3)
induktive
– für elektrische Messgeräte .... DIN IEC/TR 61869-102 (VDE 0414-9-102)
                        DIN EN 61869-3 (VDE 0414-9-3)
kapazitive .... DIN EN 61869-5 (VDE 0414-9-5)

Einphasen-Kopplungskondensatoren
für Trägerfrequenzübertragungen .... DIN EN 60358-2 (VDE 0560-4)

Einphasen-Leistungsschalter
für Bahnanlagen .... DIN EN 50152-1 (VDE 0115-320-1)
                     DIN EN 50152-1/A1 (VDE 0115-320-1/A1)

Einphasen-Spannungsteiler-Kondensatoren
RC-Spannungsteiler
– für Wechsel- und Gleichstrom .... E DIN EN 60358-4 (VDE 0560-11)
Einphasen-Spannungsverteiler-Kondensatoren
– RC-Spannungsteiler für Wechsel- und Gleichstrom .... E DIN EN 60358-4 (VDE 0560-11)
und kapazitive Teiler .... DIN EN 60358-1 (VDE 0560-2)
                        DIN EN 60358-3 (VDE 0560-5)
                      E DIN EN 60358-4 (VDE 0560-11)

Einphasensysteme
Leistungsbegriffe .... VDE-Schriftenreihe Band 103

Einphasentransformatoren .... Beiblatt 1 DIN EN 60076-1 (VDE 0532-76-1)
                      DIN EN 60076-1 (VDE 0532-76-1)

Einrichtungen der Informationstechnik
Außenbereich .... DIN EN 60950-22 (VDE 0805-22)
Datenspeicherung .... DIN EN 60950-23 (VDE 0805-23)

Erdung in Gebäuden .... DIN EN 50310 (VDE 0800-2-310)
VDE-Schriftenreihe Band 126
Gleichstrom-Gerätesteckvorrichtungen
– 2,6-kW-System .... E DIN IEC/TS 63236-1 (VDE V 0625-3236-1)
– 5,2-kW-System .... E DIN IEC/TS 63236-2 (VDE V 0625-3236-2)
Gleichstrom-Leistungsübertragung
– über Kommunikations-Kabel und Anschlüssen .... DIN EN IEC 62368-3 (VDE 0868-3)
– über Kommunikationskabel der Informationstechnik .... DIN EN IEC 62368-3 (VDE 0868-3)
Potentialausgleich in Gebäuden .... DIN EN 50310 (VDE 0800-2-310)
VDE-Schriftenreihe Band 126
Sicherheitsanforderungen .... DIN EN 62368-1 (VDE 0868-1)
E DIN EN 62368-1 (VDE 0868-1)
DIN EN 62368-1/A11 (VDE 0868-1/A11)
E DIN EN IEC 62368-1/AA (VDE 0868-1/AA)
E DIN EN 62368-1/AB (VDE 0868-1/AB)
E DIN EN 62368-1/AD (VDE 0868-1/AD)
DIN IEC/TR 62368-2 (VDE 0868-2)
Störfestigkeitseigenschaften
– Grenzwerte und Prüfverfahren .... DIN EN 55024 (VDE 0878-24)
Stückprüfung in der Fertigung .... DIN EN 62911 (VDE 0868-911)
Überspannungsschutz .... Beiblatt 1 DIN VDE 0845 (VDE 0845)

Einrichtungen der Kommunikationstechnik
Gleichstrom-Gerätesteckvorrichtungen
– 2,6-kW-System .... E DIN IEC/TS 63236-1 (VDE V 0625-3236-1)
– 5,2-kW-System .... E DIN IEC/TS 63236-2 (VDE V 0625-3236-2)
Gleichstrom-Leistungsübertragung
– über Kommunikations-Kabel und Anschlüssen .... DIN EN IEC 62368-3 (VDE 0868-3)
– über Kommunikationskabel der Informationstechnik .... DIN EN IEC 62368-3 (VDE 0868-3)
Sicherheitsanforderungen .... DIN EN 62368-1 (VDE 0868-1)
E DIN EN 62368-1 (VDE 0868-1)
DIN EN 62368-1/A11 (VDE 0868-1/A11)
E DIN EN IEC 62368-1/AA (VDE 0868-1/AA)
E DIN EN 62368-1/AB (VDE 0868-1/AB)
E DIN EN 62368-1/AD (VDE 0868-1/AD)
DIN IEC/TR 62368-2 (VDE 0868-2)

Einrichtungen für allgemeine Beleuchtungszwecke
EMV-Störfestigkeitsanforderungen .... Beiblatt 1 DIN EN 61547 (VDE 0875-15-2)
E DIN EN 61547 (VDE 0875-15-2)

Einrichtungen für Audio/Video-, Informations- und Kommunikationstechnik
erläuternde Informationen
– in Zusammenhang mit IEC 62368-1 .... DIN IEC/TR 62368-2 (VDE 0868-2)

Einrichtungen mit Telekommunikationsanschluss
Zerstörfestigkeit gegen Überspannungen und -ströme .... DIN EN 50468 (VDE 0845-7)

Einrichtungen zum Lichtbogenschweißen
Exposition durch elektromagnetische Felder
– Konformitätsprüfung .... DIN EN IEC 62822-1 (VDE 0545-22)

Einrichtungen zum Widerstandsschweißen
Exposition durch elektromagnetische Felder
– Konformitätsprüfung .... DIN EN IEC 62822-1 (VDE 0545-22)

Einrichtungen zur Isolationsfehlersuche
in IT-Systemen .... DIN EN 61557-9 (VDE 0413-9)
Einrichtungen zur Prüfung
– von beweissicheren Atemalkoholmessgeräten mit Prüfgas ..... DIN VDE 0405-4 (VDE 0405-4)

Einrichtungen, elektrische
für Sicherheitszwecke .... DIN VDE 0100-560 (VDE 0100-560)
E DIN IEC 60364-5-56 (VDE 0100-560)

Einschaltdauer, begrenzte
von Lichtbogen-Schweißstromquellen .... DIN EN 60974-6 (VDE 0544-6)

Einschub .... DIN EN 61587-3 (VDE 0687-587-3)

Einschübe
für den Hausgebrauch
– Barrierefreiheit .... DIN EN IEC 63008 (VDE 0705-3008)
seismische Prüfungen .... DIN EN 61587-5 (VDE 0687-587-5)
Umgebungsanforderungen, Prüfaufbau und Sicherheitsaspekte
.... DIN EN 61587-1 (VDE 0687-587-1)

Einspeisung in separate Stromkreise
Energiesteckvorrichtungen .... DIN VDE V 0628-1 (VDE V 0628-1)

Eintauchen in Wasser
Lichtwellenleiter
– Messmethoden und Prüfverfahren .... DIN EN 60793-1-53 (VDE 0888-253)

Eintreibgeräte
handgeführt, motorbetrieben .... DIN EN 60745-2-16 (VDE 0740-2-16)

Einwirkungen auf Freileitungen .... DIN EN 50341-1 (VDE 0210-1)

Einzel-Halbleiterbauelemente
Optokoppler .... DIN EN 60747-5-5 (VDE 0884-5)
E DIN EN 60747-5-5 (VDE 0884-5)

Einzelkammerwärmeschränke .... DIN EN 60216-4-1 (VDE 0304-4-1)
DIN EN 60747-5-5 (VDE 0884-5)
E DIN EN 60747-5-5 (VDE 0884-5)

Einzelverluste
großer elektrischer Maschinen .... DIN EN 60034-2-2 (VDE 0530-2-2)

Einzelverlustverfahren .... DIN IEC/TS 60349-3 (VDE V 0115-400-3)

Einzelzellenleistungsverhalten
von Festoxid-Brennstoffzellen (SOFC) .... DIN IEC/TS 62282-7-2 (VDE V 0130-7-2)
E DIN EN IEC 62282-7-2 (VDE 0130-7-2)

EIS
thermische Prüfung
– flüssiger und fester Komponenten .... DIN IEC/TS 62332-1 (VDE V 0302-994)
DIN IEC/TS 62332-2 (VDE V 0302-995)

Eisbereiter
Anforderungen an Motorverdichter .... DIN EN 60335-2-34 (VDE 0700-34)
Beiblatt 1 DIN EN 60335-2-34 (VDE 0700-34)
E DIN EN 60335-2-34/A1 (VDE 0700-34/A1)

für den Hausgebrauch .... E DIN EN 60335-2-34/A2 (VDE 0700-34/A2)
Beiblatt 1 DIN EN 60335-2-24 (VDE 0700-24)
DIN EN 60335-2-24 (VDE 0700-24)

Eisenbahnen
Drehstrom-Bordnetz .... DIN EN 50533 (VDE 0115-533)
DIN EN 50533/A1 (VDE 0115-533/A1)
elektrische Sicherheit und Erdung .... DIN EN 50122-2 (VDE 0115-4)
DIN EN 50122-3 (VDE 0115-5)
Oberleitungen .... DIN EN 50345 (VDE 0115-604)
Schutz gegen elektrischen Schlag .... DIN EN 50122-1 (VDE 0115-3)
Sicherheit in der Bahnstromversorgung .... DIN EN 50562 (VDE 0115-562)

Eisenbahnfahrzeuge
Feuerlösch- und Brandmeldeeinrichtungen .... DIN VDE 0119-207-9 (VDE 0119-207-9)

Eisenbahnsignaltechnik
Risikoanalyse technischer Funktionen .... DIN V VDE V 0831-101 (VDE V 0831-101)
Schutzprofil für technische Funktionen .... DIN VDE V 0831-102 (VDE V 0831-102)

Eisenbahn-Steuerungssysteme
Software .... Beiblatt 1 DIN EN 50128 (VDE 0831-128)
DIN EN 50128 (VDE 0831-128)
DIN EN 50128/A1 (VDE 0831-128/A1)
DIN EN 50128/A2 (VDE 0831-128/A2)

Eisenbahnüberwachungssysteme
Software .... Beiblatt 1 DIN EN 50128 (VDE 0831-128)
DIN EN 50128 (VDE 0831-128)
DIN EN 50128/A1 (VDE 0831-128/A1)
DIN EN 50128/A2 (VDE 0831-128/A2)

EKG-Überwachungsgeräte .... DIN EN 60601-2-27 (VDE 0750-2-27)
E DIN EN IEC 80601-2-86 (VDE 0750-2-86)

Elastomerschläuche
wärmeschrumpfend, flammwidrig .... DIN EN 60684-3-271 (VDE 0341-3-271)

Elektrische Geräte zur Detektion und Messung von Kältemittelgasen
Betriebsverhalten und Prüfverfahren .... DIN EN 50676 (VDE 0400-60)

Elektrifizierung ländlicher Gebiete
Anlagen mit erneuerbarer Energie
– Hybridanlagen .... DIN IEC/TS 62257-1 (VDE V 0126-52)

Elektrisch betriebene Allesschneider
für den Hausgebrauch
– Messung der Gebrauchseigenschaften .... DIN VDE V 0705-619-100 (VDE V 0705-619-100)

Elektrisch betriebene optische Sicherheitsleitsysteme
.... DIN VDE V 0108-200 (VDE V 0108-200)

Elektrische Anlagen
Arbeiten an .... DIN VDE 0100-510 (VDE 0100-510)
DIN EN 50110-1 (VDE 0105-1)
Arbeitsschutz .... VDE-Schriftenreihe Band 48
auf Baustellen .... VDE-Schriftenreihe Band 142

auf Campingplätzen	VDE-Schriftenreihe Band 168
	DIN VDE 0100-708 (VDE 0100-708)
	E DIN VDE 0100-708 (VDE 0100-708)
	VDE-Schriftenreihe Band 150
	VDE-Schriftenreihe Band 168
Bedienen von	DIN EN 50110-1 (VDE 0105-1)
Betrieb	
– Bereiche mit explosiven Stoffen	DIN VDE 0105-7 (VDE 0105-7)
– nationale Anhänge	E DIN EN 50110-2 (VDE 0105-2)
– nationale normative Anhänge	DIN EN 50110-2 (VDE 0105-2)
Betrieb von	DIN VDE 0100-510 (VDE 0100-510)
	DIN VDE 0105-100 (VDE 0105-100)
	DIN VDE 0105-100/A1 (VDE 0105-100/A1)
	DIN VDE 0105-103 (VDE 0105-103)
	VDE-Schriftenreihe Band 13
	VDE-Schriftenreihe Band 157
	VDE-Schriftenreihe Band 135
Brandbekämpfung und technische Hilfeleistung	DIN VDE 0132 (VDE 0132)
brandschutztechnische Bewertung und Prüfung	VDE-Schriftenreihe Band 13
Fehlerstromüberwachung	VDE-Schriftenreihe Band 113
für Beleuchtung und Befeuerung	
– von Flughäfen	E DIN EN 63067 (VDE 0161-107)
für Beleuchtung und Befeuerung von Flughäfen	
– Anforderungen und Prüfungen	E DIN EN 63067 (VDE 0161-107)
für Beleuchtung und Befeuerung von Flugplätzen	DIN EN IEC 61820-1 (VDE 0161-120-1)
	E DIN EN 61820-2 (VDE 0161-120-2)
	E DIN EN 63067 (VDE 0161-107)
– Anforderungen an Serienkreise	E DIN EN 61820-2 (VDE 0161-120-2)
– Anforderungen und Prüfungen	E DIN EN 63067 (VDE 0161-107)
für Flughafenbeleuchtung	
– Prüfungen	E DIN EN 63067 (VDE 0161-107)
für Flugplatzbefeuerung	DIN EN IEC 61820-1 (VDE 0161-120-1)
– Serienkreise	E DIN EN 61820-2 (VDE 0161-120-2)
für Flugplatzbeleuchtung	DIN EN 50512 (VDE 0161-110)
	DIN EN IEC 61820-1 (VDE 0161-120-1)
	DIN EN 61822 (VDE 0161-100)
– Serienkreise	E DIN EN 61820-2 (VDE 0161-120-2)
für Marinas	DIN VDE 0100-709 (VDE 0100-709)
	VDE-Schriftenreihe Band 168
für Sicherheitszwecke	DIN VDE 0100-560 (VDE 0100-560)
	E DIN IEC 60364-5-56 (VDE 0100-560)
im Bergbau unter Tage	
– allgemeine Festlegungen	DIN EN 50628 (VDE 0118-10)
– Zusatzfestlegungen	DIN EN 50628 (VDE 0118-10)
im Freien	DIN VDE 0100-737 (VDE 0100-737)
	VDE-Schriftenreihe Band 168
in Caravans und Motorcaravans	DIN VDE 0100-721 (VDE 0100-721)
in explosionsfähigen Atmosphären	
– Projektierung, Auswahl, Errichtung	DIN EN 60079-14 (VDE 0165-1)
	Beiblatt 1 DIN EN 60079-14 (VDE 0165-1)
in explosionsgefährdeten Bereichen	
– Prüfung und Instandhaltung	DIN EN 60079-17 (VDE 0165-10-1)

	E DIN EN IEC 60079-17 (VDE 0165-10-1)
in Fernmeldebetriebsräumen	DIN VDE 0878-2 (VDE 0878-2)
in feuergefährdeten Betriebsstätten	VDE-Schriftenreihe Band 173
in gartenbaulichen Betriebsstätten	DIN VDE 0105-115 (VDE 0105-115)
in gasexplosionsgefährdeten Bereichen	
– Projektierung, Auswahl, Errichtung	DIN EN 60079-14 (VDE 0165-1)
	Beiblatt 1 DIN EN 60079-14 (VDE 0165-1)
– Prüfung und Instandhaltung	DIN EN 60079-17 (VDE 0165-10-1)
	E DIN EN IEC 60079-17 (VDE 0165-10-1)
in Landwirtschaft und Gartenbau	DIN VDE 0100-705 (VDE 0100-705)
	VDE-Schriftenreihe Band 168
in landwirtschaftlichen Betriebsstätten	DIN VDE 0105-115 (VDE 0105-115)
in Möbeln	DIN VDE 0100-713 (VDE 0100-713)
	VDE-Schriftenreihe Band 168
in Versorgungsnetzen	
– Zustandsfeststellung	DIN VDE 0109 (VDE 0109)
Instandhaltung	DIN EN 50110-1 (VDE 0105-1)
	VDE-Schriftenreihe Band 13
Leitfaden	Beiblatt 3 DIN VDE 0100-520 (VDE 0100-520)
	Beiblatt 1 DIN VDE 0100-520 (VDE 0100-520)
Planung	
– allgemeine Grundsätze	VDE-Schriftenreihe Band 39
Projektierung, Auswahl, Errichtung	
– explosionsgefährdete Bereiche	DIN EN 60079-14 (VDE 0165-1)
	Beiblatt 1 DIN EN 60079-14 (VDE 0165-1)
Prüfung und Instandhaltung	
– explosionsgefährdete Bereiche	DIN EN 60079-17 (VDE 0165-10-1)
	E DIN EN IEC 60079-17 (VDE 0165-10-1)
Schadenverhütung	VDE-Schriftenreihe Band 85
Schutz bei Überlast und Kurzschluss	VDE-Schriftenreihe Band 143
Schutz gegen elektrischen Schlag	DIN EN 61140 (VDE 0140-1)
	VDE-Schriftenreihe Band 170
	VDE-Schriftenreihe Band 9
Schutz in	
– Erdungen	VDE-Schriftenreihe Band 81
– Gefahren durch elektrischen Strom	VDE-Schriftenreihe Band 80
– gefährliche Körperströme	VDE-Schriftenreihe Band 82
– Schutzeinrichtungen	VDE-Schriftenreihe Band 84
– Überströme und Überspannungen	VDE-Schriftenreihe Band 83
von Caravans und Motorcaravans	VDE-Schriftenreihe Band 150
	VDE-Schriftenreihe Band 168
vorübergehend errichteten	DIN VDE 0100-711 (VDE 0100-711)
	DIN VDE 0100-740 (VDE 0100-740)
	VDE-Schriftenreihe Band 150
	VDE-Schriftenreihe Band 168
Elektrische Anlagen von Gebäuden	VDE-Schriftenreihe Band 39
Bauordnungsrecht	VDE-Schriftenreihe Band 131
Daten und Fakten zur Errichtung	VDE-Schriftenreihe Band 105
elektrische Anlagen	
– Projektierung, Auswahl, Errichtung	DIN EN 60079-14 (VDE 0165-1)
	Beiblatt 1 DIN EN 60079-14 (VDE 0165-1)
– Prüfung und Instandhaltung	DIN EN 60079-17 (VDE 0165-10-1)

elektrische Betriebsmittel
E DIN EN IEC 60079-17 (VDE 0165-10-1)
– Auswahl und Errichtung .... DIN VDE 0100-530 (VDE 0100-530)
DIN VDE 0100-551 (VDE 0100-551)
Beiblatt 1 DIN VDE 0100-551 (VDE 0100-551)
DIN VDE V 0100-551-1 (VDE V 0100-551-1)
– druckfeste Kapselung „d" .... DIN EN 60079-1 (VDE 0170-5)
– Flüssigkeitskapselung „o" .... DIN EN 60079-6 (VDE 0170-2)
E DIN EN 60079-6/A1 (VDE 0170-2/A1)
elektromagnetische Verträglichkeit (EMV) .... VDE-Schriftenreihe Band 66
Lotse durch die 24 Hauptteile der DIN VDE 0100 .... VDE-Schriftenreihe Band 144
Niederspannungsstromerzeugungsanlagen .... DIN VDE V 0100-551-1 (VDE V 0100-551-1)
Niederspannungsstromerzeugungseinrichtungen .... DIN VDE 0100-551 (VDE 0100-551)
Beiblatt 1 DIN VDE 0100-551 (VDE 0100-551)
Projektierung .... VDE-Schriftenreihe Band 148
Schaltgeräte und Steuergeräte
– Feuerwehrschalter .... DIN VDE 0100-530 (VDE 0100-530)
– Geräte zum Trennen und Schalten .... DIN VDE 0100-530 (VDE 0100-530)
Stichwortsammlung zur DIN VDE 0100 .... VDE-Schriftenreihe Band 100
Zusammenfassung der Begriffe
– (deutsch/englisch/französisch) .... DIN VDE 0100-200 (VDE 0100-200)

Elektrische Antriebe
drehzahlveränderbare
– Bemessung von Niederspannungs-Gleichstrom-Antriebssystemen
.... DIN EN 61800-1 (VDE 0160-101)
E DIN EN 61800-1 (VDE 0160-101)
– Bemessung von Niederspannungs-Wechselstrom-Antriebssystemen
.... DIN EN 61800-2 (VDE 0160-102)
E DIN EN 61800-2 (VDE 0160-102)
– EMV-Anforderungen .... DIN EN IEC 61800-3 (VDE 0160-103)
E DIN EN IEC 61800-3 (VDE 0160-103)
– Sicherheitsanforderungen .... DIN EN 61800-5-1 (VDE 0160-105-1)
E DIN EN IEC 61800-5-1 (VDE 0160-105-1)
DIN EN 61800-5-2 (VDE 0160-105-2)
E DIN EN IEC 61800-5-3 (VDE 0160-105-3)
für Läden, Markisen, Jalousien
– und ähnliche Einrichtungen .... E DIN EN 60335-2-97 (VDE 0700-97)
für Rollläden, Markisen, Jalousien
– und ähnliche Einrichtungen .... DIN EN 60335-2-97 (VDE 0700-97)
E DIN IEC 60335-2-97/A1 (VDE 0700-97/A1)

Elektrische Ausrüstung von Maschinen
Ausrüstungen für Spannungen über 1 000 V Wechselspannung
– oder 1 500 V Gleichspannung, nicht über 36 kV .... DIN EN IEC 60204-11 (VDE 0113-11)
Hochspannungsausrüstungen
– über 1 kV Wechsel-, 1,5 kV Gleichspannung, nicht über 36 kV
.... DIN EN 60204-1 (VDE 0113-1)
E DIN EN 60204-1/A1 (VDE 0113-1/A1)
DIN EN IEC 60204-11 (VDE 0113-11)
sicherheitsrelevante Sensoren
– Schutz von Menschen .... E DIN EN 62998-721 (VDE 0113-721)
sicherheitsrelevante Steuerungssysteme
– funktionale Sicherheit .... E DIN EN 63074 (VDE 0113-74)

Elektrische Ausrüstung
von Feuerungsanlagen
– Entwurf, Entwicklung, Baumusterprüfung .... DIN EN 50156-2 (VDE 0116-2)
von Hebezeugen .... DIN EN 60204-32 (VDE 0113-32)
von Maschinen .... VDE-Schriftenreihe Band 26
– allgemeine Anforderungen .... DIN EN 60204-1 (VDE 0113-1)
 E DIN EN 60204-1/A1 (VDE 0113-1/A1)
– Anforderungen an Werkzeugmaschinen .... E DIN IEC/TS 60204-34 (VDE V 0113-34)
– EMV-Anforderungen .... DIN EN 60204-31 (VDE 0113-31)
– Geräte zum Prüfen der Sicherheit .... DIN EN 61557-14 (VDE 0413-14)
– mit Spannungen über 1 kV .... DIN EN 60204-1 (VDE 0113-1)
 E DIN EN 60204-1/A1 (VDE 0113-1/A1)
 DIN EN IEC 60204-11 (VDE 0113-11)
– mit Spannungen über 1 kV .... VDE-Schriftenreihe Band 46
– Nähmaschinen, Näheinheiten, Nähanlagen .... DIN EN 60204-31 (VDE 0113-31)

Elektrische Bahnsignalanlagen
Leitfaden für IT-Sicherheit
– auf Grundlage IEC 62443 .... DIN VDE V 0831-104 (VDE V 0831-104)
potenzielle Sicherheitsmängel .... DIN VDE V 0831-100 (VDE V 0831-100)
Risikoanalyse technischer Funktionen .... DIN V VDE V 0831-101 (VDE V 0831-101)
risikoorientierte Beurteilung von potenziellen Sicherheitsmängeln
– und risikoreduzierende Maßnahmen .... DIN VDE V 0831-100 (VDE V 0831-100)
risikoreduzierende Maßnahmen .... DIN VDE V 0831-100 (VDE V 0831-100)
Schutzprofil für technische Funktionen .... DIN VDE V 0831-102 (VDE V 0831-102)
sicheres Übertragungsprotokoll RaSTA
– gemäß EN 50159 (VDE 0831-159) .... DIN VDE V 0831-200 (VDE V 0831-200)
Sicherheitsanforderungen an technische Funktionen
– in der Eisenbahnsignaltechnik .... DIN VDE V 0831-103 (VDE V 0831-103)
Sicherheitsanforderungen für technische Funktionen .. DIN VDE V 0831-103 (VDE V 0831-103)
– Eisenbahnsignaltechnik .... DIN VDE V 0831-103 (VDE V 0831-103)
Sicherheitsmängel .... DIN VDE V 0831-100 (VDE V 0831-100)

Elektrische Betriebsmittel
Auswahl und Errichtung .... DIN VDE 0100-560 (VDE 0100-560)
 E DIN IEC 60364-5-56 (VDE 0100-560)
 VDE-Schriftenreihe Band 106
– allgemeine Bestimmungen .... DIN VDE 0100-510 (VDE 0100-510)
– Installationsgeräte .... VDE-Anwendungsregel VDE-AR-E 2100-550
– Koordinierung elektrischer Einrichtungen .... DIN VDE 0100-530 (VDE 0100-530)
– Schalter .... VDE-Anwendungsregel VDE-AR-E 2100-550
– Steckdosen .... VDE-Anwendungsregel VDE-AR-E 2100-550
– Steckvorrichtungen .... VDE-Anwendungsregel VDE-AR-E 2100-550
Berechnung von Kurzschlussströmen .... Beiblatt 4 DIN EN 60909-0 (VDE 0102)
erhöhte Sicherheit „e" .... DIN EN 60079-7 (VDE 0170-6)
 Beiblatt 1 DIN EN 60079-7 (VDE 0170-6)
 DIN EN IEC 60079-7/A1 (VDE 0170-6/A1)
explosionsgeschützte .... VDE-Schriftenreihe Band 65
für explosionsgefährdete Bereiche
– Zündschutzart „n" .... DIN EN IEC 60079-15 (VDE 0170-16)
für gasexplosionsgefährdete Bereiche
– druckfeste Kapselung „d" .... DIN EN 60079-1 (VDE 0170-5)
– Flüssigkeitskapselung „o" .... DIN EN 60079-6 (VDE 0170-2)

	E DIN EN 60079-6/A1 (VDE 0170-2/A1)
in Bereichen mit brennbarem Staub	DIN EN 50303 (VDE 0170-12-2)
– Zündschutzart „pD"	DIN EN 60079-2 (VDE 0170-3)
	E DIN EN IEC 60079-2 (VDE 0170-3)
in Bereichen mit explosionsgefährlichen Stoffen	DIN V VDE V 166 (VDE V 166)
in medizinischer Anwendung	
– grafische Symbole	Beiblatt 2 DIN EN 60601-1 (VDE 0750-1)
in Niederspannungsanlagen	
– Isolationskoordination	DIN VDE 0110-20 (VDE 0110-20)
in staubexplosionsgefährdeten Bereichen	DIN EN 60079-10-2 (VDE 0165-102)
in Versorgungsnetzen	
– Zustandsfeststellung	DIN VDE 0109 (VDE 0109)
in Wohngebäuden	
– Auswahl und Errichtung	VDE-Schriftenreihe Band 45
Isolationskoordination	Beiblatt 3 DIN EN 60664-1 (VDE 0110-1)
	VDE-Schriftenreihe Band 73
– Grundsätze, Anforderungen, Prüfungen	DIN EN 60664-1 (VDE 0110-1)
	E DIN EN 60664-1 (VDE 0110-1)
– Teilentladungsprüfungen	DIN VDE 0110-20 (VDE 0110-20)
Isolieröle	DIN EN 60422 (VDE 0370-2)
Kennzeichnung der Anschlüsse	DIN EN 60445 (VDE 0197)
	E DIN EN IEC 60445 (VDE 0197)
Kurzzeichen an	VDE-Schriftenreihe Band 15
natürliche Ester	E DIN EN 62975 (VDE 0370-19)
– Wartung und Betrieb	E DIN EN 62975 (VDE 0370-19)
Schutz gegen elektrischen Schlag	DIN EN 61140 (VDE 0140-1)
Schutz gegen Verschmutzung	DIN EN 60664-3 (VDE 0110-3)
Schwefelhexafluorid technischer Qualität	
– komplementäre Gase	DIN EN IEC 60376 (VDE 0373-1)
Elektrische Betriebsstätten	DIN VDE 0100-731 (VDE 0100-731)
	VDE-Schriftenreihe Band 168

Elektrische Bordnetze
von Bahnfahrzeugen
– Systemarchitekturen .... DIN CLC/TS 50534 (VDE V 0115-534)

Elektrische Bügeleisen
für Haushalt und ähnliche Zwecke
– Verfahren zur Messung der Gebrauchseigenschaften ...... DIN EN IEC 60311 (VDE 0705-311)

Elektrische Eigenschaften
Wickeldrähte
– Prüfverfahren .... DIN EN IEC 60851-2 (VDE 0474-851-2)
DIN EN 60851-5 (VDE 0474-851-5)

Elektrische Einrichtungen
Koordinierung .... DIN VDE 0100-530 (VDE 0100-530)

Elektrische Energiespeichersysteme (EES-Systeme)
Leitfaden zu Umweltgesichtspunkten .... DIN IEC/TS 62933-4-1 (VDE V 0520-933-4-1)
E DIN IEC/TR 62933-4-200 (VDE 0520-933-4-200)
Sicherheitsanforderungen .... E DIN EN IEC 62933-5-2 (VDE 0520-933-5-2)
Sicherheitserwägungen für netzintegrierte EES-Systeme
.... DIN IEC/TS 62933-5-1 (VDE V 0520-933-5-1)

Terminologie .... DIN EN IEC 62933-1 (VDE 0520-933-1)
E DIN EN IEC 62933-1 (VDE 0520-933-1)
DIN IEC/TS 62933-5-1 (VDE V 0520-933-5-1)
Umweltgesichtspunkte .... DIN IEC/TS 62933-4-1 (VDE V 0520-933-4-1)
E DIN IEC/TR 62933-4-200 (VDE 0520-933-4-200)
– Reduktion der Treibhausemission .... E DIN IEC/TR 62933-4-200 (VDE 0520-933-4-200)

Elektrische Energiespeichersysteme
Einheitsparameter .... DIN EN IEC 62933-2-1 (VDE 0520-933-2-1)
Einheitsparameter und Prüfverfahren .... DIN EN IEC 62933-2-1 (VDE 0520-933-2-1)
Leistungsbewertung .... DIN IEC/TS 62933-3-1 (VDE V 0520-933-3-1)
Planung .... DIN IEC/TS 62933-3-1 (VDE V 0520-933-3-1)
Planung und Leistungsbewertung .... DIN IEC/TS 62933-3-1 (VDE V 0520-933-3-1)
Prüfverfahren .... DIN EN IEC 62933-2-1 (VDE 0520-933-2-1)
Terminologie .... DIN EN IEC 62933-1 (VDE 0520-933-1)
E DIN EN IEC 62933-1 (VDE 0520-933-1)

Elektrische Energieversorgung .... DIN EN 62488-1 (VDE 0850-488-1)

Elektrische Energieversorgungsnetze
allgemeine Aspekte und Verfahren der Instandhaltung
– von Anlagen und Betriebsmitteln .... DIN VDE 0109 (VDE 0109)

Elektrische Energiezähler
Prüfgeräte, Techniken, Verfahren
– stationäre Zählerprüfeinrichtungen (MTU) .... E DIN IEC 62057-1 (VDE 0418-7-1)
stationäre Zählerprüfeinrichtungen (MTU) .... E DIN IEC 62057-1 (VDE 0418-7-1)

Elektrische Erosion .... DIN EN 60112 (VDE 0303-11)
E DIN EN 60112 (VDE 0303-11)

Elektrische Felder
Exposition von Personen .... DIN EN 50413 (VDE 0848-1)
DIN EN 50647 (VDE 0848-647)
DIN EN 61786-1 (VDE 0848-786-1)
induzierte Körperstromdichte
– Berechnungsverfahren .... DIN EN 62226-1 (VDE 0848-226-1)
– Exposition – 2D-Modelle .... DIN EN 62226-2-1 (VDE 0848-226-2-1)
Schutz von Personen .... DIN EN 50647 (VDE 0848-647)
DIN EN 61786-1 (VDE 0848-786-1)
von Elektrowärmeanlagen
– Exposition von Arbeitnehmern .... DIN EN 50519 (VDE 0848-519)

Elektrische Geräte für den Hausgebrauch
Prüfverfahren zur Bestimmung der Gebrauchseigenschaften
– Einschätzung der Wiederholbarkeit und Vergleichbarkeit
.... E DIN IEC/TR 63250 (VDE 0705-3250)

Elektrische Geräte für die Detektion von brennbaren Gasen in Wohnhäusern
Geräte zum kontinuierlichen Betrieb in Freizeitfahrzeugen .... DIN EN 50194-2 (VDE 0400-30-3)

Elektrische Geräte zum Anschluss an die Wasserversorgungsanlage
Vermeidung von Rücksaugung und des Versagens von Schlauchsätzen
.... DIN EN 61770 (VDE 0700-600)

Elektrische Geräte zur Detektion brennbarer Gase
in Wohnhäusern

– Auswahl, Installation, Einsatz, Wartung .... DIN EN 50244 (VDE 0400-30-2)

Elektrische Geräte zur Detektion von Kohlenmonoxid in Freizeitfahrzeugen
Prüfverfahren und Betriebsverhalten .... DIN EN 50291-2 (VDE 0400-34-2)

Elektrische Geräte zur Detektion von Kohlenmonoxid
in Freizeitfahrzeugen .... DIN EN 50291-2 (VDE 0400-34-2)
in Sportbooten .... DIN EN 50291-2 (VDE 0400-34-2)

Elektrische Geräte
Änderung .... DIN VDE 0701-0702 (VDE 0701-0702)
DIN EN 50678 (VDE 0701)
VDE-Schriftenreihe Band 62
der industriellen Prozesstechnik .... DIN EN 61003-1 (VDE 0409)
für den Hausgebrauch
– allgemeine Anforderungen .... Beiblatt 1 DIN EN 60335-1 (VDE 0700-1)
DIN EN 60335-1 (VDE 0700-1)
E DIN IEC 60335-1/A91 (VDE 0700-1/A91)
E DIN IEC 60335-1/A92 (VDE 0700-1/A92)
E DIN IEC 60335-1/A94 (VDE 0700-1/A94)
E DIN IEC 60335-1/A95 (VDE 0700-1/A95)
E DIN IEC 60335-1/A96 (VDE 0700-1/A96)
E DIN IEC 60335-1/A97 (VDE 0700-1/A97)
E DIN IEC 60335-1/A98 (VDE 0700-1/A98)
E DIN IEC 60335-1/A99 (VDE 0700-1/A99)
– Dunstabzugshauben für den gewerblichen Gebrauch ...... DIN EN 60335-2-99 (VDE 0700-99)
– elektrische Fischereigeräte .... DIN EN 60335-2-86 (VDE 0700-86)
E DIN EN 60335-2-86 (VDE 0700-86)
DIN EN 60335-2-86/A12 (VDE 0700-86/A12)
– Energiekennzeichnung .... DIN CLC/TR 50674 (VDE 0705-674)
– kombinierte Mikrowellenkochgeräte .... Beiblatt 1 DIN EN 60335-2-25 (VDE 0700-25)
DIN EN 60335-2-25 (VDE 0700-25)
E DIN EN IEC 60335-2-25/A106 (VDE 0700-25/A106)
E DIN EN IEC 60335-2-25/A107 (VDE 0700-25/A107)
E DIN EN IEC 60335-2-25/A108 (VDE 0700-25/A108)
E DIN EN IEC 60335-2-25/A109 (VDE 0700-25/A109)
E DIN EN 60335-2-25/AA (VDE 0700-25/AA)
– Küchenmaschinen für den gewerblichen Gebrauch ...... E DIN EN 60335-2-64 (VDE 0700-64)
E DIN EN 60335-2-64/A3 (VDE 0700-64/A4)
– Mikrowellenkochgeräte .... Beiblatt 1 DIN EN 60335-2-25 (VDE 0700-25)
DIN EN 60335-2-25 (VDE 0700-25)
E DIN EN IEC 60335-2-25/A106 (VDE 0700-25/A106)
E DIN EN IEC 60335-2-25/A107 (VDE 0700-25/A107)
E DIN EN IEC 60335-2-25/A108 (VDE 0700-25/A108)
E DIN EN IEC 60335-2-25/A109 (VDE 0700-25/A109)
E DIN EN 60335-2-25/AA (VDE 0700-25/AA)
– Ökodesign .... DIN CLC/TR 50674 (VDE 0705-674)
– Roboter-Rasenmäher .... DIN EN 50636-2-107 (VDE 0700-107)
– Staubsauger und Wassersauger .... Beiblatt 1 DIN EN 60335-2-2 (VDE 0700-2)
E DIN IEC 60335-2-2 (VDE 0700-2)
E DIN EN 60335-2-2/A2 (VDE 0700-2/A1)
– Wasch-Trockner .... DIN EN 50229 (VDE 0705-229)
E DIN EN IEC 62512/AA (VDE 0705-2512/AA)
– Wäschetrockner für den gewerblichen Gebrauch ...... DIN EN 50594 (VDE 0705-594)

für die Detektion und Messung von Sauerstoff
- Anforderungen an das Betriebsverhalten und Prüfverfahren ..... DIN EN 50104 (VDE 0400-20)
- Betriebsverhalten .... DIN EN 50104 (VDE 0400-20)
- Prüfverfahren .... DIN EN 50104 (VDE 0400-20)
für die Detektion von brennbaren Gasen
- in Wohnhäusern .... DIN EN 50244 (VDE 0400-30-2)
für Gartenteiche und Aquarien .... DIN EN 60335-2-55 (VDE 0700-55)
Gebrauch durch Kinder
- Sicherheitsbestimmungen .... DIN IEC/TS 62850 (VDE V 0411-1-1)
in der Bahnumgebung
- magnetische Felder .... DIN EN 50500 (VDE 0115-500)
             DIN EN 50500/A1 (VDE 0115-500/A1)
in explosionsgefährdeten Bereichen
- Sicherheitseinrichtungen .... DIN EN 50495 (VDE 0170-18)
in Lehranstalten
- Sicherheitsbestimmungen .... DIN IEC/TS 62850 (VDE V 0411-1-1)
Instandsetzung .... DIN VDE 0701-0702 (VDE 0701-0702)
             DIN EN 50678 (VDE 0701)
             VDE-Schriftenreihe Band 62
mit Mineralöl imprägnierte .... DIN EN 60599 (VDE 0370-7)
Prüfung .... DIN VDE 0701-0702 (VDE 0701-0702)
             DIN EN 50678 (VDE 0701)
             VDE-Schriftenreihe Band 62
Wiederholungsprüfungen .... DIN VDE 0701-0702 (VDE 0701-0702)
             DIN EN 50678 (VDE 0701)
             E DIN EN 50699 (VDE 0702)
             E DIN EN 50699 (VDE 0702)
             VDE-Schriftenreihe Band 62
zur Detektion brennbarer Gase .... DIN EN 50244 (VDE 0400-30-2)
zur Detektion und Messung von Sauerstoff .... DIN EN 50104 (VDE 0400-20)
zur Detektion von Kohlenmonoxid
- in Wohnhäusern .... DIN EN 50291-1 (VDE 0400-34-1)
- in Wohnhäusern, Caravans, Boote .... DIN EN 50292 (VDE 0400-35)

Elektrische Geschirrspüler
für den gewerblichen Gebrauch .... DIN EN IEC 63136 (VDE 0705-136)
- Messverfahren der Gebrauchseigenschaften .... DIN EN IEC 63136 (VDE 0705-136)
für den Hausgebrauch
- Messverfahren für Gebrauchseigenschaften .. DIN EN 50242/DIN EN 60436 (VDE 0705-436)
             E DIN EN 60436-100 (VDE 0705-436-100)
             E DIN IEC 60436/A1 (VDE 0705-436/A1)

Elektrische Haushalt-Direktheizgeräte
Bestimmung der Gebrauchseigenschaften
- zusätzliche Bestimmungen für die Messung des Strahlungsfaktors
.... E DIN EN IEC 60675-2 (VDE 0705-675-2)
- zusätzliche Bestimmungen für die Messung des Strahlungswirkungsgrads
.... E DIN EN IEC 60675-3 (VDE 0705-675-3)
Bestimmungen für die Messung des Strahlungsfaktors
.... E DIN EN IEC 60675-2 (VDE 0705-675-2)
Bestimmungen für die Messung des Strahlungswirkungsgrads
.... E DIN EN IEC 60675-3 (VDE 0705-675-3)
Prüfverfahren
- Bestimmung der Gebrauchseigenschaften .... DIN EN 60675 (VDE 0705-675)

– Bestimmungen für die Messung des Strahlungsfaktors .... E DIN EN IEC 60675-2 (VDE 0705-675-2)
E DIN EN IEC 60675-3 (VDE 0705-675-3)
– Bestimmungen für die Messung des Strahlungswirkungsgrads
.... E DIN EN IEC 60675-2 (VDE 0705-675-2)
E DIN EN IEC 60675-3 (VDE 0705-675-3)

Elektrische Haushalts- und ähnliche Kühl- und Gefriergeräte
Lebensmittelkonservierung und -lagerung .... E DIN EN 63169 (VDE 0705-3169)

Elektrische Haushaltsgeräte
Allesschneider
– für den Hausgebrauch .... DIN VDE V 0705-619-100 (VDE V 0705-619-100)
allgemeine Anforderungen .... Beiblatt 1 DIN EN 60335-1 (VDE 0700-1)
DIN EN 60335-1 (VDE 0700-1)
E DIN IEC 60335-1/A91 (VDE 0700-1/A91)
E DIN IEC 60335-1/A92 (VDE 0700-1/A92)
E DIN IEC 60335-1/A94 (VDE 0700-1/A94)
E DIN IEC 60335-1/A95 (VDE 0700-1/A95)
E DIN IEC 60335-1/A96 (VDE 0700-1/A96)
E DIN IEC 60335-1/A99 (VDE 0700-1/A99)
Ausgabegeräte, gewerbliche .... Beiblatt 1 DIN EN 60335-2-75 (VDE 0700-75)
E DIN EN 60335-2-75/A1 (VDE 0700-75/A2)
E DIN IEC 60335-2-75/A2 (VDE 0700-75/A4)
E DIN EN 60335-2-75/AA (VDE 0700-75/A3)
Auslegungen zu Europäischen Normen .... DIN CLC/TR 50417 (VDE 0700-700)
Backöfen .... Beiblatt 1 DIN EN 60335-2-6 (VDE 0700-6)
DIN EN 60335-2-6 (VDE 0700-6)
DIN EN 60350-1 (VDE 0705-350-1)
E DIN EN 60350-1/A1 (VDE 0705-350-1/A1)
Barbecue-Grillgeräte zur Verwendung im Freien .... DIN EN 60335-2-78 (VDE 0700-78)
E DIN EN 60335-2-78/A2 (VDE 0700-78/A2)
Batterieladegeräte .... Beiblatt 1 DIN EN 60335-2-29 (VDE 0700-29)
DIN EN 60335-2-29 (VDE 0700-29)
E DIN EN 60335-2-29 (VDE 0700-29)
E DIN IEC 60335-2-29/A1 (VDE 0700-29/A1)
Bedienelemente, Türen, Deckel, Einschübe und Griffe
– Barrierefreiheit .... DIN EN IEC 63008 (VDE 0705-3008)
beheizbare Matratzen .... DIN EN IEC 60335-2-111 (VDE 0700-111)
E DIN EN 60335-2-111-100 (VDE 0700-111-100)
Bodenbehandlungs- und Nassschrubbmaschinen .... DIN EN 60335-2-10 (VDE 0700-10)
Bratpfannen .... Beiblatt 1 DIN EN 60335-2-13 (VDE 0700-13)
DIN EN 60335-2-13 (VDE 0700-13)
Brotröster .... DIN EN 60335-2-9 (VDE 0700-9)
Beiblatt 1 DIN EN 60335-2-9 (VDE 0700-9)
E DIN EN 60335-2-9 (VDE 0700-9)
E DIN IEC 60335-2-9 (VDE 0700-9)
E DIN EN 60335-2-9/A1 (VDE 0700-9/A1)
E DIN EN 60335-2-9/A100 (VDE 0700-9/A100)
E DIN EN 60335-2-9/A101 (VDE 0700-9/A101)
E DIN EN 60335-2-9/A2 (VDE 0700-9/A2)
E DIN EN 60335-2-9/AD (VDE 0700-9/AD)
Bügeleisen .... Beiblatt 1 DIN EN 60335-2-3 (VDE 0700-3)

	DIN EN 60335-2-3 (VDE 0700-3)
	E DIN IEC 60335-2-3/A1 (VDE 0700-3/A1)
Bügelmaschinen	DIN EN 60335-2-44 (VDE 0700-44)
Bügelpressen	DIN EN 60335-2-44 (VDE 0700-44)
Dampfgarer	DIN EN 60350-1 (VDE 0705-350-1)
	E DIN EN 60350-1/A1 (VDE 0705-350-1/A1)
Dampfkochtöpfe	Beiblatt 1 DIN EN 60335-2-15 (VDE 0700-15)
	DIN EN 60335-2-15 (VDE 0700-15)
	E DIN IEC 60335-2-15/A1 (VDE 0700-15/A1)
	E DIN IEC 60335-2-15/A2 (VDE 0700-15/A2)
Dampfreiniger	DIN EN 60335-2-54 (VDE 0700-54)
	E DIN EN 60335-2-54/A12 (VDE 0700-54/A12)
	E DIN IEC 60335-2-54/A2 (VDE 0700-54/A2)
	DIN EN 60335-2-79 (VDE 0700-79)
	E DIN EN 60335-2-79/A1 (VDE 0700-79/A1)
	DIN EN IEC 62885-5 (VDE 0705-2885-5)
Druckkochtöpfe	Beiblatt 1 DIN EN 60335-2-15 (VDE 0700-15)
	DIN EN 60335-2-15 (VDE 0700-15)
	E DIN IEC 60335-2-15/A1 (VDE 0700-15/A1)
	E DIN IEC 60335-2-15/A2 (VDE 0700-15/A2)
Dunstabzugshauben	DIN EN 60335-2-31 (VDE 0700-31)
	Beiblatt 1 DIN EN 60335-2-31 (VDE 0700-31)
	E DIN EN 60335-2-31/A1 (VDE 0700-31/A1)
	E DIN IEC 60335-2-31/A2 (VDE 0700-31/A2)
	DIN EN 60335-2-99 (VDE 0700-99)
	E DIN EN 60335-2-99/AA (VDE 0700-99/A1)
	DIN EN 61591 (VDE 0705-1591)
	E DIN EN 61591 (VDE 0705-1591)
	E DIN EN IEC 61591/AA (VDE 0705-1591/AA)
Durchflusserwärmer	DIN EN 50193-1 (VDE 0705-193-1)
	DIN EN 50193-2-1 (VDE 0705-193-2-1)
	DIN EN 60335-2-35 (VDE 0700-35)
	E DIN IEC 60335-2-35/A2 (VDE 0700-35/A2)
	E DIN EN IEC 63159-1 (VDE 0705-3159-1)
	E DIN EN IEC 63159-2-1 (VDE 0705-3159-2-1)
– Effizienz einer Zapfstelle	DIN EN 50193-2-2 (VDE 0705-193-2-2)
	E DIN EN IEC 63159-2-2 (VDE 0705-3159-2-2)
Eierkocher	Beiblatt 1 DIN EN 60335-2-15 (VDE 0700-15)
	DIN EN 60335-2-15 (VDE 0700-15)
	E DIN IEC 60335-2-15/A1 (VDE 0700-15/A1)
	E DIN IEC 60335-2-15/A2 (VDE 0700-15/A2)
Eisbereiter	Beiblatt 1 DIN EN 60335-2-24 (VDE 0700-24)
	DIN EN 60335-2-24 (VDE 0700-24)
elektrische Ondol-Matratzen	
– mit nicht flexiblen beheizten Teil	DIN EN IEC 60335-2-111 (VDE 0700-111)
	E DIN EN 60335-2-111-100 (VDE 0700-111-100)
elektrische Wärmespeicher	
– Raumheizgeräte	DIN EN 60531 (VDE 0705-531)
Elektro-Durchfluss-Wassererwärmer	
– Messung der Gebrauchseigenschaften	DIN EN 50193-1 (VDE 0705-193-1)
	E DIN EN IEC 63159-1 (VDE 0705-3159-1)
– multifunktionell	DIN EN 50193-2-1 (VDE 0705-193-2-1)

Elektro-Durchfluss-Wassererwärmer, multifunktionell
– Messung der Gebrauchseigenschaften .... DIN EN 50193-2-1 (VDE 0705-193-2-1)
                                                                               E DIN EN IEC 63159-2-1 (VDE 0705-3159-2-1)
Elektroboiler .... Beiblatt 1 DIN EN 60335-2-21 (VDE 0700-21)
                                                                                      E DIN EN 60335-2-21 (VDE 0700-21)
                                                                                 E DIN IEC 60335-2-21/A1 (VDE 0700-21/A1)
Elektrolysator-Geschirrspülmaschinen
– spülmittelfreie .... DIN EN 60335-2-108 (VDE 0700-108)
Elektrolysator-Waschmaschinen
– waschmittelfreie .... DIN EN 60335-2-108 (VDE 0700-108)
elektromagnetische Felder
– Sicherheit von Personen .... DIN EN 62233 (VDE 0700-366)
elektromagnetische Verträglichkeit .... VDE-Schriftenreihe Band 16
Flaschenwärmer .... Beiblatt 1 DIN EN 60335-2-15 (VDE 0700-15)
                                                                                 DIN EN 60335-2-15 (VDE 0700-15)
                                                                                 E DIN IEC 60335-2-15/A1 (VDE 0700-15/A1)
                                                                                 E DIN IEC 60335-2-15/A2 (VDE 0700-15/A2)
Frisierstäbe .... DIN EN 60335-2-23 (VDE 0700-23)
                                                                               Beiblatt 1 DIN EN 60335-2-23 (VDE 0700-23)
                                                                                 E DIN IEC 60335-2-23 (VDE 0700-23)
                                                                                 E DIN IEC 60335-2-23/A1 (VDE 0700-23/A1)
                                                                                 E DIN EN IEC 60335-2-23/A11 (VDE 0700-23/A11)
                                                                                 E DIN EN 60335-2-23/AC (VDE 0700-23/AC)
Frittiergeräte .... Beiblatt 1 DIN EN 60335-2-13 (VDE 0700-13)
                                                                                DIN EN 60335-2-13 (VDE 0700-13)
Fußwärmer .... DIN EN 60335-2-81 (VDE 0700-81)
                                                                                E DIN EN 60335-2-81 (VDE 0700-81)
                                                                            E DIN EN 60335-2-81/A1 (VDE 0700-81/A1)
                                                                            E DIN IEC 60335-2-81/A2 (VDE 0700-81/A2)
Gerätesteckvorrichtungen
– allgemeine Anforderungen .... DIN EN 60320-1 (VDE 0625-1)
                                                                              E DIN EN 60320-1/A1 (VDE 0625-1/A1)
                                                                        E DIN EN IEC 60320-1/A2 (VDE 0625-1/A2)
Geschirrspüler .... DIN EN 50242/DIN EN 60436 (VDE 0705-436)
                                                                        E DIN EN 60436-100 (VDE 0705-436-100)
                                                                         E DIN IEC 60436/A1 (VDE 0705-436/A1)
Geschirrspülmaschinen .... DIN EN 50242/DIN EN 60436 (VDE 0705-436)
                                                                             Beiblatt 1 DIN EN 60335-2-5 (VDE 0700-5)
                                                                                DIN EN 60335-2-5 (VDE 0700-5)
                                                                            E DIN EN 60335-2-5/A1 (VDE 0700-5/A1)
                                                                             E DIN EN 60436 (VDE 0705-436)
                                                                        E DIN EN 60436-100 (VDE 0705-436-100)
                                                                            E DIN IEC 60436/A1 (VDE 0705-436/A1)
                                                                      E DIN EN 60436/A100 (VDE 0705-436/A100)
Geschirrspülmaschinen, spülmittelfreie .... DIN EN 60335-2-108 (VDE 0700-108)
Gesichtssaunen .... DIN EN 60335-2-23 (VDE 0700-23)
                                                                           Beiblatt 1 DIN EN 60335-2-23 (VDE 0700-23)
                                                                            E DIN IEC 60335-2-23 (VDE 0700-23)
                                                                       E DIN IEC 60335-2-23/A1 (VDE 0700-23/A1)
                                                                  E DIN EN IEC 60335-2-23/A11 (VDE 0700-23/A11)
                                                                   E DIN EN 60335-2-23/AC (VDE 0700-23/AC)

gewerbliche Bodenbehandlungsmaschinen
– automatisch .... E DIN IEC 60335-2-117 (VDE 0700-117)
gewerbliche Mikrowellengeräte
– mit Einführ- oder Kontaktapplikatoren .... E DIN EN 60335-2-110 (VDE 0700-110)
            E DIN IEC 60335-2-110-100 (VDE 0700-110-100)
Grasscheren .... DIN EN 50636-2-94 (VDE 0700-94)
            E DIN EN IEC 62841-4-5 (VDE 0740-4-5)
Grillgeräte .... DIN EN 60335-2-9 (VDE 0700-9)
            Beiblatt 1 DIN EN 60335-2-9 (VDE 0700-9)
            E DIN EN 60335-2-9 (VDE 0700-9)
            E DIN IEC 60335-2-9 (VDE 0700-9)
            E DIN EN 60335-2-9/A1 (VDE 0700-9/A1)
            E DIN EN 60335-2-9/A100 (VDE 0700-9/A100)
            E DIN EN 60335-2-9/A101 (VDE 0700-9/A101)
            E DIN EN 60335-2-9/A2 (VDE 0700-9/A2)
            E DIN EN 60335-2-9/AD (VDE 0700-9/AD)
            DIN EN 60350-1 (VDE 0705-350-1)
            E DIN EN 60350-1/A1 (VDE 0705-350-1/A1)
Grills .... DIN EN 60350-1 (VDE 0705-350-1)
            E DIN EN 60350-1/A1 (VDE 0705-350-1/A1)
Haarschneidegeräte .... Beiblatt 1 DIN EN 60335-2-8 (VDE 0700-8)
            DIN EN 60335-2-8 (VDE 0700-8)
            E DIN IEC 60335-2-8/A2 (VDE 0700-8/A2)
Haartrockner .... DIN EN 60335-2-23 (VDE 0700-23)
            Beiblatt 1 DIN EN 60335-2-23 (VDE 0700-23)
            E DIN IEC 60335-2-23 (VDE 0700-23)
            E DIN IEC 60335-2-23/A1 (VDE 0700-23/A1)
            E DIN EN IEC 60335-2-23/A11 (VDE 0700-23/A11)
            E DIN EN 60335-2-23/AC (VDE 0700-23/AC)
Häcksler .... DIN EN 50434 (VDE 0700-93)
Händetrockner .... DIN EN 60335-2-23 (VDE 0700-23)
            Beiblatt 1 DIN EN 60335-2-23 (VDE 0700-23)
            E DIN IEC 60335-2-23 (VDE 0700-23)
            E DIN IEC 60335-2-23/A1 (VDE 0700-23/A1)
            E DIN EN IEC 60335-2-23/A11 (VDE 0700-23/A11)
            E DIN EN 60335-2-23/AC (VDE 0700-23/AC)
Haushalt-Heizkissen .... DIN EN 61255 (VDE 0705-1255)
Hautbestrahlungsgeräte .... DIN EN 60335-2-27 (VDE 0700-27)
            Beiblatt 1 DIN EN 60335-2-27 (VDE 0700-27)
            E DIN IEC 60335-2-27 (VDE 0700-27)
            E DIN IEC 60335-2-27/A1 (VDE 0700-27/A1)
            E DIN IEC 60335-2-27/A2 (VDE 0700-27/A2)
            E DIN EN 60335-2-27/A3 (VDE 0700-27/A3)
            E DIN EN 60335-2-27/AA (VDE 0700-27/AA)
            E DIN EN 60335-2-27/AB (VDE 0700-27/AB)
Heizeinsätze, ortsfeste .... DIN VDE 0700-253 (VDE 0700-253)
            DIN EN 60335-2-73 (VDE 0700-73)
            E DIN EN 60335-2-73/AA (VDE 0700-73/AA)
Heizkissen .... Beiblatt 1 DIN EN 60335-2-17 (VDE 0700-17)
            DIN EN 60335-2-17 (VDE 0700-17)
            E DIN IEC 60335-2-17/A2 (VDE 0700-17/A2)
Heizlüfter .... DIN EN 60335-2-30 (VDE 0700-30)

Heizmatten .... Beiblatt 1 DIN EN 60335-2-30 (VDE 0700-30)
E DIN EN 60335-2-30/A1 (VDE 0700-30/A1)
E DIN IEC 60335-2-30/A2 (VDE 0700-30/A2)
E DIN EN 60335-2-30/AB (VDE 0700-30/AB)
DIN EN 60335-2-81 (VDE 0700-81)
E DIN EN 60335-2-81 (VDE 0700-81)
E DIN EN 60335-2-81/A1 (VDE 0700-81/A1)
E DIN IEC 60335-2-81/A2 (VDE 0700-81/A2)
Herde .... Beiblatt 1 DIN EN 60335-2-6 (VDE 0700-6)
DIN EN 60335-2-6 (VDE 0700-6)
DIN EN 60350-1 (VDE 0705-350-1)
E DIN EN 60350-1/A1 (VDE 0705-350-1/A1)
Hochdruckreiniger .... DIN EN 60335-2-79 (VDE 0700-79)
E DIN EN 60335-2-79/A1 (VDE 0700-79/A1)
DIN EN IEC 62885-5 (VDE 0705-2885-5)
Induktionswoks .... Beiblatt 1 DIN EN 60335-2-13 (VDE 0700-13)
DIN EN 60335-2-13 (VDE 0700-13)
Infrarotkabinen .... DIN EN 60335-2-53 (VDE 0700-53)
E DIN EN 60335-2-53/A1 (VDE 0700-53/A1)
E DIN IEC 60335-2-53/A2 (VDE 0700-53/A2)
E DIN EN 60335-2-53/AA (VDE 0700-53/AA)
Insektenvernichter .... DIN EN 60335-2-59 (VDE 0700-59)
– Sicherheit .... DIN EN 60335-2-59 (VDE 0700-59)
Joghurtbereiter .... Beiblatt 1 DIN EN 60335-2-15 (VDE 0700-15)
DIN EN 60335-2-15 (VDE 0700-15)
E DIN IEC 60335-2-15/A1 (VDE 0700-15/A1)
E DIN IEC 60335-2-15/A2 (VDE 0700-15/A2)
Kaffeebereiter .... Beiblatt 1 DIN EN 60335-2-15 (VDE 0700-15)
DIN EN 60335-2-15 (VDE 0700-15)
E DIN IEC 60335-2-15/A1 (VDE 0700-15/A1)
E DIN IEC 60335-2-15/A2 (VDE 0700-15/A2)
DIN EN 60661 (VDE 0705-661)
Kleidungs- und Handtuchtrockner .... DIN EN 60335-2-43 (VDE 0700-43)
Beiblatt 1 DIN EN 60335-2-43 (VDE 0700-43)
E DIN EN 60335-2-43 (VDE 0700-43)
Klimageräte .... DIN EN 60335-2-40 (VDE 0700-40)
E DIN IEC 60335-2-40 (VDE 0700-40)
E DIN EN 60335-2-40 (VDE 0700-40)
E DIN EN 60335-2-40/A1 (VDE 0700-40/A1)
E DIN EN 60335-2-40/A100 (VDE 0700-40/A100)
Kochfelder .... DIN EN 60350-2 (VDE 0705-350-2)
E DIN EN 60350-2/A1 (VDE 0705-350-2/A1)
Kochgeräte .... DIN EN 60335-2-9 (VDE 0700-9)
Beiblatt 1 DIN EN 60335-2-9 (VDE 0700-9)
E DIN EN 60335-2-9 (VDE 0700-9)
E DIN IEC 60335-2-9 (VDE 0700-9)
E DIN EN 60335-2-9/A1 (VDE 0700-9/A1)
E DIN EN 60335-2-9/A100 (VDE 0700-9/A100)
E DIN EN 60335-2-9/A101 (VDE 0700-9/A101)
E DIN EN 60335-2-9/A2 (VDE 0700-9/A2)
E DIN EN 60335-2-9/AD (VDE 0700-9/AD)
DIN EN 60350-2 (VDE 0705-350-2)

Kochmulden	E DIN EN 60350-2/A1 (VDE 0705-350-2/A1) Beiblatt 1 DIN EN 60335-2-6 (VDE 0700-6) DIN EN 60335-2-6 (VDE 0700-6) DIN EN 60350-2 (VDE 0705-350-2)
Kochtöpfe	E DIN EN 60350-2/A1 (VDE 0705-350-2/A1) Beiblatt 1 DIN EN 60335-2-15 (VDE 0700-15) DIN EN 60335-2-15 (VDE 0700-15) E DIN IEC 60335-2-15/A1 (VDE 0700-15/A1) E DIN IEC 60335-2-15/A2 (VDE 0700-15/A2)
Küchenmaschinen	Beiblatt 1 DIN EN 60335-2-14 (VDE 0700-14) DIN EN 60335-2-14 (VDE 0700-14) E DIN IEC 60335-2-14 (VDE 0700-14) E DIN EN 60335-2-14 (VDE 0700-14) E DIN IEC 60335-2-14/A1 (VDE 0700-14/A1) E DIN EN 60335-2-14/A2 (VDE 0700-14/A2) E DIN EN 60335-2-14/AB (VDE 0700-14/AB) E DIN EN 60335-2-14/AD (VDE 0700-14/AD)
Kühl- und Gefriergeräte	Beiblatt 1 DIN EN 60335-2-24 (VDE 0700-24) DIN EN 60335-2-24 (VDE 0700-24) DIN EN 62552 (VDE 0705-2552) E DIN EN 62552-1 (VDE 0705-2552-1) E DIN EN 62552-1-100 (VDE 0705-2552-1-100) E DIN IEC 62552-1/A1 (VDE 0705-2552-1/A1) E DIN EN 62552-2 (VDE 0705-2552-2) E DIN EN 62552-2-100 (VDE 0705-2552-2-100) E DIN IEC 62552-2/A1 (VDE 0705-2552-2/A1) E DIN EN 62552-3 (VDE 0705-2552-3) E DIN EN 62552-3-100 (VDE 0705-2552-3-100) E DIN IEC 62552-3/A1 (VDE 0705-2552-3/A1)
Langsamkocher	Beiblatt 1 DIN EN 60335-2-15 (VDE 0700-15) DIN EN 60335-2-15 (VDE 0700-15) E DIN IEC 60335-2-15/A1 (VDE 0700-15/A1) E DIN IEC 60335-2-15/A2 (VDE 0700-15/A2)
Laubsauger	DIN EN 50636-2-100 (VDE 0700-100)
Leitfaden – Ringversuch	DIN IEC/TR 62970 (VDE 0705-2970)
Luftbefeuchter	DIN EN 60335-2-98 (VDE 0700-98)
Luftreinigungsgeräte	DIN EN 60335-2-65 (VDE 0700-65) Beiblatt 1 DIN EN 60335-2-65 (VDE 0700-65) E DIN EN 60335-2-65/A12 (VDE 0700-65/A12) E DIN EN 60335-2-65/A2 (VDE 0700-65/A2)
Lüftungsventilatoren und Regler in Klimaanlagen – für den Hausgebrauch	DIN EN IEC 60665 (VDE 0705-665)
Massagegeräte	DIN EN 60335-2-32 (VDE 0700-32) E DIN IEC 60335-2-32 (VDE 0700-32)
Messung niedriger Leistungsaufnahmen	DIN EN 50564 (VDE 0705-2301)
Mikrowellengeräte	DIN EN 60705 (VDE 0705-705)
Mikrowellenkochgeräte	Beiblatt 1 DIN EN 60335-2-25 (VDE 0700-25) DIN EN 60335-2-25 (VDE 0700-25) E DIN EN IEC 60335-2-25/A106 (VDE 0700-25/A106) E DIN EN IEC 60335-2-25/A107 (VDE 0700-25/A107) E DIN EN IEC 60335-2-25/A108 (VDE 0700-25/A108)

Milchkocher	E DIN EN IEC 60335-2-25/A109 (VDE 0700-25/A109)
	E DIN EN 60335-2-25/AA (VDE 0700-25/AA)
	Beiblatt 1 DIN EN 60335-2-15 (VDE 0700-15)
	DIN EN 60335-2-15 (VDE 0700-15)
	E DIN IEC 60335-2-15/A1 (VDE 0700-15/A1)
	E DIN IEC 60335-2-15/A2 (VDE 0700-15/A2)
Möbel	
– mit elektromotorisch betriebenen Teilen	E DIN IEC 60335-2-116 (VDE 0700-116)
Mundduschen	Beiblatt 1 DIN EN 60335-2-52 (VDE 0700-52)
	DIN EN 60335-2-52 (VDE 0700-52)
	E DIN EN 60335-2-52/A2 (VDE 0700-52/A2)
Mundpflegegeräte	Beiblatt 1 DIN EN 60335-2-52 (VDE 0700-52)
	DIN EN 60335-2-52 (VDE 0700-52)
	E DIN EN 60335-2-52/A2 (VDE 0700-52/A2)
Nähmaschinen	DIN EN 60335-2-28 (VDE 0700-28)
Nassreinigungsgeräte für Hartböden	DIN EN IEC/ASTM 62885-6 (VDE 0705-2885-6)
Nassreinigungsgeräte für Teppiche	DIN EN 62885-3 (VDE 0705-2885-3)
Oberflächenreinigungsgeräte	DIN EN IEC 62885-5 (VDE 0705-2885-5)
ortsfeste Herde	Beiblatt 1 DIN EN 60335-2-6 (VDE 0700-6)
	DIN EN 60335-2-6 (VDE 0700-6)
ortsveränderliche Kochgeräte	E DIN IEC 60335-2-9 (VDE 0700-9)
	E DIN EN 60335-2-9/A2 (VDE 0700-9/A2)
Pumpen	DIN EN 60335-2-41 (VDE 0700-41)
	E DIN EN 60335-2-41 (VDE 0700-41)
	E DIN EN IEC 60335-2-41-100 (VDE 0700-41-100)
	E DIN EN IEC 60335-2-41/A11 (VDE 0700-41/A11)
Rasen-Vertikutierer	DIN EN 50636-2-92 (VDE 0700-92)
Rasenkantenschneider	DIN EN 50636-2-91 (VDE 0700-91)
	E DIN EN IEC 62841-4-4 (VDE 0740-4-4)
Rasenlüfter	DIN EN 50636-2-92 (VDE 0700-92)
Rasenmäher	DIN EN 60335-2-77 (VDE 0700-77)
Rasentrimmer	DIN EN 50636-2-91 (VDE 0700-91)
	E DIN EN IEC 62841-4-4 (VDE 0740-4-4)
Rasiergeräte	Beiblatt 1 DIN EN 60335-2-8 (VDE 0700-8)
	DIN EN 60335-2-8 (VDE 0700-8)
	E DIN IEC 60335-2-8/A2 (VDE 0700-8/A2)
Raumheizgeräte	DIN EN 60335-2-30 (VDE 0700-30)
	Beiblatt 1 DIN EN 60335-2-30 (VDE 0700-30)
	E DIN EN 60335-2-30/A1 (VDE 0700-30/A1)
	E DIN IEC 60335-2-30/A2 (VDE 0700-30/A2)
	E DIN EN 60335-2-30/AB (VDE 0700-30/AB)
Raumluft-Entfeuchter	DIN EN 60335-2-40 (VDE 0700-40)
	E DIN IEC 60335-2-40 (VDE 0700-40)
	E DIN EN 60335-2-40 (VDE 0700-40)
	E DIN EN 60335-2-40/A1 (VDE 0700-40/A1)
	E DIN EN 60335-2-40/A100 (VDE 0700-40/A100)
Regel- und Steuergeräte für	DIN EN 60730-2-1/A11 (VDE 0631-2-1/A11)
Reinigungsroboter	
– Trockenreinigung	E DIN EN IEC 62885-7 (VDE 0705-2885-7)
	DIN EN 62929 (VDE 0705-2929)
Roboter-Rasenmäher	DIN EN 50636-2-107 (VDE 0700-107)
Saunaheizgeräte	DIN EN 60335-2-53 (VDE 0700-53)

schnurlose Trockensauger	E DIN EN 60335-2-53/A1 (VDE 0700-53/A1) E DIN IEC 60335-2-53/A2 (VDE 0700-53/A2) E DIN EN 60335-2-53/AA (VDE 0700-53/AA) DIN IEC/TS 62885-1 (VDE V 0705-2885-1) E DIN EN 62885-4 (VDE 0705-2885-4)
Schönheitspflegegeräte	E DIN IEC 60335-2-115 (VDE 0700-115)
– mit eingebauten Lasern	E DIN EN 60335-2-113 (VDE 0700-113)
– mit Intensivlichtquellen	E DIN EN 60335-2-113 (VDE 0700-113)
Schredder/Zerkleinerer	DIN EN 50434 (VDE 0700-93)
selbstbalancierende Personentransportsysteme – mit eingebauten aufladbaren Batterien	E DIN EN 60335-2-114 (VDE 0700-114)
Speicherheizgeräte	DIN EN 60335-2-61 (VDE 0700-61) Beiblatt 1 DIN EN 60335-2-61 (VDE 0700-61) E DIN EN 60335-2-61/AA (VDE 0700-61/AA)
Speiseeisbereiter	Beiblatt 1 DIN EN 60335-2-24 (VDE 0700-24) DIN EN 60335-2-24 (VDE 0700-24)
Sprudelbäder	Beiblatt 1 DIN EN 60335-2-60 (VDE 0700-60) E DIN IEC 60335-2-60 (VDE 0700-60) E DIN EN IEC 60335-2-60/A2 (VDE 0700-60/A2)
Sprudelbadgeräte	DIN EN 60335-2-60 (VDE 0700-60) Beiblatt 1 DIN EN 60335-2-60 (VDE 0700-60) E DIN IEC 60335-2-60 (VDE 0700-60) E DIN EN IEC 60335-2-60/A2 (VDE 0700-60/A2) E DIN EN 60335-2-60/AA (VDE 0700-60/A1)
Staubsauger	DIN EN 60312-1 (VDE 0705-312-1) E DIN EN 60312-1/AA (VDE 0705-312-1/AA) DIN EN 60335-2-2 (VDE 0700-2) Beiblatt 1 DIN EN 60335-2-2 (VDE 0700-2) E DIN IEC 60335-2-2 (VDE 0700-2) E DIN EN 60335-2-2/A2 (VDE 0700-2/A1) E DIN EN 60335-2-2/AA (VDE 0700-2/A2) E DIN IEC 62885-2 (VDE 0705-2885-2) DIN EN 62885-3 (VDE 0705-2885-3) DIN EN IEC/ASTM 62885-6 (VDE 0705-2885-6)
Störaussendung	DIN EN 55014-1 (VDE 0875-14-1) E DIN EN IEC 55014-1 (VDE 0875-14-1)
Störfestigkeit	DIN EN 55014-2 (VDE 0875-14-2) E DIN EN IEC 55014-2 (VDE 0875-14-2)
Stückprüfungen	DIN EN 50106 (VDE 0700-500) E DIN EN 60335-2-50/A2 (VDE 0700-50/A1)
Tauchheizgeräte, Tauchsieder	DIN EN 60335-2-74 (VDE 0700-74)
Teppiche, beheizt	DIN EN 60335-2-106 (VDE 0700-106)
Toaster	E DIN EN 60335-2-9 (VDE 0700-9)
Toiletten	DIN EN 60335-2-84 (VDE 0700-84) E DIN IEC 60335-2-84 (VDE 0700-84)
Trommeltrockner	DIN EN 60335-2-11 (VDE 0700-11) E DIN IEC 60335-2-11 (VDE 0700-11)
Uhren	DIN EN 60335-2-26 (VDE 0700-26)
Umwälzpumpen	DIN EN 60335-2-51 (VDE 0700-51) E DIN IEC 60335-2-51 (VDE 0700-51)
Ventilatoren	DIN EN 60335-2-80 (VDE 0700-80) E DIN EN 60335-2-80 (VDE 0700-80)

Verdampfergeräte	DIN EN 60335-2-101 (VDE 0700-101)
Warenautomaten, gewerbliche	Beiblatt 1 DIN EN 60335-2-75 (VDE 0700-75)
	E DIN EN 60335-2-75/A1 (VDE 0700-75/A2)
	E DIN IEC 60335-2-75/A2 (VDE 0700-75/A4)
	E DIN EN 60335-2-75/AA (VDE 0700-75/A3)
Wärmepumpen	DIN EN 60335-2-40 (VDE 0700-40)
	E DIN IEC 60335-2-40 (VDE 0700-40)
	E DIN EN 60335-2-40 (VDE 0700-40)
	E DIN EN 60335-2-40/A1 (VDE 0700-40/A1)
	E DIN EN 60335-2-40/A100 (VDE 0700-40/A100)
Wärmeunterbetten	DIN EN 60299 (VDE 0705-299)
	Beiblatt 1 DIN EN 60335-2-17 (VDE 0700-17)
	DIN EN 60335-2-17 (VDE 0700-17)
	E DIN IEC 60335-2-17/A2 (VDE 0700-17/A2)
Wärmezudecken	DIN EN 60299 (VDE 0705-299)
	Beiblatt 1 DIN EN 60335-2-17 (VDE 0700-17)
	DIN EN 60335-2-17 (VDE 0700-17)
	E DIN IEC 60335-2-17/A2 (VDE 0700-17/A2)
Warmhalteplatten	DIN EN 60335-2-12 (VDE 0700-12)
Wasch-Trockner	DIN EN 50229 (VDE 0705-229)
	E DIN EN 62512 (VDE 0705-2512)
	E DIN EN IEC 62512/AA (VDE 0705-2512/AA)
Wäschekocher	Beiblatt 1 DIN EN 60335-2-15 (VDE 0700-15)
	DIN EN 60335-2-15 (VDE 0700-15)
	E DIN IEC 60335-2-15/A1 (VDE 0700-15/A1)
	E DIN IEC 60335-2-15/A2 (VDE 0700-15/A2)
Wäscheschleudern	DIN EN 60335-2-4 (VDE 0700-4)
	E DIN IEC 60335-2-4 (VDE 0700-4)
Wäschetrockner	DIN EN 50594 (VDE 0705-594)
	DIN EN 60335-2-11 (VDE 0700-11)
	E DIN IEC 60335-2-11 (VDE 0700-11)
	DIN EN 61121 (VDE 0705-1121)
Waschmaschinen	DIN EN 60335-2-7 (VDE 0700-7)
	Beiblatt 1 DIN EN 60335-2-7 (VDE 0700-7)
	E DIN IEC 60335-2-7 (VDE 0700-7)
	E DIN EN 60335-2-7/A2 (VDE 0700-7/A1)
	E DIN EN 60335-2-7/A3 (VDE 0700-7/A2)
	DIN EN 60456 (VDE 0705-456)
	E DIN EN 60456/AA (VDE 0705-456/AA)
– für den gewerblichen Gebrauch	DIN EN 50640 (VDE 0705-640)
– für den Hausgebrauch	DIN CLC/TS 50677 (VDE V 0705-677)
Waschmaschinen, waschmittelfrei	DIN EN 60335-2-108 (VDE 0700-108)
Waschtrockner	
– für den Hausgebrauch	DIN CLC/TS 50677 (VDE V 0705-677)
Wasseraufbereitungsgeräte	DIN EN 60335-2-109 (VDE 0700-109)
Wasserbett-Beheizungen	DIN EN 60335-2-66 (VDE 0700-66)
Wassererwärmer (Speicher, Boiler)	DIN EN 60335-2-21 (VDE 0700-21)
	Beiblatt 1 DIN EN 60335-2-21 (VDE 0700-21)
	E DIN EN 60335-2-21 (VDE 0700-21)
	E DIN IEC 60335-2-21/A1 (VDE 0700-21/A1)
Wassersauger	DIN EN 60335-2-2 (VDE 0700-2)
	Beiblatt 1 DIN EN 60335-2-2 (VDE 0700-2)

	E DIN IEC 60335-2-2 (VDE 0700-2)
	E DIN EN 60335-2-2/A2 (VDE 0700-2/A1)
	E DIN EN 60335-2-2/AA (VDE 0700-2/A2)
Woks	Beiblatt 1 DIN EN 60335-2-13 (VDE 0700-13)
	DIN EN 60335-2-13 (VDE 0700-13)
Wrasenabsaugungen	DIN EN 60335-2-31 (VDE 0700-31)
	Beiblatt 1 DIN EN 60335-2-31 (VDE 0700-31)
	E DIN EN 60335-2-31/A1 (VDE 0700-31/A1)
	E DIN IEC 60335-2-31/A2 (VDE 0700-31/A2)
Zahnbürsten	Beiblatt 1 DIN EN 60335-2-52 (VDE 0700-52)
	DIN EN 60335-2-52 (VDE 0700-52)
	E DIN EN 60335-2-52/A2 (VDE 0700-52/A2)
	E DIN EN IEC 63174 (VDE 0705-3174)
Zerkleinerer für Nahrungsmittelabfälle	DIN EN 60335-2-16 (VDE 0700-16)
zur Behandlung von Haut und Haar	DIN EN 60335-2-23 (VDE 0700-23)
	Beiblatt 1 DIN EN 60335-2-23 (VDE 0700-23)
	E DIN IEC 60335-2-23 (VDE 0700-23)
	E DIN IEC 60335-2-23/A1 (VDE 0700-23/A1)
	E DIN EN IEC 60335-2-23/A11 (VDE 0700-23/A11)
	E DIN EN 60335-2-23/AC (VDE 0700-23/AC)

Elektrische Heizsysteme
Erwärmung von Oberflächen
– Innenraumsysteme .... VDE-Schriftenreihe Band 168
– Systeme für den Außenbereich .... VDE-Schriftenreihe Band 168

Elektrische Installationen
Elektroinstallationskanalsysteme
– für Wand und Decke .... DIN EN 50085-2-1 (VDE 0604-2-1)
  E DIN EN 61084-2-1 (VDE 0604-2-1)
Kabelbinder .... DIN EN IEC 62275 (VDE 0604-201)
Kabelhalter .... DIN EN 61914 (VDE 0604-202)
  E DIN EN IEC 61914 (VDE 0604-202)
Kabelverschraubungen .... DIN EN 62444 (VDE 0619)

Elektrische Isolation
thermische Bewertung und Bezeichnung .... DIN EN 60085 (VDE 0301-1)

Elektrische Isoliermaterialien
glasgewebeverstärktes Glimmerpapier .... DIN EN 60371-3-6 (VDE 0332-3-6)
polyesterfolienverstärktes Glimmerpapier .... DIN EN 60371-3-4 (VDE 0332-3-4)
  DIN EN 60371-3-7 (VDE 0332-3-7)

Elektrische Isolierstoffe
Bewertung der elektrischen Lebensdauer .... DIN EN 62068 (VDE 0302-91)
Ermittlung der Wechselspannungsbeständigkeit .... DIN EN 61251 (VDE 0303-251)

Elektrische Isoliersysteme (EIS)
Anwendung in Hochspannungstrocken-Transformatoren
– mit Betriebsspannung von 1 kV und darüber .... E DIN EN 61857-41 (VDE 0302-41)
aus Drahtwicklungen
– thermische Bewertung .... DIN EN 61857-22 (VDE 0302-22)
Bewertung und Kennzeichnung .... DIN EN 60505 (VDE 0302-1)
Bewertung der elektrischen Lebensdauer .... DIN EN 62068 (VDE 0302-91)
drehende elektrische Maschinen .... DIN EN 60034-18-41 (VDE 0530-18-41)

Ermittlung der Wechselspannungsbeständigkeit .... DIN EN 61251 (VDE 0303-251)
thermische Bewertung
– allgemeine Anforderungen – Niederspannung .... DIN EN 61857-1 (VDE 0302-11)
– Anwendung in Hochspannungstrockentransformatoren mit 1 kV und mehr
.... E DIN EN 61857-41 (VDE 0302-41)
– Betriebsdauer 5000 h oder weniger .... DIN EN 61857-31 (VDE 0302-31)
– drahtgewickelte EIS .... DIN EN 61858-1 (VDE 0302-30-1)
DIN EN 61858-2 (VDE 0302-30-2)
– Kurzzeitverfahren .... DIN EN 61857-31 (VDE 0302-31)
– Mehrzweckmodelle bei Drahtwicklungen .... DIN EN 61857-21 (VDE 0302-21)
– mit Flachdrahtwicklungen .... DIN EN 61858-2 (VDE 0302-30-2)
– Multifaktorbewertung bei erhöhter Temperatur .... E DIN EN 61857-33 (VDE 0302-33)
– Multifaktorbewertung während der diagnostischen Prüfung
.... E DIN EN 61857-32 (VDE 0302-32)
– Runddrahtwicklungen .... DIN EN 61858-1 (VDE 0302-30-1)
thermische Bewertung und Bezeichnung .... DIN EN 60085 (VDE 0301-1)
thermische Prüfung
– flüssiger und fester Komponenten .... DIN IEC/TS 62332-1 (VDE V 0302-994)
DIN IEC/TS 62332-2 (VDE V 0302-995)
DIN IEC/TS 62332-3 (VDE V 0302-996)

Elektrische Isolierung
thermische Bewertung und Bezeichnung .... DIN EN 60085 (VDE 0301-1)

Elektrische Kochgeräte für den Hausgebrauch
Herde, Backöfen, Dampfgarer, Grills
– Messung der Gebrauchseigenschaften .... DIN EN 60350-1 (VDE 0705-350-1)
E DIN EN 60350-1/A1 (VDE 0705-350-1/A1)
Kochfelder
– Messung der Gebrauchseigenschaften .... DIN EN 60350-2 (VDE 0705-350-2)
E DIN EN 60350-2/A1 (VDE 0705-350-2/A1)

Elektrische Laborgeräte
für Analysen .... DIN EN 61010-2-081 (VDE 0411-2-081)
E DIN EN 61010-2-081 (VDE 0411-2-081)
Störfestigkeitsanforderungen .... DIN EN IEC 61326-3-2 (VDE 0843-20-3-2)
zum Mischen und Rühren .... DIN EN 61010-2-051 (VDE 0411-2-051)
E DIN EN 61010-2-051 (VDE 0411-2-051)

Elektrische Lebensdauer
von elektrischen Isolierstoffen und Isoliersystemen .... DIN EN 62068 (VDE 0302-91)

Elektrische Leistungsantriebssysteme
mit einstellbarer Drehzahl
– Anforderungen an die Sicherheit .... DIN EN 61800-5-1 (VDE 0160-105-1)
E DIN EN IEC 61800-5-1 (VDE 0160-105-1)
DIN EN 61800-5-2 (VDE 0160-105-2)
E DIN EN IEC 61800-5-3 (VDE 0160-105-3)
– elektrische, thermische und energetische Anforderungen
.... DIN EN 61800-5-1 (VDE 0160-105-1)
E DIN EN IEC 61800-5-1 (VDE 0160-105-1)
E DIN EN IEC 61800-5-3 (VDE 0160-105-3)
– funktionale Sicherheit .... DIN EN 61800-5-2 (VDE 0160-105-2)

Elektrische Leistungsantriebssysteme mit einstellbarer Drehzahl
Anforderungen an die Sicherheit von Encodern (Gebern)
– funktional, elektrisch, umwelttechnisch .... E DIN EN IEC 61800-5-3 (VDE 0160-105-3)

Elektrische Luftreiniger
für den Hausgebrauch
– Messung der Gebrauchseigenschaften .... E DIN EN 63086 (VDE 0705-3086)

Elektrische Maschinen
Anforderungen an Bedienteile .... DIN EN 60204-1 (VDE 0113-1)
E DIN EN 60204-1/A1 (VDE 0113-1/A1)
DIN EN 61310-3 (VDE 0113-103)
Anforderungen an die Kennzeichnung .... DIN EN 60204-1 (VDE 0113-1)
E DIN EN 60204-1/A1 (VDE 0113-1/A1)
DIN EN 61310-2 (VDE 0113-102)
drehende .... VDE-Schriftenreihe Band 10
– Isoliersysteme .... DIN EN 60034-18-41 (VDE 0530-18-41)
E DIN EN 60034-18-41/A1 (VDE 0530-18-41/A1)
– mechanische Schwingungen .... DIN EN IEC 60034-14 (VDE 0530-14)
– Runddrahtwicklungen .... DIN EN 60034-18-22 (VDE 0530-18-22)
– Schutzarten .... DIN EN 60034-5 (VDE 0530-5)
E DIN EN IEC 60034-5 (VDE 0530-5)
sichtbare, hörbare und tastbare Signale .... DIN EN 60204-1 (VDE 0113-1)
E DIN EN 60204-1/A1 (VDE 0113-1/A1)
DIN EN 61310-1 (VDE 0113-101)

Elektrische Messgeräte
Messwandler für .... DIN EN 61869-4 (VDE 0414-9-4)
– Gleichspannungswandler .... DIN EN IEC 61869-15 (VDE 0414-9-15)
– Gleichstromwandler .... DIN EN IEC 61869-14 (VDE 0414-9-14)
– Kleinsignal-Stromwandler .... DIN EN IEC 61869-10 (VDE 0414-9-10)
DIN EN IEC 61869-11 (VDE 0414-9-11)
– passive Kleinsignal-Stromwandler .... DIN EN IEC 61869-10 (VDE 0414-9-10)
DIN EN IEC 61869-11 (VDE 0414-9-11)

Elektrische Messumformer
Abnahme und Stückprüfung .... DIN EN 60770-2 (VDE 0408-2)

Elektrische motorbetriebene handgeführte Werkzeuge
Freischneider .... E DIN EN IEC 62841-4-4 (VDE 0740-4-4)
E DIN EN IEC 62841-4-4/AA (VDE 0740-4-4/AA)
Freischneider mit Sägeblatt .... E DIN EN IEC 62841-4-4 (VDE 0740-4-4)
E DIN EN IEC 62841-4-4/AA (VDE 0740-4-4/AA)
Grastrimmer .... E DIN EN IEC 62841-4-4 (VDE 0740-4-4)
E DIN EN IEC 62841-4-4/AA (VDE 0740-4-4/AA)
Rasenkantenschneider .... E DIN EN IEC 62841-4-4 (VDE 0740-4-4)
Rasenkantenschneider .... E DIN EN IEC 62841-4-4/AA (VDE 0740-4-4/AA)
Rasenmäher .... E DIN EN IEC 62841-4-3-100 (VDE 0740-4-3-100)
E DIN EN IEC 62841-4-4 (VDE 0740-4-4)
Rasentrimmer .... E DIN EN IEC 62841-4-4/AA (VDE 0740-4-4/AA)
transportable Werkzeuge und Rasen- und Gartenmaschinen
– handgeführte Kreissägen .... DIN EN 62841-2-5 (VDE 0740-2-5)
– handgeführte Oberfräsen .... DIN EN 62841-2-17 (VDE 0740-2-17)
– handgeführte Polierer .... DIN EN 62841-2-4 (VDE 0740-2-4)
– handgeführte Schleifer .... DIN EN 62841-2-4 (VDE 0740-2-4)

- Schlagschrauber .... DIN EN 62841-2-2 (VDE 0740-2-2)
- Schrauber .... DIN EN 62841-2-2 (VDE 0740-2-2)
- transportable Tischschleifmaschinen .... DIN EN 62841-3-4 (VDE 0740-3-4)
- transportable Trennschleifmaschinen .... DIN EN 62841-3-10 (VDE 0740-3-10)

Elektrische Niederspannungsnetze
Funkstöreigenschaften .... E DIN EN 50561-1/AA (VDE 0878-561-1/AA)
- Geräte für die Verwendung im Heimbereich .... E DIN EN 50561-1/AA (VDE 0878-561-1/AA)

Elektrische Produkte
Umweltschutznormung .... DIN EN 62542 (VDE 0042-3)

Elektrische Prüfverfahren für Hochfrequenz-Steckverbinder
.... DIN EN IEC 61169-1-2 (VDE 0887-969-1-2)
E DIN EN 61169-1-4 (VDE 0887-969-1-4)

Elektrische Prüfverfahren
für Niederspannungskabel und -leitungen .... DIN EN 50395/A1 (VDE 0481-395/A1)

Elektrische Raumheizung
Charakteristika der Gebrauchstauglichkeit
- Definitionen, Testmethoden, Dimensionierung und Formelsymbole
.... E DIN EN 50559/A1 (VDE 0705-559/A1)
Definitionen .... E DIN EN 50559/A1 (VDE 0705-559/A1)
Definitionen, Testmethoden, Dimensionierung und Formelsymbole
.... E DIN EN 50559/A1 (VDE 0705-559/A1)
Dimensionierung .... E DIN EN 50559/A1 (VDE 0705-559/A1)
Formelsymbole .... E DIN EN 50559/A1 (VDE 0705-559/A1)
Testmethoden .... E DIN EN 50559/A1 (VDE 0705-559/A1)

Elektrische Relais .... DIN EN 60255-24 (VDE 0435-3040)
Messrelais und Schutzeinrichtungen
- EMV-Anforderungen .... DIN EN 60255-26 (VDE 0435-320)
E DIN EN 60255-26 (VDE 0435-320)

Elektrische Schutzeinrichtungen
Messwandler für .... DIN EN 61869-4 (VDE 0414-9-4)
- Gleichspannungswandler .... DIN EN IEC 61869-15 (VDE 0414-9-15)
- Gleichstromwandler .... DIN EN IEC 61869-14 (VDE 0414-9-14)
- Kleinsignal-Stromwandler .... DIN EN IEC 61869-10 (VDE 0414-9-10)
DIN EN IEC 61869-11 (VDE 0414-9-11)
- passive Kleinsignal-Stromwandler .... DIN EN IEC 61869-10 (VDE 0414-9-10)
DIN EN IEC 61869-11 (VDE 0414-9-11)

Elektrische Sicherheit
Anforderungen an die elektrische Systemtechnik (ESHG)
.... DIN EN IEC 63044-3 (VDE 0849-44-3)
E DIN EN IEC 63044-3/A1 (VDE 0849-44-3/A1)
in Informations- und Kommunikationsnetzen .... Beiblatt 1 DIN EN 41003 (VDE 0804-100)
in medizinisch genutzten Bereichen .... VDE-Schriftenreihe Band 117
in Niederspannungsnetzen
- bis AC 1 000 V und DC 1 500 V .... E DIN EN 61557-1 (VDE 0413-1)
DIN EN 61557-15 (VDE 0413-15)
DIN EN 61557-9 (VDE 0413-9)
- Geräte zum Prüfen, Messen, Überwachen .... DIN EN 61557-12 (VDE 0413-12)
E DIN EN 61557-12 (VDE 0413-12)

– Geräte zur Energiemessung und -überwachung (PMD)
.... E DIN EN 61557-12/A1 (VDE 0413-12/A1)
E DIN EN 61557-12/A1 (VDE 0413-12/A1)
DIN EN 61557-15 (VDE 0413-15)
DIN EN 61557-16 (VDE 0413-16)
E DIN EN IEC 61557-17 (VDE 0413-17)
E DIN EN 61557-12/A1 (VDE 0413-12/A1)
E DIN EN IEC 61557-17 (VDE 0413-17)
und elektromagnetische Verträglichkeit
– Zusammenhänge .... VDE-Schriftenreihe Band 58

Elektrische Sicherheit in Niederspannungsnetzen
bis AC 1 000 V und DC 1 500 V
– berührungslose Spannungsanzeiger .... E DIN EN IEC 61557-17 (VDE 0413-17)
– Geräte zum Prüfen, Messen oder Überwachen .... E DIN EN 61557-11 (VDE 0413-11)
– Geräte zum Prüfen, Messen, Überwachen .... E DIN EN 61557-12/A1 (VDE 0413-12/A1)
E DIN EN IEC 61557-17 (VDE 0413-17)
– Geräte zur Energiemessung und -überwachung (PMD)
.... E DIN EN 61557-12/A1 (VDE 0413-12/A1)
E DIN EN IEC 61557-17 (VDE 0413-17)
– Wirksamkeit von Differenzstromüberwachungsgeräten (RCM)
.... E DIN EN 61557-11 (VDE 0413-11)
Geräte zur Energiemessung und -überwachung (PMD) ...... E DIN EN 61557-12 (VDE 0413-12)

Elektrische Simulationsmodelle
Windenergieanlagen .... DIN EN 61400-27-1 (VDE 0127-27-1)
E DIN EN 61400-27-1 (VDE 0127-27-1)
E DIN EN 61400-27-2 (VDE 0127-27-2)

Elektrische Stellantriebe
für den Hausgebrauch .... DIN EN IEC 60730-2-14 (VDE 0631-2-14)

Elektrische Steuer- und Regelgeräte
Störfestigkeitsanforderungen .... DIN EN IEC 61326-3-2 (VDE 0843-20-3-2)

Elektrische Steuerungssysteme
Sicherheit von Maschinen .... DIN EN 62061 (VDE 0113-50)
E DIN EN 62061 (VDE 0113-50)
VDE-Schriftenreihe Band 152
VDE-Schriftenreihe Band 167

Elektrische Stromschienensysteme
für Leuchten .... DIN EN 60570 (VDE 0711-300)

Elektrische Systeme
Kernkraftwerke
– Analyse der Stromversorgung .... E DIN IEC 62855 (VDE 0491-8-1)

Elektrische Systemtechnik für Heim und Gebäude (ESHG)
allgemeine Anforderungen .... DIN EN 63044-1 (VDE 0849-44-1)
E DIN IEC 63044-1/A1 (VDE 0849-44-1/A1)
Anforderungen an die elektrische Sicherheit und die EMV für Funkausrüstung
.... E DIN EN 50698 (VDE 0849-98)
Anforderungen für Planung und Installation .... E DIN EN IEC 63044-6-1 (VDE 0849-44-61)
Aufbau der Norm EN 50090 .... DIN EN 50090-1 (VDE 0829-1)
elektrische Sicherheit .... E DIN EN 50698 (VDE 0849-98)
DIN EN IEC 63044-3 (VDE 0849-44-3)

E DIN EN IEC 63044-3/A1 (VDE 0849-44-3/A1)
EMV für Funkausrüstung .... E DIN EN 50698 (VDE 0849-98)
EMV-Anforderungen für Gewerbebereiche und Kleinbetriebe
.... DIN EN IEC 63044-5-2 (VDE 0849-44-52)
EMV-Anforderungen für Wohn- und Geschäftsbereiche
.... DIN EN IEC 63044-5-2 (VDE 0849-44-52)
EMV-Anforderungen für Wohn- und Gewerbebereiche
.... DIN EN IEC 63044-5-2 (VDE 0849-44-52)
EMV-Anforderungen im Industriebereich .... DIN EN IEC 63044-5-3 (VDE 0849-44-53)
EMV-Anforderungen, Bedingungen und Prüfungen ... DIN EN IEC 63044-5-1 (VDE 0849-44-51)
 E DIN EN IEC 63044-5-1/A1 (VDE 0849-44-51/A1)
IT-Sicherheit und Datenschutz .... VDE-Anwendungsregel VDE-AR-E 2849-1
Kommunikation über IP .... DIN EN 50090-4-3 (VDE 0829-4-3)
Konformitätsbeurteilung von Produkten .... DIN EN 50090-8 (VDE 0829-8)
Leistungsmerkmale .... DIN EN 50090-1 (VDE 0829-1)
Medien .... DIN EN 50090-5-3 (VDE 0829-5-3)
medienabhängige Schichten .... DIN EN 50090-5-3 (VDE 0829-5-3)
medienunabhängige Schicht .... DIN EN 50090-4-3 (VDE 0829-4-3)
Schnittstelle zwischen CEM und Heim-/Gebäude-Ressourcenmanager
.... DIN EN 50491-12-1 (VDE 0849-12-1)
Sicherheit der Einbauprodukte .... DIN EN 50491-4-1 (VDE 0849-4-1)
 E DIN EN IEC 63044-4 (VDE 0849-44-4)
Signalübertragung über Funk für ESHG Klasse 1 .... DIN EN 50090-5-3 (VDE 0829-5-3)
Smart Grid .... DIN EN 50491-12-1 (VDE 0849-12-1)
Smart Metering .... DIN EN 50491-11 (VDE 0849-11)
Umgebungsbedingungen .... DIN EN 50491-2 (VDE 0849-2)
Verkabelung von Zweidrahtleitungen .... DIN EN 50090-9-1 (VDE 0829-9-1)

Elektrische Systemtechnik
an Systeme der Gebäudeautomation (GA)
– Anforderungen für Planung und Installation .... E DIN EN IEC 63044-6-1 (VDE 0849-44-61)
– Smart Grid .... DIN EN 50491-12-1 (VDE 0849-12-1)
– Umgebungsbedingungen .... DIN EN 50491-2 (VDE 0849-2)

Elektrische Toiletten .... DIN EN 60335-2-84 (VDE 0700-84)
 E DIN IEC 60335-2-84 (VDE 0700-84)

Elektrische Versorgungsnetze
Instandhaltung von Anlagen und Betriebsmitteln .... DIN VDE 0109 (VDE 0109)
Netzdokumentation .... VDE-Anwendungsregel VDE-AR-N 4201

Elektrische Werkzeuge
handgeführte motorbetriebene
– Bohrmaschinen .... DIN EN 62841-2-1 (VDE 0740-2-1)
 E DIN EN 62841-2-1/A1 (VDE 0740-2-1/A1)
– Schlagbohrmaschinen .... DIN EN 62841-2-1 (VDE 0740-2-1)
 E DIN EN 62841-2-1/A1 (VDE 0740-2-1/A1)
motorbetriebene handgeführte
– Gehrungskappsägen .... E DIN EN IEC 62841-3-9 (VDE 0740-3-9)
 E DIN EN IEC 62841-3-9/A11 (VDE 0740-3-9/A11)
– Tischkreissägen .... E DIN EN IEC 62841-3-1/A1 (VDE 0740-3-1/A1)
– transportable Gehrungskappsägen .... E DIN EN IEC 62841-3-9 (VDE 0740-3-9)
 E DIN EN IEC 62841-3-9/A11 (VDE 0740-3-9/A11)
– transportable Tischkreissägen .... E DIN EN 62841-3-1/A1 (VDE 0740-3-1/A1)

Elektrische Zugförderung

drehende elektrische Maschinen
- außer umrichtergespeiste Wechselstrommotoren .... DIN EN 60349-1 (VDE 0115-400-1)
- umrichtergespeiste Synchronmaschinen .... DIN EN 60349-4 (VDE 0115-400-4)
- umrichtergespeiste Wechselstrommotoren .... DIN EN 60349-2 (VDE 0115-400-2)
  DIN IEC/TS 60349-3 (VDE V 0115-400-3)

Maschinen für Schienen- und Straßenfahrzeuge
- umrichtergespeiste Asynchron-Linearmotoren .... DIN EN 62520 (VDE 0115-404)

Elektrischer Landanschluss von Schiffen
Häfen .... DIN VDE 0100-709 (VDE 0100-709)
Marinas .... DIN VDE 0100-709 (VDE 0100-709)

Elektrischer Schlag
Schutz bei elektrischen Bahnsystemen .... DIN EN 50122-1 (VDE 0115-3)
Schutz gegen .... DIN VDE 0100-410 (VDE 0100-410)
  Beiblatt 2 DIN VDE 0100-520 (VDE 0100-520)
  DIN VDE V 0682-417 (VDE V 0682-417)
  DIN EN 61140 (VDE 0140-1)
  VDE-Schriftenreihe Band 9
  VDE-Schriftenreihe Band 140
- in medizinisch genutzten Bereichen der Gruppe 2 .... VDE-Schriftenreihe Band 170

Elektrischer Strom
Gefahren durch .... VDE-Schriftenreihe Band 80
Unfallverhütung .... VDE-Schriftenreihe Band 43
Wirkung auf Menschen und Nutztiere .... DIN IEC/TS 60479-1 (VDE V 0140-479-1)
  VDE-Schriftenreihe Band 170

Elektrisches Zubehör
Bestimmung der Energieeffizienzklasse .... E DIN EN IEC 63172 (VDE 0601-3172)

Elektrizitätsversorgungsnetze
Unternehmen für den Betrieb
- Qualifikation und Organisation .... VDE-Anwendungsregel VDE-AR-N 4001
Zustandsfeststellung
- von Betriebsmitteln und Anlagen .... DIN VDE 0109 (VDE 0109)

Elektrizitätszähler
Anforderungen, Prüfungen und Prüfbedingungen
- Einrichtungen für Tarif- und Laststeuerung .... DIN EN 62052-21 (VDE 0418-2-21)
Annahmeprüfung
- allgemeine Verfahren .... DIN EN 62058-11 (VDE 0418-8-11)
Befestigungs- und Kontaktiereinrichtung (BKE)
- für elektronische Haushaltszähler (eHZ) .... DIN VDE 0603-3-2 (VDE 0603-3-2)
Blindverbrauchszähler .... DIN VDE 0418-2 (VDE 0418-2)
elektromechanische Wirkverbrauchszähler .... DIN EN 50470-2 (VDE 0418-0-2)
  DIN EN 62053-11 (VDE 0418-3-11)
elektronische Blindverbrauchszähler .... DIN EN 62053-23 (VDE 0418-3-23)
  E DIN EN 62053-23 (VDE 0418-3-23)
- Genauigkeitsklassen 0,5 S, 1 S und 1 .... DIN EN 62053-24 (VDE 0418-3-24)
  E DIN IEC 62053-24 (VDE 0418-3-24)
elektronische Wirkverbrauchszähler .... DIN EN 50470-3 (VDE 0418-0-3)
  DIN EN 62053-21 (VDE 0418-3-21)
  E DIN EN 62053-21 (VDE 0418-3-21)

	DIN EN 62053-22 (VDE 0418-3-22)
	E DIN EN 62053-22 (VDE 0418-3-22)
	DIN EN 62053-23 (VDE 0418-3-23)
	E DIN EN 62053-23 (VDE 0418-3-23)
Fernzählgeräte	DIN VDE 0418-5 (VDE 0418-5)
Gleichstromzähler	DIN VDE 0418-3 (VDE 0418-3)
Haltbarkeit	DIN EN 62059-32-1 (VDE 0418-9-32-1)
Inkasso-Wirkverbrauchszähler	DIN EN 62055-31 (VDE 0418-5-31)
Maximumwerke	DIN VDE 0418-4 (VDE 0418-4)
Messeinrichtungen	DIN EN 50470-1 (VDE 0418-0-1)
	DIN EN 62052-11 (VDE 0418-2-11)
	E DIN EN 62052-11 (VDE 0418-2-11)
metrologische Eigenschaften	DIN EN 62059-32-1 (VDE 0418-9-32-1)
Signalübertragung	DIN EN 62056-3-1 (VDE 0418-6-3-1)
	E DIN EN IEC 62056-3-1 (VDE 0418-6-3-1)
Stecktechnik	
– (eHZ)	E DIN VDE 0418-3-6 (VDE 0418-3-6)
Symbole	DIN EN 62053-52 (VDE 0418-3-52)
Tarif- und Laststeuerung	
– elektronische Rundsteuerempfänger	DIN EN 62054-11 (VDE 0420-4-11)
– Schaltuhren	DIN EN 62054-21 (VDE 0419-4-21)
Zuverlässigkeit	
– bei erhöhter Temperatur	DIN EN 62059-32-1 (VDE 0418-9-32-1)
– zeitraffende Zuverlässigkeitsprüfung	DIN EN 62059-31-1 (VDE 0418-9-31-1)
Zuverlässigkeitsvorhersage	DIN EN 62059-41 (VDE 0418-9-41)

Elektro- und Elektronik-Altgeräte (WEEE)

Allgemeines	DIN EN 50625-1 (VDE 0042-13-1)
	DIN EN 50625-2-2 (VDE 0042-13-22)
	DIN CLC/TS 50625-3-1 (VDE V 0042-13-31)
Behandlung von Lampen	DIN EN 50625-2-1 (VDE 0042-13-21)
Endbehandlung	
– Kupfer und Edelmetalle	DIN CLC/TS 50625-5 (VDE V 0042-13-5)
Lampen	DIN CLC/TS 50625-3-2 (VDE V 0042-13-32)
Photovoltaikmodule	DIN EN 50625-2-4 (VDE 0042-13-24)
	DIN CLC/TS 50625-3-5 (VDE V 0042-13-35)
Sammlung, Logistik und Behandlung	DIN EN 50625-2-2 (VDE 0042-13-22)
	DIN EN 50625-2-4 (VDE 0042-13-24)
	DIN CLC/TS 50625-3-1 (VDE V 0042-13-31)
	DIN CLC/TS 50625-3-2 (VDE V 0042-13-32)
	DIN CLC/TS 50625-3-4 (VDE V 0042-13-34)
	DIN CLC/TS 50625-3-5 (VDE V 0042-13-35)
	DIN CLC/TS 50625-4 (VDE V 0042-13-4)
	DIN CLC/TS 50625-5 (VDE V 0042-13-5)
– Behandlung von Photovoltaikmodulen	DIN EN 50625-2-4 (VDE 0042-13-24)
– Photovoltaikmodule	DIN CLC/TS 50625-3-5 (VDE V 0042-13-35)
– Spezifikation der Endbehandlung	DIN CLC/TS 50625-5 (VDE V 0042-13-5)
– Spezifikation der Sammlung und Logistik	DIN CLC/TS 50625-4 (VDE V 0042-13-4)
	DIN CLC/TS 50625-5 (VDE V 0042-13-5)
– Spezifikation der Schadstoffbehandlung	DIN EN 50625-2-4 (VDE 0042-13-24)
– Spezifikation der Schadstoffentfrachtung	DIN CLC/TS 50625-3-1 (VDE V 0042-13-31)
	DIN CLC/TS 50625-3-2 (VDE V 0042-13-32)
	DIN CLC/TS 50625-3-3 (VDE V 0042-13-33)

– Wärmeübertrager .... DIN CLC/TS 50625-3-4 (VDE V 0042-13-34)
DIN CLC/TS 50625-3-5 (VDE V 0042-13-35)
DIN CLC/TS 50625-3-4 (VDE V 0042-13-34)
Vorbereitung zu Wiederverwendung .... VDE-Schriftenreihe Band 136
Wärmeübertrager .... DIN CLC/TS 50625-3-4 (VDE V 0042-13-34)

Elektro- und Hybrid-Straßenfahrzeugen
Schutz von außerhalb befindlichen Empfängern unterhalb 30 MHz
– Funkentstörung .... E DIN EN IEC 55036 (VDE 0879-3)

Elektroakustische Notfallwarnsysteme .... DIN EN 50849 (VDE 0828-1)

Elektro-Altgeräte
Vorbereitung zu Wiederverwendung .... E DIN VDE 0042-14 (VDE 0042-14)

Elektroboiler
für den Hausgebrauch .... DIN EN 60335-2-21 (VDE 0700-21)
Beiblatt 1 DIN EN 60335-2-21 (VDE 0700-21)
E DIN EN 60335-2-21 (VDE 0700-21)
E DIN IEC 60335-2-21/A1 (VDE 0700-21/A1)

Elektrodenhalter für Lichtbogenschweißeinrichtungen .... DIN EN 60974-11 (VDE 0544-11)
E DIN EN IEC 60974-11 (VDE 0544-11)

Elektro-Durchfluss-Wassererwärmer für den Hausgebrauch
Messung der Gebrauchseigenschaften .... E DIN EN IEC 63159-2-1 (VDE 0705-3159-2-1)
multifunktionelle Elektro-Durchfluss-Wassererwärmer
.... E DIN EN IEC 63159-2-1 (VDE 0705-3159-2-1)

Elektro-Durchfluss-Wassererwärmer
für den Hausgebrauch .... DIN EN 50193-1 (VDE 0705-193-1)
DIN EN 50193-2-1 (VDE 0705-193-2-1)
E DIN EN IEC 63159-1 (VDE 0705-3159-1)
E DIN EN IEC 63159-2-1 (VDE 0705-3159-2-1)
– Effizienz einer Zapfstelle .... DIN EN 50193-2-2 (VDE 0705-193-2-2)
E DIN EN IEC 63159-2-2 (VDE 0705-3159-2-2)
– Messung der Gebrauchseigenschaften .... DIN EN 50193-1 (VDE 0705-193-1)
DIN EN 50193-2-1 (VDE 0705-193-2-1)
E DIN EN IEC 63159-1 (VDE 0705-3159-1)
E DIN EN IEC 63159-2-1 (VDE 0705-3159-2-1)
– multifunktionelle Elektro-Durchfluss-Wassererwärmer
.... E DIN EN IEC 63159-2-1 (VDE 0705-3159-2-1)
Gebrauchseigenschaften
– Effizienz einer Zapfstelle .... DIN EN 50193-2-2 (VDE 0705-193-2-2)
E DIN EN IEC 63159-2-2 (VDE 0705-3159-2-2)
Messung der Gebrauchseigenschaften
– Effizienz einer Zapfstelle .... E DIN EN IEC 63159-2-2 (VDE 0705-3159-2-2)
– Prüfverfahren .... DIN EN 50193-1 (VDE 0705-193-1)
E DIN EN IEC 63159-1 (VDE 0705-3159-1)
multifunktionell
– für den Hausgebrauch .... DIN EN 50193-2-1 (VDE 0705-193-2-1)
E DIN EN IEC 63159-2-1 (VDE 0705-3159-2-1)

Elektroenzephalografen .... DIN EN 60601-2-26 (VDE 0750-2-26)
E DIN EN 60601-2-26 (VDE 0750-2-26)

Elektroerwärmungsanlagen
Anlagen für elektromagnetische Bearbeitungsprozesse
– Elektroschlacke-Umschmelzöfen .... DIN EN IEC 60519-8 (VDE 0721-8)
Elektroschlacke-Umschmelzöfen .... DIN EN IEC 60519-8 (VDE 0721-8)
für elektromagnetische Bearbeitungsprozesse
– Prüfverfahren für induktive Durcherwärmungsanlagen .... DIN EN IEC 63078 (VDE 0721-55)
Prüfbedingungen .... DIN EN 60398 (VDE 0721-50)
DIN EN IEC 63078 (VDE 0721-55)

Elektroerwärmungsanlagen, industrielle
Prüfbedingungen .... DIN EN 60398 (VDE 0721-50)
DIN EN IEC 63078 (VDE 0721-55)

Elektrofachkraft
Anforderungen .... DIN VDE 1000-10 (VDE 1000-10)
E DIN VDE 1000-10 (VDE 1000-10)
VDE-Schriftenreihe Band 135

Elektrofahrzeuge
Antriebsbatterien .... DIN EN 61851-22 (VDE 0122-2-2)
DIN EN 62485-3 (VDE 0510-47)
DIN IEC/TS 62840-1 (VDE V 0122-40-1)
E DIN EN IEC 62840-1 (VDE 0122-40-1)
DIN EN IEC 62840-2 (VDE 0122-40-2)
– Kapazitäts- und Lebensdauerprüfungen .... DIN EN 61982 (VDE 0510-32)
Batteriewechselsysteme
– Sicherheitsanforderungen .... DIN IEC/TS 62840-1 (VDE V 0122-40-1)
E DIN EN IEC 62840-1 (VDE 0122-40-1)
DIN EN IEC 62840-2 (VDE 0122-40-2)

Gleichstromversorgungseinrichtungen
– Schutz durch elektrische Trennung .... E DIN EN IEC 62196-6 (VDE 0623-5-6)
Gleichstromladegeräte .... E DIN EN 61851-23-2 (VDE 0122-2-32)
– elektrische Schutztrennung .... E DIN EN 61851-23-2 (VDE 0122-2-32)
Gleichstromladestationen .... DIN EN 61851-23 (VDE 0122-2-3)
E DIN EN 61851-23 (VDE 0122-2-3)
E DIN EN 61851-23-1 (VDE 0122-2-31)
DIN EN 61851-24 (VDE 0122-2-4)
E DIN EN 61851-24 (VDE 0122-2-4)
Gleichstromversorgungseinrichtungen .... E DIN EN 61851-23 (VDE 0122-2-3)
induktive Ladesysteme .... E DIN IEC/TS 61980-3 (VDE V 0122-10-3)
Informationsaustausch für Roaming-Ladedienste .... DIN EN IEC 63119-1 (VDE 0122-19-1)
konduktive externe DC-Stromversorgungssysteme
– für Elektroleichtfahrzeuge .... E DIN IEC/TS 61851-3-2 (VDE V 0122-3-2)
E DIN IEC/TS 61851-3-3 (VDE V 0122-3-3)
konduktive Ladesysteme .... DIN EN IEC 61851-1 (VDE 0122-1)
DIN EN 61851-21 (VDE 0122-2-1)
DIN EN 61851-23 (VDE 0122-2-3)
E DIN EN 61851-23 (VDE 0122-2-3)
E DIN EN 61851-23-1 (VDE 0122-2-31)
E DIN EN 61851-23-2 (VDE 0122-2-32)
DIN EN 61851-24 (VDE 0122-2-4)
E DIN EN 61851-24 (VDE 0122-2-4)
DIN EN 62196-2 (VDE 0623-5-2)
E DIN EN IEC 62196-2 (VDE 0623-5-2)

– allgemeine Anforderungen .... DIN EN 62196-1 (VDE 0623-5-1)
E DIN EN IEC 62196-1 (VDE 0623-5-1)
E DIN EN IEC 62196-6 (VDE 0623-5-6)
– Austauschbarkeit von Fahrzeugsteckvorrichtungen .... DIN EN 62196-3 (VDE 0623-5-3)
E DIN EN IEC 62196-3 (VDE 0623-5-3)
E DIN IEC/TS 62196-4 (VDE V 0623-5-4)
– Austauschbarkeit von Stift und Buchsensteckvorrichtungen . DIN EN 62196-2 (VDE 0623-5-2)
E DIN EN IEC 62196-2 (VDE 0623-5-2)
– EMV-Anforderungen an Bordladegeräte .... DIN EN 61851-21-1 (VDE 0122-2-11)
– EMV-Anforderungen an externe Ladesysteme .... E DIN EN 61851-21-2 (VDE 0122-2-1-2)
konduktive Stromversorgungssysteme
– AC- und DC-Stromversorgung für Elektroleichtfahrzeuge
.... E DIN IEC/TS 61851-3-1 (VDE V 0122-3-1)
– definierte Kommunikationsparameter .... E DIN IEC/TS 61851-3-5 (VDE V 0122-3-5)
– Kommunikation: Batteriesystem .... E DIN IEC/TS 61851-3-7 (VDE V 0122-3-7)
– Kommunikation: Begriffe und EMSC .... E DIN IEC/TS 61851-3-4 (VDE V 0122-3-4)
– Kommunikation: Spannungswandler .... E DIN IEC/TS 61851-3-6 (VDE V 0122-3-6)
konduktive Verbindung von Bordladegeräten
– Wechselstrom/Gleichstrom-Versorgung .... DIN EN 61851-21-1 (VDE 0122-2-11)
konduktives Laden .... DIN EN 62196-2 (VDE 0623-5-2)
E DIN EN IEC 62196-2 (VDE 0623-5-2)
Konformitätsprüfung
– IEC 61851-23, Anhang CC .... E DIN VDE V 0122-2-300 (VDE V 0122-2-300)
kontaktlose Energieübertragungssysteme (WPT) .... E DIN EN IEC 61980-1 (VDE 0122-10-1)
E DIN IEC/TS 61980-2 (VDE V 0122-10-2)
E DIN IEC/TS 61980-3 (VDE V 0122-10-3)
Lade- und Infrastruktur
– Protokoll zum Management .... E DIN EN 63110-1 (VDE 0122-110-1)
Ladeinfrastruktur
– Zertifikat .... VDE-Anwendungsregel VDE-AR-E 2802-100-1
Ladeleitungen .... VDE-Anwendungsregel VDE-AR-E 2283-5
DIN EN 50620 (VDE 0285-620)
Ladestationen .... E DIN VDE V 0122-2-300 (VDE V 0122-2-300)
DIN IEC/TS 61439-7 (VDE V 0660-600-7)
E DIN EN 61439-7 (VDE 0660-600-7)
– Backend-Systeme .... VDE-Anwendungsregel VDE-AR-E 2802-100-1
Ladung der Antriebsbatterie .... DIN EN 62196-2 (VDE 0623-5-2)
Sekundärbatterien
– Kapazitäts- und Lebensdauerprüfungen .... DIN EN 61982 (VDE 0510-32)
Standardschnittstelle für Ladepunkte/Ladestationen
– Anbindung an lokales Leistungs- und Energiemanagement
.... E VDE-Anwendungsregel VDE-AR-E 2122-1000
Stromversorgung .... DIN VDE 0100-722 (VDE 0100-722)
VDE-Schriftenreihe Band 168

Elektrofahrzeuge, Ladeinfrastruktur und Backend-Systeme
Zertifikatshandhabung
– ISO 15118 .... VDE-Anwendungsregel VDE-AR-E 2802-100-1

Elektro-Filteranlagen
Starkstromkabel für .... DIN VDE 0271 (VDE 0271)

Elektrofischereianlagen
Zusatzfestlegungen .... DIN VDE 0105-5 (VDE 0105-5)

Elektrofischereigeräte .... DIN EN 60335-2-86 (VDE 0700-86)
E DIN EN 60335-2-86 (VDE 0700-86)
DIN EN 60335-2-86/A12 (VDE 0700-86/A12)

Elektro-Flurförderzeuge
Geräte-Steckvorrichtungen .... DIN VDE 0623-589 (VDE 0623-589)

Elektrogeräte
Haushaltsgeräte
– Ringversuche .... DIN IEC/TR 62970 (VDE 0705-2970)
Kennzeichnung .... DIN EN 50419 (VDE 0042-10)

Elektrohobel .... DIN EN 62841-2-14 (VDE 0740-2-14)

Elektroinstallation
in Wohngebäuden .... VDE-Schriftenreihe Band 45
Kabelverschraubungen .... DIN EN 62444 (VDE 0619)

Elektroinstallation, biologische .... DIN VDE 0100-444 (VDE 0100-444)
E DIN IEC 60364-4-44/A2 (VDE 0100-444/A2)

Elektroinstallation, biologische .... DIN VDE 0100-444 (VDE 0100-444)
E DIN IEC 60364-4-44/A2 (VDE 0100-444/A2)

Elektroinstallationskanäle
Anwendung .... DIN VDE 0100-520 (VDE 0100-520)
E DIN VDE 0100-520-1 (VDE 0100-520-1)

Elektroinstallationskanalsysteme
allgemeine Anforderungen .... DIN EN 50085-1 (VDE 0604-1)
E DIN EN 61084-1 (VDE 0604-1)
freistehende Installationseinheiten .... DIN EN 50085-2-4 (VDE 0604-2-4)
E DIN EN 61084-2-4 (VDE 0604-2-4)
für Wand und Decke .... DIN EN 50085-2-1 (VDE 0604-2-1)
E DIN EN 61084-2-1 (VDE 0604-2-1)
Montage unterboden, bodenbündig, aufboden .... DIN EN 50085-2-2 (VDE 0604-2-2)
Montage unterflur, bodenbündig, aufflur .... E DIN EN 61084-2-2 (VDE 0604-2-2)
Verdrahtungskanäle
– zum Einbau in Schaltschränke .... DIN EN 50085-2-3 (VDE 0604-2-3)
E DIN EN 61084-2-3 (VDE 0604-2-3)

Elektroinstallationskanalsysteme
allgemeine Anforderungen .... E DIN EN 61084-1 (VDE 0604-1)
freistehende Installationseinheiten .... E DIN EN 61084-2-4 (VDE 0604-2-4)
für Wand- und Deckenmontage .... E DIN EN 61084-2-1 (VDE 0604-2-1)

Elektroinstallationsrohre .... DIN VDE 0100-520 (VDE 0100-520)
E DIN VDE 0100-520-1 (VDE 0100-520-1)

Elektroinstallationsrohre, erdverlegte
Abdeckplatten zur Lagekennzeichnung .... DIN EN 50520 (VDE 0605-500)

Elektroinstallationsrohrsysteme
allgemeine Anforderungen .... DIN EN 61386-1 (VDE 0605-1)
biegsame .... DIN EN 61386-22 (VDE 0605-22)
E DIN EN IEC 61386-22 (VDE 0605-22)
erdverlegte .... E DIN EN 50626-1 (VDE 0605-626-1)

flexible .... E DIN EN 50626-2 (VDE 0605-626-2)
                                                    E DIN EN IEC 61386-23 (VDE 0605-23)
Formstücke und Installationsmaterial
 – Verwendung mit Stahlpanzerrohr .... E DIN EN 61950 (VDE 0604-1950)
Rohrhalter .... DIN EN 61386-25 (VDE 0605-25)

Elektroinstallationsrohrsysteme, biegsame .... DIN EN 61386-22 (VDE 0605-22)
                                                    E DIN EN IEC 61386-22 (VDE 0605-22)
 für elektrische Energie und für Information ..... E DIN EN IEC 61386-22 (VDE 0605-22)

Elektroinstallationsrohrsysteme, erdverlegte ...... DIN EN 61386-24 (VDE 0605-24)
 für Fernmeldekabel .... E DIN EN 50626-1 (VDE 0605-626-1)
                                                 E DIN EN 50626-2 (VDE 0605-626-2)
 für isolierte elektrische Kabel .... E DIN EN 50626-1 (VDE 0605-626-1)
                                                 E DIN EN 50626-2 (VDE 0605-626-2)
 Schutz und Führung
 – isolierter elektrischer Kabel oder Fernmeldekabel .... E DIN EN 50626-1 (VDE 0605-626-1)
                                                 E DIN EN 50626-2 (VDE 0605-626-2)

Elektroinstallationsrohrsysteme, flexible .... DIN EN 61386-23 (VDE 0605-23)
                                                    E DIN EN IEC 61386-23 (VDE 0605-23)
 für elektrische Energie und für Informationen .... E DIN EN IEC 61386-23 (VDE 0605-23)

Elektroinstallationsrohrsysteme, starre .... DIN EN 61386-21 (VDE 0605-21)
                                                    E DIN EN IEC 61386-21 (VDE 0605-21)
 für elektrische Energie und für Informationen .... E DIN EN IEC 61386-21 (VDE 0605-21)

Elektroinstallationsrohrsysteme für elektrische Energie und für Information
 allgemeine Anforderungen .... DIN EN 61386-1 (VDE 0605-1)

Elektroinstallationsschlauchsysteme, flüssigkeitsdichte .... DIN EN 50369 (VDE 0605-100)
                                                    DIN EN 61386-1 (VDE 0605-1)

Elektroinstallationssysteme
 für elektrische Energie und Information
 – Prüfverfahren für Halogengehalt .... DIN EN 50642 (VDE 0604-2-100)
 Halogengehalt
 – Prüfverfahren .... DIN EN 50642 (VDE 0604-2-100)

Elektroisolierflüssigkeiten
 Anforderungen .... DIN VDE 0380-5 (VDE 0380-5)
                                                DIN EN 61198 (VDE 0380-6)
 ungebrauchte Silikonisolierflüssigkeiten
 – Anforderungen .... DIN EN 60836 (VDE 0374-10)
 Wartung .... DIN IEC 60944 (VDE 0374-2)

Elektroisolierlacke
 Begriffe und allgemeine Anforderungen .... DIN EN 60464-1 (VDE 0360-1)
 heißhärtende Tränklacke .... DIN EN 60464-3-2 (VDE 0360-3-2)
 kalthärtende Überzugslacke .... DIN EN 60464-3-1 (VDE 0360-3-1)
 Prüfverfahren .... DIN EN 60464-2 (VDE 0360-2)

Elektroisolierstoffe
 Beschichtungen für Leiterplatten
 – allgemeine Anforderungen .... DIN EN 61086-1 (VDE 0361-1)
 – Klasse I, II und III .... DIN EN 61086-3-1 (VDE 0361-3-1)
 Beständigkeit gegen Kriechwegbildung und Abnutzung

– Prüfverfahren	E DIN EN 60587 (VDE 0303-10)
Beständigkeit gegen Kriechwegbildung und Erosion	DIN EN 61302 (VDE 0303-12)
– Prüfverfahren	DIN EN 60587 (VDE 0303-10)
	E DIN EN 60587 (VDE 0303-10)
Bestrahlungsverfahren	DIN EN 60544-2 (VDE 0306-2)
Durchschlagfestigkeit	DIN EN 60243-1 (VDE 0303-21)
Einsatz unter Strahlung	DIN EN 60544-4 (VDE 0306-4)
elektrolytische Korrosionswirkung	DIN EN 60426 (VDE 0303-6)
Ester	DIN EN 61203 (VDE 0375-2)
flexible Mehrschicht-	
– Definitionen und allgemeine Anforderungen	DIN EN 60626-1 (VDE 0316-1)
– Prüfverfahren	DIN EN 60626-2 (VDE 0316-2)
Isolierpapier	DIN EN 60626-3 (VDE 0316-3)
Isolierpressstoff	DIN EN 60626-3 (VDE 0316-3)
Langzeitverhalten	DIN EN 60216-4-2 (VDE 0304-24-2)
	DIN EN 60216-4-3 (VDE 0304-24-3)
Mehrschichtisolierstoffe	
– Bestimmungen für einzelne Materialien	DIN EN 60626-3 (VDE 0316-3)
Polymerisationsgrad	
– Messung	DIN EN 60450 (VDE 0311-21)
Pressspan	DIN EN 60626-3 (VDE 0316-3)
Pressstoff	DIN EN 60626-3 (VDE 0316-3)
Prüfung	DIN EN 60544-2 (VDE 0306-2)
Prüfverfahren für die Hydrolysebeständigkeit	
– gehärtete Formstoffe	DIN EN 61234-2 (VDE 0349-2)
– Kunststofffolien	DIN EN 61234-1 (VDE 0349-1)
Reaktionsharzmassen	
– Prüfverfahren	DIN EN 60455-2 (VDE 0355-2)
runde Rohre und Stäbe	
– aus Schichtpressstoffen	DIN EN 61212-2 (VDE 0319-2)
Schichtpressstoffe	DIN EN 60626-3 (VDE 0316-3)
	DIN EN 61212-2 (VDE 0319-2)
Tafeln auf der Basis von Silikonharzen	DIN EN IEC 60893-3-6 (VDE 0318-3-6)
thermische Langzeiteigenschaften	DIN EN 60216-2 (VDE 0304-22)
	DIN IEC/TS 60216-7-1 (VDE V 0304-7-1)
thermische Langzeitkennwerte	
– Festzeitrahmenverfahren	DIN EN 60216-6 (VDE 0304-26)
	E DIN EN IEC 60216-6 (VDE 0304-26)
thermischer Lebensdauer-Index	DIN EN 60216-5 (VDE 0304-25)
	E DIN EN IEC 60216-5 (VDE 0304-25)
	E DIN EN IEC 60216-6 (VDE 0304-26)
thermisches Langzeitverhalten	
– Anweisungen zur Berechnung thermischer Langzeitkennwerte	
	E DIN EN 60216-3 (VDE 0304-23)
– Berechnung thermischer Langzeitkennwerte	DIN EN 60216-3 (VDE 0304-23)
	E DIN EN 60216-3 (VDE 0304-23)
	DIN EN 60216-8 (VDE 0304-8)
– Bestimmung des relativen Temperaturindexes (RTI)	E DIN EN IEC 60216-5 (VDE 0304-25)
	E DIN EN IEC 60216-6 (VDE 0304-26)
Wärmeschränke für die Warmlagerung	DIN EN 60216-4-1 (VDE 0304-4-1)
Wirkung ionisierender Strahlung	DIN EN 60544-1 (VDE 0306-1)
	DIN EN 60544-2 (VDE 0306-2)

Elektroisolierstoffe, zellulosehaltige
viskosimetrischer Polymerisationsgrad .... DIN EN 60450 (VDE 0311-21)

Elektroisolierstoffe, feste
Prüfung .... DIN EN 60212 (VDE 0308-1)
Prüfverfahren für Vulkanfiber .... E DIN EN IEC 60667-2 (VDE 0312-200)
Vulkanfiber .... E DIN EN IEC 60667-1 (VDE 0312-100)
E DIN EN IEC 60667-3-1 (VDE 0312-301)

Elektroisolierung
quarzmehlgefüllte Epoxidharzmassen .... DIN EN 60455-3-2 (VDE 0355-3-2)
ungefüllte Epoxidharzmassen .... DIN EN 60455-3-1 (VDE 0355-3-1)
ungefüllte Polyurethanharzmassen .... DIN EN 60455-3-3 (VDE 0355-3-3)

Elektrokardiografen .... DIN EN 60601-2-25 (VDE 0750-2-25)
DIN EN 60601-2-27 (VDE 0750-2-27)
E DIN EN IEC 80601-2-86 (VDE 0750-2-86)

Elektrokardiografische Systeme, ambulante .... DIN EN 60601-2-47 (VDE 0750-2-47)
E DIN EN IEC 80601-2-86 (VDE 0750-2-86)

Elektrokardiografische Überwachungsgeräte .... DIN EN 60601-2-27 (VDE 0750-2-27)
E DIN EN IEC 80601-2-86 (VDE 0750-2-86)

Elektroleichtfahrzeuge
definierte Kommunikationsparameter .... E DIN IEC/TS 61851-3-5 (VDE V 0122-3-5)
Kommunikation: Batteriesystem .... E DIN IEC/TS 61851-3-7 (VDE V 0122-3-7)
Kommunikation: Begriffe und EMSC .... E DIN IEC/TS 61851-3-4 (VDE V 0122-3-4)
Kommunikation: Spannungswandler .... E DIN IEC/TS 61851-3-6 (VDE V 0122-3-6)
konduktive AC- und DC-Stromversorgungssysteme .. E DIN IEC/TS 61851-3-1 (VDE V 0122-3-1)
konduktive externe DC-Stromversorgungssysteme ... E DIN IEC/TS 61851-3-2 (VDE V 0122-3-2)
E DIN IEC/TS 61851-3-3 (VDE V 0122-3-3)

Elektrolumineszenz
Photovoltaikmodule .... DIN IEC/TS 60904-13 (VDE V 0126-4-13)

Elektrolysatoren
für den Hausgebrauch .... DIN EN 60335-2-108 (VDE 0700-108)

Elektrolyte und Wasser
für geschlossene Blei-Säure-Batterien
– Anforderungen an Elektrolyte .... DIN EN 62877-1 (VDE 0510-50)
– Anforderungen an Wasser .... DIN EN 62877-2 (VDE 0510-51)

Elektrolyte
für Blei-Säure-Batterien (geschlossen) .... DIN EN 62877-1 (VDE 0510-50)

Elektrolytkondensatoren (Aluminium-)
mit nicht festen Elektrolyten
– für Bahnfahrzeuge .... DIN EN 61881-2 (VDE 0115-430-2)

Elektrolytkondensatorpapiere .... DIN VDE 0311-10 (VDE 0311-10)
DIN VDE 0311-34 (VDE 0311-34)

Elektromagnetische Bearbeitungsprozesse
Anlagen für .... DIN EN IEC 60519-1 (VDE 0721-1)

Elektromagnetische Beeinflussung
Modelle integrierter Schaltungen

- abgestrahlte Aussendungen (ICEM-RE) .... DIN EN 62433-3 (VDE 0847-33-3)
- leitungsgeführte Aussendungen (ICEM-CE) .... DIN EN 62433-2 (VDE 0847-33-2)
- leitungsgeführte Impulse (ICIM-CPI) .... E DIN EN 62433-6 (VDE 0847-33-6)

Elektromagnetische Beeinflussung (EMB)
von Hochspannungsanlagen .... DIN EN 50443 (VDE 0845-8)
von Hochspannungswechselstrombahnen .... DIN EN 50443 (VDE 0845-8)
elektromagnetische Beeinflussung
- abgestrahlte Aussendungen (ICEM-RE) .... DIN EN 62433-3 (VDE 0847-33-3)
- leitungsgeführte Aussendungen (ICEM-CE) .... DIN EN 62433-2 (VDE 0847-33-2)
elektromagnetischer Modellierungsansatz
- Störfestigkeit .... DIN EN IEC 62433-1 (VDE 0847-33-1)
HF-Störfestigkeit
- leistungsgeführte Störungen (ICIM-CI) .... DIN EN 62433-4 (VDE 0847-33-4)
Modelle integrierter Schaltungen
- leitungsgeführte Impulse (ICIM-CPI) .... E DIN EN 62433-6 (VDE 0847-33-6)
Störfestigkeit gegen Impulse
- leitungsgeführte Impulse (ICIM-CPI) .... E DIN EN 62433-6 (VDE 0847-33-6)

Elektromagnetische Eigenschaften von linearen Kabelführungssystemen
.... DIN CLC/TR 50659 (VDE 0604-2-200)
elektromagnetische Felder
- Exposition von Personen .... DIN EN IEC 62822-1 (VDE 0545-22)
DIN EN IEC 62822-3 (VDE 0545-24)
Exposition durch elektromagnetische Felder
- Konformitätsprüfung .... DIN EN IEC 62822-1 (VDE 0545-22)

Elektromagnetische Felder
Explosionsschutz .... DIN VDE 0848-5 (VDE 0848-5)
Exposition von Personen .... DIN EN 50364 (VDE 0848-364)
DIN EN 50384 (VDE 0848-384)
DIN EN 50385 (VDE 0848-385)
DIN EN 50401 (VDE 0848-401)
E DIN EN 50401/A1 (VDE 0848-401/A1)
DIN EN 50413 (VDE 0848-1)
DIN EN 50665 (VDE 0848-665)
DIN EN 62232 (VDE 0848-232)
DIN EN IEC 62311 (VDE 0848-311)
- mit implantierbaren medizinischen Geräten .... DIN EN 50527-1 (VDE 0848-527-1)
DIN EN 50527-2-1 (VDE 0848-527-2-1)
DIN EN 50527-2-2 (VDE 0848-527-2-2)
- mit Kardioverter-Defibrillatoren (IKDs) .... DIN EN 50527-2-2 (VDE 0848-527-2-2)
- Verfahren zur Beurteilung .... DIN EN 50499 (VDE 0848-499)
Mobilfunkstationen und schnurlose TK-Anlagen
- Konformitätsüberprüfung .... DIN EN 50384 (VDE 0848-384)
DIN EN 50385 (VDE 0848-385)
DIN EN 50401 (VDE 0848-401)
DIN EN 62232 (VDE 0848-232)
- Sicherheit von Personen .... DIN EN 62232 (VDE 0848-232)
Schutz von Personen .... DIN EN 62232 (VDE 0848-232)
Sicherheit von Personen .... DIN EN 50401 (VDE 0848-401)
DIN EN 62209-1 (VDE 0848-209-1)
DIN EN 62209-2 (VDE 0848-209-2)
E DIN EN IEC 62209-3 (VDE 0848-209-3)

von Artikelüberwachungsgeräten
– Exposition von Personen .... DIN EN 62369-1 (VDE 0848-369-1)
von Beleuchtungseinrichtungen
– Exposition von Personen .... DIN EN 62493 (VDE 0848-493)
von elektrischen Haushaltsgeräten
– Sicherheit von Personen .... DIN EN 62233 (VDE 0700-366)
von elektrischen und elektronischen Einrichtungen
– Begrenzung der Exposition von Personen .... DIN EN IEC 62311 (VDE 0848-311)
von Hochspannungs-Schaltgerätekombinationen .... DIN CLC/TR 62271-208 (VDE 0671-208)
von Lichtbogen-Schweißeinrichtungen
– Exposition von Personen .... DIN EN IEC 62822-1 (VDE 0545-22)
von Rundfunksendern
– Grundnorm .... DIN EN 50420 (VDE 0848-420)
                  DIN EN 50475 (VDE 0848-475)
– Produktnorm .... DIN EN 50421 (VDE 0848-421)
                  DIN EN 50476 (VDE 0848-476)
von Schweißeinrichtungen
– Begrenzung der Exposition von Personen .... DIN EN 62822-2 (VDE 0545-23)
von Widerstands-Schweißeinrichtungen
– Exposition von Personen .... DIN EN IEC 62822-1 (VDE 0545-22)
                  DIN EN IEC 62822-3 (VDE 0545-24)

Elektromagnetische Felder, hochfrequente
110 MHz bis 100 GHz
– Exposition von Personen .... E DIN EN 50401/A1 (VDE 0848-401/A1)
Exposition von Personen .... E DIN EN 50401/A1 (VDE 0848-401/A1)

Elektromagnetische Feldstärke
am Betriebsort von Basisstationen
– Messung .... DIN EN 62232 (VDE 0848-232)

Elektromagnetische Geräte
allgemeine Bestimmungen .... DIN VDE 0580 (VDE 0580)

Elektromagnetische Komponenten
allgemeine Bestimmungen .... DIN VDE 0580 (VDE 0580)

Elektromagnetische Ortungsgeräte
für unter Erde verlegte Rohre und Kabel .... DIN EN 50249 (VDE 0403-10)

Elektromagnetische Störgrößen
medizinischer elektrischer Geräte
– Anforderungen und Prüfungen .... DIN EN 60601-1-2 (VDE 0750-1-2)
                  E DIN EN 60601-1-2/A1 (VDE 0750-1-2/A1)

Elektromagnetische Störungen .... DIN EN 60940 (VDE 0565)
Drosselspulen zur Unterdrückung .... DIN EN 60938-1 (VDE 0565-2)
                  E DIN EN IEC 60938-1 (VDE 0565-2)
                  DIN EN 60938-2 (VDE 0565-2-1)
                  DIN EN 60940 (VDE 0565)
Filtereinheiten zur Unterdrückung .... DIN EN 60939-1 (VDE 0565-3)
                  DIN EN 60940 (VDE 0565)
Kondensatoren zur Unterdrückung .... DIN EN 60940 (VDE 0565)
Netzdrosselspulen zur Unterdrückung .... E DIN EN IEC 60938-2 (VDE 0565-2-1)

Unterdrückung .... DIN EN 60938-2-2 (VDE 0565-2-3)
DIN EN 60940 (VDE 0565)
Widerstände zur Unterdrückung .... DIN EN 60940 (VDE 0565)

Elektromagnetische Störfestigkeit
von integrierten Schaltungen .... DIN EN 62132-1 (VDE 0847-22-1)
DIN EN 62132-2 (VDE 0847-22-2)
DIN EN 62132-8 (VDE 0847-22-8)
DIN IEC/TS 62132-9 (VDE V 0847-22-9)

Elektromagnetische Strahlung .... DIN VDE 0100-444 (VDE 0100-444)
E DIN IEC 60364-4-44/A2 (VDE 0100-444/A2)

Elektromagnetische Verträglichkeit (EMV)
Bahnanwendungen
– Allgemeines .... DIN EN 50121-1 (VDE 0115-121-1)
– Geräte .... DIN EN 50121-3-2 (VDE 0115-121-3-2)
DIN EN 50121-3-2/A1 (VDE 0115-121-3-2/A1)
– ortsfeste Anlagen und Bahnenergieversorgung .... DIN EN 50121-5 (VDE 0115-121-5)
DIN EN 50121-5/A1 (VDE 0115-121-5/A1)
– Signal- und Telekommunikationseinrichtungen .... DIN EN 50121-4 (VDE 0115-121-4)
DIN EN 50121-4/A1 (VDE 0115-121-4/A1)
– Störaussendungen des Bahnsystems in die Außenwelt ... DIN EN 50121-2 (VDE 0115-121-2)
– Zug und gesamtes Fahrzeug .... DIN EN 50121-3-1 (VDE 0115-121-3-1)
DIN EN 50121-3-1/A1 (VDE 0115-121-3-1/A1)
elektromagnetische Beeinflussung
– abgestrahlte Aussendungen (ICEM-RE) .... DIN EN 62433-3 (VDE 0847-33-3)
– leitungsgeführte Aussendungen (ICEM-CE) .... DIN EN 62433-2 (VDE 0847-33-2)
– leitungsgeführte Impulse (ICIM-CPI) .... E DIN EN 62433-6 (VDE 0847-33-6)
elektromagnetische Phänomene .... DIN EN 61000-1-2 (VDE 0839-1-2)
elektronische Geräte in Fahrzeugen .... DIN EN 50498 (VDE 0879-498)
Entladung statischer Elektrizität .... DIN EN 61000-4-2 (VDE 0847-4-2)
Fehlerstromschutzeinrichtungen
– für Hausinstallationen .... DIN EN 61543 (VDE 0664-30)
Flurförderzeuge .... DIN EN 12895 (VDE 0117-895)
funktionale Sicherheit
– elektromagnetische Phänomene .... DIN EN 61000-1-2 (VDE 0839-1-2)
– von elektrischen und elektronischen Einrichtungen .... DIN EN 61000-1-2 (VDE 0839-1-2)
– von elektrischen und elektronischen Geräten .... DIN EN 61000-1-2 (VDE 0839-1-2)
– von elektrischen und elektronischen Systemen .... DIN EN 61000-1-2 (VDE 0839-1-2)
Geräte für Fernsehsignale, Tonsignale und interaktive Dienste
.... DIN EN 50083-2 (VDE 0855-200)
E DIN EN 50083-2/A2 (VDE 0855-200/A2)
Geräte zur Detektion von Gasen .... DIN EN 50270 (VDE 0843-30)
E DIN EN 50270 (VDE 0843-30)
Grenzwerte
– Bemessungsstrom ≤ 75 A .... E DIN EN 61000-3-11 (VDE 0838-11)
Grenzwerte für Oberschwingungsströme .... Beiblatt 1 DIN EN 61000-3-12 (VDE 0838-12)
DIN EN 61000-3-12 (VDE 0838-12)
E DIN EN 61000-3-12/A1 (VDE 0838-12/A1)
DIN EN IEC 61000-3-2 (VDE 0838-2)
E DIN EN IEC 61000-3-2/A1 (VDE 0838-2/A1)
– Geräte und Einrichtungen zum Anschluss an öffentliche Niederspannungsnetze
.... E DIN EN 61000-3-12/A1 (VDE 0838-12/A1)

Haushaltsgeräte und Elektrowerkzeuge
- Störfestigkeit – Produktfamiliennorm .... DIN EN 55014-2 (VDE 0875-14-2)
E DIN EN IEC 55014-2 (VDE 0875-14-2)
HF-Störfestigkeit
- leistungsgeführte Störungen (ICIM-CI) .... DIN EN 62433-4 (VDE 0847-33-4)
Hörgeräte .... DIN EN 60118-13 (VDE 0750-11)
E DIN IEC 60118-13 (VDE 0750-11)
Installationsrichtlinien .... DIN EN 61000-5-5 (VDE 0847-5-5)
DIN EN 61000-5-7 (VDE 0847-5-7)
Kabelnetze für Fernseh- und Tonsignale .... DIN EN 50083-8 (VDE 0855-8)
Lichtbogenschweißeinrichtungen .... DIN EN 60974-10 (VDE 0544-10)
E DIN EN 60974-10 (VDE 0544-10)
medizinischer elektrischer Geräte
- Anforderungen und Prüfungen .... DIN EN 60601-1-2 (VDE 0750-1-2)
E DIN EN 60601-1-2/A1 (VDE 0750-1-2/A1)
Messgeräte .... DIN EN 60868-0 (VDE 0846)
DIN EN 61000-4-23 (VDE 0847-4-23)
Messrelais und Schutzeinrichtungen .... DIN EN 60255-26 (VDE 0435-320)
E DIN EN 60255-26 (VDE 0435-320)
Messung von gestrahlten Störaussendungen
- industrielle, wissenschaftliche und medizinische Geräte .... DIN EN 55011 (VDE 0875-11)
E DIN EN 55011/A2 (VDE 0875-11/A2)
Multimediaeinrichtungen .... DIN EN 55032 (VDE 0878-32)
E DIN EN 55032/A1 (VDE 0878-32/A1)
Multimediageräte .... DIN EN 55032 (VDE 0878-32)
E DIN EN 55032/A1 (VDE 0878-32/A1)
DIN EN 55035 (VDE 0878-35)
Oberschwingungsströme .... DIN EN IEC 61000-3-2 (VDE 0838-2)
E DIN EN IEC 61000-3-2/A1 (VDE 0838-2/A1)
Prüf- und Messverfahren .... DIN EN 61000-4-10 (VDE 0847-4-10)
DIN EN 61000-4-23 (VDE 0847-4-23)
DIN EN 61000-4-31 (VDE 0847-4-31)
DIN EN 61000-4-9 (VDE 0847-4-9)
- Flickermeter .... DIN EN 61000-4-15 (VDE 0847-4-15)
- für TEM-Wellenleiter .... DIN EN 61000-4-20 (VDE 0847-4-20)
- Geräte mit Eingangsstrom bis einschließlich 16 A je Leiter
.... E DIN EN IEC 61000-4-11 (VDE 0847-4-11)
- Messung der Spannungsqualität .... DIN EN 61000-4-30 (VDE 0847-4-30)
- Modenverwirbelungskammer .... DIN EN 61000-4-21 (VDE 0847-4-21)
- Oberschwingungen und Zwischenharmonische .... DIN EN 61000-4-7 (VDE 0847-4-7)
- Prüfung der Störfestigkeit bei gestrahlten Feldern im Nahbereich
.... DIN EN 61000-4-39 (VDE 0847-4-39)
- Störfestigkeit gegen gedämpft schwingende Wellen DIN EN IEC 61000-4-18 (VDE 0847-4-18)
- Störfestigkeit gegen gedämpfte Sinusschwingungen .... DIN EN 61000-4-10 (VDE 0847-4-10)
DIN EN 61000-4-12 (VDE 0847-4-12)
- Störfestigkeit gegen HEMP-Störgrößen .... DIN EN 61000-4-11 (VDE 0847-4-11)
E DIN EN 61000-4-11 (VDE 0847-4-11)
DIN EN 61000-4-24 (VDE 0847-4-24)
DIN EN 61000-4-25 (VDE 0847-4-25)
DIN EN 61000-4-29 (VDE 0847-4-29)
- Störfestigkeit gegen hochfrequente Felder .... DIN EN 61000-4-3 (VDE 0847-4-3)
E DIN EN IEC 61000-4-3 (VDE 0847-4-3)
- Störfestigkeit gegen Kurzzeitunterbrechungen .... DIN EN 61000-4-34 (VDE 0847-4-34)

- Störfestigkeit gegen leitungsgeführte breitbandige Störgrößen
  .... DIN EN 61000-4-31 (VDE 0847-4-31)
- Störfestigkeit gegen leitungsgeführte Störgrößen .... DIN EN 61000-4-16 (VDE 0847-4-16)
  DIN EN 61000-4-19 (VDE 0847-4-19)
- Störfestigkeit gegen Netzfrequenzschwankungen .... DIN EN 61000-4-28 (VDE 0847-4-28)
- Störfestigkeit gegen Oberschwingungen und Zwischenharmonische
  .... DIN EN 61000-4-13 (VDE 0847-4-13)
- Störfestigkeit gegen Spannungseinbrüche .... DIN EN 61000-4-34 (VDE 0847-4-34)
- Störfestigkeit gegen Spannungsschwankungen .... DIN EN 61000-4-14 (VDE 0847-4-14)
  DIN EN 61000-4-34 (VDE 0847-4-34)
- Störfestigkeit gegen Stoßspannungen .... DIN EN 61000-4-5 (VDE 0847-4-5)
- Störfestigkeit gegen Wechselspannungsanteile .... DIN EN 61000-4-17 (VDE 0847-4-17)
- Übersicht über Reihe IEC 61000-4 .... DIN EN 61000-4-1 (VDE 0847-4-1)
- Verfahren zur Messung der Spannungsqualität .... DIN EN 61000-4-30 (VDE 0847-4-30)
  Sicherheitsleittechnik von Kernkraftwerken .... DIN EN IEC 61225 (VDE 0491-8-3)
  Signalübertragung
- in Niederspannungsnetzen .... DIN EN 61000-2-2 (VDE 0839-2-2)
- in öffentlichen Niederspannungsnetzen .... DIN EN 61000-2-2 (VDE 0839-2-2)
  Störaussendung
- Anforderungen an Haushaltsgeräte, Elektrowerkzeuge und ähnliche Elektrogeräte
  .... DIN EN 55014-1 (VDE 0875-14-1)
  E DIN EN IEC 55014-1 (VDE 0875-14-1)
- Geschäftsbereich .... E DIN EN IEC 61000-6-8 (VDE 0839-6-8)
- Gewerbebereich .... E DIN EN IEC 61000-6-8 (VDE 0839-6-8)
- Kleinbetriebe .... E DIN EN IEC 61000-6-8 (VDE 0839-6-8)
- Kraftwerke .... DIN EN 61000-6-5 (VDE 0839-6-5)
- professionell genutzte Geräte .... E DIN EN IEC 61000-6-8 (VDE 0839-6-8)
- Schaltstationen .... DIN EN 61000-6-5 (VDE 0839-6-5)
- Wohn-, Geschäfts- und Gewerbebereich, Kleinbetriebe .... DIN EN 61000-6-3 (VDE 0839-6-3)
  E DIN EN 61000-6-3-100 (VDE 0839-6-3-100)
  Störaussendung für Industriebereiche .... DIN EN IEC 61000-6-4 (VDE 0839-6-4)
  DIN EN 61000-6-7 (VDE 0839-6-7)

Störfestigkeit
- gegen hochfrequente elektromagnetische Felder .... DIN EN 61000-4-3 (VDE 0847-4-3)
  E DIN EN IEC 61000-4-3 (VDE 0847-4-3)
- gegen leitungsgeführte Störgrößen .... DIN EN 61000-4-6 (VDE 0847-4-6)
- gegen Magnetfelder .... DIN EN 61000-4-8 (VDE 0847-4-8)
- gegen schnelle transiente Störgrößen/Burst .... DIN EN 61000-4-4 (VDE 0847-4-4)
- gegen Stoßspannungen .... DIN EN 61000-4-5 (VDE 0847-4-5)
- gegen Unsymmetrie der Versorgungsspannung .... DIN EN 61000-4-27 (VDE 0847-4-27)
- gegen Wechselanteile an Gleichstrom-Netzanschlüssen
  .... DIN EN 61000-4-17/A2 (VDE 0847-4-17/A2)
- Geschäftsbereich .... DIN EN IEC 61000-6-1 (VDE 0839-6-1)
- Gewerbebereich .... DIN EN IEC 61000-6-1 (VDE 0839-6-1)
- Haushaltsgeräte und Elektrowerkzeuge .... DIN EN 55014-2 (VDE 0875-14-2)
  E DIN EN IEC 55014-2 (VDE 0875-14-2)
- Industriebereich .... DIN EN IEC 61000-6-2 (VDE 0839-6-2)
- Kleinbetriebe .... DIN EN IEC 61000-6-1 (VDE 0839-6-1)
- von Rundfunkempfängern .... Beiblatt 1 DIN EN 55020 (VDE 0872-20)
- Wohn-, Geschäfts- und Gewerbebereich .... DIN EN IEC 61000-6-1 (VDE 0839-6-1)
- Wohnbereich .... DIN EN IEC 61000-6-1 (VDE 0839-6-1)
  Störfestigkeit für Industriebereiche .... DIN EN IEC 61000-6-2 (VDE 0839-6-2)
  Störfestigkeit gegen asymmetrische Störgrößen

- Frequenzbereich 0 Hz bis 150 Hz .... DIN EN 61000-4-16 (VDE 0847-4-16)
Störfestigkeitsprüfverfahren .... DIN EN 61000-4-10 (VDE 0847-4-10)
  DIN EN 61000-4-31 (VDE 0847-4-31)
  DIN EN 61000-4-6 (VDE 0847-4-6)
Störminderungstransformatoren .... DIN EN 61558-2-19 (VDE 0570-2-19)
Straßenverkehrssignalanlagen .... DIN EN 50293 (VDE 0832-200)
Stromversorgungsgeräte .... DIN EN IEC 61204-3 (VDE 0557-3)
Umgebungsbedingungen .... DIN EN 61000-2-10 (VDE 0839-2-10)
  DIN EN 61000-2-9 (VDE 0839-2-9)
- niederfrequente leitungsgeführte Störgrößen .... DIN EN 61000-2-12 (VDE 0839-2-12)
Verträglichkeitspegel
- für niederfrequente leitungsgeführte Störgrößen .... DIN EN 61000-2-2 (VDE 0839-2-2)
- in Niederspannungsversorgungsnetzen .... DIN EN 61000-2-2 (VDE 0839-2-2)
- in Niederspannungsnetzen .... DIN EN 61000-2-2 (VDE 0839-2-2)
- in öffentlichen Niederspannungsnetzen .... DIN EN 61000-2-2 (VDE 0839-2-2)
- Signalübertragung in öffentlichen Niederspannungsversorgungnetzen
.... DIN EN 61000-2-2 (VDE 0839-2-2)
- Signalübertragung in öffentlichen Niederspannungsnetzen DIN EN 61000-2-2 (VDE 0839-2-2)
Vollabsorberräume
- Messung der Störaussendung .... DIN EN 61000-4-22 (VDE 0847-4-22)
von Kabelnetzen .... DIN EN 50083-8 (VDE 0855-8)
von statischen Transfersystemen .... DIN EN 62310-2 (VDE 0558-310-2)
von Stromversorgungsgeräten für Niederspannung .... DIN EN IEC 61204-3 (VDE 0557-3)
Weitverkehrsfunkrufeinrichtungen .... DIN ETS 300 741 (VDE 0878-741)
Werkzeugmaschinen
- Störaussendung .... DIN EN 50370-1 (VDE 0875-370-1)
- Störfestigkeit .... DIN EN 50370-2 (VDE 0875-370-2)
Widerstands-Schweißeinrichtungen .... DIN EN 62135-2 (VDE 0545-2)
Widerstandsschweißeinrichtungen .... DIN EN 62135-2 (VDE 0545-2)
  E DIN EN 62135-2 (VDE 0545-2)
Windenergieanlagen .... E DIN EN IEC 61400-40 (VDE 0127-40)

Elektromagnetische Verträglichkeit, siehe auch EMV

Elektromagnetische Verträglichkeit
Achszähler
- Prüfung von Fahrzeugen .... DIN EN 50592 (VDE 0115-592)
Anforderungen an Haushaltsgeräte, Elektrowerkzeuge und ähnliche Elektrogeräte
- Störaussendung .... DIN EN 55014-1 (VDE 0875-14-1)
  E DIN EN IEC 55014-1 (VDE 0875-14-1)
Rufanlagen in Krankenhäusern, Pflegeheimen
- und ähnlichen Einrichtungen .... DIN VDE 0834-2 (VDE 0834-2)
Widerstandsschweißeinrichtungen .... E DIN EN 62135-2 (VDE 0545-2)

Elektromechanische Elementarrelais
allgemeine Anforderungen .... DIN EN 61810-1/A1 (VDE 0435-201/A1)
allgemeine und Sicherheitsanforderungen .... DIN EN 61810-1 (VDE 0435-201)
  DIN EN 61810-1/A1 (VDE 0435-201/A1)
Funktionsfähigkeit
- (Zuverlässigkeit) .... DIN EN 61810-2 (VDE 0435-120)
Funktionsfähigkeit (Zuverlässigkeit)
- Verfahren zum Nachweis der B10-Werte ...... DIN EN 61810-2-1 (VDE 0435-120-1)
Hochleistungsrelais
- funktionale Aspekte und Sicherheitsanforderungen .. DIN EN IEC 61810-10 (VDE 0435-2023)

Reedrelais
- allgemeine und Sicherheitsanforderungen .... E DIN EN IEC 61810-4 (VDE 0435-2024)
Relais mit (mechanisch) zwangsgeführten Kontakten .... DIN EN 61810-3 (VDE 0435-2022)
Sicherheitsanforderungen .... DIN EN 61810-1/A1 (VDE 0435-201/A1)

Elektromechanische Telekom-Elementarrelais
mit bewerteter Qualität .... DIN EN 61811-1 (VDE 0435-210)

Elektromobilität .... VDE-Anwendungsregel VDE-AR-E 2418-3-100
DIN EN IEC 61851-1 (VDE 0122-1)
E DIN EN 61851-23-1 (VDE 0122-2-31)
DIN EN 61851-24 (VDE 0122-2-4)
E DIN EN 61851-24 (VDE 0122-2-4)
DIN EN IEC 62660-1 (VDE 0510-33)
Anforderungen der elektrischen Sicherheit .... VDE-Schriftenreihe Band 174
Messsysteme für Ladeeinrichtungen .... VDE-Anwendungsregel VDE-AR-E 2418-3-100
Plug and Charge
- Automobilhersteller (OEM) .... VDE-Anwendungsregel VDE-AR-E 2802-100-1
Public-Key-Infrastruktur
- PKI .... VDE-Anwendungsregel VDE-AR-E 2802-100-1
Versorgungseinrichtungen
- Authentifizierung zur Nutzung .... E VDE-Anwendungsregel VDE-AR-E 2532-100

Elektromotoren
explosionsgeschützte .... VDE-Schriftenreihe Band 64

Elektro-Motorgeräte
Instandsetzung, Änderung und Prüfung .... VDE-Schriftenreihe Band 62

Elektromyografen .... DIN EN 60601-2-40 (VDE 0750-2-40)

Elektronenbeschleuniger
im Bereich von 1 MeV bis 50 MeV
- zur Strahlentherapie .... DIN EN 60601-2-1 (VDE 0750-2-1)
E DIN EN 60601-2-1 (VDE 0750-2-1)
zur Strahlentherapie .... DIN EN 60601-2-1 (VDE 0750-2-1)
E DIN EN 60601-2-1 (VDE 0750-2-1)

Elektronenkanonen
in Elektrowärmeanlagen .... DIN EN 60519-7 (VDE 0721-7)
- Prüfverfahren .... DIN EN 60703 (VDE 0721-3032)

Elektronenlinearbeschleuniger
industrielle Ausrüstung
- für zerstörungsfreie Prüfung .... DIN EN IEC 62976 (VDE 0412-30)

Elektronik mit
Gaschromatografie-Massenspektrometrie
- (GC-MS) .... E DIN EN 62321-10 (VDE 0042-1-10)

Elektronik-Altgeräte
Vorbereitung zur Wiederverwendung .... E DIN VDE 0042-14 (VDE 0042-14)
VDE-Schriftenreihe Band 136

Elektronikgeräte
Kennzeichnung .... DIN EN 50419 (VDE 0042-10)

Elektronische Artikelüberwachung (EAS)
elektromagnetische Felder
– Exposition von Personen .... DIN EN 50364 (VDE 0848-364)

Elektronische Bauelemente
Langzeitlagerung elektronischer Halbleiterbauelemente
– Lagerung .... DIN EN IEC 62435-4 (VDE 0884-135-4)
Schutz gegen elektrostatische Phänomene .... DIN EN 61340-5-1 (VDE 0300-5-1)
DIN IEC/TR 61340-5-2 (VDE 0300-5-2)
DIN EN 61340-5-3 (VDE 0300-5-3)
DIN IEC/TR 61340-5-5 (VDE 0300-5-5)

Elektronische Bauteile
Langzeitlagerung elektronischer Bauteile
– Bauelemente der Mikrosystemtechnik .... E DIN EN IEC 62435-7 (VDE 0884-135-7)
– Daten .... E DIN EN 62435-3 (VDE 0884-135-3)
Langzeitlagerung elektronischer Halbleiterbauelemente
– Bauelemente in Gehäusen .... DIN EN 62435-1 (VDE 0884-135-1)
E DIN EN 62435-3 (VDE 0884-135-3)
DIN EN IEC 62435-6 (VDE 0884-135-6)
– Bauelemente in Gehäusen oder fertiggestellte Bauelemente
.... DIN EN IEC 62435-6 (VDE 0884-135-6)
– Fertiggestellte Bauelemente .... DIN EN IEC 62435-6 (VDE 0884-135-6)
– Schädigungsmechanismen .... DIN EN 62435-2 (VDE 0884-135-2)
Schalter .... DIN VDE 0630-12 (VDE 0630-12)

Elektronische Betriebsgeräte
für Lampen .... DIN EN 62733 (VDE 0712-4)

Elektronische Betriebsmittel
Ausrüstung von Starkstromanlagen .... DIN EN 50178 (VDE 0160)
für Bahnanwendungen .... E DIN EN 50155 (VDE 0115-200)
für Bahnen .... DIN EN 62625-1 (VDE 0115-625-1)
DIN EN 62625-1/A11 (VDE 0115-625-1/A11)
DIN EN 62625-2 (VDE 0115-625-2)
– Konformitätsprüfungen .... DIN EN 62625-2 (VDE 0115-625-2)
zur Informationsverarbeitung (EBI) in Starkstromanlagen .... DIN EN 50178 (VDE 0160)

Elektronische Einrichtungen
für Bahnfahrzeuge .... DIN EN 50155 (VDE 0115-200)
E DIN EN 50155 (VDE 0115-200)
Maße und Konstruktionsmerkmale
– für Baugruppenträger .... DIN EN 60297-3-107 (VDE 0687-297-3-107)
DIN EN 60297-3-108 (VDE 0687-297-3-108)
– für steckbare Baugruppen .... DIN EN 60297-3-107 (VDE 0687-297-3-107)
mechanische Bauweisen .... DIN EN 60297-3-109 (VDE 0687-297-3-109)
DIN EN 61587-1 (VDE 0687-587-1)
DIN EN 61587-2 (VDE 0687-587-2)
DIN EN 61587-3 (VDE 0687-587-3)
DIN EN 61587-4 (VDE 0687-587-4)
DIN EN 61587-5 (VDE 0687-587-5)
DIN EN 61587-6 (VDE 0687-587-6)

Elektronische Geräte
in der Bahnumgebung

– magnetische Felder .... DIN EN 50500 (VDE 0115-500)
DIN EN 50500/A1 (VDE 0115-500/A1)

Elektronische Leistungskompensatoren
Bahnanwendungen .... E DIN IEC 62590-3-1 (VDE 0115-590-31)

Elektronische Module
für Leuchten .... DIN EN 61347-2-11 (VDE 0712-41)
E DIN EN IEC 61347-2-11 (VDE 0712-41)

Elektronische Produkte
Umweltschutznormung .... DIN EN 62542 (VDE 0042-3)

Elektronische Schalter .... DIN VDE 0630-12 (VDE 0630-12)
für Haushalt und ähnliche Installationen .... DIN EN 60669-2-1 (VDE 0632-2-1)
DIN EN 60669-2-1/A12 (VDE 0632-2-1/A12)
E DIN EN 60669-2-1/A2 (VDE 0632-2-1/A2)
E DIN EN 60669-2-1/AA (VDE 0632-2-1/AA)
für Haushalt und ähnliche ortsfeste elektrische Installationen
.... E DIN IEC 60669-2-1 (VDE 0632-2-1)
E DIN EN 60669-2-1/AA (VDE 0632-2-1/AA)

Elektronische Systeme
sicherheitsbezogene programmierbare
– allgemeine Anforderungen .... DIN EN 61508-1 (VDE 0803-1)
– Anforderungen an sicherheitsbezogene Systeme .... DIN EN 61508-2 (VDE 0803-2)
– Anforderungen an Software .... DIN EN 61508-3 (VDE 0803-3)
– Anwendungsrichtlinie für IEC 61508-2 und IEC 61508-3 .... DIN EN 61508-6 (VDE 0803-6)
– Begriffe und Abkürzungen .... DIN EN 61508-4 (VDE 0803-4)
– Bestimmung von Sicherheitsintegritätslevel .... DIN EN 61508-5 (VDE 0803-5)
– Verfahren und Maßnahmen .... DIN EN 61508-7 (VDE 0803-7)
elektronische Textilien
– Dauerhaltbarkeit waschbare Freizeit- und Sportbekleidung des E-Textiliensystem
.... E DIN IEC 63203-204-1 (VDE 0750-31-1)
– Prüf- und Bewertungsverfahren für handschuhartige Bewegungssensoren
.... E DIN EN IEC 63203-402-1 (VDE 0750-35-1)
Funktionselemente
– Bewertungsverfahren für dehnbare Widerstandssensoren
.... E DIN IEC 63203-401-1 (VDE 0750-33-1)
Produkte und Systeme
– Bewertungsverfahren für dehnbare Widerstandssensoren
.... E DIN IEC 63203-401-1 (VDE 0750-33-1)
Prüf- und Bewertungsverfahren für handschuhartige Bewegungssensoren
.... E DIN EN IEC 63203-402-1 (VDE 0750-35-1)
Terminologie .... E DIN IEC 63203-101-1 (VDE 0750-30-1)

Elektronische Textilien
Bestimmung des elektrischen Widerstands
– von leitfähigen Textilien unter simuliertem Mikroklima
.... E DIN EN IEC 63203-201-3 (VDE 0750-36)
Bestimmung des elektrischen Widerstands von leitfähigen Textilien unter simuliertem Mikroklima
....E DIN EN IEC 63203-201-3 (VDE 0750-36)
Druckknopfverbinder für Bekleidung aus E-Textilien
– und abnehmbare elektronische Geräte .... E DIN IEC/TR 63203-250-1 (VDE 0750-32-1)
leitfähige Textilien unter simuliertem Mikroklima
– Bestimmung des elektrischen Widerstands .... E DIN EN IEC 63203-201-3 (VDE 0750-36)

Elektronische Zähler
für Gleichstrom
– Genauigkeitsklassen 0,2, 0,5 und 1 .... E DIN IEC 62053-41 (VDE 0418-3-41)

Elektronischer Buchfahrplan
Bordgeräte .... DIN VDE 0119-207-13 (VDE 0119-207-13)

Elektroschlacke-Umschmelzöfen .... DIN EN IEC 60519-1 (VDE 0721-1)
DIN EN IEC 60519-8 (VDE 0721-8)
Prüfverfahren .... DIN EN 60779 (VDE 0721-1032)
E DIN EN 60779 (VDE 0721-56)

Elektroschweißen .... DIN EN IEC 60974-1 (VDE 0544-1)
E DIN EN IEC 60974-1 (VDE 0544-1)
DIN EN IEC 60974-1/A1 (VDE 0544-1/A1)

Elektrosmog .... DIN VDE 0100-444 (VDE 0100-444)
E DIN IEC 60364-4-44/A2 (VDE 0100-444/A2)

Elektrostatik
Einordnung flexibler Schüttgutbehälter (FBIC) .... DIN EN IEC 61340-4-4 (VDE 0300-4-4)
– Prüfverfahren .... DIN EN IEC 61340-4-4 (VDE 0300-4-4)
elektrostatische Eigenschaften von Schuhwerk .... DIN EN IEC 61340-4-3 (VDE 0300-4-3)
elektrostatische Eigenschaften von Textilien .... DIN IEC/TS 61340-4-2 (VDE V 0300-4-2)
Grundlagen .... DIN IEC/TR 61340-1 (VDE 0300-1)
VDE-Schriftenreihe Band 71
im Gesundheitswesen
– Anforderungen für die Infrastruktur .... DIN EN IEC 61340-6-1 (VDE 0300-6-1)
Messverfahren
– Ableitung von Ladungen .... DIN IEC/TR 61340-1 (VDE 0300-1)
DIN EN 61340-2-1 (VDE 0300-2-1)
Prüfverfahren
– Schutzwirkung von Schuhwerk und Boden .... DIN EN IEC 61340-4-5 (VDE 0300-4-5)
Prüfverfahren für Schüttgutbehälter .... DIN EN IEC 61340-4-4 (VDE 0300-4-4)
Schirmwirkung gegen elektrostatische Entladung
– Beutel .... DIN EN 61340-4-8 (VDE 0300-4-8)
Schutz von elektronischen Bauelementen .... DIN EN 61340-5-1 (VDE 0300-5-1)
DIN EN 61340-5-3 (VDE 0300-5-3)
DIN IEC/TR 61340-5-5 (VDE 0300-5-5)
– Benutzerhandbuch .... DIN IEC/TR 61340-5-2 (VDE 0300-5-2)
– gegen elektrostatische Phänomene .... E DIN IEC/TR 61340-5-4 (VDE 0300-5-4)
DIN IEC/TR 61340-5-5 (VDE 0300-5-5)
Schutz von elektronischen Bauelementen gegen elektrostatische Phänomene
– Überprüfung der Übereinstimmung .... E DIN IEC/TR 61340-5-4 (VDE 0300-5-4)
– Verpackungssysteme in der Elektronikfertigung ..... DIN IEC/TR 61340-5-5 (VDE 0300-5-5)
Standardprüfverfahren
– Schirmwirkung gegen elektrostatische Entladung ... DIN EN 61340-4-8 (VDE 0300-4-8)
Standardprüfverfahren für spezielle Anwendungen
– elektrostatische Eigenschaften von Boden .... DIN EN IEC 61340-4-5 (VDE 0300-4-5)
– elektrostatische Eigenschaften von Schuhwerk ..... DIN EN IEC 61340-4-3 (VDE 0300-4-3)
DIN EN IEC 61340-4-5 (VDE 0300-4-5)
– elektrostatische Eigenschaften von Textilien .... DIN IEC/TS 61340-4-2 (VDE V 0300-4-2)
– Handgelenkerdungsbänder .... DIN EN 61340-4-6 (VDE 0300-4-6)
– Kleidung .... DIN EN 61340-4-9 (VDE 0300-4-9)
Standardprüfverfahren

– für spezielle Anwendungen .... DIN EN 61340-4-1 (VDE 0300-4-1)
– Handgelenkerdungsbänder .... DIN EN 61340-4-6 (VDE 0300-4-6)
– Ionisation .... DIN EN 61340-4-7 (VDE 0300-4-7)
Standardprüfverfahren für Kleidung .... DIN EN 61340-4-9 (VDE 0300-4-9)

Elektrostatik im Gesundheitswesen, Überwachung der
Anforderungen für die Infrastruktur .... DIN EN IEC 61340-6-1 (VDE 0300-6-1)

Elektrostatische Aufladung
fester Werkstoffe
– Vermeidung .... DIN EN 61340-2-3 (VDE 0300-2-3)

Elektrostatische Aufladungen .... DIN EN 61340-2-3 (VDE 0300-2-3)
                                                                                                        DIN EN IEC 61340-4-3 (VDE 0300-4-3)

Elektrostatische Effekte
Verfahren zur Simulation .... DIN EN 61340-3-2 (VDE 0300-3-2)

Elektrostatische Entladung
Abschirmbeutel .... DIN EN 61340-4-8 (VDE 0300-4-8)
Prüfpulsformen .... DIN EN 61340-3-1 (VDE 0300-3-1)
                                                                                                        DIN EN 61340-3-2 (VDE 0300-3-2)

Elektrostatische Gefährdungen
Prüfverfahren .... DIN EN 60079-32-2 (VDE 0170-32-2)

Elektrostatische Handsprüheinrichtungen
für entzündbare flüssige Beschichtungsstoffe .... DIN EN 50050-1 (VDE 0745-101)
für entzündbaren Flock .... DIN EN 50050-3 (VDE 0745-103)
für entzündbares Beschichtungspulver .... DIN EN 50050-2 (VDE 0745-102)
für nicht entzündbare Beschichtungsstoffe .... DIN EN 50059 (VDE 0745-200)
– Sicherheitsanforderungen .... DIN EN 50059 (VDE 0745-200)

Elektrostatische Ladungen
Ableitung
– Messverfahren .... DIN EN 61340-2-1 (VDE 0300-2-1)

Elektrostatische Phänomene
Schutz von elektronischen Bauelementen .... DIN EN 61340-5-1 (VDE 0300-5-1)
                                                                                                        DIN IEC/TR 61340-5-2 (VDE 0300-5-2)
                                                                                                        DIN EN 61340-5-3 (VDE 0300-5-3)
                                                                                                        DIN IEC/TR 61340-5-5 (VDE 0300-5-5)

Elektrostatische Schutzwirkung
Schuhwerk und Boden
– in Kombination mit einer Person .... DIN EN IEC 61340-4-5 (VDE 0300-4-5)

Elektrostatische Sicherheit
Schuhwerk und Bodenbeläge .... DIN EN IEC 61340-4-5 (VDE 0300-4-5)

Elektrostatische Vorgänge
Grundlagen und Messungen .... DIN IEC/TR 61340-1 (VDE 0300-1)

Elektrostatisches Verhalten
Prüfverfahren .... DIN EN 61340-2-3 (VDE 0300-2-3)

Elektrostraßenfahrzeuge
Antriebsbatterien

– Kapazitäts- und Lebensdauerprüfungen .... DIN EN 61982 (VDE 0510-32)
Lithium-Ionen-Sekundärzellen zum Antrieb
– Zuverlässigkeits- und Missbrauchsprüfung .... DIN EN IEC 62660-2 (VDE 0510-34)
Lithium-Ionen-Zellen zum Antrieb
– Prüfung des Leistungsverhaltens .... DIN EN IEC 62660-1 (VDE 0510-33)
– Zuverlässigkeits- und Missbrauchsprüfung .... DIN EN IEC 62660-2 (VDE 0510-34)
Sekundärbatterien
– Kapazitäts- und Lebensdauerprüfungen .... DIN EN 61982 (VDE 0510-32)

Elektro-Straßenfahrzeuge
elektrische Ausrüstung .... DIN EN IEC 61851-1 (VDE 0122-1)

Elektrotechnische Erzeugnisse
Beurteilung der Brandgefahr
– allgemeiner Leitfaden .... DIN EN 60695-1-10 (VDE 0471-1-10)
DIN EN 60695-1-11 (VDE 0471-1-11)
DIN EN 60695-1-20 (VDE 0471-1-20)
– Entzündbarkeit .... DIN EN 60695-1-20 (VDE 0471-1-20)
DIN EN 60695-1-21 (VDE 0471-1-21)
– Isolierflüssigkeit .... DIN EN 60695-1-40 (VDE 0471-1-40)
– Vorauswahlverfahren .... DIN EN 60695-1-30 (VDE 0471-1-30)
– Wärmefreisetzung .... DIN EN 60695-8-1 (VDE 0471-8-1)

Elektrotechnische Produkte
Materialdeklaration .... DIN EN IEC 62474 (VDE 0042-4)
E DIN EN IEC 62474/A1 (VDE 0042-4/A1)

Elektrotechnisches Gerät
mit sicherheitstechnischer Bedeutung
– Qualifizierung .... DIN EN 60780-323 (VDE 0491-80)

Elektrounfälle .... VDE-Schriftenreihe Band 80

Elektrowärmeanlagen
allgemeine Anforderungen .... DIN EN IEC 60519-1 (VDE 0721-1)
allgemeine Prüfverfahren .... DIN EN 60398 (VDE 0721-50)
Anlagen für elektromagnetische Bearbeitungsprozesse
– Elektroschlacke-Umschmelzöfen .... DIN EN IEC 60519-8 (VDE 0721-8)
– Prüfverfahren für Elektroschlacke-Umschmelzöfen .... E DIN EN 60779 (VDE 0721-56)
Anlagen mit Elektronenkanonen .... DIN EN 60519-7 (VDE 0721-7)
– Prüfverfahren .... DIN EN 60703 (VDE 0721-3032)
Anlagen, die die Wirkung elektromagnetischer Kräfte nutzen .. DIN EN 60519-11 (VDE 0721-11)
E DIN EN 60519-3 (VDE 0721-3)
elektrische und magnetische Felder
– Exposition von Arbeitnehmern .... DIN EN 50519 (VDE 0848-519)
Elektroschlacke-Umschmelzöfen .... DIN EN IEC 60519-8 (VDE 0721-8)
Induktionsrinnenöfen .... DIN EN 62076 (VDE 0721-51)
Induktionsschmelzanlagen .... DIN EN 60519-3 (VDE 0721-3)
E DIN EN 60519-3 (VDE 0721-3)
Induktionstiegelöfen .... DIN EN 62076 (VDE 0721-51)
Infrarot-Elektrowärmeanlagen .... DIN EN IEC 60519-12 (VDE 0721-12)
DIN EN 62693 (VDE 0721-22)
kapazitive Hochfrequenz-Erwärmungsanlagen .... DIN EN 60519-9 (VDE 0721-9)
Lichtbogenofenanlagen .... DIN EN 60519-11 (VDE 0721-11)
E DIN EN 60519-3 (VDE 0721-3)

Mikrowellen-Erwärmungseinrichtungen .... DIN EN 60519-4 (VDE 0721-4)
E DIN EN IEC 60519-4 (VDE 0721-4)
DIN EN 60519-6 (VDE 0721-6)
E DIN EN 60519-6 (VDE 0721-6)
Stranggießanlagen .... DIN EN 60519-11 (VDE 0721-11)
E DIN EN 60519-3 (VDE 0721-3)
und Anlagen für elektromagnetische Bearbeitungsprozesse
– allgemeine Anforderungen .... DIN EN IEC 60519-1 (VDE 0721-1)
und elektromagnetische Bearbeitung
– allgemeine Prüfverfahren .... DIN EN 60398 (VDE 0721-50)

Elektrowärmeanlagen, industrielle
Elektroschlacke-Umschmelzöfen .... DIN EN 60779 (VDE 0721-1032)
E DIN EN 60779 (VDE 0721-56)
Lichtbogen-Reduktionsöfen .... DIN EN 60683 (VDE 0721-1022)
Lichtbogen-Schmelzöfen .... DIN EN 60676 (VDE 0721-1012)
Prüfverfahren für Induktionsöfen .... DIN EN 62076 (VDE 0721-51)
Prüfverfahren für Infrarotanlagen .... DIN EN 62693 (VDE 0721-22)
Trace-Widerstandsheizungen .... DIN EN 60519-10 (VDE 0721-10)
Widerstands-Begleitheizungen .... DIN EN 60519-10 (VDE 0721-10)

Elektrowärmeeinrichtungen, industrielle
Infrarotstrahler
– Prüfverfahren .... DIN EN 62798 (VDE 0721-53)

Elektrowärmegeräte
Instandsetzung, Änderung und Prüfung .... VDE-Schriftenreihe Band 62
zur Tieraufzucht und Tierhaltung .... DIN EN 60335-2-71 (VDE 0700-71)
Beiblatt 1 DIN EN 60335-2-71 (VDE 0700-71)
E DIN EN 60335-2-71/A2 (VDE 0700-71/A2)

Elektrowärmewerkzeuge
für den Hausgebrauch .... DIN EN 60335-2-45 (VDE 0700-45)
E DIN EN 60335-2-45/AA (VDE 0700-45/AA)

Elektrowärmewerkzeuge, ortsveränderliche
für den Hausgebrauch .... E DIN EN 60335-2-45/AA (VDE 0700-45/AA)

Elektrowerkzeuge
elektrische motorbetriebene
– handgeführte transportable Werkzeuge .... DIN EN 62841-2-8 (VDE 0740-2-8)
DIN EN 62841-2-9 (VDE 0740-2-9)
Instandsetzung, Änderung und Prüfung .... VDE-Schriftenreihe Band 62
Rasen- und Gartenmaschinen .... DIN EN 62841-1 (VDE 0740-1)
E DIN EN 62841-1/AB (VDE 0740-1/AB)
DIN EN 62841-2-10 (VDE 0740-2-10)
DIN EN 62841-2-11 (VDE 0740-2-11)
DIN EN 62841-2-8 (VDE 0740-2-8)
DIN EN 62841-2-9 (VDE 0740-2-9)
DIN EN 62841-3-13 (VDE 0740-3-13)
DIN EN 62841-3-4 (VDE 0740-3-4)
Störaussendung .... DIN EN 55014-1 (VDE 0875-14-1)
E DIN EN IEC 55014-1 (VDE 0875-14-1)
Störfestigkeit .... DIN EN 55014-2 (VDE 0875-14-2)
E DIN EN IEC 55014-2 (VDE 0875-14-2)

Elektrowerkzeuge, handgeführte motorbetriebene

Abflussreiniger .... DIN EN 62841-2-21 (VDE 0740-2-21)
allgemeine Anforderungen .... DIN EN 62841-1 (VDE 0740-1)
                                           E DIN EN 62841-1/AB (VDE 0740-1/AB)
Bandsägen .... DIN EN 60745-2-20 (VDE 0740-2-20)
                                             DIN EN 62841-2-4 (VDE 0740-2-4)
Blechscheren .... DIN EN 62841-2-8 (VDE 0740-2-8)
Bohrmaschinen .... DIN EN 62841-2-1 (VDE 0740-2-1)
                                           E DIN EN 62841-2-1/A1 (VDE 0740-2-1/A1)
                                           DIN EN 62841-3-13 (VDE 0740-3-13)
Diamantbohrmaschinen mit Flüssigkeitssystem, transportable
.... DIN EN 62841-3-6 (VDE 0740-3-6)
Diamantkernbohrmaschinen .... DIN EN 62841-2-1 (VDE 0740-2-1)
                                           E DIN EN 62841-2-1/A1 (VDE 0740-2-1/A1)
Eintreibgeräte .... DIN EN 60745-2-16 (VDE 0740-2-16)
Exzenterpolierer .... DIN EN 62841-2-4 (VDE 0740-2-4)
Exzenterschleifer .... DIN EN 62841-2-4 (VDE 0740-2-4)
Flachdübelfräsen .... DIN EN 60745-2-19 (VDE 0740-2-19)
Gewindebohrer .... DIN EN 62841-2-9 (VDE 0740-2-9)
Gewindeschneider .... DIN EN 62841-2-9 (VDE 0740-2-9)
Gewindeschneidmaschinen .... DIN EN 62841-3-12 (VDE 0740-3-12)
Hämmer .... DIN EN 60745-2-6 (VDE 0740-2-6)
                                           E DIN EN IEC 62841-2-6 (VDE 0740-2-6)
                                           E DIN EN IEC 62841-2-6/AA (VDE 0740-2-6/AA)
Heckenscheren .... DIN EN 62841-4-2 (VDE 0740-4-2)
Hin- und hergehende Sägen (Stichsägen, Säbelsägen) .... DIN EN 62841-2-11 (VDE 0740-2-11)
Hobel .... DIN EN 62841-2-14 (VDE 0740-2-14)
Innenrüttler .... DIN EN 60745-2-12 (VDE 0740-2-12)
Kettensägen .... DIN EN 62841-4-1 (VDE 0740-4-1)
Kreissägen .... DIN EN 62841-2-5 (VDE 0740-2-5)
Nibbler .... DIN EN 62841-2-8 (VDE 0740-2-8)
Oberfräsen .... DIN EN 62841-2-17 (VDE 0740-2-17)
Polierer .... DIN EN 60745-2-3 (VDE 0740-2-3)
                                           DIN EN 60745-2-3/A13 (VDE 0740-2-3/A13)
                                           E DIN EN IEC 62841-2-3 (VDE 0740-2-3)
                                           DIN EN 62841-2-4 (VDE 0740-2-4)
Rasenmäher .... E DIN EN IEC 62841-4-3 (VDE 0740-4-3)
Rohrreinigungsgeräte .... DIN EN 62841-2-21 (VDE 0740-2-21)
rotierende Kleinwerkzeuge .... DIN EN 60745-2-23 (VDE 0740-2-23)
Rührwerke .... DIN EN 62841-2-10 (VDE 0740-2-10)
Säbelsägen .... DIN EN 62841-2-11 (VDE 0740-2-11)
Schlagbohrmaschinen .... DIN EN 62841-2-1 (VDE 0740-2-1)
                                           E DIN EN 62841-2-1/A1 (VDE 0740-2-1/A1)
Schlagschrauber .... DIN EN 62841-2-2 (VDE 0740-2-2)
Schleifer .... DIN EN 60745-2-3 (VDE 0740-2-3)
                                           DIN EN 60745-2-3/A13 (VDE 0740-2-3/A13)
                                           E DIN EN IEC 62841-2-3 (VDE 0740-2-3)
                                           DIN EN 62841-2-4 (VDE 0740-2-4)
                                           DIN EN 62841-3-4 (VDE 0740-3-4)
Schleifer mit Schleifblatt .... DIN EN 60745-2-3 (VDE 0740-2-3)
                                           DIN EN 60745-2-3/A13 (VDE 0740-2-3/A13)
                                           E DIN EN IEC 62841-2-3 (VDE 0740-2-3)
Schrauber .... DIN EN 62841-2-2 (VDE 0740-2-2)

Spritzpistolen .... DIN EN 50580 (VDE 0740-2-7)
Stabschleifer .... DIN EN 60745-2-23 (VDE 0740-2-23)
Stichsägen .... DIN EN 62841-2-11 (VDE 0740-2-11)
transportable Abflussreiniger .... DIN EN 62841-3-14 (VDE 0740-3-14)
Trennschleifmaschinen .... DIN EN 60745-2-22 (VDE 0740-2-22)
DIN EN 62841-3-10 (VDE 0740-3-10)
Umreifungswerkzeuge .... DIN EN 60745-2-18 (VDE 0740-2-18)
Wandsägen, transportable .... E DIN EN 62841-3-7 (VDE 0740-3-7)

Elektrowerkzeuge, motorbetriebene handgeführte
Diamantbohrmaschinen mit Flüssigkeitssystem, transportable
.... DIN EN 62841-3-6 (VDE 0740-3-6)

Elektrowerkzeuge, motorbetriebene
Staubmessverfahren .... DIN EN 50632-1 (VDE 0740-632-1)
DIN EN 50632-2-1 (VDE 0740-632-2-1)
DIN EN 50632-2-11 (VDE 0740-632-2-11)
DIN EN 50632-2-14 (VDE 0740-632-2-14)
DIN EN 50632-2-17 (VDE 0740-632-2-17)
DIN EN 50632-2-19 (VDE 0740-632-2-19)
DIN EN 50632-2-22 (VDE 0740-632-2-22)
DIN EN 50632-2-3 (VDE 0740-632-2-3)
DIN EN 50632-2-4 (VDE 0740-632-2-4)
DIN EN 50632-2-5 (VDE 0740-632-2-5)
DIN EN 50632-2-6 (VDE 0740-632-2-6)
DIN EN 50632-3-1 (VDE 0740-632-3-1)
DIN EN 50632-3-3 (VDE 0740-632-3-3)
DIN EN 50632-3-9 (VDE 0740-632-3-9)

Elektrowerkzeuge, tragbare motorbetriebene
Abrichthobel .... DIN EN 61029-2-3 (VDE 0740-503)
allgemeine Anforderungen .... DIN EN 62841-1 (VDE 0740-1)
E DIN EN 62841-1/AB (VDE 0740-1/AB)
Bandsäge .... DIN EN 61029-2-5 (VDE 0740-505)
Bandsägen .... DIN EN 61029-2-5 (VDE 0740-505)
Bohrmaschinen .... DIN EN 62841-3-13 (VDE 0740-3-13)
Diamantbohrmaschinen mit Flüssigkeitssystem .... DIN EN 62841-3-6 (VDE 0740-3-6)
Dickenhobel .... DIN EN 61029-2-3 (VDE 0740-503)
Gehrungskappsäge .... E DIN EN IEC 62841-3-9 (VDE 0740-3-9)
E DIN EN IEC 62841-3-9/A11 (VDE 0740-3-9/A11)
Gewindeschneidmaschine .... DIN EN 62841-3-12 (VDE 0740-3-12)
Hobel .... DIN EN 61029-2-3 (VDE 0740-503)
Kettensägen .... DIN EN 62841-4-1 (VDE 0740-4-1)
Rasenmäher .... E DIN EN IEC 62841-4-3 (VDE 0740-4-3)
Tischfräsmaschinen .... DIN EN 61029-2-8 (VDE 0740-508)
Tischkreissägen .... DIN EN 62841-3-1 (VDE 0740-3-1)
E DIN EN 62841-3-1/A1 (VDE 0740-3-1/A1)
Tischschleifmaschine .... DIN EN 62841-3-4 (VDE 0740-3-4)

Elektrowerkzeuge, transportable motorbetriebene
allgemeine Anforderungen .... E DIN EN 62841-1/AB (VDE 0740-1/AB)
kombinierte Tisch- und Gehrungssägen .... DIN EN 61029-2-11 (VDE 0740-511)

Elektrozaunanlagen für Tiere
Errichtung und Betrieb .... DIN VDE 0131 (VDE 0131)

Elektrozaunanlagen
Errichtung und Betrieb .... DIN VDE 0131 (VDE 0131)

Elektrozaungeräte
für Batterie- oder Netzanschluss .... DIN EN 60335-2-76 (VDE 0700-76)
Beiblatt 1 DIN EN 60335-2-76 (VDE 0700-76)
E DIN IEC 60335-2-76 (VDE 0700-76)
mit Zeitverzögerung .... DIN EN 60335-2-76 (VDE 0700-76)
Beiblatt 1 DIN EN 60335-2-76 (VDE 0700-76)
E DIN IEC 60335-2-76 (VDE 0700-76)

Elementarrelais
Ausfallkriterien .... DIN EN 61810-2 (VDE 0435-120)
DIN EN 61810-2-1 (VDE 0435-120-1)
Kenngrößen .... DIN EN 61810-2 (VDE 0435-120)
DIN EN 61810-2-1 (VDE 0435-120-1)

Elementarrelais, elektromechanische .... DIN EN IEC 61810-10 (VDE 0435-2023)
DIN EN 61810-3 (VDE 0435-2022)
E DIN EN IEC 61810-4 (VDE 0435-2024)
allgemeine Anforderungen .... DIN EN 61810-1 (VDE 0435-201)
DIN EN 61810-1/A1 (VDE 0435-201/A1)
Funktionsfähigkeit (Zuverlässigkeit) .... DIN EN 61810-2 (VDE 0435-120)
DIN EN 61810-2-1 (VDE 0435-120-1)
Nachweis der B10-Werte .... DIN EN 61810-2-1 (VDE 0435-120-1)
Sicherheitsanforderungen .... DIN EN 61810-1 (VDE 0435-201)
DIN EN 61810-1/A1 (VDE 0435-201/A1)

ELIM
Lichtbogenkennwert von Bekleidungsstoffen .... DIN EN IEC 61482-1-1 (VDE 0682-306-1-1)

ELV-DC-Energieverteilung
für die Informations- und Kommunikationstechnologie (ICT)
– Kabelinfrastruktur .... E DIN VDE 0100-716 (VDE 0100-716)

ELV-Lichtquellen .... E DIN EN IEC 60598-2-23 (VDE 0711-2-23)

EMA/ÜMA Einrichtungen
leitungsgebundene Einrichtungen in überwachten Objekten
– Alarmanlagen .... E DIN CLC/TS 50131-5-1 (VDE V 0830-2-5-1)

EMA/ÜMA-Komponenten
Prüfbeschreibungen
– Alarmanlagen .... DIN CLC/TS 50131-5-4 (VDE V 0830-2-5-4)

E-Mobility .... DIN EN IEC 62576 (VDE 0122-576)
E DIN EN IEC 62576-2 (VDE 0122-576-2)
Charge Point Operator (CPO)
– Mobility Operator (MO) .... VDE-Anwendungsregel VDE-AR-E 2802-100-1

Empfindlichkeit gegen elektrostatische Entladung
Halbleiterbauelemente
– Charged Device Model (CDM) .... DIN EN 60749-28 (VDE 0884-749-28)
– Human Body Model (HBM) .... DIN EN IEC 60749-26 (VDE 0884-749-26)

Empfindlichkeit, spektrale
photovoltaischer Module .... DIN EN 61853-2 (VDE 0126-34-2)

EMS-API
Schnittstelle für Anwendungsprogramme .... DIN EN 61970-301 (VDE 0101-970-301)

EMV, siehe auch elektromagnetische Verträglichkeit

EMV
Flurförderzeuge .... DIN EN 12895 (VDE 0117-895)
EMV-Anforderungen einschließlich spezieller Prüfverfahren
– für Antriebssysteme und Maschinen .... E DIN EN IEC 61800-3 (VDE 0160-103)

EMV-Anforderungen
an Bordladegeräte
– von Elektrofahrzeugen .... DIN EN 61851-21-1 (VDE 0122-2-11)
an drehzahlveränderbare elektrische Antriebe .... DIN EN IEC 61800-3 (VDE 0160-103)
                                                      E DIN EN IEC 61800-3 (VDE 0160-103)
an externe Ladesysteme
– von Elektrofahrzeugen .... E DIN EN 61851-21-2 (VDE 0122-2-1-2)
an Feldgeräte mit Feldbusschnittstellen .... DIN EN 61326-2-5 (VDE 0843-20-2-5)
                                                      E DIN EN IEC 61326-2-5 (VDE 0843-20-2-5)
an Isolationsfehlerortungsgeräte .... DIN EN 61326-2-4 (VDE 0843-20-2-4)
                                                      E DIN EN IEC 61326-2-4 (VDE 0843-20-2-4)
an Isolationsüberwachungsgeräte .... DIN EN 61326-2-4 (VDE 0843-20-2-4)
                                                      E DIN EN IEC 61326-2-4 (VDE 0843-20-2-4)
an Mess-, Steuer-, Regel- und Laborgeräte .... DIN EN 61326-1 (VDE 0843-20-1)
                                                      E DIN EN 61326-1 (VDE 0843-20-1)
                                                      E DIN EN 61326-2-6 (VDE 0843-2-6)
– medizinische In-vitro-Diagnosegeräte (IVD) .... E DIN EN 61326-2-6 (VDE 0843-2-6)
an Messgrößenumformer .... DIN EN 61326-2-3 (VDE 0843-20-2-3)
                                                      E DIN EN IEC 61326-2-3 (VDE 0843-20-2-3)
an Messrelais und Schutzeinrichtungen .... DIN EN 60255-26 (VDE 0435-320)
                                                      E DIN EN 60255-26 (VDE 0435-320)
an Nähmaschinen, Näheinheiten, Nähanlagen .... DIN EN 60204-31 (VDE 0113-31)
an Transformatoren, Netzgeräte, Drosselspulen .... DIN EN IEC 62041 (VDE 0570-10)
an unterbrechungsfreie Stromversorgungssysteme .... DIN EN IEC 62040-2 (VDE 0558-520)
Anforderungen an die elektrische Systemtechnik (ESHG)
.... DIN EN IEC 63044-5-1 (VDE 0849-44-51)
                                                     E DIN EN IEC 63044-5-1/A1 (VDE 0849-44-51/A1)
Transformatoren, Drosselspulen, Netzgeräte und entsprechende Kombinationen
.... DIN EN IEC 62041 (VDE 0570-10)

EMV-Anforderungen für Leistungsumrichter
für photovoltaische Stromerzeugungssysteme .... DIN EN 62920/A11 (VDE 0126-131/A11)

EMV-Anforderungen und Prüfverfahren
für Leistungsumrichter für photovoltaische Stromerzeugungssysteme
.... DIN EN 62920 (VDE 0126-131)
                                                     E DIN EN 62920/A1 (VDE 0126-131/A1)
                                                     DIN EN 62920/A11 (VDE 0126-131/A11)

EMV-Bauelemente .... VDE-Schriftenreihe Band 58

EMV-Fibel
für Elektroinstallateure und Planer .... VDE-Schriftenreihe Band 55

EMV-Filter, passive
Entstöreigenschaften .... DIN EN 55017 (VDE 0565-17)

EMV-gerechte Errichtung von Niederspannungsanlagen
Planung und Errichtung unter Berücksichtigung der elektromagnetischen Verträglichkeit
.... VDE-Schriftenreihe Band 126

EMV-Gesetz .... VDE-Schriftenreihe Band 66

EMV-IC-Modellierung
allgemeine Modellierungsstruktur .... DIN EN IEC 62433-1 (VDE 0847-33-1)

EMV-Störfestigkeitsanforderungen
an Beleuchtungseinrichtungen .... Beiblatt 1 DIN EN 61547 (VDE 0875-15-2)
DIN EN 61547 (VDE 0875-15-2)
E DIN EN 61547 (VDE 0875-15-2)

Endarmaturen
für Verbund-Kettenisolatoren .... DIN EN 61466-1 (VDE 0674-103-1)

Ende-zu Ende-Verbindungsstrecken .... DIN EN 50697 (VDE 0800-697)

Endmuffen
für Starkstrom-Verteilerkabel .... DIN EN 50393 (VDE 0278-393)

Endoskopiegeräte .... DIN EN 60601-2-18 (VDE 0750-2-18)

Endverschlüsse .... DIN EN 60702-2 (VDE 0284-2)

Energiebemessung
photovoltaischer Module .... DIN EN IEC 61853-3 (VDE 0126-34-3)
DIN EN IEC 61853-4 (VDE 0126-34-4)

Energieberichterstattung (Gerätetyp 51)
digital adressierbare Schnittstelle für Beleuchtung   E DIN EN IEC 62386-252 (VDE 0712-0-252)

Energieeffizienz von Ausrüstungen mit Elektroantrieb
nach dem erweiterten Produktansatz (EPA)
– mit semi-analytischen Modellen (SAM) .... DIN EN 61800-9-1 (VDE 0160-109-1)
E DIN EN IEC 61800-9-1 (VDE 0160-109-1)
DIN EN 61800-9-2 (VDE 0160-109-2)

Energieeffizienz
durch elektrische Energieregler .... VDE-Anwendungsregel VDE-AR-E 2055-1
Errichten von Niederspannungsanlagen .... DIN VDE 0100-801 (VDE 0100-801)
funktionale Aspekte
– Errichten von Niederspannungsanlagen .... DIN VDE 0100-801 (VDE 0100-801)
in der Elektroinstallation .... VDE-Schriftenreihe Band 169
Leistungstransformatoren .... DIN IEC/TS 60076-20 (VDE V 0532-76-20)
von Lampenbetriebsgeräten .... DIN EN 62442-1 (VDE 0712-28)
E DIN EN 62442-1/A1 (VDE 0712-28/A1)
DIN EN IEC 62442-2 (VDE 0712-29)
DIN EN IEC 62442-3 (VDE 0712-27)

Energieerzeugungsanlagen, nukleare
und anderen kerntechnischen Anlagen
– Analyse menschlicher Zuverlässigkeit .... E DIN IEC 63260 (VDE 0491-60)
– probabilistische Risikobewertung .... E DIN IEC 63260 (VDE 0491-60)

Energieerzeugungssysteme
photovoltaische
– Sicherungseinsätze .... DIN EN 60269-6 (VDE 0636-6)

E DIN EN 60269-6/A1 (VDE 0636-6/A1)

Energiemanagement
Einrichtungen und Infrastrukturen
– Rechenzentren .... DIN CLC/TR 50600-99-1 (VDE 0801-600-99-1)
DIN CLC/TR 50600-99-2 (VDE 0801-600-99-2)

Energiemanagementsysteme
Daten- und Kommunikationssicherheit
– Protokollierung von IT-Sicherheitsvorfällen .... E DIN EN IEC 62351-14 (VDE 0112-351-14)
IT-Sicherheit für Daten und Kommunikation
– Client/Server-Kommunikation .... E DIN EN IEC 62351-6 (VDE 0112-351-6)
– Profile einschließlich MMS und Ableitungen .... DIN EN IEC 62351-4 (VDE 0112-351-4)
E DIN EN IEC 62351-4/A1 (VDE 0112-351-4/A1)
– Profile einschließlich TCP/IP .... DIN EN 62351-3 (VDE 0112-351-3)
E DIN EN 62351-3/A2 (VDE 0112-351-3/A2)
und zughöriger Datenaustausch
– Cybersicherheit .... DIN EN 62351-9 (VDE 0112-351-9)
– IT-Sicherheit für Daten und Kommunikation .... E DIN EN IEC 62351-6 (VDE 0112-351-6)
– Sicherheit für Kommunikationsnetze und Systeme .... DIN EN 62351-3 (VDE 0112-351-3)
E DIN EN 62351-3/A2 (VDE 0112-351-3/A2)
DIN EN IEC 62351-4 (VDE 0112-351-4)
E DIN EN IEC 62351-4/A1 (VDE 0112-351-4/A1)

Energiemanagementsysteme und zugehöriger Datenaustausch
IT-Sicherheit für Daten und Kommunikation
– rollenbasierte Zugriffskontrolle .... E DIN EN IEC 62351-8 (VDE 0112-351-8)
rollenbasierte Zugriffskontrolle .... E DIN EN IEC 62351-8 (VDE 0112-351-8)

Energiemanagementsysteme und zughöriger Datenaustausch
Daten- und Kommunikationssicherheit
– Protokollierung von IT-Sicherheitsvorfällen .... E DIN EN IEC 62351-14 (VDE 0112-351-14)

Energiemessung
auf Bahnfahrzeugen
– Allgemeines .... DIN EN 50463-1 (VDE 0115-480-1)
– Datenbehandlung .... DIN EN 50463-3 (VDE 0115-480-3)
– Datenverarbeitung .... DIN EN 50463-3 (VDE 0115-480-3)
– Kommunikation .... DIN EN 50463-4 (VDE 0115-480-4)
– Messfunktion .... DIN EN 50463-2 (VDE 0115-480-2)
Konzentrator-Photovoltaik (CPV) .... DIN EN 62670-2 (VDE 0126-35-2)
von Photovoltaikmodulen .... DIN EN 62670-2 (VDE 0126-35-2)

Energiemessung, elektrische
Datenkommunikation
– DLMS/COSEM .... DIN EN 62056-1-0 (VDE 0418-6-1-0)
DIN EN 62056-3-1 (VDE 0418-6-3-1)
E DIN EN IEC 62056-3-1 (VDE 0418-6-3-1)
DIN EN 62056-8-6 (VDE 0418-6-8-6)
E DIN EN 62056-8-8 (VDE 0418-6-8-8)
– schnelles PLC-ISO/IC-12139-1-Profil für Areal-Netze ..... DIN EN 62056-8-6 (VDE 0418-6-8-6)
– Signalübertragung auf verdrillten Zweidrahtleitungen ..... DIN EN 62056-3-1 (VDE 0418-6-3-1)
E DIN EN IEC 62056-3-1 (VDE 0418-6-3-1)
intelligente Messung
– Normungsrahmen .... DIN EN 62056-1-0 (VDE 0418-6-1-0)

Energieplanung
Errichten von Niederspannungsanlagen .... DIN VDE 0100-801 (VDE 0100-801)

Energieregler
für den Hausgebrauch .... DIN EN 60730-2-11 (VDE 0631-2-11)
E DIN EN IEC 60730-2-11 (VDE 0631-2-11)

Energieregler, elektrische
Spannungsabsenkung .... VDE-Anwendungsregel VDE-AR-E 2055-1

Energie-Schaltgerätekombinationen .... E DIN VDE 0660-600-2-1 (VDE 0660-600-2-1)
E DIN EN IEC 61439-2 (VDE 0660-600-2)
für Niederspannung .... E DIN VDE 0660-600-2-1 (VDE 0660-600-2-1)
DIN EN 61439-2 (VDE 0660-600-2)
E DIN EN IEC 61439-2 (VDE 0660-600-2)
– Prüfung unter Störlichtbogenbedingungen .... Beiblatt 1 DIN EN 61439-2 (VDE 0660-600-2)
Integration von Systemen zur Abschwächung innerer Störlichtbögen
– nach IEC 61439-2 .... E DIN VDE 0660-600-2-1 (VDE 0660-600-2-1)
PSC-Schaltgerätekombination .... E DIN VDE 0660-600-2-1 (VDE 0660-600-2-1)
Systeme zur Abschwächung innerer Störlichtbögen nach IEC 61439-2
.... E DIN VDE 0660-600-2-1 (VDE 0660-600-2-1)

Energie-Schnittstellen
Halbleiterschnittstelle für Automobile
– Halbleiterbauelemente .... DIN EN IEC 62969-1 (VDE 0884-69-1)

Energiesparen
Errichten von Niederspannungsanlagen .... DIN VDE 0100-801 (VDE 0100-801)

Energiesparmotoren
in Drehzahlstellantrieben .... DIN CLC/TS 60034-31 (VDE V 0530-31)
E DIN IEC/TS 60034-31 (VDE V 0530-31)

Energiespeichergeräte, stationäre
Anschluss an das Niederspannungsnetz .... VDE-Anwendungsregel VDE-AR-E 2510-2

Energiespeichersysteme mit Brennstoffzellenmodulen
Einzelzellen und Stacks mit Protonen-Austausch-Membranen
– Reversibler Betrieb .... DIN EN IEC 62282-8-102 (VDE 0130-8-102)
Festoxid-Brennstoffzellen, Einzelzellen und Stack
– Umkehrbetrieb .... E DIN EN 62282-8-101 (VDE 0130-8-101)
Power-to-Power-Systeme
– reversibler Betrieb .... DIN EN IEC 62282-8-201 (VDE 0130-8-201)
– Umkehrbetrieb .... DIN EN IEC 62282-8-201 (VDE 0130-8-201)
Proton-Austausch-Membran-Einzelzellen und Stacks
– Umkehrbetrieb .... DIN EN IEC 62282-8-102 (VDE 0130-8-102)

Energiespeichersysteme, elektrische
Einheitsparameter und Prüfverfahren .... DIN EN IEC 62933-2-1 (VDE 0520-933-2-1)
Planung und Leistungsbewertung .... DIN IEC/TS 62933-3-1 (VDE V 0520-933-3-1)
Sicherheitsanforderungen für netzintegrierte EES-Systeme
.... E DIN EN IEC 62933-5-2 (VDE 0520-933-5-2)
Sicherheitserwägungen für netzintegrierte EES-Systeme
.... DIN IEC/TS 62933-5-1 (VDE V 0520-933-5-1)

Energiesteckvorrichtungen
Einspeisung in separate Stromkreise .... DIN VDE V 0628-1 (VDE V 0628-1)

Energiesysteme (Brennstoffzellen-)
stationäre .... DIN EN IEC 62282-3-100 (VDE 0130-3-100)
DIN EN 62282-3-201 (VDE 0130-3-201)
E DIN EN 62282-3-201/A1 (VDE 0130-3-201/A1)

Energiesysteme
dreiphasig .... DIN EN 60255-121 (VDE 0435-3121)

Energiesysteme, photovoltaische
Gleichstrom-Lichtbogenerfassung .... E DIN EN 63027 (VDE 0126-27)
Gleichstrom-Lichtbogenunterbrechung .... E DIN EN 63027 (VDE 0126-27)
Leistungsumrichter .... DIN EN 62109-1 (VDE 0126-14-1)
E DIN EN IEC 62109-3 (VDE 0126-14-3)

Energieübertragungssysteme
kontaktlos, mit Magnetfeld
– für Elektrofahrzeuge .... E DIN IEC/TS 61980-3 (VDE V 0122-10-3)
kontaktlose, für Elektrofahrzeuge .... E DIN EN IEC 61980-1 (VDE 0122-10-1)
E DIN IEC/TS 61980-2 (VDE V 0122-10-2)
E DIN IEC/TS 61980-3 (VDE V 0122-10-3)

Energieverbrauch
Haushaltskühlgeräte .... E DIN EN 62552-3 (VDE 0705-2552-3)
E DIN IEC 62552-3/A1 (VDE 0705-2552-3/A1)
Verkaufsautomaten .... DIN EN 50597 (VDE 0705-597)
E DIN EN IEC 63252 (VDE 0705-3252)
von Verkaufsautomaten .... DIN EN 50597 (VDE 0705-597)
E DIN EN IEC 63252 (VDE 0705-3252)

Energieversorgung, elektrische
Kommunikationsnetze und -systeme
– für die Automatisierung .... DIN EN 61850-3 (VDE 0160-850-3)
DIN EN IEC 61850-8-2 (VDE 0160-850-8-2)
Kommunikationsnetze und Systeme für die Automatisierung
.... E DIN IEC/TS 61850-2 (VDE V 0160-850-2)
Systemsicherheit .... VDE-Anwendungsregel VDE-AR-N 4140

Energieversorgung, netzunabhängige
in medizinischen Einrichtungen .... DIN VDE 0558-507 (VDE 0558-507)

Energieversorgungen
von Einbruch- und Überfallmeldeanlagen .... DIN EN 50131-6 (VDE 0830-2-6)

Energieversorgungsnetze .... DIN EN 60255-24 (VDE 0435-3040)
Netzdokumentation .... VDE-Anwendungsregel VDE-AR-N 4201

Energieversorgungsnetze, elektrische
Anlagen und Betriebsmitteln
– Instandhaltung .... DIN VDE 0109 (VDE 0109)
Aspekte und Verfahren der Instandhaltung
– von Anlagen und Betriebsmitteln .... DIN VDE 0109 (VDE 0109)

Energieversorgungssysteme
magnetische Felder
– Exposition der Allgemeinbevölkerung .... DIN EN 62110 (VDE 0848-110)

Energieversorgungsunternehmen
Datenobjektmodelle für Netzwerk- und Systemmanagement (NSM)
.... DIN EN 62351-7 (VDE 0112-351-7)
Erteilung von Netzauskünften .... VDE-Anwendungsregel VDE-AR-N 4203

Energieversorgungssysteme, elektrische
für Kernkraftwerke
– physikalische und elektrische Trennung .... DIN EN IEC 60709 (VDE 0491-7)

Energieverteilungskabel .... DIN VDE 0276-603 (VDE 0276-603)
                  E DIN VDE 0276-603 (VDE 0276-603)
mit extrudierter Isolierung .... DIN VDE 0276-620 (VDE 0276-620)
mit getränkter Papierisolierung .... DIN VDE 0276-621 (VDE 0276-621)

Energieverteilungsnetze
Schaltgerätekombinationen .... DIN EN 61439-5 (VDE 0660-600-5)
unterirdische .... DIN VDE 0276-603 (VDE 0276-603)
                  E DIN VDE 0276-603 (VDE 0276-603)

Entfaltungstechniken
Messung ionisierender Strahlung
– charakteristische Grenzen .... DIN ISO 11929-3 (VDE 0493-9293)
                  E DIN EN ISO 11929-3 (VDE 0493-9293)

Entflammbarkeit
von Enderzeugnissen
– Glühdrahtprüfung .... E DIN IEC/TS 60695-2-15 (VDE V 0471-2-15)
von Werkstoffen
– Glühdrahtprüfung .... DIN EN 60695-2-12 (VDE 0471-2-12)
                  E DIN EN 60695-2-12 (VDE 0471-2-12)

Entkeimungslampen .... DIN EN 61549 (VDE 0715-12)

Entkopplungsfilter (Niederspannungs-) .... DIN EN 50065-4-1 (VDE 0808-4-1)
                  DIN EN 50065-4-2 (VDE 0808-4-2)
bewegliche .... DIN EN 50065-4-7 (VDE 0808-4-7)

Entladedrosselspulen .... DIN EN 60076-6 (VDE 0532-76-6)

Entladezeit
von Ionisatoren .... DIN EN 61340-4-7 (VDE 0300-4-7)

Entladung
statischer Elektrizität .... DIN EN 61000-4-2 (VDE 0847-4-2)

Entladung, elektrostatische
Abschirmbeutel .... DIN EN 61340-4-8 (VDE 0300-4-8)

Entladungslampen
(ausgenommen Leuchtstofflampen)
– Sicherheitsanforderungen .... DIN EN 62035 (VDE 0715-10)
digital adressierbare Schnittstelle .... DIN EN 62386-203 (VDE 0712-0-203)
elektronische Steuerung .... Beiblatt 2 DIN EN 55015 (VDE 0875-15-1)
elektronische Vorschaltgeräte .... DIN EN 61347-2-12 (VDE 0712-42)
Funkentstörung .... DIN EN 60968 (VDE 0715-6)
                  DIN EN 61049 (VDE 0560-62)
gleich- oder wechselstromversorgte elektronische Vorschaltgeräte
.... E DIN EN IEC 61347-2-12 (VDE 0712-42)

Kondensatoren
– bis 2,5 kvar .... DIN EN 61049 (VDE 0560-62)
Sicherheitsanforderungen .... DIN EN 62035 (VDE 0715-10)
Startgeräte .... DIN EN 61347-2-1 (VDE 0712-31)
E DIN EN IEC 61347-2-1 (VDE 0712-31)
– (andere als Glimmstarter) .... DIN EN 60927 (VDE 0712-15)
Vorschaltgeräte .... DIN EN 60923 (VDE 0712-13)
DIN EN 60968 (VDE 0715-6)
DIN EN 61347-2-9 (VDE 0712-39)
Zündgeräte .... DIN EN 60927 (VDE 0712-15)

Entladungslampenkreise
Kondensatoren .... DIN EN 61048 (VDE 0560-61)

Entladungsvorgänge
elektrostatische .... VDE-Schriftenreihe Band 71

Entlötkolben .... DIN EN 60335-2-45 (VDE 0700-45)
E DIN EN 60335-2-45/AA (VDE 0700-45/AA)

Entstauber
für brennbare Stäube .... DIN EN 62784 (VDE 0700-2784)
E DIN IEC 62784-100 (VDE 0700-2784-100)
für explosive Stäube .... DIN EN 62784 (VDE 0700-2784)
Entstör-
– Sicherheitsprüfungen .... DIN EN 60939-2 (VDE 0565-3-1)
DIN EN 60939-3 (VDE 0565-3-4)
LTE (4G)
– Abschwächung von Störungen in den 700-MHz- und 800-MHz-Bändern
.... DIN EN 50083-2-4 (VDE 0855-2-4)
– Abschwächung von Störungen in Kabelnetzen .... DIN CLC/TS 50083-2-3 (VDE V 0855-2-3)
DIN EN 50083-2-4 (VDE 0855-2-4)
– Vermeidung von Störungen in Kabelnetzen .... DIN CLC/TS 50083-2-3 (VDE V 0855-2-3)
zur Unterdrückung elektromagnetischer Störungen
– Bewertungsstufe D/DZ .... DIN EN 60939-2-1 (VDE 0565-3-2)
– Sicherheitsprüfungen .... DIN EN 60939-2-2 (VDE 0565-3-3)
DIN EN 60939-3 (VDE 0565-3-4)

Entstöreigenschaften
von passiven EMV-Filtern .... DIN EN 55017 (VDE 0565-17)

Entstörfilter
passive Filter
– Sicherheitsprüfungen .... DIN EN 60939-3 (VDE 0565-3-4)
Rahmenspezifikation
– Sicherheitsprüfungen .... DIN EN 60939-2 (VDE 0565-3-1)
Vordruck für Bauartspezifikation
– Bewertungsstufe D/DZ .... DIN EN 60939-2-1 (VDE 0565-3-2)
– Sicherheitsprüfungen .... DIN EN 60939-2-2 (VDE 0565-3-3)

Entstörkondensatoren
für Netzbetrieb .... DIN EN 60384-14 (VDE 0565-1-1)
DIN EN 60384-14/A1 (VDE 0565-1-1/A1)
– Sicherheitsprüfungen .... DIN EN 60384-14-2 (VDE 0565-1-3)

Entwicklung und Vertrauenswürdigkeit von autonom/kognitiven Systemen
Management .... E VDE-Anwendungsregel VDE-AR-E 2842-61-2
nach Freigabe der Solution .... E VDE-Anwendungsregel VDE-AR-E 2842-61-6
Terminologie und Grundkonzepte .... E VDE-Anwendungsregel VDE-AR-E 2842-61-1
E VDE-Anwendungsregel VDE-AR-E 2842-61-2

Entwicklung von Firmware
Niederspannungsschaltgeräte .... DIN CLC IEC/TR 63201 (VDE 0660-3201)

Entzündbarer Flock
stationäre elektrostatische Flockanlagen .... DIN EN 50223 (VDE 0147-103)

Entzündbarkeit
von elektronischen Erzeugnissen
– Prüfung zur Beurteilung der Brandgefahr .... DIN EN 60695-1-20 (VDE 0471-1-20)
DIN EN 60695-1-21 (VDE 0471-1-21)
von Werkstoffen
– Glühdrahtprüfung .... DIN EN 60695-2-13 (VDE 0471-2-13)
E DIN EN 60695-2-13 (VDE 0471-2-13)

EPA
Energieeffizienz von Ausrüstungen mit Elektroantrieb
.... E DIN EN IEC 61800-9-1 (VDE 0160-109-1)

Epidemie
Wärmebildkameras .... DIN EN IEC 80601-2-59 (VDE 0750-2-59)

Epidiaskope .... DIN EN 60335-2-56 (VDE 0700-56)

Epoxid
für selbstklebende Bänder .... DIN EN 60454-3-11 (VDE 0340-3-11)

Epoxidharzmassen
quarzmehlgefüllte .... DIN EN 60455-3-2 (VDE 0355-3-2)
ungefüllte .... DIN EN 60455-3-1 (VDE 0355-3-1)

Epoxidharztafeln .... DIN EN 60893-3-2 (VDE 0318-3-2)

Erarbeitung von VDE-Anwendungsregeln im FNN . E VDE-Anwendungsregel VDE-AR-N 4000

Erdbebenqualifikation
für gasisolierte Schaltgerätekombinationen .... DIN EN 62271-207 (VDE 0671-207)
für gekapselte Schaltanlagen .... E DIN EN 62271-210 (VDE 0671-210)

Erdblitzdichte .... Beiblatt 1 DIN EN 62305-2 (VDE 0185-305-2)

Erden und Kurzschließen
ortsveränderliche Geräte .... DIN EN 61230 (VDE 0683-100)

Erder
für Blitzschutzsysteme .... DIN EN IEC 62561-2 (VDE 0185-561-2)
Werkstoffe .... DIN VDE 0151 (VDE 0151)

Erderdurchführungen
für Blitzschutzsysteme .... DIN EN 62561-5 (VDE 0185-561-5)

Erdersummenstrom .... DIN EN 60909-3 (VDE 0102-3)

Erdkabel (LWL-) .... DIN EN 60794-3-10 (VDE 0888-310)
DIN EN 60794-3-12 (VDE 0888-13)

E DIN EN IEC 60794-3-12 (VDE 0888-13)

Erdkabel
vieladrige und vielpaarige .... DIN VDE 0276-627 (VDE 0276-627)

Erdkurzschluss .... DIN EN 60909-3 (VDE 0102-3)

Erdrohre .... E DIN EN 50626-1 (VDE 0605-626-1)
DIN EN 61386-24 (VDE 0605-24)
Elektroinstallationsrohre für Sonderanwendungen .... E DIN EN 50626-2 (VDE 0605-626-2)

Erdschluss .... DIN EN 60909-0 (VDE 0102)
in Niederspannungsanlagen
– Schutz bei .... DIN VDE 0100-442 (VDE 0100-442)

Erdschlussanzeiger
Strom- und Spannungs-Detektoren
– Systemaspekte .... DIN EN 62689-2 (VDE 0414-689-2)
Strom- und Spannungs-Sensoren
– Systemaspekte .... DIN EN 62689-2 (VDE 0414-689-2)
Strom- und Spannungsdetektoren
– Systemaspekte .... DIN EN 62689-2 (VDE 0414-689-2)
Strom- und Spannungssensoren
– Systemaspekte .... DIN EN 62689-2 (VDE 0414-689-2)

Erdschlusslöschspulen .... DIN EN 60076-6 (VDE 0532-76-6)

Erdschlussschutzeinrichtungen
für Leuchtröhrengeräte und -anlagen .... DIN EN 50107-2 (VDE 0128-2)

Erdschlusssicheres Verlegen
von Kabeln und Leitungen .... DIN VDE 0100-520 (VDE 0100-520)
E DIN VDE 0100-520-1 (VDE 0100-520-1)

Erdseile
für Lichtwellenleiter .... DIN EN 60794-4-10 (VDE 0888-111-4)

Erdung
in Gebäuden mit Informationstechnikeinrichtungen .... DIN EN 50310 (VDE 0800-2-310)
VDE-Schriftenreihe Band 126
von elektrischen Anlagen .... VDE-Schriftenreihe Band 39
VDE-Schriftenreihe Band 105
von Fernmeldeanlagen .... DIN EN 50310 (VDE 0800-2-310)
VDE-Schriftenreihe Band 54
von Fernseh- und Rundfunkstudioanlagen .... DIN EN 50310 (VDE 0800-2-310)
von Informationstechnik .... DIN V VDE V 0800-2 (VDE V 0800-2)
von Starkstromanlagen über 1 kV .... DIN EN 50522 (VDE 0101-2)

Erdungen/Erder
in elektrischen Anlagen .... VDE-Schriftenreihe Band 81
VDE-Schriftenreihe Band 106

Erdungsanlagen
Errichtung .... DIN EN 50522 (VDE 0101-2)
in Niederspannungsanlagen .... DIN VDE 0100-540 (VDE 0100-540)
E DIN VDE 0100-540/A1 (VDE 0100-540/A1)
Korrosionsschutz .... DIN VDE 0151 (VDE 0151)

Mindestmaße .... DIN VDE 0151 (VDE 0151)
Projektierung .... DIN EN 50522 (VDE 0101-2)
von Freileitungen .... DIN EN 50341-1 (VDE 0210-1)
Werkstoffe .... DIN VDE 0151 (VDE 0151)

Erdungseinrichtungen
Leitungen für ortsveränderliche .... DIN EN 61138 (VDE 0283-3)

Erdungsgeräte
mit Stäben .... DIN EN 61219 (VDE 0683-200)
zwangsgeführte .... DIN EN 61219 (VDE 0683-200)

Erdungsleiter
in Niederspannungsnetzen
– Messen des Widerstands .... DIN EN 61557-4 (VDE 0413-4)
 E DIN EN 61557-4 (VDE 0413-4)

Erdungsmittel
für Blitzschutzsysteme .... DIN EN IEC 62561-7 (VDE 0185-561-7)

Erdungsschalter (Wechselstrom-) .... DIN EN IEC 62271-102 (VDE 0671-102)

Erdungsschalter
Bemessungsspannung größer oder gleich 245 kV
– Anordnung .... E DIN VDE 0670-2-453 (VDE 0670-2-453)
– Anschluss- und Befestigungsmaße .... E DIN VDE 0670-2-453 (VDE 0670-2-453)
für Bahnanlagen .... DIN EN 50152-2 (VDE 0115-320-2)
für stationäre Anlagen in Bahnnetzen .... DIN EN 50123-3 (VDE 0115-300-3)
 DIN EN 50123-3/A1 (VDE 0115-300-3/A1)

Erdungstransformatoren (Sternpunktbildner) ...... DIN EN 60076-6 (VDE 0532-76-6)

Erdungsvorrichtungen .... DIN EN 61219 (VDE 0683-200)
ortsveränderliche .... DIN EN 61230 (VDE 0683-100)

Erdungswiderstand
in Niederspannungsnetzen
– Messung .... DIN EN 61557-5 (VDE 0413-5)
 E DIN EN 61557-5 (VDE 0413-5)
– Prüfung .... E DIN EN 61557-5 (VDE 0413-5)
– Überwachung .... E DIN EN 61557-5 (VDE 0413-5)

Erdungswiderstände, neutrale
Leistungstransformatoren .... E DIN EN IEC 60076-25 (VDE 0532-76-25)

Erdverlegte Installationsrohrsysteme
Schutz und Führung
– Elektroinstallationsrohre für Sonderanwendungen .... E DIN EN 50626-2 (VDE 0605-626-2)

Erdverlegte Leitungen
Abdichtung
– Bauwerksdurchdringungen .... VDE-Anwendungsregel VDE-AR-N 4223

Ereignisbaumanalyse .... DIN EN 62502 (VDE 0050-3)

Erfassungs- und Messsysteme
zur Datenerfassung, -Übertragung und -Analyse
– Anforderungen an die Geräte .... DIN EN 62974-1 (VDE 0415-974-1)

Erhöhte Sicherheit „e"
Geräteschutz .... DIN EN 60079-7 (VDE 0170-6)
Beiblatt 1 DIN EN 60079-7 (VDE 0170-6)
DIN EN IEC 60079-7/A1 (VDE 0170-6/A1)

Erkennen von Personen
Schutzeinrichtungen .... DIN EN IEC 62046 (VDE 0113-211)

Ermittlung der Atemalkoholkonzentration
beweissichere Atemalkoholmessgeräte .... DIN VDE 0405-1 (VDE 0405-1)

Ermittlung der Maße
Wickeldrähte
– Prüfverfahren .... DIN EN IEC 60851-2 (VDE 0474-851-2)

Ermittlung der Radioaktivität in der Umwelt
Erdboden
– Begriffe .... DIN ISO 18589-1 (VDE 0493-4-5891)
– Leitfaden .... DIN ISO 18589-1 (VDE 0493-4-5891)
– Plutonium-238, -239, -240 .... DIN ISO 18589-4 (VDE 0493-4-5894)
– Strontium-90 .... DIN ISO 18589-5 (VDE 0493-4-5895)
Erdboden: Alpha- und Beta-Gesamtaktivitäten .... DIN ISO 18589-6 (VDE 0493-4-5896)
– Messverfahren mit Durchfluss-Proportionalzählung .... DIN ISO 18589-6 (VDE 0493-4-5896)
Erdboden: Plutonium-238, -239, -240
– Messverfahren mit Alphaspektrometrie .... DIN ISO 18589-4 (VDE 0493-4-5894)
Erdboden: Strontium-90
– Messverfahren mit Proportional- oder Flüssigszintillationszählung
.... DIN ISO 18589-5 (VDE 0493-4-5895)
Luft: Radon-222
– kontinuierliche Messverfahren für die Aktivitätskonzentration
.... DIN EN ISO 11665-5 (VDE 0493-1-6655)
– Messverfahren für potenzielle Alpha-Energiekonzentration
.... DIN EN ISO 11665-2 (VDE 0493-1-6652)
– Punktmessverfahren der potenziellen Alpha-Energiekonzentration
.... DIN EN ISO 11665-3 (VDE 0493-1-6653)
– Punktmessverfahren für die Aktivitätskonzentration   DIN EN ISO 11665-6 (VDE 0493-1-6656)
– Quellen und Messverfahren .... DIN EN ISO 11665-1 (VDE 0493-1-6651)

Erneuerbare Energien
Einrichtungen und Infrastrukturen
– Rechenzentren .... DIN EN 50600-4-3 (VDE 0801-600-4-3)

Erosion von Elektroisolierstoffen .... DIN EN 60587 (VDE 0303-10)
E DIN EN 60587 (VDE 0303-10)

Erproben elektrischer Anlagen .... DIN VDE 0100-600 (VDE 0100-600)

VDE-Schriftenreihe Band 63
VDE-Schriftenreihe Band 163

Erregersysteme für Synchronmaschinen .... DIN EN 60034-16-1 (VDE 0530-16)
E DIN IEC/TS 60034-16-2 (VDE V 0530-16-2)
E DIN IEC/TS 60034-16-3 (VDE V 0530-16-3)
Errichten elektrischer Anlagen
– allgemeine Festlegungen .... DIN EN 50628 (VDE 0118-10)
– Zusatzfestlegungen .... DIN EN 50628 (VDE 0118-10)
geschirmte PVC-Leitungen .... DIN 57250-212 (VDE 0250-212)

Leitungs-Garnituren .... DIN 57279 (VDE 0279)
Leitungstrossen .... DIN VDE 0250-813 (VDE 0250-813)
Starkstromkabel .... DIN VDE 0271 (VDE 0271)

Errichten elektrischer Anlagen
aus Sicht der Brandschadenverhütung .... VDE-Schriftenreihe Band 173
Bergbau unter Tage
– allgemeine Festlegungen .... DIN EN 50628 (VDE 0118-10)
– Zusatzfestlegungen .... DIN EN 50628 (VDE 0118-10)
in explosionsgefährdeten Bereichen .... DIN V VDE V 166 (VDE V 166)
in Gebäuden .... VDE-Schriftenreihe Band 105
in Steinbrüchen .... DIN VDE 0168 (VDE 0168)
in Tagebauen .... DIN VDE 0168 (VDE 0168)

Errichten elektrischer Prüfanlagen .... DIN EN 50191 (VDE 0104)

Errichten von Niederspannungsanlagen
allgemeine Grundsätze .... DIN VDE 0100-100 (VDE 0100-100)
Anforderungen an Baustellen .... DIN VDE 0100-704 (VDE 0100-704)
                                                                                                  VDE-Schriftenreihe Band 142
                                                                                                  VDE-Schriftenreihe Band 168
Anforderungen für Betriebsstätten, Räume und Anlagen besonderer Art
.... DIN VDE 0100-711 (VDE 0100-711)
Auswahl und Errichtung elektrischer Betriebsmittel
– allgemeine Bestimmungen .... DIN VDE 0100-510 (VDE 0100-510)
– Einrichtungen für Sicherheitszwecke .... DIN VDE 0100-560 (VDE 0100-560)
                                                                               E DIN IEC 60364-5-56 (VDE 0100-560)
– Erdungsanlagen, Schutzleiter und Potentialausgleich ..... DIN VDE 0100-540 (VDE 0100-540)
                                                                              E DIN VDE 0100-540/A1 (VDE 0100-540/A1)
– Hilfsstromkreise .... DIN VDE 0100-557 (VDE 0100-557)
– Koordinierung elektrischer Einrichtungen .... DIN VDE 0100-530 (VDE 0100-530)
– Leuchten und Beleuchtungsanlagen .... DIN VDE 0100-559 (VDE 0100-559)
– Niederspannungsstromerzeugungsanlagen .... DIN VDE V 0100-551-1 (VDE V 0100-551-1)
– Niederspannungsstromerzeugungseinrichtungen .... DIN VDE 0100-551 (VDE 0100-551)
                                                                     Beiblatt 1 DIN VDE 0100-551 (VDE 0100-551)
                                                                         E DIN VDE 0100-551 (VDE 0100-551)
– Notstromeinspeisungen mit mobilen Stromerzeugungseinrichtungen
.... Beiblatt 1 DIN VDE 0100-551 (VDE 0100-551)
– Schalt- und Steuergeräte .... DIN VDE 0100-530 (VDE 0100-530)
– Schalter und Steckdosen .... VDE-Anwendungsregel VDE-AR-E 2100-550
– stationäre Sekundärbatterien .... E DIN VDE 0100-570 (VDE 0100-570)
Bedienungsgänge und Wartungsgänge .... DIN VDE 0100-729 (VDE 0100-729)
                                                                                VDE-Schriftenreihe Band 168
Begriffe .... DIN VDE 0100-100 (VDE 0100-100)
                                                                               DIN VDE 0100-200 (VDE 0100-200)
Betriebsstätten besonderer Art
– Ausstellungen, Shows und Stände .... DIN VDE 0100-711 (VDE 0100-711)
– Baustellen .... DIN VDE 0100-704 (VDE 0100-704)
                                                                            VDE-Schriftenreihe Band 142
                                                                           VDE-Schriftenreihe Band 168
– Beleuchtungsanlagen im Freien .... DIN VDE 0100-714 (VDE 0100-714)
                                                                            VDE-Schriftenreihe Band 168
– Bereiche mit begrenzter Bewegungsfreiheit .... DIN VDE 0100-706 (VDE 0100-706)
                                                           E DIN VDE 0100-706/A1 (VDE 0100-706/A1)

	VDE-Schriftenreihe Band 168
– Einrichtungsgegenstände	DIN VDE 0100-713 (VDE 0100-713)
– elektrische Anlagen von Campingplätzen	DIN VDE 0100-708 (VDE 0100-708)
	E DIN VDE 0100-708 (VDE 0100-708)
	VDE-Schriftenreihe Band 150
	VDE-Schriftenreihe Band 168
– ELV DC Energieverteilung	E DIN VDE 0100-716 (VDE 0100-716)
– ELV DC für ICT	E DIN VDE 0100-716 (VDE 0100-716)
– Heizleitungen	DIN VDE 0100-753 (VDE 0100-753)
	VDE-Schriftenreihe Band 168
– Kleinspannungsbeleuchtungsanlagen	DIN VDE 0100-715 (VDE 0100-715)
	VDE-Schriftenreihe Band 168
– landwirtschaftliche und gartenbauliche Betriebsstätten	DIN VDE 0100-705 (VDE 0100-705)
	VDE-Schriftenreihe Band 168
– Lichtwerbeanlagen	DIN EN 50107-3 (VDE 0128-3)
– Möbel	DIN VDE 0100-713 (VDE 0100-713)
– öffentliche Einrichtungen und Arbeitsstätten	DIN VDE V 0100-0718 (VDE V 0100-0718)
	DIN VDE 0100-718 (VDE 0100-718)
	Beiblatt 1 DIN VDE 0100-718 (VDE 0100-718)
	VDE-Schriftenreihe Band 168
– Orte mit Badewanne oder Dusche	E DIN VDE 0100-701 (VDE 0100-701)
– ortsveränderliche oder transportable Baueinheiten	DIN VDE 0100-717 (VDE 0100-717)
	VDE-Schriftenreihe Band 168
– Räume mit Badewanne oder Dusche	DIN VDE 0100-701 (VDE 0100-701)
	E DIN VDE 0100-701 (VDE 0100-701)
	VDE-Schriftenreihe Band 67a
	VDE-Schriftenreihe Band 141
	VDE-Schriftenreihe Band 168
– Räume und Kabinen mit Saunaheizungen	DIN VDE 0100-703 (VDE 0100-703)
	VDE-Schriftenreihe Band 67b
	VDE-Schriftenreihe Band 168
– Schwimmbecken und Springbrunnen	DIN VDE 0100-702 (VDE 0100-702)
	E DIN VDE 0100-702/AA (VDE 0100-702/AA)
	VDE-Schriftenreihe Band 67b
	VDE-Schriftenreihe Band 168
– umschlossene Heizsysteme	DIN VDE 0100-753 (VDE 0100-753)
	VDE-Schriftenreihe Band 168
– Unterrichtsräume mit Experimentiereinrichtungen	DIN VDE 0100-723 (VDE 0100-723)
	VDE-Schriftenreihe Band 168
Betriebsstätten, Räume und Anlagen besonderer Art	
– Ausstellungen, Shows und Stände	DIN VDE 0100-711 (VDE 0100-711)
– Möbel und ähnliche Einrichtungsgegenstände	DIN VDE 0100-713 (VDE 0100-713)
– Stromversorgung von Elektrofahrzeugen	DIN VDE 0100-722 (VDE 0100-722)
Campingplätze und Marinas	DIN VDE 0100-709 (VDE 0100-709)
	VDE-Schriftenreihe Band 150
	VDE-Schriftenreihe Band 168
ELV-DC-Energieverteilung für die ICT	
– Kabelinfrastruktur	E DIN VDE 0100-716 (VDE 0100-716)
ELV-DC-Energieverteilung für die Informations- und Kommunikationstechnologie (ICT)	
– Kabelinfrastruktur	E DIN VDE 0100-716 (VDE 0100-716)
Energieeffizienz	DIN VDE 0100-801 (VDE 0100-801)
	VDE-Schriftenreihe Band 169

Erstprüfungen .... DIN VDE 0100-600 (VDE 0100-600)
VDE-Schriftenreihe Band 63
VDE-Schriftenreihe Band 163
– elektrischer Ausrüstungen von Maschinen .... VDE-Schriftenreihe Band 163
– Schutz gegen elektrischen Schlag .... VDE-Schriftenreihe Band 140
VDE-Schriftenreihe Band 9
– Schutz gegen elektrischen Schlag in medizinisch genutzten Bereichen der Gruppe 2
.... VDE-Schriftenreihe Band 170
feuchte und nasse Bereiche .... DIN VDE 0100-737 (VDE 0100-737)
VDE-Schriftenreihe Band 168
funktionale Aspekte
– Energieeffizienz .... DIN VDE 0100-801 (VDE 0100-801)
in Landwirtschaft und Gartenbau .... DIN VDE 0100-705 (VDE 0100-705)
VDE-Schriftenreihe Band 168
Kabel- und Leitungslängen .... Beiblatt 5 DIN VDE 0100 (VDE 0100)
Beiblatt 2 DIN VDE 0100-520 (VDE 0100-520)
VDE-Schriftenreihe Band 159
kombinierte Erzeugungs-/Verbrauchsanlagen .... E DIN IEC 60364-8-2 (VDE 0100-802)
leitfähige Bereiche mit begrenzter Bewegungsfreiheit .... DIN VDE 0100-706 (VDE 0100-706)
E DIN VDE 0100-706/A1 (VDE 0100-706/A1)
VDE-Schriftenreihe Band 168
Niederspannungsstromerzeugungseinrichtungen
– Notstromeinspeisungen mit mobilen Stromerzeugungseinrichtungen
.... Beiblatt 1 DIN VDE 0100-551 (VDE 0100-551)
Schalt- und Steuergeräte .... DIN VDE 0100-530 (VDE 0100-530)
Schutz gegen thermische Auswirkungen .... DIN VDE 0100-420 (VDE 0100-420)
Schutzmaßnahmen .... Beiblatt 5 DIN VDE 0100 (VDE 0100)
– Schutz bei elektromagnetische Störgrößen ..... E DIN IEC 60364-4-44/A2 (VDE 0100-444/A2)
VDE-Schriftenreihe Band 126
– Schutz bei Erdschlüssen .... DIN VDE 0100-442 (VDE 0100-442)
– Schutz bei Störspannungen .... E DIN IEC 60364-4-44/A2 (VDE 0100-444/A2)
VDE-Schriftenreihe Band 126
– Schutz bei Überlast .... Beiblatt 2 DIN VDE 0100-520 (VDE 0100-520)
– Schutz bei Überstrom .... DIN VDE 0100-430 (VDE 0100-430)
E DIN IEC 60364-4-43 (VDE 0100-430)
– Schutz gegen elektrischen Schlag .... DIN VDE 0100-410 (VDE 0100-410)
– Schutz gegen elektromagnetische Störgrößen .... DIN VDE 0100-444 (VDE 0100-444)
VDE-Schriftenreihe Band 126
– Schutz gegen Störspannungen .... DIN VDE 0100-442 (VDE 0100-442)
DIN VDE 0100-444 (VDE 0100-444)
VDE-Schriftenreihe Band 126
– Schutz gegen thermische Auswirkungen .... DIN VDE 0100-420 (VDE 0100-420)
E DIN VDE 0100-420/A2 (VDE 0100-420/A2)
– Schutz gegen Überspannungen .... DIN VDE 0100-442 (VDE 0100-442)
DIN VDE 0100-443 (VDE 0100-443)
– Trennen und Schalten .... DIN VDE 0100-460 (VDE 0100-460)
spezielle Anlagen und Räume
– Photovoltaikversorgungssysteme .... VDE-Anwendungsregel VDE-AR-E 2100-712
DIN VDE 0100-712 (VDE 0100-712)
VDE-Schriftenreihe Band 168
Strombelastbarkeit .... Beiblatt 2 DIN VDE 0100-520 (VDE 0100-520)
Trennen, Schalten, Steuern
– Überspannungsschutzeinrichtungen .... DIN VDE 0100-534 (VDE 0100-534)

Übergangsfestlegungen .... Beiblatt 2 DIN VDE 0100 (VDE 0100)
Übersicht .... VDE-Schriftenreihe Band 106
Verzeichnis der einschlägigen Normen .... Beiblatt 2 DIN VDE 0100 (VDE 0100)
vorübergehend errichtete elektrische Anlagen .... DIN VDE 0100-740 (VDE 0100-740)
                                     VDE-Schriftenreihe Band 168
wiederkehrende Prüfung .... DIN VDE 0100-600 (VDE 0100-600)
                                     VDE-Schriftenreihe Band 163

Errichten von Starkstromanlagen
mit Nennspannungen bis 1 000 V
 – elektrische Betriebsstätten .... DIN VDE 0100-731 (VDE 0100-731)
                                    VDE-Schriftenreihe Band 168
 – Entwicklungsgang der Errichtungsbestimmungen .... Beiblatt 1 DIN 57100 (VDE 0100)
 – Schutz bei direktem Berühren in Wohnungen .... DIN VDE 0100-410 (VDE 0100-410)
                                    VDE-Schriftenreihe Band 168
 – Schutz gegen Unterspannung .... DIN VDE 0100-450 (VDE 0100-450)
 – Schutzeinrichtungen in TN- und TT-Netzen .... DIN VDE 0100-410 (VDE 0100-410)
                                    VDE-Schriftenreihe Band 168
 – Struktur der Normenreihe .... Beiblatt 3 DIN 57100 (VDE 0100)
mit Nennspannungen über 1 kV .... VDE-Schriftenreihe Band 11

Errichtung und Betrieb
Elektrozaunanlagen für Tiere .... DIN VDE 0131 (VDE 0131)
selbstheilender Leistungs-Parallelkondensatoren .... DIN EN 60831-1 (VDE 0560-46)

Errichtung von Niederspannungsanlagen
Anforderungen für Betriebsstätten, Räume und Anlagen besonderer Art
 – Caravans und Motorcaravans .... DIN VDE 0100-721 (VDE 0100-721)
 – elektrische Anlagen in Caravans und Motorcaravans ...... DIN VDE 0100-721 (VDE 0100-721)

Errichtungsbestimmungen
für Starkstromanlagen bis 1 000 V
 – Entwicklungsgang .... Beiblatt 1 DIN 57100 (VDE 0100)

Ersatzstromaggregate
Errichtung .... DIN VDE V 0100-551-1 (VDE V 0100-551-1)
Projektierung .... VDE-Schriftenreihe Band 122

Ersatzstromversorgungsanlagen .... DIN VDE V 0100-551-1 (VDE V 0100-551-1)

Erschütterungsmelder
für Einbruchmeldeanlagen .... DIN EN 50131-2-8 (VDE 0830-2-2-8)

Erstellen von Gebrauchsanleitungen
allgemeine Grundsätze
 – ausführliche Anforderungen .... DIN EN 82079-1 (VDE 0039-1)
                                   E DIN EN 82079-1 (VDE 0039-1)
 Gliederung, Inhalt und Darstellung .... DIN EN 82079-1 (VDE 0039-1)
                                   E DIN EN 82079-1 (VDE 0039-1)

Erstprüfungen
von Niederspannungsanlagen .... DIN VDE 0100-600 (VDE 0100-600)
                               DIN VDE 0100-600 (VDE 0100-600)
                                    VDE-Schriftenreihe Band 63
                                   VDE-Schriftenreihe Band 163
elektrischer Ausrüstungen von Maschinen .... VDE-Schriftenreihe Band 163

Erteilung von Netzauskünften
in Versorgungsunternehmen .... VDE-Anwendungsregel VDE-AR-N 4203

ERTMS/ETCS/GSM-R-Informationen
ergonomische Grundsätze für die Darstellung .... DIN CLC/TS 50459-1 (VDE V 0831-459-1)
Prinzipien für die Darstellung .... DIN CLC/TS 50459-2 (VDE V 0831-459-2)

ERTMS/ETCS/GSM-R-Systeme
Dateneingabe .... DIN CLC/TS 50459-2 (VDE V 0831-459-2)
DIN CLC/TS 50459-4 (VDE V 0831-459-4)

ERTMS/ETCS-Informationen
ergonomische Anordnung .... DIN CLC/TS 50459-2 (VDE V 0831-459-2)
– akustische Informationen .... DIN CLC/TS 50459-6 (VDE V 0831-459-6)
– Symbole .... DIN CLC/TS 50459-5 (VDE V 0831-459-5)

ERTMS/GSM-R-Informationen
ergonomische Anordnung .... DIN CLC/TS 50459-3 (VDE V 0831-459-3)
– akustische Informationen .... DIN CLC/TS 50459-6 (VDE V 0831-459-6)
– Symbole .... DIN CLC/TS 50459-5 (VDE V 0831-459-5)

Erwärmung
von Patienten .... DIN EN 80601-2-35 (VDE 0750-2-35)
E DIN EN IEC 80601-2-35 (VDE 0750-2-35)

Erwärmungsanlagen, induktive .... DIN EN 60519-3 (VDE 0721-3)
E DIN EN 60519-3 (VDE 0721-3)

Erwärmungsanlagen, konduktive .... DIN EN 60519-3 (VDE 0721-3)
E DIN EN 60519-3 (VDE 0721-3)

Erwärmungsprüfungen
drehende elektrische Maschinen
– Bahn- und Straßenfahrzeuge .... DIN EN 60349-4 (VDE 0115-400-4)

Erweiterte Anwendung von Prüfergebnissen
Kabel und Leitungen .... DIN CLC/TS 50576 (VDE V 0482-576)

Erweiterung der Speicherbank 1 (Gerätetyp 50)
Digital adressierbare Schnittstelle für Beleuchtung E DIN EN IEC 62386-251 (VDE 0712-0-251)
E DIN EN IEC 62386-253 (VDE 0712-0-253)

Erweiterungseinheiten (ESHG-) .... DIN EN 60669-2-5 (VDE 0632-2-5)

Erzeugnisse, elektrotechnische
Beurteilung der Brandgefahr .... DIN EN 60695-1-10 (VDE 0471-1-10)
DIN EN 60695-1-11 (VDE 0471-1-11)

Erzeugung von Neutronen-Referenzstrahlungsfeldern
Charakteristika und Verfahren .... E DIN ISO 8529-1 (VDE 0412-8529-1)

Erzeugung von Windenergie .... DIN EN 61400-27-1 (VDE 0127-27-1)
E DIN EN 61400-27-1 (VDE 0127-27-1)
E DIN EN 61400-27-2 (VDE 0127-27-2)

Erzeugungs-/Verbrauchsanlagen, kombinierte
Errichten von Niederspannungsanlagen .... E DIN IEC 60364-8-2 (VDE 0100-802)

Erzeugungsanlagen (TAR HGÜ)
    über HGÜ-Systeme angeschlossen .... VDE-Anwendungsregel VDE-AR-N 4131
Erzeugungsanlagen bis einschließlich Typ B .... DIN EN 50549-1 (VDE 0124-549-1)
                                                                DIN EN 50549-2 (VDE 0124-549-2)

Erzeugungsanlagen
    am Niederspannungsnetz .... VDE-Anwendungsregel VDE-AR-N 4105
                                                                DIN VDE V 0124-100 (VDE V 0124-100)
    bis einschließlich Typ B .... DIN EN 50549-1 (VDE 0124-549-1)
                                                                DIN EN 50549-2 (VDE 0124-549-2)
    Netzintegration .... DIN VDE V 0124-100 (VDE V 0124-100)
    Parallelbetrieb am Mittelspannungsnetz .... DIN EN 50549-2 (VDE 0124-549-2)
    Parallelbetrieb am Niederspannungsnetz .... DIN VDE V 0124-100 (VDE V 0124-100)
                                                                DIN EN 50549-1 (VDE 0124-549-1)
    Parallelbetrieb mit einem Verteilnetz .... DIN EN 50549-1 (VDE 0124-549-1)
                                                                DIN EN 50549-2 (VDE 0124-549-2)
    – bis einschließlich Typ B .... DIN EN 50549-1 (VDE 0124-549-1)
                                                                DIN EN 50549-2 (VDE 0124-549-2)
    über HGÜ-Systeme angeschlossen .... VDE-Anwendungsregel VDE-AR-N 4131

Erzeugungsbasierte Verfügbarkeit
    von Windenergieanlagen .... E DIN EN IEC 61400-26-1 (VDE 0127-26-1)
                                                                DIN CLC/TS 61400-26-2 (VDE V 0127-26-2)

ESD
    Charged Device Model (CDM)
    – Device Level .... DIN EN 60749-28 (VDE 0884-749-28)
    Empfindlichkeit gegen elektrostatische Ladung .... DIN EN IEC 60749-26 (VDE 0884-749-26)
                                                                DIN EN 60749-28 (VDE 0884-749-28)
    Halbleiterbauelemente .... DIN EN IEC 60749-26 (VDE 0884-749-26)
                                                                DIN EN 60749-28 (VDE 0884-749-28)
    Human Body Model (HBM) .... DIN EN IEC 60749-26 (VDE 0884-749-26)
    Wirkungen auf elektronische Bauelemente .... VDE-Schriftenreihe Band 71

ESHG/GA-Systeme .... DIN EN 50491-11 (VDE 0849-11)
                                                                DIN EN 50491-12-1 (VDE 0849-12-1)
                                                                DIN EN 50491-4-1 (VDE 0849-4-1)
                                                                DIN EN 50491-6-1 (VDE 0849-6-1)
                                                                E DIN EN 50698 (VDE 0849-98)
                                                                DIN EN 63044-1 (VDE 0849-44-1)
                                                                E DIN IEC 63044-1/A1 (VDE 0849-44-1/A1)
                                                                DIN EN IEC 63044-3 (VDE 0849-44-3)
                                                                E DIN EN IEC 63044-3/A1 (VDE 0849-44-3/A1)
                                                                E DIN EN IEC 63044-4 (VDE 0849-44-4)
                                                                DIN EN IEC 63044-5-1 (VDE 0849-44-51)
                                                                E DIN EN IEC 63044-5-1/A1 (VDE 0849-44-51/A1)
                                                                DIN EN IEC 63044-5-2 (VDE 0849-44-52)
                                                                DIN EN IEC 63044-5-3 (VDE 0849-44-53)
                                                                E DIN EN IEC 63044-6-1 (VDE 0849-44-61)
    elektrische Sicherheit .... E DIN EN 50698 (VDE 0849-98)
                                                                DIN EN 50491-6-1 (VDE 0849-6-1)
                                                                E DIN EN IEC 63044-6-1 (VDE 0849-44-61)
    EMV für Funkausrüstung .... E DIN EN 50698 (VDE 0849-98)
    EMV-Anforderungen im Industriebereich .... DIN EN IEC 63044-5-3 (VDE 0849-44-53)

EMV-Anforderungen in Geschäfts- und Gewerbebereichen
.... DIN EN IEC 63044-5-2 (VDE 0849-44-52)
EMV-Anforderungen in Kleinbetrieben .... DIN EN IEC 63044-5-2 (VDE 0849-44-52)
EMV-Anforderungen in Wohnbereichen .... DIN EN IEC 63044-5-2 (VDE 0849-44-52)

ESHG-Erweiterungseinheiten
für Haushalt und ähnliche Installationen .... DIN EN 60669-2-5 (VDE 0632-2-5)

ESHG-Installationen
Installation und Planung .... DIN EN 50491-6-1 (VDE 0849-6-1)
  E DIN EN IEC 63044-6-1 (VDE 0849-44-61)

ESHG-Installationsmaterial
für Haushalt und ähnliche Installationen .... DIN EN 60669-2-5 (VDE 0632-2-5)

ESHG-Produkte
funktionale Sicherheit .... DIN EN 50491-4-1 (VDE 0849-4-1)
  E DIN EN IEC 63044-4 (VDE 0849-44-4)
Kommunikation über IP
– EN 13321-2 .... DIN EN 50090-4-3 (VDE 0829-4-3)
– medienunabhängig .... DIN EN 50090-4-3 (VDE 0829-4-3)

ESHG-Schalter
für Haushalt und ähnliche Installationen .... DIN EN 60669-2-5 (VDE 0632-2-5)

ESHG-Sensoren
für Haushalt und ähnliche Installationen .... DIN EN 60669-2-5 (VDE 0632-2-5)

ESHG-Steckdosen
geschaltete
– für Haushalt und ähnliche Installationen .... DIN EN 60669-2-5 (VDE 0632-2-5)

ESHG-Stellantriebe
für Haushalt und ähnliche Installationen .... DIN EN 60669-2-5 (VDE 0632-2-5)

ESHG-Verkabelung
Zweidrahtleitungen Klasse 1 .... DIN EN 50090-9-1 (VDE 0829-9-1)

Ester
neue modifizierte
– für elektrotechnische Anwendungen .... DIN EN IEC 63012 (VDE 0370-71)
neue modifizierte oder verschnittene
– für elektrotechnische Anwendungen .... DIN EN IEC 63012 (VDE 0370-71)
neue natürliche
– für elektrotechnische Anwendungen .... DIN EN 62770 (VDE 0370-70)
synthetische organische
– für elektrotechnische Zwecke .... DIN EN 61099 (VDE 0375-1)

Ester, neue natürliche
für Transformatoren und ähnliche elektrische Betriebsmittel .... DIN EN 62770 (VDE 0370-70)

Estergemische
neue modifizierte
– für elektrotechnische Anwendungen .... DIN EN IEC 63012 (VDE 0370-71)
neue modifizierte oder verschnittene
– für elektrotechnische Anwendungen .... DIN EN IEC 63012 (VDE 0370-71)

ETFE-Aderleitungen .... DIN 57250-106 (VDE 0250-106)

Ethernet-Sende-Empfangsgeräten
integrierte Schaltungen
– Bewertung der EMV .... E DIN EN IEC 62228-5 (VDE 0847-28-5)

Ethernet-Verbund
mehrere Datensender und Datenempfänger
– Navigations- und Funkkommunikationsgeräte und -systeme für die Seeschifffahrt
.... DIN EN IEC 61162-460/A1 (VDE 0878-162-460/A1)

Europäisches Leitsystem
für den Schienenverkehr
– akustische Informationen .... DIN CLC/TS 50459-6 (VDE V 0831-459-6)
– Symbole .... DIN CLC/TS 50459-5 (VDE V 0831-459-5)

Ex-Betriebsmittel
allgemeine Anforderungen .... DIN EN IEC 60079-0 (VDE 0170-1)

Exhalationsrate aus Baummaterialien
Radioaktivität in der Umwelt
– Radon-222 .... DIN ISO 11665-9 (VDE 0493-1-6659)

Experimentiereinrichtungen
in Unterrichtsräumen .... DIN VDE 0100-723 (VDE 0100-723)
DIN VDE 0105-112 (VDE 0105-112)
VDE-Schriftenreihe Band 168

Experimentieren
mit elektrischer Energie in Unterrichtsräumen .... DIN VDE 0105-112 (VDE 0105-112)

Experimentierkästen
Spielzeug-, elektrische .... DIN EN 62115 (VDE 0700-210)
E DIN EN 62115 (VDE 0700-210)
E DIN EN 62115/AA (VDE 0700-210/AA)

Explosionsfähige Atmosphären
Betriebsmittel mit Geräteschutzniveau (EPL) Ga .... DIN EN 60079-26 (VDE 0170-12-1)
eigensichere Systeme .... DIN EN 60079-25 (VDE 0170-10-1)
Eigensicherheit „i" .... DIN EN 60079-11 (VDE 0170-7)
Einrichtungen mit optischer Strahlung .... DIN EN 60079-28 (VDE 0170-28)
Einteilung der Bereiche .... DIN EN 60079-10-1 (VDE 0165-101)
DIN EN 60079-10-2 (VDE 0165-102)
elektrische Anlagen
– Projektierung, Auswahl, Errichtung .... DIN EN 60079-14 (VDE 0165-1)
Beiblatt 1 DIN EN 60079-14 (VDE 0165-1)
– Prüfung und Instandhaltung .... DIN EN 60079-17 (VDE 0165-10-1)
E DIN EN IEC 60079-17 (VDE 0165-10-1)
Gasmessgeräte .... DIN EN 60079-29-4 (VDE 0400-40)
– Auswahl, Installation, Einsatz, Wartung .... DIN EN 60079-29-2 (VDE 0400-2)
– Betriebsverhalten .... DIN EN 60079-29-1 (VDE 0400-1)
E DIN EN 60079-29-1/A1 (VDE 0400-1/A1)
Geräte
– allgemeine Anforderungen .... DIN EN IEC 60079-0 (VDE 0170-1)
Gerätereparatur, Überholung und Regenerierung .... DIN EN 60079-19 (VDE 0165-20-1)
E DIN EN 60079-19 (VDE 0165-20-1)
Geräteschutz durch druckfeste Kapselung „d" .... DIN EN 60079-1 (VDE 0170-5)
Geräteschutz durch Eigensicherheit „i" .... DIN EN 60079-11 (VDE 0170-7)

Geräteschutz durch Flüssigkeitskapselung „o" .... DIN EN 60079-6 (VDE 0170-2)
E DIN EN 60079-6/A1 (VDE 0170-2/A1)
Geräteschutz durch Gehäuse „t" .... DIN EN 60079-31 (VDE 0170-15-1)
E DIN EN 60079-31 (VDE 0170-15-1)
Geräteschutz durch Überdruckkapselung „p" .... DIN EN 60079-2 (VDE 0170-3)
E DIN EN IEC 60079-2 (VDE 0170-3)
Geräteschutz durch Vergusskapselung „m" .... DIN EN 60079-18 (VDE 0170-9)
DIN EN 60079-18/A1 (VDE 0170-9/A1)
Geräteschutz durch Zündschutzart „n" .... DIN EN IEC 60079-15 (VDE 0170-16)
Sauerstoffmessgeräte
– Auswahl, Installation, Einsatz, Wartung .... DIN EN 60079-29-2 (VDE 0400-2)
Schutz durch fremdbelüfteten Raum „v" .... DIN EN 60079-13 (VDE 0170-313)
Schutz durch überdruckgekapselten Raum „p" .... DIN EN 60079-13 (VDE 0170-313)
Staubsauger und Entstauber
– Geräteschutzniveau Dc .... DIN EN 62784 (VDE 0700-2784)
E DIN IEC 62784-100 (VDE 0700-2784-100)
Übertragungssysteme mit optischer Strahlung .... DIN EN 60079-28 (VDE 0170-28)

Explosionsfähige Bereiche
Geräte
– ungünstige Betriebsbedingungen .... E DIN IEC/TS 60079-43 (VDE V 0170-43)
Geräteschutz durch Vergusskapselung „m" .... DIN EN 60079-18 (VDE 0170-9)
DIN EN 60079-18/A1 (VDE 0170-9/A1)

Explosionsgefährdete Bereiche
Betriebsmittel
– allgemeine Anforderungen .... DIN EN IEC 60079-0 (VDE 0170-1)
eigensichere Systeme .... E DIN VDE 0170-39 (VDE 0170-39)
– mit elektronisch gesteuerter Begrenzung der Funkendauer
.... E DIN VDE 0170-39 (VDE 0170-39)
Einrichtungen mit optischer Strahlung .... DIN EN 60079-28 (VDE 0170-28)
Einteilung .... DIN EN 60079-10-1 (VDE 0165-101)
elektrische Betriebsmittel .... DIN V VDE V 166 (VDE V 166)
– allgemeine Anforderungen .... DIN EN IEC 60079-0 (VDE 0170-1)
elektrostatische Gefährdungen
– Prüfverfahren .... DIN EN 60079-32-2 (VDE 0170-32-2)
erhöhte Sicherheit „e" .... DIN EN 60079-7 (VDE 0170-6)
Beiblatt 1 DIN EN 60079-7 (VDE 0170-6)
DIN EN IEC 60079-7/A1 (VDE 0170-6/A1)
Errichtung elektrischer Anlagen .... DIN V VDE V 166 (VDE V 166)
VDE-Schriftenreihe Band 65
Explosionsschutz .... DIN EN 60079-1 (VDE 0170-5)
Gerätegruppen .... DIN IEC/TS 60079-46 (VDE V 0170-46)
Gerätereparatur, Überholung und Regenerierung .... DIN EN 60079-19 (VDE 0165-20-1)
E DIN EN 60079-19 (VDE 0165-20-1)
Geräteschutz durch Sandkapselung „q" .... DIN EN 60079-5 (VDE 0170-4)
Projektierung, Auswahl, Errichtung elektrischer Anlagen
– Auslegungsblatt 1 .... Beiblatt 1 DIN EN 60079-14 (VDE 0165-1)
Prüfung und Instandhaltung elektrischer Anlagen ...... E DIN EN IEC 60079-17 (VDE 0165-10-1)
Sicherheitseinrichtungen
– Überwachung potenzieller Zündquellen von Geräten
.... E DIN IEC/TS 60079-42 (VDE V 0170-42)
Sicherheitseinrichtungen für elektrische Geräte .... DIN EN 50495 (VDE 0170-18)

Übertragungssysteme mit optischer Strahlung .... DIN EN 60079-28 (VDE 0170-28)
Widerstands-Begleitheizungen für .... DIN EN 60079-30-1 (VDE 0170-30-1)
DIN EN 60079-30-2 (VDE 0170-30-2)
Zündschutzart „M" .... DIN EN 50303 (VDE 0170-12-2)
Zündschutzart „n" .... DIN EN IEC 60079-15 (VDE 0170-16)

Explosionsgefahren .... DIN EN 50495 (VDE 0170-18)

Explosionsgefährliche Stoffe .... DIN V VDE V 166 (VDE V 166)

Explosionsgeschützte elektrische Betriebsmittel .... VDE-Schriftenreihe Band 65

Explosionsrisiko
von Kopfleuchten .... DIN EN 60079-35-1 (VDE 0170-14-1)

Explosionsschutz
in der MSR-Technik .... VDE-Schriftenreihe Band 164
Staub .... DIN EN 50303 (VDE 0170-12-2)
– Einteilung der Bereiche .... DIN EN 50281-2-1 (VDE 0170-15-2-1)

Explosionsschutzdokument .... VDE-Schriftenreihe Band 121

Exposition der Allgemeinbevölkerung
gegenüber hochfrequenten elektromagnetischen Feldern
– von Rundfunksendern .... DIN EN 50421 (VDE 0848-421)
DIN EN 50476 (VDE 0848-476)

Exposition von Arbeitnehmern
gegenüber elektrischen und magnetischen Feldern .... DIN EN 50647 (VDE 0848-647)
– von Elektrowärmeanlagen .... DIN EN 50519 (VDE 0848-519)
gegenüber elektromagnetischen Feldern
– und Bewertung des Risikos am Standort eines Rundfunksenders
.... DIN EN 50496 (VDE 0848-496)
gegenüber elektromagnetischen Feldern (0 Hz bis 300 GHz)
– Inbetriebnahme und Aufstellung von Geräten .... DIN EN 50664 (VDE 0848-664)
mit Kardioverter-Defibrillatoren (ICDs)
– in elektromagnetischen Feldern .... DIN EN 50527-2-2 (VDE 0848-527-2-2)
mit implantierbaren medizinischen Geräten (AIMD)
– gegenüber elektromagnetischen Feldern .... DIN EN 50527-2-2 (VDE 0848-527-2-2)
mit Kardioverter-Defibrillatoren (IKDs)
– in elektromagnetischen Feldern .... DIN EN 50527-2-2 (VDE 0848-527-2-2)

Exposition von Personen
Beurteilung von elektrischen und elektronischen Geräten
– gegenüber elektromagnetischen Feldern (0 Hz bis 300 GHz) . DIN EN 50665 (VDE 0848-665)
– gegenüber elektromagnetischen Feldern (10 MHz bis 300 GHz)
.... DIN EN 50663 (VDE 0848-663)
gegenüber elektromagnetischen Feldern
– Anforderung an Messgeräte .... DIN EN 61786-1 (VDE 0848-786-1)
– Verfahren für die Beurteilung .... DIN EN 50499 (VDE 0848-499)
– von Artikelüberwachungsgeräten .... DIN EN 62369-1 (VDE 0848-369-1)
– von Beleuchtungseinrichtungen .... DIN EN 62493 (VDE 0848-493)
– von Rundfunksendern .... DIN EN 50420 (VDE 0848-420)
DIN EN 50475 (VDE 0848-475)
DIN EN 50496 (VDE 0848-496)
– von Schweißeinrichtungen .... DIN EN 62822-2 (VDE 0545-23)

– von Widerstandsschweißeinrichtungen .... DIN EN IEC 62822-3 (VDE 0545-24)
gegenüber elektromagnetischen Feldern (0 Hz bis 300 GHz)
– Beurteilung von elektrischen und elektronischen Geräten .... DIN EN 50665 (VDE 0848-665)
gegenüber elektromagnetischen Feldern (10 MHz bis 300 GHz)
– Beurteilung von elektrischen und elektronischen Geräten .... DIN EN 50663 (VDE 0848-663)
in elektrischen Feldern
  – induzierte Körperstromdichte .... DIN EN 62226-3-1 (VDE 0848-226-3-1)
in elektrischen, magnetischen und elektromagnetischen Feldern ... DIN EN 50413 (VDE 0848-1)
                                   DIN EN 61786-1 (VDE 0848-786-1)
in elektromagnetischen Feldern
  – Begrenzung .... DIN EN IEC 62311 (VDE 0848-311)
  – Grenzwerte .... DIN EN 50364 (VDE 0848-364)
                                   DIN EN 50385 (VDE 0848-385)
                                   DIN EN 50566 (VDE 0848-566)
                                   DIN EN 50665 (VDE 0848-665)
mit Kardioverter-Defibrillatoren (ICDs)
  – in elektromagnetischen Feldern .... DIN EN 50527-2-2 (VDE 0848-527-2-2)
mit implantierbaren medizinischen Geräten
  – in elektromagnetischen Feldern .... DIN EN 50527-1 (VDE 0848-527-1)
                                   DIN EN 50527-2-1 (VDE 0848-527-2-1)
                                   DIN EN 50527-2-2 (VDE 0848-527-2-2)
mit implantierbaren medizinischen Geräten (AIMD)
  – gegenüber elektromagnetischen Feldern .... DIN EN 50527-1 (VDE 0848-527-1)
                                   DIN EN 50527-2-1 (VDE 0848-527-2-1)
                                   DIN EN 50527-2-2 (VDE 0848-527-2-2)
mit Kardioverter-Defibrillatoren (IKDs)
  – in elektromagnetischen Feldern .... DIN EN 50527-2-2 (VDE 0848-527-2-2)

Expositionssituationen, geplante und bestehende
Bestimmung der effektiven Dosis
  – Radioaktivität in der Umwelt .... E DIN ISO 20043-1 (VDE 0493-4-4301)

Extremitäten
Strahlenschutz
  – Überwachung der Dosis .... DIN EN ISO 15382 (VDE 0492-382)

Exzenterpolierer
handgeführt, motorbetrieben .... DIN EN 62841-2-4 (VDE 0740-2-4)

Exzenterschleifer
handgeführt, motorbetrieben .... DIN EN 62841-2-4 (VDE 0740-2-4)

F

Fachgrundspezifikation
Daten- und Kontrollkabel .... DIN EN 50288-1 (VDE 0819-1)
Koaxialkabel .... DIN EN 50117-1 (VDE 0887-1)
Lichtwellenleiter .... DIN EN 62074-1 (VDE 0885-600)
  – räumliche Umschalter .... DIN EN 60876-1 (VDE 0885-876-1)
  – Verbindungselemente und passive Bauteile .... DIN EN 60875-1 (VDE 0885-875-1)
                                   DIN EN 62074-1 (VDE 0885-600)
Lichtwellenleiterkabel .... DIN EN 60793-1-33 (VDE 0888-233)
                                   DIN EN 60793-1-46 (VDE 0888-246)

DIN EN 60793-1-50 (VDE 0888-250)
- grundlegende Prüfverfahren .... E DIN EN IEC 60794-1-401 (VDE 0888-100-401)
- Grundlegendes und Definitionen .... DIN EN 60794-1-2 (VDE 0888-100-2)
E DIN EN IEC 60794-1-2 (VDE 0888-100-2)
- Prüfverfahren .... E DIN EN IEC 60794-1-211 (VDE 0888-100-211)
E DIN IEC 60794-1-215 (VDE 0888-100-215)
E DIN EN IEC 60794-1-219 (VDE 0888-100-219)
DIN EN IEC 60794-1-22 (VDE 0888-100-22)
DIN EN IEC 60794-1-23 (VDE 0888-100-23)
- Prüfverfahren F15 .... E DIN IEC 60794-1-215 (VDE 0888-100-215)
- Prüfverfahren F19 .... E DIN EN IEC 60794-1-219 (VDE 0888-100-219)
- Prüfverfahren H1 .... E DIN EN IEC 60794-1-401 (VDE 0888-100-401)
- Verfahren F19 .... E DIN EN IEC 60794-1-219 (VDE 0888-100-219)
- Verfahren H1 .... E DIN EN IEC 60794-1-401 (VDE 0888-100-401)
Niederspannungs-Entkopplungsfilter .... DIN EN 50065-4-1 (VDE 0808-4-1)

Fachkundenachweis
für Elektrofachkräfte
- Grundlagen .... VDE-Schriftenreihe Band 79

Fahrdatenaufzeichnung
Bordsystem
- Bahnen .... DIN EN 62625-1 (VDE 0115-625-1)
DIN EN 62625-1/A11 (VDE 0115-625-1/A11)
DIN EN 62625-2 (VDE 0115-625-2)

Fahrfähigkeit
von Bahnfahrzeugen im Brandfall .... DIN EN 50553 (VDE 0115-553)
DIN EN 50553/A2 (VDE 0115-553/A2)

Fahrgastorientierte Dienste
für Bahnanwendungen .... DIN EN 62580-1 (VDE 0115-580)
DIN EN 62580-1/A11 (VDE 0115-580/A11)

Fahrleitungen
Isolatoren .... DIN VDE 0446-2 (VDE 0446-2)
DIN VDE 0446-3 (VDE 0446-3)

Fahroberleitungen
für elektrischen Zugbetrieb .... DIN EN 50345 (VDE 0115-604)

Fahrsignalanlagen .... DIN EN 50556 (VDE 0832-100)

Fahrsimulatoren .... Beiblatt 1 DIN EN 60335-2-82 (VDE 0700-82)
DIN EN 60335-2-82 (VDE 0700-82)
E DIN IEC 60335-2-82 (VDE 0700-82)
E DIN IEC 60335-2-82/A1 (VDE 0700-82/A2)

Fahrsteuerung, automatische
für Eisenbahnfahrzeuge .... DIN VDE 0119-207-3 (VDE 0119-207-3)

Fahrtenschreiber
für Eisenbahnfahrzeuge .... DIN VDE 0119-207-11 (VDE 0119-207-11)

Fahrzeugbegrenzungslinie .... DIN EN 50367 (VDE 0115-605)

Fahrzeuge der Binnenschifffahrt
elektrischer Landanschluss .... DIN VDE 0100-730 (VDE 0100-730)

193

Fahrzeuge
elektrische Heizgeräte .... DIN EN 50408 (VDE 0700-230)

Fahrzeugeinrichtung LZB .... DIN VDE 0119-207-7 (VDE 0119-207-7)

Fahrzeugeinrichtung PZB .... DIN VDE 0119-207-6 (VDE 0119-207-6)

Fahrzeugkabinenheizungen .... DIN EN 50408 (VDE 0700-230)

Fahrzeugkupplungen
für das Laden von Elektrofahrzeugen .... E DIN EN IEC 62196-1 (VDE 0623-5-1)
E DIN EN IEC 62196-2 (VDE 0623-5-2)
E DIN EN IEC 62196-3 (VDE 0623-5-3)
E DIN EN IEC 62196-6 (VDE 0623-5-6)

Fahrzeugseitige elektrische Energieversorgungssysteme
.... DIN CLC/TS 50534 (VDE V 0115-534)

Fahrzeugsoftware
für Eisenbahnfahrzeuge .... DIN VDE 0119-207-14 (VDE 0119-207-14)

Fahrzeugstecker
für das Laden von Elektrofahrzeugen .... DIN EN 62196-1 (VDE 0623-5-1)
E DIN EN IEC 62196-1 (VDE 0623-5-1)
DIN EN 62196-2 (VDE 0623-5-2)
E DIN EN IEC 62196-2 (VDE 0623-5-2)
E DIN EN IEC 62196-6 (VDE 0623-5-6)

Fahrzeugsteckvorrichtungen
für das Laden von Elektrofahrzeugen .... DIN EN 62196-1 (VDE 0623-5-1)
E DIN EN IEC 62196-1 (VDE 0623-5-1)
DIN EN 62196-2 (VDE 0623-5-2)
E DIN EN IEC 62196-2 (VDE 0623-5-2)
DIN EN 62196-3 (VDE 0623-5-3)
E DIN EN IEC 62196-3 (VDE 0623-5-3)
E DIN IEC/TS 62196-4 (VDE V 0623-5-4)
E DIN EN IEC 62196-6 (VDE 0623-5-6)

Fail-safe-Sicherheitstransformator .... DIN EN 61558-2-16 (VDE 0570-2-16)
E DIN EN IEC 61558-2-16 (VDE 0570-2-16)
DIN EN 61558-2-6 (VDE 0570-2-6)
E DIN EN IEC 61558-2-6 (VDE 0570-2-6)

Faktor zur Wiederverwendung von Energie
Informationstechnik
– Rechenzentren .... DIN EN 50600-4-6 (VDE 0801-600-4-6)

Fallprüfung
von Kabeln und Leitungen .... DIN EN 50396 (VDE 0473-396)
DIN EN 50396/A1 (VDE 0473-396/A1)

Falltüren
elektrische Antriebe .... DIN EN 60335-2-103 (VDE 0700-103)
E DIN IEC 60335-2-103 (VDE 0700-103-3)
E DIN IEC 60335-2-103/A1 (VDE 0700-103/A1)
E DIN IEC 60335-2-103/A2 (VDE 0700-103/A2)

Farbkennzeichnung
von Kabel-/Leitungsadern .... DIN VDE 0293-1 (VDE 0293-1)
DIN VDE 0293-308 (VDE 0293-308)

Farbsteuerung
Beleuchtung .... DIN EN 62386-209 (VDE 0712-0-209)

Fasergeometrie
Lichtwellenleiter .... DIN EN 60793-1-20 (VDE 0888-220)

Faserkategorie
Einmodenfaser .... DIN EN IEC 60793-2-50 (VDE 0888-325)

Faser-Management-System
in LWL-Kommunikationssystemen
– Typ 1 für Kategorie C .... DIN EN 50411-3-8 (VDE 0888-500-38)

Fasern
von Lichtwellenleitern
– Nachweis von Fehlern .... DIN EN 60793-1-30 (VDE 0888-230)

Faserringeln .... DIN EN 60793-1-34 (VDE 0888-234)
E DIN EN IEC 60793-1-34 (VDE 0888-234)

Faserstoffe
lackierte, für die Elektrotechnik .... DIN VDE 0365-1 (VDE 0365-1)
– Lackgewebe .... DIN VDE 0365-2 (VDE 0365-2)

Fauna
natürliche Umgebungsbedingungen
– Klassifizierung .... DIN EN IEC 60721-2-7 (VDE 0468-721-2-7)

Fehlanpassungskorrektur
für Messungen an PV-Einrichtungen .... DIN EN 60904-7 (VDE 0126-4-7)
E DIN EN 60904-7 (VDE 0126-4-7)

Fehlanpassungskorrektur, spektrale
für Messungen an photovoltaischen Einrichtungen .... E DIN EN 60904-7 (VDE 0126-4-7)
für Messungen an PV-Einrichtungen .... E DIN EN 60904-7 (VDE 0126-4-7)

Fehlerlichtbogenschutzeinrichtungen (AFDDs)
allgemeine Anforderungen .... DIN EN 62606 (VDE 0665-10)
Beiblatt 1 DIN EN 62606 (VDE 0665-10)
E DIN EN 62606/A1 (VDE 0665-10/A1)
Anwendungshinweise .... Beiblatt 1 DIN EN 62606 (VDE 0665-10)

Fehlerschutz .... VDE-Schriftenreihe Band 106
bei indirektem Berühren .... DIN VDE 0100-410 (VDE 0100-410)
VDE-Schriftenreihe Band 140

Fehlerstrom-/Differenzstromschutzeinrichtungen
für Steckdosen für Hausinstallationen
– und ähnliche Anwendungen .... DIN VDE 0664-50 (VDE 0664-50)
E DIN IEC 62640/A1 (VDE 0664-50/A1)

mit oder ohne Überstromschutz
– für Steckdosen .... DIN VDE 0664-50 (VDE 0664-50)
E DIN IEC 62640/A1 (VDE 0664-50/A1)

Fehlerstrom-/Differenzstromschutzschalter
mit Überstromschutz (RCBOs)
- Anhang N .... DIN VDE V 0664-230 (VDE V 0664-230)
- für Hausinstallationen .... E DIN VDE 0664-200 (VDE 0664-200)
                  DIN V VDE V 0664-220 (VDE V 0664-220)
                  DIN VDE V 0664-230 (VDE V 0664-230)
                  DIN EN 50550 (VDE 0640-10)
                  DIN EN 61009-1 (VDE 0664-20)
                  DIN EN 61009-2-1 (VDE 0664-21)
- Zusatzeinrichtungen .... DIN V VDE V 0664-220 (VDE V 0664-220)
                  DIN V VDE V 0664-420 (VDE V 0664-420)
mit und ohne Überstromschutz, Typ B
- für Hausinstallationen .... DIN V VDE V 0664-420 (VDE V 0664-420)
                  DIN EN 62423 (VDE 0664-40)
                  E DIN EN 62423/AA (VDE 0664-40/AA)
mit und ohne Überstromschutz, Typ F und Typ B
- für Hausinstallationen .... DIN EN 62423 (VDE 0664-40)
                  E DIN EN 62423/AA (VDE 0664-40/AA)
ohne eingebauten Überstromschutz (RCCBs)
- für Hausinstallationen .... DIN EN 61008-1 (VDE 0664-10)
ohne Überstromschutz (RCCBs) .... DIN EN 61008-2-1 (VDE 0664-11)
- für Hausinstallationen .... DIN V VDE V 0664-120 (VDE V 0664-120)
                  DIN EN 50550 (VDE 0640-10)
                  DIN EN 61008-1 (VDE 0664-10)
                  Beiblatt 1 DIN EN 61008-1 (VDE 0664-10)
- Zusatzeinrichtungen .... DIN V VDE V 0664-120 (VDE V 0664-120)

Fehlerstromschutzeinrichtungen (RCD)
 in Niederspannungsnetzen .... DIN EN 61557-6 (VDE 0413-6)
                  E DIN EN 61557-6 (VDE 0413-6)
 in TT-, TN- und IT-Systemen .... DIN EN 61557-6 (VDE 0413-6)
                  E DIN EN 61557-6 (VDE 0413-6)

Fehlerstromschutzeinrichtungen
 allgemeine Anforderungen .... DIN VDE 0100-410 (VDE 0100-410)
                  DIN VDE 0100-530 (VDE 0100-530)
                  DIN EN 61009-1 (VDE 0664-20)
                  DIN IEC/TS 63053 (VDE V 0640-053)
 allgemeine Sicherheitsanforderungen .... E DIN IEC 60755 (VDE 0664-900)
 Anforderungen und Prüfungen für RCBOs
 - eine oder mehrere zweipoligen Überstromschutzfunktionen
 .... DIN VDE V 0664-230 (VDE V 0664-230)
 für Gleichstromsysteme .... DIN IEC/TS 63053 (VDE V 0640-053)
 für Hausinstallationen
 - elektromagnetische Verträglichkeit .... DIN EN 61543 (VDE 0664-30)
 für Steckdosen .... DIN VDE 0664-50 (VDE 0664-50)
                  E DIN IEC 62640/A1 (VDE 0664-50/A1)
 ohne eingebauten Überstromschutz .... Beiblatt 1 DIN VDE 0661-10 (VDE 0661-10)
                  DIN VDE 0661-10 (VDE 0661-10)
                  DIN VDE 0661-10/A2 (VDE 0661-10/A2)
 ortsveränderliche .... Beiblatt 1 DIN VDE 0661-10 (VDE 0661-10)
                  DIN VDE 0661-10 (VDE 0661-10)
                  DIN VDE 0661-10/A2 (VDE 0661-10/A2)

RCDs .... E DIN IEC 60755 (VDE 0664-900)
Sicherheitsgruppennorm .... E DIN IEC 60755 (VDE 0664-900)

Fehlerstromschutzschalter .... DIN EN 62606 (VDE 0665-10)
Beiblatt 1 DIN EN 62606 (VDE 0665-10)
E DIN EN 62606/A1 (VDE 0665-10/A1)
automatisch wiedereinschaltende Einrichtungen .... DIN EN 63024 (VDE 0640-21)
automatische Wiedereinschalteinrichtungen .... DIN EN 63024 (VDE 0640-21)
ohne Überstromschutz
– für Hausinstallationen .... Beiblatt 1 DIN VDE 0661-10 (VDE 0661-10)
DIN VDE 0661-10/A2 (VDE 0661-10/A2)
DIN VDE 0664-101 (VDE 0664-101)

Typ B mit eingebautem Überstromschutz
– für den gehobenen vorbeugenden Brandschutz .... E DIN VDE 0664-401 (VDE 0664-401)
– zur Erfassung von Wechsel- und Gleichströmen .... E DIN VDE 0664-401 (VDE 0664-401)
Typ B mit Überstromschutz
– für den gehobenen vorbeugenden Brandschutz .... DIN VDE 0664-401 (VDE 0664-401)
E DIN VDE 0664-401 (VDE 0664-401)
– zur Erfassung von Wechsel- und Gleichströmen .... DIN VDE 0664-401 (VDE 0664-401)
E DIN VDE 0664-401 (VDE 0664-401)

Typ B ohne eingebauten Überstromschutz
– für den gehobenen vorbeugenden Brandschutz .... E DIN VDE 0664-400 (VDE 0664-400)
– zur Erfassung von Wechsel- und Gleichströmen .... E DIN VDE 0664-400 (VDE 0664-400)
Typ B ohne Überstromschutz
– für den gehobenen vorbeugenden Brandschutz .... DIN VDE 0664-400 (VDE 0664-400)
E DIN VDE 0664-400 (VDE 0664-400)
– zur Erfassung von Wechsel- und Gleichströmen .... DIN VDE 0664-400 (VDE 0664-400)
E DIN VDE 0664-400 (VDE 0664-400)

Fehlerstromschutzschalter (SRCDs)
für Steckdosen in Hausinstallationen .... DIN VDE 0664-50 (VDE 0664-50)
E DIN IEC 62640/A1 (VDE 0664-50/A1)

Fehlerstromüberwachung
in elektrischen Anlagen .... VDE-Schriftenreihe Band 113

Fehlschaltungsanalyse .... VDE-Schriftenreihe Band 79

Feinsicherungseinsätze .... DIN EN 60127-2 (VDE 0820-2)
E DIN EN 60127-2/A1 (VDE 0820-2/A1)

Feldarme Installation .... DIN VDE 0100-444 (VDE 0100-444)
E DIN IEC 60364-4-44/A2 (VDE 0100-444/A2)

Feldbusinstallation
Kommunikationsprofilfamilie 1 .... DIN EN 61784-5-1 (VDE 0800-500-1)
Kommunikationsprofilfamilie 10 .... DIN EN 61784-5-10 (VDE 0800-500-10)
Kommunikationsprofilfamilie 11 .... DIN EN 61784-5-11 (VDE 0800-500-11)
Kommunikationsprofilfamilie 12 .... DIN EN IEC 61784-5-12 (VDE 0800-500-12)
Kommunikationsprofilfamilie 13 .... DIN EN 61784-5-13 (VDE 0800-500-13)
Kommunikationsprofilfamilie 14 .... DIN EN 61784-5-14 (VDE 0800-500-14)
Kommunikationsprofilfamilie 15 .... DIN EN 61784-5-15 (VDE 0800-500-15)
Kommunikationsprofilfamilie 16 .... DIN EN 61784-5-16 (VDE 0800-500-16)
Kommunikationsprofilfamilie 17 .... DIN EN 61784-5-17 (VDE 0800-500-17)
Kommunikationsprofilfamilie 18 .... DIN EN IEC 61784-5-18 (VDE 0800-500-18)

Kommunikationsprofilfamilie 19 .... DIN EN 61784-5-19 (VDE 0800-500-19)
Kommunikationsprofilfamilie 2 .... DIN EN IEC 61784-5-2 (VDE 0800-500-2)
Kommunikationsprofilfamilie 20 .... DIN EN IEC 61784-5-20 (VDE 0800-500-20)
Kommunikationsprofilfamilie 21 .... DIN EN IEC 61784-5-21 (VDE 0800-500-21)
Kommunikationsprofilfamilie 3 .... DIN EN IEC 61784-5-3 (VDE 0800-500-3)
Kommunikationsprofilfamilie 4 .... DIN EN 61784-5-4 (VDE 0800-500-4)
Kommunikationsprofilfamilie 6 .... DIN EN IEC 61784-5-6 (VDE 0800-500-6)
Kommunikationsprofilfamilie 8 .... DIN EN IEC 61784-5-8 (VDE 0800-500-8)

Feldbustechnologie
Kommunikationsprofile .... DIN EN 61784-3 (VDE 0803-500)
                 DIN EN 61784-3/A1 (VDE 0803-500/A1)
                 DIN EN 61784-5-1 (VDE 0800-500-1)
                 DIN EN 61784-5-10 (VDE 0800-500-10)
                 DIN EN 61784-5-11 (VDE 0800-500-11)
                 DIN EN IEC 61784-5-12 (VDE 0800-500-12)
                 DIN EN 61784-5-13 (VDE 0800-500-13)
                 DIN EN 61784-5-14 (VDE 0800-500-14)
                 DIN EN 61784-5-15 (VDE 0800-500-15)
                 DIN EN 61784-5-16 (VDE 0800-500-16)
                 DIN EN 61784-5-17 (VDE 0800-500-17)
                 DIN EN IEC 61784-5-18 (VDE 0800-500-18)
                 DIN EN 61784-5-19 (VDE 0800-500-19)
                 DIN EN IEC 61784-5-2 (VDE 0800-500-2)
                 DIN EN IEC 61784-5-20 (VDE 0800-500-20)
                 DIN EN IEC 61784-5-21 (VDE 0800-500-21)
                 DIN EN IEC 61784-5-3 (VDE 0800-500-3)
                 DIN EN IEC 61784-5-6 (VDE 0800-500-6)
                 DIN EN IEC 61784-5-8 (VDE 0800-500-8)

Feldgeräte mit Feldbusschnittstellen
EMV-Anforderungen .... DIN EN 61326-2-5 (VDE 0843-20-2-5)
                 E DIN EN IEC 61326-2-5 (VDE 0843-20-2-5)

FELV .... DIN VDE 0100-410 (VDE 0100-410)

Fensterantriebe, elektrische .... DIN EN 60335-2-103 (VDE 0700-103)
                 E DIN IEC 60335-2-103 (VDE 0700-103-3)
                 E DIN IEC 60335-2-103/A1 (VDE 0700-103/A1)
                 E DIN IEC 60335-2-103/A2 (VDE 0700-103/A2)

Fensterreinigungsgeräte
für den Hausgebrauch .... DIN EN 60335-2-54 (VDE 0700-54)
                 E DIN EN 60335-2-54/A12 (VDE 0700-54/A12)
                 E DIN IEC 60335-2-54/A2 (VDE 0700-54/A2)

Fernmeldeanlagen mit Fernspeisung .... DIN VDE 0800-3 (VDE 0800-3)
                 DIN EN IEC 62368-3 (VDE 0868-3)

Fernmeldeanlagen
Außenkabel
– Isolierhülle aus Papier .... DIN VDE 0816-3 (VDE 0816-3)
Beeinflussung durch
– Gleichstrom-Bahnanlagen .... DIN VDE 0228-4 (VDE 0228-4)
– Wechselstrom-Bahnanlagen .... DIN VDE 0228-3 (VDE 0228-3)

	E DIN VDE 0845-6-3 (VDE 0845-6-3)
in bergbaulichen Anlagen	DIN EN 50628 (VDE 0118-10)
Installationskabel und -leitungen	DIN VDE 0815/A1 (VDE 0815/A1)
Kabel und isolierte Leitungen	DIN VDE 0891-5 (VDE 0891-5)
– allgemeine Bestimmungen	DIN VDE 0891-1 (VDE 0891-1)
Leitungen mit Litzenleitern	DIN 57891-7 (VDE 0891-7)
LWL-Innenkabel	
– Bauartspezifikation Simplex-Breakout-Kabel	DIN EN 60794-2-22 (VDE 0888-2-22)
Messkabel	DIN VDE 0891-6 (VDE 0891-6)
ortsfeste Batterieanlagen	DIN EN IEC 62485-2 (VDE 0510-485-2)
Schaltdrähte	
– mit erweitertem Temperaturbereich	Berichtigung 1 DIN VDE 0812 (VDE 0812)
	DIN VDE 0812 (VDE 0812)
	DIN VDE 0881 (VDE 0881)
	DIN VDE 0891-2 (VDE 0891-2)
	DIN VDE 0891-9 (VDE 0891-9)
Schaltkabel	DIN VDE 0891-3 (VDE 0891-3)
Schaltlitzen	
– mit erweitertem Temperaturbereich	Berichtigung 1 DIN VDE 0812 (VDE 0812)
	DIN VDE 0812 (VDE 0812)
	DIN VDE 0881 (VDE 0881)
	DIN VDE 0891-2 (VDE 0891-2)
	DIN VDE 0891-9 (VDE 0891-9)
Schnüre	DIN 57814 (VDE 0814)
	DIN 57891-4 (VDE 0891-4)
selbsttragende Fernmeldeluftkabel	DIN 57891-8 (VDE 0891-8)
Spannungsfestigkeit von Kabeln, Leitungen und Schnüren	DIN VDE 0472-509 (VDE 0472-509)

Fernmeldekabel (LWL-)

Befestigung an Freileitungen	DIN EN 60794-3-10 (VDE 0888-310)
Befestigung an Seilen	DIN EN 60794-3-10 (VDE 0888-310)
Erd- und Röhrenkabel	DIN EN 60794-3-12 (VDE 0888-13)
	E DIN EN IEC 60794-3-12 (VDE 0888-13)
selbsttragende Luftkabel	DIN EN 60794-3-21 (VDE 0888-14)

Fernmeldekabel

Dichtheit von Mänteln	DIN VDE 0472-604 (VDE 0472-604)
	DIN VDE 0813 (VDE 0813)
	DIN VDE 0815 (VDE 0815)
Reduktionsfaktor	DIN 57472-507 (VDE 0472-507)

Fernmeldeleitungen

am Gestänge von Starkstromfreileitungen	DIN VDE 0211 (VDE 0211)
Auswahl	DIN VDE 0815 (VDE 0815)
	DIN 57814 (VDE 0814)
Freileitungsisolatoren	DIN VDE 0446-2 (VDE 0446-2)
	DIN VDE 0446-3 (VDE 0446-3)
für erhöhte mechanische Beanspruchung	DIN VDE 0817 (VDE 0817)

Fernmelde-Luftkabel

selbsttragende
– für anwendungsneutrale Standortverkabelung .... DIN EN 60794-3-21 (VDE 0888-14)

Fernmeldetürme

Blitzschutz .... Beiblatt 2 DIN EN 62305-3 (VDE 0185-305-3)

E DIN EN 62305-3 (VDE 0185-305-3)

Fernnebensprechen .... DIN EN IEC 60512-28-100 (VDE 0687-512-28-100)

Fernschalter
für Haushalt und ähnliche Installationen .... DIN EN 60669-2-2 (VDE 0632-2-2)

Fernsehempfang .... DIN EN 60728-13 (VDE 0855-13)

Fernsehempfänger
Störfestigkeitseigenschaften
– Grenzwerte und Prüfverfahren .... DIN EN 55020 (VDE 0872-20)
E DIN EN 55020/A1 (VDE 0872-20/A10)
DIN EN 55020/A11 (VDE 0872-20/A1)
DIN EN 55020/A12 (VDE 0872-20/A2)

Fernsehgeräte
Messverfahren für die Leistungsaufnahme .... DIN EN 62087-1 (VDE 0868-101)
DIN EN 62087-3 (VDE 0868-103)

Fernsehrundfunk
Kabelverteilsysteme .... VDE-Schriftenreihe Band 6

Fernseh-Rundfunkempfänger
Störfestigkeit .... Beiblatt 1 DIN EN 55020 (VDE 0872-20)

Fernsehsignale
elektromagnetische Verträglichkeit von Kabelnetzen .... DIN EN 50083-8 (VDE 0855-8)

Fernsehstudios
Leuchten .... E DIN EN 60598-1 (VDE 0711-1)
DIN EN IEC 60598-2-17 (VDE 0711-217)

Fernsehwagen .... DIN VDE 0100-717 (VDE 0100-717)

VDE-Schriftenreihe Band 168

Fernspeisung
von Anlagen der Informationstechnik .... VDE-Schriftenreihe Band 53

Fernspeisung von Anlagen der Informationstechnik .... DIN VDE 0800-3 (VDE 0800-3)
DIN EN IEC 62368-3 (VDE 0868-3)

Fernwirkanlagen
in bergbaulichen Anlagen .... DIN EN 50628 (VDE 0118-10)

Fernzählgeräte
Elektrizitätszähler .... DIN VDE 0418-5 (VDE 0418-5)

Fertigstellung
von Bahnfahrzeugen .... DIN EN 50215 (VDE 0115-101)
E DIN EN IEC 61133 (VDE 0115-101)

Fertigungsausrüstungen
für Halbleiter .... DIN EN 60204-33 (VDE 0113-33)

Festbrennanzünder .... DIN EN 60335-2-45 (VDE 0700-45)
E DIN EN 60335-2-45/AA (VDE 0700-45/AA)

Festbrennstoffgeräte
mit elektrischem Anschluss .... DIN EN 60335-2-102 (VDE 0700-102)

E DIN EN 60335-2-102 (VDE 0700-102)

Festigkeitsprüfung
von Kabeln und Leitungen .... DIN EN 50396 (VDE 0473-396)
DIN EN 50396/A1 (VDE 0473-396/A1)

Festkondensatoren
Begriffe .... DIN EN 60384-1 (VDE 0565-1)
Fachgrundspezifikation .... DIN EN 60384-1 (VDE 0565-1)
E DIN EN IEC 60384-1 (VDE 0565-1)
Prüfungen und Messverfahren .... DIN EN 60384-1 (VDE 0565-1)
Qualitätsbewertung .... DIN EN 60384-1 (VDE 0565-1)
Verwendung in Geräten der Elektronik .... DIN EN 60384-1 (VDE 0565-1)
E DIN EN IEC 60384-1 (VDE 0565-1)
DIN EN 60384-14 (VDE 0565-1-1)
DIN EN 60384-14-1 (VDE 0565-1-2)
DIN EN 60384-14/A1 (VDE 0565-1-1/A1)
zur Unterdrückung elektromagnetischer Störungen
– Bewertungsstufe D .... DIN EN 60384-14-1 (VDE 0565-1-2)
– für Netzbetrieb .... DIN EN 60384-14 (VDE 0565-1-1)
DIN EN 60384-14-1 (VDE 0565-1-2)
DIN EN 60384-14/A1 (VDE 0565-1-1/A1)
– Sicherheitsprüfungen .... DIN EN 60384-14-2 (VDE 0565-1-3)

Festoxid-Brennstoffzellen (SOFC)
Einzelzellen-/Stackleistungsverhalten .... DIN IEC/TS 62282-7-2 (VDE V 0130-7-2)
E DIN EN IEC 62282-7-2 (VDE 0130-7-2)

Festzeitrahmenverfahren
thermische Langzeitkennwerte von Elektroisolierstoffen .... DIN EN 60216-6 (VDE 0304-26)
E DIN EN IEC 60216-6 (VDE 0304-26)

Feuchte Wärme (konstant)
Lichtwellenleiter
– Messmethoden und Prüfverfahren .... DIN EN 60793-1-50 (VDE 0888-250)

Feuchte
natürliche Umgebungsbedingungen
– Klassifizierung .... DIN EN 60721-2-1 (VDE 0468-721-2-1)

Feuergefährdete Betriebsstätten
elektrische Anlagen in .... VDE-Schriftenreihe Band 173

Feuerlöscheinrichtungen
für Eisenbahnfahrzeuge .... DIN VDE 0119-207-9 (VDE 0119-207-9)

Feuersicherheit
von Steckverbindern .... DIN EN 60512-20-1 (VDE 0687-512-20-1)
DIN EN 60512-20-3 (VDE 0687-512-20-3)

Feuerungsanlagen
Anwendungsplanung und Errichtung .... DIN EN 50156-1 (VDE 0116-1)
elektrische Ausrüstung .... DIN EN 50156-1 (VDE 0116-1)
DIN EN 50156-2 (VDE 0116-2)
– Sicherheitsbauteile und Teilsysteme .... DIN EN 50156-2 (VDE 0116-2)

Feuerungsverordnung
– Regelungen für die Elektrotechnik .... VDE-Schriftenreihe Band 132

Feuerverzinkung
Armaturen für Freileitungen und Schaltanlagen .... DIN VDE 0212-54 (VDE 0212-54)

Feuerwehraufzüge
Starkstromanlagen in .... VDE-Schriftenreihe Band 61

Feuerwehrfahrzeuge .... DIN VDE 0100-717 (VDE 0100-717)
VDE-Schriftenreihe Band 168

Feuerwehrschalter
für äußere und innere Anzeigen .... DIN EN 60669-2-6 (VDE 0632-2-6)

Feuerwiderstandsprüfung
ungeschützte Kabel und Leitungen .... DIN EN 50577 (VDE 0482-577)

FFST-Funkfernsteuerung
für Eisenbahnfahrzeuge .... DIN VDE 0119-207-2 (VDE 0119-207-2)

FFT-basierte Messgeräte
für hochfrequente Störaussendung .... DIN EN IEC 55016-1-1 (VDE 0876-16-1-1)
für leitungsgeführte Störaussendung .... DIN EN 55016-2-1 (VDE 0877-16-2-1)

FI-, siehe RCD-

Filmaufnahmeleuchten .... DIN EN 60598-2-9/A1 (VDE 0711-209/A1)

Filmbetrachter .... DIN EN 60335-2-56 (VDE 0700-56)

Filmleuchten .... VDE-Schriftenreihe Band 12

Filmstudios
Leuchten .... E DIN EN 60598-1 (VDE 0711-1)
DIN EN IEC 60598-2-17 (VDE 0711-217)

Filter
Entkopplungs- .... DIN EN 50065-4-1 (VDE 0808-4-1)

Filter, passive
Sicherheitsprüfungen .... DIN EN 60939-2 (VDE 0565-3-1)
zur Unterdrückung elektromagnetischer Störungen .... DIN EN 60939-1 (VDE 0565-3)
DIN EN 60939-3 (VDE 0565-3-4)

Filtereinheiten
zur Unterdrückung elektromagnetischer Störungen .... DIN EN 60940 (VDE 0565)

Filtersysteme
für Raumluft .... DIN EN 60335-2-65 (VDE 0700-65)
Beiblatt 1 DIN EN 60335-2-65 (VDE 0700-65)
E DIN EN 60335-2-65/A2 (VDE 0700-65/A2)

Fingernagelprobe .... DIN 57814 (VDE 0814)

Fingerprintprüfungen
für kaltschrumpfende Komponenten
– für Mittel- und Niederspannungsanwendungen .... DIN EN 50655-1 (VDE 0278-655-1)
DIN EN 50655-3 (VDE 0278-655-3)
für Reaktionsharzmassen .... DIN EN 50655-1 (VDE 0278-655-1)

für wärmeschrumpfende Komponenten
- für Niederspannungsanwendungen .... DIN EN 50655-1 (VDE 0278-655-1)
DIN EN 50655-2 (VDE 0278-655-2)

Fingerprint-Prüfungen
Kabel und isolierte Leitungen
- Garnituren .... DIN EN 50655-1 (VDE 0278-655-1)
DIN EN 50655-3 (VDE 0278-655-3)

FIS
funktionale Schnittstelle Anzeigesysteme
- Bahnanwendungen .... DIN CLC/TR 50542-2 (VDE 0115-542-2)

FI-Schalter .... DIN VDE 0100-410 (VDE 0100-410)
DIN VDE 0100-530 (VDE 0100-530)
RCBO Typ B+ .... DIN VDE 0664-401 (VDE 0664-401)
E DIN VDE 0664-401 (VDE 0664-401)
RCCB Typ B+ .... DIN VDE 0664-400 (VDE 0664-400)
E DIN VDE 0664-400 (VDE 0664-400)

Fischereigeräte, elektrische .... DIN EN 60335-2-86 (VDE 0700-86)
E DIN EN 60335-2-86 (VDE 0700-86)
DIN EN 60335-2-86/A12 (VDE 0700-86/A12)

FI-Schutzschalter .... DIN VDE 0100-530 (VDE 0100-530)
RCBO Typ B+ .... DIN VDE 0664-401 (VDE 0664-401)
E DIN VDE 0664-401 (VDE 0664-401)
RCCB Typ B+ .... DIN VDE 0664-400 (VDE 0664-400)
E DIN VDE 0664-400 (VDE 0664-400)

FISCO (eigensichere Feldbussysteme) .... DIN EN 60079-25 (VDE 0170-10-1)

Flachcomputer
elektromagnetische Felder .... DIN EN 50566 (VDE 0848-566)

Flachdrähte aus Aluminium
lackisoliert mit Polyvinylacetal .... DIN EN 60317-68 (VDE 0474-317-68)
- Klasse 120 .... DIN EN 60317-68 (VDE 0474-317-68)
lackisoliert mit Polyvinylacetal, Klasse 120 .... DIN EN 60317-68 (VDE 0474-317-68)
papierisoliert .... E DIN EN IEC 60317-27-4 (VDE 0474-317-27-4)

Flachdrähte aus Aluminium, lackisoliert
mit Polyvinylacetal
- Klasse 120 .... DIN EN 60317-68 (VDE 0474-317-68)
mit Polyvinylacetal, Klasse 120 .... DIN EN 60317-68 (VDE 0474-317-68)
technische Lieferbedingungen von Wickeldrähten .... DIN EN 60317-68 (VDE 0474-317-68)

Flachdrähte aus Aluminium, papierisoliert
technische Lieferbedingungen .... E DIN EN IEC 60317-27-4 (VDE 0474-317-27-4)

Flachdrähte aus Kupfer
lackisoliert mit Polyvinylacetal, Klasse 105
- technische Lieferbedingungen von Wickeldrähten
.... E DIN EN IEC 60317-17 (VDE 0474-317-17)
lackisoliert mit Polyvinylacetal, Klasse 120
- technische Lieferbedingungen von Wickeldrähten
.... E DIN EN IEC 60317-18 (VDE 0474-317-18)

Flachdrähte aus Kupfer, blank oder lackisoliert
umsponnen und verschmolzen mit Polyestergewebe
– Temperaturindex 155 .... E DIN EN IEC 60317-60-2 (VDE 0474-317-60-2)

Flachdrähte aus Kupfer, imprägniert mit Harz oder Lack
umsponnen und verschmolzen mit Polyestergewebe
– Temperaturindex 155 .... E DIN EN IEC 60317-60-2 (VDE 0474-317-60-2)
Flachdrähte aus Kupfer, lackisoliert mit Polyvenylacetal, Klasse 105
– technische Lieferbedingungen .... E DIN EN IEC 60317-17 (VDE 0474-317-17)
Flachdrähte aus Kupfer, lackisoliert mit Polyvenylacetal, Klasse 120
– technische Lieferbedingungen .... E DIN EN IEC 60317-18 (VDE 0474-317-18)
Flachdrähte aus Kupfer, papierisoliert .... DIN EN IEC 60317-27-3 (VDE 0474-317-27-3)
lackisolierte Flachdrähte aus Aluminium
– technische Lieferbedingungen .... DIN EN 60317-68 (VDE 0474-317-68)
lackisolierte Flachdrähte aus Kupfer
– technische Lieferbedingungen .... E DIN EN IEC 60317-0-2 (VDE 0474-317-0-2)
                                               E DIN EN IEC 60317-82 (VDE 0474-317-82)
lackisolierte oder blanke Flachdrähte aus Kupfer
– technische Lieferbedingungen .... E DIN EN IEC 60317-0-4 (VDE 0474-317-0-4)
                                               E DIN EN IEC 60317-60-1 (VDE 0474-317-60-1)
                                               E DIN EN IEC 60317-60-2 (VDE 0474-317-60-2)
                                               E DIN EN IEC 60317-61 (VDE 0474-317-61)
                                               E DIN EN IEC 60317-62 (VDE 0474-317-62)
                                               DIN EN 60317-68 (VDE 0474-317-68)
lackisolierte Runddrähte aus Aluminiumdraht
– technische Lieferbedingungen .... DIN EN 60317-0-3 (VDE 0474-317-0-3)
lackisolierte Runddrähte aus Kupferdraht
– technische Lieferbedingungen .... DIN EN 60317-0-1 (VDE 0474-317-0-1)
Prüfverfahren
– elektrische Eigenschaften .... DIN EN IEC 60851-2 (VDE 0474-851-2)
                                               DIN EN 60851-5 (VDE 0474-851-5)
– Ermittlung der Maße .... DIN EN IEC 60851-2 (VDE 0474-851-2)
– mechanische Eigenschaften .... DIN EN 60851-3 (VDE 0474-851-3)
Runddrähte aus Kupfer, lackisoliert mit Polyvenylacetal, Klasse 120
– technische Lieferbedingungen .... E DIN EN IEC 60317-12 (VDE 0474-317-12)
Runddrähte aus Kupfer, papierisoliert .... E DIN EN IEC 60317-27-1 (VDE 0474-317-27-1)

Flachdrähte aus Kupfer, lackisoliert oder blank
technische Lieferbedingungen von Wickeldrähten
.... E DIN EN IEC 60317-0-4 (VDE 0474-317-0-4)
                                               E DIN EN IEC 60317-60-1 (VDE 0474-317-60-1)
                                               E DIN EN IEC 60317-60-2 (VDE 0474-317-60-2)
                                               E DIN EN IEC 60317-61 (VDE 0474-317-61)
                                               E DIN EN IEC 60317-62 (VDE 0474-317-62)
                                               DIN EN 60317-68 (VDE 0474-317-68)
umhüllt mit Glasgewebe, imprägniert mit Harz oder Lack
– technische Lieferbedingungen von Wickeldrähten
.... E DIN EN IEC 60317-0-4 (VDE 0474-317-0-4)
umhüllt mit Polyestergewebe, imprägniert mit Harz oder Lack
– oder unimprägniert, Temperaturindex 180 .... E DIN EN IEC 60317-61 (VDE 0474-317-61)
– oder unimprägniert, Temperaturindex 200 .... E DIN EN IEC 60317-62 (VDE 0474-317-62)

Flachdrähte aus Kupfer, lackisoliert
mit Polyesterimid, Klasse 200

– technische Lieferbedingungen von Wickeldrähten
.... E DIN EN IEC 60317-82 (VDE 0474-317-82)
mit Polyvinylacetal, Klasse 105
– technische Lieferbedingungen von Wickeldrähten
.... E DIN EN IEC 60317-17 (VDE 0474-317-17)
mit Polyvinylacetal, Klasse 120
– technische Lieferbedingungen von Wickeldrähten
.... E DIN EN IEC 60317-18 (VDE 0474-317-18)
technische Lieferbedingungen von Wickeldrähten
.... E DIN EN IEC 60317-0-2 (VDE 0474-317-0-2)
E DIN EN IEC 60317-82 (VDE 0474-317-82)

Flachdrähte aus Kupfer, nicht lackiert, blank oder lackisoliert
umsponnen und verschmolzen mit Polyestergewebe
– Temperaturindex 155 .... E DIN EN IEC 60317-60-1 (VDE 0474-317-60-1)

Flachdrähte aus Kupfer, papierisoliert
technische Lieferbedingungen von Wickeldrähten
.... DIN EN IEC 60317-27-3 (VDE 0474-317-27-3)

Flachdübelfräsen
handgeführt, motorbetrieben .... DIN EN 60745-2-19 (VDE 0740-2-19)

Flächenheizelemente .... DIN EN 60335-2-96 (VDE 0700-96)
E DIN IEC 60335-2-96 (VDE 0700-96)

Flachleitungen
Gummi .... DIN VDE 0250-809 (VDE 0250-809)

Flachstecker
nicht wieder anschließbare .... DIN VDE 0620-101 (VDE 0620-101)
Flachsteckverbindungen
– für elektrische Kupferleiter .... DIN EN 61210 (VDE 0613-6)
für Niederspannungs-Stromkreise in Haushalten
– Drehklemmen .... DIN EN 60998-2-4 (VDE 0613-2-4)
– mit Schneidklemmstellen .... DIN EN 60998-2-3 (VDE 0613-2-3)
– mit schraubenlosen Klemmstellen .... DIN EN 60998-2-2 (VDE 0613-2-2)
– mit Schraubklemmen .... DIN EN 60998-2-1 (VDE 0613-2-1)
Klemmstellen .... DIN EN 60999-2 (VDE 0609-101)

Flachsteckverbindungen
für elektrische Kupferleiter .... DIN EN 61210 (VDE 0613-6)

Flammen-Atomabsorptionsspektrometrie
zur Bestimmung des Gesamtbleigehalts .... DIN EN 50414 (VDE 0473-414)

Flammenausbreitung
an Kabeln und isolierten Leitern
– Prüfart A .... DIN EN IEC 60332-3-22 (VDE 0482-332-3-22)
– Prüfart A F/R .... DIN EN IEC 60332-3-21 (VDE 0482-332-3-21)
– Prüfart B .... DIN EN IEC 60332-3-23 (VDE 0482-332-3-23)
– Prüfart C .... DIN EN IEC 60332-3-24 (VDE 0482-332-3-24)
– Prüfart D .... DIN EN IEC 60332-3-25 (VDE 0482-332-3-25)
– Prüfverfahren für fallende Tropfen/Teile .... DIN EN 60332-1-3 (VDE 0482-332-1-3)
– Prüfverfahren mit 1-kW-Flamme .... DIN EN 60332-1-2 (VDE 0482-332-1-2)
an Kabeln, isolierten Leitungen und Glasfaserkabeln
– Prüfgerät .... DIN EN 60332-1-1 (VDE 0482-332-1-1)

an kleinen isolierten Leitern und Kabeln
- Prüfgerät .... DIN EN 60332-2-1 (VDE 0482-332-2-1)
- Prüfverfahren mit leuchtender Flamme .... DIN EN 60332-2-2 (VDE 0482-332-2-2)
oberflächige .... DIN EN 60695-9-1 (VDE 0471-9-1)
- Prüfverfahren .... DIN EN 60695-9-2 (VDE 0471-9-2)
                E DIN EN IEC 60695-9-2 (VDE 0471-9-2)
Prüfung von Isolierflüssigkeiten .... DIN EN 61197 (VDE 0380-7)

Flammenausbreitung, vertikale
an Kabeln und isolierten Leitern
- Prüfvorrichtung .... DIN EN IEC 60332-3-10 (VDE 0482-332-3-10)
an Kabeln, isolierten Leitung und Glasfaserkabeln
- Prüfverfahren für fallende brennende Tropfen/Teile .... DIN EN 60332-1-3 (VDE 0482-332-1-3)
an Kabeln, isolierten Leitungen und Glasfaserkabeln
- Prüfgerät .... DIN EN 60332-1-1 (VDE 0482-332-1-1)

Flammenentwicklung
Errichten von Niederspannungsanlagen .... DIN VDE 0100-420 (VDE 0100-420)
                E DIN VDE 0100-420/A2 (VDE 0100-420/A2)

Flaschenwärmer
für den Hausgebrauch .... Beiblatt 1 DIN EN 60335-2-15 (VDE 0700-15)
                DIN EN 60335-2-15 (VDE 0700-15)
                E DIN IEC 60335-2-15/A1 (VDE 0700-15/A1)
                E DIN IEC 60335-2-15/A2 (VDE 0700-15/A2)

Flexible halogenfreie Leitungen
thermoplastische Isolierung .... DIN EN 50525-3-11 (VDE 0285-525-3-11)
vernetzte Isolierung .... DIN EN 50525-3-21 (VDE 0285-525-3-21)

Flexible Leitungen
Kennzeichnung der Adern .... DIN VDE 0293-308 (VDE 0293-308)
thermoplastische PVC-Isolierung .... DIN EN 50525-2-11 (VDE 0285-525-2-11)
vernetzte Elastomerisolierung .... DIN EN 50525-2-21 (VDE 0285-525-2-21)

Flexible Schüttgutbehälter (FBIC)
Elektrostatik .... DIN EN IEC 61340-4-4 (VDE 0300-4-4)
- Prüfverfahren .... DIN EN IEC 61340-4-4 (VDE 0300-4-4)

Flexible Systeme
zur Leitungsdurchführung .... DIN EN 62549 (VDE 0604-300)

Flicker
in Niederspannungsversorgungsnetzen .... DIN EN 61000-3-11 (VDE 0838-11)
                E DIN EN 61000-3-11 (VDE 0838-11)
                DIN EN 61000-3-3 (VDE 0838-3)
                VDE-Schriftenreihe Band 111
in Stromversorgungsnetzen .... VDE-Schriftenreihe Band 110

Flickermessungen .... VDE-Schriftenreihe Band 110

Flickermeter
Funktionsbeschreibung und Auslegungsspezifikation .... DIN EN 61000-4-15 (VDE 0847-4-15)

Flickermeter (IEC-) .... VDE-Schriftenreihe Band 110
Messung von Spannungsschwankungen .... VDE-Schriftenreihe Band 109

Flickerstärke .... DIN EN 60868-0 (VDE 0846)

Fliegende Bauten
elektrische Anlagen .... DIN VDE 0100-740 (VDE 0100-740)
VDE-Schriftenreihe Band 168
Starkstromanlagen .... VDE-Schriftenreihe Band 61

Fließbilder
EDV-Werkzeuge .... DIN EN 62424 (VDE 0810-24)

Fließbilderstellung
EDV-Werkzeuge .... DIN EN 62424 (VDE 0810-24)

Flipper-Automaten .... Beiblatt 1 DIN EN 60335-2-82 (VDE 0700-82)
DIN EN 60335-2-82 (VDE 0700-82)
E DIN IEC 60335-2-82 (VDE 0700-82)
E DIN IEC 60335-2-82/A1 (VDE 0700-82/A2)

Flock, entzündbarer
Flockanlagen
– stationäre elektrostatische .... DIN EN 50223 (VDE 0147-103)

Flockanlagen
stationäre elektrostatische
– für entzündbaren Flock .... DIN EN 50223 (VDE 0147-103)

Flora
natürliche Umgebungsbedingungen
– Klassifizierung .... DIN EN IEC 60721-2-7 (VDE 0468-721-2-7)

Flow-Batterie-Systeme
stationäre Anwendungen
– Leistungsanforderungen und Prüfverfahren .... E DIN EN 62932-2-1 (VDE 0510-932-2-1)

Fluchtweg .... DIN VDE 0100-729 (VDE 0100-729)
VDE-Schriftenreihe Band 168

Flugfeldbeleuchtung .... DIN EN 61822 (VDE 0161-100)

Flughafen
Wärmebildkameras .... DIN EN IEC 80601-2-59 (VDE 0750-2-59)

Flugplatzbefeuerungsanlagen
Andockführungssystem (A-VDGS) .... DIN EN 50512 (VDE 0161-110)
Blitzfeuer .... DIN V ENV 50234 (VDE V 0161-234)
Konstantstrom-Serienkreise .... Beiblatt 1 DIN EN 61821 (VDE 0161-103)
DIN EN 61821 (VDE 0161-103)
Konstantstromregler .... DIN EN 61822 (VDE 0161-100)
Lampensysteme in Serienstromkreisen .... DIN EN 62870 (VDE 0161-105)
Serienstromkreis .... DIN EN 61822 (VDE 0161-100)
Serienstromtransformatoren .... DIN EN 61823 (VDE 0161-104)
Steuer- und Überwachungssysteme .... DIN V ENV 50230 (VDE V 0161-230)
– individuelle Feuer .... DIN EN 50490 (VDE 0161-106)
Zeichen .... DIN V ENV 50235 (VDE V 0161-235)

Flugplatzbeleuchtungsanlagen
Konstantstromregler .... DIN EN 61822 (VDE 0161-100)

Flugzeugbatterien
allgemeine Prüfverfahren und Leistungsmerkmale .... DIN EN 60952-1 (VDE 0510-30)
Anforderung für Planung und Konstruktion .... DIN EN 60952-2 (VDE 0510-37)
Produktspezifikation und Erklärung
– zu Entwurf und Leistung (DDP) .... DIN EN 60952-3 (VDE 0510-38)

Fluktuierenden Störaussendungen
Beurteilung von
– Frequenzbereich oberhalb 1 GHz .... DIN EN 55011 (VDE 0875-11)
E DIN EN 55011/A2 (VDE 0875-11/A2)

Fluor
in Produkten der Elektrotechnik .... E DIN EN 62321-3-2 (VDE 0042-1-3-2)

Fluorelastomer-Wärmeschrumpfschläuche
flammwidrig, flüssigkeitsbeständig .... DIN EN 60684-3-233 (VDE 0341-3-233)

Fluorsilikonschläuche .... DIN EN 60684-3-136 (VDE 0341-3-136)

Flurförderzeuge
Brennstoffzellen-Energiesysteme
– Leistungskennwerteprüfverfahren .... DIN EN 62282-4-102 (VDE 0130-4-102)
– Sicherheit .... DIN EN 62282-4-101 (VDE 0130-4-101)
Brennstoffzellen-Technologie
– Leistungskennwerteprüfverfahren .... DIN EN 62282-4-102 (VDE 0130-4-102)
Brennstoffzellentechnologie
– Sicherheit .... DIN EN 62282-4-101 (VDE 0130-4-101)
elektrische Anforderungen .... DIN EN 1175 (VDE 0117)
elektromagnetische Sicherheit .... DIN EN 12895 (VDE 0117-895)
elektronische Anforderungen .... DIN EN 1175 (VDE 0117)
mit batterieelektrischem Antrieb
– elektrische Anforderungen .... DIN EN 1175 (VDE 0117)
mit Verbrennungsmotoren
– elektrische Anforderungen .... DIN EN 1175 (VDE 0117)
– elektrische Kraftübertragungssysteme .... DIN EN 1175 (VDE 0117)

Flussbatteriesysteme
stationäre Anwendungen
– Sicherheitsanforderungen .... E DIN EN 62932-2-2 (VDE 0510-932-2-2)
– Terminologie und Definitionen .... E DIN EN 62932-1 (VDE 0510-932-1)
Terminologie und Definitionen .... E DIN EN 62932-1 (VDE 0510-932-1)

Flüssigkeiten in transparenten Behältern
System mit Spektralanalyse
– Raman-System .... E DIN IEC 63085 (VDE 0412-15)

Flüssigkeiten
für elektrotechnische Anwendungen .... DIN EN 62770 (VDE 0370-70)
DIN EN IEC 63012 (VDE 0370-71)

Flüssigkeitschromatografie-Massenspektroskopie (LC-MS)
.... DIN EN 62321-8 (VDE 0042-1-8)

Flüssigkeitserhitzer
für den Hausgebrauch .... Beiblatt 1 DIN EN 60335-2-15 (VDE 0700-15)
DIN EN 60335-2-15 (VDE 0700-15)
E DIN IEC 60335-2-15/A1 (VDE 0700-15/A1)

	E DIN IEC 60335-2-15/A2 (VDE 0700-15/A2)
	DIN EN 60335-2-73 (VDE 0700-73)
	E DIN EN 60335-2-73/AA (VDE 0700-73/AA)
Flüssigkeitskapselung „o"	DIN EN 60079-6 (VDE 0170-2)
	E DIN EN 60079-6/A1 (VDE 0170-2/A1)

Flüssigkeitskühlsysteme
zum Lichtbogenschweißen .... DIN EN IEC 60974-2 (VDE 0544-2)

Flüssigkeitsstandanzeiger
für Transformatoren und Drosselspulen .... DIN EN 50216-5 (VDE 0532-216-5)

Flüssigkristallanzeigen (LCD) .... DIN EN 62087 (VDE 0868-100)

Flüssigszintillationszählung
Nachweis der Radioaktivität
– von Betastrahlern .... DIN EN ISO 19361 (VDE 0493-361)

Flutlicht
Errichtung .... DIN VDE 0100-714 (VDE 0100-714)
                                                                     VDE-Schriftenreihe Band 168

Flutlicht-Projektoren .... E DIN EN 60598-1 (VDE 0711-1)
                                                                     DIN EN IEC 60598-2-17 (VDE 0711-217)

FNICO (nicht zündfähige Feldbussysteme) .... DIN EN 60079-25 (VDE 0170-10-1)

FNN-VDE-Anwendungsregeln
Erarbeitung .... VDE-Anwendungsregel VDE-AR-N 4000
                                                                     E VDE-Anwendungsregel VDE-AR-N 4000

Folgenanalyse .... DIN EN 31010 (VDE 0050-1)

Folienschweißgeräte .... DIN EN 60335-2-45 (VDE 0700-45)
                                                                     E DIN EN 60335-2-45/AA (VDE 0700-45/AA)

Fontänen
elektrische Anlage .... DIN VDE 0100-702 (VDE 0100-702)
                                                                     E DIN VDE 0100-702/AA (VDE 0100-702/AA)
                                                                     VDE-Schriftenreihe Band 168
                                                                     VDE-Schriftenreihe Band 67b

Formmikanit .... DIN EN 60371-3-9 (VDE 0332-3-9)

Formspulen
drehender Wechselstrommaschinen .... DIN EN 60034-15 (VDE 0530-15)

Formteile
wärmeschrumpfende
– Abmessungen .... DIN EN 62329-3-100 (VDE 0342-3-100)
– allgemeine Anforderungen .... DIN EN IEC 62677-1 (VDE 0343-1)
– Begriffe und allgemeine Anforderungen .... DIN EN 62329-1 (VDE 0342-1)
– Elastomer, halbfest .... DIN EN 62329-3-102 (VDE 0342-3-102)
– Materialanforderungen .... DIN EN IEC 62677-3-101 (VDE 0343-3-101)
                                                                     DIN EN IEC 62677-3-102 (VDE 0343-3-102)
                                                                     DIN EN IEC 62677-3-103 (VDE 0343-3-103)
– Polyolefin, halbfest .... DIN EN 62329-3-101 (VDE 0342-3-101)
– Prüfverfahren .... DIN EN 62329-2 (VDE 0342-2)

Fotoapparate
elektromagnetische Felder .... DIN EN IEC 62677-2 (VDE 0343-2)
.... DIN EN 50566 (VDE 0848-566)

Fotobiologische Sicherheit
von Lampen und Lampensystemen .... Beiblatt 3 DIN EN 62471 (VDE 0837-471)
DIN EN 62471 (VDE 0837-471)
Beiblatt 1 DIN EN 62471 (VDE 0837-471)
DIN EN 62471-5 (VDE 0837-471-5)
– Geräte mit intensiven Pulslicht (IPL-)Quellen an Menschen
.... Beiblatt 3 DIN EN 62471 (VDE 0837-471)

Fotodynamische Diagnosegeräte
Leistungsmerkmale .... DIN EN IEC 60601-2-75 (VDE 0750-2-75)
Sicherheit .... DIN EN IEC 60601-2-75 (VDE 0750-2-75)

Fotodynamische Therapiegeräte
Leistungsmerkmale .... DIN EN IEC 60601-2-75 (VDE 0750-2-75)
Sicherheit .... DIN EN IEC 60601-2-75 (VDE 0750-2-75)

Fotoleuchten .... DIN EN 60598-2-9/A1 (VDE 0711-209/A1)
VDE-Schriftenreihe Band 12

Frästische .... DIN EN 61029-2-8 (VDE 0740-508)

Freibäder
elektrische Anlage .... DIN VDE 0100-702 (VDE 0100-702)
E DIN VDE 0100-702/AA (VDE 0100-702/AA)
VDE-Schriftenreihe Band 168
VDE-Schriftenreihe Band 67b

Freileitungen (Niederspannungs-)
Abspann- und Tragklemmen
– für selbsttragende isolierte Freileitungsseile .... DIN EN 50483-2 (VDE 0278-483-2)
– für Systeme mit Nullleiter-Tragseil .... DIN EN 50483-3 (VDE 0278-483-3)
Prüfanforderungen für Bauteile
– Allgemeines .... DIN EN 50483-1 (VDE 0278-483-1)
– elektrische Alterungsprüfungen .... DIN EN 50483-5 (VDE 0278-483-5)
– Umweltprüfungen .... DIN EN 50483-6 (VDE 0278-483-6)
– Verbinder .... DIN EN 50483-4 (VDE 0278-483-4)

Freileitungen
Aluminiumleiter ACSS .... DIN EN 50540 (VDE 0212-355)
Anforderungen und Prüfungen für Schwingungsdämpfer .... DIN EN IEC 61897 (VDE 0212-3)
Armaturen
– Abstandhalter .... DIN VDE 0212-470 (VDE 0212-470)
– Anforderungen und Prüfungen .... DIN EN 61284 (VDE 0212-1)
– Anschlussmaße für Laschen und Gabeln .... DIN VDE 0212-474 (VDE 0212-474)
– Anschlussmaße für Schutzarmaturenbefestigungen .... DIN VDE 0212-468 (VDE 0212-468)
– Doppelklöppel .... DIN VDE 0212-459 (VDE 0212-459)
– Doppelösen .... DIN VDE 0212-469 (VDE 0212-469)
– Feuerverzinken .... DIN VDE 0212-54 (VDE 0212-54)
– Gabellaschen .... DIN VDE 0212-478 (VDE 0212-478)
– Gelenke .... DIN VDE 0212-466 (VDE 0212-466)
– Klöppelösen .... DIN VDE 0212-465 (VDE 0212-465)

– Spannschlösser .... DIN VDE 0212-434 (VDE 0212-434)
– Verbindungsbolzen .... DIN VDE 0212-473 (VDE 0212-473)
Armaturen für kunststoffumhüllte Freileitungsseile .... DIN EN 50397-2 (VDE 0276-397-2)
aus konzentrisch verseilten runden Drähten .... DIN EN 62420 (VDE 0212-354)
Bauteile für den Vogelschutz
– Anforderungen und Prüfungen .... DIN VDE V 0212-490 (VDE V 0212-490)
Belastung und Tragfähigkeit .... E DIN IEC/TR 62681 (VDE 0210-99)
bis 1 000 V .... DIN VDE 0211 (VDE 0211)
Drähte aus Aluminium .... E DIN IEC 62641 (VDE 0212-304)
Drähte aus Aluminiumlegierungen .... E DIN IEC 62641 (VDE 0212-304)
Einwirkungen .... DIN EN 50341-1 (VDE 0210-1)
Erdungsanlagen .... DIN EN 50341-1 (VDE 0210-1)
Feldabstandshalter .... E DIN EN 61854 (VDE 0212-2)
für Wechselspannungen über 1 000 V
– Isolatoren .... DIN EN 61109 (VDE 0441-100)
– Verbund-Freileitungsstützer .... DIN EN 61952 (VDE 0441-200)
Hausanschlusskästen .... DIN VDE 0660-505 (VDE 0660-505)
HGÜ-Anlagen
– HGÜ-Leitungen .... E DIN IEC/TR 62681 (VDE 0210-99)
hochfrequente Felder .... Beiblatt 3 DIN VDE 0873 (VDE 0873)
Isolatoren .... DIN VDE 0446-2 (VDE 0446-2)
                                                                                                   DIN VDE 0446-3 (VDE 0446-3)
                                                                                                    DIN EN 50341-1 (VDE 0210-1)
                                                                                                    DIN EN 60383-1 (VDE 0446-1)
                                                                                           E DIN EN IEC 60383-1 (VDE 0674-106-1)
                                                                                                    DIN EN 60383-2 (VDE 0446-4)
                                                                                                 DIN EN 61211 (VDE 0446-102)
                                                                                                 DIN EN 61466-2 (VDE 0674-103-2)
konzentrisch verseilte Drähte .... E DIN IEC 62641 (VDE 0212-304)
konzentrisch verseilte Leiter .... E DIN EN IEC 63248 (VDE 0212-307)
Leiter
– aus konzentrisch verseilten runden verzinkten Stahldrähten
.... DIN VDE 0212-399 (VDE 0212-399)
Maste .... DIN EN 50341-1 (VDE 0210-1)
mit Nennspannungen über 1 000 V
– Verbund-Kettenisolatoren .... DIN EN 61466-1 (VDE 0674-103-1)
                                                                                                DIN EN 61466-2 (VDE 0674-103-2)
mit Nennspannungen über 1 kV
– Leiter und Armaturen .... DIN EN 50397-3 (VDE 0276-397-3)
Prüfung von Tragwerksgründungen .... DIN EN 61773 (VDE 0210-20)
Schwingungsdämpfer
– Anforderungen und Prüfungen .... DIN EN IEC 61897 (VDE 0212-3)
Schwingungsschutzarmaturen .... DIN VDE 0212-51 (VDE 0212-51)
                                                                                                  DIN EN IEC 61897 (VDE 0212-3)
Sicherheitsabstände .... DIN EN 61854 (VDE 0212-2)
                                                                                                  E DIN EN 61854 (VDE 0212-2)
Stützpunkte
– Zuverlässigkeit .... VDE-Anwendungsregel VDE-AR-N 4210-4
Stützpunkte und Tragwerke
– Belastungsprüfung .... DIN EN 60652 (VDE 0210-15)
                                                                                             E DIN EN IEC 60652 (VDE 0210-15)
über 1 000 V .... DIN EN 50341-1 (VDE 0210-1)
                                                                                                DIN EN 61466-2 (VDE 0674-103-2)

über 1000 V .... DIN EN 61466-2 (VDE 0674-103-2)
über AC 1 kV
– nationale normative Festlegungen (NNA) .... DIN EN 50341-2-4 (VDE 0210-2-4)
über AC 1 kV bis AC 36 kV
– kunststoffummantelte Leiter .... DIN EN 50397-1 (VDE 0276-397-1)
E DIN EN 50397-1 (VDE 0276-397-1)
DIN EN 50397-3 (VDE 0276-397-3)
– kunststoffumhüllte Freileitungsseile .... E DIN EN 50397-1 (VDE 0276-397-1)
– Leitfaden für die Verwendung .... DIN EN 50397-3 (VDE 0276-397-3)
über AC 1 kV bis AC 45 kV
– nationale normative Festlegungen (NNA) .... DIN EN 50423-2 (VDE 0210-11)
über AC 45 kV
– hybride AC/DC-Übertragung und DC-Übertragung .... DIN VDE V 0210-9 (VDE V 0210-9)
– nationale normative Festlegungen (NNA) .... DIN EN 50341-2 (VDE 0210-2)
ummantelte metallische Drähte .... E DIN EN IEC 63248 (VDE 0212-307)
ummantelte oder plattierte metallische Drähte .... E DIN EN IEC 63248 (VDE 0212-307)
Verbundwerkstoffkern, faserverstärkt .... E DIN IEC 62818 (VDE 0212-308)
verseilte Leiter
– Eigendämpfungseigenschaften .... DIN EN 62567 (VDE 0212-356)
Vogelschutz .... VDE-Anwendungsregel VDE-AR-N 4210-11
wärmebeständige Drähte aus Aluminiumlegierung .... DIN EN 62004 (VDE 0212-303)

Freileitungsarmaturen .... DIN EN 50341-1 (VDE 0210-1)

Freileitungsbetrieb, witterungsabhängiger .... VDE-Anwendungsregel VDE-AR-N 4210-5

Freileitungsmasten
Bauteile aus Thomasstahl
– Tragfähigkeit .... VDE-Anwendungsregel VDE-AR-N 4210-3

Freileitungsseile
kunststoffumhüllte, Armaturen .... DIN EN 50397-2 (VDE 0276-397-2)

Freiluftanlagen
Abspritzeinrichtungen .... DIN EN 50186-1 (VDE 0143-1)
DIN EN 50186-2 (VDE 0143-2)

Freiluft-Durchführungen
für Gleichspannungsanwendungen .... DIN EN IEC/IEEE 65700-19-03 (VDE 0674-501)

Freiluft-Endverschlüsse
für Starkstromverteilerkabel .... DIN EN 50393 (VDE 0278-393)

Freiluft-Gleichstromschalter .... DIN EN 50123-4 (VDE 0115-300-4)
DIN EN 50123-4/A1 (VDE 0115-300-4/A1)

Freiluft-Gleichstrom-Trennschalter .... DIN EN 50123-4/A1 (VDE 0115-300-4/A1)

Freiluftisolatoren
Prüfung von Werkstoffen .... DIN VDE 0441-1 (VDE 0441-1)

Freiluft-Leistungsschalter
Messung von Schalldruckpegeln .... E DIN IEC 62271-37-082 (VDE 0671-37-082)

Freiluftmesswandler
Messwandler .... E DIN EN 61869-201 (VDE 0414-9-201)

Freiluft-Stützisolatoren
aus keramischem Werkstoff
– für Bemessungs-Stehblitzstoßspannung 550 V .... DIN VDE 0674-20 (VDE 0674-20)
Bemessungs-Stehblitzstoßspannung 550 V
– Maße, Werkstoffe, Anforderungen, Prüfung, Kennzeichnung
.... DIN VDE 0674-20 (VDE 0674-20)

Freimeldung
der Arbeitsstelle .... VDE-Schriftenreihe Band 79

Freiraum-Kommunikationssysteme
optische .... DIN EN IEC 60825-12 (VDE 0837-12)
– Informationsübertragung .... DIN EN IEC 60825-12 (VDE 0837-12)

Freiraum-Kommunikationssysteme, optische
Informationsübertragung .... DIN EN IEC 60825-12 (VDE 0837-12)

Freischneider .... E DIN EN IEC 62841-4-4/AA (VDE 0740-4-4/AA)

Freischneider mit Sägeblatt .... E DIN EN IEC 62841-4-4/AA (VDE 0740-4-4/AA)

Freizeitfahrzeuge
Detektion brennbarer Gase .... DIN EN 50194-2 (VDE 0400-30-3)
Detektion von Kohlenmonoxid .... DIN EN 50291-2 (VDE 0400-34-2)
elektrische Anlagen .... VDE-Schriftenreihe Band 150
.... VDE-Schriftenreihe Band 168

Fremdbelüftung „v" .... DIN EN 60079-13 (VDE 0170-313)

Fremdschichtprüfungen
an Hochspannungsisolatoren
– in Gleichspannungssystemen .... DIN IEC/TS 61245 (VDE V 0674-254)
– in Wechselspannungssystemen .... DIN EN 60507 (VDE 0448-1)

Frequenzmessgerät
optisches .... DIN EN IEC 62129-3 (VDE 0888-429-3)

Frequenzübertragungsverhalten
von Leistungstransformatoren .... DIN EN 60076-18 (VDE 0532-76-18)

Frisierstäbe .... DIN EN 60335-2-23 (VDE 0700-23)
Beiblatt 1 DIN EN 60335-2-23 (VDE 0700-23)
E DIN IEC 60335-2-23 (VDE 0700-23)
E DIN IEC 60335-2-23/A1 (VDE 0700-23/A1)
E DIN EN IEC 60335-2-23/A11 (VDE 0700-23/A11)
E DIN EN 60335-2-23/AC (VDE 0700-23/AC)

Fritteusen
für den gewerblichen Gebrauch .... DIN EN 60335-2-37 (VDE 0700-37)
E DIN EN 60335-2-37 (VDE 0700-37)
E DIN EN 60335-2-37/A11 (VDE 0700-37/A11)
E DIN EN 60335-2-37/A2 (VDE 0700-37/A1)

Frittiergeräte
für den gewerblichen Gebrauch .... DIN EN 60335-2-37 (VDE 0700-37)
E DIN EN 60335-2-37 (VDE 0700-37)
E DIN EN 60335-2-37/A11 (VDE 0700-37/A11)
für den Hausgebrauch .... Beiblatt 1 DIN EN 60335-2-13 (VDE 0700-13)

DIN EN 60335-2-13 (VDE 0700-13)

Frontsheets
Polymerwerkstoffe in Photovoltaikmodulen .... DIN IEC/TS 62788-2 (VDE V 0126-37-2)

FTTB .... DIN EN 60728-13 (VDE 0855-13)

FTTH .... DIN EN 60728-13 (VDE 0855-13)
DIN EN 62149-7 (VDE 0886-149-7)

FTTX .... DIN EN 62149-7 (VDE 0886-149-7)

Führungssysteme für Kabel und Leitungen
Kabelträgersysteme für elektrische Installationen .... E DIN EN IEC 61537 (VDE 0639)

Führungssysteme
für Kabel und Leitungen .... DIN EN 61537 (VDE 0639)
E DIN EN IEC 61537 (VDE 0639)

Füllmassen
von Kabeln und Leitungen
– korrosive Bestandteile .... DIN EN 60811-604 (VDE 0473-811-604)
– Messung der Dielektrizitätskonstante .... DIN EN 60811-301 (VDE 0473-811-301)
– Messung der Gesamtsäurezahl .... DIN EN 60811-603 (VDE 0473-811-603)
– Messung des Gleichstromwiderstands .... DIN EN 60811-302 (VDE 0473-811-302)
– Messung des Tropfpunkts .... DIN EN 60811-601 (VDE 0473-811-601)
– Ölabscheidung .... DIN EN 60811-602 (VDE 0473-811-602)
– Prüfung der Kälterissbeständigkeit .... DIN EN 60811-411 (VDE 0473-811-411)

Füllmassen, heiß zu vergießende .... DIN VDE 0291-1a (VDE 0291-1a)

Füllstoffgehalt
in Polyethylenmischungen .... DIN EN 60811-605 (VDE 0473-811-605)

Fundament .... DIN EN 50341-1 (VDE 0210-1)

Fundamenterder .... DIN VDE 0100-540 (VDE 0100-540)
VDE-Schriftenreihe Band 35

Funkanlagen der Behörden
zur digitalen Bild- und Tonübertragung .... VDE-Anwendungsregel VDE-AR-E 2866-10

Funkdienste, bewegliche .... DIN EN 60215 (VDE 0866)
E DIN EN 60215 (VDE 0866)
E DIN EN IEC 60215/AA (VDE 0866/AA)

Funkenstrecken
Schutz .... DIN EN 60099-1 (VDE 0675-1)

Funk-Entstörfilter
passive Filter
– Sicherheitsprüfungen .... DIN EN 60939-3 (VDE 0565-3-4)
Vordruck für Bauartspezifikation
– Bewertungsstufe D/DZ .... DIN EN 60939-2-1 (VDE 0565-3-2)
– Sicherheitsprüfungen .... DIN EN 60939-2-2 (VDE 0565-3-3)

Funk-Entstörkondensatoren
für Netzbetrieb
– Sicherheitsprüfungen .... DIN EN 60384-14-2 (VDE 0565-1-3)

Funkentstörung
Kalibrierung von Antennen
– zur EMV-Messung .... DIN EN 55016-1-6 (VDE 0876-16-1-6)

Funkfernsteuerung FFST
für Eisenbahnfahrzeuge .... DIN VDE 0119-207-2 (VDE 0119-207-2)

Funkfernsteuerung
von Triebfahrzeugen für Güterbahnen .... Beiblatt 1 DIN EN 50239 (VDE 0831-239)
von Triebfahrzeugen für Rangierbetrieb .... DIN EN 50239 (VDE 0831-239)

Funkgeräte
Feststationen .... DIN EN 60215 (VDE 0866)
E DIN EN IEC 60215/AA (VDE 0866/AA)

Funksender
Sicherheitsbestimmungen .... DIN EN 60215 (VDE 0866)
E DIN EN 60215 (VDE 0866)
DIN EN 60215/A2 (VDE 0866/A1)
E DIN EN IEC 60215/AA (VDE 0866/AA)

Funksendesysteme
Senderausgangsleistung bis 1 kW
– Sicherheitsanforderungen .... DIN VDE 0855-300 (VDE 0855-300)

Funkspektrumangelegenheiten (ERM)
Weitverkehrsfunkrufeinrichtungen .... DIN ETS 300 741 (VDE 0878-741)
Funkstöreigenschaften
– Grenzwerte und Messverfahren .... E DIN EN IEC 55036 (VDE 0879-3)
konduktive Ladesysteme .... DIN EN IEC 61851-1 (VDE 0122-1)
kontaktlose Energieübertragungssysteme (WPT) .... E DIN EN IEC 61980-1 (VDE 0122-10-1)
E DIN IEC/TS 61980-2 (VDE V 0122-10-2)
E DIN IEC/TS 61980-3 (VDE V 0122-10-3)
Roaming-Ladedienste
– Informationsaustausch .... DIN EN IEC 63119-1 (VDE 0122-19-1)
Standardschnittstelle für Ladepunkte/Ladestationen
– Anbindung an lokales Leistungs- und Energiemanagement
.... E VDE-Anwendungsregel VDE-AR-E 2122-1000
Funkstöreigenschaften
– Grenzwerte und Messverfahren .... E DIN EN IEC 55036 (VDE 0879-3)
konduktive Ladesysteme .... DIN EN IEC 61851-1 (VDE 0122-1)
kontaktlose Energieübertragungssysteme (WPT) .... E DIN EN IEC 61980-1 (VDE 0122-10-1)
E DIN IEC/TS 61980-2 (VDE V 0122-10-2)
E DIN IEC/TS 61980-3 (VDE V 0122-10-3)
Roaming-Ladedienste
– Informationsaustausch .... DIN EN IEC 63119-1 (VDE 0122-19-1)
Standardschnittstelle für Ladepunkte/Ladestationen
– Anbindung an lokales Leistungs- und Energiemanagement
.... E VDE-Anwendungsregel VDE-AR-E 2122-1000

Funkstöreigenschaften
elektrische Niederspannungsnetze .... E DIN EN 50561-1/AA (VDE 0878-561-1/AA)
– Geräte für die Verwendung im Heimbereich ...... E DIN EN 50561-1/AA (VDE 0878-561-1/AA)
Elektro- und Hybrid-Straßenfahrzeugen .... E DIN EN IEC 55036 (VDE 0879-3)
– Grenzwerte und Messverfahren .... E DIN EN IEC 55036 (VDE 0879-3)
Grenzwerte und Messverfahren .... E DIN EN 50561-1/AA (VDE 0878-561-1/AA)

informationstechnischer Einrichtungen
- Grenzwerte und Messverfahren .... DIN EN 55012 (VDE 0879-1)
von Beleuchtungseinrichtungen
- Grenzwerte und Messverfahren .... Beiblatt 1 DIN EN 55015 (VDE 0875-15-1)
Beiblatt 2 DIN EN 55015 (VDE 0875-15-1)
von Fahrzeugen und Booten .... DIN EN 55012 (VDE 0879-1)
DIN EN 55025 (VDE 0879-2)
von Fahrzeugen, Booten und Geräten mit Verbrennungsmotoren
- Grenzwerte und Messverfahren .... DIN EN 55025 (VDE 0879-2)

Funkstörfeldstärke
Messung .... DIN 57873-1 (VDE 0873-1)

Funkstörmessgeräte .... DIN EN IEC 55016-1-1 (VDE 0876-16-1-1)

Funkstörprüfung
an Hochspannungsisolatoren .... DIN EN 60437 (VDE 0674-6)

Funkstörungen und Störfestigkeit
Messgeräte und -einrichtungen
- Kalibrierung von Antennen für EMV-Messungen .... DIN EN 55016-1-6 (VDE 0876-16-1-6)

Funkstörungen
durch Anlagen der Elektrizitätsversorgung .... E DIN VDE 0873-1 (VDE 0873-1)
DIN 57873-1 (VDE 0873-1)
DIN 57873-2 (VDE 0873-2)
durch Bahnanlagen .... DIN 57873-1 (VDE 0873-1)
DIN 57873-2 (VDE 0873-2)
durch Bahnstromversorgungsleitungen .... DIN 57873-1 (VDE 0873-1)
durch Beleuchtungseinrichtungen
- Grenzwerte und Messverfahren .... Beiblatt 1 DIN EN 55015 (VDE 0875-15-1)
Beiblatt 2 DIN EN 55015 (VDE 0875-15-1)
DIN EN IEC 55015 (VDE 0875-15-1)
durch industrielle, wissenschaftliche und medizinische Geräte .... DIN EN 55011 (VDE 0875-11)
E DIN EN 55011/A2 (VDE 0875-11/A2)
Messfahren
- CISPR 11 und APD-Verfahren .... DIN EN 55011 (VDE 0875-11)
E DIN EN 55011/A2 (VDE 0875-11/A2)
- CISPR 11 und FAR .... DIN EN 55011 (VDE 0875-11)
E DIN EN 55011/A2 (VDE 0875-11/A2)
Messgeräte und -einrichtungen .... DIN EN 55016-4-2 (VDE 0876-16-4-2)
- Antennen und Messplätze .... E DIN EN IEC 55016-1-403 (VDE 0876-16-1-403)
- FFT-basierte Messgeräte .... DIN EN IEC 55016-1-1 (VDE 0876-16-1-1)
- Kalibrierung von Antennen .... DIN EN 55016-1-6 (VDE 0876-16-1-6)
- Messplätze für Antennenkalibrierung .... DIN EN 55016-1-5 (VDE 0876-16-1-5)
- Zusatz-/Hilfseinrichtungen .... DIN EN 55016-1-2 (VDE 0876-16-1-2)
DIN EN 55016-1-3 (VDE 0876-16-1-3)
E DIN EN 55016-1-3/A2 (VDE 0876-16-1-3/A2)
DIN EN IEC 55016-1-4 (VDE 0876-16-1-4)
Messung .... DIN EN 55016-4-2 (VDE 0876-16-4-2)
Verfahren zur Messung
- gestrahlte Störaussendung .... DIN EN 55016-2-3 (VDE 0877-16-2-3)
- leitungsgeführte Störaussendung .... DIN EN 55016-2-1 (VDE 0877-16-2-1)
- Störfestigkeit .... DIN EN 55016-2-4 (VDE 0877-16-2-4)
- Störleistung .... DIN EN 55016-2-2 (VDE 0877-16-2-2)

von elektrischen Beleuchtungseinrichtungen und ähnlichen Elektrogeräten
– Grenzwerte und Messverfahren .... DIN EN IEC 55015 (VDE 0875-15-1)

Funktion
von Niederspannungssicherungen .... DIN EN 60269-1 (VDE 0636-1)

Funktional sichere Übertragung bei Feldbussen
industrielle Kommunikationsnetze .... E DIN EN 61784-3 (VDE 0803-500)
– Profile .... E DIN EN 61784-3 (VDE 0803-500)
Profile .... E DIN EN 61784-3 (VDE 0803-500)

Funktionale Aspekte
Energieeffizienz
– Errichten von Niederspannungsanlagen .... DIN VDE 0100-801 (VDE 0100-801)

Funktionale Oximetriegeräte
Leistungsmerkmale .... DIN EN IEC 80601-2-71 (VDE 0750-2-71)

Funktionale Referenzarchitektur
Kommunikation in intelligenten Messsystemen ..... DIN CEN/CLC/ETSI/TR 50572 (VDE 0418-0)

Funktionale Sicherheit .... VDE-Schriftenreihe Band 152
sicherheitsbezogener Systeme
– elektronischer Steuerungssysteme .... VDE-Schriftenreihe Band 167

Funktionale Sicherheit von sicherheitsbezogenen Systemen
kooperative Mehrfachsysteme in vernetzten Wohnumfeldern
– AAL-Aspekte .... E DIN IEC 63168 (VDE 0750-34-1)

Funktionale Sicherheit
Einrichtungen zur Isolationsfehlersuche
– in IT-Systemen .... DIN EN 61557-15 (VDE 0413-15)
elektrische Leistungsantriebssysteme .... DIN EN 61800-5-2 (VDE 0160-105-2)
elektrischer und elektronischer Systeme
– elektromagnetische Phänomene .... DIN EN 61000-1-2 (VDE 0839-1-2)
ESHG/GA
– Produkte zum Einbau .... DIN EN 50491-4-1 (VDE 0849-4-1)
                                                                                                E DIN EN IEC 63044-4 (VDE 0849-44-4)
Normen der Reihe IEC 61508 .... Beiblatt 1 DIN EN 61508 (VDE 0803)
ortsfester Gaswarnsysteme .... DIN EN 60079-29-3 (VDE 0400-3)
PLT-Sicherheitseinrichtungen
– für die Prozessindustrie .... DIN EN 61511-1 (VDE 0810-1)
PLT-Sicherheitseinrichtungen für die Prozessindustrie
– Anwendung IEC 61511-1 .... DIN EN 61511-2 (VDE 0810-2)
– Anwendungsprogrammierung .... DIN EN 61511-1 (VDE 0810-1)
– Begriffe .... DIN EN 61511-1 (VDE 0810-1)
– Hardware .... DIN EN 61511-1 (VDE 0810-1)
– Sicherheitsintegritätslevel .... DIN EN 61511-3 (VDE 0810-3)
– Systemanforderungen .... DIN EN 61511-1 (VDE 0810-1)
sicherheitsbezogener Systeme .... DIN EN 62061 (VDE 0113-50)
                                                                                                     E DIN EN 62061 (VDE 0113-50)
– an industriellen Standorten .... DIN EN 61000-6-7 (VDE 0839-6-7)
– elektronischer Steuerungssysteme .... DIN EN 62061 (VDE 0113-50)
                                                                                                     E DIN EN 62061 (VDE 0113-50)
– industrielle Anwendungen .... DIN EN 61326-3-1 (VDE 0843-20-3-1)
                                                                                      DIN EN IEC 61326-3-2 (VDE 0843-20-3-2)

speicherprogrammierbarer Steuerungen .... DIN EN 61131-6 (VDE 0411-506)
von Isolationsüberwachungsgeräten
– in IT-Systemen .... DIN EN 61557-15 (VDE 0413-15)

Funktionen der Kategorie A .... DIN EN 60880 (VDE 0491-3-2)

Funktionen der Kategorie B .... DIN EN IEC 62138 (VDE 0491-3-3)

Funktionen der Kategorie C .... DIN EN IEC 62138 (VDE 0491-3-3)
Funktionsanforderungen
– Distanzschutz .... DIN EN 60255-121 (VDE 0435-3121)
– thermischer Überlastschutz .... DIN EN 60255-149 (VDE 0435-3149)
Produktsicherheit .... E DIN EN IEC 60255-27 (VDE 0435-327)
Synchrophasor für Stromversorgungssysteme
– Messungen .... E DIN EN 60255-118-1 (VDE 0435-118-1)

Funktionserdung .... DIN EN 50178 (VDE 0160)
DIN EN 50310 (VDE 0800-2-310)

Funktionsintegrierte, modulare Transformatorsteuerung
.... E VDE-Anwendungsregel VDE-AR-E 2660-600-1

Funktionskleinspannung .... DIN VDE 0100-410 (VDE 0100-410)

Funktionslisten .... DIN EN 62027 (VDE 0040-7)

Funktionsprüfungen
der Spannungsqualität in EVUs
– Messunsicherheit .... DIN EN 62586-2 (VDE 0415-2)
E DIN EN 62586-2/A1 (VDE 0415-2/A1)

Funktionsspielzeug, elektrisches .... DIN EN 62115 (VDE 0700-210)
E DIN EN 62115 (VDE 0700-210)
E DIN EN 62115/AA (VDE 0700-210/AA)

Funkübertragungsgeräte
Einbruch- und Überfallmeldeanlagen .... DIN EN 50131-5-3 (VDE 0830-2-5-3)
für Beleuchtung
– Betriebsgeräte .... DIN EN IEC 62386-220 (VDE 0712-0-220)
für den Hausgebrauch
– thermisch wirkende Motorschutzeinrichtungen .... DIN EN IEC 60730-2-22 (VDE 0631-2-22)
luftstrom-, wasserstrom- und wasserstandsabhängige
.... DIN EN IEC 60730-2-15 (VDE 0631-2-15)
thermisch wirkende Motorschutzeinrichtungen .... DIN EN IEC 60730-2-22 (VDE 0631-2-22)
für die Instandsetzung
– von Lichtwellenleiterkabeln und Mikrorohren .... DIN CLC/TS 50621 (VDE V 0888-621)
für die Spezifikation
– von Schaltgerätekombinationen .... Beiblatt 1 DIN EN 61439-1 (VDE 0660-600-1)
E DIN EN 61439-1 (VDE 0660-600-1)
für elektrische Anlagen .... Beiblatt 3 DIN VDE 0100-520 (VDE 0100-520)
Beiblatt 1 DIN VDE 0100-520 (VDE 0100-520)
lose Packstücke und Prellen
– Umgebungseinflüsse .... DIN EN 60068-2-55 (VDE 0468-2-55)
Radioaktivität im Erdboden .... DIN ISO 18589-1 (VDE 0493-4-5891)
Verwendung von Kommunikationskabeln .... DIN EN 50290-4-2 (VDE 0819-290-42)
für elektrotechnische Zwecke
– Begriffe und allgemeine Anforderungen .... E DIN EN IEC 60667-1 (VDE 0312-100)

– flache Platten .... E DIN EN IEC 60667-3-1 (VDE 0312-301)
– Prüfverfahren .... E DIN EN IEC 60667-2 (VDE 0312-200)
für elektronische Einrichtungen
– 250 V Gleichspannung und 30 A Bemessungsstrom
.... DIN EN 61076-3-120 (VDE 0687-76-3-120)
– bis 100 MHz .... DIN EN IEC 61076-3-119 (VDE 0687-76-3-119)
mit Frequenzen bis 100 MHz .... DIN EN IEC 61076-3-119 (VDE 0687-76-3-119)
wiederanschließbare Leistungssteckverbinder mit Rastverriegelung
– 250 V Bemessungsgleichspannung und 30 A Bemessungsstrom
.... DIN EN 61076-3-120 (VDE 0687-76-3-120)
zur Stromversorgung und LWL-Datenübertragung
– für industrielle Umgebungen .... DIN EN IEC 61076-3-123 (VDE 0687-76-3-123)
für erhöhte Sicherheitsanforderungen
– Anwendungsrichtlinien .... DIN EN IEC 62820-3-2 (VDE 0830-91-3-2)
für Gebäude mit gehobenen Sicherheitsanforderungen
.... DIN EN IEC 62820-3-2 (VDE 0830-91-3-2)
Gebäude mit gehobenen Sicherheitsanforderungen .... DIN EN IEC 62820-2 (VDE 0830-91-2)
Gebäude mit gehobenen Sicherheitsanforderungen (SGGS)
.... DIN EN IEC 62820-2 (VDE 0830-91-2)
generelle Anwendungsrichtlinien .... DIN EN IEC 62820-3-1 (VDE 0830-91-3-1)
generelle Systemanforderungen .... DIN EN 62820-1-1 (VDE 0830-91-1-1)
Sprechanlagen auf der Basis
– des Internet Protokolls (IP) .... DIN EN 62820-1-2 (VDE 0830-91-1-2)
für Feldgeräte mit Feldbus-Schnittstellen
– IEC 61784-1 .... DIN EN 61326-2-5 (VDE 0843-20-2-5)
E DIN EN IEC 61326-2-5 (VDE 0843-20-2-5)
für halbstarre Kabel
– mit Polytetrafluorethylen-(PTFE-)Isolation .... DIN EN 61196-10 (VDE 0887-10)
für koaxiale HF-Steckverbinder
– SMP-Serie mit Push-on-Einrastmechanismus .... DIN EN 61169-44 (VDE 0687-969-44)
Interoperabilitätsanforderungen
– (IFRS) .... DIN CLC/TS 50560 (VDE V 0849-560)
koaxiale Kommunikationskabel
– halbstarre Kabel mit Polytetrafluorethylen-(PTFE-)Isolation . DIN EN 61196-10 (VDE 0887-10)
Lichtwellenleiterkabel
– LWL-Außenkabel .... DIN EN 60794-3 (VDE 0888-108)
Mehrmodenfasern Kategorie A1 .... DIN EN IEC 60793-2-10 (VDE 0888-321)
Mehrmodenfasern Kategorie A2 .... DIN EN 60793-2-20 (VDE 0888-322)
Mehrmodenfasern Kategorie A3 .... DIN EN 60793-2-30 (VDE 0888-323)
passive Filter
– Sicherheitsprüfungen .... DIN EN 60939-2 (VDE 0565-3-1)
für Hausinstallationen
– Anforderungen für Gehäusesysteme .... DIN VDE V 0606-22-200 (VDE V 0606-22-200)
– Dosen und Gehäuse .... DIN VDE V 0606-22-100 (VDE V 0606-22-100)
E DIN VDE V 0606-22-100 (VDE V 0606-22-100)
DIN EN 60670-1 (VDE 0606-1)
E DIN EN 60670-1 (VDE 0606-1)
E DIN EN IEC 60670-1/A11 (VDE 0606-1/A11)
– Dosen und Gehäuse mit Aufhängemitteln .... DIN EN 60670-21 (VDE 0606-21)
– Gehäuse zur Aufnahme von Schutzgeräten .... DIN EN 60670-24 (VDE 0606-24)
– selektive Haupt-Leitungsschutzschalter .... DIN VDE 0641-21 (VDE 0641-21)
Beiblatt 1 DIN EN 60898-1 (VDE 0641-11)
DIN EN 60898-1 (VDE 0641-11)

– Verbindungsdosen .... DIN EN 60670-22 (VDE 0606-22)
E DIN EN 60670-22/A1 (VDE 0606-22/A1)
für industrielle Prozessleittechnik
– Abnahme und Stückprüfung .... DIN EN 60770-2 (VDE 0408-2)
– Betriebsverhalten .... DIN EN 60770-1 (VDE 0408-1)
in Gleichstrom-Bahnanlagen .... DIN EN 50123-7-2 (VDE 0115-300-7-2)
für Kohlenmonoxid und Kohlendioxid
– in Innenraumluft .... DIN EN 50543 (VDE 0400-36)
für Kohlenmonoxid und Stickoxide .... DIN EN 50545-1 (VDE 0400-80)
für Ladeeinrichtungen
– Elektromobilität .... VDE-Anwendungsregel VDE-AR-E 2418-3-100
für Niederspannungsgeräte
– Begriffe .... DIN EN 61180 (VDE 0432-10)
– Prüfbedingungen .... DIN EN 61180 (VDE 0432-10)
– Prüfgeräte .... DIN EN 61180 (VDE 0432-10)
für Wechsel- und Gleichspannungen
– und Wechsel- und Gleichströmen .... E DIN EN 61083-3 (VDE 0432-12)
Messsysteme .... DIN EN 60060-2 (VDE 0432-2)
Teilentladungsmessungen .... DIN EN 60270 (VDE 0434)
Vor-Ort-Prüfungen .... DIN EN 60060-3 (VDE 0432-3)
Wechsel- und Gleichspannungsmessgeräte
– Begriffe .... E DIN EN 61083-3 (VDE 0432-12)
– Software .... E DIN EN 61083-3 (VDE 0432-12)
für Oberleitungssysteme
– Bahnanwendungen .... DIN EN 62621 (VDE 0115-621)
E DIN EN 62621/A1 (VDE 0115-621/A1)
für Wechselstromfreileitungen über 1 000 V .... DIN EN 61109 (VDE 0441-100)
für Tiere
– Errichtung und Betrieb .... DIN VDE 0131 (VDE 0131)
Isolatoren .... DIN 57669 (VDE 0669)
für verschmutzte Umgebungen
– Begriffe, Informationen, Grundlagen .... DIN IEC/TS 60815-1 (VDE V 0674-256-1)
E DIN IEC/TS 60815-1 (VDE V 0674-256-1)
– Isolatoren für Gleichspannungsanlagen .... DIN IEC/TS 60815-4 (VDE V 0674-256-4)
– Keramik- und Glasisolatoren für Wechselspannungssysteme
.... DIN IEC/TS 60815-2 (VDE V 0674-256-2)
– Polymerisolatoren für Wechselspannungssysteme .... DIN IEC/TS 60815-3 (VDE V 0674-256-3)
E DIN IEC/TS 60815-3 (VDE V 0674-256-3)
Keramik- und Glasisolatoren
– in Gleichspannungssystemen .... DIN IEC/TS 61245 (VDE V 0674-254)
unter Verschmutzungsbedingungen
– Begriffe, Informationen, allgemeine Grundlagen .. E DIN IEC/TS 60815-1 (VDE V 0674-256-1)
Verwendung unter Verschmutzungsbedingungen
– Polymerisolatoren für Wechselspannungssysteme
.... E DIN IEC/TS 60815-3 (VDE V 0674-256-3)
für Versorgungsspannungen bis 1 100 V
– Betriebsverhalten .... DIN EN IEC 62041 (VDE 0570-10)
zur Unterdrückung elektromagnetischer Störungen .... DIN EN 60940 (VDE 0565)
– Rahmenspezifikation .... DIN EN 60938-2 (VDE 0565-2-1)
– Vordruck für Bauartspezifikation .... DIN EN 60938-2-2 (VDE 0565-2-3)

Fusionsspleißschutz
für optische Fasern und Kabel .... DIN EN 61073-1 (VDE 0888-731)

Fußböden
elektrischer Widerstand .... DIN EN 61340-4-1 (VDE 0300-4-1)

Fußbodenheizung .... DIN VDE 0100-753 (VDE 0100-753)
DIN VDE 0253 (VDE 0253)
DIN EN 50559 (VDE 0705-559)
E DIN EN 50559/A1 (VDE 0705-559/A1)
E DIN EN 62999 (VDE 0705-2999)
Charakteristika der Gebrauchstauglichkeit
– Definitionen, Testmethoden, Dimensionierung und Formelsymbole
.... E DIN EN 50559/A1 (VDE 0705-559/A1)
Definitionen .... E DIN EN 50559/A1 (VDE 0705-559/A1)
Definitionen, Testmethoden, Dimensionierung und Formelsymbole
.... E DIN EN 50559/A1 (VDE 0705-559/A1)
Dimensionierung .... E DIN EN 50559/A1 (VDE 0705-559/A1)
Formelsymbole .... E DIN EN 50559/A1 (VDE 0705-559/A1)
Fußbodenheizung
– Charakteristika der Gebrauchstauglichkeit .... DIN EN 50559 (VDE 0705-559)
E DIN EN 50559/A1 (VDE 0705-559/A1)
E DIN EN 62999 (VDE 0705-2999)
Testmethoden .... E DIN EN 50559/A1 (VDE 0705-559/A1)

Fußbodeninstallationen .... DIN EN 61534-22 (VDE 0604-122)

Fußwärmer .... DIN EN 60335-2-81 (VDE 0700-81)
E DIN EN 60335-2-81 (VDE 0700-81)
E DIN EN 60335-2-81/A1 (VDE 0700-81/A1)
E DIN IEC 60335-2-81/A2 (VDE 0700-81/A2)

Fütterungsautomaten
für Aquarien .... DIN EN 60335-2-55 (VDE 0700-55)

Fuzzy-Control-Programmierung .... VDE-Schriftenreihe Band 102

G

Gabellaschen
Armaturen für Freileitungen .... DIN VDE 0212-478 (VDE 0212-478)

Gabel-Lasche-Verbindungen
von Kettenisolatoren .... E DIN EN IEC 60471 (VDE 0674-107)

Gabelstapler
elektrische Ausrüstung .... DIN EN 1175 (VDE 0117)
DIN EN 60204-32 (VDE 0113-32)

Gammabestrahlungseinrichtungen, medizinische .... DIN EN 60601-2-11 (VDE 0750-2-11)

Gammastrahlen-Emitter
Monitore für Überwachung und Nachweis .... DIN EN 62022 (VDE 0493-3-1)

Gammastrahlung emittierende Radionuklide
Bestimmung der Radioaktivität
– Gammaspektrometrie .... DIN ISO 20042 (VDE 0493-2042)
Schnellverfahren mit NaI(Tl)-Gammaspektrometrie .... DIN EN ISO 19581 (VDE 0493-581)
Schnellverfahren mit Szintillationsdetektor und Gammaspektrometrie

.... DIN EN ISO 19581 (VDE 0493-581)

Gammastrahlung
Äquivalentdosisleistung .... DIN EN 60846-1 (VDE 0492-2-1)
DIN EN 60846-2 (VDE 0492-2-3)
Lichtwellenleiter
– Messmethoden und Prüfverfahren .... DIN EN IEC 60793-1-54 (VDE 0888-254)
Überwachungseinrichtungen .... DIN EN 60861 (VDE 0493-4-2)

Gangbreite .... DIN VDE 0100-729 (VDE 0100-729)
VDE-Schriftenreihe Band 168

Ganzkörperzähler
für die In-vivo-Überwachung .... DIN EN 61582 (VDE 0493-2-3)
– wiederkehrende Prüfung .... DIN VDE 0493-200 (VDE 0493-200)

Garagenstellplatzverordnung
– Regelungen für die Elektrotechnik .... VDE-Schriftenreihe Band 132

Garagentorantriebe .... DIN EN 60335-2-95 (VDE 0700-95)
E DIN IEC 60335-2-95 (VDE 0700-95)
mit Senkrechtbewegung .... DIN EN 60335-2-95 (VDE 0700-95)
E DIN IEC 60335-2-95 (VDE 0700-95)
– Verwendung im Wohnbereich .... E DIN IEC 60335-2-95 (VDE 0700-95)

Gärten
Beleuchtungsanlagen .... DIN VDE 0100-714 (VDE 0100-714)
VDE-Schriftenreihe Band 168

Gartenbauliche Betriebsstätten
elektrische Anlagen .... DIN VDE 0100-705 (VDE 0100-705)
VDE-Schriftenreihe Band 168

Gartenteiche
elektrische Geräte .... DIN EN 60335-2-55 (VDE 0700-55)
Leuchten .... DIN EN 60335-2-55 (VDE 0700-55)
DIN EN 60598-2-18 (VDE 0711-2-18)
Pumpen .... DIN EN 60335-2-55 (VDE 0700-55)

Gärtnereien
elektrische Anlagen .... DIN VDE 0100-705 (VDE 0100-705)
VDE-Schriftenreihe Band 168

Gasanalyse
für gelöste Gase (DGA)
– Werksprüfung .... DIN EN 61181 (VDE 0370-13)

Gasaußendruckkabel und Garnituren
für Wechselspannungen bis 275 kV
– Prüfungen .... DIN VDE 0276-635 (VDE 0276-635)

Gasbrenner
Zündtransformatoren .... DIN EN 61558-2-3 (VDE 0570-2-3)

Gaschromatografie .... DIN EN 60567 (VDE 0370-9)
DIN EN 61619 (VDE 0371-8)

Gaschromatografie-Massenspektrometrie (GC-MS) .... DIN EN 62321-8 (VDE 0042-1-8)

Gaschromatografie-Massenspektrometrie
GC-MS
- Massenspektrometer .... DIN EN 62321-6 (VDE 0042-1-6)
mit Nutzung des Zusatzes der Pyrolyse/thermischen Desorption
- (Py/TD-GC-MS) .... DIN EN 62321-8 (VDE 0042-1-8)

Gasdichte Steckverbinder mit 2P/3P Leistung
plus 2 P geschirmtes Signal und Kunststoffgehäuse 150 A
.... E DIN EN 61076-8-102 (VDE 0687-76-8-102)
plus 2 P geschirmtes Signal und Kunststoffgehäuse 20 A
.... E DIN EN 61076-8-100 (VDE 0687-76-8-100)
plus 2 P geschirmtes Signal und Kunststoffgehäuse 40 A
.... E DIN EN 61076-8-101 (VDE 0687-76-8-101)

Gase
brennbare
- Geräte zur Detektion und Messung .... DIN EN 60079-29-1 (VDE 0400-1)
                                                                                    E DIN EN 60079-29-1/A1 (VDE 0400-1/A1)
                                                                                    DIN EN 60079-29-2 (VDE 0400-2)
- Geräte zur Messung .... DIN EN 60079-29-1 (VDE 0400-1)
                                                                                    E DIN EN 60079-29-1/A1 (VDE 0400-1/A1)
brennbare oder toxische
- Geräte zur Detektion und Messung .... DIN EN 50270 (VDE 0843-30)
                                                                                    E DIN EN 50270 (VDE 0843-30)
                                                                                    DIN EN 50271 (VDE 0400-21)
                                                                                    DIN EN 50402 (VDE 0400-70)
                                                                                    DIN EN 60079-29-3 (VDE 0400-3)
freie und gelöste
- Interpretation der Analyse .... DIN EN 60599 (VDE 0370-7)
Kältemittelgase
- Geräte zur Detektion und Messung .... DIN EN 50676 (VDE 0400-60)

Gase, toxische
Geräte für die direkten Detektion
- und direkte Konzentrationsmessung .... DIN EN 45544-1 (VDE 0400-22-1)
                                                                                                                DIN EN 45544-2 (VDE 0400-22-2)
                                                                                                                DIN EN 45544-3 (VDE 0400-22-3)
                                                                                                                DIN EN 45544-4 (VDE 0400-22-4)

Gase und Dämpfe
toxische
- Geräte zur Detektion und Konzentrationsmessung .... DIN EN 45544-1 (VDE 0400-22-1)
                                                                                                                DIN EN 45544-2 (VDE 0400-22-2)
                                                                                                                DIN EN 45544-3 (VDE 0400-22-3)
                                                                                                                DIN EN 45544-4 (VDE 0400-22-4)

Gase und Gasgemische
Unterbrechung und Isolation
- Hochspannungsschaltgeräte und -schaltanlagen .... E DIN EN IEC 62271-4 (VDE 0671-4)

Gasentladungsableiter (ÜsAg)
Anwendungsprinzipien .... DIN EN 61643-312 (VDE 0845-5-12)
Eigenschaften .... DIN EN 61643-311 (VDE 0845-5-11)
Prüfverfahren .... DIN EN 61643-311 (VDE 0845-5-11)

Gasexplosionsgefährdete Bereiche
  Einteilung .... DIN EN 60079-10-1 (VDE 0165-101)

Gasförmige Ableitungen kerntechnischer Anlagen
  Tritium- und Kohlenstoff-14-Aktivität
  – Probenentnahme von Tritium und Kohlenstoff-14 .... E DIN ISO 20041-1 (VDE 0493-1-41-1)

Gasgemische
  Sauerstoffkonzentration .... DIN EN 50104 (VDE 0400-20)

Gasgeräte
  Brennstoffzellen-Gasheizgeräte .... DIN EN 50465 (VDE 0130-310)

Gasinnendruckkabel und Garnituren
  für Wechselspannungen bis 275 kV
  – Prüfungen .... DIN VDE 0276-634 (VDE 0276-634)

Gaskonsolen
  für Schweiß- und Plasmaschneidsysteme .... DIN EN 60974-8 (VDE 0544-8)
  E DIN EN IEC 60974-8 (VDE 0544-8)

Gaskonzentrationen
  bei Heizungsanlagen
  – tragbare Messgeräte .... DIN EN 50379-1 (VDE 0400-50-1)
  DIN EN 50379-2 (VDE 0400-50-2)
  DIN EN 50379-3 (VDE 0400-50-3)

Gasmessgeräte
  Auswahl von Gasmessgeräten für toxische Gase und Dämpfe
  .... E DIN EN IEC 62990-2 (VDE 0400-990-2)
  Auswahl, Installation, Einsatz und Wartung von Gasmessgeräten für toxische Gase und Dämpfe
  .... E DIN EN IEC 62990-2 (VDE 0400-990-2)
  Auswahl, Installation, Einsatz, Wartung .... DIN EN 60079-29-2 (VDE 0400-2)
  Betriebsverhalten .... DIN EN 60079-29-1 (VDE 0400-1)
  E DIN EN 60079-29-1/A1 (VDE 0400-1/A1)
  – Messung toxischer Gase .... DIN IEC 62990-1 (VDE 0400-990-1)
  Einsatz von Gasmessgeräten für toxische Gase und Dämpfe
  .... E DIN EN IEC 62990-2 (VDE 0400-990-2)
  funktionale Sicherheit
  – ortsfeste Gaswarnsysteme .... DIN EN 60079-29-3 (VDE 0400-3)
  für toxische Gase und Dämpfe .... E DIN EN IEC 62990-2 (VDE 0400-990-2)
  Installation von Gasmessgeräten für toxische Gase und Dämpfe
  .... E DIN EN IEC 62990-2 (VDE 0400-990-2)
  mit offener Messstrecke .... DIN EN 60079-29-4 (VDE 0400-40)
  Wartung von Gasmessgeräten für toxische Gase und Dämpfe
  .... E DIN EN IEC 62990-2 (VDE 0400-990-2)

Gassammelverfahren
  Probennahme freier Gase .... DIN EN 60567 (VDE 0370-9)

Gaststätten
  elektrische Anlagen .... VDE-Schriftenreihe Band 61

Gaswarngeräte .... DIN EN 50271 (VDE 0400-21)
  Anforderungen und Prüfungen für Warngeräte,
  – die Software und/oder Digitaltechnik nutzen .... DIN EN 50271 (VDE 0400-21)
  Detektion von Kohlenmonoxid in Wohnhäusern

– Prüfverfahren und Betriebsverhalten .... DIN EN 50291-1 (VDE 0400-34-1)

Gaswarnsysteme, ortsfeste
funktionale Sicherheit .... DIN EN 50402 (VDE 0400-70)
DIN EN 60079-29-3 (VDE 0400-3)

Gebäude
elektrische Anlagen
– Begriffe .... DIN VDE 0100-200 (VDE 0100-200)

Gebäudeautomation (GA)
allgemeine Anforderungen .... DIN EN 63044-1 (VDE 0849-44-1)
E DIN IEC 63044-1/A1 (VDE 0849-44-1/A1)
Anforderungen an die elektrische Sicherheit und die EMV für Funkausrüstung
.... E DIN EN 50698 (VDE 0849-98)
elektrische Sicherheit .... E DIN EN 50698 (VDE 0849-98)
DIN EN IEC 63044-3 (VDE 0849-44-3)
E DIN EN IEC 63044-3/A1 (VDE 0849-44-3/A1)
EMV für Funkausrüstung .... E DIN EN 50698 (VDE 0849-98)
EMV-Anforderungen im Industriebereich .... DIN EN IEC 63044-5-3 (VDE 0849-44-53)
EMV-Anforderungen in Geschäftsbereichen und Kleinstbetrieben
.... DIN EN IEC 63044-5-2 (VDE 0849-44-52)
EMV-Anforderungen in Wohn- und Geschäftsbereichen
.... DIN EN IEC 63044-5-2 (VDE 0849-44-52)
EMV-Anforderungen, Bedingungen, Prüfungen .... DIN EN IEC 63044-5-1 (VDE 0849-44-51)
E DIN EN IEC 63044-5-1/A1 (VDE 0849-44-51/A1)

Gebäudeautomation
Umgebungsbedingungen .... DIN EN 50491-2 (VDE 0849-2)

Gebäude-Gegensprechanlagen
VDE-Anwendungsregeln .... DIN EN IEC 62820-3-1 (VDE 0830-91-3-1)
– Gebäude mit gehobenen Sicherheitsanforderungen
.... DIN EN IEC 62820-3-2 (VDE 0830-91-3-2)
für Gebäude mit gehobenen Sicherheitsanforderungen
.... DIN EN IEC 62820-3-2 (VDE 0830-91-3-2)
Gebäude mit gehobenen Sicherheitsanforderungen .... DIN EN IEC 62820-2 (VDE 0830-91-2)
IP-Gegensprechanlagen .... DIN EN 62820-1-2 (VDE 0830-91-1-2)

Gebäuden mit Einrichtungen der Informationstechnik
Maßnahmen für Erdung und Potentialausgleich .... DIN EN 50310 (VDE 0800-2-310)

Gebäude-Sprechanlagen
VDE-Anwendungsregeln .... DIN EN IEC 62820-3-1 (VDE 0830-91-3-1)

Gebrauchsanleitungen
allgemeine Grundsätze
– ausführliche Anforderungen .... DIN EN 82079-1 (VDE 0039-1)
E DIN EN 82079-1 (VDE 0039-1)
Erstellen von .... DIN EN 82079-1 (VDE 0039-1)
E DIN EN 82079-1 (VDE 0039-1)

Gebrauchseigenschaften
elektrisch betriebene Zahnbürsten .... E DIN EN IEC 63174 (VDE 0705-3174)
elektrische Luftreiniger .... E DIN EN 63086 (VDE 0705-3086)

Gebrauchstauglichkeit
medizinischer elektrischer Geräte .... DIN EN 60601-1-6 (VDE 0750-1-6)
E DIN EN 60601-1-6/A2 (VDE 0750-1-6/A2)
DIN EN 62366-1 (VDE 0750-241-1)
E DIN EN 62366-1/A1 (VDE 0750-241-1/A1)
VDE-Schriftenreihe Band 171
gedämpfte Sinusschwingungen
– Ring Wave .... DIN EN 61000-4-12 (VDE 0847-4-12)
Störaussendung .... DIN EN 55032 (VDE 0878-32)
E DIN EN 55032/A1 (VDE 0878-32/A1)
– Multimediaeinrichtungen .... DIN EN 55032 (VDE 0878-32)
E DIN EN 55032/A1 (VDE 0878-32/A1)
– Multimediageräte .... DIN EN 50561-1 (VDE 0878-561-1)
DIN EN 55032 (VDE 0878-32)
E DIN EN 55032/A1 (VDE 0878-32/A1)
– Multimediageräte und -einrichtungen .... E DIN EN 55032/A1 (VDE 0878-32/A1)
Störfestigkeit
– elektromagnetische Verträglichkeit .... DIN EN 61000-4-10 (VDE 0847-4-10)
DIN EN 61000-4-31 (VDE 0847-4-31)
– Multimediageräte .... DIN EN 55035 (VDE 0878-35)

Gefährdungen, elektrostatische
Prüfverfahren .... DIN EN 60079-32-2 (VDE 0170-32-2)

Gefährdungsbeurteilung .... VDE-Schriftenreihe Band 121
.... VDE-Schriftenreihe Band 166
von Arbeitsmitteln .... VDE-Schriftenreihe Band 120

Gefahren- und Funktionsfähigkeitsanalysen
von Systemen .... DIN EN 61882 (VDE 0050-8)

Gefahrenmeldeanlagen für Brand, Einbruch und Überfall
Einbruch- und Überfallmeldeanlagen .... DIN VDE 0833-3 (VDE 0833-3)

Gefahrenmeldeanlagen
Alarmverifikation .... DIN VDE V 0833-3-1 (VDE V 0833-3-1)
allgemeine Festlegungen .... DIN VDE 0833-1 (VDE 0833-1)
Begriffe .... Beiblatt 1 DIN EN 50131-1 (VDE 0830-2-1)
Brandmeldeanlagen .... DIN VDE 0833-4 (VDE 0833-4)
DIN CEN/TS 54-32 (VDE V 0833-4-32)
– Planen, Errichten, Betreiben .... DIN VDE 0833-2 (VDE 0833-2)
E DIN VDE 0833-2/A1 (VDE 0833-2/A1)
Brandwarnanlagen (BWA)
– Projektierung, Errichtung, Betrieb, Instandhaltung .... DIN VDE V 0826-2 (VDE V 0826-2)
CCTV-Überwachungsanlagen
– VDE-Anwendungsregeln .... DIN EN 62676-4 (VDE 0830-71-4)
Einbruch- und Überfallmeldeanlagen
– aktive Glasbruchmelder .... Beiblatt 1 DIN EN 50131-2-7-3 (VDE 0830-2-2-73)
DIN EN 50131-2-7-3 (VDE 0830-2-2-73)
– aktive Infrarot-Lichtschranken .... DIN CLC/TS 50131-2-9 (VDE V 0830-2-2-9)
– akustische Glasbruchmelder .... Beiblatt 1 DIN EN 50131-2-7-1 (VDE 0830-2-2-71)
DIN EN 50131-2-7-1 (VDE 0830-2-2-71)
– Alarmvorprüfung, Verfahren und Grundsätze .... DIN CLC/TS 50131-9 (VDE V 0830-2-9)
– ALDDR .... DIN CLC/TS 50131-2-11 (VDE V 0830-2-2-11)
– VDE-Anwendungsregeln .... DIN VDE 0833-4 (VDE 0833-4)

– Energieversorgungen	DIN CLC/TS 50131-7 (VDE V 0830-2-7) DIN EN 50131-6 (VDE 0830-2-6)
– leitungsgebundene Verbindungen für EMA/ÜMA Einrichtungen	E DIN CLC/TS 50131-5-1 (VDE V 0830-2-5-1)
– Melderzentrale	DIN EN 50131-3 (VDE 0830-2-3)
– Nebelgeräte und Nebelsysteme	DIN EN 50131-8 (VDE 0830-2-8)
– passive Glasbruchmelder	Beiblatt 1 DIN EN 50131-2-7-2 (VDE 0830-2-2-72) DIN EN 50131-2-7-2 (VDE 0830-2-2-72)
– Planung, Errichtung, Betrieb	DIN VDE 0833-3 (VDE 0833-3)
– Prüfbeschreibungen EMA/ÜMA-Komponenten	DIN CLC/TS 50131-5-4 (VDE V 0830-2-5-4)
– Scharf- und Unscharfschaltung	DIN CLC/TS 50131-12 (VDE V 0830-2-12)
– Signalgeber	DIN EN 50131-4 (VDE 0830-2-4)
– Systemanforderungen	DIN EN 50131-1 (VDE 0830-2-1)
– Überfallmelder	Beiblatt 1 DIN CLC/TS 50131-11 (VDE V 0830-2-11) DIN CLC/TS 50131-11 (VDE V 0830-2-11)
– Übertragungseinrichtungen	DIN EN 50131-10 (VDE 0830-2-10)
– Übertragungsgeräte (Funk-)	DIN EN 50131-5-3 (VDE 0830-2-5-3)
Einbruchmeldeanlagen	
– aktive Glasbruchmelder	Beiblatt 1 DIN EN 50131-2-7-3 (VDE 0830-2-2-73) DIN EN 50131-2-7-3 (VDE 0830-2-2-73)
– aktive Infrarot-Lichtschranken	DIN CLC/TS 50131-2-9 (VDE V 0830-2-2-9)
– akustische Glasbruchmelder	Beiblatt 1 DIN EN 50131-2-7-1 (VDE 0830-2-2-71) DIN EN 50131-2-7-1 (VDE 0830-2-2-71)
– ALDDR	DIN CLC/TS 50131-2-11 (VDE V 0830-2-2-11)
– Erschütterungsmelder	DIN EN 50131-2-8 (VDE 0830-2-2-8)
– kombinierte PIR- und Mikrowellenmelder	DIN EN 50131-2-4 (VDE 0830-2-2-4) E DIN EN 50131-2-4 (VDE 0830-2-2-4)
– kombinierte PIR- und Ultraschallmelder	DIN EN 50131-2-5 (VDE 0830-2-2-5)
– leitungsgebundene Verbindungen für EMA/ÜMA Einrichtungen	E DIN CLC/TS 50131-5-1 (VDE V 0830-2-5-1)
– Mikrowellenmelder	DIN EN 50131-2-3 (VDE 0830-2-2-3)
– Öffnungsmelder (Magnetkontakte)	DIN EN 50131-2-6 (VDE 0830-2-2-6)
– passive Glasbruchmelder	Beiblatt 1 DIN EN 50131-2-7-2 (VDE 0830-2-2-72) DIN EN 50131-2-7-2 (VDE 0830-2-2-72)
– Prüfbeschreibungen EMA/ÜMA-Komponenten	DIN CLC/TS 50131-5-4 (VDE V 0830-2-5-4)
Energieversorgungen	DIN EN 50131-6 (VDE 0830-2-6)
für Brand, Einbruch und Überfall	
– Aktivlautsprecher	DIN VDE V 0833-4-1 (VDE V 0833-4-1)
– Alarmverifikation	DIN VDE V 0833-3-1 (VDE V 0833-3-1)
– Festlegungen für Brandmeldeanlagen	DIN VDE 0833-2 (VDE 0833-2) E DIN VDE 0833-2/A1 (VDE 0833-2/A1)
Gebäude-Gegensprechanlagen	DIN EN 62820-1-2 (VDE 0830-91-1-2) DIN EN IEC 62820-2 (VDE 0830-91-2) DIN EN IEC 62820-3-1 (VDE 0830-91-3-1) DIN EN IEC 62820-3-2 (VDE 0830-91-3-2)
Gebäude-Sprechanlagen	DIN EN 62820-1-1 (VDE 0830-91-1-1) DIN EN IEC 62820-2 (VDE 0830-91-2)
Personen-Hilferufanlagen	
– VDE-Anwendungsregeln	DIN EN 50134-7 (VDE 0830-4-7)
– IP-Übertragungsprotokoll	DIN CLC/TS 50134-9 (VDE V 0830-4-9)
– Verbindungen und Kommunikation	DIN EN 50134-5 (VDE 0830-4-5) E DIN EN 50134-5 (VDE 0830-4-5)
– Zentrale und Steuereinrichtung	DIN EN 50134-3 (VDE 0830-4-3)

Sprachalarmierung im Brandfall .... DIN CLC/TS 50134-9 (VDE V 0830-4-9)
.... DIN VDE 0833-4 (VDE 0833-4)
Störfestigkeit von Anlageteilen .... DIN EN 50130-4 (VDE 0830-1-4)
Systemanforderungen .... DIN CLC/TS 50661-1 (VDE V 0830-100-1)
Übereinstimmung mit EG-Richtlinien .... Beiblatt 1 DIN EN 50130 (VDE 0830-1)
Überfallmeldeanlagen
– Scharf- und Unscharfschaltung .... DIN CLC/TS 50131-12 (VDE V 0830-2-12)
– Überfallmelder .... Beiblatt 1 DIN CLC/TS 50131-11 (VDE V 0830-2-11)
DIN CLC/TS 50131-11 (VDE V 0830-2-11)
Übertragungseinrichtungen
– Anzeige- und Bedieneinrichtung .... DIN CLC/TS 50136-4 (VDE V 0830-5-4)
Übertragungsprotokoll
– unter Nutzung des Internetprotokolls .... DIN CLC/TS 50136-9 (VDE V 0830-5-9)
Umweltprüfungen .... DIN EN 50130-5 (VDE 0830-1-5)

Gefahrenwarnanlagen (GWA) .... DIN VDE V 0826-1 (VDE V 0826-1)
für Wohnhäuser, Wohnungen und Räume mit wohnungsähnlicher Nutzung
.... DIN VDE V 0826-1 (VDE V 0826-1)
– Planung, Einbau, Betrieb, Instandhaltung, Geräte- und Systemanforderungen
.... DIN VDE V 0826-1 (VDE V 0826-1)

Gefahrguttransport
Sicherheit
– Primär- und Sekundär-Lithium-Batterien .... DIN EN IEC 62281 (VDE 0509-6)
E DIN EN IEC 62281/A1 (VDE 0509-6/A1)

Gefriergeräte
Anforderungen an Motorverdichter .... DIN EN 60335-2-34 (VDE 0700-34)
Beiblatt 1 DIN EN 60335-2-34 (VDE 0700-34)
E DIN EN 60335-2-34/A1 (VDE 0700-34/A1)
E DIN EN 60335-2-34/A2 (VDE 0700-34/A2)
für den gewerblichen Gebrauch
– Anforderungen an Motorverdichter .... Beiblatt 1 DIN EN 60335-2-89 (VDE 0700-89)
DIN EN 60335-2-89 (VDE 0700-89)
E DIN IEC 60335-2-89 (VDE 0700-89)
für den Hausgebrauch .... Beiblatt 1 DIN EN 60335-2-24 (VDE 0700-24)
DIN EN 60335-2-24 (VDE 0700-24)
DIN EN 62552 (VDE 0705-2552)
E DIN EN 62552-1 (VDE 0705-2552-1)
E DIN EN 62552-1-100 (VDE 0705-2552-1-100)
E DIN IEC 62552-1/A1 (VDE 0705-2552-1/A1)
E DIN EN 62552-2 (VDE 0705-2552-2)
E DIN EN 62552-2-100 (VDE 0705-2552-2-100)
E DIN IEC 62552-2/A1 (VDE 0705-2552-2/A1)
E DIN EN 62552-3 (VDE 0705-2552-3)
E DIN EN 62552-3-100 (VDE 0705-2552-3-100)
E DIN IEC 62552-3/A1 (VDE 0705-2552-3/A1)
mit Verflüssigersatz oder Motorverdichter
– für den gewerblichen Gebrauch .... Beiblatt 1 DIN EN 60335-2-89 (VDE 0700-89)
DIN EN 60335-2-89 (VDE 0700-89)
E DIN IEC 60335-2-89 (VDE 0700-89)

Geführte Nahverkehrssysteme
Sicherheit in der Bahnstromversorgung .... DIN EN 50562 (VDE 0115-562)

Gehäuse .... DIN EN 61587-3 (VDE 0687-587-3)
für Installationsgeräte .... DIN EN 60670-1 (VDE 0606-1)
E DIN EN 60670-1 (VDE 0606-1)
E DIN EN IEC 60670-1/A11 (VDE 0606-1/A11)
– Aufnahme von Schutzgeräten .... DIN EN 60670-24 (VDE 0606-24)
mit Aufhängemitteln
– für Installationsgeräte .... DIN EN 60670-21 (VDE 0606-21)

Gehäuse, feuerbeständiges .... DIN VDE V 0606-22-200 (VDE V 0606-22-200)

Gehäuseableitstrom .... VDE 0752

Gehörbeeinträchtigung
Behandlung durch Cochlea-Implantate .... E DIN EN ISO 14708-7 (VDE 0750-20-7)
DIN EN 45502-2-3 (VDE 0750-10-3)

Gehrungs- und Tischsägen, kombinierte .... DIN EN 61029-2-11 (VDE 0740-511)

Gehrungskappsägen
transportabel, motorbetrieben .... E DIN EN IEC 62841-3-9 (VDE 0740-3-9)
E DIN EN IEC 62841-3-9/A11 (VDE 0740-3-9/A11)

Gehrungssägen
transportabel, motorbetrieben .... DIN EN 61029-2-11 (VDE 0740-511)

Gelenke
Armaturen für Freileitungen .... DIN VDE 0212-466 (VDE 0212-466)

Gelenksysteme
zur Kabelführung .... DIN EN 62549 (VDE 0604-300)

Generische Modelle
Windenergieanlagen .... E DIN EN 61400-27-1 (VDE 0127-27-1)

Generische Spezifikation für Sensoren und Detektoren
supraleitende elektronische Bauelemente .... DIN EN 61788-22-1 (VDE 0390-22-1)

Generischer RAMS Prozess
Bahnanwendungen .... DIN EN 50126-1 (VDE 0115-103-1)

Genormte Festigkeitsklassen
für Verbund-Kettenisolatoren .... DIN EN 61466-1 (VDE 0674-103-1)

Geräte für Dekorationszwecke .... DIN EN 50410 (VDE 0700-410)

Geräte für Lampen
allgemeine Anforderungen .... DIN EN 61347-1 (VDE 0712-30)
E DIN EN 61347-1/A1 (VDE 0712-30/A1)
allgemeine und Sicherheitsanforderungen .... DIN EN 61347-1 (VDE 0712-30)
E DIN EN 61347-1/A1 (VDE 0712-30/A1)
Betriebsgeräte für Hochdruckentladungslampen .... DIN EN IEC 62442-2 (VDE 0712-29)
Betriebsgeräte für Induktions-Leuchtstofflampen .... DIN EN IEC 61347-2-14 (VDE 0712-2-44)
Betriebsgeräte für LED-Module .... DIN EN 61347-2-13 (VDE 0712-43)
E DIN EN IEC 61347-2-13 (VDE 0712-43)
Betriebsgeräte für Leuchtstofflampen .... DIN EN 60929 (VDE 0712-23)
DIN EN 61347-2-3 (VDE 0712-33)
E DIN EN IEC 61347-2-3 (VDE 0712-33)
Betriebsgeräte für Notbeleuchtung .... DIN EN 61347-2-7 (VDE 0712-37)

Betriebsgeräte für Notbeleuchtung mit Einzelbatterie .... E DIN EN 61347-2-7/A2 (VDE 0712-37/A2)
DIN EN 61347-2-7 (VDE 0712-37)
E DIN EN 61347-2-7/A2 (VDE 0712-37/A2)
elektronische Module für Leuchten .... E DIN EN IEC 61347-2-11 (VDE 0712-41)
elektronische Wechselrichter und Konverter für Hochfrequenzbetrieb
– von röhrenförmigen Kaltstart-Entladungslampen (Neonröhren)
.... DIN EN 61347-2-10 (VDE 0712-40)
E DIN EN IEC 61347-2-10 (VDE 0712-40)
gleich- oder wechselstromversorgte elektronische Konverter
– für Glühlampen .... E DIN EN IEC 61347-2-2 (VDE 0712-32)
gleich- oder wechselstromversorgte Vorschaltgeräte
– für Entladungslampen .... E DIN EN IEC 61347-2-12 (VDE 0712-42)
Kondensatoren für Lampenkreise .... DIN EN 61048 (VDE 0560-61)
Konverter für Glühlampen
– gleich- oder wechselstromversorgte elektronische ... E DIN EN IEC 61347-2-2 (VDE 0712-32)
– wechselstromversorgte elektronische .... DIN EN 61347-2-2 (VDE 0712-32)
Module für Leuchten .... DIN EN 61347-2-11 (VDE 0712-41)
E DIN EN IEC 61347-2-11 (VDE 0712-41)
Startgeräte .... DIN EN 61347-2-1 (VDE 0712-31)
E DIN EN IEC 61347-2-1 (VDE 0712-31)
– (andere als Glimmstarter) .... DIN EN 60927 (VDE 0712-15)
Startgeräte (andere als Glimmstarter) .... E DIN EN IEC 61347-2-1 (VDE 0712-31)
– Arbeitsweise .... DIN EN 60927 (VDE 0712-15)
Vorschaltgeräte für Entladungslampen .... DIN EN 60923 (VDE 0712-13)
DIN EN 61347-2-12 (VDE 0712-42)
E DIN EN IEC 61347-2-12 (VDE 0712-42)
Vorschaltgeräte für Leuchtstofflampen .... DIN EN 62442-1 (VDE 0712-28)
E DIN EN 62442-1/A1 (VDE 0712-28/A1)
Vorschaltgeräte für Notbeleuchtung .... DIN EN 61347-2-7 (VDE 0712-37)
E DIN EN 61347-2-7/A2 (VDE 0712-37/A2)
Zündgeräte .... DIN EN 60927 (VDE 0712-15)

Geräte in Beurteilungsprogrammen
Fernüberwachung von Alkoholkonsum
– Prüfverfahren und Anforderungen .... DIN EN 50980-1 (VDE 0406-21)

Geräte in Bildungseinrichtungen
Gebrauch durch Kinder
– Mess-, Steuer-, Regel- und Laborgeräte .... E DIN EN 61010-2-130 (VDE 0411-2-130)

Geräte in Lampen
Vorschaltgeräte für Leuchtstofflampen .... E DIN EN IEC 61347-2-8 (VDE 0712-38)

Geräte kleiner Leistung
elektromagnetische Felder .... DIN EN 62479 (VDE 0848-479)

Geräte und Einrichtungen zur Messung der hochfrequenten Störaussendung
.... E DIN EN IEC 55016-1-403 (VDE 0876-16-1-403)
Geräte zum Trennen und Schalten
– Errichten von Niederspannungsanlagen .... DIN VDE 0100-530 (VDE 0100-530)

Geräte zur Detektion und Konzentrationsmessung
Kältemittelgase .... DIN EN 50676 (VDE 0400-60)

Geräte zur Detektion und Messung von Kältemittelgasen, elektrische
Betriebsverhalten und Prüfverfahren .... DIN EN 50676 (VDE 0400-60)

Geräte zur Expositionsmessung
Betriebsverhalten .... DIN EN 45544-2 (VDE 0400-22-2)
DIN EN 45544-3 (VDE 0400-22-3)

Geräte zur Fernüberwachung von Alkoholkonsum
Prüfverfahren und Anforderungen an das Betriebsverhalten
– Geräte in Beurteilungsprogrammen .... DIN EN 50980-1 (VDE 0406-21)

Geräte zur Gaswarnanwendung
Betriebsverhalten .... DIN EN 45544-3 (VDE 0400-22-3)

Geräte zur Koagulation mittels ionisierten Gasen
Sicherheit .... DIN EN IEC 60601-2-76 (VDE 0750-2-76)

Geräte zur Oberflächenreinigung
Nassreinigungsgeräte für Hartböden für den Hausgebrauch
– Verfahren zur Messung der Gebrauchseigenschaften
.... DIN EN IEC/ASTM 62885-6 (VDE 0705-2885-6)
Prüfausrüstung und -materialien .... DIN IEC/TS 62885-1 (VDE V 0705-2885-1)
Trocken-Reinigungsroboter für den Hausgebrauch
– Messung der Gebrauchseigenschaften .... E DIN EN IEC 62885-7 (VDE 0705-2885-7)
Trockensauger für den gewerblichen Gebrauch
– Prüfverfahren zur Bestimmung der Gebrauchseigenschaften
.... DIN EN IEC 62885-8 (VDE 0705-2885-8)
– Verfahren zur Messung der Gebrauchseigenschaften
.... DIN EN IEC 62885-8 (VDE 0705-2885-8)

Geräte zur Prüfung
Sicherheit elektrischer Geräte
– medizinisch elektrische Geräte .... DIN EN 61557-16 (VDE 0413-16)

Geräte
zum Arbeiten unter Spannung
– Konformitätsbewertung .... DIN EN 61318 (VDE 0682-120)
E DIN EN 61318 (VDE 0682-120)
– Mindestanforderungen .... DIN EN 61477 (VDE 0682-130)
zur Flüssigkeitserhitzung .... Beiblatt 1 DIN EN 60335-2-15 (VDE 0700-15)
DIN EN 60335-2-15 (VDE 0700-15)
E DIN IEC 60335-2-15/A1 (VDE 0700-15/A1)
E DIN IEC 60335-2-15/A2 (VDE 0700-15/A2)

Geräte, elektromagnetische
allgemeine Bestimmungen .... DIN VDE 0580 (VDE 0580)

Geräte, professionell genutzte
Störaussendung
– elektromagnetische Verträglichkeit (EMV) .... E DIN EN IEC 61000-6-8 (VDE 0839-6-8)

Geräteanschlusskabel
bis 100 MHz, geschirmt .... DIN EN 50288-2-2 (VDE 0819-2-2)
bis 100 MHz, ungeschirmt .... DIN EN 50288-3-2 (VDE 0819-3-2)
bis 250 MHz, geschirmt .... DIN EN 50288-5-2 (VDE 0819-5-2)
bis 250 MHz, ungeschirmt .... DIN EN 50288-6-2 (VDE 0819-6-2)
bis 600 MHz, geschirmt .... DIN EN 50288-4-2 (VDE 0819-4-2)
symmetrische Kommunikationsverkabelung .... DIN EN 50601 (VDE 0819-601)

Geräteanschlussleitungen
Cord sets .... DIN EN 60320-2-2 (VDE 0625-2-2)
DIN EN 60799 (VDE 0626)
E DIN EN 60799 (VDE 0626)
Installationsmaterial .... E DIN EN 60799 (VDE 0626)
Mehrfach-Verteilerleisten .... DIN VDE 0626-2 (VDE 0626-2)

Geräteanschlussschnüre .... DIN EN 61935-2-20 (VDE 0819-935-2-20)
symmetrische Kommunikationsverkabelung .... DIN EN 50601 (VDE 0819-601)

Gerätebatterien .... DIN VDE 0510-7 (VDE 0510-7)

Geräteeinbausteckdosen .... DIN EN 60320-2-2 (VDE 0625-2-2)

Gerätegehäuse
zufällige Entzündung .... DIN CLC/TS 62441 (VDE V 0868-441)

Gerätegruppen in explosionsgefährdeten Bereichen . DIN IEC/TS 60079-46 (VDE V 0170-46)

Gerätekalibrierung
Messung und Bewertung Oberflächenkontamination
– Bestimmung der Radioaktivität .... DIN ISO 7503-3 (VDE 0493-2-5033)

Geräteplattform
sicherheitsleittechnischer Systeme .... DIN EN 60987 (VDE 0491-3-1)
E DIN EN 60987 (VDE 0491-3-1)

Geräteprüfung
unter Einwirkung von Sonnenstrahlung .... DIN EN IEC 60068-2-5 (VDE 0468-2-5)

Gerätereparatur
explosionsgefährdete Bereiche .... DIN EN 60079-19 (VDE 0165-20-1)
E DIN EN 60079-19 (VDE 0165-20-1)

Geräteschalter
allgemeine Anforderungen .... DIN EN IEC 61058-1 (VDE 0630-1)
Anforderungen an mechanische Schalter .... DIN EN 61058-1-1 (VDE 0630-1-1)
Aufbau elektronischer Schalter .... DIN EN 61058-1-2 (VDE 0630-1-2)
Aufbau mechanischer Schalter .... DIN EN 61058-1-1 (VDE 0630-1-1)
Schnurschalter .... DIN EN 61058-2-1 (VDE 0630-2-1)
E DIN EN 61058-2-1 (VDE 0630-2-1)
transportable Werkzeuge
– Rasen- und Gartenmaschinen .... DIN EN IEC 61058-2-6 (VDE 0630-2-6)
unabhängig montierte .... DIN EN 61058-2-4 (VDE 0630-2-4)
E DIN EN 61058-2-4 (VDE 0630-2-4)
unabhängig montierte Schalter .... E DIN EN 61058-2-4 (VDE 0630-2-4)
Wahlschalter .... DIN EN 61058-2-5 (VDE 0630-2-5)
E DIN EN 61058-2-5 (VDE 0630-2-5)

Geräteschalter, elektronische .... DIN VDE 0630-12 (VDE 0630-12)

Geräteschutz
durch Flüssigkeitskapselung „o" .... DIN EN 60079-6 (VDE 0170-2)
E DIN EN 60079-6/A1 (VDE 0170-2/A1)
durch Sandkapselung „q" .... DIN EN 60079-5 (VDE 0170-4)
durch Überdruckkapselung „p" .... DIN EN 60079-2 (VDE 0170-3)
E DIN EN IEC 60079-2 (VDE 0170-3)

durch Vergusskapselung „m" .... DIN EN 60079-18 (VDE 0170-9)
DIN EN 60079-18/A1 (VDE 0170-9/A1)
durch Zündschutzart „n" .... DIN EN IEC 60079-15 (VDE 0170-16)
Eigensicherheit „i" .... DIN EN 60079-11 (VDE 0170-7)
erhöhte Sicherheit „e" .... DIN EN 60079-7 (VDE 0170-6)
Beiblatt 1 DIN EN 60079-7 (VDE 0170-6)
DIN EN IEC 60079-7/A1 (VDE 0170-6/A1)

Geräteschutzniveau (EPL) Ga .... DIN EN 60079-26 (VDE 0170-12-1)

Geräteschutzniveau Dc .... DIN EN 62784 (VDE 0700-2784)
E DIN IEC 62784-100 (VDE 0700-2784-100)

Geräteschutzschalter (GS) .... DIN VDE V 0642-100 (VDE V 0642-100)
DIN EN IEC 60934 (VDE 0642)

Geräteschutzsicherungen
Begriffe .... DIN EN 60127-1 (VDE 0820-1)
E DIN EN IEC 60127-1 (VDE 0820-1)
Feinsicherungseinsätze .... DIN EN 60127-2 (VDE 0820-2)
E DIN EN 60127-2/A1 (VDE 0820-2/A1)
G-Sicherungseinsätze .... DIN EN 60127-1 (VDE 0820-1)
E DIN EN IEC 60127-1 (VDE 0820-1)
DIN EN 60127-6 (VDE 0820-6)
E DIN EN IEC 60127-6 (VDE 0820-6)
DIN EN 60127-7 (VDE 0820-7)
G-Sicherungshalter für G-Sicherungseinsätze .... E DIN EN IEC 60127-6 (VDE 0820-6)
Kleinstsicherungseinsätze .... DIN EN 60127-3 (VDE 0820-3)
E DIN EN 60127-3/A1 (VDE 0820-3/A1)
Qualitätsbewertung von G-Sicherungseinsätzen .... DIN EN 60127-5 (VDE 0820-5)
Sicherungswiderstände für Teilbereichsschutz .... DIN EN IEC 60127-8 (VDE 0820-8)
welteinheitliche modulare Sicherungseinsätze (UMF)
– Bauarten für Steck- und Oberflächenmontage .... DIN EN 60127-4 (VDE 0820-4)

Geräte-Staubexplosionsschutz
durch Gehäuse „t" .... DIN EN 60079-31 (VDE 0170-15-1)
E DIN EN 60079-31 (VDE 0170-15-1)

Gerätesteckvorrichtungen (MDAC)
an Mehrfach-Verteilerleisten .... DIN VDE 0626-2 (VDE 0626-2)

Gerätesteckvorrichtungen
für den Hausgebrauch .... DIN EN 60320-2-3 (VDE 0625-2-3)
E DIN EN 60320-2-3 (VDE 0625-2-3)
DIN EN 60320-3 (VDE 0625-3)
E DIN EN 60320-3/A1 (VDE 0625-3/A1)
– allgemeine Anforderungen .... DIN EN 60320-1 (VDE 0625-1)
E DIN EN 60320-1/A1 (VDE 0625-1/A1)
E DIN EN IEC 60320-1/A2 (VDE 0625-1/A2)
– mit vom Gerätegewicht abhängiger Kupplung .... E DIN EN 60320-2-4 (VDE 0625-2-4)
– Nähmaschinen-Steckvorrichtungen .... E DIN EN 60320-2-1 (VDE 0625-2-1)
– Schutzgrad höher als IPX0 .... E DIN EN 60320-2-3 (VDE 0625-2-3)
für Elektro-Flurförderzeuge .... DIN VDE 0623-589 (VDE 0623-589)
für industrielle Anwendungen .... DIN EN 60309-2 (VDE 0623-2)
E DIN EN 60309-2 (VDE 0623-2)

– allgemeine Anforderungen .... DIN EN 60309-1 (VDE 0623-1)
E DIN EN 60309-1 (VDE 0623-1)
für Nähmaschinen .... DIN EN 60320-2-1 (VDE 0625-2-1)
E DIN EN 60320-2-1 (VDE 0625-2-1)
mit vom Gerätegewicht abhängiger Kupplung .... DIN EN 60320-2-4 (VDE 0625-2-4)
E DIN EN 60320-2-4 (VDE 0625-2-4)
Schutzgrad höher als IPX0 .... DIN EN 60320-2-3 (VDE 0625-2-3)
E DIN EN 60320-2-3 (VDE 0625-2-3)

Geräte-Trockentransformatoren .... DIN EN 61558-2-14 (VDE 0570-2-14)

Geräuschgrenzwerte
drehender elektrischer Maschinen .... DIN EN 60034-9 (VDE 0530-9)

Geräuschmessung
an Windenergieanlagen .... DIN EN 61400-11 (VDE 0127-11)

Geräuschpegel
von Leistungstransformatoren .... DIN EN 60076-10 (VDE 0532-76-10)
von Transformatoren und Drosselspulen .... DIN EN 60076-10 (VDE 0532-76-10)

Geräuschspannungsmessgeräte .... DIN EN IEC 55016-1-1 (VDE 0876-16-1-1)

Gesamtbrom
in Produkten der Elektrotechnik .... DIN EN 62321-3-1 (VDE 0042-1-3-1)

Gesamtbromgehalt
in elektronischen und elektrischen Geräten .... DIN EN 62321-3-2 (VDE 0042-1-3-2)

Gesamtchrom
in Produkten der Elektrotechnik .... DIN EN 62321-3-1 (VDE 0042-1-3-1)

Gesamtsäurezahl
von Füllmassen .... DIN EN 60811-603 (VDE 0473-811-603)

Gesamtverluste
von umrichtergespeisten Wechselstrommotoren .... DIN IEC/TS 60349-3 (VDE V 0115-400-3)

Gesamtwirkungsgrad
von Photovoltaik-Wechselrichtern .... DIN EN 50530 (VDE 0126-12)
E DIN IEC 62891 (VDE 0126-12)

Geschäftshäuser
Starkstromanlagen in .... VDE-Schriftenreihe Band 61

Geschirrspender, beheizte
für den gewerblichen Gebrauch .... DIN EN 60335-2-49 (VDE 0700-49)

Geschirrspüler
für den gewerblichen Gebrauch .... DIN EN IEC 63136 (VDE 0705-136)
– Messverfahren der Gebrauchseigenschaften .... DIN EN IEC 63136 (VDE 0705-136)
für den Hausgebrauch
– Messung für Gebrauchseigenschaften .... DIN EN 50242/DIN EN 60436 (VDE 0705-436)
E DIN EN 60436-100 (VDE 0705-436-100)
E DIN IEC 60436/A1 (VDE 0705-436/A1)
– Messverfahren für Gebrauchseigenschaften .. DIN EN 50242/DIN EN 60436 (VDE 0705-436)
E DIN EN 60436-100 (VDE 0705-436-100)
E DIN IEC 60436/A1 (VDE 0705-436/A1)

Geschirrspülmaschinen
für den gewerblichen Gebrauch .... DIN EN 50416 (VDE 0700-416)
    DIN EN IEC 63136 (VDE 0705-136)
für den Hausgebrauch .... Beiblatt 1 DIN EN 60335-2-5 (VDE 0700-5)
    DIN EN 60335-2-5 (VDE 0700-5)
    E DIN EN 60335-2-5/A1 (VDE 0700-5/A1)
– Messung der Gebrauchseigenschaften .... DIN EN 50242/DIN EN 60436 (VDE 0705-436)
    E DIN EN 60436 (VDE 0705-436)
    E DIN EN 60436-100 (VDE 0705-436-100)
    E DIN IEC 60436/A1 (VDE 0705-436/A1)
    E DIN EN 60436/A100 (VDE 0705-436/A100)
– Messverfahren der Gebrauchseigenschaften . DIN EN 50242/DIN EN 60436 (VDE 0705-436)
    E DIN EN 60436 (VDE 0705-436)
    E DIN EN 60436-100 (VDE 0705-436-100)
    E DIN IEC 60436/A1 (VDE 0705-436/A1)
    E DIN EN 60436/A100 (VDE 0705-436/A100)

Geschirrspülmaschinen, spülmittelfreie .... DIN EN 60335-2-108 (VDE 0700-108)

Geschlossene Sekundärzellen und -Batterien
für tragbare Anwendungen
– Lithium .... E DIN EN 63056 (VDE 0510-56)
– Nickel-Cadmium .... DIN EN 61951-1 (VDE 0510-53)

Geschwindigkeitsanzeigeeinrichtungen
für Eisenbahnfahrzeuge .... DIN VDE 0119-207-10 (VDE 0119-207-10)

Geschwindigkeitsmesseinrichtungen
für Eisenbahnfahrzeuge .... DIN VDE 0119-207-10 (VDE 0119-207-10)

Geschwindigkeitsüberwachung GNT
für Eisenbahnfahrzeuge .... DIN VDE 0119-207-8 (VDE 0119-207-8)

Gesichtssaunen .... DIN EN 60335-2-23 (VDE 0700-23)
    Beiblatt 1 DIN EN 60335-2-23 (VDE 0700-23)
    E DIN IEC 60335-2-23 (VDE 0700-23)
    E DIN IEC 60335-2-23/A1 (VDE 0700-23/A1)
    E DIN EN IEC 60335-2-23/A11 (VDE 0700-23/A11)
    E DIN EN 60335-2-23/AC (VDE 0700-23/AC)

Gestalten elektrischer und elektronischer Produkte .... DIN EN 62430 (VDE 0042-2)

Gestaltung
umweltgerecht
– Kleinleistungstransformatoren .... DIN EN 50645 (VDE 0570-200)

Gestelle und Schränke im Wohnbereich
für intelligente Häuser
– Maße der 482,6-mm-(19-in-)Bauweise .... DIN EN IEC 60297-3-110 (VDE 0687-297-3-110)

Gestelle
seismische Prüfungen .... DIN EN 61587-2 (VDE 0687-587-2)
Umgebungsanforderungen, Prüfaufbau und Sicherheitsaspekte
.... DIN EN 61587-1 (VDE 0687-587-1)

Gestrahlte Felder im Nahbereich
Störfestigkeitsprüfung

– elektromagnetische Verträglichkeit (EMV) .... DIN EN 61000-4-39 (VDE 0847-4-39)

Gesundheitseinrichtungen
Leuchten .... DIN EN 60598-2-25 (VDE 0711-2-25)

Gesundheitsschutzkennzeichnung
am Arbeitsplatz .... VDE-Schriftenreihe Band 79

Gesundheitssoftware
Produktsicherheit .... DIN EN 82304-1 (VDE 0750-102-1)

Gesundheitswesen
Elektrostatik
– Anforderungen für die Infrastruktur .... DIN EN IEC 61340-6-1 (VDE 0300-6-1)

Getriebe
für Windturbinen
– Auslegungsanforderungen .... DIN EN 61400-4 (VDE 0127-4)

Gewebe aus E-Glasfaser-Garnen für Leiterplatten
Verstärkungsmaterialien für Leiterplatten
– und andere Verbindungen .... E DIN EN IEC 61249-6-3 (VDE 0322-249-6-3)

Gewebebänder
aus Textilglas .... DIN EN 61067-1 (VDE 0338-1)
DIN EN 61067-2 (VDE 0338-2)
DIN EN 61067-3-1 (VDE 0338-3-1)

Gewindebohrer
handgeführt, motorbetrieben .... DIN EN 62841-2-9 (VDE 0740-2-9)

Gewindeschneider
handgeführt, motorbetrieben .... DIN EN 62841-2-9 (VDE 0740-2-9)

Gewindeschneidmaschinen
tragbar, motorbetrieben .... DIN EN 62841-3-12 (VDE 0740-3-12)
transportabel, motorbetrieben .... DIN EN 62841-3-12 (VDE 0740-3-12)

Gewitterwarnsysteme .... DIN EN IEC 62793 (VDE 0185-236)
E DIN EN IEC 62793 (VDE 0185-236)
Blitzschutz .... DIN EN IEC 62793 (VDE 0185-236)
E DIN EN IEC 62793 (VDE 0185-236)

Gezeitenenergieressource
Bewertung und Charakterisierung .... DIN IEC/TS 62600-201 (VDE V 0125-201)

Gezeiten-Energiewandler .... DIN IEC/TS 62600-100 (VDE V 0125-100)
Bewertung und Charakterisierung .... DIN IEC/TS 62600-101 (VDE V 0125-101)
DIN IEC/TS 62600-201 (VDE V 0125-201)
Bewertung von Verankerungssystemen
– für Meeresenergiewandler .... DIN IEC/TS 62600-10 (VDE V 0125-10)
Terminologie .... DIN IEC/TS 62600-1 (VDE V 0125-1)
zur Energieerzeugung
– Leistungsbewertung .... DIN IEC/TS 62600-200 (VDE V 0125-200)

Gezeitenenergiewandler
zur Energieerzeugung
– Leistungsbewertung .... DIN IEC/TS 62600-200 (VDE V 0125-200)

GGA-Netze .... DIN EN 50083-9 (VDE 0855-9)

Gießharz
für Kabelgarnituren .... DIN VDE 0291-1 (VDE 0291-1)

Gießharz-Zwischenwände
für Hochspannungsschaltgeräte und -schaltanlagen .... DIN EN 50089/A1 (VDE 0670-806/A1)

Glasbruchmelder
aktive .... Beiblatt 1 DIN EN 50131-2-7-3 (VDE 0830-2-2-73)
DIN EN 50131-2-7-3 (VDE 0830-2-2-73)
akustische .... Beiblatt 1 DIN EN 50131-2-7-1 (VDE 0830-2-2-71)
DIN EN 50131-2-7-1 (VDE 0830-2-2-71)
passive .... Beiblatt 1 DIN EN 50131-2-7-2 (VDE 0830-2-2-72)
DIN EN 50131-2-7-2 (VDE 0830-2-2-72)

Glasfaserkabel
Brandfall
– vertikale Flammenausbreitung .... DIN EN 60332-1-2 (VDE 0482-332-1-2)

Glasfasertechnik
Leitlinie .... E VDE 0800-200
Weiterbildungsleitlinie .... E VDE 0800-200

Glasfilament
für selbstklebende Bänder .... DIN EN 60454-3-11 (VDE 0340-3-11)

Glasfilament-Textilschläuche
mit Beschichtung auf PVC-Basis .... DIN EN 60684-3-406 (VDE 0341-3-406)
DIN EN 60684-3-407 (VDE 0341-3-407)
DIN EN 60684-3-408 (VDE 0341-3-408)
mit Silikonelastomerbeschichtung .... DIN EN 60684-3-400 (VDE 0341-3-400)
DIN EN 60684-3-401 (VDE 0341-3-401)
DIN EN 60684-3-402 (VDE 0341-3-402)

Glasgewebe
Lack .... DIN VDE 0365-3 (VDE 0365-3)

Glas-Isolatoren .... DIN EN 60383-1 (VDE 0446-1)
E DIN EN IEC 60383-1 (VDE 0674-106-1)
DIN EN 61211 (VDE 0446-102)
DIN EN 61325 (VDE 0446-5)

Glasisolatoren
für Wechselspannungssysteme
– für verschmutzte Umgebungen .... DIN IEC/TS 60815-2 (VDE V 0674-256-2)

Glasisolierstoffe
Anforderungen .... DIN EN 60672-1 (VDE 0335-1)
DIN EN 60672-3 (VDE 0335-3)
Prüfverfahren .... DIN EN 60672-2 (VDE 0335-2)

Glas-Kettenisolatoren
Kenndaten von Kettenisolatoren
– Kappenisolator .... E DIN EN IEC 60305 (VDE 0674-101)

Glaskörperentfernung (Augen)
Geräte zur .... DIN EN 80601-2-58 (VDE 0750-2-58)

Glättungsdrosselspulen
für Hochspannungs-Gleichstromübertragung .... DIN EN 60076-6 (VDE 0532-76-6)

Gleich- und wechselstromversorgte elektronische Betriebsgeräte
für LED-Module
– Anforderungen an die Arbeitsweise .... E DIN EN 62384 (VDE 0712-26)

Gleichrichtertransformatoren .... DIN EN 60146-1-3 (VDE 0558-8)

Gleichspannung
Messen des Scheitelwertes
– durch Luftfunkenstrecken .... DIN EN 60052 (VDE 0432-9)

Gleichspannungswandler
Messwandler .... DIN EN IEC 61869-15 (VDE 0414-9-15)

Gleichstromanlagen
Berechnung von Kurzschlussströmen .... DIN EN 61660-1 (VDE 0102-10)
 Beiblatt 1 DIN EN 61660-1 (VDE 0102-10)

Gleichstromausrüstung
Hochspannungsgleichstromübertragung (HGÜ)
– Einsatz netzgeführter Stromrichter .... DIN IEC/TS 63014-1 (VDE V 0553-314-1)

Gleichstrom-Bahnanlagen
Beeinflussung von Fernmeldeanlagen .... DIN VDE 0228-4 (VDE 0228-4)

Gleichstrombahnen
Streustromwirkungen .... DIN EN 50122-2 (VDE 0115-4)

Gleichstrom-Bahnsysteme
Beeinflussung durch Wechselstrombahnsysteme .... DIN EN 50122-3 (VDE 0115-5)

Gleichstrom-Bedarfsanlagen
von Kraftwerken und Schaltanlagen
– Kurzschlussströme .... DIN EN 61660-2 (VDE 0103-10)

Gleichstrom-Elektrizitätszähler
elektronische
– Genauigkeitsklassen 0,2, 0,5 und 1 .... E DIN IEC 62053-41 (VDE 0418-3-41)

Gleichstrom-Gerätesteckvorrichtungen
2,6-kW-System .... E DIN IEC/TS 63236-1 (VDE V 0625-3236-1)
5,2-kW-System .... E DIN IEC/TS 63236-2 (VDE V 0625-3236-2)
für Einrichtungen der Informations- und Kommunikationstechnik
– 2,6-kW-System .... E DIN IEC/TS 63236-1 (VDE V 0625-3236-1)
– 5,2-kW-System .... E DIN IEC/TS 63236-2 (VDE V 0625-3236-2)

Gleichstrom-Ionisationskammern .... DIN IEC 60568 (VDE 0491-6)

Gleichstrom-Ladegeräte
für Elektrofahrzeuge .... E DIN EN 61851-23-2 (VDE 0122-2-32)

Gleichstromladestation
Ladegerät mit automatischen Verbindungsaufbau
– Elektrofahrzeuge .... E DIN EN 61851-23-1 (VDE 0122-2-31)

Gleichstrom-Ladestationen
für Elektrofahrzeuge .... DIN EN 61851-23 (VDE 0122-2-3)

E DIN EN 61851-23 (VDE 0122-2-3)
E DIN EN 61851-23-1 (VDE 0122-2-31)
DIN EN 61851-24 (VDE 0122-2-4)
E DIN EN 61851-24 (VDE 0122-2-4)

Gleichstrom-Leistungsschalter
für ortsfeste Bahnanlagen .... DIN EN 50123-2 (VDE 0115-300-2)

Gleichstrom-Lichtbogenerfassung und -unterbrechung
in photovoltaischen Energiesystemen .... E DIN EN 63027 (VDE 0126-27)

Gleichstrommaschinen .... VDE-Schriftenreihe Band 10
Prüfungen
– Verluste und Wirkungsgrad .... DIN EN 60034-2-1 (VDE 0530-2-1)

Gleichstrommessung .... DIN EN 50288-11-1 (VDE 0819-11-1)
DIN EN 50288-9-1 (VDE 0819-9-1)

Gleichstrom-Netzanschlüsse
Störfestigkeit gegen Wechselspannungsanteile ..... DIN EN 61000-4-17/A2 (VDE 0847-4-17/A2)

Gleichstrom-Schalteinrichtungen
für ortsfeste Anlagen in Bahnnetzen .... DIN EN 50123-1 (VDE 0115-300-1)
DIN EN 50123-6 (VDE 0115-300-6)
für ortsfeste Bahnanlagen
– Mess-, Steuer- und Schutzeinrichtungen .... DIN EN 50123-7-1 (VDE 0115-300-7-1)
DIN EN 50123-7-2 (VDE 0115-300-7-2)
DIN EN 50123-7-3 (VDE 0115-300-7-3)
für stationäre Anlagen in Bahnnetzen
– Trennschalter .... DIN EN 50123-3 (VDE 0115-300-3)
DIN EN 50123-3/A1 (VDE 0115-300-3/A1)

Gleichstromsignalrelais
Bahnanwendungen .... DIN EN 50578 (VDE 0831-578)

Gleichstromsysteme
Fehlerstromschutzeinrichtungen .... DIN IEC/TS 63053 (VDE V 0640-053)

Gleichstrom-Trenner .... DIN VDE 0660-112 (VDE 0660-112)

Gleichstrom-Trennschalter
für stationäre Anlagen .... DIN EN 50123-3 (VDE 0115-300-3)
DIN EN 50123-3/A1 (VDE 0115-300-3/A1)

Gleichstromumrichter .... DIN EN IEC 61204-7 (VDE 0557-7)

Gleichstromversorgte elektronische Vorschaltgeräte
für Leuchtstofflampen
– in Schienenfahrzeugen .... DIN EN 62718 (VDE 0115-718)

Gleichstromversorgungseinrichtungen
für Elektrofahrzeuge .... E DIN EN 61851-23 (VDE 0122-2-3)

Gleichstromwandler
Messwandler .... DIN EN IEC 61869-14 (VDE 0414-9-14)

Gleichstromwiderstand
von Füllmassen .... DIN EN 60811-302 (VDE 0473-811-302)
von Isolierflüssigkeiten .... DIN EN 60247 (VDE 0380-2)

Gleisfreimeldesysteme
Achszähler ... DIN CLC/TS 50238-3 (VDE V 0831-238-3)
DIN EN 50617-2 (VDE 0831-617-2)
Gleisstromkreise ... DIN CLC/TS 50238-2 (VDE V 0831-238-2)
DIN EN 50617-1 (VDE 0831-617-1)
Zulassung von Fahrzeugen ... DIN EN 50238-1 (VDE 0831-238-1)

Gleisstromkreise ... DIN EN 50617-1 (VDE 0831-617-1)
Bahnanwendungen
– Grundparameter von Gleisfreimeldesystemen ... DIN EN 50617-1 (VDE 0831-617-1)

Glimmer
Formmikanit ... DIN EN 60371-3-9 (VDE 0332-3-9)
Heizmikanit ... DIN EN 60371-3-3 (VDE 0332-3-3)

Glimmer-Isoliermaterialien
Kommutator-Isolierlamellen ... DIN EN 60371-3-1 (VDE 0332-3-1)
Prüfverfahren ... DIN EN 60371-2 (VDE 0332-2)

Glimmerpapier ... DIN EN 60371-3-2 (VDE 0332-3-2)
Glasgewebeträger mit Epoxidkleber ... DIN EN 60371-3-5 (VDE 0332-3-5)
glasgeweberverstärkt
– mit Epoxidharz-Bindemittel ... DIN EN 60371-3-6 (VDE 0332-3-6)
polyesterfolienverstärkt
– mit Epoxidharz-Bindemittel ... DIN EN 60371-3-4 (VDE 0332-3-4)
DIN EN 60371-3-7 (VDE 0332-3-7)
Prüfverfahren ... DIN EN 60371-2 (VDE 0332-2)

Glimmerpapierbänder
für flammwidrige Sicherheitskabel ... DIN EN 60371-3-8 (VDE 0332-3-8)

Glimmstarter
für Leuchtstofflampen ... DIN EN 60155 (VDE 0712-101)

Glühdrahtprüfeinrichtungen ... DIN EN 60695-2-10 (VDE 0471-2-10)
E DIN EN IEC 60695-2-10 (VDE 0471-2-10)

Glühdrahtprüfung
zur Entflammbarkeit ... DIN EN 60695-2-11 (VDE 0471-2-11)
E DIN EN IEC 60695-2-11 (VDE 0471-2-11)
DIN EN 60695-2-12 (VDE 0471-2-12)
E DIN EN 60695-2-12 (VDE 0471-2-12)
E DIN IEC/TS 60695-2-15 (VDE V 0471-2-15)
zur Entzündbarkeit ... DIN EN 60695-2-13 (VDE 0471-2-13)
E DIN EN 60695-2-13 (VDE 0471-2-13)

Glühlampen
elektronische Konverter ... DIN EN 61347-2-2 (VDE 0712-32)
E DIN EN IEC 61347-2-2 (VDE 0712-32)
– Arbeitsweise ... DIN EN 61047 (VDE 0712-25)
für allgemeine Beleuchtungszwecke ... DIN EN 60432-1 (VDE 0715-1)
für den Hausgebrauch ... DIN EN 60432-1 (VDE 0715-1)
Halogen-Glühlampen ... DIN EN 60432-3 (VDE 0715-11)

GNSS
weltweite Navigations-Satellitensysteme
– Navigations- und Funkkommunikationsgeräte und -systeme für die Seeschifffahrt

.... DIN EN IEC 61108-5 (VDE 0878-108-5)

GNT Geschwindigkeitsüberwachung
für Eisenbahnfahrzeuge .... DIN VDE 0119-207-8 (VDE 0119-207-8)

Gondelanemometrie .... DIN EN 61400-12-2 (VDE 0127-12-2)

Gongs
für den Haushalt .... DIN EN 62080 (VDE 0632-600)

Grafische Symbole
für elektrische medizinische Geräte .... Beiblatt 2 DIN EN 60601-1 (VDE 0750-1)

Grafische Symbole
zur Darstellung von Objektzuständen .... DIN EN 62744 (VDE 0040-9)

Grasscheren
für den Hausgebrauch .... DIN EN 50636-2-94 (VDE 0700-94)
 E DIN EN IEC 62841-4-5 (VDE 0740-4-5)
mit Scherblättern .... DIN EN 50636-2-94 (VDE 0700-94)
 E DIN EN IEC 62841-4-5 (VDE 0740-4-5)
motorbetrieben, handgeführt, transportabel .... E DIN EN IEC 62841-4-5 (VDE 0740-4-5)
– Sicherheit .... E DIN EN IEC 62841-4-5 (VDE 0740-4-5)
Sicherheit .... E DIN EN IEC 62841-4-5 (VDE 0740-4-5)

Grasscheren, handgeführt
besondere Anforderungen .... E DIN EN IEC 62841-4-5 (VDE 0740-4-5)
Sicherheit .... E DIN EN IEC 62841-4-5 (VDE 0740-4-5)

Grasscheren, motorbetrieben handgeführt
Sicherheit .... E DIN EN IEC 62841-4-5 (VDE 0740-4-5)

Grastrimmer .... E DIN EN IEC 62841-4-4/AA (VDE 0740-4-4/AA)

Grenzflächenspannung von Isolierflüssigkeiten
Prüfverfahren
– Ringmethode .... DIN EN IEC 62961 (VDE 0370-6)

Grenzwellenlänge
von Lichtwellenleitern .... DIN EN 60793-1-44 (VDE 0888-244)

Grenzwerte für Oberschwingungsströme
Geräte und Einrichtungen
– mit unvorhersehbar niedrigem Eingangsstrom .. Beiblatt 1 DIN EN 61000-3-12 (VDE 0838-12)
 E DIN EN 61000-3-12/A1 (VDE 0838-12/A1)

Grenzwerte und Messverfahren für Funkstörungen
von elektrischen Beleuchtungseinrichtungen und ähnlichen Elektrogeräten
.... DIN EN IEC 55015 (VDE 0875-15-1)

Grenzwerte
Funkstöreigenschaften von Empfängern
– in Elektro- und Hybrid-Straßenfahrzeugen .... E DIN EN IEC 55036 (VDE 0879-3)
Funkstöreigenschaften von Empfängern in
– Fahrzeugen, Booten und Geräten mit Verbrennungsmotor .... DIN EN 55025 (VDE 0879-2)

Grid Code .... VDE-Anwendungsregel VDE-AR-N 4105

Griffe
für den Hausgebrauch
– Barrierefreiheit .... DIN EN IEC 63008 (VDE 0705-3008)

Grillgeräte
für den gewerblichen Gebrauch .... DIN EN 60335-2-48 (VDE 0700-48)
für den Hausgebrauch .... DIN EN 60335-2-9 (VDE 0700-9)
Beiblatt 1 DIN EN 60335-2-9 (VDE 0700-9)
E DIN EN 60335-2-9 (VDE 0700-9)
E DIN IEC 60335-2-9 (VDE 0700-9)
E DIN EN 60335-2-9/A1 (VDE 0700-9/A1)
E DIN EN 60335-2-9/A100 (VDE 0700-9/A100)
E DIN EN 60335-2-9/A101 (VDE 0700-9/A101)
E DIN EN 60335-2-9/A2 (VDE 0700-9/A2)
E DIN EN 60335-2-9/AD (VDE 0700-9/AD)
DIN EN 60350-1 (VDE 0705-350-1)
E DIN EN 60350-1/A1 (VDE 0705-350-1/A1)

Grills
für den Hausgebrauch .... DIN EN 60350-1 (VDE 0705-350-1)
E DIN EN 60350-1/A1 (VDE 0705-350-1/A1)

Großer Prüfstrom .... DIN VDE 0100-410 (VDE 0100-410)

Grubenbaue, schlagwettergefährdete
Kopfleuchten .... DIN EN 60079-35-2 (VDE 0170-14-2)

Grubengasabsauganlagen .... DIN EN 50628 (VDE 0118-10)

Grund- und Sicherheitsregeln
Mensch-Maschine-Schnittstelle
– Kennzeichnung angeschlossener Leiter .... DIN EN 60445 (VDE 0197)
E DIN EN IEC 60445 (VDE 0197)
– Kennzeichnung angeschlossener Leiterenden .... DIN EN 60445 (VDE 0197)
E DIN EN IEC 60445 (VDE 0197)
– Kennzeichnung Anschlüsse elektr. Betriebsmittel .... DIN EN 60445 (VDE 0197)
E DIN EN IEC 60445 (VDE 0197)

Grundschwingungs-Blindverbrauchszähler
elektronische
– Genauigkeitsklassen 0,5 S, 1 S und 1 .... DIN EN 62053-24 (VDE 0418-3-24)
E DIN IEC 62053-24 (VDE 0418-3-24)
statische
– Genauigkeitsklassen 0,5 S, 1 S und 1 .... E DIN IEC 62053-24 (VDE 0418-3-24)

Gruppenlaufzeit
spektrale .... DIN EN 60793-1-42 (VDE 0888-242)

Gruppenlaufzeitdifferenz .... DIN EN IEC 60793-1-49 (VDE 0888-249)

G-Sicherungen
Begriffe .... E DIN EN IEC 60127-1 (VDE 0820-1)

G-Sicherungseinsätze .... DIN EN 60127-2 (VDE 0820-2)
E DIN EN 60127-2/A1 (VDE 0820-2/A1)
allgemeine Anforderungen .... DIN EN 60127-1 (VDE 0820-1)
E DIN EN IEC 60127-1 (VDE 0820-1)

für besondere Anwendungen .... DIN EN 60127-7 (VDE 0820-7)
G-Sicherungshalter .... E DIN EN IEC 60127-6 (VDE 0820-6)
Gütebestätigung .... DIN EN 60127-5 (VDE 0820-5)
Sicherungshalter .... DIN EN 60127-10 (VDE 0820-10)
DIN EN 60127-6 (VDE 0820-6)
E DIN EN IEC 60127-6 (VDE 0820-6)

G-Sicherungshalter für G-Sicherungseinsätze .... E DIN EN IEC 60127-6 (VDE 0820-6)

GSM-R-Zugfunk .... DIN VDE 0119-207-16 (VDE 0119-207-16)

Gummiaderleitungen
halogenfreie .... E DIN VDE 0250-606 (VDE 0250-606)

Gummiflachleitungen .... DIN VDE 0250-809 (VDE 0250-809)

Gummi-Mantelmischungen .... DIN VDE 0207-21 (VDE 0207-21)

Gummischlauchleitung NSHTÖU .... DIN VDE 0250-814 (VDE 0250-814)

Gummischlauchleitung NSSHÖU .... DIN VDE 0250-812 (VDE 0250-812)

Güterbahnen
Funkfernsteuerung .... Beiblatt 1 DIN EN 50239 (VDE 0831-239)

GVV
Dosen und Gehäuse mit Verbindungsklemmen zum Vergießen
.... E DIN VDE V 0606-22-100 (VDE V 0606-22-100)

GWEPT .... E DIN EN IEC 60695-2-11 (VDE 0471-2-11)
E DIN IEC/TS 60695-2-15 (VDE V 0471-2-15)

GWFI .... DIN EN 60695-2-12 (VDE 0471-2-12)
E DIN EN 60695-2-12 (VDE 0471-2-12)

GWIT .... DIN EN 60695-2-13 (VDE 0471-2-13)
E DIN EN 60695-2-13 (VDE 0471-2-13)

H

Haarbehandlungsgeräte .... DIN EN 60335-2-23 (VDE 0700-23)
Beiblatt 1 DIN EN 60335-2-23 (VDE 0700-23)
E DIN IEC 60335-2-23 (VDE 0700-23)
E DIN IEC 60335-2-23/A1 (VDE 0700-23/A1)
E DIN EN IEC 60335-2-23/A11 (VDE 0700-23/A11)
E DIN EN 60335-2-23/AC (VDE 0700-23/AC)

Haarschneidemaschinen .... Beiblatt 1 DIN EN 60335-2-8 (VDE 0700-8)
DIN EN 60335-2-8 (VDE 0700-8)
E DIN IEC 60335-2-8/A2 (VDE 0700-8/A2)

Haarschneider
für den Hausgebrauch .... DIN EN 62863 (VDE 0705-2863)
Messung der Leistung .... DIN EN 62863 (VDE 0705-2863)

Haartrimmer
für den Hausgebrauch .... DIN EN 62863 (VDE 0705-2863)
Messung der Leistung .... DIN EN 62863 (VDE 0705-2863)

Haartrockner .... DIN EN 60335-2-23 (VDE 0700-23)
Beiblatt 1 DIN EN 60335-2-23 (VDE 0700-23)
E DIN IEC 60335-2-23 (VDE 0700-23)
E DIN IEC 60335-2-23/A1 (VDE 0700-23/A1)
E DIN EN IEC 60335-2-23/A11 (VDE 0700-23/A11)
E DIN EN 60335-2-23/AC (VDE 0700-23/AC)

Häcksler
für den Hausgebrauch .... DIN EN 50434 (VDE 0700-93)

Hafen .... VDE-Schriftenreihe Band 168
elektrischer Landanschluss von Schiffen .... DIN VDE 0100-709 (VDE 0100-709)
Errichten von Niederspannungsanlagen .... DIN VDE 0100-709 (VDE 0100-709)

Häfen
elektrischer Landanschluss von Schiffen .... DIN VDE 0100-709 (VDE 0100-709)

Hafenanlage .... VDE-Schriftenreihe Band 168
Errichten von Niederspannungsanlagen .... DIN VDE 0100-709 (VDE 0100-709)

HAFM
Hörgeräteanpassungsmanagement .... E DIN ISO 21388 (VDE 0753-388)

Halbleiterbauelemente
Bauelemente in Gehäusen
– Langzeitlagerung .... DIN EN IEC 62435-6 (VDE 0884-135-6)
drahtlose Leistungsübertragung und Ladung .... E DIN EN IEC 63244-1 (VDE 0884-244-1)
– allgemeine Anforderungen und Festlegungen .... E DIN EN IEC 63244-1 (VDE 0884-244-1)
elektronische
– Langzeitlagerung .... DIN EN IEC 62435-4 (VDE 0884-135-4)
elektronische Bauteile
– Langzeitlagerung .... DIN EN 62435-1 (VDE 0884-135-1)
DIN EN 62435-2 (VDE 0884-135-2)
E DIN EN 62435-3 (VDE 0884-135-3)
DIN EN 62435-5 (VDE 0884-135-5)
Halbleiterschnittstelle
– zur Kommunikation über den menschlichen Körper .... DIN EN 62779-1 (VDE 0884-79-1)
DIN EN 62779-2 (VDE 0884-79-2)
DIN EN 62779-3 (VDE 0884-79-3)
Halbleiterschnittstelle für Automobile
– Anforderungen an Energie-Schnittstellen .... DIN EN IEC 62969-1 (VDE 0884-69-1)
– Bewertungsverfahren bei Automobilsensoren .... DIN EN IEC 62969-4 (VDE 0884-69-4)
– Energie-Schnittstellen für Automobilsensoren .... DIN EN IEC 62969-1 (VDE 0884-69-1)
– stoßgeführtes piezoelektrisches Energie-Harvesting bei Sensoren
.... DIN EN IEC 62969-3 (VDE 0884-69-3)
– Verfahren zur Effizienz-Bewertung drahtloser Leistungsübertragung
.... DIN EN IEC 62969-2 (VDE 0884-69-2)
magnetische und kapazitive Koppler .... DIN VDE V 0884-11 (VDE V 0884-11)
E DIN EN 60747-17 (VDE 0884-17)
– Basisisolierung .... DIN VDE V 0884-11 (VDE V 0884-11)
E DIN EN 60747-17 (VDE 0884-17)
– verstärkte Isolierung .... DIN VDE V 0884-11 (VDE V 0884-11)
E DIN EN 60747-17 (VDE 0884-17)
mechanische und klimatische Prüfverfahren
– Empfindlichkeit gegen elektrostatische Entladung . DIN EN IEC 60749-26 (VDE 0884-749-26)

- Neutronenbestrahlung .... DIN EN IEC 60749-17 (VDE 0884-749-17)
Optokoppler .... DIN EN 60747-5-5 (VDE 0884-5)
E DIN EN 60747-5-5 (VDE 0884-5)
Prüfverfahren
- Charged Device Model .... DIN EN 60749-28 (VDE 0884-749-28)
- Empfindlichkeit gegen elektrostatische Entladung . DIN EN IEC 60749-26 (VDE 0884-749-26)
DIN EN 60749-28 (VDE 0884-749-28)
- Human Body Model .... DIN EN IEC 60749-26 (VDE 0884-749-26)
zur Kommunikation über den menschlichen Körper
- Betriebsbedingungen .... DIN EN 62779-3 (VDE 0884-79-3)
- Funktionstyp .... DIN EN 62779-3 (VDE 0884-79-3)

Halbleiterbauelemente, elektronische
Chip- und Wafer-Erzeugnisse
- Chip-Erzeugnisse .... DIN EN 62435-5 (VDE 0884-135-5)

Halbleiter-Chip-Erzeugnisse
Beschaffung und Anwendung .... DIN EN 62258-1 (VDE 0884-101)

Halbleiter-Fertigungsausrüstungen .... DIN EN 60204-33 (VDE 0113-33)

Halbleiter-Motor-Starter
für Wechselspannung .... DIN EN 60947-4-2 (VDE 0660-117)
E DIN EN 60947-4-2 (VDE 0660-117)

Halbleiter-Motor-Steuergeräte
für Wechselspannung .... DIN EN 60947-4-2 (VDE 0660-117)
E DIN EN 60947-4-2 (VDE 0660-117)

Halbleiterrelais .... E DIN EN 62314 (VDE 0435-202)
für Wechselstrom .... DIN EN 62314 (VDE 0435-202)
E DIN EN 62314 (VDE 0435-202)

Halbleiterschnittstelle für Automobile
stoßgeführtes piezoelektrisches Energie-Harvesting
- bei Sensoren für Automobile .... DIN EN IEC 62969-3 (VDE 0884-69-3)
Verfahren zur Effizienz-Bewertung drahtloser Leistungsübertragung
- mittels Resonanz bei Automobil-Sensoren .... DIN EN IEC 62969-2 (VDE 0884-69-2)

Halbleiterschnittstelle
zur Kommunikation über den menschlichen Körper
- allgemeine Anforderungen .... DIN EN 62779-1 (VDE 0884-79-1)
- Beschreibung der Schnittstellen .... DIN EN 62779-2 (VDE 0884-79-2)
- Messungen und Messverfahren .... DIN EN 62779-2 (VDE 0884-79-2)

Halbleiterschutz
Sicherungseinsätze .... DIN EN 60269-4 (VDE 0636-4)

Halbleiterschutz-Sicherungseinsätze .... DIN EN 60269-4 (VDE 0636-4)

Halbleitersteuergeräte für nicht motorische Lasten
Niederspannungsschaltgeräte .... DIN EN 60947-4-3 (VDE 0660-109)
E DIN EN IEC 60947-4-3 (VDE 0660-109)

Halbleiter-Stromrichter
Leistungsfähigkeit .... DIN EN 60146-1-3 (VDE 0558-8)
netzgeführte .... DIN EN 60146-1-1 (VDE 0558-11)

selbstgeführte .... DIN EN 60146-2 (VDE 0558-2)

Halogenfreiheit
von Kabeln und Leitungen
– Prüfung .... DIN VDE 0472-815 (VDE 0472-815)

Halogen-Glühlampen
elektronische Konverter
– Arbeitsweise .... DIN EN 61047 (VDE 0712-25)
für allgemeine Beleuchtungszwecke .... DIN EN 60432-2 (VDE 0715-2)
für den Hausgebrauch .... DIN EN 60432-2 (VDE 0715-2)
Sicherheitsanforderungen .... DIN EN 60432-3 (VDE 0715-11)

Halogen-Metalldampflampen .... DIN EN 61549 (VDE 0715-12)
DIN EN 62035 (VDE 0715-10)
Vorschaltgeräte .... DIN EN 60923 (VDE 0712-13)
DIN EN 61347-2-9 (VDE 0712-39)

Hämmer
handgeführt, motorbetrieben .... DIN EN 60745-2-6 (VDE 0740-2-6)
E DIN EN IEC 62841-2-6 (VDE 0740-2-6)
E DIN EN IEC 62841-2-6/AA (VDE 0740-2-6/AA)
Staubmessverfahren .... DIN EN 50632-2-6 (VDE 0740-632-2-6)

Hämodiafiltrationsgeräte .... DIN EN IEC 60601-2-16 (VDE 0750-2-16)

Hämodialysegeräte .... DIN EN IEC 60601-2-16 (VDE 0750-2-16)

Hämofiltrationsgeräte .... DIN EN IEC 60601-2-16 (VDE 0750-2-16)

Handbedienungen
von Kernkraftwerkwarten .... DIN EN 61227 (VDE 0491-5-3)

Handbereich .... DIN VDE 0100-410 (VDE 0100-410)

Händetrockner .... DIN EN 60335-2-23 (VDE 0700-23)
Beiblatt 1 DIN EN 60335-2-23 (VDE 0700-23)
E DIN IEC 60335-2-23 (VDE 0700-23)
E DIN IEC 60335-2-23/A1 (VDE 0700-23/A1)
E DIN EN IEC 60335-2-23/A11 (VDE 0700-23/A11)
E DIN EN 60335-2-23/AC (VDE 0700-23/AC)

Handgeführte Grasscheren
besondere Anforderungen .... E DIN EN IEC 62841-4-5 (VDE 0740-4-5)

Handgeführte Rasenmäher
besondere Anforderungen .... E DIN EN IEC 62841-4-3-100 (VDE 0740-4-3-100)
E DIN EN IEC 62841-4-4 (VDE 0740-4-4)

Handgeführte transportable Werkzeuge
Rasen- und Gartenmaschinen .... DIN EN 62841-4-2 (VDE 0740-4-2)

Handgelenkerdungsbänder .... DIN EN 61340-4-6 (VDE 0300-4-6)
DIN EN 62841-4-2 (VDE 0740-4-2)

Handleuchten .... DIN EN 60598-2-8 (VDE 0711-2-8)

VDE-Schriftenreihe Band 12
Transformatoren .... E DIN EN 60598-1 (VDE 0711-1)

DIN EN 61558-2-9 (VDE 0570-2-9)

Handschuhe
elektrisch isolierende .... E DIN EN 60903 (VDE 0682-311)

Handsprüheinrichtungen
elektrostatische
– für brennbare Beschichtungsflüssigkeiten .... DIN EN 50050-1 (VDE 0745-101)
– für brennbare Beschichtungspulver .... DIN EN 50050-2 (VDE 0745-102)
– für entzündbare Beschichtungsstoffe .... DIN EN 50050-1 (VDE 0745-101)
– für entzündbaren Flock .... DIN EN 50050-3 (VDE 0745-103)
– für entzündbares Beschichtungspulver .... DIN EN 50050-2 (VDE 0745-102)
– für flüssige Beschichtungsstoffe .... DIN EN 50050-1 (VDE 0745-101)
– für nicht entzündbare Beschichtungsstoffe .... DIN EN 50059 (VDE 0745-200)

Handtuchtrockner
für den Hausgebrauch .... DIN EN 60335-2-43 (VDE 0700-43)
Beiblatt 1 DIN EN 60335-2-43 (VDE 0700-43)
E DIN EN 60335-2-43 (VDE 0700-43)

Handwerkzeug
zum Arbeiten unter Spannung
– bis AC 1 000 V und DC 1 500 V .... DIN EN IEC 60900 (VDE 0682-201)

Handyakku .... DIN EN 62133-2 (VDE 0510-82)
E DIN EN 62133-2/A1 (VDE 0510-82/A1)

Handys
Bestimmung der spezifischen Absorptionsrate .... DIN EN 62209-1 (VDE 0848-209-1)
DIN EN 62209-2 (VDE 0848-209-2)
E DIN EN IEC 62209-3 (VDE 0848-209-3)

Hängeisolatoren
für Wechselstromfreileitungen über 1 000 V .... DIN EN 61109 (VDE 0441-100)

Hardware
Stoßprüfung
– Hochstromprüfung .... E DIN EN 61083-1 (VDE 0432-7)

Hardwareauslegung
rechnerbasierter Systeme für Kernkraftwerke .... DIN EN 60987 (VDE 0491-3-1)
E DIN EN 60987 (VDE 0491-3-1)

Harmonische .... VDE-Schriftenreihe Band 115

Hartmagnetische Werkstoffe
Dauermagnete .... DIN EN 60404-8-1 (VDE 0354-8-1)

Hauptdokument .... DIN EN 62023 (VDE 0040-6)

Hauptleitungen
in Wohngebäuden .... VDE-Schriftenreihe Band 45

Hauptleitungsabzweigklemmen .... DIN VDE 0603-2-1 (VDE 0603-2-1)
HLAK
– Zählerplätze .... DIN VDE 0603-3-1 (VDE 0603-3-1)

Haupt-Leitungsschutzschalter
selektiv, für Hausinstallationen .... DIN VDE 0641-21 (VDE 0641-21)

Beiblatt 1 DIN EN 60898-1 (VDE 0641-11)
DIN EN 60898-1 (VDE 0641-11)

Hauptpotentialausgleich .... DIN VDE 0100-410 (VDE 0100-410)

Hauptstromversorgungssysteme
in Wohngebäuden .... VDE-Schriftenreihe Band 45

Haupttransformator
für Bahnfahrzeuge .... DIN VDE 0119-206-3 (VDE 0119-206-3)
– Hochspannungsdurchführung .... DIN CLC/TS 50537-1 (VDE V 0115-537-1)
– Pumpe für Isolierflüssigkeiten .... DIN CLC/TS 50537-2 (VDE V 0115-537-2)
– Wasserpumpe für Traktionsumrichter ... DIN CLC/TS 50537-3 (VDE V 0115-537-3)

Hauptwarten
von Kernkraftwerken
– Auslegung .... DIN EN IEC 60964 (VDE 0491-5-1)
– Meldung und Anzeige von Störungen ... DIN EN 62241 (VDE 0491-5-2)

Hausanschluss
Kabel .... VDE-Schriftenreihe Band 168

Hausanschlusskasten .... VDE-Schriftenreihe Band 168
Niederspannungs-Schaltgerätekombinationen ... DIN VDE 0660-505 (VDE 0660-505)

Hauseinführung .... VDE-Schriftenreihe Band 168

Hausgeräte
elektrische und elektronische
– Gebrauchseigenschaften .... DIN IEC/TR 62970 (VDE 0705-2970)

Haushalt-Direktheizgeräte
Bestimmung der Gebrauchseigenschaft
– zusätzliche Bestimmungen für die Messung des Strahlungsfaktors
.... E DIN EN IEC 60675-2 (VDE 0705-675-2)
E DIN EN IEC 60675-3 (VDE 0705-675-3)
Bestimmungen für die Messung des Strahlungsfaktors
.... E DIN EN IEC 60675-2 (VDE 0705-675-2)
E DIN EN IEC 60675-3 (VDE 0705-675-3)
Prüfverfahren
– Bestimmung der Gebrauchseigenschaft ... DIN EN 60675 (VDE 0705-675)
E DIN EN IEC 60675-2 (VDE 0705-675-2)
E DIN EN IEC 60675-3 (VDE 0705-675-3)
– zusätzliche Bestimmungen für die Messung des Strahlungsfaktors
.... E DIN EN IEC 60675-2 (VDE 0705-675-2)
E DIN EN IEC 60675-3 (VDE 0705-675-3)

Haushalt-Dunstabzugshauben
Messung der Gebrauchseigenschaft ...... DIN EN 61591 (VDE 0705-1591)
E DIN EN 61591 (VDE 0705-1591)
E DIN EN IEC 61591/AA (VDE 0705-1591/AA)

Haushalt-Folienschweißgeräte .... DIN EN 60335-2-45 (VDE 0700-45)
E DIN EN 60335-2-45/AA (VDE 0700-45/AA)

Haushalt-Heizkissen
Prüfverfahren zur Bestimmung der Gebrauchseigenschaft ...... DIN EN 61255 (VDE 0705-1255)

Haushalt-Kaffeebereiter
Messung der Gebrauchseigenschaften .... DIN EN 60661 (VDE 0705-661)

Haushalt-Lüftungsventilatoren und -Regler
in Klimaanlagen
– Messung der Gebrauchseigenschaften .... DIN EN IEC 60665 (VDE 0705-665)

Haushaltsaltgeräte
mit flüchtigen Fluorkohlenwasserstoffen oder Kohlenwasserstoffen
– Sammlung, Logistik und Behandlung .... DIN CLC/TS 50574-2 (VDE V 0042-11-2)

Haushaltsgeräte
elektrische und elektronische
– Durchführung von Ringversuchen .... DIN IEC/TR 62970 (VDE 0705-2970)
– Messung niedriger Leistungsaufnahmen .... DIN EN 50564 (VDE 0705-2301)
Energiekennzeichnung .... DIN CLC/TR 50674 (VDE 0705-674)
Netzwerk- und Stromnetz-Konnektivität
– allgemeine Datenmodellierung .... DIN EN 50631-1 (VDE 0705-631-1)
Netzwerk-Konnektivität
– Stromnetz-Konnektivität .... DIN EN 50631-1 (VDE 0705-631-1)
Ökodesign .... DIN CLC/TR 50674 (VDE 0705-674)

Haushaltsinstallationen
Installationsgeräte .... DIN VDE V 0606-22-100 (VDE V 0606-22-100)
E DIN VDE V 0606-22-100 (VDE V 0606-22-100)
DIN VDE V 0606-22-200 (VDE V 0606-22-200)

Haushalts-Kühl-/Gefriergeräte
Eigenschaften und Prüfverfahren .... DIN EN 62552 (VDE 0705-2552)
E DIN EN 62552-1 (VDE 0705-2552-1)
E DIN EN 62552-1-100 (VDE 0705-2552-1-100)
E DIN IEC 62552-1/A1 (VDE 0705-2552-1/A1)
– Energieverbrauch und Rauminhalt .... E DIN EN 62552-3 (VDE 0705-2552-3)
E DIN EN 62552-3-100 (VDE 0705-2552-3-100)
E DIN IEC 62552-3/A1 (VDE 0705-2552-3/A1)
– Leistungsanforderungen .... E DIN EN 62552-2-100 (VDE 0705-2552-2-100)
E DIN IEC 62552-2/A1 (VDE 0705-2552-2/A1)

Haushaltskühlgeräte
Eigenschaften und Prüfverfahren .... E DIN EN 62552-1-100 (VDE 0705-2552-1-100)
E DIN IEC 62552-1/A1 (VDE 0705-2552-1/A1)
– Energieverbrauch und Rauminhalt .... E DIN EN 62552-3-100 (VDE 0705-2552-3-100)
E DIN IEC 62552-3/A1 (VDE 0705-2552-3/A1)
– Leistungsanforderungen .... E DIN EN 62552-2-100 (VDE 0705-2552-2-100)
E DIN IEC 62552-2/A1 (VDE 0705-2552-2/A1)

Haushaltsroboter
Bewertung der Leistungsfähigkeit .... DIN EN 62849 (VDE 0705-2849)

Haushalts-Wärmeunterbetten
Prüfverfahren zur Messung der Gebrauchseigenschaft .... DIN EN 60299 (VDE 0705-299)

Haushalts-Wärmezudecken
Prüfverfahren zur Messung der Gebrauchseigenschaft .... DIN EN 60299 (VDE 0705-299)

Haushaltszähler, elektronische
Befestigungs- und Kontaktiereinrichtung (BKE) .... DIN VDE 0603-3-2 (VDE 0603-3-2)

Installationskleinverteiler und Zählerplätze .... DIN VDE 0603-1 (VDE 0603-1)
– geforderte Messsysteme .... DIN VDE 0603-1 (VDE 0603-1)
DIN VDE 0603-100 (VDE 0603-100)

Hausinstallationen
Anzeigeleuchten .... DIN EN 62094-1/A11 (VDE 0632-700/A11)

Hausinstallationskabel
von 5 MHz bis 1 000 MHz
– Rahmenspezifikation .... DIN EN 50117-9-1 (VDE 0887-9-1)
von 5 MHz bis 3 000 MHz
– Rahmenspezifikation .... DIN EN 50117-9-2 (VDE 0887-9-2)
von 5 MHz bis 6 000 MHz
– Rahmenspezifikation .... DIN EN 50117-9-3 (VDE 0887-9-3)

Haustürklingeln .... DIN EN 62080 (VDE 0632-600)

Hausverteilnetz .... DIN EN 60728-1-2 (VDE 0855-7-2)
DIN EN IEC 60728-3 (VDE 0855-3)

Haut
Strahlenschutz
– Überwachung der Dosis .... DIN EN ISO 15382 (VDE 0492-382)

Hautbehandlungsgeräte .... DIN EN 60335-2-23 (VDE 0700-23)
Beiblatt 1 DIN EN 60335-2-23 (VDE 0700-23)
E DIN IEC 60335-2-23 (VDE 0700-23)
E DIN IEC 60335-2-23/A1 (VDE 0700-23/A1)
E DIN EN IEC 60335-2-23/A11 (VDE 0700-23/A11)
E DIN EN 60335-2-23/AC (VDE 0700-23/AC)

Hautbestrahlungsgeräte
mit Ultraviolett- und Infrarotstrahlung
– für den Hausgebrauch .... DIN EN 60335-2-27 (VDE 0700-27)
Beiblatt 1 DIN EN 60335-2-27 (VDE 0700-27)
E DIN IEC 60335-2-27 (VDE 0700-27)
E DIN IEC 60335-2-27/A1 (VDE 0700-27/A1)
E DIN IEC 60335-2-27/A2 (VDE 0700-27/A2)
E DIN EN 60335-2-27/A3 (VDE 0700-27/A3)
E DIN EN 60335-2-27/AA (VDE 0700-27/AA)
E DIN EN 60335-2-27/AB (VDE 0700-27/AB)

HAZOP-Studien
Anwendungsleitfaden .... DIN EN 61882 (VDE 0050-8)

HAZOP-Verfahren
Anwendungsleitfaden .... DIN EN 61882 (VDE 0050-8)

HBC-Schnittstelle .... DIN EN 62779-1 (VDE 0884-79-1)

HBM
Human Body Model .... DIN EN IEC 60749-26 (VDE 0884-749-26)

HDL-programmierte integrierte Schaltkreise
Kernkraftwerke
– leittechnische Systeme .... DIN EN 62566 (VDE 0491-3-5)
E DIN IEC 62566-2 (VDE 0491-3-9)

HDTV .... DIN EN 60728-1-2 (VDE 0855-7-2)
DIN EN 60728-13 (VDE 0855-13)

Headset
elektromagnetische Felder .... DIN EN 50566 (VDE 0848-566)

Hebezeuge
elektrische Ausrüstung .... DIN EN 60204-32 (VDE 0113-32)

Heckenmesser .... DIN EN 62841-4-2 (VDE 0740-4-2)

Heckenscheren
handgeführt, motorbetrieben .... DIN EN 62841-4-2 (VDE 0740-4-2)

Heckenschneider .... DIN EN 62841-4-2 (VDE 0740-4-2)

Heißkathoden-Leuchtstofflampen .... DIN EN 50107-3 (VDE 0128-3)

Heißluftdämpfer
für den gewerblichen Gebrauch .... DIN EN 60335-2-42 (VDE 0700-42)
E DIN EN 60335-2-42/A2 (VDE 0700-42/A1)

Heißluftgebläse .... DIN EN 60335-2-45 (VDE 0700-45)
E DIN EN 60335-2-45/AA (VDE 0700-45/AA)

Heißumluftöfen
für den gewerblichen Gebrauch .... DIN EN 60335-2-42 (VDE 0700-42)
E DIN EN 60335-2-42/A2 (VDE 0700-42/A1)

Heizeinsätze
ortsfeste, für den Hausgebrauch .... DIN VDE 0700-253 (VDE 0700-253)
DIN EN 60335-2-73 (VDE 0700-73)
E DIN EN 60335-2-73/AA (VDE 0700-73/AA)

Heizgeräte
für den Hausgebrauch
– Regel- und Steuergeräte .... DIN EN IEC 60730-2-15 (VDE 0631-2-15)
für Fahrgastkabinen .... DIN EN 50408 (VDE 0700-230)

Heizkabel .... DIN VDE 0253 (VDE 0253)

Heizkissen .... Beiblatt 1 DIN EN 60335-2-17 (VDE 0700-17)
DIN EN 60335-2-17 (VDE 0700-17)
E DIN IEC 60335-2-17/A2 (VDE 0700-17/A2)

Heizleitungen
isolierte .... DIN VDE 0253 (VDE 0253)
Parallel- .... E DIN VDE 0254 (VDE 0254)

Heizlüfter
für den Hausgebrauch .... DIN EN 60335-2-30 (VDE 0700-30)
Beiblatt 1 DIN EN 60335-2-30 (VDE 0700-30)
E DIN EN 60335-2-30/A1 (VDE 0700-30/A1)
E DIN IEC 60335-2-30/A2 (VDE 0700-30/A2)
E DIN EN 60335-2-30/AB (VDE 0700-30/AB)

Heizmatten
für den Hausgebrauch .... DIN EN 60335-2-81 (VDE 0700-81)
E DIN EN 60335-2-81 (VDE 0700-81)

Heizmikanit .... E DIN EN 60335-2-81/A1 (VDE 0700-81/A1)
E DIN IEC 60335-2-81/A2 (VDE 0700-81/A2)
DIN EN 60371-3-3 (VDE 0332-3-3)

Heizsysteme
unter abnehmbaren Fußbodenbelägen .... DIN EN 60335-2-106 (VDE 0700-106)

Heizsysteme, elektrische
Erwärmung von Oberflächen
– Innenraumsysteme .... DIN VDE 0100-753 (VDE 0100-753)
– Systeme für den Außenbereich .... DIN VDE 0100-753 (VDE 0100-753)

Heizung
Zentralspeicher .... DIN VDE 0700-201 (VDE 0700-201)

Heizungsanlagen
Umwälzpumpen .... DIN EN 60335-2-51 (VDE 0700-51)
E DIN IEC 60335-2-51 (VDE 0700-51)
Verbrennungsparameter
– tragbare Messgeräte .... DIN EN 50379-1 (VDE 0400-50-1)
DIN EN 50379-2 (VDE 0400-50-2)
DIN EN 50379-3 (VDE 0400-50-3)
DIN CLC/TS 50612 (VDE V 0400-50-612)

Heliports
Konstantstromkreise für Befeuerungsanlagen .... DIN EN 61821 (VDE 0161-103)

Helligkeitssteuerung von Leuchten
elektronische Schalter .... DIN EN 60669-2-1 (VDE 0632-2-1)
E DIN IEC 60669-2-1 (VDE 0632-2-1)
E DIN EN 60669-2-1/A2 (VDE 0632-2-1/A2)
E DIN EN 60669-2-1/AA (VDE 0632-2-1/AA)

Helme
elektrisch isolierend
– für Arbeiten an Mittelspannungsanlagen .... E DIN VDE 0682-321 (VDE 0682-321)
– für Arbeiten an Niederspannungsanlagen .... E DIN VDE 0682-321 (VDE 0682-321)
DIN EN 50365 (VDE 0682-321)
– für Arbeiten an Niederspannungsanlagen und Mittelspannungsanlagen
.... E DIN VDE 0682-321 (VDE 0682-321)

HEMP-Störgrößen
Störfestigkeit gegen .... DIN EN 61000-4-25 (VDE 0847-4-25)

HEMP-Umgebung .... DIN EN 61000-2-10 (VDE 0839-2-10)
DIN EN 61000-2-9 (VDE 0839-2-9)

Herde
für den gewerblichen Gebrauch .... DIN EN 60335-2-36 (VDE 0700-36)
E DIN EN 60335-2-36 (VDE 0700-36)
E DIN EN 60335-2-36/A11 (VDE 0700-36/A11)
für den Hausgebrauch .... Beiblatt 1 DIN EN 60335-2-6 (VDE 0700-6)
DIN EN 60335-2-6 (VDE 0700-6)
DIN EN 60350-1 (VDE 0705-350-1)
E DIN EN 60350-1/A1 (VDE 0705-350-1/A1)

Hermetische Motorverdichter
elektrische Isoliersysteme (EIS) .... DIN IEC/TS 62332-3 (VDE V 0302-996)

Herstellung von Polymerisolatoren
Sprödbruch des Kernwerkstoffes .... DIN CLC/TR 62662 (VDE 0674-278)

Herzschrittmacher
externe, mit interner Stromversorgung .... DIN EN 60601-2-31 (VDE 0750-2-31)
                    E DIN EN 60601-2-31 (VDE 0750-2-31)
implantierbare .... VDE-Anwendungsregel VDE-AR-E 2750-10

Hexabromcyclododecan
in Polymeren .... E DIN EN 62321-9 (VDE 0042-1-9)

HF-Bauteile
passive .... DIN EN 62037-1 (VDE 0887-37-1)
                    DIN EN 62037-2 (VDE 0887-37-2)
                    DIN EN 62037-3 (VDE 0887-37-3)
                    DIN EN 62037-4 (VDE 0887-37-4)
                    DIN EN 62037-5 (VDE 0887-37-5)
                    DIN EN 62037-6 (VDE 0887-37-6)
                    E DIN EN IEC 62037-8 (VDE 0887-37-8)

HF-chirurgisches Zubehör .... Beiblatt 1 DIN EN 60601-2-2 (VDE 0750-2-2)
                    DIN EN IEC 60601-2-2 (VDE 0750-2-2)

HF-Feldstärke
Nachbarschaft von Funkkommunikations-Basisstationen
– Ermittlung der menschlichen Exposition .... DIN EN 62232 (VDE 0848-232)

HF-Güte
von Steckverbindern .... DIN EN 60512-21-1 (VDE 0687-512-21-1)

HF-Kabel .... DIN EN 61169-26 (VDE 0887-969-26)
                    DIN EN 61169-48 (VDE 0887-969-48)

HF-Steckverbinder
koaxiale
– 4,13 mm Innendurchmesser des Außenleiters .... E DIN EN 61169-15 (VDE 0887-969-15)
– SMP-Serie mit Push-on-Einrastmechanismus .... DIN EN 61169-44 (VDE 0687-969-44)

HF-Steckverbinder, koaxiale
Typ 0,8 .... DIN EN IEC 61169-64 (VDE 0887-969-64)

HF-Störfestigkeit
Modelle integrierter Schaltungen
– leistungsgeführte Störungen (ICIM-CI) .... DIN EN 62433-4 (VDE 0847-33-4)

HGÜ
Systemprüfungen .... DIN EN 61975 (VDE 0553-975)

HGÜ-Stromrichterstationen .... DIN EN 60071-5 (VDE 0111-5)
                    DIN EN 60099-9 (VDE 0675-9)

HGÜ-Systeme
angeschlossene Erzeugungsanlagen .... VDE-Anwendungsregel VDE-AR-N 4131
angeschlossene Erzeugungsanlagen (TAR HGÜ) .... VDE-Anwendungsregel VDE-AR-N 4131
Leistungsverluste in Spannungszwischenkreis-Stromrichtern (VSC)

| | DIN EN 62751-1 (VDE 0553-751-1) |
| | DIN EN 62751-2 (VDE 0553-751-2) |
technische Anschlussregeln .... VDE-Anwendungsregel VDE-AR-N 4131
HH-Sicherungen .... DIN EN 60282-1 (VDE 0670-4)
E DIN EN 60282-1 (VDE 0670-4)
High-level-Petrinetz .... DIN EN 62551 (VDE 0050-4)
High-Speed-Steckverbinder
mit integrierter Schirmungsfunktion .... DIN EN 61076-4-116 (VDE 0687-76-4-116)
Hilfeleistung, technische
im Bereich elektrischer Anlagen .... DIN VDE 0132 (VDE 0132)
Hilferufanlagen
Systemanforderungen .... DIN EN 50134-1 (VDE 0830-4-1)
Hilfseinrichtungen
zur Störleistungsmessung .... DIN EN 55016-1-3 (VDE 0876-16-1-3)
E DIN EN 55016-1-3/A2 (VDE 0876-16-1-3/A2)
Hilfsschalter
für Hausinstallationen .... DIN EN 62019 (VDE 0640)
Hilfsstromkreise
in Niederspannungsanlagen .... DIN VDE 0100-460 (VDE 0100-460)
DIN VDE 0100-557 (VDE 0100-557)
Hilfsstromschalter .... DIN EN 60947-5-1 (VDE 0660-200)
Hindernisse .... DIN VDE 0100-410 (VDE 0100-410)
Hinweisschilder für Laserstrahlung
nationaler Wortlaut .... Beiblatt 1 DIN EN 60825-1 (VDE 0837-1)
Hirnstammimplantatsysteme .... DIN EN 45502-2-3 (VDE 0750-10-3)
E DIN EN ISO 14708-7 (VDE 0750-20-7)
HITU-Systeme .... DIN EN 60601-2-62 (VDE 0750-2-62)
Hobel
handgeführt, motorbetrieben .... DIN EN 62841-2-14 (VDE 0740-2-14)
Staubmessverfahren .... DIN EN 50632-2-14 (VDE 0740-632-2-14)
transportabel, motorbetrieben .... DIN EN 61029-2-3 (VDE 0740-503)
Hobelmaschinen .... DIN EN 62841-2-14 (VDE 0740-2-14)
Hochbahnen
elektrische Sicherheit und Erdung .... DIN EN 50122-3 (VDE 0115-5)
Hochdruck-Entladungslampen .... DIN EN IEC 62442-2 (VDE 0712-29)
Hochdruck-Flüssigkeits-Chromatografie (HPLC) .... DIN EN 62321-6 (VDE 0042-1-6)
Hochdruckflüssigkeitschromatografie-Massenspektrometrie (HPLC-MS)
.... E DIN EN 62321-9 (VDE 0042-1-9)
Hochdruckreiniger
für den Hausgebrauch .... DIN EN 60335-2-79 (VDE 0700-79)
E DIN EN 60335-2-79/A1 (VDE 0700-79/A1)

Prüfverfahren
– Messung der Gebrauchseigenschaften .... DIN EN IEC 62885-5 (VDE 0705-2885-5)

Hochflexible Leitungen
mit vernetzter Elastomerisolierung .... DIN EN 50525-2-22 (VDE 0285-525-2-22)

Hochfrequente elektromagnetische Felder
durch Hochspannungsfreileitungen und -anlagen .... Beiblatt 3 DIN VDE 0873 (VDE 0873)
Prüfung der Störfestigkeit .... DIN EN 61000-4-3 (VDE 0847-4-3)
E DIN EN IEC 61000-4-3 (VDE 0847-4-3)
Sicherheit von Personen
– Körpermodelle, Messgeräte, Messverfahren .... DIN EN 62209-1 (VDE 0848-209-1)
DIN EN 62209-2 (VDE 0848-209-2)
E DIN EN IEC 62209-3 (VDE 0848-209-3)
Störaussendung
– Messgeräte und Einrichtungen .... DIN EN 55016-4-2 (VDE 0876-16-4-2)
Störgrößen, induziert durch .... DIN EN 61000-4-6 (VDE 0847-4-6)

hochfrequente Störaussendung
Geräte und Einrichtungen zur Messung .... E DIN EN IEC 55016-1-403 (VDE 0876-16-1-403)

Hochfrequenz-Chirurgiegeräte
besondere Festlegungen .... Beiblatt 1 DIN EN 60601-2-2 (VDE 0750-2-2)
DIN EN IEC 60601-2-2 (VDE 0750-2-2)
– Sicherheit .... DIN EN IEC 60601-2-2 (VDE 0750-2-2)
Betrieb und Wartung .... Beiblatt 1 DIN EN 60601-2-2 (VDE 0750-2-2)
DIN EN IEC 60601-2-2 (VDE 0750-2-2)

Hochfrequenz-Erwärmungsanlagen
kapazitive .... DIN EN 60519-9 (VDE 0721-9)

Hochfrequenz-Identifizierung (RFID)
elektromagnetische Felder
– Exposition von Personen .... DIN EN 50364 (VDE 0848-364)

Hochfrequenzkabel
und konfektionierte Koaxialkabel
– Frequenzbereich 0 MHz bis 3 000 MHz, Steckverbinder IEC 61169-47
.... DIN EN 60966-2-7 (VDE 0887-966-2-7)

Hochfrequenz-Koaxial-Steckverbinder
Serie CQN mit Schnellverriegelung .... DIN EN 61169-42 (VDE 0887-969-42)
Serie RBMA, blind steckbar .... DIN EN 61169-43 (VDE 0887-969-43)
Serie SMAA .... DIN EN 61169-49 (VDE 0887-969-49)
Serie SQMA mit Schnellverriegelung .... DIN EN 61169-45 (VDE 0887-969-45)

Hochfrequenz-Leistungskondensatoren .... DIN VDE 0560-10 (VDE 0560-10)

Hochfrequenz-Steckverbinder
Anforderungen und Messverfahren .... DIN EN 61169-1 (VDE 0887-969-1)
elektrische Prüfverfahren .... DIN EN IEC 61169-1-2 (VDE 0887-969-1-2)
E DIN EN 61169-1-4 (VDE 0887-969-1-4)
– Einfügungsdämpfung .... DIN EN IEC 61169-1-2 (VDE 0887-969-1-2)
– Spannungsstehwellenverhältnis, Rückflussdämpfung und Reflexionskoeffizient
.... E DIN EN 61169-1-4 (VDE 0887-969-1-4)
koaxiale
– Rahmenspezifikation .... DIN EN 61169-48 (VDE 0887-969-48)

	E DIN EN 61169-63 (VDE 0887-969-63)
– Schraubverriegelung	E DIN EN 61169-15 (VDE 0887-969-15)
– Serie CQN mit Schnellverriegelung	DIN EN 61169-42 (VDE 0887-969-42)
– Serie MMCX	DIN EN 61169-52 (VDE 0887-969-52)
– Serie Q4.1-9.5	E DIN EN 61169-61 (VDE 0887-969-61)
– Serie RBMA, blind steckbar	DIN EN 61169-43 (VDE 0887-969-43)
– Serie SMAA	DIN EN 61169-49 (VDE 0887-969-49)
– Serie SQMA mit Schnellverriegelung	DIN EN 61169-45 (VDE 0887-969-45)
– Typ 2.2-5	E DIN EN IEC 61169-66 (VDE 0887-969-66)
– Typ 4.1-9.5	DIN EN 61169-11 (VDE 0887-969-11)
– Typ 4.3-10	DIN EN 61169-54 (VDE 0887-969-54)
	E DIN EN IEC 61169-54 (VDE 0887-969-54)
– Typ BNC	E DIN EN 61169-63 (VDE 0887-969-63)
– Typ QLI	DIN EN 61169-51 (VDE 0887-969-51)
– Typ QMA	DIN EN 61169-50 (VDE 0887-969-50)
– Typ S7-16	DIN EN 61169-53 (VDE 0887-969-53)
– Typ SBMA	DIN EN 61169-58 (VDE 0887-969-58)
– Typ SMPM	E DIN EN 61169-60 (VDE 0887-969-60)
koaxiale HF-Steckverbinder	
– der Serie SMPM	E DIN EN 61169-60 (VDE 0887-969-60)
	E DIN EN IEC 61169-65 (VDE 0887-969-65)
koaxiale mit 5 mm Innendurchmesser des Außenleiters	
– Rahmenspezifikation	E DIN EN IEC 61169-66 (VDE 0887-969-66)
– Typ 2.2-5	E DIN EN IEC 61169-66 (VDE 0887-969-66)
koaxiale mit Einsatz bis zu 6 GHz	
– Rahmenspezifikation	E DIN EN IEC 61169-66 (VDE 0887-969-66)
– Typ 2.2-5	E DIN EN IEC 61169-66 (VDE 0887-969-66)
koaxiale mit Schraubkupplung	
– Rahmenspezifikation	E DIN EN IEC 61169-66 (VDE 0887-969-66)
– Typ 2.2-5	E DIN EN IEC 61169-66 (VDE 0887-969-66)
koaxiale mit Wellenwiderstand 50 Ω	
– Rahmenspezifikation	E DIN EN IEC 61169-66 (VDE 0887-969-66)
– Typ 2.2-5	E DIN EN IEC 61169-66 (VDE 0887-969-66)
mehrpolige	
– mit Gewinde Typ L32-4 und L35-5	DIN EN 61169-59 (VDE 0887-969-59)
mit Außenleiter mit 6,5 mm (0256 in) Innendurchmesser	
– Wellenwiderstand 75 Ω (Typ BNC)	E DIN EN 61169-63 (VDE 0887-969-63)
Prüfungen der Rückflussdämpfung im Frequenzbereich	
	E DIN IEC/TS 61169-1-51 (VDE V 0887-969-1-51)
Rahmenspezifikation	E DIN EN IEC 61169-66 (VDE 0887-969-66)
– BMP-Serie, blind steckbar	DIN EN 61169-48 (VDE 0887-969-48)
– Innendurchmesser des Außenleiters und Bajonettverschluss	
	E DIN EN 61169-63 (VDE 0887-969-63)
– Serie MMCX	DIN EN 61169-52 (VDE 0887-969-52)
– SMP-Serie mit Push-on-Einrastmechanismus	DIN EN 61169-44 (VDE 0687-969-44)
– TNCA-Serie	DIN EN 61169-26 (VDE 0887-969-26)
Spezifikation der Unsicherheit von Prüfungen der Rückflussdämpfung im Frequenzbereich	
	E DIN IEC/TS 61169-1-51 (VDE V 0887-969-1-51)
Triaxial-Steckverbinder	
– mit Gewinde der Serie TRL	E DIN EN IEC 61169-67 (VDE 0887-969-67)
Typ 2.2-5	E DIN EN IEC 61169-66 (VDE 0887-969-66)

Hochfrequenzsteckverbinder
blind steckbar
– Serie RBMA .... DIN EN 61169-43 (VDE 0887-969-43)
Fachgrundspezifikation .... DIN EN 61169-1 (VDE 0887-969-1)
koaxiale
– für den Einsatz bis 90 GHz .... E DIN EN IEC 61169-65 (VDE 0887-969-65)
– mit 1,35 mm Innendurchmesser des Außenleiters
.... E DIN EN IEC 61169-65 (VDE 0887-969-65)
– mit Schraubkupplung .... E DIN EN IEC 61169-65 (VDE 0887-969-65)
– Serie SMAA .... DIN EN 61169-49 (VDE 0887-969-49)
– Typ 0,8 .... DIN EN IEC 61169-64 (VDE 0887-969-64)
– Typ 4.3-10 .... DIN EN 61169-54 (VDE 0887-969-54)
 E DIN EN IEC 61169-54 (VDE 0887-969-54)
– Typ F .... E DIN EN 61169-24 (VDE 0887-969-24)
– Typ QLI .... DIN EN 61169-51 (VDE 0887-969-51)
– Typ QMA .... DIN EN 61169-50 (VDE 0887-969-50)
– Typ S7-16 .... DIN EN 61169-53 (VDE 0887-969-53)
– Typ SBMA .... DIN EN 61169-58 (VDE 0887-969-58)
– Typ SMPM .... E DIN EN 61169-60 (VDE 0887-969-60)
– Wellenwiderstand 50 Ω .... E DIN EN IEC 61169-65 (VDE 0887-969-65)
mehrpolige
– mit Gewinde Typ L32-4 und L35-5 .... DIN EN 61169-59 (VDE 0887-969-59)
mit Außenleiter mit 0,8 mm Innendurchmesser
– Wellenwiderstand 50 Ω (Typ 0,8) .... DIN EN IEC 61169-64 (VDE 0887-969-64)
mit Außenleiter mit 10 mm Innendurchmesser
– Wellenwiderstand 50 Ω, Typ 4.3-10 .... DIN EN 61169-54 (VDE 0887-969-54)
 E DIN EN IEC 61169-54 (VDE 0887-969-54)
mit Außenleiter mit 13,5 mm Innendurchmesser
– Wellenwiderstand 50 Ω (Typ QLI) .... DIN EN 61169-51 (VDE 0887-969-51)
mit Außenleiter mit 16 mm Innendurchmesser
– Wellenwiderstand 50 Ω, Typ S7-16 .... DIN EN 61169-53 (VDE 0887-969-53)
mit Außenleiter mit 4,11 mm Innendurchmesser
– Wellenwiderstand 50 Ω (Typ QMA) .... DIN EN 61169-50 (VDE 0887-969-50)
mit Außenleiter mit 9,5 mm Innendurchmesser
– mit Schnellverschlusskupplung, Serie Q4.1-9.5 ...... E DIN EN 61169-61 (VDE 0887-969-61)
– Wellenwiderstand 50 Ω (Typ 4.1-9.5) .... DIN EN 61169-11 (VDE 0887-969-11)
– Wellenwiderstand 50 Ω, Typ 4.1-9.5 .... DIN EN 61169-11 (VDE 0887-969-11)
mit Bajonettverschluss
– Einsatz in 50-Ω-Kabelnetzen (Typ QLI) .... DIN EN 61169-51 (VDE 0887-969-51)
mit Blindsteckverbindung
– Wellenwiderstand 50 Ω (Typ SBMA) .... DIN EN 61169-58 (VDE 0887-969-58)
mit Schnellverriegelung
– Serie CQN .... DIN EN 61169-42 (VDE 0887-969-42)
– Serie SQMA .... DIN EN 61169-45 (VDE 0887-969-45)
– Wellenwiderstand 50 Ω (Typ QMA) .... DIN EN 61169-50 (VDE 0887-969-50)
mit Schraubkupplung
– Einsatz in 75-Ω-Kabelnetzen (Typ F) .... E DIN EN 61169-24 (VDE 0887-969-24)
mit Schraubverriegelung
– Wellenwiderstand 50 Ω (Typ SMA) .... E DIN EN 61169-15 (VDE 0887-969-15)

Hochfrequenz-Steckverbinder, koaxiale
mit 0,8 mm Innendurchmesser des Außenleiters
– Wellenwiderstand 50 Ω (Typ 0,8) .... DIN EN IEC 61169-64 (VDE 0887-969-64)

Hochfrequenzsteckverbinder, koaxiale
mit 1,35 mm Innendurchmesser des Außenleiters, mit Schraubkupplung
– Wellenwiderstand 50 Ω, für den Einsatz bis 90 GHz
.... E DIN EN IEC 61169-65 (VDE 0887-969-65)
Rahmenspezifikation .... DIN EN 61169-11 (VDE 0887-969-11)
E DIN EN 61169-15 (VDE 0887-969-15)
E DIN EN 61169-24 (VDE 0887-969-24)
DIN EN 61169-26 (VDE 0887-969-26)
DIN EN 61169-48 (VDE 0887-969-48)
DIN EN 61169-50 (VDE 0887-969-50)
DIN EN 61169-51 (VDE 0887-969-51)
DIN EN 61169-53 (VDE 0887-969-53)
DIN EN 61169-54 (VDE 0887-969-54)
E DIN EN IEC 61169-54 (VDE 0887-969-54)
DIN EN 61169-58 (VDE 0887-969-58)
E DIN EN 61169-60 (VDE 0887-969-60)
E DIN EN 61169-61 (VDE 0887-969-61)
DIN EN IEC 61169-64 (VDE 0887-969-64)
E DIN EN IEC 61169-66 (VDE 0887-969-66)
Typ 4.1-9.5 .... DIN EN 61169-11 (VDE 0887-969-11)
E DIN EN 61169-61 (VDE 0887-969-61)
DIN EN IEC 61169-64 (VDE 0887-969-64)

Hochhäuser
ortsfeste Batterieanlagen .... DIN EN IEC 62485-2 (VDE 0510-485-2)

Hochhausrichtlinie
– Regelungen für die Elektrotechnik .... VDE-Schriftenreihe Band 132

Hochleistungsrelais
funktionale Aspekte .... DIN EN IEC 61810-10 (VDE 0435-2023)
Sicherheitsanforderungen .... DIN EN IEC 61810-10 (VDE 0435-2023)

Hochspannungsanlagen
Anschluss und Betrieb von Kundenanlagen
– TAR Hochspannung .... VDE-Anwendungsregel VDE-AR-N 4120
auf Rohrleitungen .... DIN EN 50443 (VDE 0845-8)
Bedienen von .... DIN EN 50110-1 (VDE 0105-1)
Bestimmung von Grenzwerten .... Beiblatt 2 DIN VDE 0873 (VDE 0873)
Instandhaltung .... DIN EN 50110-1 (VDE 0105-1)
isolierende Mehrzweckstangen .... DIN EN 50508 (VDE 0682-213)
mit Nennspannungen über 1 kV
– Errichtung .... VDE-Schriftenreihe Band 11

Hochspannungsausrüstung
von Maschinen .... DIN EN 60204-1 (VDE 0113-1)
E DIN EN 60204-1/A1 (VDE 0113-1/A1)
DIN EN IEC 60204-11 (VDE 0113-11)

Hochspannungsdurchführung
für Haupttransformatoren .... DIN CLC/TS 50537-1 (VDE V 0115-537-1)

Hochspannungsfreileitungen
Funkstörungen .... Beiblatt 2 DIN VDE 0873 (VDE 0873)
Beiblatt 1 DIN VDE 0873 (VDE 0873)

magnetische Felder
– Exposition der Allgemeinbevölkerung .... DIN EN 62110 (VDE 0848-110)

Hochspannungsfreileitungsnetze
110-kV-,
– Integration von Kabeln .... VDE-Anwendungsregel VDE-AR-N 4202

Hochspannungsfreileitungsnetze, 110-kV
Integration von Kabeln .... VDE-Anwendungsregel VDE-AR-N 4202

Hochspannungsgleichstrom-(HGÜ-)Systeme
Umrichter
– Brandschutzmaßnahmen .... E DIN IEC/TR 62757 (VDE 0553-757)

Hochspannungsgleichstrom-Energieübertragung
Thyristorventile
– Prüfung .... DIN EN 60700-1 (VDE 0553-1)
                                                                    E DIN EN 60700-1/A1 (VDE 0553-1/A1)
– Terminologie .... DIN EN 60700-2 (VDE 0553-2)

Hochspannungsgleichstrom-Stromrichterstationen .... DIN EN 60071-5 (VDE 0111-5)

Hochspannungsgleichstromübertragung (HGÜ)
Energieübertragung
– mit Spannungszwischenkreis-Stromrichtern (VSC) .... DIN IEC/TR 62543 (VDE 0553-543)
Prüfung von Stromrichterventilen .... DIN EN 62501 (VDE 0553-501)
Systemprüfungen für Anlagen .... DIN EN 61975 (VDE 0553-975)

Hochspannungsgleichstromübertragungs-(HGÜ-)Systeme
Leistungsverluste
– in Spannungszwischenkreis-Stromrichtern (VSC) .... DIN EN 62751-1 (VDE 0553-751-1)
                                                                    DIN EN 62751-2 (VDE 0553-751-2)
mit netzgeführten Stromrichtern
– Bedingungen im eingeschwungenen Zustand .... DIN IEC/TR 60919-1 (VDE 0558-10)

Hochspannungsgleichstromübertragungsanlagen
Beeinflussung von Telekommunikationsanlagen .... DIN VDE 0845-6-5 (VDE 0845-6-5)

Hochspannungsgleichstromübertragungsfreileitungen
HGÜ
– elektromagnetisches Betriebsverhalten .... E DIN IEC/TR 62681 (VDE 0210-99)

Hochspannungs-Hochstromprüftechnik
Messungen
– Messgeräte und Software .... E DIN EN 61083-3 (VDE 0432-12)

Hochspannungshybridisolatoren
Hochspannungshybridisolatoren .... DIN IEC/TS 62896 (VDE V 0674-12)

Hochspannungsisolatoren .... DIN EN 60507 (VDE 0448-1)
Funkstörprüfung .... DIN EN 60437 (VDE 0674-9)
in Gleichspannungssystemen .... DIN IEC/TS 60815-4 (VDE V 0674-256-4)
                                                                    DIN IEC/TS 61245 (VDE V 0674-254)

Hochspannungs-Landanschlusssysteme
HVSC-Systeme .... DIN EN IEC 62613-2 (VDE 0623-613-2)

Hochspannungs-Lastschalter-Sicherungs-Kombinationen
.... DIN EN 62271-105 (VDE 0671-105)

Hochspannungs-Leistungsschalter
Leitfaden für die Erdbeben-Qualifikation .... DIN EN 61166 (VDE 0670-111)

Hochspannungsmaschinen
Isolierung von Stäben und Spulen .... DIN EN 50209 (VDE 0530-33)

Hochspannungs-Messzubehör
handgehaltenes .... DIN EN 61010-031 (VDE 0411-031)
                                                E DIN EN 61010-031/AA (VDE 0411-031/AA)
handgehaltenes und handbedientes .... E DIN EN 61010-031/A1 (VDE 0411-031/A1)

Hochspannungsnetze
Reihenkondensatoren für .... DIN EN 60143-1 (VDE 0560-42)

Hochspannungs-Polymerisolatoren
für Innenraum- und Freiluftanwendung .... DIN EN 62217 (VDE 0441-1000)
                                                         E DIN EN IEC 62217 (VDE 0674-251)

Hochspannungsprüfgeräte .... DIN VDE V 0681-1 (VDE V 0681-1)
                                                        DIN VDE V 0681-2 (VDE V 0681-2)
                                                        DIN VDE V 0681-3 (VDE V 0681-3)
                                                          DIN VDE 0681-6 (VDE 0681-6)
                                                          DIN EN 61219 (VDE 0683-200)
                                                          DIN EN 61243-2 (VDE 0682-412)
                                                     DIN EN 61243-2/A2 (VDE 0682-412/A1)

Hochspannungsprüftechnik
allgemeine Begriffe und Prüfbedingungen .... DIN EN 60060-1 (VDE 0432-1)

Hochspannungsschaltanlagen
Bemessungsspannungen über 1 kV bis 52 kV .... DIN IEC/TR 62271-307 (VDE 0671-307)
Bemessungsspannungen über 52 kV .... DIN EN 62271-203 (VDE 0671-203)
                                                    E DIN EN IEC 62271-203 (VDE 0671-203)
                                                    E DIN EN IEC 62271-204 (VDE 0671-204)
                                                         DIN EN 62271-205 (VDE 0671-205)
Bestimmung der elektromagnetischen Felder .... DIN CLC/TR 62271-208 (VDE 0671-208)
digitale Schnittstellen .... DIN EN 62271-3 (VDE 0671-3)
druckbeanspruchte Hohlisolatoren .... DIN EN 62155 (VDE 0674-200)
druckbeaufschlagte .... DIN EN 50064 (VDE 0670-803)
Erdbebenqualifikation .... E DIN EN 62271-210 (VDE 0671-210)
fabrikfertige .... DIN EN 62271-202 (VDE 0671-202)
fabrikfertige Stationen .... DIN EN 62271-202 (VDE 0671-202)
                                                    E DIN EN IEC 62271-202 (VDE 0671-202)
fabrikfertige Stationen für Hochspannung/Niederspannung
.... E DIN IEC/TR 62271-312 (VDE 0671-312)
– Übertragbarkeit von Typprüfungen .... E DIN IEC/TR 62271-312 (VDE 0671-312)
Freiluft-Leistungsschalter .... E DIN IEC 62271-37-082 (VDE 0671-37-082)
für erschwerte klimatische Bedingungen .... DIN IEC/TS 62271-304 (VDE V 0671-304)
gasgefüllte
– Kapselungen aus Aluminium und -Knetlegierungen .... DIN EN 50064 (VDE 0670-803)
– Kapselungen aus Leichtmetallguss .... DIN EN 50052 (VDE 0670-801)
gasgefüllte Kapselungen aus Schmiedestahl .... DIN EN 50068 (VDE 0670-804)
gasisolierte metallgekapselte .... DIN EN 62271-203 (VDE 0671-203)
                                                    E DIN EN IEC 62271-203 (VDE 0671-203)
                                                          DIN EN 62271-211 (VDE 0671-211)

– Bemessungsspannung über 52 kV .... DIN EN IEC 62271-209 (VDE 0671-209)
– fluidgefüllte und feststoffisolierte Kabelendverschlüsse
.... DIN EN IEC 62271-209 (VDE 0671-209)
gasisolierte Schaltgerätekombinationen
– Erdbebenqualifikation .... DIN EN 62271-207 (VDE 0671-207)
Gebrauch von Schwefelhexafluorid .... DIN EN 62271-4 (VDE 0671-4)
                                                            E DIN EN IEC 62271-4 (VDE 0671-4)
– und seinen Mischgasen .... DIN EN 62271-4 (VDE 0671-4)
                                                            E DIN EN IEC 62271-4 (VDE 0671-4)
gemeinsame Bestimmungen .... DIN EN 62271-1 (VDE 0671-1)
                                                          E DIN EN 62271-1/A1 (VDE 0671-1/A1)
geschweißte Kapselungen .... DIN EN 50069 (VDE 0670-805)
– aus Leichtmetallguss und Aluminium-Knetlegierungen .... DIN EN 50069 (VDE 0670-805)
Gießharz-Zwischenwände .... DIN EN 50089 (VDE 0670-806)
isoliergekapselte Wechselstrom-Schaltanlagen
– über 1 kV bis 52 kV .... DIN EN 62271-201 (VDE 0671-201)
Kombinationsstarter .... DIN EN 62271-106 (VDE 0671-106)
                                                        E DIN EN 62271-106 (VDE 0671-106)
Kompakt-Schaltanlagen für Verteilerstationen .... DIN EN 62271-212 (VDE 0671-212)
kompakte Gerätekombinationen für Verteilstationen
– für Hochspannungs-Schaltanlagen .... DIN EN 62271-212 (VDE 0671-212)
Lastschalter über 1 kV bis 52 kV .... DIN EN 62271-103 (VDE 0671-103)
                                                        E DIN EN IEC 62271-103 (VDE 0671-103)
Lastschalter über 52 kV .... DIN EN 62271-104 (VDE 0671-104)
                                                        E DIN EN 62271-104 (VDE 0671-104)
Leistungsschalter mit beabsichtigtem Ungleichlauf .... E DIN EN IEC 62271-113 (VDE 0671-113)
Leistungstransformatoren .... DIN EN 62271-211 (VDE 0671-211)
metallgekapselte .... DIN EN 62271-200 (VDE 0671-200)
                                                        E DIN EN IEC 62271-200 (VDE 0671-200)
metallgekapselte gasgefüllte
– Gießharz-Zwischenwände .... DIN EN 50089/A1 (VDE 0670-806/A1)
metallgekapselte mastmontierte
– Bemessungsspannung 1 kV bis einschließlich 52 kV   DIN EN IEC 62271-214 (VDE 0671-214)
Motorstarter mit Schützen .... DIN EN 62271-106 (VDE 0671-106)
                                                        E DIN EN 62271-106 (VDE 0671-106)
Phasenvergleicher mit Spannungsprüf- und -anzeigesystem
.... E DIN EN IEC 62271-215 (VDE 0671-215)
Schalten induktiver Lasten .... DIN EN IEC 62271-110 (VDE 0671-110)
Spannungsanzeigesysteme .... DIN EN 62271-206 (VDE 0671-206)
                                                        E DIN EN IEC 62271-213 (VDE 0671-213)
                                                        E DIN EN IEC 62271-215 (VDE 0671-215)
Störlichtbogenklassifikation .... DIN EN 62271-214 (VDE 0671-214)
synthetische Prüfung .... DIN EN 62271-101 (VDE 0671-101)
Wechselstrom-Erdungsschalter .... DIN EN 62271-102 (VDE 0671-102)
                                                        E DIN EN IEC 62271-112 (VDE 0671-112)
Wechselstrom-Erdungsschalter, schnellschaltende ... E DIN EN IEC 62271-112 (VDE 0671-112)
Wechselstrom-Generatorschalter .... E DIN IEC/IEEE 62271-37-013 (VDE 0671-37-013)
Wechselstrom-Lastschalter-Sicherungs-Kombinationen ..... DIN EN 62271-105 (VDE 0671-105)
                                                        E DIN EN IEC 62271-105 (VDE 0671-105)
– für Bemessungsspannungen über 1 kV bis einschließlich 52 kV
.... E DIN EN IEC 62271-105 (VDE 0671-105)
Wechselstrom-Leistungsschalter .... DIN EN 62271-100 (VDE 0671-100)
                                                        E DIN EN 62271-100 (VDE 0671-100)

	DIN EN IEC 62271-107 (VDE 0671-107)
– Prüfungen für 1100 kV und 1200 kV	DIN EN 62271-100 (VDE 0671-100)
	E DIN EN 62271-100 (VDE 0671-100)
Wechselstrom-Leistungsschalter mit Trennfunktion	DIN EN 62271-108 (VDE 0671-108)
	E DIN EN 62271-108 (VDE 0671-108)
– für Bemessungsspannungen über 72,5 kV	E DIN EN 62271-108 (VDE 0671-108)
Wechselstrom-Schaltanlagen	
– metall- und isolierstoffgekapselt	DIN IEC/TR 62271-307 (VDE 0671-307)
Wechselstrom-Schütze	DIN EN 62271-106 (VDE 0671-106)
	E DIN EN 62271-106 (VDE 0671-106)
Wechselstrom-Trennschalter	DIN EN IEC 62271-102 (VDE 0671-102)
Wechselstrom-Überbrückungsschalter	
– für Reihenkondensatoren	DIN EN IEC 62271-109 (VDE 0671-109)

Hochspannungsschaltfelder

Niederspannungsstromkreisen	DIN EN 61936-1 (VDE 0101-1)
	E DIN EN IEC 61936-1 (VDE 0101-1)

Hochspannungs-Schaltgeräte und -Schaltanlagen

Bemessungsspannungen über 52 kV	E DIN EN IEC 62271-204 (VDE 0671-204)
fabrikfertige Stationen für Hochspannung/Niederspannung	
....	E DIN EN IEC 62271-202 (VDE 0671-202)
	E DIN IEC/TR 62271-312 (VDE 0671-312)
– Übertragbarkeit von Typprüfungen	E DIN IEC/TR 62271-312 (VDE 0671-312)
Gase und Gasgemische für die Unterbrechung und Isolation	
....	E DIN EN IEC 62271-4 (VDE 0671-4)
gemeinsame Bestimmungen	
– für Wechselstrom-Schaltgeräte und -Schaltanlagen	DIN EN 62271-1 (VDE 0671-1)
	E DIN EN 62271-1/A1 (VDE 0671-1/A1)
kompakte Gerätekombinationen für Verteilstationen	DIN EN 62271-212 (VDE 0671-212)
Leistungsschalter mit beabsichtigtem Ungleichlauf	
– zwischen den Hauptkontakten	E DIN EN IEC 62271-113 (VDE 0671-113)
metallgekapselte Wechselstrom-Schaltanlagen	
– Bemessungsspannung über 1 kV bis 52 kV	E DIN EN IEC 62271-200 (VDE 0671-200)
Phasenvergleicher mit Spannungsprüf- und -anzeigesystem	
....	E DIN EN IEC 62271-215 (VDE 0671-215)
Schalten induktiver Lasten	DIN EN IEC 62271-110 (VDE 0671-110)
schnellschaltende Wechselstrom-Erdungsschalter	
– zum Löschen von sekundären Lichtbögen auf Freileitungen	
....	E DIN EN IEC 62271-112 (VDE 0671-112)
Spannungsprüf- und -anzeigesysteme (VDIS)	E DIN EN IEC 62271-213 (VDE 0671-213)
starre gasisolierte	
– Bemessungsspannungen über 52 kV	E DIN EN IEC 62271-204 (VDE 0671-204)
Wechselstrom-Lastschalter	
– Bemessungsspannung über 1 kV bis einschließlich 52 kV	
....	E DIN EN IEC 62271-103 (VDE 0671-103)
Wechselstrom-Leistungsschalter-Sicherungs-Kombination	
– Bemessungsspannungen über 1 kV bis 52 kV	DIN EN IEC 62271-107 (VDE 0671-107)

Hochspannungsschaltgeräte

Bemessungsspannungen über 1 kV bis 52 kV	DIN IEC/TR 62271-307 (VDE 0671-307)
Bemessungsspannungen über 52 kV	DIN EN 62271-203 (VDE 0671-203)
	E DIN EN IEC 62271-203 (VDE 0671-203)
	E DIN EN IEC 62271-204 (VDE 0671-204)

	DIN EN 62271-205 (VDE 0671-205)
digitale Schnittstellen	DIN EN 62271-3 (VDE 0671-3)
Erdbebenqualifikation	E DIN EN 62271-210 (VDE 0671-210)
fabrikfertige Stationen	DIN EN 62271-202 (VDE 0671-202)
	E DIN EN IEC 62271-202 (VDE 0671-202)
fabrikfertige Stationen für Hochspannung/Niederspannung	E DIN IEC/TR 62271-312 (VDE 0671-312)
– Übertragbarkeit von Typprüfungen	E DIN IEC/TR 62271-312 (VDE 0671-312)
Freiluft-Leistungsschalter	E DIN IEC 62271-37-082 (VDE 0671-37-082)
für erschwerte klimatische Bedingungen	DIN IEC/TS 62271-304 (VDE V 0671-304)
gasgefüllte	
– Kapselungen aus Aluminium und -Knetlegierungen	DIN EN 50064 (VDE 0670-803)
– Kapselungen aus Leichtmetallguss	DIN EN 50052 (VDE 0670-801)
gasgefüllte Kapselungen aus Schmiedestahl	DIN EN 50068 (VDE 0670-804)
gasisolierte metallgekapselte	DIN EN 62271-203 (VDE 0671-203)
	E DIN EN IEC 62271-203 (VDE 0671-203)
– Bemessungsspannung über 52 kV	DIN EN IEC 62271-209 (VDE 0671-209)
– fluidgefüllte und feststoffisolierte Kabelendverschlüsse	DIN EN IEC 62271-209 (VDE 0671-209)
gasisolierte Schaltgerätekombinationen	
– Erdbebenqualifikation	DIN EN 62271-207 (VDE 0671-207)
Gebrauch von Schwefelhexafluorid	DIN EN 62271-4 (VDE 0671-4)
	E DIN EN IEC 62271-4 (VDE 0671-4)
– und seinen Mischgasen	DIN EN 62271-4 (VDE 0671-4)
	E DIN EN IEC 62271-4 (VDE 0671-4)
gemeinsame Bestimmungen	DIN EN 62271-1 (VDE 0671-1)
	E DIN EN 62271-1/A1 (VDE 0671-1/A1)
geschweißte Kapselungen	
– aus Leichtmetallguss und Aluminium-Knetlegierungen	DIN EN 50069 (VDE 0670-805)
isoliergekapselte Wechselstrom-Schaltanlagen	
– über 1 kV bis 52 kV	DIN EN 62271-201 (VDE 0671-201)
Kombinationsstarter	DIN EN 62271-106 (VDE 0671-106)
	E DIN EN 62271-106 (VDE 0671-106)
Kompaktschaltanlagen für Verteilerstationen	DIN EN 62271-212 (VDE 0671-212)
Kompakte Gerätekombinationen für Verteilstationen	DIN EN 62271-212 (VDE 0671-212)
Lastschalter über 1 kV bis 52 kV	DIN EN 62271-103 (VDE 0671-103)
	E DIN EN IEC 62271-103 (VDE 0671-103)
Lastschalter über 52 kV	DIN EN 62271-104 (VDE 0671-104)
	E DIN EN 62271-104 (VDE 0671-104)
Leistungsschalter mit beabsichtigtem Ungleichlauf	E DIN EN IEC 62271-113 (VDE 0671-113)
Leistungstransformatoren	DIN EN 62271-211 (VDE 0671-211)
metallgekapselte	DIN EN 62271-200 (VDE 0671-200)
	E DIN EN IEC 62271-200 (VDE 0671-200)
metallgekapselte gasgefüllte	
– Gießharz-Zwischenwände	DIN EN 50089/A1 (VDE 0670-806/A1)
Motorstarter mit Schützen	DIN EN 62271-106 (VDE 0671-106)
	E DIN EN 62271-106 (VDE 0671-106)
Phasenvergleicher mit Spannungsprüf- und -anzeigesystem	E DIN EN IEC 62271-215 (VDE 0671-215)
Schalten induktiver Lasten	DIN EN IEC 62271-110 (VDE 0671-110)
Spannungsanzeigesysteme	E DIN EN IEC 62271-215 (VDE 0671-215)
Störlichtbogenklassifikation	DIN EN IEC 62271-214 (VDE 0671-214)
synthetische Prüfung	DIN EN 62271-101 (VDE 0671-101)

und -Schaltanlagen
- Bemessungsspannung 1 kV bis einschließlich 52 kV DIN EN IEC 62271-214 (VDE 0671-214)
- Bemessungsspannungen über 52 kV .... DIN EN 62271-211 (VDE 0671-211)
Wechselstrom-Erdungsschalter .... DIN EN IEC 62271-102 (VDE 0671-102)
E DIN EN IEC 62271-112 (VDE 0671-112)
Wechselstrom-Erdungsschalter, schnellschaltende ... E DIN EN IEC 62271-112 (VDE 0671-112)
Wechselstrom-Generatorschalter .... E DIN IEC/IEEE 62271-37-013 (VDE 0671-37-013)
Wechselstrom-Lastschalter-Sicherungs-Kombinationen ..... DIN EN 62271-105 (VDE 0671-105)
E DIN EN IEC 62271-105 (VDE 0671-105)
- für Bemessungsspannungen über 1 kV bis einschließlich 52 kV
.... E DIN EN IEC 62271-105 (VDE 0671-105)
Wechselstrom-Leistungsschalter .... DIN EN 62271-100 (VDE 0671-100)
E DIN EN IEC 62271-100 (VDE 0671-100)
DIN EN IEC 62271-107 (VDE 0671-107)
- Prüfungen für 1100 kV und 1200 kV .... DIN EN 62271-100 (VDE 0671-100)
E DIN EN 62271-100 (VDE 0671-100)
Wechselstrom-Leistungsschalter mit Trennfunktion .... DIN EN 62271-108 (VDE 0671-108)
E DIN EN 62271-108 (VDE 0671-108)
- für Bemessungsspannungen über 72,5 kV .... E DIN EN 62271-108 (VDE 0671-108)
Wechselstrom-Schaltanlagen
- metall- und isolierstoffgekapselt .... DIN IEC/TR 62271-307 (VDE 0671-307)
Wechselstrom-Schütze .... DIN EN 62271-106 (VDE 0671-106)
E DIN EN 62271-106 (VDE 0671-106)
Wechselstrom-Trennschalter .... DIN EN IEC 62271-102 (VDE 0671-102)
Wechselstrom-Überbrückungsschalter
- für Reihenkondensatoren .... DIN EN IEC 62271-109 (VDE 0671-109)

Hochspannungs-Schiffskupplungen .... DIN EN IEC 62613-1 (VDE 0623-613-1)
E DIN IEC 62613-1 (VDE 0623-613-1)
DIN EN IEC 62613-2 (VDE 0623-613-2)
für Hochspannungs-Landanschlusssysteme
- HVSC-Systeme .... DIN EN IEC 62613-1 (VDE 0623-613-1)
E DIN IEC 62613-1 (VDE 0623-613-1)

Hochspannungs-Schiffsstecker .... DIN EN IEC 62613-1 (VDE 0623-613-1)
E DIN IEC 62613-1 (VDE 0623-613-1)
DIN EN IEC 62613-2 (VDE 0623-613-2)
für Hochspannungs-Landanschlusssysteme
- HVSC-Systeme .... DIN EN IEC 62613-1 (VDE 0623-613-1)
E DIN IEC 62613-1 (VDE 0623-613-1)

Hochspannungssicherungen
für den externen Schutz
- von Parallelkondensatoren .... DIN EN 60549 (VDE 0670-404)
für Parallelkondensatoren .... DIN EN 60549 (VDE 0670-404)
für Transformatorstromkreise .... DIN VDE 0670-402 (VDE 0670-402)
strombegrenzende .... DIN EN 60282-1 (VDE 0670-4)
E DIN EN 60282-1 (VDE 0670-4)

Hochspannungs-Sicherungseinsätze für Motorstromkreise ... DIN EN 60644 (VDE 0670-401)

Hochspannungs-Sicherungseinsätze
für Motorstromkreise .... DIN EN 60644 (VDE 0670-401)

Hochspannungssteckdosen
für Hochspannungs-Landanschlusssysteme
– HVSC-Systeme .... DIN EN IEC 62613-1 (VDE 0623-613-1)
E DIN IEC 62613-1 (VDE 0623-613-1)
Hochspannungs-Landanschlusssysteme
– HVSC-Systeme .... DIN EN IEC 62613-2 (VDE 0623-613-2)

Hochspannungsstecker
für Hochspannungs-Landanschlusssysteme
– HVSC-Systeme .... DIN EN IEC 62613-1 (VDE 0623-613-1)
E DIN IEC 62613-1 (VDE 0623-613-1)
Hochspannungs-Landanschlusssysteme
– HVSC-Systeme .... DIN EN IEC 62613-2 (VDE 0623-613-2)

Hochspannungsstoßprüfungen .... DIN EN 61083-1 (VDE 0432-7)
E DIN EN 61083-1 (VDE 0432-7)

Hochspannungstrockentransformatoren
elektrische Isoliersysteme (EIS) .... E DIN EN 61857-41 (VDE 0302-41)

Hochspannungsübertragungsleitungen
starre gasisolierte
– Bemessungsspannungen über 52 kV .... DIN EN 62271-204 (VDE 0671-204)
E DIN EN IEC 62271-204 (VDE 0671-204)

Hochspannungsvorschriften .... DIN EN 61936-1 (VDE 0101-1)
E DIN EN IEC 61936-1 (VDE 0101-1)

Hochspannungswechselstrombahnen
elektromagnetische Beeinflussung .... DIN EN 50443 (VDE 0845-8)

Hochspannungswechselstromleistungsschalter
mit Trennfunktion .... DIN EN 62271-108 (VDE 0671-108)
E DIN EN 62271-108 (VDE 0671-108)
– für Bemessungsspannungen über 72,5 kV .... E DIN EN 62271-108 (VDE 0671-108)

Hochstromprüffeld .... DIN EN 62475 (VDE 0432-20)

Hochstromprüftechnik
Hochstrommessungen
– Begriffe und Anforderungen .... DIN EN 62475 (VDE 0432-20)
– Messgeräte Wechsel- und Gleichspannungen .... E DIN EN 61083-3 (VDE 0432-12)

Höchstspannungsanlagen
Anschluss und Betrieb von Kundenanlagen
– TAR Höchstspannung .... VDE-Anwendungsregel VDE-AR-N 4130

Hochtemperaturisolierstoffe
Leistungstransformatoren .... DIN EN 60076-14 (VDE 0532-76-14)

Hochtemperaturkabel
für Schienenfahrzeuge
– allgemeine Anforderungen .... DIN EN 50382-1 (VDE 0260-382-1)
DIN EN 50382-1/A1 (VDE 0260-382-1/A1)
– einadrige silikonisolierte Leitungen .... DIN EN 50382-2 (VDE 0260-382-2)
DIN EN 50382-2/A1 (VDE 0260-382-2/A1)

Hochtemperatursekundärbatterien
allgemeine Anforderungen .... DIN EN IEC 62984-1 (VDE 0510-984-1)

Hochtemperatursupraleiter .... DIN EN 61788-17 (VDE 0390-17)
eingefrorene magnetische Flussdichte .... DIN EN 61788-9 (VDE 0390-9)

Hochzuverlässiges System .... DIN EN 60880 (VDE 0491-3-2)
DIN EN 60987 (VDE 0491-3-1)
E DIN EN 60987 (VDE 0491-3-1)

Hohlisolatoren
Begriffe, Prüfverfahren, Konstruktionsempfehlungen .... DIN EN 61462 (VDE 0441-102)
für Innenraum- und Freiluftanwendung .... DIN EN 62217 (VDE 0441-1000)
E DIN EN IEC 62217 (VDE 0674-251)

Hohlkern-Verbundstützisolatoren
für Schaltanlagen
– mit Wechsel- und Gleichspannung über 1 000 V .... DIN EN 62772 (VDE 0674-11)
mit Wechsel- und Gleichspannung über 1 000 V .... DIN EN 62772 (VDE 0674-11)

Holz als Isolierstoff
Ringe aus Rotbuchenfurnieren .... Beiblatt 1 DIN EN 61061-3-2 (VDE 0310-3-2)
DIN EN 61061-3-2 (VDE 0310-3-2)
– Vergleich der Typen .... Beiblatt 1 DIN EN 61061-3-2 (VDE 0310-3-2)
Tafeln aus Rotbuchenfurnieren .... Beiblatt 1 DIN EN 61061-3-1 (VDE 0310-3-1)
DIN EN 61061-3-1 (VDE 0310-3-1)
– Vergleich der Typen .... Beiblatt 1 DIN EN 61061-3-1 (VDE 0310-3-1)

Hörgeräte und Hörgerätesysteme
Sicherheit und Leistungsmerkmale .... DIN EN IEC 60601-2-66 (VDE 0750-2-66)

Hörgeräte
elektromagnetische Verträglichkeit .... DIN EN 60118-13 (VDE 0750-11)
E DIN IEC 60118-13 (VDE 0750-11)
Leistungsmerkmale .... DIN EN IEC 60601-2-66 (VDE 0750-2-66)
Störfestigkeit gegen digitale Mobilfunkgeräte .... E DIN IEC 60118-13 (VDE 0750-11)

Hörgeräteanpassungsmanagement
HAFM .... E DIN ISO 21388 (VDE 0753-388)

Hörgerätesysteme
Leistungsmerkmale .... DIN EN IEC 60601-2-66 (VDE 0750-2-66)

Horizontalachs-Windturbinen
Messung des Leistungsverhaltens .... DIN EN 61400-12-2 (VDE 0127-12-2)

Horizontalbereich .... DIN EN 50288-10-1 (VDE 0819-10-1)
DIN EN 50288-11-1 (VDE 0819-11-1)
DIN EN 50288-9-1 (VDE 0819-9-1)

HPLC .... DIN EN 62321-6 (VDE 0042-1-6)

HS-Schaltanlagen
Bestimmung der elektromagnetischen Felder .... DIN CLC/TR 62271-208 (VDE 0671-208)

HTS-Josephson-Kontakt
Supraleitfähigkeit .... E DIN EN IEC 61788-22-2 (VDE 0390-22-2)

HTS-Filme
Oberflächenimpedanz .... DIN EN 61788-15 (VDE 0390-15)
DIN EN 61788-17 (VDE 0390-17)

Hub- und Zuggeräte
elektrische Ausrüstung .... VDE-Schriftenreihe Band 60

Hubarbeitsbühnen
zum Arbeiten unter Spannung .... DIN EN 61057 (VDE 0682-741)

Hubkolben-Verbrennungsmotoren .... DIN EN 60034-22 (VDE 0530-22)

Human Body Model (HBM)
Bauelementeprüfung .... DIN EN 61340-3-1 (VDE 0300-3-1)

Human-Factor-Anforderungen
an Hauptwarten von Kernkraftwerken .... DIN EN 62241 (VDE 0491-5-2)

Hupen
für den Haushalt .... DIN EN 62080 (VDE 0632-600)

HVSC-Systeme
Schiffskupplungen
– Schiffsstecker .... DIN EN IEC 62613-1 (VDE 0623-613-1)
E DIN IEC 62613-1 (VDE 0623-613-1)
Stecker, Steckdosen, Schiffssteckvorrichtungen .... DIN EN IEC 62613-2 (VDE 0623-613-2)

Hybridanlagen
Elektrifizierung ländlicher Gebiete
– Einführung zur Reihe IEC 62257 .... DIN IEC/TS 62257-1 (VDE V 0126-52)

Hybride Steckverbinder für elektronische Einrichtungen
in industrieller Umgebung .... DIN EN IEC 61076-3-123 (VDE 0687-76-3-123)

Hybridelektrofahrzeuge
Doppelschichtkondensatoren .... DIN EN IEC 62576 (VDE 0122-576)
EDLC-Module .... E DIN EN IEC 62576-2 (VDE 0122-576-2)

Hybrid-Isolatoren
Wechsel- und Gleichstrom-Anwendungen .... DIN IEC/TS 62896 (VDE V 0674-12)

Hybrid-Straßenfahrzeuge
Funkstöreigenschaften
– Grenzwerte und Messverfahren .... E DIN EN IEC 55036 (VDE 0879-3)

Hydrolysebeständigkeit .... DIN EN 61234-1 (VDE 0349-1)

Hystereseverluste
in Verbundsupraleitern .... DIN EN 61788-13 (VDE 0390-13)
von Multifilament-Verbundleitern .... DIN EN 61788-13 (VDE 0390-13)

I

„i"; Eigensicherheit .... DIN EN 60079-11 (VDE 0170-7)
DIN EN 60079-25 (VDE 0170-10-1)

IACS
industrielle Automatisierungssysteme
– IT-Sicherheit .... DIN EN IEC 62443-4-2 (VDE 0802-4-2)
IT-Sicherheit .... DIN EN IEC 62443-4-2 (VDE 0802-4-2)

IACS-Betreiber
industrielle Automatisierungssysteme
– IT-Sicherheit .... E DIN EN IEC 62443-2-1 (VDE 0802-2-1)
IT-Sicherheit .... E DIN EN IEC 62443-2-1 (VDE 0802-2-1)

IC-Beeinflussung .... DIN EN 62132-8 (VDE 0847-22-8)

IC-Code .... DIN EN 60034-6 (VDE 0530-6)

IC-CPD .... DIN EN 62752 (VDE 0666-10)
E DIN EN IEC 62752 (VDE 0666-10)
E DIN EN 62752/A1 (VDE 0666-10/A1)

ICD
Verfahren zur Beurteilung der Exposition von Arbeitnehmern
– mit Kardioverter-Defibrillatoren .... DIN EN 50527-2-2 (VDE 0848-527-2-2)

IC-Störfestigkeit .... DIN EN 62132-8 (VDE 0847-22-8)

IC-Streifenleiterverfahren .... DIN EN 61967-8 (VDE 0847-21-8)
DIN EN 62132-8 (VDE 0847-22-8)
Messung der Störfestigkeit
– integrierter Schaltungen .... DIN EN 62132-8 (VDE 0847-22-8)

Identifikation von Anschlüssen in Systemen .... DIN EN 61666 (VDE 0040-5)
E DIN EN 61666/A1 (VDE 0040-5/A1)
industrielle Systeme, Anlagen und Ausrüstungen und Industrieprodukte
.... E DIN EN 61666/A1 (VDE 0040-5/A1)

Identifikationsbeschriftung .... DIN EN 62491 (VDE 0040-4)

Identifizierungssysteme
allgemeine Regeln .... DIN EN 62507-1 (VDE 0040-2-1)
Grundsätze und Methodik .... DIN EN 62507-1 (VDE 0040-2-1)

IEC 61850, Sicherheit
Energiemanagementsysteme .... E DIN EN IEC 62351-6 (VDE 0112-351-6)

IEC-Bemessungsströme
Normwerte .... DIN EN 60059 (VDE 0175-2)

IEC-Flickermeter .... VDE-Schriftenreihe Band 110
Messung von Spannungsschwankungen .... VDE-Schriftenreihe Band 109

IEC-Normfrequenzen .... DIN EN 60196 (VDE 0175-3)

IEC-Normspannungen .... DIN EN 60038 (VDE 0175-1)
E DIN EN 60038/A101 (VDE 0175-1/A101)
E DIN EN 60038/A102 (VDE 0175-1/A102)

E DIN EN 60038/A103 (VDE 0175-1/A103)

IEC-Normungsprozesse
Vorgehensweisen in der Anwendungsfallentwicklung   E DIN IEC/TS 62559-4 (VDE V 0175-104)

IEC-Normwerte
für Bemessungsströme ....   DIN EN 60059 (VDE 0175-2)

IFRS
Interoperabilitätsanforderungen
– Rahmenbedingungen ....   DIN CLC/TS 50560 (VDE V 0849-560)

IKD
Verfahren zur Beurteilung der Exposition von Arbeitnehmern
– mit Kardioverter-Defibrillatoren ....   DIN EN 50527-2-2 (VDE 0848-527-2-2)

IM-Code ....   DIN EN 60034-7 (VDE 0530-7)

Immissionsrelevante Schallleistungspegelwerte
Angabe
– Windenergieanlagen ....   DIN CLC/TS 61400-14 (VDE V 0127-14)

Impeller-Waschmaschinen ....   DIN EN 60335-2-7 (VDE 0700-7)
Beiblatt 1 DIN EN 60335-2-7 (VDE 0700-7)
E DIN IEC 60335-2-7 (VDE 0700-7)
E DIN EN 60335-2-7/A2 (VDE 0700-7/A1)
E DIN EN 60335-2-7/A3 (VDE 0700-7/A2)

Implantierbare medizinische Geräte ....   E DIN EN ISO 14708-2 (VDE 0750-20-2)
E DIN EN ISO 14708-4 (VDE 0750-20-4)
E DIN EN ISO 14708-6 (VDE 0750-20-6)

Implantierbare Neurostimulatoren
für aktive implantierbare medizinische Geräte ....   E DIN EN ISO 14708-3 (VDE 0750-20-3)

Imprägnierharzwerkstoffe
auf Basis ungesättigter Polyester ....   DIN EN 60455-3-5 (VDE 0355-3-5)

Imprägniermittel
Bestimmung der Verbackungsfestigkeit ....   DIN EN 61033 (VDE 0362-1)

Impulseinrichtung
für Zähler ....   DIN EN 62053-31 (VDE 0418-3-31)
in der Bahnumgebung
– Störaussendung und Störfestigkeit ....   DIN EN 50121-4 (VDE 0115-121-4)
DIN EN 50121-4/A1 (VDE 0115-121-4/A1)
in der Ständerwicklungsisolierung
– drehender elektrischer Maschinen ....   DIN EN 60034-27-3 (VDE 0530-27-3)
in Krankenhäusern, Pflegeheimen
– und ähnlichen Einrichtungen ....   DIN VDE 0834-1 (VDE 0834-1)
in Pflegeheimen ....   DIN VDE 0834-1 (VDE 0834-1)

Inbetriebnahme elektrischer und leittechnischer Systeme
verfahrenstechnische Industrie
– Phasen und Meilensteine ....   DIN EN 62337 (VDE 0810-37)

Inbetriebnahme und Aufstellung von Geräten
für Arbeitnehmer

– Exposition gegenüber elektromagnetischen Feldern (0 Hz bis 300 GHz) .... DIN EN 50664 (VDE 0848-664)

Indienststellung von Bahnfahrzeugen .... DIN EN 50215 (VDE 0115-101)
E DIN EN IEC 61133 (VDE 0115-101)

Indikatoren für Energieeffizienz
Antriebssysteme, Motorstarter
– Ökodesign .... DIN EN 61800-9-2 (VDE 0160-109-2)
E DIN EN IEC 61800-9-2 (VDE 0160-109-2)

Indirektes Berühren .... DIN VDE 0100-410 (VDE 0100-410)

Induktions-Entladungslampen .... DIN EN 50107-3 (VDE 0128-3)

Induktionslampen (Leuchtstoff-) .... DIN EN 62532 (VDE 0715-14)

Induktions-Leuchtstofflampen
elektronische Betriebsgeräte .... DIN EN IEC 61347-2-14 (VDE 0712-2-44)

Induktionsmotoren
mit Käfigläufer, umrichtergespeist
– Anwendungsleitfaden .... DIN VDE 0530-25 (VDE 0530-25)
– Entwurf und Betriebsverhalten .... DIN VDE 0530-25 (VDE 0530-25)

Induktionsrinnenöfen
Prüfverfahren .... DIN EN 62076 (VDE 0721-51)

Induktionsschmelzanlagen .... DIN EN 60519-3 (VDE 0721-3)
E DIN EN 60519-3 (VDE 0721-3)

Induktionstiegelöfen
Prüfverfahren .... DIN EN 62076 (VDE 0721-51)

Induktions-Wechselstrommaschinen
Prüfungen
– Verluste und Wirkungsgrad .... DIN EN 60034-2-1 (VDE 0530-2-1)

Induktionswoks
für den Hausgebrauch .... Beiblatt 1 DIN EN 60335-2-13 (VDE 0700-13)
DIN EN 60335-2-13 (VDE 0700-13)

Induktionszähler
Impulseinrichtung .... DIN EN 62053-31 (VDE 0418-3-31)

Induktive Durcherwärmungsanlagen
Prüfverfahren
– Elektroerwärmungsanlagen .... DIN EN IEC 63078 (VDE 0721-55)

Induktive Lasten
Schalten .... DIN EN IEC 62271-110 (VDE 0671-110)

Induktive Spannungswandler
für elektrische Messgeräte .... DIN IEC/TR 61869-102 (VDE 0414-9-102)
DIN EN 61869-3 (VDE 0414-9-3)

Induktives Erwärmen
Kondensatoren .... DIN EN 60110-1 (VDE 0560-9)

Industrieautomation
ausgewählte Kenngrößen .... VDE-Schriftenreihe Band 101

Industriebereiche
mit besonderer elektromagnetischer Umgebung ...... DIN EN IEC 61326-3-2 (VDE 0843-20-3-2)

Industrielle Anlagen
Beschriftung von Kabeln, Leitungen und Adern .... DIN EN 62491 (VDE 0040-4)
Kennzeichnung von Anschlüssen .... DIN EN 61666 (VDE 0040-5)
                                                   E DIN EN 61666/A1 (VDE 0040-5/A1)

Industrielle Anwendungen
Leitungsroller .... E DIN EN 61316 (VDE 0623-100)

Industrielle Ausrüstungen
Beschriftung von Kabeln, Leitungen und Adern .... DIN EN 62491 (VDE 0040-4)
Elektronenlinearbeschleuniger .... DIN EN IEC 62976 (VDE 0412-30)
für die zerstörungsfreie Prüfung
– Elektronenlinearbeschleuniger .... DIN EN IEC 62976 (VDE 0412-30)
Kennzeichnung von Anschlüssen .... DIN EN 61666 (VDE 0040-5)
                                                   E DIN EN 61666/A1 (VDE 0040-5/A1)

Industrielle Automatisierungssysteme (IACS)
IT-Sicherheit .... E DIN EN IEC 62443-2-1 (VDE 0802-2-1)
                                                       DIN EN IEC 62443-2-4 (VDE 0802-2-4)
                                                       DIN EN IEC 62443-4-1 (VDE 0802-4-1)
                                                       DIN EN IEC 62443-4-2 (VDE 0802-4-2)

Industrielle Automatisierungssysteme
IT-Sicherheit für Netze und Systeme
– Sicherheitsrisikobeurteilung und Systemgestaltung .... E DIN EN 62443-3-2 (VDE 0802-3-2)

Industrielle Geräte
Funkstörungen
– Grenzwerte und Messverfahren .... DIN EN 55011 (VDE 0875-11)
                                                       E DIN EN 55011/A2 (VDE 0875-11/A2)

Industrielle Kommunikationsnetze
Feldbusinstallation
– Kommunikationsprofilfamilie 1 .... DIN EN 61784-5-1 (VDE 0800-500-1)
– Kommunikationsprofilfamilie 10 .... DIN EN 61784-5-10 (VDE 0800-500-10)
– Kommunikationsprofilfamilie 11 .... DIN EN 61784-5-11 (VDE 0800-500-11)
– Kommunikationsprofilfamilie 12 .... DIN EN IEC 61784-5-12 (VDE 0800-500-12)
– Kommunikationsprofilfamilie 13 .... DIN EN 61784-5-13 (VDE 0800-500-13)
– Kommunikationsprofilfamilie 14 .... DIN EN 61784-5-14 (VDE 0800-500-14)
– Kommunikationsprofilfamilie 15 .... DIN EN 61784-5-15 (VDE 0800-500-15)
– Kommunikationsprofilfamilie 16 .... DIN EN 61784-5-16 (VDE 0800-500-16)
– Kommunikationsprofilfamilie 17 .... DIN EN 61784-5-17 (VDE 0800-500-17)
– Kommunikationsprofilfamilie 18 .... DIN EN IEC 61784-5-18 (VDE 0800-500-18)
– Kommunikationsprofilfamilie 19 .... DIN EN 61784-5-19 (VDE 0800-500-19)
– Kommunikationsprofilfamilie 2 .... DIN EN IEC 61784-5-2 (VDE 0800-500-2)
– Kommunikationsprofilfamilie 20 .... DIN EN IEC 61784-5-20 (VDE 0800-500-20)
– Kommunikationsprofilfamilie 21 .... DIN EN IEC 61784-5-21 (VDE 0800-500-21)
– Kommunikationsprofilfamilie 3 .... DIN EN IEC 61784-5-3 (VDE 0800-500-3)
– Kommunikationsprofilfamilie 4 .... DIN EN 61784-5-4 (VDE 0800-500-4)
– Kommunikationsprofilfamilie 6 .... DIN EN IEC 61784-5-6 (VDE 0800-500-6)

- Kommunikationsprofilfamilie 8 .... DIN EN IEC 61784-5-8 (VDE 0800-500-8)
- Kommunikationsprofilfamilie x .... DIN EN IEC 61784-5-12 (VDE 0800-500-12)
DIN EN IEC 61784-5-18 (VDE 0800-500-18)
DIN EN IEC 61784-5-2 (VDE 0800-500-2)
DIN EN IEC 61784-5-20 (VDE 0800-500-20)
DIN EN IEC 61784-5-21 (VDE 0800-500-21)
DIN EN IEC 61784-5-3 (VDE 0800-500-3)
DIN EN IEC 61784-5-6 (VDE 0800-500-6)
DIN EN IEC 61784-5-8 (VDE 0800-500-8)
funktional sichere Übertragung bei Feldbussen .... E DIN EN 61784-3 (VDE 0803-500)
- Profile .... E DIN EN 61784-3 (VDE 0803-500)
Installation in Industrieanlagen .... DIN EN IEC 61918 (VDE 0800-500)
E DIN EN IEC 61918/A1 (VDE 0800-500/A1)
IT-Sicherheit für Netze und Systeme
- Systemanforderungen IT-Sicherheit und Security-Level
.... DIN EN IEC 62443-3-3 (VDE 0802-3-3)
Profile
- Beurteilungsleitfaden für Sicherheitsgeräte .... DIN EN 61784-3 (VDE 0803-500)
Beiblatt 1 DIN EN 61784-3 (VDE 0803-500)
DIN EN 61784-3/A1 (VDE 0803-500/A1)
- funktional sichere Übertragung bei Feldbussen .... DIN EN 61784-3 (VDE 0803-500)
DIN EN 61784-3/A1 (VDE 0803-500/A1)

Industrielle Prozessleitsysteme
intelligente Messumformer
- Methoden zur Bewertung .... DIN EN 60770-3 (VDE 0408-3)
Messumformer .... DIN EN 60770-1 (VDE 0408-1)
DIN EN 60770-3 (VDE 0408-3)

Industrielle Prozessleittechnik
Geräte mit analogen Eingängen .... DIN EN 61003-1 (VDE 0409)
- Funktionskontrolle und Stückprüfung .... DIN EN 61003-2 (VDE 0409-2)

Industrielle Systeme
Beschriftung von Kabeln, Leitungen und Adern .... DIN EN 62491 (VDE 0040-4)
Kennzeichnung von Anschlüssen .... DIN EN 61666 (VDE 0040-5)
E DIN EN 61666/A1 (VDE 0040-5/A1)

Industrielle Systeme, Anlagen und Ausrüstungen und Industrieprodukte
Identifikation von Anschlüssen in Systemen .... E DIN EN 61666/A1 (VDE 0040-5/A1)

Industrielle, wissenschaftliche und medizinische Geräte
Funkstörungen, Grenzwerte und Messverfahren
- Halbleiter-Leistungsumrichter .... E DIN EN 55011/A2 (VDE 0875-11/A2)
Messung von gestrahlten Störaussendungen
- Einführung des FAR .... DIN EN 55011 (VDE 0875-11)
E DIN EN 55011/A2 (VDE 0875-11/A2)

Industrieprodukte
Beschriftung von Kabeln, Leitungen und Adern .... DIN EN 62491 (VDE 0040-4)
Kennzeichnung von Anschlüssen .... DIN EN 61666 (VDE 0040-5)
E DIN EN 61666/A1 (VDE 0040-5/A1)

Information, technische
Strukturierung .... DIN EN 62023 (VDE 0040-6)

Informationen
in Dokumenten .... DIN EN 61082-1 (VDE 0040-1)
Informationsaustausch
– Elektrofahrzeuge .... DIN EN IEC 63119-1 (VDE 0122-19-1)

Informationsaustausch
für Roaming-Ladedienste
– für Elektrofahrzeuge .... DIN EN IEC 63119-1 (VDE 0122-19-1)

Informationsaustausch, technischer
Schnittstelle zur Liegenschaft und den Elementen der Kundenanlagen
– SHIP .... E VDE-Anwendungsregel VDE-AR-E 2829-6-4
– SPINE .... E VDE-Anwendungsregel VDE-AR-E 2829-6-3
– Umsetzung mit SPINE/SHIP .... E VDE-Anwendungsregel VDE-AR-E 2829-6-2
– Use Cases .... E VDE-Anwendungsregel VDE-AR-E 2829-6-1

Informationsfunktionen
für Kernkraftwerke
– Kategorisierung .... DIN EN 61226 (VDE 0491-1)
                                                                                                E DIN IEC 61226 (VDE 0491-1)

Informationsmodell
Verfügbarkeit photovoltaischer Energiesysteme .... E DIN IEC/TS 63019 (VDE V 0126-19)

Informationsmodelle
Überwachung und Steuerung
– von Windenergieanlagen .... DIN EN 61400-25-1 (VDE 0127-25-1)
                                                                                        DIN EN 61400-25-2 (VDE 0127-25-2)

Informationsnetze
Anschluss von Geräten
– Schnittstellen .... Beiblatt 1 DIN EN 41003 (VDE 0804-100)

Informationstechnik
anwendungsneutrale Kommunikationskabelanlagen
– Übertragungsstrecken bis zu 50 m Länge .... Beiblatt 2 DIN EN 50173-4 (VDE 0800-173-4)
                                                                                        DIN EN 50173-4 (VDE 0800-173-4)
– Verkabelungsinfrastruktur .... Beiblatt 2 DIN EN 50173-4 (VDE 0800-173-4)
                                                                                        DIN EN 50173-4 (VDE 0800-173-4)
anwendungsneutrale Kommunikationskabelanlagen .... DIN EN 50173-1 (VDE 0800-173-1)
– Bürobereiche .... DIN VDE 0800-173-100 (VDE 0800-173-100)
                                                                                        DIN EN 50173-2 (VDE 0800-173-2)
– industriell genutzte Bereiche .... DIN EN 50173-3 (VDE 0800-173-3)
– Lichtwellenleiter-Übertragungsstreckenklassen . DIN VDE 0800-173-100 (VDE 0800-173-100)
– verteilte Gebäudedienste .... DIN EN 50173-6 (VDE 0800-173-6)
– Wohnungen .... DIN EN 50173-4 (VDE 0800-173-4)
Einrichtungen
– Energieverbrauch .... DIN EN 62018 (VDE 0806-2018)
Einrichtungen für den Außenbereich .... DIN EN 60950-22 (VDE 0805-22)
Einrichtungen zur Datenspeicherung .... DIN EN 60950-23 (VDE 0805-23)
Errichtung und Betrieb von Standortverkabelung
– Messung von Lichtwellenleiterverkabelung .... DIN ISO/IEC 14763-3 (VDE 0800-763-3)
Fernspeisung von Anlagen .... VDE-Schriftenreihe Band 53
Infrastruktur von Heimverkabelungen
– bis 50 m Länge .... Beiblatt 2 DIN EN 50173-4 (VDE 0800-173-4)

Installation von Kommunikationsverkabelung DIN EN 50173-4 (VDE 0800-173-4)
– Abschwächung von und Schutz vor elektrischer Störung
.... DIN CLC/TR 50174-99-2 (VDE 0800-174-99-2)
– Installationsplanung und Installationspraktiken in Gebäuden
.... DIN EN 50174-2 (VDE 0800-174-2)
VDE-Schriftenreihe Band 126
– Installationsspezifikation und Qualitätssicherung .... DIN EN 50174-1 (VDE 0800-174-1)
Installationsplanung und -praktiken im Freien .... DIN EN 50174-3 (VDE 0800-174-3)
Kommunikationsverkabelung
– Installationsplanung und Installationspraktiken .... DIN EN 50173-6 (VDE 0800-173-6)
Beiblatt 1 DIN EN 50174-2 (VDE 0800-174-2)
DIN EN 50174-2 (VDE 0800-174-2)
VDE-Schriftenreihe Band 126
– Installationsplanung und Installationspraktiken im Freien . DIN EN 50174-3 (VDE 0800-174-3)
– Installationsplanung und Installationspraktiken in Gebäuden
.... DIN EN 50174-2 (VDE 0800-174-2)
VDE-Schriftenreihe Band 126
– Spezifikation und Qualitätssicherung .... DIN EN 50174-1 (VDE 0800-174-1)
Messung von Ende-zu Ende-Verbindungsstrecken .... DIN EN 50697 (VDE 0800-697)
Potentialausgleich und Erdung .... DIN V VDE V 0800-2 (VDE V 0800-2)
VDE-Schriftenreihe Band 66

Rechenzentren
– anteil erneuerbarer Energien .... DIN EN 50600-4-3 (VDE 0801-600-4-3)
– anwendungsneutrale Kommunikationskabelanlagen .... DIN EN 50173-5 (VDE 0800-173-5)
– Einrichtung und Infrastruktur .... DIN EN 50600-1 (VDE 0801-600-1)
DIN EN 50600-2-1 (VDE 0801-600-2-1)
E DIN EN 50600-2-1 (VDE 0801-600-2-1)
DIN EN 50600-2-2 (VDE 0801-600-2-2)
DIN EN 50600-2-3 (VDE 0801-600-2-3)
DIN EN 50600-2-4 (VDE 0801-600-2-4)
DIN EN 50600-2-5 (VDE 0801-600-2-5)
E DIN EN 50600-2-5 (VDE 0801-600-2-5)
DIN EN 50600-3-1 (VDE 0801-600-3-1)
– Einrichtungen und Infrastrukturen .... DIN EN 50600-1 (VDE 0801-600-1)
DIN EN 50600-2-2 (VDE 0801-600-2-2)
DIN EN 50600-2-3 (VDE 0801-600-2-3)
DIN EN 50600-4-1 (VDE 0801-600-4-1)
Beiblatt 1 DIN EN 50600-4-2 (VDE 0801-600-4-2)
DIN EN 50600-4-2 (VDE 0801-600-4-2)
DIN EN 50600-4-3 (VDE 0801-600-4-3)
DIN EN 50600-4-7 (VDE 0801-600-4-7)
DIN CLC/TR 50600-99-1 (VDE 0801-600-99-1)
DIN CLC/TR 50600-99-2 (VDE 0801-600-99-2)
– Energiemanagement .... DIN CLC/TR 50600-99-1 (VDE 0801-600-99-1)
– ERF .... DIN EN 50600-4-6 (VDE 0801-600-4-6)
– Faktor der Energiewiederverwendung .... DIN EN 50600-4-6 (VDE 0801-600-4-6)
– Faktor der Wiederverwendung von Energie .... DIN EN 50600-4-6 (VDE 0801-600-4-6)
– Gebäudekonstruktion .... DIN EN 50600-2-1 (VDE 0801-600-2-1)
E DIN EN 50600-2-1 (VDE 0801-600-2-1)
– Infrastruktur der Telekommunikationsverkabelung .... DIN EN 50600-2-4 (VDE 0801-600-2-4)
– Kennzahl zur eingesetzten Energie .... Beiblatt 1 DIN EN 50600-4-2 (VDE 0801-600-4-2)
DIN EN 50600-4-2 (VDE 0801-600-4-2)

– Leistungskennzahlen .... DIN EN 50600-4-1 (VDE 0801-600-4-1)
DIN EN 50600-4-6 (VDE 0801-600-4-6)
– Management und Betrieb .... DIN EN 50600-3-1 (VDE 0801-600-3-1)
– Regelung der Umgebungsbedingungen .... DIN EN 50600-2-3 (VDE 0801-600-2-3)
– Sicherungssysteme .... DIN EN 50600-2-5 (VDE 0801-600-2-5)
E DIN EN 50600-2-5 (VDE 0801-600-2-5)
– Stromversorgung .... DIN EN 50600-2-2 (VDE 0801-600-2-2)
– Stromverteilung .... DIN EN 50600-2-2 (VDE 0801-600-2-2)
– Überwachung der Umgebung .... DIN EN 50600-2-3 (VDE 0801-600-2-3)
– Umweltverträglichkeit .... DIN CLC/TR 50600-99-2 (VDE 0801-600-99-2)
Rechenzentrumsbereiche
– anwendungsneutrale Kommunikationskabelanlagen .... DIN EN 50173-5 (VDE 0800-173-5)
RuK-Netzanwendungen mit Verkabelung nach EN 50173-4
.... DIN CLC/TR 50173-99-2 (VDE 0800-173-99-2)
Sicherheit in der .... VDE-Schriftenreihe Band 54
Standortverkabelung
– Messung von Lichtwellenleiterverkabelung .... DIN ISO/IEC 14763-3 (VDE 0800-763-3)
symmetrische vierpaarige Übertragungsstrecken
– für Datenraten bis zu 100 Gbit/s .... VDE-Anwendungsregel VDE-AR-E 2800-903
Verkabelung .... DIN EN 50174-3 (VDE 0800-174-3)
von Rechenzentren
– Wirkungsgrad der Kühlung (CER) .... DIN EN 50600-4-7 (VDE 0801-600-4-7)

Informationstechnikgeräte
umweltbewusstes Design .... DIN EN 62075 (VDE 0806-2075)

Informationstechnische Einrichtungen
für den Außenbereich .... DIN EN 60950-22 (VDE 0805-22)
Störfestigkeit .... DIN EN 55024 (VDE 0878-24)
zur Datenspeicherung .... DIN EN 60950-23 (VDE 0805-23)

Informationstechnische Verkabelung .... DIN EN 61935-1 (VDE 0819-935-1)
DIN EN 61935-2-20 (VDE 0819-935-2-20)
DIN EN 61935-3 (VDE 0819-935-3)
Schnüre nach ISO/IEC 11801 .... DIN EN 61935-2 (VDE 0819-935-2)

Informationsübertragung
auf Niederspannungsnetzen .... DIN EN 50065-1 (VDE 0808-1)

Informationsverarbeitung
in Starkstromanlagen .... DIN EN 50178 (VDE 0160)

Informationsverarbeitungsanlagen
Außenkabel .... DIN VDE 0891-6 (VDE 0891-6)
– Isolierhülle aus Papier .... DIN VDE 0816-3 (VDE 0816-3)
Fernmeldeschnüre .... DIN 57814 (VDE 0814)
DIN 57891-4 (VDE 0891-4)
Installationskabel und -leitungen .... DIN VDE 0815/A1 (VDE 0815/A1)
Kabel und isolierte Leitungen .... DIN VDE 0891-5 (VDE 0891-5)
– allgemeine Bestimmungen .... DIN VDE 0891-1 (VDE 0891-1)
Leitungen für erhöhte mechanische Beanspruchung ...... DIN VDE 0817 (VDE 0817)
Leitungen mit Litzenleitern .... DIN 57891-7 (VDE 0891-7)
LWL-Innenkabel
– Bauartspezifikation Simplex-Breakout-Kabel .... DIN EN 60794-2-22 (VDE 0888-2-22)
Schaltdrähte

– mit erweitertem Temperaturbereich .... Berichtigung 1 DIN VDE 0812 (VDE 0812)
DIN VDE 0812 (VDE 0812)
DIN VDE 0881 (VDE 0881)
DIN VDE 0891-2 (VDE 0891-2)
DIN VDE 0891-9 (VDE 0891-9)
Schaltkabel .... DIN VDE 0891-3 (VDE 0891-3)
Schaltlitzen
– mit erweitertem Temperaturbereich .... Berichtigung 1 DIN VDE 0812 (VDE 0812)
DIN VDE 0812 (VDE 0812)
DIN VDE 0881 (VDE 0881)
DIN VDE 0891-2 (VDE 0891-2)
DIN VDE 0891-9 (VDE 0891-9)
Spannungsfestigkeit von Kabeln, Leitungen und Schnüren   DIN VDE 0472-509 (VDE 0472-509)
Verdrahtung .... Berichtigung 1 DIN VDE 0812 (VDE 0812)
DIN VDE 0812 (VDE 0812)
DIN VDE 0881 (VDE 0881)

Infrarot Thermografie
von Photovoltaikmodulen und -anlagen
– im Außenbereich .... DIN IEC/TS 62446-3 (VDE V 0126-23-3)
– im Freien .... DIN IEC/TS 62446-3 (VDE V 0126-23-3)

Infrarot-Elektrowärmeanlagen .... DIN EN IEC 60519-12 (VDE 0721-12)
Elektrowärmeanlagen .... DIN EN IEC 60519-12 (VDE 0721-12)
DIN EN 62693 (VDE 0721-22)

Infrarotkabinen
für den Hausgebrauch .... DIN EN 60335-2-53 (VDE 0700-53)
E DIN EN 60335-2-53/A1 (VDE 0700-53/A1)
E DIN IEC 60335-2-53/A2 (VDE 0700-53/A2)
E DIN EN 60335-2-53/AA (VDE 0700-53/AA)

Infrarot-Lichtschranken
aktive .... DIN CLC/TS 50131-2-9 (VDE V 0830-2-2-9)

Infrarotstrahler
industrielle Elektrowärmeeinrichtungen
– Prüfverfahren .... DIN EN 62798 (VDE 0721-53)
zur Hautbehandlung .... DIN EN 60335-2-27 (VDE 0700-27)
Beiblatt 1 DIN EN 60335-2-27 (VDE 0700-27)
E DIN IEC 60335-2-27 (VDE 0700-27)
E DIN IEC 60335-2-27/A1 (VDE 0700-27/A1)
E DIN IEC 60335-2-27/A2 (VDE 0700-27/A2)
E DIN EN 60335-2-27/A3 (VDE 0700-27/A3)
E DIN EN 60335-2-27/AA (VDE 0700-27/AA)
E DIN EN 60335-2-27/AB (VDE 0700-27/AB)

Infrastruktur
Gesundheitswesen
– Elektrostatik .... DIN EN IEC 61340-6-1 (VDE 0300-6-1)
Rechenzentren
– Telekommunikationsverkabelung .... DIN EN 50600-2-4 (VDE 0801-600-2-4)

Infusionspumpen .... DIN EN 60601-2-24 (VDE 0750-2-24)

Infusionspumpen und Infusionsregler .... DIN EN 60601-2-24 (VDE 0750-2-24)

Infusionspumpen, implantierbare .... E DIN EN ISO 14708-4 (VDE 0750-20-4)

Infusionsregler .... DIN EN 60601-2-24 (VDE 0750-2-24)

Ingenieurvertrag .... VDE-Schriftenreihe Band 133

Inhibitorgehalt .... DIN EN 60422 (VDE 0370-2)

Inkasso-Wirkverbrauchszähler
elektronische
– Klassen 1 und 2 .... DIN EN 62055-31 (VDE 0418-5-31)

Inkubatoren
Säuglings- .... DIN EN 60601-2-20 (VDE 0750-2-20)
E DIN EN IEC 60601-2-20 (VDE 0750-2-20)

Innenkabel (LWL-)
Bandkabel .... DIN EN IEC 60794-2-30 (VDE 0888-118)

Innenkabel
bis 1 200 MHz, im Wohnbereich
– Klasse 4 .... DIN EN 50441-4 (VDE 0815-4)
geschirmt, im Wohnbereich
– Klasse 2 .... DIN EN 50441-2 (VDE 0815-2)
– Klasse 3 .... DIN EN 50441-3 (VDE 0815-3)
ungeschirmt, im Wohnbereich
– Klasse 1 .... DIN EN 50441-1 (VDE 0815-1)

Innenraumbeleuchtung
ortsfeste .... DIN VDE 0711-201 (VDE 0711-201)
E DIN EN 60598-1 (VDE 0711-1)
E DIN EN 60598-2-1 (VDE 0711-201)
ortsveränderliche .... E DIN EN 60598-1 (VDE 0711-1)

Innenraummesswandler
Messwandler .... E DIN EN 61869-201 (VDE 0414-9-201)

Innenraum-Schaltanlagen und -Schaltgeräte
für Bemessungsspannungen über 1 kV einschließlich 52 kV
– Einsatz unter erschwerten klimatischen Bedingungen
.... DIN IEC/TS 62271-304 (VDE V 0671-304)
– Kondensation und Verschmutzung .... DIN IEC/TS 62271-304 (VDE V 0671-304)

Innenraumschränke
Sicherheit und Leistungsmerkmale
– von Türverriegelungsgriffen .... DIN EN 61587-6 (VDE 0687-587-6)

Innenrüttler
handgeführt, motorbetrieben .... DIN EN 60745-2-12 (VDE 0740-2-12)

INS
integrierte Navigationssysteme für die Seeschifffahrt   E DIN EN IEC 61924-2 (VDE 0878-924-2)

Insektenvernichter
für den Hausgebrauch .... DIN EN 60335-2-101 (VDE 0700-101)
DIN EN 60335-2-59 (VDE 0700-59)
– Sicherheit .... DIN EN 60335-2-59 (VDE 0700-59)

Inselbildung
bei Photovoltaikanlagen .... DIN EN 62116 (VDE 0126-2)

In-situ-Messung von Gammastrahlung
emittierender Radionukliden
– Radioaktivität im Erdboden .... DIN EN ISO 18589-7 (VDE 0493-4-5897)

In-situ-Photonenspektrometriesystem
mit Germaniumdetektor .... DIN IEC 61275 (VDE 0493-4-3)

In-situ-Werte
mit finiten Amplituden
– in Ultraschallbündeln .... DIN CLC/TS 61949 (VDE V 0754-2)

Installation von medizinischen elektrischen Geräten
Ausarbeitung von Normen .... Beiblatt 1 DIN VDE 0752 (VDE 0752)

Installation
von Kommunikationsverkabelung .... DIN EN 50174-1 (VDE 0800-174-1)

Installationen für Haushalt
Dosen und Gehäuse
– Verbindungsmuffen zur Aufnahme von Verbindungsklemmen
.... E DIN VDE V 0606-22-300 (VDE V 0606-22-300)

Installationen
ortsfeste, elektrische
– Dosen und Gehäuse für Installationsgeräte ..... E DIN EN IEC 60670-1/A11 (VDE 0606-1/A11)

Installationsdosen
zur Aufnahme von Geräten .... DIN VDE 0606-1 (VDE 0606-1)

Installationsdraht .... DIN VDE 0815 (VDE 0815)

Installationseinheiten
freistehende .... DIN EN 50085-2-4 (VDE 0604-2-4)
E DIN EN 61084-2-4 (VDE 0604-2-4)
DIN EN 61534-22 (VDE 0604-122)

Installationsgeräte
Auswahl und Errichtung .... VDE-Anwendungsregel VDE-AR-E 2100-550

Installationskabel und -leitungen
für Fernmelde- und Informationsverarbeitungsanlagen .... DIN VDE 0815/A1 (VDE 0815/A1)

Installationskanalsysteme
für elektrische Installationen
– allgemeine Anforderungen .... DIN EN 50085-1 (VDE 0604-1)
E DIN EN 61084-1 (VDE 0604-1)
Montage unterboden, bodenbündig, aufboden .... DIN EN 50085-2-2 (VDE 0604-2-2)
Montage unterflur, bodenbündig, aufflur .... E DIN EN 61084-2-2 (VDE 0604-2-2)
Verdrahtungskanäle .... DIN EN 50085-2-3 (VDE 0604-2-3)
E DIN EN 61084-2-3 (VDE 0604-2-3)

Installationskleinverteiler .... DIN VDE 0603-1 (VDE 0603-1)
DIN VDE 0603-2-1 (VDE 0603-2-1)
DIN VDE 0603-3-1 (VDE 0603-3-1)
DIN VDE 0603-3-3 (VDE 0603-3-3)

Anpassung der Zählerplatznormung
- Integration der zukünftig geforderten Messsysteme .... DIN VDE 0603-100 (VDE 0603-100)
- Messsysteme .... DIN VDE 0603-1 (VDE 0603-1)
DIN VDE 0603-100 (VDE 0603-100)
Befestigungs- und Kontaktiereinrichtung (BKE)
- für elektronische Haushaltszähler .... DIN VDE 0603-3-2 (VDE 0603-3-2)
bis 1 000 A .... DIN VDE 0603-2-2 (VDE 0603-2-2)
bis AC 400 V .... DIN VDE 0603-1 (VDE 0603-1)
DIN VDE 0603-100 (VDE 0603-100)
für elektronische Haushaltszähler .... DIN VDE 0603-1 (VDE 0603-1)
und Zählerplätze AC 400 V .... DIN VDE 0603-3-2 (VDE 0603-3-2)

Installationskleinverteiler bis 1 000 A
Wandlermessung
- halbindirekte Messung .... DIN VDE 0603-2-2 (VDE 0603-2-2)

Installationskurzsäulen .... DIN EN 50085-2-4 (VDE 0604-2-4)
E DIN EN 61084-2-4 (VDE 0604-2-4)

Installationsleitung NHXMH .... DIN VDE 0250-214 (VDE 0250-214)

Installationsleitung NYM .... DIN VDE 0250-204 (VDE 0250-204)

Installationsmaterial (ESHG-) .... DIN EN 60669-2-5 (VDE 0632-2-5)

Installationsmaterial für Haushalt
und ähnliche ortsfeste elektrische Installationen
- elektronische Systemtechnik für Heim und Gebäude (ESHG)
.... DIN EN 60669-2-5 (VDE 0632-2-5)

Installationsmaterial
für den Hausgebrauch
- Leitungsroller .... DIN EN 61242 (VDE 0620-300)
DIN EN 61242/A13 (VDE 0620-300/A13)
für Hausinstallationen
- Hilfsschalter .... DIN EN 62019 (VDE 0640)
- Leitungsschutzschalter für Wechselstrom (AC) ...... Beiblatt 1 DIN EN 60898-1 (VDE 0641-11)
DIN EN 60898-1 (VDE 0641-11)
E DIN EN 60898-1/A1 (VDE 0641-11/A1)
- ortsfeste Stecker und Steckdosen .... Beiblatt 1 DIN VDE 0620 (VDE 0620)
Beiblatt 2 DIN VDE 0620 (VDE 0620)
DIN VDE 0620-1 (VDE 0620-1)
- Stecker und Kupplungsdosen .... DIN VDE 0620-2-1 (VDE 0620-2-1)
Geräteanschlussleitungen .... E DIN EN 60799 (VDE 0626)
Kabelbinder .... DIN EN IEC 62275 (VDE 0604-201)
Kabelhalter .... DIN EN 61914 (VDE 0604-202)
E DIN EN IEC 61914 (VDE 0604-202)
Kabelkanalsysteme .... DIN EN 50085-2-1 (VDE 0604-2-1)
E DIN EN 61084-2-1 (VDE 0604-2-1)
Kabelträgersysteme .... DIN EN 61537 (VDE 0639)
E DIN EN IEC 61537 (VDE 0639)
Kabelverschraubungen .... DIN EN 62444 (VDE 0619)
Leitungsroller für den Hausgebrauch .... DIN EN 61242 (VDE 0620-300)
DIN EN 61242/A13 (VDE 0620-300/A13)
selektive Haupt-Leitungsschutzschalter .... DIN VDE 0641-21 (VDE 0641-21)

Steckverbinder .... DIN EN IEC 61535 (VDE 0606-200)
Verbinder für Fertigbauteile .... DIN VDE V 0606-201 (VDE V 0606-201)
Weiterverbindungs-Geräteanschlussleitungen .... E DIN EN 60799 (VDE 0626)

Installationsmaterial, elektrisches
Differenzstromüberwachungsgeräte .... E DIN EN IEC 62020-1 (VDE 0663-1)

Installationspraxis .... Beiblatt 1 DIN EN 50174-2 (VDE 0800-174-2)
DIN EN 50174-2 (VDE 0800-174-2)

VDE-Schriftenreihe Band 126

Installationsprofile
für Feldbusinstallation .... DIN EN 61784-5-1 (VDE 0800-500-1)
DIN EN 61784-5-10 (VDE 0800-500-10)
DIN EN 61784-5-11 (VDE 0800-500-11)
DIN EN IEC 61784-5-12 (VDE 0800-500-12)
DIN EN 61784-5-13 (VDE 0800-500-13)
DIN EN 61784-5-14 (VDE 0800-500-14)
DIN EN 61784-5-15 (VDE 0800-500-15)
DIN EN 61784-5-16 (VDE 0800-500-16)
DIN EN 61784-5-17 (VDE 0800-500-17)
DIN EN IEC 61784-5-18 (VDE 0800-500-18)
DIN EN 61784-5-19 (VDE 0800-500-19)
DIN EN IEC 61784-5-2 (VDE 0800-500-2)
DIN EN IEC 61784-5-20 (VDE 0800-500-20)
DIN EN IEC 61784-5-21 (VDE 0800-500-21)
DIN EN IEC 61784-5-3 (VDE 0800-500-3)
DIN EN 61784-5-4 (VDE 0800-500-4)
DIN EN IEC 61784-5-6 (VDE 0800-500-6)
DIN EN IEC 61784-5-8 (VDE 0800-500-8)

Installationsrichtlinien
für Schutzeinrichtungen
– gegen leitungsgeführte HEMP-Störgrößen .... DIN EN 61000-5-5 (VDE 0847-5-5)

Installationsrohrdeckel
Formstücke und Installationsmaterial
– zur Verwendung mit Stahlpanzerrohr .... E DIN EN 61950 (VDE 0604-1950)

Installationsrohrkörper
Formstücke und Installationsmaterial
– zur Verwendung mit Stahlpanzerrohr .... E DIN EN 61950 (VDE 0604-1950)

Installationsrohrsysteme
allgemeine Anforderungen .... DIN EN 61386-1 (VDE 0605-1)
erdverlegte .... E DIN EN 50626-1 (VDE 0605-626-1)
E DIN EN 50626-2 (VDE 0605-626-2)
DIN EN 61386-24 (VDE 0605-24)
flexible .... DIN EN 61386-23 (VDE 0605-23)
E DIN EN IEC 61386-23 (VDE 0605-23)
Rohrhalter .... DIN EN 61386-25 (VDE 0605-25)
Stahlpanzerrohr
– Formstücke und Installationsmaterial .... E DIN EN 61950 (VDE 0604-1950)

Beiblatt 1 DIN EN 60898-1 (VDE 0641-11)
DIN EN 60898-1 (VDE 0641-11)

Installationsrohrsysteme, starre .... DIN EN 61386-21 (VDE 0605-21)
E DIN EN IEC 61386-21 (VDE 0605-21)

Installationssäulen .... DIN EN 50085-2-4 (VDE 0604-2-4)
E DIN EN 61084-2-4 (VDE 0604-2-4)

Installationsschlauchsysteme
flüssigkeitsdichte .... DIN EN 50369 (VDE 0605-100)
DIN EN 61386-1 (VDE 0605-1)

Installationssteckbuchsen .... DIN EN IEC 61535 (VDE 0606-200)

Installationsstecker .... DIN EN IEC 61535 (VDE 0606-200)

Installationssteckverbinder für dauernde Verbindungen
in festen Installationen .... DIN EN IEC 61535 (VDE 0606-200)

Installationssteckverbinder
für dauernde Verbindungen .... DIN EN IEC 61535 (VDE 0606-200)
– in festen Installationen .... DIN EN IEC 61535 (VDE 0606-200)

Installationstechnik
Lexikon .... VDE-Schriftenreihe Band 52

Installationsverteiler (DBO)
Niederspannungs-Schaltgerätekombinationen ...... DIN EN 61439-3 (VDE 0660-600-3)

Installationsverteiler (IVL)
für die Bedienung durch Laien .... DIN EN 61439-3 (VDE 0660-600-3)

Instandhaltung
auf die Funktionsfähigkeit bezogene .... DIN EN 60300-3-11 (VDE 0050-5)
elektrischer Anlagen .... VDE-Schriftenreihe Band 13

Instandhaltungsgang .... DIN VDE 0100-729 (VDE 0100-729)
.... VDE-Schriftenreihe Band 168

Instandhaltungsgrundsätze .... DIN EN 60300-3-11 (VDE 0050-5)

Instandsetzung elektrischer Geräte .... DIN VDE 0701-0702 (VDE 0701-0702)
DIN EN 50678 (VDE 0701)
VDE-Schriftenreihe Band 62

Instandsetzung
elektrischer Geräte .... VDE-Schriftenreihe Band 62
medizinischer elektrischer Geräte .... DIN EN 62353 (VDE 0751-1)

Instrumenten- und Kontrollkabel
Rahmenspezifikation .... DIN EN 50288-7 (VDE 0819-7)

Integration DEZ .... VDE-Anwendungsregel VDE-AR-N 4105

Integrierte Alarmanlagen .... DIN CLC/TS 50398 (VDE V 0830-6-398)
DIN EN 50398-1 (VDE 0830-6-1)

Integrierte Lichtquelle
digital adressierbare Schnittstelle .... DIN EN IEC 62386-224 (VDE 0712-0-224)

Integrierte Schaltungen
elektromagnetische Störfestigkeit

– Messung .... DIN EN 62132-1 (VDE 0847-22-1)
　　　　　　　　　　　　　　　　　　　　　　　　　　DIN EN 62132-2 (VDE 0847-22-2)
　　　　　　　　　　　　　　　　　　　　　　　　　　DIN EN 62132-8 (VDE 0847-22-8)
　　　　　　　　　　　　　　　　　　　　　　　　　　DIN IEC/TS 62132-9 (VDE V 0847-22-9)
– Modellierungsstruktur .... DIN EN IEC 62433-1 (VDE 0847-33-1)
　elektromagnetische Verträglichkeit
　– von CAN-Sende-Empfangsgeräten .... DIN EN IEC 62228-3 (VDE 0847-28-3)
　– von CXPI-Sende-Empfangsgeräten .... E DIN EN IEC 62228-7 (VDE 0847-28-7)
　– von Ethernet-Sende-Empfangsgeräten .... E DIN EN IEC 62228-5 (VDE 0847-28-5)
　– von LIN-Sende-Empfangsgeräten .... DIN EN IEC 62228-1 (VDE 0847-28-1)
　　　　　　　　　　　　　　　　　　　　　　　　　　DIN EN 62228-2 (VDE 0847-28-2)
　– von Sende-Empfangsgeräten .... DIN EN IEC 62228-1 (VDE 0847-28-1)
　　　　　　　　　　　　　　　　　　　　　　　　　　E DIN EN IEC 62228-5 (VDE 0847-28-5)
　　　　　　　　　　　　　　　　　　　　　　　　　　E DIN EN IEC 62228-7 (VDE 0847-28-7)
　Messung der abgestrahlten Aussendungen
　– IC-Streifenleiterverfahren .... DIN EN 61967-8 (VDE 0847-21-8)
　– Oberflächenabtastung .... DIN IEC/TS 61967-3 (VDE V 0847-21-3)
　Messung der elektromagnetischen Störfestigkeit
　– Bedingungen und Begriffe .... DIN EN 62132-1 (VDE 0847-22-1)
　Messung der Störfestigkeit
　– asynchrones Transienteneinspeisungsverfahren .... DIN EN 62215-3 (VDE 0847-23-3)
　– IC-Streifenverfahren .... DIN EN 62132-8 (VDE 0847-22-8)
　– Oberflächenabtastung .... DIN IEC/TS 62132-9 (VDE V 0847-22-9)
　Messung mit direkter 1-Ω-/150-Ω-Kopplung .... E DIN EN IEC 61967-4 (VDE 0847-21-4)
　Messung von elektromagnetischen Aussendungen
　– Bedingungen und Definitionen .... DIN EN IEC 61967-1 (VDE 0847-21-1)
　– Messung mit direkter 1-Ω-/150-Ω-Kopplung .... E DIN EN IEC 61967-4 (VDE 0847-21-4)
　– Messung von leitungsgeführten Aussendungen .... E DIN EN IEC 61967-4 (VDE 0847-21-4)
　– Verfahren der Oberflächenabtastung .... DIN IEC/TS 61967-3 (VDE V 0847-21-3)
　Messung von leitungsgeführten Aussendungen
　– Messung mit direkter 1-Ω-/150-Ω-Kopplung .... E DIN EN IEC 61967-4 (VDE 0847-21-4)

Intelligente Häuser
　Gestelle und Schränke
　– Maße der 482,6-mm-(19-in-)Bauweise .... DIN EN IEC 60297-3-110 (VDE 0687-297-3-110)

Intelligente Messsysteme
　Zählerplätze .... DIN VDE 0603-100 (VDE 0603-100)

Interaktive Dienste
　elektromagnetische Verträglichkeit von Kabelnetzen .... DIN EN 50083-8 (VDE 0855-8)

Intermodulationspegel
　passive HF- und Mikrowellenbauteile .... DIN EN 62037-1 (VDE 0887-37-1)
　　　　　　　　　　　　　　　　　　　　　　　　　　DIN EN 62037-2 (VDE 0887-37-2)
　　　　　　　　　　　　　　　　　　　　　　　　　　DIN EN 62037-3 (VDE 0887-37-3)
　　　　　　　　　　　　　　　　　　　　　　　　　　DIN EN 62037-4 (VDE 0887-37-4)
　　　　　　　　　　　　　　　　　　　　　　　　　　DIN EN 62037-5 (VDE 0887-37-5)
　　　　　　　　　　　　　　　　　　　　　　　　　　DIN EN 62037-6 (VDE 0887-37-6)
　　　　　　　　　　　　　　　　　　　　　　　　　　E DIN EN IEC 62037-8 (VDE 0887-37-8)

Intermodulationspegel, passiver .... DIN EN 62037-5 (VDE 0887-37-5)
　　　　　　　　　　　　　　　　　　　　　　　　　　DIN EN 62037-6 (VDE 0887-37-6)
　　　　　　　　　　　　　　　　　　　　　　　　　　E DIN EN IEC 62037-8 (VDE 0887-37-8)

Interne Verdrahtung .... DIN EN IEC 60934 (VDE 0642)

Interoperabilität
bei Bahnenergieversorgung und Fahrzeugen .... DIN EN 50388 (VDE 0115-606)
E DIN EN 50388-1 (VDE 0115-606-1)
E DIN EN 50388-2 (VDE 0115-606-2)
von Stromabnehmer und Oberleitung .... DIN EN 50367 (VDE 0115-605)

Interoperabilitätsanforderungen
(IFRS)
– Rahmenbedingungen .... DIN CLC/TS 50560 (VDE V 0849-560)

Interpretationen
in CLC/TR 50417 .... Beiblatt 1 DIN EN 60335-1 (VDE 0700-1)
DIN EN 60335-2-6 (VDE 0700-6)
Beiblatt 1 DIN EN 60335-2-6 (VDE 0700-6)
Beiblatt 1 DIN EN 60335-2-8 (VDE 0700-8)
Beiblatt 1 DIN EN 60335-2-9 (VDE 0700-9)
DIN EN 60335-2-13 (VDE 0700-13)
Beiblatt 1 DIN EN 60335-2-13 (VDE 0700-13)
DIN EN 60335-2-14 (VDE 0700-14)
Beiblatt 1 DIN EN 60335-2-14 (VDE 0700-14)
DIN EN 60335-2-15 (VDE 0700-15)
Beiblatt 1 DIN EN 60335-2-15 (VDE 0700-15)
Beiblatt 1 DIN EN 60335-2-17 (VDE 0700-17)
Beiblatt 1 DIN EN 60335-2-21 (VDE 0700-21)
Beiblatt 1 DIN EN 60335-2-23 (VDE 0700-23)
Beiblatt 1 DIN EN 60335-2-25 (VDE 0700-25)
Beiblatt 1 DIN EN 60335-2-29 (VDE 0700-29)
Beiblatt 1 DIN EN 60335-2-30 (VDE 0700-30)
Beiblatt 1 DIN EN 60335-2-31 (VDE 0700-31)
Beiblatt 1 DIN EN 60335-2-52 (VDE 0700-52)
Beiblatt 1 DIN EN 60335-2-61 (VDE 0700-61)
Beiblatt 1 DIN EN 60335-2-65 (VDE 0700-65)
Beiblatt 1 DIN EN 60335-2-71 (VDE 0700-71)
Beiblatt 1 DIN EN 60335-2-76 (VDE 0700-76)
E DIN IEC 60335-2-8/A2 (VDE 0700-8/A2)
E DIN IEC 60335-2-14/A1 (VDE 0700-14/A1)
E DIN IEC 60335-2-15/A2 (VDE 0700-15/A2)
E DIN IEC 60335-2-21/A1 (VDE 0700-21/A1)
E DIN EN IEC 60335-2-25/A106 (VDE 0700-25/A106)
E DIN EN IEC 60335-2-25/A107 (VDE 0700-25/A107)
E DIN EN IEC 60335-2-25/A108 (VDE 0700-25/A108)
E DIN EN IEC 60335-2-25/A109 (VDE 0700-25/A109)

Interpretationsliste
zur Reihe EN 60730 .... Beiblatt 1 DIN EN 60730 (VDE 0631)

Invasive Blutdrucküberwachungsgeräte
Sicherheit und Leistungsmerkmale .... DIN EN 60601-2-34 (VDE 0750-2-34)

Inventarisierung
von Arbeitsmitteln .... VDE-Schriftenreihe Band 120

Inverterschweißstromquelle
Lichtbogenschweißeinrichtungen .... DIN EN IEC 60974-1 (VDE 0544-1)
E DIN EN IEC 60974-1 (VDE 0544-1)
DIN EN IEC 60974-1/A1 (VDE 0544-1/A1)

In-vitro-Diagnosegeräte (IVD)
EMV-Anforderungen .... DIN EN 61326-2-6 (VDE 0843-20-2-6)
E DIN EN 61326-2-6 (VDE 0843-2-6)

In-vitro-Diagnostik (IVD)
Diagnosegeräte .... DIN EN 61010-2-101 (VDE 0411-2-101)
E DIN EN 61010-2-101 (VDE 0411-2-101)

In-vivo-Überwachung
Ganz- und Teilkörperzähler .... DIN EN 61582 (VDE 0493-2-3)
– wiederkehrende Prüfung .... DIN VDE 0493-200 (VDE 0493-200)

Ionen-Anlagerungs-Massenspektroskopie (IAMS) .... DIN EN 62321-8 (VDE 0042-1-8)

Ionen-Chromatografie (C-IC) .... E DIN EN 62321-3-2 (VDE 0042-1-3-2)

Ionen-Chromatografie
Bestimmung von Substanzen
– in Produkten der Elektrotechnik .... DIN EN 62321-3-2 (VDE 0042-1-3-2)

Ionisation
Labor-Atomspektrometer .... DIN EN 61010-2-061 (VDE 0411-2-061)
E DIN EN 61010-2-061 (VDE 0411-2-061)

Ionisatoren .... DIN EN 61340-4-7 (VDE 0300-4-7)

Ionisierende Strahlung
Einsatz von Elektroisolierstoffen .... DIN EN 60544-4 (VDE 0306-4)
Erkennungsgrenzen .... E DIN ISO 11929-4 (VDE 0493-9294)
– Überdeckungsintervall .... DIN ISO 11929-1 (VDE 0493-9291)
E DIN EN ISO 11929-1 (VDE 0493-9291)
DIN ISO 11929-2 (VDE 0493-9292)
E DIN EN ISO 11929-2 (VDE 0493-9292)
DIN ISO 11929-3 (VDE 0493-9293)
E DIN EN ISO 11929-3 (VDE 0493-9293)
gepulste Felder
– zählende elektronische Dosimeter .... DIN IEC/TS 62743 (VDE V 0492-4-1)
Grenzen des Vertrauensbereichs .... E DIN ISO 11929-4 (VDE 0493-9294)
Grundlagen der Strahlenwirkung .... DIN EN 60544-1 (VDE 0306-1)
Nachweisgrenzen .... E DIN ISO 11929-4 (VDE 0493-9294)
Verunreinigungen .... DIN VDE 0303-33 (VDE 0303-33)
Wirkung auf Isolierstoffe .... DIN EN 60544-1 (VDE 0306-1)
DIN EN 60544-2 (VDE 0306-2)
DIN EN 60544-5 (VDE 0306-5)

IP (Schutzarten)
Einteilung für drehende elektrische Maschinen .... DIN EN 60034-5 (VDE 0530-5)
E DIN EN IEC 60034-5 (VDE 0530-5)

IP-Gegensprechanlagen
Gebäude-Gegensprechanlagen .... DIN EN 62820-1-2 (VDE 0830-91-1-2)

IP-Interoperabilität auf Basis von Webservices
Videoüberwachungsanlagen
– Echtzeit-Streaming und Konfiguration .... E DIN EN 62676-2-31 (VDE 0830-71-2-31)

IP-Interoperabilität
HTTP- und REST-Dienste
– Videoüberwachung .... DIN EN 62676-2-2 (VDE 0830-7-5-22)
Webservices
– Echtzeit-Streaming und Konfiguration .... E DIN EN 62676-2-31 (VDE 0830-71-2-31)
– Videoüberwachung .... DIN EN 62676-2-3 (VDE 0830-7-5-23)
                    E DIN EN 62676-2-31 (VDE 0830-71-2-31)
                    E DIN EN 62676-2-32 (VDE 0830-71-2-32)

IP-Interoperabilität
Webservices
– Alarmanlagen .... DIN EN 60839-11-31 (VDE 0830-81-11-31)
                    DIN EN 60839-11-32 (VDE 0830-81-11-32)

Isolationsfehlerortungsgeräte
IEC 61557-8
– EMV-Anforderungen .... E DIN EN IEC 61326-2-4 (VDE 0843-20-2-4)
IEC 61557-9
– EMV-Anforderungen .... E DIN EN IEC 61326-2-4 (VDE 0843-20-2-4)

Isolation von Niederspannungssicherungen .... DIN EN 60269-1 (VDE 0636-1)

Isolationsbemessung
Parameter .... VDE-Schriftenreihe Band 56

Isolationseinrichtungen
Kernkraftwerke
– sicherheitstechnische Leittechnik .... DIN EN 62808 (VDE 0491-9-3)

Isolationserhalt im Brandfall
Kabel und Leitungen in Notstromkreisen
– ungeschützte Verlegung .... DIN EN 50200 (VDE 0482-200)
                    DIN EN IEC 60331-1 (VDE 0482-331-1)

Isolationsfehlerortungsgeräte
EMV-Anforderungen .... DIN EN 61326-2-4 (VDE 0843-20-2-4)
                    E DIN EN IEC 61326-2-4 (VDE 0843-20-2-4)

Isolationsfehlerschutz
in elektrischen Anlagen .... VDE-Schriftenreihe Band 85

Isolationsfehlersuche
in IT-Systemen .... DIN EN 61557-15 (VDE 0413-15)
                    DIN EN 61557-9 (VDE 0413-9)

Isolationsfehlersuchgeräte (IFLs) .... DIN VDE 0100-530 (VDE 0100-530)

Isolationskoordination für elektrische Betriebsmittel
in Niederspannungsanlagen
– Schutz gegen Verschmutzung .... DIN EN 60664-3 (VDE 0110-3)

Isolationskoordination
Anwendungsrichtlinie .... E DIN EN 60071-2 (VDE 0111-2)
                    Beiblatt 1 DIN EN 60664-1 (VDE 0110-1)

- Arbeitsblatt und Beispiele ..... DIN EN 60071-2 (VDE 0111-2)
E DIN EN 60071-2 (VDE 0111-2)
Bahnanwendungen
- Überspannungen und geeignete Schutzmaßnahmen ..... DIN EN 50124-2 (VDE 0115-107-2)
Begriffe, Grundsätze, Anforderungen ..... DIN EN 60071-1 (VDE 0111-1)
Bemessungsbeispiele und Isolationsprüfungen ..... Beiblatt 1 DIN EN 60664-1 (VDE 0110-1)
für elektrische Betriebsmittel ..... Beiblatt 3 DIN EN 60664-1 (VDE 0110-1)
- Grundsätze, Anforderungen, Prüfungen ..... DIN EN 60664-1 (VDE 0110-1)
E DIN EN 60664-1 (VDE 0110-1)
- hochfrequente Spannungsbeanspruchungen ..... DIN EN 60664-4 (VDE 0110-4)
- Schutz gegen Verschmutzung ..... DIN EN 60664-3 (VDE 0110-3)
- Teilentladungsprüfungen ..... DIN VDE 0110-20 (VDE 0110-20)
Hochspannungs-Gleichstrom-Stromrichterstationen ..... DIN EN 60071-5 (VDE 0111-5)
in Niederspannungsanlagen ..... VDE-Schriftenreihe Band 56
Kriech- und Luftstrecken
- bei Bahnanwendungen ..... DIN EN 50124-1 (VDE 0115-107-1)
Schnittstellen ..... Beiblatt 3 DIN EN 60664-1 (VDE 0110-1)

Isolationspegel ..... DIN EN 60071-1 (VDE 0111-1)
Leistungstransformatoren ..... DIN EN 60076-3 (VDE 0532-76-3)

Isolationsprüfungen
Anwendung der Normenreihe IEC 60664 ..... Beiblatt 1 DIN EN 60664-1 (VDE 0110-1)

Isolationsüberwachung ..... VDE-Schriftenreihe Band 114

Isolationsüberwachungseinrichtungen
in elektrischen Anlagen ..... DIN VDE 0100-410 (VDE 0100-410)

Isolationsüberwachungsgeräte (IMDs) ..... DIN VDE 0100-530 (VDE 0100-530)

Isolationsüberwachungsgeräte
EMV-Anforderungen ..... DIN EN 61326-2-4 (VDE 0843-20-2-4)
E DIN EN IEC 61326-2-4 (VDE 0843-20-2-4)
für IT-Systeme in Niederspannungsnetzen ..... DIN EN 61557-15 (VDE 0413-15)
DIN EN 61557-8 (VDE 0413-8)

Isolationswiderstand
Geräte zum Prüfen, Messen, Überwachen ..... DIN EN 61557-2 (VDE 0413-2)
E DIN EN 61557-2 (VDE 0413-2)
Kernkraftwerke
- Zustandsüberwachung elektrischer Geräte ..... DIN IEC/IEEE 62582-6 (VDE 0491-21-6)
spezifischer
- resistive Eigenschaften fester Isolierstoffe ..... DIN EN IEC 62631-3-11 (VDE 0307-3-11)
DIN EN 62631-3-3 (VDE 0307-3-3)
Isolationswiderstandsmessung
- Spannungsfestigkeitsprüfung ..... E DIN EN 61010-2-034 (VDE 0411-2-034)
Prüf- und Messstromkreise ..... DIN EN 61010-2-030 (VDE 0411-2-030)
E DIN EN 61010-2-030 (VDE 0411-2-030)

Isolationswiderstandsprüfung
an Kabeln und Leitungen ..... DIN EN 50395 (VDE 0481-395)

Isolatoren für Freileitungen mit einer Nennspannung über 1 000 V
Glas-Kettenisolatoren für Wechselstromsysteme
- Kappenisolator ..... E DIN EN IEC 60305 (VDE 0674-101)

Keramik- oder Glasisolatoren für Wechselspannungssysteme
– Begriffe, Prüfverfahren, Annahmekriterien .... E DIN EN IEC 60383-1 (VDE 0674-106-1)
Keramikisolatoren für Wechselstromsysteme
– Kappenisolator .... E DIN EN IEC 60305 (VDE 0674-101)
E DIN EN IEC 60383-1 (VDE 0674-106-1)

Isolatoren für Freileitungen
Kappenisolator .... E DIN EN IEC 60305 (VDE 0674-101)

Isolatoren für Gleichspannungsanlagen
Hochspannungsisolatoren
– für verschmutzte Umgebungen .... DIN IEC/TS 60815-4 (VDE V 0674-256-4)

Isolatoren
Abspritzeinrichtungen .... DIN EN 50186-1 (VDE 0143-1)
DIN EN 50186-2 (VDE 0143-2)
DIN EN 60383-1 (VDE 0446-1)
E DIN EN IEC 60383-1 (VDE 0674-106-1)
DIN IEC 60660 (VDE 0441-3)
Durchschlagprüfung .... DIN EN 61211 (VDE 0446-102)
für Fahrleitungen .... DIN VDE 0446-3 (VDE 0446-3)
für Fernmeldeleitungen .... DIN VDE 0446-2 (VDE 0446-2)
DIN VDE 0446-3 (VDE 0446-3)
für Freileitungen .... DIN VDE 0446-2 (VDE 0446-2)
DIN VDE 0446-3 (VDE 0446-3)
DIN EN 50341-1 (VDE 0210-1)
DIN EN 60383-2 (VDE 0446-4)
DIN EN 61211 (VDE 0446-102)
DIN EN IEC 61952-1 (VDE 0674-104-1)
– Verbund-Freileitungsstützer für Wechselstromsysteme über 1 000 V
.... DIN EN IEC 61952-1 (VDE 0674-104-1)
– Wechselstrom-Hochleistungs-Lichtbogenprüfungen .... DIN EN 61467 (VDE 0446-104)
DIN EN IEC 61952-1 (VDE 0674-104-1)
für Wechselstromfreileitungen über 1 000 V .... DIN EN 61109 (VDE 0441-100)
Glas- .... DIN EN 61211 (VDE 0446-102)
Hochspannungs-,
– Keramik- und Glasisolatoren .... DIN EN 60507 (VDE 0448-1)
Hochspannungs-, für verschmutzte Umgebungen
– Begriffe, Informationen, Grundlagen .... DIN IEC/TS 60815-1 (VDE V 0674-256-1)
E DIN IEC/TS 60815-1 (VDE V 0674-256-1)
– Keramik- und Glasisolatoren .... DIN IEC/TS 60815-2 (VDE V 0674-256-2)
Hochspannungs-, unter Verschmutzungsbedingungen
– Begriffe, Informationen, allgemeine Grundlagen .. E DIN IEC/TS 60815-1 (VDE V 0674-256-1)
– Polymerisolatoren für Wechselspannungssysteme
.... E DIN IEC/TS 60815-3 (VDE V 0674-256-3)
Keramikketten (Langstabausführung) .... DIN EN 60433 (VDE 0446-7)
E DIN EN IEC 60433 (VDE 0674-102)
Kettenisolatoren (Langstabausführung) .... E DIN EN IEC 60433 (VDE 0674-102)
Prüfung .... DIN VDE 0441-1 (VDE 0441-1)

Isolatorketten
Prüfungen .... DIN EN 61467 (VDE 0446-104)

Isolatoroberflächen
Messung der Hydrophobie .... DIN IEC/TS 62073 (VDE V 0674-276)

Isolier- und Mantelmischungen
für Kabel und isolierte Leitungen
- fluorhaltige Polymere .... DIN VDE 0207-6 (VDE 0207-6)
- Gummi .... DIN VDE 0207-20 (VDE 0207-20)
- PVC-Mantelmischungen .... DIN VDE 0207-5 (VDE 0207-5)

Isolierbänder
selbstklebende
- aus Glasgewebe .... DIN EN 60454-3-8 (VDE 0340-3-8)
- aus Polycarbonatfolien .... DIN EN 60454-3-6 (VDE 0340-3-6)
- aus Polyesterfolie .... DIN EN 60454-3-2 (VDE 0340-3-2)
- aus Polyethylen- und Polypropylenfolie .... DIN EN 60454-3-12 (VDE 0340-3-12)
- aus Polyethylenfolie .... DIN EN 60454-3-12 (VDE 0340-3-12)
- aus Polyimidfolie .... DIN EN 60454-3-7 (VDE 0340-3-7)
- aus Polypropylenfolie .... DIN EN 60454-3-12 (VDE 0340-3-12)
- aus Polytetrafluorethylenfolie .... DIN EN 60454-3-14 (VDE 0340-3-14)
- aus PVC-Folie .... DIN EN 60454-3-1 (VDE 0340-3-1)
- aus verschiedenen Trägermaterialien .... DIN EN 60454-3-19 (VDE 0340-3-19)
- aus Zelluloseacetat-Gewebe .... DIN EN 60454-3-8 (VDE 0340-3-8)
- aus Zellulosepapier .... DIN EN 60454-3-4 (VDE 0340-3-4)
- Prüfverfahren .... DIN EN 60454-2 (VDE 0340-2)

Isolierende Ärmel
zum Arbeiten unter Spannung .... DIN EN 60984 (VDE 0682-312)
DIN EN 60984/A1 (VDE 0682-312/A1)
DIN EN 60984/A11 (VDE 0682-312/A11)

Isolierende Hubarbeitsbühnen
für die Montage auf einem Fahrgestell
- Arbeiten unter Spannung .... DIN EN 61057 (VDE 0682-741)

Isolierende Leitern
für Arbeiten an Niederspannungsanlagen .... DIN EN 50528 (VDE 0682-712)

Isolierende Schutzplatten
in Innenraumanlagen .... DIN VDE 0682-552 (VDE 0682-552)

Isolierende Stangen
zum Arbeiten unter Spannung .... DIN EN 60832-1 (VDE 0682-211)

Isolierende Wände .... DIN VDE 0100-410 (VDE 0100-410)

Isolierender Fußboden .... DIN VDE 0100-410 (VDE 0100-410)

Isolierflüssigkeiten
auf Mineralölbasis
- Oxidationsbeständigkeit .... DIN EN IEC 61125 (VDE 0380-4)
- Viskosität bei niedrigen Temperaturen .... DIN EN 61868 (VDE 0370-15)
Bestimmung von Wasser .... DIN VDE 0380-5 (VDE 0380-5)
DIN EN 60814 (VDE 0370-20)
DIN IEC 60963 (VDE 0372-2)
DIN EN 61620 (VDE 0370-16)

Bestimmung der Durchschlagspannung bei Netzfrequenz
- Prüfverfahren .... E DIN EN 60156 (VDE 0370-5)

Bestimmung der Grenzflächenspannung mittels Ringmethode
– Prüfverfahren .... DIN EN IEC 62961 (VDE 0370-6)
Bestimmung des Permittivitäts-Verlustfaktors .... DIN EN 61620 (VDE 0370-16)
Bestimmung des Säuregehaltes .... DIN EN 62021-1 (VDE 0370-31)
DIN EN 62021-2 (VDE 0370-32)
DIN EN 62021-3 (VDE 0370-35)
Blitzimpuls-Durchschlagspannung .... E DIN IEC 60897 (VDE 0370)
Einteilung .... DIN EN 61100 (VDE 0389-2)
für elektrotechnische Anwendungen .... DIN EN IEC 63012 (VDE 0370-71)
Gasverhalten .... DIN IEC 60628 (VDE 0370-8)
Klassifizierung .... DIN EN 61039 (VDE 0389-1)
Messung der Permittivitätszahl .... DIN EN 60247 (VDE 0380-2)
Messung des dielektrischen Verlustfaktors .... DIN EN 60247 (VDE 0380-2)
Messung des spezifischen Gleichstrom-Widerstands .... DIN EN 60247 (VDE 0380-2)
Messungen der Entflammbarkeit .... DIN EN 61144 (VDE 0380-3)
Nachweis von korrosivem Schwefel in Isolieröl .... DIN EN 62535 (VDE 0370-33)
DIN EN 62697-1 (VDE 0370-4)
nicht inhibierte und inhibierte
– Prüfverfahren für die Oxidationsbeständigkeit .... DIN EN IEC 61125 (VDE 0380-4)
Probennahme .... DIN EN 60475 (VDE 0370-3)
E DIN EN IEC 60475 (VDE 0370-3)
DIN EN 60970 (VDE 0370-14)

Prüfverfahren zur Evaluierung der Oxidationsbeständigkeit
– Isolierflüssigkeiten im Anlieferungszustand .... DIN EN IEC 61125 (VDE 0380-4)
Teilchen in .... DIN EN 50353 (VDE 0370-17)
DIN EN 60970 (VDE 0370-14)
ungebrauchte, auf Kohlenwasserstoffbasis .... DIN EN 60867 (VDE 0372-1)
E DIN EN IEC 60867 (VDE 0372-1)

Isolierflüssigkeiten, ungebrauchte
auf Basis synthetischer aromatischer Kohlenwasserstoffe .. E DIN EN IEC 60867 (VDE 0372-1)

Isolierflüssigkeit-Luft-Wärmetauscher .... DIN EN IEC 60076-22-3 (VDE 0532-76-22-3)

Isolierflüssigkeit-Wasser-Wärmetauscher .... DIN EN IEC 60076-22-4 (VDE 0532-76-22-4)

Isolierfolien
Begriffe und allgemeine Anforderungen .... DIN EN 60674-1 (VDE 0345-1)
biaxial orientierte Polypropylen-(PP-)Folien für Kondensatoren
.... E DIN EN IEC 60674-3-1 (VDE 0345-3-1)
Fluorethylenpropylen-(FEP-)Folien .... DIN EN 60674-3-7 (VDE 0345-3-7)
für elektrotechnische Zwecke
– Prüfverfahren .... DIN EN 60674-2 (VDE 0345-2)
isotrop biaxial orientierte PEN-Folien .... DIN EN 60674-3-8 (VDE 0345-3-8)
isotrop biaxial orientierte Polyethylenterephthalat-(PET-)Folien
.... DIN EN IEC 60674-3-2 (VDE 0345-3-2)
– zur elektrischen Isolierung .... DIN EN IEC 60674-3-2 (VDE 0345-3-2)
Polycarbonat-(PC-)Folien .... DIN EN 60674-3-3 (VDE 0345-3-3)
Polyethylennaphthalat-(PEN-)Folien .... DIN EN 60674-3-8 (VDE 0345-3-8)
Polyimidfolien .... DIN EN 60674-3-4 bis 6 (VDE 0345-3-4 bis 6)
Polypropylenfolien für Kondensatoren .... DIN EN 60674-3-1 (VDE 0345-3-1)
E DIN EN IEC 60674-3-1 (VDE 0345-3-1)
Prüfverfahren .... DIN EN 60674-2 (VDE 0345-2)
Typvergleich .... Beiblatt 1 DIN EN 60674 (VDE 0345)

Verzeichnis einschlägiger Normen .... Beiblatt 1 DIN EN 60674 (VDE 0345)

Isolierhüllen
aus fluorhaltigen Polymeren .... DIN VDE 0207-6 (VDE 0207-6)
Biegeprüfung .... DIN EN 60811-504 (VDE 0473-811-504)
Dehnungsprüfung .... DIN EN 60811-505 (VDE 0473-811-505)
Prüfung des Masseverlusts .... DIN EN 60811-409 (VDE 0473-811-409)
Rissbeständigkeit .... DIN EN 60811-509 (VDE 0473-811-509)
Schlagprüfung .... DIN EN 60811-506 (VDE 0473-811-506)
Schrumpfungsprüfung .... DIN EN 60811-502 (VDE 0473-811-502)
Wärmedruckprüfung .... DIN EN 60811-508 (VDE 0473-811-508)

Isolierlacke
heißhärtende Tränklacke .... DIN EN 60464-3-2 (VDE 0360-3-2)
kalthärtende Überzugslacke .... DIN EN 60464-3-1 (VDE 0360-3-1)

Isoliermaterialien
aus Glimmer
– allgemeine Anforderungen .... DIN EN 60371-1 (VDE 0332-1)
– Formmikanit .... DIN EN 60371-3-9 (VDE 0332-3-9)
– glasgewebeverstärktes Glimmerpapier .... DIN EN 60371-3-6 (VDE 0332-3-6)
– Glimmerpapier .... DIN EN 60371-3-2 (VDE 0332-3-2)
– Glimmerpapier mit Glasgewebeträger .... DIN EN 60371-3-5 (VDE 0332-3-5)
– Glimmerpapierbänder .... DIN EN 60371-3-8 (VDE 0332-3-8)
– Kommutator-Isolierlamellen .... DIN EN 60371-3-1 (VDE 0332-3-1)
– polyesterverstärktes Glimmerpapier .... DIN EN 60371-3-4 (VDE 0332-3-4)
DIN EN 60371-3-7 (VDE 0332-3-7)
– Prüfverfahren .... DIN EN 60371-2 (VDE 0332-2)
elektrolytische Korrosionswirkung
– Prüfverfahren zur Bestimmung .... DIN EN 60426 (VDE 0303-6)

Isoliermischungen (PVC-)
für Niederspannungskabel und -leitungen .... DIN EN 50363-3 (VDE 0207-363-3)
DIN EN 50363-3/A1 (VDE 0207-363-3/A1)

Isoliermischungen
halogenfreie flammwidrige
– für Kommunikationskabel .... DIN EN 50290-2-26 (VDE 0819-106)
halogenfreie thermoplastische .... DIN EN 50363-7 (VDE 0207-363-7)
halogenfreie vernetzte .... DIN EN 50363-5 (VDE 0207-363-5)
DIN EN 50363-5/A1 (VDE 0207-363-5/A1)
vernetzte elastomere .... DIN EN 50363-1 (VDE 0207-363-1)
vernetztes Polyvinylchlorid (XLPVC) .... DIN EN 50363-9-1 (VDE 0207-363-9-1)

Isolieröle auf Mineralölbasis
in elektrischen Betriebsmitteln .... E DIN EN IEC 60296 (VDE 0370-1)

Isolieröle
auf Mineralölbasis .... DIN EN 60296 (VDE 0370-1)
E DIN EN IEC 60296 (VDE 0370-1)
DIN EN 60465 (VDE 0370-12)
DIN EN 61065 (VDE 0370-11)
DIN EN 61198 (VDE 0380-6)
– in elektrischen Betriebsmitteln .... E DIN EN IEC 60296 (VDE 0370-1)
– Überwachung und Wartung .... DIN EN 60422 (VDE 0370-2)

auf Nichtmineralölbasis
- Prüfverfahren .... DIN EN 62021-3 (VDE 0370-35)
Bestimmung der Faserverunreinigungen .... DIN EN 50353 (VDE 0370-17)
Nachweis von potenziell korrosivem Schwefel .... DIN EN 62535 (VDE 0370-33)

Isolieröle, neue
für Transformatoren und Schaltgeräte .... DIN EN 60296 (VDE 0370-1)

Isolierölqualität
in elektrischen Betriebsmitteln .... DIN EN 60422 (VDE 0370-2)

Isolierpapier
zellulosefrei .... DIN EN 60819-1 (VDE 0309-1)

Isolierpapiere
auf Zellulosebasis
- Kondensatorpapiere .... DIN VDE 0311-32 (VDE 0311-32)
Prüfverfahren .... DIN VDE 0311-10 (VDE 0311-10)
DIN EN 60554-2 (VDE 0311-20)

Isolierschläuche
Begriffe und allgemeine Anforderungen .... DIN EN 60684-1 (VDE 0341-1)
Ethylen-Chlortrifluorethylen-Textilschläuche
.... DIN EN 60684-3-343 (VDE 0341-3-343)
DIN EN 60684-3-344 (VDE 0341-3-344)
DIN EN 60684-3-345 (VDE 0341-3-345)
extrudierte Fluorsilikonschläuche .... DIN EN 60684-3-136 (VDE 0341-3-136)
extrudierte Polychloroprenschläuche .... DIN EN 60684-3-116 (VDE 0341-3-116)
extrudierte Polyolefinschläuche .... DIN EN 60684-3-165 (VDE 0341-3-165)
extrudierte PTFE-Schläuche .... DIN EN 60684-3-145 (VDE 0341-3-145)
.... DIN EN 60684-3-146 (VDE 0341-3-146)
.... DIN EN 60684-3-147 (VDE 0341-3-147)
extrudierte PVC-Schläuche .... DIN EN 60684-3-100 (VDE 0341-3-100)
DIN EN 60684-3-101 (VDE 0341-3-101)
DIN EN 60684-3-102 (VDE 0341-3-102)
DIN EN 60684-3-103 (VDE 0341-3-103)
DIN EN 60684-3-104 (VDE 0341-3-104)
DIN EN 60684-3-105 (VDE 0341-3-105)
extrudierte PVC/Nitrilschläuche .... DIN EN 60684-3-151 (VDE 0341-3-151)
extrudierte Silikonschläuche .... DIN EN 60684-3-121 (VDE 0341-3-121)
DIN EN 60684-3-122 (VDE 0341-3-122)
DIN EN 60684-3-123 (VDE 0341-3-123)
DIN EN 60684-3-124 (VDE 0341-3-124)
Fluorelastomer-Wärmeschrumpfschläuche
- flammwidrig, flüssigkeitsbeständig .... DIN EN 60684-3-233 (VDE 0341-3-233)
für hydraulische Geräte und Ausrüstungen .... DIN EN 62237 (VDE 0682-744)
Glasfilament-Textilschläuche
- mit Acrylbeschichtung .... DIN EN 60684-3-300 (VDE 0341-3-300)
DIN EN 60684-3-403 (VDE 0341-3-403)
DIN EN 60684-3-404 (VDE 0341-3-404)
DIN EN 60684-3-405 (VDE 0341-3-405)
DIN EN 60684-3-409 (VDE 0341-3-409)
- mit Beschichtung auf PVC-Basis .... DIN EN 60684-3-406 (VDE 0341-3-406)
DIN EN 60684-3-407 (VDE 0341-3-407)
DIN EN 60684-3-408 (VDE 0341-3-408)

– mit Silikonelastomerbeschichtung	DIN EN 60684-3-400 (VDE 0341-3-400)
	DIN EN 60684-3-401 (VDE 0341-3-401)
	DIN EN 60684-3-402 (VDE 0341-3-402)
PET-Textilschläuche	
– mit Acrylbeschichtung	DIN EN 60684-3-320 (VDE 0341-3-320)
	DIN EN 60684-3-420 (VDE 0341-3-420)
	DIN EN 60684-3-421 (VDE 0341-3-421)
	DIN EN 60684-3-422 (VDE 0341-3-422)
Polyethylenterephthalat-Textilschläuche	
	DIN EN 60684-3-340 (VDE 0341-3-340)
	DIN EN 60684-3-341 (VDE 0341-3-341)
	DIN EN 60684-3-342 (VDE 0341-3-342)
Polyolefin-Wärmeschrumpfschläuche	DIN EN 60684-3-205 (VDE 0341-3-205)
	DIN EN 60684-3-209 (VDE 0341-3-209)
	DIN EN 60684-3-211 (VDE 0341-3-211)
– für die Isolierung von Sammelschienen	DIN EN IEC 60684-3-283 (VDE 0341-3-283)
– halbleitend	DIN EN 60684-3-281 (VDE 0341-3-281)
– kriechstromfest	DIN EN IEC 60684-3-280 (VDE 0341-3-280)
– mit Feldsteuerung	DIN EN 60684-3-282 (VDE 0341-3-282)
Prüfverfahren	DIN EN 60684-2 (VDE 0341-2)
wärmeschrumpfende Elastomerschläuche	
– flammwidrig, flüssigkeitsbeständig	DIN EN 60684-3-271 (VDE 0341-3-271)
wärmeschrumpfende flammhemmende	
– mit begrenztem Brandrisiko	DIN EN IEC 60684-3-216 (VDE 0341-3-216)
wärmeschrumpfende flammwidrige	
– mit begrenztem Brandrisiko	DIN EN IEC 60684-3-216 (VDE 0341-3-216)
wärmeschrumpfende Polyolefinschläuche	DIN EN 60684-3-212 (VDE 0341-3-212)
	DIN EN 60684-3-285 (VDE 0341-3-285)
– flammwidrig	DIN EN 60684-3-248 (VDE 0341-3-248)
– nicht flammwidrig	DIN EN IEC 60684-3-214 (VDE 0341-3-214)
	DIN EN 60684-3-246 (VDE 0341-3-246)
	DIN EN IEC 60684-3-247 (VDE 0341-3-247)
wärmeschrumpfende Polyvinylidenfluoridschläuche	DIN EN 60684-3-228 (VDE 0341-3-228)
	DIN EN 60684-3-229 (VDE 0341-3-229)
Wärmeschrumpfschläuche	
– mit Ölsperre	DIN EN 60684-3-284 (VDE 0341-3-284)
– mit ölsperrenden Eigenschaften	DIN EN 60684-3-284 (VDE 0341-3-284)

Isolierstoffe .... DIN EN 60664-1 (VDE 0110-1)
E DIN EN 60664-1 (VDE 0110-1)

Beschichtungen für Leiterplatten
– allgemeine Anforderungen .... DIN EN 61086-1 (VDE 0361-1)
– Klasse I, II und III .... DIN EN 61086-3-1 (VDE 0361-3-1)
Bestimmung resistiver Eigenschaften (Gleichspannungsverfahren)
– Durchgangswiderstand und spezifischer Durchgangswiderstand
.... DIN EN 62631-3-1 (VDE 0307-3-1)
E DIN EN IEC 62631-3-1 (VDE 0307-3-1)
DIN EN IEC 62631-3-4 (VDE 0307-3-4)
– Oberflächenwiderstand und spezifischer Oberflächenwiderstand
.... DIN EN 62631-3-2 (VDE 0307-3-2)
Biegevorrichtung .... DIN EN 60626-2 (VDE 0316-2)
Dickenprüfgerät .... DIN EN 60626-2 (VDE 0316-2)
dielektrische Eigenschaften .... DIN VDE 0303-13 (VDE 0303-13)

	DIN VDE 0303-4 (VDE 0303-4)
	DIN EN 62631-3-1 (VDE 0307-3-1)
	E DIN EN IEC 62631-3-1 (VDE 0307-3-1)
	DIN EN 62631-3-2 (VDE 0307-3-2)
	DIN EN IEC 62631-3-4 (VDE 0307-3-4)
Falzvorrichtung	DIN EN 60626-2 (VDE 0316-2)
flexible Mehrschicht-	
– allgemeine Anforderungen	DIN EN 60626-1 (VDE 0316-1)
– Bestimmungen für einzelne Materialien	DIN EN 60626-3 (VDE 0316-3)
– Prüfverfahren	DIN EN 60626-2 (VDE 0316-2)
flüssige	DIN EN 50353 (VDE 0370-17)
	DIN IEC 60963 (VDE 0372-2)
formgepresste Rohre und Stäbe	
– rechteckiger und sechseckiger Querschnitt	DIN EN 62011-2 (VDE 0320-2)
	DIN EN 62011-3-1 (VDE 0320-3-1)
für Niederspannungskabel und -leitungen	
– allgemeine Einführung	DIN EN 50363-0 (VDE 0207-363-0)
– halogenfreie thermoplastische Isoliermischungen	DIN EN 50363-7 (VDE 0207-363-7)
– halogenfreie vernetzte Isoliermischungen	DIN EN 50363-5 (VDE 0207-363-5)
	DIN EN 50363-5/A1 (VDE 0207-363-5/A1)
– Isoliermischungen – vernetztes Polyvinylchlorid	DIN EN 50363-9-1 (VDE 0207-363-9-1)
– PVC-Isoliermischungen	DIN EN 50363-3 (VDE 0207-363-3)
	DIN EN 50363-3/A1 (VDE 0207-363-3/A1)
– vernetzte elastomere Isoliermischungen	DIN EN 50363-1 (VDE 0207-363-1)
– vernetzte elastomere Umhüllungsmischungen	DIN EN 50363-2-2 (VDE 0207-363-2-2)
getränkte	
– Gasanalyse (DGA) als Werksprüfung	DIN EN 61181 (VDE 0370-13)
Hochspannungs-Lichtbogenfestigkeit	DIN EN 61621 (VDE 0303-71)
Lichtbogenfestigkeit	DIN VDE 0303-5 (VDE 0303-5)
Probierkörper	DIN EN 60626-2 (VDE 0316-2)
resistive Eigenschaften	DIN EN 62631-3-1 (VDE 0307-3-1)
	E DIN EN IEC 62631-3-1 (VDE 0307-3-1)
	DIN EN IEC 62631-3-11 (VDE 0307-3-11)
	DIN EN 62631-3-2 (VDE 0307-3-2)
	DIN EN 62631-3-3 (VDE 0307-3-3)
	DIN EN IEC 62631-3-4 (VDE 0307-3-4)
runde formgepresste Rohre	DIN EN 61212-3-2 (VDE 0319-3-2)
runde formgepresste Stäbe	DIN EN 61212-3-3 (VDE 0319-3-3)
runde Rohre und Stäbe	
– aus technischen Schichtpressstoffen	DIN EN 61212-2 (VDE 0319-2)
	DIN EN 61212-3-1 (VDE 0319-3-1)
	DIN EN 61212-3-2 (VDE 0319-3-2)
Tafeln aus Schichtpressstoffen	
– allgemeine Anforderungen	DIN EN 60893-1 (VDE 0318-1)
– auf Basis warmhärtender Harze	DIN EN 60893-2 (VDE 0318-2)
	E DIN EN 60893-2 (VDE 0318-2)
	DIN EN 60893-3-1 (VDE 0318-3-1)
	DIN EN 60893-3-2 (VDE 0318-3-2)
	DIN EN 60893-3-3 (VDE 0318-3-3)
	DIN EN 60893-3-4 (VDE 0318-3-4)
	DIN EN 60893-3-5 (VDE 0318-3-5)
	DIN EN IEC 60893-3-6 (VDE 0318-3-6)

	DIN EN 60893-3-7 (VDE 0318-3-7)
	DIN IEC/TR 60893-4 (VDE 0318-4)
	DIN EN 61212-1 (VDE 0319-1)
– auf Epoxidharzbasis	DIN EN 60893-3-2 (VDE 0318-3-2)
– auf Melaminharzbasis	DIN EN 60893-3-3 (VDE 0318-3-3)
– auf Phenolharzbasis	DIN EN 60893-3-4 (VDE 0318-3-4)
– auf Polyesterharzbasis	DIN EN 60893-3-5 (VDE 0318-3-5)
– auf Polyimidharzbasis	DIN EN 60893-3-7 (VDE 0318-3-7)
– auf Silikonharzbasis	DIN EN IEC 60893-3-6 (VDE 0318-3-6)
– Typen von Tafeln	DIN EN 60893-3-1 (VDE 0318-3-1)
thermische Langzeiteigenschaften	DIN EN 60216-2 (VDE 0304-22)
	DIN EN 60216-8 (VDE 0304-8)
Verfahren zur Imprägnierung und Beschichtung	
– von Werkstoffen	DIN EN IEC 62631-3-11 (VDE 0307-3-11)
Wirkung ionisierender Strahlung	DIN EN 60544-2 (VDE 0306-2)
	DIN EN 60544-5 (VDE 0306-5)

Isoliersysteme
Bewertung und Kennzeichnung .... DIN EN 60505 (VDE 0302-1)

Isoliersysteme, teilentladungsfreie
Typ I .... DIN EN 60034-18-41 (VDE 0530-18-41)
E DIN EN 60034-18-41/A1 (VDE 0530-18-41/A1)

Isoliersysteme, teilentladungsresistente
Typ II .... DIN EN 60034-18-42 (VDE 0530-18-42)
E DIN EN 60034-18-42/A1 (VDE 0530-18-42/A1)

Isolierte Leitungen
Brennen unter definierten Bedingungen
– Messung der Rauchdichte	DIN EN 61034-1 (VDE 0482-1034-1)
	DIN EN 61034-2 (VDE 0482-1034-2)
Brennverhalten	DIN EN 60754-1 (VDE 0482-754-1)
	DIN EN 60754-2 (VDE 0482-754-2)
	DIN EN IEC 60754-3 (VDE 0482-754-3)
– Bestimmung der Azidität	DIN EN 60754-2 (VDE 0482-754-2)
– Bestimmung der Leitfähigkeit	DIN EN 60754-2 (VDE 0482-754-2)
– Halogenwasserstoffsäure	DIN EN 60754-1 (VDE 0482-754-1)
Durchlaufspannungsprüfung	DIN EN 62230 (VDE 0481-2230)
für Fernmeldeanlagen und Informationsverarbeitungsanlagen	
– allgemeine Bestimmungen	DIN VDE 0891-1 (VDE 0891-1)
– Schaltkabel	DIN VDE 0891-3 (VDE 0891-3)
für Starkstromanlagen	
– nicht harmonisierte Starkstromleitungen	DIN VDE 0298-3 (VDE 0298-3)
halogenfreie	
– Mantelmischungen	DIN VDE 0207-24 (VDE 0207-24)
Heizleitungen	DIN VDE 0253 (VDE 0253)
Leiter für	DIN EN 60228 (VDE 0295)
Messung eines niedrigen Halogengehalts	
– durch Ionenchromatografie	DIN EN IEC 60754-3 (VDE 0482-754-3)
Nennspannung bis 450/750 V	
– Aufbaudaten und Einsatzbedingungen EN 50525	DIN EN 50565-2 (VDE 0298-565-2)
– Leitfaden für die Verwendung	DIN EN 50565-1 (VDE 0298-565-1)
Prüfungen	DIN VDE 0472-1 (VDE 0472-1)

– Halogenfreiheit .... DIN VDE 0472-815 (VDE 0472-815)
– Kerbkraft .... DIN 57472-619 (VDE 0472-619)
– Kristallit-Schmelzpunkt .... DIN 57472-621 (VDE 0472-621)
– Porenfreiheit von metallenen Überzügen .... DIN 57472-812 (VDE 0472-812)
– Verzeichnis der Normen .... Beiblatt 1 DIN VDE 0472 (VDE 0472)
Strombelastbarkeit .... DIN VDE 0298-4 (VDE 0298-4)
Typkurzzeichen .... DIN VDE 0292 (VDE 0292)
                                                             E DIN VDE 0292 (VDE 0292)

Verhalten im Brandfall
– Prüfverfahren .... DIN EN 50399 (VDE 0482-399)

Isolierte Starkstromleitungen
ETFE-Aderleitung .... DIN 57250-106 (VDE 0250-106)
geschirmte Leitung mit Gummiisolierung .... DIN VDE 0250-605 (VDE 0250-605)
Gummischlauchleitung NSHTÖU .... DIN VDE 0250-814 (VDE 0250-814)
Gummischlauchleitung NSSHÖU .... DIN VDE 0250-812 (VDE 0250-812)
Prüfung von Isolierhüllen und Mänteln .... DIN VDE 0472-805 (VDE 0472-805)
PVC-Installationsleitung NYM .... DIN VDE 0250-204 (VDE 0250-204)
PVC-isolierte Schlauchleitung
– mit Polyurethanmantel .... E DIN VDE 0250-407/A1 (VDE 0250-407/A1)
Stegleitung .... DIN VDE 0250-201 (VDE 0250-201)
Strombelastbarkeit .... DIN VDE 0289-8 (VDE 0289-8)
                                                             DIN VDE 0298-4 (VDE 0298-4)
wärmebeständige Silikon-Fassungsader .... DIN VDE 0250-502 (VDE 0250-502)
Zuordnung der Klassen des Brandverhaltens ...... DIN VDE V 0250-10 (VDE V 0250-10)

Isoliertes Blitzschutzsystem (LPS)
Bauteile
– Blitzschutzsysteme .... DIN IEC/TS 62561-8 (VDE V 0185-561-8)

Isolierung
in der Fernmelde- und Informationstechnik .... VDE-Schriftenreihe Band 54
Prüfung der Lichtbogenfestigkeit .... DIN EN 61621 (VDE 0303-71)

Isolierung, elektrische
Werkstoffe
– isotrop biaxial orientierte Polyethylenterephthalat-(PET-)Folien
.... DIN EN IEC 60674-3-2 (VDE 0345-3-2)

Isolierung, siehe auch Isolation

Isolierverhalten
von Armaturen für isolierte Freileitungen .... DIN VDE 0212-55 (VDE 0212-55)

Isolierwanddicken
von Kabeln und Leitungen
– für Schienenfahrzeuge .... DIN EN 50355 (VDE 0260-355)

Isolierwerkstoffe
mechanische Eigenschaften .... DIN EN 60811-501 (VDE 0473-811-501)
Wellspan .... DIN EN 60455-1 (VDE 0355-1)
                                                             DIN EN 61628-1 (VDE 0313-1)
                                                              DIN EN 61628-2 (VDE 0313-2)

IT-Anlagen
Schutz gegen Überspannungen .... Beiblatt 1 DIN VDE 0845 (VDE 0845)

IT-Netz
Schutzmaßnahmen .... Beiblatt 1 DIN VDE 0845 (VDE 0845)

IT-Netzwerke mit Medizinprodukten
Risikomanagement .... DIN IEC/TR 80001-2-5 (VDE 0756-2-5)

IT-Netzwerke
mit Medizinprodukten
– Risikomanagement .... DIN EN 80001-1 (VDE 0756-1)
　　　　　　　　　　　　　　　　　　　　　　　　　　　　E DIN EN 80001-1 (VDE 0756-1)
　　　　　　　　　　　　　　　　　　　　　　　　　　　　DIN IEC/TR 80001-2-5 (VDE 0756-2-5)

IT-Sicherheit elektrischer Bahnsignalanlagen
auf Grundlage IEC 62443 .... DIN VDE V 0831-104 (VDE V 0831-104)

IT-Sicherheit für industrielle Automatisierungssysteme
Anforderungen an das Sicherheitsprogramm
– für IACS-Betreiber .... E DIN EN IEC 62443-2-1 (VDE 0802-2-1)
– von Dienstleistern .... DIN EN IEC 62443-2-4 (VDE 0802-2-4)

IT-Sicherheit in der Automatisierungstechnik .... E DIN EN IEC 62443-2-1 (VDE 0802-2-1)
　　　　　　　　　　　　　　　　　　　　　　　　　　　　DIN EN IEC 62443-2-4 (VDE 0802-2-4)
　　　　　　　　　　　　　　　　　　　　　　　　　　　　DIN EN IEC 62443-4-1 (VDE 0802-4-1)
　　　　　　　　　　　　　　　　　　　　　　　　　　　　DIN EN IEC 62443-4-2 (VDE 0802-4-2)

IT-Sicherheit industrieller Automatisierungssysteme
Anforderungen an den Lebenszyklus
– für eine sichere Produktentwicklung .... DIN EN IEC 62443-4-1 (VDE 0802-4-1)
Anforderungen an Komponenten
– industrieller Automatisierungssysteme .... DIN EN IEC 62443-4-2 (VDE 0802-4-2)

IT-Sicherheit und Resilienz
Smart-Energy-Einsatzumgebung .... E DIN VDE 0175-110 (VDE 0175-110)

IT-Sicherheit und Security-Level
Netze und Systeme
– industrielle Automatisierungssysteme .... E DIN EN 62443-3-2 (VDE 0802-3-2)
– industrielle Kommunikationsnetze .... DIN EN IEC 62443-3-3 (VDE 0802-3-3)

IT-Sicherheit und Systeme
Security-Level .... DIN EN IEC 62443-3-3 (VDE 0802-3-3)
Sicherheitsrisikobeurteilung .... E DIN EN 62443-3-2 (VDE 0802-3-2)
Systemanforderungen .... DIN EN IEC 62443-3-3 (VDE 0802-3-3)
Systemgestaltung .... E DIN EN 62443-3-2 (VDE 0802-3-2)

IT-Sicherheit
auf Grundlage IEC 62443
– elektrische Bahnsignalanlagen .... DIN VDE V 0831-104 (VDE V 0831-104)
elektrische Systemtechnik
– in Heim und Gebäude .... VDE-Anwendungsregel VDE-AR-E 2849-1
für industrielle Automatisierungssysteme .... E DIN EN IEC 62443-2-1 (VDE 0802-2-1)
　　　　　　　　　　　　　　　　　　　　　　　　　　　　DIN EN IEC 62443-2-4 (VDE 0802-2-4)
　　　　　　　　　　　　　　　　　　　　　　　　　　　　DIN EN IEC 62443-4-1 (VDE 0802-4-1)
　　　　　　　　　　　　　　　　　　　　　　　　　　　　DIN EN IEC 62443-4-2 (VDE 0802-4-2)

IT-Sicherheitsmaßnahmen
leittechnische Systeme und elektrische Energiesysteme
– von Kernkraftwerken .... E DIN IEC 63096 (VDE 0491-3-10)

IT-Systeme
Differenzstromüberwachungsgeräte (RCMs) .... DIN EN 61557-11 (VDE 0413-11)
E DIN EN 61557-11 (VDE 0413-11)
Isolationsfehlersuche .... DIN EN 61557-9 (VDE 0413-9)

Izod .... DIN EN IEC 60893-3-6 (VDE 0318-3-6)
DIN EN 60893-3-7 (VDE 0318-3-7)

J

Jacht-, siehe auch Yacht-

Jachtanschluss .... DIN VDE 0100-709 (VDE 0100-709)
VDE-Schriftenreihe Band 168

Jachten
Stromversorgung an Liegeplätzen .... DIN VDE 0100-709 (VDE 0100-709)
VDE-Schriftenreihe Band 168

Jachthafen .... DIN VDE 0100-709 (VDE 0100-709)
VDE-Schriftenreihe Band 168

Jahrmärkte .... DIN VDE 0100-711 (VDE 0100-711)
VDE-Schriftenreihe Band 168

Japanpapier .... DIN VDE 0311-10 (VDE 0311-10)

K

Kabel
Abdeckplatten zur Lagekennzeichnung .... DIN EN 50520 (VDE 0605-500)
Aufbauelemente .... DIN VDE 0289-2 (VDE 0289-2)
Beschriftung .... DIN EN 62491 (VDE 0040-4)
Brennen unter definierten Bedingungen
– Messung der Rauchdichte .... DIN EN 61034-1 (VDE 0482-1034-1)
DIN EN 61034-2 (VDE 0482-1034-2)
Brennverhalten .... DIN EN IEC 60754-3 (VDE 0482-754-3)
– Bestimmung der Azidität .... DIN EN 60754-2 (VDE 0482-754-2)
– Bestimmung der Leitfähigkeit .... DIN EN 60754-2 (VDE 0482-754-2)
– Halogenwasserstoffsäure .... DIN EN 60754-1 (VDE 0482-754-1)
Dichtheit von Mänteln .... DIN VDE 0472-604 (VDE 0472-604)
Durchlaufspannungsprüfung .... DIN EN 62230 (VDE 0481-2230)
erweiterte Anwendung von Prüfergebnissen .... DIN CLC/TS 50576 (VDE V 0482-576)
für digitale Kommunikation
– Gebäude-Steigekabel .... DIN EN 50407-3 (VDE 0819-407-3)
für Fernmeldeanlagen
– Spannungsfestigkeit .... DIN VDE 0472-509 (VDE 0472-509)
DIN VDE 0813 (VDE 0813)
DIN VDE 0815 (VDE 0815)

für Kraftwerke
- mit verbessertem Verhalten im Brandfall .... DIN VDE 0250-214 (VDE 0250-214)
DIN VDE 0276-604 (VDE 0276-604)
DIN VDE 0276-622 (VDE 0276-622)
für Starkstromanlagen
- nicht harmonisierte Starkstromleitungen .... DIN VDE 0298-3 (VDE 0298-3)
Garnituren
- Prüfverfahren .... DIN VDE 0278-629-1 (VDE 0278-629-1)
DIN VDE 0278-629-2 (VDE 0278-629-2)
im Erdreich
- zur allgemeinen Energieversorgung .... VDE-Anwendungsregel VDE-AR-N 4222
Leiter für .... DIN EN 60228 (VDE 0295)
Messung der Schirmdämpfung
- mit Strahlungskammerverfahren .... DIN EN 61726 (VDE 0887-726)
Messung eines niedrigen Halogengehalts
- durch Ionenchromatografie .... DIN EN IEC 60754-3 (VDE 0482-754-3)
mit Bleimantel .... DIN VDE 0265 (VDE 0265)
mit fluidgefüllter und extrudierter Isolierung .... DIN EN IEC 62271-209 (VDE 0671-209)
mit Kunststoffisolierung .... DIN VDE 0265 (VDE 0265)
mit speziellen Eigenschaften im Brandfall .... DIN VDE 0250-215 (VDE 0250-215)
Nennspannung bis 450/750 V
- Aufbaudaten und Einsatzbedingungen EN 50525 .... DIN EN 50565-2 (VDE 0298-565-2)
- Leitfaden für die Verwendung .... DIN EN 50565-1 (VDE 0298-565-1)
selbsttragende Fernmelde-Luftkabel .... DIN 57818 (VDE 0818)
Stoßspannungsprüfung .... DIN EN IEC 60230 (VDE 0481-230)
Strombelastbarkeit .... Beiblatt 3 DIN VDE 0100-520 (VDE 0100-520)
VDE-Schriftenreihe Band 143
- Umrechnungsfaktoren .... DIN VDE 0276-1000 (VDE 0276-1000)
Verhalten im Brandfall
- Prüfverfahren .... DIN EN 50399 (VDE 0482-399)
Verlustfaktor .... DIN 57472-505 (VDE 0472-505)
Wanddicke der Isolierhülle .... DIN VDE 0262 (VDE 0262)
DIN EN 50306-1 (VDE 0260-306-1)
DIN EN 50306-2 (VDE 0260-306-2)
DIN EN 50306-3 (VDE 0260-306-3)
DIN EN 50306-4 (VDE 0260-306-4)
Zubehör .... DIN VDE 0289-6 (VDE 0289-6)

Kabel, ADSS-LWL-
die elektrisch selbsttragende LWL-Kabel .... DIN EN IEC 60794-4-20 (VDE 0888-111-5)

Kabel, geschirmt .... DIN EN 50288-10-1 (VDE 0819-10-1)

Kabel, halogenfreie
Isoliermischungen .... DIN VDE 0207-24 (VDE 0207-24)
Mantelmischungen .... DIN VDE 0207-24 (VDE 0207-24)

Kabel, isolierte Leitungen und Glasfaserkabel
Prüfung der Flammenausbreitung
- Prüfgerät .... DIN EN 60332-1-1 (VDE 0482-332-1-1)
Prüfung der vertikale Flammenausbreitung
- Prüfverfahren für fallende brennende Tropfen/Teile .... DIN EN 60332-1-3 (VDE 0482-332-1-3)
Prüfung der vertikalen Flammenausbreitung
- Prüfgerät .... DIN EN 60332-1-1 (VDE 0482-332-1-1)

Prüfverfahren für nicht metallene Werkstoffe
– Alterung im Wärmeschrank .... DIN EN 60811-401 (VDE 0473-811-401)
– mechanische Prüfungen .... DIN EN 60811-501 (VDE 0473-811-501)
DIN EN 60811-508 (VDE 0473-811-508)
DIN EN 60811-509 (VDE 0473-811-509)
DIN EN 60811-511 (VDE 0473-811-511)
– mechanische Prüfungen, Isolier- und Mantelwerkstoffe
.... DIN EN 60811-501 (VDE 0473-811-501)
– mechanische Prüfungen, Wärmeschockprüfung .... DIN EN 60811-509 (VDE 0473-811-509)
– Messung der Wanddicke von Isolierhüllen .... DIN EN 60811-201 (VDE 0473-811-201)
– Messung der Wanddicke von nicht metallenen Mänteln
.... DIN EN 60811-202 (VDE 0473-811-202)
– Rissbeständigkeit von Isolierhüllen und Mänteln .... DIN EN 60811-509 (VDE 0473-811-509)
– Sauerstoffalterung unter Kupfereinfluss .... DIN EN 60811-410 (VDE 0473-811-410)
– thermische Alterungsverfahren .... DIN EN 60811-401 (VDE 0473-811-401)
– Wanddicke von Isolierhüllen .... DIN EN 60811-201 (VDE 0473-811-201)
– Wanddicke von Mänteln .... DIN EN 60811-202 (VDE 0473-811-202)
– Wärmedruckprüfung für Isolierhüllen und Mäntel .... DIN EN 60811-508 (VDE 0473-811-508)
– Wärmeschockprüfung .... DIN EN 60811-509 (VDE 0473-811-509)

Kabel, konfektioniertes
LWL-Simplex- und Duplexkabel .... DIN EN 60794-2-50 (VDE 0888-120)
E DIN EN 60794-2-50 (VDE 0888-120)

Kabel, mehradrig .... DIN EN 50288-10-1 (VDE 0819-10-1)

Kabel, OPPC-LWL-
LWL-Phasenseil .... E DIN EN IEC 60794-4-30 (VDE 0888-111-6)

Kabel, vieladrige und vielpaarige
Verlegung in Luft und in Erde .... DIN VDE 0276-627 (VDE 0276-627)

Kabel und Leitungen
ausgewählte Kenngrößen .... VDE-Schriftenreihe Band 59
Beschriftung .... DIN EN 62491 (VDE 0040-4)
in Niederspannungsanlagen .... VDE-Schriftenreihe Band 106
Kurzzeichen-Lexikon .... VDE-Schriftenreihe Band 29
max. zulässige Längen .... VDE-Schriftenreihe Band 159
Verlegung .... VDE-Schriftenreihe Band 39
– elektromagnetische Verträglichkeit (EMV) .... VDE-Schriftenreihe Band 66
Verlegung in Wohngebäuden .... VDE-Schriftenreihe Band 45

Kabel- und Leitungsanlagen
Schnittstellenanschlüsse
– Begrenzung des Temperaturanstiegs .... Beiblatt 1 DIN VDE 0100-520 (VDE 0100-520)

Kabelabfangung
von Steckverbindern .... DIN EN 60512-17-1 (VDE 0687-512-17-1)
DIN EN 60512-17-3 (VDE 0687-512-17-3)
DIN EN 60512-17-4 (VDE 0687-512-17-4)
– Sicherheit gegen Einschneiden des Kabelmantels . DIN EN 60512-17-2 (VDE 0687-512-17-2)

Kabeladern
Beschriftung .... DIN EN 62491 (VDE 0040-4)
Farbkennzeichnung .... DIN VDE 0293-308 (VDE 0293-308)

Kabelanschlüsse
für gasiolierte metallgekapselte Schaltanlagen .... DIN EN IEC 62271-209 (VDE 0671-209)
– für Bemessungsspannungen über 52 kV .... DIN EN IEC 62271-209 (VDE 0671-209)

Kabelauslegung .... Beiblatt 2 DIN VDE 0100-520 (VDE 0100-520)
Beiblatt 3 DIN VDE 0100-520 (VDE 0100-520)

Kabelband .... DIN EN IEC 62275 (VDE 0604-201)

Kabelbinder für elektrische Installationen .... DIN EN IEC 62275 (VDE 0604-201)

Kabelbrand
Isolationserhalt
– bei ungeschützter Verlegung .... DIN EN 50200 (VDE 0482-200)
Schutz vor
– Errichten von Niederspannungsanlagen .... DIN VDE 0100-420 (VDE 0100-420)
E DIN VDE 0100-420/A2 (VDE 0100-420/A2)

Kabelbrücke
Errichten von Niederspannungsanlagen .... DIN VDE 0100-520 (VDE 0100-520)
E DIN VDE 0100-520-1 (VDE 0100-520-1)

Kabeldurchführung
Errichten von Niederspannungsanlagen .... DIN VDE 0100-520 (VDE 0100-520)
E DIN VDE 0100-520-1 (VDE 0100-520-1)

Kabelendverschlüsse
fluidgefüllt und feststoffisoliert .... DIN EN IEC 62271-209 (VDE 0671-209)

Kabelführungsgelenksysteme .... DIN EN 62549 (VDE 0604-300)

Kabelführungssysteme
Formstücke und Installationsmaterial
– zur Verwendung mit Stahlpanzerrohr .... E DIN EN 61950 (VDE 0604-1950)
Kabelbinder für elektrische Installationen .... DIN EN IEC 62275 (VDE 0604-201)
Prüfverfahren für Halogengehalt .... DIN EN 50642 (VDE 0604-2-100)

Kabelführungssysteme, lineare
elektromagnetische Eigenschaften .... DIN CLC/TR 50659 (VDE 0604-2-200)

Kabelgarnituren
für Starkstromverteilerkabel .... DIN EN 50393 (VDE 0278-393)
für Starkstromkabel .... DIN VDE 0278-629-1 (VDE 0278-629-1)
DIN VDE 0278-629-2 (VDE 0278-629-2)
Materialcharakterisierung .... DIN EN 50655-1 (VDE 0278-655-1)
DIN EN 50655-2 (VDE 0278-655-2)
DIN EN 50655-3 (VDE 0278-655-3)
Nieder- und Mittelspannungsanwendungen
– bis 20,8/36 (42) kV .... DIN EN 50655-1 (VDE 0278-655-1)
DIN EN 50655-2 (VDE 0278-655-2)
DIN EN 50655-3 (VDE 0278-655-3)
Prüfverfahren .... DIN EN 50393 (VDE 0278-393)
DIN EN 61442 (VDE 0278-442)
Prüfverfahren für Reaktionsharzmassen .... DIN EN 50655-1 (VDE 0278-655-1)
Reaktionsharzmassen für .... DIN EN 60455-3-8 (VDE 0355-3-8)
E DIN EN 60455-3-8 (VDE 0355-3-8)
Starkstromkabel

– Nennspannung von 3,6/6(7,2) kV bis 20,8/36(42) kV   DIN VDE 0278-629-1 (VDE 0278-629-1)
Stoßspannungsprüfung .... DIN EN IEC 60230 (VDE 0481-230)

Kabelhalter für elektrische Installationen .... DIN EN 61914 (VDE 0604-202)
E DIN EN IEC 61914 (VDE 0604-202)

Kabelinfrastruktur
Errichten von Niederspannungsanlagen .... E DIN VDE 0100-716 (VDE 0100-716)

Kabelkanalsysteme
für Wand und Decke .... DIN EN 50085-2-1 (VDE 0604-2-1)
E DIN EN 61084-2-1 (VDE 0604-2-1)
Montage unterboden, bodenbündig, aufboden .... DIN EN 50085-2-2 (VDE 0604-2-2)
Montage unterflur, bodenbündig, aufflur .... E DIN EN 61084-2-2 (VDE 0604-2-2)

Kabelklemmen
mit Isolierteilen .... DIN 57220-3 (VDE 0220-3)

Kabelkonsole
Errichten von Niederspannungsanlagen .... DIN VDE 0100-520 (VDE 0100-520)
E DIN VDE 0100-520-1 (VDE 0100-520-1)

Kabelkonstruktion .... DIN EN 50288-10-1 (VDE 0819-10-1)
DIN EN 50288-11-1 (VDE 0819-11-1)
DIN EN 50288-9-1 (VDE 0819-9-1)

Kabelkrane
elektrische Ausrüstung .... DIN EN 60204-32 (VDE 0113-32)

Kabellängen
max. zulässige .... Beiblatt 5 DIN VDE 0100 (VDE 0100)
Beiblatt 2 DIN VDE 0100-520 (VDE 0100-520)
VDE-Schriftenreihe Band 159

Kabellegung
Mindestanforderung an Unternehmen .... VDE-Anwendungsregel VDE-AR-N 4221

Kabelmantel .... DIN EN 50288-10-1 (VDE 0819-10-1)
DIN EN 50288-11-1 (VDE 0819-11-1)
DIN EN 50288-9-1 (VDE 0819-9-1)

Kabelmäntel
aus fluorhaltigen Polymeren .... DIN VDE 0207-6 (VDE 0207-6)
Biegeprüfung .... DIN EN 60811-504 (VDE 0473-811-504)
Dehnungsprüfung .... DIN EN 60811-505 (VDE 0473-811-505)
Rissbeständigkeit .... DIN EN 60811-509 (VDE 0473-811-509)
Schlagprüfung .... DIN EN 60811-506 (VDE 0473-811-506)
Schrumpfungsprüfung .... DIN EN 60811-503 (VDE 0473-811-503)
UV-Beständigkeit .... DIN EN 50289-4-17 (VDE 0819-289-4-17)
Wärmedruckprüfung .... DIN EN 60811-508 (VDE 0473-811-508)

Kabelnetze für Fernsehsignale
Fernspeisespannungen größer als 65 V Wechselspannung
.... E DIN VDE V 0855-230 (VDE V 0855-230)

Kabelnetze für Fernsehsignale, Tonsignale und interaktive Dienste
.... Beiblatt 1 DIN EN 50083 (VDE 0855)
DIN EN 50083-2-4 (VDE 0855-2-4)

aktive Breitbandgeräte .... DIN EN 50083-9 (VDE 0855-9)
.... DIN EN IEC 60728-3 (VDE 0855-3)
Bandbreitenerweiterung .... DIN EN 60728-13-1 (VDE 0855-13-1)
Einrichtung von Rückkanälen .... DIN EN 60728-10 (VDE 0855-10)
elektromagnetische Verträglichkeit von Geräten .... DIN EN 50083-2 (VDE 0855-200)
E DIN EN 50083-2/A2 (VDE 0855-200/A2)
elektromagnetische Verträglichkeit von Kabelnetzen .... DIN EN 50083-8 (VDE 0855-8)
Filter zur Vermeidung von Störungen in den 700-MHz- und 800-MHz-Bändern
– für DTT-Empfang .... DIN EN 50083-2-4 (VDE 0855-2-4)
Geräte für Kopfstellen .... DIN EN 60728-5 (VDE 0855-5)
LTE (4G)-Filter zur Vermeidung von Störungen .... DIN CLC/TS 50083-2-3 (VDE V 0855-2-3)
LTE (4G)-Filter zur Abschwächung von Störungen .... DIN CLC/TS 50083-2-3 (VDE V 0855-2-3)
DIN EN 50083-2-4 (VDE 0855-2-4)
LTE (4G)-Filter zur Abschwächung von Störungen in den 700-MHz- und 800-MHz-Bändern
.... DIN EN 50083-2-4 (VDE 0855-2-4)
Messverfahren für die Nichtlinearität .... DIN EN IEC 60728-3 (VDE 0855-3)
optische Anlage zur Übertragung von Rundfunksignalen .... DIN EN 60728-13 (VDE 0855-13)
optische Geräte .... DIN EN 60728-6 (VDE 0855-6)
optische Systeme zur Rundfunksignalübertragung .... DIN EN IEC 60728-113 (VDE 0855-113)
– bei Vollbelegung mit digitalen Kanälen .... DIN EN IEC 60728-113 (VDE 0855-113)
optische Übertragungssysteme mit RFoG-Technik .... DIN EN 60728-14 (VDE 0855-14)
passive Breitbandgeräte .... DIN EN 60728-4 (VDE 0855-4)
Rückweg-Systemanforderungen .... DIN EN 60728-10 (VDE 0855-10)
Sicherheitsanforderungen .... DIN EN 60728-11 (VDE 0855-1)
E DIN EN IEC 60728-11 (VDE 0855-1)
Signale der Teilnehmeranschlussdose .... DIN EN 60728-1-2 (VDE 0855-7-2)
Systemanforderungen für Verteilrichtung bei kompletter digitaler Kanallast
.... DIN EN 60728-101 (VDE 0855-101)
Systemanforderungen in Vorwärtsrichtung .... DIN EN 60728-1 (VDE 0855-7)
Zweiwege-HF-Wohnungsvernetzung .... DIN EN 60728-1-1 (VDE 0855-7-1)

Kabelnetze für interaktive Dienste
Fernspeisespannungen größer als 65 V Wechselspannung
.... E DIN VDE V 0855-230 (VDE V 0855-230)

Kabelnetze für Tonsignale
Fernspeisespannungen größer als 65 V Wechselspannung
.... E DIN VDE V 0855-230 (VDE V 0855-230)
Kabelnetze für
– Fernspeisespannungen größer als 65 V Wechselspannung
.... E DIN VDE V 0855-230 (VDE V 0855-230)
– LTE (4G)-Filter .... DIN CLC/TS 50083-2-3 (VDE V 0855-2-3)
DIN EN 50083-2-4 (VDE 0855-2-4)
– LTE (4G)-Filter zur Abschwächung von Störungen . DIN CLC/TS 50083-2-3 (VDE V 0855-2-3)
– Messfahren max. Betriebsausgangspegel im Rückweg
.... DIN EN IEC 60728-3 (VDE 0855-3)
– optische Systeme zur Rundfunksignalübertragung .... DIN EN IEC 60728-113 (VDE 0855-113)
– optische Übertragungssysteme für RFoG-Technik .... DIN EN 60728-14 (VDE 0855-14)
– Sicherheitsanforderungen .... DIN EN 60728-11 (VDE 0855-1)
E DIN EN IEC 60728-11 (VDE 0855-1)
– Systemanforderungen für Verteilrichtung bei kompletter digitaler Kanallast
.... DIN EN 60728-101 (VDE 0855-101)
– Systemanforderungen in Vorwärtsrichtung .... DIN EN 60728-1 (VDE 0855-7)
Kabelnetze für

- Fernspeisespannungen größer als 65 V Wechselspannung
  .... E DIN VDE V 0855-230 (VDE V 0855-230)
- LTE (4G)-Filter .... DIN CLC/TS 50083-2-3 (VDE V 0855-2-3)
  DIN EN 50083-2-4 (VDE 0855-2-4)
- LTE (4G)-Filter zur Abschwächung von Störungen . DIN CLC/TS 50083-2-3 (VDE V 0855-2-3)
  DIN EN 50083-2-4 (VDE 0855-2-4)
- LTE (4G)-Filter zur Abschwächung von Störungen in den 700-MHz- und 800-MHz-Bändern
  .... DIN EN 50083-2-4 (VDE 0855-2-4)
- Messfahren max. Betriebsausgangspegel im Rückweg
  .... DIN EN IEC 60728-3 (VDE 0855-3)
- optische Systeme zur Rundfunksignalübertragung .... DIN EN IEC 60728-113 (VDE 0855-113)
- optische Übertragungssysteme für RFoG-Technik .... DIN EN 60728-14 (VDE 0855-14)
- Sicherheitsanforderungen .... DIN EN 50083-8 (VDE 0855-8)
  DIN EN 60728-11 (VDE 0855-1)
  E DIN EN IEC 60728-11 (VDE 0855-1)
- Störstrahlungscharakteristik .... DIN EN 50083-2 (VDE 0855-200)
  E DIN EN 50083-2/A2 (VDE 0855-200/A2)
- Systemanforderungen für Verteilrichtung bei kompletter digitaler Kanallast
  .... DIN EN 60728-101 (VDE 0855-101)
- Systemanforderungen in Vorwärtsrichtung .... DIN EN 60728-1 (VDE 0855-7)
Kabelnetze für
- Fernspeisespannungen größer als 65 V Wechselspannung
  .... E DIN VDE V 0855-230 (VDE V 0855-230)
- LTE (4G)-Filter .... DIN CLC/TS 50083-2-3 (VDE V 0855-2-3)
  DIN EN 50083-2-4 (VDE 0855-2-4)
- LTE (4G)-Filter zur Abschwächung von Störungen . DIN CLC/TS 50083-2-3 (VDE V 0855-2-3)
- LTE (4G)-Filter zur Abschwächung von Störungen in den 700-MHz- und 800-MHz-Bändern
  .... DIN EN 50083-2-4 (VDE 0855-2-4)
- Messfahren max. Betriebsausgangspegel im Rückweg
  .... DIN EN IEC 60728-3 (VDE 0855-3)
- optische Systeme zur Rundfunksignalübertragung .... DIN EN IEC 60728-113 (VDE 0855-113)
- optische Übertragungssysteme für RFoG-Technik .... DIN EN 60728-14 (VDE 0855-14)
- Sicherheitsanforderungen .... DIN EN 60728-11 (VDE 0855-1)
  E DIN EN IEC 60728-11 (VDE 0855-1)
- Störstrahlungscharakteristik .... DIN EN 50083-2 (VDE 0855-200)
  E DIN EN 50083-2/A2 (VDE 0855-200/A2)
- Systemanforderungen für Verteilrichtung bei kompletter digitaler Kanallast
  .... DIN EN 60728-101 (VDE 0855-101)
- Systemanforderungen in Vorwärtsrichtung .... DIN EN 60728-1 (VDE 0855-7)

Kabelnetze
Fernsehsignale
- Fernspeisespannungen größer als 65 V Wechselspannung
  .... E DIN VDE V 0855-230 (VDE V 0855-230)
Fernspeisespannungen größer als 65 V Wechselspannung
  .... E DIN VDE V 0855-230 (VDE V 0855-230)
für Multimediasignale
- elektromagnetische Verträglichkeit von Geräten .... DIN EN 50083-2 (VDE 0855-200)
  E DIN EN 50083-2/A2 (VDE 0855-200/A2)
Hausanschlüsse .... VDE-Schriftenreihe Band 168
interaktive Dienste
- Fernspeisespannungen größer als 65 V Wechselspannung
  .... E DIN VDE V 0855-230 (VDE V 0855-230)
mit koaxialem Kabelausgang .... DIN EN 60728-1 (VDE 0855-7)

Systemanforderungen .... Beiblatt 1 DIN EN 50083 (VDE 0855)
Tonsignale
– Fernspeisespannungen größer als 65 V Wechselspannung
.... E DIN VDE V 0855-230 (VDE V 0855-230)

Kabelschneidgeräte, hydraulische .... DIN EN 50340 (VDE 0682-661)

Kabelseele .... DIN EN 50288-10-1 (VDE 0819-10-1)
DIN EN 50288-11-1 (VDE 0819-11-1)
DIN EN 50288-9-1 (VDE 0819-9-1)

Kabelstraps .... DIN EN IEC 62275 (VDE 0604-201)

Kabelsysteme .... DIN VDE 0100-520 (VDE 0100-520)
E DIN VDE 0100-520-1 (VDE 0100-520-1)

Kabelträgersysteme .... DIN EN 61537 (VDE 0639)
E DIN EN IEC 61537 (VDE 0639)

Kabelträgersysteme für elektrische Installationen .... E DIN EN IEC 61537 (VDE 0639)

Kabelverbindung
Errichten von Niederspannungsanlagen .... DIN VDE 0100-520 (VDE 0100-520)
E DIN VDE 0100-520-1 (VDE 0100-520-1)

Kabelvergussmassen .... DIN VDE 0291-1 (VDE 0291-1)

Kabelverschraubungen
für elektrische Installationen .... DIN EN 62444 (VDE 0619)

Kabelverteilanlagen
Außenkabel 5 MHz bis 1 000 MHz .... DIN EN 50117-10-1 (VDE 0887-10-10)
Außenkabel 5 MHz bis 3 000 MHz .... DIN EN 50117-10-2 (VDE 0887-10-2)
Hausinstallationskabel 5 MHz bis 1 000 MHz .... DIN EN 50117-9-1 (VDE 0887-9-1)
Hausinstallationskabel 5 MHz bis 3 000 MHz .... DIN EN 50117-9-2 (VDE 0887-9-2)
Hausinstallationskabel 5 MHz bis 6 000 MHz .... DIN EN 50117-9-3 (VDE 0887-9-3)
Innenkabel 5 MHz bis 1 000 MHz .... DIN EN 50117-9-1 (VDE 0887-9-1)
Innenkabel 5 MHz bis 3 000 MHz .... DIN EN 50117-9-2 (VDE 0887-9-2)
Innenkabel 5 MHz bis 6 000 MHz .... DIN EN 50117-9-3 (VDE 0887-9-3)
Verteiler und Linienkabel 5 MHz bis 1 000 MHz .... DIN EN 50117-11-1 (VDE 0887-11-1)
Verteiler und Linienkabel 5 MHz bis 2 000 MHz .... DIN EN 50117-11-2 (VDE 0887-11-2)

Kabelverteilsysteme
Anschluss von Geräten .... DIN EN 62949 (VDE 0868-949)

Kabinen
mit Saunaheizungen .... DIN VDE 0100-703 (VDE 0100-703)
VDE-Schriftenreihe Band 168
VDE-Schriftenreihe Band 67b

Kabinenventilatoren .... DIN VDE 0700-220 (VDE 0700-220)

Käfigläufer-Drehstrommotoren
Wirkungsgradklassifizierung .... DIN EN 60034-30-1 (VDE 0530-30-1)

Käfigläufer-Induktionsmotoren
für Umrichterbetrieb
– Anwendungsleitfaden .... DIN VDE 0530-25 (VDE 0530-25)
– Entwurf und Betriebsverhalten .... DIN VDE 0530-25 (VDE 0530-25)

Käfigschäden
an drehenden elektrischen Maschinen .... DIN CLC/TS 60034-24 (VDE V 0530-240)

Kalandriertes Papier .... DIN EN 60819-3-3 (VDE 0309-3-3)

Kalibrierung von Lichtbogenschweißeinrichtungen ...... DIN EN IEC 60974-14 (VDE 0544-14)

Kalibrierung von Messgeräten für die Wellenlänge/optische Frequenz
optisches Frequenzmessgerät mit internem Bezug auf einen Frequenzkamm
.... DIN EN IEC 62129-3 (VDE 0888-429-3)

Kalibrierung von Messgeräten
optisches Frequenzmessgerät
– mit Verwendung optischer Frequenzkämme .... DIN EN IEC 62129-3 (VDE 0888-429-3)
Kalibrierung von Oberflächenkontaminationsmonitoren
– Alpha-, Beta-, und Photonenquellen .... DIN ISO 8769 (VDE 0412-8769)

Kalibrierung von Orts- und Personendosimetern
als Funktion von Energie und Einfallswinkel
– Kernenergie .... E DIN ISO 6980-3 (VDE 0412-6980-3)

Kalibrierung
von Antennen für EMV-Messungen .... DIN EN 55016-1-6 (VDE 0876-16-1-6)

Kalibrierung, Rückverfolgbarkeit
photovoltaische Referenzeinrichtungen .... E DIN EN 60904-4 (VDE 0126-4-4)

Kalibrierungsgrundlagen für Basisgrößen
die das Strahlungsfeld charakterisieren
– Kernenergie .... E DIN ISO 6980-2 (VDE 0412-6980-2)

Kaltdampf-Atomabsorptionsspektrometrie .... DIN EN 62321-4 (VDE 0042-1-4)

Kaltdampf-Atomfluoreszenzspektrometrie .... DIN EN 62321-4 (VDE 0042-1-4)

Kältemittelgase
Geräte zur Detektion und Messung .... DIN EN 50676 (VDE 0400-60)

Kälteprüfung .... DIN EN 60068-2-1 (VDE 0468-2-1)

Kälterissbeständigkeit
von Füllmassen .... DIN EN 60811-411 (VDE 0473-811-411)

Kaltkathoden-Entladungslampen .... DIN EN 60598-2-14 (VDE 0711-2-14)

Kaltleiter
Bewertungsstufe EZ
– Thermistoren .... DIN VDE V 0898-1-401 (VDE V 0898-1-401)

Kaltpressmassen .... DIN VDE 0291-1a (VDE 0291-1a)

Kaltstart-Entladungslampen, röhrenförmige
Wechselrichter und Konverter .... DIN EN 61347-2-10 (VDE 0712-40)
                                                          E DIN EN IEC 61347-2-10 (VDE 0712-40)

Kaltvergussmassen .... DIN VDE 0291-1 (VDE 0291-1)
                                                          DIN VDE 0291-1a (VDE 0291-1a)

Kameras
Videoüberwachungsanlagen

– für Sicherungsanwendungen .... DIN EN IEC 62676-5 (VDE 0830-71-5)

Kanälen und Kaminen kerntechnischer Anlagen
Probenentnahme von luftgetragenen radioaktiven Stoffen . E DIN ISO 2889 (VDE 0493-1-2889)

Kapazität
von Steckverbindern .... DIN EN 60512-22-1 (VDE 0687-512-22-1)

Kapazitätsbewertung
von Photovoltaiksystemen .... E DIN IEC/TS 61724-2 (VDE V 0126-25-2)

Kapazitive Spannungswandler .... DIN EN 61869-5 (VDE 0414-9-5)

Kapazitive Teiler .... DIN EN 60358-1 (VDE 0560-2)
                                 DIN EN 60358-3 (VDE 0560-5)

Kopplungskondensatoren
– Oberwellenfilter .... DIN EN 60358-3 (VDE 0560-5)

Kappenisolatoren
Kenndaten .... E DIN EN IEC 60305 (VDE 0674-101)
Kenngrößen .... DIN EN 60305 (VDE 0446-6)
                               E DIN EN IEC 60305 (VDE 0674-101)

Kapselung, druckfeste .... DIN EN 60079-1 (VDE 0170-5)

Kapselungen aus Schmiedestahl
für gasgefüllte Hochspannungs-Schaltgeräte und -Schaltanlagen
.... DIN EN 50068 (VDE 0670-804)

Kapselungen
aus Aluminium und -Knetlegierungen
– für gasgefüllte Schaltgeräte und -anlagen .... DIN EN 50064 (VDE 0670-803)
aus Aluminium und Aluminium-Knetlegierungen
– für gasgefüllte Hochspannungs-Schaltgeräte und -Schaltanlagen
.... DIN EN 50064 (VDE 0670-803)
aus Leichtmetallguss
– für gasgefüllte Schaltgeräte und -anlagen .... DIN EN 50052 (VDE 0670-801)
aus Schmiedestahl
– für gasgefüllte Hochspannungs-Schaltgeräte und -Schaltanlagen
.... DIN EN 50068 (VDE 0670-804)

Kapselungen, geschweißte
aus Leichtmetallguss und Aluminium-Knetlegierungen ...... DIN EN 50069 (VDE 0670-805)
– für gasgefüllte Hochspannungs-Schaltgeräte und -Schaltanlagen
.... DIN EN 50069 (VDE 0670-805)

Karusselltüren
elektrische Antriebe .... DIN EN 60335-2-103 (VDE 0700-103)
                     E DIN IEC 60335-2-103 (VDE 0700-103-3)
                    E DIN IEC 60335-2-103/A1 (VDE 0700-103/A1)
                    E DIN IEC 60335-2-103/A2 (VDE 0700-103/A2)

Kaskadierung von Maßnahmen
für die Systemsicherheit
– von elektrischen Versorgungsnetze .... VDE-Anwendungsregel VDE-AR-N 4140

Kasten für Endeinrichtung Typ 1
für Kategorie C

– in LWL-Kommunikationssystemen .... DIN EN 50411-3-8 (VDE 0888-500-38)

Kasten für Endeinrichtungen
in LWL-Kommunikationssystemen
– Typ 1 für Kategorie C .... DIN EN 50411-3-8 (VDE 0888-500-38)

Kathodenstrahlröhren (CRT)
Leistungsaufnahme .... DIN EN 62087 (VDE 0868-100)

Kathodenstrahlröhren
mechanische Sicherheit .... DIN EN 61965 (VDE 0864-1)

Kenngrößen
für den Elektropraktiker .... VDE-Schriftenreihe Band 59
von Elementarrelais .... DIN EN 61810-2 (VDE 0435-120)
               DIN EN 61810-2-1 (VDE 0435-120-1)
von Niederspannungssicherungen .... DIN EN 60269-1 (VDE 0636-1)

Kennwerte, elektrische
Messung und Bewertung
– Windenergieanlagen .... DIN EN IEC 61400-21-1 (VDE 0127-21-1)

Kennzahl zur eingesetzten Energie
Informationstechnik
– Rechenzentren .... Beiblatt 1 DIN EN 50600-4-2 (VDE 0801-600-4-2)
               DIN EN 50600-4-2 (VDE 0801-600-4-2)

Kennzeichnung
der Adern von Kabeln und Leitungen .... DIN VDE 0293-1 (VDE 0293-1)
               DIN EN 50334 (VDE 0293-334)
– Farbkennzeichnung .... DIN VDE 0293-308 (VDE 0293-308)
elektrisch isolierender Kleidung .... DIN EN 50286 (VDE 0682-301)
               DIN EN 50321-1 (VDE 0682-331-1)
elektrischer Maschinen .... DIN EN 60204-1 (VDE 0113-1)
               E DIN EN 60204-1/A1 (VDE 0113-1/A1)
               DIN EN 61310-2 (VDE 0113-102)
offener radioaktiver Stoffe .... DIN EN ISO 3925 (VDE 0412-3925)
von Anschlüssen in Systemen .... DIN EN 61666 (VDE 0040-5)
               E DIN EN 61666/A1 (VDE 0040-5/A1)
von Bleibatterien .... DIN EN 61056-2 (VDE 0510-26)
von Dokumenten .... DIN EN 62507-1 (VDE 0040-2-1)
von elektrischen Isoliersystemen .... DIN EN 60505 (VDE 0302-1)
von Elektro- und Elektronikgeräten .... DIN EN 50419 (VDE 0042-10)
von Lichtwellenleitern .... DIN VDE V 0888-100-1-1 (VDE V 0888-100-1-1)
von Produkten .... DIN EN 62507-1 (VDE 0040-2-1)
               VDE-Schriftenreihe Band 116
von technischen Dokumenten .... DIN EN 61355-1 (VDE 0040-3)

Kennzeichnung der Chemie
Sekundär-Batterien .... DIN EN IEC 62902 (VDE 0510-902)

Kennzeichnung und Dokumentation
offene radioaktive Stoffe .... DIN EN ISO 3925 (VDE 0412-3925)

Kennzeichnung von Anschlüssen elektrischer Betriebsmittel
angeschlossener Leiterenden und Leitern
– Mensch-Maschine-Schnittstelle .... E DIN EN IEC 60445 (VDE 0197)

Mensch-Maschine-Schnittstelle .... DIN EN 60445 (VDE 0197)
E DIN EN IEC 60445 (VDE 0197)

Keramikisolatoren .... DIN EN 61211 (VDE 0446-102)
für Wechselspannungssysteme
– für verschmutzte Umgebungen .... DIN IEC/TS 60815-2 (VDE V 0674-256-2)
Prüfung .... DIN EN 60383-1 (VDE 0446-1)
E DIN EN IEC 60383-1 (VDE 0674-106-1)
DIN EN 61325 (VDE 0446-5)

Keramikisolierstoffe
Anforderungen .... DIN EN 60672-3 (VDE 0335-3)
Prüfverfahren .... DIN EN 60672-2 (VDE 0335-2)

Keramik-Kettenisolatoren
Kenndaten von Kettenisolatoren
– Kappenisolator .... E DIN EN IEC 60305 (VDE 0674-101)

Keramische Isolatoren
für Freileitungen mit einer Nennspannung über 1 000 V
– Kettenisolatoren in Langstabausführung .... E DIN EN IEC 60433 (VDE 0674-102)
Kenngrößen von Kettenisolatoren
– in Langstabausführung .... E DIN EN IEC 60433 (VDE 0674-102)
Kettenisolatoren in Langstabausführung .... E DIN EN IEC 60433 (VDE 0674-102)
– für Freileitungen mit einer Nennspannung über 1 000 V E DIN EN IEC 60433 (VDE 0674-102)

Kerbkraft
von Kabeln und Leitungen
– Prüfung .... DIN 57472-619 (VDE 0472-619)

Kernbohrmaschinen .... DIN EN 62841-3-6 (VDE 0740-3-6)

Kernenergie
Beta-Referenzstrahlung
– Kalibrierung von Orts- und Personendosimetern .... E DIN ISO 6980-3 (VDE 0412-6980-3)
– Kalibrierungsgrundlagen für Basisgrößen zur Charakterisierung des Strahlungsfelds
.... E DIN ISO 6980-2 (VDE 0412-6980-2)
– Orts- und Personendosimetern .... E DIN ISO 6980-3 (VDE 0412-6980-3)
– Verfahren zur Erzeugung .... E DIN ISO 6980-1 (VDE 0412-6980-1)
Verfahren zur Erzeugung der Beta-Referenzstrahlung .... E DIN ISO 6980-1 (VDE 0412-6980-1)

Kerninstrumentierung
Neutronendetektoren ohne äußere Energieversorgung
– Eigenschaften und Prüfverfahren .... E DIN IEC 61468 (VDE 0491-6-2)

Kernkraftwerke
Alterungsmanagement Sensoren und Transmittern
– Drucktransmitter .... DIN EN 62765-1 (VDE 0491-22-1)
– Temperaturfühler .... E DIN IEC 62765-2 (VDE 0491-22-2)
elektrische Systeme .... E DIN IEC 63046 (VDE 0491-8-2)
– allgemeine Anforderungen .... E DIN IEC 63046 (VDE 0491-8-2)
Geräteplattform .... DIN EN 60987 (VDE 0491-3-1)
E DIN EN 60987 (VDE 0491-3-1)
Hauptwarte
– Meldung und Anzeige von Störungen .... DIN EN 62241 (VDE 0491-5-2)
HDL-programmierte integrierte Schaltkreise

– Funktionen der Kategorien B oder C .... E DIN IEC 62566-2 (VDE 0491-3-9)
Kerninstrumentierung
– Eigenschaften und Prüfverfahren für Neutronendetektoren . E DIN IEC 61468 (VDE 0491-6-2)
– Neutronendetektoren ohne äußere Energieversorgung .... E DIN IEC 61468 (VDE 0491-6-2)
– zur Messung der Neutronenflussdichte .... DIN IEC 60568 (VDE 0491-6)
Kühlmittelverluste .... DIN IEC 62117 (VDE 0491-4)
Leittechnik mit sicherheitstechnischer Bedeutung
– Auslegung und Qualifizierung von Isolationseinrichtungen ...... DIN EN 62808 (VDE 0491-9-3)
– Zustandsüberwachung elektrischer Geräte, Isolierwiderstand
.... DIN IEC/IEEE 62582-6 (VDE 0491-21-6)
Leittechnik mit sicherheitstechnischer Bedeutung
– Alterungsmanagement von elektrischen Kabelsystemen
.... DIN EN IEC 62465 (VDE 0491-22-10)
Leittechnik und elektrische Energieversorgung
– physikalische und elektrische Trennung .... DIN EN IEC 60709 (VDE 0491-7)
leittechnische Systeme
– Alterungsmanagement elektrischer Kabelsysteme .... DIN EN IEC 62465 (VDE 0491-22-10)
– Alterungsmanagement Sensoren und Transmittern .... DIN EN 62765-1 (VDE 0491-22-1)
E DIN IEC 62765-2 (VDE 0491-22-2)
– elektromagnetische Verträglichkeit .... E DIN IEC 62003 (VDE 0491-11)
– Hardwareauslegung .... DIN EN 60987 (VDE 0491-3-1)
E DIN EN 60987 (VDE 0491-3-1)
– IT-Sicherheitsplanung für rechnerbasierte Systeme .... E DIN IEC 62645 (VDE 0491-3-7)
– komplexe elektronische Komponenten .... DIN EN 62566 (VDE 0491-3-5)
– physikalische und elektrische Trennung .... DIN EN IEC 60709 (VDE 0491-7)
– Sicherstellung der Funktionsfähigkeit .... DIN EN 60671 (VDE 0491-100)
– Strahlungsüberwachungssysteme .... E DIN IEC 61031 (VDE 0491-17)
E DIN IEC 62705 (VDE 0491-15)
– Überwachung der Strahlung und der Radioaktivität .... E DIN IEC 61504 (VDE 0491-16)
– Umgebungsüberwachung der Gamma-Dosisleistung .... E DIN IEC 61031 (VDE 0491-17)
– Versagen gemeinsamer Ursache .... DIN EN 62340 (VDE 0491-10)
leittechnische Systeme
– Koordinierung von Sicherheit und IT-Sicherheit .... DIN IEC 62859 (VDE 0491-3-8)
E DIN IEC 62859/A1 (VDE 0491-3-8/A1)
– Zustandsüberwachung elektrischer Geräte .... DIN IEC/IEEE 62582-1 (VDE 0491-21-1)
DIN IEC/IEEE 62582-2 (VDE 0491-21-2)
E DIN IEC/IEEE 62582-2 (VDE 0491-21-2)
DIN IEC/IEEE 62582-3 (VDE 0491-21-3)
DIN IEC/IEEE 62582-4 (VDE 0491-21-4)
E DIN IEC/IEEE 62582-4 (VDE 0491-21-4)
DIN IEC/IEEE 62582-5 (VDE 0491-21-5)
DIN IEC/IEEE 62582-6 (VDE 0491-21-6)
leittechnische Systeme mit sicherheitstechnischer Bedeutung
– Kriterien für seismische Abschaltsysteme .... E DIN IEC 63186 (VDE 0491-12)
– seismische Abschaltsysteme .... E DIN IEC 63186 (VDE 0491-12)
leittechnische Systeme und
– elektrische Stromversorgungssysteme .... DIN EN IEC 61225 (VDE 0491-8-3)
Notsteuerstellen
– für das Abfahren des Reaktors .... DIN EN 60965 (VDE 0491-5-5)
Prüfung
– EMV-Störfestigkeit .... E DIN IEC 62003 (VDE 0491-11)
rechnerbasierte Sicherheitssysteme
– Funktionen der Kategorien B oder C .... DIN EN IEC 62138 (VDE 0491-3-3)

309

seismische Abschaltsysteme .... E DIN IEC 63186 (VDE 0491-12)
– Kriterien .... E DIN IEC 63186 (VDE 0491-12)
Sicherheitsleittechnik .... DIN EN IEC 61225 (VDE 0491-8-3)
DIN EN 61513 (VDE 0491-2)
E DIN IEC 62003 (VDE 0491-11)
– allgemeine Anforderungen .... DIN EN 61513 (VDE 0491-2)
– allgemeine Systemanforderungen .... DIN EN 61513 (VDE 0491-2)
– Auslegung und Qualifizierung von Isolationseinrichtungen .... DIN EN 62808 (VDE 0491-9-3)
– Auswahl und Einsatz drahtloser Geräte .... E DIN IEC 62988 (VDE 0491-3-6)
– Datenkommunikation .... DIN EN IEC 61500 (VDE 0491-3-4)
– Drucktransmitter .... DIN EN 62765-1 (VDE 0491-22-1)
– elektrische Energieversorgung .... DIN EN IEC 61225 (VDE 0491-8-3)
E DIN IEC 62855 (VDE 0491-8-1)
– Gleich- und Wechselstrom-Energieversorgungssysteme . DIN EN IEC 61225 (VDE 0491-8-3)
– IT-Sicherheitsmaßnahmen .... E DIN IEC 63096 (VDE 0491-3-10)
– Kategorisierung leittechnischer Funktionen .... DIN EN 61226 (VDE 0491-1)
E DIN IEC 61226 (VDE 0491-1)
DIN IEC/IEEE 62582-4 (VDE 0491-21-4)
E DIN IEC/IEEE 62582-4 (VDE 0491-21-4)
– Kategorisierung von Funktionen .... E DIN IEC 61226 (VDE 0491-1)
– Klassifizierung von Systemen .... E DIN IEC 61226 (VDE 0491-1)
– Prüfung elektromagnetischer Verträglichkeit .... DIN EN IEC 61225 (VDE 0491-8-3)
– Sicherstellung der Funktionsfähigkeit .... DIN EN 60671 (VDE 0491-100)
– Software .... DIN EN 60880 (VDE 0491-3-2)
DIN EN IEC 62138 (VDE 0491-3-3)
– statische unterbrechungsfreie Energieversorgungssysteme
.... DIN EN IEC 61225 (VDE 0491-8-3)
– Temperaturfühler .... E DIN IEC 62765-2 (VDE 0491-22-2)
– Zustandsüberwachung elektrischer Geräte .... DIN IEC/IEEE 62582-5 (VDE 0491-21-5)
DIN IEC/IEEE 62582-6 (VDE 0491-21-6)
sicherheitstechnische Instrumentierung
– Neutronendetektoren: Eigenschaften und Prüfverfahren ..... E DIN IEC 61468 (VDE 0491-6-2)
sicherheitswichtige Instrumentierung
– Druckmessumformer: Eigenschaften und Prüfverfahren .... DIN EN 62808 (VDE 0491-9-3)
E DIN IEC 62887 (VDE 0491-9-4)
– Durchführungen für Sicherheitsbehälter .... E DIN IEC 60772 (VDE 0491-9-1)
DIN EN 62808 (VDE 0491-9-3)
E DIN IEC 62887 (VDE 0491-9-4)
– Neutronendetektoren: Eigenschaften und Prüfverfahren ..... E DIN IEC 61468 (VDE 0491-6-2)
– Störfallüberwachung .... E DIN IEC 63147 (VDE 0491-4-3)
– Überwachung der Sicherheitshülle von Leichtwasserreaktoren
.... E DIN IEC 60910 (VDE 0491-4-2)
Warten
– Alarmfunktionen und ihre Darstellung .... DIN EN 62241 (VDE 0491-5-2)
– Analyse und Zuordnung der Funktionen .... DIN EN 61839 (VDE 0491-5)
– Anwendung von Sichtgeräten .... DIN EN 61772 (VDE 0491-5-4)
– Auslegung .... DIN EN IEC 60964 (VDE 0491-5-1)
– Handbedienungen .... DIN EN 61227 (VDE 0491-5-3)
– Notfall-Reaktionseinrichtungen .... E DIN IEC 62954 (VDE 0491-5-7)
– Notsteuerstellen .... DIN EN 60965 (VDE 0491-5-5)
– rechnerunterstützte Prozeduren .... DIN EN IEC 62646 (VDE 0491-5-6)
Zustandsüberwachung elektrischer Geräte
– Eindringmodul .... E DIN IEC/IEEE 62582-2 (VDE 0491-21-2)

– Eindringprüfung .... DIN IEC/IEEE 62582-2 (VDE 0491-21-2)
E DIN IEC/IEEE 62582-2 (VDE 0491-21-2)
– Isolationswiderstand .... DIN IEC/IEEE 62582-6 (VDE 0491-21-6)
– optische Zeitbereichsreflektometrie .... DIN IEC/IEEE 62582-5 (VDE 0491-21-5)
– Oxidation .... DIN IEC/IEEE 62582-4 (VDE 0491-21-4)
E DIN IEC/IEEE 62582-4 (VDE 0491-21-4)
– Reißdehnung .... DIN IEC/IEEE 62582-3 (VDE 0491-21-3)

Kernneutronendetektoren, Online- .... DIN IEC 60568 (VDE 0491-6)

Kernreaktoren
Notsteuerstellen .... DIN EN 60965 (VDE 0491-5-5)

Kerntechnische Anlagen .... DIN EN 60780-323 (VDE 0491-80)
E DIN IEC/IEEE 60980-344 (VDE 0491-90)
E DIN IEC 62855 (VDE 0491-8-1)
elektrisches Gerät mit sicherheitstechnischer Bedeutung
– Qualifizierung .... DIN EN 60780-323 (VDE 0491-80)
elektro- und leittechnische Systeme mit sicherheitstechnischer Bedeutung
– Versagen aufgrund gemeinsamer Ursache, Systemanalyse und Diversität
.... E DIN IEC 63160 (VDE 0491-10-2)
Elektrosysteme mit sicherheitstechnischer Bedeutung .... E DIN IEC 63160 (VDE 0491-10-2)
– Versagen aufgrund gemeinsamer Ursache, Systemanalyse und Diversität
.... E DIN IEC 63160 (VDE 0491-10-2)
Gerät mit sicherheitstechnischer Bedeutung
– seismische Qualifizierung .... E DIN IEC/IEEE 60980-344 (VDE 0491-90)
Instrumentierung mit sicherheitstechnischer Bedeutung
– Instrumentierung des Abklingbeckens .... E DIN IEC/IEEE 63113 (VDE 0491-13)
– Strahlungsüberwachung für Störfall- und Nachstörfallbedingungen
.... E DIN IEC 60951-1 (VDE 0491-14-1)
E DIN IEC 60951-3 (VDE 0491-14-3)
leittechnische Systeme mit sicherheitstechnischer Bedeutung
.... E DIN IEC 63160 (VDE 0491-10-2)
– Versagen aufgrund gemeinsamer Ursache, Systemanalyse und Diversität
.... E DIN IEC 63160 (VDE 0491-10-2)
probabilistische Risikobewertung
– Analyse menschlicher Zuverlässigkeit .... E DIN IEC 63260 (VDE 0491-60)
Probenentnahme von luftgetragenen radioaktiven Stoffen
– aus Kanälen und Kaminen .... E DIN ISO 2889 (VDE 0493-1-2889)
Störfallüberwachungsinstrumentierung
– des Abklingbeckens .... E DIN IEC/IEEE 63113 (VDE 0491-13)
Strahlungsüberwachung
– Einrichtungen für die kontinuierliche Überwachung starker Gammastrahlung
.... E DIN IEC 60951-3 (VDE 0491-14-3)
– Gammastrahlung .... E DIN IEC 60951-3 (VDE 0491-14-3)
– Störfall- und Nachstörfallbedingungen .... E DIN IEC 60951-1 (VDE 0491-14-1)
E DIN IEC 60951-3 (VDE 0491-14-3)
Strahlungsüberwachung für Störfall- und Nachstörfallbedingungen
.... E DIN IEC 60951-1 (VDE 0491-14-1)
E DIN IEC 60951-3 (VDE 0491-14-3)
Überwachung der Strahlung und des Radioaktivitätsniveaus
.... DIN EN ISO 16639 (VDE 0493-1-6639)
DIN IEC 61559-1 (VDE 0493-5-1)
zentralisierte Systeme
– Überwachung der Strahlung und der Radioaktivität .... E DIN IEC 61504 (VDE 0491-16)

Kerntechnische Einrichtungen
Überwachung der Aktivitätskonzentrationen
- von luftgetragenen radioaktiven Substanzen .... DIN EN ISO 16639 (VDE 0493-1-6639)
- von radioaktiven Substanzen am Arbeitsplatz .... DIN EN ISO 16639 (VDE 0493-1-6639)

Kettenisolatoren in Langstabausführung
Kenngrößen .... E DIN EN IEC 60433 (VDE 0674-102)
Kenngrößen von Kettenisolatoren .... E DIN EN IEC 60433 (VDE 0674-102)

Kettenisolatoren
Gabel-Lasche-Verbindungen .... E DIN EN IEC 60471 (VDE 0674-107)

Kettensägen
handgeführt, motorbetrieben, transportabel .... DIN EN 62841-4-1 (VDE 0740-4-1)

Kettensägen, handgeführt motorbetrieben .... DIN EN 62841-4-1 (VDE 0740-4-1)

Kinderbetten, medizinische
Sicherheit und Leistungsmerkmale .... DIN EN 50637 (VDE 0750-212)
E DIN EN IEC 80601-2-89 (VDE 0750-2-89)

Kinderzimmerleuchten .... DIN EN 60598-2-10 (VDE 0711-2-10)

Kirchtürme
Blitzschutz .... Beiblatt 2 DIN EN 62305-3 (VDE 0185-305-3)
E DIN EN 62305-3 (VDE 0185-305-3)

Kirmesplätze
elektrische Anlagen .... DIN VDE 0100-740 (VDE 0100-740)
VDE-Schriftenreihe Band 168

Klassen des Brandverhaltens
Leitfaden für die Zuordnung
- isolierte Starkstromleitungen .... DIN VDE V 0250-10 (VDE V 0250-10)

Klassen von Umgebungseinflussgrößen und deren Grenzwerte
ortsfester Einsatz, nicht wettergeschützt .... DIN EN IEC 60721-3-4 (VDE 0468-721-3-4)

Klassifikation
von Niederspannungssicherungen .... DIN EN 60269-1 (VDE 0636-1)
von technischen Dokumenten .... DIN EN 61355-1 (VDE 0040-3)

Klassifizierung Umgebungsbedingungen
Einflussgrößen in Gruppen
- und deren Schärfegrad .... DIN EN IEC 60721-3-1 (VDE 0468-721-3-1)
DIN EN IEC 60721-3-2 (VDE 0468-721-3-2)

Einflussgrößen in Klassen
- und deren Grenzwerte .... DIN EN IEC 60721-3-1 (VDE 0468-721-3-1)
DIN EN IEC 60721-3-2 (VDE 0468-721-3-2)
DIN EN IEC 60721-3-3 (VDE 0468-721-3-3)

Klassen von Umgebungseinflussgrößen und deren Grenzwerte
- ortsfester Einsatz, nicht wettergeschützt .... DIN EN IEC 60721-3-4 (VDE 0468-721-3-4)
natürliche Umgebungsbedingungen
- Fauna und Flora .... DIN EN 60721-2-7 (VDE 0468-721-2-7)
- Luftdruck .... DIN EN 60721-2-3 (VDE 0468-721-2-3)
- Niederschlag und Wind .... DIN EN 60721-2-2 (VDE 0468-721-2-2)
- Sonnenstrahlung und Temperatur .... DIN EN IEC 60721-2-4 (VDE 0468-721-2-4)

– Temperatur und Feuchte .... DIN EN 60721-2-1 (VDE 0468-721-2-1)

Klassifizierung
von Isolierflüssigkeiten .... DIN EN 61039 (VDE 0389-1)
von Lasereinrichtungen .... Beiblatt 13 DIN EN 60825 (VDE 0837)
von Medizinprodukten .... VDE-Anwendungsregel VDE-AR-E 2750-200
von Umgebungsbedingungen .... DIN EN 60721-2-1 (VDE 0468-721-2-1)
DIN EN 60721-2-2 (VDE 0468-721-2-2)
DIN EN 60721-2-3 (VDE 0468-721-2-3)
DIN EN IEC 60721-2-4 (VDE 0468-721-2-4)
DIN EN IEC 60721-2-7 (VDE 0468-721-2-7)
DIN EN 60721-2-9 (VDE 0468-721-2-9)
E DIN EN 60721-3-0 (VDE 0468-721-3-0)
DIN EN IEC 60721-3-1 (VDE 0468-721-3-1)
DIN EN IEC 60721-3-2 (VDE 0468-721-3-2)
DIN EN IEC 60721-3-3 (VDE 0468-721-3-3)
DIN EN IEC 60721-3-4 (VDE 0468-721-3-4)
– Klassen von Umgebungseinflussgrößen und deren Grenzwerte
.... DIN EN IEC 60721-3-4 (VDE 0468-721-3-4)
– ortsfester Einsatz, nicht wettergeschützt .... DIN EN IEC 60721-3-4 (VDE 0468-721-3-4)
– Umgebungseinflussgrößen und deren Grenzwerte
.... DIN EN IEC 60721-3-4 (VDE 0468-721-3-4)

Klebepistolen .... DIN EN 60335-2-45 (VDE 0700-45)
E DIN EN 60335-2-45/AA (VDE 0700-45/AA)

Klebstoff, warmhärtender
für selbstklebende Bänder .... DIN EN 60454-3-11 (VDE 0340-3-11)

Kleidung und ähnliche schmiegsame Wärmegeräte .... DIN EN 60335-2-17 (VDE 0700-17)

Kleidung
und ähnliche schmiegsame Wärmegeräte .... Beiblatt 1 DIN EN 60335-2-17 (VDE 0700-17)
DIN EN 60335-2-17 (VDE 0700-17)
E DIN IEC 60335-2-17/A2 (VDE 0700-17/A2)

Kleindrosselspulen .... DIN EN 61558-2-20 (VDE 0570-2-20)

Kleines stationäres Brennstoffzellen-Energiesystem
mit gekoppelter Wärme- und Kraftleistung
– Brennstoffzellentechnologien .... E DIN EN 62282-3-400 (VDE 0130-3-400)

Klein-Generatoren
Anschluss ans öffentliche Niederspannungsnetz .... DIN EN 50549-1 (VDE 0124-549-1)

Kleinleistungstransformatoren
umweltgerechte Gestaltung .... DIN EN 50645 (VDE 0570-200)

Kleinsignal-Messwandler
zusätzliche allgemeine Anforderungen .... E DIN EN 61869-1 (VDE 0414-9-1)
DIN EN 61869-6 (VDE 0414-9-6)

Kleinsignal-Stromwandler
Messwandler .... DIN EN IEC 61869-10 (VDE 0414-9-10)
DIN EN IEC 61869-11 (VDE 0414-9-11)

Kleinsignal-Stromwandler, passive
Messwandler .... DIN EN IEC 61869-10 (VDE 0414-9-10)

DIN EN IEC 61869-11 (VDE 0414-9-11)

Kleinspannung .... DIN VDE 0100-410 (VDE 0100-410)

Kleinspannungsanlagen
Arbeiten an .... DIN EN 50110-1 (VDE 0105-1)
Bedienen von .... DIN EN 50110-1 (VDE 0105-1)
Instandhaltung .... DIN EN 50110-1 (VDE 0105-1)

Kleinspannungs-Beleuchtungsanlagen .... DIN VDE 0100-715 (VDE 0100-715)
VDE-Schriftenreihe Band 168

Kleinspannungs-Beleuchtungssysteme .... DIN EN 60598-2-23 (VDE 0711-2-23)
E DIN EN IEC 60598-2-23 (VDE 0711-2-23)

Kleinspannungsbeleuchtungssysteme .... E DIN EN IEC 60598-2-23 (VDE 0711-2-23)
für ELV-Lichtquellen .... E DIN EN IEC 60598-2-23 (VDE 0711-2-23)

Kleinspannungs-Glühlampen .... DIN EN 61549 (VDE 0715-12)

Kleinstromerzeuger .... VDE-Schriftenreihe Band 122

Kleinstsicherungseinsätze
allgemeine Anforderungen .... DIN EN 60127-1 (VDE 0820-1)
E DIN EN IEC 60127-1 (VDE 0820-1)
DIN EN 60127-3 (VDE 0820-3)
E DIN EN 60127-3/A1 (VDE 0820-3/A1)

Kleinwerkzeuge, rotierende .... DIN EN 60745-2-23 (VDE 0740-2-23)

Klemmstellen
schraubenlose .... DIN EN 60998-1 (VDE 0613-1)
DIN EN 60998-2-2 (VDE 0613-2-2)
DIN EN 60999-2 (VDE 0609-101)

Klimaanlagen für den Hausgebrauch, tragbare
Schadstoffentfrachtung .... DIN CLC/TS 50574-2 (VDE V 0042-11-2)

Klimaprüfkammern
Berechnung der Messunsicherheit .... DIN EN 60068-3-11 (VDE 0468-3-11)

Klimatische Prüfungen, kombinierte
Temperatur/Feuchte und Schwingung/Schock .... DIN EN 60068-2-53 (VDE 0468-2-53)

Klingeltransformatoren .... DIN EN 61558-2-8 (VDE 0570-2-8)

Kliniken, siehe auch Krankenhäuser

Kliniken
Blitzschutz .... Beiblatt 2 DIN EN 62305-3 (VDE 0185-305-3)
E DIN EN 62305-3 (VDE 0185-305-3)
elektrische Anlagen .... DIN VDE 0100-710 (VDE 0100-710)
Beiblatt 1 DIN VDE 0100-710 (VDE 0100-710)
E DIN VDE 0100-710 (VDE 0100-710)
VDE-Schriftenreihe Band 17
VDE-Schriftenreihe Band 168
VDE-Schriftenreihe Band 170
Leuchten .... DIN EN 60598-2-25 (VDE 0711-2-25)
Klöppel- und Pfannenverbindungen

– Sicherheitsvorrichtungen .... E DIN EN IEC 60372 (VDE 0674-105)
Maße von Klöppel- und Pfannen-Verbindungen .... E DIN EN IEC 60120 (VDE 0674-120)

Klöppel- und Pfannen-Verbindungen
von Kettenisolatoren .... E DIN EN IEC 60120 (VDE 0674-120)

Klöppelösen
Armaturen für Freileitungen .... DIN VDE 0212-465 (VDE 0212-465)

Klöppelverbindungen von Kettenisolatoren
Sicherheitsvorrichtungen
– Maße und Prüfungen .... E DIN EN IEC 60372 (VDE 0674-105)

Knackstöranalysatoren .... DIN EN IEC 55016-1-1 (VDE 0876-16-1-1)

Knickprüfung
von Kabeln und Leitungen .... DIN EN 50396 (VDE 0473-396)
DIN EN 50396/A1 (VDE 0473-396/A1)

Koaxiale Hochfrequenzsteckverbinder
blind steckbar
– Serie RBMA .... DIN EN 61169-43 (VDE 0887-969-43)
mit Außenleiter mit 0,8 mm Innendurchmesser
– Wellenwiderstand 50 Ω (Typ 0,8) .... DIN EN IEC 61169-64 (VDE 0887-969-64)
mit Außenleiter mit 10 mm Innendurchmesser
– Wellenwiderstand 50 Ω, Typ 4.3-10 .... DIN EN 61169-54 (VDE 0887-969-54)
E DIN EN IEC 61169-54 (VDE 0887-969-54)
mit Außenleiter mit 16 mm Innendurchmesser
– Wellenwiderstand 50 Ω, Typ S7-16 .... DIN EN 61169-53 (VDE 0887-969-53)
mit Außenleiter mit 4,11 mm Innendurchmesser
– Wellenwiderstand 50 Ω (Typ QMA) .... DIN EN 61169-50 (VDE 0887-969-50)
mit Außenleiter mit 6,5 mm (0256 in) Innendurchmesser
– Wellenwiderstand 75 Ω (Typ BNC) .... E DIN EN 61169-63 (VDE 0887-969-63)
mit Außenleiter mit 9,5 mm Innendurchmesser
– mit Schnellverschlusskupplung, Serie Q4.1-9.5 .... E DIN EN 61169-61 (VDE 0887-969-61)
– Wellenwiderstand 50 Ω, Typ 4.1-9.5 .... DIN EN 61169-11 (VDE 0887-969-11)
mit Bajonettverschluss
– Einsatz in 50-Ω-Kabelnetzen (Typ QLI) .... DIN EN 61169-51 (VDE 0887-969-51)
mit Blindsteckverbindung
– Wellenwiderstand 50 Ω (Typ SBMA) .... DIN EN 61169-58 (VDE 0887-969-58)
mit Schnellverriegelung
– Serie CQN .... DIN EN 61169-42 (VDE 0887-969-42)
– Serie SQMA .... DIN EN 61169-45 (VDE 0887-969-45)
– Wellenwiderstand 50 Ω (Typ QMA) .... DIN EN 61169-50 (VDE 0887-969-50)
mit Schraubkupplung
– Einsatz in 75-Ω-Kabelnetzen .... E DIN EN 61169-24 (VDE 0887-969-24)

Koaxiale Kabel
Messung der passive Intermodulation
– passive HF- und Mikrowellenbauteile .... DIN EN 62037-2 (VDE 0887-37-2)
DIN EN 62037-4 (VDE 0887-37-4)

Koaxiale Kommunikationskabel
halbstarre Kabel mit Polytetrafluorethylen-(PTFE-)Isolation
– Bauartspezifikation .... DIN EN 61196-10-1 (VDE 0887-10-1)
– Rahmenspezifikation .... DIN EN 61196-10 (VDE 0887-10)

Koaxiale Steckverbinder
Messung der passive Intermodulation
– passive HF- und Mikrowellenbauteile .... DIN EN 62037-3 (VDE 0887-37-3)

Koaxiale Verkabelung .... DIN EN 61935-1 (VDE 0819-935-1)
DIN EN 61935-2-20 (VDE 0819-935-2-20)
DIN EN 61935-3 (VDE 0819-935-3)

Koaxialkabel .... DIN CLC/TR 50117-8 (VDE 0887-8)
DIN EN 60728-1-2 (VDE 0855-7-2)
analoge und digitale Signalübertragung
– Außenkabel für Systeme 5 MHz bis 3000 MHz .... DIN EN 50117-10-2 (VDE 0887-10-2)
– Innenkabel für Systeme 5 MHz bis 1000 MHz .... DIN EN 50117-10-1 (VDE 0887-10-10)
DIN EN 50117-9-1 (VDE 0887-9-1)
– Innenkabel für Systeme 5 MHz bis 3000 MHz .... DIN EN 50117-9-2 (VDE 0887-9-2)
– Innenkabel für Systeme 5 MHz bis 6000 MHz .... DIN EN 50117-9-3 (VDE 0887-9-3)
– Verteiler und Linienkabel 5 MHz bis 1000 MHz .... DIN EN 50117-11-1 (VDE 0887-11-1)
– Verteiler und Linienkabel 5 MHz bis 2000 MHz .... DIN EN 50117-11-2 (VDE 0887-11-2)
CATV-Kabel bis zu 6 GHz
– Kabelverteilanlagen .... DIN EN 50117-9-3 (VDE 0887-9-3)
Fachgrundspezifikation .... DIN EN 50117-1 (VDE 0887-1)
DIN EN IEC 60966-1 (VDE 0887-966-1)
flexible konfektionierte
– Rahmenspezifikation .... DIN EN 60966-2-1 (VDE 0887-966-2-1)
DIN EN 60966-2-4 (VDE 0887-966-2-4)
für Kabelverteilanlagen .... DIN CLC/TR 50117-8 (VDE 0887-8)
DIN EN 50117-9-1 (VDE 0887-9-1)
– Außenkabel 5 MHz bis 1000 MHz .... DIN EN 50117-10-1 (VDE 0887-10-10)
– Außenkabel 5 MHz bis 3000 MHz .... DIN EN 50117-10-2 (VDE 0887-10-2)
– Hausinstallationskabel 5 MHz bis 1000 MHz .... DIN EN 50117-9-1 (VDE 0887-9-1)
– Hausinstallationskabel 5 MHz bis 3000 MHz .... DIN EN 50117-9-2 (VDE 0887-9-2)
– Hausinstallationskabel 5 MHz bis 6000 MHz .... DIN EN 50117-9-3 (VDE 0887-9-3)
– Verteiler und Linienkabel 5 MHz bis 1000 MHz .... DIN EN 50117-11-1 (VDE 0887-11-1)
– Verteiler und Linienkabel 5 MHz bis 2000 MHz .... DIN EN 50117-11-2 (VDE 0887-11-2)
Kabelverteilanlagen
– CATV-Kabel bis zu 6 GHz .... DIN EN 50117-9-3 (VDE 0887-9-3)
– Rahmenspezifikation .... DIN EN 50117-9-3 (VDE 0887-9-3)
Miniaturkabel .... DIN EN 50117-3-1 (VDE 0887-3-1)
Reparatur und Ersatz .... DIN CLC/TR 50117-8 (VDE 0887-8)
Verteilen von Satellitensignalen .... DIN EN 50607 (VDE 0855-607)

Koaxialkabel, konfektionierte
Frequenzbereich 0 MHz bis 1000 MHz
– Steckverbinder nach IEC 61169-2 .... DIN EN 60966-2-5 (VDE 0887-966-2-5)
– Steckverbinder nach IEC 61169-8 .... DIN EN 60966-2-3 (VDE 0887-966-2-3)
Frequenzbereich 0 MHz bis 3000 MHz
– Steckverbinder nach IEC 61169-2 .... DIN EN 60966-2-4 (VDE 0887-966-2-4)
– Steckverbinder nach IEC 61169-24 .... DIN EN 60966-2-6 (VDE 0887-966-2-6)
– Steckverbinder nach IEC 61169-47 .... DIN EN 60966-2-7 (VDE 0887-966-2-7)

Kochkessel
für den gewerblichen Gebrauch .... DIN EN 60335-2-47 (VDE 0700-47)

Kochmulden
Vorrichtungen zur Feuerlöschung

– Prüfungen .... DIN EN 50615 (VDE 0700-615)
Vorrichtungen zur Feuervermeidung
– Prüfungen .... DIN EN 50615 (VDE 0700-615)

Kochplatten
für den gewerblichen Gebrauch .... E DIN EN 60335-2-36/A11 (VDE 0700-36/A11)

Kohlendioxid
in Innenraumluft
– Geräte zur Detektion und Messung .... DIN EN 50543 (VDE 0400-36)

Kohlenmonoxid in Freizeitfahrzeugen
Geräte zur Detektion .... DIN EN 50291-2 (VDE 0400-34-2)

Kohlenmonoxid in Sportbooten
Geräte zur Detektion .... DIN EN 50291-2 (VDE 0400-34-2)

Kohlenmonoxid
in Innenraumluft
– Geräte zur Detektion und Messung .... DIN EN 50543 (VDE 0400-36)
in Tiefgaragen und Tunneln
– Geräte zur Detektion und Messung .... DIN EN 50545-1 (VDE 0400-80)
in Wohnhäusern
– Geräte zur Detektion .... DIN EN 50291-1 (VDE 0400-34-1)
in Wohnhäusern, Caravans, Booten
– Geräte zur Detektion .... DIN EN 50292 (VDE 0400-35)

Kohlenmonoxidkonzentration .... DIN EN 50291-1 (VDE 0400-34-1)
DIN EN 50292 (VDE 0400-35)

Kolorimetrische Titration .... DIN EN 62021-2 (VDE 0370-32)

Kolorimetrisches Verfahren .... DIN EN 62321-7-2 (VDE 0042-1-7-2)

Kombimelder
Passiv-Infrarot/Mikrowellen .... Beiblatt 1 DIN EN 50131-2-4 (VDE 0830-2-2-4)
DIN EN 50131-2-4 (VDE 0830-2-2-4)
E DIN EN 50131-2-4 (VDE 0830-2-2-4)
Passiv-Infrarot/Ultraschall .... Beiblatt 1 DIN EN 50131-2-5 (VDE 0830-2-2-5)
DIN EN 50131-2-5 (VDE 0830-2-2-5)
Passiv-Infrarotdual/Mikrowellen .... E DIN EN 50131-2-4 (VDE 0830-2-2-4)

Kombination von Anforderungsstufen
für modulare Schränke .... DIN EN 61587-4 (VDE 0687-587-4)

Kombinierte Alarmanlagen .... DIN CLC/TS 50398 (VDE V 0830-6-398)
DIN EN 50398-1 (VDE 0830-6-1)

Kombinierte Dienstleistungen
Anbieter .... VDE-Anwendungsregel VDE-AR-E 2757-2

Kombinierte Erzeugungs-/Verbrauchsanlagen
Errichten von Niederspannungsanlagen .... E DIN IEC 60364-8-2 (VDE 0100-802)

Kombinierte Messgeräte
für Schutzmaßnahmen .... DIN EN 61557-10 (VDE 0413-10)

Kombinierte Mikrowellenkochgeräte .... Beiblatt 1 DIN EN 60335-2-25 (VDE 0700-25)
DIN EN 60335-2-25 (VDE 0700-25)

E DIN EN IEC 60335-2-25/A106 (VDE 0700-25/A106)
E DIN EN IEC 60335-2-25/A107 (VDE 0700-25/A107)
E DIN EN IEC 60335-2-25/A108 (VDE 0700-25/A108)
E DIN EN IEC 60335-2-25/A109 (VDE 0700-25/A109)
E DIN EN 60335-2-25/AA (VDE 0700-25/AA)

Kombinierte Wandler
für elektrische Messgeräte .... DIN EN 61869-4 (VDE 0414-9-4)

Komfortventilatoren und Regler
für den Hausgebrauch .... DIN EN IEC 60879 (VDE 0705-879)
– Verfahren zur Messung der Gebrauchseigenschaften ...... DIN EN IEC 60879 (VDE 0705-879)

Komfortventilatoren
für den Hausgebrauch .... DIN EN IEC 60879 (VDE 0705-879)

Kommunikation für die Überwachung und Steuerung
von Windenergieanlagen .... DIN EN 61400-25-1 (VDE 0127-25-1)

Kommunikation in intelligenten Messsystemen
funktionale Referenzarchitektur .... DIN CEN/CLC/ETSI/TR 50572 (VDE 0418-0)

Kommunikation über den menschlichen Körper
Halbleiterschnittstelle
– Halbleiterbauelemente .... DIN EN 62779-1 (VDE 0884-79-1)
DIN EN 62779-3 (VDE 0884-79-3)

Kommunikation von Elektrofahrzeugen
Infrastruktur
– WPT .... E DIN IEC/TS 61980-2 (VDE V 0122-10-2)

Kommunikation von Elektroleichtfahrzeugen
Batteriesystem .... E DIN IEC/TS 61851-3-7 (VDE V 0122-3-7)
Begriffe und EMSC .... E DIN IEC/TS 61851-3-4 (VDE V 0122-3-4)
definierte Kommunikationsparameter ..... E DIN IEC/TS 61851-3-5 (VDE V 0122-3-5)
Spannungswandler .... E DIN IEC/TS 61851-3-6 (VDE V 0122-3-6)

Kommunikation, digitale
Steigekabel .... DIN EN 50407-3 (VDE 0819-407-3)

Kommunikationsgeräte
auf elektrischen Niederspannungsnetzen
– betriebene Geräte zwischen 5 und 30 MHz ...... E DIN EN 50561-2 (VDE 0878-561-2)
– Funkstöreigenschaften .... DIN EN 50561-1 (VDE 0878-561-1)
E DIN EN 50561-1/AA (VDE 0878-561-1/AA)
E DIN EN 50561-2 (VDE 0878-561-2)
DIN EN 50561-3 (VDE 0878-561-3)
– Geräte für Frequenzen über 30 MHz ...... DIN EN 50561-3 (VDE 0878-561-3)
– oberhalb 30 MHz betriebene Geräte ...... E DIN EN 50561-2 (VDE 0878-561-2)
– Störfestigkeit .... DIN EN 50412-2-1 (VDE 0808-121)
– Verwendung im Heimbereich .... DIN EN 50561-1 (VDE 0878-561-1)
E DIN EN 50561-1/AA (VDE 0878-561-1/AA)
DIN EN 50561-3 (VDE 0878-561-3)
– Verwendung in Zugangsnetzen .... E DIN EN 50561-2 (VDE 0878-561-2)
Expositionsgrenzwerte
– Basisgrenzwerte .... DIN EN 50360 (VDE 0848-360)
Frequenzbereich 300 MHz bis 6 GHz .... DIN EN 50360 (VDE 0848-360)

Funkstöreigenschaften
- Grenzwerte und Messverfahren .... E DIN EN 50561-2 (VDE 0878-561-2)
DIN EN 50561-3 (VDE 0878-561-3)
zufällige Entzündung durch Kerzenflamme .... DIN CLC/TS 62441 (VDE V 0868-441)

Kommunikationsgeräte, mobile schnurlose
Allgemeinbevölkerung .... DIN EN 50566 (VDE 0848-566)
spezifische Absorptionsrate (SAR) .... DIN EN 62209-2 (VDE 0848-209-2)
E DIN EN IEC 62209-3 (VDE 0848-209-3)
Übereinstimmung von hochfrequenten Feldern .... DIN EN 50566 (VDE 0848-566)

Kommunikationsgeräte, schnurlose
elektromagnetische Felder
- 30 MHz bis 6 GHz .... DIN EN 50566 (VDE 0848-566)

Kommunikationskabel
Abriebfestigkeit Markierung Kabelmantel
- mechanische Prüfverfahren .... DIN EN 50289-3-8 (VDE 0819-289-38)
Bedingung der Umgebung .... DIN EN 50290-4-1 (VDE 0819-290-41)
Datenkabel Innenbereich
- Polyethylen-Isoliermischungen .... DIN EN 50290-2-33 (VDE 0819-113)
elektrische Prüfverfahren
- Spezifikation .... DIN EN 50289-1-1 (VDE 0819-289-1-1)
DIN EN 50289-1-11 (VDE 0819-289-1-11)
DIN EN 50289-1-8 (VDE 0819-289-1-8)
DIN EN 50289-1-9 (VDE 0819-289-1-9)
Entwicklung und Konstruktion .... DIN EN 50290-2-20 (VDE 0819-100)
DIN EN 50290-2-25 (VDE 0819-105)
DIN EN 50290-2-28 (VDE 0819-108)
DIN EN 50290-2-29 (VDE 0819-109)
DIN EN 50290-2-30 (VDE 0819-110)
DIN EN 50290-2-33 (VDE 0819-113)
DIN EN 50290-2-35 (VDE 0819-115)
DIN EN 50290-2-36 (VDE 0819-116)
DIN EN 50290-2-37 (VDE 0819-117)
DIN EN 50290-2-38 (VDE 0819-118)
- halogenfreie flammwidrige Isoliermischungen .... DIN EN 50290-2-26 (VDE 0819-106)
- halogenfreie flammwidrige Mantelmischungen .... DIN EN 50290-2-27 (VDE 0819-107)
- PE-Isoliermischungen .... DIN EN 50290-2-23 (VDE 0819-103)
- PE-Mantelmischungen .... DIN EN 50290-2-24 (VDE 0819-104)
- PVC-Isoliermischungen .... DIN EN 50290-2-21 (VDE 0819-101)
- PVC-Mantelmischungen .... DIN EN 50290-2-22 (VDE 0819-102)
FEP Isolierung und Mantelmischung .... DIN EN 50290-2-30 (VDE 0819-110)
Funktionserhalt im Brandfall .... DIN EN 50289-4-16 (VDE 0819-289-4-16)
Isoliermischungen .... DIN EN 50290-2-25 (VDE 0819-105)
DIN EN 50290-2-28 (VDE 0819-108)
DIN EN 50290-2-29 (VDE 0819-109)
DIN EN 50290-2-30 (VDE 0819-110)
DIN EN 50290-2-33 (VDE 0819-113)
DIN EN 50290-2-36 (VDE 0819-116)
DIN EN 50290-2-37 (VDE 0819-117)
DIN EN 50290-2-38 (VDE 0819-118)
Koaxialkabel
- Polyethylen-Isoliermischungen .... DIN EN 50290-2-37 (VDE 0819-117)

Leitfaden für die Verwendung	DIN EN 50290-2-38 (VDE 0819-118) DIN EN 50290-4-2 (VDE 0819-290-42)
Mantelmischungen	DIN EN 50290-2-35 (VDE 0819-115)
mechanische Prüfverfahren	
– Abriebfestigkeit Markierung Kabelmantel	DIN EN 50289-3-8 (VDE 0819-289-38)
PE-Isoliermischung	
– für Datenkabel Innenbereich	DIN EN 50290-2-33 (VDE 0819-113)
– Koaxialkabel	DIN EN 50290-2-37 (VDE 0819-117) DIN EN 50290-2-38 (VDE 0819-118)
PE-Isoliermischungen	DIN EN 50290-2-23 (VDE 0819-103)
Petrolat-Füllmasse	DIN EN 50290-2-28 (VDE 0819-108)
Polyamid-Mantelmischung	DIN EN 50290-2-35 (VDE 0819-115)
Polyethylen-Isoliermischung	
– für Datenkabel Innenbereich	DIN EN 50290-2-33 (VDE 0819-113)
– für Koaxialkabel	DIN EN 50290-2-37 (VDE 0819-117) DIN EN 50290-2-38 (VDE 0819-118)
Polypropylen-Isoliermischungen	DIN EN 50290-2-25 (VDE 0819-105)
Prüfverfahren	
– Messung der Kopplungsdämpfung	E DIN EN IEC 62153-4-15 (VDE 0819-153-4-15)
– Messung der Schirmdämpfung	E DIN EN IEC 62153-4-15 (VDE 0819-153-4-15)
– Messung von Kopplungswiderstand und Schirm	DIN EN 62153-4-7 (VDE 0819-153-4-7)
– Messungen der Kopplungsdämpfung „aC"	DIN EN 62153-4-7 (VDE 0819-153-4-7)
– Messungen der Schirmdämpfung „as"	DIN EN 62153-4-7 (VDE 0819-153-4-7)
– Messungen der Schirmwirkung	DIN EN 62153-4-7 (VDE 0819-153-4-7)
Sicherheitsaspekte	DIN EN 50290-4-1 (VDE 0819-290-41)
Spezifikation für elektrische Prüfverfahren	DIN EN 50289-1-1 (VDE 0819-289-1-1) DIN EN 50289-1-11 (VDE 0819-289-1-11) DIN EN 50289-1-8 (VDE 0819-289-1-8) DIN EN 50289-1-9 (VDE 0819-289-1-9)
Spezifikation für Prüfverfahren	DIN EN 50289-1-1 (VDE 0819-289-1-1) DIN EN 50289-1-11 (VDE 0819-289-1-11) DIN EN 50289-1-8 (VDE 0819-289-1-8) DIN EN 50289-1-9 (VDE 0819-289-1-9) DIN EN 50289-3-8 (VDE 0819-289-38)
Typenkurzzeichen	Beiblatt 1 DIN VDE 0816-1 (VDE 0816-1)
Umweltprüfverfahren	
– Funktionserhalt im Brandfall	DIN EN 50289-4-16 (VDE 0819-289-4-16)
UV-Beständigkeit der Mäntel	DIN EN 50289-4-17 (VDE 0819-289-4-17)
vernetzte PE-Isoliermischungen	DIN EN 50290-2-29 (VDE 0819-109)
vernetzte Polyethylen-Isoliermischungen	
– Mess-, Steuer- und Feldbuskabel	DIN EN 50290-2-29 (VDE 0819-109)
vernetzte Silikongummiisoliermischung	DIN EN 50290-2-36 (VDE 0819-116)
Verwendung	DIN EN 50290-4-2 (VDE 0819-290-42)
Viererkabel	DIN EN 50407-3 (VDE 0819-407-3)

Kommunikationskabel, koaxiale

halbstarre Kabel mit Polytetrafluorethylen-(PTFE-)Isolation	DIN EN 61196-10 (VDE 0887-10) DIN EN 61196-10-1 (VDE 0887-10-1)

Kommunikationskabel, metallische

Prüfverfahren	DIN EN 50288-11-1 (VDE 0819-11-1)

Kommunikationskabel, vielpaarige ... DIN EN 50407-3 (VDE 0819-407-3)

Kommunikationskabelanlagen
anwendungsneutrale .... DIN EN 50173-1 (VDE 0800-173-1)
– Bürobereiche .... DIN VDE 0800-173-100 (VDE 0800-173-100)
DIN EN 50173-2 (VDE 0800-173-2)
– Gebäudedienste .... DIN EN 50173-6 (VDE 0800-173-6)
– industriell genutzte Bereiche .... DIN EN 50173-3 (VDE 0800-173-3)
– Lichtwellenleiter-Übertragungsstreckenklassen . DIN VDE 0800-173-100 (VDE 0800-173-100)
– Rechenzentren .... DIN EN 50173-5 (VDE 0800-173-5)
– Rechenzentrumsbereiche .... DIN EN 50173-5 (VDE 0800-173-5)
– verteilte Gebäudedienste .... DIN EN 50173-6 (VDE 0800-173-6)
– Wohnungen .... DIN EN 50173-4 (VDE 0800-173-4)

Kommunikationskabelanlagen, anwendungsneutrale
Lichtwellenleiter-Übertragungsstreckenklassen .... DIN VDE 0800-173-100 (VDE 0800-173-100)

Kommunikationsnetze und Systeme für die Automatisierung
in der elektrischen Energieversorgung
– Wörterverzeichnis .... E DIN IEC/TS 61850-2 (VDE V 0160-850-2)

Kommunikationsnetze und -systeme
Abbildung von Kommunikationsdiensten (SCSM) ... DIN EN IEC 61850-8-2 (VDE 0160-850-8-2)

Kommunikationsnetze
Anschluss von Geräten
– mit paarweise angeordneten Leitern .... DIN EN 62949 (VDE 0868-949)
– Schnittstellen .... Beiblatt 1 DIN EN 41003 (VDE 0804-100)
Automatisierung in der elektrischen Energieversorgung
.... E DIN IEC/TS 61850-2 (VDE V 0160-850-2)
DIN EN 61850-3 (VDE 0160-850-3)
DIN EN IEC 61850-8-2 (VDE 0160-850-8-2)

Kommunikationsnetze, industrielle
Feldbusinstallation
– Kommunikationsprofilfamilie 1 .... DIN EN 61784-5-1 (VDE 0800-500-1)
– Kommunikationsprofilfamilie 10 .... DIN EN 61784-5-10 (VDE 0800-500-10)
– Kommunikationsprofilfamilie 11 .... DIN EN 61784-5-11 (VDE 0800-500-11)
– Kommunikationsprofilfamilie 12 .... DIN EN IEC 61784-5-12 (VDE 0800-500-12)
– Kommunikationsprofilfamilie 13 .... DIN EN 61784-5-13 (VDE 0800-500-13)
– Kommunikationsprofilfamilie 14 .... DIN EN 61784-5-14 (VDE 0800-500-14)
– Kommunikationsprofilfamilie 15 .... DIN EN 61784-5-15 (VDE 0800-500-15)
– Kommunikationsprofilfamilie 16 .... DIN EN 61784-5-16 (VDE 0800-500-16)
– Kommunikationsprofilfamilie 17 .... DIN EN 61784-5-17 (VDE 0800-500-17)
– Kommunikationsprofilfamilie 18 .... DIN EN IEC 61784-5-18 (VDE 0800-500-18)
– Kommunikationsprofilfamilie 19 .... DIN EN 61784-5-19 (VDE 0800-500-19)
– Kommunikationsprofilfamilie 2 .... DIN EN IEC 61784-5-2 (VDE 0800-500-2)
– Kommunikationsprofilfamilie 20 .... DIN EN IEC 61784-5-20 (VDE 0800-500-20)
– Kommunikationsprofilfamilie 21 .... DIN EN IEC 61784-5-21 (VDE 0800-500-21)
– Kommunikationsprofilfamilie 3 .... DIN EN IEC 61784-5-3 (VDE 0800-500-3)
– Kommunikationsprofilfamilie 4 .... DIN EN IEC 61784-5-4 (VDE 0800-500-4)
– Kommunikationsprofilfamilie 6 .... DIN EN IEC 61784-5-6 (VDE 0800-500-6)
– Kommunikationsprofilfamilie 8 .... DIN EN IEC 61784-5-8 (VDE 0800-500-8)
Installation in Industrieanlagen .... DIN EN IEC 61918 (VDE 0800-500)
E DIN EN IEC 61918/A1 (VDE 0800-500/A1)

Übertragung bei Feldbussen
– Profilfestlegungen .... DIN EN 61784-3 (VDE 0803-500)

Kommunikationsprofil
Überwachung und Steuerung
– von Windenergieanlagen .... DIN EN 61400-25-4 (VDE 0127-25-4)
DIN EN 61784-3/A1 (VDE 0803-500/A1)
DIN EN 61400-25-6 (VDE 0127-25-6)

Kommunikationsprofile
der Feldbustechnologie .... DIN EN 61784-3 (VDE 0803-500)
DIN EN 61784-3/A1 (VDE 0803-500/A1)

Kommunikationsprotokoll
zum Transport von Satellitensignalen .... DIN EN 50585 (VDE 0855-585)

Kommunikationsschnittstellen
für Hochspannungsschaltgeräte und -schaltanlagen .... DIN EN 62271-3 (VDE 0671-3)

Kommunikationssysteme
auf elektrischen Niederspannungsnetzen
– Störfestigkeit .... DIN EN 50412-2-1 (VDE 0808-121)
Automatisierung in der elektrischen Energieversorgung
.... E DIN IEC/TS 61850-2 (VDE V 0160-850-2)
DIN EN 61850-3 (VDE 0160-850-3)
DIN EN IEC 61850-8-2 (VDE 0160-850-8-2)

Kommunikationstechnikgeräte
umweltbewusstes Design .... DIN EN 62075 (VDE 0806-2075)

Kommunikationsverkabelung
in Gebäuden
– Fernspeisung .... Beiblatt 1 DIN EN 50174-2 (VDE 0800-174-2)
DIN EN 50174-2 (VDE 0800-174-2)
VDE-Schriftenreihe Band 126
Installation DIN EN 50174-1 (VDE 0800-174-1)
DIN CLC/TR 50174-99-2 (VDE 0800-174-99-2)
– Abschwächung von und Schutz vor elektrischer Störung
.... DIN CLC/TR 50174-99-2 (VDE 0800-174-99-2)
Installationsplanung und -praktiken im Freien .... DIN EN 50174-3 (VDE 0800-174-3)
Installationsplanung und Installationspraktiken .... Beiblatt 1 DIN EN 50174-2 (VDE 0800-174-2)
DIN EN 50174-2 (VDE 0800-174-2)
DIN EN 50174-3 (VDE 0800-174-3)
VDE-Schriftenreihe Band 126
Rangierschnüre und Geräteanschlussschnüre .... DIN EN 61935-2-20 (VDE 0819-935-2-20)
Spezifikation und Qualitätssicherung .... DIN EN 50174-1 (VDE 0800-174-1)

Kommunikationszentralen
Gleichstrom-Gerätesteckvorrichtungen
– 2,6-kW-System .... E DIN IEC/TS 63236-1 (VDE V 0625-3236-1)
– 5,2-kW-System .... E DIN IEC/TS 63236-2 (VDE V 0625-3236-2)

Kommutator-Isolierlamellen
aus Glimmer .... DIN EN 60371-3-1 (VDE 0332-3-1)

Kompakte Gerätekombination
für Verteilungsstationen (CEADS) .... DIN EN 62271-212 (VDE 0671-212)

Kompakt-Schaltanlagen
für Verteilerstationen .... DIN EN 62271-212 (VDE 0671-212)

Kompatibilitätsnachweis
für Bahnfahrzeuge .... DIN EN 50238-1 (VDE 0831-238-1)

Kompensationsdrosselspulen .... DIN EN 60076-6 (VDE 0532-76-6)

Kompensatoren (Lichtwellenleiter-) .... DIN EN 61978-1 (VDE 0885-978-1)

Komponenten für Photovoltaiksysteme
Anforderungen an Teilgeneratorverbindungssysteme
.... E VDE-Anwendungsregel VDE-AR-E 2283-6

Komponenten industrieller Automatisierungssysteme
IT-Sicherheit
– industrielle Kommunikationsnetze .... DIN EN IEC 62443-4-2 (VDE 0802-4-2)

Komponenten, flüssige und feste
elektrischer Isoliersysteme
– thermische Prüfung .... DIN IEC/TS 62332-1 (VDE V 0302-994)
DIN IEC/TS 62332-2 (VDE V 0302-995)

Komponentensoftware
für Eisenbahnfahrzeuge .... DIN VDE 0119-207-14 (VDE 0119-207-14)

Kompressionskühlgeräte
Anforderungen an Motorverdichter .... DIN EN 60335-2-34 (VDE 0700-34)
Beiblatt 1 DIN EN 60335-2-34 (VDE 0700-34)
E DIN EN 60335-2-34/A1 (VDE 0700-34/A1)
E DIN EN 60335-2-34/A2 (VDE 0700-34/A2)

Kondensatorbatterien
zur Korrektur des Niederspannungsleistungsfaktors .... DIN EN 61921 (VDE 0560-700)
E DIN EN 61921 (VDE 0560-700)

Kondensatoren
allgemeine Bestimmungen .... DIN VDE 0560-1 (VDE 0560-1)
DIN EN 60358-1 (VDE 0560-2)
der Leistungselektronik .... DIN EN 61071 (VDE 0560-120)
E DIN EN 61071 (VDE 0560-120)
für Bahnfahrzeuge .... DIN EN 61881-3 (VDE 0115-430-3)
– Papier-/Folienkondensatoren .... DIN EN 61881-1 (VDE 0115-430-1)
für Entladungslampenkreise .... DIN EN 61048 (VDE 0560-61)
für HF-Generatoren .... DIN VDE 0560-10 (VDE 0560-10)
für Leuchtstofflampen .... DIN EN 61049 (VDE 0560-62)
für Leuchtstofflampenkreise .... DIN EN 61048 (VDE 0560-61)
für Mikrowellenkochgeräte .... DIN EN 61270-1 (VDE 0560-22)
mit Aluminium-Elektrolyt
– für Wechselspannung .... DIN EN 137000 (VDE 0560-800)
DIN EN 137100 (VDE 0560-810)
DIN EN 137101 (VDE 0560-811)
nicht selbstheilende .... DIN EN 60931-2 (VDE 0560-49)
DIN EN 60931-3 (VDE 0560-45)
DIN EN 61049 (VDE 0560-62)
nicht selbstheilende Leistungs-Parallel- .... DIN EN 60931-1 (VDE 0560-48)
Parallelkondensatoren .... DIN EN 60871-1 (VDE 0560-410)

Schutzeinrichtungen für Reihenkondensatorbatterien .... DIN IEC/TS 60871-2 (VDE V 0560-420)
selbstheilende Leistungs-Parallel .... DIN EN 60143-2 (VDE 0560-43)
Sicherungen für Reihenkondensatoren .... DIN EN 60831-1 (VDE 0560-46)
zum Glätten pulsierender Gleichspannungen .... DIN EN 60831-2 (VDE 0560-47)
zur Unterdrückung elektromagnetischer Störungen .... DIN EN 60143-3 (VDE 0560-44)
– Sicherheitsprüfungen .... E DIN EN 60358-4 (VDE 0560-11)
 DIN EN 60940 (VDE 0565)
 DIN EN 60384-14-2 (VDE 0565-1-3)

Kondensatorester .... DIN EN 61099 (VDE 0375-1)

Kondensatorpapiere
auf Zellulosebasis .... DIN VDE 0311-32 (VDE 0311-32)

Konduktive AC- und DC-Stromversorgungssysteme
für Elektroleichtfahrzeuge .... E DIN IEC/TS 61851-3-1 (VDE V 0122-3-1)

Konduktive externe DC-Stromversorgungssysteme
für Elektroleichtfahrzeuge .... E DIN IEC/TS 61851-3-2 (VDE V 0122-3-2)
 E DIN IEC/TS 61851-3-3 (VDE V 0122-3-3)

Konduktive Ladesysteme
für Elektrofahrzeuge .... DIN EN IEC 61851-1 (VDE 0122-1)
 DIN EN 61851-21 (VDE 0122-2-1)
 DIN EN 61851-23 (VDE 0122-2-3)
 E DIN EN 61851-23 (VDE 0122-2-3)
 E DIN EN 61851-23-1 (VDE 0122-2-31)
 E DIN EN 61851-23-2 (VDE 0122-2-32)
 DIN EN 61851-24 (VDE 0122-2-4)
 E DIN EN 61851-24 (VDE 0122-2-4)
 DIN EN 62196-1 (VDE 0623-5-1)
 E DIN EN IEC 62196-1 (VDE 0623-5-1)
 DIN EN 62196-3 (VDE 0623-5-3)
 E DIN EN IEC 62196-3 (VDE 0623-5-3)
 E DIN IEC/TS 62196-4 (VDE V 0623-5-4)
 E DIN EN IEC 62196-6 (VDE 0623-5-6)
– AC/DC-Versorgung .... DIN EN 62196-3 (VDE 0623-5-3)
 E DIN EN IEC 62196-3 (VDE 0623-5-3)
 E DIN IEC/TS 62196-4 (VDE V 0623-5-4)
– dezidiertes Laden mit Gleichstrom .... E DIN EN IEC 62196-3 (VDE 0623-5-3)
– EMV-Anforderungen an Bordladegeräte .... DIN EN 61851-21-1 (VDE 0122-2-11)
– EMV-Anforderungen an externe Ladesysteme .... E DIN EN 61851-21-2 (VDE 0122-2-1-2)
– Hauptmaße für Stifte und Buchsen .... E DIN EN IEC 62196-3 (VDE 0623-5-3)
– Laden mit Wechselstrom/Gleichstrom .... E DIN EN IEC 62196-3 (VDE 0623-5-3)

Konduktive Stromversorgungssysteme
für Elektrofahrzeuge
– AC- und DC-Stromversorgung für Elektroleichtfahrzeuge
 .... E DIN IEC/TS 61851-3-1 (VDE V 0122-3-1)
– definierte Kommunikationsparameter .... E DIN IEC/TS 61851-3-5 (VDE V 0122-3-5)
– Kommunikation: Batteriesystem .... E DIN IEC/TS 61851-3-7 (VDE V 0122-3-7)
– Kommunikation: Begriffe und EMSC .... E DIN IEC/TS 61851-3-4 (VDE V 0122-3-4)
– Kommunikation: Spannungswandler .... E DIN IEC/TS 61851-3-6 (VDE V 0122-3-6)
– konduktive externe DC-Stromversorgung für Elektroleichtfahrzeuge
 .... E DIN IEC/TS 61851-3-2 (VDE V 0122-3-2)

Konduktives Laden von Elektrofahrzeugen
Stecker, Steckdosen
– Fahrzeugkupplungen, Fahrzeugstecker .... E DIN EN IEC 62196-1 (VDE 0623-5-1)
E DIN EN IEC 62196-6 (VDE 0623-5-6)

Konduktives Laden
von Elektrofahrzeugen .... E DIN EN IEC 62196-1 (VDE 0623-5-1)
E DIN EN IEC 62196-6 (VDE 0623-5-6)

Konfektionierte Hochfrequenzkabel
Fachgrundspezifikation
– allgemeine Anforderungen und Prüfverfahren .... DIN EN IEC 60966-1 (VDE 0887-966-1)

Konfektionierte Kabel .... DIN EN 61935-2-20 (VDE 0819-935-2-20)

Konfektionierte Kabel, Kabel, Steckverbinder
und passive Mikrowellenbauteile
– Messung der Schirmdämpfung mit Strahlungskammerverfahren
.... DIN EN 61726 (VDE 0887-726)

Konfektionierte Koaxialkabel
Fachgrundspezifikation .... DIN EN IEC 60966-1 (VDE 0887-966-1)

Konformität mit Stoffbeschränkungen
Beurteilung von Elektro- und Elektronikgeräten .... DIN EN IEC 63000 (VDE 0042-12)

Konformitätsbewertung
auf Bahnfahrzeugen .... DIN EN 50463-5 (VDE 0115-480-5)

Konformitätsbewertungsverfahren
von Medizinprodukten .... VDE-Anwendungsregel VDE-AR-E 2750-200

Konformitätsprüfung
von Windenergieanlagen .... DIN EN 61400-22 (VDE 0127-22)
zu IEC 61851-23, Anhang CC .... E DIN VDE V 0122-2-300 (VDE V 0122-2-300)

Konformitätsprüfungen
Überwachung und Steuerung
– von Windenergieanlagen .... DIN EN 61400-25-5 (VDE 0127-25-5)

Konformitätszeichen
an elektrischen Betriebsmitteln .... VDE-Schriftenreihe Band 15

Konsistenzprüfung von Lichtbogenschweißeinrichtungen
.... DIN EN IEC 60974-14 (VDE 0544-14)

Konstantstromregler
für Flugplatzbefeuerungsanlagen .... DIN EN 61822 (VDE 0161-100)

Konstantstrom-Serienkreise
für Flugplatzbefeuerungsanlagen .... Beiblatt 1 DIN EN 61821 (VDE 0161-103)
DIN EN 61821 (VDE 0161-103)

Konstruktion von medizinischen elektrischen Geräten
Ausarbeitung von Normen .... Beiblatt 1 DIN VDE 0752 (VDE 0752)

Kontaktlose Energieübertragungssysteme
für Elektrofahrzeuge .... E DIN IEC/TS 61980-3 (VDE V 0122-10-3)

Kontaktierungssystem, automatisches
Kontaktschnittstelle .... E DIN EN 50696 (VDE 0122-696)

Kontaktschnittstelle für ein automatisches Kontaktierungssystem
.... E DIN EN 50696 (VDE 0122-696)

Kontaminationsmessgeräte und -monitore .... DIN EN 60325 (VDE 0493-2-1)

Kontaminationsmonitore, tragbare
wiederkehrende Prüfung .... DIN VDE 0493-100 (VDE 0493-100)

Kontroll- und Datenkabel
bis 1 000 MHz, geschirmt .... DIN EN 50288-9-2 (VDE 0819-9-2)
– für den Horizontal- und Steigbereich .... DIN EN 50288-9-1 (VDE 0819-9-1)
bis 100 MHz, geschirmt
– für den Horizontal- und Steigbereich .... DIN EN 50288-2-1 (VDE 0819-2-1)
– Geräteanschluss- und Schaltkabel .... DIN EN 50288-2-2 (VDE 0819-2-2)
bis 100 MHz, ungeschirmt
– für den Horizontal- und Steigbereich .... DIN EN 50288-3-1 (VDE 0819-3-1)
– Geräteanschluss- und Schaltkabel .... DIN EN 50288-3-2 (VDE 0819-3-2)
bis 250 MHz, geschirmt
– für den Horizontal- und Steigbereich .... DIN EN 50288-5-1 (VDE 0819-5-1)
– Geräteanschluss- und Schaltkabel .... DIN EN 50288-5-2 (VDE 0819-5-2)
bis 250 MHz, ungeschirmt
– für den Horizontal- und Steigbereich .... DIN EN 50288-6-1 (VDE 0819-6-1)
– Geräteanschluss- und Schaltkabel .... DIN EN 50288-6-2 (VDE 0819-6-2)
bis 500 MHz, geschirmt .... DIN EN 50288-10-2 (VDE 0819-10-2)
bis 500 MHz, ungeschirmt .... DIN EN 50288-11-2 (VDE 0819-11-2)
– für den Horizontal- und Steigbereich .... DIN EN 50288-11-1 (VDE 0819-11-1)
bis 600 MHz, geschirmt
– für den Horizontal- und Steigbereich .... DIN EN 50288-4-1 (VDE 0819-4-1)
– Geräteanschluss- und Schaltkabel .... DIN EN 50288-4-2 (VDE 0819-4-2)
Fachgrundspezifikation .... DIN EN 50288-1 (VDE 0819-1)
für analoge und digitale Übertragung
– Typ-1-Kabel bis 2 MHz .... DIN EN 50288-8 (VDE 0819-8)

Kontrollkabel .... DIN EN 50288-10-1 (VDE 0819-10-1)
DIN EN 50288-11-1 (VDE 0819-11-1)
DIN EN 50288-9-1 (VDE 0819-9-1)
analoge Übertragung
– digitale Übertragung .... DIN EN 50288-12-1 (VDE 0819-12-1)

Kontrollkabel, mehradrig metallisch .... DIN EN 50288-12-1 (VDE 0819-12-1)

Konvektionsheizgeräte .... DIN EN 60335-2-30 (VDE 0700-30)
Beiblatt 1 DIN EN 60335-2-30 (VDE 0700-30)
E DIN EN 60335-2-30/A1 (VDE 0700-30/A1)
E DIN IEC 60335-2-30/A2 (VDE 0700-30/A2)
E DIN EN 60335-2-30/AB (VDE 0700-30/AB)

Konverter für Glühlampen
Arbeitsweise .... DIN EN 61047 (VDE 0712-25)

Konverter für Glühlampen, gleich- oder wechselstromversorgte elektronische
.... E DIN EN IEC 61347-2-2 (VDE 0712-32)

Konverter für Glühlampen, wechselstromversorgte elektronische
.... DIN EN 61347-2-2 (VDE 0712-32)
Konverter für Kaltstart-Entladungslampen .... DIN EN 61347-2-10 (VDE 0712-40)
E DIN EN IEC 61347-2-10 (VDE 0712-40)

Konzentrator-Photovoltaik (CPV)
Leistungsmessung
– CSOC-Bedingungen .... DIN EN 62670-3 (VDE 0126-35-3)
– CSTC-Bedingungen .... DIN EN 62670-3 (VDE 0126-35-3)
– Energiemessung .... DIN EN 62670-2 (VDE 0126-35-2)
– Leistungsbemessung .... DIN EN 62670-3 (VDE 0126-35-3)
– Standardprüfbedingungen .... DIN EN 62670-1 (VDE 0126-35-1)
Messverfahren
– Messtechnik .... DIN EN 62670-3 (VDE 0126-35-3)

Konzentrator-Photovoltaik-(CPV-)Anordnungen
Sicherheitsqualifikation .... DIN EN IEC 62688 (VDE 0126-36)

Konzentrator-Photovoltaik-(CPV-)Module
Sicherheitsqualifikation .... DIN EN IEC 62688 (VDE 0126-36)

Konzentrator-Photovoltaik-Anordnungen
Bauarteignung und Bauartzulassung .... DIN EN 62108 (VDE 0126-33)

Konzentrator-Photovoltaik-Module
Bauarteignung und Bauartzulassung .... DIN EN 62108 (VDE 0126-33)
Energiemessung .... DIN EN 62670-2 (VDE 0126-35-2)
Leistungsbemessung .... DIN EN 62670-3 (VDE 0126-35-3)
Leistungsmessung
– Energiemessung .... DIN EN 62670-2 (VDE 0126-35-2)
– Standardprüfbedingungen .... DIN EN 62670-1 (VDE 0126-35-1)
Sicherheitsqualifikation .... DIN EN IEC 62688 (VDE 0126-36)

Konzentratorzellen
Beschreibung von .... DIN IEC/TS 62789 (VDE V 0126-70)
Spezifikation .... DIN IEC/TS 62789 (VDE V 0126-70)

Konzentrisch verseilte Drähte
von Freileitungen .... E DIN IEC 62641 (VDE 0212-304)

Konzentrisch verseilte Leiter
von Freileitungen .... E DIN IEC 62641 (VDE 0212-304)
E DIN EN IEC 63248 (VDE 0212-307)

Konzentrisch verseilte rund verzinkte Leiter
für Freileitungen .... DIN VDE 0212-399 (VDE 0212-399)

Konzept und Prozesse in der Normung
Anwendungsfallmethodik .... DIN IEC/TR 62559-1 (VDE 0175-101)

Koordinierung von Sicherheit und IT-Sicherheit
Kernkraftwerke
– leittechnische Systeme .... DIN IEC 62859 (VDE 0491-3-8)
E DIN IEC 62859/A1 (VDE 0491-3-8/A1)

Kopfleuchten
für schlagwettergefährdete Grubenbaue

– Gebrauchstauglichkeit und Sicherheit .... DIN EN 60079-35-2 (VDE 0170-14-2)
– Konstruktion und Prüfung .... DIN EN 60079-35-1 (VDE 0170-14-1)

Kopfstellen
Kabelnetze für Fernsehsignale, Tonsignale und interaktive Dienste
.... DIN EN 60728-5 (VDE 0855-5)
Störstrahlungscharakteristik .... DIN EN 50083-2 (VDE 0855-200)
E DIN EN 50083-2/A2 (VDE 0855-200/A2)

Kopfstellenempfang .... DIN EN 50083-9 (VDE 0855-9)

Koppel-/Entkoppelnetzwerk .... DIN EN 61000-4-4 (VDE 0847-4-4)

Kopplungen
Prüfung bei Fernmeldekabeln und -leitungen .... DIN 57472-506 (VDE 0472-506)

Kopplungskondensatoren
Einphasen-Kopplungskondensatoren .... DIN EN 60358-2 (VDE 0560-4)

Kopplungsverluste
in Verbundsupraleiterdrähten .... DIN EN 61788-13 (VDE 0390-13)

Korona
Entladung .... DIN 57873-1 (VDE 0873-1)
Teilentladungen .... DIN EN 60270 (VDE 0434)

Körpernetzwerke, drahtlose .... DIN EN 62779-1 (VDE 0884-79-1)

Körperstrom
Schutzmaßnahmen .... VDE-Schriftenreihe Band 9

Körperstromdichte, induzierte
analytische Modelle .... DIN EN 62226-3-1 (VDE 0848-226-3-1)
Berechnungsverfahren .... DIN EN 62226-1 (VDE 0848-226-1)
DIN EN 62226-3-1 (VDE 0848-226-3-1)
Exposition – 2D-Modelle .... DIN EN 62226-2-1 (VDE 0848-226-2-1)
Exposition – numerische 2D-Modelle .... DIN EN 62226-3-1 (VDE 0848-226-3-1)

Korrosion
durch Streuströme
– Schutz vor .... DIN EN 50162 (VDE 0150)

Korrosionsgefährdung .... VDE-Schriftenreihe Band 35

Korrosionsprüfung (Salznebel-)
von photovoltaischen (PV-)Modulen .... DIN EN 61701 (VDE 0126-8)
E DIN EN 61701 (VDE 0126-8)

Korrosionsschädigung
durch Rauch und Brandgase .... DIN EN 60695-5-1 (VDE 0471-5-1)
E DIN EN IEC 60695-5-1 (VDE 0471-5-1)
durch Rauch und/oder Brandgase .... E DIN EN IEC 60695-5-1 (VDE 0471-5-1)
– Beurteilung der Brandgefahr .... E DIN EN IEC 60695-5-1 (VDE 0471-5-1)

Korrosionsschutz
gegen Streuströme .... DIN EN 50162 (VDE 0150)

Korrosionsschutzüberzüge
auf Metallen

– durch kolorimetrische Verfahren .... DIN EN 62321-7-1 (VDE 0042-1-7-1)

Korrosionswirkung
elektrolytische
– von Isoliermaterialien .... DIN EN 60426 (VDE 0303-6)

Korrosive Bestandteile
von Füllmassen
– Messung des Nichtvorhandenseins .... DIN EN 60811-604 (VDE 0473-811-604)

Kraftstoffwirtschaftlichkeit
Verbesserung .... DIN EN IEC 62576 (VDE 0122-576)
Kraft-Wärme-Kopplung
– Nennwärmebelastung kleiner oder gleich 70 kW .... DIN EN 50465 (VDE 0130-310)
– Nennwärmebelastung kleiner oder gleich 70 kW .... DIN EN 50465 (VDE 0130-310)
  mit elektrischem Anschluss .... DIN EN 60335-2-102 (VDE 0700-102)
                                                      E DIN EN 60335-2-102 (VDE 0700-102)

Kraftwerke
Kabel mit verbessertem Brandverhalten .... DIN VDE 0276-604 (VDE 0276-604)
                                                              DIN VDE 0276-622 (VDE 0276-622)
                                                              DIN VDE 0276-627 (VDE 0276-627)

Kraftwerke, solarthermische
Systeme und Komponenten
– Prüfverfahren für große Parabolrinnenkollektoren ...... DIN EN IEC 62862-3-2 (VDE 0133-3-2)

Kraftwerke, virtuelle
Architektur und funktionale Anforderungen .... E DIN EN IEC 63189-1 (VDE 0175-189-1)

Krane
elektrische Ausrüstung .... DIN EN 60204-32 (VDE 0113-32)
                                                              VDE-Schriftenreihe Band 60

Krankenhaus
Prozesse zur Datenerfassung
– Nachhaltigkeit .... VDE-Anwendungsregel VDE-AR-E 2750-100

Krankenhausbetten .... DIN EN 60601-2-52 (VDE 0750-2-52)

Krankenhäuser, siehe auch Kliniken

Krankenhäuser
Blitzschutz .... Beiblatt 2 DIN EN 62305-3 (VDE 0185-305-3)
                                                      E DIN EN 62305-3 (VDE 0185-305-3)
elektrische Anlagen .... DIN VDE 0100-710 (VDE 0100-710)
                                                      Beiblatt 1 DIN VDE 0100-710 (VDE 0100-710)
                                                      E DIN VDE 0100-710 (VDE 0100-710)
                                                              VDE-Schriftenreihe Band 17
                                                              VDE-Schriftenreihe Band 168
                                                              VDE-Schriftenreihe Band 170
Rufanlagen .... DIN VDE 0834-1 (VDE 0834-1)

Krankentransportfahrzeuge .... DIN VDE 0100-717 (VDE 0100-717)
                                                              VDE-Schriftenreihe Band 168

Kreissägen
Staubmessverfahren .... DIN EN 50632-2-5 (VDE 0740-632-2-5)

Kreissägen, handgeführt motorbetrieben .... DIN EN 62841-2-5 (VDE 0740-2-5)

Kreuzschaltung .... VDE-Anwendungsregel VDE-AR-E 2100-550

Kreuzverweistabelle
für Prüfverfahren für Lichtwellenleiterkabel .... DIN EN 60794-1-2 (VDE 0888-100-2)
E DIN EN IEC 60794-1-2 (VDE 0888-100-2)
E DIN EN 60794-1-21/A1 (VDE 0888-100-21/A1)

Kriechstrecken .... DIN EN 50178 (VDE 0160)
Bemessung .... DIN EN 60664-4 (VDE 0110-4)
Isolationskoordination
– bei Bahnanwendungen .... DIN EN 50124-1 (VDE 0115-107-1)
Spannungsfestigkeit .... VDE-Schriftenreihe Band 56
von elektrischen Betriebsmitteln .... DIN EN 60664-1 (VDE 0110-1)
E DIN EN 60664-1 (VDE 0110-1)

Kriechstrecken für feste Isolierung für Betriebsmittel
Bemessungsspannung über 1 000 V Wechselspannung/1 500 V Gleichspannung
– bis zu 2 000 V Wechselspannung/3 000 V Gleichspannung
.... DIN IEC/TS 62993 (VDE V 0110-101)

Kriechwegbildung
bei Elektroisolierstoffen .... DIN EN 60587 (VDE 0303-10)
E DIN EN 60587 (VDE 0303-10)
Prüfzahl, Vergleichszahl .... DIN EN 60112 (VDE 0303-11)
E DIN EN 60112 (VDE 0303-11)

Kristallit-Schmelzpunkt
von Kabeln und Leitungen
– Prüfung .... DIN 57472-621 (VDE 0472-621)

Kritikalitätsanalyse .... DIN EN 60300-3-11 (VDE 0050-5)

Kritische Temperatur
von Verbundsupraleitern
– Widerstandsmessverfahren .... DIN EN 61788-10 (VDE 0390-10)

Kritischer Strom
von Bi-2212 und Bi-2223-Supraleitern .... DIN EN 61788-3 (VDE 0390-3)
von Nb-Ti-Verbundsupraleitern .... DIN EN 61788-1 (VDE 0390-1)
von Nb_3Sn-Verbundsupraleitern .... DIN EN 61788-2 (VDE 0390-2)

Küchenmaschinen
für den gewerblichen Gebrauch .... DIN EN 60335-2-64 (VDE 0700-64)
E DIN EN 60335-2-64 (VDE 0700-64)
DIN EN 60335-2-64/A1 (VDE 0700-64/A1)
E DIN IEC 60335-2-64/A1 (VDE 0700-64/A2)
E DIN EN 60335-2-64/A2 (VDE 0700-64/A1)
E DIN EN 60335-2-64/A3 (VDE 0700-64/A4)
E DIN EN 60335-2-64/AB (VDE 0700-64/A3)
für den Hausgebrauch .... Beiblatt 1 DIN EN 60335-2-14 (VDE 0700-14)
DIN EN 60335-2-14 (VDE 0700-14)
E DIN IEC 60335-2-14 (VDE 0700-14)
E DIN EN 60335-2-14 (VDE 0700-14)
E DIN IEC 60335-2-14/A1 (VDE 0700-14/A1)
E DIN EN 60335-2-14/A2 (VDE 0700-14/A2)

E DIN EN 60335-2-14/AB (VDE 0700-14/AB)
E DIN EN 60335-2-14/AD (VDE 0700-14/AD)

Kugeldruckprüfung
zur Beurteilung der Brandgefahr .... DIN EN 60695-10-2 (VDE 0471-10-2)

Kühl- und Gefriergeräte
für den Hausgebrauch
– Lebensmittelkonservierung und -lagerung .... E DIN EN 63169 (VDE 0705-3169)
– Schadstoffentfrachtung .... DIN CLC/TS 50574-2 (VDE V 0042-11-2)

Kühlaggregat .... DIN EN IEC 60974-2 (VDE 0544-2)

Kühleinrichtungen
Leistungstransformatoren und Drosselspulen ... E DIN EN IEC 60076-22-6 (VDE 0532-76-22-6)

Kühlgeräte
für den gewerblichen Gebrauch
– Anforderungen an Motorverdichter .... Beiblatt 1 DIN EN 60335-2-89 (VDE 0700-89)
                                                                  DIN EN 60335-2-89 (VDE 0700-89)
                                                             E DIN IEC 60335-2-89 (VDE 0700-89)
für den Hausgebrauch .... Beiblatt 1 DIN EN 60335-2-24 (VDE 0700-24)
                                                                   DIN EN 60335-2-24 (VDE 0700-24)
                                                                        DIN EN 62552 (VDE 0705-2552)
                                                                E DIN EN 62552-1 (VDE 0705-2552-1)
                                                     E DIN EN 62552-1-100 (VDE 0705-2552-1-100)
                                                 E DIN IEC 62552-1/A1 (VDE 0705-2552-1/A1)
                                                                E DIN EN 62552-2 (VDE 0705-2552-2)
                                                     E DIN EN 62552-2-100 (VDE 0705-2552-2-100)
                                                 E DIN IEC 62552-2/A1 (VDE 0705-2552-2/A1)
                                                                 E DIN EN 62552-3 (VDE 0705-2552-3)
                                                     E DIN EN 62552-3-100 (VDE 0705-2552-3-100)
                                                     E DIN IEC 62552-3/A1 (VDE 0705-2552-3/A1)
mit Verflüssigersatz oder Motorverdichter
– für den gewerblichen Gebrauch .... Beiblatt 1 DIN EN 60335-2-89 (VDE 0700-89)
                                                                  DIN EN 60335-2-89 (VDE 0700-89)
                                                             E DIN IEC 60335-2-89 (VDE 0700-89)

Kühlung
von Transformatoren .... VDE-Schriftenreihe Band 72

Kühlungseinrichtungen
von Bahn-Umrichtern .... DIN CLC/TS 50537-3 (VDE V 0115-537-3)

Kunstharzpressholz, nicht imprägniert
für elektrotechnische Zwecke .... DIN EN 61061-1 (VDE 0310-1)
                                                            Beiblatt 1 DIN EN 61061-3-1 (VDE 0310-3-1)
                                                            Beiblatt 1 DIN EN 61061-3-2 (VDE 0310-3-2)

Kunststoffisolatoren .... DIN VDE 0441-1 (VDE 0441-1)

Kunststoffisolierung .... DIN VDE 0265 (VDE 0265)

Kunststoffisolierung, extrudierte .... DIN VDE 0278-629-1 (VDE 0278-629-1)

Kunststoffschneidwerkzeuge .... DIN EN 60335-2-45 (VDE 0700-45)
                                                                   E DIN EN 60335-2-45/AA (VDE 0700-45/AA)

Kunststoffseile
für Fahrleitungen .... DIN EN 50345 (VDE 0115-604)

Kunststoffumhüllte Freileitungsseile
für Freileitungen über 1 kV bis 36 kV .... E DIN EN 50397-1 (VDE 0276-397-1)

Kunststoff-ummantelte Leiter
für Freileitungen über 1 kV bis 36 kV .... DIN EN 50397-1 (VDE 0276-397-1)
E DIN EN 50397-1 (VDE 0276-397-1)

Kupferdrähte
papierisoliert .... E DIN EN IEC 60317-27-1 (VDE 0474-317-27-1)
DIN EN IEC 60317-27-3 (VDE 0474-317-27-3)
– technische Lieferbedingungen .... E DIN EN IEC 60317-27-1 (VDE 0474-317-27-1)
DIN EN IEC 60317-27-3 (VDE 0474-317-27-3)

Kupferdrähte, papierisoliert .... DIN EN IEC 60317-27-3 (VDE 0474-317-27-3)

Kupferleiter
Bruchdehnung .... DIN 57472-623 (VDE 0472-623)
Flachsteckverbindungen für .... DIN EN 61210 (VDE 0613-6)
Leiterplatten-Anschlussklemmen .... DIN EN IEC 60947-7-4 (VDE 0611-7-4)

Kupfervolumen
von Verbundsupraleitern .... DIN EN 61788-5 (VDE 0390-5)

Kupplungen für industrielle Anwendungen
Niederspannungs-Docking-Steckverbinder mit Stiften ... E DIN IEC/TS 60309-6 (VDE V 0623-6)

Kupplungen
für industrielle Anwendungen .... DIN EN 60309-2 (VDE 0623-2)
E DIN EN 60309-2 (VDE 0623-2)
– allgemeine Anforderungen .... DIN EN 60309-1 (VDE 0623-1)
E DIN EN 60309-1 (VDE 0623-1)
für Lichtwellenleiter-Steckverbinder .... DIN EN 61274-1 (VDE 0885-274-1)

Kupplungen, abschaltbare
für industrielle Anwendungen .... DIN EN 60309-4 (VDE 0623-3)
E DIN EN 60309-4 (VDE 0623-3)
mit und ohne Verriegelung
– für industrielle Anwendungen .... E DIN EN 60309-4 (VDE 0623-3)

Kurbelergometer .... DIN VDE 0750-238 (VDE 0750-238)

Kurz- und Erdschlüsse
Strom- und Spannungssensoren zur Erkennung .... DIN EN 62689-1 (VDE 0414-689-1)

Kurzschließeinrichtungen
Leitungen für ortsveränderliche .... DIN EN 61138 (VDE 0283-3)

Kurzschließen und Erden
ortsveränderliche Geräte .... DIN EN 61230 (VDE 0683-100)

Kurzschließen
Geräte
– zwangsgeführte .... DIN EN 61219 (VDE 0683-200)

Kurzschließvorrichtungen
ortsveränderliche Geräte .... DIN EN 61219 (VDE 0683-200)

Kurzschluss, kontrollierter
DC-Bereich von PV-Anlagen .... DIN EN 61230 (VDE 0683-100)
DIN VDE V 0642-100 (VDE V 0642-100)

Kurzschlussanzeiger
Strom- und Spannungsdetektoren
– Systemaspekte .... DIN EN 62689-1 (VDE 0414-689-1)
DIN EN 62689-2 (VDE 0414-689-2)
Strom- und Spannungssensoren
– Systemaspekte .... DIN EN 62689-1 (VDE 0414-689-1)
DIN EN 62689-2 (VDE 0414-689-2)

Kurzschlussarten .... VDE-Schriftenreihe Band 118

Kurzschlussbemessungswerte
von Überstromschutzeinrichtungen .... Beiblatt 1 DIN EN 60947-1 (VDE 0660-100)

Kurzschlussfester Transformator .... DIN EN 61558-2-16 (VDE 0570-2-16)
E DIN EN IEC 61558-2-16 (VDE 0570-2-16)

Kurzschlussfestigkeit
von Leistungstransformatoren .... DIN EN 60076-5 (VDE 0532-76-5)

Kurzschlussläufer-Induktionsmotoren
Bestimmung der Größen in Ersatzschaltbildern .... DIN EN 60034-28 (VDE 0530-28)

Kurzschlussprüfung (für OPGW und OPAC)
Lichtwellenleiterkabel .... E DIN EN IEC 60794-1-401 (VDE 0888-100-401)

Kurzschlussschutz .... Beiblatt 5 DIN VDE 0100 (VDE 0100)
DIN VDE 0100-430 (VDE 0100-430)
E DIN IEC 60364-4-43 (VDE 0100-430)
VDE-Schriftenreihe Band 159
in elektrischen Anlagen .... VDE-Schriftenreihe Band 143

Kurzschlussschutzeinrichtungen (SCPDs) .... DIN VDE 0100-530 (VDE 0100-530)

Kurzschlusssicheres Verlegen
von Kabeln und Leitungen .... DIN VDE 0100-520 (VDE 0100-520)
E DIN VDE 0100-520-1 (VDE 0100-520-1)

Kurzschlussströme
Berechnung .... DIN EN 60865-1 (VDE 0103)
VDE-Schriftenreihe Band 118
VDE-Schriftenreihe Band 77

Kurzwellen-Therapiegeräte .... DIN EN 60601-2-3 (VDE 0750-2-3)

Kurzzeichen
an elektrischen Betriebsmitteln .... VDE-Schriftenreihe Band 15

Kurzzeichen (-Lexikon)
für Kabel und isolierte Leitungen .... VDE-Schriftenreihe Band 29

Kurzzeitunterbrechungen
Störfestigkeitsprüfung .... DIN EN 61000-4-34 (VDE 0847-4-34)

KU-Werte
Anwendung in der Fernmeldetechnik .... VDE-Schriftenreihe Band 54

KWEA
(kleine Windenergieanlagen)
– Anforderungen .... DIN EN 61400-2 (VDE 0127-2)

L

Labor-Atomspektrometer
mit thermischer Atomisierung und Ionisation .... DIN EN 61010-2-061 (VDE 0411-2-061)
                  E DIN EN 61010-2-061 (VDE 0411-2-061)

Laborgeräte
besondere Anforderungen
– Sicherheitsbestimmungen .... DIN EN IEC 61010-2-201 (VDE 0411-2-201)
              E DIN EN IEC 61010-2-201 (VDE 0411-2-201)
EMV-Anforderungen
– allgemeine Anforderungen .... DIN EN 61326-1 (VDE 0843-20-1)
                E DIN EN 61326-1 (VDE 0843-20-1)
für Analysen .... DIN EN 61010-2-081 (VDE 0411-2-081)
                E DIN EN 61010-2-081 (VDE 0411-2-081)
– automatische und semiautomatische .... DIN EN 61010-2-081 (VDE 0411-2-081)
                E DIN EN 61010-2-081 (VDE 0411-2-081)
für das Erhitzen von Stoffen .... E DIN EN 61010-2-010 (VDE 0411-2-010)
Reinigungs-Desinfektionsgeräte .... DIN EN 61010-2-040 (VDE 0411-2-040)
              E DIN EN IEC 61010-2-040 (VDE 0411-2-040)
Sterilisatoren .... DIN EN 61010-2-040 (VDE 0411-2-040)
              E DIN EN IEC 61010-2-040 (VDE 0411-2-040)
Störfestigkeitsanforderungen .... DIN EN IEC 61326-3-2 (VDE 0843-20-3-2)
Zentrifugen .... DIN EN 61010-2-020 (VDE 0411-2-020)
              E DIN EN IEC 61010-2-020 (VDE 0411-2-020)
zum Erwärmen/Erhitzen von Stoffen .... DIN EN 61010-2-010 (VDE 0411-2-010)
                E DIN EN 61010-2-010 (VDE 0411-2-010)
zum Mischen und Rühren .... DIN EN 61010-2-051 (VDE 0411-2-051)
                E DIN EN 61010-2-051 (VDE 0411-2-051)

Laborgeräte, automatische und semiautomatische
für Analysen und andere Zwecke .... DIN EN 61010-2-081 (VDE 0411-2-081)
                E DIN EN 61010-2-081 (VDE 0411-2-081)

Laborgeräte, elektrische industrielle
Sicherheitsanforderungen für Maschinen-Aspekte DIN EN IEC 61010-2-120 (VDE 0411-2-120)

Laborgeräte, elektrische
allgemeine Anforderungen .... DIN EN 61010-1 (VDE 0411-1)
Anforderungen für Kühlgeräte .... DIN EN 61010-2-011 (VDE 0411-2-011)
              E DIN EN IEC 61010-2-011 (VDE 0411-2-011)
Isolationswiderstandsmessung
– Spannungsfestigkeitsprüfung .... E DIN EN 61010-2-034 (VDE 0411-2-034)
Klimaprüfgeräte .... DIN EN 61010-2-012 (VDE 0411-2-012)
                E DIN EN 61010-2-012 (VDE 0411-2-012)
Laborzentrifugen .... DIN EN 61010-2-020 (VDE 0411-2-020)
              E DIN EN IEC 61010-2-020 (VDE 0411-2-020)
Prüf- und Messstromkreise .... DIN EN 61010-2-030 (VDE 0411-2-030)
                E DIN EN 61010-2-030 (VDE 0411-2-030)

Sicherheitsbestimmungen .... DIN EN IEC 61010-2-201 (VDE 0411-2-201)
E DIN EN IEC 61010-2-201 (VDE 0411-2-201)
Temperatur-Konditionierungsgeräte .... DIN EN 61010-2-012 (VDE 0411-2-012)
E DIN EN 61010-2-012 (VDE 0411-2-012)
Umweltprüfgeräte .... DIN EN 61010-2-012 (VDE 0411-2-012)
E DIN EN 61010-2-012 (VDE 0411-2-012)

Lackdrähte und bandumwickelte Drähte
Bestimmung des Temperaturindex
– technische Lieferbedingungen von Wickeldrähten .... E DIN EN IEC 60172 (VDE 0474-172)
Prüfverfahren zur Bestimmung des Temperaturindex
– technische Lieferbedingungen von Wickeldrähten .... E DIN EN IEC 60172 (VDE 0474-172)
Temperaturindex
– technische Lieferbedingungen von Wickeldrähten .... E DIN EN IEC 60172 (VDE 0474-172)

Lackdraht-Substrate .... DIN EN 61033 (VDE 0362-1)

Lacke
als Isolierung
– Tränklacke .... DIN EN 60464-3-2 (VDE 0360-3-2)

Lackgewebe
für die Elektrotechnik .... DIN VDE 0365-2 (VDE 0365-2)

Lackglasgewebe .... DIN VDE 0365-3 (VDE 0365-3)

Lackieranlagen .... DIN EN 50348 (VDE 0147-200)

Lacksprühen, elektrostatisch .... DIN EN 50348 (VDE 0147-200)

Lade- und Infrastruktur für Elektrofahrzeuge
Protokoll zum Management
– Begriffe, Anwendungsfälle, Architektur .... E DIN EN 63110-1 (VDE 0122-110-1)

Ladeeinrichtungen
Messsysteme
– Elektromobilität .... VDE-Anwendungsregel VDE-AR-E 2418-3-100

Ladegeräte
für Elektrofahrzeuge
– mit automatischem Verbindungsaufbau .... E DIN EN 61851-23-1 (VDE 0122-2-31)

Ladeleitung
für Elektrofahrzeuge .... DIN EN 50620 (VDE 0285-620)

Ladeleitungen für Elektro-Straßenfahrzeuge
IC-CPD .... DIN EN 62752 (VDE 0666-10)
E DIN EN IEC 62752 (VDE 0666-10)
E DIN EN 62752/A1 (VDE 0666-10/A1)

Ladeleitungen
für Elektrofahrzeuge .... VDE-Anwendungsregel VDE-AR-E 2283-5
DIN EN 50620 (VDE 0285-620)

Ladestationen
für Elektrofahrzeuge .... DIN VDE 0100-722 (VDE 0100-722)
DIN IEC/TS 61439-7 (VDE V 0660-600-7)
E DIN EN 61439-7 (VDE 0660-600-7)

Ladesysteme, konduktive
für Elektrofahrzeuge .... DIN EN IEC 61851-1 (VDE 0122-1)

Ladungen von Kondensatoren
Schutz vor .... VDE-Schriftenreihe Band 58

Lagerung
Einflussgröße und Grenzwert
– Klassifizierung von Umgebungsbedingungen ...... DIN EN IEC 60721-3-1 (VDE 0468-721-3-1)
Einflussgröße und Schärfegrad
– Klassifizierung von Umgebungsbedingungen ...... DIN EN IEC 60721-3-1 (VDE 0468-721-3-1)
elektronischer Halbleiterbauelemente .... DIN EN IEC 62435-4 (VDE 0884-135-4)
von Lichtwellenleitern .... DIN VDE V 0888-100-1-1 (VDE V 0888-100-1-1)
DIN EN 60794-1-1 (VDE 0888-100-1)

Lahnlitzen-Leitungen
thermoplastische PVC-Isolierung .... DIN EN 50525-2-71 (VDE 0285-525-2-71)

Laminattafeln
Basis von halogenfreiem Epoxidharz
– Wärmeleitfähigkeit (1,0 W/m·K) und definierter Brennbarkeit
.... DIN EN IEC 61249-2-45 (VDE 0322-249-2-45)
– Wärmeleitfähigkeit (1,5 W/m·K) und definierter Brennbarkeit
.... DIN EN IEC 61249-2-46 (VDE 0322-249-2-46)
– Wärmeleitfähigkeit (2,0 W/m·K) und definierter Brennbarkeit
.... DIN EN IEC 61249-2-47 (VDE 0322-249-2-47)

Laminiergeräte .... DIN EN 60335-2-45 (VDE 0700-45)
E DIN EN 60335-2-45/AA (VDE 0700-45/AA)

Lampen und Lampensysteme
Geräte mit intensiven Pulslicht-(IPL-)Quellen
– an Menschen .... Beiblatt 3 DIN EN 62471 (VDE 0837-471)

Lampen
fotobiologische Sicherheit .... Beiblatt 3 DIN EN 62471 (VDE 0837-471)
DIN EN 62471 (VDE 0837-471)
DIN EN 62471-5 (VDE 0837-471-5)
Geräte für
– allgemeine und Sicherheitsanforderungen .... DIN EN 61347-1 (VDE 0712-30)
E DIN EN 61347-1/A1 (VDE 0712-30/A1)
Halogen-Glühlampen
– Sicherheitsanforderungen .... DIN EN 60432-3 (VDE 0715-11)
Strahlungssicherheit .... Beiblatt 1 DIN EN 62471 (VDE 0837-471)
DIN EN 62471-5 (VDE 0837-471-5)
zweiseitig gesockelte Leuchtstofflampen .... DIN EN 61195 (VDE 0715-8)

Lampen, röhrenförmige .... DIN EN 61049 (VDE 0560-62)

Lampenfassungen
Bajonett- .... DIN EN IEC 60238 (VDE 0616-1)
DIN EN 61184 (VDE 0616-2)
für röhrenförmige LED-Lampen .... DIN EN 60838-2-3 (VDE 0616-7)
für röhrenförmige Leuchtstofflampen .... DIN EN 60400 (VDE 0616-3)
E DIN EN 60400/A1 (VDE 0616-3/A1)

mit Edison-Gewinde .... DIN EN IEC 60238 (VDE 0616-1)
Sonderfassungen .... DIN EN 60838-1 (VDE 0616-5)
DIN EN 60838-1/A1 (VDE 0616-5/A1)
E DIN EN 60838-1/A2 (VDE 0616-5/A2)
Sonderfassungen S 14 .... DIN EN 60838-2-1 (VDE 0616-4)
zum Einbau
– allgemeine Anforderungen und Prüfungen .... DIN EN 60838-1 (VDE 0616-5)
DIN EN 60838-1/A1 (VDE 0616-5/A1)
E DIN EN 60838-1/A2 (VDE 0616-5/A2)

Lampensysteme in Serienstromkreisen
für Flugplätze .... DIN EN 62870 (VDE 0161-105)

Lampensysteme
für Bildprojektoren
– Strahlungssicherheit .... DIN EN 62471-5 (VDE 0837-471-5)
fotobiologische Sicherheit .... Beiblatt 3 DIN EN 62471 (VDE 0837-471)
Strahlungssicherheit .... Beiblatt 1 DIN EN 62471 (VDE 0837-471)
DIN EN 62471-5 (VDE 0837-471-5)

Landanschlusssysteme .... DIN VDE 0100-730 (VDE 0100-730)
DIN EN IEC 62613-1 (VDE 0623-613-1)
E DIN IEC 62613-1 (VDE 0623-613-1)
VDE-Schriftenreihe Band 168

Landebahnbefeuerung .... DIN EN 61822 (VDE 0161-100)

Landwirtschaftliche Betriebsstätte, siehe auch Bauernhof

Landwirtschaftliche Betriebsstätten
elektrische Anlagen .... DIN VDE 0100-705 (VDE 0100-705)
DIN VDE 0105-115 (VDE 0105-115)
VDE-Schriftenreihe Band 168

Langsamkocher
für den Hausgebrauch .... Beiblatt 1 DIN EN 60335-2-15 (VDE 0700-15)
DIN EN 60335-2-15 (VDE 0700-15)
E DIN IEC 60335-2-15/A1 (VDE 0700-15/A1)
E DIN IEC 60335-2-15/A2 (VDE 0700-15/A2)

Langzeiteigenschaften
von Elektroisolierstoffen .... DIN EN 60216-1 (VDE 0304-21)

Langzeiteigenschaften, thermische
von Elektroisolierstoffen .... DIN EN 60216-1 (VDE 0304-21)

Langzeitkennwerte, thermische
von Elektroisolierstoffen
– Anweisungen zur Berechnung .... E DIN EN 60216-3 (VDE 0304-23)
– Berechnung .... DIN EN 60216-3 (VDE 0304-23)
E DIN EN 60216-3 (VDE 0304-23)

Langzeitlagerung
elektronischer Halbleiterbauelemente .... DIN EN IEC 62435-4 (VDE 0884-135-4)

Langzeit-Strahlungsalterung
in Polymeren .... DIN IEC/TS 61244-1 (VDE V 0306-11)

DIN IEC/TS 61244-2 (VDE V 0306-12)

Langzeitverhalten, thermisches
von Elektroisolierstoffen .... DIN EN 60216-3 (VDE 0304-23)
  E DIN EN 60216-3 (VDE 0304-23)
– Auswertung von Prüfergebnissen .... DIN EN 60216-1 (VDE 0304-21)
– Warmlagerungsverfahren .... DIN EN 60216-1 (VDE 0304-21)

Laptop
Messung des Energieverbrauchs .... DIN EN 62623 (VDE 0806-2623)

Laptopakku .... DIN EN 62133-2 (VDE 0510-82)
  E DIN EN 62133-2/A1 (VDE 0510-82/A1)

Laschen und Gabeln
Anschlussmaße
– Freileitungen .... DIN VDE 0212-474 (VDE 0212-474)

Laserbauelemente
oberflächenemittierende, 850 nm
– mit Vertikalresonator .... DIN EN 62149-2 (VDE 0886-149-2)

Laserdiodensender mit integriertem Modulator
Lichtwellenleiter-Übertragungssysteme
– 2,5 Gbit/s bis 40 Gbit/s .... DIN EN 62149-3 (VDE 0886-149-3)
  E DIN EN 62149-3 (VDE 0886-149-3)
– für 40 Gbit/s .... E DIN EN 62149-3 (VDE 0886-149-3)

Laserdiodentreiberschaltungen .... DIN EN 62149-5 (VDE 0886-149-5)
  E DIN EN IEC 62149-5 (VDE 0886-149-5)

Lasereinrichtungen
Freiraum-Kommunikationssysteme, optische .... DIN EN IEC 60825-12 (VDE 0837-12)
– Informationsübertragung .... DIN EN IEC 60825-12 (VDE 0837-12)
Klassifizierung von Anlagen .... Beiblatt 2 DIN EN 60825-1 (VDE 0837-1)
  Beiblatt 3 DIN EN 60825-1 (VDE 0837-1)
  E DIN EN 60825-1/AA (VDE 0837-1/AA)
– Auslegungsblatt 1 .... Beiblatt 2 DIN EN 60825-1 (VDE 0837-1)
– Auslegungsblatt 2 .... Beiblatt 3 DIN EN 60825-1 (VDE 0837-1)
Klassifizierung von Anlagen und Anforderungen .... DIN EN 60825-1 (VDE 0837-1)
  Beiblatt 2 DIN EN 60825-1 (VDE 0837-1)
  Beiblatt 3 DIN EN 60825-1 (VDE 0837-1)
  E DIN EN 60825-1/AA (VDE 0837-1/AA)
Lichtwellenleiter-Kommunikationssysteme (LWLKS) .. Beiblatt 2 DIN EN 60825-2 (VDE 0837-2)
  DIN EN 60825-2 (VDE 0837-2)
  E DIN EN IEC 60825-2 (VDE 0837-2)
Sicherheit
– Laserschutzwände .... DIN EN 60825-4 (VDE 0837-4)
  E DIN EN 60825-4 (VDE 0837-4)
– Laserstrahlung am Menschen .... Beiblatt 1 DIN EN 60601-2-22 (VDE 0750-2-22)
– Messungen zur Klassifizierung .... Beiblatt 13 DIN EN 60825 (VDE 0837)

Lasergeräte
chirurgische, kosmetische, therapeutische, diagnostische DIN EN 60601-2-22 (VDE 0750-2-22)
  E DIN EN 60601-2-22 (VDE 0750-2-22)
in medizinischer Anwendung

– Leistungsmerkmale .... DIN EN 60601-2-22 (VDE 0750-2-22)
E DIN EN 60601-2-22 (VDE 0750-2-22)

Laser-Schießgeräte .... Beiblatt 1 DIN EN 60335-2-82 (VDE 0700-82)
DIN EN 60335-2-82 (VDE 0700-82)
E DIN IEC 60335-2-82 (VDE 0700-82)
E DIN IEC 60335-2-82/A1 (VDE 0700-82/A2)

Laserschutzwände .... DIN EN 60825-4 (VDE 0837-4)
E DIN EN 60825-4 (VDE 0837-4)

Laserstrahlung
MZB-Werte .... DIN EN 60825-1 (VDE 0837-1)
Beiblatt 2 DIN EN 60825-1 (VDE 0837-1)
Beiblatt 3 DIN EN 60825-1 (VDE 0837-1)
E DIN EN 60825-1/AA (VDE 0837-1/AA)
nationaler Wortlaut der Hinweisschilder .... Beiblatt 1 DIN EN 60825-1 (VDE 0837-1)
Schutz vor .... Beiblatt 1 DIN EN 60601-2-22 (VDE 0750-2-22)
VDE-Schriftenreihe Band 104

Laservorhänge .... DIN EN 60825-4 (VDE 0837-4)
E DIN EN 60825-4 (VDE 0837-4)

Lastaufnahmemittel
elektrische Ausrüstung .... DIN EN 60204-32 (VDE 0113-32)

Lasten, induktive
Schalten .... DIN EN IEC 62271-110 (VDE 0671-110)

Lastenaufzüge
flexible Steuerleitungen .... DIN EN 50214 (VDE 0283-2)

Lastfälle für Windenergieanlagen .... DIN EN 61400-4 (VDE 0127-4)

Last-Referenzierung
digital adressierbare Schnittstelle .... DIN EN IEC 62386-216 (VDE 0712-0-216)

Lastschalter
für Bahnanlagen .... DIN EN 50152-2 (VDE 0115-320-2)
für Niederspannung .... DIN EN 60947-3 (VDE 0660-107)
E DIN EN IEC 60947-3 (VDE 0660-107)
für Niederspannungsschaltgeräte .... DIN EN 62626-1 (VDE 0660-2626-1)
Hochspannungs-
– für Bemessungsspannungen über 1 kV bis 52 kV .... DIN EN 62271-103 (VDE 0671-103)
E DIN EN IEC 62271-103 (VDE 0671-103)

Lastschalter, gekapselte
bis AC 1 000 V .... DIN EN 62626-1 (VDE 0660-2626-1)

Lastspielarten
von Leistungsantriebssystemen .... DIN V VDE V 0160-106 (VDE V 0160-106)

Lasttrenner .... DIN VDE 0660-112 (VDE 0660-112)

Lasttrennschalter
für Niederspannung .... DIN EN 60947-3 (VDE 0660-107)
E DIN EN IEC 60947-3 (VDE 0660-107)
stationäre Gleichstromanlagen in Bahnnetzen .... DIN EN 50123-3 (VDE 0115-300-3)

Lastungsbeurteilung .... DIN EN 50123-3/A1 (VDE 0115-300-3/A1)
DIN EN 61003-2 (VDE 0409-2)

Lastwurfeinrichtungen (LSE)
besondere Anforderungen .... DIN EN IEC 62962 (VDE 0601-2962)

Lastwurfeinrichtungen
LSE .... DIN EN IEC 62962 (VDE 0601-2962)

Laubgebläse, handgehalten netzbetrieben .... DIN EN 50636-2-100 (VDE 0700-100)

Laubsauger, handgehalten netzbetrieben .... DIN EN 50636-2-100 (VDE 0700-100)

Läuferwiderstandsstarter .... DIN EN IEC 60947-4-1 (VDE 0660-102)

Laufkrane
elektrische Ausrüstung .... DIN EN 60204-32 (VDE 0113-32)

Laufkräne
flexible Steuerleitungen .... DIN EN 50214 (VDE 0283-2)

Läutewerktransformatoren .... DIN EN 61558-2-8 (VDE 0570-2-8)

Lebensdauer-Index, thermischer
von Elektroisolierstoffen .... DIN EN 60216-5 (VDE 0304-25)
E DIN EN IEC 60216-5 (VDE 0304-25)
E DIN EN IEC 60216-6 (VDE 0304-26)

Lebensdauerprüfungen
für Polyethylen- und Polypropylenmischungen .... DIN EN 60811-408 (VDE 0473-811-408)

Lebensmittelkonservierung und -lagerung
elektrische Haushalts- und ähnliche Kühl- und Gefriergeräte E DIN EN 63169 (VDE 0705-3169)

LED
Lichtstrom-Binning .... VDE-Anwendungsregel VDE-AR-E 2715-2
Vorwärtsspannung-Binning .... VDE-Anwendungsregel VDE-AR-E 2715-3

LED-Bildschirme
Bildqualität
– Blickwinkel .... VDE-Anwendungsregel VDE-AR-E 2868-20
elektromagnetische Verträglichkeit (EMV) .... VDE-Anwendungsregel VDE-AR-E 2868-20
Großanwendungen .... VDE-Anwendungsregel VDE-AR-E 2868-20
Zusammenschaltung von Großbildschirmen
– LED-Cabinets .... VDE-Anwendungsregel VDE-AR-E 2868-20

LED-Lampen
für Allgemeinbeleuchtung .... DIN EN 62776 (VDE 0715-16)
– Sicherheitsanforderungen .... DIN EN 62560 (VDE 0715-13)
mit eingebautem Vorschaltgerät
– bis 50 V Wechselspannung oder 120 V Gleichspannung .... DIN EN 62838 (VDE 0715-17)
– für Allgemeinbeleuchtung .... DIN EN 62560 (VDE 0715-13)
DIN EN 62838 (VDE 0715-17)
– für Spannungen > 50 V .... DIN EN 62560 (VDE 0715-13)
zweiseitig gesockelt
– Sicherheitsanforderungen .... DIN EN 62776 (VDE 0715-16)

LED-Lampen, zweiseitig gesockelt
als Ersatz (Retrofit) für
– Leuchtstofflampen, zweiseitig gesockelt .... DIN EN 62776 (VDE 0715-16)

LED-Lampen, zweiseitig gesockelte .... DIN EN 62776 (VDE 0715-16)
DIN EN 62931 (VDE 0715-19)

LED-Lichtstromrückgang
Messung und Vorhersage .... VDE-Anwendungsregel VDE-AR-E 2715-1

LED-Module
Ausfallrate .... DIN EN 62384 (VDE 0712-26)
E DIN EN 62384 (VDE 0712-26)
Ausgangsspannung .... DIN EN 62384 (VDE 0712-26)
E DIN EN 62384 (VDE 0712-26)
Ausgangsstrom .... DIN EN 62384 (VDE 0712-26)
E DIN EN 62384 (VDE 0712-26)
Betriebsgeräte .... DIN EN IEC 62442-3 (VDE 0712-27)
Dauerhaftigkeit .... DIN EN 62384 (VDE 0712-26)
E DIN EN 62384 (VDE 0712-26)
digital adressierbare Schnittstelle .... DIN EN IEC 62386-207 (VDE 0712-0-207)
elektronische Betriebsgeräte .... DIN EN 61347-2-13 (VDE 0712-43)
E DIN EN IEC 61347-2-13 (VDE 0712-43)
DIN EN 62384 (VDE 0712-26)
E DIN EN 62384 (VDE 0712-26)
für Allgemeinbeleuchtung .... DIN EN IEC 62031 (VDE 0715-5)
– Sicherheitsanforderungen .... DIN EN IEC 62031 (VDE 0715-5)
DIN EN 62560 (VDE 0715-13)
für Lichtwerbeanlagen .... DIN EN 50107-3 (VDE 0128-3)
Gesamtleistung .... DIN EN 62384 (VDE 0712-26)
E DIN EN 62384 (VDE 0712-26)
Leistungsfaktor .... DIN EN 62384 (VDE 0712-26)
E DIN EN 62384 (VDE 0712-26)
Produktlebensdauer .... DIN EN 62384 (VDE 0712-26)
E DIN EN 62384 (VDE 0712-26)
Tonfrequenzimpedanz .... DIN EN 62384 (VDE 0712-26)
E DIN EN 62384 (VDE 0712-26)
Verbinder für .... DIN EN 60838-2-2 (VDE 0616-6)

LED-Signalgeber
für Straßenverkehrssignalanlagen .... DIN VDE V 0832-300 (VDE V 0832-300)

LED-Signalleuchten
für Straßenverkehrssignalanlagen .... DIN CLC/TS 50509 (VDE V 0832-310)

LEDsi-Lampen
bis 50 V effektiver Wechselspannung oder
– 120 V welligkeitsfreier Gleichspannung .... DIN EN 62838 (VDE 0715-17)
mit eingebauter Steuereinheit
– bis 50 V Wechselspannung oder 120 V Gleichspannung .... DIN EN 62838 (VDE 0715-17)
mit eingebauter Steuereinheit, halbintegriert
– Sicherheitsanforderungen .... DIN EN 62838 (VDE 0715-17)
mit eingebauter Vorschalteinheit
– für Allgemeinbeleuchtungszwecke .... DIN EN 62838 (VDE 0715-17)

Leergehäuse
für Niederspannungs-Schaltgerätekombinationen .... DIN EN 62208 (VDE 0660-511)

Leerlaufschutzeinrichtungen
für Leuchtröhrengeräte und -anlagen .... DIN EN 50107-2 (VDE 0128-2)

Leerlaufspannungsverfahren .... DIN EN 60904-5 (VDE 0126-4-5)

Leerrohr
Errichten von Niederspannungsanlagen .... DIN VDE 0100-520 (VDE 0100-520)
E DIN VDE 0100-520-1 (VDE 0100-520-1)

Legen von Schutzrohren und Kabeln im Erdreich
zur allgemeinen Versorgung
– mit elektrischer Energie .... VDE-Anwendungsregel VDE-AR-N 4222
– mit Nachrichtentechnik .... VDE-Anwendungsregel VDE-AR-N 4222
– mit Straßenbeleuchtung .... VDE-Anwendungsregel VDE-AR-N 4222

Lehranstalten
Gebrauch elektrischer Geräte
– durch Kinder .... DIN IEC/TS 62850 (VDE V 0411-1-1)

Lehrgeräte
mit Ton und/oder Bild .... DIN 57700-209 (VDE 0700-209)

Leichtionen-Bestrahlungseinrichtung
Leistungsmerkmale .... DIN EN 60601-2-64 (VDE 0750-2-64)

Leichtionen-Strahlentherapiegeräte .... DIN EN 60601-2-64 (VDE 0750-2-64)
DIN EN 60601-2-68 (VDE 0750-2-68)

Leichtkraftfahrzeugen
Antrieb
– Prüfverfahren für Bleibatterien .... E DIN EN IEC 63193 (VDE 0510-193)

Leichtwasserreaktoren
Überwachung der Sicherheitshülle
– Kernkraftwerke .... E DIN IEC 60910 (VDE 0491-4-2)

Leistungsabgabe
von Niederspannungssicherungen .... DIN EN 60269-1 (VDE 0636-1)

Leistungsanforderungen
an Stufenschalter .... DIN EN 60214-1 (VDE 0532-214-1)
Personendosimetrie .... E DIN ISO 21909-1 (VDE 0492-3-909-1)
E DIN ISO 21909-2 (VDE 0492-3-909-2)
– an Arbeitsplätzen .... E DIN ISO 21909-2 (VDE 0492-3-909-2)

Leistungsanpassung (Gerätetyp 20)
Digital adressierbare Schnittstelle
– für Beleuchtung .... DIN EN IEC 62386-221 (VDE 0712-0-221)

Leistungsantriebssysteme
mit einstellbarer Drehzahl
– Anforderungen an die Sicherheit .... DIN EN 61800-5-1 (VDE 0160-105-1)
E DIN EN IEC 61800-5-1 (VDE 0160-105-1)
E DIN EN IEC 61800-5-3 (VDE 0160-105-3)
– funktionale Anforderungen .... DIN EN 61800-5-2 (VDE 0160-105-2)

– Lastspielarten und Strombemessung .... DIN V VDE V 0160-106 (VDE V 0160-106)

Leistungsaufnahme im Bereitschafts-Betrieb
Beleuchtungskomponenten .... E DIN EN IEC 63103 (VDE 0711-501)

Leistungsaufnahme
von Fernsehgeräten
– Messverfahren .... DIN EN 62087-1 (VDE 0868-101)
DIN EN 62087-3 (VDE 0868-103)
von Niederspannungssicherungen .... DIN EN 60269-1 (VDE 0636-1)

Leistungsbemessung
Konzentrator-Photovoltaik (CPV) .... DIN EN 62670-3 (VDE 0126-35-3)

Leistungsbeschreibung und Bildqualitätseigenschaften
für Kameras
– Videoüberwachungsanlagen für Sicherungsanwendungen
.... DIN EN IEC 62676-5 (VDE 0830-71-5)

Leistungsdichte
Nachbarschaft von Funkkommunikations-Basisstationen
– Ermittlung der menschlichen Exposition .... DIN EN 62232 (VDE 0848-232)

Leistungselektronik
für Bahnfahrzeuge
– Papier-/Folienkondensatoren .... DIN EN 61881-1 (VDE 0115-430-1)
für Übertragungs- und Verteilungsnetze
– Thyristorventile .... DIN EN 61954 (VDE 0553-100)
Kondensatoren .... DIN EN 50178 (VDE 0160)
DIN EN 61071 (VDE 0560-120)
E DIN EN 61071 (VDE 0560-120)

Leistungselektronische Stromrichter
Bahnanwendungen .... E DIN IEC 62590-1 (VDE 0115-590-1)
E DIN IEC 62590-3-1 (VDE 0115-590-31)

Leistungselektronische Systeme und Einrichtungen
Betriebsbedingungen und Eigenschaften aktiver Netzstromrichter (AIC)
– inklusive Auslegungsempfehlungen für Störsendungswerte unter 150 kHz
.... DIN IEC/TS 62578 (VDE V 0558-578)

Leistungsfähigkeit von Messgeräten mit Radionuklid-Identifizierung
im statischen Betrieb
– semi-empirische Verfahren .... DIN IEC 62957-1 (VDE 0493-6-1)

Leistungsfähigkeit von Messgeräten mit Radionuklididentifizierung
im statischen Betrieb
– semi-empirische Verfahren .... DIN IEC 62957-1 (VDE 0493-6-1)

Leistungsgrenzen, optische .... DIN EN IEC 60869-1 (VDE 0885-869-1)

Leistungshalbleiter-Umrichtersysteme und -Betriebsmittel
Leistungselektronik Umrichter AC 1 000 V oder DC 1 500 V
– bis AC 36 kV oder DC 54 kV .... DIN EN IEC 62477-2 (VDE 0558-477-2)

Leistungshalbleiter-Umrichtersysteme und -betriebsmittel
Sicherheitsanforderungen
– Allgemeines .... DIN EN 62477-1 (VDE 0558-477-1)

E DIN EN IEC 62477-1 (VDE 0558-477-1)

Leistungshalbleiter-Umrichtersysteme
Allgemeines .... DIN EN 62477-1 (VDE 0558-477-1)
E DIN EN IEC 62477-1 (VDE 0558-477-1)
DIN EN IEC 62477-2 (VDE 0558-477-2)

Leistungskennwerteprüfverfahren
für Brennstoffzellen-Energiesysteme .... DIN EN 62282-3-201 (VDE 0130-3-201)
E DIN EN 62282-3-201/A1 (VDE 0130-3-201/A1)
– stationäre .... DIN EN 62282-3-200 (VDE 0130-3-200)
für kleine Brennstoffzellen-Energiesysteme .... DIN EN 62282-3-201 (VDE 0130-3-201)
E DIN EN 62282-3-201/A1 (VDE 0130-3-201/A1)
für Mikro-Brennstoffzellen-Energiesysteme .... DIN EN 62282-6-200 (VDE 0130-6-200)

Leistungskennzahlen
Einrichtungen und Infrastrukturen
– Rechenzentren .... DIN EN 50600-4-1 (VDE 0801-600-4-1)

Leistungskondensatoren
für Induktionswärmeanlagen .... DIN EN 60110-1 (VDE 0560-9)
DIN EN 60931-1 (VDE 0560-48)
DIN EN 60931-2 (VDE 0560-49)
Kondensatorbatterien .... DIN EN 61921 (VDE 0560-700)
E DIN EN 61921 (VDE 0560-700)

Leistungskompensatoren, elektronische
Bahnanwendungen .... E DIN IEC 62590-3-1 (VDE 0115-590-31)

Leistungslichtbogen .... DIN EN 50341-1 (VDE 0210-1)

Leistungsmerkmale
für Feldgeräte mit Feldbus-Schnittstellen
– IEC 61784-1 .... E DIN EN IEC 61326-2-5 (VDE 0843-20-2-5)
für Messgrößenumformer .... DIN EN 61326-2-3 (VDE 0843-20-2-3)
E DIN EN IEC 61326-2-3 (VDE 0843-20-2-3)

Leistungsmessung
elektrischer Haarschneider und Haartrimmer .... DIN EN 62863 (VDE 0705-2863)
Konzentrator-Photovoltaik (CPV) .... DIN EN 62670-3 (VDE 0126-35-3)

Leistungs-Parallelkondensatoren, selbstheilende ... DIN EN 60831-1 (VDE 0560-46)
DIN EN 60831-2 (VDE 0560-47)

Leistungsreaktoren
Messung der Neutronenflussdichte .... DIN IEC 60568 (VDE 0491-6)

Leistungsschalter .... DIN VDE 0100-530 (VDE 0100-530)
beabsichtigter Ungleichlauf zwischen Hauptkontakten
– Hochspannungs-Schaltgeräte und -Schaltanlagen . E DIN EN IEC 62271-113 (VDE 0671-113)
für Bahnfahrzeuge .... DIN EN 60077-4 (VDE 0115-460-4)
für Gleichspannung .... DIN EN 60947-2 (VDE 0660-101)
für IT-Systeme .... DIN EN 60947-2 (VDE 0660-101)
für Wechselspannung .... DIN EN 60947-2 (VDE 0660-101)
Hochspannungsschaltgeräte und -schaltanlagen .... E DIN EN IEC 62271-113 (VDE 0671-113)
Hochspannungswechselstrom
– Steuerkondensatoren .... DIN EN 62146-1 (VDE 0560-50)

mit elektronischem Überstromschutz .... DIN EN 60947-2 (VDE 0660-101)

Leistungsschalter-Sicherungs-Kombinationen
Bemessungsspannung 1 kV bis 52 kV .... DIN EN IEC 62271-107 (VDE 0671-107)

Leistungssteckverbinder 4-polig
mit Push-pull-Kupplung .... DIN EN 61076-3-118 (VDE 0687-76-3-118)

Leistungsstromkreise .... VDE-Schriftenreihe Band 28

Leistungsstromrichter
für industrielle Anwendungen .... DIN EN 61378-1 (VDE 0532-41)

Leistungstransformatoren und Drosselspulen Anbauten
Isolierflüssigkeit-Luft-Wärmetauscher .... DIN EN IEC 60076-22-3 (VDE 0532-76-22-3)
Isolierflüssigkeit-Wasser-Wärmetauscher .... DIN EN IEC 60076-22-4 (VDE 0532-76-22-4)

Leistungstransformatoren und Drosselspulen
abnehmbare Radiatoren .... DIN EN IEC 60076-22-2 (VDE 0532-76-22-2)

Leistungstransformatoren
abnehmbare Kühler .... DIN EN IEC 60076-22-2 (VDE 0532-76-22-2)
allgemeine Anforderungen und Prüfungen .... Beiblatt 1 DIN EN 60076-1 (VDE 0532-76-1)
　　　　　　　　　　　　　　　　　　　　　　　　　　　　　　　 DIN EN 60076-1 (VDE 0532-76-1)
　　　　　　　　　　　　　　　　　　　　　　　　　　　　　　 DIN EN IEC 61558-1 (VDE 0570-1)
Anbauten für Leistungstransformatoren und Drosselspulen
– Schutzeinrichtungen .... DIN EN IEC 60076-22-1 (VDE 0532-76-22-1)
äußere Abstände in Luft .... DIN EN 60076-3 (VDE 0532-76-3)
Belastung von mineralölgefüllten Leistungstransformatoren
.... E DIN IEC 60076-7 (VDE 0532-76-7)
Energieeffizienz .... DIN IEC/TS 60076-20 (VDE V 0532-76-20)
flüssigkeitsgefüllte
– mit Hochtemperatur-Isolierstoffen .... DIN EN 60076-14 (VDE 0532-76-14)
– Übertemperaturen .... DIN EN 60076-2 (VDE 0532-76-2)
Frequenzübertragungsverhalten .... DIN EN 60076-18 (VDE 0532-76-18)
für Windenergieanlagen .... DIN EN 60076-16 (VDE 0532-76-16)
　　　　　　　　　　　　　　　　　　　　　　　　　　　　　　　 E DIN EN 60076-16 (VDE 0532-76-16)
Geräuschpegel .... DIN EN 60076-10 (VDE 0532-76-10)
höchste Spannung für Betriebsmittel .... Beiblatt 1 DIN EN 60076-1 (VDE 0532-76-1)
Isolationspegel .... DIN EN 60076-3 (VDE 0532-76-3)
Isolierflüssigkeit-Luft-Wärmetauscher .... DIN EN IEC 60076-22-3 (VDE 0532-76-22-3)
Isolierflüssigkeit-Wasser-Wärmetauscher .... DIN EN IEC 60076-22-4 (VDE 0532-76-22-4)
Kühleinrichtungen
– Ventilatoren .... E DIN EN IEC 60076-22-6 (VDE 0532-76-22-6)
Kurzschlussfestigkeit .... DIN EN 60076-5 (VDE 0532-76-5)
neutrale Erdungswiderstände .... E DIN EN IEC 60076-25 (VDE 0532-76-25)
ölgefüllte
– 3 150 kVA bis 80 000 kVA und U_m bis 123 kV .... DIN VDE V 0532-508 (VDE V 0532-508)
Pumpen .... E DIN EN IEC 60076-22-5 (VDE 0532-76-22-5)
Schutzeinrichtungen .... DIN EN IEC 60076-22-1 (VDE 0532-76-22-1)
selbstgeschützte flüssigkeitsgefüllte .... DIN EN 60076-13 (VDE 0532-76-13)
Spannungsprüfungen .... DIN EN 60076-3 (VDE 0532-76-3)
　　　　　　　　　　　　　　　　　　　　　　　　　　　　　　　 DIN EN 60076-4 (VDE 0532-76-4)
Spannungsregelnde Verteilungstransformatoren .... E DIN EN 60076-24 (VDE 0532-76-24)
Transformatoren

– für Windenergieanlagen-Anwendungen .... E DIN EN 60076-16 (VDE 0532-76-16)
Trockentransformatoren .... DIN EN IEC 60076-11 (VDE 0532-76-11)
Übertemperaturen .... DIN EN 60076-2 (VDE 0532-76-2)
Unterdrückung des Vormagnetisierungsgleichstroms
.... DIN IEC/TS 60076-23 (VDE V 0532-76-23)
Verlustmessung .... DIN EN 60076-19 (VDE 0532-76-19)
                                                                                            E DIN EN 60076-19 (VDE 0532-76-19)
Verteilungstransformatoren, spannungsregelnde .... E DIN EN 60076-24 (VDE 0532-76-24)
Zubehörteile .... E DIN EN IEC 60076-22-5 (VDE 0532-76-22-5)
Zubehörteile und Armaturen .... E DIN EN IEC 60076-22-7 (VDE 0532-76-22-7)

Leistungstransformatoren, flüssigkeitsgefüllte
mit Hochtemperaturisolierstoffen .... DIN EN 60076-14 (VDE 0532-76-14)

Leistungstransformatoren, mineralölgefüllte
Belastung .... E DIN IEC 60076-7 (VDE 0532-76-7)

Leistungstransformatoren, ölgefüllte
3 150 kVA bis 80000 kVA und U_m bis 123 kV .... DIN VDE V 0532-508 (VDE V 0532-508)
Belastung .... DIN IEC 60076-7 (VDE 0532-76-7)
                                                                                            E DIN IEC 60076-7 (VDE 0532-76-7)
Probennahme von Gasen .... DIN EN 60567 (VDE 0370-9)
– von Öl .... DIN EN 60567 (VDE 0370-9)

Leistungsumrichter für photovoltaische Stromerzeugungssysteme
EMV-Anforderungen und Prüfverfahren .... DIN EN 62920 (VDE 0126-131)
                                                                                            E DIN EN 62920/A1 (VDE 0126-131/A1)
                                                                                            DIN EN 62920/A11 (VDE 0126-131/A11)

Leistungsumrichter
in photovoltaischen Energiesystemen .... DIN EN 62109-1 (VDE 0126-14-1)
                                                                                            DIN EN 62109-2 (VDE 0126-14-2)

Leistungsumrichter, bidirektionale netzgekoppelte .... DIN EN IEC 62909-1 (VDE 0558-909-1)
                                                                                            DIN EN IEC 62909-2 (VDE 0558-909-2)

Leistungsverfahren von Temperatur- und Klimaprüfkammern
Umgebungseinflüsse .... DIN EN IEC 60068-3-6 (VDE 0468-3-6)

Leistungsverfahren von Temperaturprüfkammern
Umweltprüfungen .... DIN EN IEC 60068-3-5 (VDE 0468-3-5)

Leistungsverhalten
von Windenergieanlagen .... DIN EN 61400-12-1 (VDE 0127-12-1)

Leistungsverlust in Spannungszwischenkreis-Stromrichtern (VSC)
für HGÜ-Systeme .... DIN EN 62751-1 (VDE 0553-751-1)
                                                                                            DIN EN 62751-2 (VDE 0553-751-2)
für Hochspannungsgleichstrom-(HGÜ-)Systeme .... DIN EN 62751-1 (VDE 0553-751-1)
– modulare Mehrpunkt-Stromrichter .... DIN EN 62751-2 (VDE 0553-751-2)

Leistungsvermögen von Temperatur- und Klimaprüfkammern
Umgebungseinflüsse
– Dokumentation und Leitfaden .... DIN EN IEC 60068-3-5 (VDE 0468-3-5)
                                                                                            DIN EN IEC 60068-3-6 (VDE 0468-3-6)
                                                                                            E DIN EN IEC 60068-3-7 (VDE 0468-3-7)

Leitdokument .... DIN EN 62023 (VDE 0040-6)

Leiter für Freileitungen
aus konzentrisch verseilten runden Drähten .... DIN EN 62420 (VDE 0212-354)
aus konzentrisch verseilten runden verzinkten Drähten .... DIN VDE 0212-399 (VDE 0212-399)
Drähte aus Aluminium und Aluminiumlegierungen
– für konzentrisch verseilte Leiter .... E DIN IEC 62641 (VDE 0212-304)
Faserverstärkter Verbundwerkstoffkern
– Werkstoff für Grundprofile .... E DIN IEC 62818 (VDE 0212-308)
konzentrisch verseilte Leiter
– aus Aluminium und -legierungen .... E DIN IEC 62641 (VDE 0212-304)
ummantelte metallische Drähte
– für konzentrisch verseilte Leiter .... E DIN EN IEC 63248 (VDE 0212-307)
ummantelte oder plattierte metallische Drähte
– für konzentrisch verseilte Leiter .... E DIN EN IEC 63248 (VDE 0212-307)

Leiter
für den Hauptpotentialausgleich .... DIN VDE 0618-1 (VDE 0618-1)
für Freileitungen .... DIN VDE 0212-399 (VDE 0212-399)
für Kabel und isolierte Leitungen .... DIN EN 60228 (VDE 0295)
Temperatur .... DIN EN 50288-10-1 (VDE 0819-10-1)
DIN EN 50288-11-1 (VDE 0819-11-1)
DIN EN 50288-9-1 (VDE 0819-9-1)
von Freileitungen .... DIN EN 62004 (VDE 0212-303)

Leiteranschlüsse .... DIN VDE 0100-520 (VDE 0100-520)
E DIN VDE 0100-520-1 (VDE 0100-520-1)

Leitern
aus isolierendem Material .... DIN EN 50528 (VDE 0682-712)

Leiterplatten
Beschichtungen
– allgemeine Anforderungen .... DIN EN 61086-1 (VDE 0361-1)
– Prüfverfahren .... DIN EN 61086-2 (VDE 0361-2)
E-Glaswirrfaser im Kernbereich
– E-Glasgewebe in Außenlagen .... DIN EN IEC 61249-2-45 (VDE 0322-249-2-45)
DIN EN IEC 61249-2-46 (VDE 0322-249-2-46)
DIN EN IEC 61249-2-47 (VDE 0322-249-2-47)
mit haftvermittler ausgerüstetes Gewebe aus E-Glasfaser-Garnen
– Verstärkungsmaterialien .... E DIN EN IEC 61249-6-3 (VDE 0322-249-6-3)
Prüfung der Lötbarkeit .... DIN EN 60068-2-69 (VDE 0468-2-69)
Schutz gegen Verschmutzung .... DIN EN 60664-3 (VDE 0110-3)

Leiterplatten, elektrisch-optische
Prüfverfahren für mechanische Eigenschaften unter Wärmebeanspruchung
.... E DIN EN IEC 63251 (VDE 0885-201)

Leiterplatten, optische
Fachgrundspezifikation .... DIN EN 62496-1 (VDE 0885-101)

Leiterplatten-Anschlussklemmen .... DIN EN IEC 60947-7-4 (VDE 0611-7-4)

Leitertemperatur .... DIN EN 50288-9-1 (VDE 0819-9-1)

Leiterumspinnung .... DIN VDE 0311-35 (VDE 0311-35)

Leiterverbindungen .... DIN VDE 0100-520 (VDE 0100-520)
E DIN VDE 0100-520-1 (VDE 0100-520-1)

Leitfaden für die Entwicklung von Firmware
Niederspannungsschaltgeräte .... DIN CLC IEC/TR 63201 (VDE 0660-3201)

Leitfaden zur Bestimmung von Luftstrecke, Kriechstrecken
für feste Isolierung für Betriebsmittel
– 1 000 V/2 000 V Wechselspannung und 1 500 V/3 000 V Gleichspannung
.... DIN IEC/TS 62993 (VDE V 0110-101)

Leitfaden zur Eignungsprüfung
Betrieb bei hohen Temperaturen
– PV-Module, Bauteile und Werkstoffe .... E DIN IEC/TS 63126 (VDE V 0126-126)
PV-Module, Bauteile und Werkstoffe
– Betrieb bei hohen Temperaturen .... E DIN IEC/TS 63126 (VDE V 0126-126)

Leitfaden
Anwendung von Geräteschutzsicherungen .... DIN EN 60127-10 (VDE 0820-10)

Leitfähige Bereiche
mit begrenzter Bewegungsfreiheit .... DIN VDE 0100-706 (VDE 0100-706)
E DIN VDE 0100-706/A1 (VDE 0100-706/A1)
VDE-Schriftenreihe Band 168

Leitfähige Teile .... DIN VDE 0100-410 (VDE 0100-410)

Leitfähigkeit flüssiger Auszüge .... DIN VDE 0303-33 (VDE 0303-33)

Leitlinie
Auswahl von AC-Hochspannungskabelsystemen .... DIN IEC 60183 (VDE 0276-183)
Glasfasertechnik .... VDE 0800-200

Leitlinien und Qualifizierungsmuster Breitband
Glasfasertechnik .... VDE 0800-200

Leitlinien
Radioaktivität im Erdboden .... DIN ISO 18589-1 (VDE 0493-4-5891)

Leitschichten
Prüfung des Widerstands .... DIN VDE 0472-512 (VDE 0472-512)
Leittechnik
– analoger Zugfunk .... DIN VDE 0119-207-1 (VDE 0119-207-1)
– automatische Fahr-/Bremssteuerung .... DIN VDE 0119-207-3 (VDE 0119-207-3)
– Bordgeräte für EBuLa .... DIN VDE 0119-207-13 (VDE 0119-207-13)
– externe Warneinrichtungen (optisch, akustisch) .... DIN VDE 0119-207-12 (VDE 0119-207-12)
– Fahrtenschreiber und Registriergeräte .... DIN VDE 0119-207-11 (VDE 0119-207-11)
– Fahrzeugeinrichtung – GSM-R-Zugfunk .... DIN VDE 0119-207-16 (VDE 0119-207-16)
– Fahrzeugeinrichtung LZB .... DIN VDE 0119-207-7 (VDE 0119-207-7)
– Fahrzeugeinrichtung PZB .... DIN VDE 0119-207-6 (VDE 0119-207-6)
– Feuerlösch- und Brandmeldeeinrichtungen .... DIN VDE 0119-207-9 (VDE 0119-207-9)
– Funkfernsteuerung FFST .... DIN VDE 0119-207-2 (VDE 0119-207-2)
– Geschwindigkeitsmess- und -anzeigeeinrichtungen
.... DIN VDE 0119-207-10 (VDE 0119-207-10)
– Geschwindigkeitsüberwachung GNT .... DIN VDE 0119-207-8 (VDE 0119-207-8)
– Sicherheitsfahrschaltung (Sifa) .... DIN VDE 0119-207-5 (VDE 0119-207-5)
– Signaleinrichtungen (akustisch, optisch) .... DIN VDE 0119-207-12 (VDE 0119-207-12)

- Softwareänderung .... DIN VDE 0119-207-14 (VDE 0119-207-14)
- Türsteuerung .... DIN VDE 0119-207-15 (VDE 0119-207-15)
- zeitmultiplexe Zugsteuerung .... DIN VDE 0119-207-4 (VDE 0119-207-4)
Zugelektrik
- Hauptschalter .... DIN VDE 0119-206-2 (VDE 0119-206-2)
- Haupttransformator .... DIN VDE 0119-206-3 (VDE 0119-206-3)
- Notbeleuchtung .... DIN VDE 0119-206-6 (VDE 0119-206-6)
- Schutzmaßnahmen .... DIN VDE 0119-206-7 (VDE 0119-206-7)
- Stromabnehmer .... DIN VDE 0119-206-1 (VDE 0119-206-1)
- Zugsammelschienen .... DIN VDE 0119-206-5 (VDE 0119-206-5)

Leittechnik
ausgewählte Kenngrößen .... VDE-Schriftenreihe Band 101
für Eisenbahnfahrzeuge
- Bordgeräte für EBuLa .... DIN VDE 0119-207-13 (VDE 0119-207-13)
- Fahrzeugeinrichtung LZB .... DIN VDE 0119-207-7 (VDE 0119-207-7)
- Fahrzeugeinrichtung PZB .... DIN VDE 0119-207-6 (VDE 0119-207-6)
- Sicherheitsfahrschaltung (Sifa) .... DIN VDE 0119-207-5 (VDE 0119-207-5)
- Türsteuerung .... DIN VDE 0119-207-15 (VDE 0119-207-15)
für Kernkraftwerke
- physikalische und elektrische Trennung .... DIN EN IEC 60709 (VDE 0491-7)

Leittechnische Systeme
für Kernkraftwerke
- allgemeine Systemanforderungen .... DIN EN 61513 (VDE 0491-2)
- Alterungsmanagement elektrischer Kabelsysteme .... DIN EN IEC 62465 (VDE 0491-22-10)
- Alterungsmanagement Sensoren und Transmittern ..... DIN EN 62765-1 (VDE 0491-22-1)
 E DIN IEC 62765-2 (VDE 0491-22-2)
- Datenkommunikation .... DIN EN IEC 61500 (VDE 0491-3-4)
- drahtlose Geräte .... E DIN IEC 62988 (VDE 0491-3-6)
- elektrische Energieversorgung .... DIN EN IEC 61225 (VDE 0491-8-3)
 E DIN IEC 62855 (VDE 0491-8-1)
- Hardwareauslegung .... DIN EN 60987 (VDE 0491-3-1)
 E DIN EN 60987 (VDE 0491-3-1)
- IT-Sicherheitsmaßnahmen .... E DIN IEC 63096 (VDE 0491-3-10)
- Kategorisierung leittechnischer Funktionen .... DIN EN 61226 (VDE 0491-1)
 E DIN IEC 61226 (VDE 0491-1)
- physikalische und elektrische Trennung .... DIN EN IEC 60709 (VDE 0491-7)
- Prüfung elektromagnetischer Verträglichkeit .... DIN EN IEC 61225 (VDE 0491-8-3)
- Sicherstellung der Funktionsfähigkeit .... DIN EN 60671 (VDE 0491-100)
- Software .... DIN EN 60880 (VDE 0491-3-2)
- Überwachung der Strahlung und der Radioaktivität .... E DIN IEC 61504 (VDE 0491-16)
- Versagen gemeinsamer Ursache .... DIN EN 62340 (VDE 0491-10)
- zentralisierte Systeme zur Strahlungs- und Radioaktivitätsüberwachung
 .... E DIN IEC 61504 (VDE 0491-16)
in der verfahrenstechnischen Industrie
- PLT-Stellenprüfung .... DIN EN 62382 (VDE 0810-82)
PLT-Stellenprüfung
- verfahrenstechnische Industrie .... DIN EN 62382 (VDE 0810-82)

Leittechnische Systeme für Kernkraftwerke
Zustandsüberwachung elektrischer Geräte .... DIN IEC/IEEE 62582-1 (VDE 0491-21-1)
 DIN IEC/IEEE 62582-2 (VDE 0491-21-2)
 E DIN IEC/IEEE 62582-2 (VDE 0491-21-2)

DIN IEC/IEEE 62582-3 (VDE 0491-21-3)
DIN IEC/IEEE 62582-4 (VDE 0491-21-4)
E DIN IEC/IEEE 62582-4 (VDE 0491-21-4)
DIN IEC/IEEE 62582-5 (VDE 0491-21-5)
DIN IEC/IEEE 62582-6 (VDE 0491-21-6)

Leitungen für Lichterketten
vernetzte Elastomerisolierung .... DIN EN 50525-2-82 (VDE 0285-525-2-82)

Leitungen
Abrieb der Mäntel und Umflechtungen .... DIN VDE 0472-605 (VDE 0472-605)
Beschriftung .... DIN EN 62491 (VDE 0040-4)
Brennen unter definierten Bedingungen
– Messung der Rauchdichte .... DIN EN 61034-1 (VDE 0482-1034-1)
DIN EN 61034-2 (VDE 0482-1034-2)
Dachständer-Einführung .... DIN VDE 0250-213 (VDE 0250-213)
Durchlaufspannungsprüfung .... DIN EN 62230 (VDE 0481-2230)
erweiterte Anwendung von Prüfergebnissen .... DIN CLC/TS 50576 (VDE V 0482-576)
für Blitzschutzsysteme .... DIN EN IEC 62561-2 (VDE 0185-561-2)
für Erdungs- und Kurzschließeinrichtungen .... DIN EN 61138 (VDE 0283-3)
für Fernmeldeanlagen
– erhöhte mechanische Beanspruchung .... DIN VDE 0817 (VDE 0817)
– Spannungsfestigkeit .... DIN VDE 0472-509 (VDE 0472-509)
für Leuchtröhrengeräte und -anlagen
– über 1 kV bis 10 kV .... DIN EN 50143 (VDE 0283-1)
für Lichterketten .... DIN VDE 0281-8 (VDE 0281-8)
für Photovoltaiksysteme .... DIN EN 50618 (VDE 0283-618)
geschirmte, mit Gummiisolierung .... DIN VDE 0250-605 (VDE 0250-605)
geschirmte, N3GHSSYCY .... DIN VDE 0250-605 (VDE 0250-605)
Isolationserhalt bei Flammeneinwirkung .... DIN VDE 0472-814 (VDE 0472-814)
mit Litzenleitern für erhöhte Beanspruchung .... DIN VDE 0817 (VDE 0817)
DIN 57891-7 (VDE 0891-7)
mit Nennspannungen bis 450/750 V
– Berechnung der Außenmaße .... DIN EN 60719 (VDE 0299-2)
mit runden Kupferleitern
– Berechnung der Außenmaße .... DIN EN 60719 (VDE 0299-2)
mit vernetzter elastomerer Isolierung
– einadrige Leitungen .... DIN EN 50264-2-1 (VDE 0260-264-2-1)
– mehr- und vieladrige Leitungen .... DIN EN 50264-2-2 (VDE 0260-264-2-2)
mit vernetzter elastomerer Isolierung, reduzierte Abmessung
– einadrige Leitungen .... DIN EN 50264-3-1 (VDE 0260-264-3-1)
– mehr- und vieladrige Leitungen .... DIN EN 50264-3-2 (VDE 0260-264-3-2)
PVC-isolierte und -ummantelte
– Weichmacher-Ausschwitzungen .... DIN EN 50497 (VDE 0473-497)
Strombelastbarkeit .... Beiblatt 3 DIN VDE 0100-520 (VDE 0100-520)
VDE-Schriftenreihe Band 143
Verlegearten .... DIN VDE 0100-520 (VDE 0100-520)
E DIN VDE 0100-520-1 (VDE 0100-520-1)
Verlegung in Wohngebäuden .... VDE-Schriftenreihe Band 45

Leitungen, erdverlegte
Abdichtung
– Bauwerksdurchdringungen .... VDE-Anwendungsregel VDE-AR-N 4223

Leitungen, flexible
Strombelastbarkeit .... DIN VDE 0298-4 (VDE 0298-4)

Leitungen, isolierte
Begriffe .... DIN VDE 0289-1 (VDE 0289-1)
Fertigungsvorgänge .... DIN VDE 0289-3 (VDE 0289-3)
Halogenfreiheit .... DIN VDE 0472-815 (VDE 0472-815)
Heizleitungen .... DIN VDE 0253 (VDE 0253)
Kerbkraft .... DIN 57472-619 (VDE 0472-619)
Kristallit-Schmelzpunkt .... DIN 57472-621 (VDE 0472-621)
Längen, Begriffe .... DIN VDE 0289-5 (VDE 0289-5)
Leiter für .... DIN EN 60228 (VDE 0295)
Nennspannung bis 450/750 V
– Aufbaudaten und Einsatzbedingungen EN 50525 .... DIN EN 50565-2 (VDE 0298-565-2)
– Leitfaden für die Verwendung .... DIN EN 50565-1 (VDE 0298-565-1)
Porenfreiheit von metallenen Überzügen .... DIN 57472-812 (VDE 0472-812)
Prüfen und Messen, Begriffe .... DIN VDE 0289-4 (VDE 0289-4)
Typkurzzeichen .... DIN VDE 0292 (VDE 0292)
                                                                                                E DIN VDE 0292 (VDE 0292)
Verlegung und Montage, Begriffe .... DIN VDE 0289-7 (VDE 0289-7)
Zubehör, Begriffe .... DIN VDE 0289-6 (VDE 0289-6)

Leitungen, mineralisolierte .... DIN EN 60702-1 (VDE 0284-1)
                                                                                                DIN EN 60702-2 (VDE 0284-2)

Leitungsaufwickler .... DIN EN 61242 (VDE 0620-300)
                                                                                                DIN EN 61242/A13 (VDE 0620-300/A13)

Leitungsauslegung .... Beiblatt 2 DIN VDE 0100-520 (VDE 0100-520)
                                                                                Beiblatt 3 DIN VDE 0100-520 (VDE 0100-520)

Leitungsfahrzeuge .... E DIN VDE 0682-721 (VDE 0682-721)
                                                                                                DIN EN 50374 (VDE 0682-721)

Leitungsführung .... DIN EN 62549 (VDE 0604-300)

Leitungsgebundene Übertragungsnetze
Nutzung von Koaxialkabeln .... DIN EN 50529-2 (VDE 0878-529-2)
Nutzung von Telekommunikationsleitungen .... DIN EN 50529-1 (VDE 0878-529-1)

Leitungsgeführte Störaussendung
Einrichtungen zur Messung .... DIN EN 55016-1-2 (VDE 0876-16-1-2)
– Koppeleinrichtungen .... DIN EN 55016-1-2 (VDE 0876-16-1-2)
Verfahren zur Messung .... DIN EN 55016-2-1 (VDE 0877-16-2-1)

Leitungshalter
für Blitzschutzsysteme .... DIN EN 62561-4 (VDE 0185-561-4)

Leitungskupplungen
für industrielle Anwendungen .... DIN EN 60309-2 (VDE 0623-2)
                                                                                                E DIN EN 60309-2 (VDE 0623-2)
– allgemeine Anforderungen .... DIN EN 60309-1 (VDE 0623-1)
                                                                                                E DIN EN 60309-1 (VDE 0623-1)

Leitungslängen, max. zulässige .... Beiblatt 5 DIN VDE 0100 (VDE 0100)
                                                                                Beiblatt 2 DIN VDE 0100-520 (VDE 0100-520)
                                                                                                VDE-Schriftenreihe Band 159

Leitungsroller
für den Hausgebrauch .... DIN EN 61242 (VDE 0620-300)
DIN EN 61242/A13 (VDE 0620-300/A13)
für industrielle Anwendung .... DIN EN 61316 (VDE 0623-100)
E DIN EN 61316 (VDE 0623-100)

Leitungsschutz .... Beiblatt 2 DIN VDE 0100-520 (VDE 0100-520)

Leitungsschutzschalter .... DIN VDE 0100-530 (VDE 0100-530)
DIN EN 60947-2 (VDE 0660-101)
DIN EN 62606 (VDE 0665-10)
Beiblatt 1 DIN EN 62606 (VDE 0665-10)
E DIN EN 62606/A1 (VDE 0665-10/A1)
automatisch wiedereinschaltende Einrichtungen .... DIN EN 63024 (VDE 0640-21)
für Gleichstrom .... E DIN IEC 60898-3 (VDE 0641-13)
für Hausinstallationen .... DIN V VDE V 0641-100 (VDE V 0641-100)
DIN VDE 0641-21 (VDE 0641-21)
DIN EN 50550 (VDE 0640-10)
Beiblatt 1 DIN EN 60898-1 (VDE 0641-11)
DIN EN 60898-1 (VDE 0641-11)
E DIN EN 60898-1/A1 (VDE 0641-11/A1)
DIN EN 60898-2 (VDE 0641-12)
E DIN EN 60898-2 (VDE 0641-12)
E DIN IEC 60898-3 (VDE 0641-13)
für Wechselstrom .... DIN V VDE V 0641-100 (VDE V 0641-100)
Beiblatt 1 DIN EN 60898-1 (VDE 0641-11)
DIN EN 60898-1 (VDE 0641-11)
E DIN EN 60898-1/A1 (VDE 0641-11/A1)
für Wechselstrom und Gleichstrom .... DIN EN 60898-2 (VDE 0641-12)
E DIN EN 60898-2 (VDE 0641-12)
Hilfsschalter für .... DIN EN 62019 (VDE 0640)
in elektrischen Anlagen .... VDE-Schriftenreihe Band 84
Zusatzeinrichtungen .... DIN V VDE V 0641-100 (VDE V 0641-100)

Leitungsschutzschalter (Haupt-)
selektiv
– für Hausinstallationen .... DIN VDE 0641-21 (VDE 0641-21)
Beiblatt 1 DIN EN 60898-1 (VDE 0641-11)
DIN EN 60898-1 (VDE 0641-11)

Leitungstiefbau
Mindestanforderungen an Bauunternehmen .... VDE-Anwendungsregel VDE-AR-N 4220

Leitungstrossen .... DIN VDE 0250-813 (VDE 0250-813)

Leitungsverlegung
Beispiele .... DIN VDE 0100-520 (VDE 0100-520)
E DIN VDE 0100-520-1 (VDE 0100-520-1)

LEMP-Schutzsysteme
für elektrische und elektronische Systeme
– Planung, Installation, Betrieb .... DIN EN 62305-4 (VDE 0185-305-4)
Beiblatt 1 DIN EN 62305-4 (VDE 0185-305-4)
E DIN EN 62305-4 (VDE 0185-305-4)

LeTID-Test
Durchführung und Bewertung
– Photovoltaik Zellen und Module .... E VDE-Anwendungsregel VDE-AR-E 2126-4-100
Photovoltaik Zellen und Module .... E VDE-Anwendungsregel VDE-AR-E 2126-4-100

Leuchtdioden
(LED) .... DIN EN 50107-3 (VDE 0128-3)

Leuchten für allgemeine Zwecke, ortsfeste .... E DIN EN 60598-2-1 (VDE 0711-201)

Leuchten für allgemeine Zwecke, ortsveränderliche .... DIN EN 60598-2-4 (VDE 0711-2-4)

Leuchten .... VDE-Schriftenreihe Band 12
allgemeine Anforderungen und Prüfungen .... DIN EN 60598-1 (VDE 0711-1)
 E DIN EN 60598-1 (VDE 0711-1)
Aquarienleuchten .... DIN EN 60598-2-11 (VDE 0711-2-11)
 E DIN EN 60598-2-11/A1 (VDE 0711-2-11/A1)
besondere Anforderungen
– Kleinspannungsbeleuchtungssysteme für ELV-Leuchten
.... E DIN EN IEC 60598-2-23 (VDE 0711-2-23)
besondere Anforderungen
– Lichterketten .... E DIN EN IEC 60598-2-20 (VDE 0711-2-20)
– ortsveränderliche Leuchten .... DIN EN 60598-2-4 (VDE 0711-2-4)
– ortsveränderliche Leuchten für allgemeine Zwecke .... DIN EN 60598-2-4 (VDE 0711-2-4)
– Scheinwerfer .... DIN EN 60598-2-5 (VDE 0711-2-5)
besondere Anforderungen für Leuchten für Notbeleuchtung
.... DIN EN 60598-2-22 (VDE 0711-2-22)
Betriebsmittel für den Anschluss .... DIN EN 61995-1 (VDE 0620-400-1)
 E DIN EN 61995-1/AA (VDE 0620-400-1/AA)
 DIN EN 61995-2 (VDE 0620-400-2)
Bodeneinbauleuchten .... DIN EN 60598-2-13 (VDE 0711-2-13)
Einbauleuchten .... DIN EN 60598-2-2 (VDE 0711-2-2)
elektrische Stromschienensysteme .... DIN EN 60570 (VDE 0711-300)
elektronische Module .... DIN EN 61347-2-11 (VDE 0712-41)
 E DIN EN IEC 61347-2-11 (VDE 0712-41)
Errichtung .... DIN VDE 0100-559 (VDE 0100-559)
Foto- und Filmaufnahmeleuchten .... DIN EN 60598-2-9/A1 (VDE 0711-209/A1)
für Bühnen und Studios .... E DIN EN 60598-1 (VDE 0711-1)
 DIN EN IEC 60598-2-17 (VDE 0711-217)
für Bühnenbeleuchtung Fernseh- und Filmstudios
– außen und innen .... DIN EN IEC 60598-2-17 (VDE 0711-217)
für den Haushalt und ähnliche Zwecke
– Betriebsmittel für den Anschluss .... DIN EN 61995-1 (VDE 0620-400-1)
 E DIN EN 61995-1/AA (VDE 0620-400-1/AA)
für Foto-, Film- und Fernsehaufnahmen .... DIN VDE 0711-209 (VDE 0711-209)
 E DIN EN 60598-1 (VDE 0711-1)
für Gartenteiche .... E DIN EN 60598-1 (VDE 0711-1)
 DIN EN 60598-2-18 (VDE 0711-2-18)
für Gesundheitseinrichtungen .... DIN EN 60598-2-25 (VDE 0711-2-25)
für Kaltkathoden-Entladungslampen .... DIN EN 60598-2-14 (VDE 0711-2-14)
für Kinder .... DIN EN 60598-2-10 (VDE 0711-2-10)
für Krankenhäuser .... E DIN EN 60598-1 (VDE 0711-1)
 DIN EN 60598-2-25 (VDE 0711-2-25)
für Notbeleuchtung .... E DIN EN 60598-1 (VDE 0711-1)

	DIN EN 60598-2-22 (VDE 0711-2-22)
für Planschbecken	DIN EN 60598-2-18 (VDE 0711-2-18)
für Schwimmbecken	E DIN EN 60598-1 (VDE 0711-1)
	DIN EN 60598-2-18 (VDE 0711-2-18)
für Springbrunnen	E DIN EN 60598-1 (VDE 0711-1)
	DIN EN 60598-2-18 (VDE 0711-2-18)
für Straßen- und Wegebeleuchtung	DIN EN 60598-2-3 (VDE 0711-2-3)
für Werbezwecke	DIN VDE 0713-3 (VDE 0713-3)
Handleuchten	DIN EN 60598-2-8 (VDE 0711-2-8)
Lichterketten	DIN EN 60598-2-20 (VDE 0711-2-20)
	E DIN EN IEC 60598-2-20 (VDE 0711-2-20)
Lichtschläuche	DIN EN 60598-2-21 (VDE 0711-2-21)
mit begrenzter Oberflächentemperatur	DIN EN 60598-2-24 (VDE 0711-2-24)
mit eingebauten Konvertern	DIN EN 60598-2-6/A1 (VDE 0711-206/A1)
mit eingebauten Transformatoren	DIN EN 60598-2-6 (VDE 0711-206)
Netzsteckdosen-Nachtlichter	DIN EN 60598-2-12 (VDE 0711-2-12)
Scheinwerfer	DIN EN 60598-2-5 (VDE 0711-2-5)
Stromschienensysteme	DIN EN 60570 (VDE 0711-300)
	E DIN EN 60570 (VDE 0711-300)
	E DIN EN 60598-1 (VDE 0711-1)
zum Einbau in Möbel	DIN VDE 0100-713 (VDE 0100-713)
	VDE-Schriftenreihe Band 168

Leuchten, ortsfeste
für allgemeine Zwecke ... E DIN EN 60598-2-1 (VDE 0711-201)

Leuchten, ortsveränderliche ... DIN EN 60598-2-4 (VDE 0711-2-4)
für allgemeine Zwecke ... DIN EN 60598-2-4 (VDE 0711-2-4)

Leuchtröhren
Neonröhren ... DIN EN 50107-3 (VDE 0128-3)

Leuchtröhrenanlagen
Funkentstörung ... DIN EN 50107-1 (VDE 0128-1)
Leitungen ... DIN EN 50143 (VDE 0283-1)

Leuchtröhrengeräte ... DIN VDE 0713-3 (VDE 0713-3)
 ... DIN EN 50107-1 (VDE 0128-1)
Leitungen ... DIN EN 50143 (VDE 0283-1)

Leuchtschrift ... DIN VDE 0713-3 (VDE 0713-3)

Leuchtstoff-Induktionslampen ... DIN EN 62532 (VDE 0715-14)

Leuchtstofflampen
Betriebsgeräte	DIN EN 60929 (VDE 0712-23)
	DIN EN 61347-2-3 (VDE 0712-33)
	E DIN EN IEC 61347-2-3 (VDE 0712-33)
elektronische Betriebsgeräte	DIN EN 60929 (VDE 0712-23)
	DIN EN 61347-2-3 (VDE 0712-33)
	E DIN EN IEC 61347-2-3 (VDE 0712-33)
elektronische Vorschaltgeräte – Arbeitsweise	DIN EN 60929 (VDE 0712-23)
EMV-Störfestigkeitsanforderungen	DIN EN 60968 (VDE 0715-6)
	DIN EN 61049 (VDE 0560-62)
	DIN EN 61195 (VDE 0715-8)

Gerätetyp 0
- digital adressierbare Schnittstelle .... DIN EN 62386-201 (VDE 0712-0-201)
Glimmstarter .... DIN EN 60155 (VDE 0712-101)
in Schienenfahrzeugen
- Gleichstromversorgte elektronische Vorschaltgeräte .... DIN EN 62718 (VDE 0115-718)
Lampenfassungen .... DIN EN 60400 (VDE 0616-3)
                        E DIN EN 60400/A1 (VDE 0616-3/A1)
Messung des Quecksilbergehalts
- Vorbereitung des Prüfmusters .... DIN EN IEC 62554 (VDE 0042-20)
mit eingebautem Vorschaltgerät
- für Allgemeinbeleuchtung .... DIN EN 60968 (VDE 0715-6)
Sicherheitsanforderungen .... DIN EN 61195 (VDE 0715-8)
                            DIN EN 61199 (VDE 0715-9)
Startgeräte .... DIN EN 61347-2-1 (VDE 0712-31)
                        E DIN EN IEC 61347-2-1 (VDE 0712-31)
- (andere als Glimmstarter) .... DIN EN 60927 (VDE 0712-15)
Umweltprüfungen .... DIN EN IEC 62554 (VDE 0042-20)
Vorschaltgeräte .... DIN EN 61347-2-8 (VDE 0712-38)
                     E DIN EN IEC 61347-2-8 (VDE 0712-38)
- Arbeitsweise .... DIN EN 60921 (VDE 0712-11)
- thermische Schutzeinrichtungen .... DIN EN 60730-2-3 (VDE 0631-2-3)
wechsel- und/oder gleichstromversorgte
- elektronische Betriebsgeräte .... DIN EN 61347-2-3 (VDE 0712-33)
                     E DIN EN IEC 61347-2-3 (VDE 0712-33)
Zündgeräte .... DIN EN 60927 (VDE 0712-15)

Leuchtstofflampen, einseitig gesockelt .... DIN EN 61199 (VDE 0715-9)
Sicherheitsanforderungen .... DIN EN 61199 (VDE 0715-9)

Leuchtstofflampen, einseitig gesockelte .... DIN EN 61199 (VDE 0715-9)

Leuchtstofflampen, einseitig und zweiseitig gesockelte
elektronische Steuerung .... Beiblatt 1 DIN EN 55015 (VDE 0875-15-1)

Leuchtstofflampen, zweiseitig gesockelt
Sicherheitsanforderungen .... DIN EN 61195 (VDE 0715-8)

Leuchtstofflampen-Anlagen
Kondensatoren bis 2,5 kvar .... DIN EN 61049 (VDE 0560-62)

Leuchtstofflampenkreise
Kondensatoren .... DIN EN 61048 (VDE 0560-61)

LEV-Anwendungen
Sekundärbatterien .... DIN EN 50604-1 (VDE 0510-12)
                       E DIN EN 50604-1/AA (VDE 0510-12/AA)

Lexikon
der Installationstechnik .... VDE-Schriftenreihe Band 52
der Kurzzeichen
- für Kabel und isolierte Leitungen .... VDE-Schriftenreihe Band 29

Lichtbogen
thermische Gefahren
- Schutzkleidung .... DIN EN 61482-1-2 (VDE 0682-306-1-2)
                        DIN EN 61482-2 (VDE 0682-306-2)

E DIN EN 62819 (VDE 0682-341)

Lichtbögen, sekundäre
auf Freileitungen – Löschung .... DIN EN 62271-112 (VDE 0671-112)
E DIN EN IEC 62271-112 (VDE 0671-112)

Lichtbogenbrenner .... DIN EN IEC 60974-7 (VDE 0544-7)

Lichtbogenfestigkeit
von Isolierstoffen .... DIN VDE 0303-5 (VDE 0303-5)

Lichtbogenkennwerte von schwer entflammbaren Bekleidungsstoffen
.... DIN EN IEC 61482-1-1 (VDE 0682-306-1-1)

Lichtbogen-Kennwerte
ELIM, ATPV, EBT .... DIN EN IEC 61482-1-1 (VDE 0682-306-1-1)

Lichtbogenlöschgeräte
Niederspannungsschaltgeräte .... DIN EN IEC 60947-9-1 (VDE 0660-120)

Lichtbogenöfen .... DIN EN 60519-11 (VDE 0721-11)
E DIN EN 60519-3 (VDE 0721-3)

Lichtbogenofenanlagen .... DIN EN 60519-4 (VDE 0721-4)
E DIN EN IEC 60519-4 (VDE 0721-4)

Lichtbogenreduktionsöfen .... DIN EN 60519-4 (VDE 0721-4)
E DIN EN IEC 60519-4 (VDE 0721-4)

Lichtbogen-Reduktionsöfen
Prüfverfahren .... DIN EN 60683 (VDE 0721-1022)

Lichtbogen-Schmelzöfen
Prüfverfahren .... DIN EN 60676 (VDE 0721-1012)

Lichtbogen-Schweißeinrichtungen
Anforderungen an die elektromagnetische Verträglichkeit ... E DIN EN 60974-10 (VDE 0544-10)
Anforderungen an die EMV .... DIN EN 60974-10 (VDE 0544-10)
E DIN EN 60974-10 (VDE 0544-10)
Brenner .... DIN EN IEC 60974-7 (VDE 0544-7)
Drahtvorschubgeräte .... DIN EN IEC 60974-5 (VDE 0544-5)
Elektrodenhalter .... DIN EN 60974-11 (VDE 0544-11)
E DIN EN IEC 60974-11 (VDE 0544-11)
Flüssigkeitskühlsysteme .... DIN EN IEC 60974-2 (VDE 0544-2)
Gaskonsolen für Schweiß- und Plasmaschneidsysteme .... DIN EN IEC 60974-8 (VDE 0544-8)
E DIN EN IEC 60974-8 (VDE 0544-8)
Inspektion und Prüfung .... DIN EN 60974-4 (VDE 0544-4)
Prüfung und Instandhaltung .... DIN EN 60974-4 (VDE 0544-4)
Schweißstromquellen .... DIN EN IEC 60974-1 (VDE 0544-1)
E DIN EN IEC 60974-1 (VDE 0544-1)
DIN EN IEC 60974-1/A1 (VDE 0544-1/A1)
Schweißstromquellen mit begrenzter Einschaltdauer .... DIN EN 60974-6 (VDE 0544-6)
Schweißstromrückleitungsklemmen .... DIN EN 60974-13 (VDE 0544-13)
E DIN EN IEC 60974-13 (VDE 0544-13)
Steckverbindungen für Schweißleitungen .... DIN EN 60974-12 (VDE 0544-202)
E DIN IEC 60974-12 (VDE 0544-12)
wiederkehrende Inspektion und Prüfung .... DIN EN 60974-4 (VDE 0544-4)

Zünd- und Stabilisierungseinrichtungen .... DIN EN IEC 60974-3 (VDE 0544-3)

Lichtbogenschweißeinrichtungen
Anforderungen an die elektromagnetische Verträglichkeit ... E DIN EN 60974-10 (VDE 0544-10)
Anforderungen an die EMV .... E DIN EN 60974-10 (VDE 0544-10)
Brenner .... DIN EN IEC 60974-7 (VDE 0544-7)
Drahtvorschubgeräte .... DIN EN IEC 60974-5 (VDE 0544-5)
Elektrodenhalter .... E DIN EN IEC 60974-11 (VDE 0544-11)
Flüssigkeitskühlsysteme .... DIN EN IEC 60974-2 (VDE 0544-2)
Gaskonsolen für Schweiß- und Plasmaschneidsysteme .. E DIN EN IEC 60974-8 (VDE 0544-8)
Kalibrierung .... DIN EN IEC 60974-14 (VDE 0544-14)
Konsistenzprüfung .... DIN EN IEC 60974-14 (VDE 0544-14)
Leistungsüberprüfung .... DIN EN IEC 60974-14 (VDE 0544-14)
Lichtbogenzünd- und -stabilisierungseinrichtungen .... DIN EN IEC 60974-3 (VDE 0544-3)
Schweißstromquellen .... DIN EN IEC 60974-1 (VDE 0544-1)
                                                          E DIN EN IEC 60974-1 (VDE 0544-1)
                                                    DIN EN IEC 60974-1/A1 (VDE 0544-1/A1)
Schweißstromrückleitungsklemmen .... E DIN EN IEC 60974-13 (VDE 0544-13)
Validierung .... DIN EN IEC 60974-14 (VDE 0544-14)
Zünd- und Stabilisierungseinrichtungen .... DIN EN IEC 60974-3 (VDE 0544-3)

Lichtbogenschweißen .... DIN EN IEC 60974-7 (VDE 0544-7)
elektromagnetische Felder
– Exposition von Personen .... DIN EN IEC 62822-1 (VDE 0545-22)
Exposition durch elektromagnetische Felder
– Konformitätsprüfung .... DIN EN IEC 62822-1 (VDE 0545-22)

Lichtbogenschweißleitungen
vernetzte Elastomerhülle .... DIN EN 50525-2-81 (VDE 0285-525-2-81)

Lichtbogenspritzen
Zünd- und Stabilisierungseinrichtungen .... DIN EN IEC 60974-3 (VDE 0544-3)

Lichtbogenstrecke .... DIN VDE 0303-5 (VDE 0303-5)

Lichterketten .... DIN EN 60598-2-20 (VDE 0711-2-20)
                                                      E DIN EN IEC 60598-2-20 (VDE 0711-2-20)
                                                                DIN EN 61549 (VDE 0715-12)
                                                                 VDE-Schriftenreihe Band 12

Lichterketten, verschlossene .... DIN EN 60598-2-21 (VDE 0711-2-21)

Lichtquellen-Betriebsgeräte, elektronische
analoge Spannungsschnittstelle
– Lichtsteuerschnittstelle für Dimmung .... DIN EN IEC 63128 (VDE 0712-44)

Lichtschlauch .... DIN EN 60598-2-21 (VDE 0711-2-21)

Lichtschläuche .... DIN EN 60598-2-21 (VDE 0711-2-21)

Lichtsignalanlagen, siehe auch Verkehrsampeln

Lichtsignalanlagen
für den Straßenverkehr .... DIN EN 50556 (VDE 0832-100)
– branchenspezifischer Sicherheitsstandard (B3S) ..... DIN VDE V 0832-700 (VDE V 0832-700)
– sicherheitsrelevante Kommunikation in Übertragungssystemen
  .... DIN VDE V 0832-500 (VDE V 0832-500)

– sicherheitsrelevante Software .... DIN VDE V 0832-500 (VDE V 0832-500)

Lichtsteuerschnittstelle für Dimmung
analoge Spannungsschnittstelle
– für elektronische Lichtquellen-Betriebsgeräte .... DIN EN IEC 63128 (VDE 0712-44)

Lichtstrom, winkelabhängiger begrenzter
Untersuchungen und Messungen .... E DIN EN IEC 61300-3-53 (VDE 0885-300-3-53)

Lichtstrom-Binning
von LEDs .... VDE-Anwendungsregel VDE-AR-E 2715-2

Lichtwellenleiter
Absetzbarkeit der Beschichtung
– Messmethoden und Prüfverfahren .... DIN EN IEC 60793-1-32 (VDE 0888-232)
Außenkabel .... DIN EN 60794-3-11 (VDE 0888-311)
DIN EN 60794-3-20 (VDE 0888-320)
DIN EN 60794-3-70 (VDE 0888-370)
E DIN EN IEC 60794-3-70 (VDE 0888-370)
Bandbreite .... DIN EN 60793-1-41 (VDE 0888-241)
chromatische Dispersion .... DIN EN 60793-1-42 (VDE 0888-242)
Dämpfung .... DIN EN IEC 60793-1-47 (VDE 0888-247)
Dämpfungsmessverfahren .... DIN EN IEC 60793-1-40 (VDE 0888-240)
Einmodenfasern
– Kategorie B .... DIN EN IEC 60793-2-50 (VDE 0888-325)
Einmodenfasern Kategorie B .... DIN EN IEC 60793-2-50 (VDE 0888-325)
– Rahmenspezifikation .... DIN EN IEC 60793-2-50 (VDE 0888-325)
Einmodenfasern Kategorie C
– Rahmenspezifikation .... DIN EN 60793-2-60 (VDE 0888-326)
Fachgrundspezifikation .... DIN VDE V 0888-100-1-1 (VDE V 0888-100-1-1)
DIN EN 60794-1-21 (VDE 0888-100-21)
E DIN EN 60794-1-21/A1 (VDE 0888-100-21/A1)
Fasergeometrie .... DIN EN 60793-1-20 (VDE 0888-220)
Fasern
– Nachweis von Fehlern .... DIN EN 60793-1-30 (VDE 0888-230)
für schnelle/mehrfache Verlegung .... DIN EN 60794-3-70 (VDE 0888-370)
E DIN EN IEC 60794-3-70 (VDE 0888-370)
Grenzwellenlänge .... DIN EN 60793-1-44 (VDE 0888-244)
Gruppenlaufzeitdifferenz .... DIN EN IEC 60793-1-49 (VDE 0888-249)
Kennzeichnung, Transport und Lagerung .... DIN VDE V 0888-100-1-1 (VDE V 0888-100-1-1)
Kommunikationssysteme .... DIN EN 50411-2-10 (VDE 0888-611-2-10)
DIN EN 50411-2-2 (VDE 0888-611-2-2)
Konstruktion und Aufbau .... DIN EN IEC 60869-1 (VDE 0885-869-1)
Lichtwellenleiter-Bandkabel
– Innenverlegung .... DIN EN IEC 60794-2-30 (VDE 0888-118)
Lichtwellenleiteraufteiler .... DIN EN 61314-1 (VDE 0885-314-1)
Mehrmodenfasern Kategorie A1
– Rahmenspezifikation .... DIN EN IEC 60793-2-10 (VDE 0888-321)
Mehrmodenfasern Kategorie A2
– Rahmenspezifikation .... DIN EN 60793-2-20 (VDE 0888-322)
Mehrmodenfasern Kategorie A3
– Rahmenspezifikation .... DIN EN 60793-2-30 (VDE 0888-323)
Mehrmodenfasern Kategorie A4
– Rahmenspezifikation .... DIN EN 60793-2-40 (VDE 0888-324)

	E DIN EN IEC 60793-2-40 (VDE 0888-324)
Mess- und Prüfverfahren	DIN EN 60793-1-1 (VDE 0888-200-1)
	DIN EN 60793-1-42 (VDE 0888-242)
– Allgemeines und Leitfaden	DIN EN 60793-1-1 (VDE 0888-200-1)
– Bandbreite	DIN EN 60793-1-41 (VDE 0888-241)
– Dämpfung	DIN EN IEC 60793-1-40 (VDE 0888-240)
– Faserringeln	DIN EN 60793-1-20 (VDE 0888-220)
	DIN EN 60793-1-34 (VDE 0888-234)
	E DIN EN IEC 60793-1-34 (VDE 0888-234)
– feuchte Wärme (konstant)	DIN EN 60793-1-50 (VDE 0888-250)
– Längenmessung	DIN EN 60793-1-22 (VDE 0888-222)
– Makrobiegeverlust	DIN EN IEC 60793-1-47 (VDE 0888-247)
– Makrokrümmungsverluste	DIN EN IEC 60793-1-47 (VDE 0888-247)
– optische Übertragungsänderungen	DIN EN 60793-1-46 (VDE 0888-246)
– Polarisationsmodendispersion	DIN EN 60793-1-48 (VDE 0888-248)
– Temperaturwechsel	DIN EN 60793-1-52 (VDE 0888-252)
– trockene Wärme	DIN EN 60793-1-51 (VDE 0888-251)
Messmethoden	
– Modenfelddurchmesser	DIN EN IEC 60793-1-45 (VDE 0888-245)
Messmethoden und Prüfverfahren	
– Absetzbarkeit der Beschichtung	DIN EN IEC 60793-1-32 (VDE 0888-232)
– Dämpfung	DIN EN IEC 60793-1-40 (VDE 0888-240)
– Fasergeometrie	DIN EN 60793-1-20 (VDE 0888-220)
– Faserringeln	E DIN EN IEC 60793-1-34 (VDE 0888-234)
– Gammastrahlung	DIN EN 60793-1-54 (VDE 0888-254)
– Grenzwellenlänge	DIN EN 60793-1-44 (VDE 0888-244)
– Gruppenlaufzeitdifferenz	DIN EN IEC 60793-1-49 (VDE 0888-249)
– Makrobiegeverlust	DIN EN IEC 60793-1-47 (VDE 0888-247)
– Makrokrümmungsverluste	DIN EN IEC 60793-1-47 (VDE 0888-247)
– Modenfelddurchmesser	DIN EN IEC 60793-1-45 (VDE 0888-245)
– Nachweis von Fehlern in Fasern	DIN EN 60793-1-30 (VDE 0888-230)
– numerische Apertur	DIN EN 60793-1-43 (VDE 0888-243)
– Polarisationsmodendispersion	DIN EN 60793-1-48 (VDE 0888-248)
– Polarisationsübersprechen	DIN EN 60793-1-61 (VDE 0888-261)
– radioaktive Strahlung	DIN EN IEC 60793-1-54 (VDE 0888-254)
– Schwebungslänge	DIN EN 60793-1-60 (VDE 0888-260)
– Spannungskorrosionsempfindlichkeit	DIN EN 60793-1-33 (VDE 0888-233)
– Zugfestigkeit	DIN EN 60793-1-31 (VDE 0888-231)
	E DIN EN 60793-1-31 (VDE 0888-231)
Mikrorohr-LWL-Einheiten	
– Familienspezifikation	DIN EN 60794-5-20 (VDE 0888-520)
passive Bauteile	
– hohe optische Leistung	DIN EN 61300-1 (VDE 0885-300-1)
	DIN EN 61300-2-14 (VDE 0885-300-2-14)
– Lichtwellenleiterzirkulatoren	DIN EN 62077 (VDE 0885-500)
– Messverfahren Bestimmung der Loch- und/oder Kernposition von rechteckigen Ferrulen	
	E DIN EN 61300-3-27 (VDE 0885-300-3-27)
– Prüf- und Messverfahren	DIN EN 61300-1 (VDE 0885-300-1)
– Referenzsteckverbinder	DIN EN 61300-3-39 (VDE 0885-300-3-39)
– transiente Dämpfung	DIN EN 61300-3-28 (VDE 0885-300-3-28)
– winkelabhängiger begrenzter Lichtstrom (EAF)	DIN EN 61300-3-53 (VDE 0885-300-3-53)
	E DIN EN IEC 61300-3-53 (VDE 0885-300-3-53)
Polarisation	DIN EN IEC 60793-1-47 (VDE 0888-247)

polarisationserhaltende Fasern
- Rahmenspezifikation .... DIN EN 60793-2-70 (VDE 0888-327)
Produktspezifikation
- Allgemeines .... DIN EN 60793-2 (VDE 0888-300)
                 E DIN EN IEC 60793-2 (VDE 0888-300)
Prüfung Eintauchen in Wasser .... DIN EN 60793-1-53 (VDE 0888-253)
Single-Mode .... DIN EN IEC 60793-1-47 (VDE 0888-247)
Steckverbinder .... DIN EN 60874-1 (VDE 0885-874-1)
Umweltprüfverfahren
- Schrumpfung des Mantels (Verbindungskabel), Verfahren 11
.... E DIN EN IEC 60794-1-211 (VDE 0888-100-211)
Verbindungselemente
- hohe optische Leistung .... DIN EN 61300-1 (VDE 0885-300-1)
                 DIN EN 61300-2-14 (VDE 0885-300-2-14)
- Lichtwellenleiterisolatoren .... DIN EN 61202-1 (VDE 0885-550)
- Lichtwellenleiter-Steckverbinder .... DIN EN 61274-1 (VDE 0885-274-1)
- Lichtwellenleitergarnituren .... DIN EN 62134-1 (VDE 0888-741)
- Lichtwellenleiterzirkulatoren .... DIN EN 62077 (VDE 0885-500)
- mechanische Spleiße .... DIN EN 61073-1 (VDE 0888-731)
- Messverfahren Bestimmung der Loch- und/oder Kernposition von rechteckigen Ferrulen
.... E DIN EN 61300-3-27 (VDE 0885-300-3-27)
- Muffen .... DIN EN 61758-1 (VDE 0888-601)
- Prüf- und Messverfahren .... DIN EN 61300-1 (VDE 0885-300-1)
- Referenzsteckverbinder .... DIN EN 61300-3-39 (VDE 0885-300-3-39)
- Steckverbinder .... DIN VDE 0888-745 (VDE 0888-745)
- transiente Dämpfung .... DIN EN 61300-3-28 (VDE 0885-300-3-28)
- winkelabhängiger begrenzter Lichtstrom (EAF) .... DIN EN 61300-3-53 (VDE 0885-300-3-53)
                 E DIN EN IEC 61300-3-53 (VDE 0885-300-3-53)
Verbindungselemente und passive Bauteile
- hohe optische Leistung .... DIN EN IEC 60869-1 (VDE 0885-869-1)
                 DIN EN 61300-2-14 (VDE 0885-300-2-14)
- Kompensatoren .... DIN EN IEC 60869-1 (VDE 0885-869-1)
                 DIN EN 61274-1 (VDE 0885-274-1)
                 DIN EN 61978-1 (VDE 0885-978-1)
- Lichtwellenleiterisolatoren .... DIN EN 61202-1 (VDE 0885-550)
- Lichtwellenleiter-WDM-Bauteile .... DIN EN 62074-1 (VDE 0885-600)
- Lichtwellenleiteraufteiler .... DIN EN 61314-1 (VDE 0885-314-1)
- Messverfahren Bestimmung der Loch- und/oder Kernposition von rechteckigen Ferrulen
.... E DIN EN 61300-3-27 (VDE 0885-300-3-27)
- passive Bauteile zur Leistungsbegrenzung .... DIN EN IEC 60869-1 (VDE 0885-869-1)
- räumliche Umschalter .... DIN EN 60876-1 (VDE 0885-876-1)
- Referenzsteckverbinder .... DIN EN 61300-3-39 (VDE 0885-300-3-39)
- Steckverbinder .... DIN EN 60874-1 (VDE 0885-874-1)
- transiente Dämpfung .... DIN EN 61300-3-28 (VDE 0885-300-3-28)
- wellenlängenunabhängige Verzweiger .... DIN EN 60875-1 (VDE 0885-875-1)
- winkelabhängiger begrenzter Lichtstrom (EAF) .... DIN EN 61300-3-53 (VDE 0885-300-3-53)
                 E DIN EN IEC 61300-3-53 (VDE 0885-300-3-53)
Verfahren 11
- Schrumpfung des Mantels (Verbindungskabel)
.... E DIN EN IEC 60794-1-211 (VDE 0888-100-211)
Verlegung .... DIN EN IEC 60793-1-47 (VDE 0888-247)
WDM-Bauteile .... DIN EN 62074-1 (VDE 0885-600)
Zugfestigkeit .... DIN EN 60793-1-31 (VDE 0888-231)

E DIN EN 60793-1-31 (VDE 0888-231)

Lichtwellenleiteranlagen
Blitzschutz .... DIN EN 61663-1 (VDE 0845-4-1)

Lichtwellenleiteraufteiler .... DIN EN 61314-1 (VDE 0885-314-1)

Lichtwellenleiter-Außenkabel
Familienspezifikation .... DIN EN 60794-3-70 (VDE 0888-370)
                    E DIN EN IEC 60794-3-70 (VDE 0888-370)

Lichtwellenleiter-Bandkabel
Einsatz in konventionellen Kabeln .... DIN EN IEC 60794-2-30 (VDE 0888-118)
zur Innenverlegung .... DIN EN IEC 60794-2-30 (VDE 0888-118)

Lichtwellenleiterbauelemente und -geräte
ATM-PON-Sende- und Empfangsmodule .... DIN EN 62149-5 (VDE 0886-149-5)
                    E DIN EN IEC 62149-5 (VDE 0886-149-5)
Mehrkanal-Sender-Empfänger-Chip-Scale-Bauelemente
– mit Mehrmodenfaser-Schnittstelle .... E DIN EN 62149-11 (VDE 0886-149-11)
RoF-Sende-Empfangsgeräte (Funk über Lichtwellenleiter)
– Mobilfunk-Fronthaul-Anwendungen .... DIN EN IEC 62149-10 (VDE 0886-149-10)

Lichtwellenleiterbauelemente und -geräte, aktive
ATM-PON Sende- und Empfangsmodule
– mit Laserdiodentreiberschaltung und Datenrückgewinnungs-ICs
.... E DIN EN IEC 62149-5 (VDE 0886-149-5)

Lichtwellenleiterbauelemente
Betriebsverhaltensnormen
– 850-nm-Laserbauelemente mit Vertikalresonator .... DIN EN 62149-2 (VDE 0886-149-2)
– injizierte reflektierende optische .... DIN EN 62149-8 (VDE 0886-149-8)
                      DIN EN 62149-9 (VDE 0886-149-9)
– Lasernbauteile mit vertikalem Resonator .... DIN EN 62149-7 (VDE 0886-149-7)
– Laserdiodensender mit integriertem Modulator .... DIN EN 62149-3 (VDE 0886-149-3)
                      E DIN EN 62149-3 (VDE 0886-149-3)
– Mehrkanal-Sender-Empfänger-Chip-Scale-Bauelemente mit Mehrmodenfaser-Schnittstelle
.... E DIN EN 62149-11 (VDE 0886-149-11)
– RoF-Sende-Empfangsgeräte (Funk über Lichtwellenleiter)
.... DIN EN IEC 62149-10 (VDE 0886-149-10)
Halbleiterverstärker-Sende und Empfangsmodule
– injizierte reflektierende optische .... DIN EN 62149-9 (VDE 0886-149-9)

Lichtwellenleiterbaugeräte
Betriebsverhaltensnormen .... DIN EN IEC 62149-10 (VDE 0886-149-10)
                    E DIN EN 62149-11 (VDE 0886-149-11)
                      DIN EN 62149-2 (VDE 0886-149-2)
                      DIN EN 62149-3 (VDE 0886-149-3)
                    E DIN EN 62149-3 (VDE 0886-149-3)
                      DIN EN 62149-8 (VDE 0886-149-8)
                      DIN EN 62149-9 (VDE 0886-149-9)
– injizierte reflektierende optische .... DIN EN 62149-8 (VDE 0886-149-8)
                      DIN EN 62149-9 (VDE 0886-149-9)
– Mehrkanal-Sender-Empfänger-Chip-Scale-Bauelemente mit Mehrmodenfaser-Schnittstelle
.... E DIN EN 62149-11 (VDE 0886-149-11)
– RoF-Sende-Empfangsgeräte (Funk über Lichtwellenleiter)

.... DIN EN IEC 62149-10 (VDE 0886-149-10)

Lichtwellenleiter-Erdseile
auf Starkstromleitungen .... DIN EN 60794-4-10 (VDE 0888-111-4)

Lichtwellenleitergarnituren
Fachgrundspezifikation .... DIN EN 62134-1 (VDE 0888-741)

Lichtwellenleiter-Innen-/Außenkabel
Rahmenspezifikation .... E DIN EN IEC 60794-6 (VDE 0888-600)

Lichtwellenleiter-Innenkabel
Simplex- und Duplexkabel .... DIN EN 60794-2-10 (VDE 0888-116)
– Verwendung in Kabeln für kontrollierte Umgebungsbedingungen
.... DIN EN 60794-2-51 (VDE 0888-123)

Lichtwellenleiter-Isolatoren .... DIN EN 61202-1 (VDE 0885-550)

Lichtwellenleiterkabel
ADSS-LWL-Kabel
– Familienspezifikation .... DIN EN IEC 60794-4-20 (VDE 0888-111-5)
Außenkabel
– Fernmelde-Erd- und Röhrenkabel .... DIN EN 60794-3-10 (VDE 0888-310)
DIN EN 60794-3-12 (VDE 0888-13)
E DIN EN IEC 60794-3-12 (VDE 0888-13)
– Kabel für Abwasserkanäle .... DIN EN 60794-3-40 (VDE 0888-340)
– Kabel in Gasleitungen und Schächten .... DIN EN 60794-3-50 (VDE 0888-350)
– Kabel in Trinkwasserleitungen .... DIN EN 60794-3-60 (VDE 0888-360)
– Unterwasserkabel .... DIN EN 60794-3-30 (VDE 0888-330)
Erdseile auf Starkstromleitungen .... DIN EN 60794-4-10 (VDE 0888-111-4)
Fachgrundspezifikation
– Allgemeines .... DIN EN 60794-1-1 (VDE 0888-100-1)
DIN EN 60794-1-2 (VDE 0888-100-2)
E DIN EN IEC 60794-1-2 (VDE 0888-100-2)
E DIN EN 60794-1-21/A1 (VDE 0888-100-21/A1)
– elektrische Prüfverfahren .... DIN EN 60794-1-24 (VDE 0888-100-24)
– Grundlegendes und Definitionen .... DIN EN 60794-1-2 (VDE 0888-100-2)
E DIN EN IEC 60794-1-2 (VDE 0888-100-2)
– Prüfverfahren F15, äußeres Gefrieren von Kabeln
.... E DIN IEC 60794-1-215 (VDE 0888-100-215)
– Prüfverfahren F19, Werkstoffverträglichkeit . E DIN EN IEC 60794-1-219 (VDE 0888-100-219)
– Prüfverfahren für Kabelelemente .... DIN EN IEC 60794-1-23 (VDE 0888-100-23)
– Prüfverfahren H1, Kurzschlussprüfung (für OPGW und OPAC)
.... E DIN EN IEC 60794-1-401 (VDE 0888-100-401)
Familienspezifikation für ein universelles Innen-/Außenkabel
.... E DIN EN IEC 60794-6-10 (VDE 0888-610)
Familienspezifikation für flammhemmende Außenkabel
.... E DIN EN IEC 60794-6-20 (VDE 0888-620)
Fasern der Kategorie A4
– Familienspezifikation .... DIN EN 60794-2-40 (VDE 0888-119)
geschützte Mikrorohr-Verkabelung
– Installation durch Einblasen .... DIN EN 60794-5-10 (VDE 0888-5-10)
grundlegende Prüfverfahren
– allgemeine Anleitung .... E DIN EN IEC 60794-1-2 (VDE 0888-100-2)
– Allgemeines und Festlegungen .... DIN EN 60794-1-2 (VDE 0888-100-2)

- Kurzschlussprüfung (für OPGW und OPAC) .... E DIN EN IEC 60794-1-2 (VDE 0888-100-2)
E DIN EN 60794-1-21/A1 (VDE 0888-100-21/A1)
E DIN EN IEC 60794-1-401 (VDE 0888-100-401)
- Kurzschlussprüfung (für OPGW und OPAC), Verfahren H1
.... E DIN EN IEC 60794-1-401 (VDE 0888-100-401)
Innen-/Außenkabel .... E DIN EN IEC 60794-6 (VDE 0888-600)
- Familienspezifikation für ein universelles Innen-/Außenkabel
.... E DIN EN IEC 60794-6-10 (VDE 0888-610)
- Familienspezifikation für flammhemmende Außenkabel
.... E DIN EN IEC 60794-6-20 (VDE 0888-620)
- Rahmenspezifikation .... E DIN EN IEC 60794-6 (VDE 0888-600)
- Witterungsbeständige Innenkabel .... E DIN EN IEC 60794-6-30 (VDE 0888-630)
Innenkabel
- Bandkabel .... DIN EN IEC 60794-2-30 (VDE 0888-118)
DIN EN IEC 60794-2-31 (VDE 0888-12)
- Mehrfaserverteilerkabel .... DIN EN 60794-2-20 (VDE 0888-117)
DIN EN IEC 60794-2-21 (VDE 0888-11)
- Simplex- und Duplexfasern Kategorie A4 .... DIN EN 60794-2-41 (VDE 0888-121)
- Simplex- und Duplexkabel .... DIN EN IEC 60794-2-11 (VDE 0888-10)
Innenkabel, witterungsbeständige .... E DIN EN IEC 60794-6-30 (VDE 0888-630)
Kreuzverweistabelle für Prüfverfahren .... DIN EN 60794-1-2 (VDE 0888-100-2)
E DIN EN IEC 60794-1-2 (VDE 0888-100-2)
E DIN EN 60794-1-21/A1 (VDE 0888-100-21/A1)
Luftkabel auf Starkstrom-Freileitungen .... DIN EN IEC 60794-4 (VDE 0888-111-1)
E DIN EN IEC 60794-4-30 (VDE 0888-111-6)
Luftkabel auf Starkstromleitungen .... DIN EN IEC 60794-4 (VDE 0888-111-1)
E DIN EN IEC 60794-4-30 (VDE 0888-111-6)

LWL-Außenkabel
- Bauartspezifikation Simplex-Breakout-Kabel .... DIN EN 60794-2-22 (VDE 0888-2-22)
- Rahmenspezifikation .... DIN EN 60794-3 (VDE 0888-108)
- selbsttragende Fernmelde-Luftkabel .... DIN EN 60794-3-21 (VDE 0888-14)
LWL-Innenkabel
- Rahmenspezifikation .... DIN EN 60794-2 (VDE 0888-115)
Mikrorohr-Lichtwellenleiterkabel
- Installation durch Einblasen .... DIN EN 60794-5-10 (VDE 0888-5-10)
Mikrorohr-Verkabelung
- Installation durch Einblasen .... DIN EN 60794-5 (VDE 0888-500)
DIN EN 60794-5-10 (VDE 0888-5-10)
OPGW
- Optical Ground Wires .... DIN EN 60794-4-10 (VDE 0888-111-4)
OPPC-LWL-Kabel
- Familienspezifikation .... E DIN EN IEC 60794-4-30 (VDE 0888-111-6)
Prüfverfahren
- elektrische Prüfverfahren .... DIN EN 60794-1-24 (VDE 0888-100-24)
- Grundlegendes und Definitionen .... DIN EN 60794-1-2 (VDE 0888-100-2)
E DIN EN IEC 60794-1-2 (VDE 0888-100-2)
- Kabelelemente .... DIN EN IEC 60794-1-23 (VDE 0888-100-23)
- mechanische Prüfverfahren .... DIN EN 60794-1-21 (VDE 0888-100-21)
E DIN EN 60794-1-21/A1 (VDE 0888-100-21/A1)
- Prüfung des äußeren Gefrierens von Kabeln, Verfahren F15
.... E DIN IEC 60794-1-215 (VDE 0888-100-215)
- Umweltprüfverfahren .... E DIN EN IEC 60794-1-211 (VDE 0888-100-211)

	E DIN IEC 60794-1-215 (VDE 0888-100-215)
	DIN EN IEC 60794-1-22 (VDE 0888-100-22)
– Werkstoffverträglichkeitsprüfung	E DIN EN IEC 60794-1-219 (VDE 0888-100-219)
– Werkstoffverträglichkeitsprüfung, Verfahren F19	E DIN EN IEC 60794-1-219 (VDE 0888-100-219)
Rahmenspezifikation	DIN EN 60794-5 (VDE 0888-500)
Rahmenspezifikation – Innenkabel	DIN EN 60794-2 (VDE 0888-115)
Simplex- und Duplexkabel	
– Familienspezifikation	DIN EN 60794-2-10 (VDE 0888-116)
– Fasern der Kategorie A4	DIN EN 60794-2-42 (VDE 0888-122)
– für den Einsatz als konfektioniertes Kabel	DIN EN 60794-2-50 (VDE 0888-120)
	E DIN EN 60794-2-50 (VDE 0888-120)
– Verwendung in Kabeln für kontrollierte Umgebungsbedingungen	DIN EN 60794-2-51 (VDE 0888-123)
Steckverbinder	DIN EN 60874-1 (VDE 0885-874-1)
witterungsbeständige Innenkabel	E DIN EN IEC 60794-6-30 (VDE 0888-630)

Lichtwellenleiterkabel, beschädigte .... DIN CLC/TS 50621 (VDE V 0888-621)
Instandsetzung .... DIN CLC/TS 50621 (VDE V 0888-621)

Lichtwellenleiter-Kabelanlagen
Mehrmoden-Dämpfungsmessungen .... DIN EN IEC 61280-4-1 (VDE 0888-410)

Lichtwellenleiter-Kommunikationssysteme (LWLKS)
Sicherheit	Beiblatt 2 DIN EN 60825-2 (VDE 0837-2)
	Beiblatt 1 DIN EN 60825-2 (VDE 0837-2)
	DIN EN 60825-2 (VDE 0837-2)
	E DIN EN IEC 60825-2 (VDE 0837-2)

Lichtwellenleiter-Kommunikationssysteme
digitale Systeme	DIN EN 61280-2-12 (VDE 0885-802-12)
	DIN EN 61280-2-2 (VDE 0885-802-2)

Lichtwellenleiter-Kommunikationsuntersysteme
Kabelnetze und Übertragungsstrecken .... DIN EN 61280-4-4 (VDE 0888-440)

Lichtwellenleiter-Kompensatoren
mit chromatischer Dispersion .... DIN EN 61978-1 (VDE 0885-978-1)

Lichtwellenleiter-Luftkabel
auf Starkstrom-Freileitungen	DIN EN IEC 60794-4 (VDE 0888-111-1)
	E DIN EN IEC 60794-4-30 (VDE 0888-111-6)
– ADSS-LWL-Kabel	DIN EN IEC 60794-4-20 (VDE 0888-111-5)
– OPPC-LWL-Kabel	E DIN EN IEC 60794-4-30 (VDE 0888-111-6)
auf Starkstromleitungen	DIN EN IEC 60794-4 (VDE 0888-111-1)
	E DIN EN IEC 60794-4-30 (VDE 0888-111-6)
Starkstrom-Freileitungen	DIN EN IEC 60794-4 (VDE 0888-111-1)
	E DIN EN IEC 60794-4-30 (VDE 0888-111-6)

Lichtwellenleiter-Sensoren .... DIN EN IEC 61757 (VDE 0885-757)

Lichtwellenleiter-Steckverbinder
Kupplungen	DIN EN 61274-1 (VDE 0885-274-1)
Steckverbinderfamilie EM-RJ	DIN VDE 0888-745 (VDE 0888-745)

Lichtwellenleiter-Verstärker
Einzelkanal-Anwendungen

– Betriebsverhaltenspezifikation .... DIN EN 61291-2 (VDE 0888-291-2)
– Vorlage für Betriebsverhaltenspezifikationen .... DIN EN 61291-2 (VDE 0888-291-2)

Lichtwellenleiter-Verzweiger, wellenlängenunabhängige .. DIN EN 60875-1 (VDE 0885-875-1)

Lichtwellenleiterzirkulatoren .... DIN EN 62077 (VDE 0885-500)

Lichtwerbeanlagen mit Entladungslampen
Produktnorm
– ausgenommen Allgemein-, Verkehrs- oder Notbeleuchtung .... DIN EN 50107-3 (VDE 0128-3)
und/oder EL-(elektrolumineszierende)Lichtquellen
– Nennspannung bis 1 000 V .... DIN EN 50107-3 (VDE 0128-3)
und/oder LED-Lichtquellen (Licht emittierende Dioden)
– Nennspannung bis 1 000 V .... DIN EN 50107-3 (VDE 0128-3)

Lichtwerbeanlagen
mit Leuchtröhren oder LED .... DIN EN 50107-3 (VDE 0128-3)

Lichtzeichenanlage (LZA), siehe Verkehrsampeln

LiDARs für Windmessungen .... E DIN EN IEC 61400-50-3 (VDE 0127-50-3)

Lieferbedingungen, technische
blanke oder lackierte Runddrähte aus Kupfer
– mit Polyesterfasern umsponnen und verschmolzen, mit Silikon-Harz oder Lack imprägniert
.... E DIN EN 60317-72/A1 (VDE 0474-317-72/A1)
– mit Polyesterglasfasern umsponnen und verschmolzen und nicht imprägniert
.... E DIN EN IEC 60317-70-1 (VDE 0474-317-70-1)
– mit Polyesterglasfasern umsponnen, imprägniert mit Harz oder Lack
.... E DIN EN IEC 60317-70-2 (VDE 0474-317-70-2)
– mit Polyesterglasfasern umwickelt und verschmolzen und mit Harz oder Lack imprägniert
.... E DIN EN 60317-71/A1 (VDE 0474-317-71/A1)
– mit Polyesterglasfasern umwickelt und verschmolzen, mit Harz oder Lack imprägniert
.... E DIN EN 60317-71/A1 (VDE 0474-317-71/A1)
blanke oder lackisolierte Runddrähte aus Kupfer
– umsponnen mit Glasgewebe, imprägniert mit Harz oder Lack
.... E DIN EN IEC 60317-0-6 (VDE 0474-317-0-6)
Flachdrähte aus Aluminium
– lackisoliert mit Polyvinylacetal .... DIN EN 60317-68 (VDE 0474-317-68)
Flachdrähte aus Aluminium, papierisoliert .... E DIN EN IEC 60317-27-4 (VDE 0474-317-27-4)
Flachdrähte aus Kupfer, papierisoliert .... DIN EN IEC 60317-27-3 (VDE 0474-317-27-3)
lackisolierte Flachdrähte
– mit Polyvinylacetal, Klasse 120 .... DIN EN 60317-68 (VDE 0474-317-68)
lackisolierte Flachdrähte aus Kupfer
– umhüllt mit Polyesterimid, Klasse 200 .... E DIN EN IEC 60317-82 (VDE 0474-317-82)
lackisolierte oder blanke Flachdrähte aus Kupfer
– umhüllt mit Glasgewebe, imprägniert mit Harz oder Lack
.... E DIN EN IEC 60317-0-4 (VDE 0474-317-0-4)
                                                      E DIN EN IEC 60317-60-2 (VDE 0474-317-60-2)
– umhüllt mit Glasgewebe, imprägniert mit Harz, Lack oder unimprägniert
.... E DIN EN IEC 60317-61 (VDE 0474-317-61)
                                                         E DIN EN IEC 60317-62 (VDE 0474-317-62)
– umhüllt mit Glasgewebe, Temperaturindex 180 .. E DIN EN IEC 60317-61 (VDE 0474-317-61)
– umhüllt mit Glasgewebe, Temperaturindex 200 .. E DIN EN IEC 60317-62 (VDE 0474-317-62)
– umhüllt mit Polyesterglasfasern, Temperaturindex 155
.... E DIN EN IEC 60317-60-1 (VDE 0474-317-60-1)

Runddrähte aus Aluminium
- lackisoliert mit Polyester oder Polyesterimid und darüber mit Polyamidimid
.... E DIN EN IEC 60317-60-2 (VDE 0474-317-60-2)
DIN EN 60317-68 (VDE 0474-317-68)
.... E DIN EN IEC 60317-25 (VDE 0474-317-25)
- lackisoliert mit Polyester oder Polyesterimid und darüber mit Polyamidimid, Klasse 200
.... E DIN EN IEC 60317-25 (VDE 0474-317-25)
- Papierisoliert .... E DIN EN IEC 60317-27-2 (VDE 0474-317-27-2)
Runddrähte aus Kupfer
- lackisoliert mit Polyesterimid .... DIN EN 60317-23 (VDE 0474-317-23)
DIN EN 60317-36 (VDE 0474-317-36)
- lackisoliert mit Polyurethan .... DIN EN 60317-20 (VDE 0474-317-20)
DIN EN 60317-35 (VDE 0474-317-35)
- lackisoliert mit Polyurethan und darüber mit Polyamid .. DIN EN 60317-21 (VDE 0474-317-21)
- lackisoliert mit Polyurethan und mit Polyamid .... DIN EN 60317-55 (VDE 0474-317-55)
- verzinnbar .... DIN EN 60317-20 (VDE 0474-317-20)
DIN EN 60317-21 (VDE 0474-317-21)
DIN EN 60317-23 (VDE 0474-317-23)
DIN EN 60317-55 (VDE 0474-317-55)
- verzinnbar und verbackbar .... DIN EN 60317-35 (VDE 0474-317-35)
- verzinnbar und verbackbar, lackisoliert mit Polyesterimid
.... DIN EN 60317-36 (VDE 0474-317-36)
- verzinnbar und verbackbar, lackisoliert mit Polyesterimid, Klasse 180
.... DIN EN 60317-36 (VDE 0474-317-36)
- verzinnbar und verbackbar, lackisoliert mit Polyesterimid, Temperaturindex 180
.... DIN EN 60317-36 (VDE 0474-317-36)
- verzinnbar und verbackbar, lackisoliert mit Polyurethan DIN EN 60317-35 (VDE 0474-317-35)
- verzinnbar und verbackbar, lackisoliert mit Polyurethan, Klasse 155
.... DIN EN 60317-20 (VDE 0474-317-20)
DIN EN 60317-35 (VDE 0474-317-35)
- verzinnbar, lackisoliert mit Polyesterimid .... DIN EN 60317-23 (VDE 0474-317-23)
- verzinnbar, lackisoliert mit Polyesterimid, Temperaturindex 180
.... DIN EN 60317-23 (VDE 0474-317-23)
- verzinnbar, lackisoliert mit Polyurethan .... DIN EN 60317-20 (VDE 0474-317-20)
- verzinnbar, lackisoliert mit Polyurethan und darüber mit Polyamid
.... DIN EN 60317-21 (VDE 0474-317-21)
- verzinnbar, lackisoliert mit Polyurethan und darüber mit Polyamid, Klasse 155
.... DIN EN 60317-20 (VDE 0474-317-20)
DIN EN 60317-21 (VDE 0474-317-21)
- verzinnbar, lackisoliert mit Polyurethan und mit Polyamid
.... DIN EN 60317-55 (VDE 0474-317-55)
- verzinnbar, lackisoliert mit Polyurethan und mit Polyamid, Klasse 180
.... DIN EN 60317-55 (VDE 0474-317-55)
- verzinnbar, lackisoliert mit Polyurethan, Klasse 155 ..... DIN EN 60317-20 (VDE 0474-317-20)
Runddrähte aus Kupfer, papierisoliert .... E DIN EN IEC 60317-27-1 (VDE 0474-317-27-1)
von Wickeldrähten
- blanke Flachdrähte aus Kupfer .... E DIN EN IEC 60317-0-4 (VDE 0474-317-0-4)
E DIN EN IEC 60317-60-1 (VDE 0474-317-60-1)
E DIN EN IEC 60317-60-2 (VDE 0474-317-60-2)
E DIN EN IEC 60317-61 (VDE 0474-317-61)
E DIN EN IEC 60317-62 (VDE 0474-317-62)
DIN EN 60317-68 (VDE 0474-317-68)
- blanke oder lackierte Runddrähte aus Kupfer
.... E DIN EN IEC 60317-70-1 (VDE 0474-317-70-1)

– blanke Runddrähte aus Kupfer	E DIN EN IEC 60317-70-2 (VDE 0474-317-70-2) E DIN EN 60317-71/A1 (VDE 0474-317-71/A1) E DIN EN 60317-72/A1 (VDE 0474-317-72/A1) E DIN EN IEC 60317-0-6 (VDE 0474-317-0-6) E DIN EN IEC 60317-70-1 (VDE 0474-317-70-1) E DIN EN IEC 60317-70-2 (VDE 0474-317-70-2) E DIN EN 60317-71/A1 (VDE 0474-317-71/A1) E DIN EN 60317-72/A1 (VDE 0474-317-72/A1)
– Flachdrähte aus Aluminium	DIN EN 60317-68 (VDE 0474-317-68)
– Flachdrähte aus Aluminium, lackisoliert	DIN EN 60317-68 (VDE 0474-317-68)
– lackierte Runddrähte aus Kupfer	E DIN EN IEC 60317-70-1 (VDE 0474-317-70-1) E DIN EN IEC 60317-70-2 (VDE 0474-317-70-2) E DIN EN 60317-71/A1 (VDE 0474-317-71/A1) E DIN EN 60317-72/A1 (VDE 0474-317-72/A1)
– lackisolierte Flachdrähte aus Aluminium	DIN EN 60317-68 (VDE 0474-317-68)
– lackisolierte Flachdrähte aus Kupfer	E DIN EN IEC 60317-0-2 (VDE 0474-317-0-2) E DIN EN IEC 60317-0-4 (VDE 0474-317-0-4) E DIN EN IEC 60317-17 (VDE 0474-317-17) E DIN EN IEC 60317-18 (VDE 0474-317-18) E DIN EN IEC 60317-61 (VDE 0474-317-61) E DIN EN IEC 60317-62 (VDE 0474-317-62) E DIN EN IEC 60317-82 (VDE 0474-317-82)
– lackisolierte Runddrähte aus Aluminium	E DIN EN IEC 60317-25 (VDE 0474-317-25)
– lackisolierte Runddrähte aus Aluminiumdraht	DIN EN 60317-0-3 (VDE 0474-317-0-3)
– lackisolierte Runddrähte aus Kupfer	E DIN EN IEC 60317-12 (VDE 0474-317-12)
– lackisolierte Runddrähte aus Kupferdraht	DIN EN 60317-0-1 (VDE 0474-317-0-1)
– nicht lackierte Flachdrähte aus Kupfer	E DIN EN IEC 60317-60-1 (VDE 0474-317-60-1)
– Runddrähte aus Aluminium, papierisoliert	E DIN EN IEC 60317-27-2 (VDE 0474-317-27-2)
– verzinnbare und verbackbare, lackisolierte Runddrähte aus Kupfer	DIN EN 60317-35 (VDE 0474-317-35) DIN EN 60317-36 (VDE 0474-317-36)
– verzinnbare, lackisolierte Runddrähte aus Kupfer	DIN EN 60317-20 (VDE 0474-317-20) DIN EN 60317-21 (VDE 0474-317-21) DIN EN 60317-23 (VDE 0474-317-23) DIN EN 60317-55 (VDE 0474-317-55)

Life-Cycle-Management
industrieller Systeme und Produkte
– der Mess-, Steuer- und Regeltechnik .... E DIN EN 62890 (VDE 0810-890)

Lineare Kabelführungssysteme
elektromagnetische Eigenschaften .... DIN CLC/TR 50659 (VDE 0604-2-200)

Lineare Längenänderung von Verkapselungsstoffen
Werkstoffe in Photovoltaikmodulen .... DIN EN 62788-1-5 (VDE 0126-37-1-5)

Lineare Längenänderung von Verkapselungsstoffen in Folienform
Werkstoffe in Photovoltaikmodulen .... DIN EN 62788-1-5 (VDE 0126-37-1-5)

Lineare Netzgeräte .... DIN EN 61558-2-6 (VDE 0570-2-6)
E DIN EN IEC 61558-2-6 (VDE 0570-2-6)

Linearität
photovoltaischer Einrichtungen .... DIN EN 60904-10 (VDE 0126-4-10)

Linearitätsanforderungen .... DIN EN 60904-10 (VDE 0126-4-10)

Linienkabel
von 5 MHz bis 1000 MHz
– Rahmenspezifikation .... DIN EN 50117-11-1 (VDE 0887-11-1)
von 5 MHz bis 2000 MHz
– Rahmenspezifikation .... DIN EN 50117-11-2 (VDE 0887-11-2)

LIN-Sende-Empfangsgeräte
integrierte Schaltungen
– Bewertung der EMV .... DIN EN IEC 62228-1 (VDE 0847-28-1)
DIN EN 62228-2 (VDE 0847-28-2)

Linsenentfernung (Augen)
Geräte zur .... DIN EN 80601-2-58 (VDE 0750-2-58)

Lithium-, Nickel-Kadmium- und Nickel-Metallhybrid-Sekundärzellen und -batterien
für tragbare Anwendungen
– Umweltaspekte .... E DIN EN IEC 63218 (VDE 0510-218)

Lithium-Akkumulatoren, siehe Lithiumbatterien

Lithium-Akkumulatoren
für tragbare Geräte .... DIN EN 61960-3 (VDE 0510-3)

Lithium-Akkumulatoren, große
für industrielle Anwendungen .... DIN EN 62619 (VDE 0510-39)
E DIN EN IEC 62619 (VDE 0510-39)
DIN EN 62620 (VDE 0510-35)

Lithium-Batterien
für tragbare Geräte .... DIN EN 61960-3 (VDE 0510-3)
E DIN EN 62485-5 (VDE 0510-485-5)
für Traktionsanwendungen .... E DIN EN 62485-6 (VDE 0510-485-6)
in stationären Energiespeichersystemen
– Sicherheitsanforderungen .... VDE-Anwendungsregel VDE-AR-E 2510-50
Sicherheit .... DIN EN IEC 60086-4 (VDE 0509-4)
Sicherheit beim Transport .... DIN EN IEC 62281 (VDE 0509-6)
E DIN EN IEC 62281/A1 (VDE 0509-6/A1)
Sicherheitsnorm .... DIN EN IEC 60086-4 (VDE 0509-4)
DIN EN IEC 62281 (VDE 0509-6)
E DIN EN IEC 62281/A1 (VDE 0509-6/A1)
Straßenfahrzeuge
– Lithium-Akkumulatoren .... DIN EN IEC 63057 (VDE 0510-57)

Lithium-Batterien, große
für industrielle Anwendungen .... DIN EN 62619 (VDE 0510-39)
E DIN EN IEC 62619 (VDE 0510-39)
DIN EN 62620 (VDE 0510-35)

Lithium-Akkumulatoren und -batterien
mit alkalischen oder nicht säurehaltigen Elektrolyten
– für industrielle Anwendungen .... DIN EN 62620 (VDE 0510-35)

Lithium-Ionen-Batterien .... DIN EN 62133-2 (VDE 0510-82)
E DIN EN 62133-2/A1 (VDE 0510-82/A1)
für stationäre Anwendungen .... E DIN EN 62485-5 (VDE 0510-485-5)

für Traktionsanwendungen .... E DIN EN 62485-6 (VDE 0510-485-6)

Lithium-Ionen-Sekundärzellen für den Antrieb von Elektrostraßenfahrzeugen
Prüfung des Leistungsverhaltens .... DIN EN IEC 62660-1 (VDE 0510-33)
Zuverlässigkeits- und Missbrauchsprüfung .... DIN EN IEC 62660-2 (VDE 0510-34)

Lithium-Ionen-Sekundärzellen
für Elektrostraßenfahrzeuge
– Leistungsverhalten .... DIN EN IEC 62660-1 (VDE 0510-33)
– Zuverlässigkeits- und Missbrauchsprüfung .... DIN EN IEC 62660-2 (VDE 0510-34)
für Elektrostraßenfahrzeugen
– Sicherheitsanforderungen .... DIN EN 62660-3 (VDE 0510-49)

Lithium-Ionen-Traktionsbatterien
auf Bahnfahrzeugen
– Bahnanwendungen .... DIN EN IEC 62928 (VDE 0115-928)

Lithium-Ionen-Zellen
für Elektrostraßenfahrzeuge
– Leistungsverhalten .... DIN EN 62660-3 (VDE 0510-49)
– Zuverlässigkeit .... DIN EN IEC 62660-2 (VDE 0510-34)
 DIN EN 62660-3 (VDE 0510-49)

Lithium-Sekundärbatterien für Anwendungen in leichten Elektrofahrzeugen
Sicherheitsanforderungen und Prüfverfahren .... E DIN EN 50604-1/AA (VDE 0510-12/AA)

Lithium-Sekundärbatterien
für Anwendungen in leichten Elektrofahrzeugen
– Sicherheitsanforderungen, Prüfverfahren .... DIN EN 50604-1 (VDE 0510-12)
 E DIN EN 50604-1/AA (VDE 0510-12/AA)

Lithium-Sekundärbatterien, münzförmige .... E DIN EN 61960-4 (VDE 0510-44)

Lithium-Sekundärzellen und -batterien für tragbare Geräte
prismatische und zylindrische Lithium-Sekundärzellen .... DIN EN 61960-3 (VDE 0510-3)

Lithium-Sekundärzellen
für Elektrostraßenfahrzeugen .... DIN EN 62660-3 (VDE 0510-49)

Lithium-Sekundärzellen, münzförmige .... E DIN EN 61960-4 (VDE 0510-44)

Lithotripsie .... DIN EN 60601-2-36 (VDE 0750-2-36)

Lithium-Sekundärzellen und -batterien
tragbare wiederaufladbare gasdichte .... E DIN EN 63056 (VDE 0510-56)

LLS
Blitzortungssysteme .... DIN EN IEC 62858 (VDE 0185-858)

Logistik
Altgeräte aus dem Haushalt .... DIN CLC/TS 50625-4 (VDE V 0042-13-4)
 DIN CLC/TS 50625-5 (VDE V 0042-13-5)

Lötbarkeit und Lötwärmebeständigkeit von Bauelementen mit herausgeführten Anschlüssen
Prüfung T .... E DIN EN IEC 60068-2-20 (VDE 0468-2-20)

Lötbarkeit von Bauelementen und Leiterplatten
Prüfung Te/Tc .... DIN EN 60068-2-69 (VDE 0468-2-69)

Lötbarkeit von Bauelementen
Prüfung Te/Tc .... DIN EN 60068-2-69 (VDE 0468-2-69)

Lötbarkeit von Leiterplatten
Prüfung Te/Tc .... DIN EN 60068-2-69 (VDE 0468-2-69)

Lötbarkeitsprüfung
von Kabeln und Leitungen .... DIN EN 50396 (VDE 0473-396)
DIN EN 50396/A1 (VDE 0473-396/A1)

Lötkolben .... DIN EN 60335-2-45 (VDE 0700-45)
E DIN EN 60335-2-45/AA (VDE 0700-45/AA)

Lötpistolen .... DIN EN 60335-2-45 (VDE 0700-45)
E DIN EN 60335-2-45/AA (VDE 0700-45/AA)

Lötwärmebeständigkeit von Bauelementen mit herausgeführten Anschlüssen
Prüfung T .... E DIN EN IEC 60068-2-20 (VDE 0468-2-20)

Low-level-Petrinetz .... DIN EN 62551 (VDE 0050-4)

LPS
Bauteile für ein isoliertes Blitzschutzsystem .... DIN IEC/TS 62561-8 (VDE V 0185-561-8)

LPSC
Blitzschutzsystembauteile .... DIN IEC/TS 62561-8 (VDE V 0185-561-8)

LSE
Lastwurfeinrichtungen .... DIN EN IEC 62962 (VDE 0601-2962)

LS-Schalter .... DIN V VDE V 0641-100 (VDE V 0641-100)
Beiblatt 1 DIN EN 60898-1 (VDE 0641-11)
DIN EN 60898-1 (VDE 0641-11)
E DIN EN 60898-1/A1 (VDE 0641-11/A1)

Luftentfeuchter
für Transformatoren und Drosselspulen .... DIN EN 50216-5 (VDE 0532-216-5)

Lüfteranlagen .... DIN EN 50628 (VDE 0118-10)

Lufterfrischungsgeräte .... DIN EN 60335-2-101 (VDE 0700-101)

Luftfahrtbodenbefeuerung .... DIN EN 61822 (VDE 0161-100)

Luftführende Leuchten .... DIN VDE 0711-219 (VDE 0711-219)
E DIN EN 60598-1 (VDE 0711-1)
DIN EN 60598-2-19/A2 (VDE 0711-2-19/A2)

Luftgetragenen radioaktiven Stoffen
Probenentnahme aus Kanälen und Kaminen kerntechnischer Anlagen
.... E DIN ISO 2889 (VDE 0493-1-2889)

Luftheizung
Zentralspeicher .... DIN VDE 0700-201 (VDE 0700-201)

Luftkabel
für Lichtwellenleiter .... DIN EN IEC 60794-4 (VDE 0888-111-1)
E DIN EN IEC 60794-4-30 (VDE 0888-111-6)
selbsttragende Fernmelde- .... DIN 57818 (VDE 0818)
DIN EN 60794-3-21 (VDE 0888-14)

Verwendung .... DIN 57891-8 (VDE 0891-8)
vieladrige und vielpaarige .... DIN VDE 0276-627 (VDE 0276-627)

Luftstrecken .... DIN EN 50178 (VDE 0160)
Bemessung .... DIN EN 60664-4 (VDE 0110-4)
Isolationskoordination
– bei Bahnanwendungen .... DIN EN 50124-1 (VDE 0115-107-1)
Spannungsfestigkeit .... VDE-Schriftenreihe Band 56
von elektrischen Betriebsmitteln .... DIN EN 60664-1 (VDE 0110-1)
                      E DIN EN 60664-1 (VDE 0110-1)

Luftstrecken für feste Isolierung für Betriebsmittel
Bemessungsspannung über 1000 V Wechselspannung/1500 V Gleichspannung
– bis zu 2000 V Wechselspannung/3000 V Gleichspannung
.... DIN IEC/TS 62993 (VDE V 0110-101)

LVRT-Maßnahmen
für Photovoltaik-Wechselrichter .... E DIN IEC/TS 62910 (VDE V 0126-16)
für Photovoltaik-Wechselrichtern .... DIN IEC/TS 62910 (VDE V 0126-16)

LWL-Außenkabel
Fernmelde-Erd- und Röhrenkabel .... DIN EN 60794-3-10 (VDE 0888-310)
                      DIN EN 60794-3-11 (VDE 0888-311)
                      DIN EN 60794-3-12 (VDE 0888-13)
                      E DIN EN IEC 60794-3-12 (VDE 0888-13)

Fernmeldekabel
– Befestigung an Freileitungen oder Seilen .... DIN EN 60794-3-10 (VDE 0888-310)
in Abwasserkanälen .... DIN EN 60794-3-40 (VDE 0888-340)
in Gasleitungen und Schächten .... DIN EN 60794-3-50 (VDE 0888-350)
in Trinkwasserleitungen .... DIN EN 60794-3-60 (VDE 0888-360)
Rahmenspezifikation .... DIN EN 60794-3 (VDE 0888-108)
selbsttragende LWL-Fernmelde-Luftkabel .... DIN EN 60794-3-20 (VDE 0888-320)
Simplex-Breakout-Kabel
– Bauartspezifikation .... DIN EN 60794-2-22 (VDE 0888-2-22)

LWL-Bandkabel .... DIN EN IEC 60794-2-30 (VDE 0888-118)

LWL-Bauelemente
Betriebsverhaltensnormen .... DIN EN 62149-7 (VDE 0886-149-7)

LWL-Erdseile .... DIN EN 60794-4-10 (VDE 0888-111-4)

LWL-Fernmelde-Erd- und Röhrenkabel
Bauartspezifikation .... DIN EN 60794-3-11 (VDE 0888-311)
für anwendungsneutrale Standortverkabelung ...... E DIN EN IEC 60794-3-12 (VDE 0888-13)

LWL-Fernmeldekabel
zur Durchquerung von Seen und Flüssen .... DIN EN 60794-3-30 (VDE 0888-330)

LWL-Fernmelde-Luftkabel, selbsttragende .... DIN EN 60794-3-20 (VDE 0888-320)

LWL-Innenkabel
Bandkabel .... DIN EN IEC 60794-2-30 (VDE 0888-118)
                      DIN EN IEC 60794-2-31 (VDE 0888-12)
Fasern der Kategorie A4
– Familienspezifikation .... DIN EN 60794-2-40 (VDE 0888-119)
Lichtwellenleiterkabel

- Rahmenspezifikation ... DIN EN 60794-2 (VDE 0888-115)
Mehrfaserverteilerkabel ... DIN EN 60794-2-20 (VDE 0888-117)
DIN EN IEC 60794-2-21 (VDE 0888-11)
- anwendungsneutrale Standortverkabelung ... DIN EN IEC 60794-2-21 (VDE 0888-11)
Rahmenspezifikation ... DIN EN 60794-2 (VDE 0888-115)
Simplex- und Duplexkabel ... DIN EN 60794-2-10 (VDE 0888-116)
DIN EN IEC 60794-2-11 (VDE 0888-10)
- als konfektioniertes Kabel ... DIN EN 60794-2-50 (VDE 0888-120)
E DIN EN 60794-2-50 (VDE 0888-120)
- anwendungsneutrale Standortverkabelung ... DIN EN IEC 60794-2-11 (VDE 0888-10)
- Fasern der Kategorie A4 ... DIN EN 60794-2-41 (VDE 0888-121)
DIN EN 60794-2-42 (VDE 0888-122)
- Verwendung in Kabeln für kontrollierte Umgebungsbedingungen
... DIN EN 60794-2-51 (VDE 0888-123)

LWL-Kabel
Familienspezifikation für ein universelles Innen-/Außenkabel
... E DIN EN IEC 60794-6-10 (VDE 0888-610)
Familienspezifikation für flammhemmende Außenkabel
... E DIN EN IEC 60794-6-20 (VDE 0888-620)
Innen-/Außenkabel
- Familienspezifikation für ein universelles Innen-/Außenkabel
... E DIN EN IEC 60794-6-10 (VDE 0888-610)
- Familienspezifikation für flammhemmende Außenkabel
... E DIN EN IEC 60794-6-20 (VDE 0888-620)

LWL-Kommunikationssysteme
Spleißkassetten und Muffen ... DIN EN 50411-2-10 (VDE 0888-611-2-10)
DIN EN 50411-2-2 (VDE 0888-611-2-2)
DIN EN 50411-3-8 (VDE 0888-500-38)
DIN EN 50411-6-1 (VDE 0888-500-61)
ungeschützte Mikrorohre ... DIN EN 50411-3-8 (VDE 0888-500-38)
DIN EN 50411-6-1 (VDE 0888-500-61)

LWL-Kommunikationsuntersysteme
Prüfverfahren ... DIN EN 61280-1-1 (VDE 0885-801-1)

LWLKS
Lichtwellenleiter-Kommunikationssysteme
- Sicherheit ... Beiblatt 2 DIN EN 60825-2 (VDE 0837-2)
E DIN EN IEC 60825-2 (VDE 0837-2)

LWL-Luftkabel ... DIN EN IEC 60794-4 (VDE 0888-111-1)
E DIN EN IEC 60794-4-30 (VDE 0888-111-6)

LWL-Muffen Bauart 1 mit abgedichteter Haube
für die Kategorien S und A
- in LWL-Kommunikationssystemen ... E DIN EN 50411-2-4 (VDE 0888-500-24)

LWL-Muffen
in LWL-Kommunikationssystemen ... DIN EN 50411-2-4 (VDE 0888-500-24)
E DIN EN 50411-2-4 (VDE 0888-500-24)
DIN EN 50411-3-8 (VDE 0888-500-38)
DIN EN 50411-6-1 (VDE 0888-500-61)

LWL-Muffen, abgedichtete
Typ 2, Kategorie G
– für optische FTTH-Verteilnetze .... DIN EN 50411-2-10 (VDE 0888-611-2-10)

LWL-Sensoren
Fachgrundspezifikation .... DIN EN IEC 61757 (VDE 0885-757)

LWL-Spleißkassetten und -Muffen
in LWL-Kommunikationssystemen
– LWL-Muffen Bauart 1 mit abgedichteter Haube für die Kategorien S und A
.... E DIN EN 50411-2-4 (VDE 0888-500-24)

LWL-Spleißkassetten
in LWL-Kommunikationssystemen .... DIN EN 50411-2-4 (VDE 0888-500-24)
E DIN EN 50411-2-4 (VDE 0888-500-24)
DIN EN 50411-3-8 (VDE 0888-500-38)
DIN EN 50411-6-1 (VDE 0888-500-61)

LWL-Verstärker
Einzelkanal-Anwendungen
– Betriebsverhalten .... DIN EN 61291-2 (VDE 0888-291-2)

LZB-Zugbeeinflussung
Eisenbahnfahrzeuge .... DIN VDE 0119-207-7 (VDE 0119-207-7)

M

„m"; Vergusskapselung .... DIN EN 60079-18 (VDE 0170-9)
DIN EN 60079-18/A1 (VDE 0170-9/A1)

„M"; Zündschutzart .... DIN EN 50303 (VDE 0170-12-2)

Machine Model (MM)
Prüfpulsformen der elektrostatischen Entladung .... DIN EN 61340-3-2 (VDE 0300-3-2)

MAG .... DIN EN IEC 60974-7 (VDE 0544-7)

Magnetische Felder
Exposition der Allgemeinbevölkerung
– Messverfahren .... DIN EN 62110 (VDE 0848-110)
Exposition von Personen
– Messverfahren .... DIN EN 50413 (VDE 0848-1)
in der Bahnumgebung
– Exposition von Personen .... DIN EN 50500 (VDE 0115-500)
DIN EN 50500/A1 (VDE 0115-500/A1)
induzierte Körperstromdichte
– Berechnungsverfahren .... DIN EN 62226-1 (VDE 0848-226-1)
– Exposition – 2D-Modelle .... DIN EN 62226-2-1 (VDE 0848-226-2-1)
Schutz von Personen .... DIN EN 61786-1 (VDE 0848-786-1)
von Elektrowärmeanlagen
– Exposition von Arbeitnehmern .... DIN EN 50519 (VDE 0848-519)
von Wechselstrom-Energieversorgungssystemen
– Exposition der Allgemeinbevölkerung .... DIN EN 62110 (VDE 0848-110)

Magnetische und kapazitive Koppler
für Basisisolierung

– Halbleiterbauelemente .... E DIN EN 60747-17 (VDE 0884-17)

Magnetische Werkstoffe
Anforderungen an einzelne Werkstoffe
– eisenbasiertes, amorphes Band nicht schlussgeglühtem Zustand
.... DIN EN IEC 60404-8-11 (VDE 0354-8-11)
– hartmagnetische Werkstoffe (Dauermagnete) .... DIN EN 60404-8-1 (VDE 0354-8-1)
– weichmagnetische metallische Werkstoffe .... DIN EN 60404-8-6 (VDE 0354-8-6)
Dauermagnetwerkstoffe (hartmagnetische Werkstoffe)
– Verfahren zur Messung der magnetischen Eigenschaften .... DIN EN 60404-5 (VDE 0354-5)
eisenbasiertes, amorphes Band
– in nicht schlussgeglühtem Zustand .... DIN EN IEC 60404-8-11 (VDE 0354-8-11)
Messung magnetischer Eigenschaften mittels Ringproben
– weichmagnetischer metallischer pulverförmiger Werkstoffe
.... DIN EN IEC 60404-6 (VDE 0354-6)
Messverfahren der magnetischen Eigenschaften
– von eisenbasiertem, amorphem Band .... DIN EN IEC 60404-16 (VDE 0354-16)
Messverfahren magnetischer Eigenschaften
– Dauermagnet-(hartmagnetische)Werkstoffe .... DIN EN 60404-5 (VDE 0354-5)
Messverfahren Oberflächenisolationswiderstand
– Elektroblech und -band .... DIN EN 60404-11 (VDE 0354-11)
E DIN EN 60404-11 (VDE 0354-11)

Messverfahren von eisenbasiertem, amorphem Band
– unter Verwendung eines Tafelmessgeräts .... DIN EN IEC 60404-16 (VDE 0354-16)

Magnetkontakte
für Einbruchmeldeanlagen .... DIN EN 50131-2-10 (VDE 0830-2-2-10)
DIN EN 50131-2-6 (VDE 0830-2-2-6)

Magnetometerverfahren .... DIN EN 61788-13 (VDE 0390-13)
DIN EN 61788-8 (VDE 0390-8)

Magnetresonanzgeräte
für die medizinische Diagnostik .... DIN EN 60601-2-33 (VDE 0750-2-33)

Magnetschwebebahnen
elektrische Sicherheit und Erdung .... DIN EN 50122-2 (VDE 0115-4)
DIN EN 50122-3 (VDE 0115-5)

Makrobiegeverlust .... DIN EN IEC 60793-1-47 (VDE 0888-247)

Makrokrümmungsverluste
Lichtwellenleiter .... DIN EN IEC 60793-1-47 (VDE 0888-247)

Mammografiegeräte (Röntgen-) .... DIN EN 60601-2-45 (VDE 0750-2-45)

Management und Betrieb
Einrichtung und Infrastruktur
– Rechenzentren .... DIN EN 50600-3-1 (VDE 0801-600-3-1)

Mann-über-Bord-Geräte
Seenotrettungsgeräte zur Ortung von Überlebenden
– Mindestanforderungen, Verfahren zur Prüfung, Prüfergebnisse
.... E DIN EN IEC 63269 (VDE 0878-269)

Mäntel (Kabel-)
Prüfung des Masseverlusts .... DIN EN 60811-409 (VDE 0473-811-409)

Mantelleitungen, halogenfreie .... DIN VDE 0250-214 (VDE 0250-214)

Mantelmischungen (PVC-)
für Niederspannungskabel und -leitungen .... DIN EN 50363-4-1 (VDE 0207-363-4-1)

Mantelmischungen
für Kabel und isolierte Leitungen
– PVC-Mischungen .... DIN VDE 0207-5 (VDE 0207-5)
– Verzeichnis der Normen .... Beiblatt 1 DIN VDE 0207 (VDE 0207)
halogenfreie flammwidrige thermoplastische
– für Kommunikationskabel .... DIN EN 50290-2-27 (VDE 0819-107)
thermoplastisches Polyurethan .... DIN EN 50363-10-2 (VDE 0207-363-10-2)
vernetztes Polyvinylchlorid (XLPVC) .... DIN EN 50363-10-1 (VDE 0207-363-10-1)

Mantelmischungen, halogenfreie thermoplastische .... DIN EN 50363-8 (VDE 0207-363-8)
DIN EN 50363-8/A1 (VDE 0207-363-8/A1)

Mantelmischungen, halogenfreie vernetzte .... DIN EN 50363-6 (VDE 0207-363-6)
DIN EN 50363-6/A1 (VDE 0207-363-6/A1)

Mantelmischungen, vernetzte elastomere .... DIN EN 50363-2-1 (VDE 0207-363-2-1)
DIN EN 50363-2-1/A1 (VDE 0207-363-2-1/A1)

Mantelwerkstoffe
für Niederspannungskabel und -leitungen
– allgemeine Einführung .... DIN EN 50363-0 (VDE 0207-363-0)
– halogenfreie thermoplastische Mantelmischungen .... DIN EN 50363-8 (VDE 0207-363-8)
DIN EN 50363-8/A1 (VDE 0207-363-8/A1)
– halogenfreie vernetzte Mantelmischungen .... DIN EN 50363-6 (VDE 0207-363-6)
DIN EN 50363-6/A1 (VDE 0207-363-6/A1)
– Mantelmischungen – thermoplastisches Polyurethan
.... DIN EN 50363-10-2 (VDE 0207-363-10-2)
– Mantelmischungen – vernetztes Polyvinylchlorid .... DIN EN 50363-10-1 (VDE 0207-363-10-1)
– PVC-Mantelmischungen .... DIN EN 50363-4-1 (VDE 0207-363-4-1)
– vernetzte elastomere Mantelmischungen .... DIN EN 50363-2-1 (VDE 0207-363-2-1)
DIN EN 50363-2-1/A1 (VDE 0207-363-2-1/A1)
mechanische Eigenschaften .... DIN EN 60811-501 (VDE 0473-811-501)

Marina
elektrischer Landanschluss von Schiffen .... DIN VDE 0100-709 (VDE 0100-709)

Marinas, siehe auch Bootsliegeplätze

Marinas
elektrische Anlagen .... DIN VDE 0100-709 (VDE 0100-709)
DIN IEC/TS 61439-7 (VDE V 0660-600-7)
E DIN EN 61439-7 (VDE 0660-600-7)
VDE-Schriftenreihe Band 168
elektrischer Landanschluss von Schiffen .... DIN VDE 0100-709 (VDE 0100-709)

Marktplätze
elektrische Anlagen .... DIN IEC/TS 61439-7 (VDE V 0660-600-7)
E DIN EN 61439-7 (VDE 0660-600-7)

Maschinen
elektrische Ausrüstung .... DIN EN 60204-1 (VDE 0113-1)
E DIN EN 60204-1/A1 (VDE 0113-1/A1)

– allgemeine Anforderungen	VDE-Schriftenreihe Band 26 DIN EN 60204-1 (VDE 0113-1) E DIN EN 60204-1/A1 (VDE 0113-1/A1)
– EMV-Anforderungen	DIN EN 60204-31 (VDE 0113-31)
– mit Spannungen über 1 kV	VDE-Schriftenreihe Band 46
– Überprüfung der Sicherheit	DIN EN 61557-14 (VDE 0413-14)
Maschinenantriebe	DIN EN 60204-1 (VDE 0113-1) E DIN EN 60204-1/A1 (VDE 0113-1/A1)
Maschinensicherheit	VDE-Schriftenreihe Band 152 VDE-Schriftenreihe Band 167
Anforderungen an Hebezeuge	DIN EN 60204-32 (VDE 0113-32)
Maschinensteuerungen	VDE-Schriftenreihe Band 28

Maße von Klöppel- und Pfannen-Verbindungen
   von Kettenisolatoren ... E DIN EN IEC 60120 (VDE 0674-120)

Maße
   von Bleibatterien ... DIN EN 61056-2 (VDE 0510-26)

Masseaufnahme
   von Polyethylen- und Polypropylenverbindungen ... DIN EN 60811-407 (VDE 0473-811-407)

Massen
   – für Kabelgarnituren ... DIN VDE 0291-1 (VDE 0291-1)
   Zwischenwände für Schaltanlagen ... DIN EN 50089 (VDE 0670-806)

Massenspektrometrie ... DIN EN 62321-4 (VDE 0042-1-4)

Masseverlust
   von Isolierhüllen und Mänteln ... DIN EN 60811-409 (VDE 0473-811-409)

Masten
   von Freileitungen ... DIN EN 50341-1 (VDE 0210-1)

Mastsättel
   zum Arbeiten unter Spannung ... DIN EN 61236 (VDE 0682-651)
   Materialanforderungen
   – kriechstromfeste Polyolefinformteile ... DIN EN IEC 62677-3-102 (VDE 0343-3-102)
   – Polyolefinformteile ... DIN EN IEC 62677-3-101 (VDE 0343-3-101)
   – wärmeschrumpfende Polyolefinformteile, leitfähig
   ... DIN EN IEC 62677-3-103 (VDE 0343-3-103)
   Prüfverfahren ... DIN EN IEC 62677-2 (VDE 0343-2)

Materialcharakterisierung
   von Kabelgarnituren ... DIN EN 50655-1 (VDE 0278-655-1)
   DIN EN 50655-2 (VDE 0278-655-2)
   DIN EN 50655-3 (VDE 0278-655-3)

Materialdeklaration für die elektrotechnische Industrie ... DIN EN IEC 62474 (VDE 0042-4)

Materialdeklaration für Produkte der elektrotechnischen Industrie
... DIN EN IEC 62474 (VDE 0042-4)

Materialdeklaration
   für elektrotechnische Produkte ... DIN EN IEC 62474 (VDE 0042-4)
   E DIN EN IEC 62474/A1 (VDE 0042-4/A1)

Materialien für Leiterplatten und andere Verbindungsstrukturen
bleifreie Bestückungstechnik
– kupferkaschierte mit E-Glaswirrfaser im Kernbereich
.... DIN EN 61249-2-44 (VDE 0322-249-2-44)
DIN EN IEC 61249-2-45 (VDE 0322-249-2-45)
DIN EN IEC 61249-2-46 (VDE 0322-249-2-46)
DIN EN IEC 61249-2-47 (VDE 0322-249-2-47)
– kupferkaschierte mit Zellulose-Papier im Kernbereich
.... DIN EN 61249-2-43 (VDE 0322-249-2-43)
Verstärkungsmaterialien
– mit haftvermittler ausgerüstetes Gewebe aus E-Glasfaser-Garnen
.... E DIN EN IEC 61249-6-3 (VDE 0322-249-6-3)

Materialien für Leiterplatten
und andere Verbindungsstrukturen
– kaschierte und unkaschierte verstärkte Basismaterialien
.... DIN EN 61249-2-43 (VDE 0322-249-2-43)
DIN EN 61249-2-44 (VDE 0322-249-2-44)
DIN EN IEC 61249-2-45 (VDE 0322-249-2-45)
DIN EN IEC 61249-2-46 (VDE 0322-249-2-46)
DIN EN IEC 61249-2-47 (VDE 0322-249-2-47)
E DIN EN IEC 61249-6-3 (VDE 0322-249-6-3)
– Verstärkungsmaterialien .... E DIN EN IEC 61249-6-3 (VDE 0322-249-6-3)

Mathematische und logische Verfahren
Aufstellen genauer Eigenschaften von Software und deren Dokumentation
.... E DIN IEC/TS 61508-3-2 (VDE V 0803-12)

Matratzen
zur Erwärmung von Patienten .... DIN EN IEC 60335-2-111 (VDE 0700-111)
E DIN EN 60335-2-111-100 (VDE 0700-111-100)
DIN EN 80601-2-35 (VDE 0750-2-35)
E DIN EN IEC 80601-2-35 (VDE 0750-2-35)

Matrixvolumen
von Verbundsupraleitern .... DIN EN 61788-5 (VDE 0390-5)

Matten
zur Erwärmung von Patienten .... DIN EN 80601-2-35 (VDE 0750-2-35)
E DIN EN IEC 80601-2-35 (VDE 0750-2-35)

Mauernutfräsen
Staubmessverfahren .... DIN EN 50632-2-22 (VDE 0740-632-2-22)

Maximumwerke .... DIN VDE 0418-4 (VDE 0418-4)

MBO, siehe Musterbauordnung

Mechanische Bauweisen für elektronische Einrichtungen
482,6-mm-(19-in-)Bauweise .... DIN EN IEC 60297-3-110 (VDE 0687-297-3-110)

Mechanische Bauweisen
für elektrische und elektronische Einrichtungen
– Prüfungen für die Reihen IEC 60917 und IEC 60297 .... DIN EN 61587-6 (VDE 0687-587-6)
– Sicherheitsaspekte für Innenraumschränke .... DIN EN 61587-6 (VDE 0687-587-6)
für elektronische Einrichtungen .... DIN EN 60297-3-109 (VDE 0687-297-3-109)
DIN EN IEC 60297-3-110 (VDE 0687-297-3-110)

DIN EN 61587-1 (VDE 0687-587-1)
DIN EN 61587-2 (VDE 0687-587-2)
DIN EN 61587-3 (VDE 0687-587-3)
DIN EN 61587-4 (VDE 0687-587-4)
DIN EN 61587-5 (VDE 0687-587-5)
DIN EN 61587-6 (VDE 0687-587-6)
DIN EN 61969-1 (VDE 0687-969-1)
E DIN EN 61969-1 (VDE 0687-969-1)
DIN EN 61969-2 (VDE 0687-969-2)
DIN EN 61969-3 (VDE 0687-969-3)
E DIN EN 61969-3 (VDE 0687-969-3)
– Außengehäuse Umgebungsanforderungen Prüfungen Sicherheitsaspekte
.... E DIN EN 61969-3 (VDE 0687-969-3)
– Maße der 482,6-mm-(19-in-)Bauweise .... DIN EN 60297-3-109 (VDE 0687-297-3-109)
– Maße von Einschüben für eingebettete Datenverarbeitung
.... DIN EN 60297-3-109 (VDE 0687-297-3-109)

Mechanische Eigenschaften
von Isolier- und Mantelwerkstoffen .... DIN EN 60811-501 (VDE 0473-811-501)
Wickeldrähte
– Prüfverfahren .... DIN EN 60851-3 (VDE 0474-851-3)

Mechanische Lasten
Messung
– Windenergieanlagen .... DIN EN 61400-13 (VDE 0127-13)

Mechanische Prüfungen
an Steckverbindern
– Prüfung 15b: Haltekraft des Einsatzes im Gehäuse (axial)
.... DIN EN IEC 60512-15-2 (VDE 0687-512-15-2)

Mechanische Prüfverfahren
für Lichtwellenleiterkabel .... DIN EN 60794-1-21 (VDE 0888-100-21)
E DIN EN 60794-1-21/A1 (VDE 0888-100-21/A1)

Mechanische Schaltgeräte .... DIN EN IEC 60934 (VDE 0642)

Mechanische Schwingungen bei Maschinen .... DIN EN IEC 60034-14 (VDE 0530-14)

Mechanische Spleiße
für optische Fasern und Kabel .... DIN EN 61073-1 (VDE 0888-731)

Mechanische Widerstandsfähigkeit
des Betätigungshebels von Steckverbindern .... DIN EN IEC 60512-8-3 (VDE 0687-512-8-3)

Median .... DIN VDE 0311-10 (VDE 0311-10)

Medizingeräte, aktive implantierbare
Cochlea-Implantate .... E DIN EN ISO 14708-7 (VDE 0750-20-7)
DIN EN 45502-2-3 (VDE 0750-10-3)
zur Behandlung von Tachyarrhythmie .... E DIN EN ISO 14708-6 (VDE 0750-20-6)
DIN EN 45502-2-2 (VDE 0750-10-2)

Medizingeräte-Software
Software-Lebenszyklusprozesse .... DIN EN 62304 (VDE 0750-101)
E DIN EN 62304 (VDE 0750-101)
VDE-Schriftenreihe Band 171

Medizinisch genutzte Bereiche
batteriegestützte zentrale Stromversorgungssysteme .... DIN VDE 0558-507 (VDE 0558-507)
elektrische Anlagen .... DIN VDE 0100-710 (VDE 0100-710)
Beiblatt 1 DIN VDE 0100-710 (VDE 0100-710)
E DIN VDE 0100-710 (VDE 0100-710)
VDE-Schriftenreihe Band 168
VDE-Schriftenreihe Band 170

Medizinische Anwendung
elektrischer Einrichtungen
– Sicherheit .... VDE 0752

Medizinische Diagnostikgeräte
Magnetresonanzgeräte .... DIN EN 60601-2-33 (VDE 0750-2-33)

Medizinische elektrische Badeeinrichtungen .... DIN VDE 0750-224 (VDE 0750-224)

Medizinische elektrische Baugruppen
Aufarbeitung
– verlängerter Lebenszyklus .... E DIN EN IEC 63120 (VDE 0750-1-9-1)

Medizinische elektrische Einrichtungen
Sicherheit .... VDE 0752

Medizinische elektrische Geräte
Afterloading-Geräte für die Brachytherapie .... DIN EN 60601-2-17 (VDE 0750-2-17)
Alarmsysteme .... DIN EN 60601-1-8 (VDE 0750-1-8)
DIN EN 60601-1-8/A11 (VDE 0750-1-8/A11)
E DIN EN 60601-1-8/A2 (VDE 0750-1-8/A2)
allgemeine Festlegungen für Alarmsysteme .... E DIN EN 60601-1-8/A2 (VDE 0750-1-8/A2)
ambulante elektrokardiografische Systeme
– Sicherheit und Leistungsmerkmale .... DIN EN 60601-2-47 (VDE 0750-2-47)
E DIN EN IEC 80601-2-86 (VDE 0750-2-86)
Anästhesie-Arbeitsplätze .... DIN EN ISO 80601-2-13 (VDE 0750-2-13)
E DIN EN ISO 80601-2-13 (VDE 0750-2-13)
DIN EN ISO 80601-2-13/A1 (VDE 0750-2-13/A1)
DIN EN ISO 80601-2-13/A2 (VDE 0750-2-13/A2)
– Sicherheit, Leistungsmerkmale .... E DIN EN ISO 80601-2-13 (VDE 0750-2-13)
DIN EN ISO 80601-2-13/A1 (VDE 0750-2-13/A1)
DIN EN ISO 80601-2-13/A2 (VDE 0750-2-13/A2)
Aufarbeitung
– verlängerter Lebenszyklus .... E DIN EN IEC 63120 (VDE 0750-1-9-1)
augenchirurgische Geräte .... DIN EN 80601-2-58 (VDE 0750-2-58)
automatisierte Blutdruckmessgeräte .... DIN EN IEC 80601-2-30 (VDE 0750-2-30)
Beatmungsgeräte .... DIN EN ISO 80601-2-12 (VDE 0750-2-12)
– für die Intensivpflege .... DIN EN ISO 80601-2-12 (VDE 0750-2-12)
– Sicherheit .... DIN EN ISO 80601-2-12 (VDE 0750-2-12)
Beatmungsgeräte für die Intensivpflege
– Sicherheit .... DIN EN ISO 80601-2-12 (VDE 0750-2-12)
besondere Festlegungen für die Sicherheit
– Lichttherapiegeräte .... E DIN EN 60601-2-83 (VDE 0750-2-83)
Blutdrucküberwachungsgeräte .... DIN EN 60601-2-34 (VDE 0750-2-34)
Blutdruckmessgeräte .... DIN EN IEC 80601-2-30 (VDE 0750-2-30)
CE-Kennzeichnung .... VDE-Schriftenreihe Band 76
Chirurgiegeräte

– durch Roboter unterstützt .... E DIN EN 80601-2-77 (VDE 0750-2-77)
chirurgische Lasergeräte .... DIN EN 60601-2-22 (VDE 0750-2-22)
    E DIN EN 60601-2-22 (VDE 0750-2-22)
Decken, Matten und Matratzen
– zur Erwärmung von Patienten .... DIN EN 80601-2-35 (VDE 0750-2-35)
    E DIN EN IEC 80601-2-35 (VDE 0750-2-35)
Defibrillatoren .... DIN EN 60601-2-4 (VDE 0750-2-4)
    E DIN EN 60601-2-4/A1 (VDE 0750-2-4/A1)
Dentalgeräte .... DIN EN 80601-2-60 (VDE 0750-2-60)
    E DIN EN 80601-2-60 (VDE 0750-2-60)
diagnostische Lasergeräte .... DIN EN 60601-2-22 (VDE 0750-2-22)
    E DIN EN 60601-2-22 (VDE 0750-2-22)
Dosisflächenproduktmessgeräte .... E DIN EN IEC 60580 (VDE 0751-2)
durch Roboter unterstützte Chirurgiegeräte .... E DIN EN 80601-2-77 (VDE 0750-2-77)
Elektroenzephalografen .... DIN EN 60601-2-26 (VDE 0750-2-26)
    E DIN EN 60601-2-26 (VDE 0750-2-26)
Elektrokardiografen .... DIN EN 60601-2-25 (VDE 0750-2-25)
    DIN EN 60601-2-27 (VDE 0750-2-27)
    E DIN EN IEC 80601-2-86 (VDE 0750-2-86)
Elektrokardiografische Überwachungsgeräte .... DIN EN 60601-2-27 (VDE 0750-2-27)
    E DIN EN IEC 80601-2-86 (VDE 0750-2-86)
elektromagnetische Störgrößen
– Anforderungen und Prüfungen .... DIN EN 60601-1-2 (VDE 0750-1-2)
    E DIN EN 60601-1-2/A1 (VDE 0750-1-2/A1)
elektromagnetische Verträglichkeit .... VDE-Schriftenreihe Band 16
– Anforderungen und Prüfungen .... DIN EN 60601-1-2 (VDE 0750-1-2)
    E DIN EN 60601-1-2/A1 (VDE 0750-1-2/A1)
Elektromyografen .... DIN EN 60601-2-40 (VDE 0750-2-40)
Elektronenbeschleuniger .... DIN EN 60601-2-1 (VDE 0750-2-1)
    E DIN EN 60601-2-1 (VDE 0750-2-1)
endoskopische Geräte .... DIN EN 60601-2-18 (VDE 0750-2-18)
Entwicklung von physiologischen geschlossenen Regelkreisen
.... DIN EN 60601-1-10 (VDE 0750-1-10)
    E DIN EN 60601-1-10/A2 (VDE 0750-1-10/A2)
externe Herzschrittmacher .... DIN EN 60601-2-31 (VDE 0750-2-31)
    E DIN EN 60601-2-31 (VDE 0750-2-31)
– mit interner Stromversorgung .... E DIN EN 60601-2-31 (VDE 0750-2-31)
fachgerechte Überprüfung .... VDE-Schriftenreihe Band 43
    VDE-Schriftenreihe Band 117
Festlegungen für die Sicherheit .... DIN EN 60601-1-1 (VDE 0750-1-1)
fotodynamische Diagnosegeräte .... DIN EN IEC 60601-2-75 (VDE 0750-2-75)
fotodynamische Therapie- und Diagnosegeräte .... DIN EN IEC 60601-2-75 (VDE 0750-2-75)
fotodynamische Therapiegeräte .... DIN EN IEC 60601-2-75 (VDE 0750-2-75)
funktionale Oximetriegeräte .... DIN EN IEC 80601-2-71 (VDE 0750-2-71)
für den Notfalleinsatz .... DIN EN 60601-1-12 (VDE 0750-1-12)
für die transkutane Partialdrucküberwachung .... DIN EN 60601-2-23 (VDE 0750-2-23)
    E DIN EN IEC 60601-2-23 (VDE 0750-2-23)
für die Versorgung in der Umgebung .... DIN EN 60601-1-12 (VDE 0750-1-12)
für die Versorgung in häuslicher Umgebung .... DIN EN 60601-1-11 (VDE 0750-1-11)
    E DIN EN 60601-1-11/A1 (VDE 0750-1-11/A1)
für evozierte Potentiale .... DIN EN 60601-2-40 (VDE 0750-2-40)
für In-vitro-Diagnostik (IVD) .... DIN EN 61010-2-101 (VDE 0411-2-101)
    E DIN EN 61010-2-101 (VDE 0411-2-101)

Gammabestrahlungseinrichtungen .... DIN EN 60601-2-11 (VDE 0750-2-11)
Gebrauchstauglichkeit .... DIN EN 60601-1-6 (VDE 0750-1-6)
                                                                                                        E DIN EN 60601-1-6/A2 (VDE 0750-1-6/A2)
Geräte zur Glaskörperentfernung in der Augenchirurgie ... DIN EN 80601-2-58 (VDE 0750-2-58)
Geräte zur Koagulation mittels ionisierten Gasen .... DIN EN IEC 60601-2-76 (VDE 0750-2-76)
Geräte zur Linsenentfernung in der Augenchirurgie .... DIN EN 80601-2-58 (VDE 0750-2-58)
Geräte zur Linsenentfernung und Glaskörperentfernung
– in der Augenchirurgie .... DIN EN 80601-2-58 (VDE 0750-2-58)
Geräte zur Prüfung .... DIN EN 61557-16 (VDE 0413-16)
grafische Symbole .... Beiblatt 2 DIN EN 60601-1 (VDE 0750-1)
Hämodialyse-, Hämodiafiltrations- und Hämofiltrationsgeräte
.... DIN EN IEC 60601-2-16 (VDE 0750-2-16)
hochempfindliche therapeutische Ultraschallsysteme .... DIN EN 60601-2-62 (VDE 0750-2-62)
Hochfrequenz-Chirurgiegeräte .... Beiblatt 1 DIN EN 60601-2-2 (VDE 0750-2-2)
                                                                                                        DIN EN IEC 60601-2-2 (VDE 0750-2-2)
Hörgeräte .... DIN EN IEC 60601-2-66 (VDE 0750-2-66)
Hörgerätesysteme .... DIN EN IEC 60601-2-66 (VDE 0750-2-66)
Infusionspumpen und Infusionsregler .... DIN EN 60601-2-24 (VDE 0750-2-24)
Instandsetzung .... DIN EN 62353 (VDE 0751-1)
kosmetische Lasergeräte .... DIN EN 60601-2-22 (VDE 0750-2-22)
                                                                                                        E DIN EN 60601-2-22 (VDE 0750-2-22)
Kurbelergometer .... DIN VDE 0750-238 (VDE 0750-238)
Kurzwellen-Therapiegeräte .... DIN EN 60601-2-3 (VDE 0750-2-3)
Lasergeräte, chirurgische .... DIN EN 60601-2-22 (VDE 0750-2-22)
                                                                                                        E DIN EN 60601-2-22 (VDE 0750-2-22)
Lasergeräte, diagnostische .... DIN EN 60601-2-22 (VDE 0750-2-22)
                                                                                                        E DIN EN 60601-2-22 (VDE 0750-2-22)
Lasergeräte, kosmetische .... DIN EN 60601-2-22 (VDE 0750-2-22)
                                                                                                        E DIN EN 60601-2-22 (VDE 0750-2-22)
Lasergeräte, therapeutische .... DIN EN 60601-2-22 (VDE 0750-2-22)
                                                                                                        E DIN EN 60601-2-22 (VDE 0750-2-22)
Leichtionen-Strahlentherapiesysteme .... DIN EN 60601-2-64 (VDE 0750-2-64)
                                                                                                        DIN EN 60601-2-68 (VDE 0750-2-68)
Leistungsmerkmale .... DIN EN 60601-1 (VDE 0750-1)
                                                                                                        DIN EN 60601-1-8 (VDE 0750-1-8)
                                                                                                        DIN EN 60601-1-8/A11 (VDE 0750-1-8/A11)
                                                                                                        E DIN EN 60601-1-8/A2 (VDE 0750-1-8/A2)
                                                                                                        E DIN EN 60601-1/A2 (VDE 0750-1/A2)
                                                                                                        VDE-Schriftenreihe Band 170
Lichttherapiegeräte
– Sicherheit .... E DIN EN 60601-2-83 (VDE 0750-2-83)
Magnetresonanzgeräte .... DIN EN 60601-2-33 (VDE 0750-2-33)
Mammografiegeräte .... DIN EN 60601-2-45 (VDE 0750-2-45)
medizinische Betten .... DIN EN 60601-2-52 (VDE 0750-2-52)
medizinische Betten für Kinder
– Sicherheit und Leistungsmerkmale .... DIN EN 50637 (VDE 0750-212)
                                                                                                        E DIN EN IEC 80601-2-89 (VDE 0750-2-89)
medizinische Roboter
– Rehabilitation, Beurteilung, Kompensation, Linderung E DIN EN 80601-2-78 (VDE 0750-2-78)
Mikrowellen-Therapiegeräte .... DIN EN 60601-2-6 (VDE 0750-2-6)
mit Elektronenbeschleunigern .... DIN EN 60601-2-68 (VDE 0750-2-68)
Multifunktionale Patientenüberwachungsgeräte .... DIN EN IEC 80601-2-49 (VDE 0750-2-49)
nicht invasive Blutdruckmessgeräte .... DIN EN IEC 80601-2-30 (VDE 0750-2-30)

Nicht-Laserlichtquellen .... DIN EN 60601-2-57 (VDE 0750-2-57)
Niedrigenergie-Ionengas-Hämostasegeräte .... DIN EN IEC 60601-2-76 (VDE 0750-2-76)
Operationsleuchten .... DIN EN 60601-2-41 (VDE 0750-2-41)
Operationstische .... DIN EN IEC 60601-2-46 (VDE 0750-2-46)
Patientenlagerung .... DIN EN ISO 20342-1 (VDE 0750-2-52-1)
Patientenüberwachungsgeräte .... DIN EN IEC 80601-2-49 (VDE 0750-2-49)
Peritoneal-Dialysegeräte .... DIN EN IEC 60601-2-39 (VDE 0750-2-39)
physiologische geschlossene Regelkreise .... DIN EN 60601-1-10 (VDE 0750-1-10)
                E DIN EN 60601-1-10/A2 (VDE 0750-1-10/A2)
Prüfung nach Instandsetzung .... DIN EN 62353 (VDE 0751-1)
Prüfungen .... DIN EN 60601-1-8/A11 (VDE 0750-1-8/A11)
Prüfungen für Alarmsysteme .... E DIN EN 60601-1-8/A2 (VDE 0750-1-8/A2)
Radionuklid-Strahlentherapiesysteme .... DIN EN 60601-2-68 (VDE 0750-2-68)
Reduzierung von Umweltauswirkungen .... DIN EN 60601-1-9 (VDE 0750-1-9)
                E DIN EN 60601-1-9/A2 (VDE 0750-1-9/A2)
                E DIN EN IEC 63120 (VDE 0750-1-9-1)
Richtlinien .... DIN EN 60601-1-8/A11 (VDE 0750-1-8/A11)
Richtlinien für Alarmsysteme .... E DIN EN 60601-1-8/A2 (VDE 0750-1-8/A2)
Roboter zur Rehabilitation, Beurteilung, Kompensation, Linderung
– Sicherheit und Leistungsmerkmale .... E DIN EN 80601-2-78 (VDE 0750-2-78)
Röntgen-Mammografiegeräte .... DIN EN 60601-2-45 (VDE 0750-2-45)
röntgenbasierte Geräte für bildgesteuerte Strahlentherapie
.... DIN EN 60601-2-68 (VDE 0750-2-68)
Röntgeneinrichtungen für die Computertomografie .... DIN EN 60601-2-44 (VDE 0750-2-44)
Röntgeneinrichtungen für interventionelle Verfahren .... DIN EN 60601-2-43 (VDE 0750-2-43)
Röntgeneinrichtungen, extraorale zahnärztliche .... DIN EN 60601-2-63 (VDE 0750-2-63)
                E DIN EN 60601-2-63/A2 (VDE 0750-2-63/A2)
– Sicherheit und Leistungsmerkmale .... DIN EN 60601-2-63 (VDE 0750-2-63)
                E DIN EN 60601-2-63/A2 (VDE 0750-2-63/A2)
Röntgeneinrichtungen, intraorale zahnärztliche .... DIN EN 60601-2-65 (VDE 0750-2-65)
                E DIN EN 60601-2-65/A2 (VDE 0750-2-65/A2)
– Sicherheit und Leistungsmerkmale .... E DIN EN 60601-2-65/A2 (VDE 0750-2-65/A2)
Röntgengeräte
– für Radiografie und Radioskopie .... DIN EN 60601-2-54 (VDE 0750-2-54)
Röntgenstrahler für die Diagnostik .... DIN EN IEC 60601-2-28 (VDE 0750-2-28)
Säuglings-Fototherapiegeräte .... DIN EN 60601-2-50 (VDE 0750-2-50)
                E DIN EN IEC 60601-2-50 (VDE 0750-2-50)
Säuglingsinkubatoren .... DIN EN 60601-2-19 (VDE 0750-2-19)
                E DIN EN IEC 60601-2-19 (VDE 0750-2-19)
Säuglingswärmestrahler .... DIN EN 60601-2-21 (VDE 0750-2-21)
                E DIN EN 60601-2-21 (VDE 0750-2-21)
Sicherheit
– allgemeine Festlegungen .... DIN EN 60601-1 (VDE 0750-1)
                DIN EN 60601-1-8 (VDE 0750-1-8)
                DIN EN 60601-1-8/A11 (VDE 0750-1-8/A11)
                E DIN EN 60601-1-8/A2 (VDE 0750-1-8/A2)
                E DIN EN 60601-1/A2 (VDE 0750-1/A2)
                VDE-Schriftenreihe Band 170
– besondere Festlegungen .... DIN EN 60601-2-19 (VDE 0750-2-19)
                E DIN EN IEC 60601-2-19 (VDE 0750-2-19)
– Leistungsmerkmale .... DIN EN 60601-2-40 (VDE 0750-2-40)
Sicherheit einschließlich der wesentlichen Leistungsmerkmale
– Lichttherapiegeräte für den Hausgebrauch .... E DIN EN 60601-2-83 (VDE 0750-2-83)

– von Lichttherapiegeräten .... E DIN EN 60601-2-83 (VDE 0750-2-83)
Sicherheit und Leistungsmerkmale
– medizinische Betten für Kinder .... E DIN EN IEC 80601-2-89 (VDE 0750-2-89)
Sicherheitsnormen
– Erarbeitung .... Beiblatt 1 DIN VDE 0752 (VDE 0752)
Sicherheitsphilosophie .... VDE 0752
Software ....VDE-Schriftenreihe Band 171
Stereotaxieeinrichtungen .... DIN EN 60601-2-45 (VDE 0750-2-45)
Sterilisatoren und Desinfektionsgeräte .... DIN EN 61010-2-040 (VDE 0411-2-040)
E DIN EN IEC 61010-2-040 (VDE 0411-2-040)
Strahlensicherheit von Gammabestrahlungseinrichtungen DIN EN 60601-2-11 (VDE 0750-2-11)
Strahlentherapiesimulatoren .... DIN EN 60601-2-29 (VDE 0750-2-29)
therapeutische Lasergeräte .... DIN EN 60601-2-22 (VDE 0750-2-22)
E DIN EN 60601-2-22 (VDE 0750-2-22)
Therapie-Röntgeneinrichtungen .... DIN EN 60601-2-8 (VDE 0750-2-8)
Transportinkubatoren .... DIN EN 60601-2-20 (VDE 0750-2-20)
E DIN EN IEC 60601-2-20 (VDE 0750-2-20)
Ultraschall-Physiotherapiegeräte .... DIN EN 60601-2-5 (VDE 0750-2-5)
Ultraschallgeräte
– zur Diagnose und Überwachung .... DIN EN 60601-2-37 (VDE 0750-2-37)
unterstützende Produkte
– Patientenlagerung .... DIN EN ISO 20342-1 (VDE 0750-2-52-1)
– zur Gewebeintegrität im Liegen .... DIN EN ISO 20342-1 (VDE 0750-2-52-1)
Untersuchungsleuchten .... DIN EN 60601-2-41 (VDE 0750-2-41)
Wärmebildkameras für Reihenuntersuchungen .... DIN EN IEC 80601-2-59 (VDE 0750-2-59)
Wiederholungsprüfungen .... DIN EN 62353 (VDE 0751-1)
zur Erwärmung von Patienten .... DIN EN 80601-2-35 (VDE 0750-2-35)
E DIN EN IEC 80601-2-35 (VDE 0750-2-35)
zur extrakorporal induzierten Lithotripsie .... DIN EN 60601-2-36 (VDE 0750-2-36)
zur Stimulation von Nerven und Muskeln .... DIN EN 60601-2-10 (VDE 0750-2-10)

Medizinische elektrische Geräte, aktive implantierbare
.... E DIN EN ISO 14708-2 (VDE 0750-20-2)
E DIN EN ISO 14708-4 (VDE 0750-20-4)
E DIN EN ISO 14708-6 (VDE 0750-20-6)
DIN EN 45502-1 (VDE 0750-10)
DIN EN 45502-2-1 (VDE 0750-10-1)

Medizinische elektrische Systeme
Alarmsysteme .... DIN EN 60601-1-8 (VDE 0750-1-8)
DIN EN 60601-1-8/A11 (VDE 0750-1-8/A11)
E DIN EN 60601-1-8/A2 (VDE 0750-1-8/A2)

Aufarbeitung
– verlängerter Lebenszyklus .... E DIN EN IEC 63120 (VDE 0750-1-9-1)
elektromagnetische Verträglichkeit
– Anforderungen und Prüfungen .... DIN EN 60601-1-2 (VDE 0750-1-2)
E DIN EN 60601-1-2/A1 (VDE 0750-1-2/A1)
für den Notfalleinsatz .... DIN EN 60601-1-12 (VDE 0750-1-12)
für die Versorgung in der Umgebung .... DIN EN 60601-1-12 (VDE 0750-1-12)
für die Versorgung in häuslicher Umgebung .... DIN EN 60601-1-11 (VDE 0750-1-11)
E DIN EN 60601-1-11/A1 (VDE 0750-1-11/A1)
Leistungsmerkmale .... DIN EN 60601-1 (VDE 0750-1)
E DIN EN 60601-1/A2 (VDE 0750-1/A2)

physiologische geschlossene Regelkreise .... VDE-Schriftenreihe Band 170
DIN EN 60601-1-10 (VDE 0750-1-10)
E DIN EN 60601-1-10/A2 (VDE 0750-1-10/A2)
programmierbare
– PEMS .... DIN EN 60601-2-40 (VDE 0750-2-40)
Prüfungen für Alarmsysteme .... E DIN EN 60601-1-8/A2 (VDE 0750-1-8/A2)
Reduzierung von Umweltauswirkungen .... DIN EN 60601-1-9 (VDE 0750-1-9)
E DIN EN 60601-1-9/A2 (VDE 0750-1-9/A2)
Richtlinien für Alarmsysteme .... E DIN EN 60601-1-8/A2 (VDE 0750-1-8/A2)
Sicherheit
– allgemeine Festlegungen .... DIN EN 60601-1 (VDE 0750-1)
DIN EN 60601-1-1 (VDE 0750-1-1)
E DIN EN 60601-1/A2 (VDE 0750-1/A2)
VDE-Schriftenreihe Band 170

Medizinische Geräte
Funkstörungen
– Grenzwerte und Messverfahren .... DIN EN 55011 (VDE 0875-11)
E DIN EN 55011/A2 (VDE 0875-11/A2)

Medizinische In-vitro-Diagnosegeräte
EMV-Anforderungen .... DIN EN 61326-2-6 (VDE 0843-20-2-6)
E DIN EN 61326-2-6 (VDE 0843-2-6)

Medizinische Versorgungseinheiten .... DIN EN ISO 11797 (VDE 0750-211)

Medizinprodukte
Anwendung der Gebrauchstauglichkeit .... DIN EN 62366-1 (VDE 0750-241-1)
E DIN EN 62366-1/A1 (VDE 0750-241-1/A1)
VDE-Schriftenreihe Band 171
CE-Kennzeichnung .... VDE-Anwendungsregel VDE-AR-E 2750-200
Gebrauchstauglichkeit .... DIN EN 62366-1 (VDE 0750-241-1)
E DIN EN 62366-1/A1 (VDE 0750-241-1/A1)
VDE-Schriftenreihe Band 171
in der extrakorporalen Nierenersatztherapie .... DIN VDE 0753-4 (VDE 0753-4)
Klassifizierung .... VDE-Anwendungsregel VDE-AR-E 2750-20)
Konformitätsbewertungsverfahren .... VDE-Anwendungsregel VDE-AR-E 2750-200

Medizinproduktegesetz
Anforderungen .... VDE-Schriftenreihe Band 76
.... VDE-Schriftenreihe Band 171

Medizintechnik
POCT-Beauftragter .... VDE-Anwendungsregel VDE-AR-E 2411-2-101
Schulung .... VDE-Anwendungsregel VDE-AR-E 2411-2-101

Meeresenergie
Gezeitenenergieressource
– Bewertung und Charakterisierung .... DIN IEC/TS 62600-201 (VDE V 0125-201)
Gezeitenenergiewandler
– Leistungsbewertung .... DIN IEC/TS 62600-200 (VDE V 0125-200)
Terminologie .... DIN IEC/TS 62600-1 (VDE V 0125-1)
Verankerungssysteme
– Bewertung .... DIN IEC/TS 62600-10 (VDE V 0125-10)
Wellenenergieressource

– Bewertung und Charakterisierung .... DIN IEC/TS 62600-101 (VDE V 0125-101)
Wellenenergiewandler
– Leistungsbewertung .... DIN IEC/TS 62600-100 (VDE V 0125-100)

Meeresenergiewandler (MECs) .... DIN IEC/TS 62600-10 (VDE V 0125-10)

Meeresströmungs-Energiewandler .... DIN IEC/TS 62600-100 (VDE V 0125-100)
                                                                   DIN IEC/TS 62600-200 (VDE V 0125-200)
    Bewertung und Charakterisierung .... DIN IEC/TS 62600-101 (VDE V 0125-101)
                                                                   DIN IEC/TS 62600-201 (VDE V 0125-201)
    Bewertung von Verankerungssystemen .... DIN IEC/TS 62600-10 (VDE V 0125-10)
    Terminologie .... DIN IEC/TS 62600-1 (VDE V 0125-1)

ME-Geräte
    Basissicherheit .... DIN EN 60601-1-2 (VDE 0750-1-2)
                                                                   E DIN EN 60601-1-2/A1 (VDE 0750-1-2/A1)
    ME-Systeme
    – PEMS .... DIN EN 60601-2-40 (VDE 0750-2-40)

Mehradrige Leitungen
    vernetzte Silikonisolierung .... DIN EN 50525-2-83 (VDE 0285-525-2-83)

Mehradrige metallische Daten- und Kontrollkabel
    analoge und digitale Übertragung .... DIN EN 50288-1 (VDE 0819-1)
                                                                   DIN EN 50288-10-2 (VDE 0819-10-2)
                                                                   DIN EN 50288-11-2 (VDE 0819-11-2)
                                                                   DIN EN 50288-12-1 (VDE 0819-12-1)
                                                                   DIN EN 50288-2-1 (VDE 0819-2-1)
                                                                   DIN EN 50288-2-2 (VDE 0819-2-2)
                                                                   DIN EN 50288-3-1 (VDE 0819-3-1)
                                                                   DIN EN 50288-3-2 (VDE 0819-3-2)
                                                                   DIN EN 50288-4-1 (VDE 0819-4-1)
                                                                   DIN EN 50288-4-2 (VDE 0819-4-2)
                                                                   DIN EN 50288-5-1 (VDE 0819-5-1)
                                                                   DIN EN 50288-5-2 (VDE 0819-5-2)
                                                                   DIN EN 50288-6-1 (VDE 0819-6-1)
                                                                   DIN EN 50288-6-2 (VDE 0819-6-2)
                                                                   DIN EN 50288-8 (VDE 0819-8)
                                                                   DIN EN 50288-9-2 (VDE 0819-9-2)
    – geschirmte Kabel für Frequenzen von 1 MHz bis 2 000 MHz
    .... DIN EN 50288-12-1 (VDE 0819-12-1)

Mehrfachbedienungen
    von Kernkraftwerkwarten .... DIN EN 61227 (VDE 0491-5-3)

Mehrfachsteuerung, zeitmultiplexe
    in Bahnfahrzeugen .... DIN VDE 0119-207-4 (VDE 0119-207-4)

Mehrfachsysteme in vernetzten Wohnumfeldern, kooperative
    funktionale Sicherheit von sicherheitsbezogenen Systemen
    – AAL-Aspekte .... E DIN IEC 63168 (VDE 0750-34-1)

Mehrfachverwendung
    von Atemalkohol-Testgeräten .... DIN EN 15964 (VDE 0406-10)

Mehrfaserverteilerkabel
    LWL-Innenkabel .... DIN EN IEC 60794-2-21 (VDE 0888-11)

– für anwendungsneutrale Standortverkabelung .... DIN EN IEC 60794-2-21 (VDE 0888-11)
zur Innenverlegung .... DIN EN 60794-2-20 (VDE 0888-117)
DIN EN IEC 60794-2-21 (VDE 0888-11)

Mehrfunktionsschaltgeräte
Netzumschalter .... DIN EN 60947-6-1 (VDE 0660-114)
Steuer- und Schutz-Schaltgeräte (CPS) .... DIN EN 60947-6-2 (VDE 0660-115)

Mehrfunktions-Schaltgeräte
Steuer- und Schutz-Schaltgeräte (CPS) .... E DIN EN 60947-6-2/A2 (VDE 0660-115/A2)

Mehrkanalschreiber
für industrielle Prozessleittechnik .... DIN EN 60873-2 (VDE 0410-2)

Mehrmoden-Dämpfungsmessungen .... DIN EN IEC 61280-4-1 (VDE 0888-410)

Mehrmodenfasern
Kategorie A1
– Rahmenspezifikation .... DIN EN IEC 60793-2-10 (VDE 0888-321)
Kategorie A2
– Rahmenspezifikation .... DIN EN 60793-2-20 (VDE 0888-322)
Kategorie A3
– Rahmenspezifikation .... DIN EN 60793-2-30 (VDE 0888-323)
Kategorie A4
– Rahmenspezifikation .... DIN EN 60793-2-40 (VDE 0888-324)
E DIN EN IEC 60793-2-40 (VDE 0888-324)

Mehrmoden-Lichtwellenleiter
allgemeine Festlegungen .... DIN EN 60793-2 (VDE 0888-300)
E DIN EN IEC 60793-2 (VDE 0888-300)
Untersuchungen und Messungen .... E DIN EN IEC 61300-3-53 (VDE 0885-300-3-53)

Mehrmoden-Wellenleiter
Untersuchungen und Messungen .... E DIN EN IEC 61300-3-53 (VDE 0885-300-3-53)

Mehrphasen-Induktionsmaschinen .... VDE-Schriftenreihe Band 10

Mehrphasensysteme
Leistungsbegriffe .... VDE-Schriftenreihe Band 103

Mehrpolige Hochfrequenzsteckverbinder
mit Gewinde Typ L32-4 und L35-5 .... DIN EN 61169-59 (VDE 0887-969-59)

Mehrschichtisolierstoffe, flexible
allgemeine Anforderungen .... DIN EN 60626-1 (VDE 0316-1)
Bestimmungen für einzelne Materialien .... DIN EN 60626-3 (VDE 0316-3)
Normenverzeichnis .... Beiblatt 1 DIN EN 60626 (VDE 0316)
Prüfverfahren .... DIN EN 60626-2 (VDE 0316-2)

Mehrschichtsolarzellen
Strom-/Spannungskennlinien .... DIN EN 60904-1-1 (VDE 0126-4-1-1)

Mehrstufen-Stromrichter, modulare
HGÜ-Systeme .... DIN EN 62751-1 (VDE 0553-751-1)
DIN EN 62751-2 (VDE 0553-751-2)

Mehrzweckstangen, isolierende
für Betätigung in Hochspannungsanlagen .... DIN EN 50508 (VDE 0682-213)

Meißelhämmer .... DIN EN 60745-2-6 (VDE 0740-2-6)
E DIN EN IEC 62841-2-6 (VDE 0740-2-6)
E DIN EN IEC 62841-2-6/AA (VDE 0740-2-6/AA)

Melaminharztafeln .... DIN EN 60893-3-3 (VDE 0318-3-3)

Melderzentralen
von Einbruch- und Überfallmeldeanlagen .... DIN EN 50131-3 (VDE 0830-2-3)

Melkmaschinen .... DIN EN 60335-2-70 (VDE 0700-70)

Menschbezogene Gestaltung .... DIN EN 62508 (VDE 0050-2)

Menschen
Wirkungen des elektrischen Stroms .... DIN IEC/TS 60479-1 (VDE V 0140-479-1)
VDE-Schriftenreihe Band 170
Wirkungen von Blitzschlägen .... DIN V VDE V 0140-479-4 (VDE V 0140-479-4)

Menschliche Zuverlässigkeit .... DIN EN 62508 (VDE 0050-2)
E DIN IEC 63260 (VDE 0491-60)

Menschliches Versagen .... DIN EN 62508 (VDE 0050-2)

Mensch-Maschine-Schnittstelle
Anzeigengeräte und Bedienteile .... DIN EN 60073 (VDE 0199)
für speicherprogrammierbare Steuerungen .... DIN EN 61131-2 (VDE 0411-500)
E DIN EN 61131-2 (VDE 0411-500)
Kennzeichnung elektrischer Anschlüsse .... DIN EN 60445 (VDE 0197)
E DIN EN IEC 60445 (VDE 0197)
Kennzeichnung elektrischer Leiterenden und Leiter .... DIN EN 60445 (VDE 0197)
E DIN EN IEC 60445 (VDE 0197)
von Kernkraftwerkwarten .... DIN EN 61227 (VDE 0491-5-3)

Merging Unit, unabhängige
Messwandler .... E DIN EN IEC 61869-13 (VDE 0414-9-13)

Merkblätter
für den ESD-Komplex .... VDE-Schriftenreihe Band 71

Mess- und Berechnungsverfahren der Exposition von Personen
in elektrischen, magnetischen und elektromagnetischen Feldern
– 0 Hz bis 300 GHz .... DIN EN 50413 (VDE 0848-1)

Mess- und Prüfverfahren
Steckverbinder für elektrische und elektronische Einrichtungen
.... DIN EN IEC 60512-1 (VDE 0687-512-1)

Mess-, Steuer- und Feldbuskabel
vernetzte Polyethylen-Isoliermischungen .... DIN EN 50290-2-29 (VDE 0819-109)

Mess-, Steuer- und Regeltechnik
Industriesysteme und -produkte
– Life-Cycle-Management .... E DIN EN 62890 (VDE 0810-890)
Systeme und Produkte
– Life-Cycle-Management .... E DIN EN 62890 (VDE 0810-890)

Mess-, Steuer- und Schutzeinrichtungen
in Gleichstrom-Bahnanlagen
– Spannungswandler .... DIN EN 50123-7-3 (VDE 0115-300-7-3)

Mess-, Steuer-, Regel- und Laborgeräte
allgemeine Anforderungen .... DIN EN 61010-1 (VDE 0411-1)

Mess-, Steuerung- und Regelungstechnik
ausgewählte Kenngrößen .... VDE-Schriftenreihe Band 101

Messanordnungen, radiometrische
Konstruktionsanforderungen und Klassifikation .... DIN EN 62598 (VDE 0412-1)

Messcharakteristik
Messrelais und Schutzeinrichtungen .... DIN EN 60255-121 (VDE 0435-3121)

Messeinrichtungen .... VDE-Anwendungsregel VDE-AR-N 4400
für Wechselstrom-Elektrizitätszähler .... DIN EN 62052-11 (VDE 0418-2-11)
                                                                      E DIN EN 62052-11 (VDE 0418-2-11)
– Genauigkeitsklassen A, B und C .... DIN EN 50470-1 (VDE 0418-0-1)

Messen
Berührungsstrom .... DIN EN 60990 (VDE 0106-102)
Schutzleiterstrom .... DIN EN 60990 (VDE 0106-102)

Messgeräte für Radon .... DIN IEC/TR 61577-5 (VDE 0493-1-10-5)

Messgeräte für Radon-Folgeprodukte .... DIN IEC/TR 61577-5 (VDE 0493-1-10-5)

Messgeräte und -einrichtungen
für hochfrequente Störaussendung
– Antennen und Messplätze .... E DIN EN IEC 55016-1-403 (VDE 0876-16-1-403)
– Zusatz-/Hilfseinrichtungen .... DIN EN 55016-1-3 (VDE 0876-16-1-3)
                                                                      E DIN EN 55016-1-3/A2 (VDE 0876-16-1-3/A2)
                                                                      DIN EN IEC 55016-1-4 (VDE 0876-16-1-4)

Messgeräte
empfindliche, ohne EMV-Schutz
– EMV-Anforderungen .... DIN EN 61326-2-1 (VDE 0843-20-2-1)
                                                                      E DIN EN IEC 61326-2-1 (VDE 0843-20-2-1)
für hochfrequente Störaussendung .... DIN EN 55016-4-2 (VDE 0876-16-4-2)
für Kohlenmonoxid und Kohlendioxid
– in Innenraumluft .... DIN EN 50543 (VDE 0400-36)
für Laserstrahlung .... DIN EN 61040 (VDE 0835)
für Radonfolgeprodukte .... DIN EN 61577-3 (VDE 0493-1-10-3)
                                                                      DIN IEC/TR 61577-5 (VDE 0493-1-10-5)
für Schutzmaßnahmen in Niederspannungsnetzen
– allgemeine Anforderungen .... DIN EN 61557-1 (VDE 0413-1)
                                                                      E DIN EN 61557-1 (VDE 0413-1)
– Drehfeld .... DIN EN 61557-7 (VDE 0413-7)
                                                                      E DIN EN 61557-7 (VDE 0413-7)
– Erdungs-, Schutz- und Potentialausgleichsleiter .... DIN EN 61557-4 (VDE 0413-4)
                                                                      E DIN EN 61557-4 (VDE 0413-4)
– Erdungswiderstand .... DIN EN 61557-5 (VDE 0413-5)
                                                                      E DIN EN 61557-5 (VDE 0413-5)
– Fehlerstromschutzeinrichtungen (RCD) .... DIN EN 61557-6 (VDE 0413-6)
                                                                      E DIN EN 61557-6 (VDE 0413-6)
– Isolationswiderstand .... DIN EN 61557-2 (VDE 0413-2)
                                                                      E DIN EN 61557-2 (VDE 0413-2)
– Schleifenwiderstand .... DIN EN 61557-3 (VDE 0413-3)

für Spannungsqualität
– in EVUs .... E DIN EN 61557-3 (VDE 0413-3)
DIN EN 62586-1 (VDE 0415-1)
für Stoßspannungs- und Stoßstromprüfungen .... DIN EN 61083-1 (VDE 0432-7)
E DIN EN 61083-1 (VDE 0432-7)
DIN EN 61083-2 (VDE 0432-8)
handgehaltenes Messzubehör .... DIN EN 61010-031 (VDE 0411-031)
E DIN EN 61010-031/AA (VDE 0411-031/AA)
handgehaltenes und handbedientes Messzubehör E DIN EN 61010-031/A1 (VDE 0411-031/A1)
Kalibrierung von
– optische Spektrumanalysatoren .... DIN EN 62129-1 (VDE 0888-429-1)
– optisches Frequenzmessgerät .... DIN EN IEC 62129-3 (VDE 0888-429-3)
Software
– Hochstromprüfung .... E DIN EN 61083-1 (VDE 0432-7)
Störfestigkeitsanforderungen .... DIN EN IEC 61326-3-2 (VDE 0843-20-3-2)
zum Aufspüren und Messen von Gasen .... DIN EN 45544-1 (VDE 0400-22-1)
DIN EN 45544-2 (VDE 0400-22-2)
DIN EN 45544-3 (VDE 0400-22-3)
– Auswahl, Installation, Einsatz, Instandhaltung .... DIN EN 45544-4 (VDE 0400-22-4)
zur Ermittlung der Atemalkoholkonzentration
– Anforderungen .... DIN VDE 0405-1 (VDE 0405-1)
– Begriffe .... DIN VDE 0405-1 (VDE 0405-1)
– Messverfahren .... DIN VDE 0405-1 (VDE 0405-1)
– Prüfung mit Prüfgas .... DIN VDE 0405-4 (VDE 0405-4)

Messgeräte, elektrische industrielle
Sicherheitsanforderungen für Maschinen-Aspekte   DIN EN IEC 61010-2-120 (VDE 0411-2-120)

Messgeräte, elektrische
allgemeine Anforderungen .... DIN EN 61010-1 (VDE 0411-1)
Anforderungen für Kühlgeräte .... DIN EN 61010-2-011 (VDE 0411-2-011)
E DIN EN IEC 61010-2-011 (VDE 0411-2-011)
direkt anzeigende analoge
– Definitionen und allgemeine Anforderungen .... DIN EN 60051-1 (VDE 0411-51-1)
direkt wirkend anzeigende
– Vielfachmessgeräte .... DIN EN IEC 60051-7 (VDE 0411-51-7)
– Zubehör .... DIN EN IEC 60051-5 (VDE 0411-51-5)
DIN EN IEC 60051-7 (VDE 0411-51-7)
DIN EN IEC 60051-8 (VDE 0411-51-8)
direkt wirkend anzeigende analoge
– Leistungsfaktormessgeräte .... DIN EN IEC 60051-5 (VDE 0411-51-5)
– Phasenverschiebungswinkelmessgeräte .... DIN EN IEC 60051-5 (VDE 0411-51-5)
– spezielle Anforderungen für Zubehör .... DIN EN IEC 60051-8 (VDE 0411-51-8)
– synchronoskope .... DIN EN IEC 60051-5 (VDE 0411-51-5)
handgehaltenes Messzubehör .... DIN EN 61010-031 (VDE 0411-031)
E DIN EN 61010-031/AA (VDE 0411-031/AA)
handgehaltenes und handbedientes Messzubehör E DIN EN 61010-031/A1 (VDE 0411-031/A1)
Isolationswiderstandsmessung
– Spannungsfestigkeitsprüfung .... E DIN EN 61010-2-034 (VDE 0411-2-034)
Klima-, Umweltprüf- und Temperatur-Konditionierungsgeräte
.... DIN EN 61010-2-012 (VDE 0411-2-012)
E DIN EN 61010-2-012 (VDE 0411-2-012)
Laborzentrifugen .... DIN EN 61010-2-020 (VDE 0411-2-020)

Prüf- und Messstromkreise ....
E DIN EN IEC 61010-2-020 (VDE 0411-2-020)
DIN EN 61010-2-030 (VDE 0411-2-030)
E DIN EN 61010-2-030 (VDE 0411-2-030)

Sicherheitsbestimmungen ....
DIN EN IEC 61010-2-201 (VDE 0411-2-201)
E DIN EN IEC 61010-2-201 (VDE 0411-2-201)

Messgeräte, kombinierte
für Schutzmaßnahmen in Niederspannungsnetzen .... DIN EN 61557-10 (VDE 0413-10)

Messgeräte, ortsveränderliche
EMV-Anforderungen .... DIN EN 61326-2-2 (VDE 0843-20-2-2)
E DIN EN IEC 61326-2-2 (VDE 0843-20-2-2)

Messgeräteunsicherheit
hochfrequente Störaussendung .... DIN EN 55016-4-2 (VDE 0876-16-4-2)

Messgrößenumformer
mit integrierter oder abgesetzter Signalaufbereitung .... DIN EN 61326-2-3 (VDE 0843-20-2-3)
E DIN EN IEC 61326-2-3 (VDE 0843-20-2-3)

Messmethoden für Lichtwellenleiter
chromatische Dispersion .... DIN EN 60793-1-42 (VDE 0888-242)
Dämpfung .... DIN EN IEC 60793-1-40 (VDE 0888-240)
Gammastrahlung .... DIN EN IEC 60793-1-54 (VDE 0888-254)
numerische Apertur .... DIN EN 60793-1-43 (VDE 0888-243)
radioaktive Strahlung .... DIN EN IEC 60793-1-54 (VDE 0888-254)
Zugfestigkeit .... E DIN EN 60793-1-31 (VDE 0888-231)

Messplätze für Messung der gestrahlten Störaussendung
.... DIN EN IEC 55016-1-4 (VDE 0876-16-1-4)
DIN EN 55016-1-5 (VDE 0876-16-1-5)

Messplätze zur Antennenkalibrierung .... DIN EN 55016-1-5 (VDE 0876-16-1-5)

Messrelais und Schutzeinrichtungen
allgemeine Anforderungen .... E DIN EN 60255-1 (VDE 0435-300)

Messrelais
allgemeine Anforderungen .... DIN EN 60255-1 (VDE 0435-300)
E DIN EN 60255-1 (VDE 0435-300)
EMV-Anforderungen .... DIN EN 60255-26 (VDE 0435-320)
E DIN EN 60255-26 (VDE 0435-320)
Funktionsnorm für Über-/Unterspannungsschutz .... DIN EN 60255-127 (VDE 0435-3127)
für den Distanzschutz .... DIN EN 60255-121 (VDE 0435-3121)
Produktsicherheit .... DIN EN 60255-27 (VDE 0435-327)
E DIN EN IEC 60255-27 (VDE 0435-327)
Schutzeinrichtungen .... E DIN EN 60255-118-1 (VDE 0435-118-1)
– Synchrophasor für Stromversorgungssysteme .... E DIN EN 60255-118-1 (VDE 0435-118-1)
Über-/Unterstromschutz .... DIN EN 60255-151 (VDE 0435-3151)

Messstellenbetrieb .... VDE-Anwendungsregel VDE-AR-N 4400

Messsysteme
für Hochspannung .... DIN EN 60060-2 (VDE 0432-2)

Messsysteme, intelligente
Kommunikation

– funktionale Referenzarchitektur .... DIN CEN/CLC/ETSI/TR 50572 (VDE 0418-0)
Zählerplätze .... DIN VDE 0603-100 (VDE 0603-100)

Messumformer
für industrielle Prozessleitsysteme .... DIN EN 60770-3 (VDE 0408-3)

Messumformer, intelligente
Intelligenzgrad und Leistungsfähigkeit .... DIN EN 60770-3 (VDE 0408-3)

Messung brennbarer Gase
Geräte zur .... DIN EN 60079-29-1 (VDE 0400-1)
　　　　　　　　　　　　　　　　E DIN EN 60079-29-1/A1 (VDE 0400-1/A1)
Warngeräte .... DIN EN 50271 (VDE 0400-21)

Messung der Aktivitätskonzentration
Bestimmung des Diffusionskoeffizienten
– Radon-222 in Luft .... DIN ISO/TS 11665-12 (VDE V 0493-1-6662)
　　　　　　　　　　　　　　　　DIN ISO/TS 11665-13 (VDE V 0493-1-6663)
Diffusionskoeffizient in wasserundurchlässigen Materialien
– Radon-222 in Luft .... DIN ISO/TS 11665-12 (VDE V 0493-1-6662)

Messung der Bildqualität von Röntgensystemen
Strahlenschutzinstrumentierung .... DIN IEC 62709 (VDE 0412-12)

Messung der elektrischen Leistungsaufnahme im Bereitschafts-Betrieb
Beleuchtungskomponenten .... E DIN EN IEC 63103 (VDE 0711-501)

Messung der Gebrauchseigenschaften
Reinigungsroboter für den Hausgebrauch
– Trockenreinigung .... E DIN EN IEC 62885-7 (VDE 0705-2885-7)
　　　　　　　　　　　　　　　　DIN EN 62929 (VDE 0705-2929)

Messung der gestrahlten Störaussendung
Anforderungen an Geräte und Einrichtungen .... DIN EN 55016-2-3 (VDE 0877-16-2-3)

Messung der hochfrequenten Störaussendung
und Störfestigkeit
– Geräte und Einrichtungen .... DIN EN 55016-1-2 (VDE 0876-16-1-2)

Messung der Hydrophobie
von Isolatoroberflächen .... DIN IEC/TS 62073 (VDE V 0674-276)

Messung der Hystereseverluste
von Verbundsupraleitern .... DIN EN 61788-13 (VDE 0390-13)

Messung der lichtinduzierten Degradation
von Solarzellen
– aus kristallinem Silizium .... DIN EN IEC 63202-1 (VDE 0126-4-11)
Messung der Polarisationsmodendispersion
– von installierten Übertragungsstrecken .... DIN EN 61280-4-4 (VDE 0888-440)
Messung der Senderausgangsleistung
– für Einmoden-LWL-Kabel .... DIN EN 61280-1-1 (VDE 0885-801-1)
Messung des Lichtstroms einer Strahlungsquelle .... DIN EN 61280-1-1 (VDE 0885-801-1)
　　　　　　　　　　　　　　　　DIN EN 61280-1-4 (VDE 0885-801-4)

Messung von Augendiagrammen
– mit einem Software-Triggerverfahren .... DIN EN 61280-2-12 (VDE 0885-802-12)
– und des Q-Faktors .... DIN EN 61280-2-12 (VDE 0885-802-12)

Messung von Mittelwellenlänge und Spektralbreite .... DIN EN 61280-1-3 (VDE 0888-410-13)
Prüfverfahren .... DIN EN 61280-1-1 (VDE 0885-801-1)
DIN EN 61280-1-4 (VDE 0885-801-4)
DIN EN 61280-2-12 (VDE 0885-802-12)
DIN EN IEC 61280-4-1 (VDE 0888-410)
DIN EN 61280-4-4 (VDE 0888-440)
Qualitätsbewertung von Übertragungssignalen .... DIN EN 61280-2-12 (VDE 0885-802-12)

Messung der Radioaktivität
Gammastrahlung emittierender Radionukliden
– Gammaspektrometrie .... DIN ISO 20042 (VDE 0493-2042)

Messung der Rauchdichte von Kabeln und isolierten Leitungen
beim Brennen
– Prüfeinrichtung .... DIN EN 61034-1 (VDE 0482-1034-1)
– Prüfeinrichtungen .... DIN EN 61034-1 (VDE 0482-1034-1)
– Prüfverfahren und Anforderungen .... DIN EN 61034-2 (VDE 0482-1034-2)

Messung der Spannungsqualität
Messwandler .... DIN IEC/TR 61869-103 (VDE 0414-9-103)

Messung der spektralen Empfindlichkeit
von photovoltaischen Einrichtungen .... DIN EN 60904-8 (VDE 0126-4-8)
– mit Mehrschichtsolarzellen .... DIN EN 60904-8-1 (VDE 0126-4-8-1)

Messung des dielektrischen Verlustfaktors
drehender elektrischer Maschinen .... DIN EN 60034-27-3 (VDE 0530-27-3)

Messung des Energieverbrauchs
Desktop- und Notebook-Computer .... DIN EN 62623 (VDE 0806-2623)

Messung des Intermodulationspegels
passive HF- und Mikrowellenbauteile .... DIN EN 62037-1 (VDE 0887-37-1)
DIN EN 62037-2 (VDE 0887-37-2)
DIN EN 62037-3 (VDE 0887-37-3)
DIN EN 62037-4 (VDE 0887-37-4)
DIN EN 62037-5 (VDE 0887-37-5)
DIN EN 62037-6 (VDE 0887-37-6)
E DIN EN IEC 62037-8 (VDE 0887-37-8)

Messung des Isolationswiderstands
drehender elektrischer Maschinen .... DIN EN IEC 60034-27-4 (VDE 0530-27-4)

Messung des Leistungsverhaltens
Windenergieanlagen .... DIN EN 61400-12-1 (VDE 0127-12-1)

Messung des Modenfelddurchmessers
Lichtwellenleiter .... DIN EN IEC 60793-1-45 (VDE 0888-245)

Messung des Normalleitungswiderstands und des kritischen Stroms
Supraleitfähigkeit .... E DIN EN IEC 61788-22-2 (VDE 0390-22-2)

Messung des Polarisationsindexes
drehender elektrischer Maschinen .... DIN EN IEC 60034-27-4 (VDE 0530-27-4)

Messung des Restwiderstandsverhältnisses
von Nb-Supraleitern .... DIN EN IEC 61788-23 (VDE 0390-23)
E DIN EN IEC 61788-23 (VDE 0390-23)

Messung des verbleibenden kritischen Stroms
nach Doppelbiegung bei Raumtemperatur
– von Ag-ummantelten Bi-2223 supraleitenden Drähten .. DIN EN IEC 61788-24 (VDE 0390-24)

Messung mechanischer Lasten
Windenergieanlagen .... DIN EN 61400-13 (VDE 0127-13)

Messung mit Alphaspektrometrie
Plutonium-238
– Radioaktivität im Erdboden .... DIN ISO 18589-4 (VDE 0493-4-5894)
Plutonium-239+240
– Radioaktivität im Erdboden .... DIN ISO 18589-4 (VDE 0493-4-5894)

Messung mit Proportional- oder Flüssigszintillationszählung
Strontium-90
– Radioaktivität im Erdboden .... DIN ISO 18589-5 (VDE 0493-4-5895)

Messung toxischer Gase
Betriebsverhalten von Gasmessgeräten
– Arbeitsplatzatmosphäre .... DIN IEC 62990-1 (VDE 0400-990-1)

Messung von elektromagnetischen Aussendungen
elektrischer Beleuchtungseinrichtungen .... Beiblatt 1 DIN EN 55015 (VDE 0875-15-1)
                                                                                                                                                  Beiblatt 2 DIN EN 55015 (VDE 0875-15-1)
integrierte Schaltungen
– Bedingungen und Definitionen .... DIN EN IEC 61967-1 (VDE 0847-21-1)

Messung von Gammastrahlung
emittierender Radionukliden
– Radioaktivität im Erdboden .... DIN EN ISO 18589-3 (VDE 0493-4-5893)
– Radioaktivität in Lebensmitteln .... DIN IEC 61563 (VDE 0493-4-1)
                                                                                                                                  E DIN EN IEC 61563 (VDE 0493-4-1)

Messung von gestrahlten Störaussendungen
Einführung des FAR
– CISPR 11 und Festlegung von Grenzwerten .... DIN EN 55011 (VDE 0875-11)
                                                                                                                              E DIN EN 55011/A2 (VDE 0875-11/A2)

Messung von Lichtwellenleiterverkabelung
Standortverkabelung
– Informationstechnik .... DIN ISO/IEC 14763-3 (VDE 0800-763-3)

Messung
der elektromagnetischen Störfestigkeit
– integrierter Schaltungen .... DIN EN 62132-1 (VDE 0847-22-1)
                                                                                                                                    DIN EN 62132-8 (VDE 0847-22-8)
                                                                                                                                   DIN IEC/TS 62132-9 (VDE V 0847-22-9)
der Oberflächenkontamination
– Bestimmung der Radioaktivität .... DIN ISO 7503-1 (VDE 0493-2-5031)
                                                                                                                                    DIN ISO 7503-2 (VDE 0493-2-5032)
                                                                                                                                   DIN ISO 7503-3 (VDE 0493-2-5033)
                                                                                                                                   DIN ISO 8769 (VDE 0412-8769)
der Spannungsqualität
– Anwendung von Messwandlern .... DIN IEC/TR 61869-103 (VDE 0414-9-103)
– in Energieversorgungssystemen .... DIN EN 62586-1 (VDE 0415-1)
– in EVUs .... DIN EN 62586-1 (VDE 0415-1)

der Störfestigkeit gegen Impulse
– integrierter Schaltungen .... DIN EN 62215-3 (VDE 0847-23-3)
des Frequenzübertragungsverhaltens
– Leistungstransformatoren .... DIN EN 60076-18 (VDE 0532-76-18)
des LED-Lichtstromrückgangs .... VDE-Anwendungsregel VDE-AR-E 2715-1
des optische Augendiagramms,
– der Wellenform und des Extinktionsverhältnisses .... DIN EN 61280-2-2 (VDE 0885-802-2)
magnetischer Eigenschaften
– Dauermagnet-(hartmagnetische) Werkstoffe .... DIN EN 60404-5 (VDE 0354-5)
Transmissionsgrad
– Reflexionsgrad .... DIN EN 62805-2 (VDE 0126-4-21)
Trübung
– spektrale Verteilung .... DIN EN 62805-1 (VDE 0126-4-20)

Messungen in Temperaturprüfkammern für Prüfungen A und B
Umgebungseinflüsse .... E DIN EN IEC 60068-3-7 (VDE 0468-3-7)
– Dokumentation und Leitfaden .... E DIN EN IEC 60068-3-7 (VDE 0468-3-7)

Messungen ionisierender Strahlung
charakteristische Grenzen
– Anwendung von Entfaltungstechniken .... E DIN EN ISO 11929-3 (VDE 0493-9293)
– elementare Anwendungen .... DIN ISO 11929-1 (VDE 0493-9291)
                   E DIN EN ISO 11929-1 (VDE 0493-9291)
                   DIN ISO 11929-2 (VDE 0493-9292)
                   DIN ISO 11929-3 (VDE 0493-9293)
                   E DIN ISO 11929-4 (VDE 0493-9294)
– fortgeschrittene Anwendungen .... E DIN EN ISO 11929-2 (VDE 0493-9292)

Messungen
Steckverbinder
– für elektronische Einrichtungen .... DIN EN IEC 60512-1 (VDE 0687-512-1)

Messunsicherheit
der Spannungsqualität in EVUs
– Funktionsprüfungen .... DIN EN 62586-2 (VDE 0415-2)
                   E DIN EN 62586-2/A1 (VDE 0415-2/A1)
von Strahlenschutzmessgeräten .... DIN IEC/TR 62461 (VDE 0493-1000)
von Umgebungsbedingungen .... DIN EN 60068-3-11 (VDE 0468-3-11)
Messverfahren für die Leistungsaufnahme
– Signale und Medien .... DIN EN 62087-2 (VDE 0868-102)
Rechnerbildschirmgeräte
– Messverfahren für die Leistungsaufnahme .... DIN EN IEC 62087-7 (VDE 0868-107)

Messverfahren für Werkstoffe in Photovoltaikmodulen DIN EN 62788-1-2 (VDE 0126-37-1-2)
                   DIN EN 62788-1-4 (VDE 0126-37-1-4)
                   E DIN EN 62788-1-4/A1 (VDE 0126-37-1-4/A1)
                   DIN EN 62788-1-5 (VDE 0126-37-1-5)
                   DIN IEC/TS 62788-2 (VDE V 0126-37-2)
                   DIN IEC/TS 62788-7-2 (VDE V 0126-37-7-2)
Polymerwerkstoffe
– Frontsheets und Backsheets .... DIN IEC/TS 62788-2 (VDE V 0126-37-2)
Verkapselungsstoffe
– lineare Längenänderung in Folienform aufgrund thermischer Bedingungen
.... DIN EN 62788-1-5 (VDE 0126-37-1-5)

Messverfahren mit Durchfluss-Proportionalzählung
Alpha- und Beta-Gesamtaktivitäten
– Radioaktivität im Erdboden .... DIN ISO 18589-6 (VDE 0493-4-5896)

Messverfahren und Signalspezifikationen
Halbleiterschnittstelle
– zur Kommunikation über den menschlichen Körper .... DIN EN 62779-2 (VDE 0884-79-2)

Messverfahren
Berührungsstrom .... DIN EN 60990 (VDE 0106-102)

Messwandler
allgemeine Anforderungen	E DIN EN 61869-1 (VDE 0414-9-1)
allgemeine Bestimmungen	DIN EN 61869-1 (VDE 0414-9-1)
	E DIN EN 61869-1 (VDE 0414-9-1)
Auslegung und Konstruktion	DIN EN 61869-1 (VDE 0414-9-1)
	E DIN EN 61869-1 (VDE 0414-9-1)
Bemessungswerte	DIN EN 61869-1 (VDE 0414-9-1)
	E DIN EN 61869-1 (VDE 0414-9-1)
Betriebsbedingungen	DIN EN 61869-1 (VDE 0414-9-1)
	E DIN EN 61869-1 (VDE 0414-9-1)
digitale Schnittstelle	DIN EN IEC 61869-9 (VDE 0414-9-9)
elektronische Stromwandler	DIN EN 60044-8 (VDE 0414-44-8)
	DIN EN IEC 61869-9 (VDE 0414-9-9)
Ferroresonanzschwingungen	
– Schaltanlagen	DIN IEC/TR 61869-102 (VDE 0414-9-102)
Gleichspannungswandler	DIN EN IEC 61869-15 (VDE 0414-9-15)
Gleichstromwandler	DIN EN IEC 61869-14 (VDE 0414-9-14)
Kleinsignal-	E DIN EN 61869-1 (VDE 0414-9-1)
	DIN EN 61869-6 (VDE 0414-9-6)
Kleinsignal-Stromwandler	DIN EN IEC 61869-10 (VDE 0414-9-10)
	DIN EN IEC 61869-11 (VDE 0414-9-11)
	DIN EN IEC 61869-14 (VDE 0414-9-14)
Merging Unit, unabhängige	E DIN EN IEC 61869-13 (VDE 0414-9-13)
Messung der Spannungsqualität	DIN IEC/TR 61869-103 (VDE 0414-9-103)
Niederspannungs-Messwandler	E DIN EN 61869-201 (VDE 0414-9-201)
– Produktsicherheit	E DIN EN 61869-220 (VDE 0414-9-220)
passive Kleinsignal-Stromwandler	DIN EN IEC 61869-10 (VDE 0414-9-10)
	DIN EN IEC 61869-11 (VDE 0414-9-11)
Prüfungen	DIN EN 61869-1 (VDE 0414-9-1)
	E DIN EN 61869-1 (VDE 0414-9-1)
Spannungswandler für Gleichstromanwendungen	DIN EN IEC 61869-15 (VDE 0414-9-15)
Spannungswandler, dreiphasige	DIN EN 50482 (VDE 0414-6)
Spannungswandler, induktive	DIN IEC/TR 61869-102 (VDE 0414-9-102)
	DIN EN 61869-3 (VDE 0414-9-3)
– Ferroresonanzschwingungen	DIN IEC/TR 61869-102 (VDE 0414-9-102)
Spannungswandler, kapazitive	DIN EN 61869-5 (VDE 0414-9-5)
Stromwandler	DIN IEC/TR 61869-100 (VDE 0414-9-100)
	DIN EN 61869-2 (VDE 0414-9-2)
Stromwandler für Gleichstromanwendungen	DIN EN IEC 61869-14 (VDE 0414-9-14)
Stromwandler im Netzschutz	DIN IEC/TR 61869-100 (VDE 0414-9-100)
unabhängige Merging Unit	E DIN EN IEC 61869-13 (VDE 0414-9-13)
zusätzliche allgemeine Anforderungen	E DIN EN 61869-1 (VDE 0414-9-1)
	DIN EN 61869-6 (VDE 0414-9-6)

Messwandler, kombinierte .... DIN EN 61869-4 (VDE 0414-9-4)

Messwesen .... VDE-Anwendungsregel VDE-AR-N 4400

Messwesen Strom
(Metering Code) .... VDE-Anwendungsregel VDE-AR-N 4400

Messzubehör
handbediente Stromsonden .... E DIN EN 61010-2-032 (VDE 0411-2-032)
handgehaltene Strom-Messzangen .... DIN EN 61010-2-032 (VDE 0411-2-032)
handgehaltene Stromsonden .... E DIN EN 61010-2-032 (VDE 0411-2-032)

ME-Systeme
Basissicherheit .... DIN EN 60601-1-2 (VDE 0750-1-2)
 E DIN EN 60601-1-2/A1 (VDE 0750-1-2/A1)

Metalldächer
in Blitzschutzsystemen .... Beiblatt 4 DIN EN 62305-3 (VDE 0185-305-3)
 E DIN EN 62305-3 (VDE 0185-305-3)

Metalldächer, beschichtete
als Bestandteil des Blitzschutzsystems
– Prüfung der Eignung .... DIN V VDE V 0185-600 (VDE V 0185-600)

Metalloxidableiter
ohne Funkenstrecken
– für HGÜ-Stromrichterstationen .... DIN EN 60099-9 (VDE 0675-9)
– für Wechselspannungsnetze .... DIN EN 60099-4 (VDE 0675-4)

Metalloxid-Überspannungsableiter
mit externer Serienfunkenstrecke .... DIN EN IEC 60099-8 (VDE 0675-8)
mit externer Serienfunkenstrecke (EGLA) .... DIN EN IEC 60099-8 (VDE 0675-8)
– für Übertragungs- und Verteilungsleitungen von Wechselstromsystemen über 1 kV
.... DIN EN IEC 60099-8 (VDE 0675-8)
– Übertragungs- und Verteilungsleitungen von Wechselstromsystemen über 1 kV
.... DIN EN IEC 60099-8 (VDE 0675-8)

Metalloxidvaristoren (MOV) .... DIN EN IEC 61643-331 (VDE 0845-5-3)
 E DIN IEC 61643-331 (VDE 0845-5-31)

Metering Code .... VDE-Anwendungsregel VDE-AR-N 4400

MicroTCA .... DIN EN 60297-3-107 (VDE 0687-297-3-107)

MIG .... DIN EN IEC 60974-7 (VDE 0544-7)

Mikro-Brennstoffzellen-Energiesysteme .... DIN EN 62282-6-100 (VDE 0130-6-100)
 DIN EN 62282-6-100/A1 (VDE 0130-6-100/A1)
Austauschbarkeit der Kartusche .... DIN EN 62282-6-300 (VDE 0130-6-300)
Austauschbarkeit von Leistung und Daten .... DIN EN IEC 62282-6-400 (VDE 0130-6-400)
Leistungskennwerteprüfverfahren .... DIN EN 62282-6-200 (VDE 0130-6-200)
Sicherheit .... DIN EN 62282-6-100 (VDE 0130-6-100)
 DIN EN 62282-6-100/A1 (VDE 0130-6-100/A1)
 E DIN EN 62282-6-101 (VDE 0130-6-101)

Mikrorohre, beschädigte .... DIN CLC/TS 50621 (VDE V 0888-621)
Instandsetzung .... DIN CLC/TS 50621 (VDE V 0888-621)

Mikrorohre, geschützte
Installation durch Einblasen
– Anwendung im Freien .... DIN EN 60794-5-20 (VDE 0888-520)

Mikrorohre, ungeschützte
in LWL-Kommunikationssystemen .... DIN EN 50411-6-1 (VDE 0888-500-61)

Mikrorohr-Lichtwellenleiterkabel
Installation durch Einblasen
– Anwendung im Freien .... DIN EN 60794-5-10 (VDE 0888-5-10)

Mikrorohr-LWL-Einheiten
Familienspezifikation .... DIN EN 60794-5-20 (VDE 0888-520)

Mikrorohr-LWL-Kabel
Installation durch Einblasen .... DIN EN 60794-5 (VDE 0888-500)
DIN EN 60794-5-10 (VDE 0888-5-10)

Mikroskop-Projektoren .... DIN EN 60335-2-56 (VDE 0700-56)

Mikrowellenbauteile, passive .... DIN EN 62037-1 (VDE 0887-37-1)
DIN EN 62037-2 (VDE 0887-37-2)
DIN EN 62037-3 (VDE 0887-37-3)
DIN EN 62037-4 (VDE 0887-37-4)
DIN EN 62037-5 (VDE 0887-37-5)
DIN EN 62037-6 (VDE 0887-37-6)
E DIN EN IEC 62037-8 (VDE 0887-37-8)

Messung der Schirmdämpfung
– mit Strahlungskammerverfahren .... DIN EN 61726 (VDE 0887-726)

Mikrowellen-Erwärmungseinrichtungen, industrielle ...... DIN EN 60519-6 (VDE 0721-6)
E DIN EN 60519-6 (VDE 0721-6)

Mikrowellenfunksysteme .... DIN EN 60215 (VDE 0866)
E DIN EN IEC 60215/AA (VDE 0866/AA)

Mikrowellengeräte
für den Hausgebrauch .... DIN EN 60705 (VDE 0705-705)
– Messung der Gebrauchstauglichkeit .... DIN EN 60705 (VDE 0705-705)

Mikrowellengeräte, gewerbliche
für den gewerblichen Gebrauch
– mit Einführ- oder Kontaktapplikatoren (Antennensystem)
.... E DIN EN 60335-2-110 (VDE 0700-110)
E DIN IEC 60335-2-110-100 (VDE 0700-110-100)
für den Hausgebrauch
– mit Einführ- oder Kontaktapplikatoren (Antennensystem)
.... E DIN EN 60335-2-110 (VDE 0700-110)
E DIN IEC 60335-2-110-100 (VDE 0700-110-100)

Mikrowellenkochgeräte
für den gewerblichen Gebrauch
– besondere Anforderungen .... E DIN IEC 60335-2-90/A2 (VDE 0700-90/A2)
für den Hausgebrauch .... Beiblatt 1 DIN EN 60335-2-25 (VDE 0700-25)
DIN EN 60335-2-25 (VDE 0700-25)
E DIN EN IEC 60335-2-25/A106 (VDE 0700-25/A106)
E DIN EN IEC 60335-2-25/A107 (VDE 0700-25/A107)

E DIN EN IEC 60335-2-25/A108 (VDE 0700-25/A108)
E DIN EN IEC 60335-2-25/A109 (VDE 0700-25/A109)
E DIN EN 60335-2-25/AA (VDE 0700-25/AA)

Mikrowellenmelder
für Einbruchmeldeanlagen .... Beiblatt 1 DIN EN 50131-2-3 (VDE 0830-2-2-3)
DIN EN 50131-2-3 (VDE 0830-2-2-3)
Beiblatt 1 DIN EN 50131-2-4 (VDE 0830-2-2-4)
E DIN EN 50131-2-4 (VDE 0830-2-2-4)

Mikrowellen-Therapiegeräte .... DIN EN 60601-2-6 (VDE 0750-2-6)

Militärfahrzeuge .... DIN VDE 0100-717 (VDE 0100-717)
VDE-Schriftenreihe Band 168

Mindestanforderungen
an ausführende Unternehmen der Kabellegung .... VDE-Anwendungsregel VDE-AR-N 4221

Mindest-Arbeitsabstände
in Wechselspannungsnetzen 1,0 kV bis 72,5 kV .... E DIN EN 61472-2 (VDE 0682-100-2)
in Wechselspannungsnetzen 72,5 kV bis 800 kV .... DIN EN 61472 (VDE 0682-100)
E DIN EN 61472-2 (VDE 0682-100-2)

Mineralisolierte Leitungen
Endverschlüsse .... DIN EN 60702-2 (VDE 0284-2)
Leitfaden zur Verwendung .... DIN EN 60702-3 (VDE 0284-3)
mit einer Nennspannung bis 750 V .... DIN EN 60702-1 (VDE 0284-1)
DIN EN 60702-2 (VDE 0284-2)
Nennspannung bis 750 V
– Verwendungsleitfaden .... DIN EN 60702-3 (VDE 0284-3)

Mineralöle
in elektrischen Betriebsmitteln .... DIN EN 60422 (VDE 0370-2)

Mischungen mit Ester, neue modifizierte oder verschnittene
für elektrotechnische Anwendungen .... DIN EN IEC 63012 (VDE 0370-71)

Mischungen mit Ester, neue modifizierte
für elektrotechnische Anwendungen .... DIN EN IEC 63012 (VDE 0370-71)
mit Betriebsspannung von 1 kV und darüber
– elektrische Isoliersysteme .... E DIN EN 61857-41 (VDE 0302-41)
mit einer Nennspannung über 1 000 V
– Glasisolatoren für Wechselspannungssysteme ...... E DIN EN IEC 60383-1 (VDE 0674-106-1)
– Glas-Kettenisolatoren für Wechselstromsysteme .... E DIN EN IEC 60305 (VDE 0674-101)
E DIN EN IEC 60383-1 (VDE 0674-106-1)
– Kappenisolator .... E DIN EN IEC 60305 (VDE 0674-101)
– Keramikisolatoren für Wechselspannungssysteme . E DIN EN IEC 60383-1 (VDE 0674-106-1)
– Keramikisolatoren für Wechselstromsysteme .... E DIN EN IEC 60305 (VDE 0674-101)
E DIN EN IEC 60383-1 (VDE 0674-106-1)
Verbund-Freileitungsstützer für Wechselstromsysteme über 1 000 V
– Begriffe, Endarmaturen, Bezeichnungen .... DIN EN IEC 61952-1 (VDE 0674-104-1)
mit Funkmodul
– elektromagnetische Felder .... DIN EN 50566 (VDE 0848-566)
mit Käfigläufer
– Anlaufverhalten .... DIN EN 60034-12 (VDE 0530-12)
– Wirkungsgradklassifizierung .... DIN EN 60034-30-1 (VDE 0530-30-1)

mit Nennwechselspannungen über 1 kV
– allgemeine Bestimmungen .... DIN EN 61936-1 (VDE 0101-1)
– Erdung .... DIN EN 50522 (VDE 0101-2)
mit Nennwechselspannungen über AC 1 kV und DC 1,5 kV
– Wechselstrom .... E DIN EN IEC 61936-1 (VDE 0101-1)
Mittelspannungsverteilnetz .... DIN EN 50549-2 (VDE 0124-549-2)
Niederspannungs- .... DIN VDE V 0100-551-1 (VDE V 0100-551-1)
Niederspannungsverteilnetz .... DIN EN 50549-1 (VDE 0124-549-1)
DIN EN 50549-2 (VDE 0124-549-2)
über 16 A je Außenleiter
– Anschluss ans Niederspannungsverteilnetz .... DIN EN 50549-1 (VDE 0124-549-1)
mit Verbrennungsmotoren
– Funkstöreigenschaften .... DIN EN 55012 (VDE 0879-1)
DIN EN 55025 (VDE 0879-2)

Mittelspannung .... DIN EN 62488-1 (VDE 0850-488-1)

Mittelspannungsanlagen
Anschluss und Betrieb von Kundenanlagen
– TAR Mittelspannung .... VDE-Anwendungsregel VDE-AR-N 4110
Arbeiten an
– elektrisch isolierende Helme .... E DIN VDE 0682-321 (VDE 0682-321)
Bedienen von .... DIN EN 50110-1 (VDE 0105-1)
elektrisch isolierende Helme .... E DIN VDE 0682-321 (VDE 0682-321)
Instandhaltung .... DIN EN 50110-1 (VDE 0105-1)

Mittelspannungsformteile, wärmeschrumpfende
allgemeine Anforderungen .... DIN EN IEC 62677-1 (VDE 0343-1)
Materialanforderungen .... DIN EN IEC 62677-3-102 (VDE 0343-3-102)
DIN EN IEC 62677-3-103 (VDE 0343-3-103)
Prüfverfahren .... DIN EN IEC 62677-2 (VDE 0343-2)

Mittelspannungsfreileitungen
Vogelschutz .... VDE-Anwendungsregel VDE-AR-N 4210-11

Mittelspannungskabel .... DIN VDE 0276-620 (VDE 0276-620)

Mittelspannungsmuffenisolierung .... DIN EN 60684-3-285 (VDE 0341-3-285)

Mittelspannungsnetze
Störgrößen und Signalübertragung
– Verträglichkeitspegel .... DIN EN 61000-2-12 (VDE 0839-2-12)

Mittelspannungsverteilnetz
Erzeugungsanlagen bis einschließlich Typ B .... DIN EN 50549-2 (VDE 0124-549-2)

Mittelspannungsverteilnetze
Anschluss von Stromerzeugungsanlagen .... DIN EN 50549-2 (VDE 0124-549-2)

Mittelwellenlänge
von Kommunikationsuntersystemen .... DIN EN 61280-1-3 (VDE 0888-410-13)

MMS und Ableitungen
Energiemanagementsysteme
– Daten- und Kommunikationssicherheit .... DIN EN IEC 62351-4 (VDE 0112-351-4)
E DIN EN IEC 62351-4/A1 (VDE 0112-351-4/A1)

Möbel
mit elektromotorisch betriebenen Teilen
– elektrische Haushaltsgeräte .... E DIN IEC 60335-2-116 (VDE 0700-116)
– für den Hausgebrauch .... E DIN IEC 60335-2-116 (VDE 0700-116)

Mobile Endgeräte
Ambient Assisted Living (AAL) .... VDE-Anwendungsregel VDE-AR-E 2757-10

Mobile Systeme
fahrzeuggestützte
– Strahlenschutzmessgeräte .... DIN IEC 63121 (VDE 0493-3-9)

Mobile unbemannte automatisierte Systeme
für kerntechnische und Strahlenschutzanwendungen .... E DIN EN 63048 (VDE 0490-1)
– MUAS .... E DIN EN 63048 (VDE 0490-1)

Mobilfunk-Basisstationen
elektromagnetische Felder .... DIN EN 62232 (VDE 0848-232)
– Sicherheit von Personen .... DIN EN 50401 (VDE 0848-401)
  DIN EN 62232 (VDE 0848-232)

Mobilkrane
elektrische Ausrüstung .... DIN EN 60204-32 (VDE 0113-32)

Mobiltelefone
Bestimmung der spezifischen Absorptionsrate .... DIN EN 62209-1 (VDE 0848-209-1)
  DIN EN 62209-2 (VDE 0848-209-2)
  E DIN EN IEC 62209-3 (VDE 0848-209-3)
Grenzwerte elektromagnetischer Felder .... DIN EN 50360 (VDE 0848-360)
Sicherheit von Personen .... DIN EN 50360 (VDE 0848-360)
Übereinstimmung von hochfrequenten Feldern
– Nachweis .... DIN EN 50566 (VDE 0848-566)

Modenfelddurchmesser
Messmethoden .... DIN EN IEC 60793-1-45 (VDE 0888-245)
Messmethoden und Prüfverfahren .... DIN EN IEC 60793-1-45 (VDE 0888-245)

Modenverwirbelungskammern
Prüfung in .... DIN EN 61000-4-21 (VDE 0847-4-21)

Modul-Betriebstemperatur
photovoltaischer Module .... DIN EN 61853-2 (VDE 0126-34-2)

Module, elektronische
für Leuchten .... DIN EN 61347-2-11 (VDE 0712-41)
  E DIN EN IEC 61347-2-11 (VDE 0712-41)

Monitore
für Beta-, Röntgen- und Gammastrahlung .... DIN EN 60846-1 (VDE 0492-2-1)
für radioaktive Edelgase .... DIN EN 60761-3 (VDE 0493-1-3)
für radioaktives Iod .... DIN EN 60761-4 (VDE 0493-1-4)
für Röntgen- und Gammastrahlung .... DIN EN 60846-1 (VDE 0492-2-1)
für Überwachung und Nachweis von Gammastrahlen-Emittern . DIN EN 62022 (VDE 0493-3-1)

Motoranlaufkondensatoren .... DIN EN 60252-2 (VDE 0560-82)

Motorbetriebene Elektrowerkzeuge
Staubmessverfahren .... DIN EN 50632-1 (VDE 0740-632-1)

	DIN EN 50632-2-1 (VDE 0740-632-2-1)
	DIN EN 50632-2-11 (VDE 0740-632-2-11)
	DIN EN 50632-2-14 (VDE 0740-632-2-14)
	DIN EN 50632-2-22 (VDE 0740-632-2-22)
	DIN EN 50632-2-3 (VDE 0740-632-2-3)
	DIN EN 50632-2-4 (VDE 0740-632-2-4)
	DIN EN 50632-2-5 (VDE 0740-632-2-5)
	DIN EN 50632-2-6 (VDE 0740-632-2-6)
	DIN EN 50632-3-3 (VDE 0740-632-3-3)
– Flachdübelfräsen	DIN EN 50632-2-19 (VDE 0740-632-2-19)
– Hämmer	DIN EN 50632-2-6 (VDE 0740-632-2-6)
– Kantenfräsen	DIN EN 50632-2-17 (VDE 0740-632-2-17)
– Oberfräsen	DIN EN 50632-2-17 (VDE 0740-632-2-17)
– Oberfräsen und Kantenfräsen	DIN EN 50632-2-17 (VDE 0740-632-2-17)
– transportable Gehrungskappsägen	DIN EN 50632-3-9 (VDE 0740-632-3-9)
– transportable Tischkreissägen	DIN EN 50632-3-1 (VDE 0740-632-3-1)

Motorcaravans
elektrische Anlage .... DIN VDE 0100-721 (VDE 0100-721)
VDE-Schriftenreihe Band 150
VDE-Schriftenreihe Band 168

Motoren .... DIN EN IEC 60934 (VDE 0642)

Motorfahrzeuge
elektrische Fahrzeugheizgeräte .... DIN EN 50408 (VDE 0700-230)

Motorgeneratoren .... E DIN EN IEC 60034-33 (VDE 0530-333)
spezifische technische Anforderungen .... E DIN EN IEC 60034-33 (VDE 0530-333)

Motorkennlinien
drehende elektrische Maschinen
 – Bahn- und Straßenfahrzeuge .... DIN EN 60349-4 (VDE 0115-400-4)

Motorkondensatoren
allgemeine Anforderungen .... DIN EN 60252-1 (VDE 0560-8)
Installation und Betrieb .... DIN EN 60252-1 (VDE 0560-8)

Motorradbatterien
allgemeine Anforderungen und Prüfungen .... DIN EN 50342-7 (VDE 0510-342-7)

Motorschutzeinrichtungen, thermisch wirkende ...... DIN EN IEC 60730-2-22 (VDE 0631-2-22)

Motorschutzeinrichtungen, thermische .... DIN EN IEC 60730-2-22 (VDE 0631-2-22)

Motorstarter
für nicht motorische Lasten
 – für Wechselspannung .... DIN EN 60947-4-3 (VDE 0660-109)
E DIN EN IEC 60947-4-3 (VDE 0660-109)
für Wechselspannung .... DIN EN 60947-4-2 (VDE 0660-117)
E DIN EN 60947-4-2 (VDE 0660-117)
DIN EN 60947-4-3 (VDE 0660-109)
E DIN EN IEC 60947-4-3 (VDE 0660-109)

Motorstarter, elektromechanische .... DIN EN IEC 60947-4-1 (VDE 0660-102)

Motorstartrelais .... DIN EN 60730-2-10 (VDE 0631-2-10)

Motor-Steuergeräte
für Wechselspannung .... DIN EN 60947-4-2 (VDE 0660-117)
E DIN EN 60947-4-2 (VDE 0660-117)

Motorsteuerung .... DIN VDE 0100-460 (VDE 0100-460)

Motorstromkreise
Hochspannungs-Sicherungseinsätze .... DIN EN 60644 (VDE 0670-401)

Motorverdichter
für elektrische Haushaltsgeräte .... DIN EN 60335-2-34 (VDE 0700-34)
Beiblatt 1 DIN EN 60335-2-34 (VDE 0700-34)
E DIN EN 60335-2-34/A1 (VDE 0700-34/A1)
E DIN EN 60335-2-34/A2 (VDE 0700-34/A2)

Motorverdichter, gekapselt .... DIN EN IEC 60730-2-22 (VDE 0631-2-22)

MOV
Metalloxidvaristoren .... DIN EN IEC 61643-331 (VDE 0845-5-3)

MSR-Technik
ausgewählte Kenngrößen .... VDE-Schriftenreihe Band 101

MUAS
mobile unbemannte automatisierte Systeme
– für kerntechnische und Strahlenschutzanwendungen .... E DIN EN 63048 (VDE 0490-1)

Muffen
für Lichtwellenleiter .... DIN EN 61758-1 (VDE 0888-601)
für Starkstrom-Verteilerkabel .... DIN EN 50393 (VDE 0278-393)
in LWL-Kommunikationssystemen .... DIN EN 50411-2-10 (VDE 0888-611-2-10)
DIN EN 50411-2-2 (VDE 0888-611-2-2)
DIN EN 50411-2-4 (VDE 0888-500-24)
E DIN EN 50411-2-4 (VDE 0888-500-24)
DIN EN 50411-6-1 (VDE 0888-500-61)

Multifaktor-Bewertung
elektrischer Isoliersysteme
– bei erhöhter Temperatur .... E DIN EN 61857-33 (VDE 0302-33)
– während der diagnostischen Prüfung .... E DIN EN 61857-32 (VDE 0302-32)

Multimediaeinrichtungen
Störaussendung
– elektromagnetische Verträglichkeit (EMV) .... DIN EN 55032 (VDE 0878-32)
E DIN EN 55032/A1 (VDE 0878-32/A1)

Multimediageräte
Störaussendung
– elektromagnetische Verträglichkeit (EMV) .... DIN EN 55032 (VDE 0878-32)
E DIN EN 55032/A1 (VDE 0878-32/A1)
Störfestigkeit
– elektromagnetische Verträglichkeit (EMV) .... DIN EN 55035 (VDE 0878-35)

Multimediasignale
Kabelnetze für
– Störstrahlungscharakteristik .... DIN EN 50083-2 (VDE 0855-200)
E DIN EN 50083-2/A2 (VDE 0855-200/A2)

Multimediasysteme
bordinterne für Bahnanwendungen .... DIN EN 62580-1 (VDE 0115-580)
DIN EN 62580-1/A11 (VDE 0115-580/A11)

Multimeter, handgehaltene
zur Messung von Netzspannungen .... DIN EN 61010-2-033 (VDE 0411-2-033)
E DIN EN 61010-2-033 (VDE 0411-2-033)

Multitraktionsbetrieb
von Güterbahnen .... Beiblatt 1 DIN EN 50239 (VDE 0831-239)
von Triebfahrzeugen für Rangierbetrieb .... DIN EN 50239 (VDE 0831-239)

Mundduschen, elektrische .... Beiblatt 1 DIN EN 60335-2-52 (VDE 0700-52)
DIN EN 60335-2-52 (VDE 0700-52)
E DIN EN 60335-2-52/A2 (VDE 0700-52/A2)

Munitionslager
Blitzschutz .... Beiblatt 2 DIN EN 62305-3 (VDE 0185-305-3)
E DIN EN 62305-3 (VDE 0185-305-3)

Musterbauordnung (MBO) .... VDE-Schriftenreihe Band 131

MZB-Werte
für Laserstrahlung .... DIN EN 60825-1 (VDE 0837-1)
Beiblatt 2 DIN EN 60825-1 (VDE 0837-1)
Beiblatt 3 DIN EN 60825-1 (VDE 0837-1)
E DIN EN 60825-1/AA (VDE 0837-1/AA)

N

„n"; Zündschutzart .... DIN EN IEC 60079-15 (VDE 0170-16)

N3GHSSYCY
geschirmte Leitungen .... DIN VDE 0250-605 (VDE 0250-605)

Nachhaltigkeit im Krankenhaus
Zertifizierung .... VDE-Anwendungsregel VDE-AR-E 2750-100

Nachrichtenübertragung
analog und digital .... DIN EN 62488-1 (VDE 0850-488-1)
Mikrowellenfunksysteme .... DIN EN 60215 (VDE 0866)
E DIN EN IEC 60215/AA (VDE 0866/AA)
über Hochspannungsleitungen .... DIN EN 62488-1 (VDE 0850-488-1)

Nachrüstpflicht
Betreiberverantwortung und Sicherheit von Altanlagen .... VDE-Schriftenreihe Band 172

Nachverfolgung von radioaktivem Material
Systeme .... E DIN IEC 63148 (VDE 0490-10)

Nachweis der Radioaktivität
von Betastrahlern
– Verfahren mit Flüssigszintillationszählung .... DIN EN ISO 19361 (VDE 0493-361)

Nacktchips
Beschaffung und Anwendung .... DIN EN 62258-1 (VDE 0884-101)

Nähanlagen
Sicherheits- und EMV-Anforderungen .... DIN EN 60204-31 (VDE 0113-31)

Näherungen .... DIN VDE 0100-520 (VDE 0100-520)
E DIN VDE 0100-520-1 (VDE 0100-520-1)

Näherungsschalter .... VDE-Anwendungsregel VDE-AR-E 2660-208
DIN EN 60947-5-2 (VDE 0660-208)
E DIN EN 60947-5-2 (VDE 0660-208)
mit definiertem Verhalten
– unter Fehlerbedingungen (PDDB) .... DIN EN 60947-5-3 (VDE 0660-214)

Näherungssensoren .... VDE-Anwendungsregel VDE-AR-E 2660-208

Nähmaschinen
für den Hausgebrauch
– Sicherheit .... DIN EN 60335-2-28 (VDE 0700-28)
für Spielzwecke .... DIN 57700-209 (VDE 0700-209)
Sicherheits- und EMV-Anforderungen .... DIN EN 60204-31 (VDE 0113-31)
Steckvorrichtungen .... DIN EN 60320-2-1 (VDE 0625-2-1)
E DIN EN 60320-2-1 (VDE 0625-2-1)

Nahnebensprechen .... DIN EN IEC 60512-28-100 (VDE 0687-512-28-100)

Nahrungsmittelabfälle
Zerkleinerer .... DIN EN 60335-2-16 (VDE 0700-16)

NaI(Tl)-Gammaspektrometrie
Bestimmung der Radioaktivität
– Gammastrahlung emittierender Radionuklide .... DIN EN ISO 19581 (VDE 0493-581)

Nassreinigungsgeräte für Hartböden
für den Hausgebrauch .... DIN EN IEC/ASTM 62885-6 (VDE 0705-2885-6)
– Verfahren zur Messung der Gebrauchseigenschaften
.... DIN EN IEC/ASTM 62885-6 (VDE 0705-2885-6)

Nassreinigungsgeräte für Teppiche
für den Hausgebrauch .... DIN EN 62885-3 (VDE 0705-2885-3)
– Verfahren zur Messung der Gebrauchseigenschaften .... DIN EN 62885-3 (VDE 0705-2885-3)

Nationale Normative Festlegungen (NNA)
für Freileitungen über AC 1 kV .... DIN EN 50341-2-4 (VDE 0210-2-4)
– basierend auf EN 50341-1:2012 .... DIN EN 50341-2-4 (VDE 0210-2-4)
für Freileitungen über AC 1 kV bis AC 45 kV .... DIN EN 50423-2 (VDE 0210-11)

Natriumdampf-Hochdrucklampen
Vorschaltgeräte .... DIN EN 60923 (VDE 0712-13)
DIN EN 61347-2-9 (VDE 0712-39)

Natriumdampf-Niederdrucklampen
Vorschaltgeräte .... DIN EN 60923 (VDE 0712-13)
DIN EN 61347-2-9 (VDE 0712-39)

Natürliche Ester
Betrieb in elektrischen Betriebsmitteln .... E DIN EN 62975 (VDE 0370-19)
Wartung .... E DIN EN 62975 (VDE 0370-19)
Wartung und Betrieb
– in elektrischen Betriebsmitteln .... E DIN EN 62975 (VDE 0370-19)

Wartung und Betrieb in elektrischen Betriebsmitteln .... E DIN EN 62975 (VDE 0370-19)

Natürliche Umgebungsbedingungen
Klassifizierung von Umgebungsbedingungen .... DIN EN 60721-2-1 (VDE 0468-721-2-1)
DIN EN 60721-2-2 (VDE 0468-721-2-2)
DIN EN 60721-2-3 (VDE 0468-721-2-3)
DIN EN IEC 60721-2-4 (VDE 0468-721-2-4)
DIN EN IEC 60721-2-7 (VDE 0468-721-2-7)
DIN EN 60721-2-9 (VDE 0468-721-2-9)
E DIN EN 60721-3-0 (VDE 0468-721-3-0)

Navigations- und Funkkommunikationsgeräte und -systeme für die Seeschifffahrt
digitale Schnittstellen .... DIN EN IEC 61162-460/A1 (VDE 0878-162-460/A1)
– Ethernet-Verbund, funktionale und Informationssicherheit
.... DIN EN IEC 61162-460/A1 (VDE 0878-162-460/A1)
integrierte Navigationssysteme .... E DIN EN IEC 61924-2 (VDE 0878-924-2)
– modulare Struktur für INS .... E DIN EN IEC 61924-2 (VDE 0878-924-2)
Mann-über-Bord-Geräte
– Mindestanforderungen, Verfahren zur Prüfung, Prüfergebnisse
.... E DIN EN IEC 63269 (VDE 0878-269)
mehrere Datensender und Datenempfänger, Ethernet-Verbund
– funktionale und Informationssicherheit ..... DIN EN IEC 61162-460/A1 (VDE 0878-162-460/A1)
modulare Struktur für INS
– Betriebs- und Leistungsanforderungen, Prüfverfahren, geforderte Prüfergebnisse
.... E DIN EN IEC 61924-2 (VDE 0878-924-2)
S-100-basierte Produkte .... E DIN EN IEC 61924-2 (VDE 0878-924-2)
E DIN EN IEC 63173-2 (VDE 0878-173-2)
– sicherer Austausch und Kommunikation .... E DIN EN IEC 61924-2 (VDE 0878-924-2)
E DIN EN IEC 63173-2 (VDE 0878-173-2)
Seenotrettungsgeräte zur Ortung von Überlebenden
– Mann-über-Bord-Geräte .... E DIN EN IEC 63269 (VDE 0878-269)
sicherer Austausch und Kommunikation von S-100-basierten Produkten
.... E DIN EN IEC 61924-2 (VDE 0878-924-2)
E DIN EN IEC 63173-2 (VDE 0878-173-2)
weltweite Navigations-Satellitensysteme (GNSS)
– BeiDou-Satellitennavigationssystem (BDS) .... DIN EN IEC 61108-5 (VDE 0878-108-5)
– Empfangsanlagen .... DIN EN IEC 61108-5 (VDE 0878-108-5)

Navigationsinstrumente .... DIN EN 60215 (VDE 0866)
E DIN EN IEC 60215/AA (VDE 0866/AA)

Navigations-Satellitensysteme (GNSS), weltweite
Navigations- und Funkkommunikationsgeräte und -systeme für die Seeschifffahrt
.... DIN EN IEC 61108-5 (VDE 0878-108-5)

Nb_3Sn-Verbundsupraleiter
kritischer Strom .... DIN EN 61788-2 (VDE 0390-2)
Restwiderstandsverhältnis .... DIN EN 61788-4 (VDE 0390-4)
E DIN EN IEC 61788-4 (VDE 0390-4)

Nb_3Sn-Verbundsupraleiterdrähte
Volumenverhältnisse .... DIN EN 61788-12 (VDE 0390-12)

Nb-Ti-Verbundsupraleiter
kritischer Strom .... DIN EN 61788-1 (VDE 0390-1)
Restwiderstandsverhältnis .... DIN EN 61788-4 (VDE 0390-4)

E DIN EN IEC 61788-4 (VDE 0390-4)

Nebelgeräte und -systeme
für Sicherheitsanwendungen .... DIN EN 50131-8 (VDE 0830-2-8)

Neonröhren
Wechselrichter und Konverter .... DIN EN 61347-2-10 (VDE 0712-40)
                                                                          E DIN EN IEC 61347-2-10 (VDE 0712-40)

Neontransformatoren .... DIN EN 61050 (VDE 0713-6)

Netzauskünfte
in Energieversorgungsunternehmen .... VDE-Anwendungsregel VDE-AR-N 4203

Netz-Datenübertragungsgeräte
im Industriebereich
– Störfestigkeit .... DIN EN 50065-2-2 (VDE 0808-2-2)
im Wohn- und Gewerbebereich
– Störfestigkeit .... DIN EN 50065-2-1 (VDE 0808-2-1)
von Stromversorgungsunternehmen
– Störfestigkeit .... DIN EN 50065-2-3 (VDE 0808-2-3)

Netzdokumentation .... VDE-Anwendungsregel VDE-AR-N 4201

Netze
Verträglichkeitspegel .... DIN EN 61000-2-4 (VDE 0839-2-4)

Netzfrequente Überspannungen
Schutzeinrichtung für Hausinstallationen (POP) .... E DIN EN 63052 (VDE 0640-052)

Netzfrequenzschwankungen
Störfestigkeit von Geräten .... DIN EN 61000-4-28 (VDE 0847-4-28)

Netzgekoppelte PV-Systeme
Inbetriebnahmeprüfung .... DIN EN 62446-1 (VDE 0126-23-1)
                                                                E DIN EN 62446-2 (VDE 0126-23-2)
Instandhaltung .... E DIN EN 62446-2 (VDE 0126-23-2)
Prüfanforderungen .... DIN EN 62446-1 (VDE 0126-23-1)
                                                                E DIN EN 62446-2 (VDE 0126-23-2)
Systemdokumentation .... DIN EN 62446-1 (VDE 0126-23-1)
                                                                E DIN EN 62446-2 (VDE 0126-23-2)

Netzgeräte für Handleuchten .... DIN EN 61558-2-9 (VDE 0570-2-9)

Netzgeräte mit Trenntransformatoren
Anwendungen und Prüfungen .... DIN EN 61558-2-4 (VDE 0570-2-4)
                                                                E DIN EN IEC 61558-2-4 (VDE 0570-2-4)

Netzgeräte
allgemeine Anforderungen und Prüfungen .... DIN EN IEC 61558-1 (VDE 0570-1)
für Baustellen .... DIN EN 61558-2-23 (VDE 0570-2-23)
für Spielzeuge .... DIN EN 61558-2-7 (VDE 0570-2-7)
für Versorgungsspannungen bis 1 100 V
– Betriebsverhalten .... DIN EN IEC 62041 (VDE 0570-10)
mit magnetischen Spannungskonstanthaltern ...... DIN EN 61558-2-12 (VDE 0570-2-12)
mit Netztransformatoren .... DIN EN 61558-2-1 (VDE 0570-2-1)
                                                                E DIN EN IEC 61558-2-1 (VDE 0570-2-1)
mit Sicherheitstransformatoren .... DIN EN 61558-2-6 (VDE 0570-2-6)

	E DIN EN IEC 61558-2-6 (VDE 0570-2-6)
mit Spartransformatoren	DIN EN 61558-2-13 (VDE 0570-2-13)
mit Stelltransformatoren	DIN EN 61558-2-14 (VDE 0570-2-14)
mit Steuertransformatoren	DIN EN 61558-2-2 (VDE 0570-2-2)

Netzgeräte, energiesparende .... DIN EN 61558-2-26 (VDE 0570-2-26)

Netzgeräte, lineare .... DIN EN 61558-2-6 (VDE 0570-2-6)
E DIN EN IEC 61558-2-6 (VDE 0570-2-6)

Netzgespeiste Drehstrommotoren
IE-Code .... DIN EN 60034-30-1 (VDE 0530-30-1)

Netzintegration von Erzeugungsanlagen
Prüfanforderungen an Erzeugungsanlagen
– zum Anschluss und Parallelbetrieb im Niederspannungsnetz
.... DIN VDE V 0124-100 (VDE V 0124-100)

Netzintegration
von Erzeugungsanlagen .... DIN VDE V 0124-100 (VDE V 0124-100)

Netzkodizes .... VDE-Anwendungsregel VDE-AR-N 4105

Netzrückwirkungen .... VDE-Schriftenreihe Band 115
von Niederspannungsgeräten .... VDE-Schriftenreihe Band 111

Netzschutz .... DIN EN 60255-1 (VDE 0435-300)
E DIN EN 60255-1 (VDE 0435-300)

Netzsteckdosen-Nachtlichter .... DIN EN 60598-2-12 (VDE 0711-2-12)

Netzteile
AC/DC
– extern .... DIN EN 50563 (VDE 0806-563)

Netztransformatoren
mit Ausgangsspannungen über 1 000 V
– Anforderungen und Prüfungen .... DIN EN 61558-2-10 (VDE 0570-2-10)
mit hohem Isolationspegel
– Anforderungen und Prüfungen .... DIN EN 61558-2-10 (VDE 0570-2-10)
Prüfungen .... DIN EN 61558-2-1 (VDE 0570-2-1)
E DIN EN IEC 61558-2-1 (VDE 0570-2-1)
DIN EN 61558-2-26 (VDE 0570-2-26)

Netzverträglichkeit
von Windenergieanlagen .... DIN EN IEC 61400-21-1 (VDE 0127-21-1)

Netzweiterverbindungen .... DIN EN 60320-2-2 (VDE 0625-2-2)

Netzwerk- und Stromnetz-Konnektivität
von Haushaltsgeräten
– allgemeine Datenmodellierung .... DIN EN 50631-1 (VDE 0705-631-1)
– neutrale Meldungen .... DIN EN 50631-1 (VDE 0705-631-1)

Neutrale Erdungswiderstände
Leistungstransformatoren .... E DIN EN IEC 60076-25 (VDE 0532-76-25)

Neutronen-Referenzstrahlungsfelder
Charakteristika und Verfahren zur Erzeugung .... E DIN ISO 8529-1 (VDE 0412-8529-1)

Neutronenstrahlung
Handgeräte zum Nachweis .... DIN EN 62534 (VDE 0493-3-7)
Umgebungs-Äquivalentdosis-(leistungs-)Messgeräte .... DIN EN 61005 (VDE 0492-2-2)

NGRS
Notfall- und Gefahren-Reaktionssysteme .... DIN VDE V 0827-1 (VDE V 0827-1)
DIN VDE V 0827-2 (VDE V 0827-2)
E DIN VDE V 0827-3 (VDE V 0827-3)

NGS
Notfall- und Gefahrensprechanlagen .... DIN VDE V 0827-2 (VDE V 0827-2)

Nibbler, handgeführt motorbetrieben .... DIN EN 62841-2-8 (VDE 0740-2-8)

Nicht austauschbare Lichtquelle
digital adressierbare Schnittstelle .... DIN EN IEC 62386-224 (VDE 0712-0-224)
nicht brennbare flüssige
– elektrostatische Sprüheinrichtungen .... DIN EN 50348 (VDE 0147-200)

Nicht-ETCS-Informationen
ergonomische Anordnung .... DIN CLC/TS 50459-3 (VDE V 0831-459-3)

Nicht-Laserlichtquellen
für Therapie, Diagnose, Überwachung .... DIN EN 60601-2-57 (VDE 0750-2-57)

Nicht metallene Werkstoffe
von Kabeln und Leitungen
– Alterung in der Druckkammer .... DIN EN 60811-412 (VDE 0473-811-412)
– Bestimmung der Dichte .... DIN EN 60811-606 (VDE 0473-811-606)
– Biegeprüfung für Isolierhüllen und Mäntel .... DIN EN 60811-504 (VDE 0473-811-504)
– Dehnungsprüfung für Isolierhüllen und Mäntel .... DIN EN 60811-505 (VDE 0473-811-505)
– Dielektrizitätskonstanten von Füllmassen .... DIN EN 60811-301 (VDE 0473-811-301)
– Gleichstromwiderstand von Füllmassen .... DIN EN 60811-302 (VDE 0473-811-302)
– Kälterissbeständigkeit von Füllmassen .... DIN EN 60811-411 (VDE 0473-811-411)
– Langzeitprüfung für Polyethylen- und Polypropylenmischungen
.... DIN EN 60811-408 (VDE 0473-811-408)
– Masseaufnahme von Polyethylen- und Polypropylenmischungen
.... DIN EN 60811-407 (VDE 0473-811-407)
– Masseverlust von Isolierhüllen und Mänteln .... DIN EN 60811-409 (VDE 0473-811-409)
– mechanische Prüfungen .... DIN EN 60811-501 (VDE 0473-811-501)
DIN EN 60811-502 (VDE 0473-811-502)
DIN EN 60811-503 (VDE 0473-811-503)
DIN EN 60811-504 (VDE 0473-811-504)
DIN EN 60811-505 (VDE 0473-811-505)
DIN EN 60811-506 (VDE 0473-811-506)
DIN EN 60811-507 (VDE 0473-811-507)
DIN EN 60811-508 (VDE 0473-811-508)
DIN EN 60811-509 (VDE 0473-811-509)
DIN EN 60811-510 (VDE 0473-811-510)
DIN EN 60811-511 (VDE 0473-811-511)
DIN EN 60811-512 (VDE 0473-811-512)
DIN EN 60811-513 (VDE 0473-811-513)
– Messung der Außenmaße .... DIN EN 60811-203 (VDE 0473-811-203)
– Ölbeständigkeitsprüfungen .... DIN EN 60811-404 (VDE 0473-811-404)
– physikalische Prüfungen .... DIN EN 60811-601 (VDE 0473-811-601)
DIN EN 60811-602 (VDE 0473-811-602)

	DIN EN 60811-603 (VDE 0473-811-603)
	DIN EN 60811-604 (VDE 0473-811-604)
	DIN EN 60811-605 (VDE 0473-811-605)
	DIN EN 60811-606 (VDE 0473-811-606)
	DIN EN 60811-607 (VDE 0473-811-607)
– Prüfung der Ozonbeständigkeit	DIN EN 60811-403 (VDE 0473-811-403)
– Prüfung der Spannungsrissbeständigkeit	DIN EN 60811-406 (VDE 0473-811-406)
– Prüfung der thermischen Stabilität	DIN EN 60811-405 (VDE 0473-811-405)
– Prüfverfahren	DIN EN 60811-100 (VDE 0473-811-100)
	DIN EN 60811-401 (VDE 0473-811-401)
	DIN EN 60811-402 (VDE 0473-811-402)
	DIN EN 60811-403 (VDE 0473-811-403)
	DIN EN 60811-404 (VDE 0473-811-404)
	DIN EN 60811-405 (VDE 0473-811-405)
	DIN EN 60811-406 (VDE 0473-811-406)
	DIN EN 60811-407 (VDE 0473-811-407)
	DIN EN 60811-408 (VDE 0473-811-408)
	DIN EN 60811-409 (VDE 0473-811-409)
	DIN EN 60811-410 (VDE 0473-811-410)
	DIN EN 60811-411 (VDE 0473-811-411)
	DIN EN 60811-412 (VDE 0473-811-412)
– Rissbeständigkeit von Isolierhüllen und Mänteln	DIN EN 60811-509 (VDE 0473-811-509)
– Sauerstoffalterung unter Kupfereinfluss	DIN EN 60811-410 (VDE 0473-811-410)
– Schlagprüfung für Isolierhüllen und Mäntel	DIN EN 60811-506 (VDE 0473-811-506)
– Schrumpfungsprüfung für Isolierhüllen	DIN EN 60811-502 (VDE 0473-811-502)
– Schrumpfungsprüfung für Mäntel	DIN EN 60811-503 (VDE 0473-811-503)
– thermische Alterungsverfahren	DIN EN 60811-401 (VDE 0473-811-401)
– Wanddicke von Isolierhüllen	DIN EN 60811-201 (VDE 0473-811-201)
– Wanddicke von Mänteln	DIN EN 60811-202 (VDE 0473-811-202)
– Wärmedehnungsprüfung für vernetzte Werkstoffe	DIN EN 60811-507 (VDE 0473-811-507)
– Wärmedruckprüfung für Isolierhüllen und Mäntel	DIN EN 60811-508 (VDE 0473-811-508)
– Wasseraufnahmeprüfungen	DIN EN 60811-402 (VDE 0473-811-402)
von Kabeln, isolierten Leitungen und Glasfaserkabeln	
– mechanische Prüfungen	DIN EN 60811-508 (VDE 0473-811-508)
	DIN EN 60811-509 (VDE 0473-811-509)
	DIN EN 60811-511 (VDE 0473-811-511)
– Prüfverfahren	DIN EN 60811-401 (VDE 0473-811-401)
	DIN EN 60811-410 (VDE 0473-811-410)
– Rissbeständigkeit von Isolierhüllen und Mänteln	DIN EN 60811-509 (VDE 0473-811-509)
– Sauerstoffalterung unter Kupfereinfluss	DIN EN 60811-410 (VDE 0473-811-410)
– thermische Alterungsverfahren	DIN EN 60811-401 (VDE 0473-811-401)
– Wanddicke von Isolierhüllen	DIN EN 60811-201 (VDE 0473-811-201)
– Wanddicke von Mänteln	DIN EN 60811-202 (VDE 0473-811-202)
– Wärmedruckprüfung für Isolierhüllen und Mäntel	DIN EN 60811-508 (VDE 0473-811-508)

Nickel-Cadmium-Einzelzellen
tragbare, wiederaufladbare, gasdichte .... DIN EN 61951-1 (VDE 0510-53)

Nickel-Metallhybrid-Zellen und -Batterien, wiederaufladbare
für industrielle Anwendungen
 – Leistungsfähigkeit .... DIN EN IEC 63115-1 (VDE 0510-115-1)

Nickel-Metallhybrid-Zellen und -Module
Antrieb von Elektrostraßenfahrzeugen .... DIN EN 61982-4 (VDE 0510-43)

Nickel-Metallhybrid-Zellen und -Module, wiederaufladbare
für industrielle Anwendungen
- Leistungsfähigkeit .... DIN EN IEC 63115-1 (VDE 0510-115-1)
- Sicherheit .... E DIN EN 63115-2 (VDE 0510-115-2)

Nickel-Metallhydrid-Einzelzellen
prismatische, wiederaufladbare, gasdichte
- für industrielle Anwendungen .... DIN EN 62675 (VDE 0510-36)
tragbare, wiederaufladbare, gasdichte .... DIN EN 61951-2 (VDE 0510-31)

Nickelsysteme
Akkumulatoren
- für tragbare Geräte .... DIN EN 62133-1 (VDE 0510-81)

Niederfrequenzmessung .... DIN EN 50288-11-1 (VDE 0819-11-1)
DIN EN 50288-9-1 (VDE 0819-9-1)

Niederschlag
natürliche Umgebungsbedingungen
- Klassifizierung .... DIN EN 60721-2-2 (VDE 0468-721-2-2)

Niederspannungs-Stromversorgungsnetze
Prüf-, Mess- und Überwachungsgeräte, ortsveränderliche
- EMV-Anforderungen .... E DIN EN IEC 61326-2-2 (VDE 0843-20-2-2)

Niederspannungsaggregate .... DIN VDE 0100-551 (VDE 0100-551)
Beiblatt 1 DIN VDE 0100-551 (VDE 0100-551)
DIN VDE V 0100-551-1 (VDE V 0100-551-1)

Niederspannungsanlagen und Mittelspannungsanlagen
Arbeiten an
- elektrisch isolierende Helme .... E DIN VDE 0682-321 (VDE 0682-321)
elektrisch isolierende Helme .... E DIN VDE 0682-321 (VDE 0682-321)

Niederspannungsanlagen
Anschluss und Betrieb von Kundenanlagen
- TAR Niederspannung .... VDE-Anwendungsregel VDE-AR-N 4100
Berichtigung 1 zu VDE-Anwendungsregel VDE-AR-N 4100
Arbeiten an
- elektrisch isolierende Helme .... E DIN VDE 0682-321 (VDE 0682-321)
DIN EN 50365 (VDE 0682-321)
Auswahl und Errichtung elektrischer Betriebsmittel
- allgemeine Bestimmungen .... DIN VDE 0100-510 (VDE 0100-510)
- Einrichtungen für Sicherheitszwecke .... DIN VDE 0100-560 (VDE 0100-560)
E DIN IEC 60364-5-56 (VDE 0100-560)
- Hilfsstromkreise .... DIN VDE 0100-557 (VDE 0100-557)
- Leuchten und Beleuchtungsanlagen .... DIN VDE 0100-559 (VDE 0100-559)
- Niederspannungsstromerzeugungsanlagen .... DIN VDE V 0100-551-1 (VDE V 0100-551-1)
- Niederspannungsstromerzeugungseinrichtungen .... DIN VDE 0100-551 (VDE 0100-551)
Beiblatt 1 DIN VDE 0100-551 (VDE 0100-551)
E DIN VDE 0100-551 (VDE 0100-551)
- Schalt- und Steuergeräte .... DIN VDE 0100-530 (VDE 0100-530)
Caravans und Motorcaravans .... DIN VDE 0100-721 (VDE 0100-721)
elektrisch isolierende Helme .... E DIN VDE 0682-321 (VDE 0682-321)
elektrische Betriebsmittel
- Isolationskoordination .... DIN VDE 0110-20 (VDE 0110-20)

	DIN EN 60664-4 (VDE 0110-4)
elektrischer Landanschluss von Schiffen	DIN VDE 0100-709 (VDE 0100-709)
Errichtung	
– allgemeine Grundsätze	DIN VDE 0100-100 (VDE 0100-100)
– Anforderungen an Baustellen	DIN VDE 0100-704 (VDE 0100-704)
	VDE-Schriftenreihe Band 142
	VDE-Schriftenreihe Band 168
– auf Campingplätzen	DIN VDE 0100-708 (VDE 0100-708)
	E DIN VDE 0100-708 (VDE 0100-708)
	VDE-Schriftenreihe Band 150
	VDE-Schriftenreihe Band 168
– auf Caravanplätzen	E DIN VDE 0100-708 (VDE 0100-708)
	VDE-Schriftenreihe Band 150
	VDE-Schriftenreihe Band 168
– Begriffe	DIN VDE 0100-100 (VDE 0100-100)
	DIN VDE 0100-200 (VDE 0100-200)
– Beleuchtungsanlagen im Freien	DIN VDE 0100-714 (VDE 0100-714)
	VDE-Schriftenreihe Band 168
– Campingplätze und Marinas	DIN VDE 0100-709 (VDE 0100-709)
	VDE-Schriftenreihe Band 168
– Caravans und Motorcaravans	VDE-Schriftenreihe Band 150
....	VDE-Schriftenreihe Band 168
– Einrichtungen für Sicherheitszwecke	DIN VDE 0100-560 (VDE 0100-560)
	E DIN IEC 60364-5-56 (VDE 0100-560)
– einschlägige Normen	Beiblatt 2 DIN VDE 0100 (VDE 0100)
– EMV-gerechte..	VDE-Schriftenreihe Band 126
– Erdungsanlagen, Schutzleiter und Potentialausgleichsleiter	
....	DIN VDE 0100-540 (VDE 0100-540)
	E DIN VDE 0100-540/A1 (VDE 0100-540/A1)
– Erstprüfungen	DIN VDE 0100-600 (VDE 0100-600)
	VDE-Schriftenreihe Band 63
– Hilfsstromkreise	DIN VDE 0100-557 (VDE 0100-557)
– in Landwirtschaft und Gartenbau	DIN VDE 0100-705 (VDE 0100-705)
	VDE-Schriftenreihe Band 168
– Kabel- und Leitungsanlagen	DIN VDE 0100-520 (VDE 0100-520)
	E DIN VDE 0100-520-1 (VDE 0100-520-1)
– Kleinspannungsbeleuchtungsanlagen	DIN VDE 0100-715 (VDE 0100-715)
	VDE-Schriftenreihe Band 168
– Koordinierung elektrischer Einrichtungen	DIN VDE 0100-530 (VDE 0100-530)
– öffentliche Einrichtungen und Arbeitsstätten	DIN VDE V 0100-0718 (VDE V 0100-0718)
	DIN VDE 0100-718 (VDE 0100-718)
	Beiblatt 1 DIN VDE 0100-718 (VDE 0100-718)
	VDE-Schriftenreihe Band 168
– ortsveränderliche oder transportable Baueinheiten	DIN VDE 0100-717 (VDE 0100-717)
	VDE-Schriftenreihe Band 168
– Räume und Kabinen mit Saunaheizungen	DIN VDE 0100-703 (VDE 0100-703)
– Räume und Kabinen mit Saunaheizungen	VDE-Schriftenreihe Band 168
	VDE-Schriftenreihe Band 67b
– Schalt- und Steuergeräte	DIN VDE 0100-530 (VDE 0100-530)
– Schutz bei Überspannungen	DIN VDE 0100-443 (VDE 0100-443)
– Schutz gegen elektrischen Schlag	DIN VDE 0100-410 (VDE 0100-410)
– Schutz gegen elektrischen Schlag	VDE-Schriftenreihe Band 9
	VDE-Schriftenreihe Band 140

- Schutz gegen elektrischen Schlag in medizinisch genutzten Bereichen der Gruppe 2
VDE-Schriftenreihe Band 170
- Schutzmaßnahmen .... DIN VDE 0100-420 (VDE 0100-420)
E DIN VDE 0100-420/A2 (VDE 0100-420/A2)
DIN VDE 0100-442 (VDE 0100-442)
- Schwimmbecken und Springbrunnen .... DIN VDE 0100-702 (VDE 0100-702)
E DIN VDE 0100-702/AA (VDE 0100-702/AA)
- Schwimmbecken und Springbrunnen .... VDE-Schriftenreihe Band 168
VDE-Schriftenreihe Band 67b
- stationäre Sekundärbatterien .... E DIN VDE 0100-570 (VDE 0100-570)
- Stromversorgung von Elektrofahrzeugen .... DIN VDE 0100-722 (VDE 0100-722)
VDE-Schriftenreihe Band 168
- Übergangsfestlegungen .... Beiblatt 2 DIN VDE 0100 (VDE 0100)
- Übersicht .... VDE-Schriftenreihe Band 106
- Überspannungsschutzeinrichtungen .... DIN VDE 0100-534 (VDE 0100-534)
- wiederkehrende Prüfung .... DIN VDE 0100-600 (VDE 0100-600)
Erstprüfungen .... VDE-Schriftenreihe Band 63
VDE-Schriftenreihe Band 163
- elektrischer Ausrüstungen von Maschinen .... VDE-Schriftenreihe Band 163
Häfen .... DIN VDE 0100-709 (VDE 0100-709)
Isolationskoordination .... VDE-Schriftenreihe Band 56
- für elektrische Betriebsmittel .... DIN EN 60664-1 (VDE 0110-1)
E DIN EN 60664-1 (VDE 0110-1)
leitfähige Bereiche mit begrenzter Bewegungsfreiheit
.... E DIN VDE 0100-706/A1 (VDE 0100-706/A1)
Marinas .... DIN VDE 0100-709 (VDE 0100-709)
Schutz bei elektromagnetischen Störgrößen ...... E DIN IEC 60364-4-44/A2 (VDE 0100-444/A2)
VDE-Schriftenreihe Band 126
Schutz bei Störspannungen .... E DIN IEC 60364-4-44/A2 (VDE 0100-444/A2)
VDE-Schriftenreihe Band 126
Schutz gegen elektromagnetische Störgrößen .... DIN VDE 0100-444 (VDE 0100-444)
VDE-Schriftenreihe Band 126
Schutz gegen Störspannungen .... DIN VDE 0100-442 (VDE 0100-442)
DIN VDE 0100-444 (VDE 0100-444)
VDE-Schriftenreihe Band 126
Schutz gegen thermische Auswirkungen .... DIN VDE 0100-420 (VDE 0100-420)
Schutz gegen Überspannungen .... DIN VDE 0100-442 (VDE 0100-442)
Schutzmaßnahmen
- Schutz gegen thermische Auswirkungen .... DIN VDE 0100-420 (VDE 0100-420)
Solar-Photovoltaik-(PV-)Stromversorgungssysteme
.... VDE-Anwendungsregel VDE-AR-E 2100-712
DIN VDE 0100-712 (VDE 0100-712)
VDE-Schriftenreihe Band 168
Überspannungsschutzgeräte .... E DIN EN 61643-31 (VDE 0675-6-31)
E DIN EN 61643-32 (VDE 0675-6-32)
- Anforderungen und Prüfungen .... DIN EN 61643-11 (VDE 0675-6-11)
E DIN EN 61643-31 (VDE 0675-6-31)
E DIN EN 61643-32 (VDE 0675-6-32)
- Auswahl und Anwendungsgrundsätze .... DIN CLC/TS 61643-12 (VDE V 0675-6-12)
E DIN EN 61643-12 (VDE 0675-6-12)
- in Photovoltaik-Installationen .... E DIN EN 61643-31 (VDE 0675-6-31)
- SPDs in Photovoltaik-Installationen .... E DIN EN 61643-32 (VDE 0675-6-32)
Versorgungseinrichtungen von Schiffen

– elektrischer Landanschluss .... DIN VDE 0100-709 (VDE 0100-709)
Verzeichnis der einschlägigen Normen .... Beiblatt 2 DIN VDE 0100 (VDE 0100)
von Gebäuden .... VDE-Schriftenreihe Band 39
wiederkehrende Prüfung .... VDE-Schriftenreihe Band 163

Niederspannungs-Docking-Steckverbinder mit Stiften E DIN IEC/TS 60309-6 (VDE V 0623-6)

Niederspannungs-Entkopplungsfilter
Fachgrundspezifikation .... DIN EN 50065-4-1 (VDE 0808-4-1)
Impedanzfilter .... DIN EN 50065-4-4 (VDE 0808-4-4)
Phasenkoppler .... DIN EN 50065-4-6 (VDE 0808-4-6)
Segmentierungsfilter .... DIN EN 50065-4-5 (VDE 0808-4-5)
Sicherheitsanforderungen .... DIN EN 50065-4-2 (VDE 0808-4-2)

Niederspannungs-Entkopplungsfilter, bewegliche .... DIN EN 50065-4-7 (VDE 0808-4-7)

Niederspannungserdung .... DIN VDE 0100-442 (VDE 0100-442)

Niederspannungsformteile, wärmeschrumpfende
allgemeine Anforderungen .... DIN EN IEC 62677-1 (VDE 0343-1)
Materialanforderungen .... DIN EN IEC 62677-3-101 (VDE 0343-3-101)
Prüfverfahren .... DIN EN IEC 62677-2 (VDE 0343-2)

Niederspannungsfreileitungen, isolierte
Abspann- und Tragklemmen
– für selbsttragende isolierte Freileitungsseile .... DIN EN 50483-2 (VDE 0278-483-2)
– für Systeme mit Nullleiter-Tragseil .... DIN EN 50483-3 (VDE 0278-483-3)
Prüfanforderungen für Bauteile
– Allgemeines .... DIN EN 50483-1 (VDE 0278-483-1)
– elektrische Alterungsprüfungen .... DIN EN 50483-5 (VDE 0278-483-5)
– Umweltprüfungen .... DIN EN 50483-6 (VDE 0278-483-6)
– Verbinder .... DIN EN 50483-4 (VDE 0278-483-4)

Niederspannungsgeräte
Begriffe .... DIN EN 61180 (VDE 0432-10)
Prüfbedingungen .... DIN EN 61180 (VDE 0432-10)
Prüfgeräte .... DIN EN 61180 (VDE 0432-10)
Netzrückwirkungen .... VDE-Schriftenreihe Band 111

Niederspannungs-Gleichstrom-(LVDC)Betriebsmittel
Normspannungen .... E DIN EN 60038/A101 (VDE 0175-1/A101)
                                                                                    E DIN EN 60038/A103 (VDE 0175-1/A103)

Niederspannungs-Gleichstrom-(LVDC-)Versorgung
Normspannungen .... E DIN EN 60038/A101 (VDE 0175-1/A101)
                                                                                    E DIN EN 60038/A103 (VDE 0175-1/A103)

Niederspannungs-Gleichstrom-Antriebssysteme
Bemessung .... DIN EN 61800-1 (VDE 0160-101)
                                                                                    E DIN EN 61800-1 (VDE 0160-101)

Niederspannungs-Induktionsmotoren
mit Käfigläufer .... DIN EN 60034-28 (VDE 0530-28)

Niederspannungskabel und -leitungen
Isolierstoffe
– halogenfreie thermoplastische Isoliermischungen .... DIN EN 50363-7 (VDE 0207-363-7)

- halogenfreie vernetzte Isoliermischungen .... DIN EN 50363-5 (VDE 0207-363-5)
  DIN EN 50363-5/A1 (VDE 0207-363-5/A1)
- Isoliermischungen – vernetztes Polyvinylchlorid .... DIN EN 50363-9-1 (VDE 0207-363-9-1)
- PVC-Isoliermischungen .... DIN EN 50363-3 (VDE 0207-363-3)
- vernetzte elastomere Isoliermischungen .... DIN EN 50363-1 (VDE 0207-363-1)
- vernetzte elastomere Umhüllungsmischungen .... DIN EN 50363-2-2 (VDE 0207-363-2-2)

Mantelwerkstoffe
- halogenfreie thermoplastische Mantelmischungen .... DIN EN 50363-8 (VDE 0207-363-8)
- halogenfreie vernetzte Mantelmischungen .... DIN EN 50363-6 (VDE 0207-363-6)
  DIN EN 50363-6/A1 (VDE 0207-363-6/A1)
- Mantelmischungen – thermoplastisches Polyurethan
  .... DIN EN 50363-10-2 (VDE 0207-363-10-2)
- Mantelmischungen – vernetztes Polyvinylchlorid .... DIN EN 50363-10-1 (VDE 0207-363-10-1)
- PVC-Mantelmischungen .... DIN EN 50363-4-1 (VDE 0207-363-4-1)
- vernetzte elastomere Mantelmischungen .... DIN EN 50363-2-1 (VDE 0207-363-2-1)

Umhüllungswerkstoffe
- PVC-Umhüllungsmischungen .... DIN EN 50363-4-2 (VDE 0207-363-4-2)

Niederspannungskabel
elektrische Prüfverfahren .... DIN EN 50395 (VDE 0481-395)
DIN EN 50395/A1 (VDE 0481-395/A1)

Isolierstoffe
- allgemeine Einführung .... DIN EN 50363-0 (VDE 0207-363-0)
- PVC-Isoliermischungen .... DIN EN 50363-3/A1 (VDE 0207-363-3/A1)

Mantelwerkstoffe
- halogenfreie thermoplastische Mantelmischungen DIN EN 50363-8/A1 (VDE 0207-363-8/A1)
- vernetzte elastomere Mantelmischungen .... DIN EN 50363-2-1/A1 (VDE 0207-363-2-1/A1)
nicht elektrische Prüfverfahren .... DIN EN 50396 (VDE 0473-396)
DIN EN 50396/A1 (VDE 0473-396/A1)

Niederspannungs-Kurzschlussläufer-Induktionsmotoren
Bestimmung der Größen in Ersatzschaltbildern .... DIN EN 60034-28 (VDE 0530-28)

Niederspannungs-Landanschlusssysteme (LVSC)
Austauschbarkeit von Steckern, Steckdosen
- Schiffkupplungen und Schiffsstecker .... E DIN EN 60309-5 (VDE 0623-5)

Niederspannungsleitungen
elektrische Prüfverfahren .... DIN EN 50395 (VDE 0481-395)
DIN EN 50395/A1 (VDE 0481-395/A1)

Isolierstoffe
- allgemeine Einführung .... DIN EN 50363-0 (VDE 0207-363-0)
- halogenfreie vernetzte Isoliermischungen .... DIN EN 50363-5/A1 (VDE 0207-363-5/A1)
- PVC-Isoliermischungen .... DIN EN 50363-3/A1 (VDE 0207-363-3/A1)

Mantelwerkstoffe
- halogenfreie thermoplastische Mantelmischungen DIN EN 50363-8/A1 (VDE 0207-363-8/A1)
- halogenfreie vernetzte Mantelmischungen .... DIN EN 50363-6/A1 (VDE 0207-363-6/A1)
- vernetzte elastomere Mantelmischungen .... DIN EN 50363-2-1/A1 (VDE 0207-363-2-1/A1)
nicht elektrische Prüfverfahren .... DIN EN 50396 (VDE 0473-396)
DIN EN 50396/A1 (VDE 0473-396/A1)

Niederspannungs-Messwandler
Messwandler .... E DIN EN 61869-201 (VDE 0414-9-201)
E DIN EN 61869-220 (VDE 0414-9-220)
- Produktsicherheit .... E DIN EN 61869-220 (VDE 0414-9-220)

Niederspannungs-Messzubehör
handgehaltenes und handbedientes Messzubehör E DIN EN 61010-031/A1 (VDE 0411-031/A1)

Niederspannungs-Messzubehör, handgehaltenes .... DIN EN 61010-031 (VDE 0411-031)
E DIN EN 61010-031/AA (VDE 0411-031/AA)

Niederspannungsnetz
Erzeugungsanlagen .... VDE-Anwendungsregel VDE-AR-N 4105
– Anschluss .... VDE-Anwendungsregel VDE-AR-N 4105
– Parallelbetrieb .... VDE-Anwendungsregel VDE-AR-N 4105
stationäre elektrische Energiespeichergeräte .... VDE-Anwendungsregel VDE-AR-E 2510-2

Niederspannungsnetz, öffentliches
Anschluss von Klein-Generatoren .... DIN EN 50549-1 (VDE 0124-549-1)
Geräte und Einrichtungen .... Beiblatt 1 DIN EN 61000-3-12 (VDE 0838-12)
DIN EN 61000-3-12 (VDE 0838-12)
E DIN EN 61000-3-12/A1 (VDE 0838-12/A1)

Niederspannungsnetze
Betriebsverhalten
– Geräte zur Messung und Überwachung .... DIN EN 61557-12 (VDE 0413-12)
E DIN EN 61557-12 (VDE 0413-12)
bis AC 1 000 V und DC 1 500 V
– Geräte zum Prüfen, Messen, Überwachen .... E DIN EN 61557-12/A1 (VDE 0413-12/A1)
E DIN EN IEC 61557-17 (VDE 0413-17)
– Geräte zum Prüfen, Messen, Überwachen von Schutzmaßnahmen
.... E DIN EN 61557-12/A1 (VDE 0413-12/A1)
E DIN EN IEC 61557-17 (VDE 0413-17)

– Geräte zur Energiemessung und -überwachung (PMD)
.... E DIN EN 61557-12/A1 (VDE 0413-12/A1)
E DIN EN IEC 61557-17 (VDE 0413-17)
elektrische Sicherheit .... DIN EN 61557-9 (VDE 0413-9)

– Geräte zum Prüfen, Messen, Überwachen .... DIN EN 61557-1 (VDE 0413-1)
DIN EN 61557-11 (VDE 0413-11)
E DIN EN 61557-11 (VDE 0413-11)
DIN EN 61557-12 (VDE 0413-12)
E DIN EN 61557-12 (VDE 0413-12)
E DIN EN 61557-12/A1 (VDE 0413-12/A1)
DIN EN 61557-15 (VDE 0413-15)
E DIN EN IEC 61557-17 (VDE 0413-17)
DIN EN 61557-4 (VDE 0413-4)
E DIN EN 61557-4 (VDE 0413-4)
DIN EN 61557-5 (VDE 0413-5)
E DIN EN 61557-5 (VDE 0413-5)
DIN EN 61557-9 (VDE 0413-9)
– Geräte zum Prüfen, Messen, Überwachen von Schutzmaßnahmen
.... E DIN EN 61557-12/A1 (VDE 0413-12/A1)
E DIN EN IEC 61557-17 (VDE 0413-17)
DIN EN 61557-8 (VDE 0413-8)
– Geräte zur Energiemessung und -überwachung (PMD)
.... E DIN EN 61557-12/A1 (VDE 0413-12/A1)
E DIN EN IEC 61557-17 (VDE 0413-17)

funktionale Sicherheit
- Geräte zum Prüfen, Messen, Überwachen .... DIN EN 61557-15 (VDE 0413-15)
Kommunikationsgeräte und -systeme
- 1,6 MHz bis 30 MHz .... DIN EN 50412-2-1 (VDE 0808-121)
Schutzmaßnahmen
- Geräte zur Messung und Überwachung .... DIN EN 61557-10 (VDE 0413-10)
Signalübertragung
- Netz-Datenübertragungsgeräte .... DIN EN 50065-2-1 (VDE 0808-2-1)
                  DIN EN 50065-2-2 (VDE 0808-2-2)
                  DIN EN 50065-2-3 (VDE 0808-2-3)
- Niederspannungs-Entkopplungsfilter .... DIN EN 50065-4-1 (VDE 0808-4-1)
                  DIN EN 50065-4-2 (VDE 0808-4-2)
                  DIN EN 50065-4-7 (VDE 0808-4-7)

Niederspannungsprüfer .... DIN EN 61243-3 (VDE 0682-401)

Niederspannungsschaltgeräte
Abmessungen
- genormte Tragschienen .... DIN EN 60715 (VDE 0660-520)
aktive Systeme zur Verringerung von Lichtbogenfehlern
- Lichtbogenlöschgeräte .... DIN EN IEC 60947-9-1 (VDE 0660-120)
allgemeine Festlegungen .... DIN EN 60947-1 (VDE 0660-100)
                 E DIN EN 60947-1 (VDE 0660-100)
Auslösegeräte für thermischen Schutz .... DIN EN 60947-8 (VDE 0660-302)
elektromechanische Schütze und Motorstarter .... DIN EN IEC 60947-4-1 (VDE 0660-102)
elektromechanische Steuergeräte .... DIN EN 60947-5-1 (VDE 0660-200)
gekapselte Lastschalter
- Reparatur- und Wartungsarbeit .... DIN EN 62626-1 (VDE 0660-2626-1)
genormte Tragschienen .... DIN EN 60715 (VDE 0660-520)
Hilfseinrichtungen
- Leiterplatten-Anschlussklemmen für Kupferleiter .... DIN EN IEC 60947-7-4 (VDE 0611-7-4)
- Reihenklemmen für Kupferleiter .... DIN EN 60947-7-1 (VDE 0611-1)
- Schutzleiter-Reihenklemmen .... DIN EN 60947-7-2 (VDE 0611-3)
- Sicherungs-Reihenklemmen .... DIN EN 60947-7-3 (VDE 0611-6)
Lastschalter .... DIN EN 60947-3 (VDE 0660-107)
              E DIN EN IEC 60947-3 (VDE 0660-107)
Lasttrennschalter .... DIN EN 60947-3 (VDE 0660-107)
              E DIN EN IEC 60947-3 (VDE 0660-107)
Leistungsschalter .... DIN EN 60947-2 (VDE 0660-101)
Leitfaden für die Entwicklung von Firmware .... DIN CLC IEC/TR 63201 (VDE 0660-3201)
Mehrfunktionsschaltgeräte
- Netzumschalter .... DIN EN 60947-6-1 (VDE 0660-114)
- Steuer- und Schutz-Schaltgeräte (CPS) .... DIN EN 60947-6-2 (VDE 0660-115)
              E DIN EN 60947-6-2/A2 (VDE 0660-115/A2)
Näherungsschalter .... VDE-Anwendungsregel VDE-AR-E 2660-208
              DIN EN 60947-5-2 (VDE 0660-208)
              E DIN EN 60947-5-2 (VDE 0660-208)
              DIN EN 60947-5-3 (VDE 0660-214)
Näherungssensoren .... VDE-Anwendungsregel VDE-AR-E 2660-208
              DIN EN 60947-5-7 (VDE 0660-213)
Not-Aus-Gerät .... DIN EN 60947-5-5 (VDE 0660-210)
Schalter-Sicherungs-Einheiten .... DIN EN 60947-3 (VDE 0660-107)
              E DIN EN IEC 60947-3 (VDE 0660-107)

- D0-System ... E DIN VDE 0638/A1 (VDE 0638/A1)
 DIN 57638 (VDE 0638)
Schütze und Motorstarter ... DIN EN IEC 60947-4-1 (VDE 0660-102)
 DIN EN 60947-4-2 (VDE 0660-117)
 E DIN EN 60947-4-2 (VDE 0660-117)
 DIN EN 60947-4-3 (VDE 0660-109)
 E DIN EN IEC 60947-4-3 (VDE 0660-109)
- elektromechanische Schütze und Motorstarter ... DIN EN IEC 60947-4-1 (VDE 0660-102)
- Halbleiter-Motor-Steuergeräte und -Starter für Wechselspannung
 ... E DIN EN 60947-4-2 (VDE 0660-117)
- Halbleitersteuergeräte und -schütze für nicht motorische Lasten
 ... E DIN EN IEC 60947-4-3 (VDE 0660-109)
Schütze und Motorstarter, elektromechanische ... DIN EN IEC 60947-4-1 (VDE 0660-102)
Steuergeräte und Schaltelemente
- Drei-Stellungs-Zustimmschalter ... DIN EN 60947-5-8 (VDE 0660-215)
 E DIN EN 60947-5-8/A1 (VDE 0660-215/A1)
- Durchflussmengenschalter ... DIN EN 60947-5-9 (VDE 0660-216)
- elektromechanische Steuergeräte ... DIN EN 60947-5-1 (VDE 0660-200)
- Leistungsfähigkeit von Schwachstromkontakten ... DIN EN 60947-5-4 (VDE 0660-211)
- Näherungsschalter ... E DIN EN 60947-5-2 (VDE 0660-208)
 DIN EN 60947-5-3 (VDE 0660-214)
- Not-Aus-Gerät ... DIN EN 60947-5-5 (VDE 0660-210)
Steuerung-Geräte-Netzwerke (CDIs)
- Aktor-Sensor-Interface (AS-i) ... DIN EN 62026-2 (VDE 0660-2026-2)
- allgemeine Festlegungen ... DIN EN IEC 62026-1 (VDE 0660-2026-1)
- CompoNet ... DIN EN 62026-7 (VDE 0660-2026-7)
- DeviceNet ... DIN EN 62026-3 (VDE 0660-2026-3)
Trennschalter ... DIN EN 60947-3 (VDE 0660-107)
 E DIN EN IEC 60947-3 (VDE 0660-107)
Überstromschutzeinrichtungen
- Kurzschlussbemessungswerte ... Beiblatt 1 DIN EN 60947-1 (VDE 0660-100)

Niederspannungs-Schaltgerätekombinationen ... VDE-Schriftenreihe Band 28
allgemeine Festlegungen ... Beiblatt 1 DIN EN 61439-1 (VDE 0660-600-1)
 Beiblatt 2 DIN EN 61439-1 (VDE 0660-600-1)
 DIN EN 61439-1 (VDE 0660-600-1)
 E DIN EN 61439-1 (VDE 0660-600-1)
Baustromverteiler ... DIN EN 61439-4 (VDE 0660-600-4)
 VDE-Schriftenreihe Band 142
Energie-Schaltgerätekombinationen ... E DIN VDE 0660-600-2-1 (VDE 0660-600-2-1)
 DIN EN 61439-2 (VDE 0660-600-2)
 E DIN EN IEC 61439-2 (VDE 0660-600-2)
- in öffentlichen Verteilungsnetzen ... DIN EN 61439-5 (VDE 0660-600-5)
Hausanschlusskästen ... DIN VDE 0660-505 (VDE 0660-505)
in öffentlichen Energieverteilungsnetzen ... DIN EN 61439-5 (VDE 0660-600-5)
Installationsverteiler ... DIN EN 61439-3 (VDE 0660-600-3)
Leergehäuse ... DIN EN 62208 (VDE 0660-511)
Schienenverteilersysteme (Busways) ... DIN EN 61439-6 (VDE 0660-600-6)
Schutz gegen elektrischen Schlag ... DIN EN 50274 (VDE 0660-514)
Sicherungskästen ... DIN VDE 0660-505 (VDE 0660-505)
typgeprüfte und partiell typgeprüfte
- Prüfung unter Störlichtbogenbedingungen ... Beiblatt 1 DIN EN 61439-2 (VDE 0660-600-2)

Niederspannungssicherungen
allgemeine Anforderungen .... DIN VDE 0636-21 (VDE 0636-21)
DIN 57635 (VDE 0635)
DIN EN 60269-1 (VDE 0636-1)
für den industriellen Gebrauch
– Sicherungssysteme A bis K .... DIN VDE 0636-2 (VDE 0636-2)
E DIN VDE 0636-2/A1 (VDE 0636-2/A1)
für Hausinstallationen
– Sicherungssysteme A bis F .... DIN VDE 0636-3 (VDE 0636-3)
DIN VDE 0636-31 (VDE 0636-31)
E DIN IEC 60269-3/A2 (VDE 0636-3/A2)
in elektrischen Anlagen .... VDE-Schriftenreihe Band 84
Leitfaden für die Anwendung .... DIN CLC/TR 60269-5 (VDE 0636-5)
E DIN CLC/TR 60269-5/A1 (VDE 0636-5/A1)
E DIN CLC/TR 60269-5/A10 (VDE 0636-5/A10)
Sicherungseinsätze
– Schutz von Batterien .... E DIN EN 60269-7 (VDE 0636-7)
– Schutz von solaren photovoltaischen Energieerzeugungssystemen
.... E DIN EN 60269-6/A1 (VDE 0636-6/A1)
Sicherungseinsätze zum Schutz von Batterien .... E DIN EN 60269-7 (VDE 0636-7)
Sicherungssysteme A bis F
– AC 690 V/DC 600 V .... DIN VDE 0636-31 (VDE 0636-31)
zum Gebrauch durch Elektrofachkräfte .... DIN VDE 0636-2 (VDE 0636-2)
E DIN VDE 0636-2/A1 (VDE 0636-2/A1)
DIN VDE 0636-21 (VDE 0636-21)
– Sicherungssysteme A bis K .... DIN VDE 0636-2 (VDE 0636-2)
E DIN VDE 0636-2/A1 (VDE 0636-2/A1)
zum Gebrauch durch Laien
– Sicherungssysteme A bis F .... DIN VDE 0636-3 (VDE 0636-3)
DIN VDE 0636-31 (VDE 0636-31)
E DIN IEC 60269-3/A2 (VDE 0636-3/A2)
zum Schutz von Batterien .... E DIN EN 60269-7 (VDE 0636-7)
zum Schutz von Halbleiter-Bauelementen .... DIN EN 60269-4 (VDE 0636-4)

Niederspannungssicherungen (NH-System)
genormte Sicherungstypen .... DIN VDE 0636-21 (VDE 0636-21)
überwiegend industrieller Gebrauch .... DIN VDE 0636-21 (VDE 0636-21)

Niederspannungsstromerzeugungsanlagen .... DIN VDE 0100-551 (VDE 0100-551)
Beiblatt 1 DIN VDE 0100-551 (VDE 0100-551)
DIN VDE V 0100-551-1 (VDE V 0100-551-1)

Niederspannungsstromerzeugungseinrichtungen .... DIN VDE 0100-551 (VDE 0100-551)
Beiblatt 1 DIN VDE 0100-551 (VDE 0100-551)
E DIN VDE 0100-551 (VDE 0100-551)
DIN VDE V 0100-551-1 (VDE V 0100-551-1)
Parallelbetrieb mit anderen Stromquellen
– einschließlich einem öffentlichen Stromverteilungsnetz
.... DIN VDE V 0100-551-1 (VDE V 0100-551-1)
umschaltbare Versorgungsalternative
– zur allgemeinen Stromversorgung .... DIN VDE V 0100-551-1 (VDE V 0100-551-1)

Niederspannungsstromkreise
in Hochspannungsschaltfeldern .... DIN EN 61936-1 (VDE 0101-1)

E DIN EN IEC 61936-1 (VDE 0101-1)
Verbindungsmaterial
– allgemeine Anforderungen .... DIN EN 60998-1 (VDE 0613-1)
– Drehklemmen .... DIN EN 60998-2-4 (VDE 0613-2-4)
– mit Schneidklemmstellen .... DIN EN 60998-2-3 (VDE 0613-2-3)
– mit schraubenlosen Klemmstellen .... DIN EN 60998-2-2 (VDE 0613-2-2)
– mit Schraubklemmen .... DIN EN 60998-2-1 (VDE 0613-2-1)

Niederspannungsversorgungsnetz, öffentliches
EMV-Grenzwerte für Geräte .... DIN EN 61000-3-3 (VDE 0838-3)

Niederspannungsversorgungsnetze
Spannungsänderungen, Spannungsschwankungen, Flicker ... DIN EN 61000-3-3 (VDE 0838-3)
VDE-Schriftenreihe Band 111

Niederspannungsverteilnetz
Anschluss von Stromerzeugungsanlagen .... DIN EN 50549-1 (VDE 0124-549-1)
Erzeugungsanlagen bis einschließlich Typ B .... DIN EN 50549-1 (VDE 0124-549-1)

Niederspannungsverteilungen
in öffentlichen Netzen .... DIN EN 61439-5 (VDE 0660-600-5)

Niedervolt-Glühlampen .... DIN EN 60598-2-23 (VDE 0711-2-23)
E DIN EN IEC 60598-2-23 (VDE 0711-2-23)

Niedervolt-Halogenlampen
digital adressierbare Schnittstelle .... DIN EN 62386-204 (VDE 0712-0-204)

Niedrigenergie-Ionengas-Hämostasegeräte
Leistungsmerkmale .... DIN EN IEC 60601-2-76 (VDE 0750-2-76)
Sicherheit .... DIN EN IEC 60601-2-76 (VDE 0750-2-76)

Nierenersatztherapie, extrakorporale .... DIN VDE 0753-4 (VDE 0753-4)

Normblätter und Lehren
für Gerätesteckvorrichtungen
– für den Hausgebrauch .... DIN EN 60320-3 (VDE 0625-3)
E DIN EN 60320-3/A1 (VDE 0625-3/A1)

Normblätter
für Betriebsmittel zum Anschluss von Leuchten .... DIN EN 61995-2 (VDE 0620-400-2)

Normenreihe VDE 0100
Struktur .... Beiblatt 3 DIN 57100 (VDE 0100)

Normfrequenzen (IEC-) .... DIN EN 60196 (VDE 0175-3)

Normspannungen (IEC-) .... DIN EN 60038 (VDE 0175-1)
E DIN EN 60038/A101 (VDE 0175-1/A101)
E DIN EN 60038/A102 (VDE 0175-1/A102)
E DIN EN 60038/A103 (VDE 0175-1/A103)

Normspannungen für
Niederspannungs-Gleichstrom-(LVDC-)Versorgung
– und Niederspannungs-Gleichstrom-(LVDC-)Betriebsmittel
.... E DIN EN 60038/A101 (VDE 0175-1/A101)
E DIN EN 60038/A103 (VDE 0175-1/A103)
Wechselstromversorgung

– und Wechselstrom-Betriebsmittel .... E DIN EN 60038/A102 (VDE 0175-1/A102)
E DIN EN 60038/A103 (VDE 0175-1/A103)

Normung
Einführung .... VDE-Schriftenreihe Band 107

Normung (ESD-) .... VDE-Schriftenreihe Band 71

Not-Aus, siehe auch Not-Halt

Not-Aus .... VDE-Schriftenreihe Band 154

Not-Aus-Gerät
mit mechanischer Verrastfunktion .... DIN EN 60947-5-5 (VDE 0660-210)

Notbeleuchtung
batterieversorgte elektronische Betriebsgeräte ...... DIN EN 61347-2-7 (VDE 0712-37)
E DIN EN 61347-2-7/A2 (VDE 0712-37/A2)
digital adressierbare Schnittstelle .... DIN EN 62386-202 (VDE 0712-0-202)
E DIN EN 62386-202 (VDE 0712-0-202)
Leuchten für .... E DIN EN 60598-1 (VDE 0711-1)
DIN EN 60598-2-22 (VDE 0711-2-22)
VDE-Schriftenreihe Band 12
Vorschaltgeräte .... DIN EN 61347-2-7 (VDE 0712-37)
E DIN EN 61347-2-7/A2 (VDE 0712-37/A2)

Notbeleuchtung für Eisenbahnfahrzeuge .... DIN VDE 0119-206-6 (VDE 0119-206-6)

Notbeleuchtung für Rettungswege
automatische Prüfsysteme .... DIN EN 62034 (VDE 0711-400)

Notebook
Messung des Energieverbrauchs .... DIN EN 62623 (VDE 0806-2623)
Notfall- und Gefahren-Reaktionssysteme
– Risikomanagementakte und Anwendungsbeispiele .... E DIN VDE V 0827-3 (VDE V 0827-3)
Notruf- und Service-Leitstelle
– Leitstellen mit Sicherheitsaufgaben .... DIN VDE V 0827-11 (VDE V 0827-11)
Notruf- und Service-Leitstelle (NSL)
– Leitstelle mit Sicherheitsaufgaben .... DIN VDE V 0827-11 (VDE V 0827-11)

Notfall- und Gefahren-Reaktionssysteme
(NGRS) .... DIN VDE V 0827-1 (VDE V 0827-1)
DIN VDE V 0827-2 (VDE V 0827-2)
E DIN VDE V 0827-3 (VDE V 0827-3)
Anforderungen, Aufgaben
– Verantwortlichkeiten und Aktivitäten .... DIN VDE V 0827-1 (VDE V 0827-1)
DIN VDE V 0827-2 (VDE V 0827-2)
E DIN VDE V 0827-3 (VDE V 0827-3)
Notfall- und Gefahrensprechanlagen .... DIN VDE V 0827-2 (VDE V 0827-2)
Risikomanagementakte und Anwendungsbeispiele .... E DIN VDE V 0827-3 (VDE V 0827-3)

Notfall- und Gefahrensprechanlagen
(NGS) .... DIN VDE V 0827-2 (VDE V 0827-2)
Notfall- und Gefahren-Reaktionssysteme .... DIN VDE V 0827-11 (VDE V 0827-11)
DIN VDE V 0827-2 (VDE V 0827-2)

Notfall- und Gefahrensysteme
(NSL) .... DIN VDE V 0827-11 (VDE V 0827-11)

Notfall- und Service-Leitstelle
mit Sicherheitsaufgaben
– Notfall- und Gefahrensysteme .... DIN VDE V 0827-11 (VDE V 0827-11)

Notfall-Reaktionseinrichtungen
in Warten von Kernkraftwerken .... E DIN IEC 62954 (VDE 0491-5-7)

Notfallsituationen
elektroakustische Warnsysteme .... DIN EN 50849 (VDE 0828-1)

Notfall-Strahlenschutz-Dosimetrie
für Beta- und Photonen-Dosis .... DIN EN 60846-2 (VDE 0492-2-3)

Notfall-Strahlenschutzdosimetrie
Umgebungs-Äquivalentdosis-(leistungs-)Messgeräte .... DIN EN 60846-2 (VDE 0492-2-3)

Notfalltüren
elektrische Antriebe .... DIN EN 60335-2-103 (VDE 0700-103)
E DIN IEC 60335-2-103 (VDE 0700-103-3)
E DIN IEC 60335-2-103/A1 (VDE 0700-103/A1)
E DIN IEC 60335-2-103/A2 (VDE 0700-103/A2)

Notfallwarnsysteme, elektroakustische .... DIN EN 50849 (VDE 0828-1)

Not-Halt, siehe auch Not-Aus

Not-Halt .... VDE-Schriftenreihe Band 154

Notrufanlagen .... DIN EN IEC 62485-2 (VDE 0510-485-2)

Notrufleitstellen
Abläufe und Anforderungen
– an den Betrieb .... DIN EN 50518 (VDE 0830-5-6)
örtliche und bauliche Anforderungen .... DIN EN 50518 (VDE 0830-5-6)
technische Anforderungen .... DIN EN 50518 (VDE 0830-5-6)

Notrufzentralen
Abläufe und Anforderungen
– an den Betrieb .... DIN EN 50518 (VDE 0830-5-6)
örtliche und bauliche Anforderungen .... DIN EN 50518 (VDE 0830-5-6)
technische Anforderungen .... DIN EN 50518 (VDE 0830-5-6)

Notsignalanlagen .... DIN VDE V 0825-1 (VDE V 0825-1)

Notsteuerstellen
für das Abfahren des Reaktors .... DIN EN 60965 (VDE 0491-5-5)

Notstromeinspeisungen mit mobilen Stromerzeugungseinrichtungen
Niederspannungsstromerzeugungseinrichtungen Beiblatt 1 DIN VDE 0100-551 (VDE 0100-551)

Notstromkreise
Isolationserhalt im Brandfall .... DIN EN 50200 (VDE 0482-200)

Notversorgung
elektrische Anlagen .... DIN VDE 0100-710 (VDE 0100-710)
Beiblatt 1 DIN VDE 0100-710 (VDE 0100-710)
E DIN VDE 0100-710 (VDE 0100-710)
VDE-Schriftenreihe Band 168

NSL
Notfall- und Gefahrensysteme .... DIN VDE V 0827-11 (VDE V 0827-11)

NSM
Datenobjektmodelle für Netzwerk- und Systemmanagement
– Energieversorgungsunternehmen .... DIN EN 62351-7 (VDE 0112-351-7)

Nukleare Instrumentierung
Datenformat für digitale Datenerfassung im List-Mode
– für Strahlungsnachweis und -messung .... DIN IEC 63047 (VDE 0493-6-4)
E DIN EN IEC 63047 (VDE 0493-6-4)
digitale Datenerfassung
– List-Mode .... DIN IEC 63047 (VDE 0493-6-4)
E DIN EN IEC 63047 (VDE 0493-6-4)
Proton-Zyklotrone für hohe Intensität, feste Energie
– Energiebereich von 10 MeV bis 20 MeV .... E DIN IEC 63175 (VDE 0412-40)

Nukleare Messgeräte
Röntgenfluoreszenz-Analysegeräte .... DIN IEC 62495 (VDE 0412-20)

Nuklearmaterial
Nachweis an Staatsgrenzen
– Portalmonitore .... E DIN IEC 62244 (VDE 0493-3-2)
– Strahlungsmonitore .... DIN EN 62244 (VDE 0493-3-2)

Nuklididentifizierung .... DIN EN IEC 62327 (VDE 0493-3-3)

Nullleiter-Tragseile
Abspann- und Tragklemmen .... DIN EN 50483-3 (VDE 0278-483-3)

Numerische Apertur
für Lichtwellenleiter
– Messmethoden und Prüfverfahren .... DIN EN 60793-1-43 (VDE 0888-243)

Nutzkraftwagen-Batterien
Maße .... DIN EN 50342-4 (VDE 0510-23)

Nutztiere
Wirkungen des elektrischen Stroms .... DIN IEC/TS 60479-1 (VDE V 0140-479-1)
Wirkungen von Blitzschlägen .... DIN V VDE V 0140-479-4 (VDE V 0140-479-4)

Nutzungsauthentifizierung
von Versorgungseinrichtungen der Elektromobilität
.... E VDE-Anwendungsregel VDE-AR-E 2532-100

NYM-Installationsleitung .... DIN VDE 0250-204 (VDE 0250-204)

O

„o"; Flüssigkeitskapselung .... DIN EN 60079-6 (VDE 0170-2)
E DIN EN 60079-6/A1 (VDE 0170-2/A1)

Oberflächenabtastung
Messung der angestrahlten Aussendungen
– integrierter Schaltungen .... DIN IEC/TS 61967-3 (VDE V 0847-21-3)
Messung der Störfestigkeit
– integrierter Schaltungen .... DIN IEC/TS 62132-9 (VDE V 0847-22-9)

Oberflächenemittierende 850-nm-Laserbauelemente .... DIN EN 62149-2 (VDE 0886-149-2)

Oberflächenimpedanz
von Supraleiterschichten
– bei Mikrowellenfrequenzen .... DIN EN 61788-15 (VDE 0390-15)

Oberflächenisolationswiderstand
Elektroblech und -band
– magnetische Werkstoffe .... DIN EN 60404-11 (VDE 0354-11)
                                                                         E DIN EN 60404-11 (VDE 0354-11)
Messverfahren
– magnetische Werkstoffe .... DIN EN 60404-11 (VDE 0354-11)
                                                                          E DIN EN 60404-11 (VDE 0354-11)

Oberflächenkontaminationsmessgeräte, tragbare
für Photonenstrahlung .... DIN EN 62363 (VDE 0493-2-4)
                                                                            DIN ISO 8769 (VDE 0412-8769)

Oberflächenkontaminationsmonitore
für Alpha-, Beta- und Photonenquellen .... DIN ISO 8769 (VDE 0412-8769)

Oberflächenmontierbare Bauelemente (SMD)
Prüfung Td
– Lötbarkeit, Widerstandsfähigkeit, Lötwärmebeständigkeit
.... DIN EN 60068-2-58 (VDE 0468-2-58)
Oberflächenreinigungsgeräte
– Trockensauger .... DIN EN IEC 62885-8 (VDE 0705-2885-8)

Oberflächenreinigungsgeräte
für den gewerblichen Gebrauch .... DIN EN IEC 62885-8 (VDE 0705-2885-8)
                                                                         DIN EN 60335-2-54 (VDE 0700-54)
                                                      E DIN EN 60335-2-54/A12 (VDE 0700-54/A12)
                                                   E DIN IEC 60335-2-54/A2 (VDE 0700-54/A2)
– mit oder ohne Antrieb .... DIN EN IEC 62885-9 (VDE 0705-2885-9)
für den Hausgebrauch .... DIN IEC/TS 62885-1 (VDE V 0705-2885-1)
                                                          E DIN EN 62885-4 (VDE 0705-2885-4)
Hochdruckreiniger und Dampfreiniger
– Prüfverfahren zur Bestimmung der Gebrauchseigenschaften
.... DIN EN IEC 62885-5 (VDE 0705-2885-5)
Nassreinigungsgeräte für Hartböden
– Bestimmung der Gebrauchseigenschaften ... DIN EN IEC/ASTM 62885-6 (VDE 0705-2885-6)
Prüfausrüstung und -materialien .... DIN IEC/TS 62885-1 (VDE V 0705-2885-1)
Prüfverfahren
– Messung der Gebrauchseigenschaften .... E DIN EN 62885-4 (VDE 0705-2885-4)
                                                         DIN EN IEC 62885-9 (VDE 0705-2885-9)
Trockensauger
– Bestimmung der Gebrauchseigenschaften .... E DIN IEC 62885-2 (VDE 0705-2885-2)

Oberflächenteilentladungen .... DIN EN 60343 (VDE 0303-70)

Oberflächentemperatur
Errichten von Niederspanungsanlagen .... DIN VDE 0100-420 (VDE 0100-420)
                                                       E DIN VDE 0100-420/A2 (VDE 0100-420/A2)

Oberflächenüberwachungsgeräte
für Photonenstrahlung .... DIN EN 62363 (VDE 0493-2-4)

Oberflächenwiderstand
von Isolierstoffen .... DIN EN 62631-3-2 (VDE 0307-3-2)
DIN EN IEC 62631-3-4 (VDE 0307-3-4)
von Supraleitern
– bei Frequenzen im Mikrowellenbereich .... DIN EN 61788-16 (VDE 0390-16)
DIN EN 61788-7 (VDE 0390-7)
E DIN EN 61788-7 (VDE 0390-7)

Oberfräsen, handgeführt motorbetrieben .... DIN EN 62841-2-17 (VDE 0740-2-17)

Oberleitungen
für Bahnanwendungen
– Schutzmaßnahmen für Arbeiten an/oder in der Nähe .... E DIN EN 50488 (VDE 0115-488)
– Zusammenwirken mit Stromabnehmer .... DIN EN 50317 (VDE 0115-503)
für Bahnfahrzeuge .... DIN EN 50119 (VDE 0115-601)
Beiblatt 1 DIN EN 50119 (VDE 0115-601)
für den elektrischen Zugbetrieb .... DIN EN 50119 (VDE 0115-601)
Beiblatt 1 DIN EN 50119 (VDE 0115-601)
für die elektrische Zugförderung .... DIN EN 50119 (VDE 0115-601)
Beiblatt 1 DIN EN 50119 (VDE 0115-601)

Oberleitungsanlagen .... DIN EN 50345 (VDE 0115-604)

Oberleitungsfahrzeuge
Schutz gegen elektrischen Schlag .... DIN EN 50122-1 (VDE 0115-3)

Oberleitungssysteme
für Bahnfahrzeuge
– Verbundisolatoren .... DIN EN 62621 (VDE 0115-621)
E DIN EN 62621/A1 (VDE 0115-621/A1)

Oberschwingungen
Berücksichtigung beim Brandschutz .... VDE-Schriftenreihe Band 173
in Niederspannungsnetzen .... DIN EN 61000-4-13 (VDE 0847-4-13)
Messung in Stromversorgungsnetzen .... DIN EN 61000-4-7 (VDE 0847-4-7)

Oberschwingungsströme
Grenzwerte
– Geräte-Eingangsstrom bis 16 A .... DIN EN IEC 61000-3-2 (VDE 0838-2)
E DIN EN IEC 61000-3-2/A1 (VDE 0838-2/A1)
– Geräte-Eingangsstrom bis 16 A je Leiter .... DIN EN IEC 61000-3-2 (VDE 0838-2)
E DIN EN IEC 61000-3-2/A1 (VDE 0838-2/A1)
– Geräte-Eingangsstrom über 16 A bis 75 A .... Beiblatt 1 DIN EN 61000-3-12 (VDE 0838-12)
DIN EN 61000-3-12 (VDE 0838-12)
E DIN EN 61000-3-12/A1 (VDE 0838-12/A1)

Oberwelle, siehe auch Oberschwingung

Oberwellenfilter
Kupplungskondensatoren
– für Wechsel- oder Gleichstrom .... DIN EN 60358-3 (VDE 0560-5)

Objektlisten .... DIN EN 62027 (VDE 0040-7)

O-Bus, siehe auch Trolleybus

O-Bus
elektrische Ausrüstung .... DIN EN 50502 (VDE 0115-502)
Oberleitungen .... DIN EN 50345 (VDE 0115-604)

O-Bus-Anlagen
elektrische Sicherheit und Erdung .... DIN EN 50122-2 (VDE 0115-4)
DIN EN 50122-3 (VDE 0115-5)
Schutz gegen elektrischen Schlag .... DIN EN 50122-1 (VDE 0115-3)
Sicherheit in der Bahnstromversorgung .... DIN EN 50562 (VDE 0115-562)

Offene radioaktive Stoffe
Kennzeichnung und Dokumentation .... DIN EN ISO 3925 (VDE 0412-3925)

Öffentliche Einrichtungen und Arbeitsstätten
Umhüllungen von Verteilern .... DIN VDE V 0100-0718 (VDE V 0100-0718)

Öffentliche Einrichtungen
elektrische Anlagen .... DIN VDE V 0100-0718 (VDE V 0100-0718)
Beiblatt 1 DIN VDE 0100-718 (VDE 0100-718)
VDE-Schriftenreihe Band 168

Öffentliche Niederspannungsversorgungsnetze
Grenzwerte
– Geräte-Bemessungsstrom über 16 A .... DIN EN 61000-3-3 (VDE 0838-3)

Offline-Teilentladungsmessungen
an der Statorwicklungsisolation .... DIN EN IEC 60034-27-1 (VDE 0530-27-1)
an Ständerwicklungsisolierungen .... DIN EN IEC 60034-27-1 (VDE 0530-27-1)

Offline-Teilentladungsprüfungen
an der Wicklerisolierung
– bei Speisung mit wiederholten impulsförmigen Spannungen
.... E DIN IEC/TS 60034-27-5 (VDE V 0530-27-5)

Öffnungsmelder
für Einbruchmeldeanlagen .... Beiblatt 1 DIN EN 50131-2-6 (VDE 0830-2-2-6)
DIN EN 50131-2-6 (VDE 0830-2-2-6)

Offsetspannung
von Ionisatoren .... DIN EN 61340-4-7 (VDE 0300-4-7)

Offshore-Windenergieanlagen, gegründete
Auslegungsanforderungen .... DIN EN IEC 61400-3-1 (VDE 0127-3-1)

Offshore-Windenergieanlagen, schwimmende
Auslegungsanforderungen .... DIN IEC/TS 61400-3-2 (VDE V 0127-3-2)

Offshore-Windturbinen
Auslegungsanforderungen .... DIN EN IEC 61400-3-1 (VDE 0127-3-1)
VDE-Schriftenreihe Band 158

Ökodesign für Antriebssysteme
Motorstarter, Leistungselektronik
– und deren angetriebenen Einrichtungen .... DIN EN 50598-3 (VDE 0160-203)
DIN EN 61800-9-2 (VDE 0160-109-2)
E DIN EN IEC 61800-9-2 (VDE 0160-109-2)

Ölabscheidung
von Füllmassen .... DIN EN 60811-602 (VDE 0473-811-602)

Ölbeständigkeitsprüfungen
bei Kabeln und isolierten Leitungen .... DIN EN 60811-404 (VDE 0473-811-404)

Ölbrenner
Zündtransformatoren .... DIN EN 61558-2-3 (VDE 0570-2-3)

OLED
organische Licht emittierende Dioden .... DIN EN 62868 (VDE 0715-18)
E DIN EN 62868-1 (VDE 0715-18-1)
E DIN EN 62868-2-1 (VDE 0715-18-2-1)
E DIN EN 62868-2-2 (VDE 0715-18-2-2)
E DIN EN 62868-2-3 (VDE 0715-18-2-3)

OLED-Module, flexible
OLED-Kacheln und Paneele .... E DIN EN 62868-2-3 (VDE 0715-18-2-3)
organische Licht emittierende Dioden für die Allgemeinbeleuchtung
.... E DIN EN 62868-2-3 (VDE 0715-18-2-3)

OLED-Module, halbintegrierte
organische Licht emittierende Dioden für die Allgemeinbeleuchtung
.... E DIN EN 62868-2-1 (VDE 0715-18-2-1)

OLED-Module, integrierte
organische Licht emittierende Dioden für die Allgemeinbeleuchtung
.... E DIN EN 62868-2-2 (VDE 0715-18-2-2)

Ölfeuerungen
Zündtransformatoren .... DIN VDE 0550-1 (VDE 0550-1)

Ölgefüllte elektrische Betriebsmittel
Analyse freier und gelöster Gase .... DIN EN 60567 (VDE 0370-9)
Probennahme von Gasen .... DIN EN 60567 (VDE 0370-9)

Ölgeräte mit elektrischem Anschluss .... DIN EN 60335-2-102 (VDE 0700-102)
E DIN EN 60335-2-102 (VDE 0700-102)

Ölkabel .... DIN VDE 0276-633 (VDE 0276-633)

Öl-Luft-Kühler
für Transformatoren und Drosselspulen .... DIN EN 50216-10 (VDE 0532-216-10)

Ölradiatoren
für den Hausgebrauch .... DIN EN 60335-2-30 (VDE 0700-30)
Beiblatt 1 DIN EN 60335-2-30 (VDE 0700-30)
E DIN EN 60335-2-30/A1 (VDE 0700-30/A1)
E DIN IEC 60335-2-30/A2 (VDE 0700-30/A2)
E DIN EN 60335-2-30/AB (VDE 0700-30/AB)

Öltemperaturanzeiger
für Transformatoren und Drosselspulen .... DIN EN 50216-11 (VDE 0532-216-11)

Ölventile, elektrische
für den Hausgebrauch .... DIN EN 60730-2-19 (VDE 0631-2-19)

Öl-Wasser-Kühler
für Transformatoren und Drosselspulen .... DIN EN 50216-9 (VDE 0532-216-9)

Ondol-Matratzen
mit nicht flexiblem beheizten Teil .... DIN EN IEC 60335-2-111 (VDE 0700-111)

Online-Kernneutronendetektoren .... E DIN EN 60335-2-111-100 (VDE 0700-111-100)
DIN IEC 60568 (VDE 0491-6)

Ontologien
Übertragung und Registrierung .... DIN EN 62656-1 (VDE 0040-8-1)
DIN EN 62656-3 (VDE 0040-8-3)
DIN EN 62656-5 (VDE 0040-8-5)
E DIN EN IEC 62656-8 (VDE 0040-8-8)

Operationsleuchten .... DIN EN 60601-2-41 (VDE 0750-2-41)

Operationstische .... DIN EN IEC 60601-2-46 (VDE 0750-2-46)

OPGW (Optical Ground Wires)
Lichtwellenleiterkabel .... DIN EN 60794-4-10 (VDE 0888-111-4)

OPPC-LWL-Kabel (LWL-Phasenseil) .... E DIN EN IEC 60794-4-30 (VDE 0888-111-6)

OP-Raum
elektrische Anlagen .... DIN VDE 0100-710 (VDE 0100-710)
Beiblatt 1 DIN VDE 0100-710 (VDE 0100-710)
E DIN VDE 0100-710 (VDE 0100-710)
VDE-Schriftenreihe Band 168
VDE-Schriftenreihe Band 170

Optische Emissionsspektrometrie .... DIN EN 62321-4 (VDE 0042-1-4)
DIN EN 62321-5 (VDE 0042-1-5)

Optische Geräte
für Fernseh- und Tonsignal-Kabelnetze .... DIN EN 60728-6 (VDE 0855-6)

Optische Kabel
UV-Beständigkeit der Mäntel .... DIN EN 50289-4-17 (VDE 0819-289-4-17)

Optische Leiterplatten
Fachgrundspezifikation .... DIN EN 62496-1 (VDE 0885-101)

Optische Rückflussdämpfungsmessung
Lichtwellenleiter-Kommunikationsuntersysteme .... DIN EN 61280-4-2 (VDE 0885-804-2)

Optische Sicherheitsleitsysteme
elektrisch betrieben .... DIN VDE V 0108-200 (VDE V 0108-200)

Optische Spektrumanalysatoren .... DIN EN 62129-1 (VDE 0888-429-1)

Optische Strahlung
von Einrichtungen und Übertragungssystemen .... DIN EN 60079-28 (VDE 0170-28)
von Lampen und Lampensysteme .... Beiblatt 1 DIN EN 62471 (VDE 0837-471)
DIN EN 62471-5 (VDE 0837-471-5)

Optische Zeitbereichsreflektometrie
Kernkraftwerke
– Zustandsüberwachung elektrischer Geräte .... DIN IEC/IEEE 62582-5 (VDE 0491-21-5)

Optisches Augendiagramm .... DIN EN 61280-2-2 (VDE 0885-802-2)

Optisches Breitbandnetz
Verteilung für die Verkabelung .... DIN EN 50700 (VDE 0800-700)

Optisches Frequenzmessgerät
mit Verwendung optischer Frequenzkämme .... DIN EN IEC 62129-3 (VDE 0888-429-3)

Optoelektronik
Bauelemente .... DIN EN 60747-5-1 (VDE 0884-1)
DIN EN 60747-5-2 (VDE 0884-2)
DIN EN 60747-5-3 (VDE 0884-3)

Optoelektronisches Prinzip
berührungslos wirkender Schutzeinrichtungen .... DIN EN 61496-2 (VDE 0113-202)
E DIN EN 61496-2/A1 (VDE 0113-202/A1)

Optokoppler .... DIN EN 60747-5-5 (VDE 0884-5)
E DIN EN 60747-5-5 (VDE 0884-5)

Organische Licht emittierende Dioden (OLED)
für die Allgemeinbeleuchtung
 – besondere Anforderungen für flexible OLED-Kacheln und -Paneele
.... E DIN EN 62868-2-3 (VDE 0715-18-2-3)
 – Sicherheit .... E DIN EN 62868-2-3 (VDE 0715-18-2-3)
organische Licht emittierende Dioden-Panels
 – OLED .... E DIN EN 62868-2-1 (VDE 0715-18-2-1)
organische Licht emittierende Dioden-Panels
 – OLED .... E DIN EN 62868-2-2 (VDE 0715-18-2-2)

Organische Licht emittierende Dioden-Panels
für die Allgemeinbeleuchtung
 – Anforderungen .... E DIN EN 62868-1 (VDE 0715-18-1)
 – besondere Anforderungen für halbintegrierte OLED-Module
.... E DIN EN 62868-2-1 (VDE 0715-18-2-1)
 – besondere Anforderungen für integrierte OLED-Module
.... E DIN EN 62868-2-2 (VDE 0715-18-2-2)
 – flexible OLED-Kacheln und -Paneele .... E DIN EN 62868-2-3 (VDE 0715-18-2-3)
 – halbintegrierte OLED-Module .... E DIN EN 62868-2-1 (VDE 0715-18-2-1)
 – integrierte OLED-Module .... E DIN EN 62868-2-2 (VDE 0715-18-2-2)
 – Prüfungen .... E DIN EN 62868-1 (VDE 0715-18-1)
 – Sicherheitsanforderungen .... DIN EN 62868 (VDE 0715-18)

Orts- und Personendosimetern
Messung ihres Ansprechvermögens
 – Kernenergie .... E DIN ISO 6980-3 (VDE 0412-6980-3)
ortsfeste Anlagen
 – Fahrzeuginterne Installation .... DIN EN IEC 62984-1 (VDE 0510-984-1)
E DIN EN 62984-3-1 (VDE 0510-984-3-1)
E DIN EN 62984-3-2 (VDE 0510-984-3-2)

Ortsfeste elektrische Installationen
Dosen und Gehäuse .... E DIN VDE V 0606-22-300 (VDE V 0606-22-300)
 – Verbindungsmuffen zur Aufnahme von Verbindungsklemmen
.... E DIN VDE V 0606-22-300 (VDE V 0606-22-300)

Ortsfeste Energiespeichersysteme für Gleichstrombahnen
Bahnwendungen
 – ortsfeste Anlagen .... DIN EN 62924 (VDE 0115-924)

Ortsfester Einsatz, wettergeschützt
Einflussgröße und Grenzwert

– Klassifizierung von Umgebungsbedingungen ...... DIN EN IEC 60721-3-3 (VDE 0468-721-3-3)

Ortungsgeräte
für unter Erde verlegte Rohre und Kabel .... DIN EN 50249 (VDE 0403-10)

Overhead-Projektoren .... DIN EN 60335-2-56 (VDE 0700-56)

Oxidation
Kernkraftwerke
– Zustandsüberwachung elektrischer Geräte .... DIN IEC/IEEE 62582-4 (VDE 0491-21-4)
E DIN IEC/IEEE 62582-4 (VDE 0491-21-4)

Oxidation, diffusionsbegrenzte
Messverfahren .... DIN IEC/TS 61244-1 (VDE V 0306-11)

Oxidationsbeständigkeit
von Isolierflüssigkeiten .... DIN EN IEC 61125 (VDE 0380-4)

Oxidationsstabilität .... DIN EN 60422 (VDE 0370-2)

Ozonbeständigkeit
Prüfung von Isolierhüllen und Mänteln .... DIN VDE 0472-805 (VDE 0472-805)
DIN EN 60811-403 (VDE 0473-811-403)

P

„p"; Überdruckkapselung .... DIN EN 60079-13 (VDE 0170-313)
DIN EN 60079-2 (VDE 0170-3)
E DIN EN IEC 60079-2 (VDE 0170-3)

Packstücke, lose
Prüfung Ee
– und Leitfaden .... DIN EN 60068-2-55 (VDE 0468-2-55)

Paketstruktur .... DIN EN 62656-1 (VDE 0040-8-1)

Pandemie
Wärmebildkameras .... DIN EN IEC 80601-2-59 (VDE 0750-2-59)

Papier-/Folienkondensatoren
für Bahnfahrzeuge .... DIN EN 61881-1 (VDE 0115-430-1)

Papiere
für elektrotechnische Zwecke .... DIN VDE 0311-31 (VDE 0311-31)
für Kabel .... DIN VDE 0311-35 (VDE 0311-35)
für Leiterumspinnung .... DIN VDE 0311-35 (VDE 0311-35)
für Transformatoren .... DIN VDE 0311-35 (VDE 0311-35)

Papiere, fettdichte .... DIN VDE 0311-10 (VDE 0311-10)

Papiere, Krepp- .... DIN VDE 0311-33 (VDE 0311-33)

Papiere, Lack- .... DIN VDE 0365-1 (VDE 0365-1)

Papiere, zellulosefreie
für elektrotechnische Zwecke
– Papier aus Aramidfaser .... DIN EN 60819-3-4 (VDE 0309-3-4)

Papierisolierung, massegetränkte .... DIN VDE 0278-629-2 (VDE 0278-629-2)

Parabolrinnenkollektoren
Solarthermische Anlagen zur Stromerzeugung .... DIN EN IEC 62862-3-2 (VDE 0133-3-2)

Parallelbetrieb mit einem Verteilnetz
Mittelspannungsverteilnetz
– Erzeugungsanlagen bis einschließlich Typ B .... DIN EN 50549-2 (VDE 0124-549-2)
Niederspannungsverteilnetz
– Erzeugungsanlagen bis einschließlich Typ B .... DIN EN 50549-1 (VDE 0124-549-1)

Parallelkondensatoren
Allgemeines .... DIN EN 60831-1 (VDE 0560-46)
                                                                                              DIN EN 60871-1 (VDE 0560-410)
Dauerhaftigkeitsprüfung .... DIN IEC/TS 60871-2 (VDE V 0560-420)
eingebaute Sicherungen .... DIN EN 60931-3 (VDE 0560-45)
für Wechselspannungs-Starkstromanlagen
– Bemessungsspannung über 1 000 V .... DIN EN 60871-1 (VDE 0560-410)
                                                                                              DIN IEC/TS 60871-2 (VDE V 0560-420)
                                                                                              DIN EN 60871-4 (VDE 0560-440)
in industriellen Wechselstromnetzen .... DIN EN 61642 (VDE 0560-430)
nicht selbstheilende .... DIN EN 60931-1 (VDE 0560-48)
                                                                                              DIN EN 60931-2 (VDE 0560-49)
                                                                                              DIN EN 60931-3 (VDE 0560-45)
Schutz von
– Hochspannungssicherungen .... DIN EN 60549 (VDE 0670-404)

Parameter von Gleisfreimeldesystemen
Interoperabilität des transeuropäischen Eisenbahnsystems
– Achszähler .... DIN EN 50617-2 (VDE 0831-617-2)
– Gleisstromkreise .... DIN EN 50617-1 (VDE 0831-617-1)

Parks
Beleuchtungsanlagen .... DIN VDE 0100-714 (VDE 0100-714)
                                                                                                 VDE-Schriftenreihe Band 168

Partialdrucküberwachung
transkutane .... DIN EN 60601-2-23 (VDE 0750-2-23)
                                                                                            E DIN EN IEC 60601-2-23 (VDE 0750-2-23)

Partialdrucküberwachung, transkutane .... E DIN EN IEC 60601-2-23 (VDE 0750-2-23)

Partikelkonzentration
von Isolierflüssigkeiten .... DIN EN 60970 (VDE 0370-14)

Passeinsätze
Farben .... DIN 57635 (VDE 0635)

Passeinsatzschlüssel .... DIN 57680-7 (VDE 0680-7)

Passive Dosimetriesysteme
Personendosimetrie
– Leistungs- und Prüfanforderungen .... E DIN ISO 21909-1 (VDE 0492-3-909-1)
                                                                                            E DIN ISO 21909-2 (VDE 0492-3-909-2)
Personendosimetrie an Arbeitsplätzen
– Leistungs- und Prüfanforderungen .... E DIN ISO 21909-2 (VDE 0492-3-909-2)

Passive elektronische Bauteile
Langzeitlagerung .... E DIN EN IEC 62435-8 (VDE 0884-135-8)

Langzeitlagerung elektronischer Bauteile .... E DIN EN IEC 62435-8 (VDE 0884-135-8)

Passive EMV-Filter
Entstöreigenschaften .... DIN EN 55017 (VDE 0565-17)

Passive Filter
zur Unterdrückung elektromagnetischer Störungen
– Bewertungsstufe D/DZ .... DIN EN 60939-2-1 (VDE 0565-3-2)
– Fachgrundspezifikation .... DIN EN 60939-1 (VDE 0565-3)
– Rahmenspezifikation .... DIN EN 60939-2 (VDE 0565-3-1)
– Sicherheitsprüfungen .... DIN EN 60939-3 (VDE 0565-3-4)

Passive Glasbruchmelder .... Beiblatt 1 DIN EN 50131-2-7-2 (VDE 0830-2-2-72)
DIN EN 50131-2-7-2 (VDE 0830-2-2-72)

Passive HF- und Mikrowellenbauteile
Messung der passiven Intermodulation
– in Antennen .... DIN EN 62037-6 (VDE 0887-37-6)
– in Filtern .... DIN EN 62037-5 (VDE 0887-37-5)
– in koaxialen Kabeln .... DIN EN 62037-2 (VDE 0887-37-2)
DIN EN 62037-4 (VDE 0887-37-4)
– in koaxialen Steckverbindern .... DIN EN 62037-3 (VDE 0887-37-3)
– verursacht durch Objekte, die HF-Strahlung ausgesetzt sind
.... E DIN EN IEC 62037-8 (VDE 0887-37-8)
Messung des Intermodulationspegels .... DIN EN 62037-1 (VDE 0887-37-1)
DIN EN 62037-2 (VDE 0887-37-2)
DIN EN 62037-3 (VDE 0887-37-3)
DIN EN 62037-4 (VDE 0887-37-4)
DIN EN 62037-5 (VDE 0887-37-5)
DIN EN 62037-6 (VDE 0887-37-6)
E DIN EN IEC 62037-8 (VDE 0887-37-8)

Passive integrierende Dosimetriesysteme
Personen-, Arbeitsplatz- und Umgebungsüberwachung
– Photonen- und Betastrahlung .... DIN EN 62387 (VDE 0492-3)
E DIN EN 62387 (VDE 0492-3)

Passive Kleinsignal-Stromwandler
Messwandler .... DIN EN IEC 61869-10 (VDE 0414-9-10)
DIN EN IEC 61869-11 (VDE 0414-9-11)

Passiv-Infrarot- und Mikrowellenmelder
kombinierte .... Beiblatt 1 DIN EN 50131-2-4 (VDE 0830-2-2-4)
DIN EN 50131-2-4 (VDE 0830-2-2-4)
E DIN EN 50131-2-4 (VDE 0830-2-2-4)

Passiv-Infrarot- und Ultraschallmelder
kombinierte .... Beiblatt 1 DIN EN 50131-2-5 (VDE 0830-2-2-5)
DIN EN 50131-2-5 (VDE 0830-2-2-5)

Passiv-Infrarotdual- und Mikrowellenmelder, kombinierte
.... E DIN EN 50131-2-4 (VDE 0830-2-2-4)

Passiv-Infrarotmelder .... DIN EN 50131-2-2 (VDE 0830-2-2-2)

Patchkabel
LWL-Simplex- und Duplexkabel .... DIN EN 60794-2-51 (VDE 0888-123)

Patchpanel .... DIN EN 62134-1 (VDE 0888-741)

Patientenerwärmung .... DIN EN 80601-2-35 (VDE 0750-2-35)
E DIN EN IEC 80601-2-35 (VDE 0750-2-35)

Patientennahe Tests
Schulung professioneller Anwender .... VDE-Anwendungsregel VDE-AR-E 2411-2-101

Patientenüberwachungsgeräte, multifunktionale .... DIN EN IEC 80601-2-49 (VDE 0750-2-49)

„pD"; Zündschutzart .... DIN EN 60079-2 (VDE 0170-3)
E DIN EN IEC 60079-2 (VDE 0170-3)

PDA
drahtlos arbeitend
– elektromagnetische Felder .... DIN EN 50566 (VDE 0848-566)

PEFC-Einzelzellen
Prüfverfahren .... DIN IEC/TS 62282-7-1 (VDE V 0130-7-1)

PE-Isoliermischungen
für Kommunikationskabel .... DIN EN 50290-2-23 (VDE 0819-103)

PELV .... DIN VDE 0100-410 (VDE 0100-410)

PE-Mantelmischungen
für Kommunikationskabel .... DIN EN 50290-2-24 (VDE 0819-104)

PEM-Zelle
Proton-Austausch-Membran-Einzelzelle und Stacks
– reversibel .... DIN EN IEC 62282-8-102 (VDE 0130-8-102)

PEN-Folien
isotrop biaxial orientierte für Kondensatoren .... DIN EN 60674-3-8 (VDE 0345-3-8)

Perimeter-Sicherungssystem (PSS)
Alarmanlagen .... DIN CLC/TS 50661-1 (VDE V 0830-100-1)

Peripheralpumpen
für Kühlflüssigkeiten .... DIN CLC/TS 50537-3 (VDE V 0115-537-3)

Peritoneal-Dialysegeräte .... DIN EN IEC 60601-2-39 (VDE 0750-2-39)

Permittivitäts-Verlustfaktor .... DIN EN 60422 (VDE 0370-2)

Permittivitätszahl
von Isolierflüssigkeiten .... DIN EN 60247 (VDE 0380-2)

Personalorientierte Dienste
für Bahnanwendungen .... DIN EN 62580-1 (VDE 0115-580)
DIN EN 62580-1/A11 (VDE 0115-580/A11)

Personenaufzüge
flexible Steuerleitungen .... DIN EN 50214 (VDE 0283-2)
Starkstromanlagen in .... VDE-Schriftenreihe Band 61

Personendosimeter
für Röntgen-, Gamma-, Neutronen- und Betastrahlung .... DIN EN 61526 (VDE 0492-1)
E DIN IEC 61526 (VDE 0492-1)

Personendosimeter, spektroskopische alarmgebende .... DIN EN 62618 (VDE 0493-3-8)

E DIN IEC 62618 (VDE 0493-3-8)

Personendosimetrie an Arbeitsplätzen
Leistungs- und Prüfanforderungen
– passive Dosimetriesysteme für Neutronenstrahlung . E DIN ISO 21909-2 (VDE 0492-3-909-2)

Personendosimetrie
Leistungs- und Prüfanforderungen
– passive Dosimetriesysteme für Neutronenstrahlung . E DIN ISO 21909-1 (VDE 0492-3-909-1)
E DIN ISO 21909-2 (VDE 0492-3-909-2)
Überwachung der Dosis
– Augenlinse, Haut und Extremitäten .... DIN EN ISO 15382 (VDE 0492-382)
Unsicherheit beim Messen
– Strahlenschutzmessgeräte .... DIN IEC/TR 62461 (VDE 0493-1000)

Personen-Hilferufanlagen
VDE-Anwendungsregeln .... DIN EN 50134-7 (VDE 0830-4-7)
Auslösegeräte .... DIN EN 50134-2 (VDE 0830-4-2)
Begriffe .... Beiblatt 1 DIN EN 50131-1 (VDE 0830-2-1)
Steuereinrichtungen .... DIN EN 50134-3 (VDE 0830-4-3)
DIN CLC/TS 50134-9 (VDE V 0830-4-9)
Störfestigkeit .... DIN EN 50130-4 (VDE 0830-1-4)
Systemanforderungen .... DIN EN 50134-1 (VDE 0830-4-1)
Verbindungen und Kommunikation .... DIN EN 50134-5 (VDE 0830-4-5)
E DIN EN 50134-5 (VDE 0830-4-5)

Personenkontaminationsmonitore, fest installierte .... DIN EN 61098 (VDE 0493-2-2)
E DIN EN 61098 (VDE 0493-2-2)
wiederkehrende Prüfung .... DIN VDE 0493-110 (VDE 0493-110)

Personenkontrolle
Detektion unerlaubter Gegenstände .... DIN IEC 62463 (VDE 0412-11)

Personennahverkehr
automatischer städtischer schienengebundener .... DIN EN 62267 (VDE 0831-267)
– Gefährdungsanalyse .... Beiblatt 1 DIN EN 62267 (VDE 0831-267)

Personen-Notsignal-Anlagen (PNA)
unter Nutzung öffentlicher Telekommunikationsnetze .... DIN VDE V 0825-1 (VDE V 0825-1)
DIN VDE V 0825-11 (VDE V 0825-11)

Personen-Notsignal-Anlagen (PNA), drahtlose
für Alleinarbeiten .... DIN VDE V 0825-1 (VDE V 0825-1)
DIN VDE V 0825-11 (VDE V 0825-11)

Personenüberwachung
Dosimetriesysteme .... DIN EN 62387 (VDE 0492-3)
E DIN EN 62387 (VDE 0492-3)

PET-Folien
isotrop biaxial orientierte
– zur elektrischen Isolierung .... DIN EN IEC 60674-3-2 (VDE 0345-3-2)

Petrinetz-Modellierung .... DIN EN 62551 (VDE 0050-4)

PET-Textilschläuche
mit Acrylbeschichtung .... DIN EN 60684-3-420 bis 422 (VDE 0341-3-420 bis 422)

Pfannenverbindungen von Kettenisolatoren
Sicherheitsvorrichtungen
– Maße und Prüfungen .... E DIN EN IEC 60372 (VDE 0674-105)

Pflegebetten .... DIN EN 60601-2-52 (VDE 0750-2-52)

Pflegeheime
Rufanlagen .... DIN VDE 0834-1 (VDE 0834-1)

Phasenschlüsse
an drehenden elektrischen Maschinen .... DIN CLC/TS 60034-24 (VDE V 0530-240)

Phasenvergleicher
für Wechselspannungen über 1 kV .... DIN EN 61481-1 (VDE 0682-431-1)

Phasenvergleicher, resistive
für Wechselspannungen über 1 kV bis 36 kV .... DIN EN 61481-2 (VDE 0682-431-2)

Phasenverschiebung, differenzielle .... DIN EN 60793-1-42 (VDE 0888-242)

Phenolharztafeln .... DIN EN 60893-3-4 (VDE 0318-3-4)

Photo-, siehe auch Foto-

Photonen-Oberflächenkontaminationsmessgeräte .... DIN EN 62363 (VDE 0493-2-4)

Photonen-Oberflächenkontaminationsüberwachungsgeräte .. DIN EN 62363 (VDE 0493-2-4)

Photonenspektrometriesystem (In-situ-)
mit Germaniumdetektor .... DIN IEC 61275 (VDE 0493-4-3)

Photonenstrahlung
Dosimetriesysteme
– zur Personen-, Arbeitsplatz- und Umgebungsüberwachung .... DIN EN 62387 (VDE 0492-3)
E DIN EN 62387 (VDE 0492-3)
Handgeräte zum Nachweis .... DIN EN 62533 (VDE 0493-3-6)

Photovoltaiksysteme
Leitungen .... DIN EN 50618 (VDE 0283-618)

Photovoltaik-(PV-)Systeme, netzgekoppelte
Dokumentation, Inbetriebnahmeprüfung, Prüfanforderungen   DIN EN 62446-1 (VDE 0126-23-1)
E DIN EN 62446-2 (VDE 0126-23-2)
Instandhaltung .... E DIN EN 62446-2 (VDE 0126-23-2)

Photovoltaik-(PV-)Module
Bypassdiode
– Prüfung des thermischen Durchgehens .... DIN EN 62979 (VDE 0126-45)

Photovoltaik Zellen und Module
Durchführung und Bewertung eines LeTID-Tests
.... E VDE-Anwendungsregel VDE-AR-E 2126-4-100

Photovoltaik
im Bauwesen .... DIN EN 50583-1 (VDE 0126-210-1)
DIN EN 50583-2 (VDE 0126-210-2)
– BIPV-Anlagen .... DIN EN 50583-2 (VDE 0126-210-2)
– BIPV-Module .... DIN EN 50583-1 (VDE 0126-210-1)

Photovoltaik-(PV-)Module
Betriebstemperatur .... DIN EN 61853-2 (VDE 0126-34-2)
Datenblatt- und Typenschildangaben .... DIN EN 50380 (VDE 0126-380)
Einfallswinkel .... DIN EN 61853-2 (VDE 0126-34-2)
Prüfung des Leistungsverhaltens .... DIN EN 61853-2 (VDE 0126-34-2)
Prüfung des thermischen Durchgehens
– der Bypassdiode .... DIN EN 62979 (VDE 0126-45)
Prüfverfahren spannungsinduzierter Degradation
– kristallines Silizium .... DIN IEC/TS 62804-1 (VDE V 0126-37-1)
Sicherheitsqualifikation
– Anforderungen an den Aufbau .... DIN EN IEC 61730-1 (VDE 0126-30-1)
 E DIN EN IEC 61730-1/A1 (VDE 0126-30-1/A1)
– Anforderungen an die Prüfung .... DIN EN IEC 61730-2 (VDE 0126-30-2)
spektrale Empfindlichkeit .... DIN EN 61853-2 (VDE 0126-34-2)
Transportprüfung
– Transport und Versand von PV-Modulpaketen .... DIN EN 62759-1 (VDE 0126-38)
Wiederholungsprüfungen
– Bauartzulassung, Entwurfs- und Sicherheitsqualifizierung
.... E DIN IEC/TS 62915 (VDE V 0126-75)
zyklische (dynamische) mechanische Belastungsprüfung
– der Bypassdiode .... DIN IEC/TS 62782 (VDE V 0126-46)

Photovoltaik-(PV-)Module, terrestrische
Bauarteignung und Bauartzulassung
– Prüfanforderungen .... DIN EN 61215-1 (VDE 0126-31-1)
 E DIN EN IEC 61215-1 (VDE 0126-31-1)
 DIN EN 61215-2 (VDE 0126-31-2)
 E DIN EN IEC 61215-2 (VDE 0126-31-2)
– Prüfverfahren .... DIN EN 61215-2 (VDE 0126-31-2)
 E DIN EN IEC 61215-2 (VDE 0126-31-2)
– Steigerung des Vertrauens .... DIN IEC/TS 62941 (VDE V 0126-310)

Photovoltaikanlagen im Außenbereich
Infrarotthermografie .... DIN IEC/TS 62446-3 (VDE V 0126-23-3)

Photovoltaikanlagen im Freien
Infrarotthermografie .... DIN IEC/TS 62446-3 (VDE V 0126-23-3)

Photovoltaik-Batterieladeregler .... DIN EN 62509 (VDE 0126-15)

Photovoltaikinstallationen
SPDs
– Auswahl und Anwendung .... E DIN EN 61643-32 (VDE 0675-6-32)
Überspannungsschutzgeräte .... DIN EN 50539-11 (VDE 0675-39-11)
 DIN EN 50539-11/A1 (VDE 0675-39-11/A1)
 DIN CLC/TS 50539-12 (VDE V 0675-39-12)

Photovoltaikmodule im Außenbereich
Infrarotthermografie .... DIN IEC/TS 62446-3 (VDE V 0126-23-3)

Photovoltaikmodule
Anschlussdosen .... DIN EN 50548 (VDE 0126-5)
 DIN EN 62790 (VDE 0126-500)
 E DIN EN 62790/A1 (VDE 0126-500/A1)
Aufbau .... DIN EN IEC 61730-1 (VDE 0126-30-1)

	E DIN EN IEC 61730-1/A1 (VDE 0126-30-1/A1)
Datenblatt- und Typenschildangaben	DIN EN 50380 (VDE 0126-380)
Energiemessung	DIN EN 62670-2 (VDE 0126-35-2)
Leistungsverhalten und Energiebemessung	
– Bestrahlungsstärke und Temperatur	DIN EN 61853-1 (VDE 0126-34-1)
	DIN EN IEC 61853-4 (VDE 0126-34-4)
– genormte Referenzklimaprofile	DIN EN IEC 61853-4 (VDE 0126-34-4)
Prüfung	DIN EN IEC 61730-1 (VDE 0126-30-1)
	E DIN EN IEC 61730-1/A1 (VDE 0126-30-1/A1)
	DIN EN IEC 61730-2 (VDE 0126-30-2)
Silizium-, kristalline	
– Messen der Strom-/Spannungskennlinien	DIN EN 61829 (VDE 0126-24)
Silizium-, terrestrische kristalline	
– Bauarteignung und Bauartzulassung	DIN EN 61215-1-1 (VDE 0126-31-1-1)
	E DIN EN IEC 61215-1-1 (VDE 0126-31-1-1)
	DIN EN 61215-1-2 (VDE 0126-31-1-2)
	E DIN EN IEC 61215-1-2 (VDE 0126-31-1-2)
	DIN EN 61215-1-3 (VDE 0126-31-1-3)
	E DIN EN IEC 61215-1-3 (VDE 0126-31-1-3)
	DIN EN 61215-1-4 (VDE 0126-31-1-4)
	E DIN EN IEC 61215-1-4 (VDE 0126-31-1-4)
	DIN EN 61215-2 (VDE 0126-31-2)
	E DIN EN IEC 61215-2 (VDE 0126-31-2)
terrestrische Dünnschicht-	
– Bauarteignung und Bauartzulassung	DIN EN 61215-2 (VDE 0126-31-2)
	E DIN EN IEC 61215-2 (VDE 0126-31-2)
ungleichmäßige Schneelastprüfung	E DIN EN 62938 (VDE 0126-85)
Wiederholungsprüfungen	
– Bauartzulassung, Entwurfs- und Sicherheitsqualifizierung	
....	E DIN IEC/TS 62915 (VDE V 0126-75)

Photovoltaikmodule im Freien

Infrarotthermografie	DIN IEC/TS 62446-3 (VDE V 0126-23-3)
Photovoltaikmodule und -anlagen	
– im Außenbereich	DIN IEC/TS 62446-3 (VDE V 0126-23-3)
– im Freien	DIN IEC/TS 62446-3 (VDE V 0126-23-3)

Photovoltaiksysteme

Betriebsverhalten	
– Überwachung	DIN EN 61724-1 (VDE 0126-25-1)
– Verfahren zur Bewertung der Kapazität	E DIN IEC/TS 61724-2 (VDE V 0126-25-2)
Steckverbinder	DIN EN 50521 (VDE 0126-3)
	DIN EN 62852 (VDE 0126-300)
	E DIN EN 62852/A1 (VDE 0126-300/A1)
Teilgeneratorverbindungssysteme	E VDE-Anwendungsregel VDE-AR-E 2283-6

Photovoltaikversorgungssysteme .... DIN VDE 0100-712 (VDE 0100-712)
VDE-Schriftenreihe Band 168

Brandbekämpfung	VDE-Anwendungsregel VDE-AR-E 2100-712
elektrische Sicherheit	VDE-Anwendungsregel VDE-AR-E 2100-712
technische Hilfeleistung	VDE-Anwendungsregel VDE-AR-E 2100-712

Photovoltaik-Wechselrichter

Datenblatt- und Typschildangaben .... DIN EN 50524 (VDE 0126-13)

	E DIN EN 50524 (VDE 0126-13)
Datenblattangaben	E DIN EN 50524 (VDE 0126-13)
Gesamtwirkungsgrad	DIN EN 50530 (VDE 0126-12)
	E DIN IEC 62891 (VDE 0126-12)
in Stromversorgungsnetzen	
– LVRT-Maßnahmen	DIN IEC/TS 62910 (VDE V 0126-16)
	E DIN IEC/TS 62910 (VDE V 0126-16)
– Prüfverfahren für LVRT-Maßnahmen	DIN IEC/TS 62910 (VDE V 0126-16)
	E DIN IEC/TS 62910 (VDE V 0126-16)
Inselbildung	DIN EN 62116 (VDE 0126-2)
Prüfverfahren für LVRT-Maßnahmen	DIN IEC/TS 62910 (VDE V 0126-16)
	E DIN IEC/TS 62910 (VDE V 0126-16)

Photovoltaische (PV-)Modulgruppen
Messen der Strom-Spannungs-Kennlinien
– am Einsatzort .... DIN EN 61829 (VDE 0126-24)

Photovoltaische Anlagen
Leistungsumrichter .... DIN EN 62109-1 (VDE 0126-14-1)
E DIN EN IEC 62109-3 (VDE 0126-14-3)

Photovoltaische Bauelemente
Strom-Spannungs-Kennlinien .... DIN EN 60891 (VDE 0126-6)

Photovoltaische Betriebsmittel
Bestimmung der Zellentemperatur .... DIN EN 60904-5 (VDE 0126-4-5)

Photovoltaische Einrichtungen
Elektrolumineszenz
– Photovoltaikmodule .... DIN IEC/TS 60904-13 (VDE V 0126-4-13)
Fehlanpassungskorrektur von Messungen .... DIN EN 60904-7 (VDE 0126-4-7)
E DIN EN 60904-7 (VDE 0126-4-7)
Linearitätsmessungen .... E DIN EN IEC 60904-10 (VDE 0126-4-10)
Messen der spektralen Empfindlichkeit
– von photovoltaischen (PV-)Einrichtungen .... DIN EN 60904-8-1 (VDE 0126-4-8-1)
Messen der Strom-/Spannungskennlinien
– mit Mehrschichtsolarzellen .... DIN EN 60904-1-1 (VDE 0126-4-1-1)
Messgrundsätze .... DIN EN IEC 60904-3 (VDE 0126-4-3)
Messung der lichtinduzierten Degradation
– von Solarzellen aus kristallinem Silizium .... DIN EN IEC 63202-1 (VDE 0126-4-11)
Messung der spektralen Empfindlichkeit .... DIN EN 60904-8 (VDE 0126-4-8)
– einer photovoltaischen (PV-)Einrichtung .... DIN EN 60904-8 (VDE 0126-4-8)
DIN EN 60904-8-1 (VDE 0126-4-8-1)
– mit Mehrschichtsolarzellen .... DIN EN 60904-8-1 (VDE 0126-4-8-1)
Messverfahren für die Linearität .... DIN EN 60904-10 (VDE 0126-4-10)
mit Mehrschichtsolarzellen
– Messung der spektralen Empfindlichkeit .... DIN EN 60904-8-1 (VDE 0126-4-8-1)
photovoltaische Referenzeinrichtungen
– Rückverfolgbarkeit der Kalibrierung .... E DIN EN 60904-4 (VDE 0126-4-4)
Referenz-Solarelemente .... DIN EN 60904-2 (VDE 0126-4-2)
– Kalibrierung .... DIN EN 60904-4 (VDE 0126-4-4)
E DIN EN 60904-4 (VDE 0126-4-4)
Sonnensimulatoren .... DIN EN 60904-9 (VDE 0126-4-9)
E DIN EN 60904-9 (VDE 0126-4-9)
spektrale Fehlanpassungskorrektur von Messungen .... E DIN EN 60904-7 (VDE 0126-4-7)

Strom-/Spannungskennlinien .... DIN EN 60904-1 (VDE 0126-4-1)
　　　　　　　　　　　　　　　　　　　　　　　　　　E DIN EN IEC 60904-1 (VDE 0126-4-1)
　　　　　　　　　　　　　　　　　　　　　　　　　　E DIN EN 60904-1-2 (VDE 0126-4-1-2)
Strom-Spannungs-Kennlinien .... E DIN EN IEC 60891 (VDE 0126-6)
– Umrechnung auf andere Temperaturen und Bestrahlungsstärken
.... E DIN EN IEC 60891 (VDE 0126-6)
terrestrische photovoltaische (PV) .... DIN EN IEC 60904-3 (VDE 0126-4-3)
Verfahren der linearen Abhängigkeit .... E DIN EN IEC 60904-10 (VDE 0126-4-10)
Verfahren der linearen Abhängigkeit und Linearitätsmessungen
.... E DIN EN IEC 60904-10 (VDE 0126-4-10)
Zellentemperatur von Betriebsmitteln
– Leerlaufspannungsverfahren .... DIN EN 60904-5 (VDE 0126-4-5)

Photovoltaische Energiesysteme
Gleichstrom-Lichtbogenerfassung
– Gleichstrom-Lichtbogenunterbrechung .... E DIN EN 63027 (VDE 0126-27)
Informationsmodell für die Verfügbarkeit .... E DIN IEC/TS 63019 (VDE V 0126-19)
Leistungsumrichter
– Wechselrichter .... DIN EN 62109-1 (VDE 0126-14-1)
　　　　　　　　　　　　　　　　　　　　　　　　　　DIN EN 62109-2 (VDE 0126-14-2)
　　　　　　　　　　　　　　　　　　　　　　　　　　E DIN EN IEC 62109-3 (VDE 0126-14-3)

Photovoltaische Inselsysteme
Bauarteignung und Typprüfung .... DIN EN 62124 (VDE 0126-20-1)

Photovoltaische Module
Ammoniak-Korrosionsprüfung .... DIN EN 62716 (VDE 0126-39)
Anforderungen an den Aufbau .... DIN EN IEC 61730-1 (VDE 0126-30-1)
　　　　　　　　　　　　　　　　　　　　　　　　　　E DIN EN IEC 61730-1/A1 (VDE 0126-30-1/A1)
Anforderungen an die Prüfung .... DIN EN IEC 61730-2 (VDE 0126-30-2)
Betriebstemperatur .... DIN EN 61853-2 (VDE 0126-34-2)
Datenblatt- und Typenschildangaben .... DIN EN 50380 (VDE 0126-380)
Energiebemessung .... DIN EN IEC 61853-3 (VDE 0126-34-3)
　　　　　　　　　　　　　　　　　　　　　　　　　　DIN EN IEC 61853-4 (VDE 0126-34-4)
Ethylen-Vinyl-Acetat-Verkapselung
– Prüfung des Aushärtungsgrads .... DIN EN 62788-1-6 (VDE 0126-37-1-6)
　　　　　　　　　　　　　　　　　　　　　　　　　　E DIN EN 62788-1-6/A1 (VDE 0126-37-1-6/A1)
Messverfahren für Werkstoffe .... DIN EN 62788-1-2 (VDE 0126-37-1-2)
　　　　　　　　　　　　　　　　　　　　　　　　　　DIN EN 62788-1-4 (VDE 0126-37-1-4)
　　　　　　　　　　　　　　　　　　　　　　　　　　E DIN EN 62788-1-4/A1 (VDE 0126-37-1-4/A1)
　　　　　　　　　　　　　　　　　　　　　　　　　　DIN EN 62788-1-5 (VDE 0126-37-1-5)
　　　　　　　　　　　　　　　　　　　　　　　　　　DIN IEC/TS 62788-2 (VDE V 0126-37-2)
　　　　　　　　　　　　　　　　　　　　　　　　　　DIN IEC/TS 62788-7-2 (VDE V 0126-37-7-2)
Polymerwerkstoffe
– für Frontsheets und Backsheets .... DIN IEC/TS 62788-2 (VDE V 0126-37-2)
Prüfung des Leistungsverhaltens .... DIN EN IEC 61853-3 (VDE 0126-34-3)
　　　　　　　　　　　　　　　　　　　　　　　　　　DIN EN IEC 61853-4 (VDE 0126-34-4)
Prüfung des thermischen Durchgehens
– der Bypassdiode .... DIN EN 62979 (VDE 0126-45)
Prüfverfahren für Werkstoffe .... DIN EN 62788-1-6 (VDE 0126-37-1-6)
　　　　　　　　　　　　　　　　　　　　　　　　　　E DIN EN 62788-1-6/A1 (VDE 0126-37-1-6/A1)
Salznebel-Korrosionsprüfung .... DIN EN 61701 (VDE 0126-8)
　　　　　　　　　　　　　　　　　　　　　　　　　　E DIN EN 61701 (VDE 0126-8)
Transport und Versand

– von (PV-)Modulpaketen .... DIN EN 62759-1 (VDE 0126-38)
Transportprüfung .... DIN EN 62759-1 (VDE 0126-38)
umweltbezogene Beanspruchung
– Schnellwitterungsprüfungen polymerer Werkstoffe
.... DIN IEC/TS 62788-7-2 (VDE V 0126-37-7-2)
Verkapselungsstoffe
– Messung der linearen Längenänderung .... DIN EN 62788-1-5 (VDE 0126-37-1-5)
– Messung der optischen Transmission .... DIN EN 62788-1-4 (VDE 0126-37-1-4)
 E DIN EN 62788-1-4/A1 (VDE 0126-37-1-4/A1)
– Messung des Durchgangswiderstands .... DIN EN 62788-1-2 (VDE 0126-37-1-2)
 DIN IEC/TS 62788-7-2 (VDE V 0126-37-7-2)
– Prüfverfahren zur Bestimmung des Aushärtungsgrads . DIN EN 62788-1-6 (VDE 0126-37-1-6)
 E DIN EN 62788-1-6/A1 (VDE 0126-37-1-6/A1)
zyklische (dynamische) mechanische Belastungsprüfung .. DIN IEC/TS 62782 (VDE V 0126-46)

Photovoltaische Pumpensysteme
Bauarteignung und Betriebsverhalten .... DIN EN 62253 (VDE 0126-50)

Photovoltaische Solarenergiesysteme
Begriffe, Definitionen, Symbole .... DIN CLC/TS 61836 (VDE V 0126-7)

Photovoltaische Stromerzeugungssysteme
EMV-Anforderungen und Prüfverfahren für Leistungsumrichter . DIN EN 62920 (VDE 0126-131)
 E DIN EN 62920/A1 (VDE 0126-131/A1)
 DIN EN 62920/A11 (VDE 0126-131/A11)

Photovoltaische Systeme
Bauarteignung
– Sonnen-Nachführeinrichtungen .... DIN EN 62817 (VDE 0126-61)
BOS-Bauteile
– Bauarteignung natürliche Umgebung .... DIN EN 62093 (VDE 0126-20)

Photovoltaische Systeme
Leistungsumrichter
– Prüfung der Bauarteignung .... E DIN EN 62093 (VDE 0126-20)

Photovoltaisches (PV-)Glas
Messung .... DIN EN 62805-1 (VDE 0126-4-20)
 DIN EN 62805-2 (VDE 0126-4-21)

Messung der Trübung
– spektrale Verteilung .... DIN EN 62805-1 (VDE 0126-4-20)
Messung von Reflexionsgrad .... DIN EN 62805-2 (VDE 0126-4-21)
Messung von Transmissionsgrad .... DIN EN 62805-2 (VDE 0126-4-21)
Reflexionsgrad .... DIN EN 62805-2 (VDE 0126-4-21)
Transmissionsgrad .... DIN EN 62805-2 (VDE 0126-4-21)
Trübung .... DIN EN 62805-1 (VDE 0126-4-20)

Phthalate
in Polymeren .... DIN EN 62321-8 (VDE 0042-1-8)
in Produkten der Elektrotechnik .... E DIN EN 62321-3-3 (VDE 0042-1-3-3)

Physikalisches Brandmodell .... DIN EN 60695-7-1 (VDE 0471-7-1)

Physiotherapiegeräte
Ultraschall-
– Feldspezifikation und Messverfahren .... DIN EN 61689 (VDE 0754-3)

– Frequenzbereich 0,5 MHz bis 5 MHz .... DIN EN 61689 (VDE 0754-3)

Pickupspulen-Messverfahren
Gesamtwechselstromverluste
– in Verbundsupraleiterdrähten .... DIN EN 61788-8 (VDE 0390-8)

Pickupspulenverfahren .... DIN EN 61788-8 (VDE 0390-8)

PICMG-MTCA.0 .... DIN EN 60297-3-107 (VDE 0687-297-3-107)

Piezoelektrische Eigenschaften .... DIN EN 50324-1 (VDE 0336-1)
DIN EN 50324-2 (VDE 0336-2)
DIN EN 50324-3 (VDE 0336-3)

PIR-Melder .... Beiblatt 1 DIN EN 50131-2-4 (VDE 0830-2-2-4)
E DIN EN 50131-2-4 (VDE 0830-2-2-4)

Pistolenkühlung .... DIN EN IEC 60974-2 (VDE 0544-2)

P-Klassifikation
ungeschützte Kabel und Leitungen .... DIN EN 50577 (VDE 0482-577)

Planschbecken
elektrische Anlagen .... DIN VDE 0100-702 (VDE 0100-702)
E DIN VDE 0100-702/AA (VDE 0100-702/AA)
VDE-Schriftenreihe Band 168
VDE-Schriftenreihe Band 67b
Leuchten .... DIN EN 60598-2-18 (VDE 0711-2-18)

Planung elektrischer Anlagen
aus Sicht der Brandschadenverhütung .... VDE-Schriftenreihe Band 173
in Wohngebäuden .... VDE-Schriftenreihe Band 45

Planung und Betrieb von Energieversorgungsunternehmen
Datenmodelle, Schnittstellen, Informationsaustausch
– Datenobjektmodelle für Netzwerk- und Systemmanagement (NSM)
.... DIN EN 62351-7 (VDE 0112-351-7)

Planung und Leistungsbewertung
elektrischer Energiespeichersysteme .... DIN IEC/TS 62933-3-1 (VDE V 0520-933-3-1)

Planung von Netzbetreibern
Schnittstelle Übertragungs- und Verteilnetze .... VDE-Anwendungsregel VDE-AR-N 4141-1

Planungsgrundsätze
für 110-kV-Netze .... VDE-Anwendungsregel VDE-AR-N 4121

Plasmaanlagen
Elektrowärmeanlagen .... DIN EN IEC 60519-1 (VDE 0721-1)

Plasmabildschirm-Anzeigefelder (PDP) .... DIN EN 62087 (VDE 0868-100)

Plasmabrenner .... DIN EN IEC 60974-7 (VDE 0544-7)

Plasmaheizungseinrichtungen .... DIN EN IEC 60519-1 (VDE 0721-1)

Plasmaschneiden
Zünd- und Stabilisierungseinrichtungen .... DIN EN IEC 60974-3 (VDE 0544-3)

Plasmaschneidsysteme
Gaskonsolen .... DIN EN 60974-8 (VDE 0544-8)

Plasmaschweißen ....
E DIN EN IEC 60974-8 (VDE 0544-8)
DIN EN IEC 60974-1 (VDE 0544-1)
E DIN EN IEC 60974-1 (VDE 0544-1)
DIN EN IEC 60974-1/A1 (VDE 0544-1/A1)

Plattenspieler
Störfestigkeit .... Beiblatt 1 DIN EN 55020 (VDE 0872-20)

Plätze
Beleuchtungsanlagen .... DIN VDE 0100-714 (VDE 0100-714)
VDE-Schriftenreihe Band 168

PLT-Sicherheitseinrichtungen
für die Prozessindustrie
– funktionale Sicherheit .... DIN EN 61511-1 (VDE 0810-1)
DIN EN 61511-2 (VDE 0810-2)
– Sicherheitsintegritätslevel .... DIN EN 61511-3 (VDE 0810-3)
Prozessindustrie .... DIN EN 61511-3 (VDE 0810-3)
– Allgemeines, Begriffe, Anforderungen an Systeme, Hardware
und Anwendungsprogrammierung .... DIN EN 61511-1 (VDE 0810-1)

PLT-Stellenprüfung
verfahrenstechnische Industrie
– leittechnische Systeme .... DIN EN 62382 (VDE 0810-82)

Plug-in-Hybrid-Fahrzeuge
Ladeleitungen .... VDE-Anwendungsregel VDE-AR-E 2283-5

Plutonium-238
Messung mit Alphaspektrometrie
– im Erdboden .... DIN ISO 18589-4 (VDE 0493-4-5894)

Plutonium-239+240
Messung mit Alphaspektrometrie
– im Erdboden .... DIN ISO 18589-4 (VDE 0493-4-5894)

PMD
Niederspannungsnetze
– elektrische Sicherheit .... E DIN EN 61557-12 (VDE 0413-12)

Pneumatische Messumformer
Abnahme und Stückprüfung .... DIN EN 60770-2 (VDE 0408-2)

POCT-Beauftragter .... VDE-Anwendungsregel VDE-AR-E 2411-2-101

Polarisationserhaltende Fasern
Lichtwellenleiter .... DIN EN 60793-2-70 (VDE 0888-327)

Polarisationsmodendispersion .... DIN EN 60793-1-48 (VDE 0888-248)

Polarisationsübersprechen
Lichtwellenleiter
– Messmethoden und Prüfverfahren .... DIN EN 60793-1-61 (VDE 0888-261)

Polierer, handgeführt motorbetrieben .... DIN EN 60745-2-3 (VDE 0740-2-3)
DIN EN 60745-2-3/A13 (VDE 0740-2-3/A13)
E DIN EN IEC 62841-2-3 (VDE 0740-2-3)
DIN EN 62841-2-4 (VDE 0740-2-4)

Polyamid-Papiere, aromatische
für elektrotechnische Zwecke .... DIN EN 60819-3-3 (VDE 0309-3-3)

Polybromierte Biphenylether
polybromierte Diphenylether
– Polymere .... DIN EN 62321-6 (VDE 0042-1-6)

Polychloroprenschläuche, extrudierte .... DIN EN 60684-3-116 (VDE 0341-3-116)

Polyester
Filamente für gewebte Bänder .... DIN EN 61067-1 (VDE 0338-1)
DIN EN 61067-2 (VDE 0338-2)
DIN EN 61067-3-1 (VDE 0338-3-1)
DIN EN 61068-1 (VDE 0337-1)
DIN EN 61068-2 (VDE 0337-2)
DIN EN 61068-3-1 (VDE 0337-3-1)
Folie für selbstklebende Bänder .... DIN EN 60454-3-11 (VDE 0340-3-11)

Polyesterfolie
mit Epoxid .... DIN EN 60454-3-11 (VDE 0340-3-11)
mit gekrepptem Zellulosepapier .... DIN EN 60454-3-11 (VDE 0340-3-11)
mit Glasfilament .... DIN EN 60454-3-11 (VDE 0340-3-11)
mit Polyestervliesstoff .... DIN EN 60454-3-11 (VDE 0340-3-11)
mit warmhärtendem Klebstoff .... DIN EN 60454-3-11 (VDE 0340-3-11)

Polyesterharztafeln .... DIN EN 60893-3-5 (VDE 0318-3-5)

Polyestervliesstoff
für selbstklebende Bänder .... DIN EN 60454-3-11 (VDE 0340-3-11)

Polyethylen- und Polypropylenmischungen
Lebensdauerprüfung .... DIN EN 60811-408 (VDE 0473-811-408)

Polyethylenmischungen
für Isolier- und Mantelmischungen
– Bewertung der Rußverteilung .... DIN EN 60811-607 (VDE 0473-811-607)
– Messung des Schmelzindex .... DIN EN 60811-511 (VDE 0473-811-511)
– Prüfverfahren .... DIN EN 60811-407 (VDE 0473-811-407)
DIN EN 60811-408 (VDE 0473-811-408)
– Wickelprüfung nach thermischer Alterung .... DIN EN 60811-510 (VDE 0473-811-510)
– Wickelprüfung nach Vorbehandlung .... DIN EN 60811-513 (VDE 0473-811-513)
– Zugfestigkeit und Reißdehnung .... DIN EN 60811-512 (VDE 0473-811-512)

Polyethylennaphthalatfolien .... DIN EN 60674-3-8 (VDE 0345-3-8)
zur elektrischen Isolierung .... DIN EN 60674-3-8 (VDE 0345-3-8)

Polyethylenterephthalat-(PET-)Folien
isotrop biaxial orientierte
– zur elektrischen Isolierung .... DIN EN IEC 60674-3-2 (VDE 0345-3-2)

Polyethylenterephthalat-Textilschläuche
.... DIN EN 60684-3-340 bis 342 (VDE 0341-3-340 bis 342)

Polyimid
Folie für selbstklebende Bänder .... DIN EN 60454-3-7 (VDE 0340-3-7)

Polyimidharztafeln .... DIN EN 60893-3-7 (VDE 0318-3-7)

Polymerelektrolyt-Brennstoffzellen (PEFC)
Prüfverfahren für Einzelzellen .... DIN IEC/TS 62282-7-1 (VDE V 0130-7-1)

Polymerisationsgrad, viskosimetrischer
von Elektroisolierstoffen
– Messung .... DIN EN 60450 (VDE 0311-21)

Polymerisolatoren
Begriffe, Prüfverfahren, Annahmekriterien .... DIN EN 62217 (VDE 0441-1000)
 E DIN EN IEC 62217 (VDE 0674-251)
für Innenraum- und Freiluftanwendung .... DIN EN 62217 (VDE 0441-1000)
 E DIN EN IEC 62217 (VDE 0674-251)
für Wechselspannungssysteme .... DIN IEC/TS 60815-3 (VDE V 0674-256-3)
 E DIN IEC/TS 60815-3 (VDE V 0674-256-3)
Herstellung, Prüfung und Diagnose
– Sprödbruch des Kernwerkstoffes .... DIN CLC/TR 62662 (VDE 0674-278)

Polyolefinisolierte Leiter
Sauerstoffalterung unter Kupfereinfluss .... DIN EN 60811-410 (VDE 0473-811-410)

Polyolefinschläuche
mit Innenbeschichtung
– wärmeschrumpfend, nicht flammwidrig .... DIN EN IEC 60684-3-247 (VDE 0341-3-247)

Polyolefinschläuche, extrudiert flammwidrig .... DIN EN 60684-3-165 (VDE 0341-3-165)

Polyolefinschläuche, wärmeschrumpfend .... DIN EN 60684-3-212 (VDE 0341-3-212)

Polyolefinschläuche, wärmeschrumpfend flammwidrig
.... DIN EN 60684-3-209 (VDE 0341-3-209)

Polyolefinschläuche, wärmeschrumpfend nicht flammwidrig
.... DIN EN IEC 60684-3-214 (VDE 0341-3-214)
 DIN EN 60684-3-246 (VDE 0341-3-246)
 DIN EN IEC 60684-3-247 (VDE 0341-3-247)

Polyolefin-Wärmeschrumpfschläuche .... DIN EN 60684-3-211 (VDE 0341-3-211)
 DIN EN 60684-3-212 (VDE 0341-3-212)
für die Isolierung von Sammelschienen .... DIN EN IEC 60684-3-283 (VDE 0341-3-283)
mit Feldsteuerung .... DIN EN IEC 60684-3-282 (VDE 0341-3-282)
nicht flammwidrig .... DIN EN IEC 60684-3-214 (VDE 0341-3-214)

Polyolefin-Wärmeschrumpfschläuche, flammwidrig .. DIN EN 60684-3-205 (VDE 0341-3-205)
 DIN EN 60684-3-248 (VDE 0341-3-248)

Polyolefin-Wärmeschrumpfschläuche, halbleitend .... DIN EN 60684-3-281 (VDE 0341-3-281)

Polyolefin-Wärmeschrumpfschläuche, kriechstromfest
.... DIN EN IEC 60684-3-280 (VDE 0341-3-280)

Polyolefin-Wärmeschrumpfschläuche, nicht flammwidrig
dickwandig und mittlere Wanddicke .... DIN EN IEC 60684-3-214 (VDE 0341-3-214)
 DIN EN IEC 60684-3-247 (VDE 0341-3-247)

Polypropylenfolien, biaxial orientierte
für Kondensatoren .... DIN EN 60674-3-1 (VDE 0345-3-1)
 E DIN EN IEC 60674-3-1 (VDE 0345-3-1)

Polypropylenmischungen
für Isolier- und Mantelmischungen
- Bewertung der Rußverteilung .... DIN EN 60811-607 (VDE 0473-811-607)
- Messung des Schmelzindex .... DIN EN 60811-511 (VDE 0473-811-511)
- Prüfverfahren .... DIN EN 60811-407 (VDE 0473-811-407)
  DIN EN 60811-408 (VDE 0473-811-408)
- Wickelprüfung nach thermischer Alterung .... DIN EN 60811-510 (VDE 0473-811-510)
- Wickelprüfung nach Vorbehandlung .... DIN EN 60811-513 (VDE 0473-811-513)
- Zugfestigkeit und Reißdehnung .... DIN EN 60811-512 (VDE 0473-811-512)

Polyurethanharzmassen, ungefüllt .... DIN EN 60455-3-3 (VDE 0355-3-3)

Polyvinylidenfluoridschläuche, wärmeschrumpfend flammwidrig
.... DIN EN 60684-3-228 (VDE 0341-3-228)
DIN EN 60684-3-229 (VDE 0341-3-229)

Pool
elektrische Anlage .... DIN VDE 0100-702 (VDE 0100-702)
E DIN VDE 0100-702/AA (VDE 0100-702/AA)
VDE-Schriftenreihe Band 168
VDE-Schriftenreihe Band 67b

POP
Schutzeinrichtung für Hausinstallationen
- gegen netzfrequente Überspannungen .... E DIN EN 63052 (VDE 0640-052)

Porenfreiheit
von metallenen Überzügen .... DIN 57472-812 (VDE 0472-812)

Portalkrane
elektrische Ausrüstung .... DIN EN 60204-32 (VDE 0113-32)

Portalmonitore
für radioaktive Stoffe .... DIN EN 62484 (VDE 0493-3-5)
E DIN EN 62484 (VDE 0493-3-5)

Portalmonitore, fest installierte .... E DIN IEC 62244 (VDE 0493-3-2)

Positronen emittierender Radionuklide
Überwachung radioaktiver Gase .... E DIN ISO 16640 (VDE 0493-1-6640)
- in Ableitungen von Anlagen .... E DIN ISO 16640 (VDE 0493-1-6640)

Potentialausgleich
Erläuterungen .... DIN VDE 0618-1 (VDE 0618-1)
in Gebäuden mit Informationstechnikeinrichtungen .... DIN EN 50310 (VDE 0800-2-310)
VDE-Schriftenreihe Band 126
in Niederspannungsanlagen .... DIN VDE 0100-540 (VDE 0100-540)
E DIN VDE 0100-540/A1 (VDE 0100-540/A1)
in vernetzten Systemen .... Beiblatt 1 DIN EN 50083 (VDE 0855)
in Wohngebäuden .... VDE-Schriftenreihe Band 45
von Informationstechnik .... DIN V VDE V 0800-2 (VDE V 0800-2)

Potentialausgleichsleiter
in Niederspannungsanlagen .... VDE-Schriftenreihe Band 106
in Niederspannungsnetzen
- Messen des Widerstands .... DIN EN 61557-4 (VDE 0413-4)
E DIN EN 61557-4 (VDE 0413-4)

Potentialausgleichsschiene
für Blitzschutzsysteme .... DIN EN 62561-1 (VDE 0185-561-1)

PRCDs .... Beiblatt 1 DIN VDE 0661-10 (VDE 0661-10)
DIN VDE 0661-10 (VDE 0661-10)
DIN VDE 0661-10/A2 (VDE 0661-10/A2)
DIN VDE 0661-10 (VDE 0611-10)
– DIN VDE 0661 (VDE 0661) .... Beiblatt 1 DIN VDE 0661-10 (VDE 0661-10)

Prellen
Prüfung Ee
– und Leitfaden .... DIN EN 60068-2-55 (VDE 0468-2-55)

Presspapier
zellulosefrei .... DIN EN 60819-1 (VDE 0309-1)

Pressspan
Aramid-Tafel
– allgemeine Anforderungen .... DIN EN 61629-1 (VDE 0317-1)
für elektrotechnische Anwendungen
– Begriffe und allgemeine Anforderungen .... DIN EN 60641-1 (VDE 0315-1)
– Prüfverfahren .... DIN EN 60641-2 (VDE 0315-2)
– Rollenpressspan Typen P .... DIN EN 60641-3-2 (VDE 0315-3-2)
– Tafelpressspan Typen B .... DIN EN 60641-3-1 (VDE 0315-3-1)

Pressverbinder und Schraubverbinder für Starkstromkabel
Prüfverfahren für Nennspannungen bis 1 kV
– geprüft an isolierten Leitern .... DIN EN IEC 61238-1-2 (VDE 0220-238-1-2)
– geprüft an nicht isolierten Leitern .... DIN EN IEC 61238-1-1 (VDE 0220-238-1-1)
Prüfverfahren für Nennspannungen über 1 kV bis zu 36 kV
– geprüft an nicht isolierten Leitern .... DIN EN IEC 61238-1-3 (VDE 0220-238-1-3)

Pressverbinder
für Starkstromkabel .... DIN EN IEC 61238-1-1 (VDE 0220-238-1-1)
DIN EN IEC 61238-1-2 (VDE 0220-238-1-2)
DIN EN IEC 61238-1-3 (VDE 0220-238-1-3)

Primärbatterien mit wässrigem Elektrolyt
Sicherheit .... E DIN EN IEC 60086-5 (VDE 0509-5)

Primärbatterien
Batterien .... E DIN EN 60086-1 (VDE 0509-86-1)
E DIN EN 60086-2 (VDE 0509-86-2)
DIN EN IEC 60086-6 (VDE 0509-86-6)
Leitfaden zu Umweltaspekten .... DIN EN IEC 60086-6 (VDE 0509-86-6)
Lithium-Batterien .... DIN EN IEC 60086-4 (VDE 0509-4)
– Sicherheit .... DIN EN IEC 60086-4 (VDE 0509-4)
mit wässrigem Elektrolyt .... DIN EN 60086-5 (VDE 0509-5)
E DIN EN IEC 60086-5 (VDE 0509-5)
– Sicherheit .... DIN EN 60086-5 (VDE 0509-5)
E DIN EN IEC 60086-5 (VDE 0509-5)
physikalische und elektrische Spezifikationen ...... E DIN EN 60086-2 (VDE 0509-86-2)

Primär-Lithium-Batterien
Sicherheit beim Transport .... DIN EN IEC 62281 (VDE 0509-6)
E DIN EN IEC 62281/A1 (VDE 0509-6/A1)

Probabilistische Risikobewertung von nuklearen Energieerzeugungsanlagen
und anderen kerntechnischen Anlagen
– Analyse menschlicher Zuverlässigkeit .... E DIN IEC 63260 (VDE 0491-60)

Probenahme
Radioaktivität im Erdboden .... DIN EN ISO 18589-2 (VDE 0493-4-5892)

Probenentnahme von Tritium und Kohlenstoff-14
gasförmige Ableitungen kerntechnischer Anlagen .... E DIN ISO 20041-1 (VDE 0493-1-41-1)

Probenentnahme
von luftgetragenen radioaktiven Stoffen
– aus Kanälen und Kaminen kerntechnischer Anlagen .... E DIN ISO 2889 (VDE 0493-1-2889)

Probennahme von Isolierflüssigkeiten .... DIN EN 60475 (VDE 0370-3)
E DIN EN IEC 60475 (VDE 0370-3)

Probennahme
von Gasen und Öl
– in elektrischen Betriebsmitteln .... DIN EN 60567 (VDE 0370-9)

Probenstrategie
Radioaktivität im Erdboden .... DIN EN ISO 18589-2 (VDE 0493-4-5892)

Produktdokumentation
Gliederung, Inhalt, Darstellung .... DIN EN 82079-1 (VDE 0039-1)
E DIN EN 82079-1 (VDE 0039-1)

Produkte der Elektrotechnik und Elektronik
umweltbewusstes Gestalten .... DIN EN 62430 (VDE 0042-2)
Umweltschutznormung .... DIN EN 62542 (VDE 0042-3)

Produkte der Elektrotechnik
Bestimmung von Bestandteilen .... DIN EN 62321 (VDE 0042-1)
DIN EN 62321-5 (VDE 0042-1-5)
Bestimmung von Substanzen .... DIN EN 62321-2 (VDE 0042-1-2)
DIN EN 62321-5 (VDE 0042-1-5)
– Demontage, Zerlegung, Probenvorbereitung .... DIN EN 62321-2 (VDE 0042-1-2)
– Einleitung und Übersicht .... DIN EN 62321-1 (VDE 0042-1-1)
– Ermittlung des Gesamtbromgehalts .... DIN EN 62321-3-2 (VDE 0042-1-3-2)
– Hexabromcyclododecan in Polymeren .... E DIN EN 62321-9 (VDE 0042-1-9)
– Ionen-Chromatografie (C-IC) .... E DIN EN 62321-3-2 (VDE 0042-1-3-2)
– Phthalate in Polymeren .... DIN EN 62321-8 (VDE 0042-1-8)
– Pyrolyse (Py-GC-MS) .... E DIN EN 62321-3-3 (VDE 0042-1-3-3)
– Quecksilber .... DIN EN 62321-4 (VDE 0042-1-4)
– Röntgenfluoreszenz-Spektrometrie .... DIN EN 62321-3-1 (VDE 0042-1-3-1)
– Thermodesorption-Gaschromatografie-Massenspektrometrie (TD-GC-MS)
.... E DIN EN 62321-3-3 (VDE 0042-1-3-3)
polyzyclische aromatische Kohlenwasserstoffe
– (PAK) .... E DIN EN 62321-10 (VDE 0042-1-10)

Produkte
der Elektrotechnik
– Bestimmung von Substanzen .... DIN EN 62321-1 (VDE 0042-1-1)
E DIN EN 62321-10 (VDE 0042-1-10)
DIN EN 62321-2 (VDE 0042-1-2)
DIN EN 62321-3-1 (VDE 0042-1-3-1)

	DIN EN 62321-3-2 (VDE 0042-1-3-2)
	E DIN EN 62321-3-2 (VDE 0042-1-3-2)
	E DIN EN 62321-3-3 (VDE 0042-1-3-3)
	DIN EN 62321-4 (VDE 0042-1-4)
	DIN EN 62321-6 (VDE 0042-1-6)
	DIN EN 62321-7-1 (VDE 0042-1-7-1)
	DIN EN 62321-7-2 (VDE 0042-1-7-2)
	DIN EN 62321-8 (VDE 0042-1-8)
	E DIN EN 62321-9 (VDE 0042-1-9)
Inverkehrbringung	VDE-Schriftenreihe Band 116
Kennzeichnung	VDE-Schriftenreihe Band 116
mit wiederverwendeten Teilen	DIN EN 62309 (VDE 0050)
sicherheitsgerechtes Gestalten	DIN 31000 (VDE 1000)

Produktgestaltung
umweltbewusste .... DIN EN 62430 (VDE 0042-2)

Produktontologien .... DIN EN 62656-1 (VDE 0040-8-1)
DIN EN 62656-3 (VDE 0040-8-3)
E DIN EN IEC 62656-8 (VDE 0040-8-8)

PAM
– POM .... DIN EN 62656-5 (VDE 0040-8-5)

Produktsicherheit .... VDE-Schriftenreihe Band 116
Gesundheitssoftware .... DIN EN 82304-1 (VDE 0750-102-1)
Niederspannungs-Messwandler .... E DIN EN 61869-220 (VDE 0414-9-220)
von Messrelais und Schutzeinrichtungen .... DIN EN 60255-27 (VDE 0435-327)
E DIN EN IEC 60255-27 (VDE 0435-327)
von Wechselstrom-Elektrizitätszählern .... DIN EN 62052-31 (VDE 0418-2-31)

Programme
für das Zuverlässigkeitswachstum .... E DIN EN 61014 (VDE 0050-7)

Programmierbare Bauteile
von elektronischen Betriebsgeräten
– für Lampen .... DIN EN 62733 (VDE 0712-4)

Programmierbare elektronische Systeme
allgemeine Anforderungen .... DIN EN 61508-1 (VDE 0803-1)
Anforderungen an sicherheitsbezogene Systeme .... DIN EN 61508-2 (VDE 0803-2)
Anforderungen an Software .... DIN EN 61508-3 (VDE 0803-3)
Anwendungsrichtlinie für IEC 61508-2 und IEC 61508-3 .... DIN EN 61508-6 (VDE 0803-6)
Begriffe und Abkürzungen .... DIN EN 61508-4 (VDE 0803-4)
Bestimmung von Sicherheitsintegritätslevel .... DIN EN 61508-5 (VDE 0803-5)
Verfahren und Maßnahmen .... DIN EN 61508-7 (VDE 0803-7)

Programmiersprachen (SPS-) .... VDE-Schriftenreihe Band 102

Programmierwerkzeuge
für speicherprogrammierbare Steuerungen .... DIN EN 61131-2 (VDE 0411-500)
E DIN EN 61131-2 (VDE 0411-500)

Projektierung
elektrischer Anlagen in Gebäuden .... VDE-Schriftenreihe Band 148

Protokoll zum Management
Lade- und Infrastruktur für Elektrofahrzeuge

– Begriffe, Anwendungsfälle, Architektur .... E DIN EN 63110-1 (VDE 0122-110-1)

Protokollierung von IT-Sicherheitsvorfällen
Energiemanagementsysteme
– Daten- und Kommunikationssicherheit .... E DIN EN IEC 62351-14 (VDE 0112-351-14)

Protokollschichten
der Feldbustechnologie .... DIN EN 61784-3/A1 (VDE 0803-500/A1)

Proton-Zyklotrone
für hohe Intensität, feste Energie
– Energiebereich von 10 MeV bis 20 MeV .... E DIN IEC 63175 (VDE 0412-40)

Prozeduren, rechnerunterstützte
Kernkraftwerke
– Warten .... DIN EN IEC 62646 (VDE 0491-5-6)

Prozessautomatisierung
Sicherheit von Analysengeräteräumen .... DIN EN 61285 (VDE 0400-100)

Prozessindustrie
Alarmmanagement .... DIN EN 62682 (VDE 0810-682)
                                                                                                                    E DIN EN IEC 62682 (VDE 0810-682)
PLT-Sicherheitseinrichtungen
– Allgemeines, Begriffe, Anforderungen an Systeme, Hardware und
   Anwendungsprogrammierung .... DIN EN 61511-1 (VDE 0810-1)
– Anleitungen zur Anwendung von IEC 61511-1 .... DIN EN 61511-2 (VDE 0810-2)
– Anwendung von IEC 61511-1 .... DIN EN 61511-2 (VDE 0810-2)
– funktionale Sicherheit .... DIN EN 61511-1 (VDE 0810-1)
                                                                                            DIN EN 61511-2 (VDE 0810-2)
                                                                                            DIN EN 61511-3 (VDE 0810-3)
– Sicherheitsintegritätslevel .... DIN EN 61511-3 (VDE 0810-3)

Prozessleitsysteme
Messumformer
– Methoden zur Bewertung .... DIN EN 60770-3 (VDE 0408-3)

Prozessleittechnik (PLT)
analoge Streifenschreiber .... DIN EN 60873-1 (VDE 0410-1)
                                                                                           DIN EN 60873-2 (VDE 0410-2)
ausgewählte Kenngrößen .... VDE-Schriftenreihe Band 101
Fließbilder .... DIN EN 62424 (VDE 0810-24)
Geräte mit analogen Eingängen
– Funktionskontrolle und Stückprüfung .... DIN EN 61003-2 (VDE 0409-2)
– und Zwei- oder Mehrpunktverhalten .... DIN EN 61003-2 (VDE 0409-2)
industrielle Systeme
– Bewertung des Betriebsverhaltens .... DIN EN 61003-1 (VDE 0409)

Prozessregelung
Stellgeräte .... DIN EN 1349 (VDE 0409-1349)

Prozessschnittstelleneinrichtung .... DIN EN 60255-1 (VDE 0435-300)
                                                                                                      E DIN EN 60255-1 (VDE 0435-300)

Prozesssteuerung
industrielle Systeme .... DIN IEC/TS 62492-2 (VDE V 0409-20-2)

Prüf- und Messverfahren
Störfestigkeit gegen gedämpft schwingende Wellen .. DIN EN IEC 61000-4-18 (VDE 0847-4-18)

Prüf- und Zertifizierungswesen des VDE .... VDE 0024

Prüfablaufplan
für Steckverbinder .... DIN EN 60512-99-001 (VDE 0687-512-99-001)
DIN EN IEC 60512-99-002 (VDE 0687-512-99-002)

Prüfanforderungen an Erzeugungseinheiten
Anschluss und Parallelbetrieb
– am Niederspannungsnetz .... DIN VDE V 0124-100 (VDE V 0124-100)

Prüfanforderungen für Kabelgarnituren
Starkstromkabel
– Nennspannung von 3,6/6(7,2) kV bis 20,8/36(42) kV DIN VDE 0278-629-1 (VDE 0278-629-1)

Prüfanforderungen
für Garnituren von Verteilerkabeln
– mit Nennspannungen von 0,6/1,0 (1,2) kV .... DIN EN 50393 (VDE 0278-393)
Personendosimetrie .... E DIN ISO 21909-1 (VDE 0492-3-909-1)
E DIN ISO 21909-2 (VDE 0492-3-909-2)
Personendosimetrie an Arbeitsplätzen .... E DIN ISO 21909-2 (VDE 0492-3-909-2)

Prüfanlagen, elektrische
Errichten und Betreiben .... DIN EN 50191 (VDE 0104)

Prüfanordnung
für empfindliche Prüf- und Messgeräte
– ohne EMV-Schutzmaßnahmen .... DIN EN 61326-2-1 (VDE 0843-20-2-1)
E DIN EN IEC 61326-2-1 (VDE 0843-20-2-1)
für Messgrößenumformer .... DIN EN 61326-2-3 (VDE 0843-20-2-3)
E DIN EN IEC 61326-2-3 (VDE 0843-20-2-3)
für ortsveränderliche Prüf-, Mess- und Überwachungsgeräte
.... DIN EN 61326-2-2 (VDE 0843-20-2-2)
E DIN EN IEC 61326-2-2 (VDE 0843-20-2-2)

Prüfanordnungen
für elektrische Widerstands-Begleitheizungen .... DIN EN 62395-1 (VDE 0721-52)

Prüfart A F/R
Flammenausbreitung .... DIN EN IEC 60332-3-21 (VDE 0482-332-3-21)

Prüfart A
Flammenausbreitung .... DIN EN IEC 60332-3-22 (VDE 0482-332-3-22)

Prüfart B
Flammenausbreitung .... DIN EN IEC 60332-3-23 (VDE 0482-332-3-23)

Prüfart C
Flammenausbreitung .... DIN EN IEC 60332-3-24 (VDE 0482-332-3-24)

Prüfart D
Flammenausbreitung .... DIN EN IEC 60332-3-25 (VDE 0482-332-3-25)

Prüfausrüstung und -materialien
für schnurlose Trockensauger .... DIN IEC/TS 62885-1 (VDE V 0705-2885-1)

Prüfbedingungen
Wechselstrom-Elektrizitätszähler
– Messeinrichtungen .... DIN EN 62052-11 (VDE 0418-2-11)
E DIN EN 62052-11 (VDE 0418-2-11)

Prüfbereich .... DIN EN 50191 (VDE 0104)

Prüfbeschreibungen
Systemkompatibilität EMA/ÜMA-Komponenten
– Alarmanlagen .... DIN CLC/TS 50131-5-4 (VDE V 0830-2-5-4)

Prüfergebnisse
Toxizität von Rauch und Brandgasen
– Anwendung und Beurteilung .... DIN EN 60695-7-3 (VDE 0471-7-3)

Prüffelder, elektrische .... DIN EN 50191 (VDE 0104)

Prüfflamme 1 kW
mit Gas-Luft-Gemisch
– Prüfeinrichtung und Leitfaden .... DIN EN 60695-11-2 (VDE 0471-11-2)
zur Beurteilung der Brandgefahr .... DIN EN 60695-11-2 (VDE 0471-11-2)

Prüfflamme 50 W
horizontal und vertikal .... DIN EN 60695-11-10 (VDE 0471-11-10)

Prüfflamme 500 W .... DIN EN 60695-11-20 (VDE 0471-11-20)

Prüfflammen
charakteristische Wärmestromdichte
– Entzündung durch eine Zündquelle ohne direkten Kontakt
.... DIN IEC/TS 60695-11-11 (VDE V 0471-11-11)
E DIN EN IEC 60695-11-11 (VDE 0471-11-11)
Nadelflamme .... DIN EN 60695-11-5 (VDE 0471-11-5)

Prüffristen
für elektrische Geräte .... VDE-Schriftenreihe Band 62

Prüffristenermittlung .... VDE-Schriftenreihe Band 121

Prüfgeräte
für Flammenausbreitung
– an kleinen isolierten Leitern und Kabeln .... DIN EN 60332-2-1 (VDE 0482-332-2-1)
für Schutzmaßnahmen in Niederspannungsnetzen
– allgemeine Anforderungen .... DIN EN 61557-1 (VDE 0413-1)
E DIN EN 61557-1 (VDE 0413-1)
– Drehfeld .... DIN EN 61557-7 (VDE 0413-7)
E DIN EN 61557-7 (VDE 0413-7)
– Fehlerstromschutzeinrichtungen (RCD) .... DIN EN 61557-6 (VDE 0413-6)
E DIN EN 61557-6 (VDE 0413-6)
– Isolationswiderstand .... DIN EN 61557-2 (VDE 0413-2)
E DIN EN 61557-2 (VDE 0413-2)
– Schleifenwiderstand .... DIN EN 61557-3 (VDE 0413-3)
E DIN EN 61557-3 (VDE 0413-3)

Prüfgeräte, empfindliche
ohne EMV-Schutz
– EMV-Anforderungen .... DIN EN 61326-2-1 (VDE 0843-20-2-1)

Prüfgeräte, ortsveränderliche
EMV-Anforderungen .... DIN EN 61326-2-2 (VDE 0843-20-2-2)
E DIN EN IEC 61326-2-1 (VDE 0843-20-2-1)
E DIN EN IEC 61326-2-2 (VDE 0843-20-2-2)

Prüfkammern
für Umgebungsbedingungen
– Berechnung der Messunsicherheit .... DIN EN 60068-3-11 (VDE 0468-3-11)

Prüfkostenrechner .... VDE-Schriftenreihe Band 121

Prüfmethoden
für elektrische Geräte .... VDE-Schriftenreihe Band 62

Prüfmusters
Messung des Quecksilbergehalts
– Leuchtstofflampen .... DIN EN IEC 62554 (VDE 0042-20)

Prüfpulsformen
für das Human Body Model (HBM) .... DIN EN 61340-3-1 (VDE 0300-3-1)

Prüfsysteme, radiografische
für Frachtgut und Fahrzeuge .... DIN IEC 62523 (VDE 0412-10)

Prüftechnik
Niederspannungsgeräte .... DIN EN 61180 (VDE 0432-10)
Wechsel- und Gleichspannungsmessgeräte .... E DIN EN 61083-3 (VDE 0432-12)

Prüftiegel .... DIN EN 61144 (VDE 0380-3)

Prüfung 15b (Steckverbinder)
Haltekraft des Einsatzes im Gehäuse (axial) ...... DIN EN IEC 60512-15-2 (VDE 0687-512-15-2)

Prüfung 17a (Steckverbinder)
Sicherheit der Kabelabfangung
– gegen Einschneiden des Kabelmantels .... DIN EN 60512-17-2 (VDE 0687-512-17-2)
Widerstandsfähigkeit der Kabelabfangung
– gegen seitlichen Kabelzug .... DIN EN 60512-17-1 (VDE 0687-512-17-1)

Prüfung 17c (Steckverbinder)
Widerstandsfähigkeit der Kabelabfangung
– gegen axialen Zug .... DIN EN 60512-17-3 (VDE 0687-512-17-3)

Prüfung 17d (Steckverbinder)
Widerstandsfähigkeit der Kabelabfangung
– gegen Kabeltorsion .... DIN EN 60512-17-4 (VDE 0687-512-17-4)

Prüfung 19a (Steckverbinder)
Widerstandsfähigkeit gegen Flüssigkeiten .... DIN EN 60512-19-1 (VDE 0687-512-19-1)

Prüfung 20a (Steckverbinder)
Brennbarkeit, Nadelflamme .... DIN EN 60512-20-1 (VDE 0687-512-20-1)

Prüfung 20c (Steckverbinder)
Brennbarkeit, Glühdraht .... DIN EN 60512-20-3 (VDE 0687-512-20-3)

Prüfung 21a (Steckverbinder)
HF-Dämpfungswiderstand .... DIN EN 60512-21-1 (VDE 0687-512-21-1)

Prüfung 22a (Steckverbinder)
Kapazität .... DIN EN 60512-22-1 (VDE 0687-512-22-1)

Prüfung 23b (Steckverbinder)
Einfügungsdämpfung integrierter Filter .... DIN EN 60512-23-2 (VDE 0687-512-23-2)

Prüfung 23c (Steckverbinder)
Schirm- und Filterprüfungen
– Paralleldrahtverfahren .... DIN EN IEC 60512-23-3 (VDE 0687-512-23-3)
Schirmwirkung von Steckverbindern und Zubehör
.... DIN EN IEC 60512-23-3 (VDE 0687-512-23-3)
– Paralleldrahtverfahren .... DIN EN IEC 60512-23-3 (VDE 0687-512-23-3)

Prüfung 24a (Steckverbinder)
Restmagnetismus .... DIN EN 60512-24-1 (VDE 0687-512-24-1)

Prüfung 27a bis 27g (Steckverbinder)
Signalintegritätsprüfungen bis 500 MHz .... DIN EN 60512-27-100 (VDE 0687-512-27-100)

Prüfung 7a (Steckverbinder)
freier Fall .... DIN EN 60512-7-1 (VDE 0687-512-7-1)

Prüfung 7b (freie Steckverbinder)
kabelgebundene Fallprüfung .... DIN EN 60512-7-2 (VDE 0687-512-7-2)

Prüfung 8a (Steckverbinder)
statische Querlast .... DIN EN 60512-8-1 (VDE 0687-512-8-1)

Prüfung 8b (Steckverbinder)
statische Axiallast .... DIN EN 60512-8-2 (VDE 0687-512-8-2)

Prüfung 8c (Steckverbinder)
mechanische Widerstandsfähigkeit .... DIN EN IEC 60512-8-3 (VDE 0687-512-8-3)

Prüfung 99a (Steckverbinder)
Anwendung in paarverseilter Kommunikationsverkabelung
– mit Fernspeisung .... DIN EN 60512-99-001 (VDE 0687-512-99-001)

Prüfung 99b (Steckverbinder)
Stecken und Ziehen unter elektrischer Last   DIN EN IEC 60512-99-002 (VDE 0687-512-99-002)

Prüfung 9a (Steckverbinder)
mechanische Lebensdauer .... DIN EN 60512-9-1 (VDE 0687-512-9-1)

Prüfung 9b (Steckverbinder)
elektrische Belastung
– bei hoher Temperatur .... DIN EN 60512-9-2 (VDE 0687-512-9-2)

Prüfung 9c (Steckverbinder)
mechanische Lebensdauer .... DIN EN 60512-9-3 (VDE 0687-512-9-3)

Prüfung 9d (Steckverbinder)
Dauerhaftigkeit von Kontakthalterung und Dichtungen .. DIN EN 60512-9-4 (VDE 0687-512-9-4)

Prüfung 9e (Steckverbinder)
Strombelastung, zyklisch .... DIN EN IEC 60512-9-5 (VDE 0687-512-9-5)

Prüfung B
trockene Wärme .... DIN EN 60068-2-2 (VDE 0468-2-2)

Prüfung Cab
feuchte Wärme .... DIN EN 60068-2-78 (VDE 0468-2-78)

Prüfung Cy
Bauelemente
– feuchte Wärme, konstant, beschleunigte Prüfung .... DIN EN 60068-2-67 (VDE 0468-2-67)

Prüfung der Bauarteignung
Leistungsumrichter
– für photovoltaische Systeme .... E DIN EN 62093 (VDE 0126-20)

Prüfung der bei der Verbrennung entstehenden Gase
Werkstoffe von Kabeln und isolierten Leitungen
– Bestimmung der Akzidität (durch Messung des pH-Werts)
.... DIN EN 60754-2 (VDE 0482-754-2)
– Bestimmung der Leitfähigkeit .... DIN EN 60754-2 (VDE 0482-754-2)
– Bestimmung des Gehaltes an Halogenwasserstoffsäure .. DIN EN 60754-1 (VDE 0482-754-1)

Prüfung der Gase bei Verbrennung der Werkstoffe
von Kabeln und isolierten Leitungen
– Messung eines niedrigen Halogengehalts durch Ionenchromatografie
.... DIN EN IEC 60754-3 (VDE 0482-754-3)

Prüfung der Störfestigkeit gegen gedämpft schwingende Wellen
.... DIN EN IEC 61000-4-18 (VDE 0847-4-18)

Prüfung des Leistungsverhaltens
photovoltaischer Module
– Energiebemessung .... DIN EN IEC 61853-3 (VDE 0126-34-3)
                                                                DIN EN IEC 61853-4 (VDE 0126-34-4)

Prüfung des Modenfelddurchmessers
Lichtwellenleiter .... DIN EN IEC 60793-1-45 (VDE 0888-245)

Prüfung Ea
Leitfaden: Schocken .... DIN EN 60068-2-27 (VDE 0468-2-27)

Prüfung Ee
lose Packstücke und Prellen .... DIN EN 60068-2-55 (VDE 0468-2-55)

Prüfung Eh
Hammerprüfungen .... DIN EN 60068-2-75 (VDE 0468-2-75)

Prüfung elektrischer Geräte .... DIN VDE 0701-0702 (VDE 0701-0702)
                                                                DIN EN 50678 (VDE 0701)

Prüfung Fc
Schwingen, sinusförmig .... DIN EN 60068-2-6 (VDE 0468-2-6)

Prüfung Ff
Schwingen
– Zeitlaufverfahren und Sinusimpulse .... DIN EN 60068-2-57 (VDE 0468-2-57)

Prüfung Fg
Schwingen, akustisch angeregt .... DIN EN 60068-2-65 (VDE 0468-2-65)

Prüfung Fh
Schwingen, Breitbandrauschen .... DIN EN 60068-2-64 (VDE 0468-2-64)

Prüfung Fj
Schwingen, Nachbildung von Langzeitsignalen .... DIN EN IEC 60068-2-85 (VDE 0468-2-85)

Prüfung für IEC 60297 .... DIN EN 61587-1 (VDE 0687-587-1)
DIN EN 61587-4 (VDE 0687-587-4)

Prüfung für IEC 60917 .... DIN EN 61587-1 (VDE 0687-587-1)
DIN EN 61587-4 (VDE 0687-587-4)

Prüfung J und Leitfaden
Schimmelwachstum .... DIN EN 60068-2-10/A1 (VDE 0468-2-10/A1)

Prüfung K
Salznebel
– grundlegende Umweltprüfungen .... E DIN EN IEC 60068-2-11 (VDE 0468-2-11)

Prüfung K: Salznebel
grundlegende Umweltprüfungen .... E DIN EN IEC 60068-2-11 (VDE 0468-2-11)

Prüfung Kb
Salznebel, zyklisch (Natriumchloridlösung)
– Umgebungseinflüsse .... DIN EN IEC 60068-2-52 (VDE 0468-2-52)
Berichtigung 1 DIN EN IEC 60068-2-52 (VDE 0468-2-52)

Prüfung M
niedriger Luftdruck
– Prüfverfahren Umgebungseinflüsse .... E DIN EN IEC 60068-2-13 (VDE 0468-2-13)

Prüfung M: niedriger Luftdruck
Prüfverfahren Umgebungseinflüsse .... E DIN EN IEC 60068-2-13 (VDE 0468-2-13)

Prüfung N
Temperaturwechsel .... DIN EN 60068-2-14 (VDE 0468-2-14)

Prüfung R
und Leitfaden: Wasser .... DIN EN 60068-2-18 (VDE 0468-2-18)

Prüfung Ra
und Leitfaden: künstlicher Regen .... DIN EN 60068-2-18 (VDE 0468-2-18)

Prüfung Rb
und Leitfaden: Spritzwasser .... DIN EN 60068-2-18 (VDE 0468-2-18)

Prüfung Rc
und Leitfaden: Eintauchen .... DIN EN 60068-2-18 (VDE 0468-2-18)

Prüfung Sa
nachgebildete Sonnenbestrahlung .... DIN EN IEC 60068-2-5 (VDE 0468-2-5)

Prüfung T (Umgebungseinflüsse)
Löten
– Unterlagen und Anleitung .... DIN EN 60068-3-13 (VDE 0468-3-13)

Prüfung T
Lötbarkeit und Lötwärmebeständigkeit von Bauelementen mit herausgeführten Anschlüssen
.... E DIN EN IEC 60068-2-20 (VDE 0468-2-20)

Prüfung Td
oberflächenmontierbare Bauelemente (SMD) .... DIN EN 60068-2-58 (VDE 0468-2-58)

Prüfung Te/Tc
Lötbarkeit von Bauelementen und Leiterplatten .... DIN EN 60068-2-69 (VDE 0468-2-69)

Prüfung von Polymerisolatoren
Sprödbruch des Kernwerkstoffes .... DIN CLC/TR 62662 (VDE 0674-278)

Prüfung von PV-Modulen
ausgedehnte Temperaturwechsel .... DIN EN IEC 62892 (VDE 0126-892)
erweiterte Temperaturwechsel .... DIN EN IEC 62892 (VDE 0126-892)

Prüfung Xc
Verunreinigung durch Flüssigkeiten .... DIN EN 60068-2-74 (VDE 0468-2-74)

Prüfung Z/AD
Temperatur/Feuchte, zyklisch .... DIN EN 60068-2-38 (VDE 0468-2-38)

Prüfung zur Beurteilung der Brandgefahr
Prüfflammen
– Wärmestromdichte zur Entzündung ohne direkten Kontakt
.... DIN IEC/TS 60695-11-11 (VDE V 0471-11-11)
E DIN EN IEC 60695-11-11 (VDE 0471-11-11)
Toxizität von Rauch und/oder flüchtigen Verbrennungsprodukten
– Zusammenfassung und Anwendbarkeit von Prüfverfahren
.... E DIN EN IEC 60695-7-2 (VDE 0471-7-2)
Prüfung
– Leistungsumrichter für photovoltaische Systeme .... E DIN EN 62093 (VDE 0126-20)
Sonnen-Nachführeinrichtungen
– photovoltaischer Systeme .... DIN EN 62817 (VDE 0126-61)
terrestrische kristalline Silizium-Photovoltaik-(PV-)Module
.... DIN EN 61215-1-1 (VDE 0126-31-1-1)
E DIN EN IEC 61215-1-1 (VDE 0126-31-1-1)
DIN EN 61215-1-2 (VDE 0126-31-1-2)
E DIN EN IEC 61215-1-2 (VDE 0126-31-1-2)
DIN EN 61215-1-3 (VDE 0126-31-1-3)
E DIN EN IEC 61215-1-3 (VDE 0126-31-1-3)
DIN EN 61215-2 (VDE 0126-31-2)
E DIN EN IEC 61215-2 (VDE 0126-31-2)
terrestrische kristalline Silizium-Photovoltaik(PV-)Module DIN EN 61215-1-4 (VDE 0126-31-1-4)
E DIN EN IEC 61215-1-4 (VDE 0126-31-1-4)
DIN EN 61215-2 (VDE 0126-31-2)
E DIN EN IEC 61215-2 (VDE 0126-31-2)
terrestrische Photovoltaik-(PV-)Module
– Prüfanforderungen .... DIN EN 61215-1 (VDE 0126-31-1)
E DIN EN IEC 61215-1 (VDE 0126-31-1)
DIN EN 61215-2 (VDE 0126-31-2)
E DIN EN IEC 61215-2 (VDE 0126-31-2)
– Prüfverfahren .... DIN EN 61215-2 (VDE 0126-31-2)
E DIN EN IEC 61215-2 (VDE 0126-31-2)
– Steigerung des Vertrauens .... DIN IEC/TS 62941 (VDE V 0126-310)

Prüfung
an Kabeln und isolierten Leitungen
– Verzeichnis der Normen .... Beiblatt 1 DIN VDE 0472 (VDE 0472)
an Trenntransformatoren
– zur Versorgung medizinischer Räume .... DIN EN 61558-2-15 (VDE 0570-2-15)

der Störfestigkeit
- gegen leitungsgeführte HEMP-Störgrößen .... DIN EN 61000-4-24 (VDE 0847-4-24)
- gegen Stoßspannungen .... DIN EN 61000-4-5 (VDE 0847-4-5)
elektrischer Ausrüstungen von Maschinen .... VDE-Schriftenreihe Band 163
elektrischer Geräte .... VDE-Schriftenreihe Band 62
Elektroisolierstoffe .... DIN EN 60544-1 (VDE 0306-1)
                                                          DIN EN 60544-2 (VDE 0306-2)
erste .... VDE-Schriftenreihe Band 63
                                                          VDE-Schriftenreihe Band 163
nach Instandsetzung
- medizinische elektrische Geräte .... DIN EN 62353 (VDE 0751-1)
symmetrische Kommunikationsverkabelung
- nach EN 50173-4 .... DIN EN 50599 (VDE 0819-599)
von Arbeitsmitteln .... VDE-Schriftenreihe Band 120
von elektrischen Anlagen .... VDE-Schriftenreihe Band 39
                                                          VDE-Schriftenreihe Band 63
                                                          VDE-Schriftenreihe Band 163
von elektrischen Anlagen aus Sicht der Brandschadenverhütung . VDE-Schriftenreihe Band 173
von Isolierstoffen
- dielektrische Eigenschaften .... DIN VDE 0303-13 (VDE 0303-13)
von Kabeln und Leitungen .... DIN VDE 0472-1 (VDE 0472-1)
von Umgebungsbedingungen .... DIN EN 60721-2-9 (VDE 0468-721-2-9)
Wärmefreisetzung .... DIN EN 60695-8-2 (VDE 0471-8-2)
wiederkehrende .... VDE-Schriftenreihe Band 163

Prüfung, kombinierte
Temperatur/Luftfeuchte/niedriger Luftdruck .... DIN EN 60068-2-39 (VDE 0468-2-39)

Prüfung, wiederkehrende
von Niederspannungsanlagen .... DIN VDE 0100-600 (VDE 0100-600)

Prüfung, zerstörungsfreie
Photovoltaikmodule und -anlagen
- im Außenbereich .... DIN IEC/TS 62446-3 (VDE V 0126-23-3)
- im Freien .... DIN IEC/TS 62446-3 (VDE V 0126-23-3)

Prüfungen A (Kälte) und B (trockene Wärme) mit Prüfgut
Umgebungseinflüsse .... E DIN EN IEC 60068-3-7 (VDE 0468-3-7)

Prüfungen an Kabeln und isolierten Leitungen
Prüfverfahren für Brand mit Erschütterung
- bei einer Temperatur von mindestens 830 °C .... DIN EN IEC 60331-1 (VDE 0482-331-1)

Prüfungen an Kabeln, isolierten Leitungen und Glasfaserkabeln
Prüfung der vertikalen Flammenausbreitung
- Prüfart A .... DIN EN IEC 60332-3-22 (VDE 0482-332-3-22)
- Prüfart A F/R .... DIN EN IEC 60332-3-21 (VDE 0482-332-3-21)
- Prüfart B .... DIN EN IEC 60332-3-23 (VDE 0482-332-3-23)
- Prüfart C .... DIN EN IEC 60332-3-24 (VDE 0482-332-3-24)
- Prüfart D .... DIN EN IEC 60332-3-25 (VDE 0482-332-3-25)
- Prüfvorrichtung .... DIN EN IEC 60332-3-10 (VDE 0482-332-3-10)

Prüfungen auf Feuersicherheit
von Steckverbindern .... DIN EN 60512-20-1 (VDE 0687-512-20-1)
                                                        DIN EN 60512-20-3 (VDE 0687-512-20-3)

Prüfungen der HF-Güte
von Steckverbindern .... DIN EN 60512-21-1 (VDE 0687-512-21-1)

Prüfungen der Kapazität
von Steckverbindern .... DIN EN 60512-22-1 (VDE 0687-512-22-1)

Prüfungen der Widerstandsfähigkeit
von Steckverbindern .... DIN EN 60512-19-1 (VDE 0687-512-19-1)

Prüfungen des thermischen Durchgehens
der Bypassdiode
– von photovoltaischen Modulen .... DIN EN 62979 (VDE 0126-45)

Prüfungen von Motorradbatterien
Blei-Akkumulatoren-Starterbatterien .... DIN EN 50342-7 (VDE 0510-342-7)

Prüfungen zur Beurteilung der Brandgefahr
Beurteilung der Brandgefahr von elektrotechnischen Erzeugnissen
– Anwendung von Vorauswahlverfahren .... DIN EN 60695-1-30 (VDE 0471-1-30)
Flammenausbreitung auf Oberflächen
– Zusammenfassung und Anwendbarkeit von Prüfverfahren
.... E DIN EN IEC 60695-9-2 (VDE 0471-9-2)
Klassifikation nach Prüfergebnissen mit dem Glühdraht
– Entflammbarkeit von Enderzeugnissen (GWEPT)
.... E DIN IEC/TS 60695-2-15 (VDE V 0471-2-15)
Prüfverfahren mit dem Glühdraht
– Entflammbarkeit (GWFI) von Werkstoffen .... E DIN EN 60695-2-12 (VDE 0471-2-12)
– Entzündbarkeit (GWIT) von Werkstoffen .... E DIN EN 60695-2-13 (VDE 0471-2-13)
– Glühdrahtprüfeinrichtungen und allgemeines Prüfverfahren
.... E DIN EN IEC 60695-2-10 (VDE 0471-2-10)
Prüfverfahren mit dem Glühdraht zur Entflammbarkeit von Enderzeugnissen
– (GWEPT) .... E DIN EN IEC 60695-2-11 (VDE 0471-2-11)
Sichtminderung durch Rauch
– allgemeiner Leitfaden .... E DIN EN IEC 60695-6-1 (VDE 0471-6-1)
– Zusammenfassung und Anwendbarkeit von Prüfverfahren
.... DIN EN IEC 60695-6-2 (VDE 0471-6-2)
Terminologie der Brandprüfungen elektrotechnischer Produkte
.... E DIN EN IEC 60695-4 (VDE 0471-4)

Prüfungen
an Schaltnetzteilen (SMPS)
– und Transformatoren an Schaltnetzteilen .... DIN EN 61558-2-16 (VDE 0570-2-16)
                                                                                     E DIN EN IEC 61558-2-16 (VDE 0570-2-16)
Anschlussdosen
– Photovoltaikmodule .... DIN EN 62790 (VDE 0126-500)
                                                                                     E DIN EN 62790/A1 (VDE 0126-500/A1)
Blei-Akkumulatoren-Starterbatterien .... DIN EN 50342-1 (VDE 0510-101)
Cadmiumtellurid-(CdTe-)Photovoltaik-(PV-)Modulen .... DIN EN 61215-1-2 (VDE 0126-31-1-2)
                                                                                     E DIN EN IEC 61215-1-2 (VDE 0126-31-1-2)
                                                                                     DIN EN 61215-2 (VDE 0126-31-2)
                                                                                     E DIN EN IEC 61215-2 (VDE 0126-31-2)
Feldabstandshalter
– Freileitungen .... E DIN EN 61854 (VDE 0212-2)
für Flammenausbreitung
– oberflächig .... DIN EN 60695-9-1 (VDE 0471-9-1)

für Überspannungsschutzgeräte
- in Photovoltaikinstallationen .... DIN EN 50539-11/A1 (VDE 0675-39-11/A1)
Leistungsfähigkeit von Schwachstromkontakten
- Niederspannungsschaltgeräte .... DIN EN 60947-5-4 (VDE 0660-211)
Leuchten .... DIN EN 60598-1 (VDE 0711-1)
E DIN EN 60598-1 (VDE 0711-1)
OLED .... E DIN EN 62868-1 (VDE 0715-18-1)
organische Licht emittierende Dioden-Panels
- OLED .... E DIN EN 62868-1 (VDE 0715-18-1)
Photovoltaik-(PV-)Module aus kristallinen Silizium .... DIN EN 61215-1-1 (VDE 0126-31-1-1)
E DIN EN IEC 61215-1-1 (VDE 0126-31-1-1)
DIN EN 61215-2 (VDE 0126-31-2)
E DIN EN IEC 61215-2 (VDE 0126-31-2)
Photovoltaik-(PV-)Modulen aus amorphem Silizium (a-Si)
- und mikrokristallinem Silizium (µc-Si) .... DIN EN 61215-1-3 (VDE 0126-31-1-3)
DIN EN 61215-2 (VDE 0126-31-2)
E DIN EN IEC 61215-2 (VDE 0126-31-2)
Photovoltaik-(PV-)Modulen aus Dünnschichtmodulen
- aus Cu(In,GA)(S,Se)2 .... DIN EN 61215-1-4 (VDE 0126-31-1-4)
E DIN EN IEC 61215-1-4 (VDE 0126-31-1-4)
DIN EN 61215-2 (VDE 0126-31-2)
E DIN EN IEC 61215-2 (VDE 0126-31-2)
Photovoltaik-(PV-)Modulen aus Kupfer-Indium-Gallium-Selenid (CIGS)
- und Kupfer-Indium-Selenid (CIS) .... DIN EN 61215-1-4 (VDE 0126-31-1-4)
E DIN EN IEC 61215-1-4 (VDE 0126-31-1-4)
DIN EN 61215-2 (VDE 0126-31-2)
E DIN EN IEC 61215-2 (VDE 0126-31-2)
Photovoltaik-(PV-)Dünnschichtmodulen aus amorphem Silizium
.... E DIN EN IEC 61215-1-3 (VDE 0126-31-1-3)
Steckverbinder
- für elektronische Einrichtungen .... DIN EN IEC 60512-1 (VDE 0687-512-1)
- Photovoltaiksysteme .... DIN EN 62852 (VDE 0126-300)
E DIN EN 62852/A1 (VDE 0126-300/A1)
Umgebungseinflüsse
- Prüfverfahren Xw1 für Bauelemente und Teile in elektronischen Baugruppen
.... DIN EN IEC 60068-2-82 (VDE 0468-2-82)
Wechselstrom-Elektrizitätszähler
- Messeinrichtungen .... DIN EN 62052-11 (VDE 0418-2-11)
E DIN EN 62052-11 (VDE 0418-2-11)
zur Beurteilung der Brandgefahr
- auf Oberflächen .... DIN EN 60695-9-1 (VDE 0471-9-1)

Prüfverfahren .... DIN EN 50288-10-1 (VDE 0819-10-1)
DIN EN 50288-11-1 (VDE 0819-11-1)
DIN EN 50288-9-1 (VDE 0819-9-1)
Bestimmung der Grenzflächenspannung mittels Ringmethode
- Isolierflüssigkeiten .... DIN EN IEC 62961 (VDE 0370-6)
Betriebsverhalten
- Geräte zur Detektion von Kohlenmonoxid .... DIN EN 50291-1 (VDE 0400-34-1)
des Frequenzübertragungsverhaltens
- Leistungstransformatoren .... DIN EN 60076-18 (VDE 0532-76-18)
Durchschlagfestigkeit von isolierenden Werkstoffen .... DIN EN 60243-2 (VDE 0303-22)
DIN EN 60243-3 (VDE 0303-23)

– bei technischen Frequenzen .... DIN EN 60243-1 (VDE 0303-21)
Durchschlagfestigkeit von Isolierharzen und -lacken
– für Imprägnierungen .... DIN EN IEC 60370 (VDE 0304-370)
elektrische Durchschlagmethoden von Isolierharzen und -lacken
– für Imprägnierungen .... DIN EN IEC 60370 (VDE 0304-370)
elektrische Geräte
– Detektion und Messung von Sauerstoff .... DIN EN 50104 (VDE 0400-20)
elektrostatischer Gefährdungen .... DIN EN 60079-32-2 (VDE 0170-32-2)
für Alkohol-Interlocks
– Betriebsverhalten .... DIN EN 50436-3 (VDE 0406-3)
für Bauelemente für Überspannungsschutz
– Metalloxidvaristoren (MOV) .... DIN EN IEC 61643-331 (VDE 0845-5-3)
 E DIN IEC 61643-331 (VDE 0845-5-31)
für Bleibatterien .... DIN EN 61056-1 (VDE 0510-25)
für Blockspan .... E DIN EN 60763-2/A1 (VDE 0314-2/A1)
für Druckmessumformer
– Kernkraftwerke .... DIN EN 62808 (VDE 0491-9-3)
 E DIN IEC 62887 (VDE 0491-9-4)
für elektrische Energiespeichersysteme .... DIN EN IEC 62933-2-1 (VDE 0520-933-2-1)
 DIN IEC/TS 62933-3-1 (VDE V 0520-933-3-1)
für elektrische Kennwerte
– Doppelschichtkondensatoren in Hybridelektrofahrzeugen DIN EN IEC 62576 (VDE 0122-576)
für Elektrostatik
– Widerstand von Bodenbelägen und verlegten Fußböden .. DIN EN 61340-4-1 (VDE 0300-4-1)
für Flammenausbreitung
– an isolierten Leitern und Kabeln .... DIN EN 60332-1-2 (VDE 0482-332-1-2)
 DIN EN 60332-1-3 (VDE 0482-332-1-3)
– an kleinen isolierten Leitern und Kabeln .... DIN EN 60332-2-2 (VDE 0482-332-2-2)
– oberflächig .... DIN EN 60695-9-2 (VDE 0471-9-2)
 E DIN EN IEC 60695-9-2 (VDE 0471-9-2)
für Garnituren von Verteilerkabeln
– mit Nennspannungen von 0,6/1,0 (1,2) kV .... DIN EN 50393 (VDE 0278-393)
für Gasspür- und Messgeräte .... DIN EN 45544-1 (VDE 0400-22-1)
 DIN EN 45544-2 (VDE 0400-22-2)
 DIN EN 45544-3 (VDE 0400-22-3)
für Gasspürgeräte .... DIN EN 50271 (VDE 0400-21)
für Gleichstrommaschinen .... DIN EN 60034-19 (VDE 0530-19)
für Halogengehalt .... DIN EN 50642 (VDE 0604-2-100)
für Haushalt-Heizkissen .... DIN EN 61255 (VDE 0705-1255)
für Haushaltskühlgeräte .... E DIN EN 62552-1 (VDE 0705-2552-1)
 E DIN IEC 62552-1/A1 (VDE 0705-2552-1/A1)
 E DIN EN 62552-2 (VDE 0705-2552-2)
 E DIN EN 62552-2-100 (VDE 0705-2552-2-100)
 E DIN IEC 62552-2/A1 (VDE 0705-2552-2/A1)
 E DIN EN 62552-3-100 (VDE 0705-2552-3-100)
für Infrarotstrahler
– industrielle Elektrowärmeeinrichtungen .... DIN EN 62798 (VDE 0721-53)
für Isolierflüssigkeiten .... E DIN EN 60156 (VDE 0370-5)
für Isolierfolien .... DIN EN 60674-2 (VDE 0345-2)
für Isolierschläuche .... DIN EN 60684-2 (VDE 0341-2)
für Kommunikationskabel
– Abriebfestigkeit Markierung Kabelmantel .... DIN EN 50288-11-1 (VDE 0819-11-1)

– Dämpfung	DIN EN 50289-1-1 (VDE 0819-289-1-1) DIN EN 50289-3-8 (VDE 0819-289-38) DIN EN 50289-1-8 (VDE 0819-289-1-8)
– Eingangsimpedanz	DIN EN 50289-1-11 (VDE 0819-289-1-11)
– Rückflussdämpfung	DIN EN 50289-1-11 (VDE 0819-289-1-11)
– Spezifikation	DIN EN 50289-1-1 (VDE 0819-289-1-1) DIN EN 50289-1-11 (VDE 0819-289-1-11) DIN EN 50289-1-8 (VDE 0819-289-1-8) DIN EN 50289-1-9 (VDE 0819-289-1-9)
– Unsymmetriedämpfung	DIN EN 50289-1-9 (VDE 0819-289-1-9)
– Unsymmetriedämpfung (am nahen und am fernen Ende)	DIN EN 50289-1-9 (VDE 0819-289-1-9)
– Wellenwiderstand	DIN EN 50289-1-11 (VDE 0819-289-1-11)
für Leistungskennwerte	
– stationäre Brennstoffzellen-Energiesysteme	DIN EN 62282-3-200 (VDE 0130-3-200)
für LEV-Anwendungen	DIN EN 50604-1 (VDE 0510-12) E DIN EN 50604-1/AA (VDE 0510-12/AA)
für Lichtbogen-Reduktionsöfen	DIN EN 60683 (VDE 0721-1022)
für Lichtwellenleiter	
– chromatische Dispersion	DIN EN 60793-1-42 (VDE 0888-242)
– Dämpfung	DIN EN IEC 60793-1-40 (VDE 0888-240)
– Gammastrahlung	DIN EN IEC 60793-1-54 (VDE 0888-254)
– numerische Apertur	DIN EN 60793-1-43 (VDE 0888-243)
– radioaktive Strahlung	DIN EN IEC 60793-1-54 (VDE 0888-254)
– Zugfestigkeit	E DIN EN 60793-1-31 (VDE 0888-231)
für Lichtwellenleiter-Kommunikationsuntersysteme	DIN EN 61280-2-2 (VDE 0885-802-2) DIN EN 61280-4-4 (VDE 0888-440)
– installierte Kabelanlagen	DIN EN 61280-4-2 (VDE 0885-804-2)
für Lichtwellenleiterkabel	DIN EN 60794-1-2 (VDE 0888-100-2) E DIN EN IEC 60794-1-2 (VDE 0888-100-2) E DIN EN 60794-1-21/A1 (VDE 0888-100-21/A1) DIN EN 60794-1-24 (VDE 0888-100-24)
– Kabelelemente	DIN EN IEC 60794-1-23 (VDE 0888-100-23)
– Kurzschlussprüfung (für OPGW und OPAC), Verfahren H1	E DIN EN IEC 60794-1-401 (VDE 0888-100-401)
– mechanische Prüfverfahren	DIN EN 60794-1-21 (VDE 0888-100-21) E DIN EN 60794-1-21/A1 (VDE 0888-100-21/A1)
– Prüfung des äußeren Gefrierens von Kabeln, Verfahren F15	E DIN IEC 60794-1-215 (VDE 0888-100-215)
– Werkstoffverträglichkeitsprüfung, Verfahren F19	E DIN EN IEC 60794-1-219 (VDE 0888-100-219)
für LVRT-Maßnahmen	DIN IEC/TS 62910 (VDE V 0126-16)
für Maßnahmen zur Verhinderung der Inselbildung	E DIN IEC/TS 62910 (VDE V 0126-16) DIN EN 62116 (VDE 0126-2)
für metallische Kommunikationskabel	
– EMV-Messung von Kopplungswiderstand und Schirm	DIN EN 62153-4-7 (VDE 0819-153-4-7)
– Rohr-im-Rohr-Verfahren	DIN EN 62153-4-7 (VDE 0819-153-4-7)
für Neutronendetektoren ohne äußere Energieversorgung	
– Kerninstrumentierung	E DIN IEC 61468 (VDE 0491-6-2)
– Kernkraftwerke	E DIN IEC 61468 (VDE 0491-6-2)
für Starkstromkabel	
– mit extrudierter Isolierung	DIN IEC 62067 (VDE 0276-2067)
– Teilentladungsmessung	DIN EN 60885-3 (VDE 0481-885-3)

– Teilentladungsprüfung .... DIN EN 60885-2 (VDE 0481-885-2)
für Stufenschalter .... DIN EN 60214-1 (VDE 0532-214-1)
für Tafeln aus technischen Schichtpressstoffen
– auf Basis warmhärtender Harze .... E DIN EN 60893-2 (VDE 0318-2)
für technische Supraleiterdrähte .... DIN EN 61788-21 (VDE 0390-21)
für vertikale Flammenausbreitung
– an Kabeln, isolierten Leitungen und Glasfaserkabeln . DIN EN 60332-1-3 (VDE 0482-332-1-3)
für Werkstoffe
– in Photovoltaikmodulen .... DIN EN 62788-1-6 (VDE 0126-37-1-6)
E DIN EN 62788-1-6/A1 (VDE 0126-37-1-6/A1)
für wiederaufladbare Zellen und Batterien
– erneuerbarer Energien .... DIN EN 61427-2 (VDE 0510-41)
Hochdruckreiniger und Dampfreiniger
– Messung der Gebrauchseigenschaften .... DIN EN IEC 62885-5 (VDE 0705-2885-5)
Kabel zur Hochspannungs-Gleichstrom-Übertragung (HGÜ)
– mit extrudierter Isolierung und Nennspannung bis 320 kV .... DIN IEC 62895 (VDE 0276-2895)
Nassreinigungsgeräte für Hartböden
– Messung der Gebrauchseigenschaften .... DIN EN IEC/ASTM 62885-6 (VDE 0705-2885-6)
Nassreinigungsgeräte für Teppiche
– Messung der Gebrauchseigenschaften .... DIN EN 62885-3 (VDE 0705-2885-3)
Strahlenschutz
– Dichtheitsprüfungen umschlossener radioaktiver Stoffe ..... E DIN ISO 9978 (VDE 0412-9978)
Toxizität von Rauch und Brandgasen .... DIN EN 60695-7-2 (VDE 0471-7-2)
E DIN EN IEC 60695-7-2 (VDE 0471-7-2)
Trockensauger für den gewerblichen Gebrauch
– Bestimmung der Gebrauchseigenschaften .... DIN EN IEC 62885-8 (VDE 0705-2885-8)
Umgebungseinflüsse .... DIN EN 60068-2-10/A1 (VDE 0468-2-10/A1)
E DIN EN IEC 60068-2-11 (VDE 0468-2-11)
E DIN EN IEC 60068-2-13 (VDE 0468-2-13)
DIN EN 60068-2-18 (VDE 0468-2-18)
DIN EN 60068-2-60 (VDE 0468-2-60)
DIN EN 60068-2-65 (VDE 0468-2-65)
DIN EN 60068-2-75 (VDE 0468-2-75)
UV-Beständigkeit der Mäntel
– elektrischer und optischer Kabel .... DIN EN 50289-4-17 (VDE 0819-289-4-17)
Vulkanfiber .... E DIN EN IEC 60667-2 (VDE 0312-200)
Wickeldrähte
– elektrische Eigenschaften .... DIN EN IEC 60851-2 (VDE 0474-851-2)
DIN EN 60851-3 (VDE 0474-851-3)
DIN EN 60851-5 (VDE 0474-851-5)
– Ermittlung der Maße .... DIN EN IEC 60851-2 (VDE 0474-851-2)
– mechanische Eigenschaften .... DIN EN 60851-3 (VDE 0474-851-3)
Widerstand von festen Werkstoffen
– zur Vermeidung elektrostatischer Aufladung .... DIN EN 61340-2-3 (VDE 0300-2-3)
Windenergieanlagen
– elektromagnetische Verträglichkeit (EMV) .... E DIN EN IEC 61400-40 (VDE 0127-40)
zur Beurteilung der Brandgefahr
– Sichtminderung durch Rauch .... DIN EN IEC 60695-6-2 (VDE 0471-6-2)
– Wärmefreisetzung .... DIN EN 60695-8-2 (VDE 0471-8-2)
zur Bewertung der Leistungsfähigkeit
– von Haushaltsrobotern .... DIN EN 62849 (VDE 0705-2849)

Prüfverfahren an das Betriebsverhalten
Geräte zur Fernüberwachung von Alkoholkonsum
– Geräte in Beurteilungsprogrammen .... DIN EN 50980-1 (VDE 0406-21)

Prüfverfahren der vertikalen Flammenausbreitung
Ader, Kabel, isolierte Leitung
– 1-kW-Flamme mit Gas-/Luft-Gemisch .... DIN EN 60332-1-2 (VDE 0482-332-1-2)

Prüfverfahren für ausgedehnte Temperaurwechsel
von PV-Modulen .... DIN EN IEC 62892 (VDE 0126-892)

Prüfverfahren für Bleibatterien
für den Antrieb von Leichtkraftfahrzeugen .... E DIN EN IEC 63193 (VDE 0510-193)

Prüfverfahren für elektrische Kennwerte
EDLC-Module in elektrischen Straßenfahrzeugen ..... E DIN EN IEC 62576-2 (VDE 0122-576-2)
EDLC-Module in Hybridelektrofahrzeugen .... E DIN EN IEC 62576-2 (VDE 0122-576-2)

Prüfverfahren für Elektroschlacke-Umschmelzöfen
Elektrowärmeanlagen
– und Anlagen für elektromagnetische Bearbeitungsprozesse . E DIN EN 60779 (VDE 0721-56)

Prüfverfahren für erweiterte Temperaurwechsel
von PV-Modulen .... DIN EN IEC 62892 (VDE 0126-892)

Prüfverfahren für Hochfrequenz-Steckverbinder .. DIN EN IEC 61169-1-2 (VDE 0887-969-1-2)
E DIN EN 61169-1-4 (VDE 0887-969-1-4)

Prüfverfahren für induktive Durcherwärmungsanlagen
Elektroerwärmungsanlagen
– Anlagen für elektromagnetische Bearbeitungsprozesse ..... DIN EN IEC 63078 (VDE 0721-55)

Prüfverfahren für Leistungsumrichter
für photovoltaische Stromerzeugungssysteme .... DIN EN 62920 (VDE 0126-131)
E DIN EN 62920/A1 (VDE 0126-131/A1)
DIN EN 62920/A11 (VDE 0126-131/A11)

Prüfverfahren für mechanische Eigenschaften
von elektrisch-optische Leiterplatten
– unter Wärmebeanspruchung .... E DIN EN IEC 63251 (VDE 0885-201)

Prüfverfahren für metallische Kommunikationskabel
Messung des Kopplungswiderstands und der Kopplungsdämpfung
– mit der triaxialen Zelle .... E DIN EN IEC 62153-4-15 (VDE 0819-153-4-15)
Messung des Kopplungswiderstands und der Schirmdämpfung
– mit der triaxialen Zelle .... E DIN EN IEC 62153-4-15 (VDE 0819-153-4-15)

Prüfverfahren für Oberflächenreinigungsgeräte
Bestimmung der Gebrauchseigenschaften .... E DIN IEC 62885-2 (VDE 0705-2885-2)

Prüfverfahren für Parabolrinnenkollektoren
solarthermische Anlagen zur Stromerzeugung .... DIN EN IEC 62862-3-2 (VDE 0133-3-2)

Prüfverfahren für schnurlose Trockensauger
Bestimmung der Gebrauchseigenschaften .... E DIN EN 62885-4 (VDE 0705-2885-4)

Prüfverfahren für Trockensauger
Bestimmung der Gebrauchseigenschaften .... DIN EN 60312-1 (VDE 0705-312-1)
E DIN EN 60312-1/AA (VDE 0705-312-1/AA)

E DIN IEC 62885-2 (VDE 0705-2885-2)

Prüfverfahren Gebrauchseigenschaften
Oberflächenreinigungsgeräte
– Bodenbehandlungsmaschinen .... DIN EN IEC 62885-9 (VDE 0705-2885-9)
– Trockensauger .... DIN EN IEC 62885-8 (VDE 0705-2885-8)

Prüfverfahren mit Wischproben
Bestimmung der Radioaktivität .... DIN ISO 7503-2 (VDE 0493-2-5032)

Prüfverfahren von PV-Modulen
ausgedehnte Temperaturwechsel .... DIN EN IEC 62892 (VDE 0126-892)
erweiterte Temperaturwechsel .... DIN EN IEC 62892 (VDE 0126-892)

Prüfverfahren zur Bestimmung der Gebrauchseigenschaften
elektrische Geräte für den Hausgebrauch
– Einschätzung der Wiederholbarkeit und Vergleichbarkeit
.... E DIN IEC/TR 63250 (VDE 0705-3250)
Wiederholbarkeit und Vergleichbarkeit
– elektrische Geräte für den Hausgebrauch .... E DIN IEC/TR 63250 (VDE 0705-3250)

Prüfverfahren zur Bestimmung von Leistungsspezifikationen
Ultraschall
– Echtzeit-Impulsechosysteme .... E DIN IEC/TS 61390 (VDE V 0754-4)

Prüfverfahren, elektrische
für Kommunikationskabel .... DIN EN 50289-1-1 (VDE 0819-289-1-1)
DIN EN 50289-1-11 (VDE 0819-289-1-11)
DIN EN 50289-1-8 (VDE 0819-289-1-8)
DIN EN 50289-1-9 (VDE 0819-289-1-9)
für Niederspannungskabel und -leitungen .... DIN EN 50395/A1 (VDE 0481-395/A1)

Prüfverfahren, mechanische und klimatische
Halbleiterbauelemente
– Neutronenbestrahlung .... DIN EN IEC 60749-17 (VDE 0884-749-17)

Prüfzahl
der Kriechwegbildung .... DIN EN 60112 (VDE 0303-11)
E DIN EN 60112 (VDE 0303-11)

PSC-Schaltgerätekombination .... E DIN VDE 0660-600-2-1 (VDE 0660-600-2-1)

PTC
eingebauter thermischer Schutz .... DIN EN 60947-8 (VDE 0660-302)

PT-Systeme
für Wand und Decke .... DIN EN 61534-1 (VDE 0604-100)
E DIN EN 61534-1/A2 (VDE 0604-100/A2)
DIN EN 61534-21 (VDE 0604-121)

Pull-pull-Steckverbinder
mit äußerem Verriegelungsmechanismus ..... E DIN EN IEC 61076-2-010 (VDE 0687-76-2-010)

Pumpen
Leistungstransformatoren und Drosselspulen ... E DIN EN IEC 60076-22-5 (VDE 0532-76-22-5)

Pumpen, elektrische
für den Hausgebrauch .... DIN EN 60335-2-41 (VDE 0700-41)

für Isolierflüssigkeiten von Transformatoren ....
E DIN EN 60335-2-41 (VDE 0700-41)
E DIN EN IEC 60335-2-41-100 (VDE 0700-41-100)
E DIN EN IEC 60335-2-41/A11 (VDE 0700-41/A11)
DIN CLC/TS 50537-2 (VDE V 0115-537-2)

Pumpensysteme, photovoltaische
Bauarteignung und Betriebsverhalten .... DIN EN 62253 (VDE 0126-50)

Punktschreiber
für industrielle Prozessleittechnik .... DIN EN 60873-2 (VDE 0410-2)

Punkt-zu-Punkt-Methode
Prüfung von Schutzbekleidung .... DIN EN 61340-4-9 (VDE 0300-4-9)

Punkt-zu-Punkt-Verbindung
speicherprogrammierbare Steuerungen
– Kommunikation Sensoren und Aktoren .... DIN EN 61131-9 (VDE 0411-509)

Putzlappen
für Isolieröl .... DIN EN 50375 (VDE 0370-18)

PV-Anlagen
DC-Bereich
– Herstellung eines kontrollierten Kurzschlusses .... DIN VDE V 0642-100 (VDE V 0642-100)
Leistungsumrichter .... DIN EN 62109-1 (VDE 0126-14-1)
E DIN EN IEC 62109-3 (VDE 0126-14-3)

PV-Array .... DIN EN 62446-1 (VDE 0126-23-1)
E DIN EN 62446-2 (VDE 0126-23-2)

PVC
extrudierte Nitrilschläuche .... DIN EN 60684-3-151 (VDE 0341-3-151)
Folie für selbstklebende Bänder .... DIN EN 60454-3-1 (VDE 0340-3-1)
geschirmte Leitungen .... DIN 57250-212 (VDE 0250-212)
Isoliermischungen .... DIN VDE 0207-4 (VDE 0207-4)
isolierte Schlauchleitungen .... E DIN VDE 0250-407 (VDE 0250-407)
isolierte Starkstromleitungen
– Prüfverfahren .... DIN VDE 0281-9 (VDE 0281-9)

PVC-Installationsleitung NYM .... DIN VDE 0250-204 (VDE 0250-204)

PVC-Isoliermischungen
für Kommunikationskabel .... DIN EN 50290-2-21 (VDE 0819-101)
für Niederspannungskabel und -leitungen .... DIN EN 50363-3 (VDE 0207-363-3)
DIN EN 50363-3/A1 (VDE 0207-363-3/A1)

PVC-Mantelmischungen
für Kabel und isolierte Leitungen .... DIN VDE 0207-5 (VDE 0207-5)
für Kommunikationskabel .... DIN EN 50290-2-22 (VDE 0819-102)
für Niederspannungskabel und -leitungen .... DIN EN 50363-4-1 (VDE 0207-363-4-1)

PVC-Umhüllungsmischungen
für Niederspannungskabel und -leitungen .... DIN EN 50363-4-2 (VDE 0207-363-4-2)

PV-Einrichtungen, doppelseitige
Strom-/Spannungskennlinien .... E DIN EN 60904-1-2 (VDE 0126-4-1-2)

PV-Energieerzeugungssysteme
Sicherungseinsätze .... DIN EN 60269-6 (VDE 0636-6)
E DIN EN 60269-6/A1 (VDE 0636-6/A1)

PV-Felder
Sicherungseinsätze .... DIN EN 60269-6 (VDE 0636-6)
E DIN EN 60269-6/A1 (VDE 0636-6/A1)

PV-Generatoren .... DIN EN 50524 (VDE 0126-13)
E DIN EN 50524 (VDE 0126-13)

PV-Leistungsumrichter .... DIN EN 62109-1 (VDE 0126-14-1)
E DIN EN IEC 62109-3 (VDE 0126-14-3)

PV-Module .... DIN CLC/TS 61836 (VDE V 0126-7)
Ammoniak-Korrosionsprüfung .... DIN EN 62716 (VDE 0126-39)
Betrieb bei hohen Temperaturen .... E DIN IEC/TS 63126 (VDE V 0126-126)
– Leitfaden zur Eignungsprüfung .... E DIN IEC/TS 63126 (VDE V 0126-126)
Datenblatt- und Typenschildangaben .... DIN EN 50380 (VDE 0126-380)
Energiebemessung .... DIN EN IEC 61853-3 (VDE 0126-34-3)
DIN EN IEC 61853-4 (VDE 0126-34-4)
Leistungsverhalten und Energiebemessung
– Bestrahlungsstärke und Temperatur .... DIN EN 61853-1 (VDE 0126-34-1)
– genormte Referenzklimaprofile .... DIN EN IEC 61853-4 (VDE 0126-34-4)
Prüfung des Leistungsverhaltens .... DIN EN 61853-2 (VDE 0126-34-2)
Prüfverfahren
– ausgedehnte Temperaturwechsel .... DIN EN IEC 62892 (VDE 0126-892)
– erweiterte Temperaturwechsel .... DIN EN IEC 62892 (VDE 0126-892)
Salznebel-Korrosionsprüfung .... DIN EN 61701 (VDE 0126-8)
E DIN EN 61701 (VDE 0126-8)

PV-Module, Bauteile und Werkstoffe
Betrieb bei hohen Temperaturen .... E DIN IEC/TS 63126 (VDE V 0126-126)
– Leitfaden zur Eignungsprüfung .... E DIN IEC/TS 63126 (VDE V 0126-126)

PV-Modulstecker .... DIN EN 50521 (VDE 0126-3)

PV-Pumpensysteme
Bauarteignung und Betriebsverhalten .... DIN EN 62253 (VDE 0126-50)

PV-Referenz-Solarelemente .... DIN EN 60904-4 (VDE 0126-4-4)
E DIN EN 60904-4 (VDE 0126-4-4)

PV-Stecker .... DIN EN 50521 (VDE 0126-3)

PV-Stränge
Sicherungseinsätze .... DIN EN 60269-6 (VDE 0636-6)
E DIN EN 60269-6/A1 (VDE 0636-6/A1)

PV-Stromversorgungssysteme
Blitzschutz, Überspannungsschutz .... Beiblatt 5 DIN EN 62305-3 (VDE 0185-305-3)
E DIN EN 62305-3 (VDE 0185-305-3)

PV-Systeme
Teilgeneratorverbindungssysteme .... E VDE-Anwendungsregel VDE-AR-E 2283-6

Pyranometer .... DIN EN 60904-4 (VDE 0126-4-4)
E DIN EN 60904-4 (VDE 0126-4-4)

Pyrolyse (Py-GC-MS) .... E DIN EN 62321-3-3 (VDE 0042-1-3-3)

Pyrolyse-Gaschromatografie-Massenspektroskopie (Py-GC-MS)
.... DIN EN 62321-8 (VDE 0042-1-8)

PZB-Zugbeeinflussung .... DIN VDE 0119-207-6 (VDE 0119-207-6)

Q

„q"; Sandkapselung .... DIN EN 60079-5 (VDE 0170-4)

Qualifikation und Organisation
für Betreiber
– von Elektrizitätsversorgungsnetzen (S 1000) .... VDE-Anwendungsregel VDE-AR-N 4001

Qualifizierung
AAL-Fachkraft .... VDE-Anwendungsregel VDE-AR-E 2757-5
zur Schaltberechtigung .... VDE-Schriftenreihe Band 79

Qualitätsbewertung
von G-Sicherungseinsätzen .... DIN EN 60127-5 (VDE 0820-5)

Qualitätsmanagement
für Telemonitoring in medizinischen Anwendungen . VDE-Anwendungsregel VDE-AR-M 3756-1

Quecksilber
in Elektronik .... DIN EN 62321-4 (VDE 0042-1-4)
in Leuchtstofflampen .... DIN EN IEC 62554 (VDE 0042-20)
in Metallen .... DIN EN 62321-4 (VDE 0042-1-4)
in Polymeren .... DIN EN 62321-4 (VDE 0042-1-4)
in Polymeren, Metallen und Elektronik
– mit CV-AAS, CV-AFS, ICP-OES und ICP-MS .... DIN EN 62321-4 (VDE 0042-1-4)
in Produkten der Elektrotechnik .... DIN EN 62321 (VDE 0042-1)
DIN EN 62321-3-1 (VDE 0042-1-3-1)
DIN EN 62321-4 (VDE 0042-1-4)

Quecksilberdampf-Hochdrucklampen
Vorschaltgeräte .... DIN EN 60923 (VDE 0712-13)
DIN EN 61347-2-9 (VDE 0712-39)

Quecksilberdampflampen .... DIN EN 62035 (VDE 0715-10)

Quellenumschalteinrichtungen (SSE) .... E DIN EN IEC 62991 (VDE 0601-2991)

R

Radioaktivität von Betastrahlern
Verfahren mit Flüssigszintillationszählung .... DIN EN ISO 19361 (VDE 0493-361)

Radioaktive Kontamination .... DIN VDE 0493-100 (VDE 0493-100)

Radioaktive Materialien
unerlaubter Transport
– Strahlenschutzmessgeräte .... DIN EN 62694 (VDE 0493-3-10)
E DIN IEC 62694 (VDE 0493-3-10)
– Strahlungsmesstechnik .... DIN IEC/TR 62971 (VDE 0412-2971)

Radioaktive Quellen
illegal transportierte
– Aufspüren .... DIN EN IEC 62401 (VDE 0493-3-4)

Radioaktive Stoffe
Nachweis an Staatsgrenzen
– Portalmonitore .... E DIN IEC 62244 (VDE 0493-3-2)
– Strahlungsmonitore .... DIN EN 62244 (VDE 0493-3-2)

Radioaktive Strahlung
Lichtwellenleiter
– Messmethoden und Prüfverfahren .... DIN EN IEC 60793-1-54 (VDE 0888-254)

Radioaktives Material
unerlaubt transportiertes .... DIN EN 62618 (VDE 0493-3-8)
E DIN IEC 62618 (VDE 0493-3-8)
DIN EN 62694 (VDE 0493-3-10)
E DIN IEC 62694 (VDE 0493-3-10)
DIN IEC 63121 (VDE 0493-3-9)

Radioaktivität im Erdboden
Alpha- und Beta-Gesamtaktivitäten
– Messverfahren mit Durchfluss-Proportionalzählung .... DIN ISO 18589-6 (VDE 0493-4-5896)
Plutonium-238
– Messverfahren .... DIN ISO 18589-4 (VDE 0493-4-5894)
Plutonium-239+240
– Messverfahren .... DIN ISO 18589-4 (VDE 0493-4-5894)
Strontium-90
– Messverfahren .... DIN ISO 18589-5 (VDE 0493-4-5895)

Radioaktivität in der Umwelt
Bestimmung der effektiven Dosis
– geplante und bestehende Expositionssituationen .... E DIN ISO 20043-1 (VDE 0493-4-4301)
Erdboden
– Alpha- und Beta-Gesamtaktivitäten .... DIN ISO 18589-6 (VDE 0493-4-5896)
– Gammastrahlung emittierender Radionukliden .... DIN EN ISO 18589-3 (VDE 0493-4-5893)
DIN EN ISO 18589-7 (VDE 0493-4-5897)
– Messung mit Alphaspektrometrie .... DIN ISO 18589-4 (VDE 0493-4-5894)
– Messung mit Proportional- oder Flüssigszintillationszählung
.... DIN ISO 18589-5 (VDE 0493-4-5895)
– Plutonium-238, Messverfahren .... DIN ISO 18589-4 (VDE 0493-4-5894)
– Plutonium-239+240, Messverfahren .... DIN ISO 18589-4 (VDE 0493-4-5894)
– Probenstrategie, Probenahme und Vorbehandlung . DIN EN ISO 18589-2 (VDE 0493-4-5892)
– Strontium-90, Messverfahren .... DIN ISO 18589-5 (VDE 0493-4-5895)
in Gebäuden
– Erstbewertung und zusätzliche Untersuchungen .... DIN ISO 11665-8 (VDE 0493-1-6658)
kontinuierliche Messverfahren für die Aktivitätskonzentration
.... DIN EN ISO 11665-5 (VDE 0493-1-6655)
Luft: Radon-220 .... DIN EN ISO 16641 (VDE 0493-1-6641)
Luft: Radon-222 .... DIN EN ISO 11665-11 (VDE 0493-1-6661)
– Bestimmung der Exhalationsrate aus Baumaterialien .... DIN ISO 11665-8 (VDE 0493-1-6658)
DIN ISO 11665-9 (VDE 0493-1-6659)
– Methodik zur Erstbewertung sowie für zusätzliche Untersuchungen in Gebäuden
.... DIN ISO 11665-8 (VDE 0493-1-6658)
– Probenahme und Prüfung von Bodenluft .... DIN EN ISO 11665-11 (VDE 0493-1-6661)

Punktmessverfahren der potenziellen Alpha-Energiekonzentration
– kurzlebiger Radon-Folgeprodukte .... DIN EN ISO 11665-3 (VDE 0493-1-6653)
Punktmessverfahren für die Aktivitätskonzentration .... DIN EN ISO 11665-6 (VDE 0493-1-6656)

Radioaktivität in gasförmigen Ableitungen
Einrichtungen zur Überwachung
– allgemeine Anforderungen .... DIN EN 60761-1 (VDE 0493-1-1)
– Monitore für radioaktive Edelgase .... DIN EN 60761-3 (VDE 0493-1-3)
– Monitore für radioaktives Iod .... DIN EN 60761-4 (VDE 0493-1-4)
– Tritiummonitore .... DIN EN 60761-5 (VDE 0493-1-5)

Radioaktivität in Lebensmitteln
Gammastrahlung emittierender Radionukliden .... DIN IEC 61563 (VDE 0493-4-1)
                                                        E DIN EN IEC 61563 (VDE 0493-4-1)

Radioaktivitätskonzentration
am Arbeitsplatz
– luftgetragener radioaktiver Substanzen .... DIN EN ISO 16639 (VDE 0493-1-6639)

Radioaktivitätsniveau
zentrale Überwachungssysteme .... DIN IEC 61559-1 (VDE 0493-5-1)

Radiografie
Geräte für .... DIN EN 60601-2-54 (VDE 0750-2-54)
Sicherheit und wesentliche Leistungsmerkmale .... DIN EN 60601-2-54 (VDE 0750-2-54)

Radiografische Prüfsysteme
für Frachtgut und Fahrzeuge .... DIN IEC 62523 (VDE 0412-10)

Radiometrische Messanordnungen
Konstruktionsanforderungen und Klassifikation .... DIN EN 62598 (VDE 0412-1)

Radionuklide
in der Umwelt
– Messung .... DIN IEC 61275 (VDE 0493-4-3)
in flüssigen Ableitungen .... DIN EN 60861 (VDE 0493-4-2)
In-situ-Messung von Gammastrahlung
– im Erdboden .... DIN EN ISO 18589-7 (VDE 0493-4-5897)
Messung von Gammastrahlung
– in Lebensmitteln .... DIN IEC 61563 (VDE 0493-4-1)
                                                        E DIN EN IEC 61563 (VDE 0493-4-1)
– im Erdboden .... DIN EN ISO 18589-3 (VDE 0493-4-5893)
Messung von Gammastrahlung im Erdboden
– mittels Gammaspektrometrie .... DIN EN ISO 18589-3 (VDE 0493-4-5893)

Radionuklid-Strahlentherapiegeräte .... DIN EN 60601-2-68 (VDE 0750-2-68)

Radiopharmaka
Überwachung radioaktiver Gase .... E DIN ISO 16640 (VDE 0493-1-6640)
– in Ableitungen von Anlagen .... E DIN ISO 16640 (VDE 0493-1-6640)

Radioskopie
Geräte für .... DIN EN 60601-2-54 (VDE 0750-2-54)
Sicherheit und wesentliche Leistungsmerkmale .... DIN EN 60601-2-54 (VDE 0750-2-54)

Radon und Folgeprodukte
Anreicherungsverfahren zur

– Abschätzung der Oberflächenexhalationsrate .... DIN EN ISO 11665-7 (VDE 0493-1-6657)
Bestimmung des Diffusionskoeffizienten
– Messung der Aktivitätskonzentration .... DIN ISO/TS 11665-12 (VDE V 0493-1-6662)
.... DIN ISO/TS 11665-13 (VDE V 0493-1-6663)
– Messung der Aktivitätskonzentration undurchlässiger Materialien
.... DIN ISO/TS 11665-12 (VDE V 0493-1-6662)
integrierendes Messverfahren
– Bestimmung der Aktivitätskonzentration .... E DIN ISO 11665-4 (VDE 0493-1-6654)
integriertes Messverfahren
– Bestimmung der Aktivitätskonzentration .... DIN ISO 11665-4 (VDE 0493-1-6654)
.... E DIN ISO 11665-4 (VDE 0493-1-6654)
kontinuierliches Messverfahren
– Bestimmung des Aktivitätskonzentration .... DIN EN ISO 11665-5 (VDE 0493-1-6655)
Messverfahren für
– potenzielle Alpha-Energiekonzentration .... DIN EN ISO 11665-2 (VDE 0493-1-6652)
Punktmessverfahren
– Bestimmung des Aktivitätskonzentration .... DIN EN ISO 11665-6 (VDE 0493-1-6656)
– potenzielle Alpha-Energiekonzentration .... DIN EN ISO 11665-3 (VDE 0493-1-6653)

Radon und Radonfolgeprodukte
besondere Anforderungen
– an Messgeräte .... DIN EN 61577-3 (VDE 0493-1-10-3)
.... DIN IEC/TR 61577-5 (VDE 0493-1-10-5)
Messgeräte für
– allgemeine Anforderungen .... DIN IEC 61577-1 (VDE 0493-1-10-1)
– Herstellung von Referenzatmosphären .... DIN EN 61577-4 (VDE 0493-1-10-4)
Referenzatmosphären mit Radonisotopen
– und ihren Folgeprodukten (STAR) .... DIN EN 61577-4 (VDE 0493-1-10-4)

Radon und Radon-Folgeprodukte
Eigenschaften .... DIN IEC/TR 61577-5 (VDE 0493-1-10-5)
Messverfahren .... DIN IEC/TR 61577-5 (VDE 0493-1-10-5)

Radon-220 in Luft
integrierende Messmethoden
– Bestimmung der mittleren Aktivitätskonzentration .... DIN EN ISO 16641 (VDE 0493-1-6641)
mittlere Aktivitätskonzentration
– mit passiven Festkörperspurdetektoren .... DIN EN ISO 16641 (VDE 0493-1-6641)

Radon-222 in Luft
Anreicherungsverfahren zur
– Abschätzung der Oberflächenexhalationsrate .... DIN EN ISO 11665-7 (VDE 0493-1-6657)
Bestimmung der Radon-Aktivitätskonzentration
– mittels passiver Probenahme und zeitversetzter Auswertung
.... E DIN ISO 11665-4 (VDE 0493-1-6654)
Bestimmung des Diffusionskoeffizienten
– Messung der Aktivitätskonzentration .... DIN ISO/TS 11665-13 (VDE V 0493-1-6663)
Erstbewertung und zusätzliche Untersuchungen
– in Gebäuden .... DIN ISO 11665-8 (VDE 0493-1-6658)
Exhalationsrate aus Baumaterialien
– Verfahren zur Bestimmung .... DIN ISO 11665-9 (VDE 0493-1-6659)
integrierendes Messverfahren
– Bestimmung der Radon-Aktivitätskonzentration .... E DIN ISO 11665-4 (VDE 0493-1-6654)
integriertes Messverfahren

– Bestimmung der Aktivitätskonzentration .... DIN ISO 11665-4 (VDE 0493-1-6654)
– potenzielle Alpha-Energiekonzentration .... DIN EN ISO 11665-2 (VDE 0493-1-6652)
integriertes Messverfahren
– Bestimmung der Aktivitätskonzentration .... E DIN ISO 11665-4 (VDE 0493-1-6654)
kontinuierliches Messverfahren
– Bestimmung der Aktivitätskonzentration .... DIN EN ISO 11665-5 (VDE 0493-1-6655)
Probenahme und Prüfung von Bodenluft .... DIN EN ISO 11665-11 (VDE 0493-1-6661)
Punktmessverfahren
– Bestimmung der Aktivitätskonzentration .... DIN EN ISO 11665-6 (VDE 0493-1-6656)
– potenzielle Alpha-Energiekonzentration .... DIN EN ISO 11665-3 (VDE 0493-1-6653)
Quellen und Messverfahren
– Umweltradioaktivität .... DIN EN ISO 11665-1 (VDE 0493-1-6651)

Radon-222 und Folgeprodukte
Quellen und Messverfahren
– Umweltradioaktivität .... DIN EN ISO 11665-1 (VDE 0493-1-6651)

Radon-Aktivitätskonzentration
Bestimmung des Durchschnittswerts .... E DIN ISO 11665-4 (VDE 0493-1-6654)
– mittels passiver Probenahme und zeitversetzter Auswertung
.... E DIN ISO 11665-4 (VDE 0493-1-6654)

Radonfolgeprodukte
Messgeräte für .... DIN EN 61577-3 (VDE 0493-1-10-3)

Radonmessgeräte .... DIN EN 61577-2 (VDE 0493-1-10-2)

Radsatz-Wälzlager
Schutz gegen Schäden infolge Stromdurchgang .... DIN VDE 0123 (VDE 0123)

Rahmenspezifikation
Festkondensatoren zur Funkentstörung .... DIN EN 60384-14/A1 (VDE 0565-1-1/A1)

Raman-System
System mit Spektralanalyse von Flüssigkeiten
– in transparenten Behältern .... E DIN IEC 63085 (VDE 0412-15)

RAMS .... DIN EN 50126-1 (VDE 0115-103-1)
DIN EN 50126-2 (VDE 0115-103-2)

Rangierdrähte
Fernmeldeanlagen .... Berichtigung 1 DIN VDE 0812 (VDE 0812)
DIN VDE 0812 (VDE 0812)

Rangierschnüre .... DIN EN 61935-2-20 (VDE 0819-935-2-20)

Rasen- und Gartenmaschinen
Bohrmaschinen .... DIN EN 62841-2-1 (VDE 0740-2-1)
E DIN EN 62841-2-1/A1 (VDE 0740-2-1/A1)
Freischneider .... E DIN EN IEC 62841-4-4/AA (VDE 0740-4-4/AA)
Freischneider mit Sägeblatt .... E DIN EN IEC 62841-4-4/AA (VDE 0740-4-4/AA)
Gehrungskappsägen .... E DIN EN IEC 62841-3-9 (VDE 0740-3-9)
E DIN EN IEC 62841-3-9/A11 (VDE 0740-3-9/A11)
Grasscheren .... E DIN EN IEC 62841-4-5 (VDE 0740-4-5)
Grastrimmer .... E DIN EN IEC 62841-4-4/AA (VDE 0740-4-4/AA)
handgeführte elektrisch motorbetriebene .... DIN EN 62841-2-11 (VDE 0740-2-11)
DIN EN 62841-2-9 (VDE 0740-2-9)

Rasenkantenschneider .... E DIN EN IEC 62841-4-4/AA (VDE 0740-4-4/AA)
Rasenmäher .... E DIN EN IEC 62841-4-3-100 (VDE 0740-4-3-100)
E DIN EN IEC 62841-4-4 (VDE 0740-4-4)
Rasentrimmer .... E DIN EN IEC 62841-4-4/AA (VDE 0740-4-4/AA)
Schlagbohrmaschinen .... DIN EN 62841-2-1 (VDE 0740-2-1)
E DIN EN 62841-2-1/A1 (VDE 0740-2-1/A1)
transportable Gehrungskappsägen .... E DIN EN IEC 62841-3-9 (VDE 0740-3-9)
E DIN EN IEC 62841-3-9/A11 (VDE 0740-3-9/A11)

Rasenheizung .... DIN VDE 0100-753 (VDE 0100-753)
VDE-Schriftenreihe Band 168

Rasenkantenschneider .... E DIN EN IEC 62841-4-4/AA (VDE 0740-4-4/AA)

Rasenmäher .... E DIN EN IEC 62841-4-3 (VDE 0740-4-3)
E DIN EN IEC 62841-4-3-100 (VDE 0740-4-3-100)
E DIN EN IEC 62841-4-4 (VDE 0740-4-4)
handgeführt, motorbetrieben, transportabel .... E DIN EN IEC 62841-4-3 (VDE 0740-4-3)
motorbetrieben, handgeführt, transportabel . E DIN EN IEC 62841-4-3-100 (VDE 0740-4-3-100)
E DIN EN IEC 62841-4-4 (VDE 0740-4-4)
– Sicherheit .... E DIN EN IEC 62841-4-3-100 (VDE 0740-4-3-100)
E DIN EN IEC 62841-4-4 (VDE 0740-4-4)
Sicherheit .... E DIN EN IEC 62841-4-3-100 (VDE 0740-4-3-100)
E DIN EN IEC 62841-4-4 (VDE 0740-4-4)

Rasenmäher (Roboter-)
batteriebetriebene .... DIN EN 50636-2-107 (VDE 0700-107)

Rasenmäher, handgeführt motorbetrieben .... E DIN EN IEC 62841-4-3 (VDE 0740-4-3)

Rasenmäher, handgeführt
besondere Anforderungen .... E DIN EN IEC 62841-4-3-100 (VDE 0740-4-3-100)
E DIN EN IEC 62841-4-4 (VDE 0740-4-4)
Sicherheit .... E DIN EN IEC 62841-4-3-100 (VDE 0740-4-3-100)
E DIN EN IEC 62841-4-4 (VDE 0740-4-4)

Rasenmäher, handgeführte elektrisch betriebene .... DIN EN 60335-2-77 (VDE 0700-77)

Rasenmäher, motorbetrieben handgeführt . E DIN EN IEC 62841-4-3-100 (VDE 0740-4-3-100)
E DIN EN IEC 62841-4-4 (VDE 0740-4-4)
Sicherheit .... E DIN EN IEC 62841-4-3-100 (VDE 0740-4-3-100)
E DIN EN IEC 62841-4-4 (VDE 0740-4-4)

Rasenmaschinen
Gartenmaschinen
– Geräteschalter .... DIN EN IEC 61058-2-6 (VDE 0630-2-6)

Rasentrimmer .... DIN EN 50636-2-91 (VDE 0700-91)
E DIN EN IEC 62841-4-4 (VDE 0740-4-4)
E DIN EN IEC 62841-4-4/AA (VDE 0740-4-4/AA)

Rasiergeräte .... Beiblatt 1 DIN EN 60335-2-8 (VDE 0700-8)
DIN EN 60335-2-8 (VDE 0700-8)
E DIN IEC 60335-2-8/A2 (VDE 0700-8/A2)

Rasiersteckdoseneinheiten .... DIN EN 61558-2-5 (VDE 0570-2-5)

Rasiersteckdosentransformatoren .... DIN EN 61558-2-5 (VDE 0570-2-5)

RaSTA
EN 50159 (VDE 0831-159)
– elektrische Bahnsignalanlagen .... DIN VDE V 0831-200 (VDE V 0831-200)

Ratsch-Band .... DIN EN IEC 62275 (VDE 0604-201)

Rauch
Sichtminderung durch .... DIN EN 60695-6-1 (VDE 0471-6-1)
E DIN EN IEC 60695-6-1 (VDE 0471-6-1)
DIN EN IEC 60695-6-2 (VDE 0471-6-2)
Toxizität .... DIN EN 60695-7-1 (VDE 0471-7-1)
DIN EN 60695-7-2 (VDE 0471-7-2)
E DIN EN IEC 60695-7-2 (VDE 0471-7-2)
DIN EN 60695-7-3 (VDE 0471-7-3)

Rauchdichte von Kabeln und isolierten Leitungen
Anforderungen .... DIN EN 61034-2 (VDE 0482-1034-2)
Prüfeinrichtung .... DIN EN 61034-1 (VDE 0482-1034-1)
Prüfverfahren .... DIN EN 61034-2 (VDE 0482-1034-2)
Prüfverfahren und Anforderungen .... DIN EN 61034-2 (VDE 0482-1034-2)

Raue Handhabung
Prüfverfahren für Geräte .... DIN EN 60068-2-31 (VDE 0468-2-31)

Räume besonderer Art
Räume mit Badewanne oder Dusche .... DIN VDE 0100-701 (VDE 0100-701)
E DIN VDE 0100-701 (VDE 0100-701)
VDE-Schriftenreihe Band 67a
VDE-Schriftenreihe Band 141
VDE-Schriftenreihe Band 168

Räume und Anlagen besonderer Art
Errichten von Niederspannungsanlagen .... DIN VDE V 0100-0718 (VDE V 0100-0718)
E DIN VDE 0100-716 (VDE 0100-716)
DIN VDE 0100-718 (VDE 0100-718)
Beiblatt 1 DIN VDE 0100-718 (VDE 0100-718)
VDE-Schriftenreihe Band 168
Fahrzeuge der Binnenschifffahrt
– elektrischer Landanschluss .... DIN VDE 0100-730 (VDE 0100-730)
VDE-Schriftenreihe Band 168

Räume
mit Saunaheizungen .... DIN VDE 0100-703 (VDE 0100-703)
VDE-Schriftenreihe Band 168
VDE-Schriftenreihe Band 67b

Räume, transportable ventilierte .... DIN EN 50381 (VDE 0170-17)

Raumheizgeräte
für den Hausgebrauch .... E DIN IEC 60335-2-30/A2 (VDE 0700-30/A2)
– Messverfahren der Gebrauchseigenschaften .... DIN EN 60531 (VDE 0705-531)

Raumheizung
Fußboden- und Decken-Flächenheizungen .... DIN VDE 0100-753 (VDE 0100-753)

Rauminhalt
Haushaltskühlgeräte .... E DIN EN 62552-3 (VDE 0705-2552-3)
E DIN IEC 62552-3/A1 (VDE 0705-2552-3/A1)

Räumliche Umschalter
für Lichtwellenleiter .... DIN EN 60876-1 (VDE 0885-876-1)

Raumluft-Entfeuchter
Anforderungen an Motorverdichter .... DIN EN 60335-2-34 (VDE 0700-34)
Beiblatt 1 DIN EN 60335-2-34 (VDE 0700-34)
E DIN EN 60335-2-34/A1 (VDE 0700-34/A1)
E DIN EN 60335-2-34/A2 (VDE 0700-34/A2)

Raumluftentfeuchter
für den Hausgebrauch
– Schadstoffentfrachtung .... DIN CLC/TS 50574-2 (VDE V 0042-11-2)

RCBO Typ B+ .... DIN VDE 0664-401 (VDE 0664-401)
E DIN VDE 0664-401 (VDE 0664-401)

RCBOs für Hausinstallationen
zusätzliche Anforderungen und Prüfungen
– eine oder mehrere zweipoligen Überstromschutzfunktionen
 .... DIN VDE V 0664-230 (VDE V 0664-230)

RCBOs
für Hausinstallationen .... DIN VDE V 0664-230 (VDE V 0664-230)
DIN EN 61009-1 (VDE 0664-20)
DIN EN 63024 (VDE 0640-21)
– Zusatzeinrichtungen .... DIN V VDE V 0664-220 (VDE V 0664-220)
DIN V VDE V 0664-420 (VDE V 0664-420)

RCCB Typ B+ .... DIN VDE 0664-400 (VDE 0664-400)
E DIN VDE 0664-400 (VDE 0664-400)

RCCBs
für Hausinstallationen .... DIN EN 61008-1 (VDE 0664-10)
Beiblatt 1 DIN EN 61008-1 (VDE 0664-10)
DIN EN 63024 (VDE 0640-21)
– Zusatzeinrichtungen .... DIN V VDE V 0664-120 (VDE V 0664-120)
DIN V VDE V 0664-420 (VDE V 0664-420)

RCDs
Fehlerstromschutzeinrichtungen
– Sicherheitsgruppennorm .... E DIN IEC 60755 (VDE 0664-900)
für Hausinstallationen .... DIN EN 61008-1 (VDE 0664-10)
Beiblatt 1 DIN EN 61008-1 (VDE 0664-10)
DIN EN 61543 (VDE 0664-30)

RCM-Analyse .... DIN EN 60300-3-11 (VDE 0050-5)

Reaktionsharzmassen
für die Elektroisolierung
– Begriffe, allgemeine Anforderungen .... DIN EN 60455-1 (VDE 0355-1)
– gefüllte Polyurethanharzmassen .... DIN EN 60455-3-4 (VDE 0355-3-4)

– Imprägnierharzwerkstoffe	DIN EN 60455-3-5 (VDE 0355-3-5)
– Kabelgarnituren	DIN EN 50655-1 (VDE 0278-655-1)
	DIN EN 60455-3-8 (VDE 0355-3-8)
	E DIN EN 60455-3-8 (VDE 0355-3-8)
– Prüfverfahren	DIN EN 50655-1 (VDE 0278-655-1)
	DIN EN 60455-2 (VDE 0355-2)
– quarzmehlgefüllte Epoxidharzmassen	DIN EN 60455-3-2 (VDE 0355-3-2)
– ungefüllte Epoxidharzmassen	DIN EN 60455-3-1 (VDE 0355-3-1)
– ungefüllte Polyurethanharzmassen	DIN EN 60455-3-3 (VDE 0355-3-3)
für Kabelgarnituren	DIN EN 60455-3-8 (VDE 0355-3-8)
	E DIN EN 60455-3-8 (VDE 0355-3-8)

Reaktoren

Notsteuerstellen	DIN EN 60965 (VDE 0491-5-5)

REBCO Supraleiterdrähte

Zugfestigkeit bei Raumtemperatur	DIN EN IEC 61788-25 (VDE 0390-25)

Rechenzentren

Einrichtungen und Infrastrukturen	DIN EN 50600-1 (VDE 0801-600-1)
	DIN EN 50600-2-1 (VDE 0801-600-2-1)
	DIN EN 50600-2-2 (VDE 0801-600-2-2)
	DIN EN 50600-2-3 (VDE 0801-600-2-3)
	DIN EN 50600-2-4 (VDE 0801-600-2-4)
	DIN EN 50600-2-5 (VDE 0801-600-2-5)
	DIN EN 50600-3-1 (VDE 0801-600-3-1)
	DIN EN 50600-4-1 (VDE 0801-600-4-1)
	Beiblatt 1 DIN EN 50600-4-2 (VDE 0801-600-4-2)
	DIN EN 50600-4-2 (VDE 0801-600-4-2)
	DIN EN 50600-4-3 (VDE 0801-600-4-3)
	DIN CLC/TR 50600-99-1 (VDE 0801-600-99-1)
	DIN CLC/TR 50600-99-2 (VDE 0801-600-99-2)
	E DIN EN 50600-2-1 (VDE 0801-600-2-1)
	E DIN EN 50600-2-5 (VDE 0801-600-2-5)
– allgemeine Konzepte	DIN EN 50600-1 (VDE 0801-600-1)
– empfohlene Praktiken für das Energiemanagement	
	DIN CLC/TR 50600-99-1 (VDE 0801-600-99-1)
– empfohlene Praktiken für die Umweltverträglichkeit	
	DIN CLC/TR 50600-99-2 (VDE 0801-600-99-2)
– Regelung der Umgebungsbedingungen	DIN EN 50600-2-3 (VDE 0801-600-2-3)
– Stromversorgung	DIN EN 50600-2-2 (VDE 0801-600-2-2)
– Stromversorgung und Stromverteilung	DIN EN 50600-2-2 (VDE 0801-600-2-2)
– Wirkungsgrad der Kühlung	DIN EN 50600-4-7 (VDE 0801-600-4-7)
Gebäudekonstruktion	DIN EN 50600-2-1 (VDE 0801-600-2-1)
	E DIN EN 50600-2-1 (VDE 0801-600-2-1)
Gleichstrom-Gerätesteckvorrichtungen	
– 2,6-kW-System	E DIN IEC/TS 63236-1 (VDE V 0625-3236-1)
– 5,2-kW-System	E DIN IEC/TS 63236-2 (VDE V 0625-3236-2)
Infrastruktur der Telekommunikationsverkabelung	DIN EN 50600-2-4 (VDE 0801-600-2-4)
Leistungskennzahlen	
– Faktor zur Energiewiederverwendung (ERF)	DIN EN 50600-4-6 (VDE 0801-600-4-6)
– Faktor zur Wiederverwendung von Energie (ERF)	DIN EN 50600-4-6 (VDE 0801-600-4-6)
Regelung der Umgebungsbedingungen	DIN EN 50600-2-3 (VDE 0801-600-2-3)
Stromversorgung	DIN EN 50600-2-2 (VDE 0801-600-2-2)

Stromverteilung ... DIN EN 50600-2-2 (VDE 0801-600-2-2)
Überwachung der Umgebung ... DIN EN 50600-2-3 (VDE 0801-600-2-3)
Wirkungsgrad der Kühlung ... DIN EN 50600-4-7 (VDE 0801-600-4-7)

Rechnerbildschirmgeräte
Messverfahren für die Leistungsaufnahme ... DIN EN IEC 62087-7 (VDE 0868-107)

Rechnerhardware
in Kernkraftwerken ... DIN EN 60987 (VDE 0491-3-1)
E DIN EN 60987 (VDE 0491-3-1)

Rechteckige Steckverbinder
250 V Gleichspannung und 30 A Bemessungsstrom
... DIN EN 61076-3-120 (VDE 0687-76-3-120)

Reduktion der Treibhausemission
Reduktion der Treibhausemission ... E DIN IEC/TR 62933-4-200 (VDE 0520-933-4-200)

Reduzierung von Umweltauswirkungen
medizinische elektrische Geräte ... E DIN EN 60601-1-9/A2 (VDE 0750-1-9/A2)

Reedrelais
allgemeine und Sicherheitsanforderungen ... E DIN EN IEC 61810-4 (VDE 0435-2024)
Sicherheitsanforderungen ... E DIN EN IEC 61810-4 (VDE 0435-2024)

Reedschalter
Fachgrundspezifikation ... DIN EN 62246-1 (VDE 0435-205)

Reedschalter, magnetisch vorgespannte ... DIN EN 62246-1 (VDE 0435-205)

Referenz-Messnormale für die Kalibrierung von Gammaspektrometern
Bestimmung der Radioaktivität
– Gammastrahlung emittierender Radionuklide ... E DIN ISO 23547 (VDE 0412-3547)
Referenz-Messplätze
– Frequenzbereich 5 MHz bis 18 GHz ... DIN EN 55016-1-5 (VDE 0876-16-1-5)

Referenz-Solarelemente ... DIN EN 60904-2 (VDE 0126-4-2)
Kalibrierung ... DIN EN 60904-4 (VDE 0126-4-4)
E DIN EN 60904-4 (VDE 0126-4-4)

Referenzstrahler
Alpha-, Beta-, und Photonenquellen ... DIN ISO 8769 (VDE 0412-8769)

Referenzstrahlungsfelder
Strahlenschutz
– Definitionen und grundlegende Konzepte ... DIN EN ISO 29661 (VDE 0412-661)

Reflexion, aktive optoelektronische diffuse ... DIN EN IEC 61496-3 (VDE 0113-203)

Reflexionskoeffizient ... E DIN EN 61169-1-4 (VDE 0887-969-1-4)
Hochfrequenz-Steckverbinder
– Prüfverfahren ... E DIN EN 61169-1-4 (VDE 0887-969-1-4)

Regalbediengeräte
elektrische Ausrüstung ... DIN EN 60204-32 (VDE 0113-32)

Rege- und Steuergeräte, automatische elektrische
für den Hausgebrauch
– elektrische Stellantriebe ... DIN EN IEC 60730-2-14 (VDE 0631-2-14)

Regel- und Steuergeräte für den Hausgebrauch
automatische elektrische
– luftstrom-, wasserstrom- und wasserstandsabhängige
.... DIN EN IEC 60730-2-15 (VDE 0631-2-15)
– thermisch wirkende Motorschutzeinrichtungen .... DIN EN IEC 60730-2-22 (VDE 0631-2-22)

Regel- und Steuergeräte
automatische elektrische
– Brenner-Steuerungs- und Überwachungssysteme, automatische elektrische
.... DIN EN 60730-2-5 (VDE 0631-2-5)
– Druckregel- und Steuergeräte .... DIN EN 60730-2-6 (VDE 0631-2-6)
– Energieregler .... E DIN EN IEC 60730-2-11 (VDE 0631-2-11)
– Wasserventile, elektrisch betrieben .... DIN EN IEC 60730-2-8 (VDE 0631-2-8)
– Zeitsteuergeräte und Schaltuhren .... DIN EN IEC 60730-2-7 (VDE 0631-2-7)
Druckregel- und Steuergeräte
– mechanische Anforderungen .... DIN EN 60730-2-6 (VDE 0631-2-6)
für den Hausgebrauch
– allgemeine Anforderungen .... DIN EN 60730-1 (VDE 0631-1)
E DIN EN 60730-1/A1 (VDE 0631-1/A1)
– automatische elektrische Druckregel- und Steuergeräte ... DIN EN 60730-2-6 (VDE 0631-2-6)
– besondere Anforderungen .... DIN EN 60730-2-1 (VDE 0631-2-1)
DIN EN IEC 60730-2-13 (VDE 0631-2-13)
DIN EN IEC 60730-2-7 (VDE 0631-2-7)
– Brenner-Steuerungs- und Überwachungssysteme .... DIN EN 60730-2-5 (VDE 0631-2-5)
– elektrisch betriebene Wasserventile .... DIN EN IEC 60730-2-8 (VDE 0631-2-8)
– elektrische Ölventile .... DIN EN 60730-2-19 (VDE 0631-2-19)
– elektrische Stellantriebe .... DIN EN IEC 60730-2-14 (VDE 0631-2-14)
E DIN IEC 60730-2-14/A1 (VDE 0631-2-14/A1)
DIN EN 60730-2-6 (VDE 0631-2-6)
– elektrische Türverriegelungen .... DIN EN IEC 60730-2-12 (VDE 0631-2-12)
– Energieregler .... DIN EN IEC 60730-2-11 (VDE 0631-2-11)
E DIN EN IEC 60730-2-11 (VDE 0631-2-11)
– feuchtigkeitsempfindliche .... DIN EN IEC 60730-2-13 (VDE 0631-2-13)
– luftstrom-, wasserstrom- und wasserstandsabhängige
.... DIN EN IEC 60730-2-15 (VDE 0631-2-15)
– Motorschutzeinrichtungen .... DIN EN IEC 60730-2-22 (VDE 0631-2-22)
– Motorstartrelais .... DIN EN 60730-2-10 (VDE 0631-2-10)
– Schaltuhren .... DIN EN IEC 60730-2-7 (VDE 0631-2-7)
– temperaturabhängige .... DIN EN IEC 60730-2-9 (VDE 0631-2-9)
– Vorschaltgeräte für Leuchtstofflampen .... DIN EN 60730-2-3 (VDE 0631-2-3)
– Wasserventile .... DIN EN IEC 60730-2-8 (VDE 0631-2-8)
– Zeitsteuergeräte .... DIN EN IEC 60730-2-7 (VDE 0631-2-7)

Regel- und Steuergeräte, automatische elektrische
Druckregel- und Steuergeräte
– mechanische Anforderungen .... DIN EN 60730-2-6 (VDE 0631-2-6)
Zeitsteuergeräte und Schaltuhren .... DIN EN IEC 60730-2-7 (VDE 0631-2-7)

Regel- und Steuergeräte, automatische
Energieregler .... E DIN EN IEC 60730-2-11 (VDE 0631-2-11)

Regel- und Steuergeräte, temperaturabhängige
für den Hausgebrauch .... DIN EN IEC 60730-2-9 (VDE 0631-2-9)

Regelgeräte
besondere Anforderungen
– Sicherheitsbestimmungen .... DIN EN IEC 61010-2-201 (VDE 0411-2-201)
E DIN EN IEC 61010-2-201 (VDE 0411-2-201)
EMV-Anforderungen
– allgemeine Anforderungen .... DIN EN 61326-1 (VDE 0843-20-1)
E DIN EN 61326-1 (VDE 0843-20-1)
für den Hausgebrauch
– elektrisch betriebene Wasserventile .... DIN EN IEC 60730-2-8 (VDE 0631-2-8)
– elektrische Stellantriebe .... DIN EN IEC 60730-2-14 (VDE 0631-2-14)
– elektrische Türverriegelungen .... DIN EN IEC 60730-2-12 (VDE 0631-2-12)
– Energieregler .... DIN EN 60730-2-11 (VDE 0631-2-11)
E DIN EN IEC 60730-2-11 (VDE 0631-2-11)
– feuchtigkeitsempfindliche .... DIN EN IEC 60730-2-13 (VDE 0631-2-13)
– temperaturabhängige .... DIN EN IEC 60730-2-9 (VDE 0631-2-9)

Regelgeräte, elektrische
allgemeine Anforderungen .... DIN EN 61010-1 (VDE 0411-1)
Anforderungen für Kühlgeräte .... DIN EN 61010-2-011 (VDE 0411-2-011)
E DIN EN IEC 61010-2-011 (VDE 0411-2-011)
Isolationswiderstandsmessung
– Spannungsfestigkeitsprüfung .... E DIN EN 61010-2-034 (VDE 0411-2-034)
Klima-, Umweltprüf- und Temperatur-Konditionierungsgeräte
.... DIN EN 61010-2-012 (VDE 0411-2-012)
E DIN EN 61010-2-012 (VDE 0411-2-012)
Laborzentrifugen .... DIN EN 61010-2-020 (VDE 0411-2-020)
E DIN EN IEC 61010-2-020 (VDE 0411-2-020)
Prüf- und Messstromkreise .... DIN EN 61010-2-030 (VDE 0411-2-030)
E DIN EN 61010-2-030 (VDE 0411-2-030)
Sicherheitsbestimmungen .... DIN EN IEC 61010-2-201 (VDE 0411-2-201)
E DIN EN IEC 61010-2-201 (VDE 0411-2-201)

Regelgeräte, elektrische, industrielle
Sicherheitsanforderungen für Maschinen-Aspekte DIN EN IEC 61010-2-120 (VDE 0411-2-120)

Regelgeräte, feuchtigkeitsempfindliche .... DIN EN IEC 60730-2-13 (VDE 0631-2-13)

Regelkreise, physiologische geschlossene
für medizinische elektrische Geräte .... DIN EN 60601-1-10 (VDE 0750-1-10)
E DIN EN 60601-1-10/A2 (VDE 0750-1-10/A2)

Regeln
Dokumente der Elektrotechnik .... DIN EN 61082-1 (VDE 0040-1)

Regenerierung
explosionsgefährdete Bereiche .... DIN EN 60079-19 (VDE 0165-20-1)
E DIN EN 60079-19 (VDE 0165-20-1)

Regenprüfung (künstlicher Regen) .... DIN EN 60168 (VDE 0674-1)

Registriergeräte
für Eisenbahnfahrzeuge .... DIN VDE 0119-207-11 (VDE 0119-207-11)

Regler
für den Hausgebrauch .... DIN EN IEC 60879 (VDE 0705-879)

Reihendrosselspulen .... DIN EN 60076-6 (VDE 0532-76-6)

Reihenklemmen
für Kupferleiter .... DIN EN 60947-7-1 (VDE 0611-1)

Reihenklemmen, mehrstöckige .... DIN VDE 0611-4 (VDE 0611-4)

Reihenkondensatorbatterien .... DIN EN 60143-2 (VDE 0560-43)

Reihenkondensatoren
eingebaute Sicherungen .... DIN EN 60143-3 (VDE 0560-44)
für Starkstromanlagen .... DIN EN 60143-1 (VDE 0560-42)
　　　　　　　　　　　　　　　　　　　　　　　　　DIN EN 60143-2 (VDE 0560-43)
　　　　　　　　　　　　　　　　　　　　　　　　　DIN EN 60143-3 (VDE 0560-44)
Schutzeinrichtungen für Reihenkondensatorbatterien .... DIN EN 60143-2 (VDE 0560-43)

Reihenkondensatoren, thyristorgesteuerte
für Starkstromanlagen .... DIN EN 60143-4 (VDE 0560-41)

Reihenuntersuchungen auf Fieber .... DIN EN IEC 80601-2-59 (VDE 0750-2-59)

Reinigungs-Desinfektionsgeräte
zur Anwendung in Medizin und Pharmazie .... DIN EN 61010-2-040 (VDE 0411-2-040)
　　　　　　　　　　　　　　　　　　　　　　　　E DIN EN IEC 61010-2-040 (VDE 0411-2-040)

Reinigungsgeräte
für medizinisches Material .... DIN EN 61010-2-040 (VDE 0411-2-040)
　　　　　　　　　　　　　　　　　　　　　　　　E DIN EN IEC 61010-2-040 (VDE 0411-2-040)
zur Oberflächenreinigung
– für den Hausgebrauch .... DIN EN 60335-2-54 (VDE 0700-54)
　　　　　　　　　　　　　　　　　　　　　　　　E DIN EN 60335-2-54/A12 (VDE 0700-54/A12)
　　　　　　　　　　　　　　　　　　　　　　　　E DIN IEC 60335-2-54/A2 (VDE 0700-54/A2)

Reinigungsroboter für den Hausgebrauch
Trockenreinigung
– Messung der Gebrauchseigenschaften .... E DIN EN IEC 62885-7 (VDE 0705-2885-7)
　　　　　　　　　　　　　　　　　　　　　　　　DIN EN 62929 (VDE 0705-2929)

Reinigungsroboter
für den Hausgebrauch
– Trockenreinigung .... E DIN EN IEC 62885-7 (VDE 0705-2885-7)
　　　　　　　　　　　　　　　　　　　　　　　　DIN EN 62929 (VDE 0705-2929)
Trockenreinigung
– für den Hausgebrauch .... E DIN EN IEC 62885-7 (VDE 0705-2885-7)
　　　　　　　　　　　　　　　　　　　　　　　　DIN EN 62929 (VDE 0705-2929)

Reinigungs-Vorrichtungen
Absaugen unter Spannung .... DIN VDE 0682-621 (VDE 0682-621)

Reisesteckadapter .... DIN VDE V 0620-500-1 (VDE V 0620-500-1)

Reißdehnung
Kernkraftwerke
– Zustandsüberwachung elektrischer Geräte .... DIN IEC/IEEE 62582-3 (VDE 0491-21-3)
von Polyethylen- und Polypropylenmischungen .... DIN EN 60811-512 (VDE 0473-811-512)

Reißlänge
von Kabeln und Leitungen .... DIN 57472-626 (VDE 0472-626)

Reizstromgeräte
für Nerven und Muskeln .... DIN EN 60601-2-10 (VDE 0750-2-10)

Relais
elektromechanische Elementarrelais
– allgemeine Anforderungen .... DIN EN 61810-1 (VDE 0435-201)
DIN EN 61810-1/A1 (VDE 0435-201/A1)
– Funktionsfähigkeit (Zuverlässigkeit) .... DIN EN 61810-2 (VDE 0435-120)
DIN EN 61810-2-1 (VDE 0435-120-1)
– Sicherheitsanforderungen .... DIN EN 61810-1 (VDE 0435-201)
DIN EN 61810-1/A1 (VDE 0435-201/A1)
elektromechanische Telekom-Elementarrelais
– Fachgrund- und Bauartspezifikation .... DIN EN 61811-1 (VDE 0435-210)
Messrelais und Schutzeinrichtungen
– EMV-Anforderungen .... DIN EN 60255-26 (VDE 0435-320)
E DIN EN 60255-26 (VDE 0435-320)
mit zwangsgeführten Kontakten .... DIN EN 61810-3 (VDE 0435-2022)

Relative thermische Beständigkeit von Elektroisolierstoffen
Ermittlung mit analytischen Prüfverfahren
– Berechnung auf Grundlage der Aktivierungsenergie   DIN IEC/TS 60216-7-1 (VDE V 0304-7-1)

Relativer Temperaturindex (RTE) .... DIN IEC/TS 60216-7-1 (VDE V 0304-7-1)

Reparatur- und Wartungsarbeiten
gekapselte Lastschalter
– Niederspannungsschaltgeräte .... DIN EN 62626-1 (VDE 0660-2626-1)

Reparatur von Elektrogeräten
Überprüfung der Wirksamkeit der Schutzmaßnahmen .... DIN EN 50678 (VDE 0701)

Reparatur
drehender elektrischer Maschinen .... DIN EN IEC 60034-23 (VDE 0530-23)
resistive (ohmsche) Ausführung
– für Wechselspannungen über 1 kV bis 36 kV .... DIN EN 61481-2 (VDE 0682-431-2)

Resistive Eigenschaften fester Isolierstoffe .... DIN EN 62631-3-1 (VDE 0307-3-1)
E DIN EN IEC 62631-3-1 (VDE 0307-3-1)
DIN EN 62631-3-2 (VDE 0307-3-2)
DIN EN IEC 62631-3-4 (VDE 0307-3-4)
Gleichspannungsverfahren
– Durchgangswiderstand und spezifischer Durchgangswiderstand
.... DIN EN IEC 62631-3-11 (VDE 0307-3-11)

Resistive Eigenschaften
fester Isolierstoffe
– Durchgangswiderstand .... DIN EN IEC 62631-3-11 (VDE 0307-3-11)
DIN EN 62631-3-3 (VDE 0307-3-3)
– Imprägnierung und Beschichtung von Werkstoffen .. DIN EN IEC 62631-3-11 (VDE 0307-3-11)

Restmagnetismus
Steckverbinder
– für elektronische Einrichtungen .... DIN EN 60512-24-1 (VDE 0687-512-24-1)

Restwiderstandsverhältnis
Messung .... DIN EN IEC 61788-23 (VDE 0390-23)
E DIN EN IEC 61788-23 (VDE 0390-23)

von Nb-Ti-Verbundsupraleitern	DIN EN 61788-4 (VDE 0390-4)
	E DIN EN IEC 61788-4 (VDE 0390-4)
von Nb₃Sn-Verbundsupraleitern	DIN EN 61788-4 (VDE 0390-4)
	E DIN EN IEC 61788-4 (VDE 0390-4)

Rettungsfahrzeuge ... DIN VDE 0100-717 (VDE 0100-717)
VDE-Schriftenreihe Band 168

Rettungsleuchte ... DIN VDE 0100-560 (VDE 0100-560)
E DIN IEC 60364-5-56 (VDE 0100-560)

Rettungsweg ... DIN VDE 0100-729 (VDE 0100-729)
VDE-Schriftenreihe Band 168

Rettungswege
Kennzeichnung ... DIN VDE V 0108-100-1 (VDE V 0108-100-1)
optische Sicherheitsleitsysteme ... DIN VDE V 0108-200 (VDE V 0108-200)
Sicherheitsbeleuchtung ... DIN VDE V 0108-100-1 (VDE V 0108-100-1)
DIN EN 50172 (VDE 0108-100)
– automatische Prüfsysteme ... DIN EN 62034 (VDE 0711-400)

Revisionskästen
für Blitzschutzsysteme ... DIN EN 62561-5 (VDE 0185-561-5)

Richtlinien zur IT-Sicherheit und Resilienz
für die Smart-Energy-Einsatzumgebung ... E DIN VDE 0175-110 (VDE 0175-110)

Richtungs-Äquivalentdosis-(leistungs-)Messgeräte
für Beta-, Röntgen- und Gammastrahlung ... DIN EN 60846-1 (VDE 0492-2-1)

Rillenfahrdrähte
aus Kupfer und Kupferlegierung ... DIN EN 50149 (VDE 0115-602)

Ringgitter ... VDE-Anwendungsregel VDE-AR-N 4210-11

Risikoabschätzung
für bauliche Anlagen
– durch Wolke-Erde-Blitze ... DIN EN 62305-2 (VDE 0185-305-2)
Beiblatt 1 DIN EN 62305-2 (VDE 0185-305-2)

Risikobeurteilung
Verfahren ... DIN EN 31010 (VDE 0050-1)

Risikobeurteilungsverfahren ... DIN EN 31010 (VDE 0050-1)

Risikomanagement
explosionsgefährdete Anlagen
– Blitzschutz ... Beiblatt 3 DIN EN 62305-2 (VDE 0185-305-2)
E DIN EN 62305-2 (VDE 0185-305-2)
für IT-Netzwerke mit Medizinprodukten ... DIN EN 80001-1 (VDE 0756-1)
E DIN EN 80001-1 (VDE 0756-1)
DIN IEC/TR 80001-2-5 (VDE 0756-2-5)
für Projekte
– allgemeine Leitlinien ... DIN EN 62198 (VDE 0050-6)
Verfahren zur Risikobeurteilung ... DIN EN 31010 (VDE 0050-1)

Risikomanagementakte
Notfall- und Gefahren-Reaktionssysteme (NGRS) ... E DIN VDE V 0827-3 (VDE V 0827-3)

Rissbeständigkeit
von Isolierhüllen und Mänteln .... DIN EN 60811-509 (VDE 0473-811-509)

Rn-222 und Rn-220
Messgeräte für .... DIN EN 61577-2 (VDE 0493-1-10-2)

Roaming-Ladedienste
für Elektrofahrzeuge .... DIN EN IEC 63119-1 (VDE 0122-19-1)

Roboter zur Beurteilung, medizinische
medizinische elektrische Geräte .... E DIN EN 80601-2-78 (VDE 0750-2-78)

Roboter zur Kompensation, medizinische
medizinische elektrische Geräte .... E DIN EN 80601-2-78 (VDE 0750-2-78)

Roboter zur Linderung, medizinische
medizinische elektrische Geräte .... E DIN EN 80601-2-78 (VDE 0750-2-78)

Roboter zur Rehabilitation, medizinische
medizinische elektrische Geräte .... E DIN EN 80601-2-78 (VDE 0750-2-78)

Roboter-Rasenmäher, batteriebetriebene .... DIN EN 50636-2-107 (VDE 0700-107)

Roboterunterstützte Chirurgiegeräte
Leistungsmerkmale
– medizinische elektrische Geräte .... E DIN EN 80601-2-77 (VDE 0750-2-77)
E DIN EN 80601-2-78 (VDE 0750-2-78)

Rohre und massive Stäbe
isolierende schaumgefüllte
– mit kreisförmigem Querschnitt .... DIN EN 60855-1 (VDE 0682-214-1)
Rohre und Stäbe
– allgemeine Anforderungen .... DIN EN 61212-1 (VDE 0319-1)
– auf Basis warmhärtender Harze .... DIN EN 61212-2 (VDE 0319-2)
DIN EN 61212-3-3 (VDE 0319-3-3)
– mit recht- und sechseckigem Querschnitt .... DIN EN 62011-1 (VDE 0320-1)
– runde, formgepresste Rohre .... DIN EN 61212-3-2 (VDE 0319-3-2)
– runde, gewickelte Rohre .... DIN EN 61212-3-1 (VDE 0319-3-1)
– Typvergleich .... DIN EN 61212-1 (VDE 0319-1)
Tafeln auf Basis warmhärtender Harze .... DIN EN 60893-2 (VDE 0318-2)
E DIN EN 60893-2 (VDE 0318-2)
DIN EN 60893-3-1 (VDE 0318-3-1)
DIN EN 60893-3-2 (VDE 0318-3-2)
DIN EN 60893-3-3 (VDE 0318-3-3)
DIN EN 60893-3-4 (VDE 0318-3-4)
DIN EN 60893-3-5 (VDE 0318-3-5)
DIN EN IEC 60893-3-6 (VDE 0318-3-6)
DIN EN 60893-3-7 (VDE 0318-3-7)
DIN IEC/TR 60893-4 (VDE 0318-4)
Typvergleich .... Beiblatt 1 DIN EN 60893-3-1 (VDE 0318-3-1)
Vulkanfiber .... DIN VDE 0312 (VDE 0312)

Rohre und Stäbe
aus Schichtpressstoffen
– auf Basis warmhärtender Harze .... DIN EN 61212-3-1 (VDE 0319-3-1)
DIN EN 61212-3-2 (VDE 0319-3-2)
– Typvergleich .... DIN EN 61212-1 (VDE 0319-1)

Röhrenkabel (LWL-) .... DIN EN 60794-3-10 (VDE 0888-310)
DIN EN 60794-3-12 (VDE 0888-13)
E DIN EN IEC 60794-3-12 (VDE 0888-13)

Rohrhalter
für Elektroinstallationsrohrsysteme .... DIN EN 61386-25 (VDE 0605-25)
– besondere Anforderungen .... DIN EN 61386-25 (VDE 0605-25)

Rohrleitungskreise
Drosselklappen .... DIN EN 50216-8 (VDE 0532-216-8)

Rohrlötwerkzeuge .... DIN EN 60335-2-45 (VDE 0700-45)
E DIN EN 60335-2-45/AA (VDE 0700-45/AA)

Rohrreinigungsgeräte, handgeführt motorbetrieben ...... DIN EN 62841-2-21 (VDE 0740-2-21)

RoHS .... DIN EN IEC 63000 (VDE 0042-12)

Rollenpressspan
für elektrotechnische Anwendungen
– Begriffe und allgemeine Anforderungen .... DIN EN 60641-1 (VDE 0315-1)
– Prüfverfahren .... DIN EN 60641-2 (VDE 0315-2)
– Typen P.2.1, P.4.1, P.4.2, P.4.3 und P.4.6 .... DIN EN 60641-3-2 (VDE 0315-3-2)
– Typen P.2.1, P.4.1, P.4.2, P.4.3 und P.6.1 .... Beiblatt 1 DIN EN 60641-3-2 (VDE 0315-3-2)
Typenvergleich .... Beiblatt 1 DIN EN 60641-3-2 (VDE 0315-3-2)

Rollläden
für den Hausgebrauch
– elektrischer Antrieb .... DIN EN 60335-2-97 (VDE 0700-97)
E DIN IEC 60335-2-97/A1 (VDE 0700-97/A1)

Rolltore
elektrische Antriebe .... DIN EN 60335-2-103 (VDE 0700-103)
E DIN IEC 60335-2-103 (VDE 0700-103-3)
E DIN IEC 60335-2-103/A1 (VDE 0700-103/A1)
E DIN IEC 60335-2-103/A2 (VDE 0700-103/A2)

Röntgen- und Gamma-Referenzstrahlung
Kalibrierung von Dosimetern und Dosisleistungsmessgeräten
– Eigenschaften und Erzeugung von Strahlung .... DIN ISO 4037-1 (VDE 0412-4037-1)
E DIN EN ISO 4037-1 (VDE 0412-4037-1)
DIN ISO 4037-2 (VDE 0412-4037-2)
E DIN EN ISO 4037-2 (VDE 0412-4037-2)
Kalibrierung von Orts- und Personendosimetern
– in niedrigenergetischen Röntgen-Referenzstrahlungsfeldern
.... DIN ISO 4037-4 (VDE 0412-4037-4)
E DIN EN ISO 4037-4 (VDE 0412-4037-4)
– Messung des Ansprechvermögens .... DIN ISO 4037-3 (VDE 0412-4037-3)
E DIN EN ISO 4037-3 (VDE 0412-4037-3)
niedrigenergetische Röntgen-Referenzstrahlungsfelder
– Kalibrierung von Orts- und Personendosimetern .... DIN ISO 4037-4 (VDE 0412-4037-4)
E DIN EN ISO 4037-4 (VDE 0412-4037-4)

Röntgen- und Gamma-Referenzstrahlungsfelder
Kalibrierung von Dosimetern und Dosisleistungsmessgeräten
– Strahlungseigenschaften und Erzeugungsmethoden .... DIN ISO 4037-1 (VDE 0412-4037-1)
E DIN EN ISO 4037-1 (VDE 0412-4037-1)

DIN ISO 4037-2 (VDE 0412-4037-2)
E DIN EN ISO 4037-2 (VDE 0412-4037-2)
DIN ISO 4037-3 (VDE 0412-4037-3)
E DIN EN ISO 4037-3 (VDE 0412-4037-3)
DIN ISO 4037-4 (VDE 0412-4037-4)
E DIN EN ISO 4037-4 (VDE 0412-4037-4)

Röntgenbasierte Geräte für bildgesteuerte Strahlentherapie
medizinische elektrische Geräte .... DIN EN 60601-2-68 (VDE 0750-2-68)

Röntgen-Computertomografen
Abteilungen für medizinische Bildgebung
– Bewertung und routinemäßige Prüfung .... E DIN EN 61223-3-5 (VDE 0750-3-5)
Sicherheitskontrolle
– Flaschen und Behälter für Flüssigkeiten .... DIN IEC 62963 (VDE 0412-14)

Röntgeneinrichtungen
für die Computertomografie .... DIN EN 60601-2-44 (VDE 0750-2-44)
für interventionelle Verfahren .... DIN EN 60601-2-43 (VDE 0750-2-43)

Röntgeneinrichtungen, extraorale zahnärztliche .... DIN EN 60601-2-63 (VDE 0750-2-63)
E DIN EN 60601-2-63/A2 (VDE 0750-2-63/A2)

Röntgeneinrichtungen, intraorale zahnärztliche .... DIN EN 60601-2-65 (VDE 0750-2-65)
E DIN EN 60601-2-65/A2 (VDE 0750-2-65/A2)

Röntgenfluoreszenz-Analysegeräte
tragbare, mit Kleinströntgenröhre .... DIN IEC 62495 (VDE 0412-20)

Röntgenfluoreszenz-Spektrometrie .... DIN EN 62321-3-1 (VDE 0042-1-3-1)

Röntgengeräte
für Radiografie und Radioskopie .... DIN EN 60601-2-54 (VDE 0750-2-54)

Röntgengeräteschränke
für industrielle und kommerzielle Anwendung .... DIN EN 61010-2-091 (VDE 0411-2-091)
E DIN EN 61010-2-091 (VDE 0411-2-091)

Röntgen-Mammografiegeräte .... DIN EN 60601-2-45 (VDE 0750-2-45)

Röntgenscanner .... DIN IEC 62463 (VDE 0412-11)

Röntgenstrahlenerzeuger, therapeutische .... DIN EN 60601-2-8 (VDE 0750-2-8)

Röntgenstrahler
für die medizinische Diagnostik .... DIN EN IEC 60601-2-28 (VDE 0750-2-28)

Röntgenstrahlung
Äquivalentdosisleistung .... DIN EN 60846-1 (VDE 0492-2-1)
DIN EN 60846-2 (VDE 0492-2-3)
Messgeräte .... DIN EN 60846-1 (VDE 0492-2-1)

Röntgensysteme
für die Personenkontrolle .... DIN IEC 62463 (VDE 0412-11)

Rotierende elektrische Maschinen
thermischer Schutz
– Auslösegeräte .... DIN EN 60947-8 (VDE 0660-302)

Rotorblätter von Windenergieanlagen
Windenergieanlagen .... E DIN EN 61400-5 (VDE 0127-5)

Rotorblätter
von Windenergieanlagen .... DIN EN 61400-23 (VDE 0127-23)
Windenergieanlagen .... E DIN EN 61400-5 (VDE 0127-5)

RTI (relativer Temperaturindex)
von Elektroisolierstoffen .... E DIN EN IEC 60216-5 (VDE 0304-25)
E DIN EN IEC 60216-6 (VDE 0304-26)

Rückenstaubsauger
für den gewerblichen Gebrauch .... DIN EN 60335-2-69 (VDE 0700-69)
E DIN EN 60335-2-69/A1 (VDE 0700-69/A6)
E DIN EN 60335-2-69/A2 (VDE 0700-69/A8)
E DIN EN 60335-2-69/A3 (VDE 0700-69/A1)

Rückflussdämpfung .... DIN EN IEC 60512-28-100 (VDE 0687-512-28-100)
E DIN EN 61169-1-4 (VDE 0887-969-1-4)
Hochfrequenz-Steckverbinder
– Prüfverfahren .... E DIN EN 61169-1-4 (VDE 0887-969-1-4)

Rückkanäle
in Kabelnetzen .... DIN EN 60728-10 (VDE 0855-10)

Rückleitungen zu Oberleitungen
für Bahnanwendungen
– Schutzmaßnahmen für Arbeiten an/oder in der Nähe .... E DIN EN 50488 (VDE 0115-488)

Rucksack-Strahlenschutzdetektor .... E DIN IEC 62694 (VDE 0493-3-10)
Nachweis von unerlaubt transportiertem radioaktivem Material
.... E DIN IEC 62694 (VDE 0493-3-10)

Rücksaugung von Nichttrinkwasser
Verhinderung .... DIN EN 61770 (VDE 0700-600)
Vermeidung .... DIN EN 61770 (VDE 0700-600)

Rückspeisefähige Unterwerke für Gleichstrombahnen
Bahnanwendungen
– ortsfeste Anlagen und Bahnenergieversorgung .... DIN CLC/TR 50646 (VDE 0115-646)

Rückspeisung .... DIN EN IEC 62040-1 (VDE 0558-510)
E DIN EN IEC 62040-1/A1 (VDE 0558-510/A1)

Rückweg-Messverfahren
an Kabelnetze
– aktive Breitbandgeräte .... DIN EN IEC 60728-3 (VDE 0855-3)

Rückweg-Systemanforderungen
an Kommunikationsnetze .... DIN EN 60728-10 (VDE 0855-10)

Rufanlagen .... DIN VDE 0834-1 (VDE 0834-1)
DIN VDE 0834-2 (VDE 0834-2)
Geräteanforderungen, Planen, Errichten und Betrieb .... DIN VDE 0834-1 (VDE 0834-1)
in Krankenhäusern .... DIN VDE 0834-1 (VDE 0834-1)
Umweltbedingungen und elektromagnetische Verträglichkeit ..... DIN VDE 0834-2 (VDE 0834-2)

Rufanlagen in Krankenhäusern, Pflegeheimen
und ähnlichen Einrichtungen
– Umweltbedingungen und elektromagnetische Verträglichkeit .. DIN VDE 0834-2 (VDE 0834-2)

Rufgeneratoren .... DIN EN IEC 61204-7 (VDE 0557-7)

Rührwerke, handgeführt motorbetrieben .... DIN EN 62841-2-10 (VDE 0740-2-10)

Rührwerke, transportabel handgeführt .... DIN EN 62841-2-10 (VDE 0740-2-10)

RuK-Netzanwendungen mit Verkabelung
nach EN 50173-4
– Informationstechnik .... DIN CLC/TR 50173-99-2 (VDE 0800-173-99-2)

RuK-Verkabelung
nach EN 50173
– Hausinstallationskabel 5 MHz bis 3 000 MHz .... DIN EN 50117-9-2 (VDE 0887-9-2)
DIN EN 50117-9-3 (VDE 0887-9-3)
nach EN 50173-4 .... DIN CLC/TR 50173-99-2 (VDE 0800-173-99-2)

Runddrähte aus Aluminium
lackisoliert mit Polyester oder Polyesterimid und darüber mit Polyamidimid
– Klasse 200 .... E DIN EN IEC 60317-25 (VDE 0474-317-25)
– technische Lieferbedingungen von Wickeldrähten
.... E DIN EN IEC 60317-25 (VDE 0474-317-25)
lackisoliert mit Polyester oder Polyesterimid und darüber mit Polyamidimid, Klasse 200
– technische Lieferbedingungen von Wickeldrähten
.... E DIN EN IEC 60317-25 (VDE 0474-317-25)
Papierisoliert
– technische Lieferbedingungen von Wickeldrähten
.... E DIN EN IEC 60317-27-2 (VDE 0474-317-27-2)

Runddrähte aus Aluminium, lackisoliert
technische Lieferbedingungen von Wickeldrähten . E DIN EN IEC 60317-25 (VDE 0474-317-25)

Runddrähte aus Aluminium, papierisoliert
technische Lieferbedingungen von Wickeldrähten
.... E DIN EN IEC 60317-27-2 (VDE 0474-317-27-2)

Runddrähte aus Aluminiumdraht, lackisoliert
technische Lieferbedingungen von Wickeldrähten .... DIN EN 60317-0-3 (VDE 0474-317-0-3)

Runddrähte aus Kupfer
lackisoliert mit Polyesterimid
– technische Lieferbedingungen von Wickeldrähten .... DIN EN 60317-23 (VDE 0474-317-23)
DIN EN 60317-36 (VDE 0474-317-36)
lackisoliert mit Polyurethan
– Klasse 155 .... DIN EN 60317-20 (VDE 0474-317-20)
DIN EN 60317-35 (VDE 0474-317-35)
– technische Lieferbedingungen von Wickeldrähten .... DIN EN 60317-20 (VDE 0474-317-20)
DIN EN 60317-35 (VDE 0474-317-35)
lackisoliert mit Polyurethan und darüber mit Polyamid
– Klasse 155 .... DIN EN 60317-21 (VDE 0474-317-21)
– technische Lieferbedingungen von Wickeldrähten .... DIN EN 60317-21 (VDE 0474-317-21)
lackisoliert mit Polyurethan und mit Polyamid
– Klasse 180 .... DIN EN 60317-55 (VDE 0474-317-55)
– technische Lieferbedingungen von Wickeldrähten .... DIN EN 60317-55 (VDE 0474-317-55)

lackisoliert mit Polyvinylacetal, Klasse 120
– technische Lieferbedingungen von Wickeldrähten
.... E DIN EN IEC 60317-12 (VDE 0474-317-12)
papierisoliert .... E DIN EN IEC 60317-27-1 (VDE 0474-317-27-1)
– technische Lieferbedingungen .... E DIN EN IEC 60317-27-1 (VDE 0474-317-27-1)
verzinnbar
– Klasse 155 .... DIN EN 60317-20 (VDE 0474-317-20)
                      DIN EN 60317-21 (VDE 0474-317-21)
– Klasse 180 .... DIN EN 60317-23 (VDE 0474-317-23)
                      DIN EN 60317-55 (VDE 0474-317-55)
– technische Lieferbedingungen von Wickeldrähten .... DIN EN 60317-20 (VDE 0474-317-20)
                      DIN EN 60317-21 (VDE 0474-317-21)
                      DIN EN 60317-23 (VDE 0474-317-23)
                      DIN EN 60317-55 (VDE 0474-317-55)
– Temperaturindex 180 .... DIN EN 60317-23 (VDE 0474-317-23)
verzinnbar und verbackbar
– Klasse 155 .... DIN EN 60317-35 (VDE 0474-317-35)
– Klasse 180 .... DIN EN 60317-36 (VDE 0474-317-36)
– technische Lieferbedingungen von Wickeldrähten .... DIN EN 60317-35 (VDE 0474-317-35)
                      DIN EN 60317-36 (VDE 0474-317-36)
– Temperaturindex 180 .... DIN EN 60317-36 (VDE 0474-317-36)
verzinnbar und verbackbar, lackisoliert mit Polyesterimid
– Klasse 180 .... DIN EN 60317-36 (VDE 0474-317-36)
– technische Lieferbedingungen von Wickeldrähten .... DIN EN 60317-36 (VDE 0474-317-36)
– Temperaturindex 180 .... DIN EN 60317-36 (VDE 0474-317-36)
verzinnbar und verbackbar, lackisoliert mit Polyesterimid, Klasse 180
– technische Lieferbedingungen von Wickeldrähten .... DIN EN 60317-36 (VDE 0474-317-36)
verzinnbar und verbackbar, lackisoliert mit Polyesterimid, Temperaturindex 180
– technische Lieferbedingungen von Wickeldrähten .... DIN EN 60317-36 (VDE 0474-317-36)
verzinnbar und verbackbar, lackisoliert mit Polyurethan
– Klasse 155 .... DIN EN 60317-35 (VDE 0474-317-35)
– technische Lieferbedingungen von Wickeldrähten .... DIN EN 60317-35 (VDE 0474-317-35)
verzinnbar und verbackbar, lackisoliert mit Polyurethan, Klasse 155
– technische Lieferbedingungen von Wickeldrähten .... DIN EN 60317-35 (VDE 0474-317-35)
verzinnbar, lackisoliert mit Polyesterimid
– Klasse 180 .... DIN EN 60317-23 (VDE 0474-317-23)
– technische Lieferbedingungen von Wickeldrähten .... DIN EN 60317-23 (VDE 0474-317-23)
– Temperaturindex 180 .... DIN EN 60317-23 (VDE 0474-317-23)
verzinnbar, lackisoliert mit Polyesterimid, Klasse 180
– technische Lieferbedingungen von Wickeldrähten .... DIN EN 60317-23 (VDE 0474-317-23)
verzinnbar, lackisoliert mit Polyesterimid, Temperaturindex 180
– technische Lieferbedingungen von Wickeldrähten .... DIN EN 60317-23 (VDE 0474-317-23)
verzinnbar, lackisoliert mit Polyurethan
– Klasse 155 .... DIN EN 60317-20 (VDE 0474-317-20)
– technische Lieferbedingungen von Wickeldrähten .... DIN EN 60317-20 (VDE 0474-317-20)
verzinnbar, lackisoliert mit Polyurethan und darüber mit Polyamid
– Klasse 155 .... DIN EN 60317-20 (VDE 0474-317-20)
                      DIN EN 60317-21 (VDE 0474-317-21)
– technische Lieferbedingungen von Wickeldrähten .... DIN EN 60317-21 (VDE 0474-317-21)
verzinnbar, lackisoliert mit Polyurethan und darüber mit Polyamid, Klasse 155
– technische Lieferbedingungen von Wickeldrähten .... DIN EN 60317-21 (VDE 0474-317-21)
verzinnbar, lackisoliert mit Polyurethan und mit Polyamid
– Klasse 180 .... DIN EN 60317-55 (VDE 0474-317-55)

– technische Lieferbedingungen von Wickeldrähten .... DIN EN 60317-55 (VDE 0474-317-55)
verzinnbar, lackisoliert mit Polyurethan und mit Polyamid, Klasse 180
– technische Lieferbedingungen von Wickeldrähten .... DIN EN 60317-55 (VDE 0474-317-55)
verzinnbar, lackisoliert mit Polyurethan, Klasse 155
– technische Lieferbedingungen von Wickeldrähten .... DIN EN 60317-20 (VDE 0474-317-20)

Runddrähte aus Kupfer, blank oder lackiert
mit Polyesterfasern umsponnen und verschmolzen und mit Silikon-Harz oder Lack imprägniert
– Klasse 200 .... E DIN EN 60317-72/A1 (VDE 0474-317-72/A1)
mit Polyesterglasfasern umsponnen und imprägniert mit Harz oder Lack
– Temperaturindex 155 .... E DIN EN IEC 60317-70-2 (VDE 0474-317-70-2)
mit Polyesterglasfasern umsponnen und verschmolzen und mit Silikonharz oder Lack imprägniert
– technische Lieferbedingungen von Wickeldrähten
.... E DIN EN IEC 60317-70-2 (VDE 0474-317-70-2)
                                                        E DIN EN 60317-72/A1 (VDE 0474-317-72/A1)
mit Polyesterglasfasern umsponnen und verschmolzen und nicht imprägniert
– technische Lieferbedingungen von Wickeldrähten
.... E DIN EN IEC 60317-70-1 (VDE 0474-317-70-1)
                                                        E DIN EN IEC 60317-70-2 (VDE 0474-317-70-2)
– Temperaturindex 155 .... E DIN EN IEC 60317-70-1 (VDE 0474-317-70-1)
mit Polyesterglasfasern umwickelt und verschmolzen und mit Harz oder Lack imprägniert
– technische Lieferbedingungen von Wickeldrähten
.... E DIN EN 60317-71/A1 (VDE 0474-317-71/A1)
– Temperaturindex 180 .... E DIN EN 60317-71/A1 (VDE 0474-317-71/A1)
technische Lieferbedingungen von Wickeldrähten
.... E DIN EN IEC 60317-70-1 (VDE 0474-317-70-1)
                                                        E DIN EN IEC 60317-70-2 (VDE 0474-317-70-2)
                                                        E DIN EN 60317-71/A1 (VDE 0474-317-71/A1)
                                                        E DIN EN 60317-72/A1 (VDE 0474-317-72/A1)

Runddrähte aus Kupfer, blank oder lackisoliert
technische Lieferbedingungen von Wickeldrähten
.... E DIN EN IEC 60317-0-6 (VDE 0474-317-0-6)
umsponnen mit Glasgewebe, imprägniert mit Harz oder Lack
– technische Lieferbedingungen von Wickeldrähten
.... E DIN EN IEC 60317-0-6 (VDE 0474-317-0-6)

Runddrähte aus Kupfer, blank
mit Polyesterfasern umsponnen und verschmolzen und mit Silikon-Harz oder Lack imprägniert
– Klasse 200 .... E DIN EN 60317-72/A1 (VDE 0474-317-72/A1)
– technische Lieferbedingungen von Wickeldrähten
.... E DIN EN 60317-72/A1 (VDE 0474-317-72/A1)
mit Polyesterglasfasern umsponnen und imprägniert mit Harz oder Lack
– technische Lieferbedingungen von Wickeldrähten
.... E DIN EN IEC 60317-70-2 (VDE 0474-317-70-2)
– Temperaturindex 155 .... E DIN EN IEC 60317-70-2 (VDE 0474-317-70-2)
mit Polyesterglasfasern umsponnen und verschmolzen und nicht imprägniert
– technische Lieferbedingungen von Wickeldrähten
.... E DIN EN IEC 60317-70-1 (VDE 0474-317-70-1)
– Temperaturindex 155 .... E DIN EN IEC 60317-70-1 (VDE 0474-317-70-1)
mit Polyesterglasfasern umwickelt und verschmolzen und mit Harz oder Lack imprägniert
– technische Lieferbedingungen von Wickeldrähten
.... E DIN EN 60317-71/A1 (VDE 0474-317-71/A1)
technische Lieferbedingungen von Wickeldrähten

.... E DIN EN IEC 60317-0-6 (VDE 0474-317-0-6)
E DIN EN IEC 60317-70-1 (VDE 0474-317-70-1)
E DIN EN IEC 60317-70-2 (VDE 0474-317-70-2)
E DIN EN 60317-71/A1 (VDE 0474-317-71/A1)
E DIN EN 60317-72/A1 (VDE 0474-317-72/A1)

Runddrähte aus Kupfer, lackiert
mit Polyesterfasern umsponnen und verschmolzen und mit Silikon-Harz oder Lack imprägniert
– Klasse 200 .... E DIN EN 60317-72/A1 (VDE 0474-317-72/A1)
– technische Lieferbedingungen von Wickeldrähten
.... E DIN EN 60317-72/A1 (VDE 0474-317-72/A1)
mit Polyesterglasfasern umsponnen und imprägniert mit Harz oder Lack
– technische Lieferbedingungen von Wickeldrähten
.... E DIN EN IEC 60317-70-2 (VDE 0474-317-70-2)
– Temperaturindex 155 .... E DIN EN IEC 60317-70-2 (VDE 0474-317-70-2)
mit Polyesterglasfasern umsponnen und verschmolzen und nicht imprägniert
– technische Lieferbedingungen von Wickeldrähten
.... E DIN EN IEC 60317-70-1 (VDE 0474-317-70-1)
– Temperaturindex 155 .... E DIN EN IEC 60317-70-1 (VDE 0474-317-70-1)
mit Polyesterglasfasern umwickelt und verschmolzen und mit Harz oder Lack imprägniert
– Temperaturindex 180 .... E DIN EN 60317-71/A1 (VDE 0474-317-71/A1)

Runddrähte aus Kupfer, lackisoliert mit Polyesterimid
technische Lieferbedingungen von Wickeldrähten .... DIN EN 60317-23 (VDE 0474-317-23)
DIN EN 60317-36 (VDE 0474-317-36)

Runddrähte aus Kupfer, lackisoliert mit Polyurethan und darüber mit Polyamid
technische Lieferbedingungen von Wickeldrähten .... DIN EN 60317-21 (VDE 0474-317-21)

Runddrähte aus Kupfer, lackisoliert mit Polyurethan und mit Polyamid
technische Lieferbedingungen von Wickeldrähten .... DIN EN 60317-55 (VDE 0474-317-55)

Runddrähte aus Kupfer, lackisoliert mit Polyurethan
technische Lieferbedingungen von Wickeldrähten .... DIN EN 60317-20 (VDE 0474-317-20)
DIN EN 60317-35 (VDE 0474-317-35)

Runddrähte aus Kupfer, lackisoliert
mit Polyvinylacetal, Klasse 120
– technische Lieferbedingungen von Wickeldrähten
.... E DIN EN IEC 60317-12 (VDE 0474-317-12)
technische Lieferbedingungen von Wickeldrähten
.... E DIN EN IEC 60317-0-6 (VDE 0474-317-0-6)

Runddrähte aus Kupfer, papierisoliert
technische Lieferbedingungen .... E DIN EN IEC 60317-27-1 (VDE 0474-317-27-1)

Runddrähte aus Kupfer, verzinnbar und verbackbar
technische Lieferbedingungen von Wickeldrähten .... DIN EN 60317-35 (VDE 0474-317-35)
DIN EN 60317-36 (VDE 0474-317-36)

Runddrähte aus Kupfer, verzinnbar
technische Lieferbedingungen von Wickeldrähten .... DIN EN 60317-20 (VDE 0474-317-20)
DIN EN 60317-21 (VDE 0474-317-21)
DIN EN 60317-23 (VDE 0474-317-23)
DIN EN 60317-55 (VDE 0474-317-55)

Runddrähte aus Kupferdraht, lackisoliert
technische Lieferbedingungen von Wickeldrähten .... DIN EN 60317-0-1 (VDE 0474-317-0-1)

Runddrahtwicklungen
thermische Bewertung und Klassifizierung .... DIN EN 60034-18-21 (VDE 0530-18-21)

Rundfunkempfänger
Störfestigkeitseigenschaften
– Grenzwerte und Prüfverfahren .... DIN EN 55020 (VDE 0872-20)
E DIN EN 55020/A1 (VDE 0872-20/A10)
DIN EN 55020/A11 (VDE 0872-20/A1)
DIN EN 55020/A12 (VDE 0872-20/A2)

Rundfunksender
elektromagnetische Felder
– Exposition der Allgemeinbevölkerung .... DIN EN 50554 (VDE 0848-554)
– Exposition der Allgemeinbevölkerung und Arbeitnehmern .... DIN EN 50421 (VDE 0848-421)
– Exposition von Arbeitnehmern .... DIN EN 50496 (VDE 0848-496)
– Exposition von Personen .... DIN EN 50420 (VDE 0848-420)
DIN EN 50475 (VDE 0848-475)
DIN EN 50496 (VDE 0848-496)
– Grundnorm .... DIN EN 50420 (VDE 0848-420)
– Produktnorm .... DIN EN 50421 (VDE 0848-421)
DIN EN 50476 (VDE 0848-476)

Rundfunksignale in FTTH-Systemen
Bandbreitenerweiterung .... DIN EN 60728-13-1 (VDE 0855-13-1)

Rundfunksignale
Übertragung .... DIN EN 60728-13 (VDE 0855-13)

Rundfunkstandorte
Vorortbewertung
– bezüglich hochfrequenter elektromagnetischer Felder .... DIN EN 50554 (VDE 0848-554)

Rundfunkübertragungswagen .... DIN VDE 0100-717 (VDE 0100-717)

Rundsteckverbinder
Bauartspezifikation
– Pull-pull-Steckverbinder mit äußerem Verriegelungsmechanismus
.... E DIN EN IEC 61076-2-010 (VDE 0687-76-2-010)
– Steckverbinder B12 mit Bajonettverriegelung
.... E DIN EN IEC 61076-2-011 (VDE 0687-76-2-011)
– Steckverbinder M12 mit Schraubverriegelung ...... DIN EN 61076-2-101 (VDE 0687-76-2-101)
DIN EN 61076-2-107 (VDE 0687-76-2-107)
DIN EN IEC 61076-2-111 (VDE 0687-76-2-111)
DIN EN 61076-2-113 (VDE 0687-2-113)
– Steckverbinder M8 mit Schraub- oder Rastverriegelung
.... DIN EN 61076-2-104 (VDE 0687-76-2-104)
– Steckverbinder M8 mit Schraubverriegelung .... E DIN EN 61076-2-114 (VDE 0687-76-2-114)
– Steckverbinder mit innerer Push-pull-Verriegelung
.... E DIN EN IEC 61076-2-012 (VDE 0687-76-2-012)
für elektrische und elektronische Einrichtungen
– geschirmte und ungeschirmte 8-polige freie und feste Rundsteckverbinder
.... E DIN EN IEC 63171-5 (VDE 0627-171-5)
– Typ 5, 8 Pole .... E DIN EN IEC 63171-5 (VDE 0627-171-5)

M12 × 1 mit Schraubverriegelung
– für Datenübertragung bis 500 MHz .... DIN EN 61076-2-109 (VDE 0687-76-2-109)
M16 × 0,75 mit Schraubverriegelung
– Bauartspezifikation .... DIN EN 61076-2-106 (VDE 0687-76-2-106)
mit Daten- und Leistungskontakten
– mit Schraubverriegelung M12 für Frequenzen bis 100 MHz
.... DIN EN 61076-2-113 (VDE 0687-2-113)
mit innerer Push-pull-Verriegelung .... E DIN EN IEC 61076-2-012 (VDE 0687-76-2-012)
– auf der Grundlage der Stirnfläche von Schraubverriegelungen
.... E DIN EN IEC 61076-2-012 (VDE 0687-76-2-012)
Pull-pull-Steckverbinder mit äußerem Verriegelungsmechanismus
.... E DIN EN IEC 61076-2-010 (VDE 0687-76-2-010)
– nach IEC 61076-2-101, IEC 61076-2-109, IEC 61076-2-111, IEC 61076-2-113
.... E DIN EN IEC 61076-2-010 (VDE 0687-76-2-010)
Rahmenspezifikation .... DIN EN 61076-2 (VDE 0687-76-2)
Rundsteckverbinder mit innerer Push-pull-Verriegelung
– nach IEC 61076-2-101, IEC 61076-2-109, IEC 61076-2-111, IEC 61076-2-113
.... E DIN EN IEC 61076-2-012 (VDE 0687-76-2-012)
Vordruck für Bauartspezifikation .... DIN EN 61076-2-001 (VDE 0687-76-2-001)

Rundsteckverbinder, 8-polig
geschirmte und ungeschirmte, freie und feste
– mechanische Passung, Kontaktstiftbelegung Typ 5   E DIN EN IEC 63171-5 (VDE 0627-171-5)

Rundsteuerempfänger
Wechselstrom-Elektrizitätszähler
– Tarif- und Laststeuerung .... DIN EN 62054-11 (VDE 0420-4-11)

Rußbestimmung .... DIN VDE 0472-705 (VDE 0472-705)

Rußgehalt
in Polyethylenmischungen .... DIN EN 60811-605 (VDE 0473-811-605)

Rußverteilung
in Polyethylen und Polypropylen .... DIN EN 60811-607 (VDE 0473-811-607)

S

S-100-basierte Produkte
sicherer Austausch und Kommunikation .... E DIN EN IEC 61924-2 (VDE 0878-924-2)
E DIN EN IEC 63173-2 (VDE 0878-173-2)

Säbelsägen
handgeführt, motorbetrieben .... DIN EN 62841-2-11 (VDE 0740-2-11)
Staubmessverfahren .... DIN EN 50632-2-11 (VDE 0740-632-2-11)

Sägen mit hin- und hergehendem Sägeblatt
Staubmessverfahren .... DIN EN 50632-2-11 (VDE 0740-632-2-11)

Sägetische .... DIN EN 62841-3-1 (VDE 0740-3-1)
E DIN EN 62841-3-1/A1 (VDE 0740-3-1/A1)

Salznebel, zyklisch (Natriumchloridlösung)
Umgebungseinflüsse
– Prüfverfahren .... DIN EN IEC 60068-2-52 (VDE 0468-2-52)
Berichtigung 1 DIN EN IEC 60068-2-52 (VDE 0468-2-52)

Salznebel-Korrosionsprüfung
von photovoltaischen (PV-)Modulen .... DIN EN 61701 (VDE 0126-8)
E DIN EN 61701 (VDE 0126-8)

SAM
semi-analytische Modelle
– Energieeffizienz von Ausrüstungen mit Elektroantrieb
.... E DIN EN IEC 61800-9-1 (VDE 0160-109-1)

Sammelschienen
Isolierung mit Isolierschläuchen .... DIN EN IEC 60684-3-283 (VDE 0341-3-283)

Sammlung
Altgeräte aus dem Haushalt .... DIN CLC/TS 50625-4 (VDE V 0042-13-4)
DIN CLC/TS 50625-5 (VDE V 0042-13-5)

Sandkapselung „q" .... DIN EN 60079-5 (VDE 0170-4)

Sanierung
drehender elektrischer Maschinen .... DIN EN IEC 60034-23 (VDE 0530-23)

Saphirresonator .... DIN EN 61788-16 (VDE 0390-16)

SARS
Wärmebildkameras .... DIN EN IEC 80601-2-59 (VDE 0750-2-59)

Satellitenantenne .... DIN EN 60728-1-2 (VDE 0855-7-2)

Satellitennavigationssystem (BDS), BeiDou
Navigations- und Funkkommunikationsgeräte und -systeme für die Seeschifffahrt
.... DIN EN IEC 61108-5 (VDE 0878-108-5)

SAT-GA-Netze .... DIN EN 50083-9 (VDE 0855-9)

Sattelisolatoren .... DIN VDE 0446-2 (VDE 0446-2)

Satzung für das Vorschriftenwerk des VDE .... VDE 0022

Sauerstoff
Geräte zur Detektion und Messung .... DIN EN 50104 (VDE 0400-20)
DIN EN 50270 (VDE 0843-30)
E DIN EN 50270 (VDE 0843-30)
– Auswahl, Installation, Einsatz, Wartung .... DIN EN 60079-29-2 (VDE 0400-2)
– ortsfeste Gaswarnsysteme .... DIN EN 50402 (VDE 0400-70)

Sauerstoffalterung
von polyolefinisolierten Leitern .... DIN EN 60811-410 (VDE 0473-811-410)

Sauerstoffkennwert .... DIN EN 61144 (VDE 0380-3)

Sauerstoffsensoren .... DIN EN 50104 (VDE 0400-20)

Sauerstoffwarngeräte .... DIN EN 50271 (VDE 0400-21)

Säuglingsfototherapiegeräte .... DIN EN 60601-2-50 (VDE 0750-2-50)
E DIN EN IEC 60601-2-50 (VDE 0750-2-50)

Säuglingsinkubatoren .... DIN EN 60601-2-19 (VDE 0750-2-19)
E DIN EN IEC 60601-2-19 (VDE 0750-2-19)
DIN EN 60601-2-20 (VDE 0750-2-20)

Säuglingswärmestrahler .... E DIN EN IEC 60601-2-20 (VDE 0750-2-20)
DIN EN 60601-2-21 (VDE 0750-2-21)
E DIN EN 60601-2-21 (VDE 0750-2-21)

Saunaheizgeräte
für den Hausgebrauch .... E DIN IEC 60335-2-53/A2 (VDE 0700-53/A2)

Saunaheizungen
Räume und Kabinen mit .... DIN VDE 0100-703 (VDE 0100-703)
VDE-Schriftenreihe Band 168
VDE-Schriftenreihe Band 67b

Saunen .... DIN VDE 0100-703 (VDE 0100-703)
VDE-Schriftenreihe Band 168
VDE-Schriftenreihe Band 67b

Säuregehalt
von Isolierflüssigkeiten .... DIN EN 62021-1 (VDE 0370-31)
DIN EN 62021-2 (VDE 0370-32)
DIN EN 62021-3 (VDE 0370-35)

Schachtförderanlagen .... DIN EN 50628 (VDE 0118-10)

Schachtschleusen .... DIN EN 50628 (VDE 0118-10)

Schadensrisiko
für bauliche Anlagen
– Berechnungshilfe .... Beiblatt 3 DIN EN 62305-2 (VDE 0185-305-2)
DIN EN 62305-2 (VDE 0185-305-2)
Beiblatt 2 DIN EN 62305-2 (VDE 0185-305-2)
E DIN EN 62305-2 (VDE 0185-305-2)
– durch Wolke-Erde-Blitze .... DIN EN 62305-2 (VDE 0185-305-2)
Beiblatt 1 DIN EN 62305-2 (VDE 0185-305-2)

Schadenverhütung
in elektrischen Anlagen .... VDE-Schriftenreihe Band 85

Schadstoffbehandlung
Photovoltaikmodule .... DIN EN 50625-2-4 (VDE 0042-13-24)

Schadstoffentfrachtung
Altgeräte aus dem Haushalt .... DIN CLC/TS 50574-2 (VDE V 0042-11-2)
DIN CLC/TS 50625-3-1 (VDE V 0042-13-31)
DIN CLC/TS 50625-3-2 (VDE V 0042-13-32)
DIN CLC/TS 50625-3-3 (VDE V 0042-13-33)
Photovoltaikmodule .... DIN CLC/TS 50625-3-5 (VDE V 0042-13-35)
Wärmeüberträger .... DIN CLC/TS 50625-3-4 (VDE V 0042-13-34)
WEEE-Haushaltsgeräte .... DIN CLC/TS 50574-2 (VDE V 0042-11-2)
DIN CLC/TS 50625-3-1 (VDE V 0042-13-31)
DIN CLC/TS 50625-3-2 (VDE V 0042-13-32)
DIN CLC/TS 50625-3-3 (VDE V 0042-13-33)

Schalldruckpegel
von Freiluft-Leistungsschaltern .... E DIN IEC 62271-37-082 (VDE 0671-37-082)

Schallleistungspegel
drehender elektrischer Maschinen .... DIN EN 60034-9 (VDE 0530-9)

Schallmessverfahren
an Windenergieanlagen .... DIN EN 61400-11 (VDE 0127-11)

Schallverstärkungssysteme
für Notfallsituationen .... DIN EN 50849 (VDE 0828-1)

Schallverteilungssysteme
für Notfallsituationen .... DIN EN 50849 (VDE 0828-1)

Schaltanlagen .... Beiblatt 1 DIN EN 61439-1 (VDE 0660-600-1)
Beiblatt 2 DIN EN 61439-1 (VDE 0660-600-1)
DIN EN 61439-1 (VDE 0660-600-1)
E DIN EN 61439-1 (VDE 0660-600-1)
DIN EN 61439-2 (VDE 0660-600-2)
VDE-Schriftenreihe Band 28
mit Nennwechselspannungen über 1 kV
– Erdung .... DIN EN 50522 (VDE 0101-2)
mit Wechsel- und Gleichspannung bis 1 000 V
– Hohlkern-Verbundstützisolatoren .... DIN EN 62772 (VDE 0674-11)
Schwingungsschutzarmaturen .... DIN VDE 0212-51 (VDE 0212-51)

Schaltanlagen, feststoffisoliert-gekapselte
für Bemessungsspannungen über 1 kV bis 52 kV .... DIN EN 62271-201 (VDE 0671-201)

Schaltanlagen, gasisolierte metallgekapselte
Bemessungsspannung über 52 kV .... DIN EN IEC 62271-209 (VDE 0671-209)
fluidgefüllte und feststoffisolierte Kabelendverschlüsse DIN EN IEC 62271-209 (VDE 0671-209)

Schaltberechtigung
für Elektrofachkräfte .... VDE-Schriftenreihe Band 79

Schaltdrähte
erweiterter Temperaturbereich .... DIN VDE 0881 (VDE 0881)
DIN VDE 0891-9 (VDE 0891-9)
Fernmeldeanlagen .... DIN VDE 0891-2 (VDE 0891-2)
PVC-isolierte .... Berichtigung 1 DIN VDE 0812 (VDE 0812)
DIN VDE 0812 (VDE 0812)
E DIN VDE 0812/A1 (VDE 0812/A1)

Schaltelemente
Drei-Stellungs-Zustimmschalter .... DIN EN 60947-5-8 (VDE 0660-215)
E DIN EN 60947-5-8/A1 (VDE 0660-215/A1)
Durchflussmengenschalter .... DIN EN 60947-5-9 (VDE 0660-216)
Gleichstrom-Schnittstelle für Schaltverstärker ..... DIN EN 60947-5-6 (VDE 0660-212)
Näherungsschalter .... DIN EN 60947-5-2 (VDE 0660-208)
E DIN EN 60947-5-2 (VDE 0660-208)
DIN EN 60947-5-3 (VDE 0660-214)

Schalten induktiver Lasten .... DIN EN IEC 62271-110 (VDE 0671-110)

Schalten
Geräte zum .... DIN VDE 0100-530 (VDE 0100-530)

Schalter .... VDE-Anwendungsregel VDE-AR-E 2100-550
DIN VDE 0100-530 (VDE 0100-530)
für Haushalt und ähnliche Installationen
– allgemeine Anforderungen .... DIN EN 60669-1 (VDE 0632-1)

- elektronische Schalter .... DIN EN 60669-2-1 (VDE 0632-2-1)
  DIN EN 60669-2-1/A12 (VDE 0632-2-1/A12)
  E DIN EN 60669-2-1/A2 (VDE 0632-2-1/A2)
  E DIN EN 60669-2-1/AA (VDE 0632-2-1/AA)
- Fernschalter .... DIN EN 60669-2-2 (VDE 0632-2-2)
- Trennschalter .... DIN EN 60669-2-4 (VDE 0632-2-4)
- Zeitschalter .... DIN EN 60669-2-3 (VDE 0632-2-3)
für Haushalt und ähnliche ortsfeste elektrische Installationen
- allgemeine Anforderungen .... DIN EN 60669-1 (VDE 0632-1)
- elektronische Schalter .... E DIN IEC 60669-2-1 (VDE 0632-2-1)
  E DIN EN 60669-2-1/AA (VDE 0632-2-1/AA)

Schalter (ESHG-) .... DIN EN 60669-2-5 (VDE 0632-2-5)

Schalter für Haushalt
und ähnliche ortsfeste elektrische Installationen
- elektronischer Systemtechnik für Heim und Gebäude (ESHG)
.... DIN EN 60669-2-5 (VDE 0632-2-5)
- Feuerwehrschalter .... DIN EN 60669-2-6 (VDE 0632-2-6)

Schalter, elektronische
für Haushalt und ähnliche Installationen .... DIN EN 60669-2-1 (VDE 0632-2-1)
  DIN EN 60669-2-1/A12 (VDE 0632-2-1/A12)
  E DIN EN 60669-2-1/A2 (VDE 0632-2-1/A2)
  E DIN EN 60669-2-1/AA (VDE 0632-2-1/AA)
für Haushalt und ähnliche ortsfeste elektrische Installationen
.... E DIN IEC 60669-2-1 (VDE 0632-2-1)
  E DIN EN 60669-2-1/AA (VDE 0632-2-1/AA)

Schalter, unabhängig montierte .... DIN EN 61058-2-4 (VDE 0630-2-4)
  E DIN EN 61058-2-4 (VDE 0630-2-4)

Schalteröl .... DIN EN 60422 (VDE 0370-2)

Schalter-Sicherungs-Einheiten
für Niederspannung .... DIN EN 60947-3 (VDE 0660-107)
  E DIN EN IEC 60947-3 (VDE 0660-107)

Schaltgeräte für Bemessungsspannungen
über 1 kV einschließlich 52 kV
- Einsatz unter erschwerten klimatischen Bedingungen
.... DIN IEC/TS 62271-304 (VDE V 0671-304)

Schaltgeräte
Errichtung .... DIN VDE 0100-530 (VDE 0100-530)
Isolieröle .... DIN EN 60296 (VDE 0370-1)
Wahlschalter .... E DIN EN 61058-2-5 (VDE 0630-2-5)
zum Schutz elektrischer Betriebsmittel .... DIN EN IEC 60934 (VDE 0642)
zum Trennen und Schalten .... DIN VDE 0100-530 (VDE 0100-530)

Schaltgeräte, mechanische .... DIN EN IEC 60934 (VDE 0642)

Schaltgerätekombinationen .... VDE-Schriftenreihe Band 28
allgemeine Festlegungen .... Beiblatt 1 DIN EN 61439-1 (VDE 0660-600-1)
  Beiblatt 2 DIN EN 61439-1 (VDE 0660-600-1)
  DIN EN 61439-1 (VDE 0660-600-1)
  E DIN EN 61439-1 (VDE 0660-600-1)

Baustromverteiler .... DIN EN 61439-4 (VDE 0660-600-4)
VDE-Schriftenreihe Band 142
für erschwerte klimatische Bedingungen .... DIN IEC/TS 62271-304 (VDE V 0671-304)
für Marinas, Campingplätze, Marktplätze .... DIN IEC/TS 61439-7 (VDE V 0660-600-7)
E DIN EN 61439-7 (VDE 0660-600-7)
in Energieverteilungsnetzen .... DIN EN 61439-5 (VDE 0660-600-5)

Schaltgerätekombinationen, gasisolierte
Bemessungsspannungen über 52 kV
– Erdbebenqualifikation .... DIN EN 62271-207 (VDE 0671-207)

Schaltgerätekombinationen, kompakte
für Bemessungsspannungen über 52 kV .... DIN EN 62271-205 (VDE 0671-205)

Schaltgespräch .... VDE-Schriftenreihe Band 79

Schaltkabel
bis 100 MHz, geschirmt .... DIN EN 50288-2-2 (VDE 0819-2-2)
bis 100 MHz, ungeschirmt .... DIN EN 50288-3-2 (VDE 0819-3-2)
bis 250 MHz, geschirmt .... DIN EN 50288-5-2 (VDE 0819-5-2)
bis 250 MHz, ungeschirmt .... DIN EN 50288-6-2 (VDE 0819-6-2)
bis 600 MHz, geschirmt .... DIN EN 50288-4-2 (VDE 0819-4-2)
Informationsverarbeitungsanlagen .... DIN VDE 0813 (VDE 0813)

Schaltlitzen
mit erweitertem Temperaturbereich .... DIN VDE 0881 (VDE 0881)
DIN VDE 0891-9 (VDE 0891-9)
PVC-isolierte .... E DIN VDE 0812/A1 (VDE 0812/A1)

Schaltnetzteile
Anforderungen und Prüfungen .... DIN EN IEC 61558-1 (VDE 0570-1)
DIN EN 61558-2-16 (VDE 0570-2-16)
E DIN EN IEC 61558-2-16 (VDE 0570-2-16)
Transformatoren für .... DIN EN 61558-2-16 (VDE 0570-2-16)
E DIN EN IEC 61558-2-16 (VDE 0570-2-16)

Schaltpläne
in der Elektrotechnik .... DIN EN 61082-1 (VDE 0040-1)

Schaltschränke .... Beiblatt 1 DIN EN 61439-1 (VDE 0660-600-1)
Beiblatt 2 DIN EN 61439-1 (VDE 0660-600-1)
DIN EN 61439-1 (VDE 0660-600-1)
E DIN EN 61439-1 (VDE 0660-600-1)
DIN EN 61439-2 (VDE 0660-600-2)
VDE-Schriftenreihe Band 28
Verdrahtungskanäle .... DIN EN 50085-2-3 (VDE 0604-2-3)
E DIN EN 61084-2-3 (VDE 0604-2-3)

Schaltschrankkanäle .... DIN EN 50085-2-3 (VDE 0604-2-3)
E DIN EN 61084-2-3 (VDE 0604-2-3)

Schaltstangen .... DIN VDE V 0681-1 (VDE V 0681-1)
DIN VDE V 0681-2 (VDE V 0681-2)

Schaltüberspannungen .... DIN VDE 0100-534 (VDE 0100-534)

Schaltuhren
besondere Anforderungen .... DIN EN IEC 60730-2-7 (VDE 0631-2-7)

für den Hausgebrauch .... DIN EN IEC 60730-2-7 (VDE 0631-2-7)
für Tarif- und Laststeuerung .... DIN EN 62054-21 (VDE 0419-4-21)

Schaltungen, integrierte
Messung von elektromagnetischen Aussendungen
– Bedingungen und Definitionen .... DIN EN IEC 61967-1 (VDE 0847-21-1)

Schaukästen, beheizte
für den gewerblichen Gebrauch .... DIN EN 60335-2-49 (VDE 0700-49)

Schaustellereinrichtungen .... DIN VDE 0100-711 (VDE 0100-711)
VDE-Schriftenreihe Band 168

Scheibenfräser .... DIN EN 60745-2-19 (VDE 0740-2-19)

Scheinwerfer
besondere Anforderungen .... DIN EN 60598-2-5 (VDE 0711-2-5)
VDE-Schriftenreihe Band 12

Scheinwerfer, ortsfeste
mit Entladungslampen .... E DIN EN 60598-1 (VDE 0711-1)
DIN EN IEC 60598-2-17 (VDE 0711-217)

Schichtpressstoffe
Prüfverfahren .... DIN VDE 0312 (VDE 0312)

Schiebetore
elektrische Antriebe .... DIN EN 60335-2-103 (VDE 0700-103)
E DIN IEC 60335-2-103 (VDE 0700-103-3)
E DIN IEC 60335-2-103/A1 (VDE 0700-103/A1)
E DIN IEC 60335-2-103/A2 (VDE 0700-103/A2)

Schienenfahrzeuge
drehende elektrische Maschinen
– außer umrichtergespeiste Wechselstrommotoren .... DIN EN 60349-1 (VDE 0115-400-1)
– umrichtergespeiste Wechselstrommotoren .... DIN EN 60349-2 (VDE 0115-400-2)
dreiphasige Fremdeinspeisung .... DIN EN 50546 (VDE 0115-546)
– Steckverbinder .... DIN EN 50546 (VDE 0115-546)
einadrige Kabel und Leitungen
– Isolierwanddicken .... DIN EN 50306-2 (VDE 0260-306-2)
DIN EN 50306-3 (VDE 0260-306-3)
elektronische Einrichtungen .... DIN EN 50155 (VDE 0115-200)
Hochtemperaturkabel und -leitungen
– allgemeine Anforderungen .... DIN EN 50382-1 (VDE 0260-382-1)
DIN EN 50382-1/A1 (VDE 0260-382-1/A1)
– einadrige silikonisolierte Leitungen .... DIN EN 50382-2 (VDE 0260-382-2)
DIN EN 50382-2/A1 (VDE 0260-382-2/A1)
Kabel und Leitungen
– Brand .... DIN EN 50305 (VDE 0260-305)
– Brandfall .... DIN EN 50305 (VDE 0260-305)
– Isolierwanddicken .... DIN EN 50306-1 (VDE 0260-306-1)
DIN EN 50306-2 (VDE 0260-306-2)
DIN EN 50306-3 (VDE 0260-306-3)
DIN EN 50306-4 (VDE 0260-306-4)
DIN EN 50355 (VDE 0260-355)
– Prüfverfahren .... DIN EN 50305 (VDE 0260-305)

– verbessertes Verhalten im Brandfall .... DIN EN 50305 (VDE 0260-305)
mehradrige und mehrpaarige Leitungen
– Isolierwanddicken .... DIN EN 50306-4 (VDE 0260-306-4)
Prüfung von Stromabnehmern .... DIN EN 50206-1 (VDE 0115-500-1)
Software
– außer Eisenbahnsignaltechnik .... DIN EN 50657 (VDE 0831-657)
Starkstrom- und Steuerleitungen
– mit verbessertem Brandverhalten .... DIN EN 50264-1 (VDE 0260-264-1)
                             DIN EN 50264-2-1 (VDE 0260-264-2-1)
                             DIN EN 50264-2-2 (VDE 0260-264-2-2)
                             DIN EN 50264-3-1 (VDE 0260-264-3-1)
                             DIN EN 50264-3-2 (VDE 0260-264-3-2)
Steckverbinder .... DIN EN 50546 (VDE 0115-546)
Überprüfung des Energieverbrauchs .... DIN EN 50591 (VDE 0115-591)
Wechselstrommotoren
– kombinierte Prüfung .... DIN EN 61377 (VDE 0115-403)

Schienenverkehr
europäisches Leitsystem
– akustische Informationen .... DIN CLC/TS 50459-6 (VDE V 0831-459-6)
– Symbole .... DIN CLC/TS 50459-5 (VDE V 0831-459-5)

Schienenverteilersysteme (Busways) .... DIN EN 61439-6 (VDE 0660-600-6)

Schiffsanlegeplatz .... DIN VDE 0100-709 (VDE 0100-709)
                             VDE-Schriftenreihe Band 168

Schiffsanleger .... DIN VDE 0100-709 (VDE 0100-709)
                             VDE-Schriftenreihe Band 168

Schiffsanlegestelle .... DIN VDE 0100-709 (VDE 0100-709)
                             VDE-Schriftenreihe Band 168

Schiffskupplungen
für Hochspannungs-Landanschlusssysteme .... DIN EN IEC 62613-1 (VDE 0623-613-1)
                             E DIN IEC 62613-1 (VDE 0623-613-1)
                             DIN EN IEC 62613-2 (VDE 0623-613-2)
Niederspannungs-Landanschlusssysteme (LVSC) .... E DIN EN 60309-5 (VDE 0623-5)

Schiffsstecker
für Hochspannungs-Landanschlusssysteme .... DIN EN IEC 62613-1 (VDE 0623-613-1)
                             E DIN IEC 62613-1 (VDE 0623-613-1)
                             DIN EN IEC 62613-2 (VDE 0623-613-2)
Niederspannungs-Landanschlusssysteme (LVSC) .... E DIN EN 60309-5 (VDE 0623-5)

Schirmdämpfungsprüfungen
für Schränke und Baugruppenträger .... DIN EN 61587-3 (VDE 0687-587-3)

Schirmdämpfungsstufe .... DIN EN 61587-3 (VDE 0687-587-3)

Schirmung .... DIN EN 50288-10-1 (VDE 0819-10-1)
                             DIN EN 50288-9-1 (VDE 0819-9-1)

Schirmwirkung
elektromagnetische Messungen .... E DIN EN IEC 62153-4-15 (VDE 0819-153-4-15)
                             DIN EN 62153-4-7 (VDE 0819-153-4-7)

Schlagbohrmaschinen, handgeführt motorbetrieben .... DIN EN 62841-2-1 (VDE 0740-2-1)
E DIN EN 62841-2-1/A1 (VDE 0740-2-1/A1)

Schlaghämmer .... DIN EN 60745-2-6 (VDE 0740-2-6)
E DIN EN IEC 62841-2-6 (VDE 0740-2-6)
E DIN EN IEC 62841-2-6/AA (VDE 0740-2-6/AA)

Schlagprüfungen
für Isolierhüllen und Mäntel .... DIN EN 60811-506 (VDE 0473-811-506)

Schlagschrauber, handgeführt motorbetrieben .... DIN EN 62841-2-2 (VDE 0740-2-2)

Schlammabsauger
für Gartenteiche .... DIN EN 60335-2-55 (VDE 0700-55)

Schlammpumpen .... DIN EN 60335-2-41 (VDE 0700-41)
E DIN EN 60335-2-41 (VDE 0700-41)
E DIN EN IEC 60335-2-41-100 (VDE 0700-41-100)
E DIN EN IEC 60335-2-41/A11 (VDE 0700-41/A11)

Schlauchleitungen
PVC-isolierte
– mit Polyurethanmantel .... E DIN VDE 0250-407/A1 (VDE 0250-407/A1)

Schlauchsätze
für den Wasseranschluss elektrischer Geräte .... DIN EN 61770 (VDE 0700-600)

Schleifenwiderstand
Geräte zum Prüfen, Messen, Überwachen .... DIN EN 61557-3 (VDE 0413-3)
E DIN EN 61557-3 (VDE 0413-3)
in Niederspannungsnetzen
– Messung .... DIN EN 61557-3 (VDE 0413-3)
E DIN EN 61557-3 (VDE 0413-3)

Schleifer außer Tellerschleifer
Staubmessverfahren .... DIN EN 50632-2-4 (VDE 0740-632-2-4)

Schleifer mit Schleifblatt
Staubmessverfahren .... DIN EN 50632-2-3 (VDE 0740-632-2-3)

Schleifer mit Schleifblatt, handgeführt motorbetrieben ..... DIN EN 60745-2-3 (VDE 0740-2-3)
DIN EN 60745-2-3/A13 (VDE 0740-2-3/A13)
E DIN EN IEC 62841-2-3 (VDE 0740-2-3)

Schleifer, handgeführt motorbetrieben .... DIN EN 60745-2-3 (VDE 0740-2-3)
DIN EN 60745-2-3/A13 (VDE 0740-2-3/A13)
E DIN EN IEC 62841-2-3 (VDE 0740-2-3)
DIN EN 62841-2-4 (VDE 0740-2-4)

Schleifstücke
für Stromabnehmer
– Prüfverfahren .... DIN EN 50405 (VDE 0115-501)
DIN EN 50405/A1 (VDE 0115-501/A1)

Schmelzindex
von Polyethylen- und Polypropylenmischungen .... DIN EN 60811-511 (VDE 0473-811-511)

Schmelzsicherung .... DIN EN IEC 62271-107 (VDE 0671-107)

Schmiegsame Wärmegeräte .... DIN EN 60335-2-17 (VDE 0700-17)

Schneelastprüfung
von Photovoltaikmodulen .... E DIN EN 62938 (VDE 0126-85)

Schneelastprüfung, ungleichmäßige
von Photovoltaikmodulen .... E DIN EN 62938 (VDE 0126-85)

Schneidgeräte (Kabel-)
hydraulische .... DIN EN 50340 (VDE 0682-661)

Schnelle Transiente .... DIN EN 61000-4-4 (VDE 0847-4-4)

Schnelles PLC-ISO/IC-12139-1-Profil
elektrische Energiemessung
– DLMS/COSEM .... DIN EN 62056-8-6 (VDE 0418-6-8-6)
für Areal-Netze
– elektrische Energiemessung .... DIN EN 62056-8-6 (VDE 0418-6-8-6)

Schnellwitterungsprüfungen polymerer Werkstoffe
Photovoltaikmodule .... DIN IEC/TS 62788-7-2 (VDE V 0126-37-7-2)

Schnittstelle für Anwendungsprogramme
für Netzführungssysteme (EMS-API)
– Allgemeines Informationsmodell (CIM), Basismodell   DIN EN 61970-301 (VDE 0101-970-301)

Schnittstelle für die Kommunikation
kleiner Sensoren und Aktoren
– speicherprogrammierbarer Steuerungen .... DIN EN 61131-9 (VDE 0411-509)

Schnittstelle zur Liegenschaft und den Elementen der Kundenanlagen
technischer Informationsaustausch
– SHIP .... E VDE-Anwendungsregel VDE-AR-E 2829-6-4
– SPINE .... E VDE-Anwendungsregel VDE-AR-E 2829-6-3
– Umsetzung mit SPINE/SHIP .... E VDE-Anwendungsregel VDE-AR-E 2829-6-2
– Use Cases .... E VDE-Anwendungsregel VDE-AR-E 2829-6-1

Schnittstelle
für Netzführungssysteme .... DIN EN 61970-301 (VDE 0101-970-301)

Schnittstellen
Anschluss von Geräten
– an Informations- und Kommunikationsnetze .... Beiblatt 1 DIN EN 41003 (VDE 0804-100)
digital adressierbare für Beleuchtung
– allgemeine Anforderungen .... DIN EN 62386-103 (VDE 0712-0-103)
– Anforderungen an Betriebsgeräte .... DIN EN 62386-209 (VDE 0712-0-209)
– Betriebsgeräte .... DIN EN 62386-201 (VDE 0712-0-201)
                                                                                         DIN EN 62386-202 (VDE 0712-0-202)
                                                                                       E DIN EN 62386-202 (VDE 0712-0-202)
                                                                                         DIN EN 62386-203 (VDE 0712-0-203)
                                                                                         DIN EN 62386-204 (VDE 0712-0-204)
                                                                                         DIN EN 62386-210 (VDE 0712-0-210)
– Dimmkurvenauswahl (Gerätetyp 176) .... DIN EN IEC 62386-218 (VDE 0712-0-218)
– Dimmkurvenauswahl (Gerätetyp 17) .... DIN EN IEC 62386-218 (VDE 0712-0-218)
– Entladungslampen .... DIN EN 62386-203 (VDE 0712-0-203)
– Farbsteuerung .... DIN EN 62386-209 (VDE 0712-0-209)
– Firmware-Übertragung .... E DIN EN IEC 62386-105 (VDE 0712-0-105)

– Funk- und alternative kabelgebundene Systemkomponenten
.... DIN EN IEC 62386-104 (VDE 0712-0-104)
– integrierte Lichtquelle (Gerätetyp 23) .... DIN EN IEC 62386-224 (VDE 0712-0-224)
– Last-Referenzierung (Gerätetyp 15) .... DIN EN IEC 62386-216 (VDE 0712-0-216)
– LED-Module (Gerätetyp 6) .... DIN EN IEC 62386-207 (VDE 0712-0-207)
– Leuchtstofflampen (Gerätetyp 0) .... DIN EN 62386-201 (VDE 0712-0-201)
– nicht austauschbare Lichtquelle (Gerätetyp 23) ..... DIN EN IEC 62386-224 (VDE 0712-0-224)
– Niedervolt-Halogenlampen .... DIN EN 62386-204 (VDE 0712-0-204)
– Notbeleuchtung mit Einzelbatterie .... DIN EN 62386-202 (VDE 0712-0-202)
                                                                                    E DIN EN 62386-202 (VDE 0712-0-202)
– Schaltfunktion (Gerätetyp 7) .... DIN EN 62386-208 (VDE 0712-0-208)
– Sequenzer (Gerätetyp 9) .... DIN EN 62386-210 (VDE 0712-0-210)
– Steuergeräte .... DIN EN 62386-103 (VDE 0712-0-103)
– Systemkomponenten .... DIN EN 62386-101 (VDE 0712-0-101)
– thermischer Betriebsgeräteschutz (Gerätetyp 16) .. DIN EN IEC 62386-217 (VDE 0712-0-217)
– thermischer Lampenschutz (Gerätetyp 21) .... DIN EN IEC 62386-222 (VDE 0712-0-222)
– Umwandlung digitales Signal in Gleichspannung .... DIN EN 62386-206 (VDE 0712-0-206)
– Versorgungsspannungsregler für Glühlampen .... DIN EN 62386-205 (VDE 0712-0-205)
– zentral versorgter Notbetrieb (Gerätetyp 19) .... DIN EN IEC 62386-220 (VDE 0712-0-220)
für das allgemeine Informationsmodell .... DIN EN 62656-3 (VDE 0040-8-3)
                                                                                    E DIN EN IEC 62656-8 (VDE 0040-8-8)

Schnittstellen, digitale
Ethernet-Verbund
– Ethernet-Verbund .... DIN EN IEC 61162-460/A1 (VDE 0878-162-460/A1)
nach IEC 61850 .... DIN EN 62271-3 (VDE 0671-3)

Schnittstellenanschlüsse
Begrenzung des Temperaturanstiegs .... Beiblatt 1 DIN VDE 0100-520 (VDE 0100-520)

Schnüre
für Fernmelde- und Informationsverarbeitungsanlagen ...... DIN VDE 0472-509 (VDE 0472-509)
                                                                                    DIN 57814 (VDE 0814)
                                                                                    DIN 57891-4 (VDE 0891-4)
für informationstechnische Verkabelung .... DIN EN 61935-2 (VDE 0819-935-2)

Schnurschalter .... DIN EN 61058-2-1 (VDE 0630-2-1)
                                                                                    E DIN EN 61058-2-1 (VDE 0630-2-1)

Schocken
Prüfung Ea Leitfaden .... DIN EN 60068-2-27 (VDE 0468-2-27)

Schockprüfung
für Betriebsmittel von Bahnfahrzeugen .... DIN EN 61373 (VDE 0115-106)

Schönheitspflegegeräte
für den Hausgebrauch .... E DIN IEC 60335-2-115 (VDE 0700-115)

Schornsteine
Blitzschutz .... Beiblatt 2 DIN EN 62305-3 (VDE 0185-305-3)
                                                                                    E DIN EN 62305-3 (VDE 0185-305-3)

Schränke
Anforderungsstufen
– Kombination .... DIN EN 61587-4 (VDE 0687-587-4)
Schirmdämpfungsprüfungen .... DIN EN 61587-3 (VDE 0687-587-3)

seismische Prüfungen .... DIN EN 61587-2 (VDE 0687-587-2)
Umgebungsanforderungen, Prüfaufbau und Sicherheitsaspekte
.... DIN EN 61587-1 (VDE 0687-587-1)

Schränke, modulare
Kombination von Anforderungsstufen .... DIN EN 61587-4 (VDE 0687-587-4)

Schrauber; handgeführt motorbetrieben .... DIN EN 62841-2-2 (VDE 0740-2-2)

Schraubklemmstellen .... DIN EN 60998-2-1 (VDE 0613-2-1)
DIN EN 60999-1 (VDE 0609-1)
DIN EN 60999-2 (VDE 0609-101)

Schraubverbinder
für Starkstromkabel .... DIN EN IEC 61238-1-1 (VDE 0220-238-1-1)
DIN EN IEC 61238-1-2 (VDE 0220-238-1-2)
DIN EN IEC 61238-1-3 (VDE 0220-238-1-3)

Schredder
für den Hausgebrauch .... DIN EN 50434 (VDE 0700-93)

Schrumpfungsprüfung
für Isolierhüllen .... DIN EN 60811-502 (VDE 0473-811-502)
für Kabelmäntel .... DIN EN 60811-503 (VDE 0473-811-503)

Schuhwerk
elektrostatische Eigenschaften .... DIN EN IEC 61340-4-3 (VDE 0300-4-3)

Schulen
Gebrauch elektrischer Geräte
– durch Kinder und Jugendliche .... DIN IEC/TS 62850 (VDE V 0411-1-1)

Schulung professioneller Anwender
von patientennahen Tests .... VDE-Anwendungsregel VDE-AR-E 2411-2-101

Schulungsplanung und Schulungskonzept
POCT-Beauftragter .... VDE-Anwendungsregel VDE-AR-E 2411-2-101

Schüttgutbehälter, flexible (FIBC)
Elektrostatik .... DIN EN IEC 61340-4-4 (VDE 0300-4-4)
– Prüfverfahren .... DIN EN IEC 61340-4-4 (VDE 0300-4-4)
in elektrostatischer Hinsicht .... DIN EN IEC 61340-4-4 (VDE 0300-4-4)
– Prüfverfahren .... DIN EN IEC 61340-4-4 (VDE 0300-4-4)

Schutz gegen überhöhte Temperaturen
bei anormalem Betrieb .... E DIN EN IEC 60691 (VDE 0821)

Schutz von außerhalb befindlichen Empfängern unterhalb 30 MHz
in Elektro- und Hybrid-Straßenfahrzeugen
– Funkentstörung .... E DIN EN IEC 55036 (VDE 0879-3)

Schutz von baulichen Anlagen
Blitzschutz
– allgemeine Grundsätze .... DIN EN 62305-1 (VDE 0185-305-1)
E DIN EN 62305-1 (VDE 0185-305-1)
– Schutz gegen physikalische Schäden .... DIN EN 62305-3 (VDE 0185-305-3)
E DIN EN 62305-3 (VDE 0185-305-3)

Schutz von elektronischen Bauelementen
gegen elektrostatische Phänomene
– Elektrostatik .... E DIN IEC/TR 61340-5-4 (VDE 0300-5-4)
DIN IEC/TR 61340-5-5 (VDE 0300-5-5)

Schutz von Empfängern
in Fahrzeugen, Booten und Geräten
– Funkentstörung .... DIN EN 55025 (VDE 0879-2)

Schutz von Personen
Blitzschutz .... Beiblatt 3 DIN EN 62305-3 (VDE 0185-305-3)
E DIN EN 62305-3 (VDE 0185-305-3)
– allgemeine Grundsätze .... DIN EN 62305-1 (VDE 0185-305-1)
E DIN EN 62305-1 (VDE 0185-305-1)
– Schutz gegen Verletzungen .... DIN EN 62305-3 (VDE 0185-305-3)
E DIN EN 62305-3 (VDE 0185-305-3)

Schutz vor elektrischer Störung
Kommunikationsverkabelung
– Installation .... DIN CLC/TR 50174-99-2 (VDE 0800-174-99-2)

Schutz
bei indirektem Berühren .... Beiblatt 5 DIN VDE 0100 (VDE 0100)
DIN VDE 0100-410 (VDE 0100-410)
VDE-Schriftenreihe Band 140
VDE-Schriftenreihe Band 105
bei Überlast .... VDE-Schriftenreihe Band 143
bei Überspannung .... VDE-Schriftenreihe Band 105
VDE-Schriftenreihe Band 106
durch Abdeckung .... DIN VDE 0100-410 (VDE 0100-410)
durch Abstand .... DIN VDE 0100-731 (VDE 0100-731)
VDE-Schriftenreihe Band 168
durch automatische Abschaltung .... DIN VDE 0100-410 (VDE 0100-410)
durch Kleinspannung .... DIN VDE 0100-410 (VDE 0100-410)
durch nicht leitende Räume .... DIN VDE 0100-410 (VDE 0100-410)
durch Trennen und Schalten .... DIN VDE 0100-530 (VDE 0100-530)
durch Umhüllung .... DIN VDE 0100-410 (VDE 0100-410)
für besondere bauliche Anlagen .... VDE-Schriftenreihe Band 160
für elektrische und elektronische Systeme in baulichen Anlagen.... VDE-Schriftenreihe Band 160
gegen direktes Berühren .... DIN VDE 0100-410 (VDE 0100-410)
gegen elektrischen Schlag .... DIN VDE 0100-410 (VDE 0100-410)
DIN V VDE V 0140-479-3 (VDE V 0140-479-3)
DIN EN 61140 (VDE 0140-1)
VDE-Schriftenreihe Band 140
VDE-Schriftenreihe Band 9
– in medizinisch genutzten Bereichen der Gruppe 2 .... VDE-Schriftenreihe Band 170
gegen Überspannungen .... DIN VDE 0100-443 (VDE 0100-443)
– durch elektromagnetische Störungen (EMI) .... DIN EN 60099-1 (VDE 0675-1)
in elektrischen Anlagen
– Gefahren durch elektrischen Strom .... VDE-Schriftenreihe Band 80
– gefährliche Körperströme .... VDE-Schriftenreihe Band 82
– Schutzeinrichtungen .... VDE-Schriftenreihe Band 84
– Überströme und Überspannungen .... VDE-Schriftenreihe Band 83
von baulichen Anlagen und Personen............................. VDE-Schriftenreihe Band 44

von elektrischen Sonderanlagen .... DIN VDE 0636-21 (VDE 0636-21)
von elektronischen Bauelementen
– gegen elektrostatische Entladungen .... DIN EN 61340-5-3 (VDE 0300-5-3)
– gegen elektrostatische Phänomene .... DIN IEC/TR 61340-5-5 (VDE 0300-5-5)
von Kabeln und Leitungen
– bei Überstrom .... VDE-Schriftenreihe Band 143
vor optischer Strahlung .... VDE-Schriftenreihe Band 104

Schutzabdeckung .... DIN VDE 0100-410 (VDE 0100-410)

Schutzabdeckungen
zum Arbeiten unter Spannung .... DIN EN 61229/A1 (VDE 0682-551/A1)

Schutzarmaturenbefestigung
Anschlussmaße
– Freileitungen .... DIN VDE 0212-468 (VDE 0212-468)

Schutzart IPX9
Hochdruckwasserprüfung .... DIN EN 60529 (VDE 0470-1)

Schutzarten (IP-Code)
Vorschlag für IPX9 Hochdruckwasserprüfung .... DIN EN 60529 (VDE 0470-1)

Schutzarten
Bildzeichen .... DIN EN 50102 (VDE 0470-100)
DIN EN 50102/A1 (VDE 0470-100/A1)
durch Gehäuse
– gegen elektromagnetische Störgrößen .... DIN EN 61000-5-7 (VDE 0847-5-7)
– gegen mechanische Beanspruchung .... DIN EN 50102 (VDE 0470-100)
DIN EN 50102/A1 (VDE 0470-100/A1)
– IP-Code .... DIN EN 60529 (VDE 0470-1)
Einteilung für drehende elektrische Maschinen .... DIN EN 60034-5 (VDE 0530-5)
E DIN EN IEC 60034-5 (VDE 0530-5)

Schutzausrüstungen, isolierende persönliche .... DIN VDE 0680-1 (VDE 0680-1)
E DIN VDE 0680-6 (VDE 0680-6)

Schutzbekleidung
isolierende Ärmel .... DIN EN 60984 (VDE 0682-312)
DIN EN 60984/A1 (VDE 0682-312/A1)
DIN EN 60984/A11 (VDE 0682-312/A11)
isolierende Schuhe .... DIN EN 50321-1 (VDE 0682-331-1)
E DIN EN IEC 63247-1 (VDE 0682-331-1)
isolierende Überschuhe .... DIN EN 50321-1 (VDE 0682-331-1)
E DIN EN IEC 63247-1 (VDE 0682-331-1)

Schutzbekleidung, elektrostatische
Prüfmethoden .... DIN EN 61340-4-9 (VDE 0300-4-9)

Schutzbekleidung, isolierende .... DIN EN 50286 (VDE 0682-301)

Schütze .... DIN VDE 0100-530 (VDE 0100-530)
elektromechanische
– für Hausinstallationen .... DIN EN 61095 (VDE 0637-3)

Schütze, elektromechanische .... DIN EN IEC 60947-4-1 (VDE 0660-102)

Schutzeinrichtung
gegen netzfrequente Überspannungen
– für Hausinstallationen (POP) .... E DIN EN 63052 (VDE 0640-052)

Schutzeinrichtungen
allgemeine Anforderungen .... DIN EN 60255-1 (VDE 0435-300)
　　　　　　　　　　　　　　　　　　　　　　　　　　　　　　　　E DIN EN 60255-1 (VDE 0435-300)
EMV-Anforderungen .... E DIN EN 60255-26 (VDE 0435-320)
Funktionsanforderungen
– thermischer Überlastschutz .... DIN EN 60255-149 (VDE 0435-3149)
Funktionsnorm für Über-/Unterspannungsschutz .... DIN EN 60255-127 (VDE 0435-3127)
für den Distanzschutz .... DIN EN 60255-121 (VDE 0435-3121)
gegen netzfrequente Überspannungen .... DIN EN 50550 (VDE 0640-10)
　　　　　　　　　　　　　　　　　　　　　　　　　　　　　　　　E DIN EN 63052 (VDE 0640-052)
in Gleichstrom-Bahnanlagen
– Spannungswandler .... DIN EN 50123-7-3 (VDE 0115-300-7-3)
Leistungstransformatoren und Drosselspulen Anbauten
　　　　　　　　　　　　　　　　　　　　　　　　　　　　　　　　 DIN EN IEC 60076-22-1 (VDE 0532-76-22-1)
leitungsgeführte HEMP-Störgrößen .... DIN EN 61000-5-5 (VDE 0847-5-5)
Produktsicherheit .... DIN EN 60255-27 (VDE 0435-327)
　　　　　　　　　　　　　　　　　　　　　　　　　　　　　　　　E DIN EN IEC 60255-27 (VDE 0435-327)
Schutzpegelerhöhung .... DIN VDE 0661 (VDE 0661)
Über-/Unterstromschutz .... DIN EN 60255-151 (VDE 0435-3151)
zum Erkennen von Personen .... DIN EN IEC 62046 (VDE 0113-211)

Schutzeinrichtungen, berührungslos wirkende .... DIN EN IEC 61496-3 (VDE 0113-203)
allgemeine Anforderungen und Prüfungen .... DIN EN 61496-1 (VDE 0113-201)
　　　　　　　　　　　　　　　　　　　　　　　　　　　　　Berichtigung 1 DIN EN 61496-1 (VDE 0113-201)
　　　　　　　　　　　　　　　　　　　　　　　　　　　　　　　　E DIN EN 61496-1/A1 (VDE 0113-201/A1)
besondere Anforderungen
– aktive optoelektronische diffuse Reflexion .... DIN EN IEC 61496-3 (VDE 0113-203)
optoelektronisches Prinzip .... DIN EN 61496-2 (VDE 0113-202)
　　　　　　　　　　　　　　　　　　　　　　　　　　　　　　　　E DIN EN 61496-2/A1 (VDE 0113-202/A1)

Schutzeinrichtungen, thermische
für Vorschaltgeräte für Leuchtstofflampen .... DIN EN 60730-2-3 (VDE 0631-2-3)

Schutzerdung .... DIN VDE 0100-410 (VDE 0100-410)

Schutzkleidung
gegen Gefahren eines Störlichtbogens .... E DIN EN 62819 (VDE 0682-341)
gegen thermische Gefahren eines Lichtbogens .... DIN EN 61482-1-2 (VDE 0682-306-1-2)
　　　　　　　　　　　　　　　　　　　　　　　　　　　　　　　　DIN EN 61482-2 (VDE 0682-306-2)
　　　　　　　　　　　　　　　　　　　　　　　　　　　　　　　　E DIN EN 62819 (VDE 0682-341)

Schutzkleinspannung .... VDE-Schriftenreihe Band 140
　　　　　　　　　　　　　　　　　　　　　　　　　　　　　　　　VDE-Schriftenreihe Band 106

Schutzleiter
als Schutzmaßnahme .... VDE-Schriftenreihe Band 39
　　　　　　　　　　　　　　　　　　　　　　　　　　　　　　　　VDE-Schriftenreihe Band 9
in Niederspannungsanlagen .... DIN VDE 0100-540 (VDE 0100-540)
　　　　　　　　　　　　　　　　　　　　　　　　　　　　　　　　E DIN VDE 0100-540/A1 (VDE 0100-540/A1)
　　　　　　　　　　　　　　　　　　　　　　　　　　　　　　　　VDE-Schriftenreihe Band 106
in Niederspannungsnetzen

– Messen des Widerstands .... DIN EN 61557-4 (VDE 0413-4)
E DIN EN 61557-4 (VDE 0413-4)
Strommessverfahren .... DIN EN 60990 (VDE 0106-102)

Schutzleiter-Reihenklemmen
für Kupferleiter .... DIN EN 60947-7-2 (VDE 0611-3)

Schutzleiterschutzmaßnahmen .... DIN VDE 0100-410 (VDE 0100-410)

Schutzmaßnahmen .... DIN VDE 0100-410 (VDE 0100-410)
für Windenergieanlagen
– Konstruktion, Betrieb, Wartung .... DIN EN IEC 61400-1 (VDE 0127-1)
gegen thermische Auswirkungen .... DIN VDE 0100-420 (VDE 0100-420)
E DIN VDE 0100-420/A2 (VDE 0100-420/A2)
– Fehlerlichtbogenschutzeinrichtungen (AFDDs) .. E DIN VDE 0100-420/A2 (VDE 0100-420/A2)
Geräte zum Prüfen, Messen und Überwachen
– Kombinierte Messgeräte .... DIN EN 61557-10 (VDE 0413-10)
Trennen und Schalten .... DIN VDE 0100-460 (VDE 0100-460)
Überspannungen
– Bahnanwendungen .... DIN EN 50124-2 (VDE 0115-107-2)
Überstromschutz .... DIN VDE 0100-430 (VDE 0100-430)
E DIN IEC 60364-4-43 (VDE 0100-430)

Schutzmaßnahmen in Niederspannungsnetzen
Prüf-, Mess- und Überwachungsgeräte
– allgemeine Anforderungen .... DIN EN 61557-1 (VDE 0413-1)
E DIN EN 61557-1 (VDE 0413-1)
– Drehfeld .... DIN EN 61557-7 (VDE 0413-7)
E DIN EN 61557-7 (VDE 0413-7)
– Erdungs-, Schutz- und Potentialausgleichsleiter .... DIN EN 61557-4 (VDE 0413-4)
E DIN EN 61557-4 (VDE 0413-4)
– Erdungswiderstand .... DIN EN 61557-5 (VDE 0413-5)
E DIN EN 61557-5 (VDE 0413-5)
– Fehlerstromschutzeinrichtungen (RCD) .... DIN EN 61557-6 (VDE 0413-6)
E DIN EN 61557-6 (VDE 0413-6)
– Isolationsüberwachungsgeräte für IT-Systeme .... DIN EN 61557-8 (VDE 0413-8)
– Isolationswiderstand .... DIN EN 61557-2 (VDE 0413-2)
E DIN EN 61557-2 (VDE 0413-2)
– Schleifenwiderstand .... DIN EN 61557-3 (VDE 0413-3)
E DIN EN 61557-3 (VDE 0413-3)

Schutzpotentialausgleichsleiter
in Niederspannungsanlagen .... DIN VDE 0100-410 (VDE 0100-410)
DIN VDE 0100-540 (VDE 0100-540)
E DIN VDE 0100-540/A1 (VDE 0100-540/A1)

Schutzprinzipien für AC- und DC-Energieversorgung
Bahnanwendungen
– ortsfeste Anlagen und Bahnenergieversorgung .... DIN EN 50633 (VDE 0115-633)

Schutzprinzipien für Wechselstrom-/Gleichstrom-Energieversorgung
Bahnanwendungen
– ortsfeste Anlagen und Bahnenergieversorgung .... DIN EN 50633 (VDE 0115-633)

Schutzrelais
für Transformatoren und Drosselspulen .... DIN EN 50216-3 (VDE 0532-216-3)

Schutzrohre .... DIN VDE 0100-520 (VDE 0100-520)
E DIN VDE 0100-520-1 (VDE 0100-520-1)
im Erdreich
– zur allgemeinen Energieversorgung .... VDE-Anwendungsregel VDE-AR-N 4222

Schutzschalter .... DIN VDE 0100-530 (VDE 0100-530)
für Hausinstallationen
– Hilfsschalter .... DIN EN 62019 (VDE 0640)
– RCBOs .... DIN EN 61009-2-1 (VDE 0664-21)
DIN EN 63024 (VDE 0640-21)
– RCCBs .... DIN EN 63024 (VDE 0640-21)
RCBOs Typ B .... E DIN VDE 0664-200 (VDE 0664-200)

Schutzsignale .... DIN VDE 0852-1 (VDE 0852-1)
DIN VDE 0852-2 (VDE 0852-2)

Schutztechnik
mit Isolationsüberwachung .... VDE-Schriftenreihe Band 114

Schutztrennung .... DIN VDE 0100-410 (VDE 0100-410)

VDE-Schriftenreihe Band 140

Schutzvorrichtungen, isolierende .... DIN VDE 0680-1 (VDE 0680-1)
E DIN VDE 0680-6 (VDE 0680-6)

Schwachstromkontakte
Leistungsfähigkeit .... DIN EN 60947-5-4 (VDE 0660-211)
– besondere Prüfungen .... DIN EN 60947-5-4 (VDE 0660-211)

Schwebungslänge
Lichtwellenleiter
– Messmethoden und Prüfverfahren .... DIN EN 60793-1-60 (VDE 0888-260)

Schwefel, korrosiver
Nachweis in Isolieröl .... DIN EN 62535 (VDE 0370-33)
DIN EN 62697-1 (VDE 0370-4)

Schwefelhexafluorid technischer Qualität und komplementäre Gase
Gebrauch in SF_6-Mischungen
– Verwendung in elektrischen Betriebsmitteln .... DIN EN IEC 60376 (VDE 0373-1)

Schwefelhexafluorid technischer Qualität
Gebrauch in SF_6-Mischungen
– Verwendung in elektrischen Betriebsmitteln .... DIN EN IEC 60376 (VDE 0373-1)
komplementäre Gase
– Gebrauch in SF_6-Mischungen .... DIN EN IEC 60376 (VDE 0373-1)
– Verwendung in elektrischen Betriebsmitteln .... DIN EN IEC 60376 (VDE 0373-1)

Schwefelhexafluorid
Gebrauch in Hochspannungs-Schaltanlagen .... DIN EN 62271-4 (VDE 0671-4)
E DIN EN IEC 62271-4 (VDE 0671-4)
Prüfung von gebrauchtem .... DIN EN IEC 60480 (VDE 0373-2)
technischer Qualität
– Verwendung in elektrischen Betriebsmitteln ....,..... DIN EN IEC 60376 (VDE 0373-1)
von technischem Reinheitsgrad
– für elektrische Betriebsmittel .... DIN EN IEC 60376 (VDE 0373-1)

Schweißbrenner .... DIN EN IEC 60974-7 (VDE 0544-7)

Schweißeinrichtungen
Begrenzungen der Exposition von Personen
– elektromagnetischer Felder .... DIN EN 62822-2 (VDE 0545-23)
Gaskonsolen für Schweiß- und Plasmaschneidsysteme .... DIN EN 60974-8 (VDE 0544-8)
E DIN EN IEC 60974-8 (VDE 0544-8)
Lichtbogenschweißen
– Drahtvorschubgeräte .... DIN EN IEC 60974-5 (VDE 0544-5)
– Flüssigkeitskühlsysteme .... DIN EN IEC 60974-2 (VDE 0544-2)
– Schweißstromquellen .... DIN EN IEC 60974-1 (VDE 0544-1)
E DIN EN IEC 60974-1 (VDE 0544-1)
DIN EN IEC 60974-1/A1 (VDE 0544-1/A1)

Schweißeinrichtungen, elektrische
Exposition von Personen
– gegenüber elektromagnetische Feldern (0 Hz bis 300 GHz)
.... DIN EN IEC 62822-1 (VDE 0545-22)
DIN EN IEC 62822-3 (VDE 0545-24)

Schweißleitungen
Steckverbindungen .... DIN EN 60974-12 (VDE 0544-202)
E DIN IEC 60974-12 (VDE 0544-12)

Schweißpistole .... DIN EN IEC 60974-7 (VDE 0544-7)

Schweißstromquellen
zum Lichtbogenschweißen .... DIN EN IEC 60974-1 (VDE 0544-1)
E DIN EN IEC 60974-1 (VDE 0544-1)
DIN EN IEC 60974-1/A1 (VDE 0544-1/A1)
– mit begrenzter Einschaltdauer .... DIN EN 60974-6 (VDE 0544-6)

Schweißstromrückleitungsklemmen .... DIN EN 60974-13 (VDE 0544-13)
E DIN EN IEC 60974-13 (VDE 0544-13)

Schweißtemperatur .... DIN EN IEC 60974-2 (VDE 0544-2)

Schweißtransformator
Lichtbogenschweißeinrichtungen .... DIN EN IEC 60974-1 (VDE 0544-1)
E DIN EN IEC 60974-1 (VDE 0544-1)
DIN EN IEC 60974-1/A1 (VDE 0544-1/A1)

Schwimmbäder
Blitzschutz .... Beiblatt 2 DIN EN 62305-3 (VDE 0185-305-3)
E DIN EN 62305-3 (VDE 0185-305-3)
elektrische Anlagen .... DIN VDE 0100-702 (VDE 0100-702)
E DIN VDE 0100-702/AA (VDE 0100-702/AA)
VDE-Schriftenreihe Band 67b
VDE-Schriftenreihe Band 168

Schwimmbecken
elektrische Anlagen .... DIN VDE 0100-702 (VDE 0100-702)
E DIN VDE 0100-702/AA (VDE 0100-702/AA)
VDE-Schriftenreihe Band 67b
VDE-Schriftenreihe Band 168
Leuchten .... DIN EN 60598-2-18 (VDE 0711-2-18)

Schwimmende Windenergieanlagen
auf offener See
– Auslegungsanforderungen .... DIN IEC/TS 61400-3-2 (VDE V 0127-3-2)

Schwimmkrane
elektrische Ausrüstung .... DIN EN 60204-32 (VDE 0113-32)

Schwingen, Breitbandrauschen
Prüfung Fh .... DIN EN 60068-2-64 (VDE 0468-2-64)

Schwingen, Nachbildung von Langzeitsignalen
Prüfung Fj .... DIN EN IEC 60068-2-85 (VDE 0468-2-85)

Schwingen, sinusförmig
Prüfung Fc .... DIN EN 60068-2-6 (VDE 0468-2-6)

Schwingprüfung
für Betriebsmittel von Bahnfahrzeugen .... DIN EN 61373 (VDE 0115-106)

Schwingstärke, Bewertung
mechanischer Schwingungen von Maschinen
– Maschinen mit Achshöhe 56 mm und höher .... DIN EN IEC 60034-14 (VDE 0530-14)

Schwingstärke, Grenzwerte
mechanischer Schwingungen von Maschinen
– Maschinen mit Achshöhe 56 mm und höher .... DIN EN IEC 60034-14 (VDE 0530-14)

Schwingstärke, Messung
mechanischer Schwingungen von Maschinen
– Maschinen mit Achshöhe 56 mm und höher .... DIN EN IEC 60034-14 (VDE 0530-14)

Schwingungen bei Maschinen .... DIN EN IEC 60034-14 (VDE 0530-14)

Schwingungsdämpfer
von Freileitungen .... DIN EN IEC 61897 (VDE 0212-3)
– Anforderungen und Prüfungen .... DIN EN IEC 61897 (VDE 0212-3)

SCRAM
Methodik der Smart-Cities-Referenzarchitektur
– System Referenz Dokument .... E DIN IEC/TS 63188 (VDE V 0824-1)

Screening
Wärmebildkameras .... DIN EN IEC 80601-2-59 (VDE 0750-2-59)

SCSM
spezifische Abbildung von Kommunikationsdiensten
– Kommunikationsnetze und -systeme für die Automatisierung
.... DIN EN IEC 61850-8-2 (VDE 0160-850-8-2)

SECOM
Navigations- und Funkkommunikationsgeräte und -systeme für die Seeschifffahrt
.... E DIN EN IEC 61924-2 (VDE 0878-924-2)
E DIN EN IEC 63173-2 (VDE 0878-173-2)

Seelenbewicklung .... DIN EN 50288-10-1 (VDE 0819-10-1)
DIN EN 50288-11-1 (VDE 0819-11-1)
DIN EN 50288-9-1 (VDE 0819-9-1)

Segmentierungsfilter .... DIN EN 50065-4-5 (VDE 0808-4-5)

Seil
Erdseil .... DIN EN 50341-1 (VDE 0210-1)
Leiterseil .... DIN EN 50341-1 (VDE 0210-1)

Seilbahnen
Blitzschutz .... Beiblatt 2 DIN EN 62305-3 (VDE 0185-305-3)
E DIN EN 62305-3 (VDE 0185-305-3)

Seile, isolierende
für Arbeiten unter Spannung .... DIN EN 62192 (VDE 0682-652)

Seileigendämpfung
von Freileitungen .... DIN EN 62567 (VDE 0212-356)

Seilhaltestange .... DIN EN 60832-1 (VDE 0682-211)

Seiltanzen
Seil .... DIN EN 50341-1 (VDE 0210-1)

Seismische Prüfungen
für Einschübe, Baugruppenträger und steckbare Baugruppen
.... DIN EN 61587-5 (VDE 0687-587-5)
für Schränke und Gestelle .... DIN EN 61587-2 (VDE 0687-587-2)

Seismische Prüfverfahren für Geräte
Umgebungseinflüsse
– Leitfaden .... E DIN EN IEC 60068-3-3 (VDE 0468-3-3)

Seismische Qualifizierung
Kerntechnische Anlagen
– Gerät mit sicherheitstechnischer Bedeutung .... E DIN IEC/IEEE 60980-344 (VDE 0491-90)

Sekundärbatterien, siehe auch Batterien und Akkumulatoren

Sekundärbatterien .... DIN EN 61951-2 (VDE 0510-31)
DIN EN 62133-1 (VDE 0510-81)
(außer Lithium)
– für Elektrostraßenfahrzeuge .... DIN EN 61982-4 (VDE 0510-43)
Antrieb von Elektrostraßenfahrzeugen
– Kapazitäts- und Lebensdauerprüfungen .... DIN EN 61982 (VDE 0510-32)
– Leistungsverhalten .... DIN EN IEC 62660-1 (VDE 0510-33)
– Zuverlässigkeit .... DIN EN IEC 62660-2 (VDE 0510-34)
für Elektrofahrzeuge
– Kapazitäts- und Lebensdauerprüfungen .... DIN EN 61982 (VDE 0510-32)
für Elektrostraßenfahrzeuge
– Nickel-Metallhybrid-Zellen und -Module .... DIN EN 61982-4 (VDE 0510-43)
für LEV-Anwendungen
– Sicherheitsanforderungen, Prüfverfahren .... DIN EN 50604-1 (VDE 0510-12)
E DIN EN 50604-1/AA (VDE 0510-12/AA)
Natrium-basierte Batterien
– Leistungsanforderung und Prüfung .... E DIN EN 62984-3-2 (VDE 0510-984-3-2)
– Sicherheitsanforderung und Prüfung .... E DIN EN 62984-3-1 (VDE 0510-984-3-1)
Sicherheitsanforderungen
– allgemeine Sicherheitsinformationen .... DIN EN IEC 62485-1 (VDE 0510-485-1)
Sicherheitsinformationen .... DIN EN IEC 62485-1 (VDE 0510-485-1)
Symbole
– Identifikation ihrer Chemie .... DIN EN IEC 62902 (VDE 0510-902)

wiederaufladbare gasdichte Nickel-Metallhybrid-Batterien
– für industrielle Anwendungen .... DIN EN IEC 63115-1 (VDE 0510-115-1)
wiederaufladbare gasdichte Nickel-Metallhybrid-Module
– für industrielle Anwendungen .... DIN EN IEC 63115-1 (VDE 0510-115-1)
E DIN EN 63115-2 (VDE 0510-115-2)

Sekundärbatterien, stationäre
Errichten von Niederspannungsanlagen
– Auswahl und Errichtung elektrischer Betriebsmittel ...... E DIN VDE 0100-570 (VDE 0100-570)

Sekundärbatterien und Batterieanlagen
Sicherheitsanforderungen
– allgemeine Sicherheitsinformationen .... DIN EN IEC 62485-1 (VDE 0510-485-1)
Sicherheitsinformationen .... DIN EN IEC 62485-1 (VDE 0510-485-1)
stationäre Batterien
– Sicherheitsanforderungen .... DIN EN IEC 62485-2 (VDE 0510-485-2)
verschlossene Bleibatterien in tragbaren Geräten
– Sicherheitsanforderungen .... DIN EN IEC 62485-4 (VDE 0510-485-4)

Sekundär-Lithium-Batterien
für Straßenfahrzeuge
– außer Anwendung im Antrieb .... E DIN EN 63118 (VDE 0510-118)
Sicherheit beim Transport .... DIN EN IEC 62281 (VDE 0509-6)
E DIN EN IEC 62281/A1 (VDE 0509-6/A1)

Sekundärzellen, siehe auch Batterien und Akkumulatoren

Sekundärzellen .... DIN EN 61951-2 (VDE 0510-31)
DIN EN 62133-1 (VDE 0510-81)
wiederaufladbare gasdichte Nickel-Metallhybrid-Batterien
– für industrielle Anwendungen .... DIN EN IEC 63115-1 (VDE 0510-115-1)
wiederaufladbare gasdichte Nickel-Metallhybrid-Module
– für industrielle Anwendungen .... DIN EN IEC 63115-1 (VDE 0510-115-1)
E DIN EN 63115-2 (VDE 0510-115-2)

Sekundärzellen und -batterien
für tragbare gasdichte Sekundärzellen und Batterien
– Lithiumsysteme .... DIN EN 62133-2 (VDE 0510-82)
E DIN EN 62133-2/A1 (VDE 0510-82/A1)
– Nickelsysteme .... DIN EN 62133-1 (VDE 0510-81)
Lithium-Batterien für Elektrostraßenfahrzeuge .... DIN EN IEC 63057 (VDE 0510-57)
mit alkalischen oder anderen nicht säurehaltigen Elektrolyten
– sekundäre Lithium-Batterien in Straßenfahrzeugen, außer Antrieb
.... DIN EN IEC 63057 (VDE 0510-57)
– wiederaufladbare gasdichte Nickel-Metallhybrid-Batterien
.... DIN EN IEC 63115-1 (VDE 0510-115-1)
– wiederaufladbare gasdichte Nickel-Metallhybrid-Module
.... DIN EN IEC 63115-1 (VDE 0510-115-1)
E DIN EN 63115-2 (VDE 0510-115-2)
– wiederaufladbare gasdichte Nickel-Metallhybrid-Zellen
.... DIN EN IEC 63115-1 (VDE 0510-115-1)
E DIN EN 63115-2 (VDE 0510-115-2)
sekundäre Lithium-Batterien in Straßenfahrzeugen
– mit Ausnahme des Antriebs .... DIN EN IEC 63057 (VDE 0510-57)

Sekundärzellen und Sekundärbatterien
Lithium-, Nickel-Kadmium- und Nickel-Metallhybrid-Sekundärzellen und -batterien
– Umweltaspekte .... E DIN EN IEC 63218 (VDE 0510-218)

Selbstbalancierende Personentransportsysteme
für den Hausgebrauch .... E DIN EN 60335-2-114 (VDE 0700-114)

Selbstheilende Leistungs-Parallelkondensatoren .... DIN EN 60831-1 (VDE 0560-46)
DIN EN 60831-2 (VDE 0560-47)

Wechselstromanlagen
– Bemessungsspannung bis 1 000 V .... DIN EN 60831-1 (VDE 0560-46)

Selbstheilungsprüfung
von Leistungs-Parallelkondensatoren .... DIN EN 60831-2 (VDE 0560-47)

Selbstklebende Bänder
aus Glasgewebe .... DIN EN 60454-3-8 (VDE 0340-3-8)
aus Polyesterfolie .... DIN EN 60454-3-2 (VDE 0340-3-2)
aus Polyesterfolie mit Epoxid .... DIN EN 60454-3-11 (VDE 0340-3-11)
aus Polyesterfolie mit Glasfilament .... DIN EN 60454-3-11 (VDE 0340-3-11)
aus Polyesterfolie mit Polyestervliesstoff .... DIN EN 60454-3-11 (VDE 0340-3-11)
aus Polyesterfolie mit warmhärtendem Klebstoff .... DIN EN 60454-3-11 (VDE 0340-3-11)
aus Polyesterfolie mit Zellulosepapier .... DIN EN 60454-3-11 (VDE 0340-3-11)
aus Polyethylen- und Polypropylenfolie .... DIN EN 60454-3-12 (VDE 0340-3-12)
aus verschiedenen Trägermaterialien .... DIN EN 60454-3-19 (VDE 0340-3-19)
aus Zelluloseacetat-Gewebe .... DIN EN 60454-3-8 (VDE 0340-3-8)
aus Zellulosepapier .... DIN EN 60454-3-4 (VDE 0340-3-4)
für elektrotechnische Anwendungen
– allgemeine Anforderungen .... DIN EN 60454-1 (VDE 0340-1)
– Prüfverfahren .... DIN EN 60454-2 (VDE 0340-2)
– Verzeichnis einschlägiger Normen .... Beiblatt 1 DIN EN 60454 (VDE 0340)
selbsttragende isolierte
– Abspann- und Tragklemmen .... DIN EN 50483-2 (VDE 0278-483-2)

SELV .... DIN VDE 0100-410 (VDE 0100-410)

SELV-Betriebsgeräte .... DIN EN 61347-2-13 (VDE 0712-43)
E DIN EN IEC 61347-2-13 (VDE 0712-43)

Sende-Empfangsgeräte
integrierte Schaltungen
– Bewertung der EMV .... DIN EN IEC 62228-1 (VDE 0847-28-1)
E DIN EN IEC 62228-5 (VDE 0847-28-5)
E DIN EN IEC 62228-7 (VDE 0847-28-7)

Sender
Funk- .... DIN EN 60215 (VDE 0866)
E DIN EN 60215 (VDE 0866)
E DIN EN IEC 60215/AA (VDE 0866/AA)

Sendesysteme (Funk-)
Senderausgangsleistungen bis 1 kW .... DIN VDE 0855-300 (VDE 0855-300)

Sensoren (ESHG-) .... DIN EN 60669-2-5 (VDE 0632-2-5)

Sensoren
generische Spezifikation

– Supraleitfähigkeit .... DIN EN 61788-22-1 (VDE 0390-22-1)

Sensoren, sicherheitsrelevante
Schutz von Personen
– Maschinensicherheit .... E DIN EN 62998-721 (VDE 0113-721)

Sequenzer .... DIN EN 62386-210 (VDE 0712-0-210)

Serienhybridsystem
Stromversorgung durch Energiespeichersysteme
– Schienenfahrzeuge .... DIN EN 62864-1 (VDE 0115-864-1)

Serienkreistransformatoren
für Flugplatzbefeuerung .... DIN EN 61823 (VDE 0161-104)

Serienschaltung .... VDE-Anwendungsregel VDE-AR-E 2100-550

Serviceleitstellen
Abläufe und Anforderungen
– an den Betrieb .... DIN EN 50518 (VDE 0830-5-6)
örtliche und bauliche Anforderungen .... DIN EN 50518 (VDE 0830-5-6)
technische Anforderungen .... DIN EN 50518 (VDE 0830-5-6)

Servicemodell für Alarmsysteme in der sozialen Versorgung
.... DIN CEN/TS 17470 (VDE V 0834-3)

Set-Top-Boxen
Leistungsaufnahme .... DIN EN 62087-5 (VDE 0868-105)
SF_6 Anforderungen an das Betriebsverhalten
– und Prüfverfahren .... DIN EN 50676 (VDE 0400-60)

SF_6-Anforderungen
Betriebsverhalten und Prüfverfahren
– Geräte zur Detektion und Konzentrationsmessung Kältemittelgase
.... DIN EN 50676 (VDE 0400-60)

SGAM Smart Energy Grid Reference Architecture, erweiterte
Definition .... E DIN IEC/TS 63200 (VDE V 0160-632-1)

SGGS
Gebäude mit gehobenen Sicherheitsanforderungen
– Gebäude-Sprechanlagen .... DIN EN IEC 62820-2 (VDE 0830-91-2)

Shows
elektrische Anlagen .... DIN VDE 0100-711 (VDE 0100-711)
VDE-Schriftenreihe Band 168

Sichere Trennung .... DIN VDE 0100-410 (VDE 0100-410)

Sicherheit elektrischer Geräte für den gewerblichen Gebrauch
Kochkessel .... DIN EN 60335-2-47 (VDE 0700-47)
Strahlungsgrillgeräte und Toaster .... DIN EN 60335-2-48 (VDE 0700-48)

Sicherheit elektrischer Geräte für den Hausgebrauch
allgemeine Anforderungen .... DIN EN 60335-1 (VDE 0700-1)
Barbecue-Grillgeräte zur Verwendung im Freien .... DIN EN 60335-2-78 (VDE 0700-78)
E DIN EN 60335-2-78/A2 (VDE 0700-78/A2)

Barrierefreiheit
– Bedienelemente, Türen, Deckeln, Einschüben und Griffen

....	DIN EN IEC 63008 (VDE 0705-3008)
Dampfgeräte für Stoffe	DIN EN 60335-2-85 (VDE 0700-85)
Dienstleistungs- und Unterhaltungsautomaten	DIN EN 60335-2-82 (VDE 0700-82)
	E DIN IEC 60335-2-82 (VDE 0700-82)
Fußwärmer und Heizmatten	E DIN IEC 60335-2-81/A2 (VDE 0700-81/A2)
Geräte zum Warmhalten von Nahrungsmitteln und Geschirr	
– für den gewerblichen Gebrauch	DIN EN 60335-2-49 (VDE 0700-49)
Geräte zur Wasserbehandlung durch UV-Strahlung	DIN EN 60335-2-109 (VDE 0700-109)
gewerbliche Geräte zum Warmhalten von Nahrungsmitteln und Geschirr	
....	DIN EN 60335-2-49 (VDE 0700-49)
Insektenvernichter	DIN EN 60335-2-59 (VDE 0700-59)
Kaffeebereiter	
– Messung der Gebrauchseigenschaften	DIN EN 60661 (VDE 0705-661)
Kochfelder	
– Messung der Gebrauchseigenschaften	DIN EN 60350-2 (VDE 0705-350-2)
	E DIN EN 60350-2/A1 (VDE 0705-350-2/A1)
Kochkessel für den gewerblichen Gebrauch	DIN EN 60335-2-47 (VDE 0700-47)
Luftbefeuchter	DIN EN 60335-2-98 (VDE 0700-98)
Lüftungsventilatoren und Regler in Klimaanlagen	
– Messung der Gebrauchseigenschaften	DIN EN IEC 60665 (VDE 0705-665)
Melkmaschinen	DIN EN 60335-2-70 (VDE 0700-70)
Mundpflegegeräte	DIN EN 60335-2-52 (VDE 0700-52)
ortsfeste Herde, Kochmulden, Backöfen	DIN EN 60335-2-6 (VDE 0700-6)
Tierbetäubungsgeräte	DIN EN 60335-2-87 (VDE 0700-87)
	E DIN EN 60335-2-87 (VDE 0700-87)
Toiletten	DIN EN 60335-2-84 (VDE 0700-84)
Warmhalteplatten und ähnliche Geräte	DIN EN 60335-2-12 (VDE 0700-12)
Wäscheschleudern	DIN EN 60335-2-4 (VDE 0700-4)
	E DIN IEC 60335-2-4 (VDE 0700-4)
Waschmaschinen und Waschtrockner	
– Bestimmung der Spülwirkung	DIN CLC/TS 50677 (VDE V 0705-677)
Wasserbett-Beheizungen	DIN EN 60335-2-66 (VDE 0700-66)

Sicherheit elektrischer Geräte
für den gewerblichen Gebrauch

– Ausgabegeräte	E DIN IEC 60335-2-75/A2 (VDE 0700-75/A4)
– automatische Bodenbehandlungsmaschinen	E DIN IEC 60335-2-117 (VDE 0700-117)
– Backöfen	E DIN EN 60335-2-36/A11 (VDE 0700-36/A11)
– Brat- und Backöfen	E DIN EN 60335-2-36/A11 (VDE 0700-36/A11)
– Bratöfen	E DIN EN 60335-2-36/A11 (VDE 0700-36/A11)
– Bratplatten	E DIN EN 60335-2-38/A11 (VDE 0700-38/A11)
– Dunstabzugshauben	DIN EN 60335-2-99 (VDE 0700-99)
– Fritteusen	DIN EN 60335-2-37 (VDE 0700-37)
	E DIN EN 60335-2-37/A11 (VDE 0700-37/A11)
– Herde	E DIN EN 60335-2-36/A11 (VDE 0700-36/A11)
– Koch- und Bratpfannen (Mehrzweck-)	DIN EN 60335-2-39 (VDE 0700-39)
	E DIN IEC 60335-2-39/A1 (VDE 0700-39/A2)
	E DIN EN 60335-2-39/AA (VDE 0700-39/A1)
– Kochkessel	DIN EN 60335-2-47 (VDE 0700-47)
– Kochplatten	DIN EN 60335-2-36 (VDE 0700-36)
	E DIN EN 60335-2-36 (VDE 0700-36)
	E DIN EN 60335-2-36/A11 (VDE 0700-36/A11)
– Kontaktgrillgeräte	E DIN EN 60335-2-38/A11 (VDE 0700-38/A11)

- Kontaktgrills .... DIN EN 60335-2-38 (VDE 0700-38)
E DIN EN 60335-2-38/A11 (VDE 0700-38/A11)
E DIN EN 60335-2-38/A2 (VDE 0700-38/A1)
- Kühl-/Gefriergeräte .... DIN EN 60335-2-89 (VDE 0700-89)
E DIN IEC 60335-2-89 (VDE 0700-89)
- Mehrzweck-Koch- und Bratpfannen .... DIN EN 60335-2-39 (VDE 0700-39)
E DIN EN 60335-2-39 (VDE 0700-39)
E DIN IEC 60335-2-39/A1 (VDE 0700-39/A2)
E DIN EN 60335-2-39/AA (VDE 0700-39/A1)
- Mikrowellengeräte .... E DIN EN 60335-2-110 (VDE 0700-110)
E DIN IEC 60335-2-110-100 (VDE 0700-110-100)
- Mikrowellenkochgeräte .... DIN EN 60335-2-90 (VDE 0700-90)
E DIN IEC 60335-2-90/A2 (VDE 0700-90/A2)
- Rucksackstaubsauger .... DIN EN 60335-2-69 (VDE 0700-69)
E DIN EN 60335-2-69/A1 (VDE 0700-69/A6)
E DIN EN 60335-2-69/A2 (VDE 0700-69/A8)
E DIN EN 60335-2-69/A3 (VDE 0700-69/A1)
- Spülbecken .... E DIN IEC 60335-2-62 (VDE 0700-62)
- Spülmaschinen .... E DIN EN 60335-2-58 (VDE 0700-58)
- Trommeltrockner .... DIN EN 50570 (VDE 0700-570)
- Warenautomaten .... E DIN IEC 60335-2-75/A2 (VDE 0700-75/A4)
- Wäscheschleudern .... DIN EN 50569 (VDE 0700-569)
- Waschmaschinen .... DIN EN 50571 (VDE 0700-571)
für den Hausgebrauch
- AC-Lüftungsventilatoren und Regler in Klimaanlagen .... DIN EN IEC 60665 (VDE 0705-665)
- allgemeine Anforderungen .... E DIN IEC 60335-1/A91 (VDE 0700-1/A91)
E DIN IEC 60335-1/A92 (VDE 0700-1/A92)
E DIN IEC 60335-1/A94 (VDE 0700-1/A94)
E DIN IEC 60335-1/A95 (VDE 0700-1/A95)
E DIN IEC 60335-1/A96 (VDE 0700-1/A96)
E DIN IEC 60335-1/A97 (VDE 0700-1/A97)
E DIN IEC 60335-1/A98 (VDE 0700-1/A98)
E DIN IEC 60335-1/A99 (VDE 0700-1/A99)
- Antriebe für Rollläden, Markisen, Jalousien und ähnliche Einrichtungen
.... DIN EN 60335-2-97 (VDE 0700-97)
E DIN IEC 60335-2-97/A1 (VDE 0700-97/A1)
- Antriebe für Tore, Türen und Fenster .... E DIN IEC 60335-2-103/A2 (VDE 0700-103/A2)
- Antriebe von Garagentoren mit Senkrechtbewegung .... E DIN IEC 60335-2-95 (VDE 0700-95)
- Barbecue-Grillgeräte zur Verwendung im Freien .... DIN EN 60335-2-78 (VDE 0700-78)
- Batterieladegeräte .... DIN EN 60335-2-29 (VDE 0700-29)
E DIN IEC 60335-2-29/A1 (VDE 0700-29/A1)
- Bügeleisen .... DIN EN 60335-2-3 (VDE 0700-3)
E DIN IEC 60335-2-3/A1 (VDE 0700-3/A1)
- Dampfgeräte für Stoffe .... DIN EN 60335-2-85 (VDE 0700-85)
- Dunstabzugshauben und andere Wrasenabsaugungen
.... E DIN IEC 60335-2-31/A2 (VDE 0700-31/A2)
- Durchflusswärmer .... DIN EN 60335-2-35 (VDE 0700-35)
E DIN IEC 60335-2-35/A2 (VDE 0700-35/A2)
- Duscheinrichtungen, multifunktionelle .... E DIN IEC 60335-2-105 (VDE 0700-105)
E DIN IEC 60335-2-105/A1 (VDE 0700-105/A1)
- elektrische Fischereigeräte .... DIN EN 60335-2-86/A12 (VDE 0700-86/A12)
- Elektroherde .... Beiblatt 1 DIN EN 60335-2-6 (VDE 0700-6)
DIN EN 60335-2-6 (VDE 0700-6)

- Fischereigeräte .... DIN EN 60335-2-86/A12 (VDE 0700-86/A12)
- Flächenheizelemente .... E DIN IEC 60335-2-96 (VDE 0700-96)
- Frittiergeräte und Bratpfannen .... DIN EN 60335-2-13 (VDE 0700-13)
- Fußwärmer und Heizmatten .... E DIN IEC 60335-2-81/A2 (VDE 0700-81/A2)
- Garagentore mit Senkrechtbewegung im Wohnbereich .... DIN EN 60335-2-95 (VDE 0700-95)
- Geräte zum Gebrauch mit Aquarien und Gartenteichen ... DIN EN 60335-2-55 (VDE 0700-55)
- Geräte zur Behandlung von Haut und Haar .... E DIN IEC 60335-2-23/A1 (VDE 0700-23/A1)
                                                E DIN EN IEC 60335-2-23/A11 (VDE 0700-23/A11)
- Geräte zur Flüssigkeitserhitzung .... E DIN IEC 60335-2-15/A2 (VDE 0700-15/A2)
- Geräte zur Oberflächenreinigung mit Flüssigkeiten oder Dampf
.... DIN EN 60335-2-54 (VDE 0700-54)
                                                E DIN EN 60335-2-54/A12 (VDE 0700-54/A12)
                                                E DIN IEC 60335-2-54/A2 (VDE 0700-54/A2)
- Grillgeräte, Brotröster und ähnliche ortsveränderliche Kochgeräte
.... E DIN IEC 60335-2-9 (VDE 0700-9)
- Haarschneidemaschinen .... E DIN IEC 60335-2-8/A2 (VDE 0700-8/A2)
- Hautbehandlungsgeräte mit Ultraviolett- und Infrarotstrahlung
.... E DIN IEC 60335-2-27 (VDE 0700-27)
- Jalousien mit elektrischem Antrieb .... DIN EN 60335-2-97 (VDE 0700-97)
                                                E DIN EN 60335-2-97 (VDE 0700-97)
                                                E DIN IEC 60335-2-97/A1 (VDE 0700-97/A1)
- Joghurtbereiter .... Beiblatt 1 DIN EN 60335-2-15 (VDE 0700-15)
                                                DIN EN 60335-2-15 (VDE 0700-15)
                                                E DIN IEC 60335-2-15/A1 (VDE 0700-15/A1)
                                                E DIN IEC 60335-2-15/A2 (VDE 0700-15/A2)
- Kaffeebereiter .... Beiblatt 1 DIN EN 60335-2-15 (VDE 0700-15)
                                                DIN EN 60335-2-15 (VDE 0700-15)
                                                E DIN IEC 60335-2-15/A1 (VDE 0700-15/A1)
                                                E DIN IEC 60335-2-15/A2 (VDE 0700-15/A2)
                                                DIN EN 60661 (VDE 0705-661)
- Kaffeemaschinen .... Beiblatt 1 DIN EN 60335-2-15 (VDE 0700-15)
                                                DIN EN 60335-2-15 (VDE 0700-15)
                                                E DIN IEC 60335-2-15/A1 (VDE 0700-15/A1)
                                                E DIN IEC 60335-2-15/A2 (VDE 0700-15/A2)
- Kleidungstrockner .... DIN EN 60335-2-43 (VDE 0700-43)
                                                Beiblatt 1 DIN EN 60335-2-43 (VDE 0700-43)
                                                E DIN EN 60335-2-43 (VDE 0700-43)
- Klimageräte .... DIN EN 60335-2-40 (VDE 0700-40)
                                                E DIN IEC 60335-2-40 (VDE 0700-40)
                                                E DIN EN 60335-2-40 (VDE 0700-40)
                                                E DIN EN 60335-2-40/A1 (VDE 0700-40/A1)
                                                E DIN EN 60335-2-40/A100 (VDE 0700-40/A100)
- Kochfelder .... Beiblatt 1 DIN EN 60335-2-6 (VDE 0700-6)
                                                DIN EN 60335-2-6 (VDE 0700-6)
                                                DIN EN 60350-2 (VDE 0705-350-2)
                                                E DIN EN 60350-2/A1 (VDE 0705-350-2/A1)
- Kochgeräte .... DIN EN 60335-2-9 (VDE 0700-9)
                                                Beiblatt 1 DIN EN 60335-2-9 (VDE 0700-9)
                                                E DIN EN 60335-2-9 (VDE 0700-9)
                                                E DIN IEC 60335-2-9 (VDE 0700-9)
                                                E DIN EN 60335-2-9/A1 (VDE 0700-9/A1)
                                                E DIN EN 60335-2-9/A100 (VDE 0700-9/A100)
                                                E DIN EN 60335-2-9/A101 (VDE 0700-9/A101)

	E DIN EN 60335-2-9/A2 (VDE 0700-9/A2)
	E DIN EN 60335-2-9/AD (VDE 0700-9/AD)
– Kochgeräte, ortsveränderliche	E DIN IEC 60335-2-9 (VDE 0700-9)
– Kochmulden	Beiblatt 1 DIN EN 60335-2-6 (VDE 0700-6)
	DIN EN 60335-2-6 (VDE 0700-6)
	DIN EN 60350-2 (VDE 0705-350-2)
	E DIN EN 60350-2/A1 (VDE 0705-350-2/A1)
– Kochtöpfe, elektrische	Beiblatt 1 DIN EN 60335-2-15 (VDE 0700-15)
	DIN EN 60335-2-15 (VDE 0700-15)
	E DIN IEC 60335-2-15/A1 (VDE 0700-15/A1)
	E DIN IEC 60335-2-15/A2 (VDE 0700-15/A2)
– Küchenmaschinen	DIN EN 60335-2-14 (VDE 0700-14)
	E DIN EN 60335-2-14 (VDE 0700-14)
	E DIN IEC 60335-2-14/A1 (VDE 0700-14/A1)
	E DIN EN 60335-2-14/AD (VDE 0700-14/AD)
– Kühl-/Gefriergeräte mit eingebautem oder getrenntem Verflüssigersatz	
....	DIN EN 60335-2-89 (VDE 0700-89)
	E DIN IEC 60335-2-89 (VDE 0700-89)
– Kühl-/Gefriergeräte mit Motorverdichter	DIN EN 60335-2-89 (VDE 0700-89)
	E DIN IEC 60335-2-89 (VDE 0700-89)
– Kühl-/Gefriergeräte und Speiseeis- und Eisbereiter	DIN EN 60335-2-24 (VDE 0700-24)
– Läden mit elektrischem Antrieb	E DIN EN 60335-2-97 (VDE 0700-97)
– Luft-Ionisator	DIN EN 60335-2-65 (VDE 0700-65)
	Beiblatt 1 DIN EN 60335-2-65 (VDE 0700-65)
– Luftbefeuchter	DIN EN 60335-2-65 (VDE 0700-65)
	Beiblatt 1 DIN EN 60335-2-65 (VDE 0700-65)
	DIN EN 60335-2-88 (VDE 0700-88)
	DIN EN 60335-2-98 (VDE 0700-98)
– Luftreinigungsgeräte	DIN EN 60335-2-65 (VDE 0700-65)
	Beiblatt 1 DIN EN 60335-2-65 (VDE 0700-65)
	E DIN EN 60335-2-65/A12 (VDE 0700-65/A12)
	E DIN EN 60335-2-65/A2 (VDE 0700-65/A2)
– Luftschütze	DIN EN 61095 (VDE 0637-3)
– Lüftungsventilatoren und Regler in Klimaanlagen	DIN EN IEC 60665 (VDE 0705-665)
– Markisen mit elektrischem Antrieb	DIN EN 60335-2-97 (VDE 0700-97)
	E DIN EN 60335-2-97 (VDE 0700-97)
	E DIN IEC 60335-2-97/A1 (VDE 0700-97/A1)
– Massagegeräte	DIN EN 60335-2-32 (VDE 0700-32)
	E DIN IEC 60335-2-32 (VDE 0700-32)
– Melkmaschinen	DIN EN 60335-2-70 (VDE 0700-70)
– Mikrowellenkochgeräte und kombinierte Mikrowellenkochgeräte	
....	E DIN EN IEC 60335-2-25/A106 (VDE 0700-25/A106)
	E DIN EN IEC 60335-2-25/A107 (VDE 0700-25/A107)
	E DIN EN IEC 60335-2-25/A108 (VDE 0700-25/A108)
	E DIN EN IEC 60335-2-25/A109 (VDE 0700-25/A109)
– Milchkocher	Beiblatt 1 DIN EN 60335-2-15 (VDE 0700-15)
	DIN EN 60335-2-15 (VDE 0700-15)
	E DIN IEC 60335-2-15/A1 (VDE 0700-15/A1)
	E DIN IEC 60335-2-15/A2 (VDE 0700-15/A2)
– Möbel mit elektromotorisch betriebenen Teilen	E DIN IEC 60335-2-116 (VDE 0700-116)
– Motorschutzeinrichtungen	DIN EN IEC 60730-2-22 (VDE 0631-2-22)
– multifunktionelle Duscheinrichtungen	E DIN IEC 60335-2-105 (VDE 0700-105)
	E DIN IEC 60335-2-105/A1 (VDE 0700-105/A1)

	E DIN EN 60335-2-105/A2 (VDE 0700-105/A2)
– Nähmaschinen	DIN EN 60335-2-28 (VDE 0700-28)
– Nähmaschinen-Steckvorrichtungen	E DIN EN 60320-2-1 (VDE 0625-2-1)
– Nassschrubbmaschinen	DIN EN 60335-2-10 (VDE 0700-10)
– Ondol-Matratzen mit einem nicht flexiblen beheizten Teil	DIN EN IEC 60335-2-111 (VDE 0700-111)
	E DIN EN 60335-2-111-100 (VDE 0700-111-100)
– ortsfeste Herde, Kochmulden, Backöfen	DIN EN 60335-2-6 (VDE 0700-6)
– ortsfeste Umwälzpumpen für Heizungs- und Brauchwasseranlagen	E DIN IEC 60335-2-51 (VDE 0700-51)
– ortsveränderliche Tauchheizgeräte	DIN EN 60335-2-74 (VDE 0700-74)
– Personentransportsysteme, selbstbalancierend batteriebetrieben	E DIN EN 60335-2-114 (VDE 0700-114)
– Projektoren und ähnliche Geräte	DIN EN 60335-2-56 (VDE 0700-56)
– Pumpen	E DIN EN IEC 60335-2-41-100 (VDE 0700-41-100)
	E DIN EN IEC 60335-2-41/A11 (VDE 0700-41/A11)
– Rasen-Vertikutierer	DIN EN 50636-2-92 (VDE 0700-92)
– Rasenkantenschneider	DIN EN 50636-2-91 (VDE 0700-91)
	E DIN EN IEC 62841-4-4 (VDE 0740-4-4)
– Rasenlüfter	DIN EN 50636-2-92 (VDE 0700-92)
– Raumheizgeräte	DIN EN 60335-2-30 (VDE 0700-30)
	Beiblatt 1 DIN EN 60335-2-30 (VDE 0700-30)
	E DIN EN 60335-2-30/A1 (VDE 0700-30/A1)
	E DIN IEC 60335-2-30/A2 (VDE 0700-30/A2)
	E DIN EN 60335-2-30/AB (VDE 0700-30/AB)
– Raumluft-Entfeuchter	DIN EN 60335-2-40 (VDE 0700-40)
	E DIN IEC 60335-2-40 (VDE 0700-40)
	E DIN EN 60335-2-40 (VDE 0700-40)
	E DIN EN 60335-2-40/A1 (VDE 0700-40/A1)
	E DIN EN 60335-2-40/A100 (VDE 0700-40/A100)
– Regel- und Steuergeräte für Klimageräte	DIN EN IEC 60730-2-15 (VDE 0631-2-15)
– Roboter-Rasenmäher, batteriebetriebene	DIN EN 50636-2-107 (VDE 0700-107)
– Saunaheizgeräte	DIN EN 60335-2-53 (VDE 0700-53)
	E DIN EN 60335-2-53/A1 (VDE 0700-53/A1)
	E DIN IEC 60335-2-53/A2 (VDE 0700-53/A2)
	E DIN EN 60335-2-53/AA (VDE 0700-53/AA)
– schmiegsame Wärmegeräte	DIN EN 60335-2-17 (VDE 0700-17)
	E DIN IEC 60335-2-17/A2 (VDE 0700-17/A2)
– Schönheitspflegegeräte	E DIN IEC 60335-2-115 (VDE 0700-115)
– Schönheitspflegegeräte mit eingebauten Lasern	E DIN EN 60335-2-113 (VDE 0700-113)
– Schönheitspflegegeräte mit Intensivlichtquellen	E DIN EN 60335-2-113 (VDE 0700-113)
– Selbstbalancierende Personentransportsysteme	E DIN EN 60335-2-114 (VDE 0700-114)
– Sprudelbadgeräte und Sprudelbäder	E DIN IEC 60335-2-60 (VDE 0700-60)
	E DIN EN IEC 60335-2-60/A2 (VDE 0700-60/A2)
– Spülbecken für den gewerblichen Gebrauch	E DIN IEC 60335-2-62 (VDE 0700-62)
– Staubsauger und Wassersauger	E DIN IEC 60335-2-2 (VDE 0700-2)
– Strahlungsgrillgeräte und Toaster für den gewerblichen Gebrauch	DIN EN 60335-2-48 (VDE 0700-48)
– Tauchheizgeräte, ortsveränderliche	DIN EN 60335-2-74 (VDE 0700-74)
– Tierbetäubungsgeräte	DIN EN 60335-2-87 (VDE 0700-87)
	E DIN EN 60335-2-87 (VDE 0700-87)
– Toiletten	DIN EN 60335-2-84 (VDE 0700-84)
	E DIN IEC 60335-2-84 (VDE 0700-84)

- Trommeltrockner .... DIN EN 60335-2-11 (VDE 0700-11)
  E DIN IEC 60335-2-11 (VDE 0700-11)
- Umwälzpumpen für Heizungs- und Brauchwasseranlagen
  .... E DIN IEC 60335-2-51 (VDE 0700-51)
- Verdampfergeräte .... DIN EN 60335-2-101 (VDE 0700-101)
- Wärmezudecken, Wärmeunterbetten, Heizkissen, Kleidung
  .... DIN EN 60335-2-17 (VDE 0700-17)
  E DIN IEC 60335-2-17/A2 (VDE 0700-17/A2)
- Warmhalteplatten .... DIN EN 60335-2-12 (VDE 0700-12)
- Warmhalteplatten und ähnliche Geräte .... DIN EN 60335-2-12 (VDE 0700-12)
- Wäscheschleudern .... DIN EN 60335-2-4 (VDE 0700-4)
  E DIN IEC 60335-2-4 (VDE 0700-4)
- Waschmaschinen .... E DIN IEC 60335-2-7 (VDE 0700-7)
  E DIN EN 60335-2-7/A3 (VDE 0700-7/A2)
- Wasserbett-Beheizungen .... DIN EN 60335-2-66 (VDE 0700-66)
- Wassererwärmer .... E DIN IEC 60335-2-21/A1 (VDE 0700-21/A1)
  für den Hausgebrauch und ähnliche Zwecke
- allgemeine Anforderungen .... E DIN IEC 60335-1/A91 (VDE 0700-1/A91)
  E DIN IEC 60335-1/A92 (VDE 0700-1/A92)
  E DIN IEC 60335-1/A94 (VDE 0700-1/A94)
  E DIN IEC 60335-1/A95 (VDE 0700-1/A95)
  E DIN IEC 60335-1/A96 (VDE 0700-1/A96)
  E DIN IEC 60335-1/A97 (VDE 0700-1/A97)
  E DIN IEC 60335-1/A98 (VDE 0700-1/A98)
  E DIN IEC 60335-1/A99 (VDE 0700-1/A99)

Sicherheit elektrischer Haushaltsgeräte
Nähmaschinen .... DIN EN 60335-2-28 (VDE 0700-28)

Sicherheit in Elektroerwärmungsanlagen
Anlagen für elektromagnetische Bearbeitungsprozesse
- Elektroschlacke-Umschmelzöfen .... DIN EN IEC 60519-8 (VDE 0721-8)

Sicherheit in Elektrowärmeanlagen
besondere Bestimmungen für Lichtbogenofenanlagen ..... E DIN EN IEC 60519-4 (VDE 0721-4)

Sicherheit organischer Licht emittierende Dioden (OLED)
für die Allgemeinbeleuchtung .... E DIN EN 62868-2-3 (VDE 0715-18-2-3)

Sicherheit und Leistungsmerkmale
Innenraumschränke
- Türverriegelungsgriffe .... DIN EN 61587-6 (VDE 0687-587-6)

Sicherheit von Beleuchtungssystemen .... E DIN EN IEC 63117 (VDE 0711-500)

Sicherheit von Flurförderzeugen
elektrische/elektronische Anforderungen .... DIN EN 1175 (VDE 0117)

Sicherheit von Lasereinrichtungen
Lichtwellenleiter-Kommunikationssysteme (LWLKS)
- Auslegungsblatt 2 .... Beiblatt 2 DIN EN 60825-2 (VDE 0837-2)
Messungen zur Klassifizierung .... Beiblatt 13 DIN EN 60825 (VDE 0837)
Strahlführungssysteme .... E DIN EN IEC 60825-18 (VDE 0837-18)

Sicherheit von Laserprodukten
Verbraucher-Laserprodukte .... E DIN EN 50689 (VDE 0837-689)

Sicherheit von Maschinen .... VDE-Schriftenreihe Band 167
Anforderungen an Bedienteile .... DIN EN 60204-1 (VDE 0113-1)
E DIN EN 60204-1/A1 (VDE 0113-1/A1)
DIN EN 61310-3 (VDE 0113-103)
DIN EN 62745 (VDE 0113-1-1)
DIN EN 62745/A11 (VDE 0113-1-1/A11)
Anforderungen an die Kennzeichnung .... DIN EN 60204-1 (VDE 0113-1)
E DIN EN 60204-1/A1 (VDE 0113-1/A1)
DIN EN 61310-2 (VDE 0113-102)
Anforderungen an Hebezeuge .... DIN EN 60204-32 (VDE 0113-32)
Anforderungen an Hochspannungsausrüstung .... DIN EN 60204-1 (VDE 0113-1)
E DIN EN 60204-1/A1 (VDE 0113-1/A1)
DIN EN IEC 60204-11 (VDE 0113-11)
Anforderungen für kabellose Steuerungen an Maschinen .... DIN EN 60204-1 (VDE 0113-1)
E DIN EN 60204-1/A1 (VDE 0113-1/A1)
DIN EN 62745 (VDE 0113-1-1)
DIN EN 62745/A11 (VDE 0113-1-1/A11)
berührungslos wirkende Schutzeinrichtungen
– aktive optoelektronische diffuse Reflexion .... DIN EN IEC 61496-3 (VDE 0113-203)
– allgemeine Anforderungen und Prüfungen .... DIN EN 61496-1 (VDE 0113-201)
Berichtigung 1 DIN EN 61496-1 (VDE 0113-201)
E DIN EN 61496-1/A1 (VDE 0113-201/A1)
– bildverarbeitende .... DIN IEC/TS 61496-4-2 (VDE V 0113-204-2)
DIN IEC/TS 61496-4-3 (VDE V 0113-204-3)
– optoelektronische .... DIN EN 61496-2 (VDE 0113-202)
E DIN EN 61496-2/A1 (VDE 0113-202/A1)
DIN EN IEC 61496-3 (VDE 0113-203)
elektrische Ausrüstung
– allgemeine Anforderungen .... DIN EN 60204-1 (VDE 0113-1)
E DIN EN 60204-1/A1 (VDE 0113-1/A1)
– Anforderungen an Werkzeugmaschinen .... E DIN IEC/TS 60204-34 (VDE V 0113-34)
– EMV-Anforderungen .... DIN EN 60204-31 (VDE 0113-31)
– Fertigungsausrüstungen für Halbleiter .... DIN EN 60204-33 (VDE 0113-33)
– Geräte zum Prüfen der Sicherheit .... DIN EN 61557-14 (VDE 0413-14)
elektronische Steuerungssysteme .... DIN EN 62061 (VDE 0113-50)
E DIN EN 62061 (VDE 0113-50)
VDE-Schriftenreihe Band 152
funktionale Sicherheit
– Sicherheitsrelevante Steuerungssysteme .... E DIN EN 63074 (VDE 0113-74)
Schutzeinrichtungen
– zum Erkennen von Personen .... DIN EN IEC 62046 (VDE 0113-211)
– zur Anwesenheitserkennung von Personen .... DIN EN IEC 62046 (VDE 0113-211)
Sicherheitsrelevante Sensoren
– Schutz von Personen .... E DIN EN 62998-721 (VDE 0113-721)
sichtbare, hörbare und tastbare Signale .... DIN EN 60204-1 (VDE 0113-1)
E DIN EN 60204-1/A1 (VDE 0113-1/A1)
DIN EN 61310-1 (VDE 0113-101)

Sicherheit von Personen
in elektromagnetischen Feldern
– von Geräten kleiner Leistung .... DIN EN 62479 (VDE 0848-479)
in hochfrequenten Feldern
– Körpermodelle, Messgeräte, Messverfahren .... DIN EN 62209-1 (VDE 0848-209-1)

519

Sicherheit von primären und sekundären Lithiumzellen und -batterien
beim Transport .... DIN EN 62209-2 (VDE 0848-209-2)
E DIN EN IEC 62209-3 (VDE 0848-209-3)
.... DIN EN IEC 62281 (VDE 0509-6)

Sicherheit von Transformatoren, Netzgeräten, Drosselspulen
.... DIN EN 61558-2-10 (VDE 0570-2-10)
und entsprechende Kombinationen
– Anforderungen und Prüfungen .... DIN EN IEC 61558-1 (VDE 0570-1)

Sicherheit von Wechselrichtern in photovoltaischen Energiesystemen
elektronische Einrichtungen in Kombination
– mit Photovoltaik-Elementen .... E DIN EN IEC 62109-3 (VDE 0126-14-3)
Sicherheit
– besondere Festlegungen .... DIN EN IEC 80601-2-71 (VDE 0750-2-71)
DIN EN 60601-2-64 (VDE 0750-2-64)

Sicherheit
elektrischer Geräte für den Hausgebrauch
– allgemeine Anforderungen .... Beiblatt 1 DIN EN 60335-1 (VDE 0700-1)
DIN EN 60335-1 (VDE 0700-1)
E DIN IEC 60335-1/A91 (VDE 0700-1/A91)
E DIN IEC 60335-1/A92 (VDE 0700-1/A92)
E DIN IEC 60335-1/A94 (VDE 0700-1/A94)
E DIN IEC 60335-1/A95 (VDE 0700-1/A95)
E DIN IEC 60335-1/A96 (VDE 0700-1/A96)
E DIN IEC 60335-1/A97 (VDE 0700-1/A97)
E DIN IEC 60335-1/A98 (VDE 0700-1/A98)
E DIN IEC 60335-1/A99 (VDE 0700-1/A99)
DIN EN 60335-2-5 (VDE 0700-5)
– Auslegung zu Europäischen Normen der Reihe EN 60335
.... DIN CLC/TR 50417 (VDE 0700-700)
– Bügeleisen .... DIN EN 60335-2-3 (VDE 0700-3)
E DIN IEC 60335-2-3/A1 (VDE 0700-3/A1)
– Dampfgeräte für Stoffe .... DIN EN 60335-2-85 (VDE 0700-85)
– elektrische Fischereigeräte .... DIN EN 60335-2-86 (VDE 0700-86)
E DIN EN 60335-2-86 (VDE 0700-86)
DIN EN 60335-2-86/A12 (VDE 0700-86/A12)
– Festbrennstoffgeräte .... DIN EN 60335-2-102 (VDE 0700-102)
E DIN EN 60335-2-102 (VDE 0700-102)
– Frittiergeräte und Bratpfannen .... DIN EN 60335-2-13 (VDE 0700-13)
– Fußwärmer und Heizmatten .... E DIN IEC 60335-2-81/A2 (VDE 0700-81/A2)
– Garagentore mit Senkrechtbewegung .... DIN EN 60335-2-95 (VDE 0700-95)
E DIN IEC 60335-2-95 (VDE 0700-95)
– Gasgeräte .... DIN EN 60335-2-102 (VDE 0700-102)
E DIN EN 60335-2-102 (VDE 0700-102)
– Geräte zur Flüssigkeitserhitzung .... DIN EN 60335-2-15 (VDE 0700-15)
– Geräte zur Wasserbehandlung durch UV-Strahlung ..... DIN EN 60335-2-109 (VDE 0700-109)
– Geschirrspülmaschinen .... Beiblatt 1 DIN EN 60335-2-5 (VDE 0700-5)
DIN EN 60335-2-5 (VDE 0700-5)
E DIN EN 60335-2-5/A1 (VDE 0700-5/A1)
– gewerbliche Ausgabegeräte und Warenautomaten
.... Beiblatt 1 DIN EN 60335-2-75 (VDE 0700-75)

	E DIN EN 60335-2-75/A1 (VDE 0700-75/A2)
	E DIN IEC 60335-2-75/A2 (VDE 0700-75/A4)
	E DIN EN 60335-2-75/AA (VDE 0700-75/A3)
– gewerbliche Geräte zum Warmhalten von Geschirr	DIN EN 60335-2-49 (VDE 0700-49)
– gewerbliche Geräte zum Warmhalten von Nahrungsmitteln	
	DIN EN 60335-2-49 (VDE 0700-49)
– gewerbliche Küchenmaschinen	E DIN EN 60335-2-64 (VDE 0700-64)
	E DIN EN 60335-2-64/A3 (VDE 0700-64/A4)
– gewerbliche Wasserbäder	E DIN EN 60335-2-50/A2 (VDE 0700-50/A1)
– Hautbestrahlungsgeräte mit Ultraviolett- und Infrarotstrahlung	
	E DIN EN 60335-2-27/A3 (VDE 0700-27/A3)
– Insektenvernichter	DIN EN 60335-2-59 (VDE 0700-59)
– Kleidungs- und Handtuchtrockner	E DIN EN 60335-2-43 (VDE 0700-43)
– Klimageräte	E DIN IEC 60335-2-40 (VDE 0700-40)
	E DIN EN 60335-2-40/A100 (VDE 0700-40/A100)
– Mikrowellenkochgeräte und kombinierte Mikrowellenkochgeräte	
	DIN EN 60335-2-25 (VDE 0700-25)
	E DIN EN IEC 60335-2-25/A106 (VDE 0700-25/A106)
	E DIN EN IEC 60335-2-25/A107 (VDE 0700-25/A107)
	E DIN EN IEC 60335-2-25/A108 (VDE 0700-25/A108)
	E DIN EN IEC 60335-2-25/A109 (VDE 0700-25/A109)
	E DIN EN 60335-2-25/AA (VDE 0700-25/AA)
– Mundpflegegeräte	DIN EN 60335-2-52 (VDE 0700-52)
– Nähmaschinen	DIN EN 60335-2-28 (VDE 0700-28)
– Ölgeräte	DIN EN 60335-2-102 (VDE 0700-102)
	E DIN EN 60335-2-102 (VDE 0700-102)
– Ondol-Matrazen mit einem nicht flexiblen beheizten Teil	
	DIN EN IEC 60335-2-111 (VDE 0700-111)
	E DIN EN 60335-2-111-100 (VDE 0700-111-100)
– ortsveränderliche Tauchheizgeräte	DIN EN 60335-2-74 (VDE 0700-74)
– Raumluft-Entfeuchter	E DIN IEC 60335-2-40 (VDE 0700-40)
	E DIN EN 60335-2-40/A100 (VDE 0700-40/A100)
– Roboter-Rasenmäher	DIN EN 50636-2-107 (VDE 0700-107)
– Tauchheizgeräte, ortsveränderliche	DIN EN 60335-2-74 (VDE 0700-74)
– Tierbetäubungsgeräte	E DIN EN 60335-2-87 (VDE 0700-87)
– Transportspülmaschinen für den gewerblichen Gebrauch	DIN EN 50416 (VDE 0700-416)
– Trommeltrockner	DIN EN 50570 (VDE 0700-570)
– Trommeltrockner für den gewerblichen Gebrauch	DIN EN 50570 (VDE 0700-570)
– UV-Wasseraufbereitungsgeräte	DIN EN 60335-2-109 (VDE 0700-109)
– Ventilatoren	E DIN EN 60335-2-80 (VDE 0700-80)
– Verdampfergeräte	DIN EN 60335-2-101 (VDE 0700-101)
– Wärmepumpen	E DIN IEC 60335-2-40 (VDE 0700-40)
	E DIN EN 60335-2-40/A100 (VDE 0700-40/A100)
– Wäscheschleudern	DIN EN 60335-2-4 (VDE 0700-4)
	E DIN IEC 60335-2-4 (VDE 0700-4)
– Wäscheschleudern für den gewerblichen Gebrauch	DIN EN 50569 (VDE 0700-569)
– Waschmaschinen	DIN EN 50571 (VDE 0700-571)
	Beiblatt 1 DIN EN 60335-2-7 (VDE 0700-7)
	E DIN EN 60335-2-7/A2 (VDE 0700-7/A1)
	E DIN EN 60335-2-7/A3 (VDE 0700-7/A2)
– Zerkleinerer von Nahrungsmittelabfällen	DIN EN 60335-2-16 (VDE 0700-16)
fotobiologische	
– von Lampen	Beiblatt 3 DIN EN 62471 (VDE 0837-471)

in Anlagen für elektromagnetische Bearbeitungsprozesse	DIN EN 62471 (VDE 0837-471) E DIN EN 60519-6 (VDE 0721-6)
in Anlagen für elektromagnetische Bearbeitungsprozessen	DIN EN IEC 60519-12 (VDE 0721-12)
in der Fernmelde- und Informationstechnik	VDE-Schriftenreihe Band 54
in Elektrowärmeanlagen	DIN EN IEC 60519-12 (VDE 0721-12) E DIN EN 60519-6 (VDE 0721-6)
portabler Brennstoffzellen-Energiesysteme	DIN EN IEC 62282-5-100 (VDE 0130-5-100)
von Lasereinrichtungen	Beiblatt 13 DIN EN 60825 (VDE 0837) DIN EN 60825-1 (VDE 0837-1) Beiblatt 2 DIN EN 60825-1 (VDE 0837-1) Beiblatt 3 DIN EN 60825-1 (VDE 0837-1) E DIN EN 60825-1/AA (VDE 0837-1/AA)
von Laserprodukten	E DIN EN 50689 (VDE 0837-689)
– Verbraucher-Laserprodukte	E DIN EN 50689 (VDE 0837-689)
von Lithium-Batterien	DIN EN IEC 60086-4 (VDE 0509-4)
von Mikro-Brennstoffzellen-Energiesystemen	E DIN EN 62282-6-101 (VDE 0130-6-101)
von Verbraucher-Laserprodukten	E DIN EN 50689 (VDE 0837-689)

Sicherheit, Effektivität und Daten- und Systemsicherheit
Implementierung und Gebrauch

– von eingebundenen Medizinprodukten	E DIN EN 80001-1 (VDE 0756-1)
– von eingebundener Gesundheitssoftware	E DIN EN 80001-1 (VDE 0756-1)

Sicherheitsanforderungen für netzintegrierte EES-Systeme

elektrische Energiespeichersysteme	E DIN EN IEC 62933-5-2 (VDE 0520-933-5-2)

Sicherheitsanforderungen
Akkumulatoren

– tragbare, gasdichte	DIN EN 62133-2 (VDE 0510-82) E DIN EN 62133-2/A1 (VDE 0510-82/A1)
an Encoder (Geber)	
– Leistungsantriebssysteme	E DIN EN IEC 61800-5-3 (VDE 0160-105-3)
an Leuchtstoff-Induktionslampen	DIN EN 62532 (VDE 0715-14)
an programmierbare Bauteile	
– für Lampen	DIN EN 62733 (VDE 0712-4)
Anschlussdosen	
– Photovoltaikmodule	DIN EN 62790 (VDE 0126-500) E DIN EN 62790/A1 (VDE 0126-500/A1)
Aufbau	
– Photovoltaik-(PV-)Module	DIN EN IEC 61730-1 (VDE 0126-30-1) E DIN EN IEC 61730-1/A1 (VDE 0126-30-1/A1)
Beleuchtungseinrichtung mit Funkkommunikation	E DIN EN 50705 (VDE 0711-502)
für elektrische Mess-, Steuer-, Regel- und Laborgeräte	E DIN EN 61010-2-051 (VDE 0411-2-051) E DIN EN 61010-2-130 (VDE 0411-2-130) DIN EN 61010-2-202 (VDE 0411-2-202) E DIN EN IEC 61010-2-202 (VDE 0411-2-202)
für LEV-Anwendungen	DIN EN 50604-1 (VDE 0510-12) E DIN EN 50604-1/AA (VDE 0510-12/AA)
für Lithium-Akkumulatoren	DIN EN 62619 (VDE 0510-39) E DIN EN IEC 62619 (VDE 0510-39)
für Lithium-Batterien	
– in stationären Energiespeichersystemen	VDE-Anwendungsregel VDE-AR-E 2510-50

für Sonnennachführeinrichtungen .... E DIN EN IEC 63104 (VDE 0126-104)
Kondensatoren für Lampenkreise .... DIN EN 61048 (VDE 0560-61)
OLED .... DIN EN 62868 (VDE 0715-18)
organische Licht emittierende Dioden-Panels
– OLED .... DIN EN 62868 (VDE 0715-18)
Prüfung
– Photovoltaik-(PV-)Module .... DIN EN IEC 61730-2 (VDE 0126-30-2)
Sonnennachführeinrichtungen .... E DIN EN IEC 63104 (VDE 0126-104)
Steckverbinder
– Photovoltaiksysteme .... DIN EN 62852 (VDE 0126-300)
                                                                 E DIN EN 62852/A1 (VDE 0126-300/A1)
von Lithium-Ionen-Sekundärzellen
– Antrieb von Elektrostraßenfahrzeugen .... DIN EN 62660-3 (VDE 0510-49)
zweiseitig gesockelte LED-Lampen
– mit Fassungssystem GX16t-5 .... DIN EN 62931 (VDE 0715-19)

Sicherheitsanlagen
Bereitstellung sicherer Ferndienste .... E DIN EN 50710 (VDE 0830-101-1)

Sicherheitsanwendungen
für Videoüberwachungsanlagen .... DIN EN 62676-3 (VDE 0830-71-3)
                                                                 DIN EN 62676-4 (VDE 0830-71-4)

Sicherheitsbeauftragter .... VDE-Schriftenreihe Band 177

Sicherheitsbeleuchtung
für Rettungswege
– automatische Prüfsysteme .... DIN EN 62034 (VDE 0711-400)

Sicherheitsbeleuchtung, batteriebetriebene
automatische Prüfsysteme .... DIN EN 62034 (VDE 0711-400)

Sicherheitsbeleuchtungsanlagen .... DIN VDE V 0108-100-1 (VDE V 0108-100-1)
elektrisch betriebene optische Sicherheitsleitsysteme . DIN VDE V 0108-200 (VDE V 0108-200)

Sicherheitsbestimmungen
für Funksender .... E DIN EN IEC 60215/AA (VDE 0866/AA)

Sicherheitsbestimmungen für Funksender
Anforderungen und Terminologie .... E DIN EN IEC 60215/AA (VDE 0866/AA)

Sicherheitsbezogene Informationen
Gliederung, Inhalt, Darstellung .... DIN EN 82079-1 (VDE 0039-1)
                                                                          E DIN EN 82079-1 (VDE 0039-1)

Sicherheitsbezogene Systeme
Störfestigkeitsanforderungen .... DIN EN 61326-3-1 (VDE 0843-20-3-1)

Sicherheitseinrichtungen explosionsgefährdeter Bereiche
Überwachung potenzieller Zündquellen von Geräten   E DIN IEC/TS 60079-42 (VDE V 0170-42)

Sicherheitseinrichtungen
explosionsgefährdeter Bereiche
– Überwachung potenzieller Zündquellen von Geräten
.... E DIN IEC/TS 60079-42 (VDE V 0170-42)
für Geräte in explosionsgefährdeten Bereichen .... DIN EN 50495 (VDE 0170-18)

Sicherheitseinrichtungen, elektrische .... DIN VDE 0100-560 (VDE 0100-560)

E DIN IEC 60364-5-56 (VDE 0100-560)

Sicherheitserwägungen für netzintegrierte EES-Systeme
elektrochemische Systeme .... DIN IEC/TS 62933-5-1 (VDE V 0520-933-5-1)
E DIN EN IEC 62933-5-2 (VDE 0520-933-5-2)

Sicherheitsfahrschaltung (Sifa)
für Eisenbahnfahrzeuge .... DIN VDE 0119-207-5 (VDE 0119-207-5)

Sicherheitsgerechtes Gestalten
von Produkten .... DIN 31000 (VDE 1000)

Sicherheitsinformationen
an Batterien und Batterieanlagen .... E DIN EN 62485-5 (VDE 0510-485-5)
E DIN EN 62485-6 (VDE 0510-485-6)

Sicherheitskabel
flammwidrig .... DIN EN 60371-3-8 (VDE 0332-3-8)

Sicherheitskennzeichnung
am Arbeitsplatz .... VDE-Schriftenreihe Band 79
von Maschinen .... DIN EN 60204-1 (VDE 0113-1)
E DIN EN 60204-1/A1 (VDE 0113-1/A1)
DIN EN 61310-1 (VDE 0113-101)
Sicherheitskontrolle von Personen
– Messung der Bildqualität von Röntgensystemen .... DIN IEC 62709 (VDE 0412-12)
DIN IEC 62945 (VDE 0412-13)

Sicherheitskontrolle von Personen
Strahlenschutzinstrumentierung
– Bildqualität von Röntgensystemen .... DIN IEC 62709 (VDE 0412-12)

Sicherheitsleitsysteme
elektrisch betriebene optische .... DIN VDE V 0108-200 (VDE V 0108-200)

Sicherheitsleittechnik
für Kernkraftwerke
– allgemeine Anforderungen .... DIN EN 61513 (VDE 0491-2)
– allgemeine Systemanforderungen .... DIN EN 61513 (VDE 0491-2)
– Alterungsmanagement elektrischer Kabelsysteme .... DIN EN IEC 62465 (VDE 0491-22-10)
– Alterungsmanagement Sensoren und Transmittern .... DIN EN 62765-1 (VDE 0491-22-1)
E DIN IEC 62765-2 (VDE 0491-22-2)
– Datenkommunikation .... DIN EN IEC 61500 (VDE 0491-3-4)
– drahtlose Geräte .... E DIN EN 62988 (VDE 0491-3-6)
– Funktionen der Kategorie A .... DIN EN 60880 (VDE 0491-3-2)
DIN EN IEC 61500 (VDE 0491-3-4)
DIN EN 62566 (VDE 0491-3-5)
– Funktionen der Kategorien B oder C .... DIN EN IEC 62138 (VDE 0491-3-3)
E DIN IEC 62566-2 (VDE 0491-3-9)
– Hardwareauslegung .... DIN EN 60987 (VDE 0491-3-1)
E DIN EN 60987 (VDE 0491-3-1)
– HDL-programmierte integrierte Schaltkreise .... DIN EN 62566 (VDE 0491-3-5)
E DIN IEC 62566-2 (VDE 0491-3-9)
– IT-Sicherheitsmaßnahmen .... E DIN IEC 63096 (VDE 0491-3-10)
– IT-Sicherheitsplanung für rechnerbasierte Systeme .... E DIN IEC 62645 (VDE 0491-3-7)
– komplexe elektronische Komponenten .... DIN EN 62566 (VDE 0491-3-5)

– Koordinierung von Sicherheit und IT-Sicherheit .... DIN IEC 62859 (VDE 0491-3-8)
E DIN IEC 62859/A1 (VDE 0491-3-8/A1)
– physikalische und elektrische Trennung .... DIN EN IEC 60709 (VDE 0491-7)
– Sicherstellung der Funktionsfähigkeit .... DIN EN 60671 (VDE 0491-100)
– Software .... DIN EN IEC 62138 (VDE 0491-3-3)
– Softwareauslegung .... DIN EN 60880 (VDE 0491-3-2)
DIN EN IEC 62138 (VDE 0491-3-3)
– Strahlungsüberwachungssysteme .... E DIN IEC 61031 (VDE 0491-17)
E DIN IEC 62705 (VDE 0491-15)
– Umgebungsüberwachung der Gamma-Dosisleistung .... E DIN IEC 61031 (VDE 0491-17)
– Versagen gemeinsamer Ursache .... DIN EN 62340 (VDE 0491-10)
– Zustandsüberwachung elektrischer Geräte .... DIN IEC/IEEE 62582-1 (VDE 0491-21-1)
DIN IEC/IEEE 62582-2 (VDE 0491-21-2)
E DIN IEC/IEEE 62582-2 (VDE 0491-21-2)
DIN IEC/IEEE 62582-3 (VDE 0491-21-3)

Sicherheitsleittechnische Systeme
Kernkraftwerke
– Strahlungsüberwachungssysteme .... E DIN IEC 61031 (VDE 0491-17)
E DIN IEC 62705 (VDE 0491-15)
– Umgebungsüberwachung der Gamma-Dosisleistung .... E DIN IEC 61031 (VDE 0491-17)

Sicherheitsqualifikation
Aufbau
– Photovoltaik-(PV-)Module .... DIN EN IEC 61730-1 (VDE 0126-30-1)
E DIN EN IEC 61730-1/A1 (VDE 0126-30-1/A1)
Prüfung
– Photovoltaik-(PV-)Module .... DIN EN IEC 61730-2 (VDE 0126-30-2)
von Konzentrator-Photovoltaik-(CPV-)Modulen
– und -Anordnungen .... DIN EN IEC 62688 (VDE 0126-36)
von Konzentrator-Photovoltaikmodulen .... DIN EN IEC 62688 (VDE 0126-36)

Sicherheitsqualifizierung
Photovoltaikmodule
– Wiederholungsprüfungen .... E DIN IEC/TS 62915 (VDE V 0126-75)

Sicherheitsstromkreis .... DIN VDE 0100-560 (VDE 0100-560)
E DIN IEC 60364-5-56 (VDE 0100-560)

Sicherheitsstromquellen .... VDE-Schriftenreihe Band 122

Sicherheitsstromversorgungssysteme, zentrale .... E DIN EN 50171 (VDE 0558-508)

Sicherheitstechnik in Smart-Home-Anwendungen
für Wohnhäuser, Wohnungen und Räume mit wohnungsähnlicher Nutzung
– Planung, Einbau, Betrieb, Instandhaltung, Geräte- und Systemanforderungen
.... DIN VDE V 0826-1 (VDE V 0826-1)

Sicherheitstechnische Systeme
für die Prozessindustrie
– Anwendung von IEC 61511-1 .... DIN EN 61511-2 (VDE 0810-2)
– funktionale Sicherheit .... DIN EN 61511-1 (VDE 0810-1)
DIN EN 61511-2 (VDE 0810-2)
Systeme der Prozessanalysentechnik .... DIN IEC/TR 63176 (VDE 0810-176)

Sicherheitstransformatoren .... DIN EN 61558-2-26 (VDE 0570-2-26)

Prüfungen ....
DIN EN 61558-2-6 (VDE 0570-2-6)
E DIN EN IEC 61558-2-6 (VDE 0570-2-6)
E DIN EN IEC 61558-2-6 (VDE 0570-2-6)

Sicherheitstrennstelltransformatoren .... DIN EN 61558-2-14 (VDE 0570-2-14)

Sicherheitsvorrichtungen für Klöppel- und Pfannenverbindungen
von Kettenisolatoren
– Maße und Prüfungen .... E DIN EN IEC 60372 (VDE 0674-105)

Sicherheitszeichen
für Rettungswege .... DIN VDE V 0108-100-1 (VDE V 0108-100-1)

Sicherheitszwecke
elektrische Anlagen für .... DIN VDE 0100-560 (VDE 0100-560)
E DIN IEC 60364-5-56 (VDE 0100-560)

Sicherung, optische .... DIN EN IEC 60869-1 (VDE 0885-869-1)

Sicherungen .... DIN VDE 0100-530 (VDE 0100-530)
Aufsteckgriffe .... DIN 57680-4 (VDE 0680-4)
DIN EN 60127-10 (VDE 0820-10)
für Hausinstallationen
– genormte Sicherungssysteme A bis F .... DIN VDE 0636-3 (VDE 0636-3)
DIN VDE 0636-31 (VDE 0636-31)
E DIN IEC 60269-3/A2 (VDE 0636-3/A2)
für industriellen Gebrauch
– genormte Sicherungssysteme A bis K .... DIN VDE 0636-2 (VDE 0636-2)
E DIN VDE 0636-2/A1 (VDE 0636-2/A1)
Kleinstsicherungseinsätze .... DIN EN 60127-3 (VDE 0820-3)
E DIN EN 60127-3/A1 (VDE 0820-3/A1)
Niederspannung
– Anwendungsleitfaden .... E DIN CLC/TR 60269-5/A1 (VDE 0636-5/A1)
E DIN CLC/TR 60269-5/A10 (VDE 0636-5/A10)
zum Gebrauch durch Elektrofachkräfte
– genormte Sicherungssysteme A bis K .... DIN VDE 0636-2 (VDE 0636-2)
E DIN VDE 0636-2/A1 (VDE 0636-2/A1)
zum Gebrauch durch Laien
– genormte Sicherungssysteme A bis F .... DIN VDE 0636-3 (VDE 0636-3)
DIN VDE 0636-31 (VDE 0636-31)
E DIN IEC 60269-3/A2 (VDE 0636-3/A2)

Sicherungen, strombegrenzende .... DIN EN 60282-1 (VDE 0670-4)
E DIN EN 60282-1 (VDE 0670-4)

Sicherungsauswahl .... Beiblatt 2 DIN VDE 0100-520 (VDE 0100-520)

Sicherungseinsätze
Bauarten für Steck- und Oberflächenmontage .... DIN EN 60127-4 (VDE 0820-4)
Farben .... DIN 57635 (VDE 0635)
für Motorstromkreise .... DIN EN 60644 (VDE 0670-401)
für photovoltaische Energieerzeugungssysteme .... DIN EN 60269-6 (VDE 0636-6)
E DIN EN 60269-6/A1 (VDE 0636-6/A1)
zum Schutz von Batterien .... E DIN EN 60269-7 (VDE 0636-7)
zum Schutz von Halbleiter-Bauelementen .... DIN EN 60269-4 (VDE 0636-4)

Sicherungseinsätze, strombegrenzende
für Transformatorstromkreise .... DIN VDE 0670-402 (VDE 0670-402)

Sicherungseinsätze, welteinheitliche modulare .... DIN EN 60127-1 (VDE 0820-1)
E DIN EN IEC 60127-1 (VDE 0820-1)
DIN EN 60127-4 (VDE 0820-4)

Sicherungshalter .... DIN EN 60947-7-3 (VDE 0611-6)
für G-Sicherungen .... DIN EN 60127-10 (VDE 0820-10)
DIN EN 60127-6 (VDE 0820-6)
E DIN EN IEC 60127-6 (VDE 0820-6)

Sicherungskästen
Niederspannungs-Schaltgerätekombinationen .... DIN VDE 0660-505 (VDE 0660-505)

Sicherungs-Reihenklemmen .... DIN EN 60947-7-3 (VDE 0611-6)

Sicherungssysteme
Einrichtung und Infrastruktur
– Rechenzentren .... DIN EN 50600-2-5 (VDE 0801-600-2-5)
E DIN EN 50600-2-5 (VDE 0801-600-2-5)

Sicherungssysteme, genormte
für Hausinstallationen .... DIN VDE 0636-3 (VDE 0636-3)
DIN VDE 0636-31 (VDE 0636-31)
E DIN IEC 60269-3/A2 (VDE 0636-3/A2)

Sicherungswiderstände
für Teilbereichsschutz
– Geräteschutzsicherungen .... DIN EN IEC 60127-8 (VDE 0820-8)

Sicherungszangen .... DIN VDE V 0681-1 (VDE V 0681-1)
DIN VDE V 0681-3 (VDE V 0681-3)

Sichtgeräte
in Hauptwarten von Kernkraftwerken .... DIN EN 61772 (VDE 0491-5-4)
DIN EN 61839 (VDE 0491-5)

Sichtminderung
durch Rauch .... DIN EN 60695-6-1 (VDE 0471-6-1)
E DIN EN IEC 60695-6-1 (VDE 0471-6-1)
DIN EN IEC 60695-6-2 (VDE 0471-6-2)

Signalanlagen
Austausch verkehrsbezogener Daten
– Daten und Protokoll .... DIN VDE V 0832-601 (VDE V 0832-601)
– Schemadefinitionen .... DIN VDE V 0832-602 (VDE V 0832-602)
elektromagnetische Verträglichkeit .... DIN EN 50293 (VDE 0832-200)
Straßenverkehrs-(SVA) .... DIN EN 50293 (VDE 0832-200)
– Austausch verkehrsbezogener Daten .... DIN VDE V 0832-601 (VDE V 0832-601)
DIN VDE V 0832-602 (VDE V 0832-602)

Signalbeschriftung .... DIN EN 62491 (VDE 0040-4)

Signale der Teilnehmeranschlussdose
im realen Betrieb
– Kabelnetze für Fernseh-, Tonsignale, interaktive Dienste .. DIN EN 60728-1-2 (VDE 0855-7-2)

Signaleinrichtungen
für Eisenbahnfahrzeuge .... DIN VDE 0119-207-12 (VDE 0119-207-12)

Signalgeber
für Einbruch- und Überfallmeldeanlagen .... DIN EN 50131-4 (VDE 0830-2-4)

Signalgeber, akustische
für den Hausgebrauch .... DIN EN 62080 (VDE 0632-600)

Signalintegritätsprüfungen
an Steckverbindern .... DIN EN 60512-27-100 (VDE 0687-512-27-100)
　　　　　　　　　　　　　　　　　　　　　　　　　　　　　DIN EN IEC 60512-28-100 (VDE 0687-512-28-100)
　　　　　　　　　　　　　　　　　　　　　　　　　　　　　DIN EN 60512-29-100 (VDE 0687-512-29-100)
Prüfungen 27a bis 27g .... E DIN EN IEC 60512-27-200 (VDE 0687-512-27-200)

Signalkabel .... DIN VDE 0816-2 (VDE 0816-2)
　　　　　　　　　　　　　　　　　　　　　　　　　　　　　DIN VDE 0891-6 (VDE 0891-6)

Signalleuchten .... DIN VDE 0834-2 (VDE 0834-2)

Signalqualität .... DIN EN 60728-1-2 (VDE 0855-7-2)
　　　　　　　　　　　　　　　　　　　　　　　　　　　　　DIN EN IEC 60728-3 (VDE 0855-3)

Signalsteuerungssysteme
Bahnübergangssteuerung
– städtische Schienenbahnsysteme .... DIN EN 50668 (VDE 0831-668)
unabhängige Weichen
– städtische Schienenbahnsysteme .... DIN EN 50668 (VDE 0831-668)

Signaltechnik
für Bahnanwendungen .... DIN EN 50159 (VDE 0831-159)
　　　　　　　　　　　　　　　　　　　　　　　　　　　　　DIN EN 50159/A1 (VDE 0831-159/A1)
ortsfeste Batterieanlagen .... DIN EN IEC 62485-2 (VDE 0510-485-2)

Signalträger
für Kommunikationsnetzwerke .... DIN EN IEC 61918 (VDE 0800-500)
　　　　　　　　　　　　　　　　　　　　　　　　　　　　E DIN EN IEC 61918/A1 (VDE 0800-500/A1)

Signalübertragung auf verdrillten Zweidrahtleitungen
elektrische Energiemessung
– DLMS/COSEM .... DIN EN 62056-3-1 (VDE 0418-6-3-1)
　　　　　　　　　　　　　　　　　　　　　　　　　　　　E DIN EN IEC 62056-3-1 (VDE 0418-6-3-1)

Signalübertragung
in elektrischen Niederspannungsnetzen .... DIN EN 50065-4-1 (VDE 0808-4-1)
　　　　　　　　　　　　　　　　　　　　　　　　　　　　　DIN EN 50065-4-3 (VDE 0808-4-3)
　　　　　　　　　　　　　　　　　　　　　　　　　　　　　DIN EN 50065-4-4 (VDE 0808-4-4)
　　　　　　　　　　　　　　　　　　　　　　　　　　　　　DIN EN 50065-4-5 (VDE 0808-4-5)
　　　　　　　　　　　　　　　　　　　　　　　　　　　　　DIN EN 50065-7 (VDE 0808-7)
　　　　　　　　　　　　　　　　　　　　　　　　　　　　　DIN EN 61000-2-12 (VDE 0839-2-12)
– allgemeine Anforderungen .... DIN EN 50065-1 (VDE 0808-1)
– bewegliche Niederspannungs-Entkopplungsfilter .... DIN EN 50065-4-7 (VDE 0808-4-7)
– elektromagnetische Störungen .... DIN EN 50065-1 (VDE 0808-1)
– Frequenzbänder .... DIN EN 50065-1 (VDE 0808-1)
– Netzdatenübertragungsgeräte .... DIN EN 50065-2-1 (VDE 0808-2-1)
　　　　　　　　　　　　　　　　　　　　　　　　　　　　　DIN EN 50065-2-2 (VDE 0808-2-2)
　　　　　　　　　　　　　　　　　　　　　　　　　　　　　DIN EN 50065-2-3 (VDE 0808-2-3)

– Niederspannungs-Entkopplungsfilter .... DIN EN 50065-4-2 (VDE 0808-4-2)

Signalverarbeitende Netzwerke
Überspannungsschutzgeräte .... DIN CLC/TS 61643-22 (VDE V 0845-3-2)

Signierwerkzeuge .... DIN EN 60335-2-45 (VDE 0700-45)
E DIN EN 60335-2-45/AA (VDE 0700-45/AA)

Silikon
Schläuche, extrudierte .... DIN EN 60684-3-121 bis 124 (VDE 0341-3-121 bis 124)

Silikon-Fassungsader, wärmebeständige .... DIN VDE 0250-502 (VDE 0250-502)

Silikonharztafeln .... DIN EN IEC 60893-3-6 (VDE 0318-3-6)

Silikon-Isolierflüssigkeiten, ungebrauchte
Anforderungen .... DIN EN 60836 (VDE 0374-10)

Siliziummodule, kristalline
spannungsinduzierte Degradation .... DIN IEC/TS 62804-1 (VDE V 0126-37-1)

Siliziumscheiben
zur Solarzellenherstellung .... DIN EN 50513 (VDE 0126-18)

Silizium-Solarscheiben, kristalline
Datenblattangaben .... DIN EN 50513 (VDE 0126-18)

Silizium-Photovoltaik-(PV-)Module
terrestrische kristalline
– Bauarteignung und Bauartzulassung .... DIN EN 61215-1-2 (VDE 0126-31-1-2)
E DIN EN IEC 61215-1-2 (VDE 0126-31-1-2)
DIN EN 61215-1-3 (VDE 0126-31-1-3)
E DIN EN IEC 61215-1-3 (VDE 0126-31-1-3)
DIN EN 61215-2 (VDE 0126-31-2)
E DIN EN IEC 61215-2 (VDE 0126-31-2)
DIN EN 61215-1-4 (VDE 0126-31-1-4)
E DIN EN IEC 61215-1-4 (VDE 0126-31-1-4)

Silizium-Solarzellen
kristalline
– Datenblattangaben .... DIN EN 50461 (VDE 0126-17-1)

Silos
Blitzschutz .... Beiblatt 2 DIN EN 62305-3 (VDE 0185-305-3)
E DIN EN 62305-3 (VDE 0185-305-3)

Simplex- und Duplexkabel
Fasern der Kategorie A4
– LWL-Innenkabel .... DIN EN 60794-2-41 (VDE 0888-121)
LWL-Innenkabel .... DIN EN IEC 60794-2-11 (VDE 0888-10)
– für anwendungsneutrale Standortverkabelung .... DIN EN IEC 60794-2-11 (VDE 0888-10)
– für den Einsatz als konfektioniertes Kabel .... DIN EN 60794-2-50 (VDE 0888-120)
E DIN EN 60794-2-50 (VDE 0888-120)
zur Innenverlegung
– für anwendungsneutrale Standortverkabelung .... DIN EN IEC 60794-2-11 (VDE 0888-10)

Simplexkabel
Fasern der Kategorie A4

– LWL-Innenkabel .... DIN EN 60794-2-42 (VDE 0888-122)
LWL-Innenkabel .... DIN EN 60794-2-10 (VDE 0888-116)

Sinusschwingungen, gedämpfte
Störfestigkeit gegen .... DIN EN 61000-4-12 (VDE 0847-4-12)

SIT
Überspannungstrenntransformatoren
– in Telekommunikations- und signalverarbeitenden Netzwerken
.... DIN EN IEC 61643-352 (VDE 0845-5-52)

Smart Cities
System Referenz Dokument
– Methodik der Smart-Cities-Referenzarchitektur (SCRAM)
.... E DIN IEC/TS 63188 (VDE V 0824-1)

Smart Energy Grid Reference Architecture, erweiterte
SGAM
– Definition .... E DIN IEC/TS 63200 (VDE V 0160-632-1)

Smart Grid .... VDE-Anwendungsregel VDE-AR-N 4100
Berichtigung 1 zu VDE-Anwendungsregel VDE-AR-N 4100
DIN EN 62689-1 (VDE 0414-689-1)
DIN EN 62689-2 (VDE 0414-689-2)

Smart Grid Anwenderschnittstelle
zwischen CEM und Heim-/Gebäude-Ressourcenmanager DIN EN 50491-12-1 (VDE 0849-12-1)

Smart Metering .... VDE-Anwendungsregel VDE-AR-N 4100
Berichtigung 1 zu VDE-Anwendungsregel VDE-AR-N 4100
Applikationsbeschreibung
– einfache externe Verbrauchsanzeige .... DIN EN 50491-11 (VDE 0849-11)

Smart-Cities-Referenzarchitektur
System Referenz Dokument .... E DIN IEC/TS 63188 (VDE V 0824-1)

Smart-Energy-Einsatzumgebung
IT-Sicherheit und Resilienz .... E DIN VDE 0175-110 (VDE 0175-110)

Smart-Home-Anwendungen
Sicherheitstechnik in
– für Wohnhäuser, Wohnungen und Räume mit wohnungsähnlicher Nutzung
.... DIN VDE V 0826-1 (VDE V 0826-1)

Sockeltemperaturerhöhung .... DIN EN 61199 (VDE 0715-9)

Software und Dokumentation
Mathematische und logische Verfahren .... E DIN IEC/TS 61508-3-2 (VDE V 0803-12)

Software
für Anwendungen für Schienenfahrzeuge
– außer Eisenbahnsignaltechnik .... DIN EN 50657 (VDE 0831-657)
für Sicherheitsleittechnik
– in Kernkraftwerken .... DIN EN 60880 (VDE 0491-3-2)
DIN EN IEC 62138 (VDE 0491-3-3)
für Stoßspannungs- und Stoßstromprüfungen .... DIN EN 61083-2 (VDE 0432-8)

Softwareänderung
Eisenbahnleittechnik .... DIN VDE 0119-207-14 (VDE 0119-207-14)

Softwareauslegung
sicherheitsleittechnischer Systeme .... DIN EN 60880 (VDE 0491-3-2)
DIN EN IEC 62138 (VDE 0491-3-3)

Software-Lebenszyklusprozesse
bei Medizingeräten .... DIN EN 62304 (VDE 0750-101)
E DIN EN 62304 (VDE 0750-101)
VDE-Schriftenreihe Band 171

Solarelemente (Referenz-) .... DIN EN 60904-2 (VDE 0126-4-2)
Kalibrierung .... DIN EN 60904-4 (VDE 0126-4-4)
E DIN EN 60904-4 (VDE 0126-4-4)

Solarenergiesysteme
Begriffe, Definitionen, Symbole .... DIN CLC/TS 61836 (VDE V 0126-7)

Solarenergiesysteme
photovoltaische .... DIN EN 62788-1-6 (VDE 0126-37-1-6)
E DIN EN 62788-1-6/A1 (VDE 0126-37-1-6/A1)

Solargewichtete Photonentransmission
von Verkapselungsstoffen
– Werkstoffe in Photovoltaikmodulen .... DIN EN 62788-1-4 (VDE 0126-37-1-4)
E DIN EN 62788-1-4/A1 (VDE 0126-37-1-4/A1)

Solarpanelstecker .... DIN EN 50521 (VDE 0126-3)

Solar-Photovoltaik-(PV-)Stromversorgungssysteme .... DIN VDE 0100-712 (VDE 0100-712)
VDE-Schriftenreihe Band 168
elektrische Sicherheit .... VDE-Anwendungsregel VDE-AR-E 2100-712
technische Hilfeleistung .... VDE-Anwendungsregel VDE-AR-E 2100-712

Solarscheiben
Datenblattangaben und Produktinformation .... DIN EN 50513 (VDE 0126-18)

Solarthermische Anlagen zur Stromerzeugung
Systeme und Komponenten
– Prüfverfahren für Parabolrinnenkollektoren .... DIN EN IEC 62862-3-2 (VDE 0133-3-2)

Solarthermische Kraftwerke
Systeme und Komponenten
– Prüfverfahren für große Parabolrinnenkollektoren ...... DIN EN IEC 62862-3-2 (VDE 0133-3-2)

Solarzellen .... DIN CLC/TS 61836 (VDE V 0126-7)
Strom-/Spannungskennlinien .... DIN EN 60904-1 (VDE 0126-4-1)
E DIN EN 60904-1-2 (VDE 0126-4-1-2)

Solarzellen (Silizium-)
kristalline
– Datenblattangaben .... DIN EN 50461 (VDE 0126-17-1)
– Messung der lichtinduzierten Degradation .... DIN EN IEC 63202-1 (VDE 0126-4-11)

Solarzellenherstellung .... DIN EN 50513 (VDE 0126-18)

Sonderfassungen
allgemeine Anforderungen und Prüfungen .... DIN EN 60838-1 (VDE 0616-5)
DIN EN 60838-1/A1 (VDE 0616-5/A1)
E DIN EN 60838-1/A2 (VDE 0616-5/A2)

besondere Anforderungen .... DIN EN 60838-2-3 (VDE 0616-7)
Lampenfassungen S14 .... DIN EN 60838-2-1 (VDE 0616-4)
Verbinder für LED-Module .... DIN EN 60838-2-2 (VDE 0616-6)

Sonderlampen .... DIN EN 61549 (VDE 0715-12)

Sonnenbestrahlung, nachgebildete
Prüfung S
– Prüfverfahren Sb .... DIN EN IEC 60068-2-5 (VDE 0468-2-5)
zur Prüfung von Geräten und Bauteilen .... DIN EN IEC 60068-2-5 (VDE 0468-2-5)

Sonnen-Nachführeinrichtungen
für photovoltaische Systeme .... DIN EN 62817 (VDE 0126-61)

Sonnennachführeinrichtungen
für photovoltaische Systeme .... E DIN EN IEC 63104 (VDE 0126-104)
für Sonnenenergieanwendungen .... E DIN EN IEC 63104 (VDE 0126-104)
Sicherheitsanforderungen .... E DIN EN IEC 63104 (VDE 0126-104)

Sonnensimulatoren
Leistungsanforderungen .... DIN EN 60904-9 (VDE 0126-4-9)
                                                                      E DIN EN 60904-9 (VDE 0126-4-9)

Sonnenstrahlung
Schutz vor .... VDE-Schriftenreihe Band 104

Spaltkammern .... DIN IEC 60568 (VDE 0491-6)

Spannschlösser
Armaturen für Freileitungen .... DIN VDE 0212-434 (VDE 0212-434)
Spannungen über 1 kV
– Sicherungseinsätze Transformatorstromkreise .... DIN VDE 0670-402 (VDE 0670-402)

Spannungsänderungen
in Niederspannungsversorgungsnetzen .... DIN EN 61000-3-3 (VDE 0838-3)
                                                                         VDE-Schriftenreihe Band 111

Spannungsanzeiger, berührungslose
elektrische Sicherheit in Niederspannungsnetzen bis AC 1 000 V und DC 1 500 V
.... E DIN EN IEC 61557-17 (VDE 0413-17)

Spannungsanzeigesysteme
für Hochspannungsschaltanlagen .... DIN EN 62271-206 (VDE 0671-206)
                                                                        E DIN EN IEC 62271-213 (VDE 0671-213)
                                                                        E DIN EN IEC 62271-215 (VDE 0671-215)

Spannungsausgleichskondensatoren
für Hochspannungs-Wechselstrom-Leistungsschalter .... DIN EN 62146-1 (VDE 0560-50)

Spannungsbegrenzung
durch Überspannungsschutzeinrichtungen .... DIN VDE 0100-534 (VDE 0100-534)

Spannungsbegrenzungseinrichtungen
Bahnwendungen
– ortsfeste Anlagen .... DIN EN 50526-2 (VDE 0115-526-2)
                                                                           DIN EN 50526-3 (VDE 0115-526-3)
für Gleichspannungsnetze .... DIN EN 50526-3 (VDE 0115-526-3)
für Gleichstrombahnnetze .... DIN EN 50526-2 (VDE 0115-526-2)

Spannungseinbrüche
Störfestigkeitsprüfung .... DIN EN 61000-4-11 (VDE 0847-4-11)
E DIN EN IEC 61000-4-11 (VDE 0847-4-11)
DIN EN 61000-4-34 (VDE 0847-4-34)
Beiblatt 1 DIN EN 61547 (VDE 0875-15-2)
DIN EN 61547 (VDE 0875-15-2)
E DIN EN 61547 (VDE 0875-15-2)

Spannungsfall
in Verbraucheranlagen .... DIN VDE 0100-520 (VDE 0100-520)
E DIN VDE 0100-520-1 (VDE 0100-520-1)
Schutz bei .... Beiblatt 5 DIN VDE 0100 (VDE 0100)

Spannungsinduzierte Degradation
kristallines Silizium
– Photovoltaik-(PV-)Module .... DIN IEC/TS 62804-1 (VDE V 0126-37-1)

Spannungskennlinien
Messen der
– PV-Modulgruppen .... DIN EN 61829 (VDE 0126-24)

Spannungskonstanthalter
magnetische .... DIN EN 61558-2-12 (VDE 0570-2-12)

Spannungskorrosionsempfindlichkeit
Lichtwellenleiter .... DIN EN 60793-1-33 (VDE 0888-233)

Spannungskurzzeitunterbrechung .... Beiblatt 1 DIN EN 61547 (VDE 0875-15-2)
DIN EN 61547 (VDE 0875-15-2)
E DIN EN 61547 (VDE 0875-15-2)

Spannungslinearität .... DIN EN 60904-10 (VDE 0126-4-10)

Spannungsprüfer
für Oberleitungsanlagen .... DIN VDE 0681-6 (VDE 0681-6)
für Wechselspannung .... DIN VDE V 0681-1 (VDE V 0681-1)
DIN VDE V 0681-2 (VDE V 0681-2)
DIN VDE V 0681-3 (VDE V 0681-3)
DIN VDE V 0682-417 (VDE V 0682-417)
kapazitive, für Wechselspannung 15 kV und 110 kV
– Frequenz 16,7 Hz .... DIN VDE V 0682-421 (VDE V 0682-421)
kapazitive, für Wechselspannung über 1 kV .... DIN VDE V 0682-421 (VDE V 0682-421)
DIN EN 61243-1 (VDE 0682-411)
E DIN EN IEC 61243-1 (VDE 0682-411)
resistive (ohmsche) .... DIN EN 61243-2 (VDE 0682-412)
DIN EN 61243-2/A2 (VDE 0682-412/A1)
zweipolige, für Niederspannungsnetze .... DIN EN 61243-3 (VDE 0682-401)

Spannungsprüfer, einpolige .... E DIN VDE 0680-6 (VDE 0680-6)
DIN 57680-6 (VDE 0680-6)
DIN EN 61243-1 (VDE 0682-411)
E DIN EN IEC 61243-1 (VDE 0682-411)
DIN EN 61243-5 (VDE 0682-415)
E DIN EN IEC 62271-215 (VDE 0671-215)

Spannungsprüfung
an Kabeln und Leitungen .... DIN EN 50395 (VDE 0481-395)

von Leistungstransformatoren .... DIN EN 60076-3 (VDE 0532-76-3)
von Leistungstransformatoren und Drosselspulen .... DIN EN 60076-4 (VDE 0532-76-4)

Spannungsqualität
in Versorgungssystemen
– Geräte zur Überwachung .... DIN EN 62586-2 (VDE 0415-2)
E DIN EN 62586-2/A1 (VDE 0415-2/A1)
– Messgeräte .... DIN EN 62586-1 (VDE 0415-1)
DIN EN 62586-2 (VDE 0415-2)
E DIN EN 62586-2/A1 (VDE 0415-2/A1)
in Wechselstromversorgungsnetzen
– Messverfahren .... DIN EN 61000-4-30 (VDE 0847-4-30)

Spannungsrissbeständigkeit
von Polyethylen- und Polypropylenverbindungen .... DIN EN 60811-406 (VDE 0473-811-406)

Spannungsschnittstelle, analoge
für elektronische Lichtquellen-Betriebsgeräte
– mit Stromquellen-Charakteristik .... DIN EN IEC 63128 (VDE 0712-44)
Lichtsteuerschnittstelle für Dimmung
– für elektronische Lichtquellen-Betriebsgeräte .... DIN EN IEC 63128 (VDE 0712-44)

Spannungsschwankungen .... Beiblatt 1 DIN EN 61547 (VDE 0875-15-2)
DIN EN 61547 (VDE 0875-15-2)
E DIN EN 61547 (VDE 0875-15-2)
in Niederspannungsversorgungsnetzen .... DIN EN 61000-3-11 (VDE 0838-11)
E DIN EN 61000-3-11 (VDE 0838-11)
DIN EN 61000-3-3 (VDE 0838-3)
VDE-Schriftenreihe Band 111
Messung mit dem IEC-Flickermeter .... VDE-Schriftenreihe Band 109
Störfestigkeitsprüfung .... DIN EN 61000-4-11 (VDE 0847-4-11)
E DIN EN IEC 61000-4-11 (VDE 0847-4-11)
DIN EN 61000-4-14 (VDE 0847-4-14)
DIN EN 61000-4-34 (VDE 0847-4-34)

Spannungsstehwellenverhältnis .... E DIN EN 61169-1-4 (VDE 0887-969-1-4)
Hochfrequenz-Steckverbinder
– Prüfverfahren .... E DIN EN 61169-1-4 (VDE 0887-969-1-4)

Spannungsversorgung, ergänzende
digital adressierbare Schnittstelle für Beleuchtung   E DIN EN IEC 62386-150 (VDE 0712-0-150)

Spannungswandler
dreiphasige .... DIN EN 50482 (VDE 0414-6)

Sparstelltransformatoren .... DIN EN 61558-2-14 (VDE 0570-2-14)

Spartransformatoren
Prüfungen .... DIN EN 61558-2-13 (VDE 0570-2-13)

Sparwechselschaltung .... VDE-Anwendungsregel VDE-AR-E 2100-550

Spatenhämmer .... DIN EN 60745-2-6 (VDE 0740-2-6)
E DIN EN IEC 62841-2-6 (VDE 0740-2-6)
E DIN EN IEC 62841-2-6/AA (VDE 0740-2-6/AA)

SPDs
Einsatz und Anwendung

– in Photovoltaik-(PV-)Anlagen .... E DIN EN 61643-32 (VDE 0675-6-32)
für elektrische und elektronische Systeme
– Planung, Installation, Betrieb .... E DIN EN 62305-4 (VDE 0185-305-4)

Speicherenergiebetrieb .... DIN EN IEC 62040-1 (VDE 0558-510)
E DIN EN IEC 62040-1/A1 (VDE 0558-510/A1)

Speicherheizgeräte
für den Hausgebrauch .... DIN EN 60335-2-61 (VDE 0700-61)
Beiblatt 1 DIN EN 60335-2-61 (VDE 0700-61)
E DIN EN 60335-2-61/AA (VDE 0700-61/AA)

Speicherheizung .... DIN EN 50559 (VDE 0705-559)

Speicherprogrammierbare Steuerungen
Betriebsmittelanforderungen, Prüfungen .... DIN EN 61131-2 (VDE 0411-500)
E DIN EN 61131-2 (VDE 0411-500)
funktionale Sicherheit .... DIN EN 61131-6 (VDE 0411-506)
Kommunikation kleiner Sensoren und Aktoren
– Punkt-zu-Punkt-Verbindung .... DIN EN 61131-9 (VDE 0411-509)
Schnittstelle für die Kommunikation
– kleiner Sensoren und Aktoren .... DIN EN 61131-9 (VDE 0411-509)
sternförmige Verkabelung .... DIN EN 61131-9 (VDE 0411-509)
speicherprogrammierbare
– Betriebsmittelanforderungen, Prüfungen .... DIN EN 61131-2 (VDE 0411-500)
E DIN EN 61131-2 (VDE 0411-500)

Speicherung erneuerbarer Energien .... DIN EN 61427-1 (VDE 0510-40)
allgemeine Anforderungen .... DIN EN 61427-2 (VDE 0510-41)
Prüfverfahren .... DIN EN 61427-2 (VDE 0510-41)

Speiseeisbereiter
für den Hausgebrauch .... Beiblatt 1 DIN EN 60335-2-24 (VDE 0700-24)
DIN EN 60335-2-24 (VDE 0700-24)

Speiseleitungen
von Bahnen .... DIN VDE 0228-3 (VDE 0228-3)
E DIN VDE 0845-6-3 (VDE 0845-6-3)

Speisespannungen
von Bahnnetzen .... DIN EN 50163/A1 (VDE 0115-102/A1)
DIN EN 50163/A2 (VDE 0115-102/A2)

Spektralbreite
von Kommunikationsuntersystemen .... DIN EN 61280-1-3 (VDE 0888-410-13)

Spektrale Empfindlichkeit
photovoltaischer Einrichtungen .... DIN EN 60904-8 (VDE 0126-4-8)
– mit Mehrschichtsolarzellen .... DIN EN 60904-8-1 (VDE 0126-4-8-1)
photovoltaischer Module .... DIN EN 61853-2 (VDE 0126-34-2)

Spektroradiometer .... DIN EN 60904-4 (VDE 0126-4-4)
E DIN EN 60904-4 (VDE 0126-4-4)

Spektrumanalysatoren .... DIN EN IEC 55016-1-1 (VDE 0876-16-1-1)
optische .... DIN EN 62129-1 (VDE 0888-429-1)

Spezifikation
der Beschreibung
— von Konzentratorzellen .... DIN IEC/TS 62789 (VDE V 0126-70)
und Überprüfung des Energieverbrauchs
— von Schienenfahrzeugen .... DIN EN 50591 (VDE 0115-591)

Spezifische Absorptionsrate (SAR)
Nachbarschaft von Funkkommunikations-Basisstationen
— Ermittlung der menschlichen Exposition .... DIN EN 62232 (VDE 0848-232)

Spezifischer Durchgangswiderstand von Isolierstoffen .... DIN EN 62631-3-1 (VDE 0307-3-1)
E DIN EN IEC 62631-3-1 (VDE 0307-3-1)

Spezifischer Durchgangswiderstand
von Verkapselungsstoffen
— und anderen Polymer-Materialien von Photovoltaikmodulen
.... DIN EN 62788-1-2 (VDE 0126-37-1-2)

Spezifischer Oberflächenwiderstand
von Isolierstoffen .... DIN EN 62631-3-2 (VDE 0307-3-2)
DIN EN IEC 62631-3-4 (VDE 0307-3-4)

Spielautomaten .... Beiblatt 1 DIN EN 60335-2-82 (VDE 0700-82)
DIN EN 60335-2-82 (VDE 0700-82)
E DIN IEC 60335-2-82 (VDE 0700-82)
E DIN IEC 60335-2-82/A1 (VDE 0700-82/A2)

Spielzeug
elektrisches .... DIN EN 62115 (VDE 0700-210)
E DIN EN 62115 (VDE 0700-210)
E DIN EN 62115/AA (VDE 0700-210/AA)
Netzgeräte .... DIN EN 61558-2-7 (VDE 0570-2-7)
Transformatoren .... DIN EN 61558-2-7 (VDE 0570-2-7)

Spielzeuge, elektrische
Sicherheit .... E DIN EN 62115/AA (VDE 0700-210/AA)

Spielzeugleuchten .... VDE-Schriftenreihe Band 12

Spleißkassetten
in LWL-Kommunikationssystemen .... DIN EN 50411-2-10 (VDE 0888-611-2-10)
DIN EN 50411-2-2 (VDE 0888-611-2-2)
DIN EN 50411-2-4 (VDE 0888-500-24)
E DIN EN 50411-2-4 (VDE 0888-500-24)
DIN EN 50411-3-8 (VDE 0888-500-38)
DIN EN 50411-6-1 (VDE 0888-500-61)

SPMs
für elektrische und elektronische Systeme
— Planung, Installation, Betrieb .... E DIN EN 62305-4 (VDE 0185-305-4)

Sportplätze
Beleuchtungsanlagen .... DIN VDE 0100-714 (VDE 0100-714)
VDE-Schriftenreihe Band 168

Sportstätten
Blitzschutz .... Beiblatt 2 DIN EN 62305-3 (VDE 0185-305-3)

E DIN EN 62305-3 (VDE 0185-305-3)

Sprachalarmierung
im Brandfall .... DIN VDE 0833-4 (VDE 0833-4)
DIN CEN/TS 54-32 (VDE V 0833-4-32)

SPRD
spektroskopische alarmgebende persönliche Strahlungsdetektoren
– Strahlenschutzmessgeräte .... E DIN IEC 62618 (VDE 0493-3-8)

Springbrunnen
elektrische Anlage .... DIN VDE 0100-702 (VDE 0100-702)
E DIN VDE 0100-702/AA (VDE 0100-702/AA)
VDE-Schriftenreihe Band 67b
VDE-Schriftenreihe Band 168
Leuchten .... DIN EN 60598-2-18 (VDE 0711-2-18)

Spritzpistolen
handgeführt, motorbetrieben .... DIN EN 50580 (VDE 0740-2-7)

Sprudelbäder
für den Hausgebrauch .... Beiblatt 1 DIN EN 60335-2-60 (VDE 0700-60)
E DIN IEC 60335-2-60 (VDE 0700-60)
E DIN EN IEC 60335-2-60/A2 (VDE 0700-60/A2)

Sprudelbadgeräte
für den Hausgebrauch .... DIN EN 60335-2-60 (VDE 0700-60)
Beiblatt 1 DIN EN 60335-2-60 (VDE 0700-60)
E DIN IEC 60335-2-60 (VDE 0700-60)
E DIN EN IEC 60335-2-60/A2 (VDE 0700-60/A2)
E DIN EN 60335-2-60/AA (VDE 0700-60/A1)

Sprühanlagen
ortsfeste, elektrostatische
– für brennbare Beschichtungspulver .... DIN EN 50177 (VDE 0147-102)
DIN EN 50177/A1 (VDE 0147-102/A1)
– für brennbare flüssige Beschichtungsstoffe .... DIN EN 50176 (VDE 0147-101)
– für nicht brennbare flüssige Beschichtungsstoffe .... DIN EN 50348 (VDE 0147-200)

Sprühextraktionsmaschinen
für den gewerblichen Gebrauch .... DIN EN 60335-2-68 (VDE 0700-68)
E DIN EN 60335-2-68/A1 (VDE 0700-68/A6)
– Aufschriften und Anweisungen .... DIN EN 60335-2-68 (VDE 0700-68)
E DIN EN 60335-2-68/A1 (VDE 0700-68/A6)
– mechanische Festigkeit, Aufbau .... DIN EN 60335-2-68 (VDE 0700-68)
E DIN EN 60335-2-68/A1 (VDE 0700-68/A6)
– normative Verweisungen, Begriffe .... DIN EN 60335-2-68 (VDE 0700-68)
E DIN EN 60335-2-68/A1 (VDE 0700-68/A6)

Sprungschalter .... DIN EN 60947-5-1 (VDE 0660-200)

SPS
mit funktionaler Sicherheit .... DIN EN 61131-6 (VDE 0411-506)

SPS-Systeme
Betriebsmittelanforderungen, Prüfungen .... DIN EN 61131-2 (VDE 0411-500)
E DIN EN 61131-2 (VDE 0411-500)

Spülbecken, elektrische
für den gewerblichen Gebrauch .... DIN EN 60335-2-62 (VDE 0700-62)
E DIN IEC 60335-2-62 (VDE 0700-62)

Spülmaschinen
für den gewerblichen Gebrauch .... DIN EN 60335-2-58 (VDE 0700-58)
E DIN EN 60335-2-58 (VDE 0700-58)

SRS/SRSS .... E DIN EN 62998-721 (VDE 0113-721)

SSE
Quellenumschalteinrichtungen .... E DIN EN IEC 62991 (VDE 0601-2991)

Stabelektrodenhalter .... DIN EN 60974-11 (VDE 0544-11)
E DIN EN IEC 60974-11 (VDE 0544-11)

Stabilisierungseinrichtungen
zum Lichtbogenschweißen .... DIN EN IEC 60974-3 (VDE 0544-3)

Stabilität, thermische
bei Kabeln und isolierten Leitungen .... DIN EN 60811-405 (VDE 0473-811-405)

Stabschleifer
handgeführt, motorbetrieben .... DIN EN 60745-2-23 (VDE 0740-2-23)

Stackleistungsverhalten
von Festoxid-Brennstoffzellen (SOFC) .... DIN IEC/TS 62282-7-2 (VDE V 0130-7-2)
E DIN EN IEC 62282-7-2 (VDE 0130-7-2)

Stadien
Blitzschutz .... Beiblatt 2 DIN EN 62305-3 (VDE 0185-305-3)
E DIN EN 62305-3 (VDE 0185-305-3)

Stadtbahnen
Dachstromabnehmer .... DIN EN 50206-2 (VDE 0115-500-2)
Drehstrom-Bordnetz .... DIN EN 50533 (VDE 0115-533)
DIN EN 50533/A1 (VDE 0115-533/A1)
Oberleitungen .... DIN EN 50345 (VDE 0115-604)

Stahlgitter-Freileitungsmasten
Bauteile aus Thomasstahl
– Tragfähigkeit .... VDE-Anwendungsregel VDE-AR-N 4210-3

Standardisierte Übertragung und Registrierung
von Ontologien für Produkte
– Webservice-Schnittstelle für Datenpakete .... E DIN EN IEC 62656-8 (VDE 0040-8-8)

Standardprüfbedingungen
Konzentrator-Photovoltaik (CPV) .... DIN EN 62670-1 (VDE 0126-35-1)
Standardprüfverfahren für spezielle Anwendungen
– elektrostatische Eigenschaften .... DIN EN IEC 61340-4-3 (VDE 0300-4-3)
Standardprüfverfahren für spezielle Anwendungen
– elektrostatische Eigenschaften .... DIN IEC/TS 61340-4-2 (VDE V 0300-4-2)

Standardschnittstelle für Ladepunkte/Ladestationen
Elektro-Straßenfahrzeuge
– Anbindung an lokales Leistungs- und Energiemanagement
.... E VDE-Anwendungsregel VDE-AR-E 2122-1000

Standardspannungen für DC- und AC-Traktionssysteme
vorgeschlagene horizontale Norm .... E DIN EN 60038/A103 (VDE 0175-1/A103)

Stände
elektrische Anlagen .... DIN VDE 0100-711 (VDE 0100-711)
VDE-Schriftenreihe Band 168

Ständerwicklungsisolierungen
Offline-Teilentladungsmessungen .... DIN EN IEC 60034-27-1 (VDE 0530-27-1)

Standortverkabelung
anwendungsneutrale
– LWL-Innenkabel .... DIN EN IEC 60794-2-11 (VDE 0888-10)
DIN EN IEC 60794-2-21 (VDE 0888-11)
Lichtwellenleiterverkabelung
– Messung .... DIN ISO/IEC 14763-3 (VDE 0800-763-3)
LWL-Innenkabel .... DIN EN IEC 60794-2-21 (VDE 0888-11)
Messung von Lichtwellenleiterverkabelung .... DIN ISO/IEC 14763-3 (VDE 0800-763-3)

Standortverkabelung, anwendungsneutrale
LWL-Fernmelde-Erd- und Röhrenkabel .... E DIN EN IEC 60794-3-12 (VDE 0888-13)
Simplex- und Duplexkabel .... DIN EN IEC 60794-2-11 (VDE 0888-10)

Stangen, isolierende
zum Arbeiten unter Spannung .... DIN EN 60832-1 (VDE 0682-211)

Stangenschellen
zum Arbeiten unter Spannung .... DIN EN 61236 (VDE 0682-651)

Stapelkrane
elektrische Ausrüstung .... DIN EN 60204-32 (VDE 0113-32)

Starkstromanlagen mit Nennwechselspannungen über AC 1 kV und DC 1,5 kV
Wechselstrom .... E DIN EN IEC 61936-1 (VDE 0101-1)

Starkstromanlagen
Abspritzeinrichtungen .... DIN EN 50186-1 (VDE 0143-1)
DIN EN 50186-2 (VDE 0143-2)
ausgewählte Kenngrößen .... VDE-Schriftenreihe Band 59
Beeinflussung von Telekommunikationsanlagen
– Grundlagen, Grenzwerte, Berechnungs- und Messverfahren
.... DIN VDE 0845-6-1 (VDE 0845-6-1)
Elektrofischereianlagen .... DIN VDE 0105-5 (VDE 0105-5)
in baulichen Anlagen für Menschenansammlungen .... VDE-Schriftenreihe Band 61
– Projektierung und Errichtung .... VDE-Schriftenreihe Band 11
Kabel .... DIN VDE 0265 (VDE 0265)
mit Nennspannungen bis 1 000 V
– Entwicklungsgang der Errichtungsbestimmungen .... Beiblatt 1 DIN 57100 (VDE 0100)
– Schutz bei direktem Berühren in Wohnungen .... DIN VDE 0100-410 (VDE 0100-410)
VDE-Schriftenreihe Band 168
– Schutzeinrichtungen in TN- und TT-Netzen .... DIN VDE 0100-410 (VDE 0100-410)
VDE-Schriftenreihe Band 168
mit Nennspannungen über 1 kV
– allgemeine Bestimmungen .... DIN EN 61936-1 (VDE 0101-1)
– Erdung .... DIN EN 50522 (VDE 0101-2)
Schutzmaßnahmen .... DIN VDE 0100-450 (VDE 0100-450)

Struktur der Normenreihe .... Beiblatt 3 DIN 57100 (VDE 0100)
thyristorgesteuerte Reihenkondensatoren .... DIN EN 60143-4 (VDE 0560-41)
Verwendung von Kabeln und isolierten Leitungen .... DIN VDE 0298-3 (VDE 0298-3)

Starkstromkabel, siehe auch Starkstromleitungen

Starkstromkabel
ab 0,6/1 kV für besondere Anforderungen .... DIN VDE 0271 (VDE 0271)
Aderkennzeichnung .... DIN VDE 0293-1 (VDE 0293-1)
Energieverteilungskabel
– 3,6/6 (7,2) kV bis 20,8/36 (42) kV .... DIN VDE 0276-620 (VDE 0276-620)
– mit extrudierter Isolierung .... DIN VDE 0276-620 (VDE 0276-620)
 DIN IEC 62067 (VDE 0276-2067)
– mit getränkter Papierisolierung für Mittelspannung .... DIN VDE 0276-621 (VDE 0276-621)
– Nennspannungen 3,6 kV bis 20,8/36 kV .... DIN VDE 0276-620 (VDE 0276-620)
– Nennspannungen U_0/U 0,6/1 kV .... DIN VDE 0276-603 (VDE 0276-603)
 E DIN VDE 0276-603 (VDE 0276-603)
extrudierte Isolierung .... DIN VDE 0276-632 (VDE 0276-632)
für besondere Anforderungen .... DIN VDE 0271 (VDE 0271)
für Verlegung in Luft und in Erde .... DIN VDE 0276-627 (VDE 0276-627)
Installationsleitung NHMH
– mit speziellen Eigenschaften im Brandfall .... DIN VDE 0250-215 (VDE 0250-215)
isolierte Freileitungsseile .... DIN VDE 0276-626 (VDE 0276-626)
 DIN VDE 0276-626/A1 (VDE 0276-626/A1)
Kabel zur Hochspannungs-Gleichstrom-Übertragung (HGÜ)
– mit extrudierter Isolierung .... DIN IEC 62895 (VDE 0276-2895)
mit extrudierter Isolierung
– für Nennspannungen bis 320 kV .... DIN IEC 62895 (VDE 0276-2895)
– für Nennspannungen über 150 kV .... DIN IEC 62067 (VDE 0276-2067)
 DIN IEC 62895 (VDE 0276-2895)
– für Nennspannungen über 36 kV bis 150 kV .... DIN VDE 0276-632 (VDE 0276-632)
mit extrudierter Kunststoffisolierung
– Kabelgarnituren .... DIN VDE 0278-629-1 (VDE 0278-629-1)
mit massegetränkter Papierisolierung
– Kabelgarnituren .... DIN VDE 0278-629-2 (VDE 0278-629-2)
Pressverbinder .... DIN EN IEC 61238-1-1 (VDE 0220-238-1-1)
 DIN EN IEC 61238-1-2 (VDE 0220-238-1-2)
 DIN EN IEC 61238-1-3 (VDE 0220-238-1-3)
Prüfanforderungen für Kabelgarnituren .... DIN VDE 0278-629-1 (VDE 0278-629-1)
 DIN VDE 0278-629-2 (VDE 0278-629-2)
Prüfungen an extrudierten Außenmänteln .... DIN EN 60229 (VDE 0473-229)
Schraubverbinder .... DIN EN IEC 61238-1-1 (VDE 0220-238-1-1)
 DIN EN IEC 61238-1-2 (VDE 0220-238-1-2)
 DIN EN IEC 61238-1-3 (VDE 0220-238-1-3)
Steuer- und Kommunikationskabel .... DIN EN 50575 (VDE 0482-575)
Strombelastbarkeit .... DIN VDE 0289-8 (VDE 0289-8)
Teilentladungsmessung
– an extrudierten Kabellängen .... DIN EN 60885-3 (VDE 0481-885-3)
Teilentladungsprüfungen .... DIN EN 60885-2 (VDE 0481-885-2)
 DIN EN 60885-3 (VDE 0481-885-3)
verbessertes Verhalten im Brandfall .... DIN VDE 0250-214 (VDE 0250-214)
 DIN VDE 0266 (VDE 0266)
– für Kraftwerke .... DIN VDE 0276-604 (VDE 0276-604)

DIN VDE 0276-622 (VDE 0276-622)

Starkstromkabelgarnituren
mit extrudierter Isolierung
- für Nennspannungen über 36 kV bis 150 kV .... DIN VDE 0276-632 (VDE 0276-632)
Prüfverfahren .... DIN EN 61442 (VDE 0278-442)

Starkstromleitungen, siehe auch Starkstromkabel

Starkstromleitungen
Abrieb der Mäntel und Umflechtungen .... DIN VDE 0472-605 (VDE 0472-605)
Aderkennzeichnung .... DIN VDE 0293-1 (VDE 0293-1)
 DIN EN 50334 (VDE 0293-334)
Fertigungsvorgänge .... DIN VDE 0289-3 (VDE 0289-3)
flexible
- Strombelastbarkeit .... DIN VDE 0298-4 (VDE 0298-4)
Garnituren .... DIN VDE 0289-6 (VDE 0289-6)
isolierte .... DIN VDE 0250-215 (VDE 0250-215)
 DIN VDE 0250-602 (VDE 0250-602)
 DIN VDE 0289-1 (VDE 0289-1)
- allgemeine Festlegungen .... DIN 57250-1 (VDE 0250-1)
- ETFE-Aderleitung .... DIN 57250-106 (VDE 0250-106)
- Gummischlauchleitung NSHTÖU .... DIN VDE 0250-814 (VDE 0250-814)
- Gummischlauchleitung NSSHÖU .... DIN VDE 0250-812 (VDE 0250-812)
- mit Gummiisolierung .... DIN VDE 0250-605 (VDE 0250-605)
- PVC-Installationsleitung NYM .... DIN VDE 0250-204 (VDE 0250-204)
- Stegleitung .... DIN VDE 0250-201 (VDE 0250-201)
- wärmebeständige Silikon-Fassungsader .... DIN VDE 0250-502 (VDE 0250-502)
- Zuordnung der Klassen des Brandverhaltens .... DIN VDE V 0250-10 (VDE V 0250-10)
mineralisolierte .... DIN EN 60702-1 (VDE 0284-1)
 DIN EN 60702-2 (VDE 0284-2)

mit Nennspannungen bis 450/750 V
- Aderleitungen mit EVA-Isolierung .... DIN EN 50525-2-42 (VDE 0285-525-2-42)
- Aderleitungen mit PVC-Isolierung .... DIN EN 50525-2-31 (VDE 0285-525-2-31)
- allgemeine Anforderungen .... DIN EN 50525-1 (VDE 0285-525-1)
- Berechnung der Außenmaße .... DIN EN 60719 (VDE 0299-2)
- einadrige Leitungen mit vernetzter Silikonisolierung
 .... DIN EN 50525-2-41 (VDE 0285-525-2-41)
- flexible Leitungen mit Elastomerisolierung .... DIN EN 50525-2-21 (VDE 0285-525-2-21)
- flexible Leitungen mit PVC-Isolierung .... DIN EN 50525-2-11 (VDE 0285-525-2-11)
- halogenfreie Leitungen mit thermoplastischer Isolierung
 .... DIN EN 50525-3-11 (VDE 0285-525-3-11)
- halogenfreie Leitungen mit vernetzter Isolierung .... DIN EN 50525-3-21 (VDE 0285-525-3-21)
- hochflexible Leitungen mit Elastomerisolierung ...... DIN EN 50525-2-22 (VDE 0285-525-2-22)
- Lahnlitzen-Leitungen mit PVC-Isolierung .... DIN EN 50525-2-71 (VDE 0285-525-2-71)
- Leitungen für Lichterketten mit Elastomerisolierung
 .... DIN EN 50525-2-82 (VDE 0285-525-2-82)
- Lichtbogenschweißleitungen mit Elastomer-Hülle ... DIN EN 50525-2-81 (VDE 0285-525-2-81)
- mehradrige Leitungen mit Silikonisolierung .... DIN EN 50525-2-83 (VDE 0285-525-2-83)
- Steuerleitungen mit PVC-Isolierung .... DIN EN 50525-2-51 (VDE 0285-525-2-51)
- Verdrahtungsleitungen mit EVA-Isolierung .... DIN EN 50525-2-42 (VDE 0285-525-2-42)
- Verdrahtungsleitungen mit PVC-Isolierung .... DIN EN 50525-2-31 (VDE 0285-525-2-31)
- Wendelleitungen mit PVC-Isolierung .... DIN EN 50525-2-12 (VDE 0285-525-2-12)
- Zwillingsleitungen mit PVC-Isolierung .... DIN EN 50525-2-72 (VDE 0285-525-2-72)

mit runden Kupferleitern
– Berechnung der Außenmaße .... DIN EN 60719 (VDE 0299-2)
mit verbessertem Brandverhalten
– für Schienenfahrzeuge .... DIN EN 50264-1 (VDE 0260-264-1)
DIN EN 50264-2-1 (VDE 0260-264-2-1)
DIN EN 50264-2-2 (VDE 0260-264-2-2)
DIN EN 50264-3-1 (VDE 0260-264-3-1)
DIN EN 50264-3-2 (VDE 0260-264-3-2)
nicht harmonisierte .... DIN VDE 0298-3 (VDE 0298-3)
PVC-isolierte Schlauchleitung
– mit Polyurethanmantel .... E DIN VDE 0250-407/A1 (VDE 0250-407/A1)
Steuer- und Kommunikationskabel .... DIN EN 50575 (VDE 0482-575)
Strombelastbarkeit .... DIN VDE 0289-8 (VDE 0289-8)
Verlegung und Montage .... DIN VDE 0289-7 (VDE 0289-7)
Zubehör .... DIN VDE 0289-6 (VDE 0289-6)

Starter
für Leuchtstofflampen .... DIN EN 60155 (VDE 0712-101)

Starterbatterien (AGM) und (EFB)
Prüfungen und Anforderungen .... VDE-Anwendungsregel VDE-AR-E 2520

Starterbatterien (Blei-) .... DIN EN 50342-4 (VDE 0510-23)
allgemeine Anforderungen und Prüfungen .... DIN EN 50342-1 (VDE 0510-101)
Anschlusssystem für Batterien 36 V .... DIN EN 50342-3 (VDE 0510-22)
Eigenschaften von Gehäusen und Griffen .... DIN EN 50342-5 (VDE 0510-24)
Maße und Kennzeichnung von Anschlüssen .... DIN EN 50342-2 (VDE 0510-21)

Starterbatterien (EFB), verbesserte geschlossene
Prüfungen und Anforderungen .... VDE-Anwendungsregel VDE-AR-E 2520

Starterbatterien mit Glasfaservlies (AGM)
Prüfungen und Anforderungen .... VDE-Anwendungsregel VDE-AR-E 2520

Starterfassungen
für Leuchtstofflampen .... DIN EN 60400 (VDE 0616-3)
E DIN EN 60400/A1 (VDE 0616-3/A1)

Startgeräte
(andere als Glimmstarter)
– für Entladungslampen .... DIN EN 60927 (VDE 0712-15)
– für Leuchtstofflampen .... DIN EN 60927 (VDE 0712-15)
für Entladungslampen .... DIN EN 61347-2-1 (VDE 0712-31)
E DIN EN IEC 61347-2-1 (VDE 0712-31)
für Lampen .... DIN EN 61347-2-1 (VDE 0712-31)
E DIN EN IEC 61347-2-1 (VDE 0712-31)
für Leuchtstofflampen .... DIN EN 60927 (VDE 0712-15)
DIN EN 61347-2-1 (VDE 0712-31)
E DIN EN IEC 61347-2-1 (VDE 0712-31)

Stationäre Batterien
Sekundär-Batterien und Batterieanlagen
– Sicherheitsanforderungen .... DIN EN IEC 62485-2 (VDE 0510-485-2)

Stationäre Brennstoffzellen-Energiesysteme
Leistungskennwerteprüfverfahren .... DIN EN 62282-3-200 (VDE 0130-3-200)

Stationäre elektrische Energiespeichergeräte
Anschluss an das Niederspannungsnetz .... VDE-Anwendungsregel VDE-AR-E 2510-2

Stationäre elektrostatische Flockanlagen
für entzündbaren Flock
– Sicherheitsanforderungen .... DIN EN 50223 (VDE 0147-103)

Stationäre Energiespeichersysteme
mit Lithium-Batterien
– Sicherheitsanforderungen .... VDE-Anwendungsregel VDE-AR-E 2510-50

Stationäre Sekundärbatterien
in Niederspannungsanlagen .... E DIN VDE 0100-570 (VDE 0100-570)

Stationäre Zählerprüfeinrichtungen (MTU)
elektrische Energiezähler .... E DIN IEC 62057-1 (VDE 0418-7-1)

Stationen für Hochspannung/Niederspannung, fabrikfertige
.... DIN EN 62271-202 (VDE 0671-202)
E DIN EN IEC 62271-202 (VDE 0671-202)

Statische Axiallast
von Steckverbindern .... DIN EN 60512-8-2 (VDE 0687-512-8-2)

Statische Blindleistungskompensatoren (SVC) .... DIN EN 61954 (VDE 0553-100)

Statische Elektrizität
Entladung .... DIN EN 61000-4-2 (VDE 0847-4-2)

Statische Querlast
von Steckverbindern .... DIN EN 60512-8-1 (VDE 0687-512-8-1)

Statische Transferschalter (STS)
allgemeine Anforderungen .... DIN EN 62310-1 (VDE 0558-310-1)

Statische Transfersysteme (STS)
elektromagnetische Verträglichkeit .... DIN EN 62310-2 (VDE 0558-310-2)

Statistische Blindleistungskompensatoren (SVC)
Prüfung von Thyristorventilen .... DIN EN 61954 (VDE 0553-100)

Statorwicklungsisolation
Offline-Teilentladungsmessungen .... DIN EN IEC 60034-27-1 (VDE 0530-27-1)

Staub, brennbarer .... DIN EN 50281-2-1 (VDE 0170-15-2-1)

Staubexplosionsgefährdete Bereiche
Einteilung .... DIN EN 60079-10-2 (VDE 0165-102)

Staubexplosionsschutz
durch Gehäuse „t" .... DIN EN 60079-31 (VDE 0170-15-1)
E DIN EN 60079-31 (VDE 0170-15-1)

Staubmessverfahren
motorbetriebene Elektrowerkzeuge .... DIN EN 50632-1 (VDE 0740-632-1)
DIN EN 50632-2-1 (VDE 0740-632-2-1)
DIN EN 50632-2-11 (VDE 0740-632-2-11)
DIN EN 50632-2-14 (VDE 0740-632-2-14)
DIN EN 50632-2-17 (VDE 0740-632-2-17)
DIN EN 50632-2-19 (VDE 0740-632-2-19)

	DIN EN 50632-2-22 (VDE 0740-632-2-22)
	DIN EN 50632-2-3 (VDE 0740-632-2-3)
	DIN EN 50632-2-4 (VDE 0740-632-2-4)
	DIN EN 50632-2-5 (VDE 0740-632-2-5)
	DIN EN 50632-2-6 (VDE 0740-632-2-6)
	DIN EN 50632-3-1 (VDE 0740-632-3-1)
	DIN EN 50632-3-3 (VDE 0740-632-3-3)
	DIN EN 50632-3-9 (VDE 0740-632-3-9)
– Abrichthobel und Dickenhobel	DIN EN 50632-3-3 (VDE 0740-632-3-3)
– Betonschleifer	DIN EN 50632-2-3 (VDE 0740-632-2-3)
– Bohrmaschinen	DIN EN 50632-2-1 (VDE 0740-632-2-1)
– Diamantkernbohrmaschinen	DIN EN 50632-2-1 (VDE 0740-632-2-1)
– Hämmer	DIN EN 50632-2-6 (VDE 0740-632-2-6)
– Hobel	DIN EN 50632-2-14 (VDE 0740-632-2-14)
– Kreissägen	DIN EN 50632-2-5 (VDE 0740-632-2-5)
– Mauernutfräsen	DIN EN 50632-2-22 (VDE 0740-632-2-22)
– Säbelsägen	DIN EN 50632-2-11 (VDE 0740-632-2-11)
– Schleifer außer Tellerschleifer	DIN EN 50632-2-4 (VDE 0740-632-2-4)
– Schleifer mit Schleifblatt	DIN EN 50632-2-3 (VDE 0740-632-2-3)
– Stichsägen	DIN EN 50632-2-11 (VDE 0740-632-2-11)
– Trennschleifmaschinen	DIN EN 50632-2-22 (VDE 0740-632-2-22)

Staubsauger für den Hausgebrauch
Trockensauger
– Prüfverfahren Bestimmung Gebrauchseigenschaften
.... E DIN EN 60312-1/AA (VDE 0705-312-1/AA)

Staubsauger und Entstauber
Geräteschutzniveau Dc
– Aufnahme von brennbaren Stäuben .... DIN EN 62784 (VDE 0700-2784)
E DIN IEC 62784-100 (VDE 0700-2784-100)

Staubsauger
für brennbare Stäube .... DIN EN 62784 (VDE 0700-2784)
E DIN IEC 62784-100 (VDE 0700-2784-100)
für den gewerblichen Gebrauch .... DIN EN 60335-2-69 (VDE 0700-69)
E DIN EN 60335-2-69/A2 (VDE 0700-69/A8)
E DIN EN 60335-2-69/A3 (VDE 0700-69/A1)
– Anhänge .... E DIN EN 60335-2-69/A1 (VDE 0700-69/A6)
für den Hausgebrauch .... DIN EN 60312-1 (VDE 0705-312-1)
E DIN EN 60312-1/AA (VDE 0705-312-1/AA)
DIN EN 60335-2-2 (VDE 0700-2)
Beiblatt 1 DIN EN 60335-2-2 (VDE 0700-2)
E DIN IEC 60335-2-2 (VDE 0700-2)
E DIN EN 60335-2-2/A2 (VDE 0700-2/A1)
E DIN EN 60335-2-2/AA (VDE 0700-2/A2)
E DIN IEC 62885-2 (VDE 0705-2885-2)
DIN EN 62885-3 (VDE 0705-2885-3)
DIN EN IEC/ASTM 62885-6 (VDE 0705-2885-6)
– Prüfverfahren Bestimmung Gebrauchseigenschaften .... DIN EN 60312-1 (VDE 0705-312-1)
E DIN EN 60312-1/AA (VDE 0705-312-1/AA)
E DIN IEC 62885-2 (VDE 0705-2885-2)
DIN EN IEC/ASTM 62885-6 (VDE 0705-2885-6)
für explosive Stäube .... DIN EN 62784 (VDE 0700-2784)

Staubsauger, schnurlose
für den Hausgebrauch
– Prüfausrüstung und -materialien .... DIN IEC/TS 62885-1 (VDE V 0705-2885-1)
– Prüfverfahren Bestimmung Gebrauchseigenschaften .. E DIN EN 62885-4 (VDE 0705-2885-4)

Steckbare Baugruppen
für elektronische Einrichtungen .... DIN EN 60297-3-107 (VDE 0687-297-3-107)
                DIN EN 60297-3-108 (VDE 0687-297-3-108)
seismische Prüfungen .... DIN EN 61587-5 (VDE 0687-587-5)

Steckdosen (ESHG-)
geschaltete .... DIN EN 60669-2-5 (VDE 0632-2-5)

Steckdosen für industrielle Anwendungen
Niederspannungs-Docking-Steckverbinder mit Stiften ... E DIN IEC/TS 60309-6 (VDE V 0623-6)

Steckdosen
für das Laden von Elektrofahrzeugen .... DIN EN 62196-1 (VDE 0623-5-1)
                E DIN EN IEC 62196-1 (VDE 0623-5-1)
                DIN EN 62196-2 (VDE 0623-5-2)
                E DIN EN IEC 62196-2 (VDE 0623-5-2)
                DIN EN 62196-3 (VDE 0623-5-3)
                E DIN EN IEC 62196-3 (VDE 0623-5-3)
                E DIN IEC/TS 62196-4 (VDE V 0623-5-4)
                E DIN EN IEC 62196-6 (VDE 0623-5-6)
für den Hausgebrauch .... DIN VDE V 0620-500-1 (VDE V 0620-500-1)
für Hausinstallationen und ähnliche Anwendungen
– Fehlerstrom-/Differenzstromschutzeinrichtung .... DIN VDE 0664-50 (VDE 0664-50)
                E DIN IEC 62640/A1 (VDE 0664-50/A1)
für industrielle Anwendungen .... DIN EN 60309-2 (VDE 0623-2)
                E DIN EN 60309-2 (VDE 0623-2)
– allgemeine Anforderungen .... DIN EN 60309-1 (VDE 0623-1)
                E DIN EN 60309-1 (VDE 0623-1)
Niederspannungs-Landanschlusssysteme (LVSC) .... E DIN EN 60309-5 (VDE 0623-5)
ortsfeste
– für den Hausgebrauch .... Beiblatt 1 DIN VDE 0620 (VDE 0620)
                Beiblatt 2 DIN VDE 0620 (VDE 0620)
                DIN VDE 0620-1 (VDE 0620-1)

Steckdosen, abschaltbare
für industrielle Anwendungen .... DIN EN 60309-4 (VDE 0623-3)
                E DIN EN 60309-4 (VDE 0623-3)
mit und ohne Verriegelung
– für industrielle Anwendungen .... E DIN EN 60309-4 (VDE 0623-3)

Stecker für industrielle Anwendungen
Niederspannungs-Docking-Steckverbinder mit Stiften ... E DIN IEC/TS 60309-6 (VDE V 0623-6)

Stecker und Gerätestecker
nicht massive Stifte
– industrielle Anwendungen .... VDE-Anwendungsregel VDE-AR-E 2687-1

Stecker und Steckdosen für den Hausgebrauch
ortsfeste Steckdosen .... DIN VDE 0620-1 (VDE 0620-1)
Stecker und Kupplungsdosen .... DIN VDE 0620-2-1 (VDE 0620-2-1)
Symbole .... Beiblatt 2 DIN VDE 0620 (VDE 0620)

Stecker und Steckdosen
für den Hausgebrauch
– Anforderungen an Reisesteckadapter .... DIN VDE V 0620-500-1 (VDE V 0620-500-1)
– Kupplungsdosen .... DIN VDE 0620-2-1 (VDE 0620-2-1)
– ortsfeste Steckdosen .... DIN VDE 0620-1 (VDE 0620-1)
– Stecker und Kupplungsdosen .... DIN VDE 0620-2-1 (VDE 0620-2-1)
– Verzeichnis der genormten Symbole .... Beiblatt 2 DIN VDE 0620 (VDE 0620)

Stecker
für das Laden von Elektrofahrzeugen .... DIN EN 62196-1 (VDE 0623-5-1)
E DIN EN IEC 62196-1 (VDE 0623-5-1)
DIN EN 62196-2 (VDE 0623-5-2)
E DIN EN IEC 62196-2 (VDE 0623-5-2)
DIN EN 62196-3 (VDE 0623-5-3)
E DIN EN IEC 62196-3 (VDE 0623-5-3)
E DIN IEC/TS 62196-4 (VDE V 0623-5-4)
E DIN EN IEC 62196-6 (VDE 0623-5-6)
für den Hausgebrauch .... DIN VDE 0620-2-1 (VDE 0620-2-1)
DIN VDE V 0620-500-1 (VDE V 0620-500-1)
für industrielle Anwendungen .... DIN EN 60309-2 (VDE 0623-2)
E DIN EN 60309-2 (VDE 0623-2)
DIN EN 60309-4 (VDE 0623-3)
E DIN EN 60309-4 (VDE 0623-3)
– allgemeine Anforderungen .... DIN EN 60309-1 (VDE 0623-1)
E DIN EN 60309-1 (VDE 0623-1)
nicht wiederanschließbare .... DIN VDE 0620-101 (VDE 0620-101)
Niederspannungs-Landanschlusssysteme (LVSC) .... E DIN EN 60309-5 (VDE 0623-5)
ortsfeste
– für den Hausgebrauch .... Beiblatt 1 DIN VDE 0620 (VDE 0620)
Beiblatt 2 DIN VDE 0620 (VDE 0620)
DIN VDE 0620-1 (VDE 0620-1)

Steckgesichter
von Lichtwellenleiter-Steckverbindern .... DIN VDE 0888-745 (VDE 0888-745)

Steckverbinder 10-polig
mit Push-pull-Verriegelung .... DIN EN IEC 61076-3-119 (VDE 0687-76-3-119)

Steckverbinder B12 mit Bajonettverriegelung
nach IEC 61076-2-101 und IEC 61076-2-109
.... E DIN EN IEC 61076-2-011 (VDE 0687-76-2-011)

Steckverbinder B12
mit Bajonettverriegelung basierend auf Kontaktschnittstellen
.... E DIN EN IEC 61076-2-011 (VDE 0687-76-2-011)
– nach IEC 61076-2-101 und IEC 61076-2-109
.... E DIN EN IEC 61076-2-011 (VDE 0687-76-2-011)
Steckverbinder für besonderen Einsatz
– Anforderungen .... DIN VDE V 0628-2 (VDE V 0628-2)

Steckverbinder für besonderen Einsatz
Energiesteckvorrichtungen .... DIN VDE V 0628-2 (VDE V 0628-2)

Steckverbinder für elektrische und elektronische Einrichtungen
geschirmte und ungeschirmte 2-polige und 4-polige freie und feste Steckverbinder
– mit Frequenzen bis zu 600 MHz .... E DIN EN IEC 63171-6 (VDE 0627-171-6)

geschirmte und ungeschirmte freie und feste Steckverbinder
– für Datenübertragung und Energieversorgung .... E DIN EN IEC 63171-6 (VDE 0627-171-6)

Steckverbinder für elektronische Einrichtungen
Mess- und Prüfverfahren .... DIN EN IEC 60512-1 (VDE 0687-512-1)
DIN EN 60512-1-100 (VDE 0687-512-1-100)
DIN EN 60512-19-1 (VDE 0687-512-19-1)
DIN EN 60512-20-1 (VDE 0687-512-20-1)
DIN EN 60512-20-3 (VDE 0687-512-20-3)
DIN EN 60512-21-1 (VDE 0687-512-21-1)
DIN EN 60512-22-1 (VDE 0687-512-22-1)
DIN EN 60512-26-100 (VDE 0687-512-26-100)
DIN EN IEC 60512-28-100 (VDE 0687-512-28-100)
DIN EN 60512-7-1 (VDE 0687-512-7-1)
DIN EN 60512-7-2 (VDE 0687-512-7-2)
DIN EN 60512-9-1 (VDE 0687-512-9-1)
DIN EN 60512-9-2 (VDE 0687-512-9-2)
DIN EN 60512-9-3 (VDE 0687-512-9-3)
DIN EN IEC 60512-9-5 (VDE 0687-512-9-5)
– Prüfung 9e: Strombelastung, zyklisch .... DIN EN IEC 60512-9-5 (VDE 0687-512-9-5)
Produktanforderungen .... DIN EN 61076-2-104 (VDE 0687-76-2-104)
DIN EN 61076-2-109 (VDE 0687-76-2-109)
DIN EN 61076-3-110 (VDE 0687-76-3-110)
DIN EN IEC 61076-3-119 (VDE 0687-76-3-119)
DIN EN IEC 61076-3-123 (VDE 0687-76-3-123)
DIN EN 61076-4-116 (VDE 0687-76-4-116)
E DIN EN 61076-8-100 (VDE 0687-76-8-100)
E DIN EN 61076-8-101 (VDE 0687-76-8-101)
E DIN EN 61076-8-102 (VDE 0687-76-8-102)

Steckverbinder M12
mit Schraubverriegelung .... E DIN EN IEC 61076-2-011 (VDE 0687-76-2-011)
DIN EN 61076-2-101 (VDE 0687-76-2-101)
DIN EN IEC 61076-2-111 (VDE 0687-76-2-111)

Steckverbinder nach IEC 60603-7
Prüfungen 26a bis 26g .... DIN EN 60512-26-100 (VDE 0687-512-26-100)
Prüfungen 28a bis 28g .... DIN EN IEC 60512-28-100 (VDE 0687-512-28-100)

Steckverbinder nach IEC 61076-3
Prüfungen 28a bis 28g .... DIN EN 60512-28-100 (VDE 0687-512-28-100)

Steckverbinder
Aufprallprüfungen
– Prüfung 7a: freier Fall .... DIN EN 60512-7-1 (VDE 0687-512-7-1)
– Prüfung 7b: kabelgebundene Fallprüfung .... DIN EN 60512-7-2 (VDE 0687-512-7-2)
Dauerprüfungen
– Prüfung 9a: mechanische Lebensdauer .... DIN EN 60512-9-1 (VDE 0687-512-9-1)
– Prüfung 9b: elektrische Belastung bei hoher Temperatur
.... DIN EN 60512-9-2 (VDE 0687-512-9-2)

– Prüfung 9e: Strombelastung, zyklisch .... DIN EN IEC 60512-9-5 (VDE 0687-512-9-5)
der Reihe IEC 60603-7
– Prüfungen 27a bis 27g .... E DIN EN IEC 60512-27-200 (VDE 0687-512-27-200)
freie und feste

- Datenübertragungen bis 100 MHz .... DIN EN IEC 61076-3-119 (VDE 0687-76-3-119)
- Datenübertragungen bis 3 000 MHz .... DIN EN 61076-3-110 (VDE 0687-76-3-110)
für Bahnfahrzeuge .... DIN EN 50467 (VDE 0115-490)
für dauerhafte Verbindungen .... DIN EN IEC 61535 (VDE 0606-200)
für dauernde Verbindungen .... DIN EN IEC 61535 (VDE 0606-200)
für elektrische Einrichtungen
 – geschirmte freie und feste Steckverbinder .... E DIN EN 61076-3-122 (VDE 0687-76-3-122)
für elektrische und elektronische Einrichtungen
 – geschirmte freie und feste Steckverbinder .... E DIN EN 61076-3-122 (VDE 0687-76-3-122)
 – geschirmte und ungeschirmte 2-polige freie und feste Steckverbinder
 .... E DIN EN IEC 63171-1 (VDE 0627-171-1)
 E DIN IEC 63171-2 (VDE 0627-171-2)
 E DIN EN IEC 63171-6 (VDE 0627-171-6)
 – geschirmte und ungeschirmte 8-polige freie und feste Rundsteckverbinder
 .... E DIN EN IEC 63171-5 (VDE 0627-171-5)
 – geschirmte und ungeschirmte freie und feste Rundsteckverbinder
 .... E DIN EN IEC 63171-5 (VDE 0627-171-5)
 – geschirmte und ungeschirmte freie und feste Steckverbinder
 .... E DIN EN IEC 63171-1 (VDE 0627-171-1)
 E DIN IEC 63171-2 (VDE 0627-171-2)
 E DIN EN IEC 63171-6 (VDE 0627-171-6)
 – Mess- und Prüfverfahren .... DIN EN IEC 60512-1 (VDE 0687-512-1)
für elektronische Einrichtungen
 – Bauartspezifikation .... DIN EN 60603-7-82 (VDE 0687-7-82)
 – Datenübertragungen bis 1 000 MHz .... DIN EN 60603-7-71 (VDE 0687-603-7-71)
 – Datenübertragungen bis 2 000 MHz .... DIN EN 60603-7-81 (VDE 0687-603-7-81)
 DIN EN 60603-7-82 (VDE 0687-7-82)
 – Datenübertragungen bis 3 000 MHz .... DIN EN 61076-3-110 (VDE 0687-76-3-110)
 – Datenübertragungen bis 500 MHz .... DIN EN 60603-7-41 (VDE 0687-603-7-41)
 DIN EN 60603-7-51 (VDE 0687-603-7-51)
 – Datenübertragungen bis 600 MHz .... DIN EN 60603-7-7 (VDE 0687-603-7-7)
 – Dauerprüfungen .... DIN EN 60512-9-4 (VDE 0687-512-9-4)
 – geschirmte freie und feste Steckverbinder .... DIN EN 60603-7-1 (VDE 0687-603-7-1)
 DIN EN 60603-7-3 (VDE 0687-603-7-3)
 DIN EN 60603-7-5 (VDE 0687-603-7-5)
 DIN EN 60603-7-81 (VDE 0687-603-7-81)
 DIN EN 60603-7-82 (VDE 0687-7-82)
 DIN EN 61076-3-104 (VDE 0687-76-3-104)
 DIN EN IEC 61076-3-119 (VDE 0687-76-3-119)
 DIN EN 61076-3-122 (VDE 0687-76-3-122)
 E DIN EN 61076-3-122 (VDE 0687-76-3-122)
 DIN EN IEC 61076-3-124 (VDE 0687-76-3-124)
 – Prüfablaufpläne .... DIN EN 60512-99-001 (VDE 0687-512-99-001)
 DIN EN IEC 60512-99-002 (VDE 0687-512-99-002)
 – Prüfung 16u: Whiskerprüfung .... DIN EN 60512-16-21 (VDE 0687-512-16-21)
 – Prüfungen der Haltekraft des Einsatzes im Gehäuse (axial)
 .... DIN EN IEC 60512-15-2 (VDE 0687-512-15-2)
 – Prüfungen der Kabelabfangung .... DIN EN 60512-17-1 (VDE 0687-512-17-1)
 DIN EN 60512-17-2 (VDE 0687-512-17-2)
 DIN EN 60512-17-3 (VDE 0687-512-17-3)
 DIN EN 60512-17-4 (VDE 0687-512-17-4)
 – Prüfungen der Schirmung und Dämpfung .... DIN EN 60512-23-2 (VDE 0687-512-23-2)
 – Prüfungen mit statischer Last .... DIN EN 60512-8-1 (VDE 0687-512-8-1)

– Prüfungen und Messungen .... DIN EN 60512-8-2 (VDE 0687-512-8-2)
DIN EN IEC 60512-8-3 (VDE 0687-512-8-3)
DIN EN IEC 60512-1 (VDE 0687-512-1)
– Pull-pull-Steckverbinder mit äußerem Verriegelungsmechanismus
.... E DIN EN IEC 61076-2-010 (VDE 0687-76-2-010)
– rechteckige Steckverbinder .... DIN EN 61076-3-115 (VDE 0687-76-3-115)
DIN EN 61076-3-118 (VDE 0687-76-3-118)
DIN EN IEC 61076-3-119 (VDE 0687-76-3-119)
– Rundsteckverbinder .... DIN EN 61076-2 (VDE 0687-76-2)
DIN EN 61076-2-001 (VDE 0687-76-2-001)
DIN EN 61076-2-104 (VDE 0687-76-2-104)
– Rundsteckverbinder B12 .... E DIN EN IEC 61076-2-011 (VDE 0687-76-2-011)
– Rundsteckverbinder M12 .... DIN EN 61076-2-101 (VDE 0687-76-2-101)
DIN EN 61076-2-107 (VDE 0687-76-2-107)
DIN EN 61076-2-109 (VDE 0687-76-2-109)
DIN EN IEC 61076-2-111 (VDE 0687-76-2-111)
– Rundsteckverbinder M16 x 0,75 .... DIN EN 61076-2-106 (VDE 0687-76-2-106)
– Rundsteckverbinder M8 .... DIN EN 61076-2-104 (VDE 0687-76-2-104)
– Rundsteckverbinder mit innerer Push-pull-Verriegelung
.... E DIN EN IEC 61076-2-012 (VDE 0687-76-2-012)
– Schirmwirkung von Steckverbindern und Zubehör
.... DIN EN IEC 60512-23-3 (VDE 0687-512-23-3)
– Signalintegritätsprüfungen .... DIN EN 60512-29-100 (VDE 0687-512-29-100)
– ungeschirmte 8-polige freie und feste Steckverbinder ...... DIN EN 60603-7 (VDE 0627-603-7)
E DIN EN IEC 60603-7 (VDE 0627-603-7)
– ungeschirmte freie und feste Steckverbinder .... DIN EN 60603-7 (VDE 0627-603-7)
E DIN EN IEC 60603-7 (VDE 0627-603-7)
DIN EN 60603-7-2 (VDE 0687-603-7-2)
DIN EN 60603-7-4 (VDE 0687-603-7-4)
– zutreffende Publikationen .... DIN EN 60512-1-100 (VDE 0687-512-1-100)
für Fertigbauteile .... DIN VDE V 0606-201 (VDE V 0606-201)
für Gleichspannungsanwendungen
– in Photovoltaiksystemen .... DIN EN 62852 (VDE 0126-300)
E DIN EN 62852/A1 (VDE 0126-300/A1)
für industrielle Umgebungen
– mit Push-pull-Verriegelung .... E DIN EN IEC 61076-3-126 (VDE 0687-76-3-126)
für Leiterplatten
– High-Speed-Steckverbinder .... DIN EN 61076-4-116 (VDE 0687-76-4-116)
für Lichtwellenleiter .... DIN EN 60874-1 (VDE 0885-874-1)
für Photovoltaiksysteme .... DIN EN 50521 (VDE 0126-3)
DIN EN 62852 (VDE 0126-300)
E DIN EN 62852/A1 (VDE 0126-300/A1)
geschirmte freie und feste
– 8-polig, 12 Kontakte, Datenübertragungen bis 2 000 MHz
.... DIN EN 60603-7-82 (VDE 0687-7-82)
Leistungssteckverbinder
– gasdicht, 2P/3P Leistung, 2 P geschirmtes Signal, Kunststoffgehäuse 150 A
.... E DIN EN 61076-8-102 (VDE 0687-76-8-102)
– gasdicht, 2P/3P Leistung, 2 P geschirmtes Signal, Kunststoffgehäuse 20 A
.... E DIN EN 61076-8-100 (VDE 0687-76-8-100)
– gasdicht, 2P/3P Leistung, 2 P geschirmtes Signal, Kunststoffgehäuse 40 A
.... E DIN EN 61076-8-101 (VDE 0687-76-8-101)
Mess- und Prüfverfahren

– Prüfung 15b: Haltekraft des Einsatzes im Gehäuse (axial)
.... DIN EN IEC 60512-15-2 (VDE 0687-512-15-2)
– Prüfung 17a: Widerstandsfähigkeit der Kabelabfangung
.... DIN EN 60512-17-1 (VDE 0687-512-17-1)
– Prüfung 17b: Kabelabfangung, Sicherheut gegen Einschneiden
.... DIN EN 60512-17-2 (VDE 0687-512-17-2)
– Prüfung 17c: Widerstandsfähigkeit der Kabelabfangung
.... DIN EN 60512-17-3 (VDE 0687-512-17-3)
– Prüfung 17d: Widerstandsfähigkeit der Kabelabfangung
.... DIN EN 60512-17-4 (VDE 0687-512-17-4)
– Prüfung 23b: Einfügungsdämpfung integrierter Filter
.... DIN EN 60512-23-2 (VDE 0687-512-23-2)
– Prüfung 23c: Schirmwirkung von Steckverbindern und Zubehör
.... DIN EN IEC 60512-23-3 (VDE 0687-512-23-3)
– Prüfung 24a: Restmagnetismus .... DIN EN 60512-24-1 (VDE 0687-512-24-1)
– Prüfung 8a: statische Querlast .... DIN EN 60512-8-1 (VDE 0687-512-8-1)
– Prüfung 8b: statische Axiallast .... DIN EN 60512-8-2 (VDE 0687-512-8-2)
– Prüfung 8c: mechanische Widerstandsfähigkeit .. DIN EN IEC 60512-8-3 (VDE 0687-512-8-3)
– Prüfung 9c: mechanische Lebensdauer .... DIN EN 60512-9-3 (VDE 0687-512-9-3)
– Prüfung 9d: Kontakthalterung und Dichtungen .... DIN EN 60512-9-4 (VDE 0687-512-9-4)
– Schirm- und Filterprüfungen: Prüfung 23c .... DIN EN IEC 60512-23-3 (VDE 0687-512-23-3)
Messung der Schirmdämpfung
– mit Strahlungskammerverfahren .... DIN EN 61726 (VDE 0887-726)
mit Push-pull-Verriegelung .... E DIN EN IEC 61076-3-126 (VDE 0687-76-3-126)
nach IEC 61169-47 .... DIN EN 60966-2-7 (VDE 0887-966-2-7)
Prüfablaufplan
– Prüfung 99a: paarverseilte Kommunikationsverkabelung mit Fernspeisung
.... DIN EN 60512-99-001 (VDE 0687-512-99-001)
– Prüfung 99b: Stecken und Ziehen unter elektrischer Last
.... DIN EN IEC 60512-99-002 (VDE 0687-512-99-002)
Prüfungen 27a bis 27g .... E DIN EN IEC 60512-27-200 (VDE 0687-512-27-200)
Prüfungen auf Feuersicherheit
– Prüfung 20a: Brennbarkeit, Nadelflamme .... DIN EN 60512-20-1 (VDE 0687-512-20-1)
– Prüfung 20c: Brennbarkeit, Glühdraht .... DIN EN 60512-20-3 (VDE 0687-512-20-3)
Prüfungen auf Signalintegrität
– Prüfung 27a bis 27g .... DIN EN 60512-27-100 (VDE 0687-512-27-100)
Prüfungen der HF-Güte
– Prüfung 21a: HF-Dämpfungswiderstand .... DIN EN 60512-21-1 (VDE 0687-512-21-1)
Prüfungen der Kapazität
– Prüfung 22a: Kapazität .... DIN EN 60512-22-1 (VDE 0687-512-22-1)
Prüfungen der Widerstandsfähigkeit
– Prüfung 19a: Widerstandsfähigkeit gegen Flüssigkeiten
.... DIN EN 60512-19-1 (VDE 0687-512-19-1)
Prüfungen im magnetischen Störfeld
– Prüfung 24a: Restmagnetismus .... DIN EN 60512-24-1 (VDE 0687-512-24-1)
Rundsteckverbinder
– Rahmenspezifikation .... DIN EN 61076-2 (VDE 0687-76-2)
– Vordruck für Bauartspezifikation .... DIN EN 61076-2-001 (VDE 0687-76-2-001)
Rundsteckverbinder mit Schraubverriegelung
– Bauartspezifikation .... DIN EN 61076-2-104 (VDE 0687-76-2-104)
DIN EN 61076-2-106 (VDE 0687-76-2-106)
Rundsteckverbinder mit Schraubverriegelung M2
– Bauartspezifikation .... DIN EN 61076-2-113 (VDE 0687-2-113)

Rundsteckverbinder mit Schraubverriegelung M8
- Bauartspezifikation .... E DIN EN 61076-2-114 (VDE 0687-2-114)
Sicherheitsanforderungen und Prüfungen .... DIN EN 61984 (VDE 0627)
Signalintegritätsprüfungen .... DIN EN 60512-27-100 (VDE 0687-512-27-100)
              E DIN EN IEC 60512-27-200 (VDE 0687-512-27-200)
              DIN EN IEC 60512-28-100 (VDE 0687-512-28-100)
              DIN EN 60512-29-100 (VDE 0687-512-29-100)
- bis 2000 MHz .... E DIN EN IEC 60512-27-200 (VDE 0687-512-27-200)
Signalintegritätsprüfungen bis 2000 MHz
- Prüfungen 27a bis 27g .... E DIN EN IEC 60512-27-200 (VDE 0687-512-27-200)
- Prüfungen 28a bis 28g .... DIN EN IEC 60512-28-100 (VDE 0687-512-28-100)
Triaxial-Steckverbinder .... E DIN EN IEC 61169-67 (VDE 0887-969-67)

Steckverbinder, 10-polig
für elektronische Einrichtungen
- für E/A und Datenübertragung bis 500 MHz ... DIN EN IEC 61076-3-124 (VDE 0687-76-3-124)
für Frequenzen bis 100 MHz
- Push-pull-Verriegelung .... DIN EN IEC 61076-3-119 (VDE 0687-76-3-119)
geschirmte freie und feste
- für Datenübertragung bis 100 MHz .... DIN EN IEC 61076-3-119 (VDE 0687-76-3-119)

Steckverbinder, 2-polig
geschirmte und ungeschirmte, freie und feste
- mechanische Passung, Kontaktstiftbelegung Typ 2 ...... E DIN IEC 63171-2 (VDE 0627-171-2)
- mechanische Passung, Kontaktstiftbelegung, Variante 1/Bauart LC, Kupfer
.... E DIN EN IEC 63171-1 (VDE 0627-171-1)
              E DIN EN IEC 63171-6 (VDE 0627-171-6)

Steckverbinder, 2-polig, 4-polig
geschirmte und ungeschirmte, freie und feste
- Datenübertragung und Energieversorgung mit Frequenzen bis zu 600 MHz
.... E DIN EN IEC 63171-6 (VDE 0627-171-6)

Steckverbinder, 5-polig
für elektronische Einrichtungen .... E DIN EN IEC 61076-3-126 (VDE 0687-76-3-126)

Steckverbinder, 8-polig
für elektrische Einrichtungen
- für IO- und Gigabit-Anwendungen .... E DIN EN 61076-3-122 (VDE 0687-76-3-122)
für elektrische und elektronische Einrichtungen
- für IO- und Gigabit-Anwendungen .... E DIN EN 61076-3-122 (VDE 0687-76-3-122)
für elektronische Einrichtungen
- für IO- und Gigabit-Anwendungen .... DIN EN 61076-3-122 (VDE 0687-76-3-122)
              E DIN EN 61076-3-122 (VDE 0687-76-3-122)
für Frequenzen bis 600 MHz
- Push-pull-Ausführung .... DIN EN 61076-3-115 (VDE 0687-76-3-115)
für IO- und Gigabit-Anwendungen
- in rauen Umgebungen .... DIN EN 61076-3-122 (VDE 0687-76-3-122)
              E DIN EN 61076-3-122 (VDE 0687-76-3-122)
geschirmte freie und feste
- Bauartspezifikation .... DIN EN 60603-7-1 (VDE 0687-603-7-1)
              DIN EN 60603-7-81 (VDE 0687-603-7-81)
- für Datenübertragung bis 1000 MHz .... DIN EN 60603-7-71 (VDE 0687-603-7-71)
- für Datenübertragung bis 100 MHz .... DIN EN 60603-7-3 (VDE 0687-603-7-3)
- für Datenübertragung bis 2000 MHz .... DIN EN 60603-7-81 (VDE 0687-603-7-81)

– für Datenübertragung bis 250 MHz .... DIN EN 60603-7-82 (VDE 0687-7-82)
DIN EN 61076-3-104 (VDE 0687-76-3-104)
DIN EN 60603-7-5 (VDE 0687-603-7-5)
– für Datenübertragung bis 500 MHz .... DIN EN 60603-7-51 (VDE 0687-603-7-51)
– für Datenübertragung bis 600 MHz .... DIN EN 60603-7-7 (VDE 0687-603-7-7)
ungeschirmte freie und feste
– Bauartspezifikation .... DIN EN 60603-7 (VDE 0627-603-7)
E DIN EN IEC 60603-7 (VDE 0627-603-7)
– für Datenübertragung bis 100 MHz .... DIN EN 60603-7-2 (VDE 0687-603-7-2)
– für Datenübertragung bis 250 MHz .... DIN EN 60603-7-4 (VDE 0687-603-7-4)
– für Datenübertragung bis 500 MHz .... DIN EN 60603-7-41 (VDE 0687-603-7-41)

Steckverbinder, 8-polig
geschirmte freie und feste
– für Datenübertragung bis 2 000 MHz .... DIN EN 61076-3-104 (VDE 0687-76-3-104)
geschirmte und ungeschirmte, freie und feste
– mechanische Passung, Kontaktstiftbelegung Typ 5   E DIN EN IEC 63171-5 (VDE 0627-171-5)

Steckverbinder, feste
Prüfung mit statischer Last
– Prüfung 8c: mechanische Widerstandsfähigkeit des Betätigungshebels
.... DIN EN IEC 60512-8-3 (VDE 0687-512-8-3)

Steckverbinder, rechteckig
für industrielle Umgebungen
– mit Push-Pull-Verriegelung .... DIN EN IEC 61076-3-123 (VDE 0687-76-3-123)
mit Push-pull-Verriegelung
– bis 100 MHz .... DIN EN IEC 61076-3-119 (VDE 0687-76-3-119)
mit Rastverriegelung
– 250 V Gleichspannung und 30 A Bemessungsstrom
.... DIN EN 61076-3-120 (VDE 0687-76-3-120)

Steckverbinder, rechteckige
5-polig
– zur Stromversorgung für industrielle Umgebungen
.... E DIN EN IEC 61076-3-126 (VDE 0687-76-3-126)

Steckverbinderfamilie EM-RJ
Steckgesichter .... DIN VDE 0888-745 (VDE 0888-745)

Steckverbindungen
für Schweißleitungen .... DIN EN 60974-12 (VDE 0544-202)
E DIN IEC 60974-12 (VDE 0544-12)

Steckvorrichtungen
Elektrofahrzeuge .... DIN EN 62196-3 (VDE 0623-5-3)
E DIN EN IEC 62196-3 (VDE 0623-5-3)
Elektroleichtfahrzeuge .... E DIN IEC/TS 62196-4 (VDE V 0623-5-4)
Nähmaschinen .... DIN EN 60320-2-1 (VDE 0625-2-1)
E DIN EN 60320-2-1 (VDE 0625-2-1)
zum Laden von Elektrofahrzeugbatterien .... DIN EN 62196-3 (VDE 0623-5-3)
E DIN EN IEC 62196-3 (VDE 0623-5-3)
E DIN IEC/TS 62196-4 (VDE V 0623-5-4)

Stegleitung .... DIN VDE 0250-201 (VDE 0250-201)
Verlegen .... DIN VDE 0100-520 (VDE 0100-520)

E DIN VDE 0100-520-1 (VDE 0100-520-1)

Steh-Stoßspannungspegel
drehender Wechselstrommaschinen .... DIN EN 60034-15 (VDE 0530-15)

Steigbereich .... DIN EN 50288-10-1 (VDE 0819-10-1)
DIN EN 50288-11-1 (VDE 0819-11-1)
DIN EN 50288-9-1 (VDE 0819-9-1)

Stellantriebe (ESHG-) .... DIN EN 60669-2-5 (VDE 0632-2-5)

Stellantriebe
elektrische
– für den Hausgebrauch .... DIN EN IEC 60730-2-14 (VDE 0631-2-14)
E DIN IEC 60730-2-14/A1 (VDE 0631-2-14/A1)

Stellgeräte
für die Prozessregelung .... DIN EN 1349 (VDE 0409-1349)

Stellplatz .... DIN VDE 0100-708 (VDE 0100-708)
E DIN VDE 0100-708 (VDE 0100-708)
VDE-Schriftenreihe Band 150
VDE-Schriftenreihe Band 168

Stellteile
von Maschinen .... DIN EN 60204-1 (VDE 0113-1)
E DIN EN 60204-1/A1 (VDE 0113-1/A1)
DIN EN 61310-1 (VDE 0113-101)
– Anordnung und Betrieb .... DIN EN 60204-1 (VDE 0113-1)
E DIN EN 60204-1/A1 (VDE 0113-1/A1)
DIN EN 61310-3 (VDE 0113-103)

Stelltransformatoren .... DIN EN 61558-2-14 (VDE 0570-2-14)

Stereoskopische Betrachtungsverfahren
VBPDST
– Maschinensicherheit .... DIN IEC/TS 61496-4-3 (VDE V 0113-204-3)

Stereotaxieeinrichtungen .... DIN EN 60601-2-45 (VDE 0750-2-45)

Stereoverfahren
VBPDST
– Maschinensicherheit .... DIN IEC/TS 61496-4-3 (VDE V 0113-204-3)

Sterilisatoren
für medizinisches Material .... DIN EN 61010-2-040 (VDE 0411-2-040)
E DIN EN IEC 61010-2-040 (VDE 0411-2-040)

Sterndreieckstarter .... DIN EN IEC 60947-4-1 (VDE 0660-102)

Steuer- und Kommunikationskabel
Anforderungen an das Brandverhalten .... DIN EN 50575 (VDE 0482-575)

Steuer- und Regelgeräte
Störfestigkeitsanforderungen .... DIN EN IEC 61326-3-2 (VDE 0843-20-3-2)

Steuer- und Schutzeinrichtung, ladeleitungsintegrierte
Ladebetriebsart 2 Elektro-Straßenfahrzeuge (IC-CPD) .... DIN EN 62752 (VDE 0666-10)
E DIN EN IEC 62752 (VDE 0666-10)

	E DIN EN 62752/A1 (VDE 0666-10/A1)
von Elektro-Straßenfahrzeugen (IC-CPDs)	DIN EN 62752 (VDE 0666-10)
	E DIN EN IEC 62752 (VDE 0666-10)
	E DIN EN 62752/A1 (VDE 0666-10/A1)
Steuer- und Schutz-Schaltgeräte (CPS)	DIN EN 60947-6-2 (VDE 0660-115)
	E DIN EN 60947-6-2/A2 (VDE 0660-115/A2)
Mehrfunktions-Schaltgeräte	E DIN EN 60947-6-2/A2 (VDE 0660-115/A2)

Steuereinrichtungen

in Gleichstrom-Bahnanlagen	DIN EN 50123-1 (VDE 0115-300-1)
– Messumformer	DIN EN 50123-7-1 (VDE 0115-300-7-1)
	DIN EN 50123-7-2 (VDE 0115-300-7-2)
	DIN EN 50123-7-3 (VDE 0115-300-7-3)
– Spannungswandler	DIN EN 50123-7-3 (VDE 0115-300-7-3)

Steuergeräte und Schaltelemente

Näherungsschalter	E DIN EN 60947-5-2 (VDE 0660-208)

Steuergeräte

automatische elektrische	DIN EN 60730-2-6 (VDE 0631-2-6)

Steuergeräte, elektrische industrielle

Sicherheitsanforderungen für Maschinen-Aspekte	DIN EN IEC 61010-2-120 (VDE 0411-2-120)

Steuergeräte, elektrische

allgemeine Anforderungen	DIN EN 61010-1 (VDE 0411-1)

Steuerkondensatoren
für Hochspannungs-Wechselstrom

– Leistungsschalter	DIN EN 62146-1 (VDE 0560-50)

Steuerleitungen

flache PVC-ummantelte	DIN EN 50214 (VDE 0283-2)
für Aufzüge und Laufkräne	DIN EN 50214 (VDE 0283-2)
mit verbessertem Brandverhalten	
– für Schienenfahrzeuge	DIN EN 50264-1 (VDE 0260-264-1)
	DIN EN 50264-2-1 (VDE 0260-264-2-1)
	DIN EN 50264-2-2 (VDE 0260-264-2-2)
	DIN EN 50264-3-1 (VDE 0260-264-3-1)
	DIN EN 50264-3-2 (VDE 0260-264-3-2)

Steuerleitungen, ölbeständige

thermoplastische PVC-Isolierung	DIN EN 50525-2-51 (VDE 0285-525-2-51)

Steuern

Geräte zum	DIN VDE 0100-530 (VDE 0100-530)

Steuerschalter .... DIN EN 60947-5-1 (VDE 0660-200)

Steuerstromkreise .... DIN VDE 0100-460 (VDE 0100-460)

Steuertransformatoren

Prüfungen	DIN EN 61558-2-2 (VDE 0570-2-2)

Steuerungen

Batterieanlagen	DIN EN IEC 62485-2 (VDE 0510-485-2)
Niederspannungs-	VDE-Schriftenreihe Band 28

Steuerung-Geräte-Netzwerke (CDIs)
Aktor-Sensor-Interface (AS-i) .... DIN EN 62026-2 (VDE 0660-2026-2)
allgemeine Festlegungen .... DIN EN IEC 62026-1 (VDE 0660-2026-1)
CompuNet .... DIN EN 62026-7 (VDE 0660-2026-7)
DeviceNet .... DIN EN 62026-3 (VDE 0660-2026-3)

Steuerungsfunktionen
für Kernkraftwerke
– Kategorisierung .... DIN EN 61226 (VDE 0491-1)
　　　　　　　　　　　　　　　　　　　　　　　　E DIN IEC 61226 (VDE 0491-1)

Steuerungssystem, kabellos
Sicherheit von Maschinen .... DIN EN 60204-1 (VDE 0113-1)
　　　　　　　　　　　　　　　　　　　　　　　　E DIN EN 60204-1/A1 (VDE 0113-1/A1)
　　　　　　　　　　　　　　　　　　　　　　　　DIN EN 62745 (VDE 0113-1-1)
　　　　　　　　　　　　　　　　　　　　　　　　DIN EN 62745/A11 (VDE 0113-1-1/A11)

Steuerungssysteme, sicherheitsrelevante
funktionale Sicherheit
– Maschinensicherheit .... E DIN EN 63074 (VDE 0113-74)

Stichsägen
handgeführt, motorbetrieben .... DIN EN 62841-2-11 (VDE 0740-2-11)
Staubmessverfahren .... DIN EN 50632-2-11 (VDE 0740-632-2-11)

Stichwortsammlung zur DIN VDE 0100 .... VDE-Schriftenreihe Band 100

Stickoxide
in Tiefgaragen und Tunneln
– Geräte zur Detektion und Messung .... DIN EN 50545-1 (VDE 0400-80)

Stift- und Buchsensteckvorrichtungen
für Wechselstrom
– Kompatibilität und Austauschbarkeit .... DIN EN 62196-2 (VDE 0623-5-2)
　　　　　　　　　　　　　　　　　　　　　　　　E DIN EN IEC 62196-2 (VDE 0623-5-2)

Stifte und Buchsen
Austauschbarkeit von Fahrzeugsteckvorrichtungen
– Laden von Elektroleichtfahrzeugen .... E DIN IEC/TS 62196-4 (VDE V 0623-5-4)

Stifte
für das Laden von Elektrofahrzeugen
– Austauschbarkeit von Fahrzeugsteckvorrichtungen .... E DIN EN IEC 62196-3 (VDE 0623-5-3)
nicht massive
– Stecker und Gerätestecker .... VDE-Anwendungsregel VDE-AR-E 2687-1

Stiftsteckvorrichtungen
für industrielle Anwendungen
– Austauschbarkeit .... DIN EN 60309-2 (VDE 0623-2)
　　　　　　　　　　　　　　　　　　　　　　　　E DIN EN 60309-2 (VDE 0623-2)
für konduktive Ladesysteme .... DIN EN 62196-2 (VDE 0623-5-2)
　　　　　　　　　　　　　　　　　　　　　　　　E DIN EN IEC 62196-2 (VDE 0623-5-2)

Stimulationsgeräte
für Nerven und Muskeln .... DIN EN 60601-2-10 (VDE 0750-2-10)

Stoff, anwendungsbeschränkter
Beurteilung von Elektro- und Elektronikgeräten .... DIN EN IEC 63000 (VDE 0042-12)

Stoffgruppe .... DIN EN IEC 62474 (VDE 0042-4)
E DIN EN IEC 62474/A1 (VDE 0042-4/A1)

Störaussendung .... DIN EN 50121-3-1 (VDE 0115-121-3-1)
DIN EN 50121-3-1/A1 (VDE 0115-121-3-1/A1)
der Bahnenergieversorgung .... DIN EN 50121-5 (VDE 0115-121-5)
DIN EN 50121-5/A1 (VDE 0115-121-5/A1)
EMV-Fachgrundnorm
– Kraftwerke und Schaltstationen .... DIN EN 61000-6-5 (VDE 0839-6-5)
– Wohn-, Geschäfts- und Gewerbebereich, Kleinbetriebe .... DIN EN 61000-6-3 (VDE 0839-6-3)
E DIN EN 61000-6-3-100 (VDE 0839-6-3-100)
gestrahlte hochfrequente
– Einrichtungen zur Messung .... DIN EN 55016-1-2 (VDE 0876-16-1-2)
Messgeräte und -einrichtungen
– Antennen und Messplätze .... E DIN EN IEC 55016-1-403 (VDE 0876-16-1-403)
– Zusatz-/Hilfseinrichtungen .... DIN EN 55016-1-3 (VDE 0876-16-1-3)
E DIN EN 55016-1-3/A2 (VDE 0876-16-1-3/A2)
DIN EN IEC 55016-1-4 (VDE 0876-16-1-4)
TEM-Wellenleiter .... DIN EN 61000-4-20 (VDE 0847-4-20)
Verfahren zur Messung
– leitungsgeführte Störaussendung .... DIN EN 55016-2-1 (VDE 0877-16-2-1)
– Störfestigkeit .... DIN EN 55016-2-4 (VDE 0877-16-2-4)
– Störleistung .... DIN EN 55016-2-2 (VDE 0877-16-2-2)
von Haushaltsgeräten, Elektrowerkzeugen
– und ähnlichen Elektrogeräten .... DIN EN 55014-1 (VDE 0875-14-1)
E DIN EN IEC 55014-1 (VDE 0875-14-1)
von Signal- und Telekommunikationseinrichtungen
– in der Bahnumgebung .... DIN EN 50121-4 (VDE 0115-121-4)
DIN EN 50121-4/A1 (VDE 0115-121-4/A1)
von Werkzeugmaschinen
– Produktfamiliennorm .... DIN EN 50370-1 (VDE 0875-370-1)

Störaussendung für Industriebereiche
EMV-Fachgrundnorm .... DIN EN IEC 61000-6-4 (VDE 0839-6-4)
DIN EN 61000-6-7 (VDE 0839-6-7)

Störaussendung, gestrahlte hochfrequente
Geräte und Einrichtungen zur Messung .... E DIN EN IEC 55016-1-403 (VDE 0876-16-1-403)
Verfahren zur Messung .... DIN EN IEC 55016-1-4 (VDE 0876-16-1-4)
DIN EN 55016-2-3 (VDE 0877-16-2-3)

Störaussendung, hochfrequente
Geräte und Einrichtungen zur Messung .... E DIN EN IEC 55016-1-403 (VDE 0876-16-1-403)
Messgeräte .... DIN EN IEC 55016-1-1 (VDE 0876-16-1-1)
DIN EN 55016-4-2 (VDE 0876-16-4-2)
Messgeräte-Unsicherheit .... DIN EN 55016-4-2 (VDE 0876-16-4-2)
Messung
– Störmodell .... DIN EN 55016-4-2 (VDE 0876-16-4-2)
– Unsicherheiten, Statistik und Modelle zur Ableitung von Grenzwerten
.... DIN EN 55016-4-2 (VDE 0876-16-4-2)

Störaussendungen
des Bahnsystems in die Außenwelt .... DIN EN 50121-2 (VDE 0115-121-2)

Störfallüberwachung
sicherheitswichtige Instrumentierung .... E DIN IEC 63147 (VDE 0491-4-3)

Störfestigkeit gegen hochfrequente elektromagnetische Felder
.... DIN EN 61000-4-3 (VDE 0847-4-3)
E DIN EN IEC 61000-4-3 (VDE 0847-4-3)
Störfestigkeit gestrahlter Felder im Nahbereich
– elektromagnetische Verträglichkeit .... DIN EN 61000-4-39 (VDE 0847-4-39)

Störfestigkeit von Elektrowerkzeugen .... DIN EN 55014-2 (VDE 0875-14-2)
E DIN EN IEC 55014-2 (VDE 0875-14-2)

Störfestigkeit von Haushaltsgeräten .... DIN EN 55014-2 (VDE 0875-14-2)
E DIN EN IEC 55014-2 (VDE 0875-14-2)

Störfestigkeit
der Bahnenergieversorgung .... DIN EN 50121-5 (VDE 0115-121-5)
DIN EN 50121-5/A1 (VDE 0115-121-5/A1)
EMV-Fachgrundnorm
– Industriebereich .... DIN EN IEC 61000-6-2 (VDE 0839-6-2)
– Kraftwerke und Schaltstationen .... DIN EN 61000-6-5 (VDE 0839-6-5)
– Wohn-, Geschäfts- und Gewerbebereich .... DIN EN IEC 61000-6-1 (VDE 0839-6-1)
DIN EN 61000-6-5 (VDE 0839-6-5)
Fernseh- und Rundfunkempfänger .... Beiblatt 1 DIN EN 55020 (VDE 0872-20)
gegen digitale Mobilfunkgeräte
– Hörgeräte .... E DIN IEC 60118-13 (VDE 0750-11)
gegen Entladung statischer Elektrizität .... DIN EN 61000-4-2 (VDE 0847-4-2)
gegen gedämpft schwingende Wellen .... DIN EN 61000-4-10 (VDE 0847-4-10)
DIN EN IEC 61000-4-18 (VDE 0847-4-18)
gegen gestrahlte Störgrößen
– in Vollabsorberräumen .... DIN EN 61000-4-22 (VDE 0847-4-22)
gegen HEMP-Störgrößen .... DIN EN 61000-4-25 (VDE 0847-4-25)
gegen Kurzzeitunterbrechungen .... DIN EN 61000-4-11 (VDE 0847-4-11)
E DIN EN IEC 61000-4-11 (VDE 0847-4-11)
DIN EN 61000-4-29 (VDE 0847-4-29)
– Prüfung .... DIN EN 61000-4-34 (VDE 0847-4-34)
gegen leitungsgeführte Störgrößen .... DIN EN 61000-4-16 (VDE 0847-4-16)
DIN EN 61000-4-19 (VDE 0847-4-19)
DIN EN 61000-4-24 (VDE 0847-4-24)
DIN EN 61000-4-6 (VDE 0847-4-6)
– Prüf- und Messverfahren .... DIN EN 61000-4-6 (VDE 0847-4-6)
gegen Magnetfelder .... DIN EN 61000-4-8 (VDE 0847-4-8)
gegen Netzfrequenzschwankungen
– Prüfung .... DIN EN 61000-4-28 (VDE 0847-4-28)
gegen Oberschwingungen und Zwischenharmonische ..... DIN EN 61000-4-13 (VDE 0847-4-13)
gegen schnelle transiente Störgrößen/Burst .... DIN EN 61000-4-4 (VDE 0847-4-4)
gegen Spannungseinbrüche .... DIN EN 61000-4-11 (VDE 0847-4-11)
E DIN EN IEC 61000-4-11 (VDE 0847-4-11)
– Prüfung .... DIN EN 61000-4-34 (VDE 0847-4-34)
gegen Spannungsschwankungen .... DIN EN 61000-4-11 (VDE 0847-4-11)
E DIN EN IEC 61000-4-11 (VDE 0847-4-11)
– Prüfung .... DIN EN 61000-4-14 (VDE 0847-4-14)
DIN EN 61000-4-34 (VDE 0847-4-34)
gegen Stoßspannungen .... DIN EN 61000-4-5 (VDE 0847-4-5)

gegen Unsymmetrie der Versorgungsspannung .... DIN EN 61000-4-27 (VDE 0847-4-27)
gegen Wechselanteile an Gleichstrom-Netzanschlüssen
.... DIN EN 61000-4-17/A2 (VDE 0847-4-17/A2)
gegen Wechselspannungsanteile
– Prüfung .... DIN EN 61000-4-17 (VDE 0847-4-17)
gestrahlte Felder im Nahbereich
– Prüfung .... DIN EN 61000-4-39 (VDE 0847-4-39)
impulsförmiger Magnetfelder .... DIN EN 61000-4-9 (VDE 0847-4-9)
Messgeräte .... DIN EN IEC 55016-1-1 (VDE 0876-16-1-1)
Messgeräte und -einrichtungen .... DIN EN 55016-4-2 (VDE 0876-16-4-2)
– Antennen und Messplätze .... E DIN EN IEC 55016-1-403 (VDE 0876-16-1-403)
– FFT-basierte Messgeräte .... DIN EN IEC 55016-1-1 (VDE 0876-16-1-1)
– Kalibrierung von Antennen .... DIN EN 55016-1-6 (VDE 0876-16-1-6)
– Messplätze für Antennenkalibrierung .... DIN EN 55016-1-5 (VDE 0876-16-1-5)
– Zusatz-/Hilfseinrichtungen .... DIN EN 55016-1-3 (VDE 0876-16-1-3)
                                                                                      E DIN EN 55016-1-3/A2 (VDE 0876-16-1-3/A2)
                                                                                      DIN EN IEC 55016-1-4 (VDE 0876-16-1-4)
Messgeräteunsicherheit .... DIN EN 55016-4-2 (VDE 0876-16-4-2)
Messung
– bei Einstrahlungen .... DIN EN 62132-8 (VDE 0847-22-8)
                                                                                      DIN IEC/TS 62132-9 (VDE V 0847-22-9)
– impulsförmiger Magnetfelder .... DIN EN 61000-4-9 (VDE 0847-4-9)
Prüf- und Messverfahren .... DIN EN 61000-4-11 (VDE 0847-4-11)
                                                                                      E DIN EN IEC 61000-4-11 (VDE 0847-4-11)
                                                                                      DIN EN 61000-4-4 (VDE 0847-4-4)
Prüfung
– impulsförmige Magnetfelder .... DIN EN 61000-4-9 (VDE 0847-4-9)
Prüfung in Modenverwirbelungskammern .... DIN EN 61000-4-21 (VDE 0847-4-21)
Störfestigkeit gegen leitungsgeführte breitbandige Störgrößen
– an Wechselstrom-Netzanschlüssen .... DIN EN 61000-4-31 (VDE 0847-4-31)
Stromversorgungsanlagen .... DIN EN 61000-4-9 (VDE 0847-4-9)
TEM-Wellenleiter .... DIN EN 61000-4-20 (VDE 0847-4-20)
Verfahren zur Messung .... DIN EN 55016-2-2 (VDE 0877-16-2-2)
                                                                                      DIN EN 55016-2-4 (VDE 0877-16-2-4)
– leitungsgeführte Störaussendung .... DIN EN 55016-2-1 (VDE 0877-16-2-1)
von Alarmanlagen .... DIN EN 50130-4 (VDE 0830-1-4)
von Beleuchtungseinrichtungen .... Beiblatt 1 DIN EN 61547 (VDE 0875-15-2)
                                                                                      DIN EN 61547 (VDE 0875-15-2)
                                                                                      E DIN EN 61547 (VDE 0875-15-2)
von Gefahrenmeldeanlagen .... DIN EN 50130-4 (VDE 0830-1-4)
von Netz-Datenübertragungsgeräten
– im Industriebereich .... DIN EN 50065-2-2 (VDE 0808-2-2)
– im Wohn- und Gewerbebereich .... DIN EN 50065-2-1 (VDE 0808-2-1)
– von Stromversorgungsunternehmen .... DIN EN 50065-2-3 (VDE 0808-2-3)
von Signal- und Telekommunikationseinrichtungen
– in der Bahnumgebung .... DIN EN 50121-4 (VDE 0115-121-4)
                                                                                      DIN EN 50121-4/A1 (VDE 0115-121-4/A1)

Störfestigkeitsanforderungen
    an Beleuchtungseinrichtungen .... Beiblatt 1 DIN EN 61547 (VDE 0875-15-2)
                                                                                      DIN EN 61547 (VDE 0875-15-2)
                                                                                      E DIN EN 61547 (VDE 0875-15-2)
    an Geräte in sicherheitsbezogenen Systemen .... DIN EN IEC 61326-3-2 (VDE 0843-20-3-2)

Störfestigkeitseigenschaften
von Einrichtungen der Informationstechnik .... DIN EN 55024 (VDE 0878-24)
von Ton- und Fernseh-Rundfunkempfängern .... DIN EN 55020 (VDE 0872-20)
E DIN EN 55020/A1 (VDE 0872-20/A10)
DIN EN 55020/A11 (VDE 0872-20/A1)
DIN EN 55020/A12 (VDE 0872-20/A2)

Störfestigkeitsprüfung .... DIN EN 61000-4-4 (VDE 0847-4-4)
DIN EN 61000-4-8 (VDE 0847-4-8)
gegen leitungsgeführte symmetrische Störgrößen
– Frequenzbereich von 2 kHz bis 150 kHz .... DIN EN 61000-4-19 (VDE 0847-4-19)

Störgrößen
Messung .... DIN EN 61000-4-23 (VDE 0847-4-23)
niederfrequente leitungsgeführte .... DIN EN 61000-2-12 (VDE 0839-2-12)

Störgrößen, elektromagnetische
Schutz in Niederspannungsanlagen .... DIN VDE 0100-444 (VDE 0100-444)
E DIN IEC 60364-4-44/A2 (VDE 0100-444/A2)
VDE-Schriftenreihe Band 126

Störgrößen, leitungsgeführte
induziert durch hochfrequente Felder .... DIN EN 61000-4-6 (VDE 0847-4-6)

Störgrößen, leitungsgeführte breitbandige
an Wechselstrom-Netzanschlüssen .... DIN EN 61000-4-31 (VDE 0847-4-31)

Störleistung
Verfahren zur Messung .... DIN EN 55016-1-3 (VDE 0876-16-1-3)
E DIN EN 55016-1-3/A2 (VDE 0876-16-1-3/A2)
DIN EN 55016-2-2 (VDE 0877-16-2-2)

Störleistungsmessung .... DIN EN 55016-1-3 (VDE 0876-16-1-3)
E DIN EN 55016-1-3/A2 (VDE 0876-16-1-3/A2)

Störlichtbogen
thermische Gefahren
– Schutzkleidung .... E DIN EN 62819 (VDE 0682-341)

Störlichtbogenklassifikation
Hochspannungsschaltgeräte und -schaltanlagen
– Bemessungsspannung 1 kV bis einschließlich 52 kV   DIN EN IEC 62271-214 (VDE 0671-214)

Störminderung
Transformatoren zur .... DIN EN 61558-2-19 (VDE 0570-2-19)

Störspannungen
Schutz in Niederspannungsanlagen .... DIN VDE 0100-442 (VDE 0100-442)
DIN VDE 0100-444 (VDE 0100-444)
E DIN IEC 60364-4-44/A2 (VDE 0100-444/A2)
VDE-Schriftenreihe Band 126

Störstrahlungscharakteristik
von Multimediakabelnetzen .... DIN EN 50083-2 (VDE 0855-200)
E DIN EN 50083-2/A2 (VDE 0855-200/A2)

Störungen, elektromagnetische
Drosselspulen zur Unterdrückung .... DIN EN 60938-1 (VDE 0565-2)

Netzdrosselspulen zur Unterdrückung .... E DIN EN IEC 60938-1 (VDE 0565-2)
DIN EN 60938-2 (VDE 0565-2-1)
E DIN EN IEC 60938-2 (VDE 0565-2-1)

Störungsmeldung und -anzeige
in Kernkraftwerken .... DIN EN 62241 (VDE 0491-5-2)

Störungsmeldungen
Alarmanlagen .... DIN EN 50136-1 (VDE 0830-5-1)

Stoß- und Schwingungsdaten
Umgebungsbedingungen .... DIN EN 60721-2-9 (VDE 0468-721-2-9)

Stoßgeführtes piezoelektrisches Energie-Harvesting
bei Sensoren für Automobile
– Halbleiterbauelemente .... DIN EN IEC 62969-3 (VDE 0884-69-3)

Stoßspannungen
Prüfungen
– Messgeräte .... DIN EN 61083-1 (VDE 0432-7)
E DIN EN 61083-1 (VDE 0432-7)
Störfestigkeit gegen .... DIN EN 61000-4-5 (VDE 0847-4-5)
Beiblatt 1 DIN EN 61547 (VDE 0875-15-2)
DIN EN 61547 (VDE 0875-15-2)
E DIN EN 61547 (VDE 0875-15-2)

Stoßspannungsprüfungen
an Kabeln und Garnituren .... DIN EN IEC 60230 (VDE 0481-230)
Durchschlagfestigkeit von isolierenden Werkstoffen .... DIN EN 60243-3 (VDE 0303-23)
Software .... DIN EN 61083-2 (VDE 0432-8)

Stoßstrom .... Beiblatt 1 DIN EN 61547 (VDE 0875-15-2)
DIN EN 61547 (VDE 0875-15-2)
E DIN EN 61547 (VDE 0875-15-2)

Stoßstromprüfungen
Software .... DIN EN 61083-2 (VDE 0432-8)

Strahlenschutz
Dichtheitsprüfungen
– umschlossene radioaktive Stoffe .... E DIN ISO 9978 (VDE 0412-9978)
gepulste Referenzstrahlung
– Photonenstrahlung .... DIN CEN ISO/TS 18090-1 (VDE V 0412-90-1)
Kriterien und Mindestanforderungen
– wiederkehrende Überprüfung von Dosimetriediensten .... DIN ISO 14146 (VDE 0492-146)
E DIN EN ISO 14146 (VDE 0492-146)
Referenzstrahlungsfelder
– Definition und grundlegende Konzepte .... DIN EN ISO 29661 (VDE 0412-661)
Röntgen- und Gamma-Referenzstrahlung
– Bestimmung der Energieabhängigkeit von Dosimetern und Dosisleistungsmessgeräten
.... DIN ISO 4037-1 (VDE 0412-4037-1)
E DIN EN ISO 4037-1 (VDE 0412-4037-1)
– Kalibrierung von Dosimetern und Dosisleistungsmessgeräten
.... DIN ISO 4037-1 (VDE 0412-4037-1)
E DIN EN ISO 4037-1 (VDE 0412-4037-1)
DIN ISO 4037-2 (VDE 0412-4037-2)

E DIN EN ISO 4037-2 (VDE 0412-4037-2)
– Kalibrierung von Orts- und Personendosimetern .... DIN ISO 4037-3 (VDE 0412-4037-3)
E DIN EN ISO 4037-3 (VDE 0412-4037-3)
DIN ISO 4037-4 (VDE 0412-4037-4)
E DIN EN ISO 4037-4 (VDE 0412-4037-4)
– Messung des Ansprechvermögens von Orts- und Personendosimetern
.... DIN ISO 4037-3 (VDE 0412-4037-3)
E DIN EN ISO 4037-3 (VDE 0412-4037-3)
– Niedrigenergetischen Röntgen-Referenzstrahlungsfelder DIN ISO 4037-4 (VDE 0412-4037-4)
E DIN EN ISO 4037-4 (VDE 0412-4037-4)
– Strahlenschutzdosimetrie 8 keV bis 1,3 MeV und 4 MeV bis 9 MeV
.... DIN ISO 4037-2 (VDE 0412-4037-2)
E DIN EN ISO 4037-2 (VDE 0412-4037-2)
Röntgen- und Gamma-Referenzstrahlungsfelder
– Bestimmung des Ansprechvermögens als Funktion der Photonenenergie
.... DIN ISO 4037-1 (VDE 0412-4037-1)
E DIN EN ISO 4037-1 (VDE 0412-4037-1)
DIN ISO 4037-2 (VDE 0412-4037-2)
E DIN EN ISO 4037-2 (VDE 0412-4037-2)
DIN ISO 4037-3 (VDE 0412-4037-3)
E DIN EN ISO 4037-3 (VDE 0412-4037-3)
DIN ISO 4037-4 (VDE 0412-4037-4)
E DIN EN ISO 4037-4 (VDE 0412-4037-4)
Sicherheitskontrolle
– CT .... DIN IEC 62945 (VDE 0412-13)
Strahlungspuls
– Luftkerma .... DIN CEN ISO/TS 18090-1 (VDE V 0412-90-1)
System mit Spektralanalyse
– Flüssigkeiten in transparenten Behältern (Raman-System) .. E DIN IEC 63085 (VDE 0412-15)
Überwachung der Dosis
– Augenlinse, Haut und Extremitäten .... DIN EN ISO 15382 (VDE 0492-382)
umschlossene radioaktive Stoffe
– Dichtheitsprüfungen .... E DIN ISO 9978 (VDE 0412-9978)
– Prüfverfahren .... E DIN ISO 9978 (VDE 0412-9978)
umschlossene radioaktive Stoffe
– allgemeine Anforderungen und Klassifikation .... DIN EN ISO 2919 (VDE 0412-2919)
wiederkehrende Überprüfung von Dosimetriediensten .... DIN ISO 14146 (VDE 0492-146)
E DIN EN ISO 14146 (VDE 0492-146)
wiederkehrende Überprüfung von Dosismessstellen .... E DIN EN ISO 14146 (VDE 0492-146)

Strahlenschutzdosimeter
Strahlenschutzmessgeräte .... DIN CEN ISO/TS 18090-1 (VDE V 0412-90-1)

Strahlenschutzdosimetrie
für Betadosis und -leistung .... DIN EN 60846-2 (VDE 0492-2-3)
für Photonendosis und -leistung .... DIN EN 60846-2 (VDE 0492-2-3)

Strahlenschutzinstrumentierung
in kerntechnischen Anlagen .... DIN IEC 61559-1 (VDE 0493-5-1)

Strahlenschutzmessgeräte
alarmgebende persönliche Strahlungsmessgeräte
– Aufspüren von unerlaubt transportiertem radioaktivem Material
.... DIN EN IEC 62401 (VDE 0493-3-4)

Aufspüren von unerlaubt transportiertem radioaktivem Material
.... E DIN IEC 62755 (VDE 0493-6-3)
Datenformat für Strahlungsmessgeräte
– Aufspüren von unerlaubt transportiertem radioaktivem Material
.... E DIN IEC 62755 (VDE 0493-6-3)
direkt ablesbare Personendosimeter
– für Röntgen-, Gamma-, Neutronen- und Betastrahlung .... DIN EN 61526 (VDE 0492-1)
E DIN IEC 61526 (VDE 0492-1)
Dosimeter für gepulste Felder ionisierender Strahlung ..... DIN IEC/TS 63050 (VDE V 0492-4-2)
Dosimeter und Dosisleistungsmessgeräte
– Röntgen- und Gamma-Referenzstrahlung .... DIN ISO 4037-1 (VDE 0412-4037-1)
E DIN EN ISO 4037-1 (VDE 0412-4037-1)
– Strahlenschutz-Dosimetrie .... DIN ISO 4037-2 (VDE 0412-4037-2)
E DIN EN ISO 4037-2 (VDE 0412-4037-2)
DIN ISO 4037-3 (VDE 0412-4037-3)
E DIN EN ISO 4037-3 (VDE 0412-4037-3)
DIN ISO 4037-4 (VDE 0412-4037-4)
E DIN EN ISO 4037-4 (VDE 0412-4037-4)
Fahrzeuggestützte mobile Systeme
– Aufspüren von unerlaubt transportiertem radioaktiven Materials
.... DIN IEC 63121 (VDE 0493-3-9)
– Nachweis von unerlaubt transportiertem radioaktiven Materials
.... DIN IEC 63121 (VDE 0493-3-9)
fest installierte Portalmonitore .... E DIN IEC 62244 (VDE 0493-3-2)
fest installierte Strahlungsmonitore .... DIN EN 62244 (VDE 0493-3-2)
für Neutronenstrahlung .... DIN EN 61005 (VDE 0492-2-2)
DIN EN 62534 (VDE 0493-3-7)
für Photonenstrahlung .... DIN EN 62363 (VDE 0493-2-4)
DIN EN 62533 (VDE 0493-3-6)
für Radon und Radonfolgeprodukte .... DIN IEC 61577-1 (VDE 0493-1-10-1)
DIN EN 61577-2 (VDE 0493-1-10-2)
DIN EN 61577-3 (VDE 0493-1-10-3)
DIN EN 61577-4 (VDE 0493-1-10-4)
DIN IEC/TR 61577-5 (VDE 0493-1-10-5)
für Radonfolgeprodukte .... DIN EN 61577-3 (VDE 0493-1-10-3)
für Rn-222 und Rn-220 .... DIN EN 61577-2 (VDE 0493-1-10-2)
für Röntgen- und Gammastrahlung
– Dosisleistungsmessgeräte .... DIN EN 60846-1 (VDE 0492-2-1)
Ganz- und Teilkörperzähler
– Prüfung .... DIN VDE 0493-200 (VDE 0493-200)
Handgeräte
– Identifizierung von Radionukliden .... DIN EN IEC 62327 (VDE 0493-3-3)
hochempfindliche Handgeräte
– Neutronenstrahlung emittierendem radioaktivem Material .... DIN EN 62534 (VDE 0493-3-7)
Identifizierung von Radionukliden .... DIN EN IEC 62327 (VDE 0493-3-3)
In-situ-Photonenspektrometriesystem
– mit Germaniumdetektor .... DIN IEC 61275 (VDE 0493-4-3)
In-vivo-Überwachung
– Ganz- und Teilkörperzähler .... DIN EN 61582 (VDE 0493-2-3)
Kernstrahlungsmessungen
– Erkennungsgrenze, Nachweisgrenze, Grenzen des Überdeckungsintervalls
.... E DIN EN ISO 11929-1 (VDE 0493-9291)
– Erkennungsgrenze, Nachweisgrenze, Vertrauensbereich

.... E DIN ISO 11929-4 (VDE 0493-9294)
– Nachweisgrenze und Erkennungsgrenze .... DIN ISO 11929-1 (VDE 0493-9291)
E DIN EN ISO 11929-1 (VDE 0493-9291)
DIN ISO 11929-2 (VDE 0493-9292)
E DIN EN ISO 11929-2 (VDE 0493-9292)
DIN ISO 11929-3 (VDE 0493-9293)
E DIN EN ISO 11929-3 (VDE 0493-9293)
klimatische, elektromagnetische und mechanische Leistungsanforderungen
.... DIN IEC 62706 (VDE 0493-6-5)
Kontaminationsmessgeräte und -monitore .... DIN EN 60325 (VDE 0493-2-1)
Kontaminationsmonitore .... DIN VDE 0493-100 (VDE 0493-100)
Leistungsanforderungen
– klimatische, elektromagnetische, und mechanische .... DIN IEC 62706 (VDE 0493-6-5)
– umgebungsbezogen, elektromagnetisch, mechanisch .... DIN IEC 62706 (VDE 0493-6-5)
Messung der Aktivitätskonzentration
– von Gammastrahlung emittierenden Radionukliden in Lebensmitteln
.... DIN IEC 61563 (VDE 0493-4-1)
E DIN EN IEC 61563 (VDE 0493-4-1)
Messung der Tiefen- und der Oberflächen-Personendosis
– Hp(10), Hp(3), Hp(0,07) .... E DIN IEC 61526 (VDE 0492-1)
Nachweis von Radionukliden .... DIN EN IEC 62327 (VDE 0493-3-3)
Oberflächenüberwachungsgeräte für Photonenstrahlung .... DIN EN 62363 (VDE 0493-2-4)
passive integrierende Dosimetriesysteme .... DIN EN 62387 (VDE 0492-3)
E DIN EN 62387 (VDE 0492-3)
Personendosimeter und -monitore .... DIN EN 61526 (VDE 0492-1)
E DIN IEC 61526 (VDE 0492-1)
Personenkontaminationsmonitore .... DIN EN 61098 (VDE 0493-2-2)
E DIN EN 61098 (VDE 0493-2-2)
– wiederkehrende Prüfung .... DIN VDE 0493-110 (VDE 0493-110)
Portalmonitore .... DIN EN 62484 (VDE 0493-3-5)
E DIN EN 62484 (VDE 0493-3-5)
Prüfsysteme für Frachtgut und Fahrzeuge .... DIN IEC 62523 (VDE 0412-10)
Prüfverfahren
– klimatische, elektromagnetische und mechanische .... DIN IEC 62706 (VDE 0493-6-5)
Richtungs-Äquivalentdosis-(leistungs-)Messgeräte
– für Beta-, Röntgen- und Gammastrahlung .... DIN EN 60846-1 (VDE 0492-2-1)
Röntgen- und Gamma-Referenzstrahlung
– Kalibrierung von Dosimetern und Dosisleistungsmessgeräten
.... DIN ISO 4037-1 (VDE 0412-4037-1)
E DIN EN ISO 4037-1 (VDE 0412-4037-1)
– Kalibrierung von Orts- und Personendosimetern .... DIN ISO 4037-3 (VDE 0412-4037-3)
E DIN EN ISO 4037-3 (VDE 0412-4037-3)
DIN ISO 4037-4 (VDE 0412-4037-4)
E DIN EN ISO 4037-4 (VDE 0412-4037-4)
– Strahlenschutz-Dosimetrie 8 keV bis 1,3 MeV und 4 MeV bis 9 MeV
.... DIN ISO 4037-2 (VDE 0412-4037-2)
E DIN EN ISO 4037-2 (VDE 0412-4037-2)
Röntgen-Computertomografen
– Bildqualität .... DIN IEC 62945 (VDE 0412-13)
Röntgen-Computertomografen (CT)
– Flaschen und anderen Flüssigkeitsbehälter .... DIN IEC 62963 (VDE 0412-14)
Röntgensysteme für die Flüssigkeitskontrolle .... DIN IEC 62963 (VDE 0412-14)
Röntgensysteme für die Personenkontrolle .... DIN IEC 62463 (VDE 0412-11)

Rucksack-Strahlenschutzdetektor .... DIN EN 62694 (VDE 0493-3-10)
E DIN IEC 62694 (VDE 0493-3-10)
spektroskopie-basierte alarmgebende persönliche Strahlungsdetektoren
– Nachweis von unerlaubt transportiertem radioaktiven Materials
.... DIN EN 62618 (VDE 0493-3-8)
E DIN IEC 62618 (VDE 0493-3-8)
spektroskopie-basierte Portalmonitore
– Identifikation des unerlaubten Handels mit radioaktiven Stoffen
.... E DIN EN 62484 (VDE 0493-3-5)
– Nachweis unerlaubten Handels mit radioaktiven Stoffen .... DIN EN 62484 (VDE 0493-3-5)
E DIN EN 62484 (VDE 0493-3-5)
Spektroskopische alarmgebende persönliche Strahlungsdetektoren (SPRD)
– Nachweis von unerlaubt transportiertem radioaktiven Materials
.... E DIN IEC 62618 (VDE 0493-3-8)
Strahlungsmessgeräte im Taschenformat .... DIN EN IEC 62401 (VDE 0493-3-4)
DIN EN 62694 (VDE 0493-3-10)
E DIN IEC 62694 (VDE 0493-3-10)
tragbare Oberflächenkontaminationsmessgeräte .... DIN EN 62363 (VDE 0493-2-4)
Umgebungs-Äquivalentdosis-(leistungs-)Messgeräte
– für Beta-, Röntgen- und Gammastrahlung .... DIN EN 60846-1 (VDE 0492-2-1)
DIN EN 60846-2 (VDE 0492-2-3)
– für Neutronenstrahlung .... DIN EN 61005 (VDE 0492-2-2)
Unsicherheit beim Messen .... DIN ISO 11929-1 (VDE 0493-9291)
E DIN EN ISO 11929-1 (VDE 0493-9291)
DIN ISO 11929-2 (VDE 0493-9292)
E DIN EN ISO 11929-2 (VDE 0493-9292)
DIN ISO 11929-3 (VDE 0493-9293)
E DIN EN ISO 11929-3 (VDE 0493-9293)
E DIN ISO 11929-4 (VDE 0493-9294)
DIN IEC/TR 62461 (VDE 0493-1000)
zählende elektronische Dosimeter
– für gepulste Felder ionisierender Strahlung .... DIN IEC/TS 62743 (VDE V 0492-4-1)
zur Notfall-Strahlenschutzdosimetrie .... DIN EN 60846-2 (VDE 0492-2-3)
zur Probenahme und Überwachung von Edelgasen .... DIN IEC 62302 (VDE 0493-1-30)
zur Probenahme und Überwachung von Tritium .... DIN IEC 62303 (VDE 0493-1-50)

Strahlentherapiesimulatoren .... DIN EN 60601-2-29 (VDE 0750-2-29)

Strahlführungssysteme
Sicherheit von Lasereinrichtungen .... E DIN EN IEC 60825-18 (VDE 0837-18)

Strahlungsdetektoren
für radioaktives Material .... DIN EN 62618 (VDE 0493-3-8)
E DIN IEC 62618 (VDE 0493-3-8)
DIN IEC 63121 (VDE 0493-3-9)
im Taschenformat .... DIN EN IEC 62401 (VDE 0493-3-4)

Strahlungsgefahr
elektrische Haushaltsgeräte
– Schönheitspflegegeräte .... E DIN EN 60335-2-113 (VDE 0700-113)
– selbstbalancierende Personentransportsysteme .... E DIN EN 60335-2-114 (VDE 0700-114)

Strahlungsgrillgeräte
für den gewerblichen Gebrauch .... DIN EN 60335-2-48 (VDE 0700-48)

Strahlungsheizgeräte .... DIN EN 60335-2-30 (VDE 0700-30)
Beiblatt 1 DIN EN 60335-2-30 (VDE 0700-30)
E DIN EN 60335-2-30/A1 (VDE 0700-30/A1)
E DIN IEC 60335-2-30/A2 (VDE 0700-30/A2)
E DIN EN 60335-2-30/AB (VDE 0700-30/AB)

Strahlungskammerverfahren
Messung der Schirmdämpfung
– Kabel, Steckverbinder, passive Mikrowellenbauteile .... DIN EN 61726 (VDE 0887-726)

Strahlungsmessgeräte
alarmgebende persönliche
– Aufspüren von unerlaubt transportiertem radioaktivem Material
.... DIN EN IEC 62401 (VDE 0493-3-4)
..................Leistungsfähigkeit von Messgeräten mit Radionuklididentifizierung
.... DIN IEC 62957-1 (VDE 0493-6-1)
radiometrische Einrichtungen
– Konstruktionsanforderungen und Klassifikation .... DIN EN 62598 (VDE 0412-1)
Röntgenfluoreszenz-Analysegeräte .... DIN IEC 62495 (VDE 0412-20)
semi-empirische Verfahren
– Leistungsfähigkeit von Detektion und Radionuklididentifizierung
.... DIN IEC 62957-1 (VDE 0493-6-1)
zum Aufspüren von unerlaubt transportierten radioaktiven Material
.... E DIN IEC 62755 (VDE 0493-6-3)

Strahlungsmesstechnik
unerlaubter Transport radioaktiver Materialien
– Aufdeckung der Strahlungsquellen .... DIN IEC/TR 62971 (VDE 0412-2971)

Strahlungsmonitore
fest installierte .... DIN EN 62244 (VDE 0493-3-2)
E DIN IEC 62244 (VDE 0493-3-2)

Strahlungsnachweis
Strahlungsmessung .... DIN IEC 63047 (VDE 0493-6-4)
E DIN EN IEC 63047 (VDE 0493-6-4)

Strahlungspegel .... DIN IEC 61559-1 (VDE 0493-5-1)

Strahlungsquellen radioaktiver Materialien
Aufdeckung von unerlaubtem Transport
– Strahlungsmesstechnik .... DIN IEC/TR 62971 (VDE 0412-2971)

Strahlungssicherheit
von optischen Quellen .... Beiblatt 1 DIN EN 62471 (VDE 0837-471)
DIN EN 62471-5 (VDE 0837-471-5)

Strahlungsthermometer .... DIN IEC/TS 62492-2 (VDE V 0409-20-2)

Strahlungsüberwachung .... DIN IEC 61559-1 (VDE 0493-5-1)
Gammastrahlung .... E DIN IEC 60951-3 (VDE 0491-14-3)
– kerntechnische Anlagen .... E DIN IEC 60951-3 (VDE 0491-14-3)
kerntechnische Anlagen .... E DIN IEC 60951-1 (VDE 0491-14-1)
E DIN IEC 60951-3 (VDE 0491-14-3)

Strahlungsüberwachungssysteme
Eigenschaften und Lebenszyklus

– Kernkraftwerke .... E DIN IEC 61031 (VDE 0491-17)
E DIN IEC 62705 (VDE 0491-15)

Strahlungsverteilung, spektrale
von photovoltaischen Einrichtungen .... DIN EN IEC 60904-3 (VDE 0126-4-3)

Stranggießanlagen .... DIN EN 60519-11 (VDE 0721-11)
E DIN EN 60519-3 (VDE 0721-3)

Straßen
Beleuchtungsanlagen .... DIN VDE 0100-714 (VDE 0100-714)
VDE-Schriftenreihe Band 168

Straßenbahnen
Dachstromabnehmer .... DIN EN 50206-2 (VDE 0115-500-2)
Drehstrom-Bordnetz .... DIN EN 50533 (VDE 0115-533)
DIN EN 50533/A1 (VDE 0115-533/A1)
elektrische Sicherheit und Erdung .... DIN EN 50122-2 (VDE 0115-4)
DIN EN 50122-3 (VDE 0115-5)
Oberleitungen .... DIN EN 50345 (VDE 0115-604)
Schutz gegen elektrischen Schlag .... DIN EN 50122-1 (VDE 0115-3)

Straßenbeleuchtung
Anforderungen an Leuchten .... DIN EN 60598-2-3 (VDE 0711-2-3)

Straßenfahrzeuge (Elektro-)
Standardschnittstelle für Ladepunkte/Ladestationen
– Anbindung an lokales Leistungs- und Energiemanagement
.... E VDE-Anwendungsregel VDE-AR-E 2122-1000

Straßenfahrzeuge
drehende elektrische Maschinen
– außer umrichtergespeiste Wechselstrommotoren .... DIN EN 60349-1 (VDE 0115-400-1)
– umrichtergespeiste Wechselstrommotoren .... DIN EN 60349-2 (VDE 0115-400-2)
Sekundär-Lithium-Batterien
– außer Verwendung im Antrieb .... E DIN EN 63118 (VDE 0510-118)

Straßenfahrzeuge, elektrische
EDLC-Module .... E DIN EN IEC 62576-2 (VDE 0122-576-2)

Straßenleuchten .... VDE-Schriftenreihe Band 12

Straßenverkehrssignalanlagen, siehe Verkehrsampeln

Straßenverkehrssignalanlagen .... DIN VDE V 0832-110 (VDE V 0832-110)
DIN EN 50556 (VDE 0832-100)
Austausch verkehrsbezogener Daten
– Daten und Protokoll .... DIN VDE V 0832-601 (VDE V 0832-601)
– Schemadefinitionen .... DIN VDE V 0832-602 (VDE V 0832-602)
branchenspezifischer Sicherheitsstandard (B3S)
– Verkehrssteuerungs- und Leitsysteme .... DIN VDE V 0832-700 (VDE V 0832-700)
elektromagnetische Verträglichkeit .... DIN EN 50293 (VDE 0832-200)
LED-Signalgeber .... DIN VDE V 0832-300 (VDE V 0832-300)
LED-Signalleuchten .... DIN CLC/TS 50509 (VDE V 0832-310)
sicherheitsrelevante Kommunikation
– in Übertragungssystemen .... DIN VDE V 0832-500 (VDE V 0832-500)
sicherheitsrelevante Software .... DIN VDE V 0832-500 (VDE V 0832-500)

technische Festlegungen .... DIN VDE V 0832-110 (VDE V 0832-110)
Verkehrsbeeinflussungsanlagen .... DIN VDE V 0832-400 (VDE V 0832-400)
Verkehrssteuerungs- und Leitsysteme
– im kommunalen Straßenverkehr .... DIN VDE V 0832-700 (VDE V 0832-700)

Streustromwirkungen
durch Gleichstrombahnen .... DIN EN 50122-2 (VDE 0115-4)

Stroboskopischer Effekt .... DIN VDE 0100-559 (VDE 0100-559)

Strom- und Spannungs-Detektoren
in Erdschlussanzeigern
– Systemaspekte .... DIN EN 62689-2 (VDE 0414-689-2)
in Kurzschlussanzeigern
– Systemaspekte .... DIN EN 62689-2 (VDE 0414-689-2)

Strom- und Spannungsdetektoren
in Erdschlussanzeigern
– Systemaspekte .... DIN EN 62689-2 (VDE 0414-689-2)
in Kurzschlussanzeigern
– Systemaspekte .... DIN EN 62689-1 (VDE 0414-689-1)
  DIN EN 62689-2 (VDE 0414-689-2)

Strom- und Spannungssensoren
in Erdschlussanzeigern
– Systemaspekte .... DIN EN 62689-2 (VDE 0414-689-2)
in Kurzschlussanzeigern
– Systemaspekte .... DIN EN 62689-1 (VDE 0414-689-1)
  DIN EN 62689-2 (VDE 0414-689-2)
oder Anzeigegeräte
– zur Erkennung von Kurz- und Erdschlüssen .... DIN EN 62689-1 (VDE 0414-689-1)

Strom- und Spannungssensoren oder Anzeigegeräte
zur Erkennung von Kurz- und Erdschlüssen
– Systemaspekte .... DIN EN 62689-2 (VDE 0414-689-2)

Stromabnahmesysteme
für Bahnanwendungen
– Zusammenwirken zwischen Stromabnehmer und Oberleitung DIN EN 50317 (VDE 0115-503)
  DIN EN 50367 (VDE 0115-605)
Stromabnehmer
– Schleifstücke .... DIN EN 50405 (VDE 0115-501)
  DIN EN 50405/A1 (VDE 0115-501/A1)

Stromabnehmer
für Bahnanwendungen
– O-Busse .... DIN EN 50502 (VDE 0115-502)
– Zusammenwirken mit Oberleitung .... DIN EN 50317 (VDE 0115-503)
für Eisenbahnfahrzeuge .... DIN VDE 0119-206-1 (VDE 0119-206-1)
für Oberleitungsfahrzeuge .... DIN EN 50405 (VDE 0115-501)
  DIN EN 50405/A1 (VDE 0115-501/A1)
für Schienenfahrzeuge
– Schnittstelle Stromabnehmer – Fahrzeug .... DIN CLC/TS 50206-3 (VDE V 0115-500-3)
für Stadtbahnen und Straßenbahnen .... DIN EN 50318 (VDE 0115-504)
für Vollbahnfahrzeuge .... DIN EN 50206-1 (VDE 0115-500-1)

Strombelastbarkeit
in dreiphasigen Verteilungsstromkreisen
– mit Oberschwingungsanteilen .... Beiblatt 3 DIN VDE 0100-520 (VDE 0100-520)
von Kabeln und Leitungen .... Beiblatt 3 DIN VDE 0100-520 (VDE 0100-520)
DIN VDE 0289-8 (VDE 0289-8)
DIN VDE 0298-4 (VDE 0298-4)
VDE-Schriftenreihe Band 143
von Niederspannungsanlagen .... Beiblatt 2 DIN VDE 0100-520 (VDE 0100-520)

Strombemessung
von Leistungsantriebssystemen .... DIN V VDE V 0160-106 (VDE V 0160-106)

Stromdichte, lokale kritische
in großflächigen supraleitenden Schichten .... E DIN EN IEC 61788-17 (VDE 0390-17)
in supraleitenden Schichten .... DIN EN 61788-17 (VDE 0390-17)
Verteilung in großflächigen supraleitenden Schichten .. E DIN EN IEC 61788-17 (VDE 0390-17)

Stromdichteverteilung .... DIN EN 61788-17 (VDE 0390-17)

Stromerzeugungsaggregate
Errichten und Betreiben .... VDE-Schriftenreihe Band 122

Stromerzeugungsanlagen
Anschluss ans Mittelspannungsverteilnetz .... DIN EN 50549-2 (VDE 0124-549-2)

Stromerzeugungseinrichtungen
Niederspannungs- .... DIN VDE 0100-551 (VDE 0100-551)
Beiblatt 1 DIN VDE 0100-551 (VDE 0100-551)

Stromkennlinien
Messen der
– PV-Modulgruppen .... DIN EN 61829 (VDE 0126-24)

Stromlinearität .... DIN EN 60904-10 (VDE 0126-4-10)

Strommesszangen
handgehaltene/handbediente
– zur Messung von Ableitströmen .... DIN EN 61557-13 (VDE 0413-13)

Stromquellen
für Sicherheitszwecke .... DIN VDE 0100-560 (VDE 0100-560)
E DIN IEC 60364-5-56 (VDE 0100-560)

Stromrichter (VSC)
Energieübertragung .... DIN IEC/TR 62543 (VDE 0553-543)

Stromrichter (VSC), selbstgeführte
Hochspannungsgleichstrom(HGÜ-)Energieübertragung ...... DIN IEC/TR 62543 (VDE 0553-543)

Stromrichter
auf Bahnfahrzeugen .... DIN EN 61287-1 (VDE 0115-410)
für Bahnanwendungen .... DIN EN 50328 (VDE 0115-328)
netzgeführte .... DIN EN 60146-1-1 (VDE 0558-11)
– für HGÜ-Anwendungen .... DIN IEC/TR 60919-1 (VDE 0558-10)
DIN IEC/TS 63014-1 (VDE V 0553-314-1)

Stromrichter, leistungselektronische
Bahnanwendungen .... E DIN IEC 62590-1 (VDE 0115-590-1)

E DIN IEC 62590-3-1 (VDE 0115-590-31)

Stromrichter, netzgeführte
für HGÜ-Anwendungen
– eingeschwungener Zustand .... DIN IEC/TR 60919-1 (VDE 0558-10)

Stromrichtergruppen
für Bahnanwendungen
– Bemessungswerte und Prüfungen .... DIN EN 50327 (VDE 0115-327)

Stromrichterstationen (HGÜ-) .... DIN EN 60071-5 (VDE 0111-5)

Stromrichtertransformatoren
für HGÜ-Anwendungen .... DIN EN 61378-2 (VDE 0532-42)
für industrielle Anwendungen .... DIN EN 61378-1 (VDE 0532-41)

Stromrichterventile
elektrische Prüfung .... DIN EN 62501 (VDE 0553-501)

Stromschienensysteme
allgemeine Anforderungen .... DIN EN 61534-1 (VDE 0604-100)
  E DIN EN 61534-1/A2 (VDE 0604-100/A2)
für Fußbodeninstallation .... DIN EN 61534-22 (VDE 0604-122)
für Leuchten .... DIN EN 60570 (VDE 0711-300)
  E DIN EN 60570 (VDE 0711-300)
für Wand und Decke .... DIN EN 61534-21 (VDE 0604-121)
– besondere Anforderungen .... DIN EN 61534-21 (VDE 0604-121)

Stromsonden
handgehaltene, handbediente .... DIN EN 61010-2-032 (VDE 0411-2-032)
  E DIN EN 61010-2-032 (VDE 0411-2-032)
– zur Messung von Ableitströmen .... DIN EN 61557-13 (VDE 0413-13)

Strom-Spannungs-Kennlinien
Messen der
– PV-Modulgruppen .... DIN EN 61829 (VDE 0126-24)
Messen der,
– photovoltaischer Einrichtungen mit Mehrschichtsolarzellen
.... DIN EN 60904-1-1 (VDE 0126-4-1-1)
photovoltaischer Bauelemente .... DIN EN 60891 (VDE 0126-6)
photovoltaischer Einrichtungen .... E DIN EN IEC 60891 (VDE 0126-6)
  DIN EN 60904-1 (VDE 0126-4-1)
  E DIN EN IEC 60904-1 (VDE 0126-4-1)
  DIN EN 60904-1-1 (VDE 0126-4-1-1)
  E DIN EN 60904-1-2 (VDE 0126-4-1-2)
– Umrechnung auf andere Temperaturen und Bestrahlungsstärken
.... E DIN EN IEC 60891 (VDE 0126-6)
photovoltaischer Modulgruppen .... DIN EN 61829 (VDE 0126-24)

Stromversorgung
Analyse
– für Kernkraftwerke .... E DIN IEC 62855 (VDE 0491-8-1)
von Einbruch- und Überfallmeldeanlagen .... DIN EN 50131-6 (VDE 0830-2-6)
von Elektrofahrzeugen .... DIN VDE 0100-722 (VDE 0100-722)
  VDE-Schriftenreihe Band 168

Stromversorgungsanlagen
Cybersicherheit Schlüsselmanagement .... DIN EN 62351-9 (VDE 0112-351-9)
für Sicherheitszwecke .... DIN VDE 0100-560 (VDE 0100-560)
                      E DIN IEC 60364-5-56 (VDE 0100-560)
IT-Sicherheit für Daten und Kommunikation .... E DIN EN IEC 62351-6 (VDE 0112-351-6)

Stromversorgungsgeräte
für Niederspannung .... DIN EN 61204 (VDE 0557-1)
                      DIN EN IEC 61204-3 (VDE 0557-3)
                      DIN EN 61204-6 (VDE 0557-6)
– mit Gleichstromausgang .... DIN EN IEC 61204-3 (VDE 0557-3)
                      DIN EN IEC 61204-7 (VDE 0557-7)

Stromversorgungsgeräte für Niederspannung
mit Gleichstromausgang
– Sicherheitsanforderungen .... DIN EN IEC 61204-7 (VDE 0557-7)

Stromversorgungsnetze
Rückwirkungen durch Haushaltsgeräte .... DIN VDE 0838-1 (VDE 0838-1)

Stromversorgungssysteme
unterbrechungsfreie
– EMV-Anforderungen .... DIN EN IEC 62040-2 (VDE 0558-520)
– Leistungs- und Prüfungsanforderungen .... DIN EN 62040-3 (VDE 0558-530)
                      E DIN EN 62040-3 (VDE 0558-530)
zentrale .... DIN EN 50171 (VDE 0558-508)
                      E DIN EN 50171 (VDE 0558-508)
zentrale batteriegestützte (BSV)
– für medizinisch genutzte Bereiche .... DIN VDE 0558-507 (VDE 0558-507)

Stromwandler im Netzschutz
Anwendungsleitfaden .... DIN IEC/TR 61869-100 (VDE 0414-9-100)

Stromwandler
Anforderungen .... DIN IEC/TR 61869-100 (VDE 0414-9-100)
                      DIN EN 61869-2 (VDE 0414-9-2)
elektronische .... DIN EN 60044-8 (VDE 0414-44-8)
                      DIN EN IEC 61869-9 (VDE 0414-9-9)
für Bahnanlagen .... DIN EN 50152-3-2 (VDE 0115-320-3-2)
Gleichstrom-Bahnanlagen .... DIN EN 50123-7-2 (VDE 0115-300-7-2)
Wechselstrom-Bahnanlagen .... DIN EN 50152-3-2 (VDE 0115-320-3-2)

Stromwirkungen
auf Menschen .... VDE-Schriftenreihe Band 170
auf Menschen und Nutztiere .... DIN IEC/TS 60479-1 (VDE V 0140-479-1)

Strontium-90
Messung mit Proportional- oder Flüssigszintillationszählung
– im Erdboden .... DIN ISO 18589-5 (VDE 0493-4-5895)

Strukturierung
technischer Information und Dokumentation .... DIN EN 62023 (VDE 0040-6)

Stückprüfungen .... DIN EN 50344-1 (VDE 0631-1000)
von elektrischen Haushaltsgeräten .... DIN EN 50106 (VDE 0700-500)
                E DIN EN 60335-2-50/A2 (VDE 0700-50/A1)
von Geräten im Anwendungsbereich der EN 60335-1

.... DIN EN 50106 (VDE 0700-500)
E DIN EN 60335-2-50/A2 (VDE 0700-50/A1)

Studio-Lichtsteuereinrichtungen
Störfestigkeit .... DIN EN 55103-2 (VDE 0875-103-2)

Stufenschalter
für Transformatoren .... DIN EN 60214-1 (VDE 0532-214-1)
Leistungsanforderungen und Prüfverfahren .... DIN EN 60214-1 (VDE 0532-214-1)

Stulpe .... DIN 57680-4 (VDE 0680-4)

Stützisolatorenelemente .... DIN IEC 60273 (VDE 0674-4)

Stützpunkte von Freileitungen .... DIN EN 60652 (VDE 0210-15)
E DIN EN IEC 60652 (VDE 0210-15)

Stützpunkte
von Freileitungen
– Zuverlässigkeit .... VDE-Anwendungsregel VDE-AR-N 4210-4

Summationseffekt .... VDE-Schriftenreihe Band 110

Summer
für den Haushalt .... DIN EN 62080 (VDE 0632-600)

Suppressordioden .... DIN EN 61643-341 (VDE 0845-5-4)
E DIN EN IEC 61643-341 (VDE 0845-5-41)

Supraleitende Betriebsmittel
charakteristische Prüfverfahren
– für Stromzuführungen .... DIN EN 61788-14 (VDE 0390-14)

Supraleitende elektronische Bauelemente
generische Spezifikation für Sensoren und Detektoren ..... DIN EN 61788-22-1 (VDE 0390-22-1)

Supraleitender Streifen-Photonendetektor
Dunkelzählrate .... E DIN EN IEC 61788-22-3 (VDE 0390-22-3)

Supraleiter
grobkörnige oxidische .... DIN EN 61788-9 (VDE 0390-9)
Oberflächenwiderstand .... DIN EN 61788-7 (VDE 0390-7)
E DIN EN 61788-7 (VDE 0390-7)
Sensoren und Detektoren
– generische Spezifikationen .... DIN EN 61788-22-1 (VDE 0390-22-1)

Supraleiterdrähte
Eigenschaften und Anleitung
– Prüfverfahren .... DIN EN 61788-21 (VDE 0390-21)
Prüfverfahren .... DIN EN 61788-21 (VDE 0390-21)

Supraleiterfilme
Oberflächenimpedanz .... DIN EN 61788-16 (VDE 0390-16)

Supraleiterfolie .... DIN EN 61788-17 (VDE 0390-17)

Supraleiterschichten
Oberflächenimpedanz .... DIN EN 61788-15 (VDE 0390-15)
DIN EN 61788-17 (VDE 0390-17)

Supraleitfähigkeit

charakteristische elektronische Messungen
- Oberflächenwiderstand von Supraleitern .... E DIN EN 61788-7 (VDE 0390-7)
Cu/Nb-Ti-Verbundsupraleiter
- Messung der Zugfestigkeit .... DIN EN 61788-6 (VDE 0390-6)
elektronische Messungen
- Oberflächenwiderstand von Supraleitern .... DIN EN 61788-7 (VDE 0390-7)
                        E DIN EN 61788-7 (VDE 0390-7)
Hochtemperatursupraleiter .... DIN EN 61788-9 (VDE 0390-9)
Hystereseverluste von Verbundleitern .... DIN EN 61788-13 (VDE 0390-13)
in Ag-ummantelten Bi-2223 Drähten .... DIN EN IEC 61788-24 (VDE 0390-24)
kritischer DC-Strom
- von RE-Ba-Cu-O-Kompositsupraleitern .... E DIN EN IEC 61788-26 (VDE 0390-26)
kritischer Strom
- von Bi-2212 und Bi-2223-Supraleitern .... DIN EN IEC 61788-24 (VDE 0390-24)
                        DIN EN 61788-3 (VDE 0390-3)
- von Nb-Ti-Verbundsupraleitern .... DIN EN 61788-1 (VDE 0390-1)
- von Nb_3Sn-Verbundsupraleitern .... DIN EN 61788-2 (VDE 0390-2)
Kupfervolumen .... DIN EN 61788-12 (VDE 0390-12)
                        DIN EN 61788-5 (VDE 0390-5)
lokale kritische Stromdichte .... E DIN EN IEC 61788-17 (VDE 0390-17)
- in großflächigen supraleitenden Schichten .... E DIN EN IEC 61788-17 (VDE 0390-17)
Matrixvolumen .... DIN EN 61788-12 (VDE 0390-12)
                        DIN EN 61788-5 (VDE 0390-5)
Messung der elektronischen Eigenschaften .... DIN EN 61788-17 (VDE 0390-17)
- Oberflächenwiderstand bei Mikrowellenfrequenzen .... DIN EN 61788-15 (VDE 0390-15)
                        DIN EN 61788-16 (VDE 0390-16)
Messung der kritischen Temperatur .... DIN EN 61788-10 (VDE 0390-10)
Messung der mechanischen Eigenschaften .... DIN EN 61788-18 (VDE 0390-18)
                        DIN EN 61788-19 (VDE 0390-19)
                        DIN EN IEC 61788-25 (VDE 0390-25)
Messung des kritischen Stroms
- kritischer DC-Strom von RE-Ba-Cu-O-Kompositsupraleitern
.... E DIN EN IEC 61788-26 (VDE 0390-26)
- von Bi-2212 und Bi-2223-Supraleitern .... DIN EN IEC 61788-24 (VDE 0390-24)
Messung des Normalleitungswiderstands und des kritischen Stroms
- HTS-Josephson-Kontakt .... E DIN EN IEC 61788-22-2 (VDE 0390-22-2)
Messung des Restwiderstandsverhältnisses
- von hochreinen Niob-Supraleitern für Kavitäten .... E DIN EN IEC 61788-23 (VDE 0390-23)
Messungen der elektronischen Charakteristik .... E DIN EN IEC 61788-17 (VDE 0390-17)
REBCO Supraleiterdrähte
- Messung der Zugfestigkeit bei Raumtemperatur .... DIN EN IEC 61788-25 (VDE 0390-25)
Restwiderstandsverhältnis
- Nb-Supraleiter .... DIN EN IEC 61788-23 (VDE 0390-23)
                        E DIN EN IEC 61788-23 (VDE 0390-23)
- von Nb-Ti-Verbundsupraleitern .... DIN EN 61788-4 (VDE 0390-4)
                        E DIN EN IEC 61788-4 (VDE 0390-4)
- von Nb3Sn-Verbundsupraleitern .... DIN EN 61788-4 (VDE 0390-4)
                        E DIN EN IEC 61788-4 (VDE 0390-4)
Stromzuführungen supraleitender Geräte .... DIN EN 61788-14 (VDE 0390-14)
supraleitende elektronische Bauelemente
- generische Spezifikation für Sensoren und Detektoren . DIN EN 61788-22-1 (VDE 0390-22-1)
supraleitender Streifen-Photonendetektor

– Dunkelzählrate .... E DIN EN IEC 61788-22-3 (VDE 0390-22-3)
Supraleiterdrähte .... DIN EN 61788-21 (VDE 0390-21)
Supraleitervolumen .... DIN EN 61788-5 (VDE 0390-5)
Volumenverhältnisse .... DIN EN 61788-12 (VDE 0390-12)
                                                                                    DIN EN 61788-5 (VDE 0390-5)
von RE-Ba-Cu-O-Kompositsupraleitern .... E DIN EN IEC 61788-26 (VDE 0390-26)
Zugfestigkeit von REBCO-Supraleiterdrähten
– bei Raumtemperatur .... DIN EN IEC 61788-25 (VDE 0390-25)

Supraleitung
Detektoren .... DIN EN 61788-22-1 (VDE 0390-22-1)
Sensoren .... DIN EN 61788-22-1 (VDE 0390-22-1)
supraleitende Elektronik
– generische Spezifikationen für Sensoren und Detektoren
.... DIN EN 61788-22-1 (VDE 0390-22-1)

SVC
statische Blindleistungskompensatoren .... DIN EN 61954 (VDE 0553-100)

Symbole
Kennzeichnung für die Identifikation der Chemie
– Sekundär-Batterien .... DIN EN IEC 62902 (VDE 0510-902)
Kennzeichnung zur Identifikation der Chemie
– Sekundär-Batterien .... DIN EN IEC 62902 (VDE 0510-902)

Symmetrische Kommunikationsverkabelung
Geräteanschlusskabel
– Klasse D .... DIN EN 50599 (VDE 0819-599)
– Klasse E .... DIN EN 50602 (VDE 0819-602)
                                                                                    DIN EN 50603 (VDE 0819-603)
geschirmte gerade Schnüre
– Klasse D .... DIN EN 50599 (VDE 0819-599)
– Klasse E .... DIN EN 50603 (VDE 0819-603)
Schnüre und Geräteanschlusskabel Klasse D
– Bauartspezifikation .... DIN EN 50599 (VDE 0819-599)
                                                                                    DIN EN 50601 (VDE 0819-601)
Schnüre und Geräteanschlusskabel Klasse E
– Bauartspezifikation .... DIN EN 50602 (VDE 0819-602)
                                                                                    DIN EN 50603 (VDE 0819-603)
ungeschirmte gerade Schnüre
– Klasse E .... DIN EN 50602 (VDE 0819-602)

Symmetrische Verkabelung .... DIN EN 50288-10-1 (VDE 0819-10-1)
                                                                                    DIN EN 50288-11-1 (VDE 0819-11-1)
                                                                                    DIN EN 50288-9-1 (VDE 0819-9-1)
                                                                                    DIN EN 61935-1 (VDE 0819-935-1)
                                                                                    DIN EN 61935-2-20 (VDE 0819-935-2-20)
                                                                                    DIN EN 61935-3 (VDE 0819-935-3)

Symmetrische vierpaarige Übertragungsstrecke
Datenraten bis zu 100 Gbit/s .... VDE-Anwendungsregel VDE-AR-E 2800-903

Synchrone Hydrogeneratoren .... E DIN EN IEC 60034-33 (VDE 0530-333)
spezifische technische Anforderungen .... E DIN EN IEC 60034-33 (VDE 0530-333)

Synchrone Hydrogeneratoren einschließlich Motorgeneratoren
.... E DIN EN IEC 60034-33 (VDE 0530-333)
spezifische technische Anforderungen .... E DIN EN IEC 60034-33 (VDE 0530-333)

Synchrongeneratoren
angetrieben durch Dampfturbinen oder Gasturbinen .... DIN EN 60034-3 (VDE 0530-3)
                                                                                                                  E DIN EN 60034-3 (VDE 0530-3)
und synchrone Phasenschieber
– angetrieben durch Dampfturbinen oder Gasturbinen .... E DIN EN 60034-3 (VDE 0530-3)

Synchronmaschinen
Erregersysteme .... DIN EN 60034-16-1 (VDE 0530-16)
                                                                                                      E DIN IEC/TS 60034-16-2 (VDE V 0530-16-2)
                                                                                                      E DIN IEC/TS 60034-16-3 (VDE V 0530-16-3)
– Modelle für Netzstudien .... Beiblatt 1 DIN EN 60034-16-1 (VDE 0530-16)
                                                                                                      E DIN IEC/TS 60034-16-2 (VDE V 0530-16-2)
Kenngrößen .... DIN EN IEC 60034-4-1 (VDE 0530-4-1)

Synchronmaschinen, umrichtergespeiste
mit Permanentmagneterregung .... DIN EN 60349-4 (VDE 0115-400-4)

Synchron-Wechselstrommaschinen
Prüfungen
– Verluste und Wirkungsgrad .... DIN EN 60034-2-1 (VDE 0530-2-1)

Synthetische Prüfung
von Hochspannungsschaltanlagen und -schaltgeräten .... DIN EN 62271-101 (VDE 0671-101)

System für Typkurzzeichen von isolierten Leitungen .... E DIN VDE 0292 (VDE 0292)

System mit Spektralanalyse von Flüssigkeiten
in transparenten Behältern
– Raman-System .... E DIN IEC 63085 (VDE 0412-15)

System Referenz Dokument
Smart Cities
– Methodik der Smart-Cities-Referenzarchitektur (SCRAM)
.... E DIN IEC/TS 63188 (VDE V 0824-1)
Systemanforderung gleichstromseitige Ausrüstung
– Einsatz netzgeführter Stromrichter .... DIN IEC/TS 63014-1 (VDE V 0553-314-1)
Systemprüfungen für Anlagen .... DIN EN 61975 (VDE 0553-975)

Systemaspekte und Verfahren
Instandhaltung von Anlagen und Betriebsmittel
– Versorgungsnetze .... DIN VDE 0109 (VDE 0109)

Systeme der Gebäudeautomation (GA)
allgemeine Anforderungen .... DIN EN 50491-6-1 (VDE 0849-6-1)
                                                                                                        DIN EN 63044-1 (VDE 0849-44-1)
                                                                                       E DIN IEC 63044-1/A1 (VDE 0849-44-1/A1)
                                                                                          DIN EN IEC 63044-3 (VDE 0849-44-3)
                                                                     E DIN EN IEC 63044-3/A1 (VDE 0849-44-3/A1)
                                                                   E DIN EN IEC 63044-6-1 (VDE 0849-44-61)
Anforderungen an die funktionale Sicherheit
– Einbau-Produkte für ESHG/GA .... E DIN EN IEC 63044-4 (VDE 0849-44-4)
elektrische Sicherheit .... DIN EN IEC 63044-3 (VDE 0849-44-3)
                                                                    E DIN EN IEC 63044-3/A1 (VDE 0849-44-3/A1)

EMV-Anforderungen für Geschäftsbereiche und Kleinbetriebe
.... DIN EN IEC 63044-5-2 (VDE 0849-44-52)
EMV-Anforderungen für Wohn- und Geschäftsbereiche
.... DIN EN IEC 63044-5-2 (VDE 0849-44-52)
EMV-Anforderungen für Wohn- und Gewerbebereiche
.... DIN EN IEC 63044-5-2 (VDE 0849-44-52)
EMV-Anforderungen im Industriebereich .... DIN EN IEC 63044-5-3 (VDE 0849-44-53)
EMV-Anforderungen, Bedingungen und Prüfungen ... DIN EN IEC 63044-5-1 (VDE 0849-44-51)
E DIN EN IEC 63044-5-1/A1 (VDE 0849-44-51/A1)

ESHG-Installationen
– Installation und Planung .... DIN EN 50491-6-1 (VDE 0849-6-1)
E DIN EN IEC 63044-6-1 (VDE 0849-44-61)
Smart Grid .... DIN EN 50491-12-1 (VDE 0849-12-1)
Smart Metering .... DIN EN 50491-11 (VDE 0849-11)

Systeme der industriellen Prozessleittechnik
Geräte mit analogen Eingängen und Zwei- oder Mehrpunktausgängen
– Bewertung des Betriebsverhaltens .... DIN EN 61003-1 (VDE 0409)
– Funktionskontrolle und Serienprüfung .... DIN EN 61003-2 (VDE 0409-2)

Systeme der Prozessanalysentechnik
als Teil von sicherheitstechnischen Systemen .... DIN IEC/TR 63176 (VDE 0810-176)
PLT-Sicherheitseinrichtungen .... DIN IEC/TR 63176 (VDE 0810-176)
sicherheitstechnische Systeme .... DIN IEC/TR 63176 (VDE 0810-176)

Systeme für kerntechnische und Strahlenschutzanwendungen
mobil unbemannt automatisiert .... E DIN EN 63048 (VDE 0490-1)

Systeme und Produkte
der Industrie
– Life-Cycle-Management .... E DIN EN 62890 (VDE 0810-890)

Systeme zur Kommunikation
Hochspannungsleitung .... DIN EN 62488-1 (VDE 0850-488-1)

Systeme zur Nachverfolgung von radioaktivem Material
Anforderungen .... E DIN IEC 63148 (VDE 0490-10)

Systeme
elektrische und elektronische
– Umweltschutznormung .... DIN EN 62542 (VDE 0042-3)
elektrische und leittechnische
– verfahrenstechnische Industrie .... DIN EN 62337 (VDE 0810-37)
verfahrenstechnische Industrie
– Phasen und Meilensteine .... DIN EN 62337 (VDE 0810-37)
Zuverlässigkeit
– menschliche Aspekte .... DIN EN 62508 (VDE 0050-2)

Systemlebenszyklus .... DIN EN 62508 (VDE 0050-2)

Systems Reference Deliverable (SRD)
Smart-City-System
– Methoden für Konzepte und die Erstellung von Taxonomien
.... E DIN IEC/TS 63235 (VDE V 0824-2)
– Taxonomien .... E DIN IEC/TS 63235 (VDE V 0824-2)

Systemsicherheit
elektrischer Versorgungsnetze
– Kaskadierung von Maßnahmen .... VDE-Anwendungsregel VDE-AR-N 4140

Szintillationsdetektor und Gammaspektrometrie
Bestimmung der Radioaktivität
– Gammastrahlung emittierender Radionuklide .... DIN EN ISO 19581 (VDE 0493-581)

T

„t"; Gehäuseschutz .... DIN EN 60079-31 (VDE 0170-15-1)
                                                                                                        E DIN EN 60079-31 (VDE 0170-15-1)

Tabellen
in der Elektrotechnik .... DIN EN 61082-1 (VDE 0040-1)

Tabellenblätter
als Datenpakete .... DIN EN 62656-1 (VDE 0040-8-1)

Tachyarrhythmie
medizinische Produkte zur Behandlung .... E DIN EN ISO 14708-6 (VDE 0750-20-6)
                                                                                                         DIN EN 45502-2-2 (VDE 0750-10-2)

Tafeln aus Schichtpressstoffen
auf Basis warmhärtender Harze
– Prüfverfahren .... E DIN EN 60893-2 (VDE 0318-2)

Tafeln
aus Schichtpressstoffen
– allgemeine Anforderungen .... DIN EN 60893-1 (VDE 0318-1)
– auf Basis warmhärtender Harze .... DIN EN 60893-2 (VDE 0318-2)
                                                                                         E DIN EN 60893-2 (VDE 0318-2)
                                                                                         DIN EN 60893-3-1 (VDE 0318-3-1)
                                                                                         DIN IEC/TR 60893-4 (VDE 0318-4)
– auf Epoxidharzbasis .... DIN EN 60893-3-2 (VDE 0318-3-2)
– auf Melaminharzbasis .... DIN EN 60893-3-3 (VDE 0318-3-3)
– auf Phenolharzbasis .... DIN EN 60893-3-4 (VDE 0318-3-4)
– auf Polyesterharzbasis .... DIN EN 60893-3-5 (VDE 0318-3-5)
– auf Polyimidharzbasis .... DIN EN 60893-3-7 (VDE 0318-3-7)
– auf Silikonharzbasis .... DIN EN IEC 60893-3-6 (VDE 0318-3-6)
– Typen von Tafeln .... DIN EN 60893-3-1 (VDE 0318-3-1)
– typische Werte .... DIN IEC/TR 60893-4 (VDE 0318-4)

Tafelpressspan
für elektrotechnische Anwendungen
– Anforderungen .... Beiblatt 1 DIN EN 60641-3-1 (VDE 0315-3-1)
– Aramid .... DIN EN 61629-1 (VDE 0317-1)
                                                                                          DIN EN 61629-2 (VDE 0317-2)
– Begriffe und allgemeine Anforderungen .... DIN EN 60641-1 (VDE 0315-1)
– Prüfverfahren .... DIN EN 60641-2 (VDE 0315-2)
– Typen B .... DIN EN 60641-3-1 (VDE 0315-3-1)
                                                  Beiblatt 1 DIN EN 60641-3-1 (VDE 0315-3-1)

TAR Hochspannung
Anschluss und Betrieb von Kundenanlagen

– an das Hochspannungsnetz .... VDE-Anwendungsregel VDE-AR-N 4120

TAR Höchstspannung
Anschluss und Betrieb von Kundenanlagen
– an das Höchstspannungsnetz .... VDE-Anwendungsregel VDE-AR-N 4130

TAR Mittelspannung
Anschluss und Betrieb von Kundenanlagen
– an das Mittelspannungsnetz .... VDE-Anwendungsregel VDE-AR-N 4110

TAR Niederspannung
Anschluss und Betrieb von Kundenanlagen
– an das Niederspannungsnetz .... VDE-Anwendungsregel VDE-AR-N 4100
Berichtigung 1 zu VDE-Anwendungsregel VDE-AR-N 4100

Tarif- und Laststeuerung
Einrichtungen für
– Anforderungen, Prüfungen, Prüfbedingungen .... DIN EN 62052-21 (VDE 0418-2-21)
Nutzung örtlicher Bereichsnetze .... DIN EN 62056-3-1 (VDE 0418-6-3-1)
E DIN EN IEC 62056-3-1 (VDE 0418-6-3-1)

Tauchheizgeräte
für den Hausgebrauch .... DIN EN 60335-2-74 (VDE 0700-74)
ortsveränderliche .... DIN EN 60335-2-74 (VDE 0700-74)

Tauchmotorpumpen .... DIN EN 60335-2-41 (VDE 0700-41)
E DIN EN 60335-2-41 (VDE 0700-41)
E DIN EN IEC 60335-2-41-100 (VDE 0700-41-100)
E DIN EN IEC 60335-2-41/A11 (VDE 0700-41/A11)

Tauchsieder .... DIN EN 60335-2-74 (VDE 0700-74)

TCP/IP
Energiemanagementsysteme
– Daten- und Kommunikationssicherheit .... DIN EN 62351-3 (VDE 0112-351-3)
E DIN EN 62351-3/A2 (VDE 0112-351-3/A2)

TCSC
thyristorgesteuerte Reihenkondensatoren
– elektrische Prüfung .... DIN EN 62823 (VDE 0553-823)

TDC
Display-Steuereinheit für Führerräume
– Bahnanwendungen .... DIN CLC/TR 50542-1 (VDE 0115-542-1)
DIN CLC/TR 50542-2 (VDE 0115-542-2)
DIN CLC/TR 50542-3 (VDE 0115-542-3)

Teach-in-Funktion .... VDE-Anwendungsregel VDE-AR-E 2660-208

Technikunterstütztes Leben
Ambient Assisted Living (AAL) .... VDE-Anwendungsregel VDE-AR-E 2757-6-1
VDE-Anwendungsregel VDE-AR-E 2757-8
VDE-Anwendungsregel VDE-AR-E 2757-6-2
VDE-Anwendungsregel VDE-AR-E 2757-7
VDE-Anwendungsregel VDE-AR-E 2757-9
– Mobilität .... VDE-Anwendungsregel VDE-AR-E 2757-9

Technische Dokumentation
Gliederung, Inhalt, Darstellung .... DIN EN 82079-1 (VDE 0039-1)
E DIN EN 82079-1 (VDE 0039-1)
Strukturierung .... DIN EN 62023 (VDE 0040-6)

Technische Hilfestellung
im DC-Bereich von PV-Anlagen .... VDE-Anwendungsregel VDE-AR-E 2100-712

Technische Information
Strukturierung .... DIN EN 62023 (VDE 0040-6)

Technische Lieferbedingungen von Wickeldrähten
Flachdrähte aus Kupfer, lackisoliert mit Polyesterimid
– Klasse 200 .... E DIN EN IEC 60317-82 (VDE 0474-317-82)

Technische Lieferbedingungen
für bestimmte Typen von Wickeldrähten
– lackisolierte Flachdrähte aus Kupfer .... E DIN EN IEC 60317-0-2 (VDE 0474-317-0-2)
– lackisolierte Flachdrähte aus Kupfer, Klasse 105
.... E DIN EN IEC 60317-17 (VDE 0474-317-17)
– lackisolierte Flachdrähte aus Kupfer, Klasse 120
.... E DIN EN IEC 60317-18 (VDE 0474-317-18)
– lackisolierte Runddrähte aus Aluminiumdraht
.... DIN EN 60317-0-3 (VDE 0474-317-0-3)
– lackisolierte Runddrähte aus Kupfer, Klasse 120
.... E DIN EN IEC 60317-12 (VDE 0474-317-12)
– lackisolierte Runddrähte aus Kupferdraht .... DIN EN 60317-0-1 (VDE 0474-317-0-1)

Technische Merkblätter
für den ESD-Komplex .... VDE-Schriftenreihe Band 71

Technische Systeme
Unterstützung des selbstbestimmten Lebens .... VDE-Anwendungsregel VDE-AR-E 2757-3
VDE-Anwendungsregel VDE-AR-E 2757-4

Technisches Sicherheitsmanagement .... VDE-Anwendungsregel VDE-AR-N 4001

Teilbereichsschutz
Sicherungswiderstände
– Geräteschutzsicherungen .... DIN EN IEC 60127-8 (VDE 0820-8)

Teilelisten .... DIN EN 62027 (VDE 0040-7)

Teilentladungsmesssysteme .... E DIN VDE 0530-27-2 (VDE 0530-27-2)

Teilentladungsmessung
an der Statorwicklungsisolation .... E DIN VDE 0530-27-2 (VDE 0530-27-2)
DIN EN IEC 60034-27-1 (VDE 0530-27-1)
an Ständerwicklungsisolierungen .... DIN EN IEC 60034-27-1 (VDE 0530-27-1)

Teilentladungsmessungen
Hochspannungsprüftechnik .... DIN EN 60270 (VDE 0434)

Teilentladungsmessverfahren .... E DIN VDE 0530-27-2 (VDE 0530-27-2)

Teilentladungsprüfung
für Starkstromkabel .... DIN EN 60885-2 (VDE 0481-885-2)
DIN EN 60885-3 (VDE 0481-885-3)
von Wicklerisolierungen

– bei Speisung mit wiederholten impulsförmigen Spannungen
.... E DIN IEC/TS 60034-27-5 (VDE V 0530-27-5)

Teilentladungssignale .... E DIN VDE 0530-27-2 (VDE 0530-27-2)

Teilgeneratorverbindungssysteme
für PV-Systeme .... E VDE-Anwendungsregel VDE-AR-E 2283-6

Teilkörperzähler
für die In-vivo-Überwachung .... DIN EN 61582 (VDE 0493-2-3)
– wiederkehrende Prüfung .... DIN VDE 0493-200 (VDE 0493-200)

Teilkurzschlussströme
über Erde .... DIN EN 60909-0 (VDE 0102)
DIN EN 60909-3 (VDE 0102-3)

Telekom-Elementarrelais
elektromechanische
– Fachgrund- und Bauartspezifikation .... DIN EN 61811-1 (VDE 0435-210)

Telekommunikationsanlagen
Beeinflussung durch
– Starkstromanlagen .... DIN VDE 0845-6-1 (VDE 0845-6-1)
DIN VDE 0845-6-2 (VDE 0845-6-2)
DIN VDE 0845-6-5 (VDE 0845-6-5)
Beeinflussung durch Drehstromanlagen .... DIN VDE 0845-6-2 (VDE 0845-6-2)
Beeinflussung durch Starkstromanlagen
– Grundlagen, Grenzwerte, Berechnungs- und Messverfahren
.... DIN VDE 0845-6-1 (VDE 0845-6-1)
– Hochspannungs-Gleichstrom-Übertragungsanlagen (HGÜ)
.... DIN VDE 0845-6-5 (VDE 0845-6-5)
– Wechselstrom-Bahnanlagen .... E DIN VDE 0845-6-3 (VDE 0845-6-3)

Telekommunikationsanlagen, schnurlose
elektromagnetische Felder von Endgeräten
– Sicherheit von Personen .... DIN EN 62232 (VDE 0848-232)

Telekommunikationseinrichtungen
geschirmte Innenkabel
– Klasse 2 .... DIN EN 50441-2 (VDE 0815-2)
– Klasse 3 .... DIN EN 50441-3 (VDE 0815-3)
in der Bahnumgebung
– Störaussendung und Störfestigkeit .... DIN EN 50121-4 (VDE 0115-121-4)
DIN EN 50121-4/A1 (VDE 0115-121-4/A1)
Innenkabel bis 1 200 MHz
– Klasse 4 .... DIN EN 50441-4 (VDE 0815-4)
ungeschirmte Innenkabel
– Klasse 1 .... DIN EN 50441-1 (VDE 0815-1)

Telekommunikationsgeräte
hochfrequente elektromagnetische Felder
– 110 MHz bis 100 GHz .... DIN EN 50385 (VDE 0848-385)
DIN EN 50401 (VDE 0848-401)

Telekommunikationsleitungen
Blitzschutz .... DIN EN 61663-1 (VDE 0845-4-1)
DIN EN 61663-2 (VDE 0845-4-2)

Telekommunikationsnetze
Anschluss von Geräten .... DIN EN 62949 (VDE 0868-949)
Überspannungsschutzgeräte .... DIN EN 61643-21 (VDE 0845-3-1)
DIN CLC/TS 61643-22 (VDE V 0845-3-2)
xDSL-Signale in Anschlussstromkreisen .... Beiblatt 1 DIN EN 60950-1 (VDE 0805-1)

Telekommunikationsnetzwerke .... DIN EN IEC 63044-3 (VDE 0849-44-3)
E DIN EN IEC 63044-3/A1 (VDE 0849-44-3/A1)

Telekommunikationstechnik
für Bahnanwendungen .... DIN EN 50159 (VDE 0831-159)
DIN EN 50159/A1 (VDE 0831-159/A1)

Telekommunikationstechnische
Potentialausgleichsanlagen
– für Gebäude .... VDE-Schriftenreihe Band 126

Telekommunikationstechnische Potentialausgleichsanlagen
für Gebäude und andere Strukturen .... DIN EN 50310 (VDE 0800-2-310)

Telemedizinische Dienstleistung .... VDE-Anwendungsregel VDE-AR-E 2757-2

Telemedizinisches Zentrum .... VDE-Anwendungsregel VDE-AR-E 2757-2

Telemonitoring .... VDE-Anwendungsregel VDE-AR-E 2757-2
in medizinischen Anwendungen
– Qualitätsmanagement .... VDE-Anwendungsregel VDE-AR-M 3756-1

Teleskopstangen .... DIN EN 62193 (VDE 0682-603)

Temperatur
natürliche Umgebungsbedingungen
– Klassifizierung .... DIN EN 60721-2-1 (VDE 0468-721-2-1)

Temperaturanstieg
Schnittstellenanschlüsse .... Beiblatt 1 DIN VDE 0100-520 (VDE 0100-520)

Temperaturbedingte Effizienz .... DIN EN 60068-2-14 (VDE 0468-2-14)

Temperaturbeständigkeit .... DIN EN 60068-2-14 (VDE 0468-2-14)

Temperatur-Feuchte-Prüfung, zyklische .... DIN EN 60068-2-38 (VDE 0468-2-38)

Temperaturindex (RTI), relativer
von Elektroisolierstoffen .... E DIN EN IEC 60216-5 (VDE 0304-25)
E DIN EN IEC 60216-6 (VDE 0304-26)

Temperaturindex (TI) .... DIN IEC/TS 60216-7-1 (VDE V 0304-7-1)

Temperaturindex
Lackdrähte und bandumwickelte Drähte
– technische Lieferbedingungen von Wickeldrähten .... E DIN EN IEC 60172 (VDE 0474-172)

Temperatur-Luftfeuchte-Luftdruck-Prüfung .... DIN EN 60068-2-39 (VDE 0468-2-39)

Temperatur-Luftfeuchte-Prüfung
mit niedrigem Luftdruck .... DIN EN 60068-2-39 (VDE 0468-2-39)

Temperatursicherungen
Anforderungen und Anwendungshinweise .... DIN EN 60691 (VDE 0821)

E DIN EN IEC 60691 (VDE 0821)

Temperaturwechsel .... DIN EN 60068-2-38 (VDE 0468-2-38)
Lichtwellenleiter
– Messmethoden und Prüfverfahren .... DIN EN 60793-1-52 (VDE 0888-252)
Prüfung für CPV-Module .... DIN EN 62925 (VDE 0126-90)
Prüfung N .... DIN EN 60068-2-14 (VDE 0468-2-14)
Temperaturwechselprüfung für CPV-Module
– zur Bewertung erhöhter Temperaturwechselbeständigkeit .... DIN EN 62925 (VDE 0126-90)
und -Anordnungen
– Bauarteignungen und Bauartzulassung .... DIN EN 62108 (VDE 0126-33)
– Sicherheitsqualifikation .... DIN EN IEC 62688 (VDE 0126-36)

Temperaturwechselprüfung
für CPV-Module
– erhöhter Temperaturwechselbeständigkeit .... DIN EN 62925 (VDE 0126-90)

Temperaturwechselprüfung, erweiterte
von PV-Modulen .... DIN EN IEC 62892 (VDE 0126-892)

TEM-Wellenleiter
Störaussendung und Störfestigkeit .... DIN EN 61000-4-20 (VDE 0847-4-20)
DIN EN 62132-8 (VDE 0847-22-8)

TEM-Zellenverfahren .... DIN EN 62132-2 (VDE 0847-22-2)

Teppiche, beheizte .... DIN EN 60335-2-106 (VDE 0700-106)

Terminologie
elektrische Energiespeichersysteme .... DIN EN IEC 62933-1 (VDE 0520-933-1)
E DIN EN IEC 62933-1 (VDE 0520-933-1)

Terrestrische kristalline Silizium-Photovoltaik-(PV-)Module
Prüfungen von Cadmiumtellurid-(CdTe-)Photovoltaik-(PV-)Modulen
.... DIN EN 61215-1-2 (VDE 0126-31-1-2)
E DIN EN IEC 61215-1-2 (VDE 0126-31-1-2)
DIN EN 61215-2 (VDE 0126-31-2)
E DIN EN IEC 61215-2 (VDE 0126-31-2)
Prüfungen von Photovoltaik-(PV-)Modulen
– aus kristallinem Silizium .... DIN EN 61215-1-1 (VDE 0126-31-1-1)
E DIN EN IEC 61215-1-1 (VDE 0126-31-1-1)
DIN EN 61215-2 (VDE 0126-31-2)
E DIN EN IEC 61215-2 (VDE 0126-31-2)
Prüfungen von Photovoltaik-(PV-)Modulen aus amorphem Silizium (a-Si)
– und mikrokristallinem Silizium(µc-Si) .... DIN EN 61215-1-3 (VDE 0126-31-1-3)
DIN EN 61215-2 (VDE 0126-31-2)
E DIN EN IEC 61215-2 (VDE 0126-31-2)
Prüfungen von Photovoltaik-(PV-)Modulen aus Kupfer-Indium-Gallium-Selenid (CIGS)
– und Kupfer-Indium-Selenid (CIS) .... DIN EN 61215-1-4 (VDE 0126-31-1-4)
E DIN EN IEC 61215-1-4 (VDE 0126-31-1-4)
DIN EN 61215-2 (VDE 0126-31-2)
E DIN EN IEC 61215-2 (VDE 0126-31-2)

Terrestrische kristalline Silizium-Photovoltaik-(PV-)Module
Prüfungen von Photovoltaik-(PV-)Modulen-Dünnschichtmodulen
– aus Cu(In,GA)(S,Se)2 .... DIN EN 61215-1-4 (VDE 0126-31-1-4)

Terrestrische Photovoltaik-(PV-)Module
Bauarteignung und Bauartzulassung
– Prüfanforderungen .... E DIN EN IEC 61215-1-4 (VDE 0126-31-1-4)
DIN EN 61215-2 (VDE 0126-31-2)
E DIN EN IEC 61215-2 (VDE 0126-31-2)
DIN EN 61215-1 (VDE 0126-31-1)
E DIN EN IEC 61215-1 (VDE 0126-31-1)
DIN EN 61215-2 (VDE 0126-31-2)
E DIN EN IEC 61215-2 (VDE 0126-31-2)
– Prüfverfahren .... DIN EN 61215-2 (VDE 0126-31-2)
E DIN EN IEC 61215-2 (VDE 0126-31-2)
– Steigerung des Vertrauens .... DIN IEC/TS 62941 (VDE V 0126-310)
kristalline Silizium-Photovoltaik-(PV-)Module
– Bauarteignung und Bauartzulassung .... DIN EN 61215-1-1 (VDE 0126-31-1-1)
E DIN EN IEC 61215-1-1 (VDE 0126-31-1-1)
DIN EN 61215-2 (VDE 0126-31-2)
E DIN EN IEC 61215-2 (VDE 0126-31-2)
Prüfungen von Photovoltaik-(PV-)Dünnschichtmodulen
– aus amorphem Silizium .... E DIN EN IEC 61215-1-3 (VDE 0126-31-1-3)
Qualitätssystem zur Fertigung von PV-Modulen .... E DIN EN IEC 62941 (VDE 0126-310)

Testmusterverfahren
VBPD
– Maschinensicherheit .... DIN IEC/TS 61496-4-2 (VDE V 0113-204-2)

Testprozeduren
Festoxid-Brennstoffzellen, Einzelzellen, Stack
– Brennstoffzellenmodule im Umkehrbetrieb .... E DIN EN 62282-8-101 (VDE 0130-8-101)

Textilglasgewebe .... DIN VDE 0334-1 (VDE 0334-1)

Textilien
elektrostatische Eigenschaften .... DIN IEC/TS 61340-4-2 (VDE V 0300-4-2)

Textilien, tragbare elektronische
Druckknopfverbinder für Bekleidung aus E-Textilien
– und abnehmbare elektronische Geräte .... E DIN IEC/TR 63203-250-1 (VDE 0750-32-1)

Textilschläuche
Glasfilament
– mit Acrylbeschichtung .... DIN EN 60684-3-300 (VDE 0341-3-300)
DIN EN 60684-3-403 bis 405 (VDE 0341-3-403 bis 405)
DIN EN 60684-3-409 (VDE 0341-3-409)

TFH-Übertragung .... DIN EN 60358-2 (VDE 0560-4)

Therapiegeräte
Röntgenstrahlenerzeuger .... DIN EN 60601-2-8 (VDE 0750-2-8)
Ultraschall .... DIN EN 60601-2-5 (VDE 0750-2-5)

Therapie-Röntgeneinrichtungen
im Bereich 10 kV bis 1 MV .... DIN EN 60601-2-8 (VDE 0750-2-8)

Thermische Alterungsverfahren
bei Kabeln und isolierten Leitungen .... DIN EN 60811-401 (VDE 0473-811-401)
– Alterung in der Druckkammer .... DIN EN 60811-412 (VDE 0473-811-412)

von Kabeln, isolierten Leitungen und Glasfaserkabeln . DIN EN 60811-401 (VDE 0473-811-401)

Thermische Atomisierung
Labor-Atomspektrometer .... DIN EN 61010-2-061 (VDE 0411-2-061)
E DIN EN 61010-2-061 (VDE 0411-2-061)

Thermische Bewertung
elektrischer Isoliersysteme
– allgemeine Anforderungen – Niederspannung .... DIN EN 61857-1 (VDE 0302-11)
– drahtgewickelte EIS .... DIN EN 61857-22 (VDE 0302-22)
– EIS mit Flachdrahtwicklungen .... DIN EN 61858-2 (VDE 0302-30-2)
– EIS mit Runddrahtwicklungen .... DIN EN 61858-1 (VDE 0302-30-1)
– Kurzzeitverfahren .... DIN EN 61857-31 (VDE 0302-31)
– Mehrzweckmodelle bei Drahtwicklungen .... DIN EN 61857-21 (VDE 0302-21)
– Multifaktorbewertung bei erhöhter Temperatur .... E DIN EN 61857-33 (VDE 0302-33)
– Multifaktorbewertung während der diagnostischen Prüfung
.... E DIN EN 61857-32 (VDE 0302-32)
– von drehenden Maschinen .... DIN EN 60034-18-21 (VDE 0530-18-21)
DIN EN 60034-18-31 (VDE 0530-18-31)
elektrischer Isoliersysteme
– Anwendung in Hochspannungstrockentransformatoren mit 1 kV und mehr
.... E DIN EN 61857-41 (VDE 0302-41)
elektrischer Isolierung .... DIN EN 60085 (VDE 0301-1)

Thermische Langzeiteigenschaften
von Elektroisolierstoffen
– analytische Prüfverfahren .... DIN IEC/TS 60216-7-1 (VDE V 0304-7-1)
– Berechnung charakteristischer Werte .... DIN EN 60216-8 (VDE 0304-8)
– Prüfmerkmale .... DIN EN 60216-2 (VDE 0304-22)
– Wärmeschränke .... DIN EN 60216-4-1 (VDE 0304-4-1)

Thermische Prüfung
flüssiger und fester Komponenten
– (EIS) .... DIN IEC/TS 62332-1 (VDE V 0302-994)
DIN IEC/TS 62332-2 (VDE V 0302-995)
DIN IEC/TS 62332-3 (VDE V 0302-996)

Thermische Schutzeinrichtungen
für Vorschaltgeräte für Leuchtstofflampen .... DIN EN 60730-2-3 (VDE 0631-2-3)

Thermische Stabilität
bei Kabeln und isolierten Leitungen .... DIN EN 60811-405 (VDE 0473-811-405)

Thermischer Betriebsgeräteschutz
digital adressierbare Schnittstelle .... DIN EN IEC 62386-217 (VDE 0712-0-217)

Thermischer Lampenschutz
digital adressierbare Schnittstelle .... DIN EN IEC 62386-222 (VDE 0712-0-222)

Thermischer Schutz .... E DIN EN IEC 60691 (VDE 0821)
rotierender elektrischer Maschinen
– Auslösegeräte .... DIN EN 60947-8 (VDE 0660-302)

Thermischer Überlastschutz .... DIN EN 60255-149 (VDE 0435-3149)

Thermisches Langzeitverhalten
von Elektroisolierstoffen

– Anweisungen zur Berechnung thermischer Langzeitkennwerte .... E DIN EN 60216-3 (VDE 0304-23)
– Berechnung thermischer Langzeitkennwerte .... DIN EN 60216-3 (VDE 0304-23)
   E DIN EN 60216-3 (VDE 0304-23)
– Bestimmung des relativen Temperaturindexes (RTI) ... E DIN EN IEC 60216-5 (VDE 0304-25)
   E DIN EN IEC 60216-6 (VDE 0304-26)
– Lebensdauerindex .... DIN EN 60216-5 (VDE 0304-25)
   E DIN EN IEC 60216-5 (VDE 0304-25)
   E DIN EN IEC 60216-6 (VDE 0304-26)
von Isolierharzen und -lacken
– Prüfung der elektrischen Durchschlagfestigkeit .... DIN EN IEC 60370 (VDE 0304-370)
– Prüfung der elektrischen Durchschlagmethoden .... DIN EN IEC 60370 (VDE 0304-370)

Thermisches Verhalten
drehender elektrischer Maschinen .... DIN EN 60034-1 (VDE 0530-1)
   E DIN EN 60034-1 (VDE 0530-1)

Thermistoren
Anwendung als Messfühler .... DIN VDE V 0898-1-401 (VDE V 0898-1-401)
– Kaltleiter Bewertungsstufe EZ .... DIN VDE V 0898-1-401 (VDE V 0898-1-401)
aus Polymerwerkstoffen
– Fachgrundspezifikation .... DIN EN 62319-1 (VDE 0898-1)
– Vordruck Bauartspezifikation .... DIN EN 62319-1-1 (VDE 0898-1-1)
Bauartspezifikation .... DIN VDE V 0898-1-401 (VDE V 0898-1-401)
direkt geheizte temperaturabhängige Widerstände
– mit positivem Temperaturkoeffizienten .... DIN VDE V 0898-1-401 (VDE V 0898-1-401)
Kaltleiter Bewertungsstufe EZ .... DIN VDE V 0898-1-401 (VDE V 0898-1-401)
– Bauartspezifikation .... DIN VDE V 0898-1-401 (VDE V 0898-1-401)

Thermodesorption-Gaschromatografie-Massenspektrometrie (TD-GC-MS)
.... E DIN EN 62321-3-3 (VDE 0042-1-3-3)

Thermoplastik-Rohrschweißwerkzeuge .... DIN EN 60335-2-45 (VDE 0700-45)
   E DIN EN 60335-2-45/AA (VDE 0700-45/AA)

Thermostrahlung .... DIN IEC/TS 62492-2 (VDE V 0409-20-2)

Thomasstahl
Bauteile aus .... VDE-Anwendungsregel VDE-AR-N 4210-3

Thyristorgesteuerte Reihenkondensatoren (TCSC)
Thyristorventile
– elektrische Prüfung .... DIN EN 62823 (VDE 0553-823)

Thyristorventile für Hochspannungsgleichstrom-Energieübertragung (HGÜ)
elektrische Prüfung .... DIN EN 60700-1 (VDE 0553-1)
   E DIN EN 60700-1/A1 (VDE 0553-1/A1)
   DIN EN 60700-2 (VDE 0553-2)

Thyristorventile für thyristorgesteuerte Reihenkondensatoren (TCSC)
elektrische Prüfung .... DIN EN 62823 (VDE 0553-823)
Thyristorventile
– elektrische Prüfung .... DIN EN 60700-1 (VDE 0553-1)
   E DIN EN 60700-1/A1 (VDE 0553-1/A1)
– Terminologie .... DIN EN 60700-2 (VDE 0553-2)

Thyristorventile
elektrische Prüfung .... DIN EN 60700-1 (VDE 0553-1)
E DIN EN 60700-1/A1 (VDE 0553-1/A1)
DIN EN 61954 (VDE 0553-100)
DIN EN 62823 (VDE 0553-823)
für statische Blindleistungskompensatoren .... DIN EN 61954 (VDE 0553-100)
mit Metalloxid-Überspannungsableitern .... DIN EN 60700-1 (VDE 0553-1)
E DIN EN 60700-1/A1 (VDE 0553-1/A1)

Tiefgaragen
Kohlenmonoxid und Stickoxide
– Geräte zur Detektion und Messung .... DIN EN 50545-1 (VDE 0400-80)

Tieraufzucht und Tierhaltung
Elektrowärmegeräte .... DIN VDE 0131 (VDE 0131)
DIN EN 60335-2-71 (VDE 0700-71)
Beiblatt 1 DIN EN 60335-2-71 (VDE 0700-71)
E DIN EN 60335-2-71/A2 (VDE 0700-71/A2)

Tierbetäubungsgeräte, elektrische .... DIN EN 60335-2-87 (VDE 0700-87)
E DIN EN 60335-2-87 (VDE 0700-87)

Tisch- und Gehrungssägen
kombinierte .... DIN EN 61029-2-11 (VDE 0740-511)

Tischfräsen .... DIN EN 61029-2-8 (VDE 0740-508)

Tischfräsmaschinen
transportabel, motorbetrieben .... DIN EN 61029-2-8 (VDE 0740-508)

Tischkreissägen
transportabel, motorbetrieben .... DIN EN 62841-3-1 (VDE 0740-3-1)
E DIN EN 62841-3-1/A1 (VDE 0740-3-1/A1)

Tischsägen .... DIN EN 62841-3-1 (VDE 0740-3-1)
E DIN EN 62841-3-1/A1 (VDE 0740-3-1/A1)
transportabel, motorbetrieben .... DIN EN 61029-2-11 (VDE 0740-511)

Tischschleifmaschinen
transportabel, motorbetrieben .... DIN EN 62841-3-4 (VDE 0740-3-4)

Tischventilatoren .... DIN VDE 0700-220 (VDE 0700-220)
E DIN EN 60335-2-80 (VDE 0700-80)

Titration
kolorimetrische .... DIN EN 62021-2 (VDE 0370-32)

TK-Netze
Überspannungsschutzgeräte .... DIN CLC/TS 61643-22 (VDE V 0845-3-2)

TN-Netze
Schutzeinrichtungen .... DIN VDE 0100-410 (VDE 0100-410)
VDE-Schriftenreihe Band 168

TN-Systeme
Differenzstromüberwachungsgeräte (RCMs) .... DIN EN 61557-11 (VDE 0413-11)
E DIN EN 61557-11 (VDE 0413-11)

Toaster
für den gewerblichen Gebrauch .... DIN EN 60335-2-48 (VDE 0700-48)
für den Hausgebrauch .... E DIN EN 60335-2-9 (VDE 0700-9)

Toiletten
für den Hausgebrauch .... DIN EN 60335-2-84 (VDE 0700-84)
E DIN IEC 60335-2-84 (VDE 0700-84)

Toiletten, elektrische .... DIN EN 60335-2-84 (VDE 0700-84)
E DIN IEC 60335-2-84 (VDE 0700-84)

Toilettensitze
elektrische Duschfunktion
– Leistungsmessung .... E DIN EN 62947 (VDE 0705-2947)

Ton- und Fernseh-Rundfunkempfänger
Bauartspezifikation .... DIN EN 60966-2-5 (VDE 0887-966-2-5)
DIN EN 60966-2-6 (VDE 0887-966-2-6)
Empfangsanlagen in Wohngebäuden .... VDE-Schriftenreihe Band 45
Kabelverteilsysteme .... VDE-Schriftenreihe Band 6
Störfestigkeitseigenschaften
– Grenzwerte und Prüfverfahren .... DIN EN 55020 (VDE 0872-20)
E DIN EN 55020/A1 (VDE 0872-20/A10)
DIN EN 55020/A11 (VDE 0872-20/A1)
DIN EN 55020/A12 (VDE 0872-20/A2)

Tonhaltigkeitswerte
Angabe
– Windenergieanlagen .... DIN CLC/TS 61400-14 (VDE V 0127-14)

Tonsignale
elektromagnetische Verträglichkeit von Kabelnetzen .... DIN EN 50083-8 (VDE 0855-8)

Torantriebe
elektrische .... DIN EN 60335-2-103 (VDE 0700-103)
E DIN IEC 60335-2-103 (VDE 0700-103-3)
E DIN IEC 60335-2-103/A1 (VDE 0700-103/A1)
E DIN IEC 60335-2-103/A2 (VDE 0700-103/A2)

Toxische Gase und Dämpfe
Detektion und Messung
– ortsfeste Gaswarnsysteme .... DIN EN 50402 (VDE 0400-70)
– Warngeräte .... DIN EN 50271 (VDE 0400-21)

Toxisches Potenzial .... DIN EN 60695-7-1 (VDE 0471-7-1)

Toxizität
von Rauch und Brandgasen .... DIN EN 60695-7-1 (VDE 0471-7-1)
DIN EN 60695-7-2 (VDE 0471-7-2)
E DIN EN IEC 60695-7-2 (VDE 0471-7-2)
DIN EN 60695-7-3 (VDE 0471-7-3)

Trace-Widerstandsheizungen
für industrielle und gewerbliche Zwecke .... DIN EN 60519-10 (VDE 0721-10)
DIN EN 62395-1 (VDE 0721-52)
DIN EN 62395-2 (VDE 0721-54)

Tragbare Anwendungen
verschlossene Bleibatterien .... DIN EN IEC 62485-4 (VDE 0510-485-4)

Tragbare Computer
Messung des Energieverbrauchs .... DIN EN 62623 (VDE 0806-2623)

Tragbare elektronische Geräte und Technologien
Bestimmung des elektrischen Widerstands von leitfähigen Textilien unter simuliertem Mikroklima
.... E DIN EN IEC 63203-201-3 (VDE 0750-36)
Bewertungsverfahren für dehnbare Widerstandssensoren
.... E DIN IEC 63203-401-1 (VDE 0750-33-1)
Druckknopfverbinder für Bekleidung aus E-Textilien
– und abnehmbare elektronische Geräte .... E DIN IEC/TR 63203-250-1 (VDE 0750-32-1)
elektronische Textilien
– Bestimmung des elektrischen Widerstands von leitfähigen Textilien unter simuliertem
Mikroklima .... E DIN EN IEC 63203-201-3 (VDE 0750-36)
– Dauerhaltbarkeit waschbare Freizeit- und Sportbekleidung des E-Textiliensystem
.... E DIN IEC 63203-204-1 (VDE 0750-31-1)
– Druckknopfverbinder für Bekleidung aus E-Textilien
.... E DIN IEC/TR 63203-250-1 (VDE 0750-32-1)
– elektrischer Widerstand von leitfähigen Textilien unter simuliertem Mikroklima
.... E DIN EN IEC 63203-201-3 (VDE 0750-36)
– Prüf- und Bewertungsverfahren für handschuhartige Bewegungssensoren
.... E DIN EN IEC 63203-402-1 (VDE 0750-35-1)
Funktionselemente
– Bewertungsverfahren für dehnbare Widerstandssensoren
.... E DIN IEC 63203-401-1 (VDE 0750-33-1)
Produkte und Systeme
– Bewertungsverfahren für dehnbare Widerstandssensoren
.... E DIN IEC 63203-401-1 (VDE 0750-33-1)
E DIN IEC 63203-402-1 (VDE 0750-35-1)
Prüf- und Bewertungsverfahren für handschuhartige Bewegungssensoren
– Messung der Fingerbewegungen .... E DIN IEC 63203-402-1 (VDE 0750-35-1)
Terminologie .... E DIN IEC 63203-101-1 (VDE 0750-30-1)

Tragbare elektronische Geräte
Bewertungsverfahren für dehnbare Widerstandssensoren
.... E DIN IEC 63203-401-1 (VDE 0750-33-1)

Tragbare Geräte
Batterien .... DIN EN 62133-2 (VDE 0510-82)
E DIN EN 62133-2/A1 (VDE 0510-82/A1)
DIN EN IEC 62485-4 (VDE 0510-485-4)

Tragbare Messgeräte
allgemeine Anforderungen und Prüfverfahren .... DIN EN 50379-1 (VDE 0400-50-1)

Tragbare wiederaufladbare gasdichte Zellen und Batterien
Lithium .... E DIN EN 63056 (VDE 0510-56)
Nickel-Cadmium .... DIN EN 61951-1 (VDE 0510-53)
Nickel-Metallhydrid .... DIN EN 61951-2 (VDE 0510-31)

Trägerfrequenz-Nachrichtenübertragung
TFH-Schmalbandsysteme .... DIN VDE 0852-1 (VDE 0852-1)

Trägerfrequenz-Signalübertragung
Datenkommunikation der elektrischen Energiemessung ... DIN EN 62056-3-1 (VDE 0418-6-3-1)

E DIN EN IEC 62056-3-1 (VDE 0418-6-3-1)

Trägerfrequenzübertragungen
auf Hochspannungsleitungen (TFH-Übertragung) .... DIN EN 60358-2 (VDE 0560-4)

Trägerfrequenzverbindungen .... DIN VDE 0228-3 (VDE 0228-3)
E DIN VDE 0845-6-3 (VDE 0845-6-3)

Tragklemmen
für selbsttragende isolierte Freileitungsseile .... DIN EN 50483-2 (VDE 0278-483-2)
für Systeme mit Nullleiter-Tragseil .... DIN EN 50483-3 (VDE 0278-483-3)

Tragluftbauten
Blitzschutz .... Beiblatt 2 DIN EN 62305-3 (VDE 0185-305-3)
E DIN EN 62305-3 (VDE 0185-305-3)

Tragschienen, genormte
mechanische Befestigung von elektrischen Geräte in Schaltanlagen
– Niederspannungsschaltgeräte .... DIN EN 60715 (VDE 0660-520)

Tragwerke von Freileitungen .... DIN EN 50341-1 (VDE 0210-1)
DIN EN 60652 (VDE 0210-15)
E DIN EN IEC 60652 (VDE 0210-15)
DIN EN 61773 (VDE 0210-20)

Tram, siehe auch Straßenbahn

Tram
Dachstromabnehmer .... DIN EN 50206-2 (VDE 0115-500-2)

Tränklacke
heißhärtende .... DIN EN 60464-3-2 (VDE 0360-3-2)

Transfersysteme, statische
allgemeine Anforderungen .... DIN EN 62310-1 (VDE 0558-310-1)
Betriebsverhalten und Prüfanforderungen .... DIN EN 62310-3 (VDE 0558-310-3)
elektromagnetische Verträglichkeit .... DIN EN 62310-2 (VDE 0558-310-2)

Transformator-Durchführungen .... DIN EN 60137 (VDE 0674-500)

Transformatoren .... DIN EN IEC 60934 (VDE 0642)
allgemeine Anforderungen und Prüfungen .... DIN EN IEC 61558-1 (VDE 0570-1)
Anlasstransformatoren .... DIN 57532-21 (VDE 0532-21)
flüssigkeitsgefüllte .... DIN EN 50216-2 (VDE 0532-216-2)
DIN EN 50216-2/A1 (VDE 0532-216-2/A1)
– Schutzrelais .... DIN EN 50216-3 (VDE 0532-216-3)
– Übertemperaturen .... DIN EN 60076-2 (VDE 0532-76-2)
für Baustellen .... DIN EN 61558-2-23 (VDE 0570-2-23)
für Handleuchten der Schutzklasse III .... DIN EN 61558-2-9 (VDE 0570-2-9)
für HGÜ-Anwendungen .... DIN EN 61378-2 (VDE 0532-42)
für Leuchtröhren .... DIN EN 61050 (VDE 0713-9)
für Spielzeuge .... DIN EN 61558-2-7 (VDE 0570-2-7)
für Versorgungsspannungen bis 1 100 V
– Betriebsverhalten .... DIN EN IEC 62041 (VDE 0570-10)
für Windenergieanlagen .... DIN EN 60076-16 (VDE 0532-76-16)
E DIN EN 60076-16 (VDE 0532-76-16)
Grundzubehör

– kleine Zubehörteile .... DIN EN 50216-4 (VDE 0532-216-4)
Isolieröle .... DIN EN 60296 (VDE 0370-1)
Kühlung und Belastbarkeit .... VDE-Schriftenreihe Band 72
Kühlungseinrichtungen .... DIN EN 50216-6 (VDE 0532-216-6)
Rasiersteckdosentransformatoren .... DIN EN 61558-2-5 (VDE 0570-2-5)
selbstgeschützte flüssigkeitsgefüllte .... DIN EN 60076-13 (VDE 0532-76-13)
Sicherheitstransformatoren .... DIN EN 61558-2-6 (VDE 0570-2-6)
                       E DIN EN IEC 61558-2-6 (VDE 0570-2-6)
Silikonisolierflüssigkeiten für .... DIN EN 60836 (VDE 0374-10)
Spartransformatoren .... DIN EN 61558-2-13 (VDE 0570-2-13)
                       DIN EN 61558-2-26 (VDE 0570-2-26)
Stelltransformatoren .... DIN EN 61558-2-14 (VDE 0570-2-14)
Steuertransformatoren .... DIN EN 61558-2-2 (VDE 0570-2-2)
Störminderung .... DIN EN 61558-2-19 (VDE 0570-2-19)
Trenntransformatoren .... DIN EN 61558-2-4 (VDE 0570-2-4)
                       E DIN EN IEC 61558-2-4 (VDE 0570-2-4)
– zur Versorgung medizinischer Räume .... DIN EN 61558-2-15 (VDE 0570-2-15)
Zubehör
– Buchholz-Relais .... DIN EN 50216-2 (VDE 0532-216-2)
                  DIN EN 50216-2/A1 (VDE 0532-216-2/A1)
– Drosselklappen für Rohrleitungskreise .... DIN EN 50216-8 (VDE 0532-216-8)
– Druckanzeigeeinrichtungen .... DIN EN 50216-5 (VDE 0532-216-5)
– Druckentlastungsventile .... DIN EN 50216-5 (VDE 0532-216-5)
– Durchflussmesser .... DIN EN 50216-5 (VDE 0532-216-5)
– elektrische Pumpen für Transformatorenöl .... DIN EN 50216-7 (VDE 0532-216-7)
– Flüssigkeitsstandanzeiger .... DIN EN 50216-5 (VDE 0532-216-5)
– Luftentfeuchter .... DIN EN 50216-5 (VDE 0532-216-5)
– Öl- und Wicklungstemperaturanzeiger .... DIN EN 50216-11 (VDE 0532-216-11)
– Öl-Luft-Kühler .... DIN EN 50216-10 (VDE 0532-216-10)
– Öl-Wasser-Kühler .... DIN EN 50216-9 (VDE 0532-216-9)
– Schutzrelais .... DIN EN 50216-3 (VDE 0532-216-3)
– Ventilatoren .... DIN EN 50216-12 (VDE 0532-216-12)
Zündtransformatoren für Gas- und Ölbrenner .... DIN EN 61558-2-3 (VDE 0570-2-3)

Transformatoren für Schaltnetzteile .... DIN EN 61558-2-16 (VDE 0570-2-16)
                  E DIN EN IEC 61558-2-16 (VDE 0570-2-16)

Transformatoren, Drosselspulen, Netzgeräte und entsprechende Kombinationen
 EMV-Anforderungen .... DIN EN IEC 62041 (VDE 0570-10)

Transformatorester .... DIN EN 61099 (VDE 0375-1)

Transformatorsteuerung
 funktionsintegrierte, modulare .... E VDE-Anwendungsregel VDE-AR-E 2660-600-1

Transformatorstromkreise
 Sicherungseinsätze für Hochspannungssicherungen .... DIN VDE 0670-402 (VDE 0670-402)

Transiente .... Beiblatt 1 DIN EN 61547 (VDE 0875-15-2)
                          DIN EN 61547 (VDE 0875-15-2)
                        E DIN EN 61547 (VDE 0875-15-2)

Transport und Handhabung
 Einflussgröße und Grenzwert
 – Klassifizierung von Umgebungsbedingungen ...... DIN EN IEC 60721-3-2 (VDE 0468-721-3-2)

Einflussgröße und Schärfegrad
- Klassifizierung von Umgebungsbedingungen ...... DIN EN IEC 60721-3-2 (VDE 0468-721-3-2)

Transport
unerlaubter
- radioaktives Material .... DIN EN 62694 (VDE 0493-3-10)
                  E DIN IEC 62694 (VDE 0493-3-10)
                  DIN IEC/TR 62971 (VDE 0412-2971)
von Lichtwellenleitern .... DIN VDE V 0888-100-1-1 (VDE V 0888-100-1-1)
                  DIN EN 60794-1-1 (VDE 0888-100-1)
von Satellitensignalen
- über IP-Netze .... DIN EN 50585 (VDE 0855-585)

Transportable ventilierte Räume .... DIN EN 50381 (VDE 0170-17)

Transportable Werkzeuge
Bohrmaschinen .... DIN EN 62841-2-1 (VDE 0740-2-1)
                  E DIN EN 62841-2-1/A1 (VDE 0740-2-1/A1)
Rasenmäher .... E DIN EN IEC 62841-4-3-100 (VDE 0740-4-3-100)
                  E DIN EN IEC 62841-4-4 (VDE 0740-4-4)
Schlagbohrmaschinen .... DIN EN 62841-2-1 (VDE 0740-2-1)
                  E DIN EN 62841-2-1/A1 (VDE 0740-2-1/A1)
transportable Gehrungskappsägen .... E DIN EN IEC 62841-3-9 (VDE 0740-3-9)
                  E DIN EN IEC 62841-3-9/A11 (VDE 0740-3-9/A11)

transportable Werkzeuge
Freischneider .... E DIN EN IEC 62841-4-4/AA (VDE 0740-4-4/AA)
- mit Sägeblatt .... E DIN EN IEC 62841-4-4/AA (VDE 0740-4-4/AA)
Grastrimmer .... E DIN EN IEC 62841-4-4/AA (VDE 0740-4-4/AA)
Rasenkantenschneider .... E DIN EN IEC 62841-4-4/AA (VDE 0740-4-4/AA)

Transportinkubatoren .... DIN EN 60601-2-20 (VDE 0750-2-20)
                  E DIN EN IEC 60601-2-20 (VDE 0750-2-20)

Transportprüfung
von Photovoltaik-(PV-)Modulen
- Transport und Versand von PV-Modulpaketen .... DIN EN 62759-1 (VDE 0126-38)

Transportspülmaschinen
für den gewerblichen Gebrauch .... DIN EN 50416 (VDE 0700-416)

Transportströme
DVB/MPEG-2 .... DIN EN 50083-9 (VDE 0855-9)

Trennen und Schalten .... DIN VDE 0100-460 (VDE 0100-460)

Trennen
Geräte zum .... DIN VDE 0100-530 (VDE 0100-530)

Trenner .... DIN VDE 0660-112 (VDE 0660-112)

Trennfunkenstrecken
für Blitzschutzsysteme .... DIN EN 62561-3 (VDE 0185-561-3)

Trenngeräte .... DIN VDE 0100-530 (VDE 0100-530)

Trennschalter (Wechselstrom-) .... DIN EN IEC 62271-102 (VDE 0671-102)

Trennschalter
für Bahnanlagen .... DIN EN 50152-2 (VDE 0115-320-2)
für Niederspannung .... DIN EN 60947-3 (VDE 0660-107)
E DIN EN IEC 60947-3 (VDE 0660-107)

Trennschleifmaschinen
handgeführt, motorbetrieben .... DIN EN 60745-2-22 (VDE 0740-2-22)
Staubmessverfahren .... DIN EN 50632-2-22 (VDE 0740-632-2-22)
tragbar, motorbetrieben .... DIN EN 62841-3-10 (VDE 0740-3-10)
transportabel, motorbetrieben .... DIN EN 62841-3-10 (VDE 0740-3-10)

Trennstelltransformatoren .... DIN EN 61558-2-14 (VDE 0570-2-14)

Trenntransformatoren
Anwendungen und Prüfungen .... DIN EN 61558-2-4 (VDE 0570-2-4)
E DIN EN IEC 61558-2-4 (VDE 0570-2-4)
Versorgung medizinischer Räume .... DIN EN 61558-2-15 (VDE 0570-2-15)

Trennung, automatische .... DIN EN IEC 60934 (VDE 0642)

Triaxial-Steckverbinder
mit Gewinde der Serie TRL .... E DIN EN IEC 61169-67 (VDE 0887-969-67)

Triebfahrzeuge
für Rangierbetrieb
– Funkfernsteuerung .... DIN EN 50239 (VDE 0831-239)
von Güterbahnen
– Funkfernsteuerung .... Beiblatt 1 DIN EN 50239 (VDE 0831-239)

Tritium in Luft
Probenahme und Überwachung .... DIN IEC 62303 (VDE 0493-1-50)

Tritium und Kohlenstoff-14
Probenentnahme
– Gasförmige Ableitungen kerntechnischer Anlagen ...... E DIN ISO 20041-1 (VDE 0493-1-41-1)

Tritium- und Kohlenstoff-14-Aktivität
in gasförmigen Ableitungen kerntechnischer Anlagen
– Probenentnahme von Tritium und Kohlenstoff-14 .... E DIN ISO 20041-1 (VDE 0493-1-41-1)

Tritium
Aktivitätskonzentration in Luft .... DIN IEC 62303 (VDE 0493-1-50)

Tritiummonitore
zur Überwachung von Radioaktivität .... DIN EN 60761-5 (VDE 0493-1-5)

Trockendrosselspulen .... DIN EN 61558-2-20 (VDE 0570-2-20)

Trockene Wärme
Lichtwellenleiter
– Messmethoden und Prüfverfahren .... DIN EN 60793-1-51 (VDE 0888-251)

Trockensauger
für den gewerblichen Gebrauch
– Prüfverfahren zur Bestimmung der Gebrauchseigenschaften
.... DIN EN IEC 62885-8 (VDE 0705-2885-8)
für den Hausgebrauch .... DIN EN 60312-1 (VDE 0705-312-1)
E DIN EN 60312-1/AA (VDE 0705-312-1/AA)

Prüfverfahren
– Bestimmung der Gebrauchseigenschaften .... DIN IEC/TS 62885-1 (VDE V 0705-2885-1)
E DIN IEC 62885-2 (VDE 0705-2885-2)
E DIN EN 62885-4 (VDE 0705-2885-4)
DIN EN IEC 62885-8 (VDE 0705-2885-8)

Trockensauger, schnurlose
für den Hausgebrauch
– Prüfausrüstung und -materialien .... DIN IEC/TS 62885-1 (VDE V 0705-2885-1)
– Prüfverfahren Bestimmung Gebrauchseigenschaften .. E DIN EN 62885-4 (VDE 0705-2885-4)

Trockentransformatoren .... DIN EN IEC 60076-11 (VDE 0532-76-11)
allgemeine Anforderungen und Prüfungen .... DIN EN IEC 61558-1 (VDE 0570-1)

Trolleybus, siehe auch O-Bus

Trolleybusse
elektrische Ausrüstung .... DIN EN 50502 (VDE 0115-502)

Trommeltrockner
für den gewerblichen Gebrauch .... DIN EN 50570 (VDE 0700-570)
für den Hausgebrauch .... DIN EN 60335-2-11 (VDE 0700-11)
E DIN IEC 60335-2-11 (VDE 0700-11)

Trommelwaschmaschinen
für den Hausgebrauch .... DIN EN 60335-2-7 (VDE 0700-7)
Beiblatt 1 DIN EN 60335-2-7 (VDE 0700-7)
E DIN IEC 60335-2-7 (VDE 0700-7)
E DIN EN 60335-2-7/A2 (VDE 0700-7/A1)
E DIN EN 60335-2-7/A3 (VDE 0700-7/A2)

Tropfengeber .... DIN EN 60112 (VDE 0303-11)
E DIN EN 60112 (VDE 0303-11)

Tropfpunkt
von Füllmassen .... DIN EN 60811-601 (VDE 0473-811-601)

Trunkenheit
Alkohol-Interlocks .... DIN EN 50436-1 (VDE 0406-1)

TT-Netze
Schutzeinrichtungen .... DIN VDE 0100-410 (VDE 0100-410)
VDE-Schriftenreihe Band 168

TT-Systeme
Differenzstromüberwachungsgeräte (RCMs) .... DIN EN 61557-11 (VDE 0413-11)
E DIN EN 61557-11 (VDE 0413-11)

Tunnel
Kohlenmonoxid und Stickoxide
– Geräte zur Detektion und Messung .... DIN EN 50545-1 (VDE 0400-80)

Türantriebe
elektrische .... DIN EN 60335-2-103 (VDE 0700-103)
E DIN IEC 60335-2-103 (VDE 0700-103-3)
E DIN IEC 60335-2-103/A1 (VDE 0700-103/A1)
E DIN IEC 60335-2-103/A2 (VDE 0700-103/A2)

Türen
für den Hausgebrauch
– Barrierefreiheit .... DIN EN IEC 63008 (VDE 0705-3008)

Turmdrehkrane
elektrische Ausrüstung .... DIN EN 60204-32 (VDE 0113-32)

Türsteuerung
Zustand der Eisenbahnfahrzeuge
– Leittechnik .... DIN VDE 0119-207-15 (VDE 0119-207-15)

Türverriegelungen
elektrische
– für den Hausgebrauch .... DIN EN IEC 60730-2-12 (VDE 0631-2-12)

Türverriegelungsgriffe
für Innenraumschränke
– elektronischer Einrichtungen .... DIN EN 61587-6 (VDE 0687-587-6)

TV-Wagen .... DIN VDE 0100-717 (VDE 0100-717)

Typ-1-Oberfräsen
handgeführt, motorbetrieben .... DIN EN 62841-2-17 (VDE 0740-2-17)

Typ-2-Oberfräsen
handgeführt, motorbetrieben .... DIN EN 62841-2-17 (VDE 0740-2-17)

Typenkurzzeichen
für Kommunikationskabel .... Beiblatt 1 DIN VDE 0816-1 (VDE 0816-1)

Typenschildangaben
von Photovoltaikmodulen .... DIN EN 50380 (VDE 0126-380)

Typkurzzeichen
von isolierten Leitungen .... DIN VDE 0292 (VDE 0292)
E DIN VDE 0292 (VDE 0292)

Typprüfung
für kaltschrumpfende Komponenten
– für Mittel- und Niederspannungsanwendungen ... DIN EN 50655-1 (VDE 0278-655-1)
DIN EN 50655-3 (VDE 0278-655-3)
für wärmeschrumpfende Komponenten
– für Nieder- und Mittelspannungsanwendungen ... DIN EN 50655-1 (VDE 0278-655-1)
DIN EN 50655-3 (VDE 0278-655-3)
– für Niederspannungsanwendungen .... DIN EN 50655-1 (VDE 0278-655-1)
DIN EN 50655-2 (VDE 0278-655-2)
photovoltaischer Inselsysteme .... DIN EN 62124 (VDE 0126-20-1)
von metall- und isoliergekapselten Wechselstrom-Schaltanlagen
.... DIN IEC/TR 62271-307 (VDE 0671-307)
von Starkstromkabelgarnituren .... DIN EN 61442 (VDE 0278-442)

Typschildangaben
von Photovoltaik-Wechselrichtern .... DIN EN 50524 (VDE 0126-13)
E DIN EN 50524 (VDE 0126-13)

U

U-Bahnen
Drehstrom-Bordnetz .... DIN EN 50533 (VDE 0115-533)
DIN EN 50533/A1 (VDE 0115-533/A1)
elektrische Sicherheit und Erdung .... DIN EN 50122-2 (VDE 0115-4)
DIN EN 50122-3 (VDE 0115-5)
Schutz gegen elektrischen Schlag .... DIN EN 50122-1 (VDE 0115-3)
über 16 A je Außenleiter
– Niederspannungsverteilnetz .... DIN EN 50549-1 (VDE 0124-549-1)
über HGÜ-Systeme
– angeschlossene Erzeugungsanlagen (TAR HGÜ) .... VDE-Anwendungsregel VDE-AR-N 4131
über Hochspannungsleitungen
– TFH-Sperren .... DIN VDE 0851 (VDE 0851)

Über-/Unterspannungsschutz
Funktionsnorm .... DIN EN 60255-127 (VDE 0435-3127)

Überbrückungsbauteile
für Blitzschutzsysteme .... DIN EN 62561-1 (VDE 0185-561-1)

Überdruckkapselung „p" .... DIN EN 60079-13 (VDE 0170-313)
DIN EN 60079-2 (VDE 0170-3)
E DIN EN IEC 60079-2 (VDE 0170-3)

Überfallmeldanlagen
Aktivlautsprecher .... DIN VDE V 0833-4-1 (VDE V 0833-4-1)
Alarmverifikation .... DIN VDE V 0833-3-1 (VDE V 0833-3-1)
Alarmvorprüfung .... DIN CLC/TS 50131-9 (VDE V 0830-2-9)
allgemeine Anforderungen .... DIN VDE 0833-1 (VDE V 0833-1)
VDE-Anwendungsregeln .... DIN CLC/TS 50131-7 (VDE V 0830-2-7)
Begriffe .... Beiblatt 1 DIN EN 50131-1 (VDE 0830-2-1)
Energieversorgungen .... DIN EN 50131-6 (VDE 0830-2-6)
Melderzentrale .... DIN EN 50131-3 (VDE 0830-2-3)
Nebelgeräte .... DIN EN 50131-8 (VDE 0830-2-8)
Planung, Errichtung, Betrieb .... DIN VDE 0833-3 (VDE 0833-3)
Signalgeber .... DIN EN 50131-4 (VDE 0830-2-4)
Systemanforderungen .... DIN EN 50131-1 (VDE 0830-2-1)
E DIN EN 50131-1/A3 (VDE 0830-2-1/A3)
Beiblatt 1 DIN CLC/TS 50131-11 (VDE V 0830-2-11)
DIN CLC/TS 50131-12 (VDE V 0830-2-12)
DIN CLC/TS 50661-1 (VDE V 0830-100-1)
Überfallmelder .... DIN CLC/TS 50131-11 (VDE V 0830-2-11)
Übertragungseinrichtungen .... DIN EN 50131-10 (VDE 0830-2-10)
Übertragungsgeräte (Funk-) .... DIN EN 50131-5-3 (VDE 0830-2-5-3)

Überfallmelder .... Beiblatt 1 DIN CLC/TS 50131-11 (VDE V 0830-2-11)
DIN CLC/TS 50131-11 (VDE V 0830-2-11)
DIN CLC/TS 50131-12 (VDE V 0830-2-12)

Übergangsadapter
für industrielle Anwendung .... DIN EN 50250 (VDE 0623-4)

Überholung drehender elektrischer Maschinen .... DIN EN IEC 60034-23 (VDE 0530-23)
Leitfaden .... DIN EN IEC 60034-23 (VDE 0530-23)

Überholung explosionsgefährdeter Bereiche .... DIN EN 60079-19 (VDE 0165-20-1)
E DIN EN 60079-19 (VDE 0165-20-1)

Überlastrelais .... DIN VDE 0100-530 (VDE 0100-530)

Überlastschutz
in elektrischen Anlagen .... VDE-Schriftenreihe Band 143
DIN VDE 0100-430 (VDE 0100-430)
DIN V VDE V 0664-120 (VDE V 0664-120)
DIN V VDE V 0664-220 (VDE V 0664-220)
DIN V VDE V 0664-420 (VDE V 0664-420)
E DIN IEC 60364-4-43 (VDE 0100-430)

Überlastschutz, thermischer .... DIN EN 60255-149 (VDE 0435-3149)
Messrelais und Schutzeinrichtungen .... DIN EN 60255-149 (VDE 0435-3149)

Überprüfung des Energieverbrauchs
von Schienenfahrzeugen
– Spezifikation .... DIN EN 50591 (VDE 0115-591)

Überprüfung von Dosimetriediensten
Strahlenschutz .... DIN ISO 14146 (VDE 0492-146)
E DIN EN ISO 14146 (VDE 0492-146)

Überprüfung von Dosismessstellen
Strahlenschutz .... E DIN EN ISO 14146 (VDE 0492-146)

Überspannungen
in Niederspannungsanlagen .... DIN VDE 0184 (VDE 0184)
in Niederspannungsnetzen .... VDE-Schriftenreihe Band 73
– Schutz gegen .... DIN VDE 0100-442 (VDE 0100-442)
DIN VDE 0100-443 (VDE 0100-443)
infolge atmosphärischer Einflüsse .... DIN VDE 0100-443 (VDE 0100-443)
infolge von Schaltvorgängen .... DIN VDE 0100-443 (VDE 0100-443)
Mittel zur Begrenzung .... DIN EN 60099-1 (VDE 0675-1)
Schutz von IT-Anlagen .... VDE-Schriftenreihe Band 119
Schutzmaßnahmen .... VDE-Schriftenreihe Band 106
VDE-Schriftenreihe Band 78
VDE-Schriftenreihe Band 83

Überspannungen, netzfrequente
Schutzeinrichtungen .... DIN EN 50550 (VDE 0640-10)
E DIN EN 63052 (VDE 0640-052)

Überspannungsableiter
Auswahl und Anwendung .... DIN EN IEC 60099-5 (VDE 0675-5)
für Gleichspannungsnetze .... DIN EN 50526-3 (VDE 0115-526-3)
für Gleichstrombahnnetze .... DIN EN 50526-1 (VDE 0115-526-1)
DIN EN 50526-2 (VDE 0115-526-2)
Metalloxidableiter mit externer Funkenstrecke .... DIN EN IEC 60099-8 (VDE 0675-8)
– EGLA .... DIN EN IEC 60099-8 (VDE 0675-8)
Metalloxidableiter mit externer Serienfunkenstrecke .... DIN EN IEC 60099-8 (VDE 0675-8)
– Übertragungs- und Verteilungsleitungen von Wechselstromsystemen über 1 kV
.... DIN EN IEC 60099-8 (VDE 0675-8)
– für Übertragungs- und Verteilungsleitungen von Wechselstromsystemen über 1 kV
.... DIN EN IEC 60099-8 (VDE 0675-8)

Metalloxidableiter mit externer Serienfunkenstrecke (EGLA)
.... DIN EN IEC 60099-8 (VDE 0675-8)
– für Übertragungs- und Verteilungsleitungen von Wechselstromsystemen über 1 kV
.... DIN EN IEC 60099-8 (VDE 0675-8)
– Übertragungs- und Verteilungsleitungen von Wechselstromsystemen über 1 kV
.... DIN EN IEC 60099-8 (VDE 0675-8)
Metalloxidableiter ohne Funkenstrecken .... DIN EN 60099-4 (VDE 0675-4)
DIN EN 60099-9 (VDE 0675-9)
Schutzbereich .... DIN EN 60099-1 (VDE 0675-1)

Überspannungskategorien .... DIN VDE 0100-443 (VDE 0100-443)

Überspannungsschutz
für PV-Stromversorgungssysteme .... Beiblatt 5 DIN EN 62305-3 (VDE 0185-305-3)
E DIN EN 62305-3 (VDE 0185-305-3)
in der Fernmelde- und Informationstechnik .... VDE-Schriftenreihe Band 54
in Niederspannungsanlagen .... DIN VDE 0184 (VDE 0184)
in Wohngebäuden .... VDE-Schriftenreihe Band 45
von Einrichtungen der Informationstechnik .... Beiblatt 1 DIN VDE 0845 (VDE 0845)

Überspannungsschutzeinrichtungen (SPDs) .... DIN VDE 0100-530 (VDE 0100-530)
DIN VDE 0100-534 (VDE 0100-534)
in elektrischen Anlagen .... DIN VDE 0100-443 (VDE 0100-443)
VDE-Schriftenreihe Band 84
in der Fernmelde- und Informationstechnik .... VDE-Schriftenreihe Band 54
in Wohngebäuden .... VDE-Schriftenreihe Band 45

Überspannungsschutzgeräte .... DIN EN 61643-321 (VDE 0845-5-2)
DIN EN 61643-341 (VDE 0845-5-4)
E DIN EN IEC 61643-341 (VDE 0845-5-41)
Bauelemente .... DIN EN IEC 61643-331 (VDE 0845-5-3)
E DIN IEC 61643-331 (VDE 0845-5-31)
E DIN EN IEC 61643-341 (VDE 0845-5-41)
für Niederspannung
– Bauelemente .... DIN EN IEC 61643-331 (VDE 0845-5-3)
E DIN IEC 61643-331 (VDE 0845-5-31)
E DIN EN IEC 61643-341 (VDE 0845-5-41)
in Niederspannungsanlagen .... E DIN EN 61643-31 (VDE 0675-6-31)
E DIN EN 61643-32 (VDE 0675-6-32)
– Anforderungen und Prüfungen .... DIN EN 50539-11/A1 (VDE 0675-39-11/A1)
DIN EN 61643-11 (VDE 0675-6-11)
– Auswahl und Anwendungsgrundsätze .... DIN CLC/TS 61643-12 (VDE V 0675-6-12)
E DIN EN 61643-12 (VDE 0675-6-12)
– Gasentladungsableiter .... DIN EN 61643-311 (VDE 0845-5-11)
DIN EN 61643-312 (VDE 0845-5-12)
– Photovoltaik-Installationen .... DIN EN 50539-11/A1 (VDE 0675-39-11/A1)
E DIN EN 61643-31 (VDE 0675-6-31)
– SPDs in Photovoltaik-Installationen .... DIN EN 50539-11/A1 (VDE 0675-39-11/A1)
E DIN EN 61643-32 (VDE 0675-6-32)
in Niederspannungsverteilungsnetzen .... DIN EN 60099-1 (VDE 0675-1)
in Photovoltaikinstallationen .... DIN EN 50539-11 (VDE 0675-39-11)
DIN EN 50539-11/A1 (VDE 0675-39-11/A1)
DIN CLC/TS 50539-12 (VDE V 0675-39-12)
in signalverarbeitenden Netzwerken .... DIN EN 61643-21 (VDE 0845-3-1)

in Telekommunikationsnetzen .... DIN CLC/TS 61643-22 (VDE V 0845-3-2)
DIN EN 61643-21 (VDE 0845-3-1)
DIN CLC/TS 61643-22 (VDE V 0845-3-2)
in Windenergieanlagen .... DIN CLC/TS 50539-22 (VDE V 0675-39-22)

Überspannungsschutzgeräte für Niederspannung
in Telekommunikations- und signalverarbeitenden Netzwerken
– Auswahl- und Anwendungsprinzipien .... DIN CLC/TS 61643-22 (VDE V 0845-3-2)

Überspannungsschutzisoliertransformatoren
in Niederspannungsanlagen
– Auswahl- und Anwendungsprinzipien .... DIN EN IEC 61643-352 (VDE 0845-5-52)
– in Telekommunikations- und signalverarbeitenden Anlagen
.... DIN EN 61643-351 (VDE 0845-5-51)
DIN EN IEC 61643-352 (VDE 0845-5-52)
– Leistungsanforderungen, Prüfschaltungen und -verfahren
.... DIN EN 61643-351 (VDE 0845-5-51)

Überspannungstrenntransformatoren (SIT)
in Niederspannungsanlagen
– in Telekommunikations- und signalverarbeitenden Anlagen
.... DIN EN 61643-351 (VDE 0845-5-51)
DIN EN IEC 61643-352 (VDE 0845-5-52)
– Leistungsanforderungen, Prüfschaltungen und -verfahren
.... DIN EN 61643-351 (VDE 0845-5-51)

Überstrom
Schutz von Kabeln und Leitungen .... VDE-Schriftenreihe Band 143
Schutzmaßnahmen .... DIN VDE 0100-430 (VDE 0100-430)
E DIN IEC 60364-4-43 (VDE 0100-430)
VDE-Schriftenreihe Band 83

Überstromschutz
Messrelais und Schutzeinrichtungen .... DIN EN 60255-151 (VDE 0435-3151)

Überstromschutzeinrichtungen .... DIN VDE 0100-530 (VDE 0100-530)
VDE-Schriftenreihe Band 118
für Hausanschlusskabel .... VDE-Schriftenreihe Band 168
Kurzschlussbemessungswerte .... Beiblatt 1 DIN EN 60947-1 (VDE 0660-100)

Übertemperatur
an drehenden elektrischen Maschinen .... DIN EN 60034-29 (VDE 0530-29)

Übertemperaturen
flüssigkeitsgefüllter Transformatoren .... DIN EN 60076-2 (VDE 0532-76-2)

Übertragung und Registrierung
von Ontologien für Produkte
– durch Tabellen .... DIN EN 62656-3 (VDE 0040-8-3)
DIN EN 62656-5 (VDE 0040-8-5)
– mittels Datenpaketen .... E DIN EN IEC 62656-8 (VDE 0040-8-8)

Übertragung von Rundfunksignalen .... DIN EN 60728-13 (VDE 0855-13)
Übertragungs- und Verteilnetze
– Betrieb und Planung von Netzbetreibern .... VDE-Anwendungsregel VDE-AR-N 4141-1

Übertragungs- und Verteilnetze
Betrieb und Planung von Netzbetreibern

– sicherheitsrelevante Kommunikation .... VDE-Anwendungsregel VDE-AR-N 4141-1

Übertragungseinrichtungen
für Alarmanlagen .... DIN EN 50136-2 (VDE 0830-5-2)
für Einbruch- und Überfallmeldeanlagen .... DIN EN 50131-10 (VDE 0830-2-10)
für Energieversorgungssysteme
– Schmalbandsysteme .... DIN VDE 0852-1 (VDE 0852-1)
DIN VDE 0852-2 (VDE 0852-2)
– Systeme mit Übertragung analoger Größen .... DIN VDE 0852-2 (VDE 0852-2)

Übertragungsgeräte (Funk-)
für Einbruch- und Überfallmeldeanlagen .... DIN EN 50131-5-3 (VDE 0830-2-5-3)

Übertragungsnetze, leitungsgebundene
Nutzung von Koaxialkabel .... DIN EN 50529-2 (VDE 0878-529-2)
Nutzung von Telekommunikationsleitungen .... DIN EN 50529-1 (VDE 0878-529-1)

Übertragungsprotokoll
unter Nutzung des Internetprotokolls .... DIN CLC/TS 50136-9 (VDE V 0830-5-9)

Übertragungssysteme
für Bahnanwendungen
– sicherheitsrelevante Kommunikation .... DIN EN 50159 (VDE 0831-159)
DIN EN 50159/A1 (VDE 0831-159/A1)
mit optischer Strahlung .... DIN EN 60079-28 (VDE 0170-28)

Übertragungsverhalten
von Frequenzen
– Leistungstransformatoren .... DIN EN 60076-18 (VDE 0532-76-18)

Übertragungsverluste
drehende elektrische Maschinen
– Bahn- und Straßenfahrzeuge .... DIN EN 60349-4 (VDE 0115-400-4)

Übertragungswagen .... DIN VDE 0100-717 (VDE 0100-717)

Übertragungszentralen .... DIN EN 50136-3 (VDE 0830-5-3)

Überwachen, Geräte zum .... DIN VDE 0100-530 (VDE 0100-530)

Überwachung der Sicherheitshülle von Leichtwasserreaktoren
Sicherheitswichtige Instrumentierung .... E DIN IEC 60910 (VDE 0491-4-2)

Überwachung der Umgebung
Einrichtung und Infrastruktur
– Rechenzentren .... DIN EN 50600-2-3 (VDE 0801-600-2-3)
DIN EN 50600-2-4 (VDE 0801-600-2-4)

Überwachung radioaktiver Gase
in Ableitungen von Anlagen
– die Positronen emittierender Radionuklide und/oder Radiopharmaka produzieren
.... E DIN ISO 16640 (VDE 0493-1-6640)
Positronen emittierender Radionuklide .... E DIN ISO 16640 (VDE 0493-1-6640)
– in Ableitungen von Anlagen .... E DIN ISO 16640 (VDE 0493-1-6640)
Radiopharmaka .... E DIN ISO 16640 (VDE 0493-1-6640)
– in Ableitungen von Anlagen .... E DIN ISO 16640 (VDE 0493-1-6640)

Überwachung und Steuerung
Windenergieanlagen
- Dienstemodelle .... DIN EN 61400-25-3 (VDE 0127-25-3)
- Informationsmodelle .... DIN EN 61400-25-1 (VDE 0127-25-1)
  DIN EN 61400-25-2 (VDE 0127-25-2)
  DIN EN 61400-25-3 (VDE 0127-25-3)
- Kommunikationsprofil .... DIN EN 61400-25-4 (VDE 0127-25-4)
- Konformitätsprüfungen .... DIN EN 61400-25-5 (VDE 0127-25-5)
- Prinzipien und Modelle .... DIN EN 61400-25-1 (VDE 0127-25-1)

Überwachung von Radioaktivität
allgemeine Anforderungen .... DIN EN 60761-1 (VDE 0493-1-1)
Monitore für radioaktive Aerosole .... DIN EN 60761-2 (VDE 0493-1-2)
Monitore für radioaktive Edelgase .... DIN EN 60761-3 (VDE 0493-1-3)
Monitore für radioaktives Iod .... DIN EN 60761-4 (VDE 0493-1-4)
Tritiummonitore .... DIN EN 60761-5 (VDE 0493-1-5)

Überwachung
des Betriebsverhaltens
- von Photovoltaiksystemen .... DIN EN 61724-1 (VDE 0126-25-1)
elektrischer Anlagen .... DIN EN 61557-10 (VDE 0413-10)
potenzieller Zündquellen von Geräten
- in explosionsgefährdeten Bereichen ..... E DIN IEC/TS 60079-42 (VDE V 0170-42)
von Photovoltaiksystemen .... DIN EN 61724-1 (VDE 0126-25-1)

Überwachungsanlagen
Brandwarnanlagen (BWA)
- für Beherbergungsstätten .... DIN VDE V 0826-2 (VDE V 0826-2)
- für Heime .... DIN VDE V 0826-2 (VDE V 0826-2)
- für Kindertagesstätten .... DIN VDE V 0826-2 (VDE V 0826-2)
- Projektierung, Errichtung, Betrieb, Instandhaltung .... DIN VDE V 0826-2 (VDE V 0826-2)
drahtlose Personen-Notsignal-Anlagen für gefährliche Alleinarbeiten
- Geräte- und Prüfanforderungen .... DIN VDE V 0825-1 (VDE V 0825-1)
Gebäude-Gegensprechanlagen .... DIN EN 62820-1-2 (VDE 0830-91-1-2)
  DIN EN IEC 62820-2 (VDE 0830-91-2)
  DIN EN IEC 62820-3-1 (VDE 0830-91-3-1)
  DIN EN IEC 62820-3-2 (VDE 0830-91-3-2)
Gebäude-Sprechanlagen .... DIN EN 62820-1-1 (VDE 0830-91-1-1)
  DIN EN IEC 62820-2 (VDE 0830-91-2)
Gefahrenwarnanlagen (GWA) .... DIN VDE V 0826-1 (VDE V 0826-1)
Personen-Hilferufanlagen
- VDE-Anwendungsregeln .... DIN EN 50134-7 (VDE 0830-4-7)
Personen-Notsignal-Anlagen (PNA) .... DIN VDE V 0825-1 (VDE V 0825-1)
  DIN VDE V 0825-11 (VDE V 0825-11)
- für gefährliche Alleinarbeiten .... DIN VDE V 0825-1 (VDE V 0825-1)
Personen-Notsignal-Anlagen für gefährliche Alleinarbeiten
- Geräte- und Prüfanforderungen .... DIN VDE V 0825-1 (VDE V 0825-1)
Video .... DIN EN 62676-1-1 (VDE 0830-7-5-11)
  DIN EN 62676-2-1 (VDE 0830-7-5-21)
  DIN EN 62676-2-2 (VDE 0830-7-5-22)
  DIN EN 62676-2-3 (VDE 0830-7-5-23)
  E DIN EN 62676-2-31 (VDE 0830-71-2-31)
  E DIN EN 62676-2-32 (VDE 0830-71-2-32)

Überwachungsbedürftige Anlagen .... VDE-Schriftenreihe Band 116

Überwachungseinrichtungen
für Alpha-, Beta- und Gammastrahlung .... DIN EN 60861 (VDE 0493-4-2)

Überwachungsgeräte
der Spannungsqualität in EVUs
– Messunsicherheit .... DIN EN 62586-2 (VDE 0415-2)
                                                                                                                E DIN EN 62586-2/A1 (VDE 0415-2/A1)
für Schutzmaßnahmen in Niederspannungsnetzen
– allgemeine Anforderungen .... DIN EN 61557-1 (VDE 0413-1)
                                                                                                                 E DIN EN 61557-1 (VDE 0413-1)
– Drehfeld .... DIN EN 61557-7 (VDE 0413-7)
                                                                                                                 E DIN EN 61557-7 (VDE 0413-7)
– Fehlerstromschutzeinrichtungen (RCD) .... DIN EN 61557-6 (VDE 0413-6)
                                                                                                                 E DIN EN 61557-6 (VDE 0413-6)
– Isolationsüberwachungsgeräte für IT-Systeme .... DIN EN 61557-8 (VDE 0413-8)
– Isolationswiderstand .... DIN EN 61557-2 (VDE 0413-2)
                                                                                                                 E DIN EN 61557-2 (VDE 0413-2)
– Schleifenwiderstand .... DIN EN 61557-3 (VDE 0413-3)
                                                                                                                 E DIN EN 61557-3 (VDE 0413-3)

Überwachungsgeräte, ortsveränderliche
EMV-Anforderungen .... DIN EN 61326-2-2 (VDE 0843-20-2-2)
                                                                                                E DIN EN IEC 61326-2-2 (VDE 0843-20-2-2)
– Niederspannungsstromversorgungsnetze .... E DIN EN IEC 61326-2-2 (VDE 0843-20-2-2)

Überwachungssysteme
für Flugplatzbefeuerungsanlagen .... DIN V ENV 50230 (VDE V 0161-230)
                                                                                                                 DIN EN 50490 (VDE 0161-106)

Überzugslacke
kalthärtende .... DIN EN 60464-3-1 (VDE 0360-3-1)

UGTMS .... DIN EN 62290-1 (VDE 0831-290-1)
                                                                                                                 DIN EN 62290-2 (VDE 0831-290-2)
                                                                                                                 DIN EN IEC 62290-3 (VDE 0831-290-3)

Uhren, elektrische
für den Hausgebrauch .... DIN EN 60335-2-26 (VDE 0700-26)

Ultraschall
Charakterisierung von Feldern
– In-situ-Werte .... DIN CLC/TS 61949 (VDE V 0754-2)
Echtzeit-Impulsechosysteme
– Prüfverfahren zur Bestimmung von Leistungsspezifikationen
.... E DIN IEC/TS 61390 (VDE V 0754-4)

Ultraschallgeräte
für medizinische Diagnose und Überwachung .... DIN EN 60601-2-37 (VDE 0750-2-37)

Ultraschall-Physiotherapiegeräte .... DIN EN 60601-2-5 (VDE 0750-2-5)
Feldspezifikation und Messverfahren .... DIN EN 61689 (VDE 0754-3)
Frequenzbereich 0,5 MHz bis 5 MHz .... DIN EN 61689 (VDE 0754-3)

Ultraschallstrahlenbündel
In-situ-Werte .... DIN CLC/TS 61949 (VDE V 0754-2)

Ultraschallsysteme
hochintensive therapeutische (HITU-Systeme) .... DIN EN 60601-2-62 (VDE 0750-2-62)

Ultraschall-Therapiegeräte .... DIN EN 60601-2-5 (VDE 0750-2-5)

Ultraviolettstrahler
zur Hautbehandlung .... DIN EN 60335-2-27 (VDE 0700-27)
Beiblatt 1 DIN EN 60335-2-27 (VDE 0700-27)
E DIN IEC 60335-2-27 (VDE 0700-27)
E DIN IEC 60335-2-27/A1 (VDE 0700-27/A1)
E DIN IEC 60335-2-27/A2 (VDE 0700-27/A2)
E DIN EN 60335-2-27/A3 (VDE 0700-27/A3)
E DIN EN 60335-2-27/AA (VDE 0700-27/AA)
E DIN EN 60335-2-27/AB (VDE 0700-27/AB)

Umformer
ausgewählte Kenngrößen .... VDE-Schriftenreihe Band 59

Umgebungsanforderungen
für Schränke, Gestelle, Baugruppenträger, Einschübe .... DIN EN 61587-1 (VDE 0687-587-1)

Umgebungs-Äquivalentdosis-(leistungs-)Messgeräte
für Beta-, Röntgen- und Gammastrahlung .... DIN EN 60846-1 (VDE 0492-2-1)
für Neutronenstrahlung .... DIN EN 61005 (VDE 0492-2-2)
zur Notfall-Strahlenschutzdosimetrie .... DIN EN 60846-2 (VDE 0492-2-3)

Umgebungs-Äquivalentdosisleistung
durch Gammastrahlen erzeugte .... DIN EN IEC 62327 (VDE 0493-3-3)

Umgebungsbedingungen
Klassifizierung von Einflussgrößen in Gruppen
– und deren Schärfegrade .... E DIN EN 60721-3-0 (VDE 0468-721-3-0)
natürliche Einflüsse .... DIN EN 60721-2-9 (VDE 0468-721-2-9)
ortsfester Einsatz, nicht wettergeschützt .... DIN EN IEC 60721-3-4 (VDE 0468-721-3-4)
Stoß- und Schwingungsdaten
– Lagerung, Transport, Im-Betrieb .... DIN EN 60721-2-9 (VDE 0468-721-2-9)
Umgebungseinflüsse
– Löten .... DIN EN 60068-3-13 (VDE 0468-3-13)

Umgebungseinflüsse
Fähigkeit der Anschlüsse und integrierter Befestigungsmittel
.... E DIN EN IEC 60068-2-21 (VDE 0468-2-21)
Allgemeines und Leitfaden .... DIN EN 60068-1 (VDE 0468-1)
ergänzende Unterlagen und Anleitung
– Prüfung T .... DIN EN 60068-3-13 (VDE 0468-3-13)
kombinierte Prüfung
– Temperatur, Luftfeuchte, niedriger Luftdruck .... DIN EN 60068-2-39 (VDE 0468-2-39)
Leistungsvermögen von Temperaturprüfkammern .... DIN EN IEC 60068-3-5 (VDE 0468-3-5)
DIN EN IEC 60068-3-6 (VDE 0468-3-6)
E DIN EN IEC 60068-3-7 (VDE 0468-3-7)
Leistungsvermögen von Temperaturprüfkammern ...... E DIN EN IEC 60068-3-7 (VDE 0468-3-7)
Leitfaden
– seismische Prüfverfahren für Geräte .... E DIN EN IEC 60068-3-3 (VDE 0468-3-3)
Prüfung Fh: Leitfaden .... DIN EN 60068-2-64 (VDE 0468-2-64)
Prüfung Fh: Schwingen, Breitbandrauschen (digital geregelt)
.... DIN EN 60068-2-64 (VDE 0468-2-64)

Prüfung Fj
- Schwingen, nachbildung von Langzeitsignalen ...... DIN EN IEC 60068-2-85 (VDE 0468-2-85)
Prüfung Ke
- Korrosionsprüfung mit strömendem Mischgas .... DIN EN 60068-2-60 (VDE 0468-2-60)
Prüfung S: nachgebildete Sonnenbestrahlung in Bodennähe
- Leitfaden zur Sonnenstrahlung und Bewitterung .... DIN EN IEC 60068-2-5 (VDE 0468-2-5)
Prüfung T
- Lötbarkeit und Lötwärmebeständigkeit von Bauelementen mit herausgeführten Anschlüssen
.... E DIN EN IEC 60068-2-20 (VDE 0468-2-20)
Prüfung Td: Lötbarkeit, Widerstandsfähigkeit, Lötwärmebeständigkeit
- bei oberflächenmontierbaren Bauelementen (SMD) ...... DIN EN 60068-2-58 (VDE 0468-2-58)
Prüfung Te/Tc
- Lötbarkeit mit Benetzungswaage (Kraftmessung) .... DIN EN 60068-2-69 (VDE 0468-2-69)
- Lötbarkeit von Bauelementen und Leiterplatten .... DIN EN 60068-2-69 (VDE 0468-2-69)
Prüfung Xw1: Whisker-Prüferverfahren
- Bauelemente und Teile in elektronischen Baugruppen
.... DIN EN IEC 60068-2-82 (VDE 0468-2-82)
Prüfungen
- Prüfung XW1: Whisker-Prüferverfahren elektronische und elektrische Bauelemente
.... DIN EN IEC 60068-2-82 (VDE 0468-2-82)
Prüfverfahren
- Allgemeines .... DIN EN 50288-10-1 (VDE 0819-10-1)
 DIN EN 50288-11-1 (VDE 0819-11-1)
 DIN EN 60068-1 (VDE 0468-1)
- klimatische und dynamische Prüfungen .... DIN EN 60068-2-53 (VDE 0468-2-53)
- Prüfung A: Kälte .... DIN EN 60068-2-1 (VDE 0468-2-1)
- Prüfung B: trockene Wärme .... DIN EN 60068-2-2 (VDE 0468-2-2)
- Prüfung Cab: feuchte Wärme .... DIN EN 60068-2-78 (VDE 0468-2-78)
- Prüfung Ea Leitfaden: Schocken .... DIN EN 60068-2-27 (VDE 0468-2-27)
- Prüfung Eh: Hammerprüfungen .... DIN EN 60068-2-75 (VDE 0468-2-75)
- Prüfung Fc: Schwingen, sinusförmig .... DIN EN 60068-2-6 (VDE 0468-2-6)
- Prüfung Ff: Schwingen, Zeitlaufverfahren und Sinusimpulse
.... DIN EN 60068-2-57 (VDE 0468-2-57)
- Prüfung Fg: Schwingen, akustisch angeregt .... DIN EN 60068-2-65 (VDE 0468-2-65)
- Prüfung Fh: Schwingen, Breitbandrauschen .... DIN EN 60068-2-64 (VDE 0468-2-64)
- Prüfung J: Schimmelwachstum .... DIN EN 60068-2-10/A1 (VDE 0468-2-10/A1)
- Prüfung Kb: Salznebel, zyklisch (Natriumchloridlösung)
.... DIN EN IEC 60068-2-52 (VDE 0468-2-52)
 Berichtigung 1 DIN EN IEC 60068-2-52 (VDE 0468-2-52)
- Prüfung Ke: Korrosionsprüfung mit strömendem Mischgas
.... DIN EN 60068-2-60 (VDE 0468-2-60)
- Prüfung M: niedriger Luftdruck .... E DIN EN IEC 60068-2-13 (VDE 0468-2-13)
- Prüfung N: Temperaturwechsel .... DIN EN 60068-2-14 (VDE 0468-2-14)
- Prüfung R und Leitfaden: Wasser .... DIN EN 60068-2-18 (VDE 0468-2-18)
- Prüfung Sa: nachgebildete Sonnenbestrahlung .... DIN EN IEC 60068-2-5 (VDE 0468-2-5)
- Prüfung Xc: Verunreinigung durch Flüssigkeiten .... DIN EN 60068-2-74 (VDE 0468-2-74)
- Prüfung Z/AD: Temperatur, Feuchte .... DIN EN 60068-2-38 (VDE 0468-2-38)
- Schocks durch raue Handhabung .... DIN EN 60068-2-31 (VDE 0468-2-31)
Prüfverfahren Bauelemente
- Prüfung Cy: feuchte Wärme, konstant beschleunigte Prüfung
.... DIN EN 60068-2-67 (VDE 0468-2-67)
Prüfverfahren und Leitfaden
- Prüfung Ee: lose Packstücke und Prellen .... DIN EN 60068-2-55 (VDE 0468-2-55)

seismische Prüfverfahren für Geräte .... E DIN EN IEC 60068-3-3 (VDE 0468-3-3)
Tests
– Test U: Widerstandsfähigkeit der Anschlüsse und integrierter Befestigungsmittel
.... E DIN EN IEC 60068-2-21 (VDE 0468-2-21)
unterstützende Dokumentation und Leitfaden
– Leistungsvermögen von Temperatur- und Klimaprüfkammern
.... DIN EN IEC 60068-3-6 (VDE 0468-3-6)
– Leistungsvermögen von Temperaturprüfkammern ...... DIN EN IEC 60068-3-5 (VDE 0468-3-5)
DIN EN IEC 60068-3-6 (VDE 0468-3-6)
– Messunsicherheit in Prüfkammern .... DIN EN 60068-3-11 (VDE 0468-3-11)
– Prüfverfahren Kälte und trockene Wärme .... DIN EN 60068-3-1 (VDE 0468-3-1)
unterstützende Dokumentation und Leitfaden
– Leistungsvermögen von Temperaturprüfkammern ... E DIN EN IEC 60068-3-7 (VDE 0468-3-7)
– Prüfverfahren A (Kälte) und B (trockene Wärme) mit Prüfgut
.... E DIN EN IEC 60068-3-7 (VDE 0468-3-7)

Umgebungseinflussgrößen
ortsfester Einsatz, nicht wettergeschützt .... DIN EN IEC 60721-3-4 (VDE 0468-721-3-4)

Umgebungseinflussgrößen und deren Grenzwerte
ortsfester Einsatz, nicht wettergeschützt .... DIN EN IEC 60721-3-4 (VDE 0468-721-3-4)

Umgebungstemperaturwechsel .... DIN EN 60068-2-14 (VDE 0468-2-14)
DIN EN 60068-2-38 (VDE 0468-2-38)

Umgebungsüberwachung der Gamma-Dosisleistung
leittechnische Sicherheitssysteme
– Kernkraftwerke .... E DIN IEC 61031 (VDE 0491-17)

Umgebungsüberwachung
Dosimetriesysteme .... DIN EN 62387 (VDE 0492-3)
E DIN EN 62387 (VDE 0492-3)

Umgebungsunterstützende Technik
in Wohnungen und Wohngebäuden
– AAL .... VDE-Anwendungsregel VDE-AR-E 2757-8

Umhüllungen von Verteilern
Errichten von Niederspannungsanlagen
– öffentliche Einrichtungen und Arbeitsstätten .... DIN VDE V 0100-0718 (VDE V 0100-0718)

Umhüllungsmischungen (PVC-)
für Niederspannungskabel und -leitungen .... DIN EN 50363-4-2 (VDE 0207-363-4-2)

Umhüllungsmischungen
vernetzte elastomere .... DIN EN 50363-2-2 (VDE 0207-363-2-2)

Umhüllungswerkstoffe
für Niederspannungskabel und -leitungen
– allgemeine Einführung .... DIN EN 50363-0 (VDE 0207-363-0)
– PVC-Umhüllungsmischungen .... DIN EN 50363-4-2 (VDE 0207-363-4-2)

Umreifungswerkzeuge
handgeführt, motorbetrieben .... DIN EN 60745-2-18 (VDE 0740-2-18)

Umrichter
von Bahnfahrzeugen
– Kühlungseinrichtungen .... DIN CLC/TS 50537-3 (VDE V 0115-537-3)

Umrichterbetriebsmittel
Sicherheitsanforderungen
– Allgemeines .... E DIN EN IEC 62477-1 (VDE 0558-477-1)

Umrichtersysteme
Sicherheitsanforderungen
– Allgemeines .... E DIN EN IEC 62477-1 (VDE 0558-477-1)

Umrichtersysteme und -Betriebsmittel (Leistungshalbleiter-)
Leistungselektronik Umrichter AC 1000 V oder DC 1500 V
– bis AC 36 kV oder DC 54 kV .... DIN EN IEC 62477-2 (VDE 0558-477-2)

Umrichtersysteme (Leistungshalbleiter-) .... DIN EN 62477-1 (VDE 0558-477-1)
E DIN EN IEC 62477-1 (VDE 0558-477-1)
DIN EN IEC 62477-2 (VDE 0558-477-2)

Umrichtersysteme und -betriebsmittel (Leistungshalbleiter-)
Sicherheitsanforderungen
– Allgemeines .... DIN EN 62477-1 (VDE 0558-477-1)
E DIN EN IEC 62477-1 (VDE 0558-477-1)

Umschlossene radioaktive Stoffe
allgemeine Anforderungen und Klassifikation .... DIN EN ISO 2919 (VDE 0412-2919)

Umschmelzöfen
Elektroschlacke- .... DIN EN 60779 (VDE 0721-1032)
E DIN EN 60779 (VDE 0721-56)

Umsetzer .... DIN EN 60215 (VDE 0866)
E DIN EN IEC 60215/AA (VDE 0866/AA)

Umspannanlagen
mit Nennwechselspannungen über 1 kV
– allgemeine Bestimmungen .... DIN EN 61936-1 (VDE 0101-1)
– Erdung .... DIN EN 50522 (VDE 0101-2)
mit Nennwechselspannungen über AC 1 kV und DC 1,5 kV
– Wechselstrom .... E DIN EN IEC 61936-1 (VDE 0101-1)

Umspannwerke
Kabel mit verbessertem Brandverhalten .... DIN VDE 0276-627 (VDE 0276-627)

Umwälzpumpen
für Heizung und Brauchwasser .... DIN EN 60335-2-51 (VDE 0700-51)
E DIN IEC 60335-2-51 (VDE 0700-51)

Umwelt- und Strahlenschutzmessgeräte
zur Probenahme und Überwachung von Tritium .... DIN IEC 62303 (VDE 0493-1-50)

Umweltaspekte
Lithium-, Nickel-Kadmium- und Nickel-Metallhybrid-Sekundärzellen und -batterien
– für tragbare Anwendungen .... E DIN EN IEC 63218 (VDE 0510-218)
Primärbatterien .... DIN EN IEC 60086-6 (VDE 0509-86-6)
Unterbrechungsfreie Stromversorgungssysteme .... DIN EN 62040-4 (VDE 0558-540)
USV .... DIN EN 62040-4 (VDE 0558-540)

Umweltbedingungen
für Betriebsmittel ·
– auf Bahnfahrzeugen .... DIN EN 50125-1 (VDE 0115-108-1)

– Signal- und TK-Einrichtungen .... DIN EN 50125-3 (VDE 0115-108-3)
Rufanlagen in Krankenhäusern, Pflegeheimen
– und ähnlichen Einrichtungen .... DIN VDE 0834-2 (VDE 0834-2)

Umweltbewusstes Design
von Audio/Video-, Informations- und Kommunikationstechnikgeräten
.... DIN EN 62075 (VDE 0806-2075)

Umweltbewusstes Gestalten
elektrischer und elektronischer Produkte .... DIN EN 62430 (VDE 0042-2)
E DIN EN 62959 (VDE 0042-5)
Prinzipien
– ECD .... E DIN EN 62959 (VDE 0042-5)
Prinzipien, Anforderungen, Hinweise .... E DIN EN 62959 (VDE 0042-5)
Prozess
– ECD-Prozess .... E DIN EN 62959 (VDE 0042-5)

Umweltbezogene Beanspruchung
Schnellwitterungsprüfungen
– polymerer Werkstoffe in Photovoltaikmodulen .... DIN IEC/TS 62788-7-2 (VDE V 0126-37-7-2)

Umweltgerechte Gestaltung
von Kleinleistungstransformatoren .... DIN EN 50645 (VDE 0570-200)

Umweltprüfung
Lichtwellenleiterkabel .... E DIN EN IEC 60794-1-211 (VDE 0888-100-211)
E DIN IEC 60794-1-215 (VDE 0888-100-215)
DIN EN IEC 60794-1-22 (VDE 0888-100-22)

Umweltprüfungen für Bauelemente
Prüfung Cy
– feuchte Wärme, konstant, beschleunigte Prüfung .... DIN EN 60068-2-67 (VDE 0468-2-67)

Umweltprüfungen
Bauelemente
– Prüfung Cy: feuchte Wärme, beschleunigte Prüfung ..... DIN EN 60068-2-67 (VDE 0468-2-67)
für Alarmanlagen .... DIN EN 50130-5 (VDE 0830-1-5)
für Bauteile von Freileitungen .... DIN EN 50483-6 (VDE 0278-483-6)
für Gefahrenmeldeanlagen .... DIN EN 50130-5 (VDE 0830-1-5)
Leistungsverfahren von Temperatur- und Klimaprüfkammern
.... DIN EN IEC 60068-3-6 (VDE 0468-3-6)
Leistungsverfahren von Temperaturprüfkammern .... DIN EN IEC 60068-3-5 (VDE 0468-3-5)
Prüfverfahren für Lötbarkeit
– Prüfung TD: oberflächenmontierbare Bauelemente (SMD)
.... DIN EN 60068-2-58 (VDE 0468-2-58)
zur Messung des Quecksilbergehalts
– in Leuchtstofflampen .... DIN EN IEC 62554 (VDE 0042-20)

Umweltprüfungen, grundlegende
Prüfung K: Salznebel .... E DIN EN IEC 60068-2-11 (VDE 0468-2-11)

Umweltprüfverfahren
Lichtwellenleiterkabel
– Verfahren 11 .... E DIN EN IEC 60794-1-211 (VDE 0888-100-211)

Umweltradioaktivität
Radon-222 in Luft .... DIN EN ISO 11665-1 (VDE 0493-1-6651)

	DIN ISO/TS 11665-12 (VDE V 0493-1-6662)
	DIN ISO/TS 11665-13 (VDE V 0493-1-6663)
	DIN EN ISO 11665-2 (VDE 0493-1-6652)
	DIN EN ISO 11665-3 (VDE 0493-1-6653)
	DIN ISO 11665-4 (VDE 0493-1-6654)
	E DIN ISO 11665-4 (VDE 0493-1-6654)
	DIN EN ISO 11665-5 (VDE 0493-1-6655)
	DIN EN ISO 11665-6 (VDE 0493-1-6656)
	DIN EN ISO 11665-7 (VDE 0493-1-6657)
– Diffusionskoeffizient in wasserundurchlässigen Materialien	DIN ISO/TS 11665-12 (VDE V 0493-1-6662)
Tritium in Luft	DIN IEC 62303 (VDE 0493-1-50)

Umweltschutznormung
für elektrische und elektronische Produkte .... DIN EN 62542 (VDE 0042-3)

Umweltüberwachung
effektive Dosis

– Expositionssituationen	E DIN ISO 20043-1 (VDE 0493-4-4301)
Radon-22 in Luft	DIN ISO 11665-8 (VDE 0493-1-6658)
Radon-220 in Luft	DIN EN ISO 16641 (VDE 0493-1-6641)
Radon-222 in Luft	DIN EN ISO 11665-1 (VDE 0493-1-6651)
	DIN EN ISO 11665-11 (VDE 0493-1-6661)
	DIN ISO/TS 11665-12 (VDE V 0493-1-6662)
	DIN ISO/TS 11665-13 (VDE V 0493-1-6663)
	DIN EN ISO 11665-2 (VDE 0493-1-6652)
	DIN EN ISO 11665-3 (VDE 0493-1-6653)
	DIN ISO 11665-4 (VDE 0493-1-6654)
	E DIN ISO 11665-4 (VDE 0493-1-6654)
	DIN EN ISO 11665-5 (VDE 0493-1-6655)
	DIN EN ISO 11665-6 (VDE 0493-1-6656)
	DIN EN ISO 11665-7 (VDE 0493-1-6657)
	DIN ISO 11665-9 (VDE 0493-1-6659)
Tritium in Luft	DIN IEC 62303 (VDE 0493-1-50)
und Anlagen für elektromagnetische Bearbeitungsprozesse	
– allgemeine Anforderungen	DIN EN IEC 60519-1 (VDE 0721-1)
und des Polarisationsindexes	
– drehender elektrischer Maschinen	DIN EN IEC 60034-27-4 (VDE 0530-27-4)

Unerlaubter Transport radioaktiver Materialen
Aufdeckung der Strahlungsquellen
– Strahlungsmesstechnik .... DIN IEC/TR 62971 (VDE 0412-2971)

Unfallverhütungsvorschrift DGUV-Vorschrift 3 .... VDE-Schriftenreihe Band 121
VDE-Schriftenreihe Band 79
VDE-Schriftenreihe Band 43

Unfallvermeidung	DIN EN 50286 (VDE 0682-301)
	DIN EN 50321-1 (VDE 0682-331-1)
	DIN EN 61478 (VDE 0682-711)

Ungefüllte Polyurethanharzmassen .... DIN EN 60455-3-3 (VDE 0355-3-3)

Ungeschützte Kabel .... DIN EN 50577 (VDE 0482-577)

Ungeschützte Kabel und Leitungen
Feuerwiderstandsprüfung .... DIN EN 50577 (VDE 0482-577)

Ungeschützte Leitungen .... DIN EN 50577 (VDE 0482-577)

Ungeschützte Verlegung
Kabel und Leitungen in Notstromkreisen
– Isolationserhalt im Brandfall .... DIN EN IEC 60331-1 (VDE 0482-331-1)

Universal-Handstange .... DIN EN 60832-1 (VDE 0682-211)

Unsymmetrie
der Versorgungsspannung .... DIN EN 61000-4-27 (VDE 0847-4-27)

Unsymmetriedämpfung .... DIN EN IEC 60512-28-100 (VDE 0687-512-28-100)

Unterbodeninstallationen
Abdeckplatten zur Lagekennzeichnung .... DIN EN 50520 (VDE 0605-500)

Unterboden-Installationskanal .... DIN EN 50085-2-2 (VDE 0604-2-2)

Unterbrechungsfreie Stromabnahme
Bahnanwendungen .... DIN EN 50367 (VDE 0115-605)

Unterbrechungsfreie Stromversorgung (USV)
dynamische
– Leistungsanforderungen und Prüfverfahren .... DIN EN 88528-11 (VDE 0530-24)
Leistungs- und Prüfanforderungen
– an Gleichstrom-USV .... DIN EN 62040-5-3 (VDE 0558-550-3)
Methoden zum Festlegen
– der Leistungs- und Prüfanforderungen .... DIN EN 62040-5-3 (VDE 0558-550-3)

Unterbrechungsfreie Stromversorgungssysteme (USV)
elektromagnetische Verträglichkeit (EMV) .... DIN EN IEC 62040-2 (VDE 0558-520)
EMV-Anforderungen .... DIN EN IEC 62040-2 (VDE 0558-520)
Leistungs- und Prüfanforderungen
– Methoden zum Festlegen .... DIN EN 62040-5-3 (VDE 0558-550-3)
Leistungs- und Prüfungsanforderungen .... DIN EN 62040-3 (VDE 0558-530)
E DIN EN 62040-3 (VDE 0558-530)
Sicherheitsanforderungen .... DIN EN IEC 62040-1 (VDE 0558-510)
E DIN EN IEC 62040-1/A1 (VDE 0558-510/A1)
– USV mit Gleichstromausgang .... E DIN EN 62040-5-1 (VDE 0558-550-1)
Umweltaspekte .... DIN EN 62040-4 (VDE 0558-540)
USV mit Gleichstromausgang
– Sicherheitsanforderungen .... E DIN EN 62040-5-1 (VDE 0558-550-1)

Unterdrückung des Vormagnetisierungsgleichstroms
Leistungstransformatoren .... DIN IEC/TS 60076-23 (VDE V 0532-76-23)

Unterflurdosen .... DIN EN 60670-23 (VDE 0606-23)

Unterflur-Heizung .... DIN EN 50559 (VDE 0705-559)

Unterflur-Installation .... DIN VDE 0100-520 (VDE 0100-520)
E DIN VDE 0100-520-1 (VDE 0100-520-1)
DIN EN 60670-23 (VDE 0606-23)

Unterflur-Installationskanal .... E DIN EN 61084-2-2 (VDE 0604-2-2)

Untergrundbahnen
elektrische Sicherheit und Erdung .... DIN EN 50122-2 (VDE 0115-4)
    DIN EN 50122-3 (VDE 0115-5)
Schutz gegen elektrischen Schlag .... DIN EN 50122-1 (VDE 0115-3)

Unterhaltungsautomaten .... Beiblatt 1 DIN EN 60335-2-82 (VDE 0700-82)
    DIN EN 60335-2-82 (VDE 0700-82)
    E DIN IEC 60335-2-82 (VDE 0700-82)
    E DIN IEC 60335-2-82/A1 (VDE 0700-82/A2)
für den Hausgebrauch .... E DIN IEC 60335-2-82/A1 (VDE 0700-82/A2)

Unterputz-Installation .... DIN VDE 0100-520 (VDE 0100-520)
    E DIN VDE 0100-520-1 (VDE 0100-520-1)

Unterrichtsräume
experimentieren mit elektrischer Energie .... DIN VDE 0105-112 (VDE 0105-112)
mit Experimentiereinrichtungen .... DIN VDE 0100-723 (VDE 0100-723)
    VDE-Schriftenreihe Band 168

Unterspannung
Schutz gegen .... DIN VDE 0100-450 (VDE 0100-450)

Unterstromschutz
Messrelais und Schutzeinrichtungen .... DIN EN 60255-151 (VDE 0435-3151)

Unterstützende Produkte zur Gewebeintegrität im Liegen
.... DIN EN ISO 20342-1 (VDE 0750-2-52-1)

Untersuchungsleuchten .... DIN EN 60601-2-41 (VDE 0750-2-41)

Unterwasserkabel
LWL-Fernmeldekabel .... DIN EN 60794-3-30 (VDE 0888-330)

Unverseilte Drähte .... DIN EN 62004 (VDE 0212-303)

Ursache-Wirkungstabelle .... DIN EN IEC 62881 (VDE 0810-881)

USV mit Gleichstromausgang
Sicherheitsanforderungen .... E DIN EN 62040-5-1 (VDE 0558-550-1)

USV
unterbrechungsfreie Stromversorgungssysteme .... DIN EN IEC 62040-1 (VDE 0558-510)
    E DIN EN IEC 62040-1/A1 (VDE 0558-510/A1)

USV-Systeme
EMV-Anforderungen .... DIN EN IEC 62040-2 (VDE 0558-520)
Leistungs- und Prüfungsanforderungen .... DIN EN 62040-3 (VDE 0558-530)
    E DIN EN 62040-3 (VDE 0558-530)
– Methoden zum Festlegen .... DIN EN 62040-5-3 (VDE 0558-550-3)
Sicherheitsanforderungen .... DIN EN IEC 62040-1 (VDE 0558-510)
    E DIN EN IEC 62040-1/A1 (VDE 0558-510/A1)
Umweltaspekte .... DIN EN 62040-4 (VDE 0558-540)
USV mit Gleichstromausgang
– Sicherheitsanforderungen .... E DIN EN 62040-5-1 (VDE 0558-550-1)

UV-Beständigkeit
der Mäntel elektrischer und optischer Kabel .... DIN EN 50289-4-17 (VDE 0819-289-4-17)

UV-Grenzfrequenz
von Verkapselungsstoffen
– Werkstoffe in Photovoltaikmodulen .... DIN EN 62788-1-4 (VDE 0126-37-1-4)
E DIN EN 62788-1-4/A1 (VDE 0126-37-1-4/A1)

UV-Wasseraufbereitungsgeräte
für den Hausgebrauch .... DIN EN 60335-2-109 (VDE 0700-109)
Ü-Wagen .... DIN VDE 0100-717 (VDE 0100-717)
„ÜZ"; Übertragungszentrale .... DIN EN 50136-3 (VDE 0830-5-3)
Ü-Zeichen .... VDE-Schriftenreihe Band 131

V

„v"; Fremdbelüftung .... DIN EN 60079-13 (VDE 0170-313)

Validierung von Lichtbogenschweißeinrichtungen .... DIN EN IEC 60974-14 (VDE 0544-14)

Validierung von Simulationsprogrammen
Bahnanwendungen
– ortsfeste Anlagen und Bahnenergieversorgung .... DIN EN 50641 (VDE 0115-641)
für die Auslegung von Bahnenergieversorgungssystemen
– ortsfeste Anlagen in Bahnanlagen .... DIN EN 50641 (VDE 0115-641)

Validierungsteam .... DIN EN IEC 62474 (VDE 0042-4)
E DIN EN IEC 62474/A1 (VDE 0042-4/A1)

VBPD .... DIN IEC/TS 61496-4-2 (VDE V 0113-204-2)

VBPDST .... DIN IEC/TS 61496-4-3 (VDE V 0113-204-3)

VDE-Anwendungsregeln (FNN)
Erarbeitung .... VDE-Anwendungsregel VDE-AR-N 4000
E VDE-Anwendungsregel VDE-AR-N 4000

VDE-Anwendungsregeln an Zutrittskontrollanlagen ... DIN EN 60839-11-2 (VDE 0830-8-11-2)

VDE-Anwendungsregeln für Einbruch- und Überfallmeldeanlagen
.... DIN CLC/TS 50131-7 (VDE V 0830-2-7)

VDE-Prüfzeichen .... VDE 0024

VDE-Vorschriftenwerk
Satzung .... VDE 0022

VDIS
Spannungsprüf- und -anzeigesysteme
– Hochspannungs-Schaltgeräte und Schaltanlagen . E DIN EN IEC 62271-213 (VDE 0671-213)

VDSL-Schrank .... VDE-Anwendungsregel VDE-AR-N 4100
Berichtigung 1 zu VDE-Anwendungsregel VDE-AR-N 4100

VDS-Richtlinien
Planen, Prüfen, Errichten elektrischer Anlagen aus Sicht der Brandschadenverhütung
.... VDE-Schriftenreihe Band 173

Ventilableiter
Prüfung unter Fremdschichtbedingungen .... DIN EN 60099-1 (VDE 0675-1)

Ventilatoren
für den Hausgebrauch .... DIN EN 60335-2-80 (VDE 0700-80)
  E DIN EN 60335-2-80 (VDE 0700-80)
für Transformatoren und Drosselspulen .... DIN EN 50216-12 (VDE 0532-216-12)
Leistungstransformatoren und Drosselspulen ... E DIN EN IEC 60076-22-6 (VDE 0532-76-22-6)

Ventile und Stellantriebe
Anforderungen
– Mess-, Steuer-, Regel- und Laborgeräte .... DIN EN 61010-2-202 (VDE 0411-2-202)
  E DIN EN IEC 61010-2-202 (VDE 0411-2-202)

Ventile und Steller
Anforderungen .... DIN EN 61010-2-202 (VDE 0411-2-202)
  E DIN EN IEC 61010-2-202 (VDE 0411-2-202)

Ventile von Spannungszwischenkreis-Stromrichtern (VSC)
für die Hochspannungsgleichstromübertragung (HGÜ)
– elektrische Prüfung .... DIN EN 62501 (VDE 0553-501)
für STATCOM
– elektrische Prüfungen .... DIN EN 62927 (VDE 0553-927)

Ventile
Spannungszwischenkreisstromrichter
– (VSC) .... DIN EN 62927 (VDE 0553-927)

Verantwortliche Elektrofachkraft .... VDE-Schriftenreihe Band 135

Verbackungsfestigkeit
von Imprägniermitteln .... DIN EN 61033 (VDE 0362-1)

Verbinder
für Niederspannungsfreileitungen .... DIN EN 50483-4 (VDE 0278-483-4)

Verbindungen, elektrische .... DIN VDE 0100-520 (VDE 0100-520)
  E DIN VDE 0100-520-1 (VDE 0100-520-1)

Verbindungsbauteile
für Blitzschutzsysteme .... DIN EN 62561-1 (VDE 0185-561-1)

Verbindungsbolzen
Armaturen für Freileitungen .... DIN VDE 0212-473 (VDE 0212-473)

Verbindungsdosen und -gehäuse
für Installationsgeräte
– Funktionserhalt im Brandfall .... DIN VDE V 0606-22-200 (VDE V 0606-22-200)
– Gehäuse zur Aufnahme von Schutzgeräten .... DIN EN 60670-24 (VDE 0606-24)

Verbindungsdosen
für Installationsgeräte .... DIN EN 60670-22 (VDE 0606-22)
  E DIN EN 60670-22/A1 (VDE 0606-22/A1)

Verbindungselemente
für optische Fasern und Kabel .... DIN EN 61073-1 (VDE 0888-731)

Verbindungsmaterial
Blitzschutzbauteile .... DIN EN 60999-1 (VDE 0609-1)

Verbindungsmaterial bis 690 V
Installationsdosen .... DIN VDE 0606-1 (VDE 0606-1)

Verbleibender kritischer Strom
nach Doppelbiegung bei Raumtemperatur
– supraleitender Draht .... DIN EN IEC 61788-24 (VDE 0390-24)

Verbotszone
in Prüfanlagen .... DIN EN 50191 (VDE 0104)

Verbraucher-Laserprodukte
Sicherheit .... E DIN EN 50689 (VDE 0837-689)

Verbrennungsparameter
von Heizungsanlagen
– tragbare Messgeräte .... DIN EN 50379-1 (VDE 0400-50-1)
DIN EN 50379-2 (VDE 0400-50-2)
DIN EN 50379-3 (VDE 0400-50-3)
DIN CLC/TS 50612 (VDE V 0400-50-612)

Verbund-Freileitungsstützer
für Wechselspannungsfreileitungen .... DIN EN 61952 (VDE 0441-200)

Verbundisolatoren
für Bemessungsspannungen über 1 000 V .... DIN EN 61462 (VDE 0441-102)

Verbund-Kettenisolatoren
für Freileitungen mit Nennspannung über 1 000 V .... DIN EN 61466-1 (VDE 0674-103-1)
DIN EN 61466-2 (VDE 0674-103-2)
– genormte Festigkeitsklassen und Endarmaturen .... DIN EN 61466-1 (VDE 0674-103-1)
– Maße und elektrische Kennwerte .... DIN EN 61466-2 (VDE 0674-103-2)

Verbund-Stationsstützisolatoren
für Unterwerke .... DIN EN 62231 (VDE 0674-7)
DIN EN 62231-1 (VDE 0674-7-1)
– maßliche, mechanische und elektrische Eigenschaften .... DIN EN 62231-1 (VDE 0674-7-1)
– Wechselspannung größer als 1 000 V bis 245 kV .... DIN EN 62231-1 (VDE 0674-7-1)

Verbundsupraleiter (Cu/Nb-Ti-)
Volumenverhältnisse .... DIN EN 61788-5 (VDE 0390-5)

Verbundsupraleiter (Nb$_3$Sn)
kritischer Strom .... DIN EN 61788-2 (VDE 0390-2)
Restwiderstandsverhältnis .... DIN EN 61788-4 (VDE 0390-4)
E DIN EN IEC 61788-4 (VDE 0390-4)

Verbundsupraleiter (Nb-Ti)
kritischer Strom .... DIN EN 61788-1 (VDE 0390-1)
Restwiderstandsverhältnis .... DIN EN 61788-4 (VDE 0390-4)
E DIN EN IEC 61788-4 (VDE 0390-4)

Verbundsupraleiter
Messung der kritischen Temperatur .... DIN EN 61788-10 (VDE 0390-10)

Verbundsupraleiterdrähte (Nb$_3$Sn-)
Volumenverhältnisse .... DIN EN 61788-12 (VDE 0390-12)

Verbundsupraleiterdrähte
Messung der Wechselstromverluste .... DIN EN 61788-8 (VDE 0390-8)

Verbundwerkstoffkern, faserverstärkter
für Leiter für Freileitungen .... E DIN IEC 62818 (VDE 0212-308)

Verdampfergeräte
für den Hausgebrauch .... DIN EN 60335-2-101 (VDE 0700-101)

Verdrahtung
elektronischer Baugruppen .... DIN VDE 0881 (VDE 0881)

Verdrahtung, interne .... DIN EN IEC 60934 (VDE 0642)

Verdrahtungskanäle
zum Einbau in Schaltschränke .... DIN EN 50085-2-3 (VDE 0604-2-3)
E DIN EN 61084-2-3 (VDE 0604-2-3)

Verdrahtungsleitungen
halogenfreie raucharme
– thermoplastische Isolierung .... DIN EN 50525-3-31 (VDE 0285-525-3-31)
– vernetzte Isolierung .... DIN EN 50525-3-41 (VDE 0285-525-3-41)
vernetzte EVA-Isolierung .... DIN EN 50525-2-42 (VDE 0285-525-2-42)

Verfahren für die Messung
von photovoltaischem (PV-)Glas
– Transmissionsgrad und Reflexionsgrad .... DIN EN 62805-2 (VDE 0126-4-21)
– Trübung und spektrale Verteilung der Trübung .... DIN EN 62805-1 (VDE 0126-4-20)

Verfahren zum Nachweis der Erwärmung
von Niederspannungs-Schaltgerätekombinationen
VDE-Schriftenreihe Band 28
– durch Berechnung .... Beiblatt 2 DIN EN 61439-1 (VDE 0660-600-1)
E DIN EN 61439-1 (VDE 0660-600-1)

Verfahren zur Bestimmung der Energieeffizienzklasse
für elektrisches Zubehör .... E DIN EN IEC 63172 (VDE 0601-3172)

Verfahren zur Beurteilung der Exposition von Arbeitnehmern
mit aktiven implantierbaren medizinischen Geräten
– (AIMD) .... DIN EN 50527-1 (VDE 0848-527-1)
DIN EN 50527-2-1 (VDE 0848-527-2-1)
DIN EN 50527-2-2 (VDE 0848-527-2-2)
mit aktiven implantierbaren medizinischen Geräten (AIMD)
– Arbeitnehmer mit Herzschrittmachern .... DIN EN 50527-2-1 (VDE 0848-527-2-1)
mit Kardioverter-Defibrillatoren (IKDs) .... DIN EN 50527-2-2 (VDE 0848-527-2-2)

Verfahren zur Effizienz-Bewertung bei Automobilsensoren
Halbleiterschnittstelle
– Halbleiterbauelemente .... DIN EN IEC 62969-2 (VDE 0884-69-2)

Verfahren zur Erzeugung der Beta-Referenzstrahlung
Kernenergie .... E DIN ISO 6980-1 (VDE 0412-6980-1)

Verfahren zur Messung der Gebrauchseigenschaften
Bügeleisen .... DIN EN IEC 60311 (VDE 0705-311)

Verfahren zur Probennahme von Isolierflüssigkeiten .... E DIN EN IEC 60475 (VDE 0370-3)

Verfahren zur Überprüfung der Wirksamkeit der Schutzmaßnahmen
von Elektrogeräten nach der Reparatur .... DIN EN 50678 (VDE 0701)

Verfahren
für die Berechnung größenspezifischer Dosisschätzungen
– für die Computertomografie .... E DIN EN 62985 (VDE 0750-5-1)

Verfahrenstechnische Industrie
PLT-Stellenprüfung
– leittechnische Systeme .... DIN EN 62382 (VDE 0810-82)

Verfügbarkeit photovoltaischer Energiesysteme
Informationsmodell .... E DIN IEC/TS 63019 (VDE V 0126-19)

Verfügbarkeit von Windkraftwerken
Windenergieanlagen .... E DIN EN IEC 61400-26-1 (VDE 0127-26-1)
DIN CLC/TS 61400-26-3 (VDE V 0127-26-3)

Vergießen
zum Schutz gegen Verschmutzung .... DIN EN 60664-3 (VDE 0110-3)

Vergilbungsindex
von Verkapselungsstoffen
– Werkstoffe in Photovoltaikmodulen .... DIN EN 62788-1-4 (VDE 0126-37-1-4)
E DIN EN 62788-1-4/A1 (VDE 0126-37-1-4/A1)

Vergleichszahl
der Kriechwegbildung .... DIN EN 60112 (VDE 0303-11)
E DIN EN 60112 (VDE 0303-11)

Vergnügungseinrichtungen
elektrische Anlagen .... DIN VDE 0100-740 (VDE 0100-740)
VDE-Schriftenreihe Band 168

Vergrößerungsgeräte
fotografische .... DIN EN 60335-2-56 (VDE 0700-56)

Vergussharzwerkstoffe .... DIN EN 60455-1 (VDE 0355-1)

Vergusskapselung „m" .... DIN EN 60079-18 (VDE 0170-9)
DIN EN 60079-18/A1 (VDE 0170-9/A1)

Vergussmassen
für Kabelzubehörteile .... DIN VDE 0291-1 (VDE 0291-1)

Verkabelung (ESHG-)
Zweidrahtleitungen Klasse 1 .... DIN EN 50090-9-1 (VDE 0829-9-1)

Verkabelung, informationstechnische .... DIN EN 50700 (VDE 0800-700)
DIN EN 61935-1 (VDE 0819-935-1)
Schnüre nach ISO/IEC 11801 .... DIN EN 61935-2 (VDE 0819-935-2)
Verteilung von Zugangsnetzen
– Unterstützung von optischen Breitbandnetzen .... DIN EN 50700 (VDE 0800-700)

Verkabelung, sternförmige
speicherprogrammierbare Steuerungen .... DIN EN 61131-9 (VDE 0411-509)

Verkaufsautomaten
Energieverbrauch .... DIN EN 50597 (VDE 0705-597)
E DIN EN IEC 63252 (VDE 0705-3252)

Verkaufsstättenverordnung
— Regelungen für die Elektrotechnik .... VDE-Schriftenreihe Band 132

Verkehrsampeln .... DIN VDE V 0832-110 (VDE V 0832-110)
DIN EN 50556 (VDE 0832-100)
Austausch verkehrsbezogener Daten
— Daten und Protokoll .... DIN VDE V 0832-601 (VDE V 0832-601)
— Schemadefinitionen .... DIN VDE V 0832-602 (VDE V 0832-602)
branchenspezifischer Sicherheitsstandard (B3S)
— Verkehrssteuerungs- und Leitsysteme .... DIN VDE V 0832-700 (VDE V 0832-700)
elektromagnetische Verträglichkeit .... DIN EN 50293 (VDE 0832-200)
LED-Signalgeber .... DIN VDE V 0832-300 (VDE V 0832-300)
LED-Signalleuchten .... DIN CLC/TS 50509 (VDE V 0832-310)
sicherheitsrelevante Kommunikation
— in Übertragungssystemen .... DIN VDE V 0832-500 (VDE V 0832-500)
sicherheitsrelevante Software .... DIN VDE V 0832-500 (VDE V 0832-500)
Verkehrssteuerungs- und Leitsysteme
— im kommunalen Straßenverkehr .... DIN VDE V 0832-700 (VDE V 0832-700)

Verkehrsbeeinflussungsanlagen .... DIN VDE V 0832-400 (VDE V 0832-400)

Verkehrsdaten .... DIN VDE V 0832-601 (VDE V 0832-601)
DIN VDE V 0832-602 (VDE V 0832-602)

Verkehrsmeldungen .... DIN VDE V 0832-601 (VDE V 0832-601)
DIN VDE V 0832-602 (VDE V 0832-602)

Verkehrsweg .... DIN VDE 0100-729 (VDE 0100-729)
VDE-Schriftenreihe Band 168

Verlegearten
von Kabeln und Leitungen .... DIN VDE 0100-520 (VDE 0100-520)
E DIN VDE 0100-520-1 (VDE 0100-520-1)

Verlegen
von Kabeln und Leitungen .... DIN VDE 0100-520 (VDE 0100-520)
E DIN VDE 0100-520-1 (VDE 0100-520-1)
DIN VDE 0289-7 (VDE 0289-7)

Verlegung von Kabeln und Leitungen
elektromagnetische Verträglichkeit (EMV) .... VDE-Schriftenreihe Band 66
Grundsätze .... VDE-Schriftenreihe Band 39
in Wohngebäuden .... VDE-Schriftenreihe Band 45

Verlustfaktor
Kabel und isolierte Leitungen .... DIN 57472-505 (VDE 0472-505)

Verlustfaktor (dielektrischer)
von Isolierflüssigkeiten .... DIN EN 60247 (VDE 0380-2)

Verlustmessung
von Leistungstransformatoren
— und Drosselspulen .... DIN EN 60076-19 (VDE 0532-76-19)
E DIN EN 60076-19 (VDE 0532-76-19)

Verlustreduzierung
Errichten von Niederspannungsanlagen .... DIN VDE 0100-801 (VDE 0100-801)

Vermeidung von Systemzusammenbrüchen
automatische Letztmaßnahmen .... VDE-Anwendungsregel VDE-AR-N 4142

Verpackungen
für elektronische Bauelemente .... DIN EN 61340-5-3 (VDE 0300-5-3)

Verpackungssysteme
für elektronische Bauelemente .... DIN IEC/TR 61340-5-5 (VDE 0300-5-5)

Verringerung von Lichtbogenfehlern
Niederspannungsschaltgeräte .... DIN EN IEC 60947-9-1 (VDE 0660-120)

Versammlungsstättenverordnung
– Regelungen für die Elektrotechnik .... VDE-Schriftenreihe Band 132

Verschluss- und Öffnungsüberwachungskontakte, magnetisch
für Einbruch- und Überfallmeldeanlagen .... DIN EN 50131-2-10 (VDE 0830-2-2-10)

Verseilelement .... DIN EN 50288-10-1 (VDE 0819-10-1)
DIN EN 50288-11-1 (VDE 0819-11-1)
DIN EN 50288-9-1 (VDE 0819-9-1)

Verseilte Leiter
von Freileitungen
– Eigendämpfungseigenschaften .... DIN EN 62567 (VDE 0212-356)

Versorgungseinheiten, medizinische .... DIN EN ISO 11197 (VDE 0750-211)

Versorgungsnetze, elektrische
Instandhaltung von Anlagen und Betriebsmitteln .... DIN VDE 0109 (VDE 0109)
Netzdokumentation .... VDE-Anwendungsregel VDE-AR-N 4201

Versorgungsspannung
Störfestigkeit gegen Unsymmetrie .... DIN EN 61000-4-27 (VDE 0847-4-27)

Versorgungsspannungsregler für Glühlampen
digital adressierbare Schnittstelle .... DIN EN 62386-205 (VDE 0712-0-205)

Versorgungseinrichtungen der Elektromobilität
Authentifizierung zur Nutzung .... E VDE-Anwendungsregel VDE-AR-E 2532-100

Verteilen von Satellitensignalen
über ein Koaxialkabel .... DIN EN 50607 (VDE 0855-607)
– DiSEqC .... DIN EN 50607 (VDE 0855-607)
– zweite Generation .... DIN EN 50607 (VDE 0855-607)

Verteiler
von 5 MHz bis 1 000 MHz
– Rahmenspezifikation .... DIN EN 50117-11-1 (VDE 0887-11-1)

Verteilerkabel
Prüfverfahren für Garnituren .... DIN EN 50393 (VDE 0278-393)
– mit Nennspannungen von 0,6/1,0 (1,2) kV .... DIN EN 50393 (VDE 0278-393)
von 5 MHz bis 1 000 MHz
– Rahmenspezifikation .... DIN EN 50117-11-1 (VDE 0887-11-1)
von 5 MHz bis 2 000 MHz
– Rahmenspezifikation .... DIN EN 50117-11-2 (VDE 0887-11-2)

Verteilerschränke
auf Baustellen .... VDE-Schriftenreihe Band 142

Verteilnetz .... DIN EN 62488-1 (VDE 0850-488-1)

Verteilte Alarmsysteme
für IT-Netzwerke mit Medizinprodukten
– für medizinische elektrische Geräte .... DIN IEC/TR 80001-2-5 (VDE 0756-2-5)

Verteilung des Blitzstroms .... Beiblatt 1 DIN EN 62305-4 (VDE 0185-305-4)

Verteilungsstromkreise
bei Lastströmen mit Oberschwingungsanteilen ... Beiblatt 3 DIN VDE 0100-520 (VDE 0100-520)

Verteilungstransformatoren, ölgefüllte
Bestimmung der Bemessungsleistung .... DIN EN 50464-3 (VDE 0532-223)
druckbeanspruchte Wellwandkessel .... DIN EN 50464-4 (VDE 0532-224)
                                                                  DIN EN 50464-4/A1 (VDE 0532-224/A1)

Verteilungstransformatoren, spannungsregelnde
Leistungstransformatoren .... E DIN EN 60076-24 (VDE 0532-76-24)

Verträglichkeit
elektromagnetische .... DIN EN 61587-3 (VDE 0687-587-3)

Verunreinigungen .... DIN EN 50353 (VDE 0370-17)

Verwendung gefährlicher Stoffe
Beurteilung von Elektro- und Elektronikgeräten .... DIN EN IEC 63000 (VDE 0042-12)

Verwendungsleitfaden
für mineralisolierte Leitungen
– Nennspannung bis 750 V .... DIN EN 60702-3 (VDE 0284-3)

Verzögerungscharakteristik
Messrelais und Schutzeinrichtungen .... DIN EN 60255-121 (VDE 0435-3121)

VFC oder VHC
Kühlmittel
– Treibmittel .... DIN EN 50625-2-3 (VDE 0042-13-23)

VFC und/oder VHC
Kühlmittel
– Treibmittel .... DIN EN 50625-2-3 (VDE 0042-13-23)

Videoaufzeichnungsgeräte
Leistungsaufnahme .... DIN EN 62087-4 (VDE 0868-104)

Videoeinrichtungen
elektromagnetische Verträglichkeit .... VDE-Schriftenreihe Band 16
Gleichstrom-Leistungsübertragung
– über Kommunikations-Kabel und Anschlüssen .... DIN EN IEC 62368-3 (VDE 0868-3)
– über Kommunikationskabel der Informationstechnik .... DIN EN IEC 62368-3 (VDE 0868-3)
Sicherheitsanforderungen .... DIN EN 62368-1 (VDE 0868-1)
                                                                        E DIN EN 62368-1 (VDE 0868-1)
                                                                     DIN EN 62368-1/A11 (VDE 0868-1/A11)
                                                                 E DIN EN IEC 62368-1/AA (VDE 0868-1/AA)
                                                                     E DIN EN 62368-1/AB (VDE 0868-1/AB)
                                                                     E DIN EN 62368-1/AD (VDE 0868-1/AD)

Störfestigkeit .... DIN IEC/TR 62368-2 (VDE 0868-2)
DIN EN 55103-2 (VDE 0875-103-2)

Videogeräte
Leistungsaufnahme .... DIN EN 62087 (VDE 0868-100)
DIN EN 62087-4 (VDE 0868-104)
DIN EN IEC 62087-7 (VDE 0868-107)
Störfestigkeit .... Beiblatt 1 DIN EN 55020 (VDE 0872-20)
Stückprüfung in der Fertigung .... DIN EN 62911 (VDE 0868-911)
umweltbewusstes Design .... DIN EN 62075 (VDE 0806-2075)
zufällige Entzündung durch Kerzenflamme .... DIN CLC/TS 62441 (VDE V 0868-441)

Videokamera
elektromagnetische Felder .... DIN EN 50566 (VDE 0848-566)

Videospielzeuge .... Beiblatt 1 DIN EN 60335-2-82 (VDE 0700-82)
DIN EN 60335-2-82 (VDE 0700-82)
E DIN IEC 60335-2-82 (VDE 0700-82)
E DIN IEC 60335-2-82/A1 (VDE 0700-82/A2)
DIN EN 62115 (VDE 0700-210)
E DIN EN 62115 (VDE 0700-210)
E DIN EN 62115/AA (VDE 0700-210/AA)

Videoübertragung
Anforderungen an .... DIN EN 62676-1-2 (VDE 0830-7-5-12)

Videoübertragungsprotokolle
IP-Interoperabilität
– HTTP- und REST-Dienste .... DIN EN 62676-2-2 (VDE 0830-7-5-22)
– Webservices .... DIN EN 62676-2-3 (VDE 0830-7-5-23)
E DIN EN 62676-2-31 (VDE 0830-71-2-31)
E DIN EN 62676-2-32 (VDE 0830-71-2-32)

IP-Interoperabilität auf Basis von Webservices
– Aufzeichnung .... E DIN EN 62676-2-32 (VDE 0830-71-2-32)

Videoüberwachung
der Fahrgäste .... DIN IEC/TS 62580-2 (VDE V 0115-580-2)
für Bahnanwendungen .... DIN EN 62580-1 (VDE 0115-580)
DIN EN 62580-1/A11 (VDE 0115-580/A11)
DIN IEC/TS 62580-2 (VDE V 0115-580-2)
für Sicherheitsanwendungen .... DIN EN 62676-1-1 (VDE 0830-7-5-11)

Videoüberwachungsanlagen für Sicherheitsanwendungen
Kameras
– Leistungsbeschreibung und Bildqualitätseigenschaften DIN EN IEC 62676-5 (VDE 0830-71-5)

Videoüberwachungsanlagen
für Sicherheitsanwendungen
– analoge und digitale Videoschnittstellen .... DIN EN 62676-3 (VDE 0830-71-3)
DIN EN 62676-4 (VDE 0830-71-4)
– Kameras .... DIN EN IEC 62676-5 (VDE 0830-71-5)
– Systemanforderungen .... DIN EN 62676-1-1 (VDE 0830-7-5-11)
DIN EN 62676-1-2 (VDE 0830-7-5-12)
– Videoübertragungsprotokolle .... DIN EN 62676-2-1 (VDE 0830-7-5-21)
DIN EN 62676-2-2 (VDE 0830-7-5-22)
DIN EN 62676-2-3 (VDE 0830-7-5-23)

E DIN EN 62676-2-31 (VDE 0830-71-2-31)
E DIN EN 62676-2-32 (VDE 0830-71-2-32)

Videoüberwachungsanlagen
für Sicherungsanwendungen
– analoge und digitale Videoschnittstellen .... DIN EN 62676-3 (VDE 0830-71-3)
DIN EN 62676-4 (VDE 0830-71-4)
– VDE-Anwendungsregeln .... DIN EN 62676-4 (VDE 0830-71-4)
– Begriffe .... Beiblatt 1 DIN EN 50131-1 (VDE 0830-2-1)
– Kameras .... DIN EN IEC 62676-5 (VDE 0830-71-5)
Störfestigkeit .... DIN EN 50130-4 (VDE 0830-1-4)

Videoüberwachungssysteme
für Sicherheitsanwendungen
– Videoübertragungsprotokolle .... E DIN EN 62676-2-32 (VDE 0830-71-2-32)

Viehenthornungsgeräte .... DIN EN 60335-2-45 (VDE 0700-45)
E DIN EN 60335-2-45/AA (VDE 0700-45/AA)

Vielfachschweißstationen
Konstruktion, Herstellung, Errichtung .... DIN EN 62135-1 (VDE 0545-1)

Virtuelle Kraftwerke
Architektur und funktionale Anforderungen .... E DIN EN IEC 63189-1 (VDE 0175-189-1)

Vitalwertüberwachung .... VDE-Anwendungsregel VDE-AR-E 2757-2

Vliesstoffe
Aramidfaserpapier .... DIN EN 60819-3-4 (VDE 0309-3-4)
für elektrotechnische Zwecke .... DIN EN 60819-2 (VDE 0309-2)
– ungefüllte Aramid-Papiere .... DIN EN 60819-3-3 (VDE 0309-3-3)
gefüllte Glaspapiere .... DIN EN 60819-3-1 (VDE 0309-3-1)
Hybrid-Papiere .... DIN EN 60819-3-2 (VDE 0309-3-2)

Vogelschutz
an Mittelspannungsfreileitungen .... VDE-Anwendungsregel VDE-AR-N 4210-11
Freileitungen .... DIN VDE V 0212-490 (VDE V 0212-490)

Vollabsorberräume (FAR)
Störaussendung und Störfestigkeit .... DIN EN 61000-4-22 (VDE 0847-4-22)

Vollbahnfahrzeuge
Stromabnehmer .... DIN EN 50206-1 (VDE 0115-500-1)

Vollbelegung der digitalen Kanäle
optische Systeme zur Rundfunksignalübertragung
– Kabelnetze .... DIN EN IEC 60728-113 (VDE 0855-113)

Vollkernisolatoren
für Innenraum- und Freiluftanwendung .... DIN EN 62217 (VDE 0441-1000)
E DIN EN IEC 62217 (VDE 0674-251)

Voltmeter, handgehaltene
zur Messung von Netzspannungen .... DIN EN 61010-2-033 (VDE 0411-2-033)
E DIN EN 61010-2-033 (VDE 0411-2-033)
von beschädigten Lichtwellenleiterkabeln und Mikrorohren
– in Kabelanlagen .... DIN CLC/TS 50621 (VDE V 0888-621)
von Konstantstrom-Serienkreisen

– Flugplatzbefeuerungsanlagen .... DIN EN 61821 (VDE 0161-103)
von Lichtwellenleitern
– Absetzbarkeit .... DIN EN IEC 60793-1-32 (VDE 0888-232)
von Messgeräten
– für die Wellenlänge/optische Frequenz .... DIN EN 62129-1 (VDE 0888-429-1)
– optische Spektrumanalysatoren .... DIN EN 62129-1 (VDE 0888-429-1)
– optisches Frequenzmessgerät .... DIN EN IEC 62129-3 (VDE 0888-429-3)
von Oberflächenkontaminationsmonitoren
– Alpha-, Beta- und Photonenquellen .... DIN ISO 8769 (VDE 0412-8769)

Vorbehandlung der Proben
Radioaktivität im Erdboden .... DIN EN ISO 18589-2 (VDE 0493-4-5892)

Vorbereitung des Prüfmusters
zur Messung des Quecksilbergehalts
– in Leuchtstofflampen .... DIN EN IEC 62554 (VDE 0042-20)

Vorbereitung zu Wiederverwendung
von Elektro- und Elektronik-Altgeräten .... E DIN VDE 0042-14 (VDE 0042-14)

Vorhersage der Alterung
bei niedriger Dosisleistung .... DIN IEC/TS 61244-2 (VDE V 0306-12)

Vorhersage
des LED-Lichtstromrückgangs .... VDE-Anwendungsregel VDE-AR-E 2715-1

Vormagnetisierungsgleichstroms, Unterdrückung
Leistungstransformatoren .... DIN IEC/TS 60076-23 (VDE V 0532-76-23)

Vor-Ort-Prüfungen
Hochspannung .... DIN EN 60060-3 (VDE 0432-3)

Vorrichtungen zur Feuervermeidung
und Feuerlöschung auf Kochmulden
– Prüfungen .... DIN EN 50615 (VDE 0700-615)

Vorschaltgeräte für Leuchtstofflampen .... DIN EN 61347-2-8 (VDE 0712-38)
E DIN EN IEC 61347-2-8 (VDE 0712-38)
Arbeitsweise .... DIN EN 60921 (VDE 0712-11)
in Schienenfahrzeugen .... DIN EN 62718 (VDE 0115-718)
thermische Schutzeinrichtungen .... DIN EN 60730-2-3 (VDE 0631-2-3)

Vorschaltgeräte für Notbeleuchtung
batterieversorgte elektronische .... DIN EN 61347-2-7 (VDE 0712-37)
E DIN EN 61347-2-7/A2 (VDE 0712-37/A2)

Vorschaltgeräte
Allgemeinbeleuchtung .... DIN EN 60968 (VDE 0715-6)
– eingebautes Vorschaltgerät .... DIN EN 60968 (VDE 0715-6)
DIN EN 62560 (VDE 0715-13)
für Entladungslampen .... DIN EN 60923 (VDE 0712-13)
DIN EN 61347-2-9 (VDE 0712-39)

Vorschaltgeräte, elektronische
für Entladungslampen .... DIN EN 61347-2-12 (VDE 0712-42)

Vorschaltgeräte, gleich- oder wechselstromversorgte elektronische
für Entladungslampen .... E DIN EN IEC 61347-2-12 (VDE 0712-42)

Vorschaltgeräte, konventionelle .... DIN EN 61347-2-9 (VDE 0712-39)

Vorschaltgerät-Lampe-Schaltungen
Messung der Gesamteingangsleistung .... DIN EN 62442-1 (VDE 0712-28)
E DIN EN 62442-1/A1 (VDE 0712-28/A1)

Vorschriftenwerk des VDE
Satzung .... VDE 0022

Vorwärtsspannung-Binning
von LEDs .... VDE-Anwendungsregel VDE-AR-E 2715-3

VRDT
Verteilungstransformatoren, spannungsregelnde .... E DIN EN 60076-24 (VDE 0532-76-24)

VSC
STATCOM
– elektrische Prüfung .... DIN EN 62927 (VDE 0553-927)

VSC-Ventile
elektrische Prüfung .... DIN EN 62501 (VDE 0553-501)

Vulkanfiber für elektrotechnische Zwecke
Bestimmung für einzelne Werkstoffe
– flache Platten .... E DIN EN IEC 60667-3-1 (VDE 0312-301)

Vulkanfiber
für die Elektrotechnik .... DIN VDE 0312 (VDE 0312)

W

Wafer
Beschaffung und Anwendung .... DIN EN 62258-1 (VDE 0884-101)

WAGO-Stecker .... DIN EN IEC 61535 (VDE 0606-200)

Wahlschalter .... DIN EN 61058-2-5 (VDE 0630-2-5)
E DIN EN 61058-2-5 (VDE 0630-2-5)

Wandheizung .... DIN VDE 0100-753 (VDE 0100-753)
VDE-Schriftenreihe Band 168

Wandler
kombinierte .... DIN EN 61869-4 (VDE 0414-9-4)
Stromwandler .... DIN EN 50123-7-2 (VDE 0115-300-7-2)

Wandleuchten .... DIN VDE 0711-201 (VDE 0711-201)
E DIN EN 60598-1 (VDE 0711-1)
E DIN EN 60598-2-1 (VDE 0711-201)

Wandsägen
tragbar, motorbetrieben .... E DIN EN 62841-3-7 (VDE 0740-3-7)
transportabel, motorbetrieben .... E DIN EN 62841-3-7 (VDE 0740-3-7)

Warenautomaten .... DIN EN 60335-2-75 (VDE 0700-75)
Beiblatt 1 DIN EN 60335-2-75 (VDE 0700-75)
E DIN EN 60335-2-75 (VDE 0700-75)
E DIN EN 60335-2-75/A1 (VDE 0700-75/A2)

Anforderungen an Motorverdichter .... E DIN IEC 60335-2-75/A2 (VDE 0700-75/A4)
E DIN EN 60335-2-75/AA (VDE 0700-75/A3)
E DIN EN 60335-2-75/AC (VDE 0700-75/A1)
DIN EN 60335-2-34 (VDE 0700-34)
Beiblatt 1 DIN EN 60335-2-34 (VDE 0700-34)
E DIN EN 60335-2-34/A1 (VDE 0700-34/A1)
E DIN EN 60335-2-34/A2 (VDE 0700-34/A2)

Warensicherung, elektronische
elektromagnetische Felder
– Exposition von Personen .... DIN EN 62369-1 (VDE 0848-369-1)

Wärmebildkameras für medizinische Reihenuntersuchungen
.... DIN EN IEC 80601-2-59 (VDE 0750-2-59)

Wärmedehnungsprüfung
für vernetzte Werkstoffe .... DIN EN 60811-507 (VDE 0473-811-507)

Wärmedruckprüfungen
für Isolierhüllen und Mäntel .... DIN EN 60811-508 (VDE 0473-811-508)

Wärmeentwicklung
Errichten von Niederspannungsanlagen .... DIN VDE 0100-420 (VDE 0100-420)
E DIN VDE 0100-420/A2 (VDE 0100-420/A2)

Wärmefreisetzung
von elektrotechnischen Produkten .... DIN EN 60695-8-1 (VDE 0471-8-1)
von Kabeln im Brandfall .... DIN EN 50399 (VDE 0482-399)

Wärmefreisetzungsrate .... DIN EN 60695-8-2 (VDE 0471-8-2)

Wärmegeräte
schmiegsame .... Beiblatt 1 DIN EN 60335-2-17 (VDE 0700-17)
DIN EN 60335-2-17 (VDE 0700-17)
E DIN IEC 60335-2-17/A2 (VDE 0700-17/A2)

Wärmepumpen
für den Hausgebrauch .... DIN EN 60335-2-40 (VDE 0700-40)
E DIN IEC 60335-2-40 (VDE 0700-40)
E DIN EN 60335-2-40 (VDE 0700-40)
E DIN EN 60335-2-40/A1 (VDE 0700-40/A1)
E DIN EN 60335-2-40/A100 (VDE 0700-40/A100)

Wärmepumpentrockner
für den Hausgebrauch
– Schadstoffentfrachtung .... DIN CLC/TS 50574-2 (VDE V 0042-11-2)

Wärmeschockprüfung
von Isolierhüllen und Mänteln .... DIN EN 60811-509 (VDE 0473-811-509)

Wärmeschränke
für den gewerblichen Gebrauch .... DIN EN 60335-2-49 (VDE 0700-49)
für Elektroisolierstoffe .... DIN EN 60216-4-1 (VDE 0304-4-1)
DIN EN 60216-4-2 (VDE 0304-24-2)
DIN EN 60216-4-3 (VDE 0304-24-3)

Wärmeschrumpfende Formteile
Abmessungen .... DIN EN 62329-3-100 (VDE 0342-3-100)

Begriffe und allgemeine Anforderungen .... DIN EN 62329-1 (VDE 0342-1)
Elastomer, halbfest .... DIN EN 62329-3-102 (VDE 0342-3-102)
für Nieder- und Mittelspannung
– allgemeine Anforderungen .... DIN EN IEC 62677-1 (VDE 0343-1)
– Materialanforderungen .... DIN EN IEC 62677-3-101 (VDE 0343-3-101)
 DIN EN IEC 62677-3-102 (VDE 0343-3-102)
 DIN EN IEC 62677-3-103 (VDE 0343-3-103)
– Prüfverfahren .... DIN EN IEC 62677-2 (VDE 0343-2)
Materialanforderungen .... DIN EN IEC 62677-3-101 (VDE 0343-3-101)
 DIN EN IEC 62677-3-102 (VDE 0343-3-102)
 DIN EN IEC 62677-3-103 (VDE 0343-3-103)
Polyolefin, halbfest .... DIN EN 62329-3-101 (VDE 0342-3-101)
Prüfverfahren .... DIN EN 62329-2 (VDE 0342-2)

Wärmeschrumpfende Nieder- und Mittelspannungsformteile
allgemeine Anforderungen .... DIN EN IEC 62677-1 (VDE 0343-1)

Wärmeschrumpfende Polyolefinformteile
für Niederspannungsanwendungen .... DIN EN IEC 62677-3-101 (VDE 0343-3-101)

Wärmeschrumpfende Polyolefinformteile, kriechstromfest
für Mittelspannungsanwendungen .... DIN EN IEC 62677-3-102 (VDE 0343-3-102)

Wärmeschrumpfende Polyolefinformteile, leitfähig
für Mittelspannungsanwendungen .... DIN EN IEC 62677-3-103 (VDE 0343-3-103)

Wärmeschrumpfende Polyolefinschläuche
in Mittelspannungsmuffen .... DIN EN 60684-3-285 (VDE 0341-3-285)

Wärmeschrumpfschläuche
flammhemmende
– mit begrenztem Brandrisiko .... DIN EN IEC 60684-3-216 (VDE 0341-3-216)
flammwidrige
– mit begrenztem Brandrisiko .... DIN EN IEC 60684-3-216 (VDE 0341-3-216)
Fluorelastomer-
– flammwidrig, flüssigkeitsbeständig .... DIN EN 60684-3-233 (VDE 0341-3-233)
halbfestes Polyolefin .... DIN EN 60684-3-211 (VDE 0341-3-211)
mit Ölsperre .... DIN EN 60684-3-284 (VDE 0341-3-284)
Polyolefin- .... DIN EN 60684-3-212 (VDE 0341-3-212)
– flammwidrig .... DIN EN 60684-3-205 (VDE 0341-3-205)
 DIN EN 60684-3-209 (VDE 0341-3-209)
 DIN EN 60684-3-248 (VDE 0341-3-248)
– für die Isolierung von Sammelschienen .... DIN EN IEC 60684-3-283 (VDE 0341-3-283)
– halbleitend .... DIN EN 60684-3-281 (VDE 0341-3-281)
– kriechstromfest .... DIN EN IEC 60684-3-280 (VDE 0341-3-280)
– mit Feldsteuerung .... DIN EN 60684-3-282 (VDE 0341-3-282)
– nicht flammwidrig .... DIN EN IEC 60684-3-214 (VDE 0341-3-214)
 DIN EN IEC 60684-3-247 (VDE 0341-3-247)
– zur Mittelspannungsmuffenisolierung .... DIN EN 60684-3-285 (VDE 0341-3-285)
PTFE .... DIN EN 60684-3-240 bis 243 (VDE 0341-3-240 bis 243)

Wärmespeicher, elektrische
Raumheizgeräte
– Verfahren zur Messung der Gebrauchseigenschaften .... DIN EN 60531 (VDE 0705-531)

Wärmestrahler
Säuglings- .... E DIN EN 60601-2-21 (VDE 0750-2-21)

Wärmetauscher
für Ölkühlung von Transformatoren .... DIN EN 50216-10 (VDE 0532-216-10)
DIN EN 50216-9 (VDE 0532-216-9)

Wärmeunterbetten .... Beiblatt 1 DIN EN 60335-2-17 (VDE 0700-17)
DIN EN 60335-2-17 (VDE 0700-17)
E DIN IEC 60335-2-17/A2 (VDE 0700-17/A2)

Wärmezudecken .... Beiblatt 1 DIN EN 60335-2-17 (VDE 0700-17)
DIN EN 60335-2-17 (VDE 0700-17)
E DIN IEC 60335-2-17/A2 (VDE 0700-17/A2)

Warmhalteplatten
für den Hausgebrauch .... DIN EN 60335-2-12 (VDE 0700-12)

Warmlagerung
von Elektroisolierstoffen
– Einzelkammerwärmeschränke .... DIN EN 60216-4-1 (VDE 0304-4-1)
– thermisches Langzeitverhalten .... DIN EN 60216-1 (VDE 0304-21)

Warmwasserheizung
Zentralspeicher .... DIN VDE 0700-201 (VDE 0700-201)

Warmwasserspeicher, -boiler
für den Hausgebrauch .... DIN EN 50440 (VDE 0705-379)
DIN EN 60335-2-21 (VDE 0700-21)
Beiblatt 1 DIN EN 60335-2-21 (VDE 0700-21)
E DIN EN 60335-2-21 (VDE 0700-21)
E DIN IEC 60335-2-21/A1 (VDE 0700-21/A1)
– Effizienz .... DIN EN 50440 (VDE 0705-379)

Warte
Kernkraftwerke
– Alarmfunktionen und ihre Darstellung .... DIN EN 62241 (VDE 0491-5-2)

Wartehäuschen
Beleuchtung .... DIN VDE 0100-714 (VDE 0100-714)
VDE-Schriftenreihe Band 168

Warten
von Kernkraftwerken .... DIN EN 61227 (VDE 0491-5-3)
– Analyse und Zuordnung der Funktionen .... DIN EN 61839 (VDE 0491-5)
– Anwendung von Sichtgeräten .... DIN EN 61772 (VDE 0491-5-4)
E DIN IEC 62954 (VDE 0491-5-7)
– Auslegung .... DIN EN IEC 60964 (VDE 0491-5-1)
– Notfall-Reaktionseinrichtungen .... E DIN IEC 62954 (VDE 0491-5-7)

Wartung
Hochfrequenz-Chirurgiegeräten .... Beiblatt 1 DIN EN 60601-2-2 (VDE 0750-2-2)
DIN EN IEC 60601-2-2 (VDE 0750-2-2)

Wartungsarbeiten .... DIN VDE 0100-729 (VDE 0100-729)
VDE-Schriftenreihe Band 168

Wartungsgänge
in elektrischen Betriebsstätten .... DIN VDE 0100-729 (VDE 0100-729)
VDE-Schriftenreihe Band 168

Wäschekocher
für den Hausgebrauch .... Beiblatt 1 DIN EN 60335-2-15 (VDE 0700-15)
DIN EN 60335-2-15 (VDE 0700-15)
E DIN IEC 60335-2-15/A1 (VDE 0700-15/A1)
E DIN IEC 60335-2-15/A2 (VDE 0700-15/A2)

Wäscheschleudern
für den gewerblichen Gebrauch .... DIN EN 50569 (VDE 0700-569)
für den Hausgebrauch .... DIN EN 60335-2-4 (VDE 0700-4)
E DIN IEC 60335-2-4 (VDE 0700-4)

Wäschetrockner für den Hausgebrauch
Verfahren zur Messung der Gebrauchseigenschaften .... DIN EN 61121 (VDE 0705-1121)

Wäschetrockner
für den gewerblichen Gebrauch .... DIN EN 50594 (VDE 0705-594)
– Messverfahren der Gebrauchseigenschaften .... DIN EN 50594 (VDE 0705-594)
für den Hausgebrauch .... DIN EN 60335-2-11 (VDE 0700-11)
E DIN IEC 60335-2-11 (VDE 0700-11)
DIN EN 61121 (VDE 0705-1121)
– Messung der Gebrauchseigenschaften .... DIN EN 61121 (VDE 0705-1121)

Waschmaschinen für den gewerblichen Gebrauch
Messung der Gebrauchseigenschaften .... DIN EN 50640 (VDE 0705-640)

Waschmaschinen für den Hausgebrauch
Bestimmung der Spülwirkung
– Messung des Tensidgehalts an Textilien .... DIN CLC/TS 50677 (VDE V 0705-677)
Messung der Gebrauchseigenschaften .... DIN EN 60456 (VDE 0705-456)
E DIN EN 60456/AA (VDE 0705-456/AA)

Waschmaschinen und Waschtrockner
Bestimmung der Spülwirkung
– Messung des Tensidgehalts an Textilien .... DIN CLC/TS 50677 (VDE V 0705-677)

Waschmaschinen
für den gewerblichen Gebrauch .... DIN EN 50571 (VDE 0700-571)
für den Hausgebrauch .... DIN EN 60335-2-7 (VDE 0700-7)
Beiblatt 1 DIN EN 60335-2-7 (VDE 0700-7)
E DIN IEC 60335-2-7 (VDE 0700-7)
E DIN EN 60335-2-7/A2 (VDE 0700-7/A1)
E DIN EN 60335-2-7/A3 (VDE 0700-7/A2)
– Messung der Gebrauchseigenschaften .... DIN EN 60456 (VDE 0705-456)
E DIN EN 60456/AA (VDE 0705-456/AA)
waschmittelfreie .... DIN EN 60335-2-108 (VDE 0700-108)

Waschtrockner für den Hausgebrauch
Bestimmung der Spülwirkung
– Messung des Tensidgehalts an Textilien .... DIN CLC/TS 50677 (VDE V 0705-677)

Wasch-Trockner für den Hausgebrauch
Prüfverfahren zur Bestimmung der Gebrauchseigenschaften
.... E DIN EN IEC 62512/AA (VDE 0705-2512/AA)

Wasch-Trockner
für den Hausgebrauch .... DIN EN 50229 (VDE 0705-229)
E DIN EN IEC 62512/AA (VDE 0705-2512/AA)

Waschtrockner
für den Hausgebrauch .... DIN EN 60335-2-7 (VDE 0700-7)
Beiblatt 1 DIN EN 60335-2-7 (VDE 0700-7)
E DIN IEC 60335-2-7 (VDE 0700-7)
E DIN EN 60335-2-7/A2 (VDE 0700-7/A1)
E DIN EN 60335-2-7/A3 (VDE 0700-7/A2)
E DIN EN 62512 (VDE 0705-2512)

Wasser
für Blei-Säure-Batterien (geschlossen) .... DIN EN 62877-2 (VDE 0510-51)

Wasseraufbereitungsgeräte (UV-)
für den Hausgebrauch .... DIN EN 60335-2-109 (VDE 0700-109)

Wasseraufnahmeprüfungen
bei Kabeln und isolierten Leitungen .... DIN EN 60811-402 (VDE 0473-811-402)

Wasserbäder, elektrische
für den gewerblichen Gebrauch .... DIN EN 60335-2-50 (VDE 0700-50)
E DIN EN 60335-2-50/A2 (VDE 0700-50/A1)

Wasserbecken
elektrische Anlagen für .... VDE-Schriftenreihe Band 67b

Wasserbettbeheizungen .... DIN EN 60335-2-66 (VDE 0700-66)

Wasserboiler
für den Hausgebrauch
– Regel- und Steuergeräte .... DIN EN IEC 60730-2-15 (VDE 0631-2-15)

Wassererwärmer
für den Hausgebrauch .... DIN EN 60335-2-21 (VDE 0700-21)
Beiblatt 1 DIN EN 60335-2-21 (VDE 0700-21)
E DIN EN 60335-2-21 (VDE 0700-21)
E DIN IEC 60335-2-21/A1 (VDE 0700-21/A1)

Wasserheizungsanlagen
elektrische Ausrüstung .... DIN EN 50156-1 (VDE 0116-1)

Wasserpumpe
für Traktionsumrichter .... DIN CLC/TS 50537-3 (VDE V 0115-537-3)

Wassersauger
für den gewerblichen Gebrauch .... DIN EN 60335-2-69 (VDE 0700-69)
E DIN EN 60335-2-69/A2 (VDE 0700-69/A8)
E DIN EN 60335-2-69/A3 (VDE 0700-69/A1)
– Anhänge .... E DIN EN 60335-2-69/A1 (VDE 0700-69/A6)
für den Hausgebrauch .... DIN EN 60335-2-2 (VDE 0700-2)
Beiblatt 1 DIN EN 60335-2-2 (VDE 0700-2)
E DIN IEC 60335-2-2 (VDE 0700-2)
E DIN EN 60335-2-2/A2 (VDE 0700-2/A1)
E DIN EN 60335-2-2/AA (VDE 0700-2/A2)

Wassertechnische Sicherheit .... DIN EN 61770 (VDE 0700-600)

Wasserventile
für den Hausgebrauch .... DIN EN IEC 60730-2-8 (VDE 0631-2-8)

Wasserversorgungsanlagen
Schlauchsätze zum Anschluss elektrischer Geräte .... DIN EN 61770 (VDE 0700-600)
Vermeidung des Versagens von Schlauchsätzen .... DIN EN 61770 (VDE 0700-600)

Wattstundenzähler
Messeinrichtungen .... DIN EN 50470-1 (VDE 0418-0-1)

WC-Sitze mit Duschfunktion
Wasserstrahltemperatur
– Wasserstrahlintensität .... E DIN EN 62947 (VDE 0705-2947)

WDM-Bauteile
Lichtwellenleiter .... DIN EN 62074-1 (VDE 0885-600)

WEA, siehe auch Windenergieanlagen

WEA (Windenergieanlagen)
Auslegungsanforderungen
– Betriebsführungs- und Sicherheitssysteme .... DIN EN IEC 61400-1 (VDE 0127-1)
Messung des Leistungsverhalten .... DIN EN 61400-12-1 (VDE 0127-12-1)

Webservice .... E DIN EN IEC 62656-8 (VDE 0040-8-8)

Webservices
Interoperabilität
– Videoüberwachungsanlagen .... DIN EN 62676-2-3 (VDE 0830-7-5-23)
                                                                E DIN EN 62676-2-31 (VDE 0830-71-2-31)
                                                                E DIN EN 62676-2-32 (VDE 0830-71-2-32)
IP Interoperabilität
– Alarmanlagen .... DIN EN 60839-11-31 (VDE 0830-81-11-31)
                                                                DIN EN 60839-11-32 (VDE 0830-81-11-32)

Webservice-Schnittstelle .... E DIN EN IEC 62656-8 (VDE 0040-8-8)

Wechsel- und Gleichspannungsmessgeräte
Begriffe .... E DIN EN 61083-3 (VDE 0432-12)
Prüfbedingungen .... E DIN EN 61083-3 (VDE 0432-12)
Prüfgeräte .... E DIN EN 61083-3 (VDE 0432-12)

Wechselbiegeprüfung .... DIN VDE 0472-603 (VDE 0472-603)

Wechselrichter (Photovoltaik-)
Datenblatt- und Typschildangaben .... DIN EN 50524 (VDE 0126-13)
                                                                E DIN EN 50524 (VDE 0126-13)

Wechselrichter
für Wechselstrommotore .... DIN EN 61377 (VDE 0115-403)
in photovoltaischen Energiesystemen .... DIN CLC/TS 61836 (VDE V 0126-7)
                                                                DIN EN 62109-2 (VDE 0126-14-2)

Wechselrichter, elektronische
für röhrenförmige Kaltstart-Entladungslampen .... DIN EN 61347-2-10 (VDE 0712-40)
                                                                E DIN EN IEC 61347-2-10 (VDE 0712-40)

Wechselrichter-Wirkungsgrad .... DIN EN 50524 (VDE 0126-13)
                                                                E DIN EN 50524 (VDE 0126-13)

Wechselschaltung .... VDE-Anwendungsregel VDE-AR-E 2100-550

Wechselspannungen
Messen des Scheitelwertes
– durch Luftfunkenstrecken .... DIN EN 60052 (VDE 0432-9)

Wechselspannungsbeständigkeit
elektrischer Isolierstoffe .... DIN EN 61251 (VDE 0303-251)
elektrischer Isoliersysteme .... DIN EN 61251 (VDE 0303-251)

Wechselspannungsfreileitungen
Verbund-Freileitungsstützer .... DIN EN 61952 (VDE 0441-200)

Wechselspannungskondensatoren
für Entladungslampenanlagen .... DIN EN 61048 (VDE 0560-61)
mit flüssigem Elektrolyten .... DIN EN 137000 (VDE 0560-800)
DIN EN 137100 (VDE 0560-810)
DIN EN 137101 (VDE 0560-811)

Wechselspannungsmotorkondensatoren
Motoranlaufkondensatoren .... DIN EN 60252-2 (VDE 0560-82)

Wechselspannungsnetze
Anwendung von Ventilableitern .... DIN EN 60099-1 (VDE 0675-1)

Wechselspannungsstarkstromanlagen
Parallelkondensatoren
– eingebaute Sicherungen .... DIN EN 60871-4 (VDE 0560-440)

Wechselspannungstransferschalter
allgemeine Anforderungen .... DIN EN 62310-1 (VDE 0558-310-1)
Betriebsverhalten und Prüfanforderungen .... DIN EN 62310-3 (VDE 0558-310-3)

Wechselstromantriebssysteme
drehzahlveränderbare .... DIN EN 61800-2 (VDE 0160-102)
E DIN EN 61800-2 (VDE 0160-102)
DIN EN 61800-4 (VDE 0160-104)

Wechselstrombahnanlagen
Mess-, Steuer- und Schutzeinrichtungen
– Geräte .... DIN EN 50152-3-1 (VDE 0115-320-3-1)

Wechselstrombahnnetze
Mess-, Steuer- und Schutzeinrichtungen .... DIN EN 50152-3-1 (VDE 0115-320-3-1)

Wechselstrombahnsysteme
Beeinflussung durch Gleichstrombahnsysteme .... DIN EN 50122-3 (VDE 0115-5)

Wechselstrombetriebsmittel
Normspannungen .... E DIN EN 60038/A102 (VDE 0175-1/A102)
E DIN EN 60038/A103 (VDE 0175-1/A103)
– vorgeschlagene horizontale Norm .... E DIN EN 60038/A102 (VDE 0175-1/A102)
vorgeschlagene horizontale Norm .... E DIN EN 60038/A102 (VDE 0175-1/A102)

Wechselstromelektrizitätszähler
Annahmeprüfung
– allgemeine Verfahren .... DIN EN 62058-11 (VDE 0418-8-11)
– elektromechanische Wirkenergiezähler Klassen 0,5, 1 und 2

.... DIN EN 62058-21 (VDE 0418-8-21)
– elektronische Wirkenergiezähler Klassen 0,2 S, 0,5 S, 1 und 2
.... DIN EN 62058-31 (VDE 0418-8-31)
elektromechanische Wirkverbrauchszähler .... DIN EN 62053-11 (VDE 0418-3-11)
– Genauigkeitsklassen A und B .... DIN EN 50470-2 (VDE 0418-0-2)
elektronische Blindverbrauchszähler .... DIN EN 62053-23 (VDE 0418-3-23)
                                                                                                  E DIN EN 62053-23 (VDE 0418-3-23)
– Genauigkeitsklassen 0,5 S, 1 S und 1 .... DIN EN 62053-24 (VDE 0418-3-24)
                                                                                                  E DIN IEC 62053-24 (VDE 0418-3-24)
elektronische Grundschwingungs-Blindverbrauchszähler
– Genauigkeitsklassen 0,5 S, 1 S und 1 .... DIN EN 62053-24 (VDE 0418-3-24)
elektronische Wirkverbrauchszähler .... DIN EN 62053-21 (VDE 0418-3-21)
                                                                                                  E DIN EN 62053-21 (VDE 0418-3-21)
                                                                                                 DIN EN 62053-22 (VDE 0418-3-22)
                                                                                                 E DIN EN 62053-22 (VDE 0418-3-22)
                                                                                                 DIN EN 62053-23 (VDE 0418-3-23)
                                                                                                 E DIN EN 62053-23 (VDE 0418-3-23)
– Genauigkeitsklassen A, B und C .... DIN EN 50470-3 (VDE 0418-0-3)
Messeinrichtungen .... DIN EN 62052-11 (VDE 0418-2-11)
                                                                                                 E DIN EN 62052-11 (VDE 0418-2-11)
– Genauigkeitsklassen A, B und C .... DIN EN 50470-1 (VDE 0418-0-1)
– Prüfungen und Prüfbedingungen .... DIN EN 62052-11 (VDE 0418-2-11)
                                                                                                 E DIN EN 62052-11 (VDE 0418-2-11)
Produktsicherheit .... DIN EN 62052-31 (VDE 0418-2-31)
Prüfungen .... DIN EN 62052-31 (VDE 0418-2-31)
Sicherheitsanforderungen .... DIN EN 62052-31 (VDE 0418-2-31)
Symbole .... DIN EN 62053-52 (VDE 0418-3-52)
Tarif- und Laststeuerung
– elektronische Rundsteuerempfänger .... DIN EN 62054-11 (VDE 0420-4-11)
– Schaltuhren .... DIN EN 62054-21 (VDE 0419-4-21)

Wechselstrom-Energieversorgungssysteme
magnetische Felder
– Exposition der Allgemeinbevölkerung .... DIN EN 62110 (VDE 0848-110)

Wechselstrom-Erdungsschalter .... DIN EN IEC 62271-102 (VDE 0671-102)
schnellschaltender
– zum Löschen von Lichtbögen auf Freileitungen .... DIN EN 62271-112 (VDE 0671-112)
                                                                                                 E DIN EN IEC 62271-112 (VDE 0671-112)

Wechselstromfreileitungen
Isolatoren .... DIN EN 61109 (VDE 0441-100)

Wechselstromgeneratoren
mit Hubkolben-Verbrennungsmotoren .... DIN EN 60034-22 (VDE 0530-22)

Wechselstrom-Generatorschalter .... E DIN IEC/IEEE 62271-37-013 (VDE 0671-37-013)

Wechselstrom-Hochleistungs-Lichtbogenprüfung
an Isolatorketten .... DIN EN 61467 (VDE 0446-104)

Wechselstrom-Lastschalter
Bemessungsspannung über 52 kV .... DIN EN 62271-104 (VDE 0671-104)
                                                                                                 E DIN EN 62271-104 (VDE 0671-104)

Wechselstrom-Lastschalter-Sicherungs-Kombinationen   DIN EN 62271-105 (VDE 0671-105)

E DIN EN IEC 62271-105 (VDE 0671-105)
für Bemessungsspannungen über 1 kV bis einschließlich 52 kV
.... E DIN EN IEC 62271-105 (VDE 0671-105)

Wechselstrom-Leistungsschalter
Bemessungsspannung 1 kV bis 52 kV .... DIN EN IEC 62271-107 (VDE 0671-107)
für Hochspannung .... DIN EN 62271-100 (VDE 0671-100)
E DIN EN 62271-100 (VDE 0671-100)
– Prüfungen für 1100 kV und 1200 kV .... DIN EN 62271-100 (VDE 0671-100)
E DIN EN 62271-100 (VDE 0671-100)
synthetische Prüfung .... DIN EN 62271-101 (VDE 0671-101)

Wechselstrom-Leistungsschalter-Sicherungs-Kombinationen
.... DIN EN IEC 62271-107 (VDE 0671-107)

Wechselstrom-Leitungsschutzschalter .... Beiblatt 1 DIN EN 60898-1 (VDE 0641-11)
DIN EN 60898-1 (VDE 0641-11)
E DIN EN 60898-1/A1 (VDE 0641-11/A1)

Wechselstrommaschinen
in Antriebssystemen
– Anwendungsleitfaden .... DIN VDE 0530-25 (VDE 0530-25)

Wechselstrommaschinen, umrichtergespeiste
Verluste und Wirkungsgrad .... E DIN IEC 60034-2-3 (VDE 0530-2-3)

Wechselstrommotoren mit variabler Drehzahl
IE-Code .... DIN VDE 0530-30-2 (VDE 0530-30-2)

Wechselstrommotoren
für Bahnfahrzeuge
– außer umrichtergespeiste .... DIN EN 60349-1 (VDE 0115-400-1)
– umrichtergespeiste .... DIN EN 60349-2 (VDE 0115-400-2)
DIN IEC/TS 60349-3 (VDE V 0115-400-3)
für Schienenfahrzeuge
– wechselrichtergespeiste .... DIN EN 61377 (VDE 0115-403)
mit variabler Drehzahl .... DIN VDE 0530-30-2 (VDE 0530-30-2)
mit veränderbarer Drehzahl
– für Walzwerke .... E DIN EN 60034-34 (VDE 0530-34)
umrichtergespeiste
– Bestimmung der Gesamtverluste .... DIN IEC/TS 60349-3 (VDE V 0115-400-3)

Wechselstrom-Schaltanlagen
feststoffisoliert-gekapselte
– für Bemessungsspannungen über 1 kV bis 52 kV .... DIN EN 62271-201 (VDE 0671-201)
Hochspannungsschaltgeräte und -schaltanlagen .... DIN EN 62271-1 (VDE 0671-1)
E DIN EN 62271-1/A1 (VDE 0671-1/A1)
metall- und isolierstoffgekapselt
– Erweiterung des Geltungsbereichs von Typprüfungen
.... DIN IEC/TR 62271-307 (VDE 0671-307)
metallgekapselt .... DIN EN 62271-200 (VDE 0671-200)
E DIN EN IEC 62271-200 (VDE 0671-200)

Wechselstrom-Schalteinrichtungen
für Bahnanlagen
– Einphasen-Leistungsschalter .... DIN EN 50152-1 (VDE 0115-320-1)

	DIN EN 50152-1/A1 (VDE 0115-320-1/A1)
– Mess-, Steuer- und Schutzeinrichtungen	DIN EN 50152-3-1 (VDE 0115-320-3-1)
– Spannungswandler	DIN EN 50152-3-3 (VDE 0115-320-3-3)
– Stromwandler	DIN EN 50152-3-2 (VDE 0115-320-3-2)
– Trenn-, Erdungs- und Lastschalter	DIN EN 50152-2 (VDE 0115-320-2)
– Zweiphasen-Leistungsschalter	DIN EN 50152-1 (VDE 0115-320-1)
	DIN EN 50152-1/A1 (VDE 0115-320-1/A1)

Wechselstrom-Schaltgeräte
für öffentliche und industrielle Verteilungsnetze	DIN EN 62271-105 (VDE 0671-105)
Hochspannungsschaltgeräte und -schaltanlagen	DIN EN 62271-1 (VDE 0671-1)
	E DIN EN 62271-1/A1 (VDE 0671-1/A1)
metallgekapselt	DIN EN 62271-200 (VDE 0671-200)

Wechselstrom-Trennschalter .... DIN EN IEC 62271-102 (VDE 0671-102)

Wechselstrom-Überbrückungsschalter
für Reihenkondensatoren .... DIN EN IEC 62271-109 (VDE 0671-109)

Wechselstromversorgung
Normspannungen	E DIN EN 60038/A102 (VDE 0175-1/A102)
	E DIN EN 60038/A103 (VDE 0175-1/A103)
– vorgeschlagene horizontale Norm	E DIN EN 60038/A102 (VDE 0175-1/A102)
vorgeschlagene horizontale Norm	E DIN EN 60038/A102 (VDE 0175-1/A102)

WEEE mit CRT
Sammlung, Logistik und Behandlung	DIN EN 50625-2-2 (VDE 0042-13-22)
	DIN CLC/TS 50625-3-1 (VDE V 0042-13-31)
	DIN CLC/TS 50625-3-2 (VDE V 0042-13-32)
	DIN CLC/TS 50625-3-3 (VDE V 0042-13-33)

WEEE mit Flachbildschirmmodul
Sammlung, Logistik und Behandlung	DIN EN 50625-2-2 (VDE 0042-13-22)
	DIN CLC/TS 50625-3-1 (VDE V 0042-13-31)
	DIN CLC/TS 50625-3-3 (VDE V 0042-13-33)

WEEE mit Röhrenbildschirmen
Sammlung, Logistik und Behandlung	DIN EN 50625-2-2 (VDE 0042-13-22)
	DIN CLC/TS 50625-3-1 (VDE V 0042-13-31)

WEEE mit VFC
Sammlung, Logistik und Behandlung
– Wärmeträger .... DIN EN 50625-2-3 (VDE 0042-13-23)

WEEE mit VHC
Sammlung, Logistik und Behandlung
– Wärmeträger .... DIN EN 50625-2-3 (VDE 0042-13-23)

WEEE
Sammlung, Logistik und Behandlung
– Behandlung von Photovoltaikmodulen	DIN EN 50625-2-4 (VDE 0042-13-24)
– Endbehandlung	DIN CLC/TS 50625-5 (VDE V 0042-13-5)
– Lampen	DIN EN 50625-2-1 (VDE 0042-13-21)
– Photovoltaikmodule	DIN CLC/TS 50625-3-5 (VDE V 0042-13-35)
– Schadstoffentfrachtung von Photovoltaikmodulen	DIN CLC/TS 50625-3-5 (VDE V 0042-13-35)
– Schadstoffentfrachtung von Wärmeübertragern .	DIN CLC/TS 50625-3-4 (VDE V 0042-13-34)

– Spezifikation der Schadstoffentfrachtung .... DIN CLC/TS 50625-3-1 (VDE V 0042-13-31)
DIN CLC/TS 50625-3-2 (VDE V 0042-13-32)
– Wärmeüberträger .... DIN CLC/TS 50625-3-4 (VDE V 0042-13-34)

WEEE-Haushaltsgeräte .... DIN CLC/TS 50574-2 (VDE V 0042-11-2)
DIN EN 50625-2-3 (VDE 0042-13-23)

Wegebeleuchtung
Anforderungen an Leuchten .... DIN EN 60598-2-3 (VDE 0711-2-3)

Weichmacher-Ausschwitzungen
bei PVC-Kabeln .... DIN EN 50497 (VDE 0473-497)

Weichmagnetische metallische pulverförmige Werkstoffe
Messverfahren
– Ringproben .... DIN EN IEC 60404-6 (VDE 0354-6)

Weichmagnetische metallische Werkstoffe
Messverfahren .... DIN EN 60404-8-6 (VDE 0354-8-6)

Weidezäune, elektrische .... DIN VDE 0131 (VDE 0131)
DIN EN 60335-2-76 (VDE 0700-76)
Beiblatt 1 DIN EN 60335-2-76 (VDE 0700-76)
E DIN IEC 60335-2-76 (VDE 0700-76)
Isolatoren .... DIN 57669 (VDE 0669)

Weihnachtsbaumbeleuchtung .... DIN EN 60598-2-20 (VDE 0711-2-20)
E DIN EN IEC 60598-2-20 (VDE 0711-2-20)

Weihnachtsbeleuchtung .... DIN EN 60598-2-21 (VDE 0711-2-21)

Weiterbildungs-Leitlinie
Glasfasertechnik .... VDE 0800-200

Weiterreißwiderstand .... DIN VDE 0472-613 (VDE 0472-613)

Weiterverbindungs-Geräteanschlussleitungen .... DIN EN 60799 (VDE 0626)
E DIN EN 60799 (VDE 0626)
Installationsmaterial .... E DIN EN 60799 (VDE 0626)
Mehrfach-Verteilerleisten .... DIN VDE 0626-2 (VDE 0626-2)

Weitverkehrsfunkrufeinrichtungen
elektromagnetische Verträglichkeit .... DIN ETS 300 741 (VDE 0878-741)

Wellenenergieressource
Bewertung und Charakterisierung .... DIN IEC/TS 62600-101 (VDE V 0125-101)

Wellen-Energiewandler
Bewertung und Charakterisierung .... DIN IEC/TS 62600-101 (VDE V 0125-101)
DIN IEC/TS 62600-201 (VDE V 0125-201)
Bewertung von Verankerungssystemen .... DIN IEC/TS 62600-10 (VDE V 0125-10)
Terminologie .... DIN IEC/TS 62600-1 (VDE V 0125-1)
zur Energieerzeugung
– Leistungsbewertung .... DIN IEC/TS 62600-100 (VDE V 0125-100)

Wellspan
für elektrotechnische Zwecke .... DIN EN 61628-1 (VDE 0313-1)
DIN EN 61628-2 (VDE 0313-2)

Wellwandkessel, druckbeansprucht .... DIN EN 50464-4 (VDE 0532-224)
DIN EN 50464-4/A1 (VDE 0532-224/A1)

Welteinheitliche modulare Sicherungseinsätze (UMF)
Bauarten für Steck- und Oberflächenmontage .... DIN EN 60127-4 (VDE 0820-4)

Weltweite Navigations-Satellitensysteme (GNSS)
BeiDou-Satellitennavigationssystem (BDS)
– Empfangsanlagen .... DIN EN IEC 61108-5 (VDE 0878-108-5)
– Leistungsanforderungen .... DIN EN IEC 61108-5 (VDE 0878-108-5)
– Leistungsanforderungen, Prüfverfahren und geforderte Prüfergebnisse
.... DIN EN IEC 61108-5 (VDE 0878-108-5)
– Prüfverfahren und geforderte Prüfergebnisse .... DIN EN IEC 61108-5 (VDE 0878-108-5)

Wendelleitungen
mit thermoplastischer PVC-Isolierung .... DIN EN 50525-2-12 (VDE 0285-525-2-12)

Wendezugsteuerung
zeitmultiplexe
– in Bahnfahrzeugen .... DIN VDE 0119-207-4 (VDE 0119-207-4)

Werkbahnlokomotiven .... DIN VDE 0123 (VDE 0123)

Werkstoff für Grundprofile
Leiter für Freileitungen
– faserverstärkter Verbundwerkstoffkern .... E DIN IEC 62818 (VDE 0212-308)
Werkstoffe
– isotrop biaxial orientierte Polyethylenterephthalat-(PET-)Folien
.... DIN EN IEC 60674-3-2 (VDE 0345-3-2)

Werkstoffe
Betrieb bei hohen Temperaturen .... E DIN IEC/TS 63126 (VDE V 0126-126)
– Leitfaden zur Eignungsprüfung .... E DIN IEC/TS 63126 (VDE V 0126-126)
Wärmefreisetzung .... DIN EN 60695-8-1 (VDE 0471-8-1)

Werkstoffe, feste isolierende
Kriechwegbildung .... DIN EN 60112 (VDE 0303-11)
E DIN EN 60112 (VDE 0303-11)

Werkstoffe, isolierende
Durchschlagfestigkeit .... DIN EN 60243-1 (VDE 0303-21)
Widerstände .... DIN EN 62631-3-1 (VDE 0307-3-1)
E DIN EN IEC 62631-3-1 (VDE 0307-3-1)
DIN EN 62631-3-2 (VDE 0307-3-2)
DIN EN IEC 62631-3-4 (VDE 0307-3-4)

Werkstoffe, vernetzte
Wärmedehnungsprüfung .... DIN EN 60811-507 (VDE 0473-811-507)

Werkstoffe, weichmagnetische metallische und pulverförmige
magnetische Eigenschaften .... DIN EN IEC 60404-6 (VDE 0354-6)

Werkstoffverträglichkeitsprüfung
Lichtwellenleiterkabel .... E DIN EN IEC 60794-1-219 (VDE 0888-100-219)
E DIN EN IEC 60794-1-401 (VDE 0888-100-401)

Werkzeuge
elektromotorisch betätigt handgeführt

– transportable .... DIN EN IEC 61058-2-6 (VDE 0630-2-6)
zum Arbeiten unter Spannung
– Konformitätsbewertung .... DIN EN 61318 (VDE 0682-120)
   E DIN EN 61318 (VDE 0682-120)
– Mindestanforderungen .... DIN EN 61477 (VDE 0682-130)

Werkzeuge, transportable
Gehrungskappsägen .... E DIN EN IEC 62841-3-9 (VDE 0740-3-9)
   E DIN EN IEC 62841-3-9/A11 (VDE 0740-3-9/A11)

Werkzeugmaschinen
elektrische Ausrüstung
– Sicherheit von Maschinen .... E DIN IEC/TS 60204-34 (VDE V 0113-34)
elektromagnetische Verträglichkeit
– Störaussendung .... DIN EN 50370-1 (VDE 0875-370-1)
– Störfestigkeit .... DIN EN 50370-2 (VDE 0875-370-2)

Whiskerprüfung .... DIN EN 60512-16-21 (VDE 0687-512-16-21)

Wickelbundstange .... DIN EN 60832-1 (VDE 0682-211)

Wickeldrähte
Flachdrähte aus Aluminium, papierisoliert .... E DIN EN IEC 60317-27-4 (VDE 0474-317-27-4)

Wickelkopfschwingungen an Formspulen im Ständer
drehende elektrische Maschinen .... DIN IEC/TS 60034-32 (VDE V 0530-32)

Wickelkopfschwingungen
an Formspulen im Ständer
– drehende elektrische Maschinen .... DIN IEC/TS 60034-32 (VDE V 0530-32)

Wickelprüfung
nach thermischer Alterung
– von Polyethylen- und Polypropylenmischungen .... DIN EN 60811-510 (VDE 0473-811-510)
nach Vorbehandlung
– von Polyethylen- und Polypropylenmischungen .... DIN EN 60811-513 (VDE 0473-811-513)

Wicklerisolierungen
Offline-Teilentladungsprüfungen .... E DIN IEC/TS 60034-27-5 (VDE V 0530-27-5)

Wicklungen
drehender elektrischer Maschinen
– Bewertung der elektrischen Lebensdauer .... DIN EN 60034-18-32 (VDE 0530-18-32)
– Bewertung der Isoliersysteme .... DIN EN 60034-18-31 (VDE 0530-18-31)
– thermische Bewertung .... DIN EN 60034-18-31 (VDE 0530-18-31)
– thermische und elektrische Beanspruchung ... DIN CLC/TS 60034-18-33 (VDE V 0530-18-33)
– thermomechanische Bewertung .... DIN EN 60034-18-34 (VDE 0530-18-34)

Wicklungsanschlüsse
Kennzeichnung .... DIN EN 60034-8 (VDE 0530-8)

Wicklungstemperaturanzeiger
für Transformatoren und Drosselspulen .... DIN EN 50216-11 (VDE 0532-216-11)

Widerstand
nicht linearer .... DIN EN 60099-1 (VDE 0675-1)
spezifischer .... DIN EN 61340-2-3 (VDE 0300-2-3)

Widerstände
zur Unterdrückung elektromagnetischer Störungen .... DIN EN 60940 (VDE 0565)

Widerstands-Begleitheizungen
für explosionsgefährdete Bereiche
– allgemeine und Anforderungen, Stückprüfung .... DIN EN 60079-30-1 (VDE 0170-30-1)
– allgemeine und Anforderungen, Typprüfung .... DIN EN 60079-30-1 (VDE 0170-30-1)
– allgemeine und Prüfanforderungen .... DIN EN 60079-30-1 (VDE 0170-30-1)
– Entwurf, Installation, Instandhaltung .... DIN EN 60079-30-2 (VDE 0170-30-2)
für industrielle und gewerbliche Zwecke .... DIN EN 60519-10 (VDE 0721-10)
DIN EN 62395-1 (VDE 0721-52)
– allgemeine und Prüfanforderungen .... DIN EN 62395-1 (VDE 0721-52)

Widerstandsfähigkeit
von Steckverbindern .... DIN EN 60512-19-1 (VDE 0687-512-19-1)

Widerstands-Kondensator-Kombinationen
zur Unterdrückung elektromagnetischer Störungen .... DIN EN 60384-14 (VDE 0565-1-1)
DIN EN 60384-14/A1 (VDE 0565-1-1/A1)

Widerstandsmessgeräte
für Erdungs-, Schutz- und Potentialausgleichsleiter .... DIN EN 61557-4 (VDE 0413-4)
E DIN EN 61557-4 (VDE 0413-4)
für Erdungswiderstand .... DIN EN 61557-5 (VDE 0413-5)
E DIN EN 61557-5 (VDE 0413-5)

Widerstandsmessverfahren
kritische Temperatur von Verbundsupraleitern .... DIN EN 61788-10 (VDE 0390-10)

Widerstandsschweißeinrichtungen
elektromagnetische Felder (0 Hz bis 300 GHz)
– Exposition von Personen .... DIN EN IEC 62822-3 (VDE 0545-24)
elektromagnetische Verträglichkeit .... DIN EN 62135-2 (VDE 0545-2)
E DIN EN 62135-2 (VDE 0545-2)
elektromagnetische Verträglichkeit (EMV) .... E DIN EN 62135-2 (VDE 0545-2)
Exposition von Personen
– gegenüber elektromagnetischen Feldern (0 Hz bis 300 GHz)
.... DIN EN IEC 62822-3 (VDE 0545-24)

Widerstands-Schweißeinrichtungen
elektromagnetische Verträglichkeit .... DIN EN 62135-2 (VDE 0545-2)
– Grundnorm .... DIN EN IEC 62822-3 (VDE 0545-24)
Konstruktion, Herstellung, Errichtung .... DIN EN 62135-1 (VDE 0545-1)

Widerstandsschweißen
Einrichtungen .... DIN EN IEC 62822-1 (VDE 0545-22)

Wiederaufladbare Batterien
Speicherung erneuerbarer Energien .... DIN EN 61427-2 (VDE 0510-41)

Wiederaufladbare Zellen und Batterien
Speicherung erneuerbarer Energien
– netzintegrierte Anwendungen .... DIN EN 61427-2 (VDE 0510-41)

Wiederaufladbare Zellen
Speicherung erneuerbarer Energien .... DIN EN 61427-2 (VDE 0510-41)

Wiederholungsprüfung
an elektrischen Geräten .... DIN VDE 0701-0702 (VDE 0701-0702)
DIN EN 50678 (VDE 0701)
E DIN EN 50699 (VDE 0702)
für elektrische Geräte .... E DIN EN 50699 (VDE 0702)
medizinisch elektrische Geräte .... DIN EN 62353 (VDE 0751-1)
Photovoltaikmodule .... E DIN IEC/TS 62915 (VDE V 0126-75)

Wiederholungsprüfung elektrischer Geräte
nach der Reparatur .... DIN EN 50678 (VDE 0701)

Wiederkehrdauer .... DIN EN 50341-1 (VDE 0210-1)

Wiederverwendung von Schwefelhexafluorid (SF_6) und seinen Mischungen
in elektrischen Betriebsmitteln .... DIN EN IEC 60480 (VDE 0373-2)

WIG .... DIN EN IEC 60974-7 (VDE 0544-7)

Wildschutzzäune, elektrische .... DIN EN 60335-2-76 (VDE 0700-76)
Beiblatt 1 DIN EN 60335-2-76 (VDE 0700-76)
E DIN IEC 60335-2-76 (VDE 0700-76)

Wind
natürliche Umgebungsbedingungen
– Klassifizierung .... DIN EN 60721-2-2 (VDE 0468-721-2-2)

Winden
elektrische Ausrüstung .... DIN EN 60204-32 (VDE 0113-32)

Windenergieanlagen .... VDE-Schriftenreihe Band 158
Angabe von immissionsrelevanter Schallleistungspegel- und
– Tonhaltigkeitswerten .... DIN CLC/TS 61400-14 (VDE V 0127-14)
auf der Gondel montierte LiDARs für Windmessungen
.... E DIN EN IEC 61400-50-3 (VDE 0127-50-3)
auf offener See
– Auslegungsanforderungen .... DIN EN IEC 61400-3-1 (VDE 0127-3-1)
Auslegungsanforderungen .... DIN EN IEC 61400-1 (VDE 0127-1)
DIN EN 61400-4 (VDE 0127-4)
E DIN EN 61400-6 (VDE 0127-6)
– für schwimmende Windenergieanlagen auf offener See
.... DIN IEC/TS 61400-3-2 (VDE V 0127-3-2)
– Türme und Fundamente .... E DIN EN 61400-6 (VDE 0127-6)
Auslegungsanforderungen für gegründete Offshore-Windenergieanlagen
.... DIN EN IEC 61400-3-1 (VDE 0127-3-1)
Blitzschutz .... DIN EN IEC 61400-24 (VDE 0127-24)
elektrische Simulationsmodelle
– Windenergieanlagen .... DIN EN 61400-27-1 (VDE 0127-27-1)
E DIN EN 61400-27-1 (VDE 0127-27-1)
E DIN EN 61400-27-2 (VDE 0127-27-2)
elektromagnetische Verträglichkeit (EMV) .... E DIN EN IEC 61400-40 (VDE 0127-40)
– Anforderungen und Prüfverfahren .... E DIN EN IEC 61400-40 (VDE 0127-40)
Erzeugungsbasierte Verfügbarkeit .... E DIN EN IEC 61400-26-1 (VDE 0127-26-1)
DIN CLC/TS 61400-26-2 (VDE V 0127-26-2)
generische Modelle
– Windenergieanlagen .... E DIN EN 61400-27-1 (VDE 0127-27-1)
kleine

- Anforderungen .... DIN EN 61400-2 (VDE 0127-2)
- Sicherheit .... DIN EN 61400-2 (VDE 0127-2)
Kommunikation für die Überwachung und Steuerung .... DIN EN 61400-25-1 (VDE 0127-25-1)
Konformitätsprüfung und Zertifizierung .... DIN EN 61400-22 (VDE 0127-22)
LiDARs .... E DIN EN IEC 61400-50-3 (VDE 0127-50-3)
LiDARs für Windmessungen .... E DIN EN IEC 61400-50-3 (VDE 0127-50-3)
Messung des Leistungsverhaltens .... DIN EN 61400-12-1 (VDE 0127-12-1)
                                                                                                   DIN EN 61400-12-2 (VDE 0127-12-2)
Messung und Bewertung der elektrischen Kennwerte DIN EN IEC 61400-21-1 (VDE 0127-21-1)
Messung von mechanischen Lasten .... DIN EN 61400-13 (VDE 0127-13)
Netzverträglichkeit .... DIN EN IEC 61400-21-1 (VDE 0127-21-1)
Rotorblätter .... E DIN EN 61400-5 (VDE 0127-5)
- experimentelle Strukturprüfung .... DIN EN 61400-23 (VDE 0127-23)
Rotorblätter von Windenergieanlagen .... E DIN EN 61400-5 (VDE 0127-5)
Schallmessverfahren .... DIN EN 61400-11 (VDE 0127-11)
Schutzmaßnahmen .... DIN EN 50308 (VDE 0127-100)
schwimmende Offshore-Windenergieanlagen
- Auslegungsanforderungen .... DIN IEC/TS 61400-3-2 (VDE V 0127-3-2)
schwimmende, auf offener See
- Auslegungsanforderungen .... DIN IEC/TS 61400-3-2 (VDE V 0127-3-2)
Transformatoren .... DIN EN 60076-16 (VDE 0532-76-16)
                                                                                                  E DIN EN 60076-16 (VDE 0532-76-16)
Überspannungsschutzgeräte .... DIN CLC/TS 50539-22 (VDE V 0675-39-22)
Überwachung und Steuerung
- Abbildung auf ein Kommunikationsprofil .... DIN EN 61400-25-4 (VDE 0127-25-4)
- Dienstemodelle .... DIN EN 61400-25-3 (VDE 0127-25-3)
- Informationsmodelle .... DIN EN 61400-25-1 (VDE 0127-25-1)
                                                                                               DIN EN 61400-25-2 (VDE 0127-25-2)
- Kommunikation .... DIN EN 61400-25-6 (VDE 0127-25-6)
- Konformitätsprüfungen .... DIN EN 61400-25-5 (VDE 0127-25-5)
- Prinzipien und Modelle .... DIN EN 61400-25-1 (VDE 0127-25-1)
Verfügbarkeit von Windenergieanlagen .... E DIN EN IEC 61400-26-1 (VDE 0127-26-1)
                                                                          DIN CLC/TS 61400-26-3 (VDE V 0127-26-3)
Windmessungen .... E DIN EN IEC 61400-50-3 (VDE 0127-50-3)
zeitbasierte Verfügbarkeit .... DIN CLC/TS 61400-26-1 (VDE V 0127-26-1)
                                                                        E DIN EN IEC 61400-26-1 (VDE 0127-26-1)

Windenergieanlagen, kleine (KWEA)
    Anforderungen .... DIN EN 61400-2 (VDE 0127-2)

Windenergieanlagen, schwimmende
    Auslegungsanforderungen .... DIN IEC/TS 61400-3-2 (VDE V 0127-3-2)

Windenergieerzeugungsanlagen
    Messung und Bewertung der elektrischen Kennwerte
    - Windenergieanlagen .... DIN EN IEC 61400-21-1 (VDE 0127-21-1)

Windenkraftanlagen
    Validierung der Modelle
    - Modellvalidierung .... E DIN EN 61400-27-2 (VDE 0127-27-2)

Windkraftanlagen
    Auslegungsanforderungen für Getriebe .... DIN EN 61400-4 (VDE 0127-4)
    Blitzschutz .... DIN EN IEC 61400-24 (VDE 0127-24)

Windmühle .... DIN EN 61400-4 (VDE 0127-4)

Windparks
Auslegungsanforderungen .... DIN EN IEC 61400-1 (VDE 0127-1)
Konformitätsbewertung .... DIN EN 61400-22 (VDE 0127-22)

Windturbinen
Messung des Leistungsverhaltens .... DIN EN 61400-12-2 (VDE 0127-12-2)
Netzverträglichkeit .... DIN EN IEC 61400-21-1 (VDE 0127-21-1)
Offshore-Windturbinen
– Auslegungsanforderungen .... DIN EN IEC 61400-3-1 (VDE 0127-3-1)
DIN EN 61400-4 (VDE 0127-4)

Windungsschlüsse
an drehenden elektrischen Maschinen .... DIN CLC/TS 60034-24 (VDE V 0530-240)

Wirbelstromverluste
in Verbundsupraleiterdrähten .... DIN EN 61788-13 (VDE 0390-13)

Wirkenergiezähler, elektromechanische
Klassen 0,5, 1 und 2
– Annahmeprüfung .... DIN EN 62058-21 (VDE 0418-8-21)

Wirkenergiezähler, elektronische
Klassen 0,2 S, 0,5 S, 1 und 2
– Annahmeprüfung .... DIN EN 62058-31 (VDE 0418-8-31)

Wirkungsgrad
drehender elektrischer Maschinen .... DIN EN 60034-2-2 (VDE 0530-2-2)
von Photovoltaik-Wechselrichtern .... DIN EN 50530 (VDE 0126-12)
E DIN IEC 62891 (VDE 0126-12)

Wirkungsgrad-Klassifizierung
von Drehstrommotoren mit Käfigläufern .... DIN EN 60034-30-1 (VDE 0530-30-1)
von Wechselstrommotoren .... DIN VDE 0530-30-2 (VDE 0530-30-2)

Wirkverbrauchszähler
Inkasso-
– Klassen 1 und 2 .... DIN EN 62055-31 (VDE 0418-5-31)
Messeinrichtungen .... DIN EN 50470-1 (VDE 0418-0-1)

Wirkverbrauchszähler, elektromechanische
Genauigkeitsklassen 0,5, 1 und 2 .... DIN EN 62053-11 (VDE 0418-3-11)
Genauigkeitsklassen A und B .... DIN EN 50470-2 (VDE 0418-0-2)

Wirkverbrauchszähler, elektronische
Genauigkeitsklassen 0,1 S, 0,2 S und 0,5 S .... E DIN EN 62053-22 (VDE 0418-3-22)
Genauigkeitsklassen 0,2 S und 0,5 S .... DIN EN 62053-22 (VDE 0418-3-22)
E DIN EN 62053-22 (VDE 0418-3-22)
Genauigkeitsklassen 1 und 2 .... DIN EN 62053-21 (VDE 0418-3-21)
E DIN EN 62053-21 (VDE 0418-3-21)
Genauigkeitsklassen A, B und C .... DIN EN 50470-3 (VDE 0418-0-3)

Wirkverbrauchszähler, statische
Genauigkeitsklassen 0,1 S, 0,2 S und 0,5 S .... E DIN EN 62053-22 (VDE 0418-3-22)
Genauigkeitsklassen 1 und 2 .... DIN EN 62053-21 (VDE 0418-3-21)
E DIN EN 62053-21 (VDE 0418-3-21)

Wissenschaftliche Geräte
Funkstörungen
– Grenzwerte und Messverfahren .... DIN EN 55011 (VDE 0875-11)
E DIN EN 55011/A2 (VDE 0875-11/A2)

Witterungsabhängiger Freileitungsbetrieb .... VDE-Anwendungsregel VDE-AR-N 4210-5

Wohnanhänger .... DIN VDE 0100-708 (VDE 0100-708)
E DIN VDE 0100-708 (VDE 0100-708)
VDE-Schriftenreihe Band 150
VDE-Schriftenreihe Band 168

Wohnen zu Hause
Anbieter kombinierter Dienstleistungen .... VDE-Anwendungsregel VDE-AR-E 2757-2
Auswahl und Installation von AAL-Komponenten .... VDE-Anwendungsregel VDE-AR-E 2757-3

Wohnhäuser
Detektion von Kohlenmonoxid .... DIN EN 50291-1 (VDE 0400-34-1)

Wohnhäuser, Caravans, Boote
Detektion von Kohlenmonoxid .... DIN EN 50292 (VDE 0400-35)

Wohnmobil .... DIN VDE 0100-708 (VDE 0100-708)
E DIN VDE 0100-708 (VDE 0100-708)
VDE-Schriftenreihe Band 150
VDE-Schriftenreihe Band 168

Wohnungsklingeln .... DIN EN 62080 (VDE 0632-600)

Wohnwagen .... DIN VDE 0100-708 (VDE 0100-708)
E DIN VDE 0100-708 (VDE 0100-708)
VDE-Schriftenreihe Band 150
VDE-Schriftenreihe Band 168

Wohnwagenanschluss .... DIN VDE 0100-708 (VDE 0100-708)
E DIN VDE 0100-708 (VDE 0100-708)
VDE-Schriftenreihe Band 150
VDE-Schriftenreihe Band 168

Woks
für den Hausgebrauch .... Beiblatt 1 DIN EN 60335-2-13 (VDE 0700-13)
DIN EN 60335-2-13 (VDE 0700-13)

Wolframdrahtlampen .... DIN EN 61558-2-9 (VDE 0570-2-9)

Wolke-Erde-Blitze
Schadensrisiko für bauliche Anlagen .... DIN EN 62305-2 (VDE 0185-305-2)

Wörterverzeichnis
Kommunikationsnetze und Systeme für die Automatisierung
– in der elektrischen Energieversorgung .... E DIN IEC/TS 61850-2 (VDE V 0160-850-2)

Wrasenabsaugungen
für den Hausgebrauch .... DIN EN 60335-2-31 (VDE 0700-31)
Beiblatt 1 DIN EN 60335-2-31 (VDE 0700-31)
E DIN EN 60335-2-31/A1 (VDE 0700-31/A1)
E DIN IEC 60335-2-31/A2 (VDE 0700-31/A2)

X

xDSL-Signale
Sicherheitsaspekte .... Beiblatt 1 DIN EN 60950-1 (VDE 0805-1)

Xenon-Blitzlampen .... DIN EN 61549 (VDE 0715-12)

XML-serialisiertes Format
Definition von Artefakten
− Anwendungsfallmethodik .... DIN EN IEC 62559-3 (VDE 0175-103)

XMPP
Abbildung auf erweiterbares Messaging Presence Protocol
− Kommunikationsnetze und -systeme für die Automatisierung
.... DIN EN IEC 61850-8-2 (VDE 0160-850-8-2)

Y

Yacht, siehe auch Jacht

Yachtanschluss .... DIN VDE 0100-709 (VDE 0100-709)
VDE-Schriftenreihe Band 168

Yachten
elektrische Anlagen .... DIN EN 60092-507 (VDE 0129-507)
VDE-Schriftenreihe Band 168
Stromversorgung an Liegeplätzen .... DIN VDE 0100-709 (VDE 0100-709)

Yachthafen .... DIN VDE 0100-709 (VDE 0100-709)
VDE-Schriftenreihe Band 168

Z

Zähler
elektronische .... E DIN VDE 0418-3-6 (VDE 0418-3-6)
DIN EN 62053-31 (VDE 0418-3-31)
DIN EN 62053-61 (VDE 0418-3-61)

Zählerplätze AC 400 V .... DIN VDE 0603-1 (VDE 0603-1)
DIN VDE 0603-100 (VDE 0603-100)
Hauptleitungsabzweigklemmen .... DIN VDE 0603-2-1 (VDE 0603-2-1)

Zählerplätze bis 1 000 A
Wandlermessung
− halbindirekte Messung .... DIN VDE 0603-2-2 (VDE 0603-2-2)

Zählerplätze
allgemeine Anforderungen .... DIN VDE 0603-1 (VDE 0603-1)
Befestigungs- und Kontaktiereinrichtung (BKE) .... DIN VDE 0603-3-2 (VDE 0603-3-2)
bis 1 000 A .... DIN VDE 0603-2-2 (VDE 0603-2-2)
für direkte Messung bis 63 A .... DIN VDE 0603-2-1 (VDE 0603-2-1)
für elektronische Haushaltszähler .... DIN VDE 0603-1 (VDE 0603-1)
für halbindirekte Messung (Wandlermessung)
− bis 1 000 A .... DIN VDE 0603-2-2 (VDE 0603-2-2)
Hauptleitungsabzweigklemmen (HLAK) .... DIN VDE 0603-3-1 (VDE 0603-3-1)

in elektrischen Anlagen .... VDE-Anwendungsregel VDE-AR-N 4100
Berichtigung 1 zu VDE-Anwendungsregel VDE-AR-N 4100
Integration von intelligenten Messsysteme .... DIN VDE 0603-100 (VDE 0603-100)
Integration von intelligenten Messsystemen .... DIN VDE 0603-100 (VDE 0603-100)
intelligente Messsysteme .... DIN VDE 0603-100 (VDE 0603-100)
Zählersteckklemmen (ZSK) .... DIN VDE 0603-3-3 (VDE 0603-3-3)
ZSK .... DIN VDE 0603-3-3 (VDE 0603-3-3)

Zählerschrank
für elektronische Haushaltszähler .... DIN VDE 0603-3-2 (VDE 0603-3-2)

Zählerstandfernauslesung .... DIN EN 62056-3-1 (VDE 0418-6-3-1)
E DIN EN IEC 62056-3-1 (VDE 0418-6-3-1)

Zählerstandübertragung .... DIN EN 62056-3-1 (VDE 0418-6-3-1)
E DIN EN IEC 62056-3-1 (VDE 0418-6-3-1)

Zählersteckklemmen
Zählerplätze .... DIN VDE 0603-3-3 (VDE 0603-3-3)

Zählersysteme
mit Inkassofunktion
– Inkasso-Wirkverbrauchszähler .... DIN EN 62055-31 (VDE 0418-5-31)

Zahnärztliche Röntgeneinrichtungen .... DIN EN 60601-2-63 (VDE 0750-2-63)
E DIN EN 60601-2-63/A2 (VDE 0750-2-63/A2)
DIN EN 60601-2-65 (VDE 0750-2-65)
E DIN EN 60601-2-65/A2 (VDE 0750-2-65/A2)

Zahnbürsten, elektrische .... Beiblatt 1 DIN EN 60335-2-52 (VDE 0700-52)
DIN EN 60335-2-52 (VDE 0700-52)
E DIN EN 60335-2-52/A2 (VDE 0700-52/A2)
E DIN EN IEC 63174 (VDE 0705-3174)

Zahnbürsten, elektrische betriebene
Verfahren zur Messung der Gebrauchseigenschaften ... E DIN EN IEC 63174 (VDE 0705-3174)

Zangen
Strommesszangen .... DIN EN 61010-2-032 (VDE 0411-2-032)
E DIN EN 61010-2-032 (VDE 0411-2-032)

Zeichnungen
in der Elektrotechnik .... DIN EN 61082-1 (VDE 0040-1)

Zeit/Strom-Kennlinien
von Niederspannungssicherungen .... DIN EN 60269-1 (VDE 0636-1)

Zeitbasierte Verfügbarkeit
von Windenergieanlagen .... DIN CLC/TS 61400-26-1 (VDE V 0127-26-1)
E DIN EN IEC 61400-26-1 (VDE 0127-26-1)

Zeitrelais .... E DIN EN IEC 61812-1 (VDE 0435-2021)
Anforderungen und Prüfungen .... DIN EN 61812-1 (VDE 0435-2021)
E DIN EN IEC 61812-1 (VDE 0435-2021)

Zeitrelais für den Hausgebrauch
Anforderungen und Prüfungen .... E DIN EN IEC 61812-1 (VDE 0435-2021)

Zeitrelais für industrielle Anwendungen und für den Hausgebrauch
Anforderungen und Prüfungen .... E DIN EN IEC 61812-1 (VDE 0435-2021)

Zeitrelais für industrielle Anwendungen
Anforderungen und Prüfungen .... E DIN EN IEC 61812-1 (VDE 0435-2021)

Zeitschalter
für Haushalt und ähnliche Installationen .... DIN EN 60669-2-3 (VDE 0632-2-3)

Zeit-Sifa .... DIN VDE 0119-207-5 (VDE 0119-207-5)

Zeitsteuergeräte
für den Hausgebrauch .... DIN EN IEC 60730-2-7 (VDE 0631-2-7)

Zeit-Weg-Sifa .... DIN VDE 0119-207-5 (VDE 0119-207-5)

Zeit-Zeit-Sifa .... DIN VDE 0119-207-5 (VDE 0119-207-5)

Zellen
wiederaufladbare
– photovoltaische netzunabhängige Anwendung .... DIN EN 61427-1 (VDE 0510-40)

Zellentemperatur
von photovoltaischen Betriebsmitteln .... DIN EN 60904-5 (VDE 0126-4-5)

Zellulosefreie Papiere
für elektrotechnische Zwecke .... DIN EN 60819-1 (VDE 0309-1)
DIN EN 60819-3-4 (VDE 0309-3-4)

Zellulosepapier, gekrepptes
für selbstklebende Bänder .... DIN EN 60454-3-11 (VDE 0340-3-11)

Zeltlager .... DIN VDE 0100-708 (VDE 0100-708)
E DIN VDE 0100-708 (VDE 0100-708)
VDE-Schriftenreihe Band 150
VDE-Schriftenreihe Band 168

Zeltplatz .... DIN VDE 0100-708 (VDE 0100-708)
E DIN VDE 0100-708 (VDE 0100-708)
VDE-Schriftenreihe Band 150
VDE-Schriftenreihe Band 168

Zentral versorgter Notbetrieb
digital adressierbare Schnittstelle .... DIN EN IEC 62386-220 (VDE 0712-0-220)

Zentrale Sicherheitsstromversorgungssysteme .... E DIN EN 50171 (VDE 0558-508)

Zentralheizungskessel, gasbefeuerte
Inbetriebnahme
– Wartung und Instandsetzung .... DIN CLC/TS 50612 (VDE V 0400-50-612)

Zentralspeicher
für Warmwasser- und Luftheizung .... DIN VDE 0700-201 (VDE 0700-201)

Zentrifugalpumpen
für Kühlflüssigkeiten .... DIN CLC/TS 50537-3 (VDE V 0115-537-3)

Zerkleinerer
für den Hausgebrauch .... DIN EN 50434 (VDE 0700-93)
DIN EN 60335-2-16 (VDE 0700-16)

für Nahrungsmittelabfälle .... DIN EN 60335-2-16 (VDE 0700-16)

Zerstörungsfreie Prüfung
Elektronenlinearbeschleuniger .... DIN EN IEC 62976 (VDE 0412-30)

Zerstörungsprüfung
selbstheilender Leistungs-Parallelkondensatoren .... DIN EN 60831-2 (VDE 0560-47)

Zertifikatshandhabung
Elektrofahrzeuge, Ladeinfrastruktur und Backend-Systeme
– ISO 15118 .... VDE-Anwendungsregel VDE-AR-E 2802-100-1

Zertifizierung
von Windenergieanlagen .... DIN EN 61400-22 (VDE 0127-22)

Zirkusse
elektrische Anlagen .... DIN VDE 0100-740 (VDE 0100-740)
VDE-Schriftenreihe Band 168

Zivilluftfahrzeuge
Dosimetrie .... DIN EN ISO 20785-1 (VDE 0492-5-1)
DIN EN ISO 20785-2 (VDE 0492-5-2)
E DIN ISO 20785-4 (VDE 0492-5-4)
Dosimetrie zu Expositionen durch kosmische Strahlung .. DIN EN ISO 20785-1 (VDE 0492-5-1)
DIN EN ISO 20785-2 (VDE 0492-5-2)
E DIN ISO 20785-4 (VDE 0492-5-4)
kosmische Strahlung .... DIN EN ISO 20785-1 (VDE 0492-5-1)
DIN EN ISO 20785-2 (VDE 0492-5-2)
E DIN ISO 20785-4 (VDE 0492-5-4)

ZSK
– Zählerplätze .... DIN VDE 0603-3-3 (VDE 0603-3-3)

ZSK
Zählerplätze .... DIN VDE 0603-3-3 (VDE 0603-3-3)

Zubehör
für Transformatoren und Drosselspulen .... DIN EN 50216-11 (VDE 0532-216-11)
DIN EN 50216-3 (VDE 0532-216-3)
DIN EN 50216-5 (VDE 0532-216-5)
DIN EN 50216-8 (VDE 0532-216-8)

Zubehörteile
Leistungstransformatoren und Drosselspulen ... E DIN EN IEC 60076-22-5 (VDE 0532-76-22-5)
E DIN EN IEC 60076-22-7 (VDE 0532-76-22-7)

Zugangsbereich .... DIN VDE 0100-729 (VDE 0100-729)
VDE-Schriftenreihe Band 168

Zugbeeinflussung, linienförmige .... DIN VDE 0119-207-7 (VDE 0119-207-7)

Zugbeeinflussung, punktförmige .... DIN VDE 0119-207-6 (VDE 0119-207-6)

Zugbetrieb, elektrischer
Kunststoffseile im Fahrleitungsbau .... DIN EN 50345 (VDE 0115-604)
Oberleitungen .... DIN EN 50119 (VDE 0115-601)
Beiblatt 1 DIN EN 50119 (VDE 0115-601)

Zugelektrik
Batterien .... DIN VDE 0119-206-4 (VDE 0119-206-4)
Hauptschalter .... DIN VDE 0119-206-2 (VDE 0119-206-2)
Haupttransformator .... DIN VDE 0119-206-3 (VDE 0119-206-3)
indirekte Berührung von Hochspannung
– Schutzmaßnahmen .... DIN VDE 0119-206-7 (VDE 0119-206-7)
Notbeleuchtung .... DIN VDE 0119-206-6 (VDE 0119-206-6)
Schutzmaßnahmen .... DIN VDE 0119-206-7 (VDE 0119-206-7)
Stromabnehmer .... DIN VDE 0119-206-1 (VDE 0119-206-1)
Zugsammelschienen .... DIN VDE 0119-206-5 (VDE 0119-206-5)

Zugentlastungselemente
Zug- und Dehnungsverhalten .... DIN 57472-625 (VDE 0472-625)

Zugfahrzeug .... VDE-Schriftenreihe Band 150
VDE-Schriftenreihe Band 168

Zugfestigkeit
von Cu/NbTi-Verbundsupraleitern .... DIN EN 61788-6 (VDE 0390-6)
von Lichtwellenleitern .... DIN EN 60793-1-31 (VDE 0888-231)
E DIN EN 60793-1-31 (VDE 0888-231)
von Polyethylen- und Polypropylenmischungen .... DIN EN 60811-512 (VDE 0473-811-512)
von REBCO Supraleiterdrähten bei Raumtemperatur ..... DIN EN IEC 61788-25 (VDE 0390-25)

Zugförderung, elektrische
Oberleitungen .... DIN EN 50119 (VDE 0115-601)
Beiblatt 1 DIN EN 50119 (VDE 0115-601)
umrichtergespeiste Wechselstrommotoren
– Bestimmung der Gesamtverluste .... DIN IEC/TS 60349-3 (VDE V 0115-400-3)

Zugfunk, analoger .... DIN VDE 0119-207-1 (VDE 0119-207-1)

Zugsammelschienen .... DIN VDE 0119-206-5 (VDE 0119-206-5)

Zugsicherungssysteme
für den städtischen Personennahverkehr .... DIN EN 62290-1 (VDE 0831-290-1)
DIN EN 62290-2 (VDE 0831-290-2)
DIN EN IEC 62290-3 (VDE 0831-290-3)

Zugsteuerung
zeitmultiplexe, drahtgebunden .... DIN VDE 0119-207-4 (VDE 0119-207-4)

Zugversuch
an Supraleitern bei Raumtemperatur .... DIN EN 61788-18 (VDE 0390-18)

Zündeinrichtungen
zum Lichtbogenschweißen .... DIN EN IEC 60974-3 (VDE 0544-3)

Zündgefährdungen
Überwachung in explosionsgefährdeten Bereichen .... DIN EN 50495 (VDE 0170-18)

Zündgeräte
für Entladungslampen .... DIN EN 60927 (VDE 0712-15)
DIN EN 61347-2-1 (VDE 0712-31)
E DIN EN IEC 61347-2-1 (VDE 0712-31)
für Lampen .... DIN EN 61347-2-1 (VDE 0712-31)
E DIN EN IEC 61347-2-1 (VDE 0712-31)

für Leuchtstofflampen .... DIN EN 60927 (VDE 0712-15)
DIN EN 61347-2-1 (VDE 0712-31)
E DIN EN IEC 61347-2-1 (VDE 0712-31)

Zündnetzgeräte
für Gas- und Ölbrenner .... DIN EN 61558-2-3 (VDE 0570-2-3)

Zündschutzart „d" .... DIN EN 60079-1 (VDE 0170-5)

Zündschutzart „n" .... DIN EN IEC 60079-15 (VDE 0170-16)

Zündschutzart „pD" .... DIN EN 60079-2 (VDE 0170-3)
E DIN EN IEC 60079-2 (VDE 0170-3)

Zündschutzarten .... VDE-Schriftenreihe Band 65

Zündtransformatoren
für Gas- und Ölbrenner .... DIN EN 61558-2-3 (VDE 0570-2-3)

Zusammenfassen
der Leiter von Stromkreisen .... DIN VDE 0100-520 (VDE 0100-520)
E DIN VDE 0100-520-1 (VDE 0100-520-1)

Zusatzeinrichtungen
für Leitungsschutzschalter .... DIN V VDE V 0641-100 (VDE V 0641-100)
zur Störleistungsmessung .... DIN EN 55016-1-3 (VDE 0876-16-1-3)
E DIN EN 55016-1-3/A2 (VDE 0876-16-1-3/A2)

Zustand der Eisenbahnfahrzeuge
Leittechnik
– externe optische und akustische Warneinrichtungen
.... DIN VDE 0119-207-12 (VDE 0119-207-12)
– Türsteuerung .... DIN VDE 0119-207-15 (VDE 0119-207-15)

Zustandsfeststellung
von Betriebsmitteln und Anlagen .... DIN VDE 0109 (VDE 0109)

Zustandsmeldungen
Alarmanlagen .... DIN EN 50136-1 (VDE 0830-5-1)

Zustandsüberwachung der Eisenbahnfahrzeuge
Leittechnik
– PZB (punktförmige Zugbeeinflussung) .... DIN VDE 0119-207-6 (VDE 0119-207-6)

Zustandsüberwachung elektrischer Geräte
Kernkraftwerke
– Leittechnik mit sicherheitstechnischer Bedeutung .... DIN IEC/IEEE 62582-1 (VDE 0491-21-1)
DIN IEC/IEEE 62582-2 (VDE 0491-21-2)
E DIN IEC/IEEE 62582-2 (VDE 0491-21-2)
DIN IEC/IEEE 62582-3 (VDE 0491-21-3)
DIN IEC/IEEE 62582-4 (VDE 0491-21-4)
E DIN IEC/IEEE 62582-4 (VDE 0491-21-4)
DIN IEC/IEEE 62582-5 (VDE 0491-21-5)
DIN IEC/IEEE 62582-6 (VDE 0491-21-6)

Zustandsüberwachung
Windenergieanlagen
– Knoten und Datenklassen .... DIN EN 61400-25-6 (VDE 0127-25-6)

Zutrittskontrollanlagen
für Alarmanlagen
– VDE-Anwendungsregeln .... DIN EN 60839-11-2 (VDE 0830-8-11-2)
für Sicherungsanwendungen
– Anforderungen an Anlagen und Geräte .... DIN EN 60839-11-1 (VDE 0830-8-11-1)
– Begriffe .... Beiblatt 1 DIN EN 50131-1 (VDE 0830-2-1)
Störfestigkeit .... DIN EN 50130-4 (VDE 0830-1-4)
Systemanforderungen .... DIN CLC/TS 50661-1 (VDE V 0830-100-1)

Zuverlässigkeit von Systemen
menschliche Aspekte .... DIN EN 62508 (VDE 0050-2)

Zuverlässigkeit
Analysemethoden
– Petrinetz-Modellierung .... DIN EN 62551 (VDE 0050-4)
bestehender Stützpunkte
– von Freileitungen .... VDE-Anwendungsregel VDE-AR-N 4210-4
Verfahren zur Analyse .... DIN EN 62502 (VDE 0050-3)
wiederverwendeter Teile .... DIN EN 62309 (VDE 0050)

Zuverlässigkeit, menschliche
probabilistische Risikobewertung von nuklearen Energieerzeugungsanlagen
– und anderen kerntechnischen Anlagen .... E DIN IEC 63260 (VDE 0491-60)

Zuverlässigkeitsmanagement
auf Funktionsfähigkeit bezogene Instandhaltung .... DIN EN 60300-3-11 (VDE 0050-5)

Zuverlässigkeitsmodellierung .... DIN EN 62551 (VDE 0050-4)

Zuverlässigkeitsprüfung
zeitraffende, von Elektrizitätszählern
– erhöhte Temperatur und Luftfeuchte .... DIN EN 62059-31-1 (VDE 0418-9-31-1)

Zuverlässigkeitsvorhersage
für Elektrizitätszähler .... DIN EN 62059-41 (VDE 0418-9-41)

Zuverlässigkeitswachstum
Programme .... E DIN EN 61014 (VDE 0050-7)

Zuverlässigkeitswachstumsprogramm, integriertes .... E DIN EN 61014 (VDE 0050-7)

Zweiphasen-Leistungsschalter
für Bahnanlagen .... DIN EN 50152-1 (VDE 0115-320-1)
DIN EN 50152-1/A1 (VDE 0115-320-1/A1)

Zweipoliger Spannungsprüfer
für Niederspannungsnetze
– Arbeiten unter Spannung .... DIN EN 61243-3 (VDE 0682-401)

Zweiseitig gesockelte LED-Lampen
mit Fassungssystem GX16t-5 .... DIN EN 62931 (VDE 0715-19)

Zweiseitig gesockelte Leuchtstofflampen .... DIN EN 60838-2-3 (VDE 0616-7)
DIN EN 61195 (VDE 0715-8)

Zwei-Stufen-Anlasstransformatorstarter .... DIN EN IEC 60947-4-1 (VDE 0660-102)

Zweiwege-Funkeinrichtung
elektromagnetische Felder .... DIN EN 50566 (VDE 0848-566)

Zweiwege-HF-Wohnungsvernetzung .... DIN EN 60728-1-1 (VDE 0855-7-1)

Zwickelfüller .... DIN EN 50288-9-1 (VDE 0819-9-1)

Zwillingsleitungen, trennbare
thermoplastische PVC-Isolierung .... DIN EN 50525-2-72 (VDE 0285-525-2-72)
zwischen dem Alkohol-Interlock
– und dem Fahrzeug .... DIN EN 50436-4 (VDE 0406-4)
zwischen dem Alkohol-Interlock und dem Fahrzeug .... DIN EN 50436-4 (VDE 0406-4)

Zwischenharmonische .... VDE-Schriftenreihe Band 115
in Niederspannungsnetzen .... DIN EN 61000-4-13 (VDE 0847-4-13)
Messung in Stromversorgungsnetzen .... DIN EN 61000-4-7 (VDE 0847-4-7)

Zyklische (dynamische) mechanische Belastungsprüfung
von photovoltaischen Modulen .... DIN IEC/TS 62782 (VDE V 0126-46)

Zyklische Temperatur-Feuchte-Prüfung .... DIN EN 60068-2-38 (VDE 0468-2-38)

ZN 3020.1